W0189276

Alexander Salvanos

Professionell entwickeln mit Java EE 7

Das umfassende Handbuch

Rheinwerk
Computing

Liebe Leserin, lieber Leser,

ich freue mich, Ihnen dieses Kompendium zur Java Enterprise Edition vorstellen zu dürfen. Wenn Sie Java als Sprache beherrschen, aber noch keine Erfahrung mit der Entwicklung von Geschäftsanwendungen und mit der Enterprise Edition haben, liegt einiges vor Ihnen – auch über den Java-EE-Standard hinaus: Wie ist eine Webanwendung aufgebaut, wie greifen Sie auf eine Datenbank zu? Was müssen Sie über http wissen, und warum arbeiten Projektteams mit Scrum? Dieses Lehrbuch geht den ganzen Weg mit Ihnen, bis zu den neuesten APIs und Technologien.

Dabei gehen Sie von den »Low-Level-Technologien« zu den »High-Level-Technologien« vor, bis Sie den Standard in vollem Umfang nutzen. Sie verwenden nicht überall gleich ein Framework, sondern lernen, den Job auch manuell zu erledigen – und sei es nur dieses eine Mal.

Alexander Salvanos nutzt seine vielfältigen Projekterfahrungen mit Java EE, um die Konzepte und Tücken dieser Plattform nicht nur lernfreundlich, sondern auch praxisnah für Sie aufzubereiten. Dazu enthält das Buch eine durchgehende Beispielanwendung, die leicht nachzuvollziehen ist. Der entscheidende Code ist immer abgedruckt, das gesamte Projekt finden Sie in den »Materialien zum Buch« unter *http://www.rheinwerk-verlag.de/3250*. So können Sie auch selektiv damit arbeiten. Anleitungen zum Server und zur Entwicklungsumgebung machen Ihnen den Einstieg leicht.

Dieses Buch wurde mit großer Sorgfalt begutachtet, lektoriert und produziert. Sollten sich dennoch Fehler eingeschlichen haben oder Unklarheiten auftauchen, zögern Sie nicht, mit uns Kontakt aufzunehmen. Ihre Anregungen und Fragen sind uns willkommen.

Ihre Almut Poll
Lektorat Rheinwerk Computing

almut.poll@rheinwerk-verlag.de
www.rheinwerk-verlag.de
Rheinwerk Verlag · Rheinwerkallee 4 · 53227 Bonn

Auf einen Blick

Wir hoffen, dass Sie Freude an diesem Buch haben und sich Ihre Erwartungen erfüllen. Bitte teilen Sie uns doch Ihre Meinung mit. Eine E-Mail mit Ihrem Lob oder Tadel senden Sie direkt an die Lektorin des Buches: *almut.poll@rheinwerk-verlag.de*. Im Falle einer Reklamation steht Ihnen gerne unser Leserservice zur Verfügung: *service@rheinwerk-verlag.de*. Informationen über Rezensions- und Schulungsexemplare erhalten Sie von: *britta.behrens@rheinwerk-verlag.de*.

Informationen zum Verlag und weitere Kontaktmöglichkeiten finden Sie auf unserer Verlagswebsite *www.rheinwerk-verlag.de*. Dort können Sie sich auch umfassend und aus erster Hand über unser aktuelles Verlagsprogramm informieren und alle unsere Bücher versandkostenfrei bestellen.

An diesem Buch haben viele mitgewirkt, insbesondere:

Lektorat Almut Poll, Erik Lipperts
Korrektorat Friederike Daenecke, Annette Lennartz
Fachgutachten Nicolas Bost, Rogier van der Haagen, Reinhard Merk
Herstellung Kamelia Brendel
Typografie und Layout Vera Brauner
Einbandgestaltung Barbara Thoben
Coverfoto Canstockphoto: 741134 © Canstockphoto.com;
Fotolia: 44339157 © Peshkova, 33782472 © Beboy
Satz III-satz, Husby
Druck und Bindung C.H. Beck, Nördlingen

Dieses Buch wurde gesetzt aus der TheAntiquaB (9,35/13,7 pt) in FrameMaker.
Gedruckt wurde es auf chlorfrei gebleichtem Offsetpapier (70 g/m²).

Bibliografische Information der Deutschen Nationalbibliothek:
Die Deutsche Nationalbibliothek verzeichnet diese Publikation in der Deutschen Nationalbibliografie; detaillierte bibliografische Daten sind im Internet über *http://dnb.d-nb.de* abrufbar.

ISBN 978-3-8362-2004-0
© Rheinwerk Verlag GmbH, Bonn 2014
1. Auflage 2014, 2., korrigierter Nachdruck 2016

Das vorliegende Werk ist in all seinen Teilen urheberrechtlich geschützt. Alle Rechte vorbehalten, insbesondere das Recht der Übersetzung, des Vortrags, der Reproduktion, der Vervielfältigung auf fotomechanischem oder anderen Wegen und der Speicherung in elektronischen Medien.

Ungeachtet der Sorgfalt, die auf die Erstellung von Text, Abbildungen und Programmen verwendet wurde, können weder Verlag noch Autor, Herausgeber oder Übersetzer für mögliche Fehler und deren Folgen eine juristische Verantwortung oder irgendeine Haftung übernehmen.

Die in diesem Werk wiedergegebenen Gebrauchsnamen, Handelsnamen, Warenbezeichnungen usw. können auch ohne besondere Kennzeichnung Marken sein und als solche den gesetzlichen Bestimmungen unterliegen.

Für Susanne

Inhalt

5 Java Server Pages 291

10 Enterprise JavaBeans 901

Geleitwort des Fachgutachters

Seit 1999 gibt es die Java-EE-Plattform. Sie wurde seitdem immer weiter entwickelt und liegt seit Mai 2013 in der Version 7 vor. Der Java-EE-Standard ist inzwischen in den meisten gängigen Webservern implementiert, so dass damit fast alle der im Internet vorhandenen Web-Applikationen den JEE-Standard verwenden.

Deswegen ist es für Software-Entwickler fast eine Pflicht, sich mit dem Java-EE-Standard auseinander zu setzen.

Das hier vorliegende Buch beschreibt den Java-EE-Standard in der aktuellsten Version, der Version 7. In den einzelnen Kapiteln des Buches werden die Bestandteile der Java-EE-7-API sehr anschaulich und detailliert beschrieben. Dadurch lernt man die einzelnen APIs von Java EE 7 sehr gut kennen.

Sehr hilfreich sind auch die Programmierbeispiele, die die einzelnen Kapitel des Buches begleiten. So wird in jedem Kapitel am Beispiel eines Onlineshops die dort beschriebene Java EE API in Java-Code verwendet und demonstriert. Somit kann der Leser durch Nachprogrammieren der Beispiele die jeweilige API ausprobieren und testen. Dies macht dieses Buch besonders wertvoll. Denn ich weiß aus eigener langjähriger Erfahrung im J2EE-Umfeld, dass man sich eine neue Java API nur durch eigenes Ausprobieren und Programmieren erarbeiten kann.

Das Buch ist für jeden IT-Experten sehr hilfreich, der sich über die Weiterentwicklungen der einzelnen Java-EE-APIs in der Version 7 informieren möchte. Nach der Lektüre dieses Buches ist das eigene Java-Wissen wieder auf den aktuellsten Stand gebracht, was für die berufliche Laufbahn eines Software-Entwicklers unverzichtbar ist.

Reinhard Merk

Über dieses Buch

Stellen Sie sich dieses Buch wie ein Java-EE-Seminar vor. Dies wäre dann Ihre Begrüßung und der erste Überblick. Sie hätten Ihren Mantel abgelegt, an Ihrem Sitzplatz den üblichen Schreibblock vorgefunden und möchten nun wissen, welche Themen Sie erwarten und wo es in der Pause Kaffee gibt. Nun, Getränke kann ich Ihnen nicht anbieten, aber schauen Sie bitte im Downloadbereich unter *www.rheinwerk-verlag.de/3250* nach den Materialien zum Buch. Und nun zu Ihnen, und zu den Themen:

Dies ist ein Praxisbuch zu den Java-EE-7-Technologien. Das Buch richtet sich insbesondere an Softwareentwickler. Es begleitet Sie bei Ihrer Arbeit und gibt Ihnen einen durchgehenden Leitfaden für Ihre Tätigkeit als Mitarbeiter oder Mitarbeiterin in einem Java-EE-Projekt. Die Java-EE-7-Spezifikation definiert alle Technologien und Dienste, die im Java-EE-7-Standard enthalten sind. Für Sie als Softwareentwickler ist es wichtig zu wissen, welche der hier genannten Technologien als Programmierschnittstelle benötigt werden und welche davon die wertvollsten sind. Dieser Priorisierung wurde im Buch Rechnung getragen. Um die richtigen Technologien für Sie auszuwählen, habe ich Statistiken der verbreitetsten Stellenportale zugrunde gelegt und genau diejenigen Java-EE-Technologien beschrieben, die Ihnen mit größter Wahrscheinlichkeit in der Praxis begegnen werden.

Mein Ziel ist es, Sie an die Hand zu nehmen, Ihnen jeden einzelnen Schritt genau zu erklären und zu allen Techniken hilfreiche Beispiele und praktische Übungen anzubieten. Ich habe Wert darauf gelegt, dass Sie Schritt für Schritt Kenntnisse erlangen, die bausteinartig aufeinandergesetzt werden können. Gleichzeitig habe ich auch die Technologien des Java-EE-Standards so sortiert, dass sich hieraus die didaktisch sinnvollste Reihenfolge ergibt.

Darüber hinaus gehe ich auch auf das Drum und Dran eines Java-EE-Projekts ein. Beispielsweise erfahren Sie, wie eine Java-EE-Anwendung mit AMDD/XP entworfen und mit Scrum geplant wird. Damit Sie die Übungen ausnahmslos nachvollziehen können, zeige ich Ihnen auch, wie Sie einen Java EE Server (GlassFish 4.0), eine relationale Datenbank (Oracle Database 11) und Ihre Entwicklungsumgebung Eclipse einrichten und konfigurieren können. Fühlen Sie sich angesprochen? Dann sind Sie hier richtig, denn wir (die zahlreichen Lektoren, Sachverständigen, Berater und ich) sind davon überzeugt, dass Ihnen dieses Buch in Ihrem Arbeitsumfeld nützlich sein wird.

Die Kapitel dieses Buches

In **Kapitel 1** lege ich zu Beginn den Fokus auf den Java-EE-Standard und die Java-EE-Spezifikation. Ich erläutere, wofür die Java-EE-Technologien erfunden wurden. Dieses Kapitel ist für Java-EE-Einsteiger sehr wichtig, da sie hierdurch den Zweck des Java-EE-Standards erfahren. Danach befassen wir uns mit dem *Java EE Server*, den Java-EE-Anwendungsszenarios und der

Software-Architektur von Java-EE-Anwendungen. Zuletzt gebe ich Ihnen einen Rundumblick über die Java-EE-Technologien. Dabei werden wir auch einen Blick auf die Neuerungen des Java-EE-7-Standards werfen. Insbesondere wird gezeigt, wie sich die neue Version 7 dem HTML5-Standard verschrieben hat. Noch detailreicher wird es bei der Beschreibung der neuen Technologie WebSocket 1.0, die mit in die Version Java EE 7 aufgenommen wurde.

In **Kapitel 2** installieren Sie Ihren eigenen Java EE Server, richten Ihre Entwicklungsumgebung Eclipse ein und programmieren auch eine kleine Java-EE-»Hallo Welt«-Anwendung. Denn durch das aktive Programmieren wird die erste Lernhürde optimal überwunden. Keine Sorge: Hierbei werden Sie auf einfache Kenntnisse zurückgreifen. Außerdem werden die einzelnen Schritte genau erklärt.

In jedem wenn auch noch so kleinen Projekt beginnt man mit der Planung und dem Entwurf. Und genau das ist auch das Kernthema von **Kapitel 3**. Hier erfahren Sie, wie Java-EE-Projekte im professionellen Umfeld geplant werden und wie man eine Java-EE-Anwendung von Grund auf designt. Die Techniken hierzu nennen sich Scrum und AMDD/XP. Während dieser konzeptionellen Arbeit entstehen auf dem Whiteboard (oder auf dem Papier) sogenannte User-Storys, die Sie für die Erstellung von UI-Prototypen nutzen werden. Die UI-Prototypen werden mit HTML5 und CSS3 angefertigt und in Eclipse ausgeführt. Um eine detaillierte Auskunft über die Kommunikation über HTTP 1.1 zwischen Client und Server zu erhalten, wird abschließend auch noch das sogenannte HTTP-Monitoring gezeigt.

In **Kapitel 4** wird die grundlegende und immer noch sehr weit verbreitete Low-Level-Programmierung mit Servlets gezeigt.

Kapitel 5 zeigt, wie für die Präsentation der Geschäftsdaten JSPs programmiert werden.

In **Kapitel 6** installieren Sie die *Oracle Database* als relationale Datenbank und erzeugen in ihr die Datenbanktabellen für die Beispielanwendung des Buches. Hierbei werden Sie ANSI SQL-92 einsetzen.

In **Kapitel 7** greifen Sie mit der Low-Level-Technologie JDBC auf die Datenbanktabellen zu.

In **Kapitel 8** entfallen manuelle Kodierungen von eigenen JDBC-Anweisungen. Stattdessen werden die Geschäftsdaten als einfache Java-Klassen entworfen. Das Persistieren erfolgt hierdurch komfortabel über einen Automatismus des JPA-Frameworks.

Kapitel 9 zeigt, wie die Java-EE-Anwendung, die im Buch bislang mit den althergebrachten Servlets und JSPs realisiert wurde, nun mit der High-Level-Technologie *Java Server Faces* programmiert wird. Besonders Eilige können die Servlet- und JSP-Programmierung überspringen und sich direkt in diesen Teil des Buches stürzen. Bedenken Sie aber, dass gute Kenntnisse in der Low-Level-Programmierung eine Voraussetzung darstellen, um die High-Level-Frameworks von Grund auf zu verstehen.

In **Kapitel 10** werden Sie *Enterprise JavaBeans* kennenlernen. Dabei wird die Programmierung von *Session Beans* und *Message Driven Beans* erklärt. Hierbei werden auch der *Java Message Service* und Webservices beschrieben.

Was setzt dieses Buch voraus?

Java-EE-7-Technologien setzen fundierte Kenntnisse der *Java Standard Edition* 7 (Java SE 7) voraus. Dieses Buch geht selbstverständlich nur in sehr begrenztem Umfang auf die Java-SE-Themen ein. Ich gehe davon aus, dass Ihnen die objektorientierte Programmierung mit Java SE keine Probleme bereitet. Aus der Sicht des Java-EE-Entwicklers werden die Technologien der Java SE gewissermaßen als Untermenge der Java EE betrachtet. Insbesondere zählen hierzu JDBC und Webservices, weshalb ich diese Technologien bezüglich ihres Einsatzes in einer Java-EE-Anwendung ebenfalls beschreiben werde.

Das Betriebssystem

Ob Sie ein Unix-basiertes Betriebssystem (wie Linux, Solaris oder OS X) oder ein Microsoft-Betriebssystem (Windows) einsetzen, spielt eigentlich keine Rolle. Es ist nur wichtig, dass Sie sich mit Ihrem Betriebssystem auskennen. Für den Java-EE-Entwickler sind Linux und Solaris von besonderer Bedeutung, da sie in der Produktion meistens die Zielplattform für den Java EE Server darstellen. Dies betrifft aber nicht den Arbeitsplatz des Entwicklers in den Unternehmen. Erstaunlicherweise werden Java-EE-Entwickler fast immer an einen Microsoft-Windows-Rechner gesetzt. Dies liegt meistens an dem geringeren Aufwand, den das Netzwerk- und Rechner-Pflegepersonal betreiben muss: Microsoft Windows ist pauschal gesagt »einfacher gestrickt«. In der Praxis sieht es dann so aus, dass der Java-EE-Component-Developer, der seine Aufgabe auf einem Microsoft-Windows-Betriebssystem vollbracht hat, seinen Quelltext in ein Versionierungssystem (wie z.B. Subversion oder Git) eincheckt, sodass sich auch der Java-EE-Deployer an ihm erfreuen kann. Der Deployer checkt den Quelltext des Java-Developers auf einem Linux-Betriebssystem aus, kompiliert ihn und deployt die Java-EE-Anwendung auf einem Server, der häufig entweder auf einem Linux- oder einem Unix-Betriebssystem basiert.

Weil der Java-EE-Component-Developer aber meistens lediglich mit dem Betriebssystem Microsoft Windows in Berührung kommt, gehe ich in diesem Buch insbesondere auf dieses Betriebssystem ein. Obwohl die Beispiele aus dem Buch auch unter Ubuntu 12 getestet wurden, werden die Screenshots und die Erläuterungen für die Windows-Variante gezeigt. Achten Sie als Unix-Nutzer auf die Dateipfad-Unterschiede zwischen Unix- und Windows-Betriebssystemen. Als Unix-Nutzer werden Sie u. a. das *C:* entfernen und den Backslash durch einen Slash ersetzen. Auf einem Unix-System (also Linux, Solaris oder OS X) sollten Sie ferner darauf achten, dass Sie über ausreichende Benutzerrechte verfügen, um die in diesem Buch beschriebenen Vorgänge durchführen zu dürfen.

Der Java EE Server

Als Java EE Server wird in diesem Buch *GlassFish 4* eingesetzt. GlassFish 4 setzt das *Java Development Kit 7* (JDK 7 oder neuer) voraus. Dabei sollten Sie auch die Umgebungsvariablen

JAVA_HOME und PATH angepasst haben. Wenn Sie für die Beispiele die Konsole verwenden, ist darüber hinaus das Setzen der Umgebungsvariablen CLASSPATH hilfreich. Die Umgebungsvariablen werden Sie in diesem Buch an der Schreibweise [GROSSBUCHSTABEN_IN_ECKIGEN_KLAMMERN] erkennen. Wenn zum Beispiel im Buch *[JAVA_HOME]/bin* steht, ist somit der Dateipfad (das Installationsverzeichnis von Java) und darunter das Unterverzeichnis */bin* gemeint.

Hinweis

Für die anfänglichen Kapitel des Buches würde auch der *Apache Tomcat* als Anwendungsserver ausreichen, denn die dortigen Beispiele setzen nur einen Web-Container voraus. Der Apache Tomcat ist das gängigste Produkt, das einen Web-Container integriert. Der Web-Container von Apache Tomcat nennt sich *Catalina*. Um jedoch alle Beispiele des Buches nachzuprogrammieren, benötigen Sie einen vollständig Java-EE-7-konformen Server mit *Full Profile*. Während der Drucklegung dieses Buches stand allerdings nur ein einziger Java EE Server zur Verfügung, der vollständig Java-EE-7-konform war, und das ist GlassFish 4. Auch GlassFish beinhaltet einen Web-Container. Allerdings handelt es sich um ein getuntes Catalina-Derivat. Die Catalina-Variante von GlassFish wurde durch die interne Nutzung der NIO-API verbessert und in *Grizzly* umgetauft.

Der GlassFish-Server erfüllt die Voraussetzungen für dieses Buch schon deshalb, weil er seit dem Jahre 2006 die Referenzimplementierung eines zertifizierten Java EE Servers ist. Die Programmierbeispiele sollten aber auch mit anderen Java-EE-7-zertifizierten Servern funktionieren. Obwohl andere Java-EE-7-Server während der Entstehung dieses Buches noch nicht verfügbar waren, ist es aus heutiger Sicht so, dass die baldige Entwicklung folgender bedeutender Java-EE-7-konformer Server mit Full Profile zu erwarten ist:

- Oracle (ehemals BEA) WebLogic
- IBM WebSphere Application Server
- JBoss Application Server

Wenn Sie einen dieser Java-EE-7-Server verwenden, sollten die Beispielprogramme ebenso ausführbar sein, da die in diesem Buch eingesetzten Technologien unter den zertifizierten Java-EE-7-Servern kompatibel sind.

Die Entwicklungsumgebung

Die Beispiele in diesem Buch sollten mit einer integrierten Entwicklungsumgebung (IDE) programmiert werden. Die bekanntesten IDEs sind *Eclipse* und *NetBeans*. Ich setze voraus, dass Sie bereits mit einer dieser beiden IDEs gearbeitet haben.

Der Java-Eigentümer und Marktriese *Oracle* unterstützt beide Varianten. Optimal ist es, wenn Sie beide Entwicklungsumgebungen einmal selbst ausprobieren und sich dann für die

Variante entscheiden, die Ihnen besser liegt. Letztlich ist es auch von Bedeutung, womit Sie sich persönlich am wohlsten fühlen. Beachten Sie, dass Sie für die Übungsbeispiele in den Kapiteln die EE-Version, das heißt die *Enterprise Edition* der jeweiligen IDE, einsetzen.

Gemessen an den Stellenanzeigen gehört *Eclipse* zu den gängigen Voraussetzungen, die ein Java-EE-Mitarbeiter mitbringen muss. Deshalb wird in diesem Buch Wert auf dieses Know-how gelegt. Andererseits ist *NetBeans* auch eine interessante Alternative. Wenn es um Java-EE-Neuerungen geht, ist es dem IT-Konzern Oracle wichtig, dass jede noch so kleine Innovation in NetBeans eingepflegt wird. Zum Beispiel geht die Version 7.4 ausgiebig auf die Unterstützung von HTML5 ein. Ein weiterer Pluspunkt für NetBeans ist, dass Oracle als Software-Riese die Weiterentwicklung vorantreibt. Und das könnte sich äußerst positiv auf zukünftige Versionen auswirken. Deswegen gehe ich in diesem Buch auch kurz auf den Einsatz von NetBeans ein.

Apropos: Denken Sie daran, dass Sie mit diesem Buch auch auf die neuesten Web-Technologien zurückgreifen. Für ältere Webbrowser ist es nicht selbstverständlich, dass HTML5, CSS3 oder die neue WebSocket-API enthalten ist. Daher ist es sehr wichtig, dass Sie die aktuellste Version Ihres Webbrowsers installieren.

Die relationale Datenbank

Die Java-EE-Spezifikation sieht vor, dass Anwendungsdaten dauerhaft gespeichert werden. Die Persistenz erfolgt in der Regel in einer relationalen Datenbank. Seit jeher verwenden geschäftskritische Systeme die Datenbankmanagementsysteme *IBM DB2* und *Oracle Database*, weil sie von Beginn an für den Betrieb auf Großrechnern ausgelegt waren. Sowohl IBM DB2 als auch die Oracle Database liegen, was Hochperformance und Hochverfügbarkeit betrifft, weit vor der Konkurrenz. Beide Datenbankmanagementsysteme stehen sich in Zuverlässigkeit und Datendurchsatz in nichts nach. Deshalb ist es auch kein Wunder, dass die Finanzsysteme und die Großbanken fast ausschließlich mit diesen Datenbankmanagementsystemen arbeiten, wenn es um ihre monetären Belange geht. Weitere Konkurrenten wie *Informix*, *Sybase* oder *MS SQL Server* sind – gemessen an ihrem Marktvolumen – gegenüber DB2 und Oracle kaum nennenswert.

Ein weiteres sehr beliebtes Datenbankmanagementsystem ist das Open-Source-Produkt *MySQL*. Seit vielen Jahren gewinnt MySQL als Datenbankmanagementsystem Marktanteile. Seitdem die *Oracle Corporation* das Unternehmen *Sun Microsystems* übernahm, ist auch die Weiterentwicklung von MySQL an den neuen Eigner übergegangen. Obgleich MySQL eine vielversprechende Zukunft vorausgesagt wird, ist es in der Finanzwelt und generell im Einsatzbereich geschäftskritischer Unternehmensanwendungen noch nicht angekommen.

Zur praktischen Arbeit mit einer Datenbank in diesem Buch habe ich mich für die Oracle Database entschieden, weil in den Stellenbörsen vor allem nach Entwicklern mit Oracle-Kenntnissen gesucht wird.

Das durchgehende Programmierbeispiel

Viele der Programmierübungen dieses Buches haben einen sehr minimalen Charakter – so ähnlich wie die bewährten »Hallo Welt«-Programme. Andere wiederum sind Teil einer Java-EE-Anwendung für einen Onlineshop. Diese Java-EE-Anwendung wird im Buch immer wieder genutzt, um die Technologien auch im realen Umfeld zu zeigen. Dadurch lernen Sie praxisnah, wie in einem Java-EE-Projekt gearbeitet wird.

Bei dem durchgehenden Programmierbeispiel »Onlineshop« bieten Kunden eigene Artikel an. Gleichzeitig können Kunden auch Artikel anderer Kunden erwerben. Der Onlineshop wurde ansonsten so einfach wie nur möglich gehalten. Beispielsweise besteht die Datenbank aus nur zwei Tabellen. Auf diese Weise geht der Fokus auf das Lernziel nicht verloren.

Bei dem Entwurf des Onlineshops lernen Sie darüber hinaus, wie man heutzutage die sogenannten agilen Methoden nutzt, um ein Java-EE-Projekt zu planen und die Java-EE-Anwendung zu entwerfen.

Den bestmöglichen Nutzen ziehen Sie aus dem Buch, wenn Sie die Übungen auf Ihrem PC ausprobieren. Denn durch die selbstständige Kodierung lernen Sie optimal, wie man die Java-EE-Technologien einsetzt. Auf diese Weise entwickeln Sie sich Schritt für Schritt vom Java-EE-Neuling zum Java-EE-Profi. Dies ist der Weg, um anschließend überzeugend behaupten zu können, dass Sie die Technologien nicht nur verstehen, sondern Java-EE-7-Anwendungen auch selbst programmieren können. Und genau das wird von Projektanbietern und Arbeitgebern heutzutage verlangt.

Zu jedem Kapitel liegt ein entsprechendes Beispiel vor. Dieses Beispiel wird von Kapitel zu Kapitel immer wieder erweitert, sodass es häufig auch die Technologien des letzten Kapitels mitführt. Versuchen Sie, das Programm mit dem Buch fortführend weiterzuentwickeln. Fühlen Sie sich aber auch frei, die Quelltexte dieses Buches für Ihre eigenen Zwecke zu nutzen. Die Java-Gemeinde ist eine Open-Source-Gemeinschaft, die von der Begeisterung jedes einzelnen Java-Entwicklers lebt und sich ständig vergrößert. Diesem Gedanken gemäß dürfen auch die in diesem Buch gezeigten Quellen benutzt und weitergegeben werden.

Danksagung

Mein allergrößter Dank gehört der zuständigen Lektorin Almut Poll vom Rheinwerk Verlag. Bevor ich mit dem Buch begann, hatte ich keine Ahnung, wie wichtig eine dermaßen sorgfältige und gewissenhafte Lektorin ist. Ebenso bedanke ich mich bei den zahlreichen Fach- und Sprachlektoren. Besonderer Dank gilt hierbei den drei Fachlektoren Reinhard Merk, Nicolas Bost und Rogier van der Haagen, deren Inspektion über das Maß gewöhnlicher Begutachtung weit hinausging. Zusätzlich bedanke ich mich bei den zahlreichen Lektoren und Bearbeitern vom Rheinwerk Verlag, die ebenso unermessliche Arbeit mit diesem großen Buch hatten. Die meisten von ihnen habe ich nie zu Gesicht bekommen und nur beiläufig von ihnen gehört. Friederike, Erik und viele mehr mögen oft bis in die Nacht hinein an der Sprachkorrektur oder Überarbeitung dieses Buches mitgewirkt haben. Letztlich ist es das Team vom Rheinwerk Verlag als Ganzes, das durch seine besonders professionelle und sehr partnerschaftliche Art so ein großes Buch ermöglicht hat.

Neben diesem großen Aufgebot haben noch weitere Experten und Berater an der Qualität mitgewirkt und das Buch geprüft. Ich hoffe nun, dass ich niemanden vergesse. Also tausend Dank an Thilo, Willi, Nicole, Chris, Hadi dafür, dass ihr euch einzelne Kapitel vorgenommen und eure teure Freizeit für die Überprüfung dieses Buches eingesetzt habt.

Die bedeutendste Hilfe aber leistete wohl meine Frau Susanne, die mich über die Dauer des Buches besonders liebevoll, mit Verständnis und mit übermenschlicher Geduld begleitete und unterstützte.

Alexander Salvanos, Bonn 2014

Die Gutachter

Nicolas Bost ist Experte für Applikationsdesign und derzeit mit der Konzeption und Implementierung von Software-Lösungen befasst.

Rogier van der Haagen ist Java-EE-Experte, Software-Architekt und derzeitig als Technischer Leiter und Projektmanager bei der UNO tätig.

Reinhard Merk ist seit über 10 Jahren als JEE-Berater im Finanz- und Bankensektor tätig. Als IT-Berater kennt er die Entwicklung wie den Betrieb: Er befasst sich mit der Entwicklung von JEE-Anwendungen und wie mit der Administration von Datenbanken des Oracle-RDBMS.

Kapitel 1

Überblick

Kapitel 1
Überblick

»Die Neugier steht immer an erster Stelle eines Problems, das gelöst werden will.«

Galileo Galilei (1564–1642)

In diesem Kapitel gebe ich einen Überblick über den Java-EE-Standard und die Java-EE-Spezifikation. Dabei erfahren Sie

- welche Technologien der Java-EE-Standard definiert,
- in welchen Anwendungsszenarios sie eingesetzt werden und
- wie man die Software-Architektur von Java-EE-Anwendungen konzipiert.

1.1 Der Java-EE-7-Standard

Wenn man die Uhren in die Zeit zurückdreht, als das Internet noch in den Kinderschuhen steckte, befindet man sich plötzlich in einer recht einfachen Umgebung. Denn anfangs bestand das Web noch aus einer Reihe von vernetzten Rechnern, die über eine spezielle Webserver-Software namens *Apache* statische Inhalte wie HTML-Seiten oder Bilder zur Verfügung stellten.

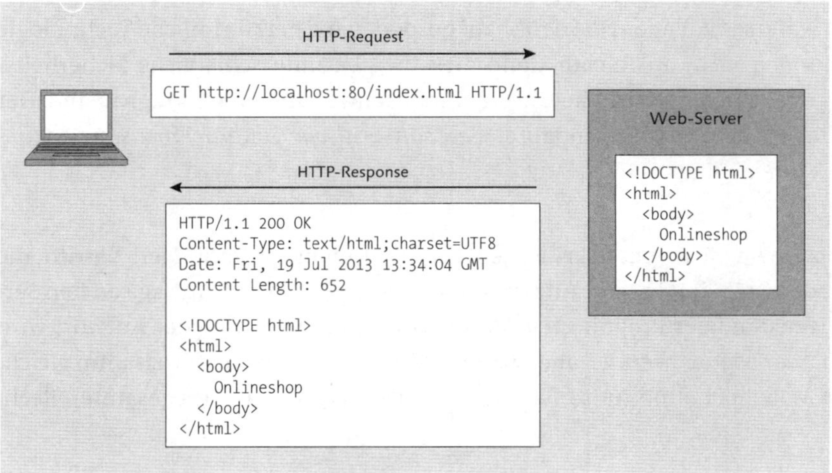

Abbildung 1.1 Die Anzeige von statischen Inhalten

Die Client-Server-Interaktion zwischen dem Webbrowser und der HTTP-Software erfolgt über das HTTP-Protokoll. Dabei löst der Benutzer HTTP-Anfragen aus, die von dem Webbrowser an die HTTP-Server-Software verschickt werden. Der HTTP-Server beantwortet die Anfrage, indem er das statische Dokument einliest und an den Webbrowser verschickt.

In den 90er-Jahren tauchte dann der Bedarf auf, Waren über das Internet zu verkaufen. Man spezifizierte das sogenannte *Common Gateway Interface* (*CGI*). CGI-Programme wurden meistens in der Programmiersprache Perl realisiert. Gleich zu Beginn nutzte man relationale Datenbanken, um die Geschäftsdaten dauerhaft zu speichern. Für den Zugriff auf die relationale Datenbank wurde die sogenannte X/Open- und die *Call Level Interface*-Spezifikation (CLI) definiert. Über sie konnten SQL-Anweisungen an die Datenbank gesendet werden.

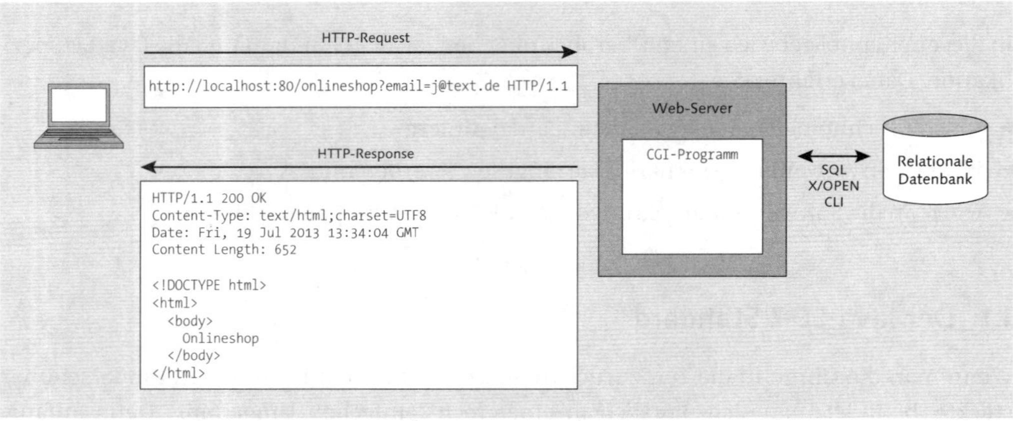

Abbildung 1.2 Eine Webanwendung in der Programmiersprache Perl

Im Laufe der Zeit wollten immer mehr Unternehmen der Industrie das Internet für den Kontakt zu ihren Kunden nutzen. Man erkannte jedoch, dass der Geldtransfer über das Internet kritisch ist. Dabei waren es vor allem die Großbanken, denen die herkömmliche Technologie von Webanwendungen nicht ausreichte, denn diese bergen unterschiedliche Sicherheitsprobleme, die für eine geschäftskritische Unternehmensanwendung nicht tragbar sind. Der Fachausdruck für solche Anwendungen lautet *Geschäftskritische Unternehmensanwendungen auf verteilten Systemen*:

- **Lastsicherheit**
  Eines der Probleme von geschäftskritischen Unternehmensanwendungen betrifft die Lastsicherheit, denn sie sind in der Laufzeit sehr kostspielig. Bei jeder Anfrage an den Server wird ein eigenständiges Programm gestartet. Nach der Erzeugung der Antwort wird das Programm zwar wieder beendet, aber wenn Hunderte Benutzer das Programm gleichzeitig mehrere Male hoch- und runterfahren, kann das zum Absturz des gesamten Rechners führen.

- **Transaktionssicherheit**
  Geschäftskritische Unternehmensanwendungen transferieren sehr häufig Geldbeträge. Transaktionen von Geldbeträgen erfordern, dass ein bestimmter Betrag auf einem Datenbankserver abgezogen und zeitgleich auf einem anderen Datenbankserver hinzugefügt wird. Dieser Prozess muss in einem einzigen Schritt abgearbeitet werden, da es sich um verschiedene Speicherprozesse auf verteilten Systemen handelt. Herkömmliche CGI-Anwendungen können bei einem Abbruch auf einem der Systeme nicht ohne Weiteres gewährleisten, dass auch die Vorgänge auf den anderen Systemen rückgängig gemacht werden. Bei Reisebuchungsportalen kann es noch komplexer werden. Sollen ein Hotelzimmer, ein Mietwagen und ein Flug gleichzeitig gebucht werden, muss nicht nur der Geldtransfer, sondern auch die Hotelzimmerreservierung, die Reservierung des Autos und die Flugbuchung innerhalb des gleichen Prozesses durchgeführt werden. Schlägt eines der Systeme fehl, müssen alle Transaktionen rückgängig gemacht werden. Der gesamte Anwendungsfall muss *atomar*, das heißt in einem »unteilbaren Ganzen«, stattfinden.
- **Korruptionssicherheit**
  Beim Geldtransfer taucht auch noch das Risiko der Korruption auf. Deshalb müssen Geldangelegenheiten besonders sicher gegen unbefugten Zugriff Dritter sein. Hierfür sind spezielle Authentisierungs- und Autorisierungsmechanismen erforderlich, denn die Identität des Benutzers ist sicherzustellen.

1.1.1 Wer definiert den Java-EE-Standard?

Für die Industrie ist die *Java Enterprise Edition* (Java EE) der Standard, der die Aufgabe hat, die oben genannten Sicherheitsrisiken zu lösen.

Im Dezember 1999 wurde Java EE in der Version 1.0 als Spezifikation veröffentlicht. Obwohl es sich bei Java EE um eine Erfindung der Firma Sun Microsystems handelt, ist es dennoch seit jeher ein gemeinsamer Verdienst vieler Unternehmen, die an dem Gesamtwerk mitarbeiten. Diese von Sun Microsystems ins Leben gerufene, freiwillige Zusammenarbeit wird *Java Community Process* (JCP) genannt. JCP bezeichnet also den Zusammenschluss aller Unternehmen und Expertengruppen, die an der Weiterentwicklung der Java-Technologien beteiligt sind. Das Mitgliederverzeichnis des JCP liest sich wie das *Who's who* von Technologieriesen. Hierzu gehören AOL, AT&T, Deutsche Telekom, Eclipse, Ericsson, Fraunhofer Institut, Fujitsu, Google, HP, IBM, Intel, LG, Mitsubishi, Motorola, Nokia, Novell, Oracle, Red Hat, Samsung, SAP, Sony, VMWare, Vodafone u.v.m.

Die Mitglieder des JCP dürfen Java-Technologieerweiterungen vorschlagen. Nimmt das Exekutivkomitee des JCP den Vorschlag an, so wird die Erweiterung als *Java Specification Request* (JSR) freigegeben. Anschließend durchläuft jeder JSR einen formellen Prozess, bevor er schließlich als Erweiterung implementiert wird. Die letzten von Sun Microsystems selbst implementierten Änderungen wurden 2009 mit der Java-EE-Version 6 hinzugefügt (seit der fünften Version wurde die J2EE in Java EE umgetauft). J2EE-Anwendungen galten zuvor als schwergewichtig. Das Unternehmen löste dieses Problem, indem es renommierte Open-Source-Experten in die Entwicklungsarbeiten miteinbezog. Leider wurde Sun Microsystems im gleichen Jahr von der weltweiten Wirtschaftskrise erfasst und musste seinen Aktionären den Verlust von 2,2 Milliarden Euro vortragen. Der Aktienkurs sank rasant, sodass der Konzern Oracle die Mehrheit der Aktien mit 7,4 Milliarden Dollar aufkaufen konnte. Die feindliche Übernahme hat Java EE jedoch nicht geschadet – ganz im Gegenteil. Oracle war ohnehin schon seit Jahren in die Weiterentwicklung der Java-EE-Technologien eingebunden, und es zeigte sich, dass der neue Eigentümer ein würdiger Nachfolger war. Derzeit ist Oracle als wichtigstes Mitglied des JCP-Exekutivkomitees an weit über 80 JSRs beteiligt. Gleichzeitig werden die wichtigsten JSRs von Oracle-Experten angeführt.

1.1.2 Die Java-EE-Spezifikation

Die Java-EE-Spezifikation hat die Aufgabe, die Technologien des Java-EE-Standards zu definieren. Dabei ist jede Technologie in einem eigenen JSR beschrieben. Einer der JSRs, nämlich der JSR-342, nennt sich *Java Platform Enterprise Edition 7 Specification*. Bei diesem JSR handelt es sich um die aktuelle Version der Java-EE-Spezifikation. Er lässt sich unter folgendem Link als PDF-Dokument herunterladen:

http://download.oracle.com/otndocs/jcp/java_ee-7-pr-spec

Die Java-EE-Spezifikation ist das Rahmenwerk des Java-EE-Standards. Sie beschreibt, wie eine professionelle Java-EE-Anwendung auf verteilten Systemen konzipiert ist. Neben den Java-EE-Technologien definiert die Spezifikation auch das ganze Drum und Dran des Java EE Servers, der das Herzstück der Java-EE-Systemlandschaft ist. Darüber hinaus sind zahlreiche fein aufeinander abgestimmte Java-Technologien eingebettet, die in noch detailreicheren Spezifikationen definiert worden sind. Die Gesamtliste aller JSRs können Sie unter folgender URL einsehen:

http://jcp.org/en/jsr/all

Über diese Webseite lassen sich alle Spezifikationen im PDF-Format herunterladen.

1.1.3 Java EE Server und Java-EE-Profile

Wenn ein Java EE Server alle Container und Dienste der Java-EE-Spezifikation fehlerfrei anbietet, kann er als vollständig Java-EE-konformer Server zertifiziert werden.

Manche Java EE Server beziehen sich nicht auf die vollständige Java-EE-Spezifikation, sondern nur auf eine Untermenge ihrer Inhalte. Weil man auch hierfür eine Zertifizierung benötigt, wurden sogenannte *Profile* eingeführt.

Hersteller von Java EE Servern können eine Untermenge der Java-EE-Technologien als eigene Spezifikation beim Java Community Process beantragen. Die unter einem neuen Namen gekennzeichnete Variante wird untersucht und gegebenenfalls als sogenanntes Profil freigegeben. Anschließend wird das neue Profil in einer eigenen Spezifikation festgeschrieben. Zum Beispiel existiert derzeit eine Spezifikation für das sogenannte Java-EE-Web-Profil. Das Java-EE-Web-Profil beinhaltet lediglich die Untermenge der Java-EE-7-Technologien, die für die Implementierung der gebräuchlichsten Java-EE-Anwendungen erforderlich sind. Für dieses Buch werden wir keinen Java-EE-Web-Profil-Server, sondern einen vollständigen Java EE Server einsetzen.

1.1.4 Komponenten und Container

Java-Klassen werden in der Java-EE-Fachsprache als *Komponenten* bezeichnet. Der Java-EE-Standard unterscheidet vier Typen von Komponenten:

- Java-Standalone-Komponenten
- Java-Applets
- Web-Komponenten
- EJB-Komponenten

Während Java-Standalone-Komponenten und Java-Applets als clientseitige Komponenten angesehen werden, stellen Web-Komponenten und EJB-Komponenten serverseitige Komponenten dar. Statt der Begriffe *Web-Komponente* und *EJB-Komponente* aus der Spezifikation verwendet man in der Praxis eher die Begriffe *Servlet* und *EJB*. Servlets werden in Web-Containern und EJBs in EJB-Containern ausgeführt.

Die Java-EE-Spezifikation legt fest, dass ein vollständig Java EE konformer Server sowohl einen Web-Container als auch einen EJB-Container enthalten muss. Falls Ihnen der Ausdruck »Container« vielleicht noch befremdlich erscheint: Selbst wenn es Ihnen nicht bewusst sein sollte, Container sind Ihnen als Java-Programmierer längst vertraut. Denn auch die *Java Runtime Engine* ist ein Container. In der Java-EE-Fachsprache wird hierfür der Begriff *Java Standalone Container* oder auch eben *Java Runtime Engine* verwendet. Die Java Runtime Engine ist der erste Container, der vom Hersteller Sun Microsystems erfunden wurde. Ein weiterer Container, der Ihnen ebenso bekannt sein könnte, ist das Applet-Plug-in im Webbrowser. In der Java-EE-Welt spricht man vom *Applet-Container*. Die Erfinder des Java-EE-Standards sind dem Konzept von Komponenten und Containern somit treu geblieben, da sie auch serverseitig ein Servlet als Komponente in einem Container ausführen.

Der Web-Container verfügt über einen speziellen HTTP-Dienst, der dem Entwickler der Web-Komponente viel Mühe erspart. Und auch EJBs (*Enterprise JavaBeans*) werden serverseitig als Komponenten in einem speziellen *EJB-Container* ausgeführt. Der EJB-Container verfügt über besondere Dienste, zum Beispiel für den Lebenszyklus von EJBs, für das Transaktionsverhalten oder für die Security.

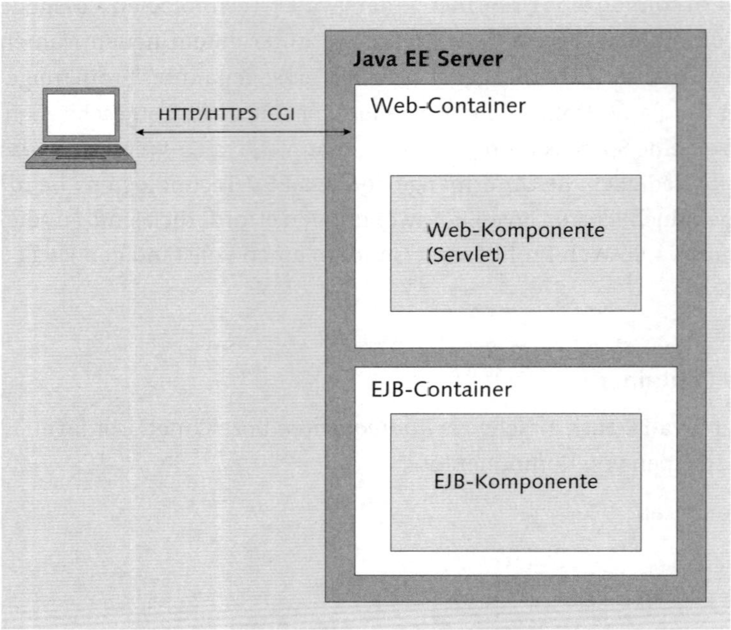

Abbildung 1.3 Die Java-EE-Lösung: Die Web-Komponente (Servlet) befindet sich in einem Web-Container und die EJB-Komponente in einem EJB-Container.

1.1.5 Die Datenhaltung

Üblicherweise werden die Geschäftsdaten einer Java-EE-Anwendung dauerhaft gespeichert. In der Java-EE-Spezifikation wird für die dauerhafte Datenhaltung der Fachbegriff *Persistenz* verwendet. Das Medium, auf dem die Geschäftsdaten *persistiert* sind, nennt man *Enterprise Information System* (EIS). Die Java-EE-Spezifikation drückt sich so abstrakt aus, weil die Quelle der dauerhaften Datenhaltung austauschbar sein soll. Man spricht auch von einer *losen Ankopplung*. Dies ist ein wesentliches Kriterium der sogenannten Connector-Architektur des Java-EE-Standards. Die Grundidee ist, eine zentrale Datenbasis ganz allgemein zur Verfügung zu stellen. Dabei soll es sich um jede Art von Datenhaltung handeln, die das Unternehmen in die Lage versetzt, seine Geschäftsprozesse abzubilden. In der Praxis sieht aber alles viel konkreter aus, denn in der Regel wird die Datenhaltung ganz einfach durch eine relationale Datenbank realisiert. In diesem Buch wird die Oracle Database als relationale Datenbank verwendet, um die Technologien für die Persistenzschicht zu zeigen.

Auch bei der Kommunikation mit der Datenhaltung werden abstrakte Begriffe verwendet. Denn dort heißt es, dass der Zugriff auf die Ressourcen eines EIS ganz allgemein über einen Ressourcen-Adapter erfolgt, der das *Common Client Interface* (CCI) implementiert. Bei der Arbeit mit einer relationalen Datenbank stellt der *Java Database Connectivity*-(JDBC-)Treiber das dar, was man in der Connector-Architektur als Ressourcenadapter bezeichnet. JDBC basiert auf der *X/Open SQL Call Level*-Schnittstelle, in der die Kommunikation zwischen einer Anwendung und einer Datenbank spezifiziert ist.

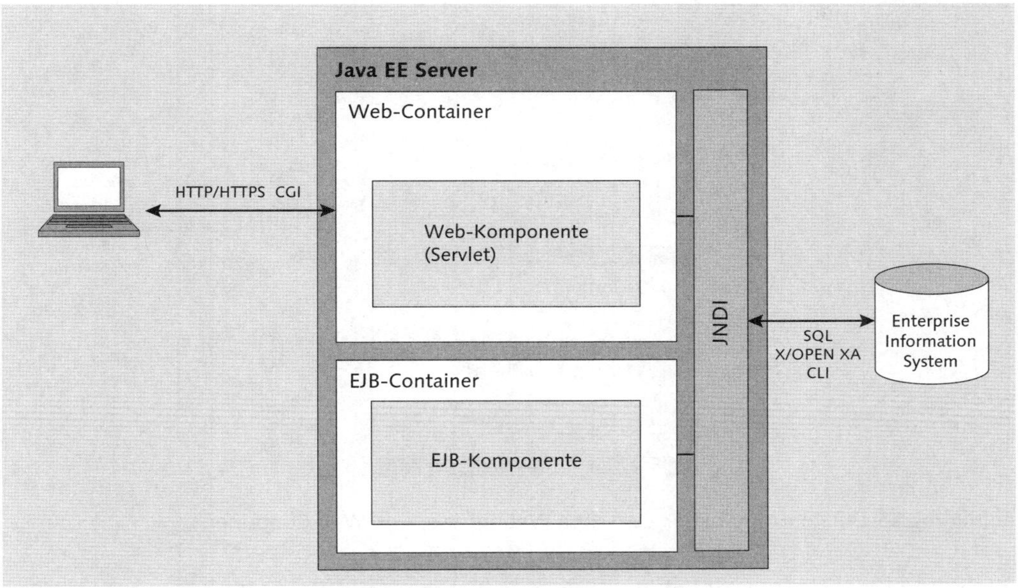

Abbildung 1.4 Der Zugriff auf den »Enterprise Information Service«

Abbildung 1.4 zeigt, dass die Connector-Architektur neben JDBC auch noch weitere Technologien beinhaltet, um die lose Kopplung zu optimieren. Zum Beispiel sollen die Komponenten von Java-EE-Anwendungen nicht direkt auf die EIS-Ressourcen zugreifen, denn diese Aufgabe obliegt dem Java EE Server. Der Java EE Server stellt die Daten über das *Java Naming and Directory Interface* (JNDI) zur Verfügung. JNDI bietet eine einheitliche Schnittstelle für den Zugriff auf Namens- und Verzeichnisdienste.

1.1.6 Anwendungsszenarien

In diesem Abschnitt wird in jeweiligen Anwendungsszenarien gezeigt, wie der lokale Client auf unterschiedliche Art und Weise mit dem Java EE Server kommuniziert und welche Java-EE-Technologien dabei zum Einsatz kommen.

Szenario 1: Browser ↔ Web-Container

In dem ersten Szenario verwendet der Benutzer einen Webbrowser, um mit dem Server zu kommunizieren. Die Verarbeitung des HTTP-Requests erfolgt im Web-Container eines Java EE Servers. Nachdem der Web-Container den eintreffenden HTTP-Request verarbeitet hat, erstellt er aus den enthaltenen Informationen ein Request-Objekt, das er als Parameter an das zuständige Servlet weiterleitet.

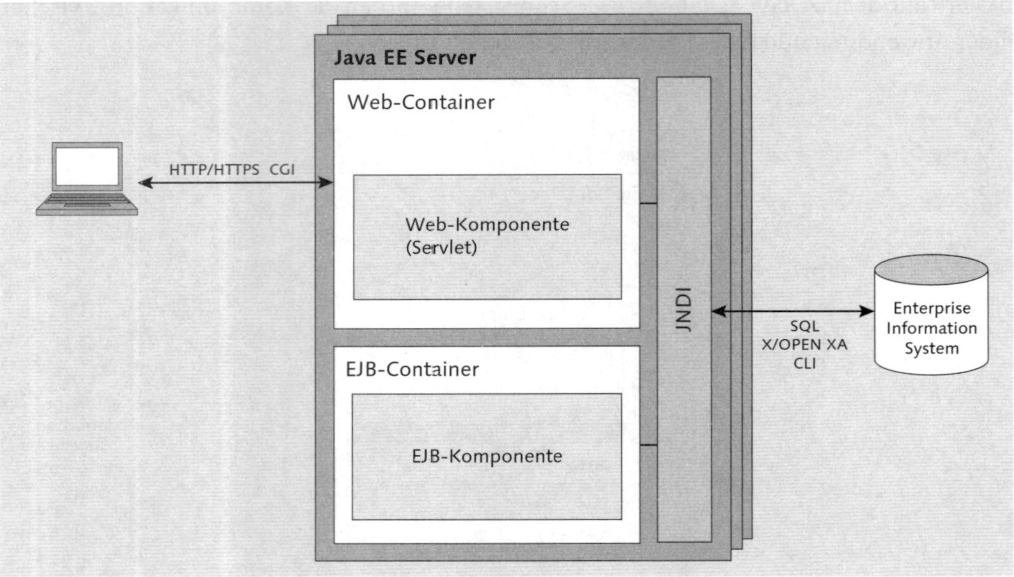

Abbildung 1.5 Die Kommunikation zwischen Webbrowser und Web-Container

In Abbildung 1.5 wird ein vollkonformer Java EE Server gezeigt. Der vollkonforme Java EE Server enthält einen Web-Container und einen EJB-Container. Die eingesetzten Web-Komponenten erfordern lediglich einen Web-Container. Da der EJB-Container nicht gebraucht wird, ist für dieses Anwendungsszenario ja eigentlich auch kein vollwertiger Java EE Server erforderlich. Deshalb könnte statt eines vollkonformen Java EE Servers auch ein einfacheres Produkt eingesetzt werden, das lediglich einen Web-Container bereitstellt. Diese einfache Variante wird in der Regel mit dem Produkt *Tomcat* der *Apache Software Foundation* umgesetzt. Tomcat integriert den gängigsten Web-Container. Er nennt sich *Catalina*.

In diesem Anwendungsszenario wird die Lastsicherheit durch drei Faktoren begünstigt. Der erste Faktor basiert darauf, dass der Java EE Server und der darin enthaltene Web-Container nicht für jeden HTTP-Aufruf rauf- und runtergefahren werden muss, sondern im Standby auf eintreffende HTTP-Requests wartet. Der zweite Faktor beruht auf der Multi-Threading-Fähigkeit des Web-Containers. Hierdurch kann der Web-Container zahlreiche gleichzeitig eintreffende HTTP-Requests entgegennehmen. Und selbst wenn etliche HTTP-Requests auf die gleiche Web-Komponente zielen, ist dies für den Web-Container kein Problem, da er mehrere Instanzen eines Servlets in einem Pool verwalten kann. In Abbildung 1.5 sehen Sie auch, dass mehrere Remote-Server im Cluster-Verbund zusammengeschaltet werden können. Dies ist der dritte Faktor, der die Aufnahmekapazität des Systems prinzipiell auf ein unbegrenztes Maß skalieren kann.

Szenario 2: Standalone-Client ↔ EJB-Container

Eine der Besonderheiten von EJB-Containern ist, dass sie genau wie Web-Container eine direkte Kommunikation mit der Außenwelt anbieten. Die Kommunikation findet hierbei statt, indem entfernte Client-Anwendungen die Methode einer Session Bean aufrufen. Dabei spielt es theoretisch keine Rolle, ob es sich bei dem entfernten Client um eine Java-Anwendung oder um eine Anwendnung einer ganz unterschiedlichen Plattform handelt. Die Sprachunabhängigkeit wird dadurch erreicht, dass die Gesprächspartner ihre Anweisungen in die *CORBA*-Sprache *Interface Definition Language* (IDL) übersetzen. CORBA steht für *Common Object Request Broker Architecture*. Das Transportprotokoll von CORBA nennt sich *Internet Inter ORB Protocol* (IIOP). Bei der EJB-Komponentenarchitektur nennt sich das Ganze *RMI over IIOP* (RMI-IIOP). Auf CORBA wird später in Kapitel 10, »Enterprise JavaBeans«, noch mal eingegangen.

Neben der Kommunikation mit *Session Beans* bietet die EJB-Komponentenarchitektur auch eine asynchrone, nachrichtenbasierte Kommunikation an. Für diesen Zweck sind keine Session Beans, sondern sogenannte *Message Driven Beans* im Gebrauch.

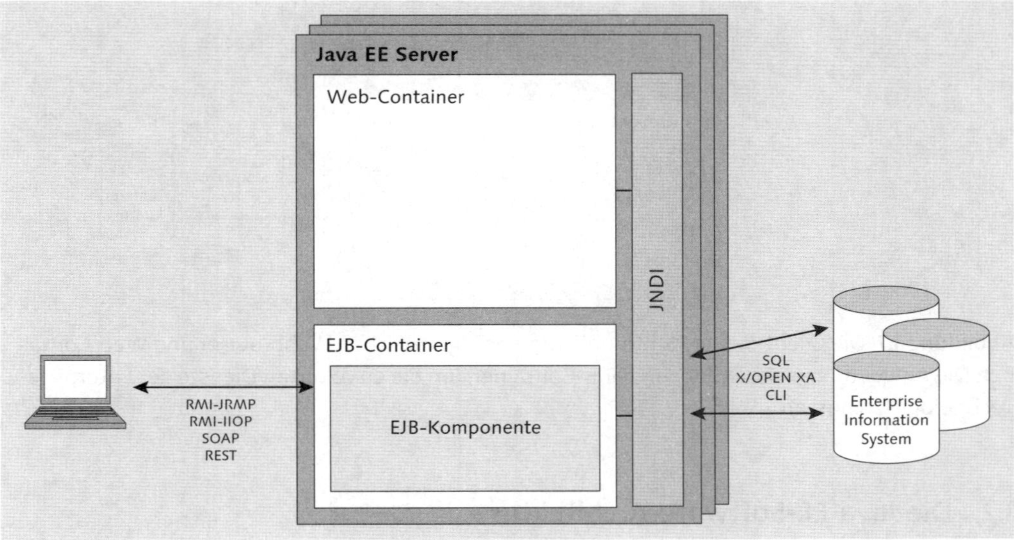

Abbildung 1.6 Die Kommunikation zwischen einer eigenständigen Standalone-Anwendung und einer EJB-Komponente

Abbildung 1.6 zeigt, dass die EJB-Komponente auch über die Transportprotokolle *SOAP* oder *REST* erreichbar ist. SOAP und REST kommen dann zum Einsatz, wenn Webservices verwendet werden. Wieder kommuniziert ein entfernter Client mit einer Session Bean – nur dass es sich jetzt um die Middleware-Technologie Webservices handelt. Auch Webservices werden in diesem Buch behandelt.

Szenario 3: Browser ↔ Web-Container ↔ EJB-Container

Abbildung 1.7 zeigt ein weiteres Szenario. Darin verwendet der Benutzer einen Webbrowser, um mit einem entfernten Java EE Server über den Web-Container zu kommunizieren. Bei diesem Szenario kommunizieren die Web-Komponenten mit den EJB-Komponenten innerhalb der gleichen Anwendung. Die Web-Komponente nutzt hierfür die *Context and Dependency Injection* (CDI). Weil die Web-Komponente in der gleichen Java-Laufzeitumgebung ausgeführt wird wie die EJB-Komponente, betrachtet man den Zugriff als »lokal«. Der »lokale« Zugriff wird vom Container intern über eine Referenz auf die Speicheradresse der EJB-Komponente bewerkstelligt.

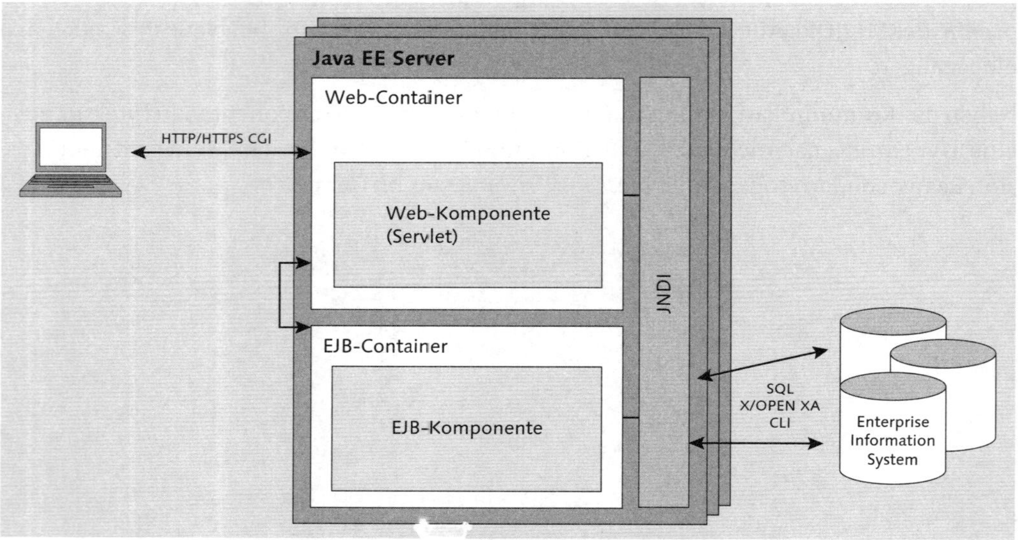

Abbildung 1.7 Die Client-Server-Kommunikation erfolgt zwischen Webbrowser und Web-Container. Die Anwendung verwendet einen EJB-Container, um die erweiterten Dienste der Enterprise-Technologie zu nutzen.

1.2 Die Java-EE-Software-Architektur

In der Praxis ist eine Java-EE-Anwendung aus sehr vielen Komponenten aufgebaut. Dabei handelt es sich meistens um eine sehr umfangreiche und komplexe Software. Je größer die Software ist, desto mächtiger wird der Wunsch nach einer sauberen Struktur. In Java-EE-Anwendungen wird eine Ordnung erzielt, indem die Komponenten in einer mehrschichtigen Architektur aufgeteilt werden. Darüber hinaus können in einer Java-EE-Software unterschiedliche Entwurfsmuster zum Einsatz kommen. Das gängigste Entwurfsmuster bei dem Frontend einer Java-EE-Anwendung nennt sich *Model-View-Controller* oder auch einfach *MVC-Entwurfsmuster*.

1.2.1 Das MVC-Entwurfsmuster

Das MVC-Entwurfsmuster trennt die Komponenten einer Java-EE-Anwendung in Anwendungsdaten (*Model*), Präsentation der Daten (*View*) und Anwendungslogik (*Controller*). Das Modell speichert den Anwendungszustand, der im Controller geändert und in der View dargestellt wird. Dabei werden die Anwendungsdaten als JavaBeans zwischen der View und dem Controller hin- und hergereicht.

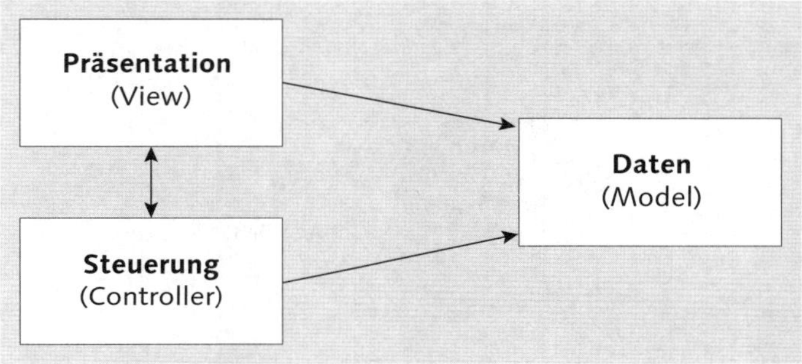

Abbildung 1.8 Das MVC-Entwurfsmuster

1.2.2 Die mehrschichtige Software-Architektur

Es wurde bereits angemerkt, dass die Java-EE-Komponenten typischerweise in mehrere Schichten sortiert sind. Dabei betrachtet man die Ordnung der Schichten gemäß dem Anfrageprozess. Das bedeutet, dass die View als Präsentationsschicht gesehen wird. Der Controller übernimmt darunter die Steuerungsschicht. Die Datenhaltung wird ganz unten angesiedelt und Persistenzschicht genannt.

Die Schichten kommunizieren miteinander über vereinbarte Schnittstellen. Jede Schicht kennt nur die Schnittstelle der direkt darunter liegenden Schicht. Durch eine saubere Trennung kann eine Schicht komplett ausgewechselt werden. Solange die vereinbarten Schnittstellen vorhanden sind, muss der Quelltext der anderen Schichten nicht angepasst werden. Ein anderer Vorteil der Schichtentrennung ist, dass unterschiedliche Experten an den einzelnen Schichten arbeiten können. Meistens werden für jeden Bereich mehrere Mitarbeiter in Teams gruppiert.

Als Beispiel betrachten wir eine gängige Aufteilung, die mit vier Schichten auskommt. In Abbildung 1.9 sehen Sie, wie hierbei die Low-Level-Technologien Servlets und JSPs im Frontend zum Einsatz kommen. Im Backend wird die Geschäftslogik eingebaut. Darunter werden Java-Klassen programmiert, die für die Speicherung der Geschäftsdaten über JDBC zuständig sind. Der englische Fachbegriff lautet *Data Access Objects* (DAO). Beachten Sie auch noch, wie die Daten in Form von ganz einfachen Java-Klassen zwischen Frontend und Backend hin- und hergereicht werden. Solche einfachen Java-Klassen werden auch *Plain Old Java Objectss* (POJOs) bzw. *JavaBeans* genannt.

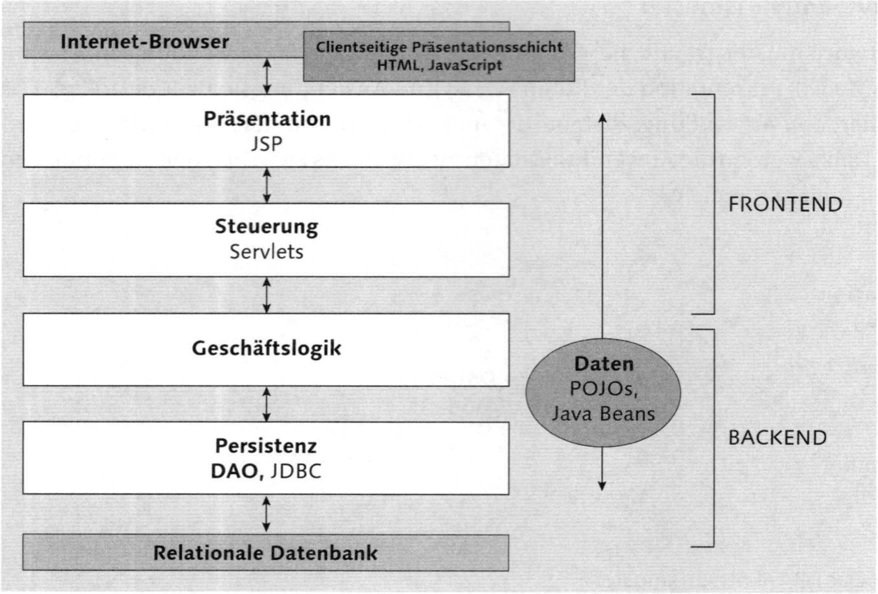

Abbildung 1.9 Die Schichten, die bei einem persistierenden Request durchlaufen werden

Die gleiche Software-Architektur können wir auch mit den High-Level-Technologien JSF, EJB und JPA verwirklichen (siehe Abbildung 1.10).

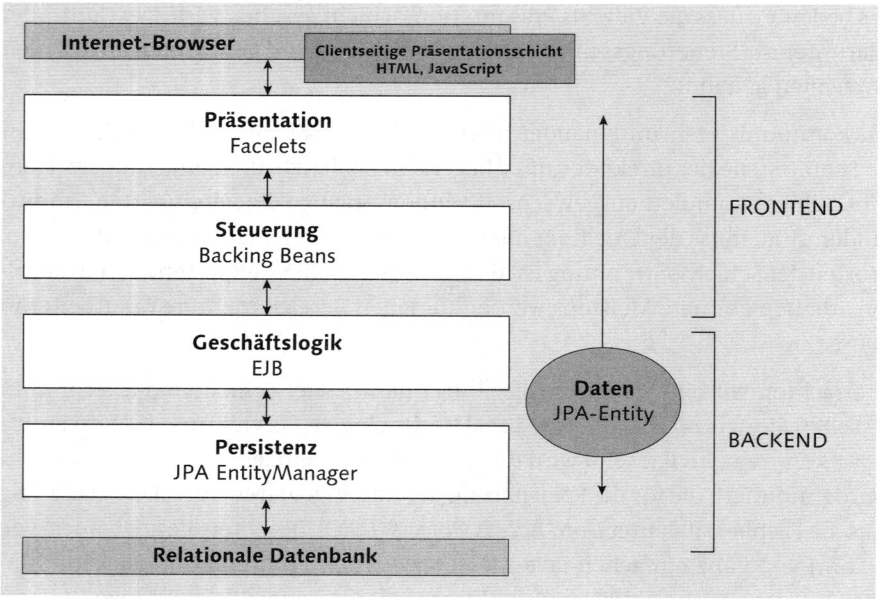

Abbildung 1.10 High-Level-Technologien innerhalb der mehrschichtigen Java-EE-Software-Architektur

Im Folgenden gehe ich ausführlicher auf die einzelnen Schichten ein.

Schicht 1: Präsentation

Die oberste Schicht bezeichnet man als *Präsentationsschicht* bzw. als *View*. Weil die Benutzerschnittstelle einer Java-EE-Anwendung üblicherweise webbasiert ist, lässt sich diese Schicht in eine Client- und eine Server-Seite aufteilen. Die clientseitige Präsentationsschicht befindet sich physikalisch im Webbrowser. In den Anwendungsszenarien 1 und 3 wird sie als dynamisch erzeugte HTML-Seite innerhalb eines Webbrowsers angezeigt. Über diese Ansicht kann der Benutzer die Daten in einer Web-Page betrachten und mit der Anwendung interagieren. Gleichzeitig kann die Web-Page JavaScript enthalten, sodass die Client-Seite aktiv über Ajax mit dem Server kommunizieren kann. In der Literatur von Oracle wird die clientseitige Präsentationsschicht manchmal auch als Client-Layer bezeichnet. Die serverseitige Präsentationsschicht besteht aus den Web-Komponenten, mit denen der Entwickler die clientseitige Präsentationsschicht entwirft. Mit Low-Level-Technologien wären das JSPs. Mit High-Level-Technologien kämen an dieser Stelle vorzugsweise sogenannte *Facelets* zum Einsatz.

Schicht 2: Steuerung

Die zweite Schicht nimmt die Anfragen des HTTP-Clients entgegen. Darüber hinaus ist sie für die Steuerung im Programmablauf zuständig. Gleichzeitig leitet sie die Anfrage an die tieferen Schichten weiter. Ohne JSF-Framework müssten Sie an dieser Stelle Servlets entwickeln. Wenn hingegen das JSF-Framework zum Einsatz kommt, wird die Entgegennahme der HTTP-Anfrage vom Framework übernommen. Im Programm braucht nur die Steuerung vorgesehen zu werden. Hierfür werden spezielle *Backing Beans* programmiert. Im Prinzip handelt es sich hierbei um JavaBeans, die durch das CDI-Framework vom Web-Container verwaltet werden.

Schicht 3: Geschäftslogik

In der dritten Schicht wird die Geschäftslogik abgebildet. Diese Schicht kann durch den Einsatz von *Enterprise JavaBeans* realisiert sein. Dies kommt auf das eingesetzte Szenario an. Eine weitere Bezeichnung für diese Schicht ist *Business-Schicht* bzw. *Business-Layer*. Werden keine EJBs verwendet, spricht man manchmal auch von einer *Service-Schicht*.

Schicht 4: Persistenz

Die Persistenz-Schicht besteht aus den Komponenten, die aus der Anwendung heraus für die dauerhafte Datenhaltung zuständig sind. Die Komponenten der Persistenz-Schicht speichern, ändern und löschen Daten, indem sie auf eine relationale Datenbank zugreifen.

Ohne JPA werden die Datenbankzugriffe mithilfe von JDBC verwirklicht. Mit High-Level-Technologien wird man die *Java Persistence API* (JPA) einsetzen. Das bedeutet, dass die darüber liegende Geschäftslogik-Schicht direkt den Entity-Manager von JPA nutzt, um die Geschäftsdaten zu persistieren.

Für den Transport der Daten werden bei den Low-Level-Technologien einfache POJOs bzw. JavaBeans verwendet. Häufig handelt es sich bei diesen Objekten um Gegenstücke zu einem Datensatz einer Datenbanktabelle. In so einem Fall spricht man auch von einer *Entity*.

Mit den High-Level-Technologien wird man die spezielleren JPA-Entities einsetzen. Im Prinzip handelt es sich hierbei ebenfalls um JavaBeans, die jedoch bestimmte Voraussetzungen erfüllen müssen.

In Abbildung 1.10 sehen Sie, dass die gleiche JavaBean durchgehend in allen Schichten als Modell bzw. als Datenbehälter verwendet wird. Allerdings ist diese einfache Vorgehensweise in großen Java-EE-Anwendungen manchmal mit Vorsicht zu genießen. Denn wie Sie in Kapitel 8, »Die Java Persistence API«, noch sehen werden, kann der Datensatz einer Datenbanktabelle sehr große Binärwerte (beispielsweise Bilder) enthalten. Die Entity, die als Gegenstück zu einem solchen Datensatz erzeugt wird, könnte anschließend zur Laufzeit den Arbeitsspeicher verstopfen. Erschwerend kommt hinzu, dass die relationale Abhängigkeit zwischen den Datenbanktabellen als Referenz in den JavaBean-Objekten realisiert wird. Dies kann zur Folge haben, dass bei einer einzigen Abfrage ganze Objektbäume in das Frontend geliefert werden. Um diesen Problemen entgegenzutreten, werden in der Java-EE-Welt verschiedene Ansätze verfolgt. Eine Variante besteht darin, große Werte erst zu setzen, wenn sie tatsächlich gebraucht werden. Man spricht hierbei vom *Lazy Fetching*. Ein weiteres Problem entsteht aber auch hierbei durch die Art und Weise, wie das JPA-Framework arbeitet. Denn JPA kann einen Wert nur automatisiert in eine Entity setzen, wenn es im sogenannten *Managed*-Zustand ist. Aufgrund dieser Probleme muss eine gut durchdachte Strategie entworfen werden, die konsequent in der gesamten Java-EE-Anwendung eingehalten wird.

1.3 Die Technologien von Java EE 7

Als man im Jahre 2011 die neuen Technologien für Java EE 7 vereinbarte, gehörten die Themen *Cloud-Computing* und *JCache* noch zu den primären Zielen der neuen Version. Aus welchen Gründen man diese Technologien auf die Version Java EE 8 verschob, mag dahingestellt sein. Tatsache ist, dass die vorgenommenen Änderungen auch ohne sie recht umfangreich sind. Dabei wurden zu Java-EE-Version 7 auch komplett neue Technologien hinzugefügt. Dabei handelt es sich um:

- Java API for WebSocket
- Java API for JSON Processing
- Concurrency Utilities for Java EE
- Batch Applications for the Java Platform

Gleichzeitig wurde die Java-EE-Spezifikation zusammengestutzt. Denn folgende APIs wurden in der Java-EE-7-Spezifikation als »nur noch optional« markiert:

- EJB QL
- EJB Entity Beans
- JAX-R
- JAX-RPC
- Java-EE-Deployment

Weil die Hersteller von Java EE Servern diese Technologien somit nicht mehr implementieren müssen, kann man die betroffenen APIs als »entfernt« betrachten.

Laut des Herstellers besteht der Kern der Neuerungen aber vor allem in der *Unterstützung von HTML5* und in der *Verbesserung der Produktivität*. Dies werden wir uns in diesem Abschnitt als Erstes genauer anschauen. Anschließend werden die einzelnen Java-EE-Technologien kurz beschrieben, die für einen Java-EE-Entwickler von Bedeutung sind. Hierdurch soll vorab schon mal ein Überblick geschaffen werden. Dabei werden wir die Java-EE-Technologien in folgende Gruppen einteilen:

- Web-Technologien
- Enterprise-Technologien
- Webservices-Technologien

Neben diesen drei Gruppen sind im Gesamtpaket auch noch Technologien inbegriffen, die unter folgenden Gruppen zusammengefasst werden:

- Management- und Security-Technologien
- Java-SE-Technologien, die sich auf Java EE beziehen

Hierbei handelt es sich um Technologien, die Ihnen als Java-Entwickler womöglich bereits in einem anderen Zusammenhang untergekommen sind, wie beispielsweise JDBC.

Wie Sie sehen, umfasst die Java-EE-7-Spezifikation ganz unterschiedliche Technologien, die jeweils eine bestimmte Aufgabe des Gesamtwerks abdecken. In diesem Buch werde ich die folgende Java-EE-Technologien behandeln:

Kapitel	Technologie
Kapitel 1, »Überblick«	WebSocket 1.0
Kapitel 2, »Der Java EE Server«	HTTP 1.1 UTF-8
Kapitel 3, »Planung und Entwurf«	SCRUM AMDD-XP
Kapitel 4, »Servlets«	Servlets 3.1

Tabelle 1.1 Behandelte Technologien

Kapitel	Technologie
Kapitel 5, »Java Server Pages«	JSP2.3 JSTL1.2 JSP-EL3.0
Kapitel 6, »Die relationale Datenbank«	Oracle DB ANSI-SQL 92
Kapitel 7, »Der Datenbankzugriff«	JDBC 4.1
Kapitel 8, »Die Java Persistence API«	JPA 2.1
Kapitel 9, »Java Server Faces«	JSF 2.2 JSF-EL 3.0 CDI 1.1
Kapitel 10, »Enterprise JavaBeans«	EJB 3.2 JMS 2.0 JAX-WS2.2 JAX-RS2.0

Tabelle 1.1 Behandelte Technologien (Forts.)

Wenn Sie zum ersten Mal mit den Java-EE-Technologien in Berührung kommen, werden Ihnen manche Fachbegriffe bei dem nachfolgenden Rundflug fremd vorkommen. Dies ist aber nicht weiter schlimm, da ihr Zweck noch ausführlich dargestellt wird.

In Tabelle 1.1 sehen Sie, dass dieses Buch nicht nur Technologien und APIs der Java-EE-Spezifikation beschreibt, sondern auch auf Themen eingeht, die für die praktische Umsetzung eines Java-EE-Projekts sonst noch wichtig sind. Beispielsweise gehört es zum Know-how eines Java-EE-Entwicklers, dass er sich in einem bestimmten Umfang mit der Handhabung eines Java EE Servers und einer relationalen Datenbank (inklusive dem ANSI-SQL-Standard) auskennt. Darüber hinaus wird in den meisten Java-EE-Projekten von Ihnen erwartet, dass Sie Datenmodelle entwerfen können und dass Ihnen die gängigen Methoden für die Planung eines Java-EE-Projekts bekannt sind. Die Rede ist hierbei von Scrum und dem *Agile Model Driven Development and Extreme Programming* (AMDD/XP). Auf diese Themen gehe ich in Kapitel 3 ausführlich ein. Dabei lernen Sie auch, wie man mithilfe von *Object Oriented Analysis and Design* (OOAD) über die Analyse und den Entwurf einer Anwendung zur konkreten Implementierung gelangt.

Tabelle 1.1 können Sie ferner entnehmen, dass ich in diesem Buch sowohl der Low-Level-Programmierung mit Servlets, JSPs und JDBC als auch der High-Level-Programmierung mit JPA und JSF gesondert Raum gebe. Es ist ganz einfach so, dass beide Alternativen in der Java-EE-Welt möglich und nützlich sind. Und obwohl neue Projekte in der Regel mit den High-Level-

Technologien realisiert werden, bieten Low-Level-Technologien in gewissen Situationen eine bessere Flexibilität. Sich mit den Low-Level-Technologien auseinanderzusetzen, lohnt sich auch deswegen, weil sie die Grundbausteine der High-Level-Komponenten sind und Sie diese dadurch von Grund auf verstehen.

Unterstützung von HTML5-basierten Technologien

Beobachtet man die Entwicklung moderner Technologien, so stellt man fest, dass wir in einer Zeit eines durchgreifenden Umbruchs leben. Die Rede ist von der Revolution, die sich schon längst in den Webseiten des Internets widerspiegelt. Denn obgleich HTML 4.01 immer noch aktuell ist, wird bereits ausgiebig der Nachfolger *HTML5* eingesetzt. Der neue Standard befand sich bisher eigentlich unter der Obhut des *World Wide Web Consortiums* noch im Entwicklungsstadium. Die Fertigstellung der finalen Version kommt aber nun in großen Schritten auf uns zu. Und weil die Hersteller von Webbrowsern ihrer Zeit vorauseilen, gehört es sogar jetzt schon zur alltäglichen Wirklichkeit. Denn die neuesten Versionen von Google Chrome, Mozilla Firefox, Apple Safari, Microsoft Internet Explorer und einigen anderen sind durchaus schon in der Lage, HTML5 anzuzeigen. Und damit wären wir auch schon in der neuen, besseren und schöneren Welt, denn Java EE 7 hat sich mit zahlreichen Neuerungen hierfür gerüstet und dem neuen Webstandard HTML5 die höchste Priorität eingeräumt.

Ein weiterer Standard, der fast unbemerkt mit HTML5 in Vormachtstellung geht, nennt sich *CSS3*. Kein Entwickler von modernen Webanwendungen kommt mehr umhin, diesen Standard gleichermaßen ins Auge zu fassen. Auch unser durchgängiges Beispiel wird frontseitig mit HTML5 und CSS3 ausgestattet. Darüber hinaus hat sich auch JavaScript als unverzichtbarer Bestandteil einer modernen Webanwendung etabliert. Der Durchbruch kam schon vor vielen Jahren mit *Asynchronous JavaScript and XML* (Ajax). Aber die Entwicklung ist nicht stehen geblieben. Ajax wird heutzutage beispielsweise zusammen mit den Technologien Webservices, WebSockets und JSON eingesetzt. Darum ist spätestens jetzt der Zeitpunkt gekommen, an dem auch JavaScript salonfähig geworden ist: JavaScript gehört immer mehr zum alltäglichen Entwurf einer aktuellen Webanwendung.

Verbesserung der Produktivität

Wenn ein Hersteller von der »Verbesserung der Produktivität« spricht, so meint er, dass nun vieles simpler ist und zahlreiche Vereinheitlichungen vorgenommen wurden. Viele Vereinfachungen resultieren aus der Tatsache, dass den APIs manche neue Annotationen hinzugefügt wurden, sodass XML-Konfigurationen immer mehr in den Hintergrund rücken. Weil darüber hinaus das Prinzip des *Convention Over Configuration* verstärkt Einzug erhält, können viele Konfigurationen mit den neuen APIs der Java-EE-Version 7 sogar komplett weggelassen werden. Beispielsweise enthält der Java-EE-Standard eine Technologie, mit der man dem Container mitteilen kann, dass er sich um die Verwaltung bestimmter Komponenten kümmern soll. Die Rede ist von der *Context and Dependency Injection* (CDI). In der Java-EE-

Version 6 war es noch so, dass man hierfür eine Konfigurationsdatei mit dem Namen *beans.xml* vorsehen musste, denn ohne sie wurde CDI nicht aktiv. Mit der Java-EE-Version 7 ist man hierzu nicht mehr verpflichtet.

Dass die Entwickler des der Java-EE-Standards aber immer weiter an einer einheitlichen API arbeiten, wird in der API von *Java Server Faces* (JSF) deutlich. Denn auch in der JSF-API besteht ein Package, mit dem die automatische Verwaltung von JavaBeans angewiesen werden kann. Der Java-EE-Standard versucht, diese Vielfalt nun einzuschränken, indem er dem CDI-Standard Vorrang gibt. Die Java-EE-Spezifikation empfiehlt, das Managed-Bean-Package der JSF-API nicht mehr einzusetzen. Ab der Java-EE-Version 8 wird die in der JSF-API vorhandene Variante sogar gänzlich als »deprecated« erklärt werden.

Hinweis

Auf CDI gehe ich weiter unten noch einmal ein, und in Kapitel 9, »Java Server Faces«, werden wir CDI anhand von praktischen Beispielen ausführlich behandeln.

In diesem Buch wird den vereinfachten Programmier- und Konfigurationsmöglichkeiten mit Java EE 7 Vorrang gegeben. Ältere, aufwendigere Konfigurationen werden nicht mehr gezeigt – es sei denn, sie werden aus dem einen oder anderen Grund noch gebraucht.

1.3.1 Die Web-Technologien des Java-EE-7-Standards

In diesem Abschnitt werden die einzelnen Web-Technologien des Java-EE-Standards beleuchtet.

Die folgenden Web-Technologien sind im Java-EE-7-Standard überarbeitet worden bzw. neu hinzugekommen:

- **Java Servlet 3.1**: überarbeitet mit JSR 340
- **Java Server Pages 2.3**: überarbeitet, aber immer noch gleiches JSR 245
- **Expression Language 3.0**: überarbeitet mit JSR 341
- **Java Server Faces 2.2**: überarbeitet mit JSR 344
- **Java API for WebSocket 1.0**: neu mit JSR 356
- **Java API for JSON Processing 1.0**: neu mit JSR 353

Obwohl manche Java-EE-Anwendungen nach wie vor Standalone-Anwendungen und sogar Java-Applets als Benutzerschnittstellen einsetzen, kann man heutzutage davon ausgehen, dass ein Benutzer, der mit einer Java-EE-Anwendung in Berührung kommt, in der Regel einen Webbrowser verwendet. An zentraler Stelle steht hierbei die Servlet-Technologie, die mithilfe des Web-Containers für die Interaktion zwischen der clientseitigen und der serverseitigen Präsentationsschicht verantwortlich ist. Die Programmierung einer modernen

Benutzerschnittstelle erfolgt aber fast immer auf einer höheren Ebene, denn längst hat sich die High-Level-Technologie *Java Server Faces* im Java-EE-Umfeld etabliert.

Servlets 3.1

1995 stellte der Java-Altvater James Gosling das Konzept der Servlet-Technologie vor, und es wurde später von Pavani Diwanji überarbeitet. Sun Microsystems stellte die Servlet-Technologie schließlich in der Version 1.0 im Jahre 1997 fertig. Als Java EE 1.0 erstmalig als Sammel-Spezifikation im Jahre 1999 veröffentlicht wurde, gehörte die Servlet-Technologie in der Version 2.2 gleich als fester Bestandteil dazu.

Anfangs hatte man eine Schnittstelle entwickelt, die auf dem *Common Gateway Interface* (CGI) basierte, und darüber hinaus konnte man nun mit Java objektbasiert und komfortabel HTTP-Requests und HTTP-Responses verarbeiten. Die Servlet-Technologie baut im Wesentlichen auf Java-Komponenten auf, die sich ebenfalls Servlets nennen. Aus der Sicht des Web-Containers ist ein Servlet eine Java-Klasse, die das Interface `javax.servlet.Servlet` implementiert. Obwohl dies die einzige Voraussetzung dafür ist, das eine Java-Klasse in einem Web-Container ausgeführt werden kann, ist es nicht üblich, Servlets so zu programmieren. Vielmehr erstellt man Servlets, indem man eine Java-Klasse von der abstrakten Klasse `javax.servlet.http.HttpServlet` ableitet (siehe Abschnitt 4.1). Denn erst diese Unterklasse enthält alles erforderliche für eine vollwertige Web-Komponente. Im folgenden Beispiel wird ein Servlet mit dem Parameter `name` aufgerufen.

http://localhost:8080/onlineshop-war/SigninServlet?name=Alex

Es antwortet mit einem http-basierten Text:

```
String name = request.getParameter("name");
out.println("<html>");
out.println("<body>");
out.println("<h1>Hallo " + name + "</h1>");
out.println("</body>");
out.println("</html>");
```

Listing 1.1 »SigninServlet.java«

Ist der Container erst einmal in Betrieb, braucht eine Web-Komponente nur ein einziges Mal aufgerufen zu werden. Da der Web-Container die Parallelprogrammierung beherrscht, kann er die Web-Komponenten zur selben Zeit für weitere gleichzeitig aufkommende Anfragen verwenden. Dabei wird die Anfrage nicht direkt an die Web-Komponente weitergeleitet, sondern zunächst automatisch vom Web-Container ausgewertet. Erst im Anschluss kommt die Web-Komponente ins Spiel, denn sie ist für die fachliche Bearbeitung der Anfrage zuständig.

Als Servlets im Jahre 1996 erfunden wurden, entwickelte man Web-Komponenten anfangs genau so, wie es im obigen Beispiel gezeigt wurde. Man schrieb die HTML-Texte in einen Ausgabestrom. Wenn man sich vor Augen hält, dass Webseiten häufig aus Hunderten von HTML-Zeilen bestehen, kann man sich leicht vorstellen, wie wartungsintensiv Servlets sein können.

Der ausgiebige Gebrauch von Ajax in neueren grafischen Benutzerschnittstellen (GUIs) führt dazu, dass Servlets wesentlich öfter von HTTP-Requests angesprochen werden, als es in herkömmlichen Webanwendungen der Fall war. Bei manchen Webanwendungen kann man von einem regelrechten Trommelfeuer sprechen. Deshalb wurden bereits in der Java-EE-Version 6 *asynchrone Servlets* eingeführt. Ein asynchrones Servlet kann gleichzeitig für mehrere HTTP-Requests eingesetzt werden. Damit ist gemeint, dass langanhaltende Prozesse, wie beispielsweise die Speicherung von Bildern, in einen separaten Thread verzweigt werden können. Weil der verzweigte Thread den HTTP-Request zu einem späteren Zeitpunkt eigenständig beantworten kann, wird der eigentliche Thread geschlossen und steht für den nächsten HTTP-Request sofort zur Verfügung. (Asynchrone Servlets werden in Kapitel 4, »Servlets«, behandelt.)

Was aber geschieht, wenn nicht die Server-Seite, sondern die Client-Seite blockiert? Um auch hierfür gewappnet zu sein, führt Java EE 7 mit der Technologie *Servlets Version 3.1* die *NonBlocking I/O* ein. Wird beispielsweise ein Bild Byte für Byte von einem Inputstream eingelesen, könnte der Eingabestrom abgeschnitten sein. Hierdurch würde der Server normalerweise auf das nächste Byte warten und blockieren. Durch die Nonblocking I/O wird die Bearbeitung des Datenstroms in speziellen Callback-Methoden von neuen speziellen Listener-Klassen durchgeführt. Hierdurch kann im Programm kontrolliert auf den blockierenden Prozess reagiert werden.

JSP 2.3

Aufgrund des hohen Wartungsaufwands von Servlets fügte man bereits der allerersten Java-EE-Version 1.0 die Technologie *Java Server Pages* (JSP) hinzu. Eine JSP sieht dem Anschein nach wie eine HTML-Seite aus. Eine spezielle JSP-Engine namens *Jasper* erzeugt aus jeder JSP ein automatisch generiertes Servlet. Dieses Servlet setzt die Zeichenketten der JSP in einen Ausgabestrom, genauso wie es im obigen Beispiel im Servlet durchgeführt werden könnte. Durch diese Umstülpung wird ermöglicht, dass innerhalb des HTML-Quelltextes nun auch reiner Java-Code programmiert werden kann.

```
<html>
<body>
<h1>Hallo <%=request.getParameter("name")%></h1>
</body>
</html>
```

Listing 1.2 »index.jsp«

Dadurch kann ein Web-Designer eine JSP grafisch gestalten und ein Java-Entwickler kann in der gleichen Datei Java-Anweisungen setzen.

Zusätzlich können individuelle JSP-Elemente als Java-Klassen programmiert werden, die die JSP-Engine als dynamische Java-Anweisungen interpretiert. Die JSP-Elemente können vom Web-Designer innerhalb der JSP genauso wie HTML-Elemente gesetzt werden. Hierdurch werden die statischen HTML-Elemente um dynamische JSP-Elemente erweitert. Denn der klassische Web-Designer arbeitet normalerweise nur mit HTML und CSS. Für ihn ist Java »kryptisches Zeug«, mit dem er sich nicht herumschlagen mag.

Für die wichtigsten Zwecke bietet die JSP-API sogenannte JSP-Aktionselemente an, sodass diese nicht mehr individuell programmiert werden müssen. Im folgenden Listing wird gezeigt, wie die JSP-Aktionselemente `useBean` und `getProperty` genutzt werden, um die E-Mail eines Kunden auszugeben:

```
<html>
<body>
<jsp:useBean id="customer"
    class="de.java2enterprise.onlineshop.model.Customer"/>
<jsp:getProperty
        property="email"
        name="customer"/>">
</body>
</html>
```

Listing 1.3 »index.jsp«

EL 3.0

Das obige Beispiel zeigt, wie kompliziert die Verwendung von JSP-Elementen sein kann. Die Antwort auf dieses Problem kam mit der *Expression Language* (EL). Das folgende Listing zeigt, wie einfach die Ausgabe der Kunden-E-Mail hiermit programmiert werden kann:

```
<html>
<body>
${customer.email}
</body>
</html>
```

Listing 1.4 »index.jsp«

Die EL war bisher ein Teil der JSP 2.0-Spezifikation. Mit Java EE 7 wird die EL in der Version 3.0 als eigenständige Technologie integriert. Dies lässt sich logisch daraus ableiten, dass sich der Trend weg von JSP in Richtung JSF bewegt. Die neue EL-Version 3.0 bietet eine sehr große Zahl an neuen Features.

Die EL wird nicht nur in JSPs, sondern auch für die Technologie JSF insbesondere bei sogenannten *Facelets* eingesetzt. Die Untermenge, die man in JSPs verwendet, bezeichnet man als *JSP-EL*. Die Untermenge für Facelets wird auch *JSF-EL* genannt.

JSF-EL erkennen Sie an der voranstehenden Raute:

```
<html>
<body>
#{customer.email}
</body>
</html>
```

Listing 1.5 »index.xhtml«

JSTL 1.2

Die *Java Server Pages Standard Tag Library* (JSTL) bietet spezielle Elemente an, über die zum Beispiel Verzweigungen, Schleifen oder die Ausgabe von Werten programmiert werden können. Im folgenden Listing sehen Sie, wie mit JSTL geprüft wird, ob die JavaBean mit dem Namen `customer` gesetzt worden ist. Wenn sie keinen Wert enthält, wird `Bitte einloggen!` ausgegeben.

```
<c:if test="${empty customer}">
    Bitte einloggen!
</c:if>
```

Listing 1.6 »index.jsp«

JSF 2.2

Als man anfangs noch Webanwendungen mit Servlets und JSPs programmierte, wurde bald eine klare Aufgabenverteilung deutlich. Während man Servlets einsetzte, um den Ablauf zu steuern, verwendete man JSPs nur noch für die Präsentation der Geschäftsdaten. Eine dritte Aufgabe kam ganz »normalen« Java-Klassen zu, denn man benötigte auch einen Transportbehälter für die Geschäftsdaten. Den ganzen Verbund der Klassen, den man für das Geschäftsmodell entwirft, nennt man *Domänenmodell* oder auch einfach nur *Model*. Deshalb wird das Entwurfsmuster als *Model-View-Controller*-(MVC-)Pattern bezeichnet.

In den ersten Java-EE-Versionen zeigte sich, dass bei dem MVC-Entwurfsmuster mit Servlets und JSPs zahlreiche Programmieranweisungen immer wieder gleich blieben. Deshalb entwickelte man Frameworks, die diesen Quelltext automatisch erstellen. Die wichtigsten Erkenntnisse dieser Frameworks wurden in die sogenannten *Java Server Faces* übernommen, denn Java Server Faces beinhalten all das, was die Java-Gemeinde aus der jahrelangen Erfahrung mit den älteren Java-EE-Open-Source-Frameworks (wie zum Beispiel *Struts*) gelernt hat. Das wichtigste Merkmal von JSF ist hierbei, dass es das MVC-Entwurfsmuster in Perfektion umsetzt. Allerdings nimmt das JSF-Framework dem Entwickler noch eine ganze Reihe weiterer Arbeiten ab. Seitdem JSF im Jahre 2006 in den Java-EE-Standard Einzug gehalten hat, gewinnt die High-Level-Programmierung mit JSF gegenüber der Low-Level-Programmierung mit Servlets und JSPs stetig an Grund.

Kommen wir nun zu den Neuerungen, die Java EE 7 für Java Server Faces mitbringt. Während die Java-Spezifikation Java EE 6 noch die JSF-Version 2.1 enthielt, bietet Java-EE-Version 7 die neue JSF-Version 2.2. Der Schritt von 2.1 zu 2.2 zeigt zunächst an, dass es sich um ein kleines Update handelt. Jedoch täuscht diese Vermutung, da sich mit JSF 2.2 doch einiges am Framework verändert.

Weiter oben wurde bereits angemerkt, dass JSF eine eigene Möglichkeit bietet, verwaltete Objekte zu erschaffen. Das Package, das die JSF-API hierfür verwendet, nennt sich `javax.faces.bean` und wird ab der Version Java EE 8 als »veraltet« (*deprecated*) gekennzeichnet sein. Um für zukünftige Änderungen gewappnet zu sein, sollten aktuelle Java-EE-Anwendungen bereits jetzt nur noch die CDI-Variante nutzen.

Eine weitere Neuheit betrifft die Einbindung von HTML5. Damit neue und derzeit noch unbekannte HTML5-Attribute und HTML5-Elemente eingesetzt werden können, bietet die neue JSF-API in der Version 2.2 sogenannte HTML5-friendly Markups an. Man unterscheidet hierbei zwischen Pass-Through-Attributen und Pass-Through-Elementen.

Bei den *Pass-Through-Attributen* handelt es sich um die Möglichkeit, JSF-Attribute mitzuführen, die vom Framework einfach weitergereicht werden:

```
<h:inputText
    value="#{registerController.customer.email}">
    <f:passThroughAttribute
        name="pattern"
        value="#{registerController.pattern}"/>
</h:inputText>
```

Um ein neues HTML5-Element zu nutzen, nutzt JSF einen kleinen Kniff, denn es betrachtet ein Element als *Pass-Through-Element*, wenn mindestens eines seiner Attribute im Namensraum von *http://xmlns.jcp.org/jsf* definiert ist:

```
<html
  xmlns="http://www.w3.org/1999/xhtml"
  xmlns:h="http://xmlns.jcp.org/jsf/html"
  xmlns:jsf="http://xmlns.jcp.org/jsf">

    ...
    <input
        jsf:type="text"
        jsf:value="#{registerController.customer.email}">
        jsf:pattern="#{registerController.pattern}"/>
    ...
```

Neben den soeben genannten Neuerungen sind auch noch weitere Verbesserungen in die JSF-2.2-API eingeflossen. Eine der hier herausragenden Erweiterungen nennt sich *Faces Flow*.

Faces Flow wird eingesetzt, wenn mehrere Schritte in der Benutzerschnittstelle gut strukturiert und wie aus einem Guss gesteuert werden sollen. Als Anwendungsfall kann man sich einen Kunden eines Onlineshops vorstellen, der mehrere Artikel in einen Warenkorb legt, um diese abschließend als zusammengehörenden Einkauf zu bezahlen.

WebSocket 1.0

Eingangs wurde erwähnt, dass mit der neuen Java-EE-Version 7 die Technologie *WebSocket* in das Hoheitsgebiet von Java Enterprise einzieht. WebSocket ist ein Netzwerkprotokoll, das das HTTP-Protokoll nutzt, um die Kommunikation zwischen Client und Server anzustoßen. Obwohl der anfängliche Handshake dem HTTP-Protokoll gleicht, ermöglicht WebSocket, dass der anschließende Datenaustausch nicht mehr über HTTP nach dem klassischen »Client fragt, Server antwortet«-Prinzip, sondern in beiden Richtungen in Form eines Datenaustauschs stattfindet. Die beidseitige Kommunikation wird hierbei clientseitig mit JavaScript und serverseitig mit Java programmiert.

Das WebSocket-Protokoll wurde bereits im Jahre 2009 von Ian Hickson spezifiziert, einem Mitarbeiter des Unternehmens Google. WebSocket wurde vom IETF im Dezember 2011 als RFC 6455 standardisiert. Das Dokument kann unter folgender URL heruntergeladen werden:

http://tools.ietf.org/html/rfc6455

Parallel dazu beschrieb Ian Hickson auch, wie eine JavaScript-API zum WebSocket-Protokoll aussehen könnte. Das W3C übernahm seine API-Spezifikation, die Sie als *Candidate Recommendation* unter folgender URL herunterladen können:

http://www.w3.org/TR/websockets

Die Eingliederung in die Java-EE-Spezifikation erfolgte mit dem neuen JSR-356 unter dem Namen *Java API for WebSocket*.

Beachten Sie, dass die WebSocket-API in älteren Webbrowser-Versionen noch nicht eingearbeitet ist. Unglücklich ist hierbei, dass manche alten Webbrowser eine WebSocket-API zwar eingebaut haben, die betroffene WebSocket-API-Version aber veraltet ist. Um sicherzugehen, dass die WebSocket-API zum aktuellen Standard konform ist, bezieht man sich auf das vom IETF veröffentlichte RFC 6455. Die folgenden Webbrowser-Versionen (und ihre nachfolgenden Modelle) sind mit den im RFC 6455 enthaltenen Merkmalen ausgestattet:

- Mozilla Firefox 11
- Microsoft Internet Explorer 10
- Safari 6
- Chrome 16
- Opera 10

Wenn wir einmal ins Jahr 1996 zurückreisen, denn wenn wir uns ab da die Evolution des Internets anschauen, wird deutlich, warum die Neuentwicklung von Bedeutung war.

Als 1996 Sir Timothy John Berners-Lee das HTTP-Protokoll 1.0 veröffentlichte, nahm jeder Request-Response-Zyklus zwischen dem Webbrowser und dem HTTP-Server noch eine eigene TCP-Verbindung in Anspruch. In den Webseiten waren aber immer häufiger zahlreiche Bilder eingebunden, die ebenfalls jeweils über eine eigene TCP-Verbindung besorgt werden mussten (siehe Abbildung 1.11).

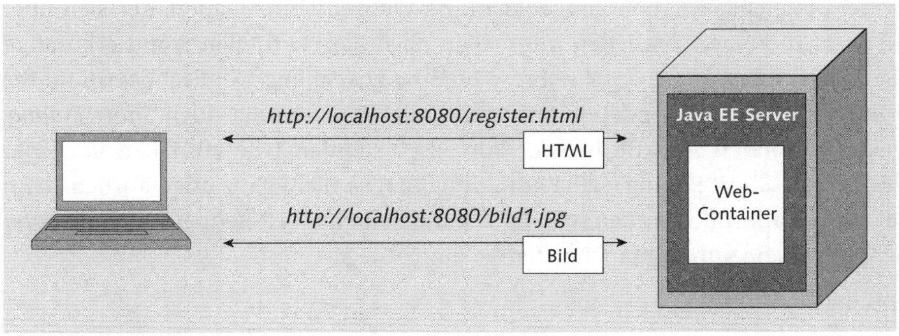

Abbildung 1.11 Mit HTTP 1.0 benötigte jedes Bild eine eigene TCP-Verbindung.

Das Nachziehen von Bildern ist aufwendig. Dies war mitunter ein Grund dafür, warum man im Jahre 1999 das Protokoll HTTP in der Version 1.1 herausgab. Mit HTTP 1.1 kann man die Verbindung offen halten, sodass der Webbrowser die Bilder einer Webseite über die gleiche TCP-Verbindung beschafft (siehe Abbildung 1.12).

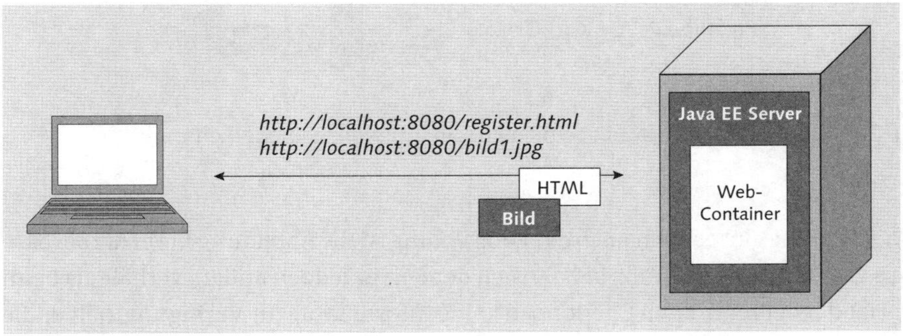

Abbildung 1.12 Mit HTTP 1.1 können alle in der Webseite enthaltenen Bilder mit einer einzigen TCP-Verbindung beschafft werden.

In den nachfolgenden Jahren diente das Protokoll HTTP 1.1 stets als solide Grundlage für stabile Webanwendungen. Seit dem Jahr 2006 wurden aber immer mehr Webanwendungen mit Ajax ausgestattet, damit eine asynchrone Kommunikation mit dem HTTP-Server erfolgen kann. Die asynchrone Ajax-Anfrage wird mit kleinsten Fragmenten beantwortet, sodass sich die Webseite dynamisch verändert, ohne dass der Zustand der Daten verloren geht. Nur leider beharrte das HTTP-Protokoll auf dem einseitigen Verhältnis zwischen einem Webbrowser und einem HTTP-Server. Das Unerfreuliche hierbei ist, dass nur der Webbrowser

Anfragen stellen darf, während der HTTP-Server dazu verdonnert ist, zu antworten. Die Onlineshop-Anwendung aus diesem Buch verdeutlicht das Problem: Beispielsweise könnte man sich vorstellen, dass ein Verkäufer vor seinem Rechner sitzt und darauf wartet, dass seine Artikel verkauft werden. Ohne sein Zutun würde er vergeblich auf eine Änderung an seinem Bildschirm warten.

Es gäbe zwar die Möglichkeit, einen Zeitgeber in die Webseite einzubauen, der sich über einen Ajax-Request in kurzen zeitlichen Intervallen nach dem aktuellen Stand erkundigt, aber die wiederkehrenden Aufrufe des Webbrowsers sind kostspielig. Der Fachbegriff für die im Intervall immer wieder versendeten Anfragen lautet *Polling* oder auch *Short Polling*, wenn die wiederkehrenden Aufrufe in sehr kurzen Abständen (wie zum Beispiel einer Sekunde) erfolgen. Das Short Polling (siehe Abbildung 1.13) ist nicht ganz ungefährlich, denn wenn beispielsweise Tausende Kunden in jeder Sekunde einen HTTP-Request an den Server schicken, reicht das schon, um so manchen Server lahmzulegen.

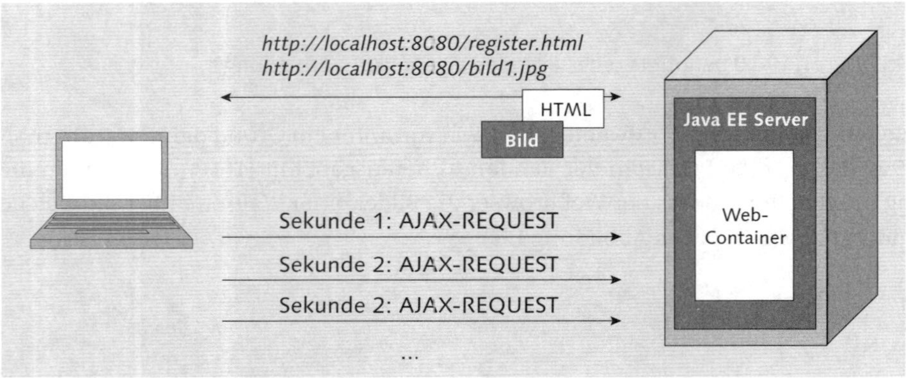

Abbildung 1.13 Das »Short Polling« fragt in zeitlich kurzen Intervallen wiederkehrend nach einem Ergebnis.

Neben dem Short Polling gibt es auch noch das Long Polling (siehe Abbildung 1.14). Hierbei handelt es sich um eine ähnliche Technik, bei der sich der Server jedoch anders verhält als beim Short Polling. Hat der Server für den Client noch keine Information zur Verfügung, hält er die Verbindung offen. Dies gelingt ihm durch den regelmäßigen Versand eines Header-Schnipsels. Sobald die Information beim Server zur Verfügung steht, verschickt er eine abschließende Response. Danach fragt der Client erneut. Durch das Long Polling kann der Eindruck einer Push-Technologie entstehen. Mit Push-Technologie ist gemeint, dass die Informationen nicht vom Server gezogen (Pull), sondern durch den Server gedrückt (Push) werden.

Das Long Polling hat den Vorteil, dass es den Netzwerkverkehr reduziert und es ähnlich wie eine Push-Technologie effizienter mit den Ressourcen umgeht. Aber auch das Long Polling ist nur eine Nachahmung dessen, was man in Wirklichkeit bezweckt, nämlich dass die beiden Gesprächsteilnehmer nach Belieben miteinander kommunizieren.

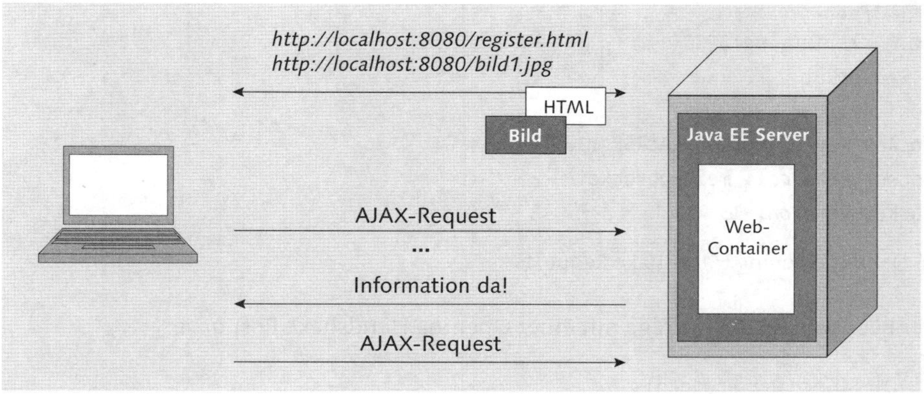

Abbildung 1.14 Beim »Long Polling« hält der Server die Verbindung offen, bis ihm die angefragte Information zur Verfügung steht.

Das WebSocket-Protokoll löst dieses Problem, indem es eine offen bleibende TCP-Verbindung erschafft, bei der sich die Gesprächsteilnehmer im Full-Duplex-Betrieb unterhalten können. *Full-Duplex* ist ein Fachbegriff aus der Netzwerktechnik, der zum Ausdruck bringt, dass sich zwei Anschlussstellen im gleichzeitigen Gegenbetrieb Daten zusenden. Der Betrieb mit dem Netzwerkprotokoll wird in Abbildung 1.15 veranschaulicht.

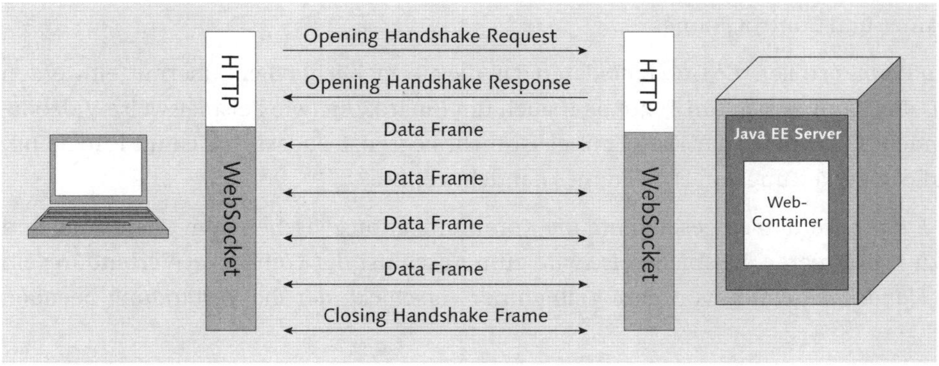

Abbildung 1.15 Die Kommunikation über das WebSocket-Protokoll

Weil HTTP die Grundlage des Internets darstellt, ist auch das WebSocket-Protokoll so aufgebaut, dass sich der Webbrowser zunächst über einen HTTP-Request mit dem Server verbindet. Dieser anfängliche HTTP-Request wird *Opening Handshake Request* genannt. Weil es sich hierbei gewissermaßen um einen gewöhnlichen HTTP-Request handelt, wissen Router, Proxys und andere Instrumente des Internets hiermit umzugehen. Im Header des Opening Handshake Requests sind allerdings noch weitere Informationen enthalten, die ihn als Eröffnungstakt für die WebSocket-Kommunikation etikettieren. Im folgenden Listing sehen Sie den Header eines Opening Handshake Requests:

```
GET /chat HTTP/1.1
Host: www.marktplatz.de:8080
Upgrade: websocket
Connection: Upgrade
Sec-WebSocket-Key: eIverKOqwLAcRSRgr18lTV==
Sec-WebSocket-Protocol: meinwebsocket
Sec-WebSocket-Version: 13
```

Listing 1.7 Der des Opening Handshake Requests

Der Server beantwortet die Anfrage mit einer Opening Handshake Response:

```
HTTP/1.1 101 Switching Protocols
Upgrade: websocket
Connection:Upgrade
Sec-WebSocket-Accept:L6wqtsHk6dzD+kd9NCYT6Wt7OCU=
Sec-WebSocket-Protocol: meinwebsocket
Upgrade:WebSocket
```

Listing 1.8 Die Opening Handshake Response

Während die TCP-Verbindung offen ist, können sich die beiden Gesprächsteilnehmer Daten in Form von sogenannten *Frames* zusenden. Bei den Frames unterscheidet man zwischen Data Frames und Control Frames.

Die *Data Frames* stellen die Geschäftsdaten dar, die aus fachlicher Sicht übermittelt werden sollen. Dabei kann es sich um Texte oder auch um Binärdaten (wie beispielsweise Videodaten) handeln. Die Anzahl der Data Frames ist nicht begrenzt, sodass es sich im Prinzip um eine endlose Verkettung von Data Frames handeln könnte.

Control Frames werden eingesetzt, um die Kommunikation zwischen dem Client und dem Server zu koordinieren. Beispielsweise wird zum Abschluss der WebSocket-Verbindung ein *Closing Handshake Frame* von dem Teilnehmer verschickt, der die Verbindung beenden möchte.

Als Beispiel werden wir nun ein kleines Chat-Programm erstellen, das das WebSocket-Protokoll verwendet.

Zunächst benötigen wir eine HTML5-Seite, in der wir zwei Eingabefelder und einen Button unterbringen. Wir nennen die HTML5-Seite *index.html*.

```
<!DOCTYPE html>
<html>
    <head>
        <title>Chat</title>
        <script type="text/javascript"
            src="websocket.js"></script>
```

```
    </head>
    <body>
    Name:<input id="name">
    Nachricht:<input id="inputtext">
    <input type="button"
        value="Sende"
        onclick="send()">
    <div id="outputtext"></div>
    </body>
</html>
```

Listing 1.9 »index.html«

In dem ersten Eingabefeld tragen die Chat-Teilnehmer ihren Namen ein. In das zweite Eingabefeld schreiben sie ihre Nachrichten. Durch einen Mausklick auf den Button wird eine JavaScript-Funktion aufgerufen, die sich `send()` nennt. Im Header der HTML5-Datei sehen Sie, dass das JavaScript-Programm *websocket.js* eingebunden wurde.

Das JavaScript-Programm *websocket.js* setzt die WebSocket-API ein, um die Texte der beiden Felder per WebSocket-Protokoll an den Server zu verschicken. Das wichtigste Objekt der neuen WebSocket-API des JavaScript-Standards nennt sich `WebSocket`:

```
var websocket =
    new WebSocket(
        "ws://" +
        document.location.host +
        document.location.pathname +
        "chat");
...
```

Listing 1.10 »websocket.js«

Der Konstruktor des WebSocket-Objekts nimmt eine `ws`-URI als Parameter entgegen und startet hiermit den Opening Handshake Request.

Anschließend werden die Callback-Funktionen `onOpen` und `onMessage` mit Funktionen verbunden, die im jeweiligen Fall automatisch aufgerufen werden sollen. Wenn die Verbindung zum Server geöffnet worden ist, wird folgende Funktion aufgerufen. Dabei wird lediglich die Nachricht auf den Bildschirm ausgegeben, dass der Server verbunden wurde.

```
websocket.onopen = function onOpen() {
    var p = document.createElement("p");
    p.innerHTML = "Verbunden!";
    document.getElementById("outputtext").appendChild(p);
};
```

Listing 1.11 »websocket.js«

Wenn eine Rückantwort des Servers ankommt, wird folgende Funktion aufgerufen.

```
websocket.onmessage = function onMessage(evt) {
    var p = document.createElement("p");
    p.innerHTML = evt.data;
    document.getElementById("outputtext").appendChild(p);
};
```

Listing 1.12 »websocket.js«

Im folgenden Listing ist der komplette Quelltext des JavaScript-Programms abgedruckt:

```
var websocket =
    new WebSocket(
        "ws://" +
        document.location.host +
        document.location.pathname +
        "chat");

websocket.onopen = function onOpen() {
    var p = document.createElement("p");
    p.innerHTML = "Verbunden!";
    document.getElementById("outputtext").appendChild(p);
};

websocket.onmessage = function onMessage(evt) {
    var p = document.createElement("p");
    p.innerHTML = evt.data;
    document.getElementById("outputtext").appendChild(p);
};

function send() {
    var name = document.getElementById("name");
    var inputtext = document.getElementById("inputtext");
    websocket.send(name.value  + ": " + inputtext.value);
};
```

Listing 1.13 »websocket.js«

Serverseitig werden wir nun die API der WebSocket-1.0-Spezifikation des Java-EE-Standards nutzen.

Um eine Java-Klasse in einem WebSocket-Endpoint umzuwandeln, muss sie mit der Annotation `javax.websocket.server.ServerEndpoint` versehen werden. In einer Klammer tragen wir den Bezeichner "`/chat`" ein, über den der Endpoint aufrufbar sein soll:

```
@ServerEndpoint("/chat")
public class Chat {
    ...
}
```

Listing 1.14 »Chat.java«

Die Methode, die bei einer eintreffenden Nachricht aufgerufen werden soll, muss mit der Annotation `javax.websocket.OnMessage` versehen werden. Als Parameter kann man der Methode beispielsweise eine Zeichenkette mitgeben. In ihr würde die WebSocket-API automatisch die Nachricht setzen, die sie vom Client erhalten hat.

```
@ServerEndpoint("/chat")
public class Chat {
    @OnMessage
    public void message(String message) {
        ...
     }
}
```

Listing 1.15 »Chat.java«

Wenn die Klasse, wie die nun nachfolgend abgebildete, eine Zeichenkette als Rückgabe liefert, wird die Zeichenkette über das WebSocket automatisch an den Client verschickt.

Beispielsweise würde folgende Methode den erhaltenen Text an den Client zurückreflektieren, genauso wie ein Echo:

```
@ServerEndpoint("/chat")
public class Chat {
    @OnMessage
    public String message(String message) {
        return message;
     }
}
```

Listing 1.16 »Chat.java«

Um die erhaltene Nachricht für das Chat-Programm an alle angebundenen Clients zu verschicken, muss die Methode einen zweiten Parameter des Typs `javax.websocket.Session` annehmen. Diesen wird die WebSocket-API automatisch als Endpoint des Clients setzen:

```
@ServerEndpoint("/chat")
public class Chat {
    @OnMessage
```

```
    public String message(String message, Session session) {
    ...
    }
}
```

Listing 1.17 »Chat.java«

Die Klasse `javax.websocket.Session` bietet eine Methode an, die sich `getOpenSessions()` nennt. Diese Methode liefert alle Client-Endpoints zurück, die aktuell mit dem Server-Endpoint verbunden sind. Jeder der Client-Endpoints wird auch wieder als Typ `javax.websocket.Session` erstellt, sodass wir über die Methoden `getBasicRemote()` und `sendText()` im nachfolgenden Listing die Nachricht an alle Client-Endpoints versenden können.

```
package de.java2enterprise.chat;

import java.io.IOException;
import javax.websocket.EncodeException;
import javax.websocket.OnMessage;
import javax.websocket.RemoteEndpoint.Basic;
import javax.websocket.Session;
import javax.websocket.server.ServerEndpoint;

@ServerEndpoint("/chat")
public class Chat {
    @OnMessage
    public void message(String message, Session session)
            throws IOException, EncodeException {

        for (Session s : session.getOpenSessions()) {
            Basic endpoint = s.getBasicRemote();
            endpoint.sendText(message);
        }
    }
}
```

Listing 1.18 »Chat.java«

JSON-P 1.0

JSON ist die Abkürzung für *JavaScript Object Notation*. Weil das XML-Format für den Datenaustausch häufig zu komplex und fehlerträchtig ist, entstand das kompakte und im Transfer schnellere JSON. Die Java-EE-7-Spezifikation integrierte die API *JSON-P 1.0*. JSON-P 1.0 steht für *Java API for JSON Processing*.

1.3.2 Die Enterprise-Technologien des Java-EE-7-Standards

In diesem Abschnitt werden die jeweiligen Enterprise-Technologien des Java-EE-7-Standards beschrieben.

Die folgenden Enterprise-Technologien sind im Java-EE-7-Standard überarbeitet worden bzw. neu hinzugekommen:

- **Java Persistence API 2.1**: überarbeitet mit JSR 338
- **Enterprise JavaBeans 3.2**: überarbeitet mit JSR 345
- **Java Message Service 2.0**: überarbeitet mit JSR 343
- **Contexts and Dependency Injection for Java 1.1**: überarbeitet mit JSR 346
- **Batch Applications for the Java Platform 1.0**: neu mit JSR 352
- **Concurrency Utilities for Java EE 1.0**: neu mit JSR 236
- **Bean Validation 1.1**: überarbeitet mit JSR 349
- **Interceptors 1.2**: überarbeitet, aber immer noch gleiches JSR 318
- **Java EE Connector Architecture 1.7**: überarbeitet, aber immer noch gleiches JSR 322
- **Common Annotations for the Java Platform 1.2**: überarbeitet, aber immer noch gleiches JSR 250
- **Java Transaction API 1.2**: überarbeitet, aber immer noch gleiches JSR 907
- **JavaMail 1.5**: überarbeitet, aber immer noch gleiches JSR 919

Der Hersteller Oracle legt Wert darauf, dass zwischen den Web-Technologien und den Enterprise-Technologien unterschieden wird. Enterprise-Technologien werden gesondert aufgeführt, da hiermit Backend-Technologien mit Geschäftslogik gemeint sind, die sich um Hochverfügbarkeit, Sicherheit, Verlässlichkeit und Skalierbarkeit der Java-EE-Anwendung kümmern. Die Web-Technologien sollen hingegen dazu verwendet werden, als einfache Frontend-Schichten auf die komplexeren Backend-Schichten zuzugreifen.

JPA 2.1

Datenbankanwendungen, die mit JDBC programmiert werden, beinhalten eine große Menge von Anweisungen, die auch automatisch generiert werden könnten. Zum Beispiel ist es mit JDBC üblich, zu jeder Datenbanktabelle eine Java-Klasse zu programmieren. Zur Laufzeit kann hierdurch jeder Datensatz als Java-Objekt erzeugt werden. Solche Java-Objekte werden auch *Entities* genannt. Weil sich der Aufbau einer Entity logisch gesehen aus der dahinterliegenden Datenbanktabelle ergibt, haben sich zahlreiche Java-Frameworks zur Aufgabe gemacht, den Entwickler bei dieser Arbeit zu entlasten. Selbstverständlich war die Nutzung dieser Frameworks recht unterschiedlich. Deshalb wurde im Jahre 2006 die *Java Persistence API* (JPA) ins Leben gerufen. JPA ist eine standardisierte Schnittstelle, durch die die Nutzung von Persistenz-Frameworks vereinheitlicht wurde.

EJB 3.2

Die *Enterprise JavaBean*-Technologie stellt ein Komponentenmodell dar, in dem verteilte Komponenten plattform- und programmiersprachenunabhängig miteinander kommunizieren können. Gleichzeitig ermöglicht das EJB-Komponentenmodell, dass das Gesamtsystem hierbei hochverfügbar und skalierbar bleibt.

Hauptakteure sind die sogenannten *Session Beans*, in denen die Geschäftslogik der Anwendung implementiert wird. Um Session Beans von Grund auf zu erklären, begeben wir uns zurück in die 90er-Jahre, denn damals hatte die Informationstechnologie das ehrgeizige Ziel, verteilte Anwendung zu bauen, die sich über die technologischen Grenzen von heterogenen Systemlandschaften und unterschiedlichen Programmiersprachen hinwegsetzen sollten. Der wichtigste Standard, der für diesen Zweck entstand, wurde bereits weiter oben bei den Anwendungsszenarios vorgestellt – er nennt sich *CORBA*. Es handelt sich dabei um eine Middleware-Technologie, die mithilfe eines sogenannten *Object Request Brokers* (ORB) eine programmiersprachenunabhängige Interaktion zwischen Client und Server ermöglicht. Der ORB ist für die eigentliche Übertragung der Informationen verantwortlich. Wenn beispielsweise eine serverseitige Komponente eine Methode bereitstellen möchte, wird diese bei dem ORB registriert. Der Client kann den ORB anschließend ansprechen, um die registrierte Methode aufzurufen. Weil der ORB in der Mitte als Vermittler erforderlich ist, spricht man auch von einer *Middleware-Technologie*. Die Programmierung der CORBA-eigenen Sprache war aber recht komplex und fehlerträchtig. Daher suchten die IT-Unternehmen nach weiteren Lösungen, wie sich die plattformunabhängige Kommunikation verwirklichen lässt. Sun Microsystems hatte unterdessen eine eigene Middleware-Technologie erschaffen, die sich *Remote Method Invocation* (RMI) nannte. Auch bei RMI findet die Kommunikation statt, indem eine entfernte Client-Anwendung die Ausführung einer serverseitigen Methode auslöst. Der Begriff aus dem Fachjargon hierfür lautet *Remote Procedure Call* (RPC). Um einen RPC zu ermöglichen, wird auch bei RMI ein *Object Request Broker* (ORB) benötigt. Bei dem Java-EE-Standard stellt der Java EE Server den ORB dar.

Das Besondere an RMI ist, dass neben einfachen Daten auch serialisierbare Java-Objekte transportiert werden können. Das Übertragungsprotokoll nennt sich *Java Remote Method Protocol* (JRMP). Bei einem RMI-Programm werden *Stubs* (Interfaces mit Methodenrümpfen) und *Skeletons* (Klassen mit gleichnamigen Methoden) erstellt. Ruft ein Client eine Methode des Stubs beim ORB auf, delegiert der ORB diesen Aufruf weiter an das serverseitige Objekt, bei dem anschließend die entsprechende Methode aktiviert wird. Der Einsatz von RMI mit dem Transportprotokoll RMI-JRMP setzt voraus, dass sowohl der Client als auch der Server auf der Java-Plattform basieren. Daher musste für Session Beans eine andere Middleware-Technologie eingebaut werden, die auch von Java-fremden Technologien verstanden wird. Aus diesem Grund wurde der Standard für plattformunabhängige Kommunikation, nämlich CORBA, hinzugezogen. Da CORBA der Standard für die sprachunabhängige Interaktion aller Plattformen ist, können Session Beans auch mit andersgearteten Systemen (wie beispielsweise mit Microsofts *.NET*-Technologien) kommunizieren.

In den folgenden Jahren wurde immer wieder an der Spezifikation herumgeschraubt. Beispielsweise wurde die Möglichkeit eingebaut, dass die Methoden von Session Beans nicht nur von »entfernten« Clients über RMI-IIOP aufgerufen werden können, sondern auch von Komponenten, die man als *lokal* bezeichnet. Unter lokalen Client-Komponenten versteht man Java-Objekte, die sich in der gleichen JVM wie die Session Bean befinden. Aus diesem Grund können lokale Aufrufe nur von Web- oder EJB- Komponenten der gleichen Java-EE-Anwendung erfolgen. Außerdem setzen lokale Aufrufe voraus, dass der Java EE Server nicht über Cluster-Instanzen in einer Rechner-Farm betrieben wird. Auf dieses Thema wird in späteren Kapiteln noch detailliert eingegangen.

Im Laufe der Jahre wurden noch weitere Verbesserungen und Erweiterungen eingebaut. Auf diese Historie geht dieses Buch aber nicht weiter ein. Denn selbst, wenn Sie auf dem Gebiet der Enterprise JavaBeans ein Neuling sind, stellt die Historie von EJBs eher nur eine schwergewichtige Altlast dar. Stattdessen betrachten wir den augenblicklichen Stand, der durch die vielen Vereinfachungen überzeugt.

Das Außergewöhnliche der EJB-Komponentenarchitektur ist aber nicht nur, dass Session Beans plattform- und programmiersprachenunabhängig kommunizieren können, sondern dass Transaktionen automatisch über die verteilten Komponenten hinweg koordiniert werden. Der EJB-Container verwaltet hierbei die EJB-Komponenten und kümmert sich ebenso um diverse System-Dienste, wie beispielsweise den Transaktionsdienst und den Security-Dienst.

Kommen wir nun zu den verschiedenen EJB-Typen. Session Beans lassen sich in Stateless Session Beans, Stateful Session Beans und Singleton Session Beans einteilen.

Die *Stateful Session Bean* bietet gegenüber der *Stateless Session Bean* den Vorteil, dass sie den Zustand der Geschäftsdaten für die Dauer der Sitzung behalten kann. Zum Beispiel kann sie in einem Onlineshop für die Einkäufe der Kunden eingesetzt werden.

Wenn innerhalb der gesamten Applikation (präziser innerhalb einer JVM) nur ein einziges Exemplar einer Session-Bean-Klasse existieren soll, wird eine *Singleton Session Bean* programmiert. Zum Beispiel könnte in einem Onlineshop eine Singleton Session Bean als zentrales Modul verwendet werden, um die zur Verfügung stehenden Artikel-Kategorien wiederzugeben. Da es von dieser Singleton Session Bean nur ein einziges Exemplar gäbe, würde sie von allen Clients gleichzeitig verwendet.

Neben den Session Beans bietet die EJB-Komponentenarchitektur auch noch *Message Driven Beans* an. Message Driven Beans nutzen einen Messaging-Broker, um asynchron Nachrichten zu empfangen. In der Regel kommt bei einem Java EE Server ein *Java Message Service-(JMS-)Provider* als Messaging-Broker zum Einsatz.

JMS 2.0

Mit JMS können Java-EE-Komponenten asynchron miteinander kommunizieren. Die JMS-Spezifikation besteht aus einem *JMS Service Provider Interface* (JMS SPI) und einem *JMS Application Programming Interface* (JMS API). Die Erstellung von JMS-SPI-basierten JMS-Providern ist den Herstellern von Messaging-Systemen vorbehalten. Für den Java-EE-Applikationsentwickler ist dagegen die JMS API interessant, da sie eine einheitliche Schnittstelle zum JMS-Provider darstellt. Bei JMS wird ferner zwischen den *Point-to-Point-* und *Publish-and-Subscribe*-Kommunikationsmodellen unterschieden.

Java EE 7 hat dem *Java Message Service* mit der Version 2.0 eine vereinfachte (*simplified*) API beigefügt. Auf sie gehen wir in Kapitel 10 noch ausführlich ein.

CDI 1.1

Die *Contexts and Dependency Injection for Java* 1.1 (CDI 1.1) ermöglicht es, dass Java-Objekte nicht im Programm selbst, sondern durch den umgebenden Container instanziiert werden. Die Spezifikation wurde dem Standard mit der Java-EE-Version 6 erstmalig hinzugefügt. Die Referenzimplementierung nennt sich *Weld*.

Was es mit CDI genau auf sich hat und warum CDI erst so spät in den Java-EE-Standard einzog, wird deutlich, wenn man sich die Entwicklungsgeschichte von Java EE anschaut. Drehen wir also unsere Uhren in die Zeit zurück, als es noch keine Java-EE-Technologien gab (also vor 1999). Schon damals war es so, dass im Programmcode ein Java-Objekt mit dem `new`-Operator im Arbeitsspeicher erzeugt wurde.

Als sich der Java-EE-Standard im Laufe der Jahre durchsetzte, kamen nicht alle Java-EE-Technologien bei den Entwicklern gleich gut an. Der große Gewinner war der Web-Container, ohne den eine Webanwendung mit Java undenkbar war. Dagegen taten die Entwickler sich mit dem damaligen EJB-Container schwer. Deshalb tauchten damals Open-Source-Frameworks auf, die den Java-EE-Standard nur teilweise nutzten. Die bekanntesten Open-Source-Frameworks nannten sich *Struts*, *Hibernate*, *Seam* und *SpringSource*. Während Struts ein reines Web-Framework und Hibernate ein reines Persistenz-Framework war, versuchten Seam und SpringSource gleich mehrere Lücken zu füllen, die der damalige Java-EE-Standard noch aufwies. Sowohl Seam als auch Spring beabsichtigten darüber hinaus, die Vorteile des EJB-Containers nachzubilden und gleichzeitig die Programmierung für den Entwickler zu vereinfachen.

Insgesamt waren die Open-Source-Frameworks so erfolgreich, dass man alles, was an ihnen besonders nützlich war, in den Java-EE-Standard übernahm. Hierbei ließ man sich von den Gründern und Erfindern der Open-Source-Frameworks helfen. Folgerichtig kaufte man die Stars der Open-Source-Szene (gleich einem großen Fußballverein) ein. Beispielsweise waren Craig McClanahan, Gavin King und Rod Johnson als Mitglieder der Expert Group der JCP wesentlich an den Neuentwicklungen beteiligt. Craig McClanahan ist der Gründer von Struts, Architekt des Web-Containers Catalina und technischer Leiter von JSF. Gavin King ist Gründer von Hibernate und Seam und als Mitglied der Expert Groups an JSF, JPA, EJB und (als technischer Leiter) an CDI beteiligt. Rod Johnson ist Gründer von SpringSource und Mitglied des Java-EE-Exekutivkomitees. Das, was auf den ersten Blick ungerecht erscheinen mag, kommt den Java-EE-Entwicklern jedoch zugute. Denn die anarchistische Programmierung mit Open-Source-Frameworks folgte größtenteils unzuverlässigen Gesetzen. Dieses Thema wurde sehr treffend von der Java-Entwicklergemeinde mit dem Begriff *Jar-Hell* zusammengefasst. Um den chaotischen Verhältnissen ein Ende zu setzen, übernahm Oracle die Neuordnung und verbürgt sich seit der Java-EE-Version 6 für eine einheitliche API, die unter der Federführung der anerkanntesten Java-Koryphäen gereift ist.

Kommen wir nun zur Entstehung von CDI zurück. Das *Inversion of Control* wurde erstmalig im Jahre 2002 in dem Buch *J2EE Design and Development* von Rod Johnson bekannt gemacht. Dies war auch das Fundament für sein neu gegründetes Framework *SpringSource*. Martin Fowler benannte das *Inversion of Control* in einem Artikel im Jahre 2004 in *Dependency Injection* um. Durch die Dependency Injection werden Java-Klassen nicht mehr im Programm instanziiert. Stattdessen übergibt man die Verantwortung an den umgebenden Container. Man spricht von einer »Injektion«, weil die Instanziierung wie bei einer Einimpfung von außen erfolgt. Dass mit der Dependency Injection viele Vorteile verbunden sind, hat damit zu tun, dass man zum Zeitpunkt der Entwicklung noch nicht darüber entscheiden muss, mit welcher konkreten Klasse man ein Objekt instanziieren möchte. Dies kann beispielsweise auch im Nachhinein per Konfiguration vom Administrator geändert werden. Es handelt sich also um einen weiteren Schritt in Richtung »Loskopplung« – und dabei sieht der Quelltext auch noch wesentlich aufgeräumter aus, da viele Hartverdrahtungen entfallen.

Eine Art des *Inversion of Control* war ja in gewisser Weise bereits in den Servlet- und EJB-Technologien enthalten. Aber die Dependency Injection, die man aus den Open-Source-Frameworks abkupferte, kam mit der Java-EE-Version 6 neu hinzu. Sie machte es möglich, dass die Container nun nicht mehr nur Servlets und EJBs verwalten können, sondern auch herkömmliche Java-Objekte. Es wurde bereits angesprochen, dass der englische Fachbegriff für die »ganz normalen Java-Objekte« *Plain Old Java Objects* (POJOs) lautet. Wenn ein POJO genauso wie ein Servlet oder eine EJB vom Container verwaltet wird, bezeichnet man es in der Java-EE-Spezifikation als *Managed Bean*. Unter den verwalteten Objekten wird somit seither zwischen Servlets, EJBs und Managed Beans unterschieden.

Mithilfe von CDI können normale Java-Klassen in Managed Beans umgewandelt werden. Dabei wird ihr Gültigkeitsbereich per Konfiguration festgelegt. In der Regel wird man den Gültigkeitsbereich über eine Annotation des Package `javax.enterprise.context` definieren. Im folgenden Listing wird der Gültigkeitsbereich der Klasse `RegisterController` auf `@RequestScoped` gesetzt. Hierdurch verbleibt das erzeugte Objekt für die Dauer der Anfrage eines Webbrowsers als verwaltete Komponente im Web-Container.

```
@RequestScoped
public class RegisterController {
    ...
}
```

Listing 1.19 RegisterController

Innerhalb einer verwalteten Komponente (Servlet, EJB oder Managed Bean) kann eine andere Komponente injiziert werden. Dabei unterscheidet die Spezifikation zwischen einer *Resource Injection* und einer *Dependency Injection*.

Die Resource Injection ermöglicht die automatische Bereitstellung von JNDI-Ressourcen. Das folgende Servlet injiziert beispielsweise eine DataSource:

```
@RequestScoped
public class RegisterController {

    @Resource(name="java:comp/OnlineshopDataSource")
    private DataSource ds;

    ...
}
```

Listing 1.20 RegisterController

Mit der Dependency Injection kann in einer verwalteten Komponente eine andere Klasse (nennen wir sie beispielsweise Customer) injiziert werden. Die Annotation, mit der die Einimpfung durchgeführt wird, nennt sich @Inject.

```
@RequestScoped
public class RegisterController {

    @Inject
    Customer customer;

    ...
}
```

Listing 1.21 RegisterController

In Kapitel 9, »Java Server Faces«, wird das gezeigte Beispiel noch wesentlich ausführlicher beschrieben, denn eine der wichtigsten Aufgaben von CDI ist, das Zusammenspiel der unterschiedlichen Schichten in der Software-Architektur einer Java-EE-Anwendung zu erleichtern. In dem fortgeschrittenen Kapitel wird es besonders interessant, da dort das Backend und das Frontend über verwaltete JavaBeans miteinander interagieren.

JTA 1.2

Ein weiterer Grundpfeiler des Java-EE-Standards ist die *Java Transaction API* (JTA). JTA war von vornherein sehr gut durchdacht und blieb über viele Jahre unverändert, was man daran erkennt, dass die Versionsnummer lange gleich blieb. Denn bis Java EE 6 reichte die JTA-Version 1.1 aus. Java EE 7 wurde JTA in der Version 1.2 hinzugefügt.

Als erfahrenem Java-Entwickler sind Ihnen Transaktionen bestimmt bekannt. Ich gehe dennoch kurz auf das Thema ein, um eine gemeinsame Ausgangsbasis für alle Leser zu schaffen.

In den Prozessen einer Java-Anwendung werden die Geschäftsdaten häufig nicht nur auf einer, sondern gleich auf mehreren Datenbanktabellen abgespeichert. Dabei kommen sehr schnell Transaktionen ins Spiel, denn in der Regel hängen die Speichervorgänge der gleichzeitig auszuführenden Prozesse voneinander ab. Der ANSI-SQL-Standard hat für dieses Problem bereits vor etlichen Jahren einen Grundstein gelegt, indem er die Durchführung der Speichervorgänge in Transaktionen bündelt.

Bei einer Java-EE-Anwendung ist die Nutzung von Transaktionen bald eine Selbstverständlichkeit. Dabei werden die im Programm angewiesenen Speichervorgänge meist automatisch durch den EJB-Container in eine Transaktion eingeschlossen. Der JTA-Dienst des EJB-Containers führt hierbei von sich aus ein COMMIT aus, wenn die Speicherung gelingt. Genauso wird der JTA-Dienst des EJB-Containers ein ROLLBACK ausführen, wenn zwischendurch etwas schiefläuft.

Der JTA-Dienst hat dabei die Aufgabe, die sogenannten *ACID*-Eigenschaften der Transaktionen zu gewährleisten. ACID steht für Atomicity, Consistency, Isolation and Durability:

- Mit *Atomicity* ist gemeint, dass mehrere Prozesse als Ganzes durchgeführt werden. Das bedeutet, dass jeder einzelne Speichervorgang gelingen muss; ansonsten werden alle Speichervorgänge rückgängig gemacht.
- Die *Consistency* gewährleistet, dass sich die Geschäftsdaten nach dem Durchlauf der beteiligten Transaktionen nicht widersprechen.
- Die *Isolation* sagt aus, dass die Daten während einer unabgeschlossenen Transaktion abgeschirmt sein müssen, da der zwischenzeitliche Einblick zu falschen Rückschlüssen führt. In Kapitel 6, »Die relationale Datenbank«, werden wir auf diese Anforderungen zurückkommen. Denn auch die relationale Datenbank muss auf der Low-Level-Ebene bestimmte Abschirmungen vornehmen.
- *Durability* bedeutet, dass der persistierte Zustand nach der Transaktion von anderen Prozessen sichtbar ist.

Konventionelle Transaktionen reichen für das in diesem Kapitel eingangs erwähnte Beispiel des Reisebuchungsportals aber nicht aus. Denn ein Reisebuchungsportal persistiert nicht nur die Datenbanktabellen eines einzelnen Systems, sondern auch die Datenbanktabellen unterschiedlicher Systeme. Dabei kommt dem *JTA-Dienst* eine schwierige Rolle zu. Um die ACID-Eigenschaften auch auf verteilten Systemen zu gewährleisten, wurde einst der *X/Open XA*-Standard eingeführt. Der *X/Open XA*-Standard ist hierbei nicht nur auf relationale Datenbanken beschränkt, sondern kann auch andere Informationssysteme (wie zum Beispiel Messaging-Systeme) umfassen.

Ein JDBC-Treiber, der X/Open-XA-Standard-konform ist, muss das sogenannte Zwei-Phasen-Commit-Protokoll beherrschen. Als Industriestandard muss selbstverständlich auch ein Java EE Server XA-fähig sein. Auch hierfür ist wieder der JTA-Dienst des EJB-Containers zuständig.

Mit der JTA-Version 1.2 wurde die API von JTA erweitert, sodass sie nun nicht mehr zwingend einen EJB-Container benötigt.

1.3.3 Webservices-Technologien

Die folgende Webservices-Technologie ist für Java EE 7 überarbeitet worden:

- **Java API for RESTful Web Services (JAX-RS) 2.0:** überarbeitet mit JSR 339

Auch bei dieser Erläuterung werden wir die Uhren wieder zurück in die 90er-Jahre drehen. Denn damals entstand der Oberbegriff *Service Oriented Architecture* (SOA). Der Begriff SOA wurde erstmalig 1996 vom Marktforschungsunternehmen *Gartner* eingesetzt. Die *Service Oriented Architecture* beschreibt eine Vision, in der einzelne Geschäftsprozesse in einem weltweiten Komplex voneinander entgekoppelten Internetdiensten verwirklicht werden. Die Abhängigkeiten innerhalb des Internets werden dabei so minimiert, dass technische und fachliche Änderungen fast keine Anpassungserfordernis von einzelnen Clients oder Servern nach sich ziehen. Einzige Voraussetzung ist die Einhaltung von vereinbarten Kommunikationsschnittstellen.

SOA basiert also auf dem Grundgedanken, einen globalen Verbund von lose gekoppelten Systemen zu realisieren. Oder anders gesagt: Im Sinne von SOA ist ein Webservice eine Anwendung, die konsumierbare Dateninhalte ganz unabhängig von der verwendeten Programmiersprache oder dem verwendeten Betriebssystem anbietet. Auf diese Weise wird plattformübergreifend eine lose Kopplung ermöglicht.

Hinter den Webservices stehen Anwendungen, die Informationen zum Beispiel mit XML-Syntax anbieten. Der Anbietende wird *Service Provider* genannt und der Konsumierende *Service Consumer*. Zusätzlich kommen genau wie bei CORBA wieder Object Request Broker (ORBs) ins Spiel, bei denen Services registriert werden müssen.

JAX-WS 2.2

JAX-WS stellt die Standard-Java-API für XML-Webservices dar. Eine andere Bezeichnung lautet *Java API for Web Services over SOAP*.

Wenn JAX-WS als Webservice im Einsatz ist, werden die Daten in einer XML-Struktur – oder genauer gesagt: in SOAP – verschickt. In den ersten Jahren der Erfolgsgeschichte von Webservices basierte die Kommunikation zwischen Clients und Servern grundsätzlich nur auf SOAP. Der Begriff SOAP galt ehemals als Abkürzung für *Simple Object Access Protocol*. Heutzutage steht der Begriff SOAP aber für sich. SOAP setzt eine Schnittstellendefinition voraus, die mithilfe der *Web Services Description Language* (WSDL) realisiert wird. Teil des Gesamtkonzepts ist auch die Bereitstellung sogenannter UDDIs. Ein UDDI ist ein Suchdienst, über den die angebotenen Webservices aus einem Verzeichnis abgerufen werden können.

JAX-RS 2.0

Neben SOAP entstand im Laufe der Jahre ein weiteres Protokoll mit dem Namen *REpresentational State Transfer* (REST). REST wurde erstmalig in einer Dissertation von Thomas Roy Fielding erwähnt. Fielding ist auch einer der Erfinder des HTTP-Protokolls und ehemaliger Vorsitzender der *Apache Software Foundation*. REST kommt der Idee von lose gekoppelten Systemen noch näher als SOAP, da es auf die Abhängigkeit von aufwendigen Schnittstellenbeschreibungen mit XML verzichtet und stattdessen die originären HTTP-Request-Typen (beispielsweise `GET`, `PUT`, `POST` und `DELETE`) nutzt. Bei der aktuellen Java-EE-Version 7 wird für das REST-Protokoll die Java-API *JAX-RS 2.0* verwendet.

JAX-RS ist die Abkürzung für *Java API for RESTful Web Services*. Der Java-EE-7-Standard hat mit JAX-RS 2.0 Änderungen gebracht, denn die vielen kurz aufeinander folgenden Ajax-Aufrufe von modernen Java-EE-Anwendungen führen nicht nur bei Servlets zu einer Überlast. Auch die *Java API for RESTful Web Services 2.0* (JAX-RS 2.0) bietet nun eine spezielle asynchrone API an, die die gleichzeitige Bearbeitung mehrerer Anfragen ermöglicht. Darüber hinaus wurden nun auch Filter und *Entity Interceptors* in die Spezifikation eingearbeitet. RESTful-Filter funktionieren auf eine ähnliche Weise wie Servlet-Filter, indem sie vor und nach dem Anfrage-Antwort-Zusammenspiel Einfluss nehmen können.

1.4 Los geht's mit der Praxis

In diesem Kapitel habe ich Ihnen gezeigt, wie Java-Technologien von einem Container-Modul-Komponenten-Konzept durchgängig begleitet werden. Für Java-EE-Anwendungen ist dieses Konzept von großer Bedeutung, da die Java-Komponenten über ihre Container miteinander kommunizieren. Für die Kommunikation zwischen Client und Server haben Sie mehrere Anwendungsszenarien kennengelernt. Die Anwendungsszenarien unterscheiden, ob es sich beim Server um einen einfachen Web-Container oder um einen vollständigen Java-EE-konformen Server handelt. Ferner wird unterschieden, ob es sich beim Java-EE-Client um einen Standalone-Client oder um einen Webbrowser handelt. Eine weitere Variante ist auf den Einsatz von Webservices eingegangen.

Ferner haben Sie erfahren, dass Java-EE-Anwendungen nach dem MVC-Entwurfsmuster organisiert und darüber hinaus in horizontalen Schichten geordnet werden. In einer Java-EE-Anwendung kommen noch viele weitere Entwurfsmuster zum Einsatz. Die bekannten Entwurfsmuster, die auch in der Java-SE-Technologie Verwendung finden, sind beispielsweise das Singleton-Pattern, das Observer-Pattern oder das Factory-Pattern. Java EE kennt noch viele weitere Entwurfsmuster. Wir werden im Laufe des Buches auf das eine oder andere Java-EE-Entwurfsmuster zu sprechen kommen, wenn die entsprechenden Technologien gezeigt werden.

Da Sie nun ungefähr wissen, was Sie in den einzelnen Teilen des Buches erwartet, geht es im nächsten Kapitel schon mit der Praxis los. Wenn Sie als Java-EE-Anfänger das eine oder das andere noch nicht vollends verstanden haben sollten, ist das überhaupt kein Problem, denn die einzelnen Themen werden noch in praktischen Übungen eingehend behandelt. Ihre manuelle Programmierung ist wichtig, denn erst durch das eigene aktive Handeln in den nachfolgenden Kapiteln werden Sie die soeben gesehene »schwere Kost« wirklich verstehen. Schalten Sie deshalb gleich Ihren Computer ein. Am besten brühen Sie sich noch eine Tasse frischen Kaffee auf (schließlich handelt es sich ja um *Java*, was die amerikanische Bezeichnung für Espresso-Bohnenkaffee ist.)

Kapitel 2

Der Java EE Server

Kapitel 2
Der Java EE Server

»Es ist nicht genug, zu wissen, man muss auch anwenden.«

Johann Wolfgang von Goethe

Der Java EE Server ist die Voraussetzung für den Betrieb einer Java-EE-Anwendung. Gelegentlich wird der Java EE Server auch als »Java-EE-Applikationsserver« oder einfach nur als »Applikationsserver« bezeichnet. In diesem Buch wird der Begriff *Java EE Server* verwendet.

Java EE Server werden von diversen Softwareherstellern gemäß den Vorgaben der Java-EE-Spezifikation angefertigt. Jeder Softwarehersteller entwickelt hierbei seinen eigenen individuellen Java EE Server. Allerdings werden nur diejenigen Java EE Server als Java-EE-konform zertifiziert, die die Anforderungen der Java-EE-Spezifikation vollständig abdecken.

In diesem Kapitel wird gezeigt, wie Sie den *GlassFish Server Open Source Edition 4* als Java-EE-7-Server auf Ihrem Rechner installieren und konfigurieren. Anschließend werden wir auch eine minimale Java-EE-Anwendung erstellen und diese in den Java EE Server deployen. Darüber hinaus wird in diesem Kapitel auch gezeigt, wie GlassFish in einer integrierten Entwicklungsumgebung eingebunden wird. Es wird der Einsatz mit Eclipse und in einem Extra-Abschnitt auch mit NetBeans gezeigt.

2.1 Die Installation

Um den GlassFish-Server einzurichten, installieren Sie zunächst ein *Java Development Kit* und dann den Server selbst.

2.1.1 Das JDK 7 installieren

Als Java-Entwickler ist Ihnen selbstverständlich bekannt, dass jegliches Arbeiten mit Java-Technologien auch eine *Java SE Runtime Engine* (JRE) voraussetzt. Für die Entwicklung ist darüber hinaus auch ein Java-Compiler erforderlich. Aus diesem Grund benötigen wir ein komplettes *Java SE Development Kit* (JDK), denn in ihm ist beides vorhanden, also sowohl die JRE als auch der Java-Compiler.

Für die Arbeiten mit dem Java EE Server *GlassFish 4* benötigen Sie ein Java Development Kit der Version 7u25. Wenn Sie das JDK in dieser oder in einer neueren Version bereits installiert haben, können Sie den folgenden Abschnitt überspringen.

Derzeit erreichen Sie die Java-SE-Download-Seite über folgenden Link:

http://www.oracle.com/technetwork/java/javase/downloads

Wenn Sie das JDK für Ihr Betriebssystem heruntergeladen und installiert haben, müssen Sie noch die Umgebungsvariablen `JAVA_HOME`, `PATH` und `CLASSPATH` setzen.

Als Java-Entwickler werden Ihnen die Unterschiede zwischen Unix-basierten und Windows-basierten Betriebssystemen bekannt sein. Beispielsweise könnte der Pfad auf einem Unix-basierten Rechner (Linux, Solaris, MacOS etc.) so aussehen: */etc/jdk.1.7.0_25*, bei einem Windows-basierten Rechner hingegen so: *C:\jdk1.7.0_25*. (Beachten Sie den Hinweis zum Betriebssystem MacOS im Vorwort dieses Buches.)

- `JAVA_HOME`: Setzen Sie Ihr JDK-Installationsverzeichnis als Wert der Umgebungsvariablen `JAVA_HOME`, damit die nachfolgenden Installationen von GlassFish und Eclipse reibungsfrei funktionieren.
- `PATH`: Die Anpassung der Umgebungsvariablen `PATH` ist für die Verwendung der Textkonsole wichtig. Erweitern Sie Ihre `PATH`-Umgebungsvariable um das Installationsverzeichnis mit einem angehängten `\bin`. Bei Windows ist das *C:\jdk1.7.0_25\bin*. Beachten Sie als Nutzer eines UNIX-basierten Betriebssystems wie Linux, Solaris oder OS X wieder die Unterschiede der Pfadangaben.
- `CLASSPATH`: Als Wert der Umgebungsvariable `CLASSPATH` setzen Sie einen Punkt. Hiermit weisen Sie Java an, im aktuellen Verzeichnis nach Java-Dateien zu suchen.

Sie können testen, ob alles richtig installiert ist, indem Sie (nach dem Setzen der Umgebungsvariablen) eine Textkonsole öffnen und `java -version` eingeben. Wenn Java nicht gefunden werden kann oder Java eine falsche Version anzeigt, sollten Sie dies erst korrigieren, bevor Sie mit der Installation von GlassFish fortfahren.

Auf manchen Rechnern sind mehrere Java-Versionen gleichzeitig installiert. Dies ist theoretisch kein Problem. Allerdings führt es häufig zu einem großen Durcheinander. Wenn man mit mehreren Java-Versionen arbeitet, ist man gezwungen, sehr diszipliniert zu arbeiten, und man braucht genaue Kenntnisse darüber, wann was ausgeführt wird. Unterliegen Sie jedoch keinen Zwängen, deinstallieren Sie lieber vorher alle alten Java-Versionen, bevor Sie mit der Installation des JDK 7 beginnen. Dies ist der sauberste Weg.

2.1.2 »GlassFish Server Open Source Edition 4« herunterladen

Oracle bietet den Java EE Server *GlassFish* in zwei unterschiedlichen Varianten an: kostenpflichtig und nicht kostenpflichtig.

Wenn Sie die URL *https://glassfish.java.net/* in Ihrem Webbrowser aufrufen, sehen Sie im unteren Bereich einen Link zum kostenpflichtigen ORACLE GLASSFISH SERVER (siehe Abbildung 2.1).

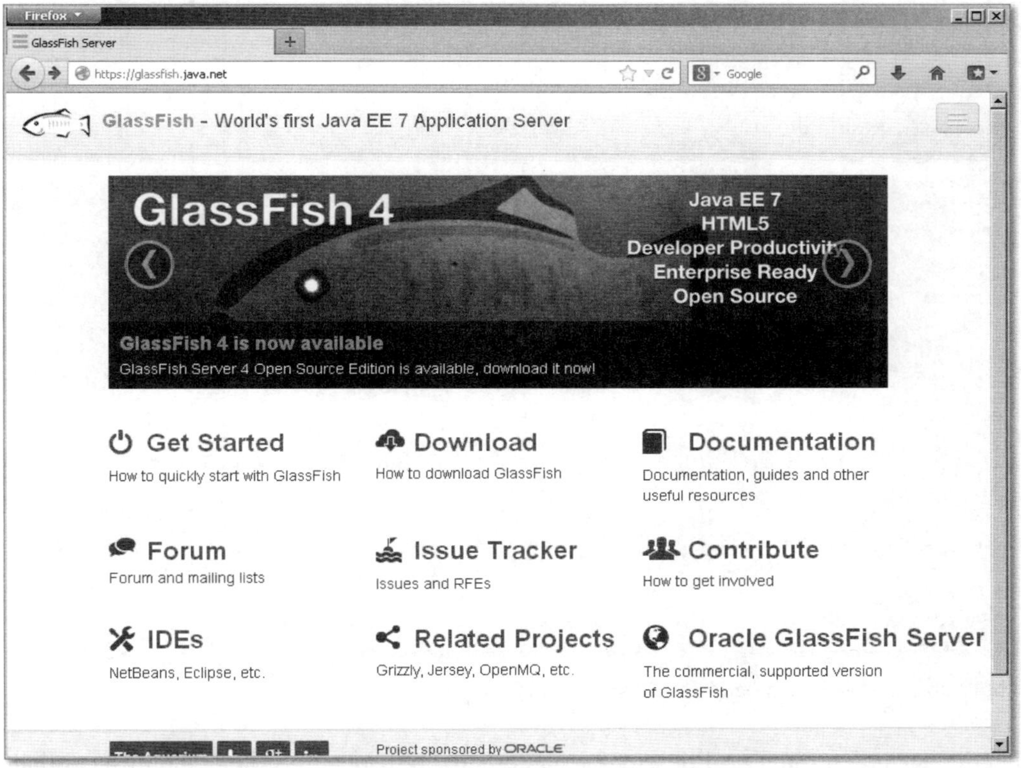

Abbildung 2.1 Die Willkommensseite von GlassFish

Oracle empfiehlt die Verwendung dieses kommerziellen Produkts für eine produktive Umgebung, das heißt für den tatsächlichen Betrieb im professionellen Umfeld. Sollten Sie sich für die Anschaffung der kostenpflichtigen Version entscheiden, unterstützt das Unternehmen Oracle Sie bei der Benutzung des Java EE Servers durch einen gesonderten Support. Die kostenfreie Version nennt sich *GlassFish Server Open Source Edition 4* und bietet diesen Vorteil nicht. Im Kern handelt es sich aber um das gleiche Produkt.

Über einen Mausklick auf den Link DOWNLOAD gelangen Sie zu einer Download-Seite, auf der Sie verschiedene GlassFish-Varianten in sechs Schritten zusammenstellen können (siehe Abbildung 2.2).

Der GlassFish-Download-Website können Sie entnehmen, dass sich die Installationssoftware sowohl als gezippte Datei wie auch als ausführbarer Installer herunterladen lässt.

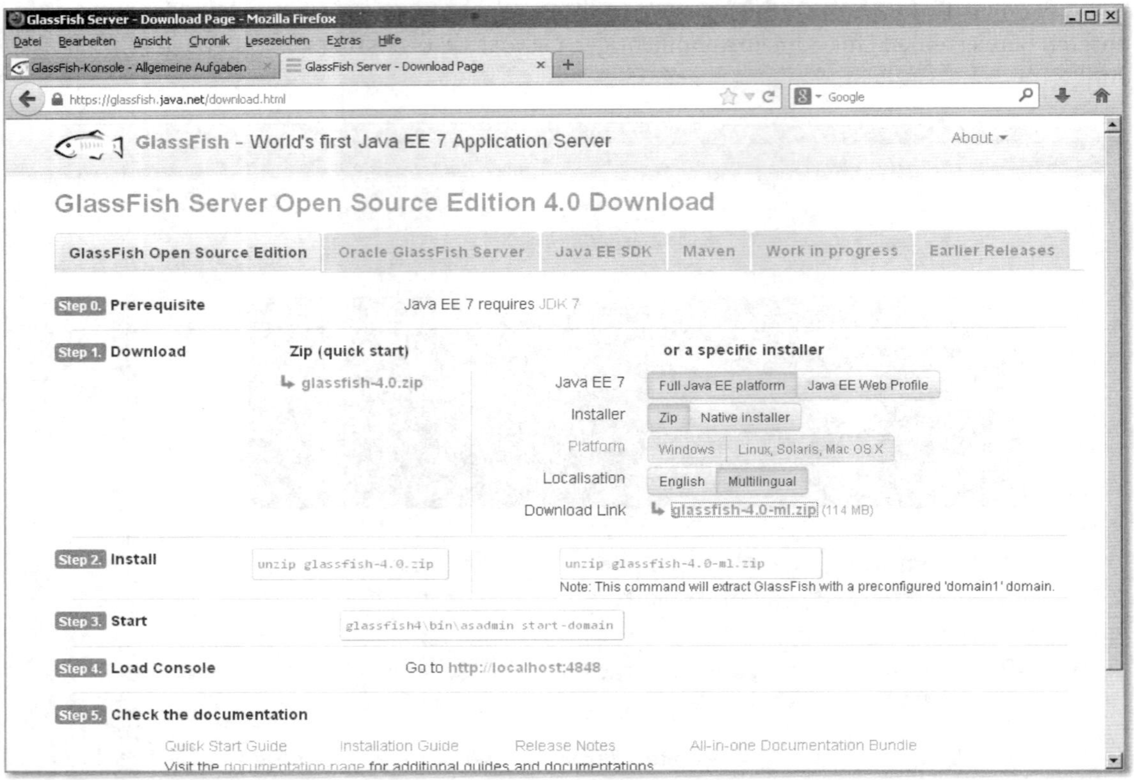

Abbildung 2.2 Die Downloads des GlassFish-Servers

Bei der gezippten Datei profitieren Sie von der kurzen Installationsdauer, denn sie enthält ein komplett vorkonfiguriertes GlassFish-Verzeichnis. Darin enthalten ist ein betriebssystemunabhängiger GlassFish-Server. Mit ihm können Sie direkt loslegen. Weil Ihnen viel Arbeit abgenommen wird, eignet er sich vor allem dann, wenn Sie Zeit sparen möchten. Ihnen bleibt es jedoch nicht erspart, über viele der voreingestellten Konfigurationen Bescheid zu wissen. Aber für dieses Know-how wird gleich gesorgt, denn direkt nach der Installation werden wir detailliert auf die wichtigsten Konfigurations- und Einstellungsmöglichkeiten des GlassFish-Servers eingehen.

Wählen Sie auf der Download-Website nun die FULL JAVA EE PLATFORM aus, denn schließlich brauchen wir einen vollständig Java-EE-konformen Server. Darunter wählen Sie ZIP und MULTILINGUAL aus. Klicken Sie dann auf den Link *glassfish-4.0-ml.zip*, um die Installationsdatei herunterzuladen. In der *.zip*-Datei befindet sich ein Verzeichnis, das *\glassfish4* heißt. Extrahieren Sie dieses Verzeichnis in ein hierfür geeignetes Verzeichnis. Im Rahmen dieses Buches wurde bei dem Betriebssystem Microsoft Windows das Verzeichnis *C:* verwendet. Das bedeutet, dass Sie die Beschreibungen und die Screenshots aus diesem Buch bestmöglich nachvollziehen werden, wenn Ihre Installation mit dem Betriebssystem Microsoft Windows unter dem Ordner *C:\glassfish4* abgespeichert ist. Aber ein anderes Betriebssystem und ein anderer Ordner sind genauso verwendbar. Beachten Sie, dass Sie für den Ordner die vollen Schreib- und Leserechte benötigen.

2.1.3 Die Verzeichnisse von GlassFish 4

Jetzt, da die Installation von GlassFish 4 erfolgreich abgeschlossen ist, sollte die Extraktion der *.zip*-Datei unter Windows ein Verzeichnis mit dem Namen *C:\glassfish4* erzeugt haben. Bevor es gleich mit der Verwaltung des GlassFish-Servers losgeht, gibt dieser Abschnitt Ihnen einen groben Überblick über die Verzeichnisstruktur von GlassFish. Auf Ihrem Rechner begeben Sie sich nun in das Verzeichnis *C:\glassfish4* (siehe Abbildung 2.3).

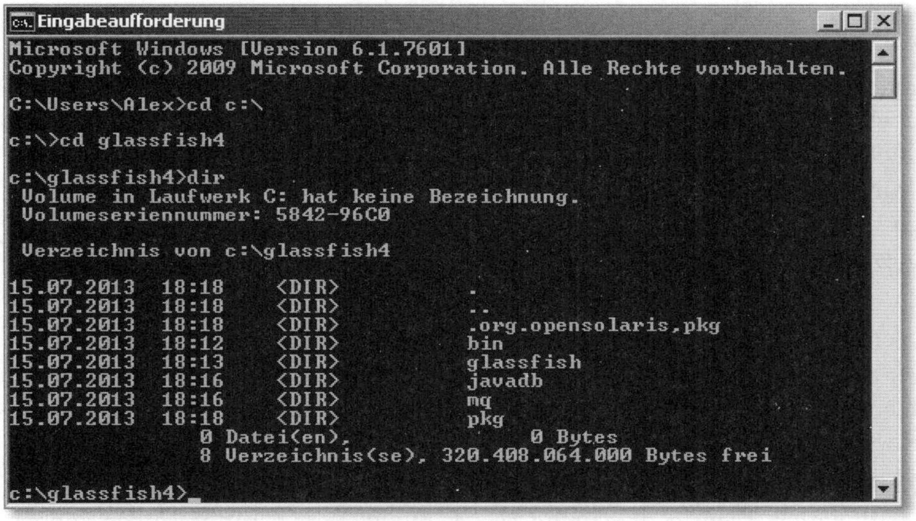

Abbildung 2.3 Das Verzeichnis des GlassFish-Servers

Dieses Verzeichnis stellt den äußeren Rahmen oder auch das sogenannte Parent-Verzeichnis der Installation dar. Wie Sie gleich sehen werden, befindet sich das eigentliche GlassFish-Installationsverzeichnis in einem seiner Unterordner. Diese sind:

- **\bin**
  Das Verzeichnis *\bin* enthält einige Administrationskommandos von GlassFish. Dieses Verzeichnis ist jedoch nicht von großem Belang, denn die vollständige Liste aller Administrationskommandos ist in einem anderen Unterverzeichnis abgespeichert.
- **\glassfish**
  Das Unterverzeichnis *c:\glassfish4\glassfish* stellt das eigentliche Installationsverzeichnis des Java EE Servers dar. Aus diesem Grund wird es in den GlassFish-eigenen Skripten unter der Umgebungsvariablen `AS_INSTALL` abgespeichert. `AS_INSTALL` steht für *Application Server Installation*.

Die wichtigsten Unterordner des Verzeichnisses *c:\glassfish4\glassfish* sind:

- **\bin**
  Das Verzeichnis *\bin* enthält die Administrationskommandos von GlassFish. Das Verzeichnis *c:\glassfish4\glassfish\bin* sollte als Eintrag in die Umgebungsvariable PATH gesetzt werden. Dies ist für den Betrieb des GlassFish-Servers aber keine zwingende Voraussetzung, sondern vereinfacht lediglich die Arbeit mit der Kommandozeile. Denn hierdurch lassen sich anschließend die Kommandos des Java EE Servers von überall aus aufrufen.
- **\config**
  Das Verzeichnis *\config* enthält u. a. das Skript *asenv.bat*, das weitere Umgebungsvariablen für den GlassFish-Server setzt.
- **\docs**
  Das Verzeichnis *\docs* enthält ein Tutorial für die Benutzung des GlassFish-Servers.
- **\domains**
  In diesem Verzeichnis werden sogenannte Domänen untergebracht. Das Verzeichnis *\domains* wird deshalb im Fachjargon auch als *domain-root-dir* bezeichnet. Auf Domänen wird im nächsten Abschnitt ausgiebig eingegangen.
- **\legal**
  Im Verzeichnis *\legal* finden Sie die Lizenzvereinbarungen zum GlassFish-Server.
- **\lib**
  Das Verzeichnis *\lib* enthält die Java-Bibliotheken des GlassFish-Servers. Der GlassFish-Server ist selbst in der Programmiersprache Java geschrieben worden. Deshalb werden Sie hier zahlreiche *.jar*-Dateien vorfinden, die beim Start des GlassFish-Servers ausgeführt werden.
- **\modules und \osgi**
  GlassFish enthält Dienste, die durch OSGi als Module ferngewartet werden können. OSGi ist die Abkürzung für *Open Service Gateway initiative*. Die Module bestehen aus *.jar*-Files, die in sogenannten OSGi-Bundles zur Laufzeit eingespielt, installiert, administriert und auch wieder entfernt werden. Die *.jar*-Files werden in das Verzeichnis *\modules* gespeichert. Das Verzeichnis *\osgi* enthält dagegen das quelloffene OSGi-Framework *Apache Felix*.

▸ **\javadb**
Das Verzeichnis *\javadb* enthält ein relationales Datenbankmanagementsystem, das ehemals den Namen *Derby* trug.

▸ **\mq**
Das Verzeichnis *\mq* enthält die Ressourcen des JMS-Providers *Open MQ*. Durch JMS können Nachrichten gesendet und auch empfangen werden. Auch hierdurch wird eine lose Kopplung von verteilten Systemen ermöglicht.

- **\pkg**
  Der Ordner *\pkg* enthält einen Unterordner *\pkg\javadocs* und *\pkg\lib*. Den Unterord-

ner *\pkg\lib* benötigt GlassFish für den Installations- bzw. Deinstallationsprozess selbst. Es enthält Dateien zum Framework *Image Packaging System* (IPS). IPS wird zur Erstellung von Paketstrukturen, Installationsverzeichnissen und für die Installationskonsistenz verwendet. Mit anderen Worten: Als Java-EE-Entwickler werden Sie mit diesem Verzeichnis kaum Berührungspunkte haben. Im Unterordner *\pkg\javadocs* befinden sich JavaDocs zum IPS-System.

2.2 Domänen und Instanzen

Wenn Sie auf einem GlassFish-Server eine Java-EE-Anwendung installieren, wird sie nicht direkt im Server erzeugt, sondern in einer sogenannten Domäne.

2.2.1 Domänen

Domänen stellen einen administrierbaren Namensraum dar (siehe Abbildung 2.4). Jede Domäne enthält eine eigene Administrationsanwendung, die durch eine Benutzer-Passwort-Kombination geschützt werden kann.

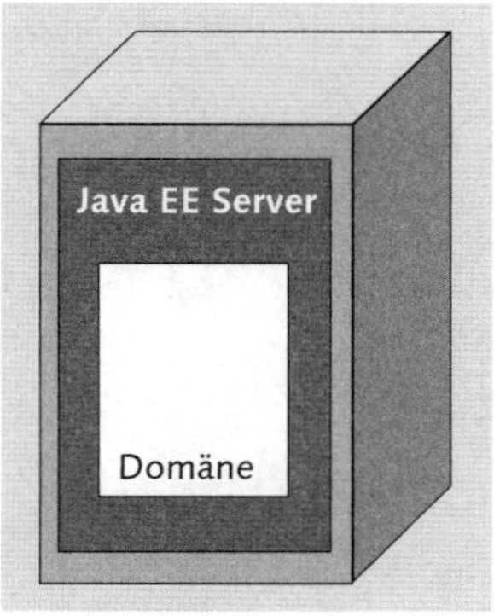

Abbildung 2.4 Eine Domäne

Innerhalb eines GlassFish-Servers können beliebig viele Domänen erzeugt werden. In der Regel richtet man jedoch nur eine einzige Domäne in einem GlassFish-Server ein.

Domänen sind die Java-EE-Maschinen, in denen zum Beispiel Web-Container und EJB-Container laufen. In mancher Hinsicht kann man die Domänen sogar als die eigentlichen Java EE Server betrachten.

2.2.2 Instanzen

Der Hersteller von GlassFish hat sich ein weiteres Konfigurationskonzept ausgedacht, denn der Server arbeitet mit sogenannten Instanzen. Eine Instanz kann man als Laufzeitumgebung für alle Module und Komponenten betrachten, die sich darin befinden.

Eine Instanz wird aber auch als *Konfigurationsinstanz* bezeichnet, denn hiermit wird treffend ausgedrückt, was eine Instanz eigentlich auch ist. Zu jeder Domäne lassen sich beliebig viele Konfigurationsinstanzen einrichten, wobei jede Konfigurationsinstanz zur Laufzeit nur einer einzigen Domäne zugewiesen werden kann.

Damit die Komponenten einer Java-EE-Anwendung in einem Web- und einem EJB-Container verwaltet werden können, muss die Java-EE-Anwendung auf einer konkreten Instanz deployt werden (siehe Abbildung 2.5).

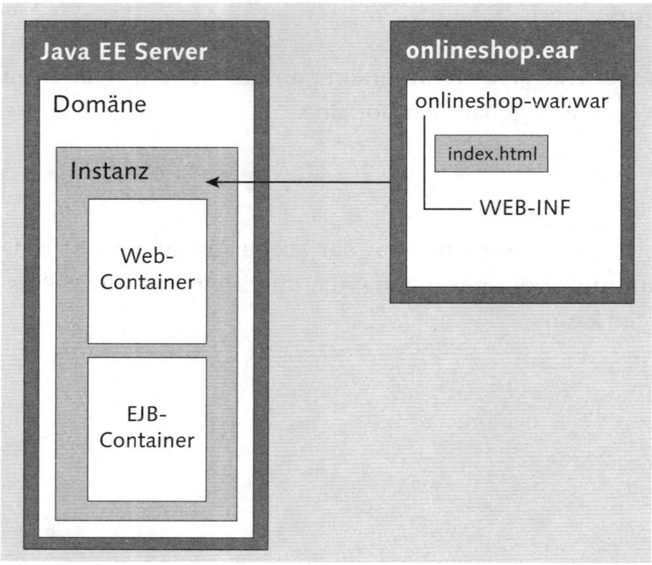

Abbildung 2.5 Das Deployment basiert auf einer Konfigurationsinstanz.

Im Allgemeinen unterscheidet man zwischen:

- Standalone-Instanzen (eigenständigen Instanzen) und
- Cluster-Instanzen.

Standalone-Instanz

Die eigenständige Instanz wird auf einem einzelnen, alleinstehenden Rechner installiert. Zum Beispiel verwenden Sie eine eigenständige Instanz, wenn Sie Ihren Server für die Entwicklungstätigkeit einrichten. Mithilfe mehrerer eigenständiger Instanzen kann zwischen verschiedenen Konfigurationen auch hin- und hergewechselt werden. Das ist praktisch, da man somit eine Entwicklungs- oder eine Testkonfiguration einfach ausprobieren kann.

Cluster-Instanz

Während eigenständige Instanzen nicht mit anderen Instanzen gebündelt werden können, sind Cluster-Instanzen durchaus dazu in der Lage. Und hier liegt auch der eigentliche Zweck einer Cluster-Instanz, denn mithilfe von Cluster-Instanzen lassen sich sogenannte Cluster einrichten. Dabei wird jede einzelne Cluster-Instanz auf einem eigenen Rechner eines Rechnerverbunds eingesetzt. Den Rechnerverbund bezeichnet man als *Serverfarm*. Auf einer Serverfarm wird jeder Rechner als sogenannter *Node* installiert. Grundsätzlich unterscheidet GlassFish zwischen *CONFIG-Nodes* und *SSH-Nodes*. In einem produktiven System werden *SSH-(Secure Shell-)Nodes* verwendet, um eine verschlüsselte Verbindung zwischen den *Nodes* innerhalb des Clusters zu gewährleisten. Dabei wird der gesamte Cluster wie ein einzelnes System betrachtet, das von außen über eine zentrale Administrationsanwendung fernverwaltet wird.

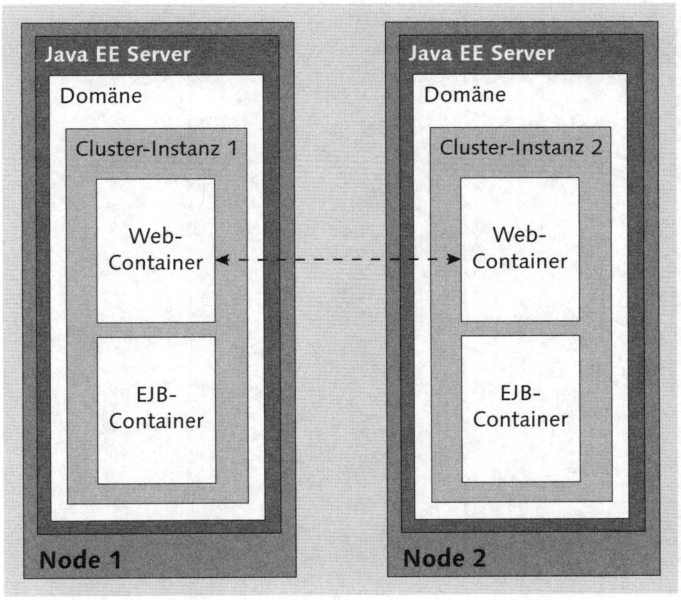

Abbildung 2.6 Cluster-Instanzen

Die Erstellung und Administration eines Clusters ist keine triviale Angelegenheit und für die Entwicklungstätigkeit nicht erforderlich. Jedoch spielt sie in einer produktiven Umgebung eine große Rolle, da hierdurch die Kapazität und die Verfügbarkeit des gesamten Systems verbessert werden kann.

2.3 Die Textkonsole

Die Arbeit mit dem GlassFish-Server beginnt in der Regel mit einem Konsolenprogramm, das sich `asadmin` nennt. `asadmin` ist von entscheidender Bedeutung, da nur auf diesem Weg eine Domäne erzeugt und gestartet werden kann.

asadmin ist also eine ausführbare Datei, die unter Windows den Namen *asadmin.bat* trägt (unter Unix-basierten Betriebssystemen: *asadmin*). Dieser Konsolenbefehl befindet sich im Unterverzeichnis *\bin* des GlassFish-Installationsverzeichnisses. Wenn Sie den Pfad *c:\glassfish4\glassfish\bin* als Eintrag in die Umgebungsvariable PATH gesetzt haben, sollte *asadmin.bat* von jedem Pfad aus aufrufbar sein.

asadmin kann mit einem Optionsparameter aufgerufen werden. Zum Beispiel führt der Aufruf mit --help zur Ausgabe eines ausführlichen Benutzerhandbuchs von GlassFish (siehe Abbildung 2.7).

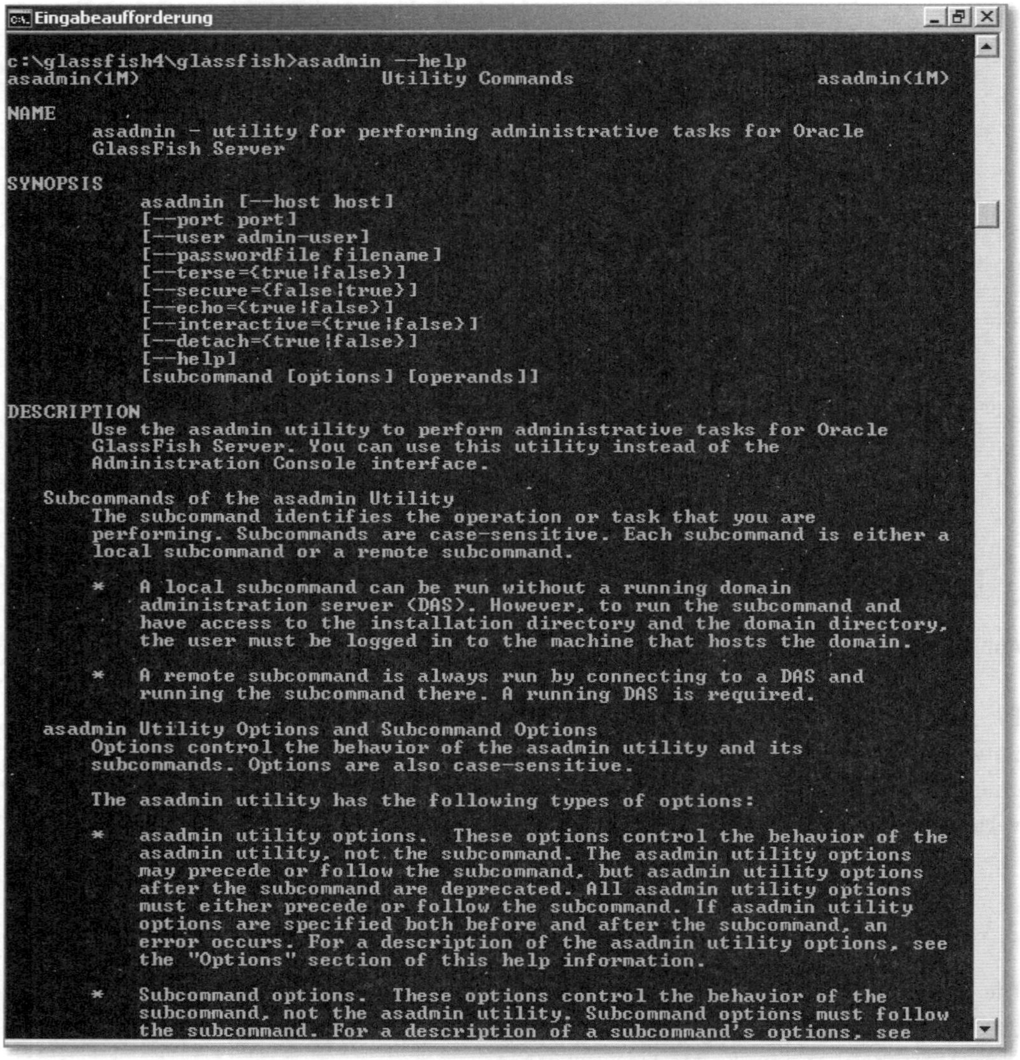

```
Eingabeaufforderung

c:\glassfish4\glassfish>asadmin --help
asadmin(1M)                    Utility Commands                    asadmin(1M)

NAME
       asadmin - utility for performing administrative tasks for Oracle
       GlassFish Server

SYNOPSIS
           asadmin [--host host]
           [--port port]
           [--user admin-user]
           [--passwordfile filename]
           [--terse={true|false}]
           [--secure={false|true}]
           [--echo={true|false}]
           [--interactive={true|false}]
           [--detach={true|false}]
           [--help]
           [subcommand [options] [operands]]

DESCRIPTION
       Use the asadmin utility to perform administrative tasks for Oracle
       GlassFish Server. You can use this utility instead of the
       Administration Console interface.

   Subcommands of the asadmin Utility
       The subcommand identifies the operation or task that you are
       performing. Subcommands are case-sensitive. Each subcommand is either a
       local subcommand or a remote subcommand.

       *   A local subcommand can be run without a running domain
           administration server (DAS). However, to run the subcommand and
           have access to the installation directory and the domain directory,
           the user must be logged in to the machine that hosts the domain.

       *   A remote subcommand is always run by connecting to a DAS and
           running the subcommand there. A running DAS is required.

   asadmin Utility Options and Subcommand Options
       Options control the behavior of the asadmin utility and its
       subcommands. Options are also case-sensitive.

       The asadmin utility has the following types of options:

       *   asadmin utility options.  These options control the behavior of the
           asadmin utility, not the subcommand. The asadmin utility options
           may precede or follow the subcommand, but asadmin utility options
           after the subcommand are deprecated. All asadmin utility options
           must either precede or follow the subcommand. If asadmin utility
           options are specified both before and after the subcommand, an
           error occurs. For a description of the asadmin utility options, see
           the "Options" section of this help information.

       *   Subcommand options.  These options control the behavior of the
           subcommand, not the asadmin utility. Subcommand options must follow
           the subcommand. For a description of a subcommand's options, see
```

Abbildung 2.7 Der Optionsparameter »--help«

Ruft man hingegen `asadmin` ohne Optionsparameter auf, erhält man eine Textkonsole, über die die Optionsparameter als Kommandos aufgerufen werden können (siehe Abbildung 2.8).

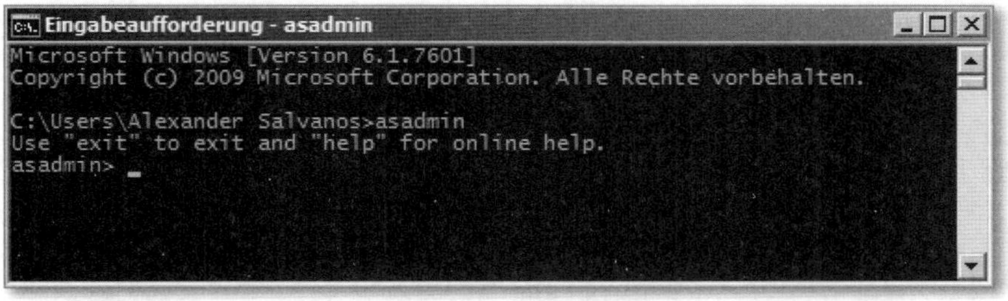

Abbildung 2.8 Die Textkonsole »asadmin«

2.3.1 Eine Domäne erzeugen

Um eine Domäne zu erzeugen, verwendet man das Kommando `create-domain`. Dem Kommando `create-domain` wird der Name der zu erzeugenden Domäne hinzugefügt. Zum Beispiel erzeugen Sie mit folgendem Aufruf eine Domäne, die den Namen *domain1* trägt:

```
create-domain domain1
```

Der Bezeichner *domain1* ist eigentlich auch der Default-Wert. Das bedeutet: Wenn Sie den Bezeichner *domain1* weglassen, wird dieser automatisch gesetzt. GlassFish versucht die Konfiguration des Servers durch Default-Werte zu vereinfachen. Obwohl wir deshalb an vielen Stellen auf das explizite Setzen eines Wertes verzichten können, gebe ich zur Verdeutlichung die Default-Werte im Übungsbeispiel an.

Mit dem Kommando `create-domain` können Sie auch noch weitere Optionsparameter setzen. Auch hierbei führt ein Weglassen zu einer automatischen Konfiguration mit Default-Werten. Zum Beispiel verwendet eine Domäne zahlreiche Ports, um ihre Dienste in einem Netzwerk anzubieten. Wenn Sie die Default-Werte nutzen, ist es wichtig, dass Sie die Default-Ports kennen, um Konflikte zu vermeiden.

Der wichtigste Port, der bei der Erzeugung einer Domäne gesetzt werden muss, ist der `adminport`. Der `adminport` ist von zentraler Bedeutung, da er für den Aufruf des *Domain Administration Servers* (DAS) über einen Webbrowser verwendet wird. Auf den *DAS* gehen wir in Abschnitt 2.4 ein. Der Default-Wert für den `adminport` ist 4848.

Ein weiterer Port, der von wesentlicher Bedeutung ist, nennt sich `instanceport`. Mit dem `instanceport` legen Sie fest, über welchen HTTP-Port die Web-Komponenten Ihrer Java-EE-Anwendung erreichbar sein sollen. Der Default-Wert ist 8080. Da dieser Port auch von *Apache Tomcat* und sogar von dem Administrationstool des relationalen Datenbank-Management-Systems Oracle verwendet wird, könnte es hierbei zu einem Konflikt auf Ihrem Rechner kommen. In so einem Fall setzen Sie den `instanceport` auf einen noch freien Wert.

Alle Default-Werte können Sie Tabelle 2.1 entnehmen:

Dienst	Port
IIOP	3700
IIOP SSL	3820
IIOP MUTUAL AUTH	3920
WEB CONSOLE	4848
OSGI SHELL	6666
JMS	7676
HTTP	8080
HTTPS	8181
JMX	8686
JAVA DEBUGGER	9009

Tabelle 2.1 Default-Werte für »instanceport«

Spätestens wenn Sie mehrere Domains erstellen, müssen Sie für jede Domäne alle Ports per Optionsparameter ändern. Diese Tätigkeit könnte ganz schön mühsam werden. Zur Vereinfachung bietet GlassFish einen weiteren Optionsparameter an, der sich `portbase` nennt. Wenn Sie `portbase` als Optionsparameter verwenden, geben Sie lediglich die ersten zwei Ziffern für alle Ports an. Zum Beispiel könnten Sie mit folgendem Kommando dafür sorgen, dass alle Ports für *domain1* mit 77 beginnen:

```
create-domain --portbase 7700 domain1
```

Die übrigen zwei Ziffern fügt GlassFish selbst hinzu. Die Ports der einzelnen Dienste wären in diesem Fall wie folgt:

Dienst	Port
IIOP	7737
IIOP SSL	7738
IIOP MUTUAL AUTH	7739
WEB CONSOLE	7748

Tabelle 2.2 Portnummern ändern Sie mit »portbase«.

Dienst	Port
OSGI SHELL	7766
JMS	7776
HTTP	7780
HTTPS	7781
JMX	7786
JAVA DEBUGGER	7709

Tabelle 2.2 Portnummern ändern Sie mit »portbase«. (Forts.)

Mit dem folgenden Kommando würden Sie eine Domäne mit dem Namen *domain1* mit `adminport 4848` und `instanceport 8080` erzeugen.

```
create-domain --adminport 4848 --instanceport 8080 domain1
```

Sie brauchen dieses Kommando aber nicht mehr auszuführen, da GlassFish dies in der gezippten Installationsdatei bereits für Sie vorgenommen hat.

Das Kennwort von »admin«

Wenn Sie mit `create-domain` eine Domäne erzeugen, werden Sie aufgefordert, ein Kennwort für den Default-Administrator einzugeben. Der Administrator trägt den Namen »admin«. GlassFish hat aber auch diesen Schritt bereits für uns erledigt. Damit wir mit der Arbeit sofort loslegen können, hat GlassFish als Kennwort für den Default-Administrator eine leere Zeichenkette gesetzt.

Das Verzeichnis von »domain1«

Wenn Sie sich auf Ihrem Rechner nun unterhalb des Installationsverzeichnisses von GlassFish das Verzeichnis *\domains* anschauen, werden Sie dort einen Unterordner mit dem Namen *\domain1* vorfinden. Dieses Verzeichnis steht stellvertretend für die Domäne *domain1*.

Unterhalb des Verzeichnisses *\domain1* befinden sich mehrere Unterverzeichnisse, von denen einige noch leer sind. Zu diesem Zeitpunkt sind folgende Verzeichnisse von Bedeutung:

- **\autodeploy**
  Das Verzeichnis *\autodeploy* ist die zentrale Stelle für das sogenannte *Hot Deployment* von GlassFish.

Mit *Hot Deployment* ist gemeint, dass der GlassFish-Server während des Betriebs auf Änderungen in dem Verzeichnis *\autodeploy* achtet.

Eine Java-EE-Anwendung besteht aus einer festgelegten Verzeichnisstruktur, die in der Regel als gezippte Datei paketiert wird. Sobald eine solche Datei in das *\autodeploy*-Verzeichnis gespeichert wird, betrachtet das der GlassFish-Server als Neuinstallation. Eine Löschung dieser Datei ist für den GlassFish-Server eine Deinstallation. In einem späteren Übungsbeispiel wird das *Hot Deployment* mit dem Verzeichnis *\autodeploy* noch gezeigt.

- \config

  Im Unterverzeichnis *\config* finden Sie die Konfigurationsdateien der Domäne *domain1* wieder.

- \docroot

  Das Unterverzeichnis *\docroot* stellt das Wurzelverzeichnis der Domäne dar. Hier befindet sich eine Datei mit dem Namen *index.html*. Sie sollte im Webbrowser angezeigt werden, wenn die Domäne gestartet worden ist und die URL-Adresse der Domäne (beispielsweise *http:/localhost:8080*) aufgerufen wurde.

2.3.2 Der Start einer Domäne

Um den GlassFish-Server in Betrieb zu nehmen, starten Sie eine Domäne. Das bedeutet in unserem Fall, dass wir die Domäne *domain1* zum Laufen bringen müssen. Hierzu verwenden wir folgendes Kommando:

```
start-domain domain1
```

In Abbildung 2.9 sehen Sie die Ausgaben, die beim Start der Domäne *domain1* auf meiner Konsole geschrieben werden.

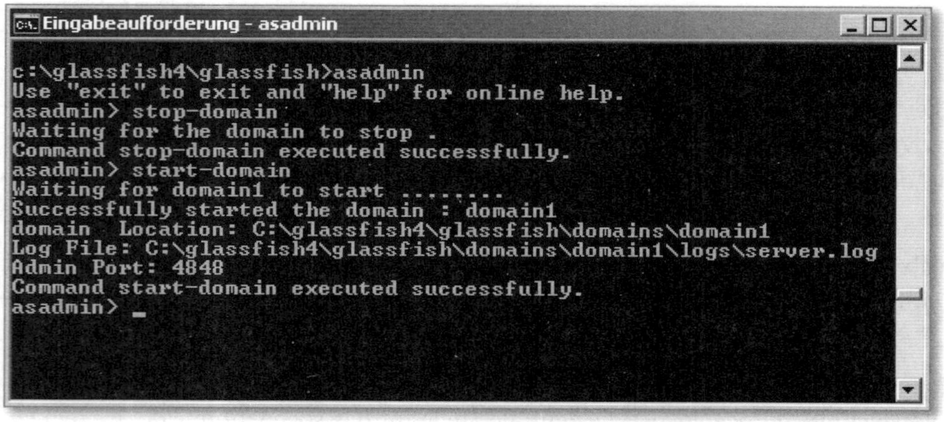

Abbildung 2.9 Das Kommando »start-domain«

Sobald die Domäne in Betrieb ist, kann ihre Startseite aufgerufen werden. Geben Sie hierzu in der Adressleiste Ihres Webbrowsers *http://localhost:8080* ein (siehe Abbildung 2.10).

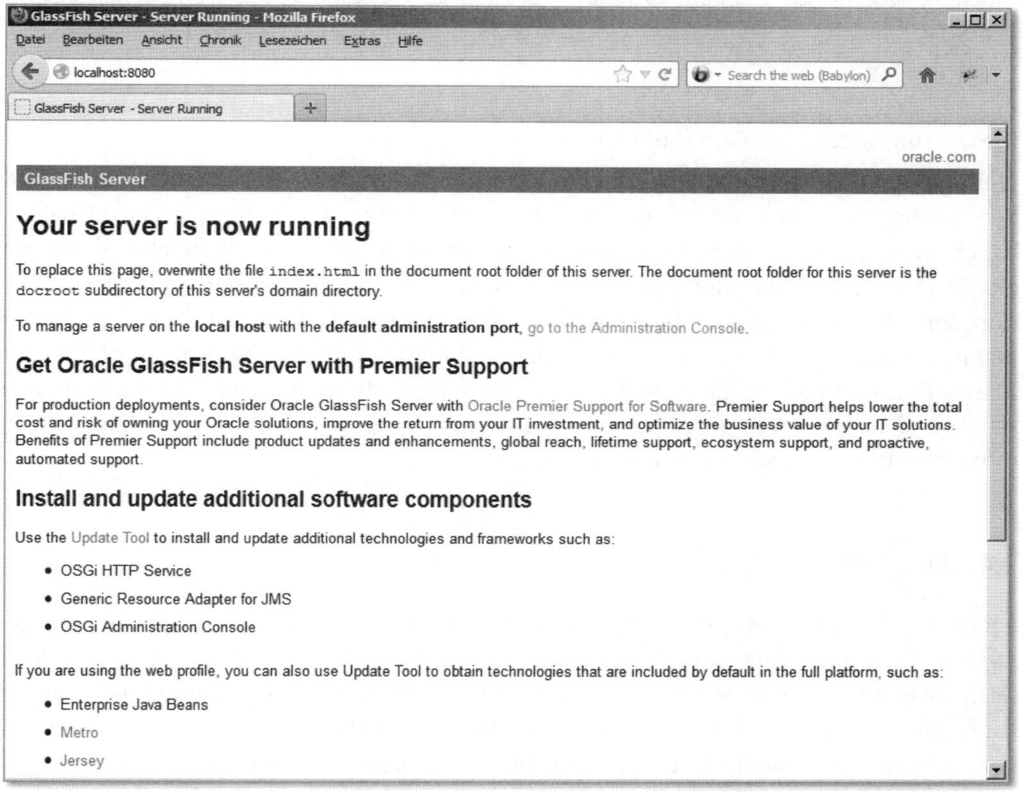

Abbildung 2.10 Die Startseite der Domäne »domain1«

Falls es nicht wie erwartet funktioniert

Wenn das Deployment der Java-EE-Anwendung nicht reibungslos funktioniert, obwohl sich GlassFish ansonsten anstandslos hoch- und herunterfahren lässt, könnte dies an der Verbindungsmöglichkeit über den Hostnamen *localhost* liegen. Versuchen Sie in diesem Fall, die Einstellungen für die Namensauflösung für Hosts auf Ihrem Rechner anzupassen.

Auf einem UNIX-basierten Rechner müssen Sie die Datei */etc/hosts* bearbeiten. Bei dem MacOS ist auch eine Verknüpfung weiter unten, also bei */private/etc/hosts* vorhanden. Bei einem Windows-Rechner ist es die Datei *C:\Windows\System32\drivers\etc\hosts*.

Verbinden Sie die Loopback-IP-Adresse `127.0.0.1` mit dem Namen `localhost`:

```
127.0.0.1      localhost
```

Hinweis

Beim MacOS muss außerdem noch der FQDN des Rechners in der */etc/hosts/* eingetragen werden.

Die Default-Instanz mit dem Namen »server«

Weiter oben wurde bereits gesagt, dass eigentlich jegliches Arbeiten mit einer Domäne auf den Konfigurationen einer Instanz basiert. Als Sie soeben die Domäne gestartet haben, haben Sie bereits eine solche Konfigurationsinstanz verwendet. Dabei handelte es sich um eine Default-Instanz, die aus der Sicht des Administrators den konfigurierbaren Administrationsbereich des Java EE Servers darstellt. Wundern Sie sich deshalb nicht, wenn Sie später mal in den Konfigurationsdateien den Bezeichner »server« sehen sollten, denn dies ist der Alias für diese Default-Instanz. Die Domäne *domain1* wurde von GlassFish so angelegt, dass sie die Instanz mit dem Namen *server* mitverwendet. Dadurch braucht GlassFish keine weitere Konfigurationsinstanz mehr zu erzeugen.

2.4 Der DAS

Sobald Sie eine Domäne gestartet haben, aktivieren Sie ganz automatisch auch einen sogenannten *Domain Administration Server*, der oft auch abgekürzt als *DAS* bezeichnet wird. Jede Domäne beinhaltet einen eigenen DAS, über den sie konfiguriert und administriert werden kann. Obwohl der GlassFish-Server frisch installiert ist, sind bereits zahlreiche Einstellungen vorkonfiguriert. Dadurch ist der GlassFish-Server zur ersten Verwendung bereits vorbereitet. Das ist auf der einen Seite sehr praktisch, hat aber andererseits auch einen Nachteil. Weil der GlassFish-Server zunächst nur für eine Entwicklungsumgebung gerüstet wurde, kann er in diesem Zustand nicht direkt für ein produktives System eingesetzt werden. Aber auch auf einem Entwicklungsrechner sind die vorbelegten Werte nicht immer vorteilhaft und müssen für so manche Java-EE-Anwendung angepasst werden, damit die Leistung im Betrieb des Servers verbessert wird.

2.4.1 Die Bedienung des DAS über »asadmin«

Es wurde bereits angemerkt, dass die Konfiguration und die Administration des GlassFish-Servers über den *Domain Administration Server* (DAS) erfolgt. Die Bedienung des DAS kann entweder auf der Konsole über das `asadmin`-Kommando oder über einen Webbrowser erfolgen. Wir werden zunächst mit `asadmin` arbeiten. Weiter unten wird anschließend die webbasierte Variante eingesetzt.

Bei dem Befehl `asadmin` unterscheidet man zwischen *Local Commands* und *Remote Commands*. Ein *Local Command* haben Sie zum Beispiel verwendet, um die Domäne zu erzeugen und um sie zu starten. *Remote Commands* hingegen werden an den DAS weitergereicht. Deshalb setzen sie einen aktiven DAS voraus. Daher funktionieren sie auch nur, wenn bereits eine Domäne erzeugt und gestartet worden ist. Durch den Start der Domäne *domain1* wurde auch der DAS aktiviert. Deshalb stehen nun auch die Remote Commands zur Verfügung.

Der DAS bietet zahlreiche Remote Commands an. Alle Remote Commands zu erläutern, würde den Rahmen dieses Kapitels sprengen. Es werden nur einige Kommandos gezeigt, die ein Java-EE-Komponenten-Entwickler im Arbeitsalltag mit seiner Installation benötigt. Durch Eingabe des Kommandos `list-commands` erhalten Sie eine Übersicht über die zur Verfügung stehenden Kommandos (siehe Abbildung 2.11).

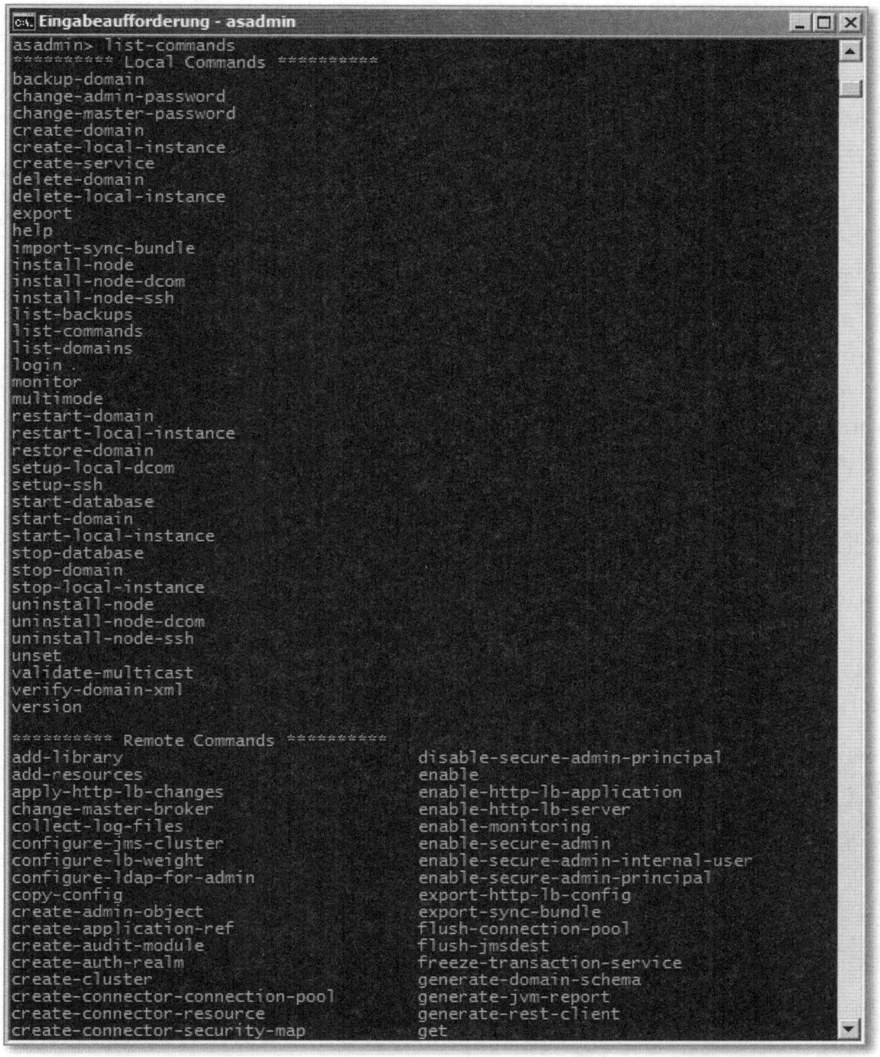

Abbildung 2.11 Auflistung von Local und Remote Commands

Wie Sie der Abbildung entnehmen können, werden die Local Commands und die Remote Commands getrennt aufgeführt.

Die Bedienung des DAS über `asadmin` und seine Remote Commands ist mächtiger als die Bedienung des DAS über den Webbrowser. Sie eignet sich vor allem dann, wenn Sie Kommandos in Shell-Skripten einbeziehen oder andere Administrationsaufgaben erledigen möchten, die über die einfache Konfiguration hinausgehen.

Die Konfiguration des Loggings

Nicht nur für den Administrator, sondern auch für den Entwickler ist das Logging ein wichtiges Instrument der täglichen Arbeit. Der Logging-Mechanismus von GlassFish lässt sich von »ganz schweigsam« bis hin zu »besonders redselig« einstellen. Folgende Logging-Levels lassen sich von niedrig bis hoch wie folgt einstellen: `SEVERE`, `WARNING`, `INFO`, `CONFIG`, `FINE`, `FINER` und `FINEST`. Dabei umfasst ein Level auch die Benachrichtigungen der jeweilig niedrigeren Levels.

Nun können für jede Instanz für verschiedene Packages unterschiedliche Logging-Level gesetzt werden. Gleichzeitig erlaubt GlassFish auch das Setzen eines globalen Logging-Levels. Der globale Logging-Level gilt für alle Logger, wobei die Einstellung eines spezifischen Logging-Levels den globalen Logging-Level für das jeweilige Package überschreibt.

Im Allgemeinen kann man sagen, dass zur Entwicklungszeit ein besonders feiner (redseliger) Logging-Level vorteilhaft ist. Weil das ständige Hinausschreiben von Nachrichten aber auch sehr zeitaufwendig ist, sollte der Logging-Level während des produktiven Betriebs möglichst schweigsam sein.

Für den Onlineshop werden wir den globalen Logging-Level nun auf `FINEST` setzen. Hierfür geben Sie auf der `asadmin`-Konsole Folgendes ein:

```
set-log-levels java.util.logging.ConsoleHandler=FINEST
```

Auf der Konsole sehen Sie, dass der Logging-Level für die Instanz »server« gesetzt wird (siehe Abbildung 2.12).

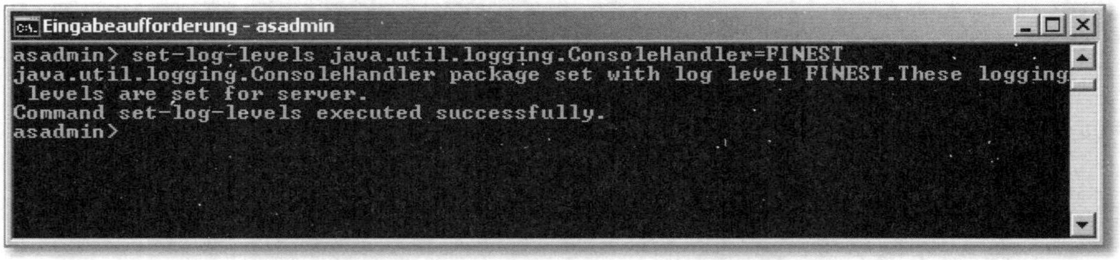

Abbildung 2.12 Für die Entwicklung setzen wir den Logging-Level der Instanz »server« auf »FINEST«.

2.4.2 Die Bedienung des DAS über einen Webbrowser

Wie bereits angemerkt, bietet der DAS eine grafische Benutzeroberfläche über einen Webbrowser an, um zum Beispiel Java-EE-Anwendungen komfortabel installieren zu können. Der Fachbegriff für die grafische Benutzeroberfläche des DAS lautet *Administration Console*.

Die Administration Console erreichen Sie, indem Sie in der Adressleiste Ihres Webbrowsers die URL *http://localhost:4848* eingeben. Wenn Sie ein Kennwort für den Administrator festgelegt haben, erscheint als Nächstes ein Login-Fenster. Ansonsten sollte sich nach einer Weile die Startseite der Administration Console zeigen (siehe Abbildung 2.13). Auf der linken Seite des Fensters sehen Sie nun eine vertikale Menüleiste, über die Sie die verschiedenen Konfigurationsmöglichkeiten des GlassFish-Servers auswählen können.

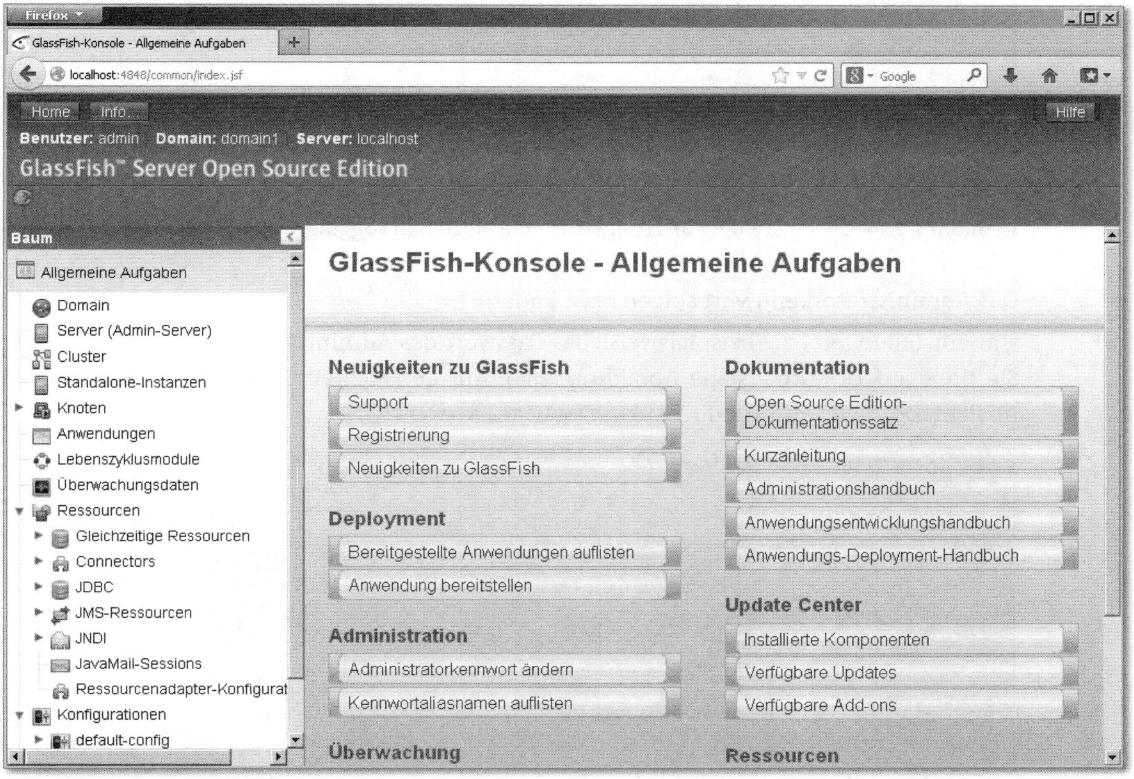

Abbildung 2.13 Die Startseite der Administration Console

Beispielsweise können Sie nun mithilfe des DAS die Logging-Levels setzen. Zu diesem Zweck klicken Sie auf der linken Seite des DAS auf KONFIGURATIONEN • SERVER-CONFIG • LOGGER-EINSTELLUNGEN. Auf der rechten Seite öffnen Sie den Reiter LOGGING-EBENEN (siehe Abbildung 2.14).

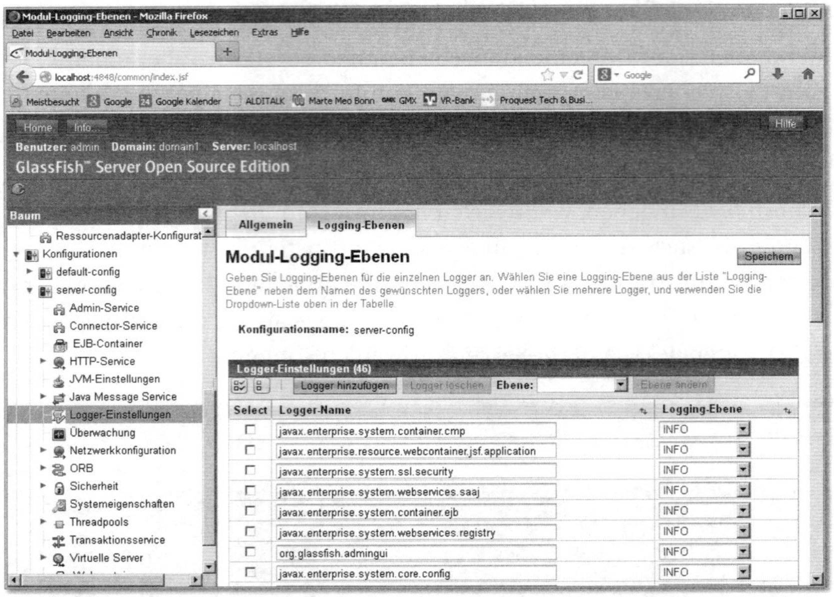

Abbildung 2.14 Die Einstellung des Loggers für die einzelnen Logging-Ebenen im DAS

Das Administratorkennwort setzen bzw. ändern

Um Einstellungen (wie beispielsweise das Passwort des Administrators) zu ändern, klicken Sie links auf DOMAIN (siehe Abbildung 2.15). Auf der rechten Seite erscheint eine neue Ansicht. Dort klicken Sie auf ADMINISTRATORKENNWORT.

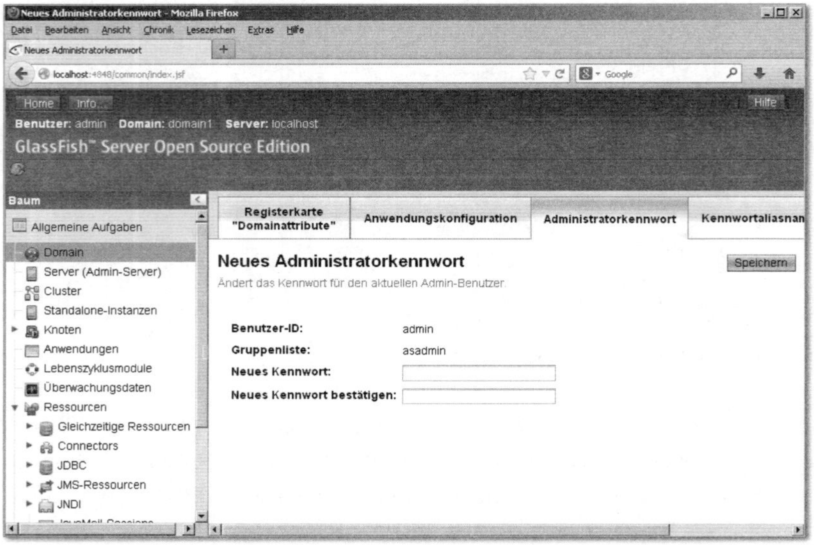

Abbildung 2.15 Der Menüpunkt »Domäne«

Der Heap der Java-Laufzeitumgebung

Sie können eine Leistungsverbesserung bei einem Java EE Server erzielen, indem Sie den Heap der JVM anpassen. Selbstverständlich ist die Größe des Heaps abhängig von dem zur Verfügung stehenden Rechner. Dennoch ist es hilfreich, wenn man gewisse Grundregeln beachtet.

Die wichtigsten Optionsparameter für die Konfiguration des Heap-Speichers sind `-Xmx`, `-Xms` und `-Xmn`.

`-Xmx` setzt die maximale Heap-Größe, `-Xms` setzt die minimale Heap-Größe und `-Xmn` zeigt an, wie viel des verwendeten Heaps für den sogenannten »eden«-Bereich belegt werden soll. In den »eden«-Bereich gelangen Objekte, wenn sie erstmalig erzeugt wurden. Dort schaut der Garbage Collector öfter vorbei und prüft, ob die Objekte noch gebraucht werden. Wenn der Garbage Collector nach einigen Versuchen merkt, dass ein Objekt längerfristig benötigt wird, überführt er es in andere Bereiche, die für ältere bzw. permanente Objekte reserviert sind.

Bei dem frisch installierten GlassFish-Server ist der maximal zur Verfügung stehende Heap-Speicher auf 512 MB(`-Xmx512m`) voreingestellt. Wenn man nun bei einer Minimalanforderung davon ausgehen würde, dass ein 32-Bit-Betriebssystem mit 4 GB vorliegt und dass das Betriebssystem Microsoft Windows 2 GB für eigene Tätigkeiten braucht, ist es angemessen, wenn wir mindestens 1 GB des gesamten Volumens nutzen.

Wenn Sie weniger Arbeitsspeicher als 4 GB Ihr Eigen nennen, trifft diese Bemessungsgrundlage für Sie nicht zu. Dessen ungeachtet könnten Sie die folgende Betrachtung auf Ihr System übertragen. Gehen wir zurück zu der Annahme, dass Sie einen Rechner mit einem 32-Bit-Betriebssystem und mit 4 GB RAM haben und dass Sie 1 GB für den GlassFish-Server opfern können.

Gemäß dieser Annahme setzen wir die maximale Heap-Size auf 1024 MB. Gleichzeitig werden wir die minimale Heap-Größe ebenso auf 1024 MB setzen, damit sich die Java-Laufzeitumgebung auf diesen Wert festlegen muss und keine Zeit damit verschwendet, den Heap-Speicher zu ändern. Für den »eden«-Bereich werden wir die Hälfte des gesamten Speichers einsetzen.

Klicken Sie im DAS auf der linken Seite auf KONFIGURATIONEN • SERVER-CONFIG • JVM-EINSTELLUNGEN (siehe Abbildung 2.16). Auf der rechten Seite klicken Sie auf den Reiter JVM-OPTIONEN. Dort ändern Sie den Wert des maximalen Heaps auf `-Xmx1024m` ab. Dann verwenden Sie den Button JVM-OPTION HINZUFÜGEN, um auch die Optionsparameter `-Xms1024m` und `-Xmn512m` hinzuzufügen.

Abbildung 2.16 zeigt die Optionsparameter im DAS. Klicken Sie oben rechts auf den Speicher-Button.

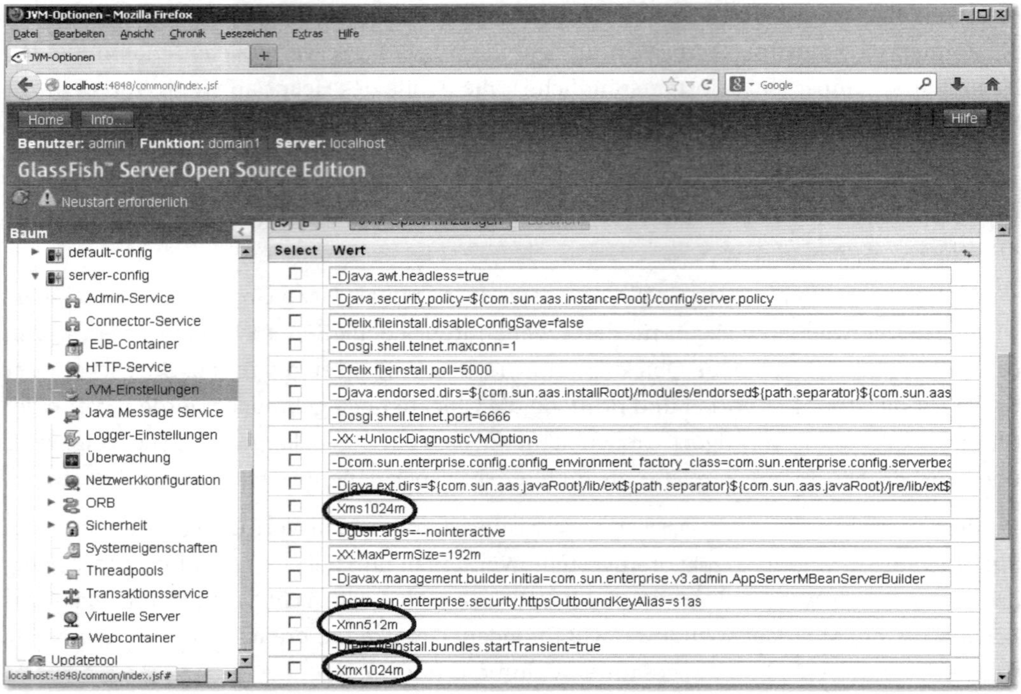

Abbildung 2.16 Der JVM Heap Space für den GlassFish-Server

Die Adressen der Listener anpassen

Eine weitere Konfiguration, die wir nun vornehmen werden, betrifft die IP-Adresse des sogenannten *Listeners*. Wir beginnen mit den HTTP-Listenern. Danach werden wir auch die IP-Adresse des IIOP-Listeners ändern. Zunächst wird kurz erläutert, warum die Listener des GlassFish-Servers angepasst werden.

Jedes Mal, wenn über das Netzwerk eine externe Anfrage eintrifft, »klopft« sie beim Server zuerst an eine bestimmte IP-Adresse und an einem bestimmten Port »an«. Damit der Java EE Server die ankommende Anfrage wahrnimmt, muss er wissen, auf welcher IP-Adresse und auf welchem Port er horchen soll. GlassFish nutzt hierbei nicht die im Netzwerk automatisch vergebene IP-Adresse, sondern eine im DAS konfigurierte IP-Adresse.

Nachdem der GlassFish-Server erstmalig installiert ist, lauscht er zunächst mit vier Listenern. Diese nennen sich `admin-listener`, `http-listener1`, `http-listener2` und `orb-listener` (für IIOP). Während der `admin`-Listener für Administrationsaufgaben gedacht ist, hat der Listener `http-listener1` die Aufgabe, normale HTTP-Anfragen mitzubekommen. Der `http-listener2` ist für die hochverschlüsselten SSL-Anfragen über das HTTPS-Protokoll gedacht. Der `orb`-Listener ist für externe IIOP-Verbindungen von EJB- oder CORBA-Aufrufen zuständig.

Wenn Sie auf KONFIGURATIONEN • SERVER-CONFIG • HTTP-SERVICE • HTTP-LISTENER klicken, erhalten Sie einen Überblick über die vorkonfigurierten HTTP-Listener.

Die HTTP-Listener von GlassFish sind per Default über die *Unspecified IPv4 Address* (bzw. auch *Pseudo IPv4 Adress*) `0.0.0.0` erreichbar. Die Pseudo-IPv4-Adresse `0.0.0.0` bedeutet in diesem Zusammenhang, dass lokale Aufrufe auf alle IP-Adressen entgegengenommen werden.

> **Hinweis**
>
> In einem IPv6-Netzwerk wäre das Pendant `0.0.0.0.0.0` bzw. `::`

Solange Sie sich lokal mit Ihrem GlassFish-Server verbinden, brauchen Sie theoretisch die Pseudo-Adresse nicht abzuändern. Wenn Sie jedoch einen GlassFish-Server remote zur Verfügung stellen, müssen Sie die Pseudo-IP-Adresse `0.0.0.0` zu der externen IP-Adresse korrigieren. Aber auch für den lokalen Zugriff ist die Verwendung der Pseudo-IP-Adresse `0.0.0.0` nicht empfehlenswert; Sie sollten die *Loopback-IP-Adresse* `127.0.0.1` eintragen.

> **Hinweis**
>
> Wenn Sie das neuere IPv6 in Ihrem Netzwerk einsetzen, handelt es sich bei dem `localhost` um die Loopback-Adresse `0.0.0.0.0.1` bzw. `::1`.

Um die IP-Adressen der drei HTTP-Listener abzuändern, klicken Sie im Fenster aus Abbildung 2.17 auf der linken Seite jeweils auf den einzelnen Listener, tragen auf der rechten Seite die IP-Adresse `127.0.0.1` ein und klicken jedes Mal oben rechts auf SPEICHERN (siehe Abbildung 2.17).

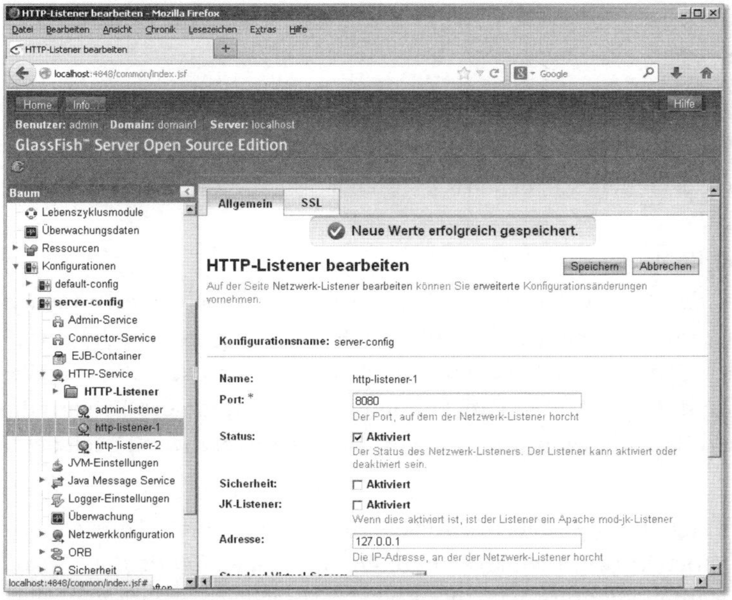

Abbildung 2.17 Die Änderung der IP-Adresse der HTTP-Listener

Als Nächstes kümmern wir uns um den IIOP-listener, der auf EJB-Clients und CORBA-Aufrufe wartet. Klicken Sie hierfür auf KONFIGURATIONEN • SERVER-CONFIG • ORB • ORB-LISTENER-1 und ändern Sie auch dort die Adresse auf die Loopback-Adresse `127.0.0.1` ab (siehe Abbildung 2.18). Klicken Sie abschließend auf SPEICHERN.

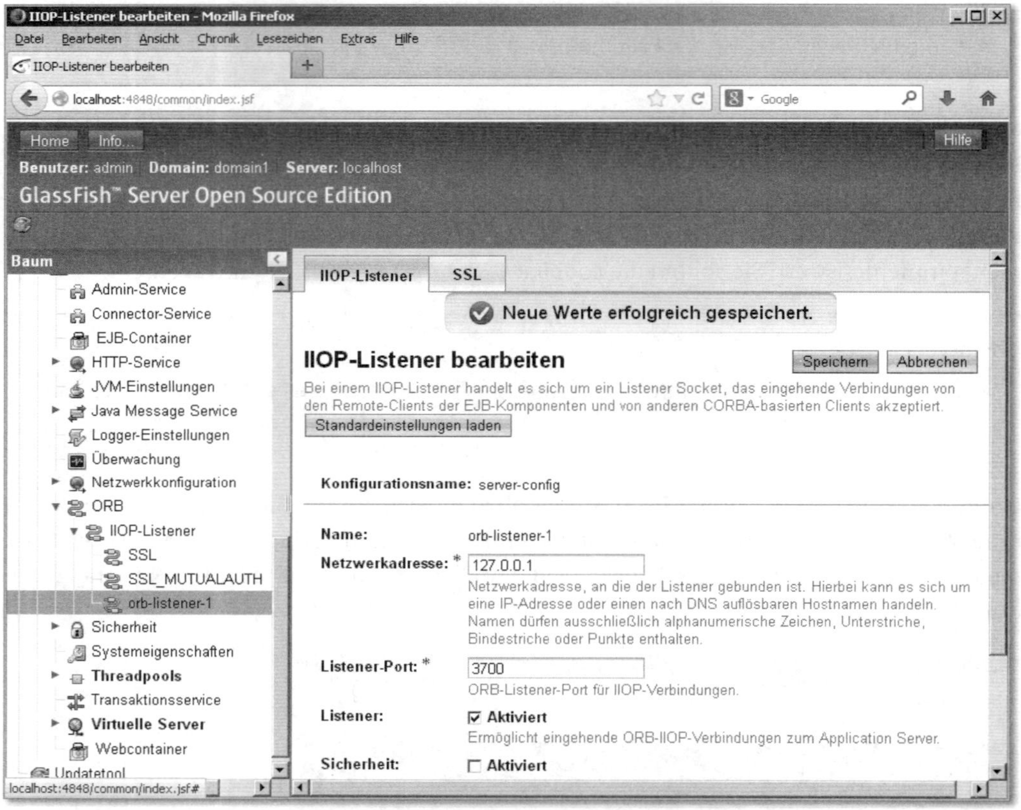

Abbildung 2.18 Die Anpassung der IP-Adresse für den IIOP-Listener

Erhöhung des HTTP-Thread-Pools

Grundsätzlich bietet Java die Möglichkeit, zahlreiche Prozesse in nebenherlaufenden Threads zuzulassen. Bei diesem scheinbar parallel ablaufenden Vorgang werden die einzelnen Prozesse in sehr kleine Zeitfragmente heruntergebrochen. Weil zwischen den »parallelen« Threads ständig hin- und hergeschaltet wird, können zeitlich langsamere Threads die anderen Prozessfragmente nicht blockieren. Dadurch wird die Gesamtgeschwindigkeit deutlich verbessert.

Zur automatischen Verwaltung dieser parallelen Threads wurden sogenannte Thread-Pools erfunden. Als Beispiel für einen Thread-Pool könnte Ihnen der *Connection Pool* von JDBC bekannt sein. Auch hier werden mehrere parallel laufende Threads in einem zentralen

Thread-Pool gehalten. Bei einem Thread-Pool wird zunächst eine minimale Anzahl an Threads vorbereitet, die zur unmittelbaren Verwendung vorliegen. Jeder Prozess kann sich nun eines dieser Threads bedienen. Wenn der Prozess durchlaufen ist, gibt er den Thread wieder frei, sodass der Thread anschließend für weitere Prozesse zur Verfügung steht. Wenn alle Threads des Thread-Pools in Verwendung sind, kann der Thread-Pool die Anzahl der Threads erhöhen, indem er weitere erzeugt. Dies kann er bis zu einer festgelegten maximalen Anzahl an Threads fortführen.

Auch ein Web-Container beinhaltet einen Thread-Pool, weil er mehrere parallel ankommende HTTP-Anfragen nicht aufeinander warten lassen möchte. Bei einem frisch installierten GlassFish-Server können maximal fünf parallel zugreifende HTTP-Anfragen beantwortet werden. Diese Obergrenze ist aber für unsere Zwecke nicht ausreichend, denn eine vollwertige Java-EE-Anwendung stößt hiermit schnell auf ihre Grenzen. Um die Leistung des Web-Containers zu verbessern, werden wir die maximale Anzahl der im Thread-Pool zur Verfügung stehenden Threads erhöhen.

Klicken Sie hierfür im Fenster aus Abbildung 2.19 auf der linken Seite auf KONFIGURATIONEN • SERVER-CONFIG • THREAD POOLS • HTTP-THREAD-POOL, und setzen Sie auf der rechten Seite die MAX. THREADPOOLGRÖSSE und die MIN. THREADPOOLGRÖSSE jeweils auf 200 Threads. Auch hiernach sollte der GlassFish-Server neu gestartet werden.

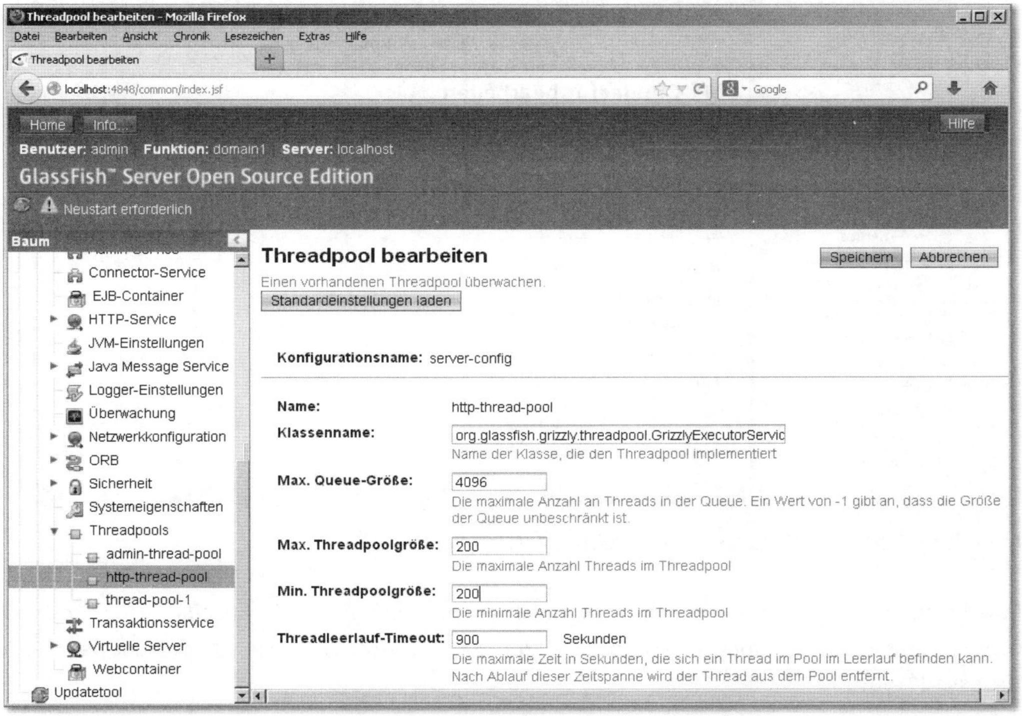

Abbildung 2.19 Das Setzen der maximalen und der minmalen Threadpoolgröße

JMX konfigurieren

Um das Wohlergehen einer Java-EE-Anwendung überwachen zu können, legt die Java-EE-Spezifikation fest, dass ein Java EE Server über eine besondere API mit dem Namen *Java Management Extension* (JMX) verfügen muss.

Intern arbeitet JMX mit sogenannten *Managed Beans* (MBeans). Eine MBean ist eine spezielle Java-Klasse, die beispielsweise Benachrichtigungen oder Warnungen erledigt. Um seine MBeans zu verwalten, stellt der GlassFish-Server den sogenannten *JMX Connector Server* bereit.

Die IP-Adresse und den Port, über die der JMX-Dienst erreichbar ist, können Sie über Allgemeine Aufgaben • Konfigurationen • server-config • Admin Service abändern (siehe Abbildung 2.20).

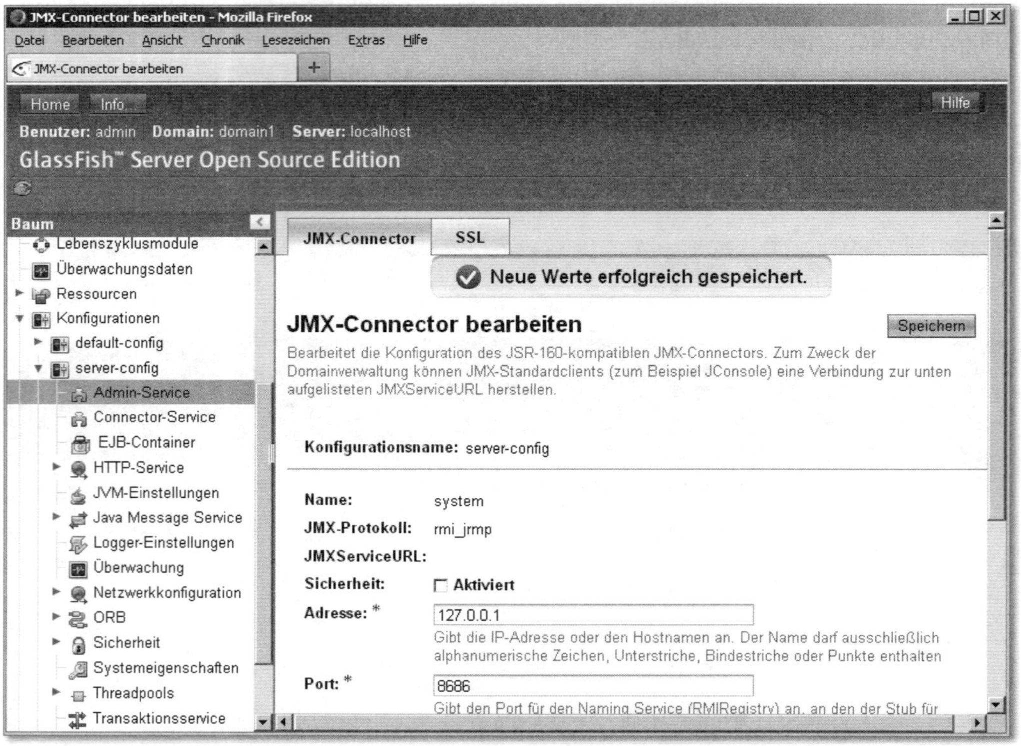

Abbildung 2.20 Die »JMXServiceURL« beim GlassFish-Server

Für den JMX Connector Server von GlassFish ist per Default die *Unspecified IPv4 Address* 0.0.0.0 und der Port 8686 erreichbar. Setzen Sie die IPv4-Adresse auf die Loopback-IP-Adresse `127.0.0.1`.

Hinweis

Wenn Sie IPv6-Adressen in Ihrem Netzwerk verwenden, tragen Sie `0.0.0.0.0.1` in das Feld ein.

Um die Änderungen restlos wirksam werden zu lassen, starten Sie den Server neu.

Das Monitoring über JConsole

Wir werden uns nun die Informationen anschauen, die uns der JMX Connector Server über seine registrierten MBeans meldet. Das gängigste Werkzeug, über das man sich mit dem JMX Connector Server von GlassFish verbinden kann, bietet die JDK. Es nennt sich *JConsole* (*Java Monitoring and Management Console*).

Sie können JConsole beispielsweise über die Eingabeaufforderung aufrufen. Es erscheint ein Fenster, in dem Sie die Verbindungsdaten des JMX Connector Servers von GlassFish eingeben können (siehe Abbildung 2.21).

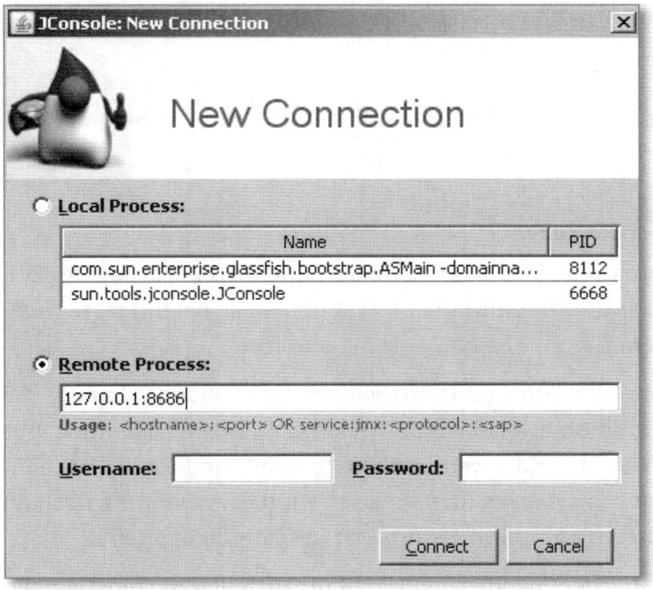

Abbildung 2.21 JConsole

Klicken Sie zunächst auf REMOTE PROCESS, denn über LOCAL PROCESS werden die MBeans nicht automatisch gestartet. Geben Sie dann im Eingabefeld die IP-Adresse des Rechners und die Portnummer des JMX Connector Servers ein. Auf meinem Rechner ist das `127.0.0.1:8686`. Wenn Sie anschließend auf den Button CONNECT klicken, öffnet sich ein

Fenster mit mehreren Reitern (siehe Abbildung 2.22). Gleich beim ersten Reiter zeigt sich JConsole von seiner besten Seite, da wir in einer grafischen Übersicht den Verbrauch von Speicher- und Prozessorressourcen erkennen können.

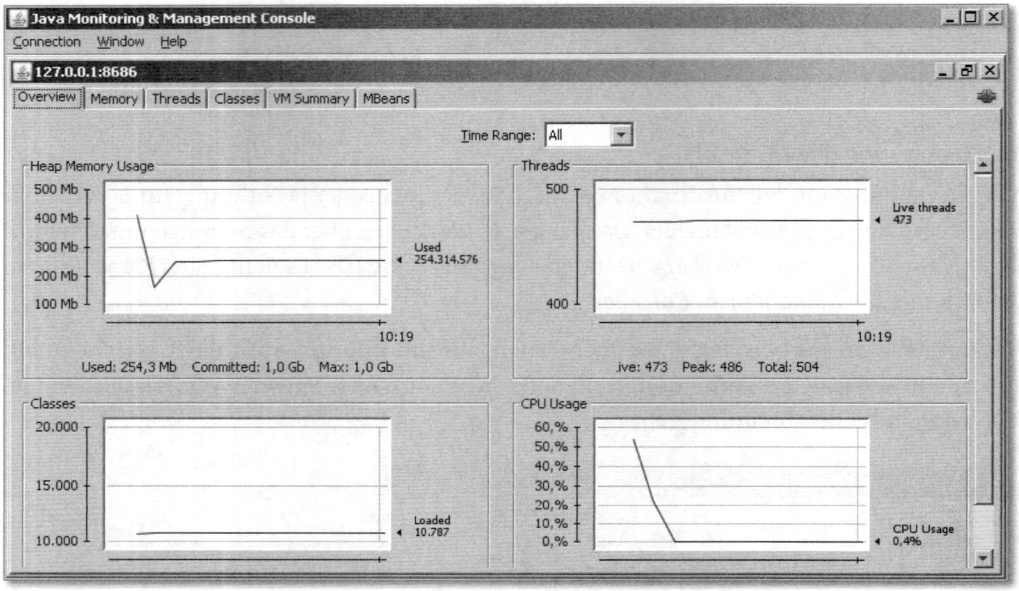

Abbildung 2.22 Das Monitoring des Java EE Servers über JConsole

Die Zeichenenkodierung auf UTF-8 umstellen

Ich gehe später noch auf die Internationalisierung von Texten und die Bedeutung der Zeichenkodierung von UTF-8 ein. Im Extra-Abschnitt über UTF-8 finden Sie bei Interesse wichtige Informationen zu diesem Thema.

Wenn GlassFish mit dem Webbrowser kommuniziert, verwendet er standardmäßig die Enkodierung ISO-8859-1. Weil für internationalisierte Webanwendungen eigentlich nur noch die Zeichenenkodierung UTF-8 verwendet werden sollte, werden wir diese Default-Einstellung abändern. Wie Sie später noch sehen werden, müssen wir diese Änderung noch an weiteren Stellen vorsehen. Aber darum kümmern wir uns erst in späteren Kapiteln.

Um den GlassFish-Server auf die Zeichenenkodierung UTF-8 umzustellen, setzen Sie noch den entsprechenden Wert in die JVM-Optionen. Klicken Sie hierfür im DAS wieder auf der linken Seite auf KONFIGURATIONEN • SERVER-CONFIG • JVM-EINSTELLUNGEN. Auf der rechten Seite klicken Sie auf den Reiter JVM-OPTIONEN. Dort klicken Sie auf den Button JVM-OPTION HINZUFÜGEN und fügen den Optionsparameter `-Dfile.encoding=UTF8` hinzu.

Im Anschluss folgt nun ein kurzer Extra-Abschnitt, in dem die wichtigsten Zeichenenkodierungen – insbesondere UTF-8 – erläutert werden.

2.5 Extra-Abschnitt: UTF-8

Wenn man eine Internetanwendung programmiert, entsteht eine Anwendung, die global (d.h. über Landes- und Sprachgrenzen hinaus) aufrufbar ist. Dabei tauchen häufig auch Probleme auf, denn der Webbrowser erhält den Inhalt einer Webseite in einer Abfolge von Bytes, und die kann je nach Sprache und Zeichenenkodierung sehr divergent ausfallen.

Um hierfür eine solide Lösung zu finden, erfand man die Zeichenenkodierung UTF-8. Heutzutage wird man jede Webanwendung nur noch mit UTF-8 erstellen, denn nur so ist man international und multilingual gewappnet. Im Folgenden wird gezeigt, weshalb UTF-8 für Internetseiten so bedeutend ist und wie diese wichtige Zeichenenkodierung in einer Webseite festgelegt wird. Zunächst schauen wir uns die gängigsten Zeichenenkodierungen an. Denn dadurch wird klar, wieso es nötig war, UTF-8 zu erfinden.

2.5.1 ANSI

Die Abkürzung ANSI steht für das *American National Standards Institute*. Der ANSI-Code wird Ihnen auch unter anderen Namen, wie zum Beispiel Windows-1252, begegnet sein. Sowohl ANSI wie auch Windows-1252 werden aber nur fälschlicherweise als Standards bezeichnet. ANSI basiert auf den (in diesem Abschnitt später gezeigten) Zeichensatz ISO 8859-1, der tatsächlich als Standard normiert wurde.

2.5.2 ASCII

Der ehemals wichtigste Zeichenkodierungsstandard in der Informationstechnologie war der *American Standard Code for Information Interchange* (ASCII). Er wurde in den 60er-Jahren veröffentlicht. Man verwendete eine Abfolge von 7 Bits. Durch unterschiedliche 7-Bit-Kombinationen können theoretisch bis zu 128 verschiedenartige Symbole dargestellt werden. Man spricht auch von 128 Codepoints. Ein *Codepoint* stellt eine Position in der Kodierungstabelle dar (siehe Abbildung 2.23).

Buchstabe	Die 7 Bits des Codepoints						
a	1	1	0	0	0	0	1
b	1	1	0	0	0	1	0
c	1	1	0	0	0	1	1

Abbildung 2.23 ASCII bietet 128 unterschiedliche Codepoints.

Die 128 Codepoints waren damals vollkommen ausreichend, da die 26 englischen Kleinbuchstaben, die jeweiligen Großbuchstaben, die Sonderzeichen und die Steuerzeichen der amerikanischen Tastatur damit abgedeckt werden konnten.

2.5.3 ISO 8859-1

In den 80er-Jahren verbreiteten sich IBM-kompatible Computer auf der ganzen Welt so sehr, dass schlagartig auch anderssprachige Buchstaben abgebildet werden mussten. Da ASCII unterdessen bereits massenhaft eingesetzt wurde, suchte man nach Zeichensätzen, die einerseits in den ersten 128 Zeichen deckungsgleich mit dem eingefahrenen Standard sind, andererseits diesen aber auch länderspezifisch erweitern. Dienlich war dabei, dass damalige IBM-Modelle intern mit 8 Bits bzw. einem Byte rechneten. Da eine auf 8 Bits basierende Kodierung 256 Codepoints ermöglicht, standen die verbliebenen 128 Codepoints für landeseigene Symbole zur Verfügung. Aus diesem Grund wurden zahlreiche Kodierungstabellen mit 256 Codepoints entwickelt, die man *Codepages* nannte. Die wichtigsten Codepages wurden von der ISO normiert. Die heute noch gängigste Norm aus dieser Zeit nennt sich *ISO 8859-1*. Ein anderer Begriff für diese Norm ist auch *latin1*.

Dass unterschiedliche Codepages für die Darstellung verschiedener Sprachzeichen erforderlich sind, birgt allerdings gravierende Nachteile. Abgesehen von der Problematik, dass die Zeichen unterschiedlicher Normen nicht im gleichen Dokument enthalten sein können, wurde eine Jahrtausende alte Tradition aus Ostasien zur Nuss, die es zu knacken galt. Die Urform der ostasiatischen Zeichen stammt nämlich aus China und umfasst weit mehr als 100.000 Symbole. Diese gigantische Menge kann überdies von ihrer Natur her sogar noch erweitert werden.

2.5.4 Unicode

Zunächst versuchte man mit zwei Bytes, also mit einem 16 Bit langen Unicode-Zeichensatz auszukommen. Die nun zur Verfügung stehenden 65.536 Zeichen sollten für alle gängigen Zeichen ausreichen, die in den 80er-Jahren weltweit in der Wirtschaft und der Industrie verbreitet waren. Trotz des exorbitanten Umfangs der chinesischen Zeichen war der Grundgedanke realistisch, denn die ostasiatischen Staaten – allen voran China selbst – bemühten sich bereits seit Jahrzehnten um Reduktion. So kam es dazu, dass Unicode im Jahre 1991 jubelnd veröffentlicht und von Technologien wie zum Beispiel Java oder Windows als internes Format eingesetzt wurde. Die Zeichen von Unicode stimmen nicht nur mit dem ASCII-Zeichensatz überein, sondern sind in den ersten 256 Codepoints auch noch kompatibel mit dem Zeichensatz ISO 8859-1. Leider trübten sich die Aussichten für Unicode, denn er wurde klar, dass man auch die fortgelassenen Symbole brauchte. Gleichzeitig wurden immer mehr Sprachen entdeckt.

2.5.5 UTF-16

Um letztendlich jedes erdenkliche Zeichen darzustellen, wurde UTF-16 entwickelt. UTF-16 enthält mehrere 16-Bit-Ebenen, die *Planes* genannt werden. Genau genommen handelt es sich um 17 Planes. Dies ermöglicht insgesamt 1.114.112 Kombinationen, von denen bis dato bereits mehr als 110.000 belegt wurden. Um zum ersten Unicode-Entwurf kompatibel zu sein, entspricht die erste *Plane* dem älteren Unicode-Entwurf. Aufgrund seiner Bedeutung wird die erste Plane als *Basic Multilingual Plane*(BMP) bezeichnet. Während sich BMP aus zwei Bytes zusammensetzt, nehmen die weiteren Planes vier Bytes ein. Darüber hinaus wird auch noch mit *Big Endian* und *Little Endian* unterschieden, in welcher Reihenfolge die Bytes angelegt werden. Bei Little Endian befinden sich die kleineren Bytes vorne. Die Byte-Reihenfolge erkennt der Webbrowser an der *Byte Order Mark* (BOM). Die BOM ist eine Zeichenfolge, die gleich am Anfang einer Textdatei gesetzt wird. In hexadezimaler Darstellung deutet `FF FE` auf ein Big Endian und `FE FF` auf ein Little Endian hin.

UTF-16 konnte sich für die Nutzung im Web jedoch nicht durchsetzen. Laut einer Statistik des W3C verwenden weltweit weniger als 0,01 % der Webseiten UTF-16.

2.5.6 UTF-8

UTF-8 wurde mit dem RFC-3629 durch die ISO-10646 normiert.

Egal welche Normungsinstitute oder Expertengruppen man auch fragt, einhellig ist man der Meinung, dass UTF-8 durchgängig für Webseiten und Webanwendungen eingesetzt werden sollte. Laut W3C sind schon mehr als die Hälfte aller Webseiten auf die Zeichenkodierung UTF-8 umgestellt worden, die etwa zum gleichen Zeitraum wie UTF-16 von Ken Thompson erfunden wurde.

Die Grundidee von UTF-8 ist, die Anzahl der für die Kodierung zur Verfügung stehenden Bytes nicht auf eine bestimmte Menge einzuschränken. Stattdessen sollen die Kodierungen beliebig viele Bytes lang sein können. Demzufolge kann eine UTF-8-Kodierung ein Byte, zwei Bytes, drei Bytes oder länger sein. Mit dem neuen Kodierungswunder könnten somit beliebig viele Codepoints zur Verfügung gestellt werden. Allerdings musste auch noch eine gute Rückwärtskompatibilität her. Aber Ken Thompson lieferte auch hierfür eine Lösung (siehe Abbildung 2.24).

Das Kodierungsmuster von UTF-8 unterscheidet zwischen dem *Startbyte* (d.h. dem ersten Byte) und den *Folgebytes*. Die einen Byte langen UTF-8-Codes bestehen nur aus dem Startbyte und werden am ersten Bit erkannt, denn das muss bei 1 Byte langen Codes immer eine 0 sein. Dadurch bleiben 128 Kombinationsmöglichkeiten, die mit den ASCII-Codes deckungsgleich sind. Alle Kodierungen, die länger als ein Byte sind, also 2 Bytes, 3 Bytes usw., deuten mit beginnenden Einsen des ersten Startbytes die Anzahl der gesamten Bytes an. Folgebytes beginnen immer mit einer 1 und einer 0. Diesem logischen Gerüst fallen zwar einige Bit-Positionen zum Opfer, denn die braucht das Kodierungssystem ja für seine interne Logik. Aber allein schon mit dieser Methode wäre eine 8 Byte lange Kodierung und damit eine Zuordnung von 4.398.046.511.104 Codepoints möglich. Im Jahre 2003 wurde UTF-8 durch das RFC 3629 auf vier Bytes begrenzt und mit den UTF-16-Codepoints in Übereinstimmung gebracht.

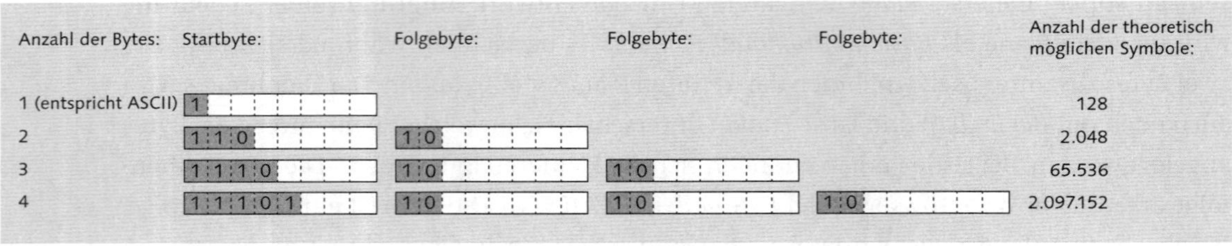

Anzahl der Bytes:
Startbyte:
Folgebyte:
Folgebyte:
Folgebyte:
Anzahl der theoretisch möglichen Symbole:
1 (entspricht ASCII)
1
128
2
1 1 0
1 0
2.048
3
1 1 1 0
1 0
1 0
65.536
4
1 1 1 0 1
1 0
1 0
1 0
2.097.152

Abbildung 2.24 Dem logischen Gerüst von UTF-8 fallen die in der Darstellung dunkel markierten Bit-Positionen zum Opfer.

Die in Abbildung 2.24 markierten Positionen braucht das Kodierungssystem für seine interne Logik. Die Anzahl der theoretisch möglichen Symbole errechnet sich durch die in den weißen Zellen kombinierbaren Bitfolgen, d.h.: 2^7, 2^11, 2^16 und 2^21.

Die Vormacht von UTF-8 liegt nicht nur an der theoretisch unbegrenzten Anzahl an Codepoints. Vielmehr sorgte die besondere Art der Rückwärtskompatibilität dafür, dass sich UTF-8 bislang als wichtigster Kodierungsstandard im Internet durchsetzen konnte. UTF-8 ist nämlich sowohl in den Positionen der Codepoints wie auch in der Abfolge der acht Bits je Zeichen deckungsgleich zu ASCII.

Bei UTF-8 kann zur Erkennung – genau wie bei UTF16BE und UTF-16LE – ebenfalls ein BOM (`EF BB BF`) am Anfang des Textes stehen, wobei hier nur die Reihenfolge »große Bytes zuerst« definiert ist.

2.5.7 Eine HTML-Seite mit UTF-8-Merkmalen erzeugen

Wenn ein Webbrowser eine Webseite empfängt, versucht er die Enkodierung anhand unterschiedlicher Merkmale zu interpretieren. Weil sich diese Angaben widersprechen könnten, hat das W3C eine Reihenfolge festgelegt, nach der ein Webbrowser priorisieren soll. Die Reihenfolge ist im Folgenden dargestellt.

Priorität 1: Der Content-Type im HTTP-Header

Die höchste Priorisierung wird dem Content-Type im HTTP-Header eingeräumt:

```
Content-Type: text/html;charset=UTF-8
```

Dieser Eintrag ist sehr wichtig, denn wenn ein Webbrowser ein Textdokument einliest, erhält er zunächst nur Einsen und Nullen, die er vorgehend nur als Bits bzw. Bytes versteht. Weil der Content des Dokuments ganz unterschiedlich enkodiert sein kann, muss dem Webbrowser rechtzeitig gezeigt werden, wie er die Bytes zu deuten hat. Weil das Einlesen der Reihe nach von oben nach unten erfolgt und der Content-Type im HTTP-Header vor dem Dokument ankommt, erfährt der Webbrowser vorab, wie der Content zu interpretieren ist. Der Content-Type bedient sich hierbei eines Standards, der in einem ganz anderen Zusammenhang entwickelt wurde, nämlich für den E-Mail-Verkehr. Der Standard nennt sich *Multipurpose Internet Mail Extension* (MIME).

Priorität 2: Das BOM am Anfang der Textdatei

Wurde der Content-Type im HTTP-Header nicht gesetzt, untersucht der Webbrowser den Beginn des HTTP-Bodys, denn hier könnte der Texteditor ein BOM angefügt haben.

Priorität 3: Das META-Tag »http-equiv«

Das META-Element hat die geringste Wertigkeit. Wenn weder der Content-Type eine Auskunft gibt und auch kein BOM gefunden wurde, sucht der Webbrowser nach META-Tags mit dem Attribut `http-equiv`.

```
<meta http-equiv="Content-Type"
    content="text/html; charset=UTF-8"/>
```

Listing 2.1 Das META-Tag »http-equiv«

Im Übrigen wurde für *HTML5* die Syntax etwas minimalisiert, denn dass es sich bei einem HTML-META-Tag um einen HTML-Quelltext handelt, ist eine unnötige Information. Was bleibt, ist ein kurzes Tag, das sich auf den Zeichensatz bezieht:

```
<meta charset="UTF-8"/>
```

Listing 2.2 Das META-Tag »charset="UTF-8"« gilt nur bei HTML5.

In der Regel werden alle drei Merkmale gleichzeitig gesetzt.

2.6 Eine Java-EE-Anwendung deployen

Nachdem Sie den GlassFish-Server installiert und konfiguriert haben, ist es an der Zeit, eine erste Beispielanwendung in der Art eines »Hallo Welt«-Programms zu erstellen und diese zu installieren. Zu früh?

Keineswegs, denn für eine einfache Java-EE- bzw. Webanwendung, die lediglich eine Zeichenkette ausgibt, benötigen Sie kaum weitere Kenntnisse als jene, die Sie als Java-Programmierer ohnehin schon mitbringen. Sobald Sie die Beispielanwendung fertiggestellt haben, kann sie in dem GlassFish-Server bereitgestellt werden. Der englische Fachausdruck für die Bereitstellung ist *Deployment*.

2.6.1 Der Aufbau einer Java-EE-Anwendung

Java-EE-Anwendungen sind hierarchisch verschachtelt, denn zusammengehörende Java-Klassen werden zu Modulen und mehrere Module wiederum zu einer Gesamtdatei zusammengefasst. In diesem Abschnitt werden wir uns diesen Aufbau Schritt für Schritt genau anschauen, da er für die Installation von zentraler Bedeutung ist.

2.6.2 Java-EE-Module

Damit die Web-Komponenten und die EJB-Komponenten in den Containern ausgeführt werden können, müssen sie auf dem Server installiert werden. Die Installation findet statt, indem die Java-EE-Anwendung als gezippte Datei auf den Java EE Server übertragen wird. Der Fachausdruck für die Installation ist *Deployment*.

Das Deployment beginnt, indem logisch zusammenhängende Komponenten zu Modulen zusammengefasst werden. Module werden Ihnen bereits aus Ihrer Java-Praxis bekannt sein, denn auch Java-Standalone-Komponenten und Java-Applets werden mithilfe des `jar`-Werkzeugs zu einer Java-Archivdatei gezippt und mit der Endung *.jar* abgespeichert. In der Java-EE-Fachsprache werden diese beiden *.jar*-Dateien als *Module* bezeichnet. Genauso wie clientseitige Java- und Applet-Dateien werden auch serverseitige Komponenten zu Modulen gepackt (siehe Abbildung 2.25).

Abbildung 2.25 EJB-Komponente in EJB-Modul

Web-Komponenten werden zu Web-Modulen und EJB-Komponenten zu EJB-Modulen paketiert. Allerdings haben Web-Module ein besonderes Merkmal, denn sie erhalten nicht die Endung *.jar*, sondern die Endung *.war*. *war* steht für den englischen Begriff *Web Archive*.

Leider wurde für die EJB-Module keine eigene Endung vorgesehen. Um die Java-EE-Module noch deutlicher zu kennzeichnen, wird deshalb manchmal zusätzlich ein »-ejb« bzw. beim Web-Modul ein »-war« zum Dateinamen hinzugefügt (siehe Abbildung 2.26).

Abbildung 2.26 »war«-Komponente in einem »war«-Modul

Eine weitere Besonderheit von Web-Modulen ist, dass ihre Komponenten nicht im obersten Ordner ihrer Verzeichnisstruktur gesetzt werden, denn dieser Bereich ist statischen Inhalten vorbehalten. Mit statischen Inhalten sind Dateien – wie zum Beispiel HTML-, Bilder, CSS- oder JavaScript-Dateien – gemeint. Es handelt sich also um Dateien, die vom Webbrowser interpretiert werden können. Alle Dateien, die nicht geradeswegs zum Webbrowser geschickt, sondern vielmehr noch vor dem direkten Zugriff geschützt werden sollen, gehören hier nicht hin, sondern werden in einem sicheren Unterordner namens *\WEB-INF* abgelegt (siehe Abbildung 2.27).

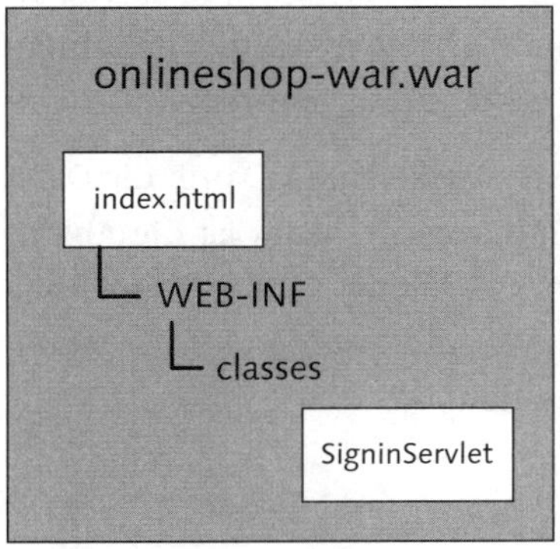

Abbildung 2.27 Die Baumstruktur der »war«-Datei

Eine Ausnahme hierbei bilden *Facelets* und *JSPs*. Die Spezifikation legt fest, dass Facelets und JSPs ebenfalls zu den statischen Inhalten hinzuzufügen sind. Der Grund hierfür ist Folgender: Ursprünglich bezweckte man, dass Facelets und JSPs vom Web-Designer gewartet werden. Um an dieser Stelle eine klare Trennung vorzunehmen, wurden Facelets und JSPs ausnahmsweise dem statischen Bereich zugeordnet.

Dagegen werden Servlets und auch andere Java-Klassen des Frontends in einem Unterverzeichnis mit dem Namen *\WEB-INF\classes* abgelegt. Dabei müssen sie in Packages geordnet sein. Das bedeutet mit anderen Worten, dass eine Web-Komponente zwingend ein Package angeben muss. Das Default-Package ist also nicht zulässig.

Bei der Ausführung des Web-Containers werden alle Packages unterhalb von *\WEB-INF\classes* automatisch in den `CLASSPATH` gesetzt. Oft werden in einer Webanwendung auch weitere Java-Bibliotheken (wie zum Beispiel Treiber) benötigt. Solche Java-Bibliotheken werden im Verzeichnis *\WEB-INF\lib* gespeichert. Alle *.jar*-Dateien, die in dem Ordner *\WEB-INF\lib* abgelegt sind, werden vom Web-Container automatisch in den `CLASSPATH` eingebunden. In unserem Übungsbeispiel benötigen wir aber keine Java-Bibliotheken, deshalb brauchen wir dort das Verzeichnis *\WEB-INF\lib* auch nicht zu erstellen.

Beachten Sie jedoch, dass das Verzeichnis *\WEB-INF* zwingend erforderlich ist, auch wenn das Modul keine Servlets und auch keine Java-Bibliotheken beherbergt.

2.6.3 Die Enterprise-Archiv-Datei

Weiter oben wurde dargelegt, dass manche Java-EE-Anwendungen manchmal nur einen Web-Container benötigen, weil sie lediglich Web-Komponenten enthalten. Solche Web-Module können auch ohne *ear*-Schale deployt werden. Dabei spricht man auch von »einfachen Webanwendungen«. In der Java-EE-Spezifikation wurde hierfür der Begriff *Webapplication* bzw. *Webapp* definiert. Auch beim GlassFish-Server kann ein Web-Modul ohne »ear-Schale« deployt werden. Dies entspricht jedoch nicht der Standardform. Denn normalerweise besteht eine Java-EE-Anwendung aus einem Java-Enterprise-Archiv, das in seinem Inneren alle Module beherbergt, die zu der Java-Enterprise-Anwendung gehören.

Ein Java-Enterprise-Archiv ist ein mit dem `jar`-Tool paketiertes Verzeichnis. Damit die Datei auch als Java-EE-Anwendung erkannt wird, erhält sie die Endung *.ear*. »ear« ist die Abkürzung für *Enterprise-Archiv*. Deshalb bezeichnet man Enterprise-Archiv-Dateien manchmal auch einfach nur als *.ear*-Datei. Eine *.ear* -Datei enthält ein oder mehrere Module. In Abbildung 2.28 sehen Sie ein Java-Enterprise-Archiv mit zwei Modulen.

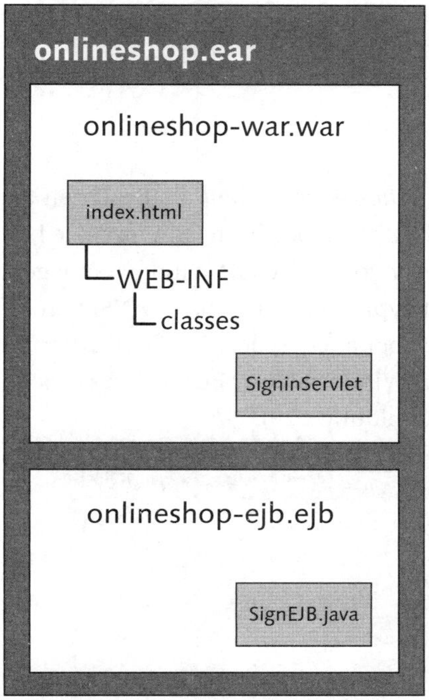

Abbildung 2.28 Die ».ear«-Datei

2.6.4 Die Erstellung der Web-Komponente (mit UTF-8)

Bisher wurde die hierarchische Verschachtelung von Komponenten, Modulen und Applikation gezeigt. Nun gehen wir in die Praxis über und erstellen dieses Konstrukt in Form einer konkreten *.ear*-Datei.

Zunächst erstellen Sie ein Arbeitsverzeichnis mit dem Namen *C:\workspace*. Unterhalb des Arbeitsverzeichnisses setzen Sie ein Projektverzeichnis, beispielsweise *C:\workspace\Onlineshop*. Darunter kommt erst das Verzeichnis für die Webinhalte. Ich nenne es *C:\workspace\Onlineshop\WebContent*, weil ich das durch die Arbeit mit Eclipse so gewohnt bin. Dieses Verzeichnis wird später der oberste Ordner des Web-Moduls sein. Legen Sie noch das Verzeichnis *C:\workspace\Onlineshop\WebContent\WEB-INF* an. Erstellen Sie nun folgenden Quelltext in einer Textdatei:

```
<!DOCTYPE html>
<html>
    <head>
        <meta charset="UTF-8"/>
        <title>Onlineshop</title>
    </head>
    <body>
```

```
        <h1>Onlineshop</h1>
    </body>
</html>
```

Listing 2.3 »index.html«

Legen Sie Datei in das Verzeichnis *C:\workspace\Onlineshop\WebContent* ab. Beachten Sie hierbei, dass die Datei mit der Zeichenenkodierung UTF-8 abzuspeichern ist. Wenn Sie beispielsweise das Dokument *index.html* mit dem Texteditor von Microsoft Windows anlegen, wird es normalerweise automatisch mit dem Microsoft-typischen Zeichensatz ANSI voreingestellt. Über das Menü SPEICHERN UNTER können Sie aber auch andere Zeichenkodierungen auswählen. Außer ANSI bietet der Texteditor von Windows zum Beispiel auch noch UNICODE, UNICODE BIG ENDIAN und UTF-8 an (siehe Abbildung 2.29).

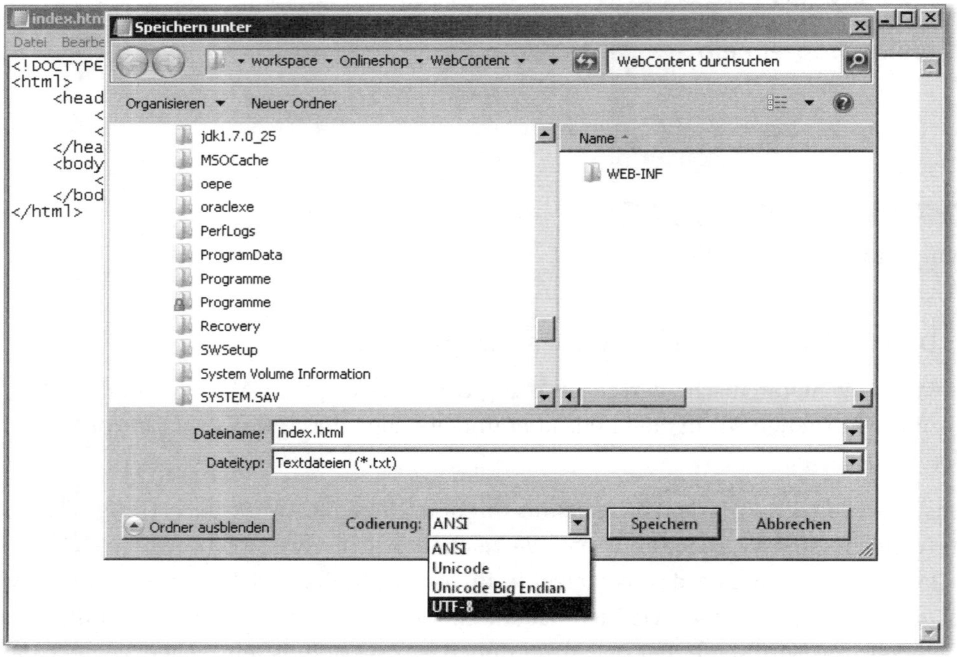

Abbildung 2.29 Die Einstellung der Zeichenkodierung im Texteditor

Für den Webentwickler spielt allerdings nur noch UTF-8 eine entscheidende Rolle.

Hinweis

Warum man der Zeichenenkodierung so viel Wert beimisst, wurde in Abschnitt 2.5, »Extra-Abschnitt: UTF-8«, deutlich. Dort wurde die Bedeutung von Zeichenenkodierungen und insbesondere von UTF-8 erklärt.

2.6.5 Die Erzeugung des Web-Moduls und der ».ear«-Datei

Nun werden wir das Web-Modul erzeugen. Nennen Sie das Modul *onlineshop-war.war*. Die Konvention von Java EE besagt, dass der Name der Webanwendung automatisch durch den Namen des Web-Moduls festgelegt ist. Das Web-Modul wird deshalb den Namen *onlineshop-war* tragen. Das Web-Modul *onlineshop-war.war* entsteht, indem der Inhalt von *C:\workspace\Onlineshop\WebContent* mit dem `jar`-Tool gezippt wird. Gleich darauf erzeugen Sie die Datei *onlineshop.ear*, indem Sie die Datei *onlineshop-war.war* mit dem `jar`-Tool zippen (siehe Abbildung 2.30).

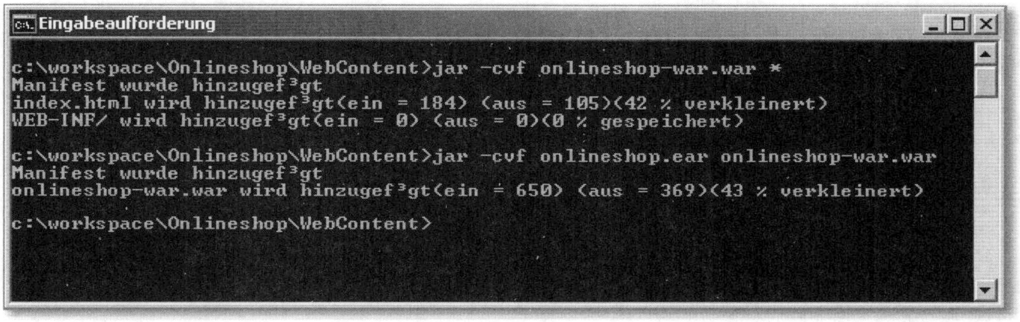

Abbildung 2.30 Die Paketierung der ».ear«-Datei

2.6.6 Die Installation

Nun werden wir die Beispielanwendung *onlineshop.ear* deployen. Für das Deployment einer Java-EE-Anwendung bieten sich grundsätzlich drei Möglichkeiten an. Sie können das Deployment durchführen, indem Sie

- `asadmin` mit Remote Commands einsetzen,
- den DAS über den Webbrowser bedienen oder
- die Java-EE-Anwendung einfach in das Verzeichnis *C:\glassfish4\glassfish\domains\ domain1\autodeploy* kopieren.

In diesem Abschnitt wird die Variante mit dem Webbrowser gezeigt. Für das Deployment der Java-EE-Anwendung klicken Sie im Fenster aus Abbildung 2.31 auf der linken Seite im Menü auf ANWENDUNGEN. Wenn Sie anschließend auf der rechten Seite den BEREITSTELLEN-Button betätigen, erscheint die Ansicht mit dem Titel ANWENDUNGEN ODER MODULE BEREITSTELLEN.

Hier können Sie die Java-EE-Anwendung nun hochladen. Wenn der Java EE Server auf einem entfernten Rechner liegt, muss die Java-EE-Anwendung mit der ersten Option hochgeladen werden. Für unsere Beispielanwendung können Sie die zweite Option verwenden und auf DATEIEN DURCHSUCHEN klicken.

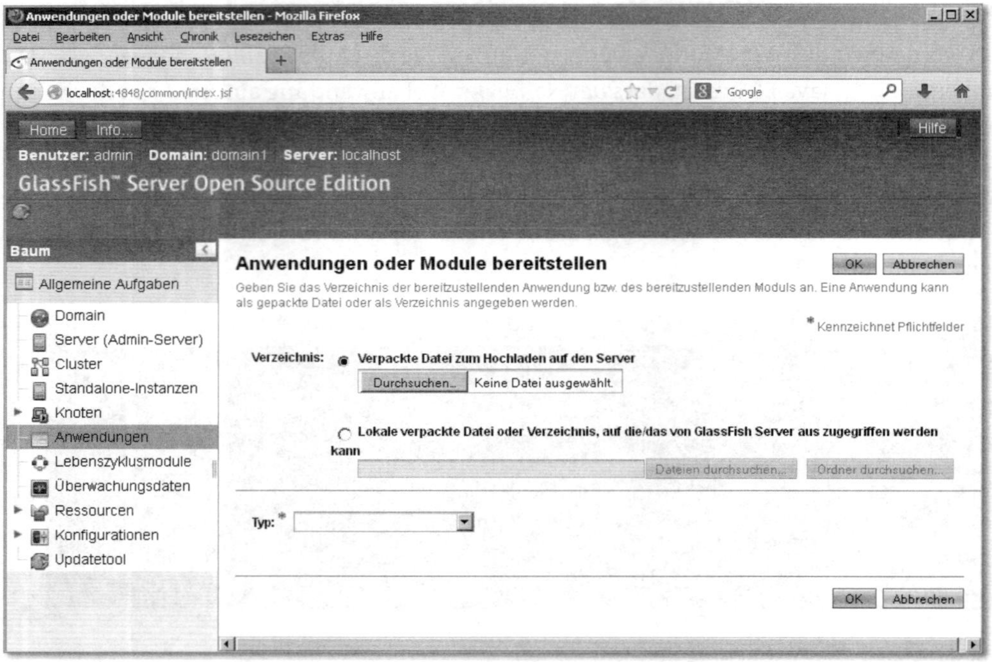

Abbildung 2.31 Das Bereitstellen der Java-EE-Anwendung

Weil sowohl vollständig Java-EE-konforme Anwendungen wie auch einzelne Web-Module installierbar sind, haben wir eigentlich die Wahl, ob wir nun die Datei *onlineshop.ear* oder die Datei *onlineshop-war.war* auswählen (siehe Abbildung 2.32).

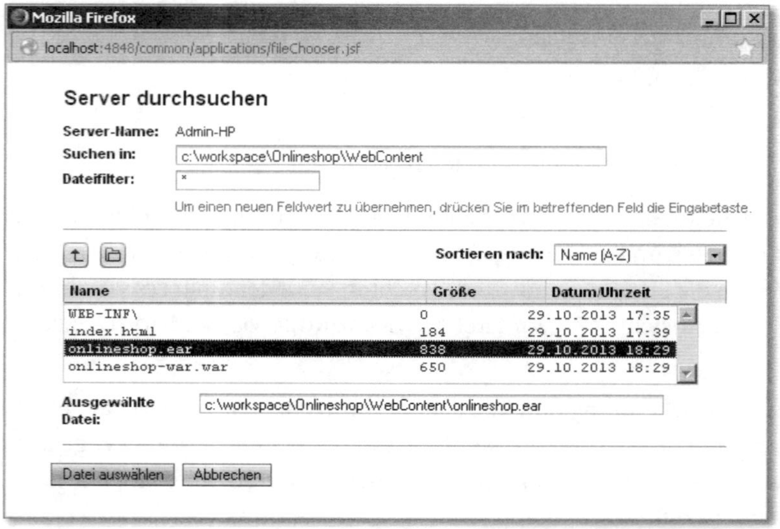

Abbildung 2.32 Die Auswahl der ».ear«-Datei

Selektieren Sie am besten die *.ear*-Datei, um das Deployment der vollständigen *.ear*-Datei einmal zu testen.

Mit einem Klick auf DATEI AUSWÄHLEN gelangen Sie zum vorherigen Fenster zurück. Wählen Sie dort unter den virtuellen Servern den Eintrag SERVER aus (siehe Abbildung 2.33).

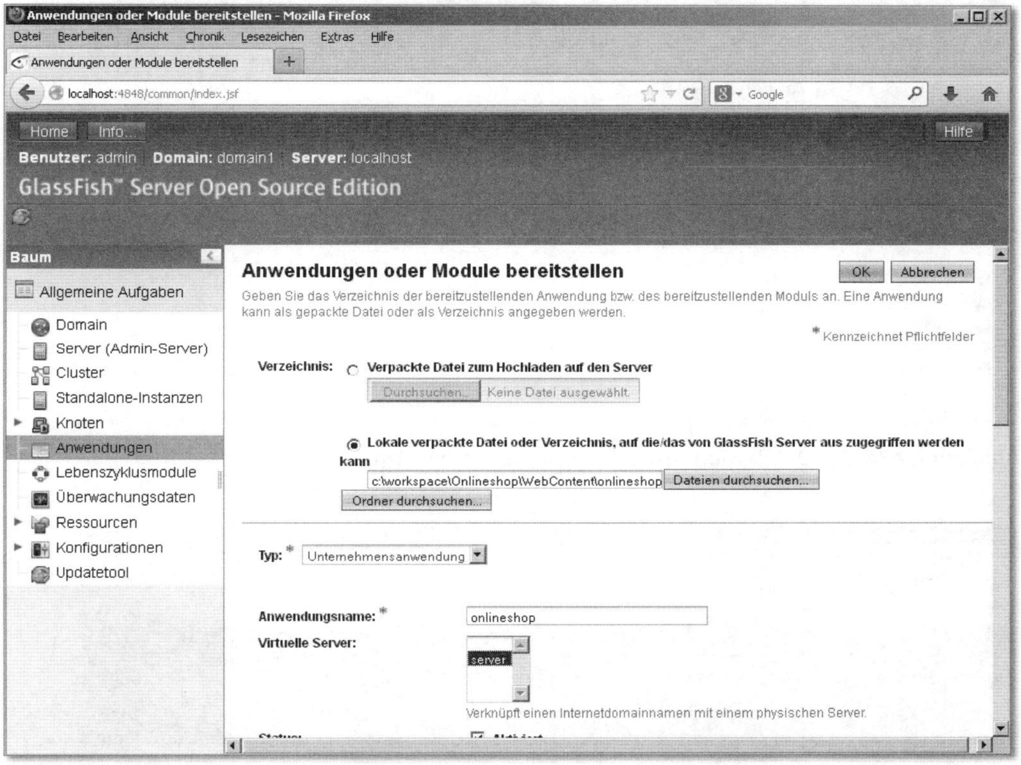

Abbildung 2.33 Die Auswahl des virtuellen Servers

Die übrigen Optionen können Sie in ihrer Voreinstellung belassen. Zuletzt bestätigen Sie mit OK.

Im nächsten Fenster (siehe Abbildung 2.34) sind Sie jetzt wieder auf der Anwendungsseite angekommen. Dort sollten Sie jetzt den Eintrag ONLINESHOP vorfinden.

Wenn Sie auf ONLINESHOP klicken, öffnet sich eine Editierseite zur Java-EE-Anwendung (siehe Abbildung 2.35).

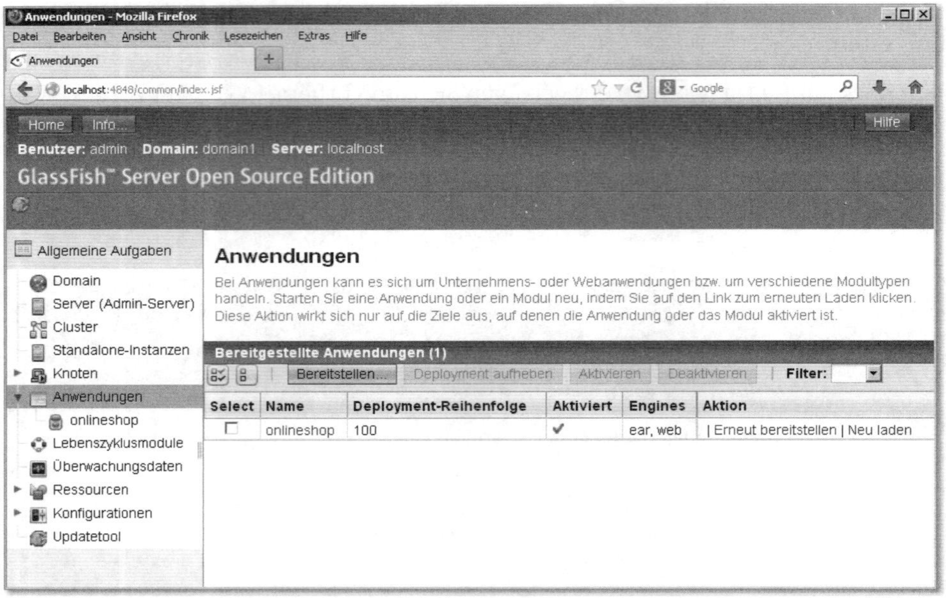

Abbildung 2.34 Die Onlineshop-Anwendung in der Administration Console

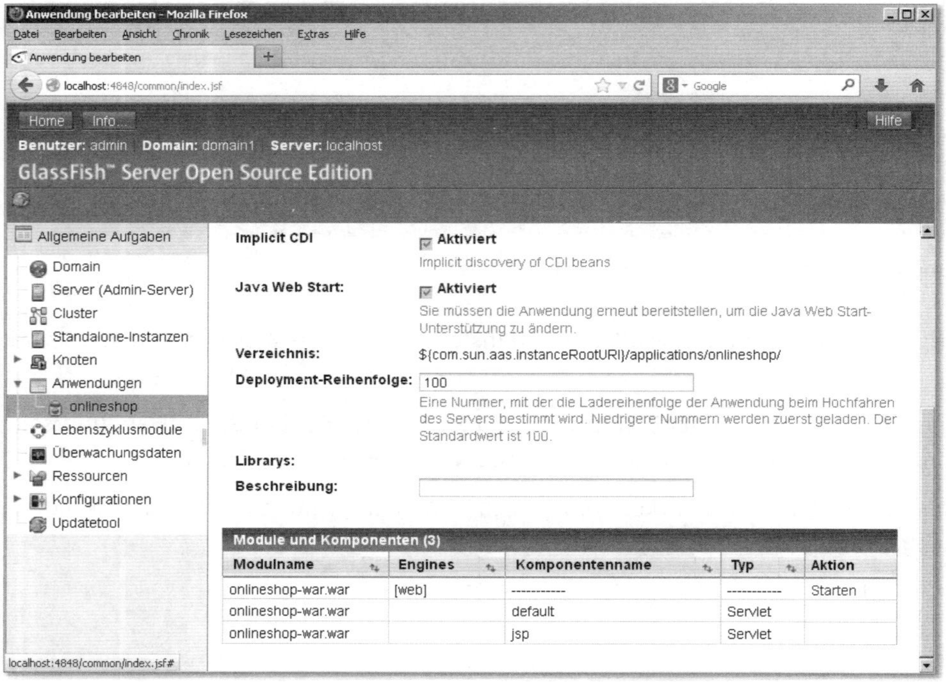

Abbildung 2.35 Anwendung bearbeiten

Klicken Sie dort unten rechts auf STARTEN. Dadurch öffnet sich eine Webseite in einem Internetbrowser, der Ihnen zwei Links anbietet (siehe Abbildung 2.36).

Abbildung 2.36 Links für die Webanwendung

Der erste Link ist für den Zugriff per HTTP, und der zweite für den Zugriff per HTTPS.

Abbildung 2.37 Die Onlineshop-Anwendung im Webbrowser

2.7 Eclipse einsetzen

In den bisherigen Beispielen wurde davon ausgegangen, dass Sie als Leser einen Texteditor für die Eingabe von Quelltexten einsetzen. Das ist selbstverständlich nicht wirklichkeitsnah. Wahrscheinlich sind Sie als Java-Entwickler bereits mit einer integrierten Entwicklungsumgebung (IDE) bestens vertraut. Eine Programmierung ohne IDE ist heutzutage ja auch nicht mehr zeitgemäß. In diesem Buch werden wir *Eclipse* als IDE einsetzen. Zur Zeit der Drucklegung war die Version *LUNA* die aktuellste.

In diesem Abschnitt wird gezeigt, wie GlassFish innerhalb der Eclipse-IDE verwendet werden kann. Damit Eclipse nicht durcheinanderkommt und die Domäne nicht doppelt ausgeführt wird, deinstallieren wir die Java-EE-Anwendung vom GlassFish-Server und stoppen die Domäne. Ein paralleles Arbeiten ist prinzipiell möglich. Allerdings müssten Sie in diesem Fall auf die Konfiguration der Portnummern achten, da eine Portnummer auf einem Host nur einmalig vergeben werden darf. Gehen Sie lieber den einfachen Weg, und neutralisieren Sie GlassFish, indem Sie die im letzten Kapitel vorgenommenen Einstellungen rückgängig machen.

Für die Deinstallation klicken Sie auf der linken Seite der GlassFish-Web-Konsole auf ANWENDUNGEN (siehe Abbildung 2.38). Auf der rechten Seite selektieren Sie die Onlineshop-Anwendung. Durch einen Klick auf DEPLOYMENT AUFHEBEN wird die Anwendung entfernt.

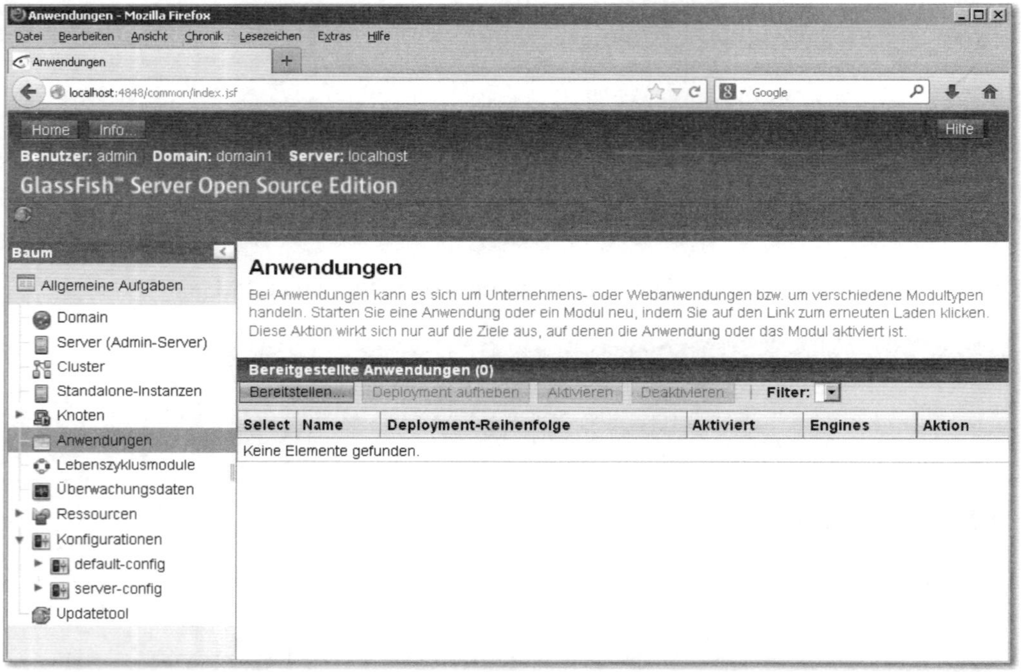

Abbildung 2.38 Der Onlineshop ist entfernt.

Außerdem sollten Sie den GlassFish-Server herunterfahren. Führen Sie hierfür im Programm `asadmin` das Kommando `stop-domain domain1` aus (siehe Abbildung 2.39).

Abbildung 2.39 Mit »stop-domain« fahren Sie die Domäne herunter.

2.7.1 Eclipse installieren

Sie können Eclipse von der Downloadseite der Eclipse-Foundation herunterladen. Sie finden Produkte unter

http://www.eclipse.org/downloads/ (siehe Abbildung 2.40).

Abbildung 2.40 Die Download-Seite von Eclipse

Beachten Sie, dass Sie aus den zahlreichen Download-Möglichkeiten die *Eclipse IDE for Java EE Developers* wählen müssen. Wenn Sie Eclipse heruntergeladen haben, sollte sich eine gezippte Datei in Ihrem Download-Verzeichnis befinden. In der gezippten Datei befindet sich ein Verzeichnis, das sich *eclipse* nennt. Extrahieren Sie dieses Verzeichnis auf Ihre Festplatte. Genau wie zu Anfang dieses Kapitels beschrieben, sollten Sie eine JDK 7 oder höher installiert haben und die Umgebungsvariablen `JAVA_HOME` und `PATH` entsprechend angepasst haben. Sie starten Eclipse, indem Sie die ausführbare Datei *eclipse.exe* im obersten Ordner des Eclipse-Verzeichnisses ausführen.

Fast alle Java-Entwickler haben bereits Erfahrung mit Eclipse sammeln können. Deshalb wird an dieser Stelle auch keine eingehende Bedienanweisung beigefügt. Stattdessen überspringe ich diesen Schritt und zeige Ihnen direkt, wie GlassFish innerhalb von Eclipse genutzt werden kann.

2.7.2 Eclipse auf UTF-8 umstellen

Weiter oben wurde bereits erklärt, dass UTF-8 eine sehr bedeutende Zeichenenkodierung für Webanwendungen darstellt. Bestenfalls haben Sie auch den Extra-Abschnitt 2.5 durchgelesen, denn dort wurde alles Wichtige zu UTF-8 genauestens erklärt.

UTF-8 ist leider nicht die voreingestellte Zeichenenkodierung von Eclipse. Deshalb müssen wir noch an einige Änderungen vornehmen, bevor es gleich mit der automatisierten Erzeugung von Quelltexten losgehen kann.

Änderung des Default File Encodings

Die erste Stelle, über die wir eine Umstellung auf UTF-8 erwirken werden, findet sich in der Datei *eclipse.ini*. Diese Datei liegt im Eclipse-Hauptordner, d.h. im gleichen Ordner, in dem auch die ausführbare *eclipse.exe* enthalten ist. In dieser Datei sind alle Optionsparameter enthalten, die beim Start von Eclipse berücksichtigt werden. Fügen Sie dem Inhalt dieser Datei folgenden Optionsparameter hinzu:

```
...
-Dfile.encoding=UTF8
```

Listing 2.4 »eclipse.ini«

Danach starten Sie Eclipse neu, damit die Änderung wirksam wird.

Abbildung 2.41 Eclipse LUNA

In Eclipse öffnen Sie nun das PREFERENCES-Fenster über WINDOW • PREFERENCES (siehe Abbildung 2.42). Dort selektieren Sie auf der linken Seite im Baum den Ordner GENERAL • WORKSPACE. Auf der rechten Seite sollte unter TEXT FILE ENCODING die Option DEFAULT(UTF8) selektiert sein.

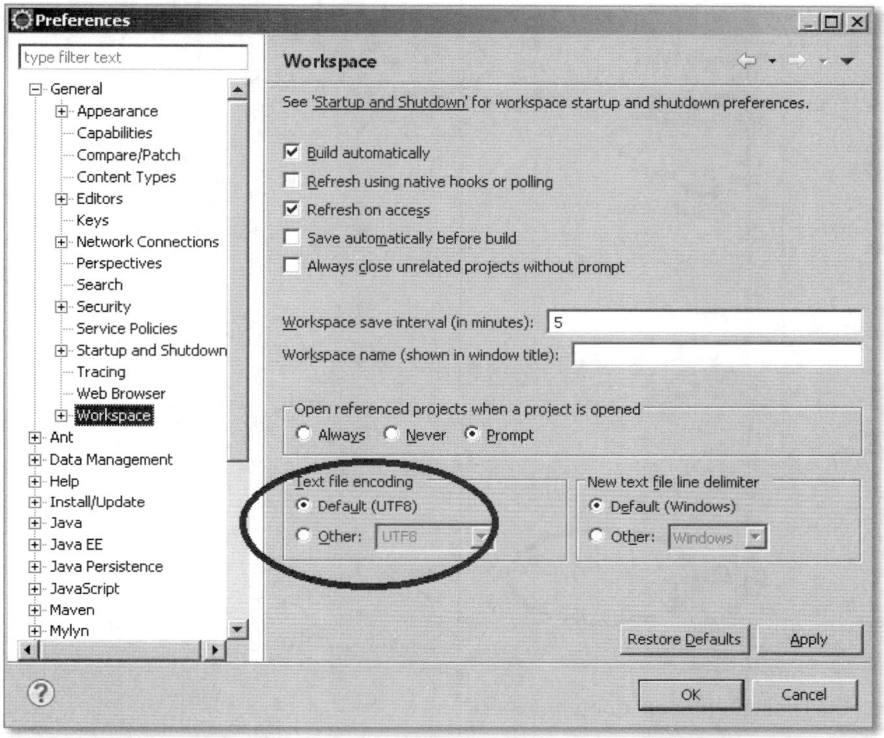

Abbildung 2.42 Default(UTF8) als »Text file encoding«

Änderung des Content Type

Als Nächstes öffnen Sie im PREFERENCES-Fenster den Ordner GENERAL • CONTENT TYPES (siehe Abbildung 2.43). Auf der rechen Seite erscheint danach eine Baumstruktur. Dort öffnen Sie den Eintrag TEXT. Kontrollieren Sie, ob im Eingabefeld DEFAULT ENCODING der Eintrag auf »UTF-8« gesetzt ist. Ändern Sie den Wert gegebenenfalls in »UTF-8« um, und klicken Sie auf UPDATE. Dies sollte auch alle darunter liegende Zweige abändern. Unterhalb von TEXT selektieren Sie den Eintrag HTML und darunter den Eintrag FACELETS. Im Eingabefeld DEFAULT ENCODING kontrollieren Sie, ob »UTF-8« eingetragen ist. Wenn nicht, ändern Sie den Wert wieder in »UTF-8« um und klicken auf UPDATE.

Genauso sollten Sie hier auch noch für andere Dateitypen (wie zum Beispiel für HTML-, CSS-, JavaScript- oder auch XHTML- und JSP-Dateien) kontrollieren, ob der CONTENT TYPE auf UTF-8 steht, bzw. ihn umstellen.

Zur Kontrolle öffnen Sie auf der linken Seite den Ordner WEB (sieheAbbildung 2.44). Unterhalb von WEB klicken Sie beispielsweise auf HTML FILES oder auf JSP FILES. Dort sollte nun ebenfalls »UTF-8« bzw. »ISO 10646« als Enkodierung gesetzt sein.

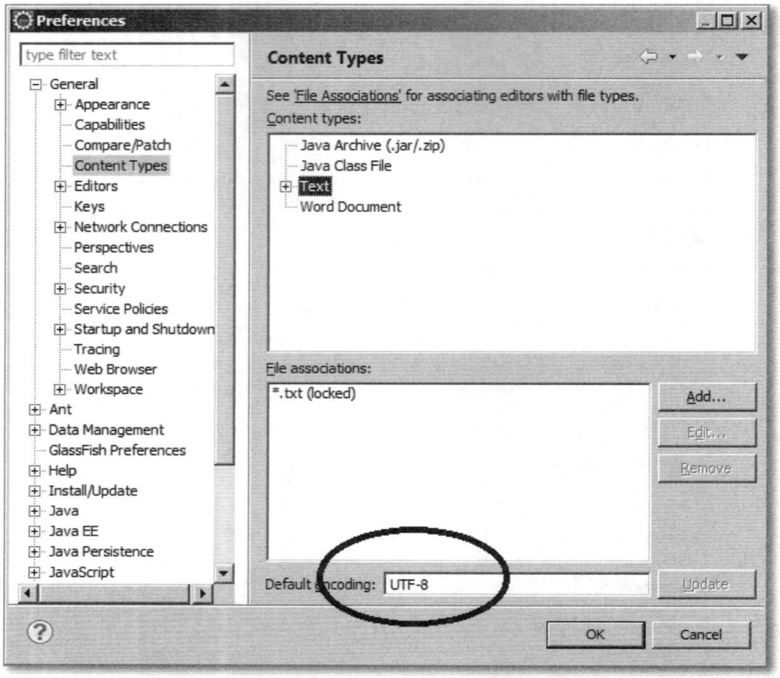

Abbildung 2.43 Die Umstellung des »Content Types«

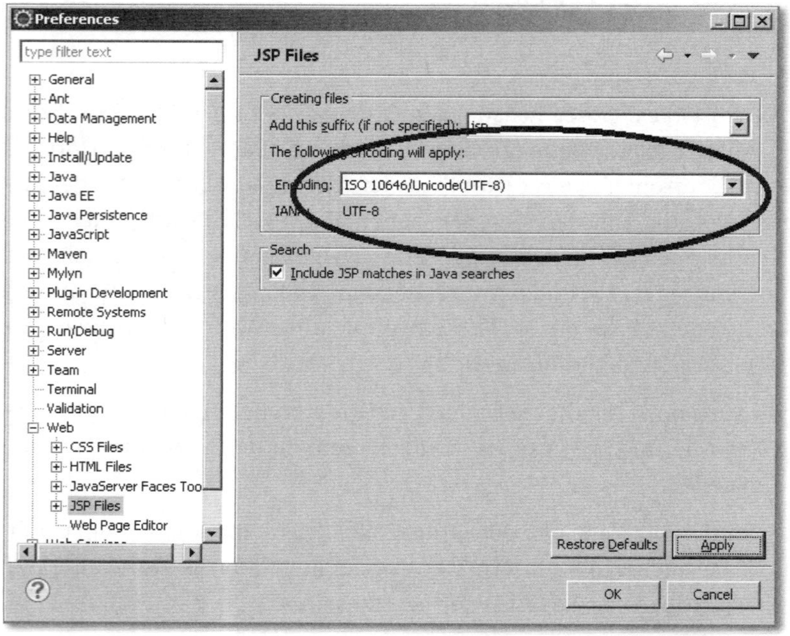

Abbildung 2.44 »ISO 10646/Unicode(UTF-8)« als Enkodierung

2.7.3 Die Installation des GlassFish-Plug-ins

Die Einbindung des GlassFish-Servers in Eclipse erfordert, dass zunächst ein Plug-in installiert wird. Dieser Schritt ist aber schnell durchgeführt. Klicken Sie hierfür in Eclipse auf WINDOW • PREFERENCES (siehe Abbildung 2.45).

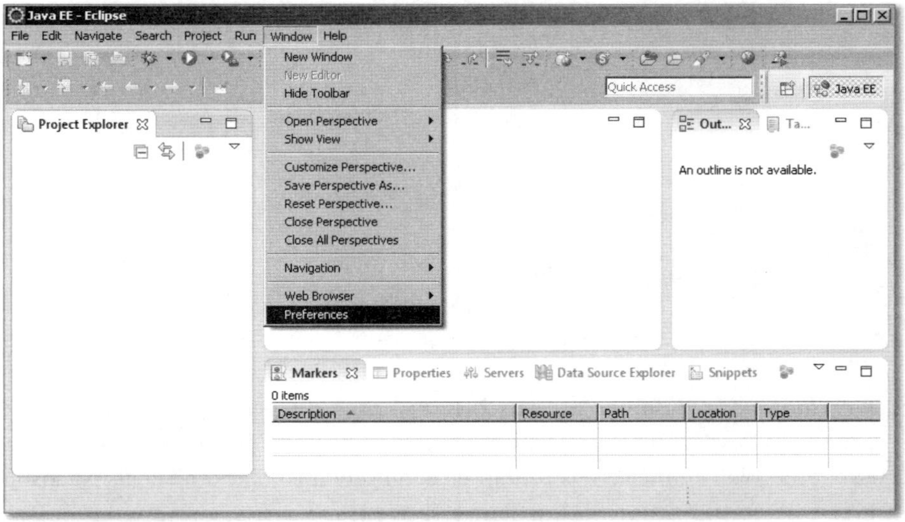

Abbildung 2.45 Die Hauptansicht von Eclipse

Im PREFERENCES-Fenster klicken Sie links auf SERVER und dann auf RUNTIME ENVIRONMENTS (siehe Abbildung 2.46).

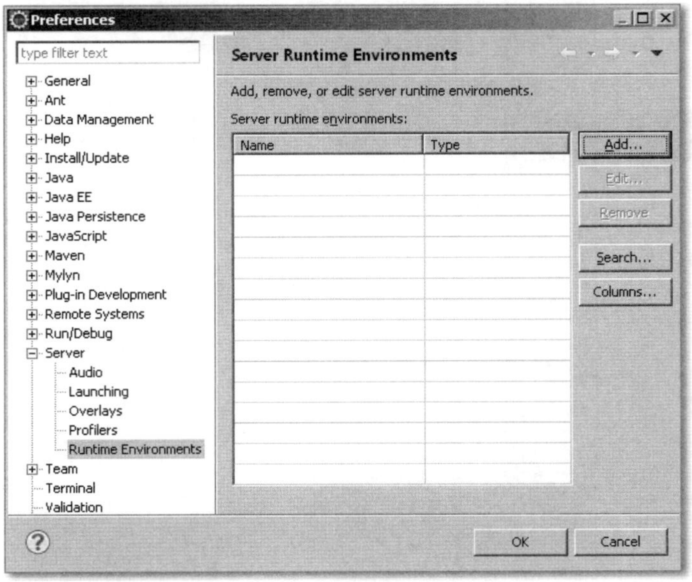

Abbildung 2.46 Die »Server Runtime Environments« im »Preferences«-Fenster

Klicken Sie in diesem Fenster auf der rechten Seite auf ADD, um ein neues Runtime-Environment hinzuzufügen (sieheAbbildung 2.47).

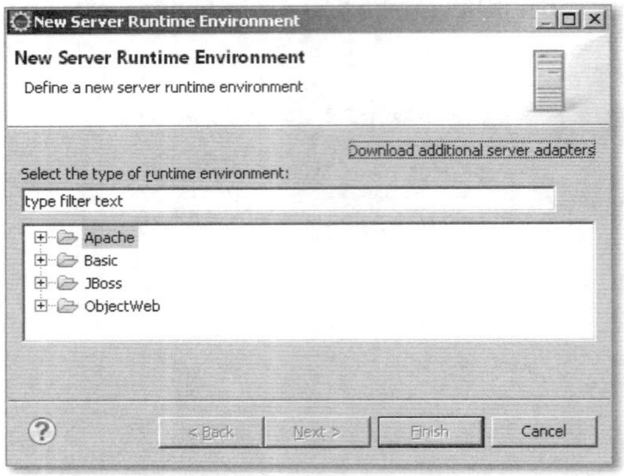

Abbildung 2.47 Das Fenster »New Server Runtime Environment«

Damit ein *Server Runtime Environment* eingerichtet werden kann, benötigt Eclipse spezielle Adapter. In der Ansicht des Fensters NEW SERVER RUNTIME ENVIRONMENT sehen Sie die voreingestellten Adapter. Weil kein GlassFish-Adapter vorgesehen ist, klicken Sie als Nächstes rechts oben auf DOWNLOAD ADDITIONAL SERVER ADAPTERS.

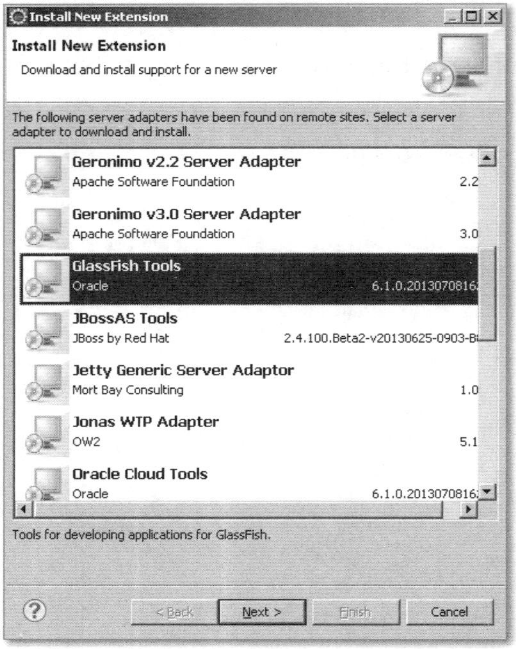

Abbildung 2.48 Die Oracle »GlassFish Tools« für Eclipse

Nach einer kurzen Weile sollten dort nach und nach die im Internet zur Verfügung stehenden Adapter erscheinen. In der kompletten Liste sollten Sie auch den Eintrag GLASSFISH TOOLS vorfinden (siehe Abbildung 2.48).

Klicken Sie dann auf NEXT. Anschließend sollte die Lizenzvereinbarung für diese Erweiterung erscheinen. Bestätigen Sie die Lizenzvereinbarung, und klicken Sie auf FINISH. Wenn die Installation fertiggestellt worden ist, müssen Sie Eclipse neu starten.

Nach dem Neustart öffnen Sie erneut das Fenster NEW SERVER RUNTIME ENVIRONMENT (siehe Abbildung 2.49). Dort sollte nun ein neuer Eintrag namens GLASSFISH vorhanden sein. Öffnen Sie den GLASSFISH-Ordner, und wählen Sie dort GLASSFISH 4.0 aus.

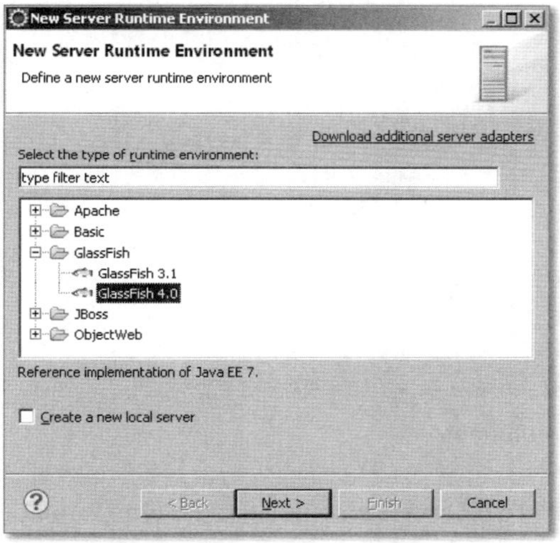

Abbildung 2.49 Die Auswahl des Runtime-Environment-Typs

Wenn Sie auf NEXT klicken, erscheint ein weiteres Fenster, in dem Sie den Ordner des GlassFish-Servers angeben müssen (siehe Abbildung 2.50).

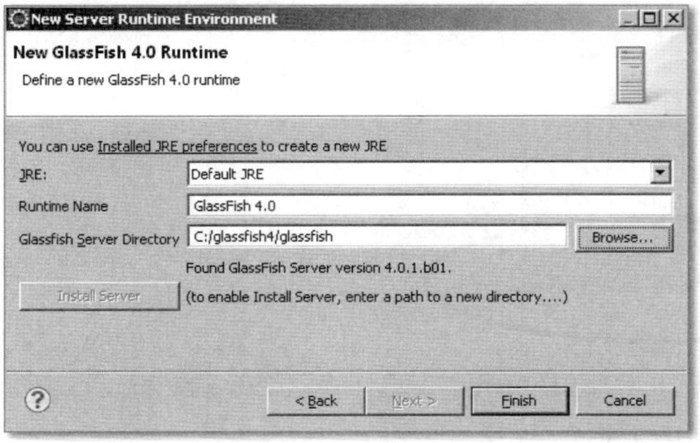

Abbildung 2.50 Die Auswahl des GlassFish-Verzeichnisses

Wenn Sie abschließend auf FINISH klicken, sehen Sie, dass nun ein GlassFish-Server-Runtime-Environment eingerichtet worden ist (siehe Abbildung 2.51).

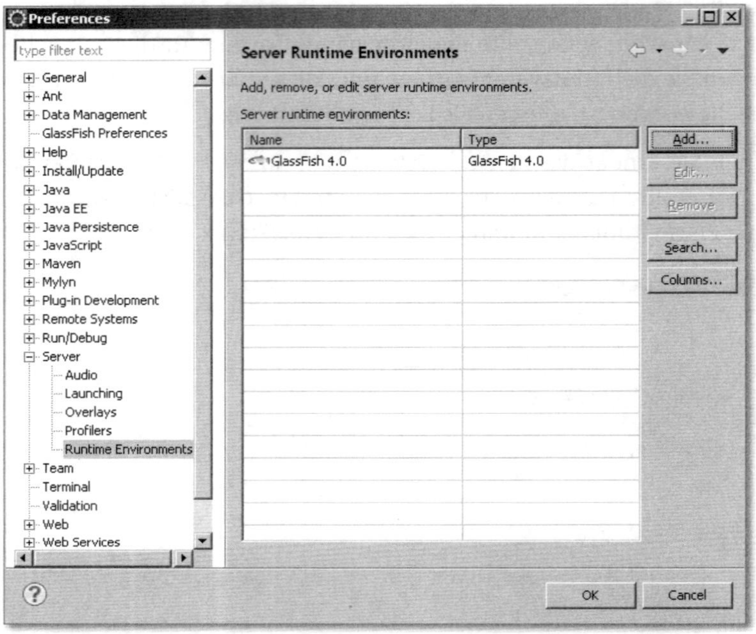

Abbildung 2.51 Das GlassFish-Server-Runtime-Environment

Nachdem das Runtime-Environment eines GlassFish-Servers erstellt ist, muss eine Domäne als virtueller Server innerhalb von Eclipse erzeugt werden. Öffnen Sie hierfür im Hauptfenster (rechts unten) die SERVER VIEW. In Abbildung 2.52 sehen Sie, dass in meinem Server-Register noch kein »virtueller Server« vorhanden ist.

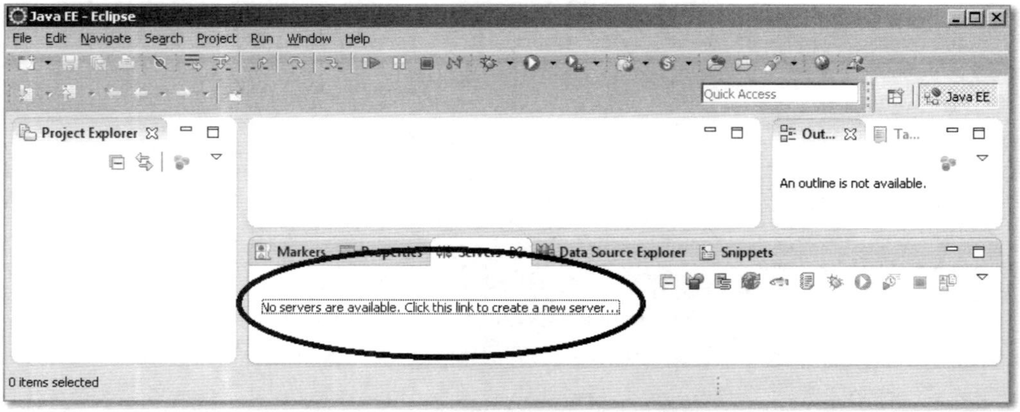

Abbildung 2.52 Die »virtuellen Server« in Eclipse

Wenn Sie im Server-Register auf NEW SERVER WIZARD klicken, öffnet sich ein Fester, in dem Sie den Server-Typ auswählen und dem Server einen Namen geben können. Ich habe meinen »virtuellen Server« GLASSFISH genannt (siehe Abbildung 2.53).

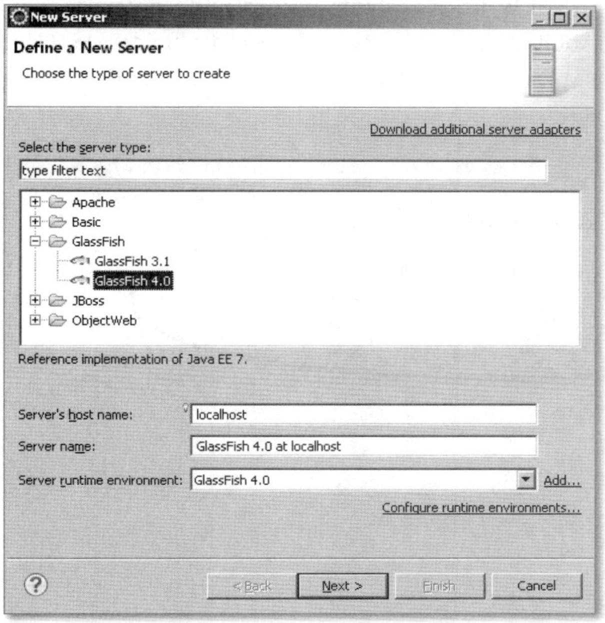

Abbildung 2.53 Die Erstellung eines virtuellen Servers

Anschließend werden Sie noch aufgefordert, einen Benutzernamen und ein Passwort einzugeben. Per Default ist der Benutzer *admin* eingestellt, für den wir noch kein Passwort vergeben haben. Die Checkbox PRESERVE SESSIONS ACROSS REDEPLOYMENT (siehe Abbildung 2.54) bietet die Möglichkeit, dass Ihre Sitzung erhalten bleibt, auch wenn Sie die Anwendung erneut installieren.

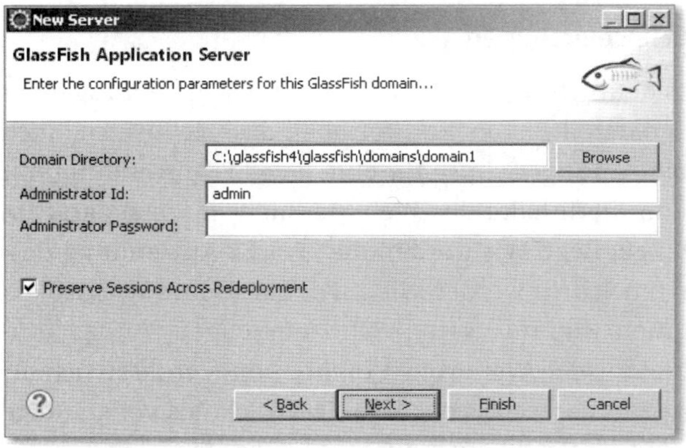

Abbildung 2.54 Die Eingabe von Benutzer und Kennwort

Zuletzt erscheint noch ein Fenster, in dem Sie dem Server vorhandene Projekte hinzufügen können (siehe Abschnitt 2.7.4). Klicken Sie auf FINISH, um die Server-Instanz zu installieren.

Um die Loggings ganz ausführlich in der Eclipse-View CONSOLE mitverfolgen zu können, gehen Sie erneut über das Hauptmenü auf WINDOW • PREFERENCES und wählen dort die GLASSFISH PREFERENCES aus (siehe Abbildung 2.55). Selektieren Sie die beiden Einträge ENABLE GLASSFISH PLUGIN LOG INFORMATION IN IDE LOG FILE und START THE GLASSFISH ENTERPRISE SERVER IN VERBOSE MODE.

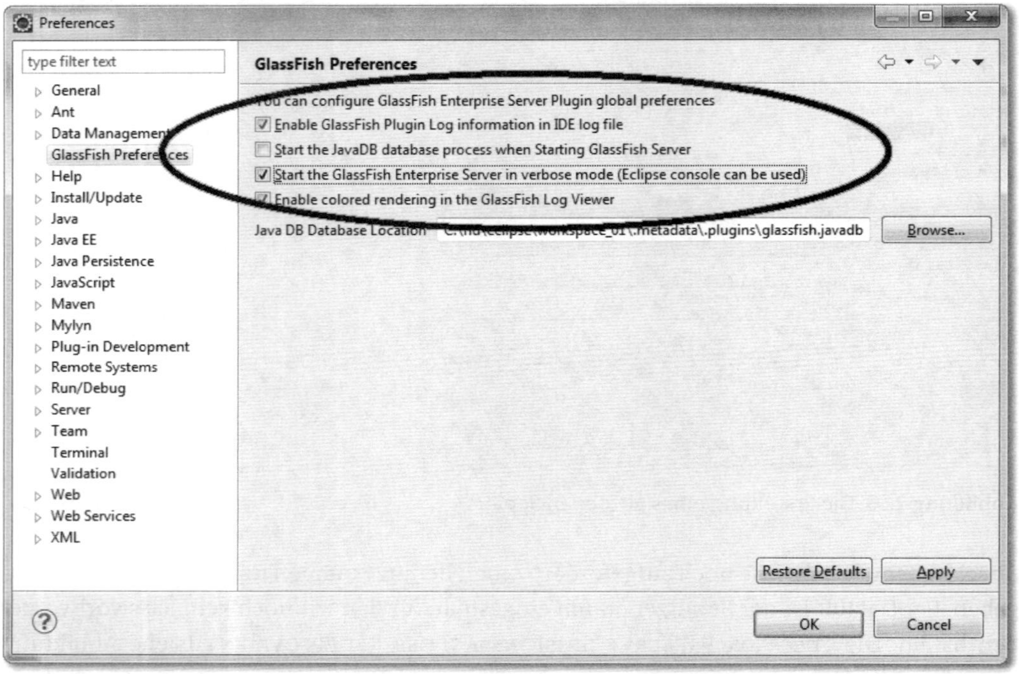

Abbildung 2.55 Die Beschaffung der ausführlichen Logging-Informationen in der View »Console«

2.7.4 Eine Java-EE-Anwendung in Eclipse erzeugen

Obwohl zu Beginn des Kapitels bereits deutlich wurde, dass die manuelle Erzeugung einer Java-EE-Anwendung kein Hexenwerk darstellt, ist es komfortabel, dass Eclipse sie auch automatisch erzeugen kann. Eigentlich benötigt Eclipse für eine Java-EE-Anwendung mit Web-Modul zwei Eclipse-Projekte, denn die Inhalte des Web-Moduls werden separat im sogenannten *dynamischen Webprojekt* gepflegt. Wir werden die Java-EE-Anwendung deshalb in zwei Schritten erstellen. Im ersten Schritt werden wir ein dynamisches Webprojekt erzeugen, das wir *onlineshop-war* nennen, und im zweiten Schritt erzeugen wir das Java-Enterprise-Projekt *onlineshop*. Das dynamische Webprojekt *onlineshop-war* lässt sich als Web-Modul in das Java-EE-Projekt integrieren, sodass das Java-EE-Projekt als vollständige Java-EE-Anwendung mit Web-Modul im GlassFish-Server ausgeführt werden kann.

Die Erzeugung des dynamischen Webprojekts

Um ein dynamisches Webprojekt in Eclipse zu erzeugen, klicken Sie im Hauptmenü auf File • New • Dynamic Web Project. Dabei erscheint ein Fenster, in dem Sie im oberen Bereich in einem Eingabefeld den Namen des dynamischen Webprojekts eintragen können (siehe Abbildung 2.56).

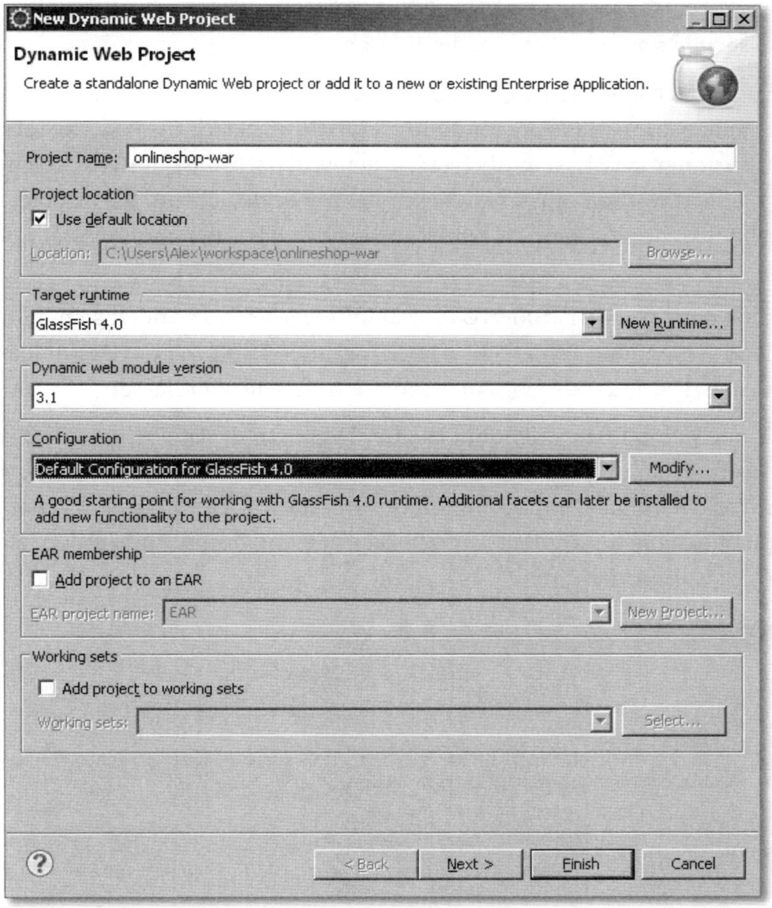

Abbildung 2.56 Die Erzeugung eines dynamischen Webprojekts

Für das Beispiel des Buches wurde der Bezeichner *onlineshop-war* gewählt, wobei alle Buchstaben kleingeschrieben sind. Dieser Bezeichner wird im Standardfall auch gleichzeitig der Name des Web-Moduls und somit per Default auch die aufzurufende *context-root* in der Adressleiste des Browsers sein. Die context-root ist der Teil der URL, der den Namen der Webanwendung ausmacht. In der URL befindet sich die context-root hinter der Domain und dem Port:

```
http://localhost:8080/onlineshop-war/index.html
```

Weiter unten können Sie die TARGET RUNTIME auswählen. Sie sollte die von Ihnen installierte GlassFish-Version enthalten.

In der Auswahl DYNAMIC WEB MODULE VERSION kann die Version der Webapplication selektiert werden. Die Vorauswahl von Eclipse brauchen Sie nicht zu ändern, da Eclipse die für den Server höchste Version bereits vorsieht.

Wenn Sie auf NEXT klicken, gelangen Sie zu einem Fenster, in dem Sie den Quellenordner abändern können. Belassen Sie dort den Wert auf der Vorgabe *src*.

Mit noch einem Klick auf NEXT kommen Sie zu einem Fenster, in dem Sie der CONTEXT ROOT einen Bezeichner geben können (siehe Abbildung 2.57). Obwohl sich die context-root hiermit per Konfiguration ändern lässt, ist es doch eigentlich praktisch, dass dieser Bezeichner eigentlich gar nicht gesetzt werden muss. Aus diesem Grund und auch, um die Beispiele in den Screenshots nachvollziehen zu können, behalten Sie auch dort den voreingestellten Wert bei.

Zusätzlich kann der Name des CONTENT DIRECTORY geändert werden. Es handelt sich hierbei lediglich um den Pfadnamen, den Eclipse für seine interne Verwaltung der Projektdateien nutzt. Am besten ist es, wenn Sie diesen Namen auf dem Default-Wert lassen.

Darunter befindet sich noch eine Checkbox, über die der Deployment-Deskriptor für das Web-Modul generiert werden kann. Der Deployment-Deskriptor ist eine Datei namens *web.xml*, durch die das Web-Modul per XML konfiguriert werden kann. Diese Datei ist optional und braucht jetzt nicht erzeugt zu werden. Auf den Deployment-Deskriptor werden wir in Kapitel 4, »Servlets«, noch zurückkommen.

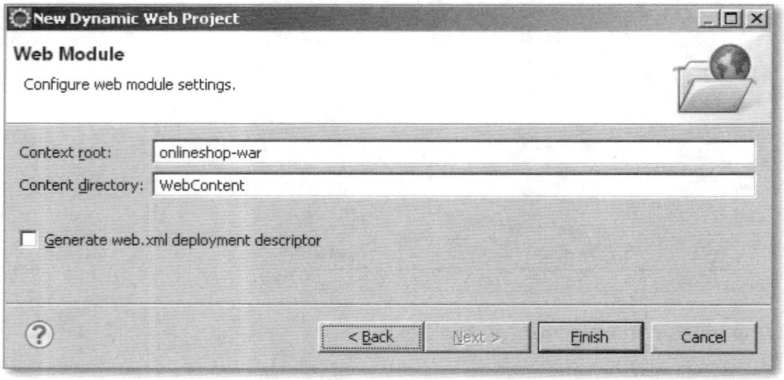

Abbildung 2.57 Die Anpassung von »Context root« und »Content directory«

Mit einem Klick auf FINISH wird das dynamische Webprojekt *onlineshop-war* erzeugt.

Wenn Sie nun auf die linke Seite des Eclipse-Fensters schauen, werden Sie das neue Projekt *onlineshop-war* sehen. Öffnen Sie dort den Ordner WEBCONTENT • WEB-INF. Wenn GlassFish Ihr Runtime-Server ist, sollten Sie in dem Ordner */WEB-INF* die Datei *glassfish-web.xml* (oder bei älteren GlassFish-Versionen die Datei *sun-web.xml*) entdecken. Diese Datei gehört standardmäßig nicht zu einem Web-Modul. Dennoch hat Eclipse sie für uns angelegt, denn hierdurch erhalten wir einen Hinweis darauf, dass individuelle Einstellungen, die lediglich GlassFish versteht, hier eingetragen werden können. Beispielsweise sollte Eclipse innerhalb der Datei die context-root der Webanwendung definiert haben. Wenn Sie im obigen Wizard den Default-Wert beibehalten haben, sollte der Eintrag wie folgt aussehen:

```
<?xml version="1.0" encoding="UTF-8"?>

<!DOCTYPE glassfish-web-app PUBLIC "-//GlassFish.org//DTD GlassFish Application Server 3.1 Servlet 3.0//EN" "http://glassfish.org/dtds/glassfish-web-app_3_0-1.dtd">
<glassfish-web-app>
    <context-root>/onlineshop-war</context-root>
</glassfish-web-app>
```

Listing 2.5 »glassfish-web.xml«

Die Angabe der context-root ist in unserem Fall unnötig. Für eine andere Einstellung ist die *glassfish-web.xml* jedoch hilfreich. Denn über das Element `parameter-encoding` können wir GlassFish anweisen, dass er die von den Benutzern in den HTML-Formularen eingegebenen HTTP-Parameter als UTF-8 Zeichen enkodieren soll. Diese Einstellung brauchen wir, um die Webanwendung international – also auch mit deutschen Umlauten oder chinesischen Symbolen – einsetzen zu können.

```
<?xml version="1.0" encoding="UTF-8"?>

<!DOCTYPE glassfish-web-app PUBLIC "-//GlassFish.org//DTD GlassFish Application Server 3.1 Servlet 3.0//EN" "http://glassfish.org/dtds/glassfish-web-app_3_0-1.dtd">
<glassfish-web-app>
    <context-root>/onlineshop-war</context-root>
    <parameter-encoding default-charset="UTF-8"/>
</glassfish-web-app>
```

Listing 2.6 »glassfish-web.xml«

Die Erzeugung des Enterprise-Application-Projekts

Im nächsten Schritt werden wir das *Enterprise-Application-Projekt* erzeugen. Hierfür klicken Sie im Hauptmenü auf File • New • Enterprise Application Project.

Anschließend öffnet sich ein Fenster, in dem Sie oben den Namen des Enterprise-Application-Projekts eintragen (siehe Abbildung 2.59). Auch hier ist es wieder so, dass dieser Name als Bezeichner für die paketierte Datei verwendet wird. Setzen den Namen deshalb auf »onlineshop«. Behalten Sie für die übrigen Einträge die voreingestellten Werte bei.

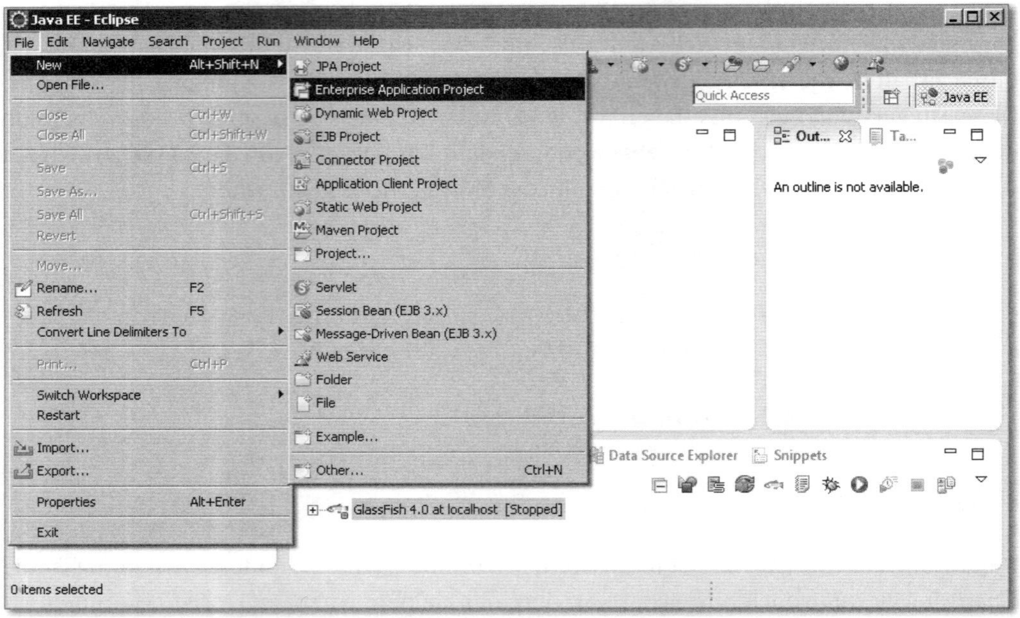

Abbildung 2.58 Mit »File • New • Enterprise Application Project« starten Sie den Wizard für die Erzeugung eines Enterprise-Application-Projekts.

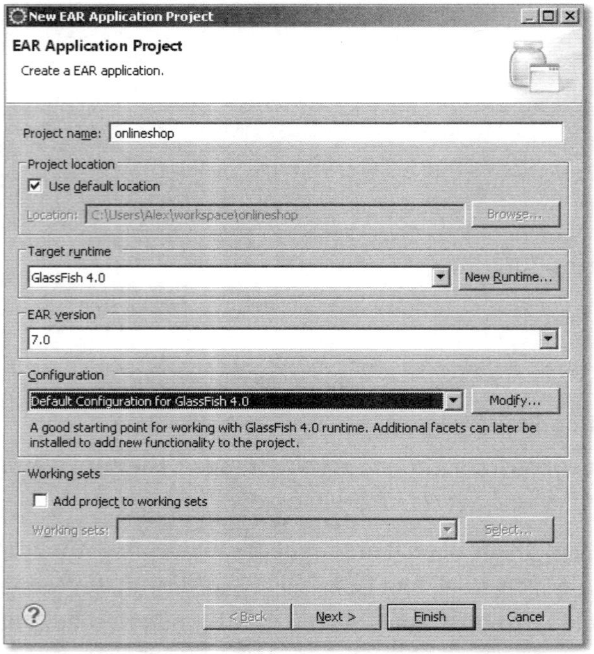

Abbildung 2.59 Die Erzeugung des Enterprise-Application-Projekts

Wenn Sie auf NEXT klicken, erscheint ein neues Fenster, in dem Sie Java-EE-Module dem Java-Enterprise-Application-Projekt zuordnen können (siehe Abbildung 2.60). Da wir vorhin das dynamische Webprojekt *onlineshop-war* erzeugt haben, können wir dieses dem Enterprise-Projekt jetzt hinzufügen. Bei CONTENT DIRECTORY lassen wir »EarContent« stehen.

Auch bei der Erstellung eines Enterprise-Application-Projekts kann wieder ein Deployment-Deskriptor erzeugt werden. Dieser Deployment-Deskriptor nennt sich *application.xml*. Auch er ist optional und braucht für dieses Beispiel nicht erzeugt zu werden.

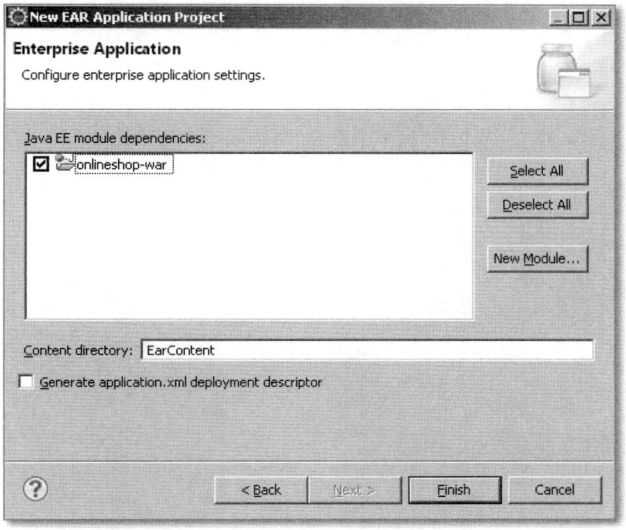

Abbildung 2.60 Das Hinzufügen des Java-EE-Moduls »onlineshop-war«

Die Erstellung einer UTF-8-enkodierten HTML-Datei

Im Hauptfenster von Eclipse müssten nun zwei Projekte, nämlich *onlineshop* und *onlineshop-war.war* zu sehen sein. Markieren Sie das dynamische Webprojekt *onlineshop-war*, und klicken Sie im Menü des Hauptfensters auf FILE • NEW • OTHER. Öffnen Sie im erscheinenden Fenster den Ordner WEB, und wählen Sie den Eintrag HTML FILE aus (siehe Abbildung 2.61).

Mit NEXT gelangen Sie in ein neues Fenster, in dem Sie der HTML-Datei einen Namen geben und den Bestimmungsort festlegen können. Setzen Sie den FILE NAME auf »index.html« (siehe Abbildung 2.62).

Mit einem Klick auf NEXT kommen Sie in das Fenster, in dem Sie sich aus verschiedenen Templates ein Muster für die HTML-Seite aussuchen (siehe Abbildung 2.63). Selektieren Sie dort den Eintrag NEW HTML FILE (5). Mit einem Klick auf FINISH wird die Datei erzeugt.

Öffnen Sie im Projektbaum des Projekts *onlineshop-war* den Unterordner WEBCONTENT. Eclipse sollte dort die Datei *index.html* erzeugt haben. Klicken Sie mit der rechten Maustaste auf die *index.html*, um die Properties der Datei anzuschauen (siehe Abbildung 2.64). Dort sollte unter TEXT FILE ENCODING die Zeichenenkodierung zu sehen sein.

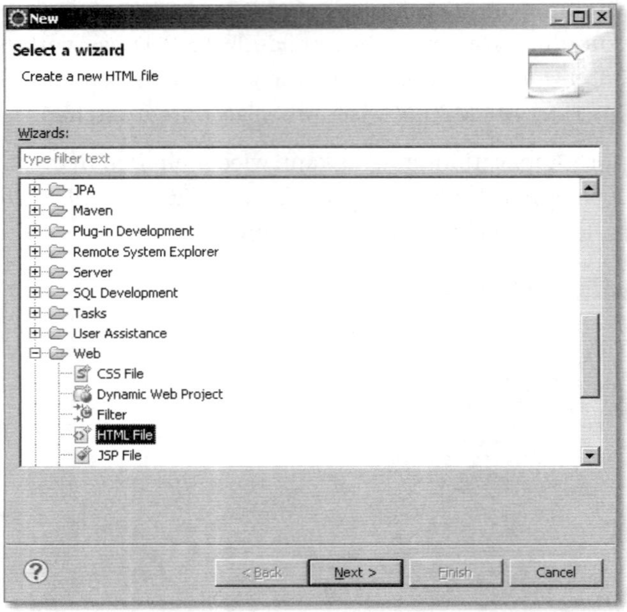

Abbildung 2.61 Die Auswahl von »HTML File«

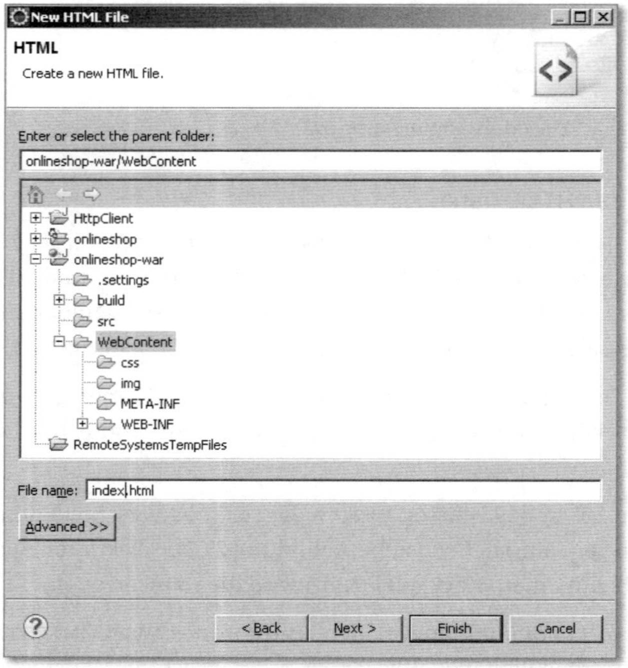

Abbildung 2.62 Den Namen der HTML-Datei eingeben

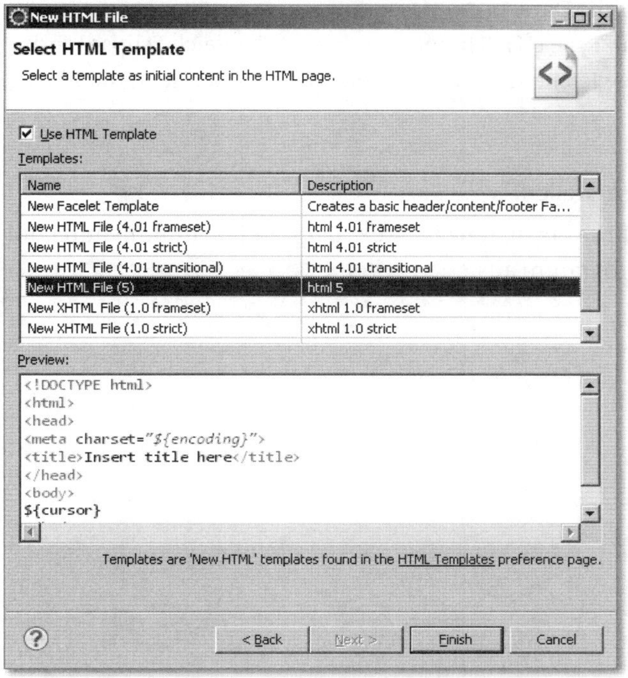

Abbildung 2.63 Die Auswahl von »New HTML File(5)«

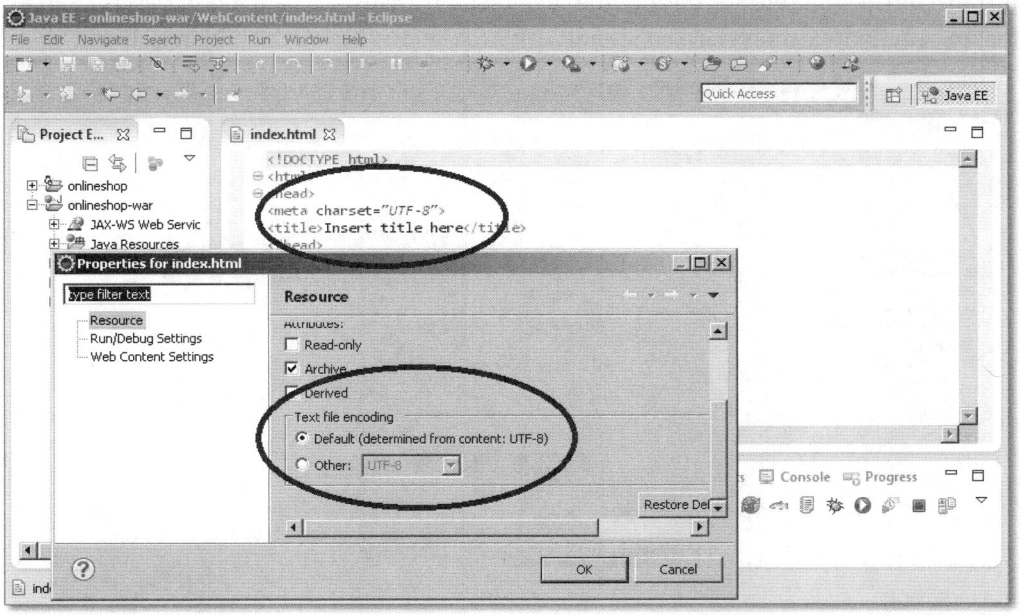

Abbildung 2.64 Die UTF-8-Einstellung in der HTML-Seite

In der Abbildung 2.64 sehen Sie, dass die Datei in der UTF-8-Enkodierung erzeugt wurde, aber dass auch zusätzlich auf den Content-Type UTF-8 hingewiesen wird. Obgleich Eclipse hiermit dem Anschein nach unnötig oft die gleiche Information setzt, ist dies dennoch die übliche Vorgehensweise.

Die Onlineshop-Willkommensseite erstellen

Zur Übung ersetzen Sie den von Eclipse erzeugten Quelltext der Datei *index.html* durch folgenden Quelltext und führen das Programm aus.

```
<!DOCTYPE html>
<html>
    <head>
        <meta charset="UTF-8"/>
        <title>Onlineshop</title>
    </head>
    <body>
        <h1>Onlineshop</h1>
    </body>
</html>
```

Listing 2.7 »index.html«

Um die Java-EE-Anwendung zu deployen, fügen Sie sie zunächst der GlassFish-Server-Instanz hinzu. Klicken Sie hierfür mit der rechten Maustaste auf die GlassFish-Server-Instanz. Im Kontextmenü klicken Sie auf ADD AND REMOVE (siehe Abbildung 2.65).

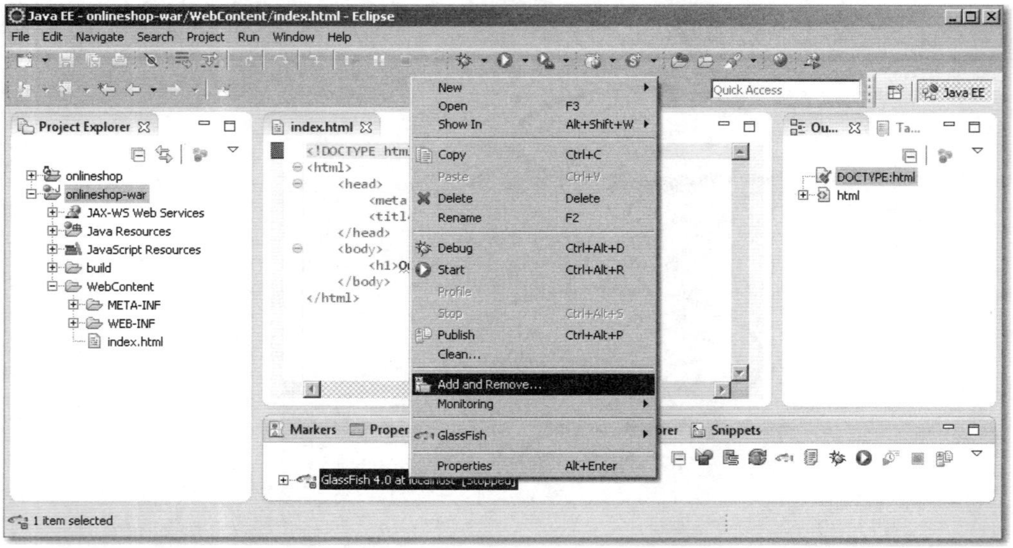

Abbildung 2.65 Der Befehl »Add and Remove«

Im ADD AND REMOVE...-Fenster selektieren Sie auf der linken Seite den Eintrag »onlineshop« und klicken anschließend auf den Button ADD> (siehe Abbildung 2.66).

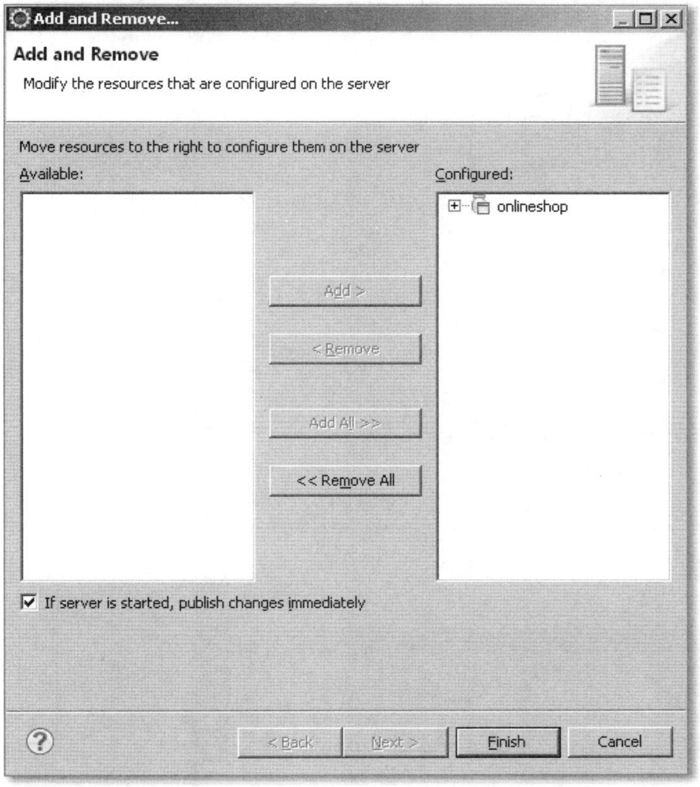

Abbildung 2.66 Das »Add and Remove...«-Fenster

Wenn anschließend der Eintrag »onlineshop« auf die rechte Seite gewandert ist, schließen Sie den Vorgang mit FINISH ab.

In der SERVER-View starten Sie den Server mit einem Klick auf den grünen Play-Button (siehe Abbildung 2.67). Hiermit wird das GlassFish-Plug-in die Anwendung *onlineshop-war* auch deployen. Wenn das mal nicht reibungsfrei gelingt, betätigen Sie in der SERVER-View den Button PUBLISH TO THE SERVER (mit einem Rechner und einem Dokument als Icon). Dieser Button ist eigentlich dafür gedacht, Änderungen an der Anwendung auf den Server zu übernehmen, ohne GlassFish neu starten zu müssen.

Geben Sie nun in der Adressleiste eines Webbrowsers die URL *http://localhost:8080/onlineshop-war/* ein, um die Startseite der Java-EE-Anwendung *Onlineshop* zu sehen (siehe Abbildung 2.68).

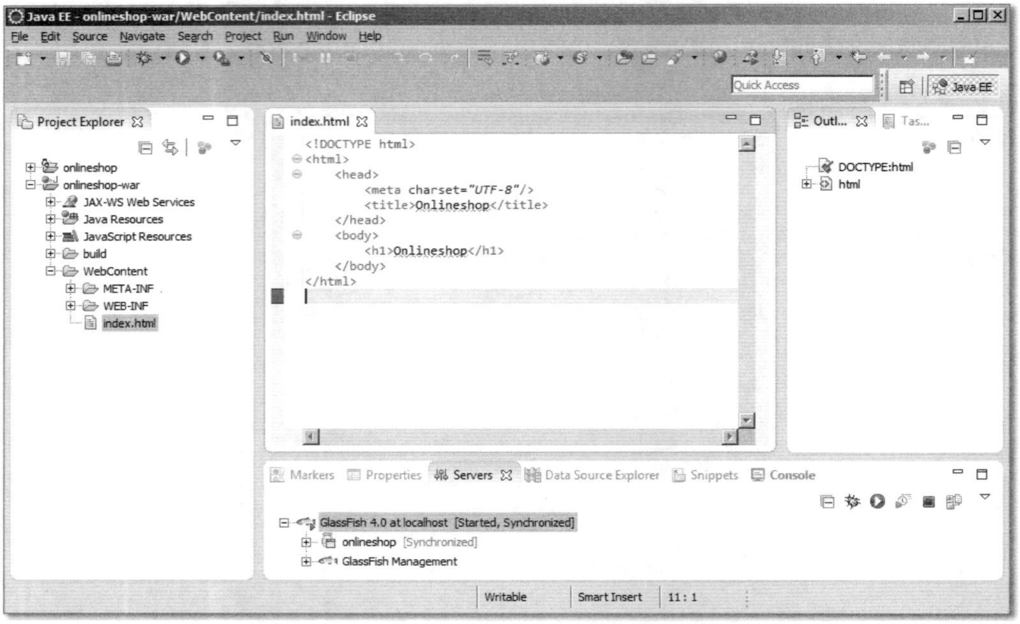

Abbildung 2.67 Den GlassFish-Server starten

Abbildung 2.68 Die Startseite des Onlineshops

2.8 Extra-Abschnitt: NetBeans einsetzen

In diesem Extra-Abschnitt wird zusätzlich zu der Eclipse-IDE auch noch die integrierte Entwicklungsumgebung *NetBeans* gezeigt. Obwohl dieses Buch den Schwerpunkt auf Eclipse setzt, könnte dieser Abschnitt für den einen oder anderen Entwickler von Interesse sein, der die Entwicklungsumgebung NetBeans ausprobieren möchte.

2.8.1 NetBeans installieren

Während ich diese Zeilen eintippe, ist NetBeans mit der Version *7.4 Beta* das Aktuellste, was Oracle momentan zu bieten hat. Oracle hat auch hier wieder den Fokus auf HTML5 gesetzt.

NetBeans kann unter *https://netbeans.org/downloads/* heruntergeladen werden. Folgen Sie den Links, bis Sie auf der Download-Seite angekommen sind (siehe Abbildung 2.69).

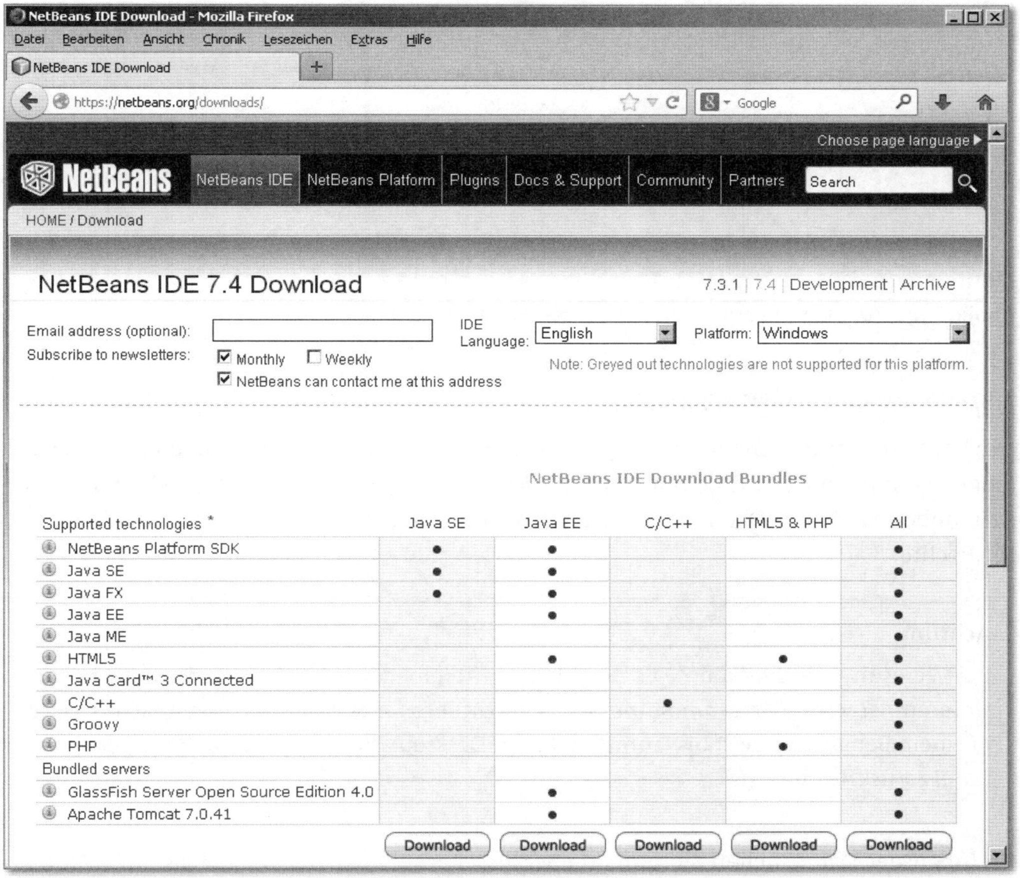

Abbildung 2.69 Die Download-Seite von NetBeans

Auf der Download-Seite werden verschiedene Varianten von NetBeans angeboten. Wählen Sie oben rechts Ihr Betriebssystem aus, und klicken Sie auf den Download-Link für die Java-EE-Plattform. Laden Sie NetBeans herunter, und starten Sie das Installationsprogramm (siehe Abbildung 2.70).

In NetBeans 7.4 wird die Installation des GlassFish-Servers 4.0 angeboten, denn sie gehört als Bestandteil zu dem Gesamtpaket.

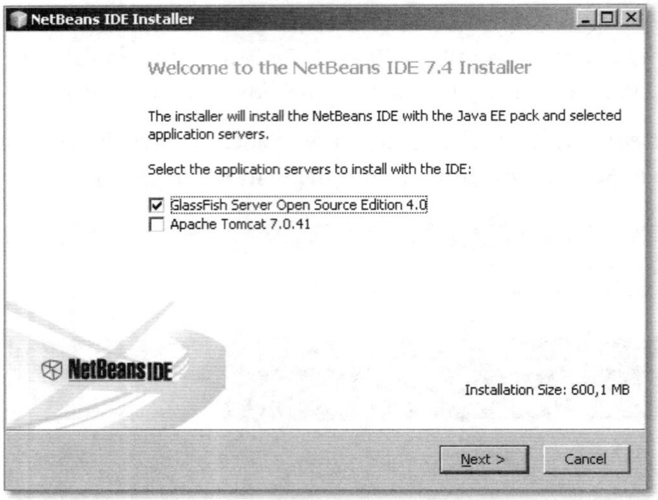

Abbildung 2.70 Die Willkommensseite des NetBeans-Installers

2.8.2 NetBeans auf UTF-8 umstellen

Um bei NetBeans für ein reibungsloses Arbeiten mit UTF-8 zu sorgen, müssen wir vorab mit einer besonderen Default-Option starten. Die Default-Optionen, die Sie gleich ändern werden, finden Sie in der Datei *netbeans\etc\netbeans.conf*. Hierfür benötigen Sie Administrator-Rechte.

> **Achtung**
>
> Bei Microsoft Windows könnte es zu Problemen kommen, wenn Sie die Änderung direkt im Unterordner von *C:\Programme\netbeans* durchführen möchten. Die Lösung ist, die Datei in einem Benutzerverzeichnis (zum Beispiel im Desktop) durchzuführen und die geänderte Datei zurückzukopieren.

Im Inhalt der Datei suchen Sie nun den Schlüssel `netbeans_default_options` auf. Wenn Sie ihn gefunden haben, fügen Sie im Wert die Zeichenkette `-J-Dfile.encoding=UTF-8` als Optionsparameter hinzu. Das Ergebnis sollte beispielsweise wie folgt aussehen:

```
...
netbeans_default_options="-J-Dfile.encoding=UTF-8 -J-client -J-Xss2m -J-Xms32m -J-
XX:PermSize=32m -J-Dapple.laf.useScreenMenuBar=true -J-Dapple.awt.graphics.Use-
Quartz=true -J-Dsun.java2d.noddraw=true -J-Dsun.java2d.dpiaware=true -J-
Dsun.zip.disableMemoryMapping=true -J-Dsun.awt.disableMixing=true"
...
```

Listing 2.8 netbeans\etc\netbeans.conf

Nach der Änderung in der Datei *netbeans.conf* muss NetBeans neu gestartet werden. Von nun an wird NetBeans für Quelltexte in neuen Projekten stets die Zeichenkodierung UTF-8 nutzen.

2.8.3 Eine Java-EE-Anwendung in NetBeans

In diesem Abschnitt werden wir eine Java-EE-Anwendung mit NetBeans erzeugen. In NetBeans klicken Sie auf FILE • NEW PROJECT. Als Java-EE-Projekt-Typ wählen Sie JAVA EE • ENTERPRISE APPLICATION aus (siehe Abbildung 2.71).

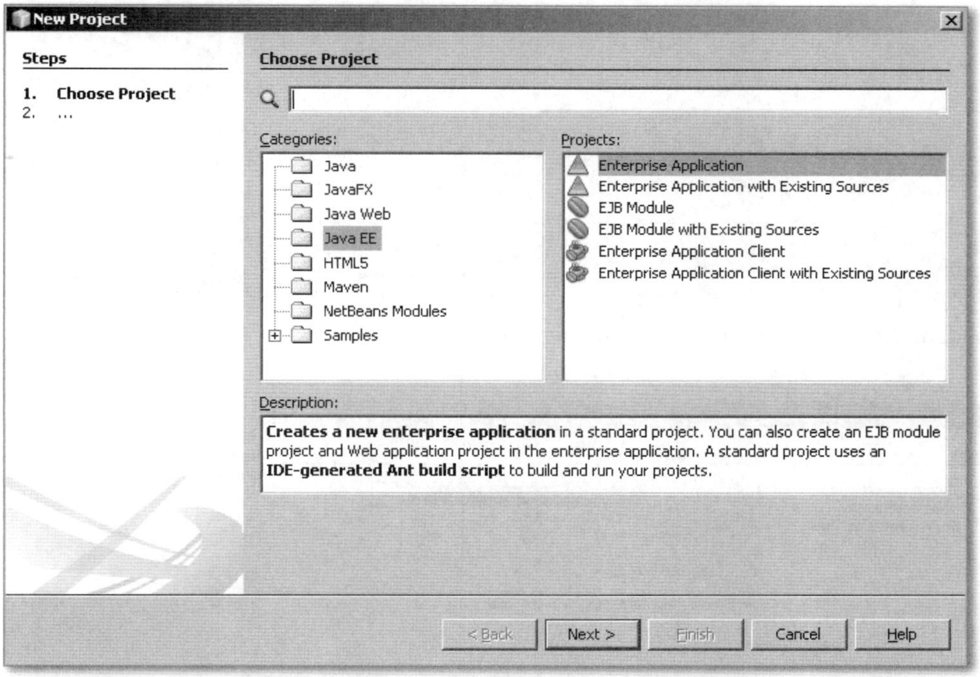

Abbildung 2.71 So erstellen Sie eine Java-EE-Enterprise-Application.

Auf der rechten Seite klicken Sie auf ENTERPRISE APPLICATION und dann auf NEXT.

Im nächsten Fenster geben Sie »Onlineshop« als Projektnamen ein (siehe Abbildung 2.72).

Klicken Sie anschließend auf NEXT.

Im darauf folgenden Fenster (siehe Abbildung 2.73) deaktivieren Sie das Kontrollkästchen CREATE EJB-MODULE. Das andere Kontrollkästchen lassen Sie aktiviert. Klicken Sie dann auf FINISH.

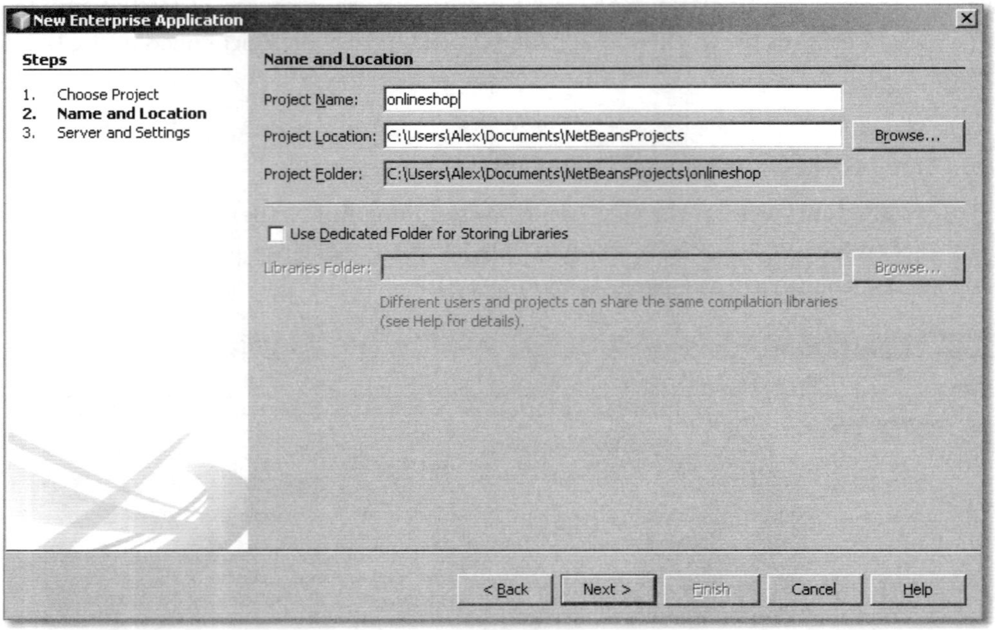

Abbildung 2.72 Die neue Java-EE-Anwendung »Onlineshop«

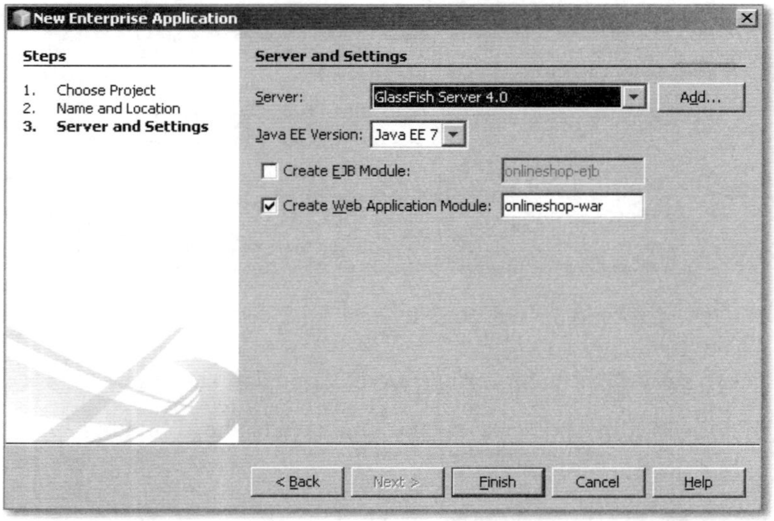

Abbildung 2.73 Deaktivieren Sie das Kontrollkästchen bei »Create EJB-Module«.

Im Hauptfenster von NetBeans sehen Sie jetzt zwei NetBeans-Projekte, nämlich *onlineshop* und *onlineshop-war.war*. Öffnen Sie im Projektbaum die Datei *index.html*, um sie anzuschauen (siehe Abbildung 2.74).

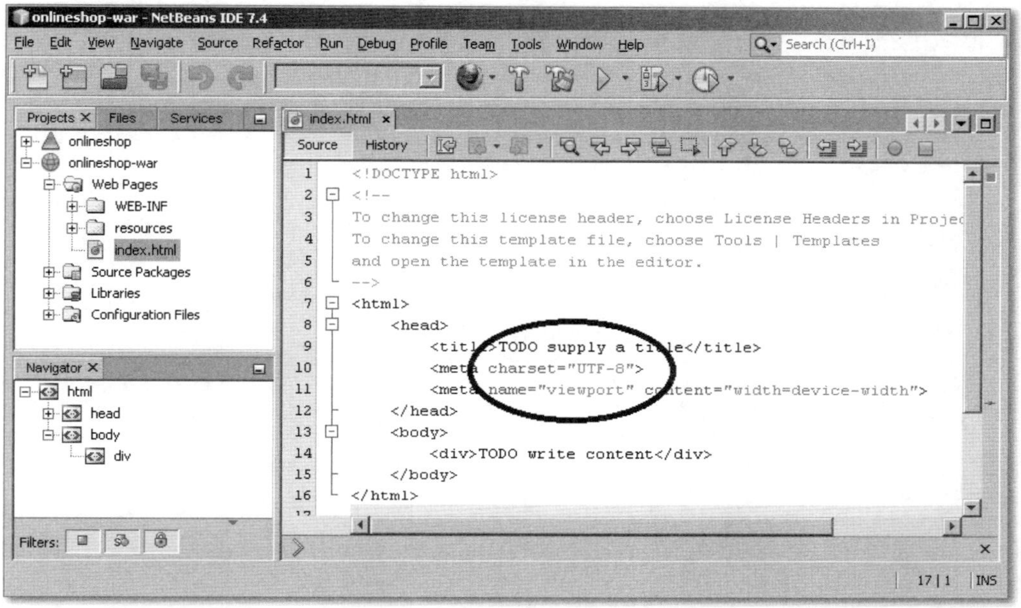

Abbildung 2.74 Die Zeichenenkodierung der »index.html«

Wie Sie sehen, setzt NetBeans das verkürzte HTML5-Meta-Tag charset ein.

Kapitel 3

Planung und Entwurf

Kapitel 3
Planung und Entwurf

»Man sollte alles so einfach wie möglich sehen, aber auch nicht einfacher.«

Albert Einstein

Bevor wir uns in den nächsten Kapiteln in Java EE stürzen, zeige ich Ihnen in diesem Kapitel, wie man ein Java-EE-Projekt plant und wie die Java-EE-Anwendung vor der Programmierung entworfen wird. Aber wie soll man hierbei effizient und zügig ans Ziel kommen?

Nicht erst der Berliner Flughafen und das LKW-Maut-Desaster haben gezeigt, dass die Planung und der Entwurf von großangelegten Vorhaben eine kritische Angelegenheit ist. Auch Java-EE-Anwendungen stellen solche kritischen Projekte dar. Daher haben sich im Laufe des letzten Jahrzehnts bestimmte Techniken etabliert, die den Fokus auf den Erfolg des Projekts setzen. Weil die Umsetzung eine gewisse Beweglichkeit abverlangt, um effektiv und wirtschaftlich handeln zu können, fasst man die Techniken unter *agile Methoden* zusammen (agil = beweglich).

Die beliebteste agile Methode für die Planung in einem Java-EE-Projekt nennt sich *Scrum*. Scrum hat sich in Java-EE-Projekten so sehr durchgesetzt, dass es mittlerweile unter den Projektanbietern üblich ist, Scrum als selbstverständliches Know-how eines Java-EE-Entwicklers vorauszusetzen.

Zu Beginn dieses Kapitels werden die wichtigsten Bestandteile von Scrum beleuchtet, wobei besonders detailliert gezeigt wird, wie man von der Kundenanforderung ausgehend sogenannte User-Storys erstellt. Keine Sorge, es folgt jetzt keine langatmige Theorie. Ganz im Gegenteil, denn agile Methoden sind intuitiv und dem natürlichen Vorgehen des Entwicklers nachempfunden. Das Ziel ist Effizienz, und das oberste Gebot heißt: »Keep it simple!«

Auch bei dem folgenden Entwurf der Java-EE-Anwendung werden agile Methoden genutzt. Die gängigste agile Entwurfsmethode nennt sich *Agile Model Driven Development and Extreme Programming* (AMDD/XP). Im Rahmen dieser Entwurfsmethode werden die User-Storys aus den Teilanforderungen in einem *User-Story-Diagramm* festgelegt. Mit diesen Entwurfsdokumenten wird die Konzeptionszeit einer Software reduziert und der Entwurfsprozess vereinfacht.

Der nächste Schritt, mit dem wir dieses Kapitel fortführen, gehört schon fast zu den Programmierarbeiten, denn hierbei werden wir aus den User-Story-Diagrammen UI-Prototypen in Form von HTML-Masken erzeugen. Für die HTML-Masken werden wir HTML5 und CSS3 einsetzen.

Für die folgenden Kapitel ist es wichtig, dass Sie verstehen, wie der Webbrowser über das *Hypertext Transfer Protocol* (HTTP) mit dem Java EE Server kommuniziert. Aus diesem Grund finden Sie am Ende dieses Kapitels auch den Abschnitt 3.5, »Das HTTP-Monitoring«. Nachdem wir dort dem Web-Container mit einem selbst programmierten HTTP-Client »auf die Finger geschaut« haben, werden wir uns auch noch andere HTTP-Werkzeuge ansehen, die Firefox und Eclipse von Haus aus mitbringen.

3.1 Die Projektplanung mit Scrum

Erfahrene Entwickler kennen die verschiedenen Phasen, die zu Beginn eines Software-Projektes häufig anstehen, denn die Aufnahme und Analyse der Anforderung und der Entwurf eines Konzepts müssen fertiggestellt sein, bevor man mit der eigentlichen Programmierung beginnt. Und von einem Mitarbeiter eines professionellen Java-EE-Projekts wird nicht nur erwartet, dass er technisch versiert ist, sondern auch, dass er die modernen Regeln beherrscht, nach denen ein Java-EE-Projekt erfolgreich geplant und entworfen wird.

Früher legte man den Lösungsweg zu Projektbeginn fest. Das so entstandene Konzept wurde häufig zum Vertrag und war strengstens einzuhalten. Dabei entstanden umfangreiche und sehr detaillierte Dokumente. Die Hoffnung, dass die Software im Anschluss nur noch »herunterkodiert« werden müsse, stellte sich aber meistens als Trugschluss dar.

Heutzutage hat man die Erkenntnis gewonnen, *»dass Menschen und Interaktionen wichtiger als Prozesse und Werkzeuge sind, funktionierende Software wichtiger als umfassende Dokumentation ist, Zusammenarbeit mit dem Kunden wichtiger als Vertragsverhandlungen ist und dass Eingehen auf Veränderungen wichtiger als Festhalten an einem Plan ist«*. Dies sind die Worte von Kent Beck, einem der Protagonisten der agilen Methoden.

Scrum hat sich schon seit vielen Jahren für die Planung von Java-EE-Projekten durchgesetzt und ist (es wurde bereits gesagt) immer noch ein wichtiges Argument auf dem IT-Stellenmarkt.

Der besondere Nutzen von Scrum ist vielfältig. Zeitgemäße IT- Projekte nutzen Scrum, um die Entwicklung einer qualitativ hochwertigen Software schnell und kostengünstig zu realisieren. Ein zweites Kriterium ist, dass mithilfe von Scrum wesentlich flexibler auf das dynamische Anforderungsverhalten des Auftraggebers eingegangen werden kann, als es ehemals üblich war. Ein weiterer Vorteil von Scrum ist, dass Probleme und Fehler bei der Entwicklung besser abgefangen werden können. Das entscheidende Argument für Scrum ist aber häufig, dass das zu erstellende Produkt iterativ in abgeschlossenen, voll funktionstüchtigen, getesteten und auslieferbaren Zwischenständen entwickelt wird. Man hat also stets ein Stück Software vorliegen, das einen Gegenwert zu den bisherigen Investitionen darstellt.

Abgesehen von den wirtschaftlichen Kriterien darf man auch behaupten, dass Scrum den Teamgeist fördert. Denn bei Scrum-Projekten werden die Rollen der Projektbeteiligten mit besonders flacher Hierarchie definiert. Der Auftraggeber (*Customer*) gibt die Produktanforderung (*Product Requirement*) an den Produktverantwortlichen (*Product Owner*) weiter. Der Product Owner ist das Bindeglied zwischen dem Auftraggeber und dem *Development-Team*. Obwohl er für die Umsetzung des Product Requirements verantwortlich ist, ist er kein disziplinarischer Vorgesetzter der anderen Teammitglieder. Zusätzlich ist noch ein sogenannter *Scrum Master* im Spiel. Aber auch der Scrum Master ist keine Führungskraft. Der Scrum Master hat lediglich für die Einhaltung der agilen Grundsätze von Scrum zu sorgen und den anderen beteiligten Personen zu helfen, indem er Hindernisse aus dem Weg räumt.

In Abbildung 3.1 können Sie den gesamten Kreislauf eines Scrum-Projekts sehen.

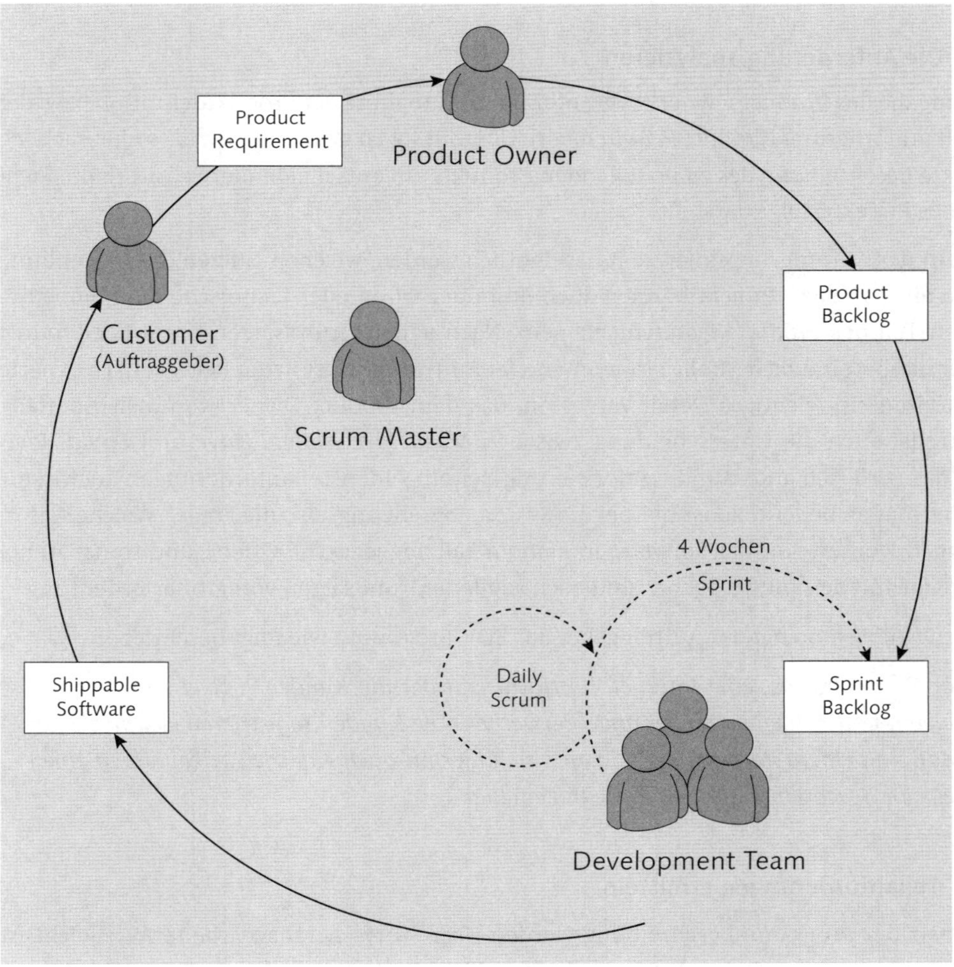

Abbildung 3.1 Der Kreislauf eines SCRUM-Projektes

Der Kreislauf suggeriert, dass der Auftraggeber und der Product Owner von oben herab Aufgaben verteilen und erst nach Fertigstellung des lieferbaren EDV-Programms (*Shipable Software*) wieder am Gesamtprozess beteiligt sind. Dem ist aber nicht so, denn in einem Scrum-Projekt werden Auftraggeber und Product Owner regelmäßig über den Fortschritt informiert. Dabei ist es üblich, dass Zwischenergebnisse wie zum Beispiel HTML-Masken (UI-Prototypes) mit dem Auftraggeber besprochen werden.

In einem Scrum-Projekt ist den Beteiligten bewusst, dass Nachbesserungen und Erweiterungen zu einem späteren Zeitpunkt hinzugefügt werden können, weil bei Scrum – wie bereits erwähnt wurde – die angeforderte Software nicht direkt von A bis Z fertiggestellt, sondern in gleichmäßigen Entwicklungszyklen abgearbeitet wird. Der Entwicklungszyklus dauert maximal 4 Wochen und nennt sich *Sprint*.

3.1.1 Die Anforderung analysieren

Die Aufgabe des Product-Owners beginnt mit der Aufnahme der Produktdefinition bzw. der Produktanforderung (*Product Requirement*). Überflüssig zu erwähnen ist, dass eine sachlich korrekte Beschreibung des zu erstellenden Produkts ein entscheidender Schritt in die Richtung des Projekterfolgs darstellt.

Im Kern der Anforderungsanalyse muss deutlich werden, welchen Nutzen die Anwendung hat. In einem realen Projekt können auch Besonderheiten oder technische Rahmenbedingungen Teil des *Product Requirements* sein. Nach agilen Grundsätzen muss der Product Owner hierbei eine aktive Rolle einnehmen. Der Auftraggeber ist in der Regel kein IT-Experte und könnte ein wichtiges Detail vergessen, das dem Product Owner womöglich auffällt. Wichtig ist auch die Unterscheidung zwischen *Must-Have*, *Should-Have* und *Could-Have*, denn das wird sich auch auf die Priorisierung der einzelnen Teilanforderungen auswirken. Gleichermaßen bedeutend ist hierbei die Systemabgrenzung, also die Frage »Welche Anforderungen werden von der Software in keinem Fall abgedeckt?«. Offene und transparente Gespräche mit dem Auftraggeber sind nach »agilen« Grundsätzen von großer Bedeutung.

Für den Onlineshop hat der Auftraggeber das EDV-Programm wie folgt beschrieben:

> *»Der Onlineshop ist eine Internet-Plattform, auf der die Kunden Artikel zum Verkauf anbieten und Artikel anderer Kunden erwerben. Die Kunden registrieren sich mit einer* ***E-Mail*** *und einem* ***Passwort*** *und loggen sich hiermit auch ein. Die Artikel haben einen Titel, eine Beschreibung, einen Preis und ein Bild.«*

3.1.2 Teilanforderungen ermitteln

Auf Basis der Programmbeschreibung werden User-Storys herausgearbeitet. Vielleicht ist Ihnen der Begriff User-Story noch etwas befremdlich? Bei herkömmlichen Konzepten hätten wir den Ausdruck »Anwendungsfall« (*Use Case*) benutzt. Der Begriff *Use Case* wurde von den Erfindern der agilen Methoden bewusst durch *User-Story* ersetzt, um darauf hinzuweisen, dass eine User-Story die Sicht des Anwenders in einer bestimmten Rolle in den Vordergrund stellt. Die User-Story ist weniger formell und wesentlich kürzer als ein Use Case.

User-Storys sind nach dem Muster »Als [Anwender einer bestimmten Rolle] möchte ich [tun]« aufgebaut. Für das im letzten Abschnitt gezeigte Product Requirement des durchgehenden Programmierbeispiels wurden folgende User-Storys herausgearbeitet:

- »Als Kunde möchte ich Artikel kaufen.«
- »Als Kunde möchte ich Artikel verkaufen.«
- »Als Kunde möchte ich nach Artikeln suchen.«
- »Als Kunde möchte ich mich einloggen.«
- »Als Kunde möchte ich mich registrieren.«

3.1.3 Teilanforderungen priorisieren

Nachdem der Product Owner die Teilanforderungen mit dem Auftraggeber geklärt hat, muss er die Priorisierung der Teilanforderungen festlegen. Für die Priorisierung wird er in erster Linie den wirtschaftlichen Nutzen betrachten, der auch im Sinne des Auftraggebers ist. Häufig spielt hierbei auch die logische Reihenfolge der Programmierschritte eine Rolle. Zum Beispiel kann mithilfe eines Storyboards analysiert werden, in welcher Reihenfolge die User-Storys angewendet werden.

Storyboard

Bei einem Storyboard für eine grafische Benutzerschnittstelle wird deutlich, über welche Schritte bzw. über welche Ansichten der Benutzer navigieren wird. An dieser Stelle fallen Navigationsschritte auf, die bei der Ermittlung der Teilanforderungen eventuell vergessen wurden. Ein typisches Beispiel ist ein Startfenster, das zur Orientierung als Bezugspunkt für die Navigation benötigt wird. Typischerweise wird der Benutzer in dieses Fenster zu allererst hineingeführt und willkommen geheißen. Häufig dient das Willkommensfenster auch als Dreh- und Angelpunkt für alle weiteren User-Storys. Weil das Willkommensfenster aber zu keiner Teilanforderung des Auftraggebers zugeordnet werden kann, werden wir es als *User-Story 0* deklarieren.

Das Storyboard aus Abbildung 3.2 zeigt, wie ein Anwender mit der Rolle »Kunde« üblicherweise in dem Onlineshop navigiert.

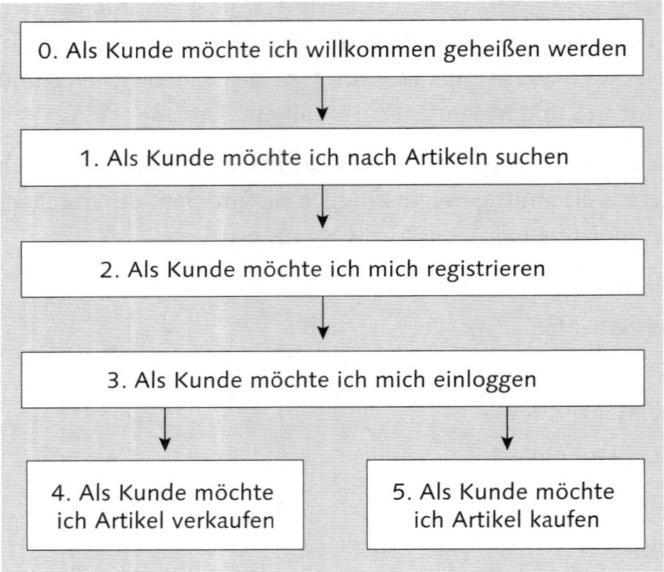

Abbildung 3.2 Das Storyboard für die Beispielanwendung

Product Backlog

Die Priorisierung wird in einer Tabelle eingetragen, die sich *Product Backlog* nennt. Jede Teilanforderung wird als *Product Backlog Item* hinzugefügt. Die Product-Backlog-Tabelle enthält aber nicht nur User-Storys, sondern ebenso Änderungswünsche oder auch technische Anforderungen, wie zum Beispiel die Behebung eines Programmierfehlers. Das Aussehen einer Product-Backlog-Tabelle kann sich von Projekt zu Projekt unterscheiden. In diesem Buch wird eine einfache Variante gezeigt. Sie können Ihre eigene Product-Backlog-Tabelle also auch wesentlich umfangreicher gestalten. Beachten Sie aber auch hier wieder die »Keep it simple«-Regel, denn jede zusätzliche Spalte muss auch gewartet werden.

Wie Sie gleich sehen werden, wird der Inhalt der Product-Backlog-Tabelle ins Englische übersetzt. »Einloggen« übersetzen wir mit »Sign in«, »Artikel« übersetzen wir mit »Item« usw. Die englische Sprache ist nicht zwingend erforderlich, wird jedoch in den meisten Java-EE-Projekten verwendet. Das dient der Vereinheitlichung, denn mit den Begriffen der *Product Backlog Items* (PBIs) werden wir später unser Datenmodell, die Klassen und die Methoden benennen – und die sind üblicherweise ebenso in englischer Sprache benannt.

Um jeden PBI in unserem Product Backlog eindeutig zu identifizieren, haben wir in Tabelle 3.1 ganz links eine Identifikationsnummer (ID) vergeben. Die nächste Spalte nennen wir SUBJECT. Mit dieser Spalte können thematisch zusammengehörende PBIs gruppiert werden. In der nächsten Spalte (TYPE) wird deutlich, ob das PBI auf einer User-Story basiert, technische Relevanz hat oder zur Fehlerbehebung dient. Die PRIORITY gibt einen Hinweis auf die bevorzugte Reihenfolge in der Umsetzung eines *Sprints*. Obwohl der Auftraggeber seine Favorisierung dem Product Owner mitteilt und auch das Storyboard eine Reihenfolge der User-Storys vorgibt, obliegt die Priorisierung im Product Backlog dem Product Owner. Wie Sie sehen, mussten wir als Product Owner die Priorisierung ändern. Als Product Owner achten wir darauf, dass die Umsetzung einer User-Story zu einem abgeschlossenen Zwischenstand führt. Wichtig hierbei ist, dass die User-Story mit den bisher vorhandenen Teilprodukten, Funktionen, Anwendungsdaten usw. auskommt, also möglichst wenig Neues benötigt.

ID	Module	Requirement	Item	Priority	Status
1	SignIn	Story	As a customer I want to register.	1	ToDo
2	SignIn	Story	As a customer I want to sign in.	1	ToDo
3	Shop	Story	As a customer I want to sell items.	3	ToDo
4	Shop	Story	As a customer I want to search items.	2	ToDo
5	Shop	Story	As a customer I want to buy items.	2	ToDo

Tabelle 3.1 Das Product Backlog

1. Die User-Story »As a customer I want to register« benötigt keine vorherige Funktionalität. Deshalb wird sie als erste entwickelt. Bei dieser User-Story werden die Kunden des Onlineshops selbst als Geschäftsdaten angesehen.
2. Die User-Story »As a customer I want to sign in« benötigt die Geschäftsdaten der ersten User-Story.
3. Für die User-Story »As a customer I want to sell items« kommen zusätzliche Geschäftsdaten hinzu, denn jeder Kunde soll Artikel verkaufen können.
4. Die User-Story »As a customer I want to search items« zeigt die hinzugefügten Artikel aus der User-Story 3 an.
5. Jedes Mal, wenn ein Kunde einen Artikel erwirbt, merkt sich die Software den Kauf des Angebots.

3.1.4 Teilanforderungen umsetzen

Für die Planung des Sprints wird zu Beginn das sogenannte *Sprint Planning* stattfinden. In diesem Meeting entscheidet das Scrum-Team, welche der PBIs im Sprint umgesetzt werden. Hierfür wird eine weitere Tabelle aufgesetzt, nämlich das *Sprint Backlog*.

Sprint Backlog

Im *Sprint Backlog* wird jedes fertigzustellende PBI noch mal weiter in Tasks unterteilt. Eine *Task* ist eine abgeschlossene Aufgabe, die von einem einzelnen Mitarbeiter durchgeführt wird. Die Tasks werden den Mitarbeitern gemäß ihrer Qualifikation zugeordnet. Im Sprint Planning geben die an der Fertigstellung beteiligten Mitglieder eine Aufwandschätzung ab. In Abbildung 3.3 befinden wir uns bereits am zweiten Tag eines 4-wöchigen Sprints. Die Angaben der Aufwandschätzung werden üblicherweise in Stunden angegeben.

ID	ITEM	TASK	WHO	DAY 1	2	3	4	5	6	7	8	9	10	1
1	As a customer I want to register	Install an configure DBMS	Reinhard	15	10									
		Code the data model	Reinhard	15	12									
		Code the view	Alex	12	10									
		Code the controller	Susanne	9	0									
		Code the modell	Rogier	15	10									
		Test the components	Almut	12	12									
2	As a customer I want to sign in	Code the view	Alex	14	14									
		Code the data model	Reinhard	12	12									
		Code the interfaces	Almut	10	10									
		Code the controller	Susanne	15	15									
		Code the modell	Rogier	12	12									
		Test the components	Almut	10	10									
3	As a customer I want to sell items	Code the view	Alex	8	8									
		Code the data model	Reinhard	10	10									
		Code the interfaces	Almut	19	19									
		Code the controller	Susanne	20	20									
		Code the modell	Rogier	10	10									
		Test the components	Almut	8	8									
4	As a customer I want to search items	Code the view	Alex	10	10									
		Code the data model	Reinhard	20	20									
		Code the interfaces	Almut	10	10									
		Code the controller	Susanne	5	5									
		Code the modell	Rogier	8	8									
		Test the components	Almut	10	10									
5	As a customer I want to buy items	Code the view	Alex	13	13									
		Code the data model	Reinhard	21	21									
		Code the interfaces	Almut	14	14									
		Code the controller	Susanne	12	12									
		Code the modell	Rogier	16	16									
		Test the components	Almut	12	12									

Abbildung 3.3 Das »Sprint Backlog«

Von nun an wird täglich ein *Daily Scrum* abgehalten. Das Daily Scrum findet morgens statt und ist maximal 15 Minuten lang, wobei es üblich ist, das Daily Scrum als sogenanntes *Stand-up Meeting* zu gestalten. Das bedeutet, dass sich das Development-Team im Kreis hinstellt. Das Development-Team eines Scrum-Projekts besteht optimalerweise aus 3 bis 7 Teammitgliedern. Jedes Teammitglied erhält 2 Minuten, um zu berichten, wie erfolgreich der letzte Arbeitstag verlaufen ist und was für den aktuellen Arbeitstag ansteht. Wichtig ist hierbei, auf eventuelle Hindernisse aufmerksam zu machen. Zuletzt werden noch die übrig gebliebenen Aufwände in die aktuelle Tagesspalte geschrieben.

Burndown Chart

Um den Fortschritt eines Sprints sichtbar zu machen, erstellt der *Scrum-Master* täglich einen *Burndown Chart*. Der Burndown Chart ergibt sich aus den Zahlen, die in das Sprint Backlog eingetragen worden sind. Wenn aus dem Burndown Chart ersichtlich wird, dass das Development-Team eine kürzere oder eine längere Zeit als die angesetzte Sprint-Dauer benötigt, kann das Team in Absprache mit dem Product Owner weitere PBIs hinzufügen oder PBIs entfernen. In Abbildung 3.4 sehen Sie ein Beispiel, wie der Burndown Chart am 28. Tag des Sprints aussehen könnte.

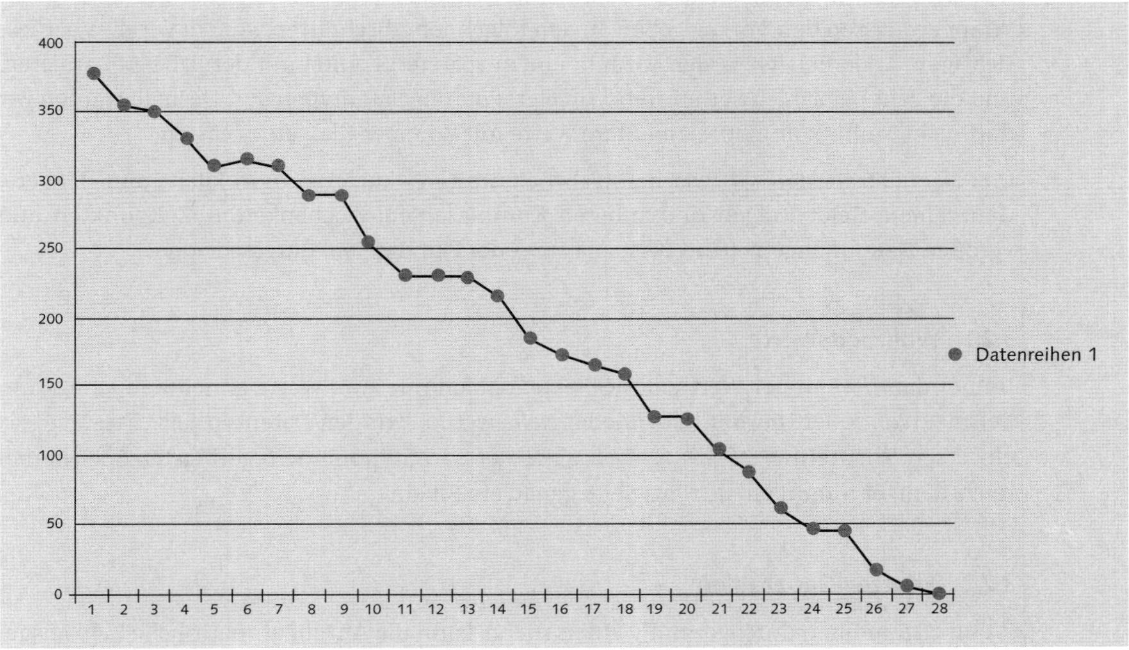

Abbildung 3.4 Der »Burndown Chart«

3.2 Die Datentypen für den Entwurf

Wir Menschen behandeln Datentypen häufig als eine Selbstverständlichkeit. Mit der gleichen Gewissheit, dass ein Geldbetrag zwei Nachkommastellen aufweist, erwarten wir, dass ein EDV-Programm hiermit korrekt rechnet. Leider verfügt ein Computer nicht über das geniale Abstraktionsvermögen eines Menschen. Deshalb ist man bei der Programmierung einer EDV-Anwendung gezwungen, die Datentypen sehr präzise festzulegen. Wie Sie gleich sehen werden, ist dies ein wichtiges Thema beim Entwurf einer Anwendung. Denn wenn man zu Beginn des Projektes eine falsche Auswahl trifft, kann dies später zu aufwendigen und fehlerträchtigen Nacharbeiten führen. Um strukturiert und gründlich vorzugehen, werden wir uns in diesem Abschnitt zunächst anschauen, welche Datentypen zur Verfügung stehen und wann sie jeweils eingesetzt werden. Diese Beschreibung werden wir im hierauf folgenden Abschnitt nutzen, denn dort werden wir *Domänen* und *Attribute* spezifizieren und das Wissen über die hier behandelten Datentypen wird spätestens dort sehr hilfreich sein.

Zuallererst muss man sich die Frage stellen, ob man mit den elementaren Datentypen oder mit Wrapper-Klassen arbeiten sollte. Die Erfahrung hat gezeigt, dass Wrapper-Datentypen vorteilhafter sind. Wenn eine Klasse noch nicht initialisiert wurde, stellt Java noch keinen Datenbehälter, sondern lediglich eine Referenz auf null bereit. Außerdem können Wrapper-Klassen besser in die Collections-API integriert werden. Daher sollte man der Nutzung von Wrapper-Klassen den Vorzug geben. In den folgenden Abschnitten werden wir dies berücksichtigen. Andererseits werden wir h in einem späteren Kapitel mit der JDBC-API arbeiten, und die geht bei Zahlenwerten stets von elementaren Datentypen aus. Deshalb werden wir dort nicht umhinkommen, elementare Werte mit Wrapper-Klassen zu casten.

Im Folgenden werden wir zwischen Wahrheitswerten, »kurzen«, »normalen« und »langen« Ganzzahlen, Geldbeträgen und anderen Kommazahlen, Zeichenketten, Zeitpunkten und »großen Datenmengen« (zum Beispiel Foto- oder Filmdateien) unterscheiden.

3.2.1 Wahrheitswerte

Immer dann, wenn der Wert einer Objektvariablen nur zwei Werte annehmen kann, zum Beispiel *Wahr* oder *Unwahr* bzw. *Ja* oder *Nein*, werden wir den Datentyp `java.lang.Boolean` einsetzen. Theoretisch ist `java.lang.Boolean` der Datentyp mit dem geringsten Speicherbereich, denn er nimmt auf der Java-Seite genau ein Bit ein.

3.2.2 »Kurze« Ganzzahlen

Wenn Datenreihen durchgezählt werden sollen, kann die Anzahl als natürliche Zahl ausgedrückt werden. Mit natürlichen Zahlen sind die Literale 1, 2, 3 usw. gemeint. Und dies ist auch der häufigste Anwendungsfall für Ganzzahlen. Obwohl die Wertebereiche von Ganzzahlen genau festgelegt sind, kann es mit Java unter Einbindung einer Datenbank dennoch ganz schön kompliziert werden. Zum Beispiel ist der kleinste Ganzzahltyp bei Java ein `java.lang.Byte`. Ein Byte kann eine 3-stellige Ganzzahl als Wert aufnehmen.

Man muss sich aber in Acht nehmen, denn der maximale Wert darf höchstens 127 betragen. Felder, die höhere Werte als 127 einnehmen können, müssen schon mit dem nächstgrößeren 16-Bit-Datentyp `java.lang.Short` abgespeichert werden. `Short` kann einen 5-stelligen Wert annehmen. Aber auch bei Short muss man darauf achten, dass der maximale Wert nicht größer als 32.676 betragen kann.

Bei beiden Ganzzahltypen muss man auch die untere Wertebereichsgrenze im Minusbereich im Auge behalten. In den Anwendungen der meisten Unternehmen wird zwischen `Byte` und `Short` dann und wann unterschieden – hier und dort aber auch mal nicht. Ein durchwachsenes Vorgehen ist irritierend und wenig vertrauenerweckend, da man sich bei den Datentypen, die man vorfindet, nicht darauf verlassen kann, dass die Wahl fachlich begründet ist. Am saubersten ist ein einheitliches Vorgehen. Bei der Größenordnung der obigen Datentypen spielt heutzutage Speicherplatz in dieser Größenordnung kaum mehr eine Rolle. Deshalb werden »kurze« Ganzzahlen in aktuellen Projekten genauso wie die nachfolgend gezeigten »normalen« Ganzzahlen behandelt und unter dem Datentyp `java.lang.Integer` abgespeichert.

3.2.3 »Normale« Ganzzahlen

In manchen Projekten verwendet man für alle Ganzzahlen den 32 Bit großen Datentyp `java.lang.Integer`, so lange ihr Wertebereich durch ihn abgedeckt werden kann. Obgleich hiermit Speicherplatz verloren geht, liegen die Vorteile auf der Hand, denn `java.lang.Integer` ist der Default-Datentyp von Ganzzahl-Literalen. Wenn Speicherplatz also nicht wirklich ein großes Problem darstellt, ist es kein Fehler, wenn Sie alle Spaltenfelder, deren Werte zwischen –2.147.483.648 und 2.147.483.647 liegen, mit dem Datentyp `java.lang.Integer` abspeichern. Die meisten Anwendungsfälle von Ganzzahltypen dürften auf diesem Weg abgedeckt werden.

3.2.4 »Lange« Ganzzahlen

Manchmal reichen die nahezu Milliarden positiven Ganzzahlen von `Integer` nicht aus. Zum Beispiel ist die Festlegung eines Primärschlüssel-Felds ein typischer Anwendungsfall, bei dem man bezüglich der Obergrenze skeptisch sein wird. Für solche Fälle wird der nächstgrößere Datentyp `java.lang.Long` eingesetzt. `java.lang.Long` kann 19-stellige Ganzzahlen aufnehmen. Auch bei `java.lang.Long` muss ein Maximalwert berücksichtigt werden. Obgleich man als Entwickler alle Ober- und Untergrenzen im Hinterkopf behalten muss, wird man den Rahmen zwischen –9.2 Trillionen und 9,2 Trillionen selten überschreiten. Wenn Zweifel darin besteht, dass der Wertebereich ausreicht, wird der Datentyp `java.math.BigDecimal` eingesetzt, der theoretisch beliebig große Zahlen aufnehmen kann.

3.2.5 Kommazahlen (und Geldbeträge)

Kommazahlen kommen in der Regel immer dann zum Einsatz, wenn etwas gemessen oder kalkuliert wird, wobei auch Geldbeträge zum typischen Einsatzgebiet von Kommazahlen gehören. Für Kommazahlen bietet Java die elementaren Datentypen `java.lang.Float` und `java.lang.Double` an. `java.lang.Float` kann 21-stellige Kommazahlen aufnehmen, die den Wertebereich von 162 Trillionen (21 Stellen) nicht überragen dürfen.

Auch wenn dieser Wertebereich beträchtlich erscheinen mag, wird dennoch in der Regel auf den noch größeren 64 Bit großen Datentyp `java.lang.Double` (79 Stellen) zugegriffen. Grundsätzlich werden Kommazahlen also mit doppelter Genauigkeit kalkuliert, denn ansonsten werden arithmetische Kalkulationen ungenau.

Wenn zum Beispiel ein Wert *x* durch einen Wert *y* dividiert und wieder mit *y* multipliziert wird, dürfte sich der Ursprungswert ja eigentlich nicht ändern. Leider kann das Resultat aber vom erwarteten Ergebnis abweichen. Der Grund hierfür liegt in der Art, wie ein Computer Kommazahlen errechnet. Denn sie werden nicht wie Ganzzahlen im Speicher in einem einzigen Behälter gehalten, sondern zur Laufzeit bemessen. Der Computer merkt sich bei Kommazahlen ein Vorzeichen, eine Mantisse und einen Exponenten und kalkuliert das Resultat, wenn es angezeigt werden soll. Deshalb spricht man bei Kommazahlen auch von *ungefähren Zahlen* (*Approximate Numbers*) oder von *Fließkommazahlen*.

`java.lang.Double` ist ja ohnehin auch der Standarddatentyp für Kommazahl-Literale in Java. Damit ist gemeint, dass ein Literal wie 12345.6789 intern als Datentyp `java.lang.Double` gespeichert wird. Um anzuzeigen, dass das Literal vom Datentyp `java.lang.Float` ist, müsste es mit einem `F` (zum Beispiel so: `12345.6789F`) extra gekennzeichnet werden. Kurzum: Aufgrund der genannten Probleme, die Fließkommazahlen mit sich bringen, darf man in Java-EE-Anwendungen keiner geringeren Präzision als der von `java.lang.Double` vertrauen.

Kritisch wird es dann, wenn es sich um Geldbeträge einer Bank handelt. Im Finanzsektor geht man mit diesem Risiko besonders achtsam um. Deshalb müssen dort Geldbeträge als `java.math.BigDecimal` abgespeichert werden.

Im Onlineshop werden wir für die Geldbeträge den Datentyp `java.lang.Double` einsetzen. Betrachten Sie dies aber keinesfalls als *Best Practice*. Der Datentyp `java.lang.Double` darf für einen Geldbetrag nur dann eingesetzt werden, wenn wie in unserem Beispiel mit keinerlei finanzmathematischen Kalkulationen zu rechnen ist. Im Zweifelsfall sollten Sie für Geldbeträge immer den Datentyp `java.math.BigDecimal` einsetzen.

3.2.6 Zeichenketten

Für alle Zeichenketten werden wir den Datentyp `java.lang.String` verwenden. Die Klasse `String` merkt sich eine Zeichenkette, indem die einzelnen Zeichnen in einem `char[]` gehalten werden. Deshalb können theoretisch beliebig lange Zeichenketten abgespeichert werden.

3.2.7 Zeitpunkte

Wenn es sich bei den Geschäftsdaten um Zeitpunkte handelt, muss definiert sein, mit welcher Präzision die Fixierung stattfinden soll. Im Allgemeinen unterscheidet man folgende drei Kategorien

- **Datum**: Es besteht aus Jahr, Monat und Tag.
- **Uhrzeit**: Sie besteht aus Stunde, Minute und Sekunde.
- **Zeitstempel**: Er besteht aus Jahr, Monat, Tag, Stunde, Minute, Sekunde, Millisekunde.

Bei Java werden Zeitpunkte üblicherweise mit dem Datentyp `java.util.Date` definiert, der durchaus in der Lage ist, die drei unterschiedlichen Kategorien abzudecken. Zuweilen treten aber hierbei Probleme auf, und die Handhabung ist manchmal nicht einfach. Warum das so ist, wird im Folgenden erörtert.

Die Errechnung eines Zeitpunkts ist eigentlich schon von Natur aus eine komplizierte Angelegenheit. Beispielsweise sind mannigfache Datumsformate, Sommerzeitumstellung und unterschiedliche Kalender-Arithmetik zu berücksichtigen, denn während wir im Westen meistens den Kalender von Papst Gregor den XIII. verwenden, interessiert man sich in Japan eher für die japanische Variante. Ein weiteres Problem, das in internationalen Internetanwendungen gelöst werden muss, besteht darin, dass die Angabe eines Zeitpunkts von der Zeitzone abhängig ist.

Java stellt zur Lösung dieser Probleme zahlreiche komfortable Neuerungen zur Verfügung. Deshalb ist so mancher Java-Neuling überrascht, wenn er für die Datumsberechnung ein heterogenes API-Umfeld vorfindet. `java.util.Date` war bereits seit der ersten Version im JDK enthalten und ist heute ein Relikt, das aber nach wie vor seine Berechtigung hat. Im Laufe der Jahre kamen aber viele weitere Klassen hinzu, wie zum Beispiel die Klasse `java.util.Calendar` und ihre Abkömmlinge, sodass die meisten Methoden der Klasse `java.util.Date` als veraltet (*deprecated*) markiert wurden. Aber auch die Klasse `java.util.Calendar` arbeitet im Kern weiterhin mit der Klasse `java.util.Date`, um einen Zeitpunkt festzuhalten. Eine weitere wichtige Klasse ist `java.util.TimeZone`, mit der Zeitzonen definiert werden können.

Eingangs wurde bereits erwähnt, dass die Klasse `java.util.Date` alle drei Zeitpunktkategorien abdeckt. Einer kleinen Einschränkung muss man sich dennoch bewusst sein: Die Klasse merkt sich einen Zeitpunkt, indem sie die Anzahl der seit dem 1. Januar 1970 um 00:00:00.000 Uhr verstrichenen Millisekunden fixiert. Diese Genauigkeit ist aber für moderne Hochleistungsrechner nicht immer hinreichend. Heutzutage können Prozesszeiten im Nanosekundenbereich aufgezeichnet werden, was auch im JDK seit der Version 1.5 zur zusätzlichen Methode `System.nanoTime()` geführt hat. Auch bei Datenbanken kann die Genauigkeit im Nanosekundenbereich abgespeichert sein. Deshalb würden wir mit der Klasse `java.util.Date` in so einem Umfeld eventuell nicht weiterkommen. Andererseits ist der Einsatz von Nanosekunden eher selten, und zur Vereinfachung wird dieser Präzision auch häufig keine Beachtung geschenkt. Wenn also nicht gerade ein Hochleistungsrechner ins Spiel kommt, fällt dieses Manko nicht in Betracht.

Im Onlineshop werden wir die Klasse `java.util.Date` als Zeitstempel einsetzen, um den Zeitpunkt des Kaufs festzuhalten.

3.2.8 Große Datenmengen

Große Datenmengen werden in Java normalerweise als `byte[]` deklariert. Und auch im Onlineshop werden wir den Datentyp `byte[]` für die Fotodateien verwenden. Große Datenmengen können Java-seitig aber auch durch andere Datentypen abgebildet werden. Zum Beispiel eignen sich auch die Datentypen `Byte[]`, `char[]`, `Character[]`, `java.lang.String` oder Klassen, die das Interface `java.io.Serializable` implementieren, für deren Speicherung.

Nachdem im »vereinfachten Domänenmodell« die passenden Datentypen aufgeschrieben worden sind, ist das Diagramm für die User-Story auch schon fertig, denn es wird keine weiteren Elemente des UML-Klassendiagramms enthalten. Zum Beispiel verzichten wir auf die Angabe von Sichtbarkeitssymbolen. Darüber hinaus werden wir auch auf Selbstverständliches verzichten. Beispielsweise wird normalerweise auf die Objektvariablen nur über öffentliche Setter- und Getter-Methoden zugegriffen. Auf dieses für JavaBean-Klassen übliche Konstrukt werden wir im vereinfachten Domänenmodell verzichten. Auch die Anzeige von Parametern und Rückgabewerten lassen wir bleiben. Es handelt sich also keineswegs um ein vollständig UML-konformes Klassendiagramm. Bei einer komplexen Geschäftsanwendung würde man dieses vorläufige vereinfachte Domänenmodell als Zwischenergebnis in ein vollständiges Klassendiagramm im elektronischen Format übernehmen.

Nebenbei gesagt: Für die Erstellung des elektronischen Klassendiagramms ist eine Standardsoftware wie zum Beispiel *Microsoft PowerPoint* vollkommen ausreichend. In großen Unternehmen werden für diesen Zweck aber auch häufig speziellere UML-Werkzeuge zur Verfügung gestellt und sogar vorgeschrieben, um die Einheitlichkeit im Unternehmen zu gewährleisten.

Neben Klassendiagrammen bietet die *Unified Modeling Language* (UML) eine große Vielfalt an weiteren Modelliermöglichkeiten an. Ausgereifte UML-Werkzeuge unterstützen den Entwickler zusätzlich durch die automatische Erzeugung von Quellcode. Aber auch hiermit müssen Sie darauf achten, dass Sie vor lauter Diagrammen und Konzepten die Fertigstellung der Software nicht aus dem Auge verlieren, denn ein ausgereiftes UML-Werkzeug bietet einen ergiebigen Nährboden für das »Verzetteln«.

3.3 Das User-Story-Diagramm

In diesem Abschnitt werden wir in die Rolle des Product Owners schlüpfen und den Entwurf für die Beispielanwendung erstellen. Für den Entwurf des durchgehenden Programmierbeispiels wird die agile Entwurfsmethode AMDD/XP verwendet. Dabei werden wir ein Diagramm einsetzen, das die wichtigsten Schritte für die User-Story besonders kurz und knapp zusammenfasst. In dem Diagramm soll die Änderung auf einen Blick ersichtlich werden, die wir für die User-Story programmieren müssen. Auch hierbei wird darauf geachtet, dass es das oberste Ziel bleibt, alles so einfach wie nur möglich zu halten.

Neben den Entwurfsskizzen, -diagrammen und -modellen werden (auch in agilen Projekten) weitere Dokumente erstellt, zum Beispiel Betriebshandbücher und Bedienungsanleitungen. Allerdings handelt es sich hierbei um Dokumente, die nur für den Betrieb gedacht sind. Sie gehören nicht zum Entwurf der Software und dürfen vor allem den Fortschritt der Fertigstellung nicht bremsen. Auf die Erstellung solcher Dokumente gehen wir nicht ein.

Das User-Story-Diagramm fasst die wichtigsten Bestandteile in einer einzigen Darstellung zusammen. In einem »agilen« Projekt werden solche Skizzen häufig auf einem Whiteboard gezeichnet. Für das Protokoll kann das Whiteboard mit dem Handy abfotografiert werden. Warum sollte man die Dinge komplizierter gestalten, als es erforderlich ist? Zu Hause können Sie am schnellsten mit Bleistift und Radiergummi arbeiten. Die handschriftliche Arbeit hat den Vorteil, dass Sie Ihre konzeptionellen Ideen rasch zu Papier bringen können.

3.3.1 Einführung

Für das Diagramm unterteilen Sie das Whiteboard (bzw. Ihr Zeichenblatt) wie in Abbildung 3.5 horizontal von unten nach oben in drei Segmente:

1. UI-Skizze (oben)
2. Java-Klassen (Mitte)
3. Datenhaltung (unten)

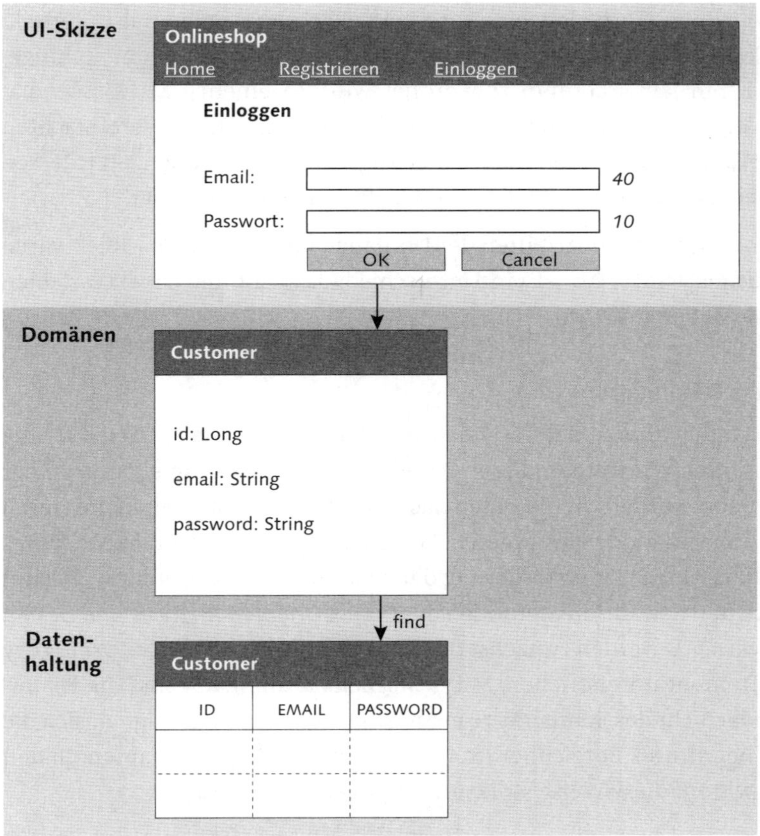

Abbildung 3.5 Das Diagramm für die Registrierung

Der obere Bereich für die UI-Skizze

Im oberen Bereich wird die UI-Skizze (d.h. die Benutzerschnittstelle) erstellt. Hier spielen Kriterien der Usability und der komfortablen Navigation eine Rolle. Dem Benutzer muss schnell klar werden, wo er sich befindet und wohin er im Folgenden navigieren kann. Dazu soll kein Handbuch erforderlich sein. Man spricht hierbei von der *intuitiven* Benutzerführung. Daneben kommen häufig Steuerungs- und Navigationselemente zum Einsatz, die der Benutzer auch aus anderen Benutzerschnittstellen gewohnt ist. Beispielsweise sollte ein Klick auf das Logo zur Startseite führen. Bedeutend ist aber in erster Linie der Aufbau des Menüs. Es sollte auf den ersten Blick verständlich sein und keine komplexe Struktur aufweisen.

Der mittlere Bereich für die Domänen

Der mittlere Bereich zeigt ein vereinfachtes Modell der Domänen für die User-Story an. Bei diesem vereinfachten Modell richten wir uns im Wesentlichen nach den Modelliervorgaben von Klassendiagrammen der *Unified Modeling Language* (UML). Als Java-Programmierer werden Ihnen UML-Klassendiagramme bestimmt bekannt sein. Im UML-Standard wird jede Klasse als Rechteck gezeichnet. Normalerweise wird jedes Rechteck horizontal unterteilt. Ganz oben steht der Klassenname. In der Mitte werden die Attribute der Domäne hingeschrieben, denen jeweils ein Java-Datentyp zugeordnet wird. In einem UML-Klassendiagramm werden normalerweise ganz unten die Methoden aufgelistet. Im vereinfachten Modell des User-Story-Diagramms werden die Methoden jedoch weggelassen. Stattdessen werden die erforderlichen Aktionen in Form eines beschrifteten Pfeils angezeigt.

Beachten Sie, dass hier bewusst von »Attributen der Domäne« und nicht von »Objektvariablen der Klasse« gesprochen wird. Dies ist ein Unterschied, da nicht alle Objektvariablen zwingend ein Attribut darstellen müssen.

Der untere Bereich für die Datenhaltung

Der untere Bereich des Whiteboards ist der Datenhaltung bzw. der dauerhaften Speicherung der Geschäftsdaten gewidmet. Wir werden diesen Bereich nutzen, um Beispieldaten zu der User-Story zu notieren. Dabei werden wir die Daten nach Art und Zugehörigkeit in mehreren Tabellen nach dem relationalen Modell gruppieren. Wie Sie gleich sehen werden, stellt dies im Beispiel des Onlineshops keine Herausforderung dar. In komplexen Anwendungen kann jedoch eine Analyse nach den bewährten Methoden des *Object Oriented Analysis And Design* (OOAD) weiterhelfen. Bei OOAD werden zunächst die fachlichen Substantive aus User-Story und dem Product Requirement unterstrichen. Mit *fachlichen Substantiven* sind die Hauptwörter gemeint, die aus der Sicht des Benutzers relevant sind, denn meistens eignen sich die hierbei vorgefundenen Begriffe als Bezeichner für die Tabellen- und Spaltennamen. In den Beispielen wird gezeigt, wie auf diese Weise strukturiert vorgegangen wird.

Neben den Spaltenfeldern müssen die Datenbanktabellen über Primärschlüssel und gegebenenfalls auch über Fremdschlüssel verfügen. Durch Primärschlüssel kann jeder Datensatz eindeutig identifiziert werden. Die Primärschlüssel sind aber auch deswegen von großer Bedeutung, weil man eindeutig auf sie verweisen kann. Mit ihrer Hilfe wird also die referenzielle Integrität einer relationalen Datenbank gewährleistet.

Die gängigste Möglichkeit, Primärschlüssel zu bestimmen, besteht darin, für eine Datenbanktabelle ein einzelnes Ganzzahl-Spaltenfeld als sogenannten *technischen Schlüssel* zu definieren. Neben den technischen Schlüsseln findet man in der Praxis aber manchmal auch noch natürliche Primärschlüssel. Beispielsweise sind Sozialversicherungsnummern oder Personalausweisnummern gern verwendete Primärschlüssel von Altsystemen. Natürliche Primärschlüssel sind in der Informationstechnologie sehr nachteilig, denn die fachliche Abhängigkeit verhindert Möglichkeiten, die die elektronische Datenverarbeitung bietet. Es ließe sich ein eigenes Buch schreiben, wie sich Datenstrukturen mithilfe von technischen Schlüsseln elegant verarbeiten lassen. Der saubere Entwurf einer neu entwickelten Datenbank wird dieser Grundregel stets Rechnung tragen.

3.3.2 User-Story 0 »As a user I want to be welcomed«

Bevor es gleich mit den User-Storys zu den Teilanforderungen des Auftraggebers losgeht, werden wir für die grafische Benutzerschnittstelle das Willkommensfenster zeichnen. Das Willkommensfenster wird in Webanwendungen meistens *index.html* oder *index.xhtml* genannt. Diese Hauptansicht wird zunächst nur den Namen der Anwendung beinhalten. Später, wenn wir die User-Storys der Teilanforderungen umsetzen, wird der Rahmen der Hauptansicht dem Anschein nach unverändert bleiben und jeweils wechselnde Inhalte anzeigen.

Unterteilen Sie nun das Zeichenblatt in drei horizontale Bereiche, und zeichnen Sie im oberen Bereich die Hauptansicht der Anwendung.

3.3.3 User-Story 1 »As a user I want to register«

Jetzt geht es mit der eigentlichen User-Story erst los. Wir beginnen mit dem unteren Bereich für die Datenhaltung. In diesem Bereich müssen wir jetzt die Tabellen erstellen, die wir für die Datenhaltung benötigen. Um die Domänen zu finden, werden zunächst die *fachlichen Substantive* im Text der User-Story unterstrichen. Im Text »As a **customer** I want to register« ist nur ein einziges fachbezogenes Substantiv vorhanden, nämlich *customer*. Somit werden wir nun im unteren Teil des Diagramms eine Tabelle zeichnen, die wir CUSTOMER nennen. In dieser Tabelle werden wir später jeden registrierten Kunden in einer eigenen Zeile speichern.

Anschließend müssen die Attribute der Domänen ausgewählt werden. Für die Attribute wird meistens zusätzlich das Product Requirement zurate gezogen, denn wenn wir als Product Owner bei der Aufnahme des Product Requirements sorgfältig gearbeitet haben, werden sie dort erwähnt. Auch hier werden wieder die fachlichen Substantive unterstrichen. Dazu suchen Sie die Wörter, die die Eigenschaften der Domänen beschreiben. In dem Product Requirement unterstreichen wir fünf fachbezogene Substantive: »*...Die Kunden registrieren* *sich mit einer E-Mail und einem Passwort...«*. Wir übersetzen die Bezeichner ins Englische und legen E-MAIL und PASSWORD als Spalten der Tabelle CUSTOMER fest.

Jeder Datensatz der Datenbanktabelle sollte stets durch einen Primärschlüssel eindeutig identifizierbar sein. Es wurde bereits weiter oben erklärt, warum technische Schlüssel den natürlichen Schlüsseln vorzuziehen sind. Einen natürlichen Schlüssel wie den Namen des Kunden werden wir also nicht wählen. Deshalb fügen wir zu CUSTOMER noch eine Spalte für einen technischen Primärschlüssel hinzu und vergeben als Spaltenbezeichner den Namen »ID« (siehe Abbildung 3.6).

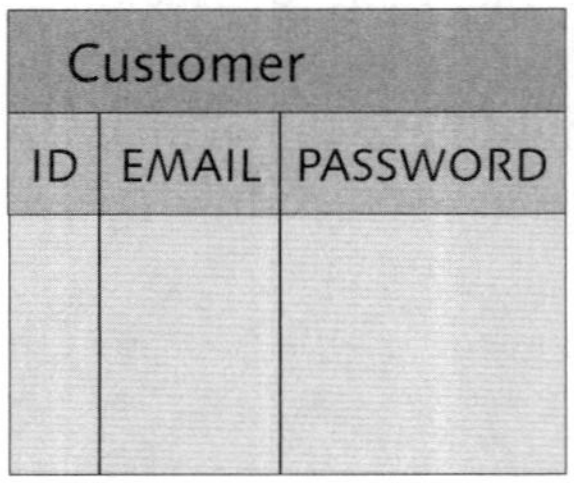

Abbildung 3.6 Die Tabelle CUSTOMER

Im mittleren Bereich wird zu der User-Story nun die Klasse modelliert (siehe Abbildung 3.7). Jedes Attribut aus der Tabelle CUSTOMER wird als Objektvariable realisiert. Jeder Objektvariablen weisen wir einen Datentyp zu. Das Primärschlüsselfeld ID erhält den Datentyp `Long`. Die maximale Anzahl an Datensätzen liegt somit bei weit über einer Trillion, was für die meisten Anwendungen ausreichen sollte. Sicherlich würde in unserem kleinen Onlineshop ein Integer ausreichen. Aber auch, wenn die maximale Anzahl an Primärschlüsseln nie erreicht werden wird: Um gar nicht erst differenzieren zu müssen und fast jeder erdenklichen Gefahr einer Unterdimensionierung aus dem Weg zu gehen, wird üblicherweise stets ein `Long` für einen Primärschlüssel verwendet. Den übrigen Attributen weisen wir den Datentyp `String` zu.

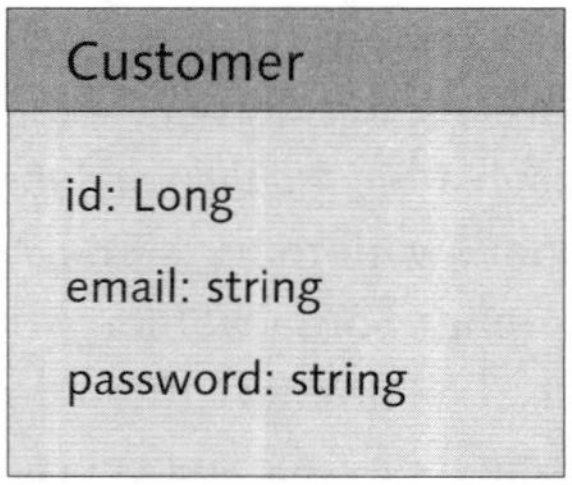

Abbildung 3.7 Die Domäne »Customer«

Die Methode für die Registrierung nennen wir `persist()`. Jedes Mal, wenn sich ein Kunde registriert, fügt die Methode `persist()` eine neue Zeile in die Tabelle CUSTOMER ein. Das Primärschlüssel-Feld ID wird dabei jeweils beginnend mit einer 1 mit einem aufsteigenden Wert sequenziell gefüllt.

Für die Spaltenwerte E-MAIL und PASSWORD benötigen wir in der UI-Skizze zwei Eingabefelder. Mit dem Button OK wird die Eingabe des Kunden an den Server geschickt. Mit dem Button CANCEL werden die Eingaben zurückgesetzt. Neben die Eingabefelder schreiben wir noch die vom Auftraggeber gewünschte maximale Anzahl an Buchstaben bzw. Ziffern.

Damit wir zwischen der Hauptansicht und dem Registrierformular hin- und hernavigieren können, werden wir im oberen Bereich unterhalb des Labels ONLINESHOP zwei Hyperlinks hinzufügen. Hieraus ergibt sich das User-Story-Diagramm aus Abbildung 3.8.

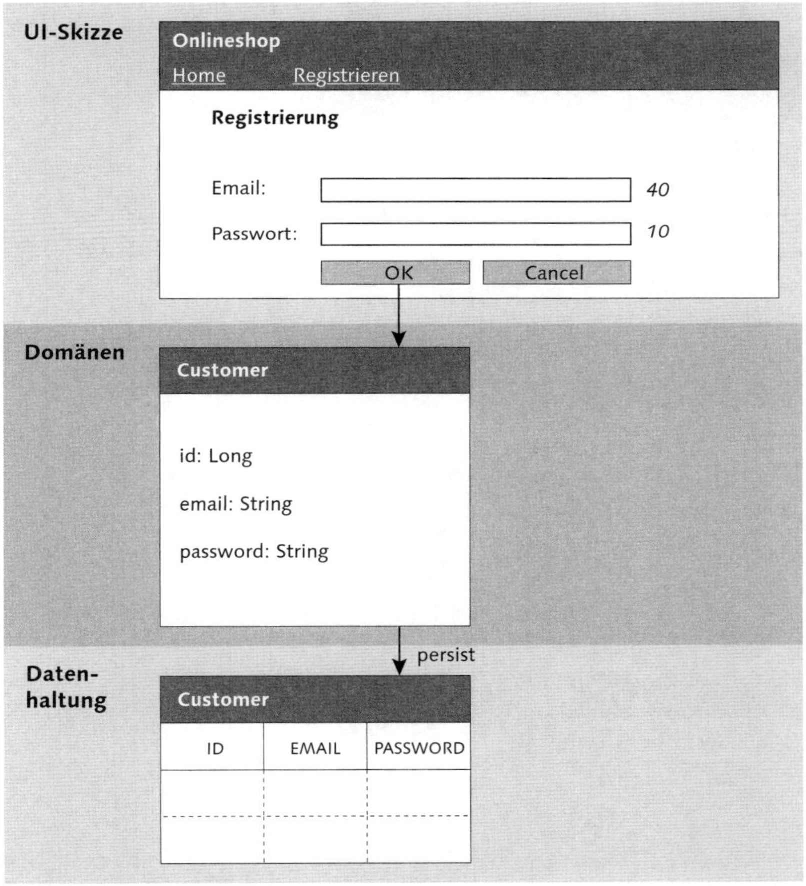

Abbildung 3.8 Das Diagramm für die Registrierung

3.3.4 User-Story 2 »As a customer I want to sign in«

Für die zweite User-Story, »As a customer I want to sign in«, werden wir genauso vorgehen. Exemplarisch wird die erste Zeile mit den Geschäftsdaten eines Kunden gefüllt. Der erste Benutzer erhält die ID 1.

Im Domänenmodell fügen wir eine Methode für den Geschäftsprozess hinzu. Wir nennen ihn `find()`. Nachdem der Benutzer eine E-Mail und ein Passwort an den Server geschickt hat, versucht die Methode `find()`, hiermit einen passenden Datensatz in der Tabelle CUSTOMER zu finden.

Die UI-Skizze benötigt Eingabefelder für die E-Mail-Adresse und das Passwort des Users. Im oberen Bereich setzen wir noch einen Hyperlink hinzu, um zwischen den Bereichen HOME, REGISTRIEREN und EINLOGGEN wechseln zu können. Ansonsten ähnelt die UI-Skizze aus Abbildung 3.9 der vorherigen UI-Skizze für das Registrieren.

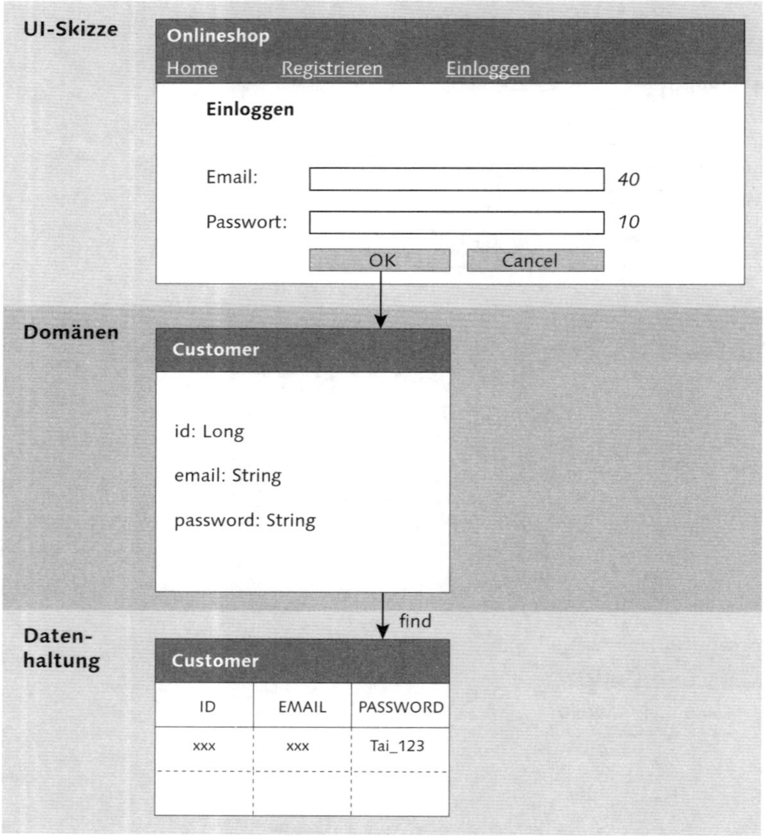

Abbildung 3.9 Das Diagramm für das Einloggen

Für die User-Story wird die Tabelle CUSTOMER abgefragt. Es wird geprüft, ob ein Datensatz mit der E-Mail-Adresse `j@java2enterprise.de` und dem Passwort `Taxi_123` enthalten ist. Dabei wird deutlich, dass wir an dieser Stelle ein Problem mit der Eindeutigkeit haben. Was passiert, wenn eine E-Mail-Adresse mehrfach vorhanden ist? Wir werden dieses Problem in Kapitel 6 lösen, indem wir die Spalte E-MAIL als UNIQUE (eindeutig) deklarieren.

3.3.5 User-Story 3 »As a customer I want to sell items«

In der dritten User-Story (»As a *customer* I want to sell *items*«) finden wir im Text der User-Story nun die zusätzliche Domäne *Item*. Die Attribute für *Item* suchen wir wieder aus dem Product Requirement heraus. Dort steht: »*Die Angebote haben einen **Titel**, eine **Beschreibung**, ein **Bild** und einen **Preis**.*« Auch hier werden wir das Primärschlüsselfeld ID als Spalte hinzufügen. Zusätzlich fügen wir ein Feld mit dem Namen SELLER_ID hinzu, damit in der Tabelle Item ersichtlich wird, welcher Kunde den Artikel verkaufen möchte.

Die Methode, die die Speicherung durchführen soll, nennen wir `persist()`.

In der UI-Skizze benötigen wir ein Formular, in dem die Kunden Ihre Artikel einstellen können. Im ersten Eingabefeld können die Kunden den Titel des Artikels eingeben. Hierfür sollen 40 Zeichen ausreichen. Im nächsten Eingabefeld wird die Beschreibung des Artikels hinzugefügt. Das Beschreibungsfeld wird 1000 Zeichen aufnehmen. Zusätzlich wird ein Mechanismus zum Hochladen eines Bildes hinzugefügt.

Mit einem weiteren Link in der Navigation soll zwischen HOME, REGISTRIEREN, EINLOGGEN und VERKAUFEN gewechselt werden können (siehe Abbildung 3.10).

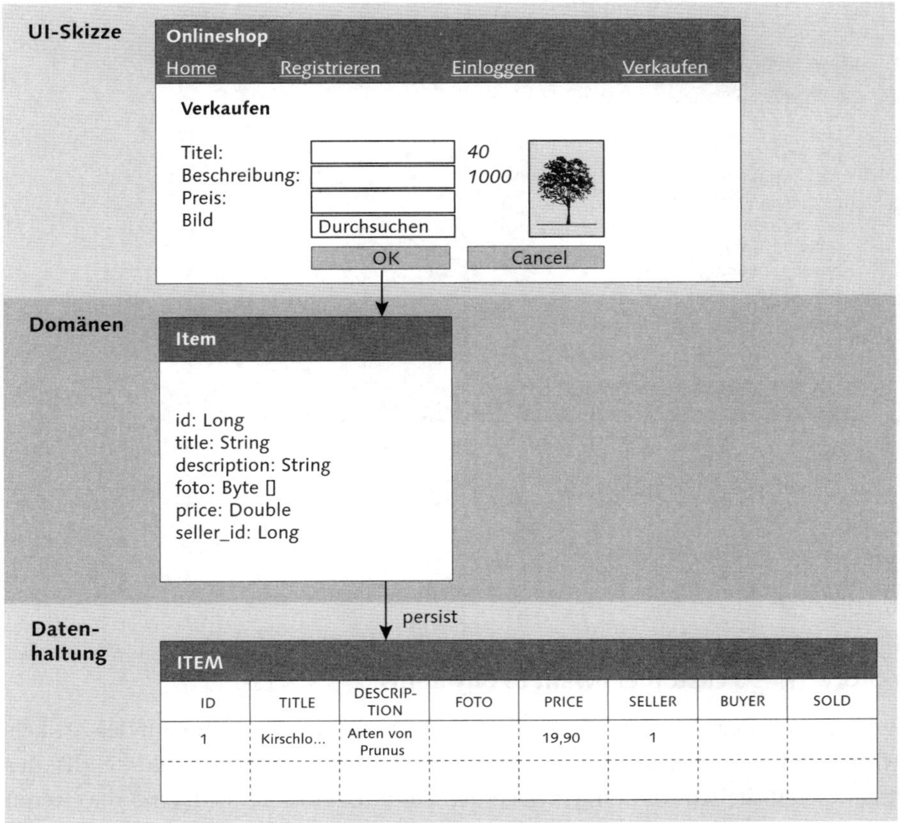

Abbildung 3.10 Das Diagramm für die User-Story 3

3.3.6 User-Story 4 »As a customer I want to search items«

Für die User-Story 4 fügen wir der Tabelle ITEM beispielhaft einen Artikel hinzu. In das vereinfachte Domänenmodell schreiben wir die Methode `findAll()`, die Artikel aus der Tabelle ITEM holt.

In der UI-Skizze aus Abbildung 3.11 listen wir die Artikel untereinander auf. Im Navigationsbereich werden wir noch einen weiteren Link mit dem Namen SUCHEN hinzufügen, sodass wir nun beliebig in alle fünf Bereiche HOME, REGISTRIERUNG, EINLOGGEN, VERKAUFEN und SUCHEN wechseln können.

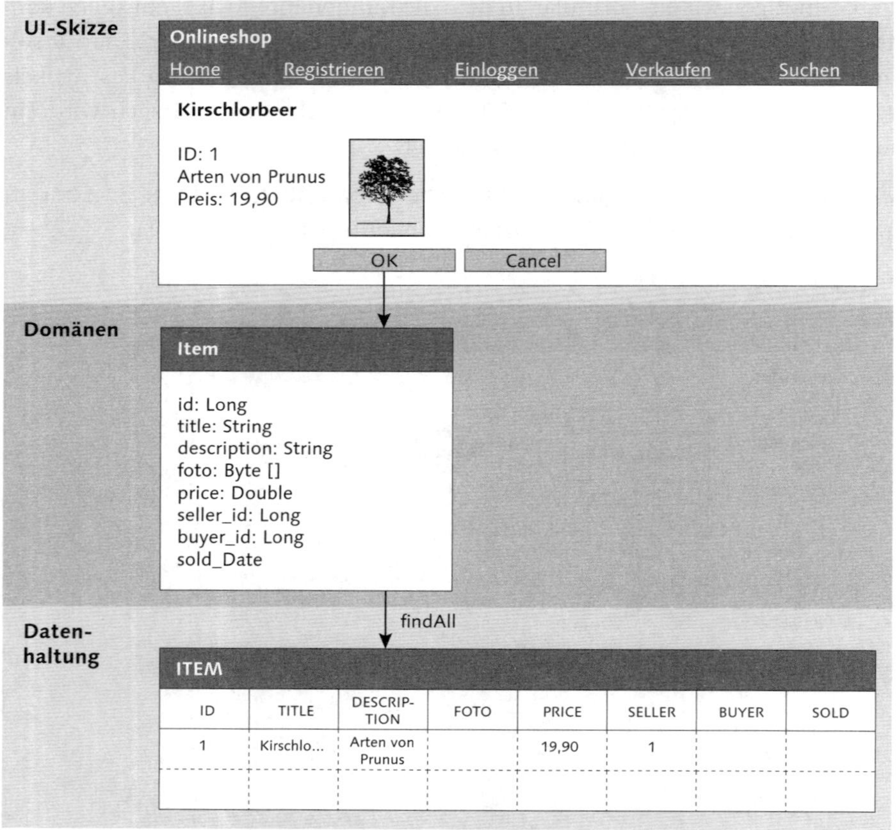

Abbildung 3.11 Das Diagramm für das Suchen von Artikeln

3.3.7 User-Story 5 »As a customer I want to buy items«

Die User-Story 5 besagt, dass ein Kunde einen Artikel kaufen kann. Für den Kauf des Artikels benötigen wir ein neues Feld, das wir BUYER nennen. Es wird den Primärschlüssel (ID) des Käufers beinhalten. Zusätzlich werden wir noch den Zeitpunkt des Kaufs in einem weiteren Feld namens SOLD notieren.

In der Klasse `Item` definieren wir die Methode `update()`. Jedes Mal, wenn ein Einkauf stattfindet, schreibt die Methode `update()` die ID des Käufers in die Spalte BUYER und fügt den Zeitpunkt des Kaufes in die Spalte SOLD ein.

In der UI-Skizze (siehe Abbildung 3.12) benötigen wir nun noch einen Button, der den Kaufprozess auslöst. Wir nennen den Button KAUFEN.

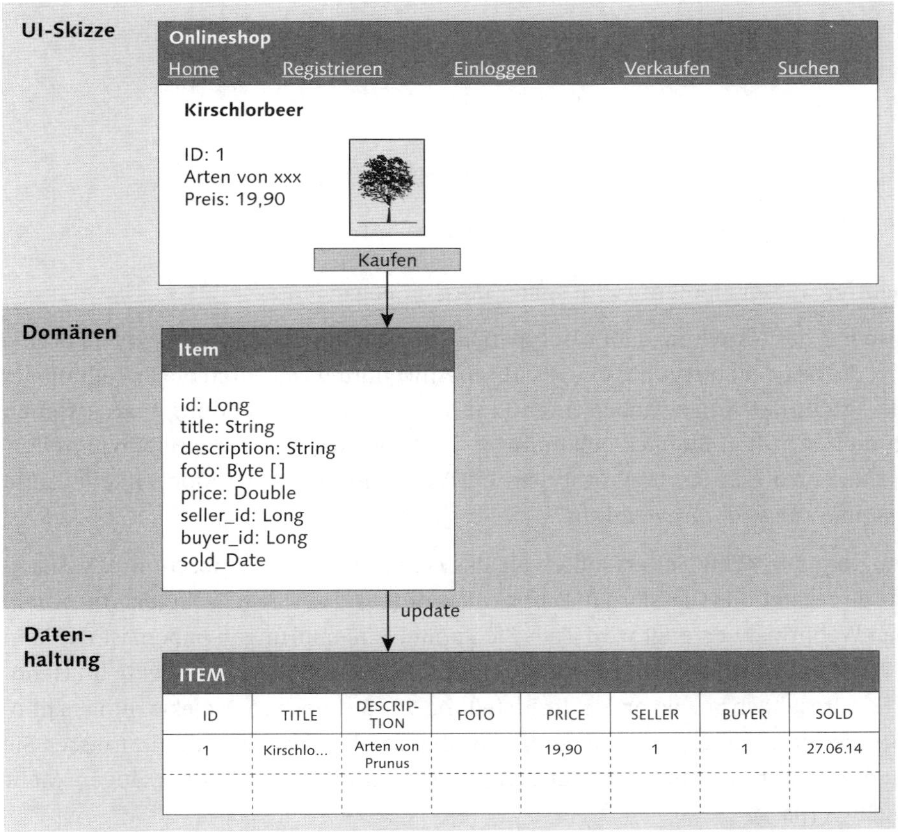

Abbildung 3.12 Das Diagramm für das Erwerben von Angeboten

3.4 Die UI-Prototypen

In diesem Abschnitt werden die Dateien für den UI-Prototyp zum Onlineshop erstellt. Dabei werden wir HTML5 und CSS3 einsetzen. HTML5-Elemente sind den HTML-4-Elementen sehr ähnlich. Jedoch wurden bei einer HTML-4-Webseite oft zahllose DIV-Elemente ineinander verschachtelt. Für Suchmaschinen war es schwierig, die Bedeutung des Inhalts eines DIVs auszumachen. Handelt es sich um eine Navigation, das Kleingedruckte einer Fußnote oder um die Überschrift eines Artikels? Die Ingenieure des W3C haben deshalb Wert darauf gelegt, dass viele der aussageschwachen DIV-Elemente durch *semantische Tags* ersetzt werden.

Zum Beispiel gibt es nun folgende semantische Tags, die bestimmte Bereiche im HTML-Dokument kennzeichnen:

- `ARTICLE`
- `ASIDE`
- `FOOTER`
- `HEADER`
- `NAV`
- `SECTION`
- `DIALOG`
- `FIGURE`

Auf die Bedeutung dieser Elemente wird später noch eingegangen.

Legen wir also mit der Erstellung der Prototypen los. Wir beginnen mit dem *Product Backlog Item* 4 (PBI 4), da dies der Startpunkt der gesamten Anwendung ist. Durch die Erstellung der HTML-Maske erhält der Auftraggeber einen Eindruck, wie die Anwendung mal aussehen wird. Durch diesen frühen Einblick bekommt er die Möglichkeit, rechtzeitig einzugreifen. Außerdem entsteht durch die UI-Prototypen ein Verständnis für die Möglichkeiten und eventuellen Hindernisse der Anwendung.

Für die Erzeugung der HTML-Seiten sollten Sie das Eclipse-Projekt aus Abschnitt 2.7 einsetzen. Dort wurde gezeigt, wie GlassFish in Eclipse integriert und ein Java-EE-Projekt mit einem dynamischen Webprojekt erzeugt wird. Falls Sie Kapitel 2 übersprungen haben, ist das kein Beinbruch. Vielleicht sind Sie bereits ein alter Hase und erzeugen Java-EE-Projekte im Handumdrehen. Es wäre jedoch gut, wenn Sie die Erstellung des Onlineshop-Projekts nun nachholen, damit Sie die Screenshots in diesem Kapitel nachvollziehen können. Hierfür müssen Sie lediglich ein dynamisches Webprojekt mit dem Bezeichner *onlineshop-war* erzeugen. Mehr haben Sie nicht verpasst.

Doch halt! Im letzten Projekt wurde zusätzlich das Enterprise-Application-Projekt mit dem Bezeichner *onlineshop* erstellt. Das dynamische Webprojekt wurde dem Enterprise-Application-Projekt als Modul untergeordnet. Aber eigentlich spielt dieser Schritt momentan noch keine Rolle, denn ein Web-Modul kann auch ohne ear-Schale deployt werden.

Weiter unten sind die kompletten Listings für die UI-Prototypen abgedruckt. Wenn Sie das Buch online lesen, können Sie den Quelltext deshalb per Copy & Paste entnehmen. Sie finden ihn aber auch in den »Materialien zum Buch« unter *http://www.rheinwerk-verlag.de/3250*.

In dem dynamischen Webprojekt *onlineshop-war* werden wir im Unterordner *WebContent* nun folgende Dateien erzeugen:

UI-PROTOTYP:

- *index.html*
- *register.html*
- *search.html*
- *sell.html*
- *signin.html*
- *css\styles.css*
- *img\blatt.jpg*
- *img\tau.jpg*

3.4.1 Die Datei »index.html«

Die Startseite des UI-Prototyps ist die Datei *index.html*. Von hier aus werden die anderen vier HTML-Seiten *register.html*, *signin.html*, *sell.html* und *search.html* aufgerufen.

Weil der obere und untere Bereich der *index.html* bei allen HTML-Seiten identisch sein wird und sich lediglich das Innere voneinander unterscheidet, erhält der Benutzer den Eindruck einer konsistenten Menüführung (siehe Abbildung 3.13).

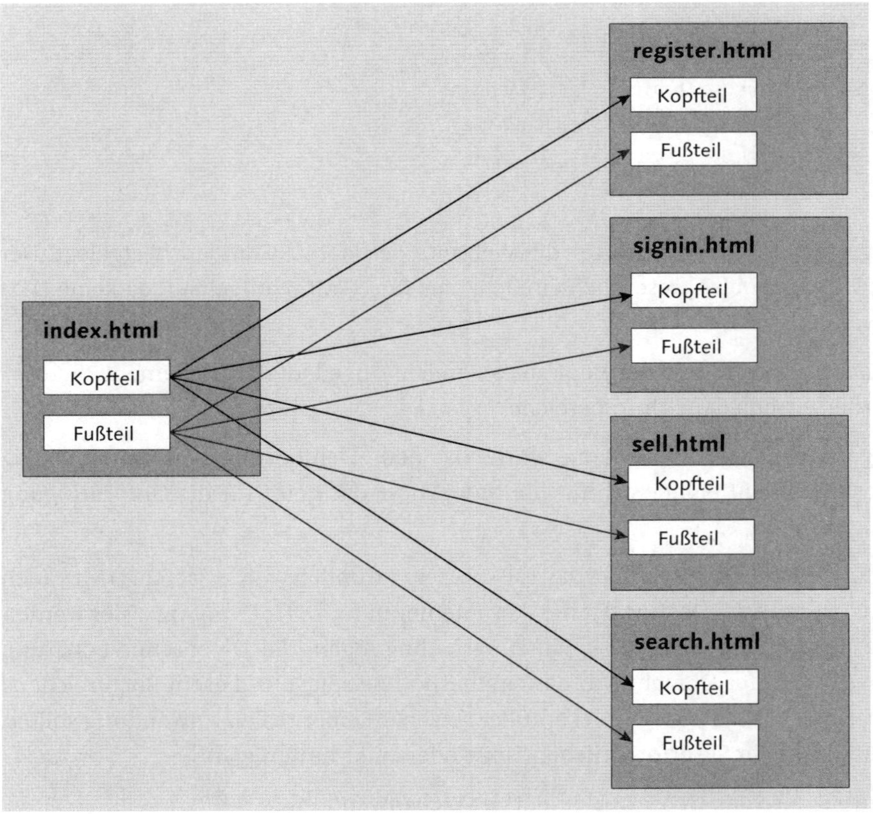

Abbildung 3.13 Der Kopfteil und der Fußteil ist in allen HTML-Seiten identisch.

Die *index.html* enthält lediglich die zwei Bereiche, die auch in allen anderen HTML-Seiten als Kopf- und Fußteil eingesetzt werden:

```
<!DOCTYPE html>
<html>
    <head>
        <meta charset="UTF-8"/>
        <link rel="stylesheet" href="resources/css/styles.css">
        <title>Onlineshop</title>
    </head>
    <body>
        <header>
            <hgroup>
            <h1 class="title">Onlineshop</h1>
            </hgroup>
            <nav>
              <a href="index.html">Home</a>
              <a href="register.html">Registrieren</a>
              <a href="signin.html">Einloggen</a>
              <a href="sell.html">Verkaufen</a>
              <a href="search.html">Suchen</a>
            </nav>
    </header>
```

Mit dem dargestellten `DOCTYPE` wird für die Webseite der HTML5-Standard festgelegt. Der DOCTYPE für HTML5 ist also wesentlich einfacher als für HTML 4 aufgebaut, da keine DTD referenziert werden muss.

Mit dem Element `<header>` wird der Kopf eines Bereichs angedeutet. Das Element `<hgroup>` gruppiert hierbei verschiedene Unterbereiche.

Um ein Navigationsmenü zu realisieren, wurde das neue Element mit dem Namen `<nav>` erfunden. Dieses Element eignet sich für die Navigation, das heißt für die Unterbringung von Hyperlinks.

Genauso wie für den Kopf der Webseite das Tag `<header>` erfunden wurde, bietet HTML5 auch ein Tag für die Fußnote an. Das Tag für die Fußnote nennt sich `<footer>`. Im Footer werden üblicherweise der Copyright-Vermerk, Nutzungsbedingungen, die Datenschutzerklärung und das Impressum untergebracht. Für das Onlineshop-Beispiel aus diesem Buch reicht es aus, wenn wir einfach `Copyright` als Lückenfüller setzen. In einer realen Anwendung sollten Sie an dieser Stelle die für Sie erforderlichen Texte oder Links hinterlegen.

Der Fußteil enthält also das `<footer>`-Element der Webanwendung:

```
    <footer>
            Copyright
    </footer>
    </body>
</html>
```

Listing 3.1 index.html

3.4.2 Die Datei »register.html«

Die Webseite für das Registrieren beinhaltet oben und unten den Kopf- und Fußteil der *index.html*. Dazwischen wird jedoch ein HTML-Formular für die Registrierung der Kunden erstellt.

Bei dem öffnenden Formular-Tag setzen wir das Attribut `action` auf den Wert `register`:

```
<form action="register">
</form>
```

Da wir bei diesem Prototyp noch kein Servlet programmiert haben, das die Daten empfängt und verarbeitet, wird die Anfrage an die Aktion `"register"` ins Leere laufen. Das macht aber nichts. Für einen ersten Test ist das Beispiel dennoch aussagefähig.

Ein wichtiges Attribut des FORM-Tags nennt sich `method`. Wenn das Attribut `method="post"` nicht gesetzt wird, verwendet der Webbrowser für die Anfrage automatisch `method="GET"` (also einen HTTP-GET-Request), denn dies ist bei allen HTML-Formularen die Standardeinstellung. Obwohl ein HTTP-GET-Request auch der Standardanfragetyp ist, wenn man in der Adressleiste eines Webbrowsers eine URL aufruft oder wenn man einen Hyperlink einsetzt, sollte man bei einem HTML-Formular grundsätzlich den Anfragetyp auf einen HTTP-POST-Request umstellen.

Der Grund hierfür liegt in der Art, wie bei einem HTTP-GET-Request die Parameter an den Server verschickt werden. Immer, wenn ein HTML-Formular durch eine HTTP-GET-Anfrage an eine HTTP-URL versendet wird, hängt der Webbrowser ein Fragezeichen an die URL, um gleich dahinter die Schlüsselwertpaare hinzuzufügen. Dabei werden alle Sonderzeichen der Schlüsselwertpaare nach der Kodierung *application/x-www-form-urlencoded* umgewandelt. Auf der einen Seite bietet der HTTP-GET-Request dadurch auch einen Vorteil, denn auf diese Weise werden alle für die Anfrage erforderlichen Parameter im Query-String gleich mitgeliefert. Deshalb wird man bei wiederholten Aufrufen der gleichen Anfrage (meistens) auch das gleiche Ergebnis erhalten. Diesen Vorteil kann man sich zunutze machen, wenn man eine URL als Lesezeichen speichern möchte. Und auch Suchmaschinen können auf diese Weise die Ergebnisse in einem Cache speichern und somit die Ergebnisseiten schneller liefern.

Andererseits führt der zusammengebaute Query-String aber auch zu Nachteilen. Zum Beispiel darf die Länge eines Query-Strings nicht beliebig groß sein. Beim *Mozilla Firefox* gibt es hier zwar keine Einschränkung, aber dennoch sind wir als Java-EE-Entwickler eingeschränkt, denn viele Nutzer könnten den *MS Internet Explorer* verwenden, und der erlaubt nur eine Länge von 2083 Zeichen. Noch geringer fällt die Grenze aber bei Suchmaschinen aus, denn diese haben bei der Indexierung von URLs mit mehr als 2047 Zeichen ohnehin Probleme. Leider gibt die HTTP-1.1-Spezifikation aber auch noch den Hinweis, dass bei einigen älteren Webbrowsern die URL noch nicht einmal 256 Zeichen lang sein darf, und diesen Hinweis müssen wir ernst nehmen.

Wenn wir einen POST-Request verwenden, werden die Formularfelder als Teil des HTTP-Bodys gesetzt. Hierdurch haben wir nicht nur den Vorteil, dass die Feldwerte der Adressleiste des Webbrowsers verborgen bleiben, sondern auch, dass die Anzahl und Größe der übergebenen Felder im Prinzip grenzenlos ist.

Die Elemente, die sich mit HTML5 am stärksten verändert haben, sind im Bereich der HTML-Formulare zu finden. Wenn Sie bereits mit HTML 4 gearbeitet haben und bei HTML5 neu sind, werden Sie die erweiterten Möglichkeiten der neuen INPUT-Elemente begrüßen. Zum Beispiel werden neue INPUT-Arten angeboten, durch die präziser angegeben werden kann, um was für einen Eingabetyp es sich handelt. HTML5 bietet zusätzlich die Typen `color`, `date`, `datetime`, `datetime-local`, `email`, `month`, `number`, `range`, `search`, `tel`, `time`, `url` und `week`. Dabei kann mit den Attributen `required`, `pattern`, `min`, `max` und `step` eine syntaktische Validierung erzwungen werden, wie sie bei HTML 4 nur mit JavaScript-Programmierung verwirklicht werden konnte. Darüber hinaus wird mit dem Attribut `placeholder` ein Hinweistext innerhalb eines Eingabefeldes angezeigt. Ferner können die Formularelemente mit dem Element `FIELDSET` logisch gruppiert werden. Ein Webbrowser wird die gruppierten Elemente dann umrahmen. Mit dem Element `LEGEND` kann der Elementgruppe ein Bezeichner gegeben werden.

Im folgenden Beispiel erzwingen wir mithilfe von HTML5, dass eine E-Mail sowohl syntaktisch als auch von der Länge her validiert wird. Genauso erlauben wir es nicht, dass das Passwortfeld weniger als 6 Zeichen oder mehr als 10 Zeichen lang ist.

Nachfolgend ist der komplette Quelltext des UI-Prototyps für die User-Story 1 abgedruckt:

```
<!DOCTYPE html>
<html>
    <head>
<meta charset="UTF-8"/>
    <link rel="stylesheet" href="resources/css/styles.css">
       <title>Onlineshop</title>
    </head>
    <body>
        <header>
            <hgroup>
            <h1 class="title">Onlineshop</h1>
            </hgroup>
```

```
        <nav>
          <a href="index.html">Home</a>
          <a href="register.html">Registrieren</a>
          <a href="signin.html">Einloggen</a>
          <a href="sell.html">Verkaufen</a>
          <a href="search.html">Suchen</a>
        </nav>
</header>
<form action="register" method="post">
<fieldset>
<legend>Registrieren</legend>
<table>
    <tbody>
    <tr>
        <th>
            <label for="email">E-Mail:</label>
        </th>
        <td>
            <input
                type="email"
                name="email"
                size="40"
                maxlength="40"
                title="muster@beispiel.de"
                placeholder="E-Mail eingeben"
                pattern=".{6,40}"
                required="required">
        </td>
    </tr>
    <tr>
        <th>
            <label for="password">
                Password:
            </label>
        </th>
        <td>
            <input
                type="password"
                name="password"
                size="10"
                maxlength="10"
                title="6-10 Zeichen"
                placeholder=
```

```
                                "Passwort eingeben"
                            pattern=".{6,10}"
                            required="required">
                    </td>
                </tr>
                <tr>
                    <td/><td>
                        <input type="reset">
                        <input type="submit">
                    </td>
                </tr>
            </tbody>
            </table>
            </fieldset>
            </form>
            <footer>
                    Copyright
            </footer>
            </body>
    </html>
```

Listing 3.2 »register.html«

3.4.3 Die Datei »signin.html«

Das HTML-Formular für das Einloggen werden wir für den UI-Prototyp genauso wie das Registrierformular erstellen, wobei wir für die Überschrift nun den Bezeichner `Einloggen` setzen:

```
<!DOCTYPE html>
<html>
    <head>
<meta charset="UTF-8"/>
    <link rel="stylesheet" href="resources/css/styles.css">
        <title>Onlineshop</title>
    </head>
    <body>
        <header>
            <hgroup>
            <h1 class="title">Onlineshop</h1>
            </hgroup>
            <nav>
              <a href="index.html">Home</a>
```

```
            <a href="register.html">Registrieren</a>
            <a href="signin.html">Einloggen</a>
            <a href="sell.html">Verkaufen</a>
            <a href="search.html">Suchen</a>
        </nav>
</header>
<form action="signin" method="post">
<fieldset>
<legend>Einloggen</legend>
<table>
    <tbody>
    <tr>
        <th>
            <label for="email">E-Mail:</label>
        </th>
        <td>
            <input
                type="email"
                name="email"
                size="40"
                maxlength="40"
                title="muster@beispiel.de"
                placeholder="E-Mail eingeben"
                pattern=".{6,40}"
                required="required">
        </td>
    </tr>
    <tr>
        <th>
            <label for="password">
                Password:
            </label>
        </th>
        <td>
            <input
                type="password"
                name="password"
                size="10"
                maxlength="10"
                title="6-10 Zeichen"
                placeholder="Passwort eingeben"
                pattern=".{6,10}"
                required="required">
```

```
                </td>
            </tr>
            <tr>
                <td/><td>
                    <input type="reset">
                    <input type="submit">
                </td>
            </tr>
        </tbody>
        </table>
        </fieldset>
        </form>
        <footer>
                Copyright
        </footer>
        </body>
</html>
```

Listing 3.3 »signin.html«

3.4.4 Die Datei »sell.html«

Genauso wie die beiden vorherigen Webseiten benötigt auch die Webseite für das Verkaufen bzw. Einstellen eines Artikels ein HTML-Formular. Innerhalb des Formulars werden wir vier Eingabefelder verwenden. Das Eingabefeld für den Titel wird ein `INPUT`-Element des Typs `text`. Die Beschreibung des Artikels wird als `textarea` umgesetzt. Das Preis-Feld erhält das Attribut `type="number"`. Und das Bild wird mit dem `type="file"` hochgeladen. Zusätzlich muss für das Hochladen der Bilddatei im `Form`-Tag das Attribut `enctype` auf `"multipart/form-data"` gesetzt werden.

```
<!DOCTYPE html>
<html>
    <head>
<meta charset="UTF-8"/>
    <link rel="stylesheet" href="resources/css/styles.css">
       <title>Onlineshop</title>
    </head>
    <body>
        <header>
            <hgroup>
            <h1 class="title">Onlineshop</h1>
            </hgroup>
            <nav>
```

```
            <a href="index.html">Home</a>
            <a href="register.html">Registrieren</a>
            <a href="signin.html">Einloggen</a>
            <a href="sell.html">Verkaufen</a>
            <a href="search.html">Suchen</a>
        </nav>
</header>
<form
    action="sell"
    method="post"
    enctype="multipart/form-data">
<fieldset>
<legend>Verkaufen</legend>
<table>
    <tbody>
    <tr>
        <th>
            <label for="title">Titel:</label>
        </th>
        <td>
            <input
            type="text"
            name="title"
            size="40"
            maxlength="40"
            title="Ein Titel für den Artikel"
            placeholder="Titel eingeben"
            pattern=".{6,40}"
            required="required">
        </td>
    </tr>
    <tr>
        <th>
            <label
                for="description">
                Beschreibung:
            </label>
        </th>
        <td>
            <textarea
                name="description"
                cols="100"
                rows="10"
```

```
                maxlength="1000">
            </textarea>
        </td>
    </tr>
    <tr>
        <th>
            <label
                for="price">
                Preis:
            </label>
        </th>
        <td>
            <input
            type="number"
            name="price"
            size="40"
            maxlength="40"
            title="Ein Preis für den Artikel"
            placeholder="Preis eingeben"
            pattern=".{1,40}"
            required="required">
        </td>
    </tr>
    <tr>
        <th>
            <label
                for="foto">
                Foto:
            </label>
        </th>
        <td>
            <input type="file" name="foto" >
        </td>
    </tr>
    <tr>
        <td/><td>
            <input type="reset">
            <input type="submit">
        </td>
    </tr>
</tbody>
</table>
</fieldset>
```

```
    </form>
    <footer>
            Copyright
    </footer>
    </body>
</html>
```

Listing 3.4 »sell.html«

3.4.5 Die Datei »search.html«

In der Datei *search.html* werden wir ein HTML-Formular anbieten, über das die Kunden Artikel suchen können.

Für die Anzeige von Textabschnitten haben sich die Erfinder vom W3C die semantischen Tags `ARTICLE` und `SECTION` ausgedacht.

Im folgenden Listing wird für jeden Artikel eines Onlineshops das Element `ARTICLE` gesetzt. Die Informationen zu dem Artikel werden mit dem Element `SECTION` in einem Unterabschnitt von `ARTICLE` hinterlegt.

```
<!DOCTYPE html>
<html>
    <head>
<meta charset="UTF-8"/>
    <link rel="stylesheet" href="resources/css/styles.css">
       <title>Onlineshop</title>
    </head>
    <body>
        <header>
            <hgroup>
            <h1 class="title">Onlineshop</h1>
            </hgroup>
            <nav>
              <a href="index.html">Home</a>
              <a href="register.html">Registrieren</a>
              <a href="signin.html">Einloggen</a>
              <a href="sell.html">Verkaufen</a>
              <a href="search.html">Suchen</a>
            </nav>
    </header>
    <article>
    <section>
        <form action="buy" method="post">
```

```
            <fieldset>
            <legend>Suchen</legend>
            <table>
                <tbody>
                <tr>
                    <th>
                        <label
                        for="search">Suche:</label>
                    </th>
                    <td>
                        <input
                            type="text"
                            name="search"
                            size="40"
                            maxlength="40"
                            title="Suchtext"
                            placeholder=
                            "Suchtext eingeben"
                            >
                    </td>
                    <td>
                        <input type="reset">
                        <input type="submit">
                    </td>
                </tr>
            </tbody>
            </table>
            </fieldset>
            </form>
        </section>
        </article>
        <footer>
                Copyright
        </footer>
        </body>
</html>
```

Listing 3.5 »search.html«

3.4.6 Die Datei »styles.css«

Um das Onlineshop-Beispiel dieses Buches ansprechend zu gestalten, werden wir CSS3 einsetzen. CSS (Cascading Style Sheets) war einst noch kein Bestandteil von Webseiten. Als zu

Beginn der 90er-Jahre das Aussehen von Webportalen noch mit Tag-eigenen Attributen gestaltet wurde, tauchte ein Problem auf: Wenn eine umfangreiche Internetpräsenz einmal fertiggestellt war, brachte das nachträgliche Ändern von Farbe und Gestalt viel Arbeit mit sich. So kam schon Mitte der 90er-Jahre der Wunsch auf, das Aussehen einer Webseite zentral formatieren zu können. Die Lösung war CSS. CSS bietet nicht nur die Möglichkeit zur Trennung von Inhalt und Gestaltung, sondern hilft auch bei der Vereinheitlichung von Gestaltungsformaten. Im Jahre 1996 veröffentlichte das W3-Konsortium (W3C) den Standard CSS in der Version 1.0. Die aktuelle Version ist CSS3.

Im Prinzip handelt es sich bei CSS-Definitionen um eine Liste von Formatierungsregeln. Die Stylesheet-Angaben können entweder mithilfe eines `STYLE`-Tags direkt in das HTML-Dokument gesetzt werden oder mit einem `LINK`-Tag als externe Datei zugeordnet werden. In diesem Buch wird eine separate Datei verwendet. Wir nennen die Datei *styles.css*. Diese Datei können beliebig viele Webseiten der Webanwendung referenzieren, sodass ein einheitliches Layout entsteht, das zentral gewartet werden kann.

Vielleicht ist Ihnen im letzten Abschnitt bereits aufgefallen, dass wir die CSS-Datei im Header der Webseiten mithilfe des `LINK`-Tags eingebunden hatten. Das `LINK`-Tag besitzt das Attribut `href`, mit dem wir die Position der CSS-Datei angeben können.

Die Datei *styles.css* werden wir in einen Unterordner mit dem Namen *\resources\css* unterhalb des Ordners *\WebContent* speichern.

Die CSS-Datei besteht aus mehreren CSS-Anweisungen. Jede CSS-Anweisung beginnt mit einem Selektor. Der Selektor spezifiziert, welche HTML-Elemente formatiert werden sollen. Dabei können auch mehrere HTML-Elemente hintereinander aufgezählt werden. Mit einem sogenannten Asterisk (einem Sternchen) werden alle HTML-Elemente selektiert.

Hinter dem Selektor stehen die Formatierungsregeln. Sie werden als Eigenschaft-Werte-Paare in geschweifte Klammern gesetzt. Jede Formatierungsregel ist mit einem Semikolon abzuschließen. Kommentare können mit der in Java üblichen Syntax eingefügt werden.

Nun werden die bei dem Onlineshop eingesetzten CSS-Selektoren erklärt.

```
* {
  font-family: sans-serif;
  padding: 9px;
  color: gray;
}
body > header {
  background: url("../img/tau.jpg");
  border-radius: 10px;
  box-shadow: 5px 5px 9px gray;
}
a {
```

```
  color: white;
  text-decoration: none;
}
a:hover, .title {
  color: white;
  text-shadow: 0 0 10px white, 0 0 20px white;
}
input:not([type='image']), textarea {
  width: 200px;
}
```

Listing 3.6 »styles.css«

Bei dem ersten CSS-Selektor setzen wir einen Asterisk ein, um alle HTML-Elemente zu selektieren. Das Listing stellt für alle Elemente die Schriftart auf Sans-Serif.

Im zweiten Selektor füllen wir den Hintergrund der Header-Elemente mit einem Bild.

Der Rand des Webseitenkopfes wird in den Ecken mit `border-radius` abgerundet.

Außerdem setzen wir noch einen Schatten mit `box-shadow`. Die ersten beiden Werte (`5px 5px`) hinter `box-shadow` zeigen den Versatz in horizontaler und vertikaler Richtung an. Mit dem dritten Wert, `9px`, wird eine Streuung des Farbwertes erzielt. Der vierte Wert, `gray`, ist die verwendete Schattenfarbe.

Links werden auf Webseiten automatisch blau und mit einem Unterstrich gekennzeichnet. Weil die Links im Kopf der Webseite geschrieben werden sollen und dort der Hintergrund dunkel ist, sorgen wir dafür, dass die Links weiß und ohne Unterstrich erscheinen.

Darüber hinaus setzen wir noch zusätzlich eine sogenannte Pseudoklasse ein. Mit `a:hover` selektieren wir Links, die mit der Maus überquert werden. Für den Zeitraum des Überquerens lassen wir die Links mit einem weißen Schimmer aufleuchten, indem wir einen »weißen Schatten« um den Text zeichnen.

Auch hier zeigen die ersten beiden Werte `0px 0px` den Versatz in horizontaler und in vertikaler Richtung an. Der dritte Wert legt wieder das Streuungsmaß fest. Im Beispiel wurden zwei Schattierungen gesetzt, die sich überlagern werden. Im Prinzip können Sie beliebig viele Schattierungen hintereinander definieren.

Den gleichen weißen Schimmer, den wir für das Überqueren eines Links festgelegt haben, werden wir auch für die Überschrift des Webportals setzen. Weil wir für die Überschrift das Tag `h1` verwendet haben, können wir diesen Selektor mit einem Komma einfach hinter die Pseudoklasse `a:hover` schreiben.

Wegen des dunklen Hintergrunds mussten wir für `h1` noch die Textfarbe auf Weiß setzen. (Die weiße Farbe ist für die Pseudoklasse `a:hover` an dieser Stelle natürlich überflüssig, weil sie ja bereits mit dem Selektor `a` gesetzt wurde.)

Die Ressourcen

Speichern Sie nun auch die Bilder *blatt.jpg*, *tau.jpg*, *us.gif* und *de.gif* aus den Materialien zum Buch in den Unterordner *\resources\img* ab. Für den Entwurf werden wir noch nicht alle Bilder benötigen. Dennoch sollten Sie sie in Ihrer Webanwendung vorhalten, da wir sie in späteren Kapiteln noch brauchen werden.

Führen Sie anschließend das Projekt aus, indem Sie mit der rechten Maustaste auf den Ordner *onlineshop* und im erscheinenden Kontextmenü mit der linken Maustaste auf RUN AS und dann auf RUN ON SERVER klicken. Eventuell ist vorher ein CLEAN UND BUILD erforderlich.

Daraufhin sollte sich der interne Webbrowser von Eclipse mit der Hauptseite des Onlineshops zeigen. Im Webbrowser können Sie die Startseite der Anwendung über den Link *http://localhost:8080/onlineshop-war* aufrufen. Wenn Sie auf den Link REGISTRIEREN im Hauptmenü klicken, sollte das Fenster aus Abbildung 3.14 zu sehen sein.

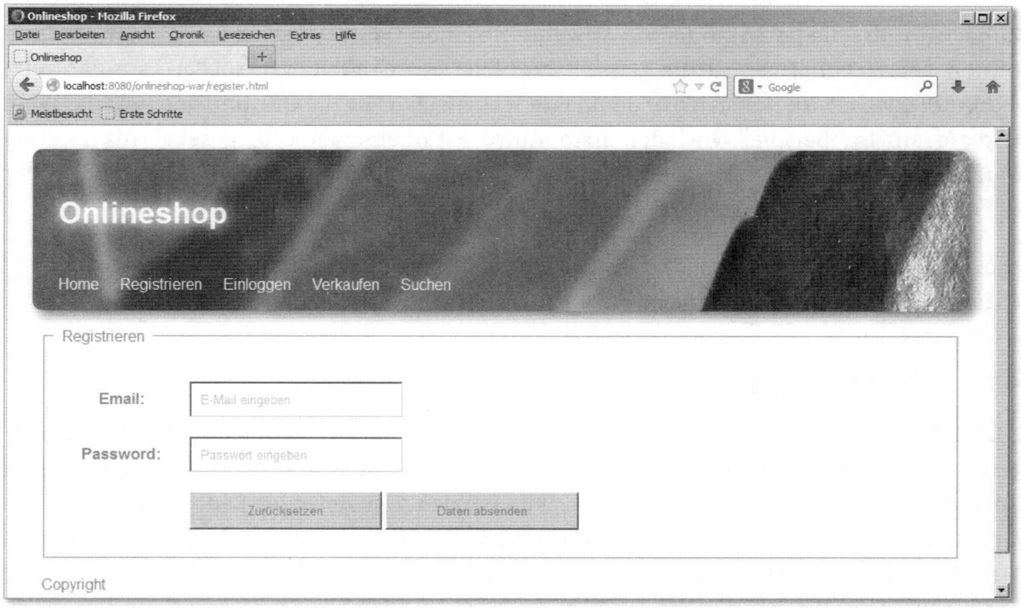

Abbildung 3.14 Die Startseite des Onlineshops

Über das Hauptmenü sollten Sie zwischen den vier verschiedenen User-Storys navigieren können.

3.5 Das HTTP-Monitoring

HTTP ist das grundlegende Kommunikationsprotokoll von Webanwendungen. Um die Programmierung einer Webanwendung mit Servlets und JSPs oder auch mit *Java Server Faces* gut zu verstehen, ist ein fundiertes Verständnis von HTTP unerlässlich.

Besonders verständlich wird das HTTP-Protokoll, wenn man zunächst einen eigenen kleinen HTTP-Client programmiert. Deshalb werden wir in diesem Abschnitt hiermit beginnen. Mithilfe des HTTP-Clients werden wir die HTTP-Kommunikation zwischen Client und Server beobachten. Man spricht hierbei auch vom sogenannten HTTP-Monitoring

Als wir im vorigen Abschnitt den Onlineshop im Webbrowser betrachteten, hatten Client und Server bereits erfolgreich miteinander kommuniziert. Um diese Kommunikation zu untersuchen, werden wir jetzt in drei Schritten eine Java-Standalone-Anwendung schreiben:

1. Verbindung zum Server aufnehmen,
2. einen HTTP-Request verschicken und
3. die HTTP-Response auf der Konsole ausgeben.

3.5.1 Die Verbindung zum Server herstellen

Zunächst muss die Java-Standalone-Anwendung einen Datenstrom zu der Webanwendung öffnen. Hierzu benötigen Sie die Klasse `Socket` (zu Deutsch »Netzwerksockel«) aus der Netzwerk-API *java.net*. Im Konstruktor der Klasse `Socket` geben Sie die URL und den Port der Webadresse an. Im Beispiel wird der erste Aufrufparameter als URL gesetzt. Als zweiten Parameter geben Sie den Port des GlassFish-Servers an. Den Datenstrom erhalten Sie über die Methode `getOutputStream()` der Klasse `Socket`.

```
Socket so = new Socket("localhost", 8080);
OutputStream os = so.getOutputStream();
```

3.5.2 Der HTTP-Request

Als Nächstes kommen wir zum wichtigsten Teil des Programms, nämlich zu den Zeichenketten, die vom Client als HTTP-Request verschickt werden. Die Anfrage kündigt mit der ersten Zeile das Anliegen des Clients an. Diese Zeile ist also von zentraler Bedeutung, da sie die Grundvoraussetzung für den HTTP-Request bereitstellt. Sie beginnt mit dem Request-Typ. Der HTTP-Standard definiert die Typen `GET`, `POST`, `PUT`, `DELETE`, `HEAD`, `TRACE`, `OPTIONS` und `CONNECT`. Die für Webanwendungen wichtigen Request-Typen sind `GET` und `POST`. Der Grund dafür ist, dass durch diese beiden Request-Typen zusätzlich Informationen an den Server versandt werden können. Die anderen Request-Typen sind ohnehin äußerst selten, weshalb wir auch nicht weiter auf sie eingehen werden.

Der HTTP-GET-Request

Im Beispiel werden wir die GET-Methode verwenden, da wir beim Server eine HTML-Seite anfordern. Hinter dem GET-Request wird der *Uniform Resource Locator* (URL) angefügt, der die eindeutige Identifizierung der Ressource erlaubt. Der folgende URL setzt sich aus dem Rechnernamen, der Portnummer und der Context-Root zusammen (siehe Tabelle 3.2). Im Standardfall entspricht die Context-Root dem Dateipfad auf der Festplatte. Würden wir statische Inhalte erfragen, wäre ziemlich klar, was hiermit gemeint ist. Denn es handelt sich ganz einfach um den Namen des Ordners, in dem der Webserver die Webseiten als Dateien vorhält. Die Context-Root kann aber auch ein Alias sein, der auf dieses Verzeichnis verweist. Bei einem Java EE Server steht die Context-Root letztendlich für den Bezeichner, unter dem das Modul erreichbar ist.

Requesttyp	Schema	Rechner	Port	Dateipfad	HTTP-Version
GET	http://	localhost:	8080	/onlineshop-war/	HTTP/1.1

Tabelle 3.2 Der HTTP-Request

Mit der Angabe der HTTP-Versionsnummer muss die Zeile enden. Beachten Sie, dass jede Zeile des HTTP-Protokolls mit dem Sonderzeichen für einen Wagenrücklauf (`\r`) und dem Sonderzeichen für eine neue Zeile (`\n`) abgeschlossen wird. Mit der Methode `write()` versenden Sie die Bytes der Zeichenkette an den Server.

```
String req =
"GET http://localhost:8080/onlineshop-war/ HTTP/1.1\r\n";
os.write(req.getBytes());
```

Ab der zweiten Zeile wird der Request-Header gesetzt. Hiermit übermittelt der Client zusätzliche Informationen. Header-Informationen werden in Schlüssel-Wert-Paarenzeilenweise beigefügt. Den Schlüssel und den Wert trennen Sie durch einen Doppelpunkt voneinander. Früher waren alle Header-Informationen optional. Seit HTTP 1.1 muss zumindest der Name des Servers angegeben werden. Hinter den Zeilen des Request-Headers muss eine Leerzeile angefügt werden, denn dadurch wird der *Request-Body* angekündigt. Auch die Leerzeile muss mit einem `\r\n` enden. Daher ergibt sich die doppelte Abfolge des `\r\n`:

```
String header = "Host: localhost\r\n\r\n";
os.write(header.getBytes());
```

Theoretisch müsste unser Programm noch einen `Body` und eine Leerzeile in den Ausgabestrom setzen. Dahingehend ist der Web-Container von GlassFish aber recht flexibel. Für das Beispiel sparen wir uns den Body und gehen direkt zum Empfang der Antwort über. Wenn der Server die Anfrage erhalten hat, nutzt er die offene TCP/IP-Verbindung, um die Anfrage zu beantworten.

3.5.3 Die HTTP-Response

Die Antwort erfolgt in Form der HTTP-Response. Die HTTP-Response werden wir einlesen, um sie auf der Konsole auszugeben. Hierfür benötigen wir einen Eingabestrom der Verbindung. Den Eingabestrom werden wir Byte für Byte einlesen und in die Konsole schreiben, bis uns eine -1 ankündigt, dass keine Bytes zum Einlesen mehr zur Verfügung stehen. Am Ende schließen wir alle offenen Datenströme. Mehr brauchen wir für den HTTP-Client nicht.

```
InputStream in = so.getInputStream();
byte[] b = new byte[1];
while ((in.read(b)) != -1) {
    System.out.write(b, 0, 1);
}
os.close();
in.close();
so.close();
```

Das komplette Listing sieht so aus:

```
package de.java2enterprise;

import java.io.InputStream;
import java.io.OutputStream;
import java.net.Socket;

public class HttpClient {
    public HttpClient() throws Exception {
        final Socket so = new Socket("localhost", 8080);
        final OutputStream os = so.getOutputStream();
        final String req = "GET " +
            "http://localhost:8080/onlineshop-war/ " +
            "HTTP/1.1\r\n";
        os.write(req.getBytes());
        final String header = "Host: localhost\r\n\r\n";
        os.write(header.getBytes());
        final InputStream in = so.getInputStream();
        final byte[] b = new byte[1];
        while ((in.read(b)) != -1) {
            System.out.write(b, 0, 1);
        }
        os.close();
        in.close();
        so.close();
    }

    public static void main(String[] args)
        throws Exception {
        new HttpClient();
    }
}
```

Listing 3.7 »HttpClient.java«

Wenn Sie das Programm ausführen und Ihr GlassFish-Server noch aktiv ist, sollten Sie auf der Konsole eine Ausgabe wie in Abbildung 3.15 erhalten.

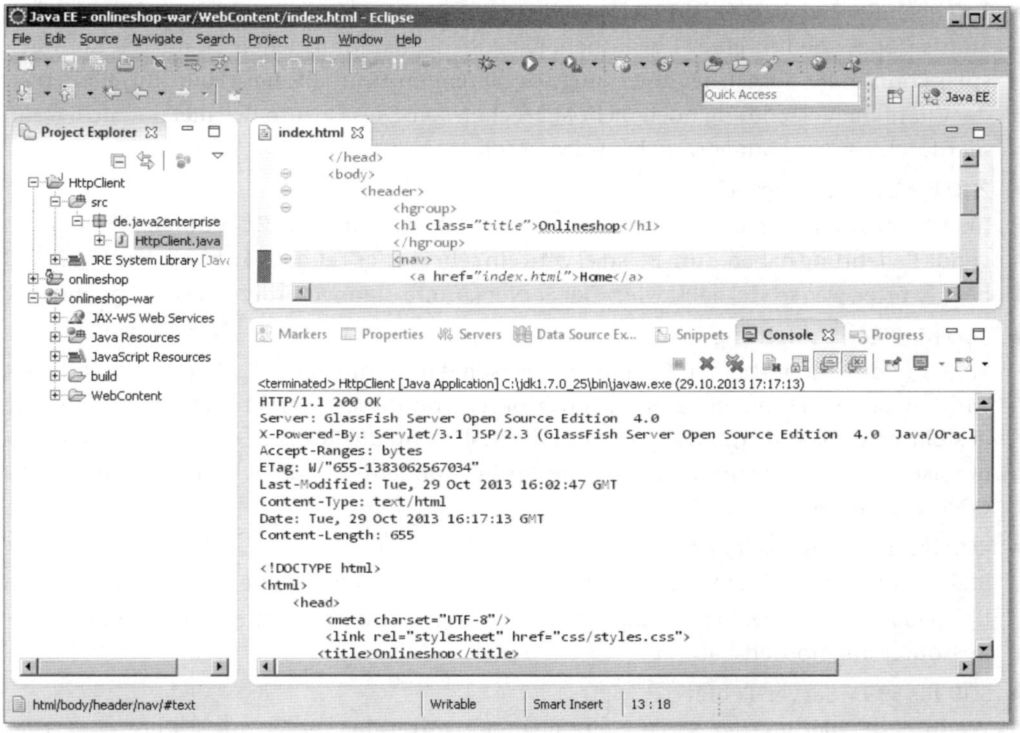

Abbildung 3.15 Die Ausführung des HttpClients

Die Konsolenausgabe zeigt deutlich, wie ein HTTP-Response aufgebaut ist. Der HTTP-Response wird mit einer Statuscode-Zeile, einem Header und einem Body beantwortet.

Genauso wie beim HTTP-Request enthält der Header wieder zeilenweise Schlüsselwertpaare als Zusatzinformation. Der Body enthält die geforderte Ressource.

Der Status-Code

An erster Stelle der Response steht immer der Status-Code, zum Beispiel:

```
HTTP/1.1 200 OK
```

Der GlassFish-Server hat unsere Anfrage mit dem Statuscode 200 beantwortet. Hiermit teilt er mit, dass er das angefragte Dokument gefunden hat. Der Statuscode besteht immer aus drei Ziffern. Es gibt noch eine Reihe weiterer Statuscodes, die die HTTP-Spezifikation definiert hat. Manchmal ist es in der Praxis hilfreich, wenn man die Bedeutung der Statuscodes versteht. Deshalb folgt an dieser Stelle ein kurzer Exkurs, mit dem Sie ein gewisses Grundverständnis für HTTP-Status-Codes erhalten.

- **100 bis 199 = Zwischeninformation**
  Status-Codes, die mit einer 1 beginnen, haben lediglich informellen Charakter. Zum Beispiel könnte der Server bei einer lange anhaltenden Bearbeitungsdauer mitteilen, dass der Client die Verbindung noch nicht abbrechen soll. Dies ist zum Beispiel nützlich, wenn hierdurch ein Timeout vermieden werden soll.
- **200 bis 299 = Erfolgreich**
  Im Allgemeinen kann man sagen, dass Status-Codes, die mit einer 2 beginnen, eine bestätigende Bedeutung haben. Zum Beispiel wird ein sehr großer Teil aller Anfragen mit einer 200 beantwortet, was so viel heißt wie: »Der Server konnte die angeforderte Ressource finden.«
- **300 bis 399 = Umleitung**
  Status-Codes, die mit einer 3 beginnen, weisen darauf hin, dass der Request verarbeitet worden ist, jedoch die angeforderte Ressource von diesem Server nicht zur Verfügung gestellt wird. Das ist zum Beispiel dann der Fall, wenn die Ressource nicht mehr vorhanden ist. Aber auch wenn der Server die Anfrage umleiten muss, wird er mit einem 3er-Code antworten.
- **400 bis 499 = Client-Fehler**
  Status-Codes, die mit einer 4 beginnen, zeigen einen Anfrage-Fehler des Clients an. Zum Beispiel antwortet der HTTP-Server mit einer 404, wenn ein HTTP-Client eine ungültige Ressource angefordert hat.
- **500 bis 599 = Server-Fehler**
  Wenn der Fehler auf der Server-Seite liegt, antwortet der Server mit 500er-Codes. Dies kann durch einen schweren Fehler im Backend ausgelöst werden oder einfach nur eine Überlastung anzeigen.

Die genaue Bedeutung aller Statuscodes können Sie der Website des W3C (*http://www.w3.org/*) entnehmen.

3.5.4 Das Monitoring in Eclipse

In vorangegangenen Abschnitt konnten Sie durch ein eigenes HTTP-Client-Programm die HTTP-Kommunikation zwischen Client und Server bis ins Detail mitverfolgen. Durch solche Werkzeuge sind Sie in der Lage, Problemen von Webanwendungen auf die Spur zu kommen. Innerhalb von Eclipse können Sie die HTTP-Kommunikation aber auch analysieren, indem Sie den sogenannten TCP/IP-Monitor nutzen.

Start des Monitorings

Um das Monitoring zu starten, wechseln zurück in die *Java EE Perspective* und klicken dort in der View SERVERS mit der rechten Maustaste auf die GlassFish-Server-Instanz. In dem sich öffnenden Kontextmenü klicken Sie mit der linken Maustaste auf MONITORING und dann in dem rechts erscheinenden Untermenü auf PROPERTIES. Wenn noch kein Port »unter Beobachtung« steht, ist die Tabelle der MONITORING PORTS (siehe Abbildung 3.16) leer. Klicken Sie auf ADD, um eine neue Zeile in der Tabelle zu erstellen.

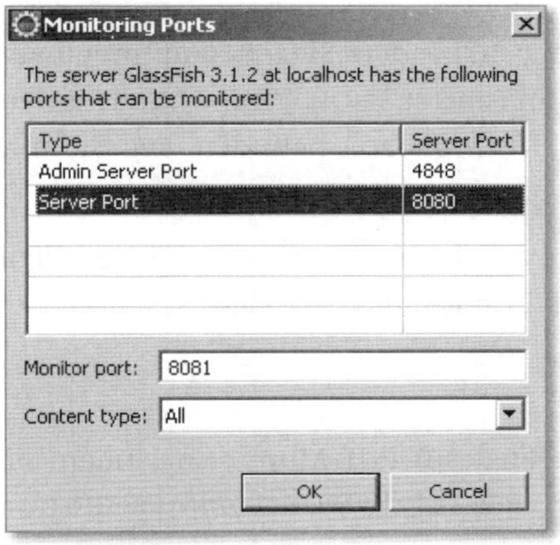

Abbildung 3.16 Die Einstellung des Monitoring Ports

Belassen Sie die Voreinstellung auf `Server Port=8080` und `Monitor Port=8081`. Den Server-Port des GlassFish-Servers hatten wir ja im letzten Kapitel auf 8080 eingestellt. Er ist also korrekt. Eclipse zählt für den Monitor eins hoch. Das bedeutet, dass wir später im Webbrowser die URL *http://localhost:8181/onlineshop-war* aufrufen werden. Eclipse erhält hierdurch die Möglichkeit, sich zwischen den HTTP-Client und den HTTP-Server zu schalten. Bestätigen Sie die Einstellungen mit einem Klick auf den OK-Button.

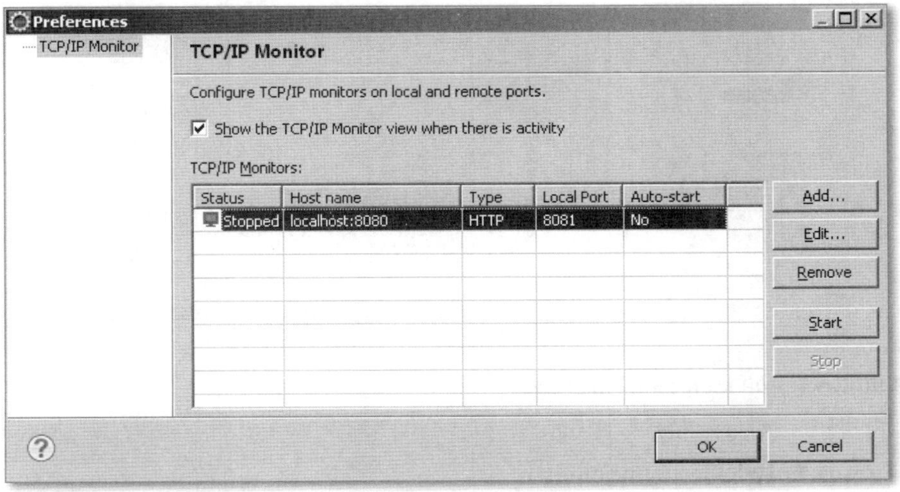

Abbildung 3.17 Die Einstellungen für den TCP/IP-Monitor

Selektieren Sie die hinzugefügte Zeile, und klicken Sie auf den START-Button, um das Monitoring zu aktivieren.

Öffnen der View »TCP/IP Monitor«

Öffnen Sie die View TCP/IP MONITOR (siehe Abbildung 3.17), indem Sie im Hauptmenü auf WINDOW • SHOW VIEW und dann auf OTHER klicken. Im Fenster SHOW VIEW öffnen Sie den Ordner DEBUG. Darunter sollte sich der Eintrag TCP/IP MONITOR befinden, den Sie mit einem Doppelklick zu Ihrer *Perspective* hinzufügen.

Klicken Sie in der View TCP/IP MONITOR ganz rechts auf den nach unten zeigenden Pfeil (VIEW MENU). Klicken Sie dort auf SHOW HEADER, falls er noch nicht aktiviert ist.

Mit dem »TCP/IP Monitor« die Anwendung testen

Führen Sie die Anwendung nun erneut aus. Sie aktivieren das TCP/IP-Monitoring, indem Sie statt des Ports 8080 nun den Port 8081 nutzen. In der View TCP/IP MONITORING sollte nun das Fenster aus Abbildung 3.18 zu sehen sein.

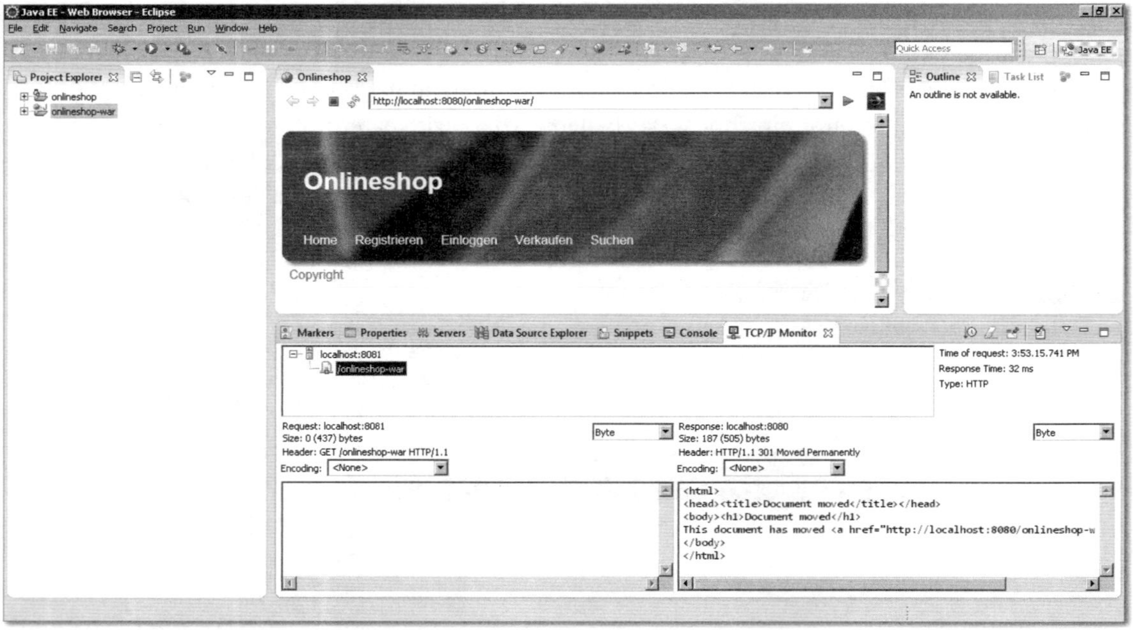

Abbildung 3.18 Das TCP/IP-Monitoring in Eclipse

3.5.5 Die Firefox-Entwickler-Symbolleiste

Die Hersteller von Webbrowsern haben sich für die Analyse von Webseiten und ihrer HTTP-Anfragen sogar noch ausgereiftere Debugging-Möglichkeiten ausgedacht. Das unter Entwicklern beliebteste Web-Developer-Tool ist im aktuellen Mozilla Firefox implizit vorhanden. Die Werkzeuge blenden Sie ein, indem Sie [Strg]-[Umschalt]-[I] drücken. Über ein Menü kann man die Werkzeuge ebenso einblenden. Dabei hängt es davon ab, ob Sie die Hauptmenüleiste vorab aktiviert haben oder nicht. Bei einer aktiven Hauptmenüleiste, klicken Sie auf EXTRAS • WEB-ENTWICKLER • WERKZEUGE EIN-/AUSBLENDEN. Wenn die Hauptmenüleiste nicht aktiviert ist, klicken Sie im Mozilla Firefox links oben auf FIREFOX und anschließend in dem nun aufklappenden Menü auf WEB-ENTWICKLER und dann auf WERKZEUGE EIN-/AUSBLENDEN.

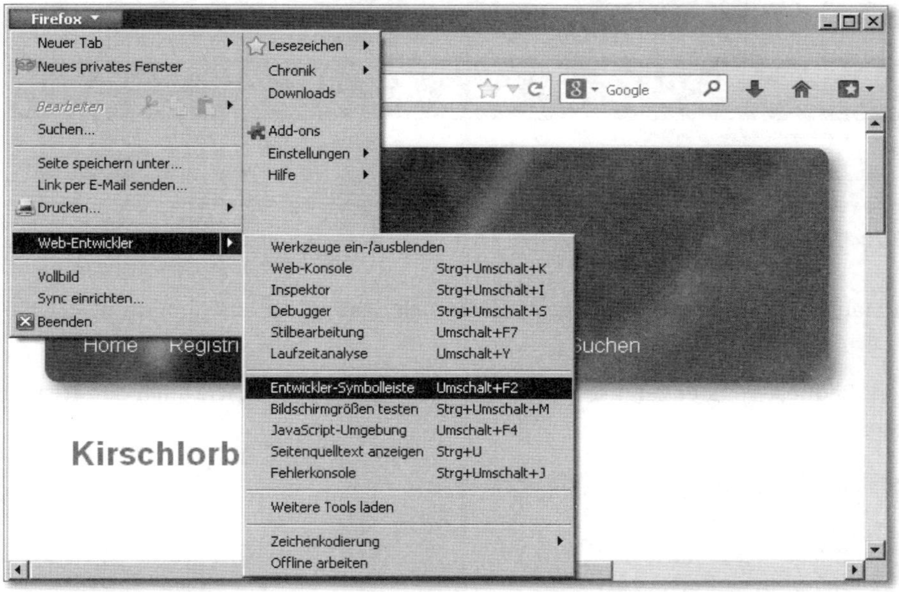

Abbildung 3.19 Schon so manchem Webentwickler hat die Entwickler-Symbolleiste aus der Misere geholfen.

Unten rechts sehen Sie drei Bedienknöpfe mit den Namen KONSOLE, INSPEKTOR und DEBUGGER.

Die Analyse in der Konsole

Über den ersten Bedienknopf, KONSOLE, öffnen Sie im unteren Bereich des Fensters eine Konsole, über die sich Logging- und Error- Meldungen mitverfolgen lassen (siehe Abbildung 3.20). Klicken Sie hierfür auf die Aufschrift NETZWERKANALYSE.

Wenn Sie zum Beispiel die »Hallo Welt«,Webseite über [F5] erneut laden, sollten Sie in der Web-Konsole den GET-Request sehen. Manchmal ist es erforderlich, mit der [F5]-Taste gleichzeitig die [Shift]-Taste zu drücken, damit Firefox die Website auch tatsächlich neu lädt.

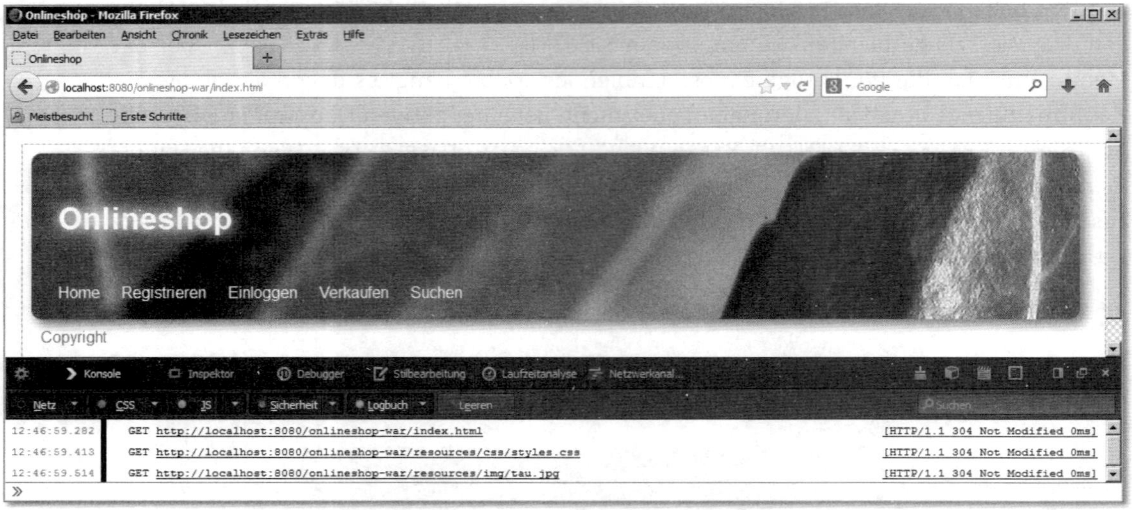

Abbildung 3.20 Die Web-Konsole

Über einen Mausklick auf dem GET-Request, öffnet sich das Fenster aus Abbildung 3.21, das die Inhalte der Anfrage aufdeckt.

Das Netzwerk-Request-Fenster zeigt sowohl den Header des Requests wie auch den Header der Response.

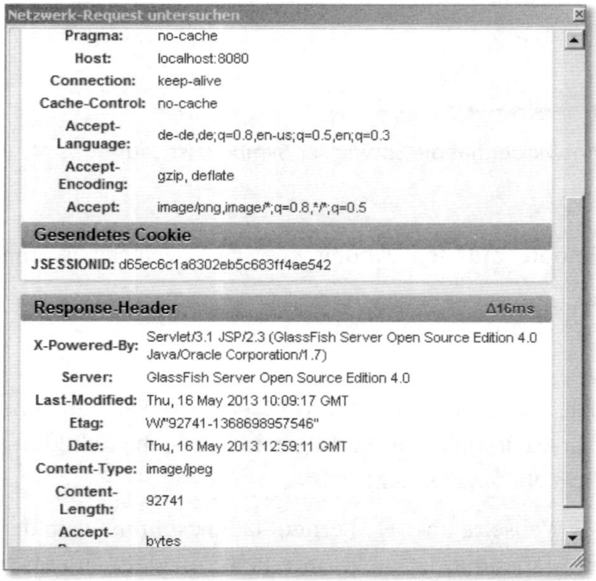

Abbildung 3.21 Das Netzwerk-Request-Fenster

Die Webseite untersuchen

Die Entwickler-Symbolleiste bietet aber noch weitere Dienste an. Wenn Sie auf UNTERSUCHEN (bzw. INSPEKTOR) klicken, entpuppt sich der Mozilla Firefox als ein Web-Debugger, der kaum noch Wünsche offen lässt. Hier können Sie mit der Maus über HTML-Elemente wandern und sich entsprechende HTML-Quelltexte anzeigen lassen. Probieren Sie die verblüffenden Möglichkeiten am besten einmal selbst aus.

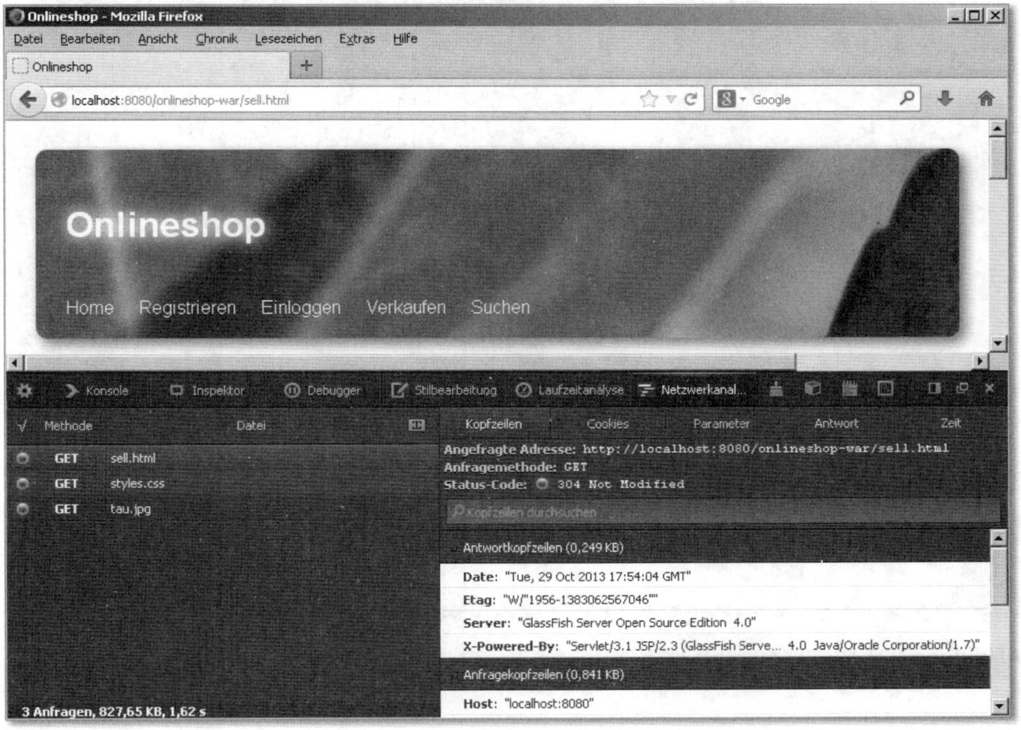

Abbildung 3.22 Der Inspektor der Developer-Toolbar

In der Untersuchen-Ansicht treten weitere Buttons in Erscheinung, mit denen beispielsweise eine 3D-Ansicht und oder eine Laufzeitanalyse erstellt werden kann. Über den 3D-Button verwandelt sich die Webseite in ein dreidimensionales Modell. Das Modell lässt sich per Computermaus drehen und wenden, und per Scroll-Rad kann sogar in das Modell hinein navigiert werden (siehe Abbildung 3.23).

Abbildung 3.23 Die 3D-Ansicht

Kapitel 4

Servlets

Kapitel 4
Servlets

»Wer die Medien kontrolliert, kontrolliert den Geist«

Jim Morrison (The Doors), 1943–1971

In diesem Kapitel wird die Servlet-Technologie in der Version 3.1 behandelt. Die Spezifikation kann an dieser Stelle heruntergeladen werden:

http://download.oracle.com/otn-pub/jcp/servlet-3_1-fr-eval-spec/servlet-3_1-final.pdf

Während man *Servlets* als Low-Level-Web-Komponenten betrachtet, bezeichnet man *Java Server Faces* (JSF) als High-Level-Komponenten. Mit »Low-Level« wird die Programmierung der grundlegenden API der jeweiligen Technologie bezeichnet. Mit »High-Level« ist gemeint, dass die Entwicklung auf einer höheren Abstraktionsebene mithilfe eines übergestülpten Frameworks stattfindet. High-Level-Technologien haben die Aufgabe, die Programmierung der Low-Level-Technologien zu vereinfachen.

Obwohl die Programmierung von Java Server Faces die mühsame Kodierung von Servlets immer weiter verdrängt, bleiben die Servlets dennoch die Grundbausteine und die Basis jeglicher Arbeit mit dem Web-Container. Sowohl Java Server Faces (JSF) als auch Java Server Pages (JSP) sind darauf angewiesen, Servlets zu generieren, um die Anfragen eines Webbrowsers zu beantworten. Aus diesem Grund haben wir der Servlet-Technologie in diesem Buch ein ganzes Kapitel gewidmet.

Wenn Sie die Inhalte dieses Kapitels verinnerlichen, haben Sie zwei Vorteile. Den einen, weil in der Industrie immer noch viele Altsysteme existieren, in denen nach wie vor Servlets vorhanden sind. Der weitaus größere Nutzen liegt aber darin, dass Sie durch fundierte Kenntnisse der Servlet-Technologie das JSF-Framework besser verstehen.

Wir beginnen mit einem technischen Überblick über die Servlet-Technologie. Anschließend schauen wir uns die wichtigsten Bestandteile der Servlet-API an. Nachdem diese beiden Bereiche behandelt worden sind, betrachten wir die übliche Architektur einer Webanwendung mit Servlets, um uns für die nächsten Kapitel an das MVC-Entwurfsmuster anzunähern.

Die letzten Abschnitte des Kapitels gehen dann auf Cookies, die Konfigurationsmöglichkeiten, das Hochladen von Dateien, asynchrone Servlets und auf *Nonblocking I/O*, Web-Filter und Web-Listener ein.

Viele Übungen dieses Kapitels beziehen sich auf den Onlineshop, der in den letzten beiden Kapiteln bereits vorbereitet wurde. Falls Sie die vorangegangenen Kapitel übersprungen haben, beachten Sie bitte, dass die nun folgenden anfänglichen Servlets teilweise von HTML-Formularen aus aufgerufen werden, die im letzten Kapitel als UI-Prototypen programmiert worden sind. Deshalb sollten Sie das Onlineshop-Projekt von Kapitel 2 in Eclipse erzeugen und die UI-Prototypen von Kapitel 3 dort hineinkopieren. Ganz einfach wird es, wenn Sie das Eclipse-Projekt aus den »Materialien zum Buch« einsetzen, denn dort ist bereits alles vorbereitet:

http://www.rheinwerk-verlag.de/3250

4.1 Ein technischer Überblick

Dieser Abschnitt bietet Ihnen einen technischen Überblick über die Servlet-Technologie. Dabei schauen wir uns zunächst einmal die Arbeitsweise des Web-Containers an, denn hierdurch wird ein grundsätzliches Verständnis für die Servlet-Technologie geschaffen. Danach gehen wir auf den Lebenszyklus eines Servlets ein. Erst danach betrachten wir die wichtigste Java-Klasse der Servlet-Technologie, und zwar die Klasse `javax.servlet.HttpServlet`.

4.1.1 Die Arbeitsweise des Web-Containers

Wenn der Webbrowser mit einer Java-EE-Anwendung kommunizieren möchte, zielt jede HTTP-Anfrage zunächst auf die Netzwerk-Adresse und den Netzwerk-Port des Web-Containers. Der Webbrowser kommuniziert also nie direkt mit einem Servlet, sondern immer nur über den Web-Container. Der Web-Container empfängt dabei üblicherweise eine HTTP-GET- oder eine HTTP-POST-Anfrage (HTTP-Request, siehe Abbildung 4.1).

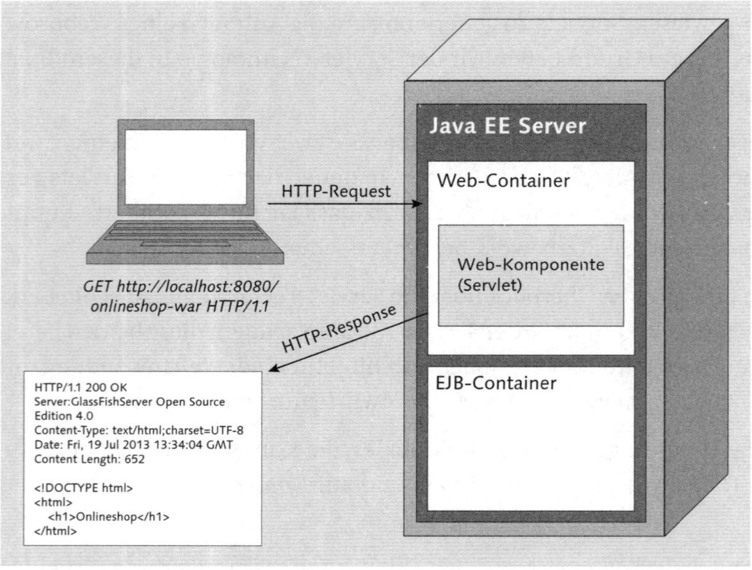

Abbildung 4.1 Der Webbrowser kommuniziert mit dem Web-Container.

Anhand einer internen Zuordnungstabelle kann der Web-Container erkennen, an welches Servlet die Anfrage gerichtet ist. Er prüft, ob ein entsprechendes Servlet-Objekt bereits instanziiert ist. Wenn noch keine Instanz des Servlets erstellt worden ist, wird der Web-Container dies zum Zeitpunkt der Anfrage nachholen.

Bevor der Web-Container die HTTP-Anfrage an das Servlet weitergibt, verarbeitet er sie zunächst und erstellt hieraus Übergabeobjekte der Typen `ServletRequest` bzw. `ServletResponse`. Im Servlet können die HTTP-Anfragen dadurch verwertet werden.

Vom Servlet aus werden oft weitere interne Java-Komponenten aufgerufen, die anschließend zum Beispiel für die Geschäftslogik und die Datenhaltung zuständig sind. Servlets sind deshalb die Schnittstelle zwischen den internen Java-Objekten und dem Web-Container, der nach außen hin die ganze Arbeit rund um das HTTP-Protokoll erledigt.

4.1.2 Der Lebenszyklus eines Servlets

Ein Servlet ist eigentlich nichts anderes als eine Java-Klasse, die das Interface `javax.servlet.Servlet` implementiert und dadurch von einem Web-Container verwaltet werden kann.

Im Lebenszyklus eines Servlets gibt es drei Phasen:

- die Initialisierungsphase
- die Servicephase
- die Beendigungsphase

Das Interface `javax.servlet.Servlet` stellt für jede dieser Phasen eine eigene Methode zur Verfügung (siehe Abbildung 4.2). Auf diese Weise kann das Servlet dem Web-Container anzeigen, was in den jeweiligen Lebensphasen zu tun ist.

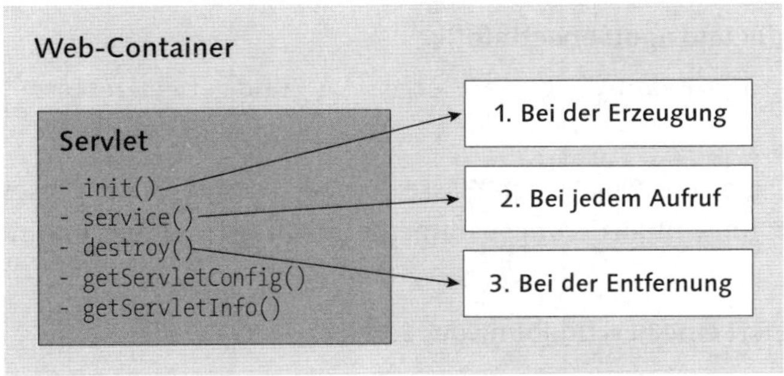

Abbildung 4.2 Die Methoden, die im Lebenszyklus eines Servlets durchlaufen werden

Die Methode »init()«

Die `init()`-Methode wird nur bei der Erzeugung des Servlets aufgerufen. Hier kann man zum Beispiel Initialisierungsanweisungen einfügen, wie beispielsweise die Beschaffung von Initialisierungsparametern.

Die Methode »destroy()«

Die Methode `destroy()` wird genauso wie die Methode `init()` nur ein einziges Mal aktiv, denn sie wird nur dann aufgerufen, wenn das Objekt entfernt werden soll. Deshalb bietet sich diese Methode für Aufräumarbeiten an.

Die Methode »service()«

Die wichtigste Aufgabe eines Servlets ist die Bearbeitung und die Beantwortung der HTTP-Anfragen. Aus den Inhalten jeder Anfrage erzeugt der Web-Container ein `ServletRequest`-Objekt und ein `ServletResponse`-Objekt, die er dem Servlet über die Methode `service()` übergibt. Die Methode `service()` wird bei jedem Aufruf des Servlets ausgeführt. Somit stehen der Methode `service()` zahlreiche Informationen und Funktionen zur Verfügung, die für die Bearbeitung der Anfragen verwendet werden können (siehe Abbildung 4.3).

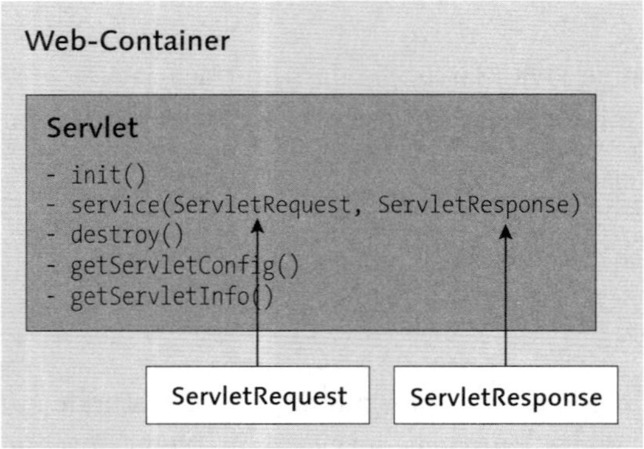

Abbildung 4.3 Die Übergabe der Objekte »ServletRequest« und »ServletResponse« an das Servlet

Die Methoden »getServletConfig()« und »getServletInfo()«

Das Interface enthält zwei weitere Methoden, die `getServletConfig()` und `getServletInfo()` heißen.

Die Methode `getServletConfig()` gibt ein Objekt der Klasse `ServletConfig` wieder. Dieses Objekt wird meistens verwendet, um Initialisierungsparameter abzufragen. Hierauf kommen wir später noch mal zurück.

Die Methode `getServletInfo()` liefert eine Beschreibung des Servlets.

4.1.3 Das HttpServlet

Im letzten Abschnitt wurde erklärt, dass ein Servlet nichts weiter als eine Klasse ist, die das Interface `javax.servlet.Servlet` implementiert. Allerdings wird man wohl in einem realen Java-EE-Projekt kein Servlet vorfinden, das unmittelbar vom Interface `javax.servlet.Servlet` abstammt, denn dieses Interface ist in erster Linie ein Grundgerüst, das als Schnittstelle zwischen dem Web-Container und der Web-Komponente gedacht ist. In der Praxis wird ein Servlet eher von der abstrakten Klasse `javax.servlet.http.HttpServlet` abgeleitet. Diese Klasse ist aber selbst eine Kindklasse der abstrakten Klasse `javax.servlet.GenericServlet`, und diese wiederum implementiert letztlich das Interface `javax.servlet.Servlet`.

In Abbildung 4.4 sehen Sie die Vererbungshierarchie der Servlets in einem Klassendiagramm. Zur Veranschaulichung wurden immer nur die Methoden hinzugefügt, die bei der jeweiligen Klasse hinzukommen.

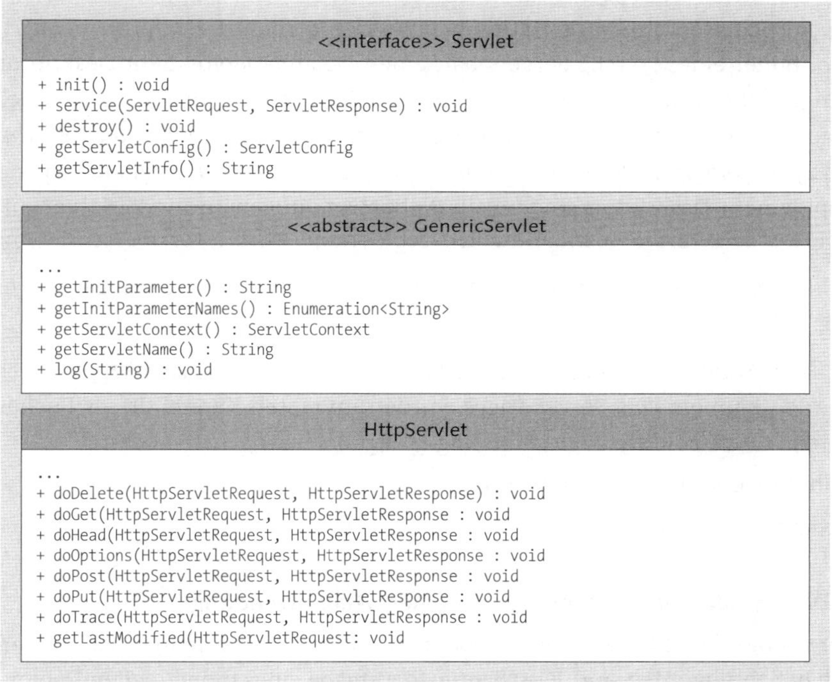

Abbildung 4.4 Die Vererbungshierarchie von »Servlet«, »GenericServlet« und »HttpServlet« in einem Klassendiagramm

Weil die Klasse `HttpServlet` von der Klasse `GenericServlet` ableitet, erbt sie alles Nützliche, was die Klasse `GenericServlet` bereits verwirklicht hat. Obschon die Klasse `GenericServlet` einige Funktionalitäten realisiert, sind diese meistens nur dem Anschein nach voll funktionsfähig. Damit die gesamte Bandbreite rund um das HTTP-Protokoll verfügbar ist, müssen Servlets deshalb stets von der Klasse `HttpServlet` abgeleitet sein.

4.1.4 Die Bekanntmachung und Konfiguration eines Servlets

Damit ein Servlet vom Web-Container auch erkannt und zugeordnet werden kann, muss es als Servlet deklariert werden. Diese Deklaration kann entweder im sogenannten Deployment-Deskriptor oder mithilfe einer Klassen-Annotation gesetzt werden.

Der Deployment-Deskriptor ist eine XML-Datei, die den Namen *web.xml* trägt und im Ordner *\WebContent\WEB-INF* hinterlegt wird. In Eclipse befindet sich dieser Ordner unterhalb des Projekts.

Der Default-Deployment-Deskriptor im Java EE Server

Die Nutzung eines Deployment-Deskriptors ist allerdings optional. Denn durch die Nutzung von Annotationen kann die Erstellung eines Deployment-Deskriptors für die Webanwendung theoretisch entfallen. Aber selbst wenn ein Web-Modul keinen individuellen Deployment-Deskriptor einsetzt, werden Konfigurationen eines Deployment-Deskriptors benutzt, denn der Web-Container eines Java EE Servers hält einen Default-Deployment-Deskriptor bereit, der voreingestellte Konfigurationen definiert. Im GlassFish-Server nennt sich der Default-Deployment-Deskriptor *default-web.xml*. Sie können den Inhalt der *default-web.xml* im Ordner *C:\glassfish4\glassfish\domains\domain1\config* anschauen. Die Default-Einstellungen dieses Deployment-Deskriptors sind für alle Webanwendungen im Java EE Server gültig – es sei denn, sie wurden von einem individuellen Deployment-Deskriptor überschrieben.

Die voreingestellten Konfigurationen der *default-web.xml* beinhalten vorwiegend drei Bereiche:

1. Bereitstellung eines Servlet-Mappings für die JSP-Engine Jasper, sodass Java Server Pages ausgeführt werden können. Java Server Pages wurden im ersten Kapitel dieses Buches bereits vorgestellt. Ihre ausführlich Beschreibung erfolgt erst im nächsten Kapitel.
2. Zuordnung von Dateiendungen zu MIME-Typen
3. Liste der Willkommensseiten

Der individuelle Deployment-Deskriptor einer einzelnen Webanwendung

Ein individueller Deployment-Deskriptor überschreibt die voreingestellten Parameter, wenn diese gleich benannt worden sind. Die wichtigste Aufgabe eines individuellen Deployment-Deskriptors ist die Deklaration der Servlets. Denn hierüber wird das Mapping zwischen einem URL-Pattern und einem Servlet erstellt.

In Kapitel 2, »Der Java EE Server«, wurde gezeigt, wie man ein dynamisches Webprojekt mit Eclipse erschafft. Als wir dort das Webprojekt *onlineshop-war* erstellt haben, bot uns der Eclipse-Wizard die Möglichkeit an, den Deployment-Deskriptor automatisch erzeugen zu lassen. Diese Option hatten wir nicht benötigt, da es komfortabel und gängig ist, Servlets über Annotationen zu deklarieren (hierauf kommen wir gleich zurück). Sie können den Deployment-Deskriptor aber auch manuell erzeugen, indem Sie mit dem XML-Wizard von Eclipse die XML-Datei *\WebContent\WEB-INF\web.xml* erzeugen und den folgenden Quelltext dort hineinkopieren:

```
<?xml version="1.0" encoding="UTF-8"?>
<web-app version="3.1"
```

```
xmlns="http://xmlns.jcp.org/xml/ns/javaee"
xmlns:xsi="http://www.w3.org/2001/XMLSchema-instance"
xsi:schemaLocation="http://xmlns.jcp.org/xml/ns/javaee
http://xmlns.jcp.org/xml/ns/javaee/web-app_3_1.xsd">
    <servlet>
        <servlet-name>RegisterServlet</servlet-name>
        <servlet-class>
            de.java2enterprise.onlineshop.RegisterServlet
        </servlet-class>
    </servlet>
    <servlet-mapping>
        <servlet-name>RegisterServlet</servlet-name>
        <url-pattern>/register</url-pattern>
    </servlet-mapping>
</web-app>
```

Listing 4.1 »web.xml«

Im Element `<servlet>` haben wir über das Element `<servlet-class>` die Klasse `de.java2enterprise.onlineshop.RegisterServlet` deklariert und sie mit dem Bezeichner `RegisterServlet` verbunden. Durch das Element `<servlet-mapping>` haben wir alle Anfragen, die an die URL */register* gerichtet werden, auf den Bezeichner `RegisterServlet` gemappt.

Somit werden von nun an alle Anfragen an */register* mit dem `RegisterServlet` bearbeitet.

Load-On-Startup

Normalerweise erstellt der Web-Container ein Servlet-Objekt erst dann, wenn das Servlet zum ersten Mal aufgerufen wird. Diese Vorgehensweise wird *Lazy Loading* genannt. Manchmal ist es aber wichtig, dass man ein Servlet zu einem früheren Zeitpunkt vorliegen hat. Zum Beispiel könnte es sein, dass einem Servlet Initialisierungsaufgaben zukommen. Eine solche Initialisierungsaufgabe könnte beinhalten, dass aufwendige Algorithmen vorab berechnet werden sollen, bevor die Aufrufe der Clients eintreffen. Ein solches Servlet müsste also noch vor allen anderen Servlets erzeugt werden. Für diesen Zweck kann im Deployment-Deskriptor das Element `load-on-startup` verwendet werden. Als Wert ist eine Ganzzahl zwischen 0 und 128 möglich. Wenn das Attribut bei mehreren Servlets gesetzt ist, geht der Web-Container der Reihe nach vor. Das heißt, dass zunächst das Servlet mit dem Wert 0, dann das mit dem Wert 1, dann das mit dem Wert 2 usw. erstellt wird. Enthalten mehrere Servlets den gleichen Wert, geht der Web-Container nach eigenem Ermessen vor. In der Datei *web.xml* wird der Parameter wie folgt gesetzt:

```
<?xml version="1.0" encoding="UTF-8"?>
<web-app version="3.1"
```

```
xmlns="http://xmlns.jcp.org/xml/ns/javaee"
xmlns:xsi="http://www.w3.org/2001/XMLSchema-instance"
xsi:schemaLocation="http://xmlns.jcp.org/xml/ns/javaee
http://xmlns.jcp.org/xml/ns/javaee/web-app_3_1.xsd">
    <servlet>
        <servlet-name>RegisterServlet</servlet-name>
        <servlet-class>
            de.java2enterprise.onlineshop.RegisterServlet
        </servlet-class>
    <load-on-startup>1</load-on-startup>
  </servlet>
    <servlet-mapping>
        <servlet-name>RegisterServlet</servlet-name>
        <url-pattern>/register</url-pattern>
    </servlet-mapping>
</web-app>
```

Listing 4.2 »web.xml«

Die Bekanntmachung über die Annotation »@WebServlet«

Weil das Mapping in einer XML-Datei aufwendig und fehlerträchtig ist, wurde zusätzlich die Möglichkeit geschaffen, *Annotations* zu verwenden. Statt des individuellen Deployment-Deskriptors wird das Mapping eines `HttpServlets` somit üblicherweise über die Annotation `@WebServlet` vorgenommen, die vor die Schlüsselwörter `public class` gesetzt wird.

Die Annotation benötigt lediglich das URL-Pattern, über das das Servlet aufrufbar sein soll. Im Beispiel des `HttpServlets` wird der Annotation `@WebServlet` das Element `urlPatterns` mitgegeben, über das man die Pfade festlegt, über die das Servlet aufrufbar sein soll.

```
@WebServlet(urlPatterns={"/register"})
public class RegisterServlet extends HttpServlet {
    ...
```

Listing 4.3 »RegisterServlet.java«

Weil das Servlet lediglich über einen einzigen Pfad aufrufbar sein soll, kann auf die vollständige Syntax verzichtet werden. Die folgende Annotation ist also mit der obigen gleichwertig:

```
@WebServlet("/register")
public class RegisterServlet extends HttpServlet {
    ...
```

Listing 4.4 »RegisterServlet.java«

Im obigen Beispiel wird die URL "/register" direkt mit dem RegisterServlet verknüpft, ohne dass ein zusätzlicher Servlet-Bezeichner wie in der *web.xml* verwendet wird. Aber auch das ist mit der Annotation @WebServlet möglich. Die folgende Annotation setzt den Servlet-Bezeichner auf RegisterServlet, genauso wie es beim *web.xml*-Beispiel am Anfang des Kapitels gezeigt wurde:


```
@WebServlet(urlPatterns = {"/register"}, name="RegisterServlet")
```

Auch der Parameter load-on-startup kann mit der Annotation @WebServlet verwendet werden. Beachten Sie dabei die Änderung der Syntax der URL, denn nun muss das Attribut urlPatterns eingesetzt werden:

```
@WebServlet(urlPatterns = {"/register"}, loadOnStartup=1)
```

4.2 Die Servlet-API

In diesem Abschnitt wird gezeigt, mit welchen grundlegenden API-Bestandteilen ein Servlet erstellt werden kann. Danach werden wir ein Beispiel programmieren, bei dem eine HTML-Seite mit einem Servlet über HTTP kommuniziert. Für dieses Beispiel werden wir auch die Werkzeuge von Eclipse einsetzen.

Um die Beispiele auszuprobieren, können Sie ein dynamisches Webprojekt in Eclipse erzeugen, NetBeans nutzen oder den ganzen Weg »zu Fuß« gehen und die einzelnen Schritte mit einem Editor programmieren. Alle drei Varianten wurden in diesem Buch gezeigt. In Kapitel 1, »Überblick«, wurde der manuelle Weg vorgestellt, und in Kapitel 2, »Der Java EE Server«, wurde die Erzeugung eines dynamischen Webprojekts sowohl mit Eclipse wie auch mit NetBeans beschrieben. Am einfachsten wäre es, wenn Sie jetzt das dynamische Webprojekt aus Kapitel 2 weiterverwenden.

4.2.1 Die Service-Methoden

Ein Servlet hat üblicherweise die Aufgabe, die fachlichen Inhalte eines HTTP-Requests zu verarbeiten. Zu diesem Zweck werden in einem Servlet bestimmte Methoden überschrieben. Je nachdem, um welchen HTTP-Typ es sich handelt, muss eine entsprechende Methode gewählt werden. Wenn ein HTTP-Client beispielsweise einen GET-Request absendet, untersucht der Web-Container beim HttpServlet, ob eine doGet()-Methode überschrieben worden ist, und führt diese aus. Genauso wird bei einem POST-Request die doPost()-Methode ausgeführt usw. Deshalb werden die doGet()- und die doPost()-Methoden eines HttpServlets auch als *Service-Methoden* bezeichnet.

In der folgenden Aufstellung sehen Sie alle Service-Methoden, die bei einem HttpServlet überschrieben werden können:

- ```
  protected void doGet(
      HttpServletRequest req,
      HttpServletResponse res)
          throws ServletException, IOException
  ```
- ```
  protected void doPost(
      HttpServletRequest req,
      HttpServletResponse res)
          throws ServletException, IOException
  ```
- ```
  protected void doPut(
      HttpServletRequest req,
      HttpServletResponse res)
          throws ServletException, IOException
  ```
- ```
  protected void doDelete(
      HttpServletRequest req,
      HttpServletResponse res)
          throws ServletException, IOException
  ```
- ```
  protected void doHead(
      HttpServletRequest req,
      HttpServletResponse res)
          throws ServletException, IOException
  ```
- ```
  protected void doOptions(
      HttpServletRequest req,
      HttpServletResponse res)
          throws ServletException, IOException
  ```
- ```
  protected void doTrace(
      HttpServletRequest req,
      HttpServletResponse res)
          throws ServletException, IOException
  ```

Jeder Service-Methode werden zwei Übergabeparameter übergeben. Der erste Übergabeparameter ist vom Typ `HttpServletRequest` und der zweite ist vom Typ `HttpServletResponse`.

Durch das `HttpServletRequest`-Objekt werden die mit dem HTTP-Request übersandten Informationen abgeholt. Dagegen hält das Objekt der Klasse `HttpServletResponse` Methoden für die Beantwortung des HTTP-Requests bereit.

Jede Service-Methode ist darüber hinaus mit der Möglichkeit ausgestattet, auf eine `ServletException` oder eine `IOException` zu reagieren.

Es wurde bereits angemerkt, dass üblicherweise die Methode überschrieben wird, deren Aufruf aufgrund des Request-Typs zu erwarten ist. Obgleich die Klasse `HttpServlet` für jeden HTTP-Request eine eigene Methode bereithält, interessiert sich der Java-EE-Entwickler lediglich für die Methoden `doGet()` und `doPost()`, denn in der Praxis kommt es eigentlich nicht vor, dass eine andere Service-Methode benötigt wird.
  ```

4.2.2 Die Beantwortung eines HTTP-Requests

Die einfachste Möglichkeit, wie ein HTTP-Request mit einer HTTP-Response beantwortet werden kann, bietet die Klasse `HttpServletResponse` an. Denn sie besitzt eine Methode, die sich `HttpServletResponse.getWriter()` nennt. Diese Methode gibt uns ein Objekt der Klasse `PrintWriter` zurück, das für das Versenden von Zeichenketten gedacht ist. Beispielsweise kann ein HTML-Text mit der Methode `PrintWriter.println()` direkt an den Webbrowser versendet werden.

In dem unten dargestellten Listing wird in einem Servlet die Methode `doGet()` überschrieben, um bei einem Aufruf mit einem HTML-Text zu antworten. Dem HTTP-Client wird eine Webseite übermittelt, die dem Benutzer den aktuellen Zeitpunkt anzeigt.

```
package de.java2enterprise.onlineshop;

import java.io.IOException;
import java.io.PrintWriter;
import java.util.Date;
import javax.servlet.ServletException;
import javax.servlet.annotation.WebServlet;
import javax.servlet.http.HttpServlet;
import javax.servlet.http.HttpServletRequest;
import javax.servlet.http.HttpServletResponse;

@WebServlet("/register")
public class RegisterServlet extends HttpServlet {
    private static final long serialVersionUID = 1L;

    public void doGet(
            HttpServletRequest request,
            HttpServletResponse response)
        throws ServletException, IOException {
        final PrintWriter out = response.getWriter();
        out.println("<!DOCTYPE html>");
        out.println("<html>");
        out.println("<body>");
        out.println("<h1>Registrierung</h1>");
        out.println("Datum: " + new Date());
        out.println("</body>");
        out.println("</html>");
    }
}
```

Listing 4.5 »RegisterServlet.java«

Neben der gezeigten Variante bietet die Klasse `HttpServletResponse` auch noch die Methode `getOutputStream()` an:

```
ServletOutputStream out = response.getOutputStream();
```

Mit dieser Methode erhält man ein Objekt der Klasse `ServletOutputStream`. Dieses Objekt ist jedoch nur für den Versand von Binärdaten vorgesehen.

4.2.3 Formular-Parameter entgegennehmen

In dynamischen Webanwendungen findet die Kommunikation zwischen Client und Server üblicherweise über HTML-Formulare statt. In den Formularen gibt der Benutzer Texte ein oder lädt Dateien hoch.

Alle im HTML-Formular enthaltenen Eingabefelder, Checkboxen, Radio-Buttons usw. werden durch den Webbrowser an den Server verschickt. Die wichtigste Aufgabe eines Servlets ist, die in den HTML-Formularen eingegebenen Daten entgegenzunehmen und auszuwerten.

Im nächsten Beispiel werden eine HTML-Seite mit dem Namen *register.html* und ein Servlet mit dem Namen `RegisterServlet` eingesetzt. Das `RegisterServlet` wird die vom Benutzer eingegebenen Daten entgegennehmen und zur Bestätigung anzeigen (siehe Abbildung 4.5).

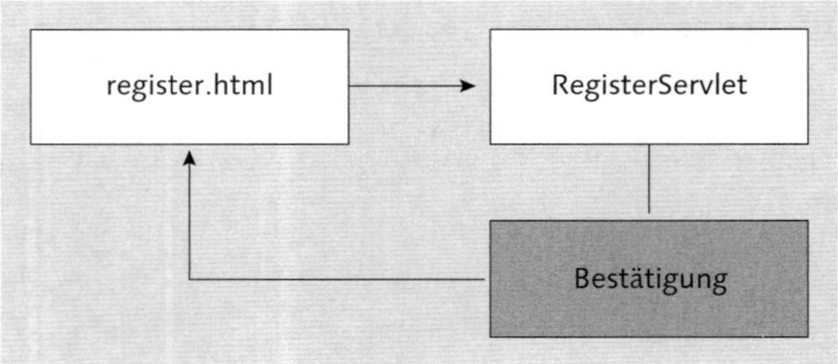

Abbildung 4.5 Die Bestätigung der eingegebenen Kundendaten

Beim Erstellen des Servlets werden wir uns diesmal von Eclipse helfen lassen. Und zwar werden wir einen speziellen Wizard verwenden, der uns ein Grundgerüst eines Servlets bauen wird. Um das Servlet zu erzeugen, klicken Sie auf FILE • NEW • OTHER.

In dem NEW-Fenster klicken Sie im mittleren Bereich auf WEB und anschließend auf SERVLET (siehe Abbildung 4.6).

In dem Fenster aus Abbildung 4.7 fügen Sie in den Eingabefeldern das Java-Package und den Klassennamen hinzu.

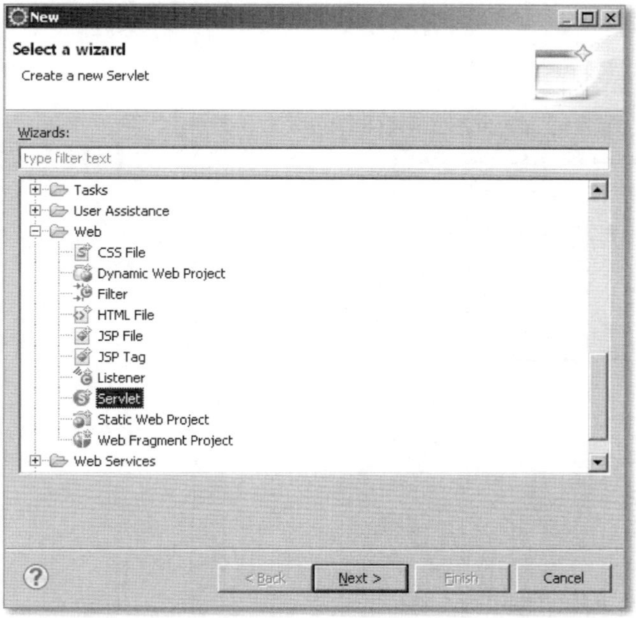

Abbildung 4.6 Das »New«-Fenster in Eclipse

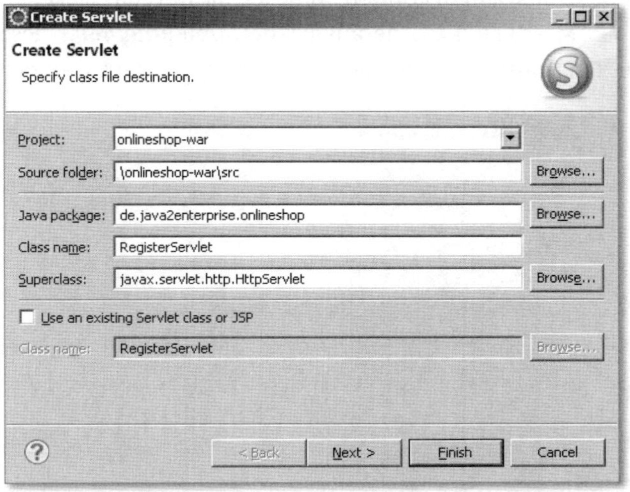

Abbildung 4.7 Die Erstellung eines Servlets

Mit NEXT gelangen Sie zum nächsten Fenster, in dem Sie Angaben zur Konfiguration des Servlets setzen können. Standardmäßig bietet Eclipse dort den Namen des Servlets als URL-Mapping an. Klicken Sie auf den vorgeschlagenen Bezeichner und dann auf EDIT, um diesen zu ändern. In Abbildung 4.8 wurde der Bezeichner auf `/register` geändert.

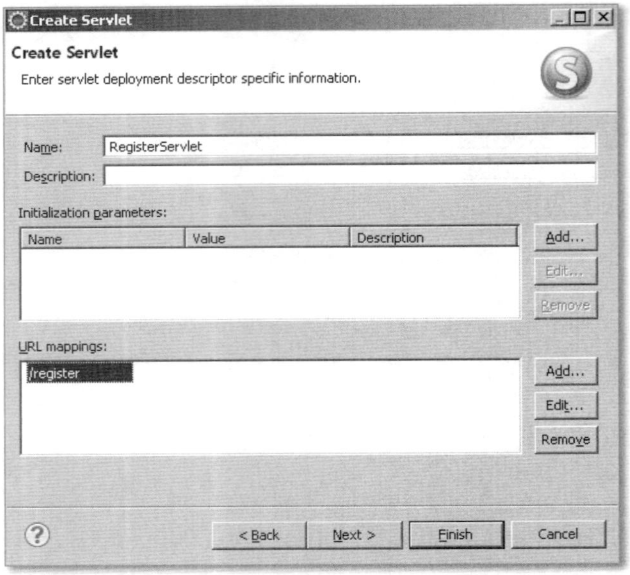

Abbildung 4.8 Die Deployment-Konfiguration des Servlets

Mit einem Mausklick auf NEXT gelangen Sie in das nächste Konfigurationsfenster, bei dem Sie die zu implementierenden Methoden auswählen können. Nehmen Sie dort das Häkchen bei der Checkbox CONSTRUCTORS FROM SUPERCLASS heraus (siehe Abbildung 4.9). Diese Option benötigen wir nicht, weil wir den Konstruktor des Servlets nicht überlagern werden.

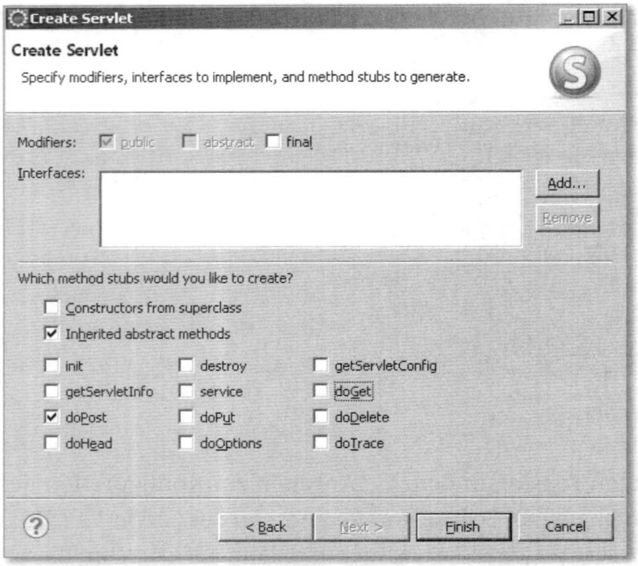

Abbildung 4.9 Die Auswahl der Methoden für das Servlet

Außerdem sollten Sie auch das Häkchen bei der Checkbox DOGET entfernen. Da das RegisterServlet durch die Datei *register.html* aufgerufen wird und dort mit dem Attribut method="post" ein HTTP-POST-Request im HTML-Formular notiert worden ist, brauchen wir lediglich die Methode doPost() zu implementieren.

Mit einem Mausklick auf den Button FINISH wird folgendes Servlet erstellt:

```
package de.java2enterprise.onlineshop;

import java.io.IOException;
import javax.servlet.ServletException;
import javax.servlet.annotation.WebServlet;
import javax.servlet.http.HttpServlet;
import javax.servlet.http.HttpServletRequest;
import javax.servlet.http.HttpServletResponse;

/**
 * Servlet implementation class RegisterServlet
 */
@WebServlet("/register")
public class RegisterServlet extends HttpServlet {
    private static final long serialVersionUID = 1L;

    /**
     * @see HttpServlet#doPost(
        HttpServletRequest request,
        HttpServletResponse response)
     */
    protected void doPost(
HttpServletRequest request,
HttpServletResponse response)
throws ServletException, IOException {
        // TODO Auto-generated method stub
    }
}
```

Listing 4.6 »RegisterServlet.java«

Mithilfe des HTML-Formulars in der Datei *register.html* gibt der Kunde seine Daten ein. Weil im öffnenden Tag des HTML-Formulars das Attribut action="register" steht, wird die Kontrolle nun an das RegisterServlet übergeben.

```
    <form action="register" method="post">
        ...
```

Listing 4.7 »register.html«

4.2.4 Die Inhalte der Methode »doPost()« programmieren

Das `RegisterServlet` wird die Inhalte des Registrierformulars *register.html* in der Methode `doPost()` entgegennehmen. In der `doPost()`-Methode werden die Schlüssel-Wert-Paare mithilfe der Methode `getParameter(String key)` der Klasse `ServletRequest` ausgelesen:

```
final String email = request.getParameter("email");
final String password = request.getParameter("password");
```

Nachdem das `RegisterServlet` die Benutzerdaten besorgt hat, werden die Daten des Benutzers zur Bestätigung angezeigt.

Das folgende Listing zeigt den kompletten Quelltext der Datei *RegisterServlet* an:

```
package de.java2enterprise.onlineshop;

import java.io.IOException;
import java.io.PrintWriter;

import javax.servlet.ServletException;
import javax.servlet.annotation.WebServlet;
import javax.servlet.http.HttpServlet;
import javax.servlet.http.HttpServletRequest;
import javax.servlet.http.HttpServletResponse;

@WebServlet("/register")
public class RegisterServlet extends HttpServlet {
    private static final long serialVersionUID = 1L;

    protected void doPost(
            HttpServletRequest request,
            HttpServletResponse response)
            throws ServletException, IOException {

        response.setContentType(
                "text/html;charset=UTF-8");

        final String email =
                request.getParameter("email");
        final String password =
```

```
                request.getParameter("password");

        final PrintWriter out = response.getWriter();

        out.println("<!DOCTYPE html>");
        out.println("<html>");
        out.println("<body>");
        out.println("<br>Ihre eingegeben Daten:");
        out.println("<br>E-Mail: " + email);
        out.println("<br>Passwort: " + password);
        out.println("</body>");
        out.println("</html>");
    }
}
```

Listing 4.8 »RegisterServlet.java«

Wenn der GlassFish-Server nicht gestoppt worden ist, wird das Servlet automatisch mit der Java-EE-Anwendung per *Hot Deployment* aktualisiert. Das Beispiel wird im Webbrowser über die URL *http://localhost:8080/onlineshop-war/register.html* aufgerufen.

Falls es nicht wie erwartet funktioniert

Im Webbrowser werden die Resultate der Webanwendungen visualisiert. Wenn Sie dort gelegentlich mal nicht das Ergebnis erhalten, das Sie erwarten, könnte es daran liegen, dass der Cache des Webbrowsers ältere Ansichten anzeigt, die mit dem gleichen Request ehemals geholt wurden. Um dieses Problem zu lösen, drücken Sie bei geöffnetem Webbrowser die Taste [F5], denn hierdurch wird der Webbrowser seine Ansicht aktualisieren. Wenn die Auffrischung der Ansicht nicht weiterhilft, könnte das Problem auch im GlassFish-Plug-in von Eclipse liegen.

Das GlassFish-Plug-in für Eclipse hat es recht schwer mit seiner Arbeit, dabei versucht es, dem Entwickler alles recht zu machen. Wenn der Entwickler im Hauptmenü PROJECT • BUILD AUTOMATICALLY anschaltet, erwartet er, dass jede noch so kleine Änderung gleich nach der Speicherung kompiliert wird. Mit einem Klick auf PUBLISH TO THE SERVER soll die Anwendung die Änderungen gleich mit anzeigen. Schließlich bietet ein Java EE Server ja das *Hot Deployment* an, was in der Regel einwandfrei funktioniert. Weil viele Dokumente einer Webanwendung aber zur Laufzeit erzeugt werden, gerät hier manches schon mal durcheinander. Deshalb reicht es gelegentlich nicht aus, auf den Button PUBLISH TO THE SERVER zu klicken.

Im Hauptmenü von Eclipse wird die Funktion PROJECT • CLEAN angeboten. Hierdurch werden die Quelltexte des Projekts neu kompiliert. Aber auch dies ist häufig nicht genug. Aus diesem Grund bietet die Serverinstanz in der Eclipse-View SERVERS ebenfalls den Menüpunkt CLEAN an. Hierfür klicken Sie in der View SERVERS mit der rechten Maustaste auf die

Server-Instanz. Wenn das auch nichts nützt, muss die Server-Instanz in Eclipse eventuell gelöscht und erneut erzeugt werden.

4.2.5 Header-Zeilen

Einer der wichtigsten Anwendungsfälle für das Setzen einer Header-Zeile ist die Bestimmung des MIME-Typs und der Zeichenenkodierung.

Um in der HTTP-Response eine Header-Zeile hinzuzufügen, bietet die Klasse `HttpServletResponse` unterschiedliche Möglichkeiten an.

Üblicherweise wird jedoch die Methode `HttpServletResponse.setHeader(String name, String wert)` eingesetzt.

Eine weitere Alternative bietet die Methode `HttpServletResponse.setIntHeader(String name, int zeitpunkt)` an, die als zweiten Parameter einen numerischen Wert entgegennimmt.

Der Methode `HttpServletResponse.setDateHeader(String name, long zeitpunkt)` wird im zweiten Parameter ein `long`-Wert übergeben. Der `long`-Wert wird anschließend im Header der HTTP-Response in ein Datum umgewandelt.

4.2.6 Die Festlegung der Zeichenenkodierung

Mit folgender Anweisung kann der Header `Content-Type` auf `"text/html; charset=UTF-8"` gesetzt werden:

```
response.setHeader("Content-Type", "text/html; charset=UTF-8");
```

Für Header-Zeilen, die häufig gesetzt werden, bietet das `response`-Objekt eigene Anweisungen an. Deshalb kann der Medientyp und die Zeichenkodierung auch mit der Methode `setContentType()` gesetzt werden:

```
response.setContentType("text/html; charset=UTF-8");
```

Das Response-Objekt bietet noch eine weitere Methode an, die das Setzen der Zeichenkodierung ermöglicht. Die Methode nennt sich `setCharacterEncoding()`. Allerdings führt diese Methode nur in Kombination mit der Methode `setContentType()` zu dem gewünschten Ergebnis. Deshalb wird üblicherweise die komprimierte Variante `response.setContentType("text/html;charset=UTF-8")` bevorzugt.

```
public void doGet(
        HttpServletRequest request,
        HttpServletResponse response)
    throws ServletException, IOException {
    response.setContentType(
        "text/html;charset=UTF-8");
```

```
    final PrintWriter out = response.getWriter();
    out.println("<!DOCTYPE html>");
    out.println("<html>");
    out.println("<body>");
    out.println("Datum: " + new Date());
    out.println("</body>");
    out.println("</html>");
}
```


Listing 4.9 »DateServlet.java«

4.2.7 Einen Status-Code setzen

Als wir im letzten Beispiel eine Antwort für die HTTP-Anfrage an den Webbrowser versendet haben, hat der Web-Container von sich aus einen Status-Code `200 OK` hinzugefügt, da dies der Default-Wert ist, wenn die HTTP-Anfrage auf keinen Widerstand gestoßen ist.

```
// Dies ist der Standard-Status-Code der HTTP-Response
// response.setStatus(HttpServletResponse.SC_OK);
```

Manchmal ist es aber erforderlich, einen anderen Status-Code zu bestimmen. Beispielsweise versendet der Benutzer ja beim Registrieren eine E-Mail und ein Kennwort. Während der Status-Code 200 mit einem `OK` sehr allgemein ist, bieten sich manche Status-Codes besser für eine Antwort an. Beispielsweise könnte man sich vorstellen, dass in einem Prozess über mehrere Formulare Daten an den Server gesendet werden. Jedes Mal, wenn ein Formular empfangen worden ist, könnte der Server zunächst mit einem Status-Code `202 ACCEPTED` antworten.

```
response.setStatus(HttpServletResponse.SC_ACCEPTED);
```

Erst im letzten Schritt antwortet der Server dann schließlich mit einem Status-Code `200 OK`, um die vollständige Übermittlung zu bestätigen. Dies ist aber nur ein Beispiel.

Apropos: Beachten Sie, dass Status-Codes, die einen Fehler signalisieren, (Status-Code 400 bis 599) nicht mit der Methode `setStatus()`, sondern mit der Methode `sendError()` versendet werden müssen.

Beispielsweise würde folgende Anweisung dazu führen, dass der Webbrowser alle übrigen Inhalte ignoriert:

```
response.sendError(HttpServletResponse.SC_NOT_FOUND);
```

Stattdessen würde er eine Fehlermeldung anzeigen und darauf hinweisen, dass die Webseite nicht gefunden wurde. Aufgrund vergangener Änderungen in der Spezifikation könnte es vorkommen, dass sich beide Methoden – `setStatus()` und `sendError()` – bei einem Fehler-Code korrekt verhalten. Besser ist jedoch, wenn Sie sich hierauf nicht verlassen und stattdessen bei den Status-Codes 400 bis 599 die Methode `sendError()` nutzen.

4.2.8 Eine clientseitige Umleitung (Redirect) herbeiführen

Wie Sie am Beispiel der Fehler-Codes (400 bis 599) gesehen haben, ist es nicht in jedem Fall erforderlich, dass ein Servlet einen HTML-Quelltext erstellt. Denn ein Fehler-Code führt zwangsläufig dazu, dass zu einer entsprechenden Fehlerseite umgelenkt wird.

Es gibt aber auch andere Fälle, in denen es aus fachlichen Gründen erforderlich ist, die Kontrolle an eine weitere Web-Komponente umzuleiten.

Bei Umleitungen werden grundsätzlich zwei Typen unterschieden. Bei der ersten Variante wird dem Webbrowser mitgeteilt, dass er clientseitig umleiten soll, das heißt, ersatzweise eine andere URL anfragen soll (*Redirect*).

Bei der zweiten Variante wird die Anfrage serverseitig an eine URL umgeleitet (*Forward*).

In diesem Abschnitt schauen wir uns zunächst die erste Variante (Redirect) an. Ein Redirect kann bei dem Webbrowser angekündigt werden, indem ihm einer der Status-Codes 301, 302, 303 oder 307 zugesandt wird. Jeder dieser Status-Codes sagt aus, dass die angeforderte Ressource nun unter der im Header "`Location`" angegebenen URL angefragt werden muss. Aber warum existieren gleich vier Status-Codes für einen Redirect? Nun, zunächst muss man unterscheiden, dass es sich bei den ersten beiden um ältere Status-Codes handelt.

Die älteren Status-Codes 301 und 302

Der Status-Code `301 Moved Permanently` bedeutet:

- Die neue URL ist permanent.
- Die alte URL ist nicht mehr gültig.

Der Status-Code `302 Found` bzw. `302 Moved Temporarily` bedeutet:

- Die neue URL ist temporär.
- Die alte URL bleibt gültig.

Die Status-Codes 301 und 302 sind ältere Status-Codes, die aber in der Praxis nach wie vor verwendet werden. Allerdings führen sie zu Sicherheitsproblemen und sollten deshalb durch die neueren Status-Codes 303 und 307 abgelöst werden.

Das Problem der älteren Status-Codes wird an einem Beispiel deutlicher. Im Onlineshop könnten wir beispielsweise im `RegisterServlet` den Redirect zu der Datei *signin.html* mit folgenden Zeilen anweisen:

```
// Status-Code 301
response.setStatus(HttpServletResponse.SC_MOVED_PERMANENTLY);
response.setHeader("Location", "signin.html");
```

Bei dem Webbrowser kommen dann folgende zwei Zeilen an:

Response-Header:

```
HTTP/1.1 301 Moved Permanently
Location: signin.html
```

Dieser Redirect sagt aus, dass zukünftig die ursprüngliche URL nicht mehr gültig sein wird. Üblicherweise wird ein Webbrowser anschließend die Adresse *http://localhost:8080/onlineshop-war/signin.html* mit einem GET-Request anfragen, auch wenn die Ursprungs-URL mit POST angefordert wurde. Weil der Benutzer hierüber keinen Hinweis erhält, würde er eine vertauschte Umleitung eines Hackers nicht bemerken, der sich ins Netzwerk eingeschlichen hat. In der HTTP-Spezifikation Version 1.1 wird diese Umleitung deshalb nicht empfohlen.

Genauso wie mit dem Status-Code 301 können wir mit folgenden Zeilen den Redirect auch über den Status-Code 302 anstoßen:

```
// Status-Code 302
response.setStatus(HttpServletResponse.SC_MOVED_TEMPORARILY);
response.setHeader("Location", "signin.html");
```

Dabei wird gleichzeitig ausgesagt, dass die Umleitung nur temporär ist.

Die Servlet-API stellt mit folgender Anweisung noch eine kürzere Möglichkeit zur Verfügung, wie ein Redirect über den älteren Status-Code 302 ausgelöst werden kann:

```
response.sendRedirect("signin.html");
```

Die Anweisung `sendRedirect(String url)` wird den Status-Code 302 und die angegebene URL im Header "`Location`" anzeigen.

Response-Header:

```
HTTP/1.1 302 Moved Temporarily
Location: http://localhost:8080/onlineshop-war/signin.html
```

Aber auch diese Umleitung wird über einen GET-Request erfolgen.

Das Problem der Status-Codes 301 und 302 ist also, dass sie POST-Requests bei HTML-Formularen an GET-Requests umleiten können, ohne dass der Benutzer hiervon etwas mitbekommt. Diese Tatsache wurde in der Vergangenheit von Hackern genutzt, um HTTP-POST-Requests abzufangen und an eine Betrugsseite umzulenken.

Die neuen Status-Codes 303 und 307

Der Status-Code `303 See Other` bedeutet:

- Die neue URL ist permanent.
- Die alte URL ist nicht mehr gültig.
- Der Umleitungs-Request ist immer ein GET.

Der Status-Code 307 Temporary Redirect bedeutet:

- Die neue URL ist temporär.
- Die alte URL bleibt gültig.
- Die Umleitung von einem POST-Request ist immer ebenfalls ein POST-Request und wird beim Benutzer mit einem Sicherheitshinweis angefragt.

Der Status-Code 303 SEE OTHER ähnelt dem Status-Code 301 MOVED PERMANENTLY.

```
// Status-Code 303
response.setStatus(HttpServletResponse.SC_SEE_OTHER);
response.setHeader("Location", "signin.html");
```

Wenn ein Webbrowser diese Antwort erhalten hat, ruft er unverzüglich die Ersatzadresse auf.

Response-Header:

```
HTTP/1.1 303 Found
Location: signin.html
```

Jedoch bewirkt er, dass die Umleitungs-URL vom Webbrowser in jedem Fall mit einem HTTP-GET-Request angefragt werden wird. Der aufmerksame Leser wird sich jetzt fragen, wo denn überhaupt der Unterschied zum Status-Code 301 liegt, denn auch dieser wird doch von den (meisten) Webbrowsern zu einem HTTP-GET-Request in der Umleitung führen.

Der feine Unterschied besteht jedoch darin, dass der Status-Code 303 *immer* zu einem HTTP-GET-Request umleitet und dass er nur definiert wurde, damit die Neuerung vollständig ist. Denn die Status-Codes 303 und 307 sollen gemeinsam als Ersatz für die Status-Codes 301 und 302 betrachtet werden. Während der Status-Code 307 somit eine wirkliche Verbesserung bietet, schafft der Status-Code 303 mit dem lapidaren Ausdruck SEE OTHER hingegen nur eine weitere Möglichkeit, die anders als beim Status-Code 307 nicht zu einer besonderen Mitteilung an den Benutzer des Webbrowsers führt. Ihr Kopfschütteln ist verständlich, und die Webbrowser-Hersteller und den Java-Erfinder werden wahrscheinlich genauso den Kopf geschüttelt haben. Dennoch ist der Status-Code 307 für den Java-EE-Entwickler eine Verbesserung, auf die er in anspruchsvollen Java-EE-Anwendungen nicht verzichten sollte. Denn dieser Status-Code bewirkt bei einem POST-Request, dass die Umleitungsadresse in jedem Fall ebenso mit einem POST-Request angefragt wird. Gleichzeitig erhält der Benutzer des Webbrowsers ein Bestätigungsfenster, in dem er gefragt wird, ob er mit der Umleitung auch einverstanden ist.

Die folgenden Anweisungen erstellen ein Redirect mit dem Status-Code 307:

```
// Status-Code 307
response.setStatus(HttpServletResponse.SC_TEMPORARY_REDIRECT);
response.setHeader("Location", "signin.html");
```

Der Webbrowser erhält dadurch folgende Antwort:

Response-Header

```
HTTP/1.1 307 Temporary Redirect
Location: signin.html
```

War die Ursprungsanfrage ein HTTP-POST-Request, zeigt der Webbrowser die Meldung aus Abbildung 4.10 an.

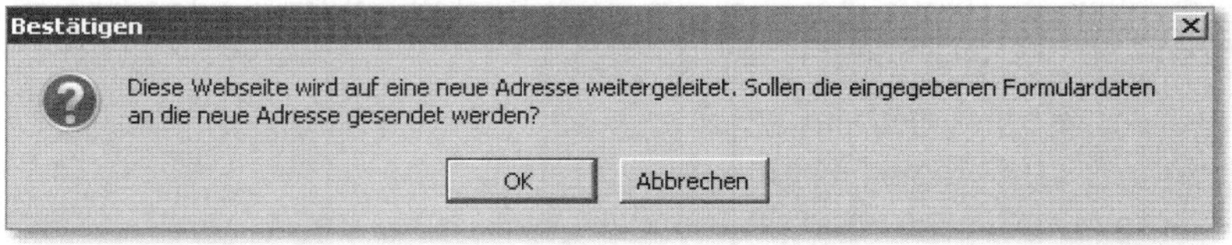

Abbildung 4.10 Der Hinweis, dass die POST-Anfrage umgeleitet wird

Aus dem Besagten kann man folgendes Fazit ziehen: Grundsätzlich ist es vorteilhaft, wenn HTTP-Requests von Webanwendungen über POST-Requests umgesetzt werden. Umleitungen sollten dabei stets über den Status-Code 307 realisiert werden.

4.2.9 Eine serverseitige Umleitung (Forward) programmieren

Wenn eine Umleitung rein serverseitig abläuft, ohne dass der Webbrowser hiervon etwas mitbekommt, spricht man von einem *Forward*.

Um einen Forward zu bewirken, verfügt die Servlet-API über die Klasse `javax.servlet.RequestDispatcher`. Das `RequestDispatcher`-Objekt kann von dem Objekt der Klasse `javax.servlet.ServletRequest` durch die Methoden `getRequestDispatcher(String name)` und `getNamedDispatcher(String name)` erzeugt werden. Die beiden Methoden bieten zwei unterschiedliche Weisen an, um ein Objekt der Klasse `RequestDispatcher` zu besorgen. Der Unterschied zwischen diesen beiden Methoden besteht in dem Parameter, der zum Standort der Zieladresse führt.

getRequestDispatcher()

Bei der Methode `getRequestDispatcher(String name)` wird der Pfad zur Web-Komponente angegeben. Zum Beispiel würde man mit dem folgenden Aufruf die Datei *signin.html* aufrufen:

```
RequestDispatcher dispatcher =
    request.getRequestDispatcher("signin.html");
```

getNamedDispatcher()

Dagegen gibt man bei der Methode `getNamedDispatcher(String name)` den Bezeichner aus dem Deployment-Deskriptor an:

```
RequestDispatcher dispatcher =
getServletContext().getNamedDispatcher("RegisterServlet");
```

forward()

Die Klasse `RequestDispatcher` bietet die zwei Methoden `forward(ServletRequest req, ServletResponse res)` und `include(ServletRequest req, ServletResponse res)` an. Über die Methode `forward(ServletRequest req, ServletResponse res)` wird die Kontrolle gänzlich an die aufgerufene Komponente weitergeleitet.

```
dispatcher.forward(req, res);
```

include()

Dagegen gibt die Methode `include(ServletRequest req, ServletResponse res)` die Kontrolle lediglich vorübergehend ab. Nachdem die aufgerufene Komponente durchlaufen ist, wird die Kontrolle an die aufrufende Web-Komponente wieder zurückgegeben. Beiden Methoden werden als Paramater die aktuellen `ServletRequest`- und `ServletResponse`-Objekte übergeben.

4.2.10 Das Logging in einem Servlet

Die abstrakte Klasse `HttpServlet` bietet eine Methode namens `log()` an, die innerhalb einer Unterklasse aufgerufen werden kann, um Ausgaben in die Log-Datei von GlassFish hinauszuschreiben. GlassFish setzt hierfür JUL (`java.util.logging`), den Standard-Logging-Mechanismus der Java-SE-API ein.

Wenn Sie Texte für das Logging oder für das Debugging ausgeben möchten, sollten Sie diese Methode einsetzen. Warum Sie es vermeiden sollten, die Methode `System.out.println()` in einer Java-EE-Komponente zu verwenden (außer in Standalone-Clients), wird im Folgenden erklärt.

»System.out.println()« und Open-Source-Logging-Frameworks in GlassFish

Wenn ein Java-EE-Entwickler im geschäftskritischen Umfeld arbeitet, muss er sich gewisser Gefahren bewusst sein. Weil die Java-EE-Komponenten, die er entwirft, als kleine Rädchen innerhalb eines mächtigen Gefüges in Betrieb genommen werden, können kleine Mängel große Probleme verursachen. Ein klassisches Beispiel betrifft die Art und Weise, wie sich Entwickler temporär Informationen ausgeben lassen, die lediglich für die Entwicklungstätigkeit von Bedeutung sind. Ein unerfahrener Java-EE-Entwickler ist geneigt, hierfür eine `System.out.println()` in den Quelltext zu schreiben. In einer Java-Standalone-Anwendung ist ein `System.out.println()` vollkommen unproblematisch. Wenn solche Anweisungen jedoch im Quelltext einer Java-EE-Anwendung vergessen werden, können zur Laufzeit schwere Probleme auftreten. Sollte beispielsweise eine solche Komponente gleichzeitig sehr häufig aufgerufen werden, kann sich der Betrieb der Java-EE-Anwendung verlangsamen. Für den Administrator sind diese Ausgaben nur schwerlich in den Griff zu bekommen, da `System.out.println()` im Gegensatz zu einem Logging-Framework keine Abstufung und kein Abschalten kennt. Aus diesem Grund sollte man ein `System.out.println()` in Java-EE-Komponenten (mit Ausnahme von EJB-Standalone-Clients) grundsätzlich komplett vermeiden.

Es werden viele unterschiedliche Logging-Frameworks angeboten. Die wichtigsten Logging-Frameworks sind *Log4j* und *JUL(java.util.logging)*. Darüber hinaus bestehen auch noch Logging-Schnittstellen-APIs wie *Apache Commons Logging* und *SLF4j*, die mit anderen Logging-Frameworks kombiniert werden können.

GlassFish setzt intern das sehr einfach gestrickte Logging-Framework JUL ein, das in der Java-SE-Standard-API von Oracle enthalten ist. JUL ist im Vergleich zu SLF4j mit wenigen Features ausgestattet. Grundsätzlich ist es möglich, dass man SLF4j in GlassFish integriert. Diese aufwendige Aufgabe überlassen wir aber lieber dem Java-EE-Administrator. Was aber mit Bedacht vorgenommen sollte, ist, Log4j manuell in eine Webanwendung einzubinden. Denn aufgrund der Weise, wie die Instanzen vom Web-Container verwaltet werden, können Log4j-Ressourcen nicht auf üblichem Weg aufgeräumt werden, sondern müssen speziell gestartet bzw. heruntergefahren werden, wenn die Webanwendung deployt bzw. undeployt wird.

Eine weitere Variante, die man in einer Java-EE-Anwendung häufig braucht, ist die Nutzung eines Testing-Frameworks wie *JUnit*, das in einem Java-EE-Projekt insbesondere zur Automatisierung von Komponenten-Tests eingesetzt wird.

Aber egal, wofür Sie sich entscheiden, ein `System.out.println()` sollten Sie in einer Java-EE-Komponente vermeiden.

Meistens ist es so, dass in der Praxis eines Java-EE-Projekts gewisse Guidelines vereinbart sind. Wenn Sie als Java-EE-Mitarbeiter neu zu einem Java-EE-Projekt hinzukommen, sollten Sie sich darüber informieren, wie die Logging-Konventionen des Projektes vereinbart worden sind, und diese nutzen.

Ein Beispiel mit der Methode »log()«

Wir werden die Logging-Methode der Klasse `HttpServlet` nun nutzen, um die IP-Adresse des aufrufenden HTTP-Clients auszugeben. Dies könnte zum Beispiel dann erforderlich sein, wenn die Revisionsabteilung einer Großbank die Zugriffe der Nutzer protokollieren möchte. Die benötigten Informationen des Clients erhalten wir über das Request-Objekt. Mit der Methode getRemoteAddr() kann die IP-Adresse des Client-Rechners ausgelesen werden, der die Anfrage erstellt hat. Auf diese Weise könnte zum Beispiel die Anwendung auf einen bestimmten IP-Bereich begrenzt werden. Wenn Sie die Anwendung von Ihrem lokalen Rechner aus aufrufen, wird die IP-Adresse 127.0.0.1 bzw. 0:0:0:0:0:0:0:1 angezeigt.

Das folgende Listing loggt die Nutzerinformation aus und sendet die gespeicherte Information als Webseite zusätzlich an den aufrufenden Webbrowser zurück:

```
package de.java2enterprise.onlineshop;

import java.io.IOException;
import java.io.PrintWriter;

import javax.servlet.ServletException;
import javax.servlet.annotation.WebServlet;
import javax.servlet.http.HttpServlet;
import javax.servlet.http.HttpServletRequest;
import javax.servlet.http.HttpServletResponse;

@WebServlet("/revision")
public class RevisionServlet extends HttpServlet {
    private static final long serialVersionUID = 1L;

    protected void doGet(
        HttpServletRequest request,
        HttpServletResponse response)
            throws ServletException, IOException {
        response.setContentType(
            "text/html;charset=UTF-8");
        response.setCharacterEncoding("UTF-8");

        final PrintWriter out = response.getWriter();

        String remoteAddr = request.getRemoteAddr();
        log("Remote address: " + remoteAddr);

        out.println("<!DOCTYPE html>");
        out.println("<html>");
        out.println("<body>");
        out.println("Ihre IP-Adresse: " + remoteAddr);
```

```
        out.println("</body>");
        out.println("</html>");
    }
}
```

Listing 4.10 »RevisionServlet.java«

4.3 HTTP-Sitzungen

Die Servlets, die wir bislang verwendet haben, weisen einen gravierenden Haken auf. Denn obwohl wir in einem vorangegangenen Beispiel die Benutzerdaten wie die E-Mail oder das Passwort entgegengenommen haben, konnte sich das Servlet diese Daten nicht merken. Um diesem Mangel abzuhelfen, werden wir eine sogenannte HTTP-Sitzung verwenden.

Die HTTP-Sitzung bietet eine Art »persönliches Umfeld« für den Aufrufer. Denn sie enthält lediglich die Daten, die der Nutzer während seiner Sitzung verwendet, während andere Nutzer zur selben Zeit wiederum ihre eigenen Daten in ihrer eigenen Sitzung sehen.

Eine HTTP-Sitzung beginnt, wenn ein HTTP-Client erstmalig eine Webanwendung betritt. In der Regel endet eine Sitzung, wenn im Webbrowser das letzte Tab der Webanwendung geschlossen wurde bzw. wenn die Webanwendung während einer festgelegten Dauer nicht mehr aufgerufen worden ist.

4.3.1 Die Dauer einer HTTP-Sitzung

Die Dauer einer HTTP-Sitzung wird in Minuten im Deployment-Deskriptor *web.xml* im Element `session-timeout` festgelegt. Standardmäßig enthält GlassFish im Default-Deskriptor, das heißt in der Datei *default-web.xml*, folgenden Eintrag:

```
<session-config>
    <session-timeout>30</session-timeout>
  </session-config>
```

Wenn der Benutzer eine Zeitlang keinen HTTP-Request an den Server abschickt, sorgt dieser Eintrag dafür, dass seine Sitzung nach 30 Minuten der Untätigkeit geschlossen wird.

4.3.2 Wie eine HTTP-Sitzung funktioniert

Bei einer Java-EE-Anwendung werden alle aktuellen Sitzungen vom Web-Container als Objekte der Klasse `javax.servlet.HttpSession` verwaltet. Mit der Klasse `javax.servlet.HttpSession` können Benutzerdaten für die Dauer einer Sitzung gespeichert werden. Jedes Mal, wenn ein HTTP-Request ankommt, prüft der Web-Container, ob im Header der Anfrage ein Cookie mit dem Schlüssel `jSessionId` gefunden werden kann. Wenn er ihn dort nicht findet, prüft der Web-Container zusätzlich, ob der Schlüssel im `QUERY_STRING` des HTTP-Requests zu finden ist, denn der Benutzer des Webbrowsers hat ja womöglich das Setzen von Cookies untersagt.

Wenn der Web-Container einen `jSessionId`-Schlüssel finden konnte, holt er das Objekt `HttpSession`, das unter diesem Schlüssel abgelegt ist.

Wenn er weder unter den Cookies noch unter den Parametern den `jSessionId`-Schlüssel finden kann, muss es sich um eine neue Sitzung handeln. In diesem Fall erzeugt der Web-Container ein neues Objekt der Klasse `javax.servlet.HttpSession`, das er sich mithilfe eines neu erzeugten `jSessionId`-Schlüssels merkt.

4.3.3 Wie man eine HTTP-Sitzung nutzt

Die Arbeit, die die Web-Container leisten, bleibt dem Java-EE-Entwickler jedoch verborgen. Ganz komfortabel kann er auf die aktuelle HTTP-Sitzung zugreifen, indem er die Methode `getSession()` der Klasse `HttpServletRequest` aufruft:

```
HttpSession session = request.getSession();
```

Die Methode `getSession()` kann auch mit einem Parameter des Typs `boolean` aufgerufen werden. Der Paramater legt fest, ob eine neue Sitzung erzeugt werden soll, wenn bisher keine vorhanden war. `getSession()` ist gleichwertig mit dem Aufruf `getSession(true)`.

Das bedeutet, dass sichergestellt ist, dass der Rückgabewert ganz automatisch immer ein gültiges Objekt der Klasse `HttpSession` ist, ganz egal, ob es sich um eine alte oder eine neue Sitzung handelt. Der Aufruf `getSession(false)` bewirkt hingegen, dass der Wert null geliefert wird, wenn vorher keine Sitzung erstellt worden ist. Dadurch kann verhindert werden, dass ein Benutzer an einer falschen Stelle in die Webanwendung einsteigt.

```
// Gibt null zurück, wenn die Sitzung neu ist
HttpSession session = request.getSession(false);
```

Die Klasse `HttpSession` besitzt die Methode `setAttribute(String key, Object obj)`, mit der Java-Objekte unter einem bestimmten Schlüssel in die HTTP-Sitzung gespeichert werden. Zum Beispiel wird in folgendem Listing ein Objekt der Klasse `Customer` unter dem Schlüssel `"customer"` gespeichert.

```
Customer customer = new Customer();
customer.setEmail("j@java2enterprise.de");
customer.setPassword("Taxi_123");
session.setAttribute("customer", customer);
```

Anschließend kann man das Objekt über die Methode `getAttribute(String key)` wieder hervorholen. Weil die Methode `getCustomer()` ein Objekt der Klasse `Object` liefert, muss das erhaltene Objekt gecastet werden. Solange die Sitzung gültig ist, würde man mit folgender Anweisung das Objekt "customer" erhalten:

```
Customer customer =
    (Customer) session.getAttribute("customer");
```

Über folgende Anweisung kann das Objekt customer auch wieder aus der Sitzung entfernt werden:

```
session.removeAttribute("customer");
```

4.3.4 Das MVC-Entwurfsmuster

In der Praxis besteht das Frontend einer Java-EE-Anwendung aus Komponenten, die nach Präsentation (*View*), Steuerungslogik (*Controller*) und Geschäftsdaten (*Model*) unterteilt werden. Das sogenannte Model-View-Controller-(MVC-)Entwurfsmuster trennt die Komponenten in die entsprechenden Kategorien und weist ihnen bestimmte Aufgaben zu (siehe Abbildung 4.11).

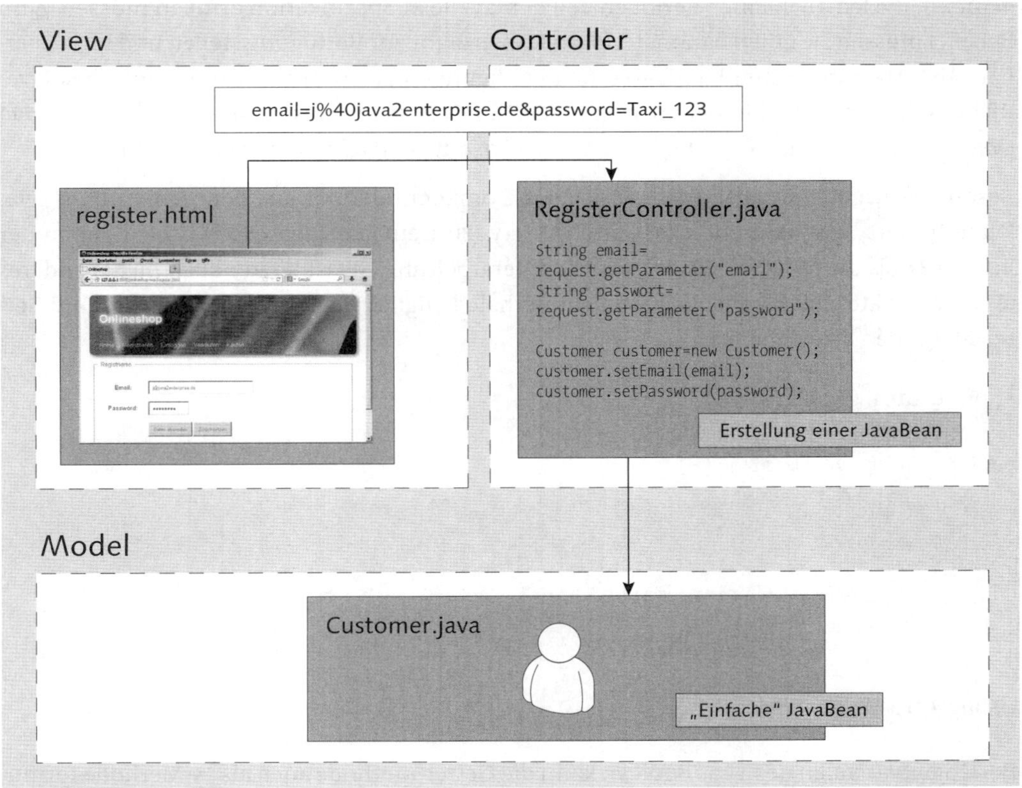

Abbildung 4.11 Die JavaBean als Modell im MVC-Entwurfsmuster

Dabei ist es in der Regel so, dass in der *View* ein HTML-Formular angezeigt wird, über das der Benutzer Daten eingeben und an den Server versenden kann. Im *Controller* werden die Daten entgegengenommen und zu JavaBeans (*Model*) verarbeitet. Die JavaBeans können anschließend beispielsweise in eine relationale Datenbank gespeichert oder in die HTTP-Sitzung abgelegt werden.

4.3.5 Eine JavaBean für das Modell erstellen

Im *Model* werden die Geschäftsdaten entsprechend der im Entwurf identifizierten Domänen unterteilt. Für jede Domäne wird eine JavaBean programmiert, die als Datenbehälter genutzt werden kann. Für die Speicherung der Geschäftsdaten eignen sich JavaBeans optimal. JavaBeans sind eine Erfindung aus der Urzeit (1996) der Java-Geschichte. Ursprünglich sollten JavaBeans portierbare und wiederverwendbare Komponenten sein, die von Drittanbietern programmiert werden und in Builder-Tools visuell zusammengebaut werden können. Hierfür mussten sie bestimmten Anforderungen entsprechen, die in einer eigenen Spezifikation definiert worden sind.

Wenn man heutzutage von JavaBeans spricht, sind wesentlich »einfachere« Klassen gemeint, die lediglich einen geringen Teil der JavaBean-Spezifikation erfüllen müssen. Zum Beispiel müssen sie einen parameterlosen Konstruktor zur Verfügung stellen und serialisierbar sein. Aber ansonsten handelt es sich bei heutigen JavaBeans nur um »einfache« Java-Klassen. Man spricht hierbei auch von *POJOs*. *POJO* ist die Abkürzung für *Plain Old Java Object*. In diesem Buch wird der Begriff *JavaBean* oder *einfache JavaBean* verwendet.

Besonders wichtig ist aber auch, dass jedes Domänen-Attribut aus dem Entwurf als JavaBean-Property implementiert ist. Ein Property (zu Deutsch *Eigenschaft*) bot zu Zeiten der Builder Tools die Möglichkeit der visuellen Verarbeitung. Sie ist letztendlich nichts anderes als eine private Objektvariable, die von außerhalb lediglich über öffentliche Setter- und Getter-Methoden erreichbar ist.

```
private String email;

public String getEmail() {
        return this.email;
}

public void setEmail(String email) {
        this.email = email;
}
```

Listing 4.11 »Customer.java«

Bei Objektvariablen des Typs Boolean kann die Getter-Methode auch als `is`-Methode formuliert werden:

```
private boolean sold;

public boolean isSold() {
        return this.sold;
}

public void setSold(boolean sold) {
        this.sold = sold;
}
```

Listing 4.12 »Item.java«

Auch diese Abmachung ist noch aus der alten JavaBean-Spezifikation übrig geblieben.

Dem folgenden Listing können Sie das komplette Beispiel einer einfachen JavaBean entnehmen. In der Klasse wurde zusätzlich die Methode `toString()` überschrieben, um in den späteren Beispielen die Ausgabe zu vereinfachen.

Beachten Sie bei der nachfolgenden Klasse, dass sie in einem neuen Package untergebracht wird. Das Package `de.java2enterprise.onlineshop.model` soll verdeutlichen, dass es sich hierbei um JavaBeans des Modells handelt.

```
package de.java2enterprise.onlineshop.model;

import java.io.Serializable;

public class Customer implements Serializable {
    private static final long serialVersionUID = 1L;

    private Long id;
    private String email;
    private String password;

    public Customer() {}

    public Customer(
            String email,
            String password
            ) {
        this.email = email;
        this.password = password;
    }

    public Long getId() {
```

```
        return id;
    }

    public void setId(Long id) {
        this.id = id;
    }

    public String getEmail() {
        return email;
    }

    public void setEmail(String email) {
        this.email = email;
    }

    public String getPassword() {
        return password;
    }

    public void setPassword(String password) {
        this.password = password;
    }

    public String toString() {
        return
            "[" +
            getId() + "," +
            getEmail() + "," +
            getPassword() +
            "]";
    }
}
```

Listing 4.13 »Customer.java«

4.3.6 Ein Beispiel programmieren

In dem folgenden Beispiel wird gezeigt, wie ein Servlet eine JavaBean aus der HTTP-Sitzung holt, die ein anderes Servlet zuvor abgelegt hatte.

Dabei werden wir zwei User-Storys des Onlineshops umsetzen. In der ersten User-Story registriert sich der Kunde. In der zweiten User-Story loggt sich der Kunde in die Anwendung ein.

User-Story 1

In der ersten User-Story (siehe Abbildung 4.12) wird sich der Kunde registrieren. Dabei werden wir das `RegisterServlet` verwenden, um die Customer-Bean in die Session zu speichern.

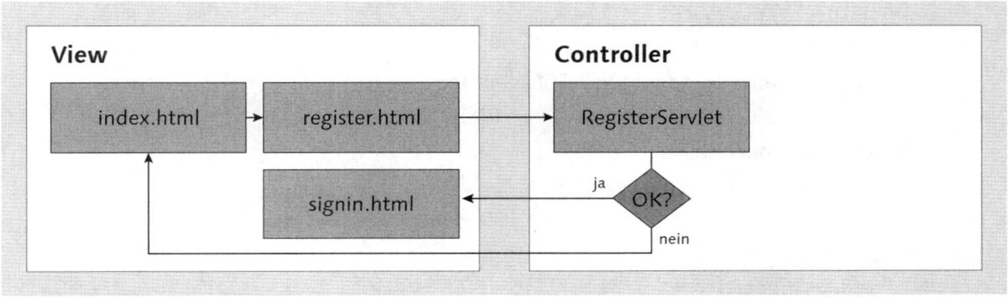

Abbildung 4.12 Die User-Story 1

Die User-Story beginnt, indem der Benutzer der Anwendung über den Hyperlink REGISTRIEREN in der *index.html* zur *register.html* navigiert.

In der *register.html* gibt der Benutzer über das Registrierformular seine persönlichen Daten ein. Die *register.html* versendet die Daten des Benutzers als Schlüssel-Wert-Paare an das `RegisterServlet`.

Im `RegisterServlet` werden die Daten mithilfe der Methode `getParameter()` aus dem Request-Objekt geholt. Das `RegisterServlet` erstellt daraufhin ein Objekt der Klasse `Customer` und setzt es als JavaBean in die HTTP-Sitzung. Normalerweise würde man die Daten des Kunden in einer relationalen Datenbank dauerhaft speichern. Aber dazu kommen wir erst in einem späteren Kapitel. Abschließend leitet das Servlet die Kontrolle an die Hauptseite *index.html* zurück:

```
package de.java2enterprise.onlineshop;

import java.io.IOException;
import javax.servlet.RequestDispatcher;
import javax.servlet.ServletException;
import javax.servlet.annotation.WebServlet;
import javax.servlet.http.HttpServlet;
import javax.servlet.http.HttpServletRequest;
import javax.servlet.http.HttpServletResponse;
import javax.servlet.http.HttpSession;

import de.java2enterprise.onlineshop.model.Customer;

@WebServlet("/register")
```

```
public class RegisterServlet extends HttpServlet {
    private static final long serialVersionUID = 1L;

    protected void doPost(
            HttpServletRequest request,
            HttpServletResponse response)
            throws ServletException, IOException {

        response.setContentType(
                "text/html;charset=UTF-8");

        final String email =
            request.getParameter("email");
        final String password =
            request.getParameter("password");

        final Customer customer = new Customer();
        customer.setEmail(email);
        customer.setPassword(password);

        final HttpSession session = request.getSession();
        session.setAttribute("customer", customer);

        final RequestDispatcher dispatcher =
            request.getRequestDispatcher("index.html");
        dispatcher.forward(request, response);
    }
}
```

Listing 4.14 »RegisterServlet.java«

User-Story 2

In der zweiten User-Story (siehe Abbildung 4.13) wird sich der Kunde in die Anwendung einloggen. Hierfür werden wir die *signin.html* und das `SigninServlet` verwenden.

Wenn der Benutzer wieder zurück in der Hauptseite ist, beginnt die User-Story 2, indem der Benutzer über den Hyperlink EINLOGGEN in der *index.html* zur *signin.html* navigiert.

In der *signin.html* gibt er seine E-Mail-Adresse und sein Kennwort erneut ein. Im HTML-Formular der *signin.html* muss das Attribut `action` den Wert `signin` enthalten, damit der HTTP-Request zum `SigninServlet` geleitet wird:

```
<form action="signin" method="post">
```

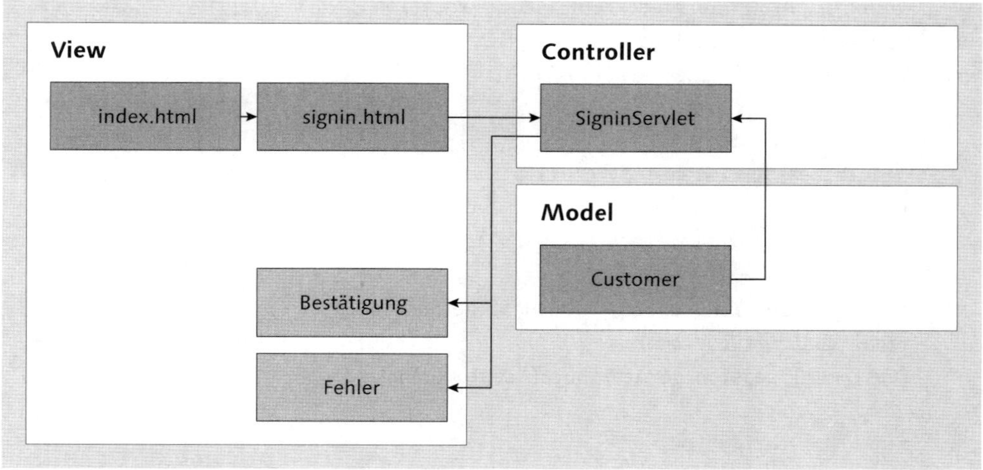

Abbildung 4.13 Die User-Story 2

Im `SigninServlet` werden die Daten der *signin.html* über die Methode `getParameter()` geholt und mit denen der Customer-Bean aus der `HttpSession` verglichen. Wenn die E-Mail-Adresse und das Passwort übereinstimmen, versenden wir eine Bestätigung, ansonsten eine Fehlermeldung. Das folgende Listing zeigt den Quelltext der Komponente `SigninServlet` an:

```
package de.java2enterprise.onlineshop;

import java.io.IOException;
import java.io.PrintWriter;

import javax.servlet.ServletException;
import javax.servlet.annotation.WebServlet;
import javax.servlet.http.HttpServlet;
import javax.servlet.http.HttpServletRequest;
import javax.servlet.http.HttpServletResponse;
import javax.servlet.http.HttpSession;

import de.java2enterprise.onlineshop.model.Customer;

@WebServlet("/signin")
public class SigninServlet extends HttpServlet {
    private static final long serialVersionUID = 1L;

    protected void doPost(
        HttpServletRequest request,
        HttpServletResponse response)
```

```
                throws ServletException, IOException {
        response.setContentType(
                "text/html;charset=UTF-8");

        final String email =
            request.getParameter("email");
        final String password =
            request.getParameter("password");

        final HttpSession session = request.getSession();
        final Customer customer =
        (Customer) session.getAttribute("customer");

        final PrintWriter out =
            response.getWriter();
        out.println("<!DOCTYPE html>");
        out.println("<html>");
        out.println("<body>");
        if(
            email.equals(customer.getEmail()) &&
            password.equals(customer.getPassword())
                ) {
            out.println("Benutzer ist valide!");
        } else {
            out.println("Benutzer ist nicht valide!");
        }
        out.println("</body>");
        out.println("</html>");
    }
}
```

Listing 4.15 »SigninServlet.java«

4.3.7 Die Gültigkeitsbereiche der Attribute

Im letzten Beispiel wurden die Benutzerdaten als Attribute in einer HTTP-Sitzung gespeichert. Hierbei spricht man auch vom sogenannten *Gültigkeitsbereich einer JavaBean*. Man unterscheidet aber hierbei noch weitere Gültigkeitsbereiche, denn genauso, wie man ein Attribut in eine HTTP-Sitzung ablegt, kann man es auch im Request-Objekt oder global für die ganze Anwendung verfügbar machen.

Insgesamt lassen sich also drei Gültigkeitsbereiche finden, in denen eine JavaBean gesetzt werden kann:

- request
- session
- application

Den Gültigkeitsbereich einer Session haben Sie ja bereits kennengelernt, deshalb werden an dieser Stelle nur noch die Gültigkeitsbereiche des `request` und der gesamten Anwendung `application` gezeigt.

Der Gültigkeitsbereich des »request«

Um die JavaBean im Request abzulegen, bietet auch die Klasse `ServletRequest` die Methode `setAttribute()` an:

```
final String email =
    request.getParameter("email");
final String password =
    request.getParameter("password");

final Customer customer = new Customer();
customer.setEmail(email);
customer.setPassword(password);

request.setAttribute("customer", customer);
```

Listing 4.16 »RegisterServlet.java«

Hierdurch ist die JavaBean `customer` so lange gültig, bis die HTTP-Response an den HTTP-Client versendet worden ist. Das bedeutet auch, dass das Attribut beispielsweise bei einem Forward oder einem Include auch in weiteren Web-Komponenten benutzt werden kann.

Der Gültigkeitsbereich der »application«

Um die JavaBean global also für die ganze Anwendung zur Verfügung zu stellen, müssen wir uns über die Methode `ServletRequest.getServletContext()` ein Objekt der Klasse `ServletContext` besorgen:

```
final String email =
    request.getParameter("email");
final String password =
    request.getParameter("password");

final Customer customer = new Customer();
customer.setEmail(email);
customer.setPassword(password);
```

```
final ServletContext application =
    request.getServletContext();
application.setAttribute("customer", customer);
```

Listing 4.17 »RegisterServlet.java«

4.4 Cookies

In dem letzten Abschnitt haben Sie gesehen, wie man Benutzerdaten für die Dauer eines Requests, die Dauer einer HTTP-Sitzung oder auch für die Dauer des gesamten Betriebes verfügbar machen kann. Eine weitere Möglichkeit, wie Benutzerdaten über eine gewisse Zeitspanne hinweg abgelegt werden können, bieten sogenannte Cookies. Cookies ermöglichen es, dass die Daten eines Benutzers über das Ende einer HTTP-Sitzung hinaus auf dem Client-Rechner abgelegt werden. Das bedeutet, dass der Benutzer sogar nach einem Neustart seines Rechners zu dem ursprünglichen Zustand seiner Sitzung zurückgeführt werden kann. In diesem Abschnitt erfahren Sie, wie mit der Servlet-Technologie Cookies verwaltet werden können.

4.4.1 Cookies setzen

Mit Cookies kann eine eingeschränkte Menge an Informationen auf dem Client-Rechner hinterlegt werden. Eigentlich sind die Informationen, die mit Cookies abgespeichert werden können, recht eingeschränkt. Cookies können bis zu 4 KB groß sein. Pro Webserver-Domain dürfen nur 20 Cookies abgespeichert werden. Insgesamt sind bis zu 300 Cookies auf einem Client-Rechner erlaubt.

Folgende Werte können mit einem Cookie gesetzt werden:

- ein Name
- ein Wert
- die Gültigkeitsdauer des Cookies in Sekunden
- eine Beschreibung des Cookies
- eine URI-Adresse als Pfad
- ein Domain-Bereich
- die Cookie-Protokoll-Versionsnummer des Cookies

Mit folgender Anweisung wird ein Cookie mit dem Namen `email` gesetzt:

```
Cookie cookie = new Cookie("email", email);
```

Das Anlegen des Cookies erfolgt durch die Methode `addCookie()` der Klasse `HttpServletResponse`:

```
response.addCookie(cookie);
```

4.4.2 Die Gültigkeitsdauer

Eingangs wurde angemerkt, dass Cookies über die Dauer einer HTTP-Sitzung hinaus gültig sind. Allerdings ist dies nicht automatisch der Fall. Denn standardmäßig leben Cookies nur während der Zeit, in der der Browser ausgeführt wird. Anschließend werden sie gelöscht. Um eine längere Gültigkeitsdauer zu erreichen, ist die Benutzung der Methode `setMaxAge()` erforderlich. Das unten dargestellte Listing erstellt ein Cookie mit der E-Mail-Adresse eines Kunden und einer Gültigkeitsdauer von 7 Tagen:

```
cookie.setMaxAge(60*60*24*7); // 7 Tage
```

4.4.3 Ein Beispiel mit Cookies

Im nächsten Beispiel werden wir wieder die User-Story 1 und die User-Story 2 implementieren. Nur werden diesmal die Daten des Kunden nicht mehr in der `HttpSession`, sondern stattdessen als Cookies auf dem lokalen Rechner abgespeichert.

User-Story 1: Das RegisterServlet

Im `RegisterServlet` werden wir die E-Mail-Adresse und das Passwort des Kunden aus der HTTP-Anfrage holen. Die beiden Zeichenketten werden wir anschließend als Cookies setzen.

```
package de.java2enterprise.onlineshop;

import java.io.IOException;
import javax.servlet.RequestDispatcher;
import javax.servlet.ServletException;
import javax.servlet.annotation.WebServlet;
import javax.servlet.http.Cookie;
import javax.servlet.http.HttpServlet;
import javax.servlet.http.HttpServletRequest;
import javax.servlet.http.HttpServletResponse;

@WebServlet("/register")
public class RegisterServlet extends HttpServlet {
    private static final long serialVersionUID = 1L;

    protected void doPost(
            HttpServletRequest request,
            HttpServletResponse response)
            throws ServletException, IOException {

        response.setContentType(
                "text/html;charset=UTF-8");
```

```
        final String email =
            request.getParameter("email");
        final String password =
            request.getParameter("password");

        final Cookie customer_email =
                new Cookie("email", email);
        response.addCookie(customer_email);

        final Cookie customer_password =
                new Cookie("password", password);
        response.addCookie(customer_password);

        final RequestDispatcher dispatcher =
                request.getRequestDispatcher(
                        "index.html");
        dispatcher.forward(request, response);
    }
}
```

Listing 4.18 RegisterServlet.java

User-Story 2: Das SigninServlet

Im `SigninServlet` werden wir wieder die übergebenen Parameter E-Mail-Adresse und Passwort aus der Anfrage auslesen:

Zur Veranschaulichung werden wir uns zunächst alle Cookies tabellarisch ausgeben lassen.

Danach werden wir die abgespeicherten Cookies `"email"` und `"password"` abfragen und mit den Parametern vergleichen. Wenn beide Parameter mit den Cookie-Werten übereinstimmen, senden wir eine Bestätigung, ansonsten eine Fehlermeldung.

```
package de.java2enterprise.onlineshop;

import java.io.IOException;

import javax.servlet.ServletException;
import javax.servlet.ServletOutputStream;
import javax.servlet.annotation.WebServlet;
import javax.servlet.http.Cookie;
import javax.servlet.http.HttpServlet;
import javax.servlet.http.HttpServletRequest;
import javax.servlet.http.HttpServletResponse;
```

```
@WebServlet("/signin")
public class SigninServlet extends HttpServlet {
    private static final long serialVersionUID = 1L;

    protected void doPost(
        HttpServletRequest request,
        HttpServletResponse response)
                throws ServletException, IOException {
        String email = request.getParameter("email");
        String password = request.getParameter("password");

        String cookie_email = null;
        String cookie_password = null;

        ServletOutputStream out =
                response.getOutputStream();
        out.println("<!DOCTYPE html>");
        out.println("<html>");
        out.println("<body>");
        out.println("<table>");
        out.println("<tr>");
        out.println("<td>Cookie-Name</td>");
        out.println("<td>Cookie-Value</td>");
        out.println("</tr>");

        Cookie[] cookies = request.getCookies();
        for(Cookie cookie : cookies) {
            String name = cookie.getName();
            String value = cookie.getValue();
            out.println("<tr>");
            out.println("<td>"+name+"</td>");
            out.println("<td>"+value+"</td>");
            out.println("</tr>");

            if("email".equals(name)) {
                cookie_email = value;
            } else if("password".equals(name)) {
                cookie_password = value;
            }
        }
        out.println("</table>");
```

```
            if(
                email.equals(cookie_email) &&
                password.equals(cookie_password)
                    ) {
                out.println(
                    "<h1>Benutzer ist valide!</h1>");
            } else {
                out.println(
                    "<h1>Benutzer ist nicht valide!</h1>");
            }
            out.println("</body>");
            out.println("</html>");
        }
    }
```

Listing 4.19 »SigninServlet.java«

4.5 Initialisierung und Konfiguration

In der Praxis werden die Web-Komponenten für eine Java-EE-Anwendung in einer Entwicklungsumgebung entwickelt, in einer Testumgebung getestet und in einer Produktionsumgebung zum produktiven Einsatz gebracht. Dabei werden die Web-Komponenten je nach Umgebung auf verschiedene Ressourcen mit unterschiedlichen Verbindungsparametern und geheimen Kennwörtern zugreifen. Weil solche Informationen auf keinen Fall hart kodiert in der Java-Klasse stehen dürfen, werden Web-Komponenten über externe Dateien konfiguriert. In diesem Abschnitt wird gezeigt, wie eine Konfiguration über externe Initialisierungsparameter und externe Dateien erfolgen kann.

4.5.1 Parameter für die gesamte Webanwendung

Wenn Initialisierungsparameter in der gesamten Webanwendung zur Verfügung stehen sollen, werden sie im *Deployment-Deskriptor* über das Element `<context-param>` definiert.

Im folgenden Beispiel wird der Initialisierungsparameter mit dem Namen `driver` und dem Wert `oracle.jdbc.OracleDriver` in der Datei *web.xml* hinterlegt:

```
<?xml version="1.0" encoding="UTF-8"?>
<web-app version="3.1"
xmlns="http://xmlns.jcp.org/xml/ns/javaee"
xmlns:xsi="http://www.w3.org/2001/XMLSchema-instance"
xsi:schemaLocation="http://xmlns.jcp.org/xml/ns/javaee
http://xmlns.jcp.org/xml/ns/javaee/web-app_3_1.xsd">
```

```
  <context-param>
    <param-name>driver</param-name>
    <param-value>
        oracle.jdbc.OracleDriver
    </param-value>
  </context-param>
</web-app>
```

Listing 4.20 »web.xml«

In einem Servlet, das wir `JdbcServlet` nennen werden, lesen wir die Initialisierungsparameter vom Deployment-Deskriptor aus. Um auf den Initialisierungsparameter `driver` zuzugreifen, muss in einer der HTTP-Request-Methoden über die Methode `getServletContext()` das Objekt der Klasse `ServletContext` besorgt werden. Dieses Objekt repräsentiert die gesamte Webanwendung, weshalb wir es im Beispiel auch `application` nennen werden. Die Klasse `ServletContext` bietet die Methode `getInitParameter(String name)` an, mit der die Initialisierungsparameter für die Webanwendung beschafft werden können.

```
public void doPost(
    HttpServletRequest request,
    HttpServletResponse response)
    throws ServletException, IOException {
    ServletContext application = getServletContext();

    final String driver =
        application.getInitParameter("driver");
}
```

Listing 4.21 »JdbcServlet.java«

4.5.2 Parameter für ein einzelnes Servlet

Neben den Parametern für die gesamte Webanwendung lassen sich auch Initialisierungsparameter für einzelne Servlets konfigurieren. Diese Initialisierungsparameter werden über das XML-Element `<init-param>` notiert.

In Listing 4.22, »web.xml«, werden im Deployment-Deskriptor für das `JdbcServlet` die folgenden Initialisierungsparameter festgelegt:

- `driver=oracle.jdbc.OracleDriver`
- `url=jdbc:oracle:thin:@//localhost:1521/XE`
- `username=onlineshop_user`
- `password=geheim_123`

```
<?xml version="1.0" encoding="UTF-8"?>
<web-app version="3.1"
xmlns="http://xmlns.jcp.org/xml/ns/javaee"
xmlns:xsi="http://www.w3.org/2001/XMLSchema-instance"
xsi:schemaLocation="http://xmlns.jcp.org/xml/ns/javaee
http://xmlns.jcp.org/xml/ns/javaee/web-app_3_1.xsd">
    <servlet>
        <servlet-name>JdbcServlet</servlet-name>
        <servlet-class>
            de.java2enterprise.onlineshop.JdbcServlet
        </servlet-class>
<init-param>
    <param-name>driver</param-name>
    <param-value>
        oracle.jdbc.OracleDriver
    </param-value>
</init-param>
<init-param>
    <param-name>url</param-name>
    <param-value>
        jdbc:oracle:thin:@//localhost:1521/XE
    </param-value>
</init-param>
<init-param>
    <param-name>username</param-name>
    <param-value>
        onlineshop_user
    </param-value>
</init-param>
<init-param>
    <param-name>password</param-name>
    <param-value>
        geheim_123
    </param-value>
</init-param>
    </servlet>
  <servlet-mapping>
    <servlet-name>JdbcServlet</servlet-name>
    <url-pattern>/db_settings</url-pattern>
  </servlet-mapping>
</web-app>
```

Listing 4.22 »web.xml«

In den Request-Methoden kann mit der Methode `getServletConfig()` das Konfigurationsobjekt des Servlets besorgt werden, das die Initialisierungsparameter des Servlets mit der Methode `getInitParameter()` liefert:

```
ServletConfig config = getServletConfig();
String jdbc_properties = config.getInitParameter(
    "jdbc_properties");
```

Andererseits kann auch eine Abkürzung genommen werden. Weil die abstrakte Urvaterklasse `GenericServlet` die Convenience-Methode `getInitParameter(String param)` verwirklicht hat, kann hierüber komfortabler auf die Initialisierungsparameter zugegriffen werden.

Beachten Sie noch, dass Sie bei der Verwendung der *web.xml* die Annotation `@WebServlet` im `JdbcServlet` entfernen müssen. Aufgrund der gleichbenannten URL-Patterns würde das Deployment sonst fehlschlagen.

Und noch etwas: In diesem einfachen Beispiel werden wir das Servlet über die URL-Leiste des Webbrowsers aufrufen. Deshalb müssen wir im Servlet dieses Mal die `doGet()`- statt der `doPost()`-Methode überschreiben.

```
package de.java2enterprise.onlineshop;

import java.io.IOException;
import java.io.PrintWriter;

import javax.servlet.ServletException;
import javax.servlet.http.HttpServlet;
import javax.servlet.http.HttpServletRequest;
import javax.servlet.http.HttpServletResponse;

public class JdbcServlet extends HttpServlet {
    private static final long serialVersionUID = 1L;

    public void doGet(
            HttpServletRequest request,
            HttpServletResponse response)
            throws ServletException, IOException {

        final String driver =
                getInitParameter("driver");
        final String url =
                getInitParameter("url");
        final String username =
                getInitParameter("username");
```

```
        final String password =
                getInitParameter("password");

        response.setContentType(
                "text/html;charset=UTF-8");

        PrintWriter out =
            response.getWriter();
        out.println("<!DOCTYPE html>");
        out.println("<html>");
        out.println("<body>");
        out.println(
            "<br>driver: " + driver);
        out.println(
            "<br>url: " + url);
        out.println(
            "<br>username: " + username);
        out.println(
            "<br>password: " + password);
        out.println("</body>");
        out.println("</html>");
    }
}
```

Listing 4.23 »JdbcServlet.java«

Wenn Sie das Beispiel auf Ihrem lokalen GlassFish-Server deployen, können Sie das Servlet ausprobieren, indem Sie im Internet Explorer die URL *http://localhost:8080/db_settings* aufrufen.

4.5.3 Initialisierung mit der Annotation »@WebServlet«

Theoretisch kann man die Initialisierungsparameter auch über die Annotation `@WebServlet` wie folgt deklarieren:

```
@WebServlet(value="/db_settings",
    initParams = {
        @WebInitParam(
            name="driver",
            value="oracle.jdbc.OracleDriver"),
        @WebInitParam(
            name="url",
            value=
```

```
                "jdbc:oracle:thin:@//localhost:1521/XE"),
        @WebInitParam(
            name="username",
            value="onlineshop_user"),
        @WebInitParam(
            name="password",
            value=
            "geheim123")
    }
)
public class JdbcServlet extends HttpServlet {
    private static final long serialVersionUID = 1L;
    ...
```

Listing 4.24 »JdbcServlet.java«

4.5.4 Externe Ressourcen einlesen

Im letzten Beispiel wurden die Initialisierungsparameter über Annotationen vor die Klasse gesetzt. Diese Möglichkeit eignet sich aber in vielen Situationen nicht. Zum Beispiel ist es ja im Onlineshop unser Ziel, die Initialisierungsparameter von außen ändern zu können, ohne die Java-Datei kompilieren zu müssen. Aus diesem Grund würde man auf die Möglichkeit verzichten, mit Annotationen zu arbeiten. Wenn hingegen die Initialisierungsparameter in der *web.xml* d.h. nicht hart kodiert in der Java-Quelltext-Datei stehen, können sie auch nach der Kompilierung der Java-Klassen verändert werden. Obwohl diese Möglichkeit bereits ein gewisses Maß an Flexibilität bietet, wird man sie in der Praxis aber ebenso selten vorfinden. Denn eine noch weitreichendere Unabhängigkeit wird erreicht, wenn geheime Informationen wie Passwörter nicht in der *web.xml* untergebracht werden, sondern als externe Ressource außerhalb des Web-Moduls eingelesen werden.

Im folgenden Beispiel werden wir die Daten `driver`, `url`, `username` und `password` in einer Datei mit dem Namen *jdbc.properties* im Verzeichnis */WEB-INF* abspeichern, denn dies ist ein Ordner, der vom Webbrowser aus nicht sichtbar ist.

```
driver=oracle.jdbc.OracleDriver
url=jdbc:oracle:thin:@//localhost:1521/XE
username=onlineshop_user
password=geheim_123
```

Listing 4.25 /WEB-INF/jdbc.properties

Beachten Sie hierbei Folgendes: Wenn Sie die Datei *jdbc.properties* mit Ihrem Filemanager bzw. in Windows mit dem Windows-Explorer (außerhalb des Eclipse-Fensters) in den Workspace schieben oder kopieren, so bekommt Eclipse das nicht mit. Die Datei wird innerhalb von Eclipse erst sichtbar, wenn Sie dort mit F5 die Ansicht aktualisieren.

Den Standort der Datei werden wir in der *web.xml* angeben. Auf diese Weise kann die Anwendung flexibel auf sich ändernde Umgebungen eingestellt werden. In der *web.xml* wird der Pfad zur Datei als Initialisierungsparameter definiert.

```
<?xml version="1.0" encoding="UTF-8"?>
<web-app version="3.1"
xmlns="http://xmlns.jcp.org/xml/ns/javaee"
xmlns:xsi="http://www.w3.org/2001/XMLSchema-instance"
xsi:schemaLocation="http://xmlns.jcp.org/xml/ns/javaee
http://xmlns.jcp.org/xml/ns/javaee/web-app_3_1.xsd">
    <servlet>
        <servlet-name>JdbcServlet</servlet-name>
        <servlet-class>
            de.java2enterprise.onlineshop.JdbcServlet
        </servlet-class>
        <init-param>
            <param-name>jdbc_properties</param-name>
            <param-value>
                /WEB-INF/jdbc.properties
            </param-value>
        </init-param>
    </servlet>
  <servlet-mapping>
    <servlet-name>JdbcServlet</servlet-name>
    <url-pattern>/db_settings</url-pattern>
  </servlet-mapping>
</web-app>
```

Listing 4.26 »web.xml«

Im folgenden Servlet wird gezeigt, wie die externe Datei *jdbc.properties* ausgelesen werden kann. Zunächst holen wir mit der Methode `getInitParameter()` den Initialisierungsparameter `"jdbc_properties"` aus dem Deployment-Deskriptor:

```
String jdbc_properties = getInitParameter("jdbc_properties");
```

Anschließend besorgen wir über die Methode `getServletContext()` wieder das Objekt der Klasse `ServletContext`. Denn die Klasse `ServletContext` bietet unter anderem auch die Methode `getResourceAsStream()` an, mit der Ressourcen eingelesen werden können. Da es sich bei der externen Datei um eine Properties-Datei handelt, können wir sie über die Methode `Properties.load(InputStream in)` direkt in ein Objekt der Klasse `Properties` umwandeln:

```
package de.java2enterprise.onlineshop;

import java.io.IOException;
import java.io.InputStream;
import java.io.PrintWriter;
import java.util.Properties;

import javax.servlet.ServletContext;
import javax.servlet.ServletException;
import javax.servlet.http.HttpServlet;
import javax.servlet.http.HttpServletRequest;
import javax.servlet.http.HttpServletResponse;

public class JdbcServlet extends HttpServlet {
    private static final long serialVersionUID = 1L;

    public void doPost(
            HttpServletRequest request,
            HttpServletResponse response)
            throws ServletException, IOException {

        final String jdbc_properties =
            getInitParameter(
                "jdbc_properties");
        final ServletContext application =
                getServletContext();
        final InputStream in =
            application.getResourceAsStream(
                jdbc_properties);
        final Properties p = new Properties();
        p.load(in);

        response.setContentType(
                "text/html;charset=UTF-8");

        final PrintWriter out =
            response.getWriter();
        out.println("<!DOCTYPE html>");
        out.println("<html>");
        out.println("<body>");
        out.println(
            "<br>driver: " +
                p.getProperty("driver"));
```

```
            out.println(
                "<br>url: " +
                    p.getProperty("url"));
            out.println(
                "<br>username: " +
                    p.getProperty("username"));
            out.println(
                "<br>password: " +
                p.getProperty("password"));
            out.println("</body>");
            out.println("</html>");
        }
    }
```

Listing 4.27 »JdbcServlet.java«

Beachten Sie, dass wir mit `/WEB-INF/jdbc.properties` einen absoluten Pfad angegeben haben, weil für die Methode `getResourceAsStream()` die Verzeichnishierarchie beim obersten Ordner des Web-Moduls beginnt.

In manchen Fällen ist es aber erforderlich, auf Verzeichnispfade zuzugreifen, die sich außerhalb des Web-Moduls befinden. Für diesen Zweck würde man aber nicht mehr mit der Methode `getResourceAsStream()` arbeiten, sondern die Java-SE-Möglichkeiten der Java-I/O (bzw. *Java NIO2*) nutzen.

```
InputStream in = new FileInputStream(jdbc_properties);
```

Das Default-Verzeichnis wäre in diesem Fall das Konfigurationsverzeichnis der aktuellen Java-EE-Domäne *[GLASSFISH_HOME]\glassfish\domains\domain1\config*.

4.6 Dateien hochladen

Obwohl ein HTTP-POST-Request das Verschicken von großen Datenmengen erlaubt, unterscheidet sich die Verarbeitung von hochgeladenen Dateien von der bisher gezeigten Möglichkeit, mit `getParameter()` Schlüssel-Wert-Paare entgegenzunehmen.

Wenn zum Beispiel ein Foto oder andere Binärdaten vom Webbrowser zum Java EE Server verschickt werden, muss beim HTML-Tag nicht nur die Methode POST, sondern auch das Attribut `enctype="multipart/form-data"` gesetzt sein. In diesem Abschnitt wird gezeigt, wie in einem Servlet die empfangenen Daten entgegengenommen werden.

Zunächst wird in einem eigenen Unterabschnitt gezeigt, wie der Webbrowser mit dem Web-Container über `multipart/form-data` kommuniziert. Die in dem folgenden Beispiel gezeigte Enkodierung bleibt dem Benutzer des Webbrowsers zwar verborgen, und auch der Programmierer eines Servlets bekommt von dieser Kommunikation kaum etwas mit. Dennoch ist es vorteilhaft, wenn Sie einige Grundkenntnisse hierüber erhalten, denn umso besser werden Sie im Nachhinein die in der Servlet-API angebotenen Funktionen verstehen.

4.6.1 Multipart/Form-Data

Wenn ein Webbrowser die in einem HTML-Formular eingegebenen Daten an den Server versendet, setzt er normalerweise die Schlüssel-Wert-Paare in einer einzelnen Zeichenkette (QUERY_STRING) zusammen.

Bei einem HTTP-GET-Request fügt er den QUERY_STRING hinter der URI des Servers an. Bei einem HTTP-POST-Request setzt er den QUERY_STRING in den Header der Anfrage. Sowohl bei der GET- wie auch bei der POST-Methode wird hierbei der QUERY_STRING nach dem application/x-www-form-urlencoded formatiert:

```
email=j%40java2enterprise.de&password=Taxi_123
```

Diese Enkodierung ist voreingestellt, deshalb wäre es überflüssig, das Attribut enctype="application/x-www-form-urlencoded" zu setzen. Diese Form der Enkodierung bietet den Vorteil, dass die Anfrageparameter in einem einzelnen QUERY_STRING zusammengestaucht sind.

Dieser Vorteil erscheint bei umfangreichen Anfragewerten aber auch als Nachteil. Deshalb können bei einem POST-Request die Anfrageparameter auch nach der multipart/form-data-Enkodierung formatiert werden. Hierfür muss das Form-Tag mit dem Attribut enctype="multipart/form-data" gekennzeichnet sein.

Für dieses Beispiel benutzen wir die *sell.html*:

```
<form
action="sell"
method="post"
enctype="multipart/form-data">
```

Listing 4.28 »sell.html«

Die Struktur von »Parts«

Bei der Enkodierung multipart/form-data werden die Schlüssel-Wert-Paare nicht als eine einzige Zeichenkette zusammengefügt, sondern in jeweils voneinander getrennten Schlüssel-Wert-Blöcken versendet. Die Schlüssel-Wert-Blöcke werden auch als sogenannte *Parts* bezeichnet. Jeder Part besteht aus der Content-Beschreibung und dem Content selbst. Die Abgrenzung zu anderen Parts erfolgt mithilfe einer sogenannten *Boundary*. Das Aussehen der Boundary legt der Webbrowser in einem Content-Type-Header zu Beginn des HTTP-Requests fest.

Zum Beispiel zeigt der dargestellte Header die Boundary mit dem Wert `-----537111382852` an:

```
Content-type: multipart/form-data, boundary=-----537111382852
```

Hinterher erkennt der Web-Container einen Part, indem die Inhalte oben und unten durch die Boundary umschlossen sind.

Der Part beinhaltet in den ersten Zeilen eigene Header-Zeilen. Die wichtigste Headerzeile hierbei ist die sogenannte *Content-Disposition*, da sie den Namen des Parts liefert. Diesen Namen haben wir im HTML-Element mit dem Attribut `name` gesetzt.

Hinter den Header-Zeilen fügt der Webbrowser eine Leerzeile an, und nach der Leerzeile folgt der Wertbereich des Parts. Zum Beispiel werden in den folgenden zwei Parts die Werte der HTML-Elemente `email` und `password` geliefert:

```
-----537111382852
content-disposition: form-data; name="email"

j@java2enterprise.de
-----537111382852
content-disposition: form-data; name="password"

geheim_123
-----537111382852
```

Die Parts bei hochgeladenen Dateien

Wenn der Webbrowser eine Datei zum Server sendet, werden die zwei Headerzeilen für den Content-Type und das Content-Transfer-Encoding der Datei mitgeliefert:

```
-----537111382852
content-disposition: form-data; name="foto"; filename="01.jpg"
Content-Type: image/jpg
Content-Transfer-Encoding: binary

-----537111382852
```

Der Content-Type gibt den Dateityp an. Zum Beispiel wird eine JPG-Bilddatei den Content-Type `image/jpg` enthalten.

Beim Content-Transfer-Encoding handelt es sich um die Enkodierung im HTTP-Transport-Layer. Weil HTTP ein textbasiertes Protokoll ist, werden die Binärdateien in reinen Text umgewandelt. Dabei gibt der Header `Content-Transfer-Encoding` das Enkodierungsformat an. Im Beispiel wurde `binary` als Transferenkodierung gesetzt, womit beliebige Bytes in ASCII-Zeichen umgewandelt werden können.

4.6.2 Die Konfiguration des Servlets

Um den Inhalt eines Parts in einem Servlet zu erhalten, muss das Servlet für den Empfang eines Multiparts konfiguriert werden. Dies kann entweder in der *web.xml* über ein Element mit dem Namen `multipart-config` oder mit der Annotation *@MultipartConfig* durchgeführt werden:

```
@WebServlet("/sell")
@MultipartConfig
public class SellServlet extends HttpServlet {
```

Listing 4.29 »SellServlet.java«

Anschließend ist es innerhalb des Servlets möglich, die Methode `getPart(String name)` der Klasse `HttpServletRequest` zu verwenden. Als Parameter erwartet die Methode den Namen des HTML-Elements.

```
Part part = request.getPart("foto");
```

4.6.3 Informationen zu einem Part auslesen

Die Klasse `Part` bietet vier Methoden an, mit denen man Informationen zum Part erhalten kann. Das sind:

- `getContentType()`
- `getSize()`
- `getName()`
- `getSubmittedFileName()`

Das folgende Servlet gibt Informationen zu der Datei aus, die mit der *sell.html* hochgeladen wurde.

```
package de.java2enterprise.onlineshop;

import java.io.IOException;
import java.io.PrintWriter;

import javax.servlet.ServletException;
import javax.servlet.annotation.MultipartConfig;
import javax.servlet.annotation.WebServlet;
import javax.servlet.http.HttpServlet;
import javax.servlet.http.HttpServletRequest;
import javax.servlet.http.HttpServletResponse;
import javax.servlet.http.Part;
```

```
@WebServlet("/sell")
@MultipartConfig
public class SellServlet extends HttpServlet {
    private static final long serialVersionUID = 1L;

    public void doPost(
        HttpServletRequest request,
        HttpServletResponse response)
        throws ServletException, IOException {

        final Part part = request.getPart("foto");
        final PrintWriter out =
            response.getWriter();
        out.println("<!DOCTYPE HTML>");
        out.println("Content-Type: " +
            part.getContentType() + "<br>");
        out.println("Size: " +
            part.getSize() + "<br>");
        out.println("Name: " +
            part.getName() + "<br>");
        out.println("Filename: " +
            part.getSubmittedFileName() + "<br>");
    }
}
```

Listing 4.30 »SellServlet.java«

Wenn mit der Datei *sell.html* ein Bild hochgeladen wird, erscheint im Webbrowser folgende Anzeige:

```
Content-Type: image/jpeg
Size: 879394
Name: foto
Filename: Chrysanthemum.jpg
```

4.6.4 Hochgeladene Dateien konfigurieren

Im letzten Kapitel wurde bereits erwähnt, dass es clientseitig keine Möglichkeit gibt, die Größe der hochzuladenden Datei zu limitieren. Derzeit ist es die Aufgabe des Servers, sich um diese Begrenzung zu kümmern. Ohne Einschränkung sollte das Hochladen nicht programmiert werden. Viel zu groß ist die Gefahr, dass eine übergroße Datei den Web-Container zur Laufzeit lahmlegt. Um die Größe zu limitieren, kann die Annotation `MultipartConfig` mit dem Attribut `maxFileSize` versehen werden. Mit `maxFileSize` wird die maximal zulässige

Größe einer hochgeladenen Datei in Bytes angegeben. Zum Beispiel erlaubt die folgende Angabe nicht, dass eine Datei größer als 10 MB ist:

```
@MultipartConfig(maxFileSize=1024*1024*10)
```


Wenn mehrere Dateien mit einem einzelnen HTTP-Request zum Server hochgeladen werden, könnte auch die Gesamtgröße eine Rolle spielen. Zum Beispiel könnte es sein, dass bei einem HTML-Formular fünf Dateien gleichzeitig zum Server hochgeladen werden können. Auf der einen Seite könnte es dann sein, dass die maximale Größe einer einzelnen Datei nicht größer als 10 MB sein soll, aber andererseits die Gesamtgrenze von 30 MB eingehalten werden soll. Zu diesem Zweck kann man das Attribut `maxRequestSize` verwenden.

```
@WebServlet("/sell")
@MultipartConfig(
    maxFileSize=1024*1024*10,
    maxRequestSize=1024*1024*30)
public class SellServlet extends HttpServlet {
    ...
```

Listing 4.31 »SellServlet.java«

Weil sehr große Dateien zu einem Überlauf des Arbeitsspeichers führen könnten, kann ein bestimmter Grenzwert festgesetzt werden, ab dem der Web-Container die Dateien zwischenspeichert. Wenn die Daten zwischengespeichert werden, ist sichergestellt, dass sich der Lademechanismus nicht übernimmt, andererseits dauert das Hochladen dann aber auch länger.

Durch die Attribute `fileSizeThreshold` und `location` kann festgelegt werden, wie hoch der Grenzwert ist und wo die Datei bei der Überschreitung des Grenzwertes temporär zwischengespeichert werden soll.

```
@WebServlet("/sell")
@MultipartConfig(
    location="/tmp",
    fileSizeThreshold=1024*1024,
    maxFileSize=1024*1024*5,
    maxRequestSize=1024*1024*5*5)
public class SellServlet extends HttpServlet {
```

Listing 4.32 »SellServlet.java«

Für den Fall, dass Sie die Werte für den Multi-Part lieber im Deployment-Deskriptor unterbringen möchten, werden im Folgenden noch die äquivalenten XML-Elemente angezeigt, die Sie unterhalb des Elements `<servlet>` setzen müssen:

```
<multipart-config>
    <location>/tmp</location>
    <file-size-threshold>1048576</file-size-threshold>
    <max-file-size>5242880</max-file-size>
    <max-request-size>26214400</max-request-size>
</multipart-config>
```

Listing 4.33 »web.xml«

4.6.5 Den Wertebereich einlesen

Im nächsten Beispiel wird gezeigt, wie mit einem Servlet sowohl Zeichenketten als auch Dateien als Parameter eingelesen werden.

Am besten lässt sich das Einlesen anhand der User-Story 3 aus dem Onlineshop zeigen. Bei der User-Story 3 kann ein Kunde einen Artikel zum Verkauf anbieten. Das HTML-Formular der *sell.html* enthält die Formularelemente `title`, `description`, `price` und `foto`. Über das Formularelement `foto` lädt der Kunde ein Foto zu dem Artikel hinzu. Bei dem Form-Tag dieser Datei ist es wichtig, dass das Attribut `enctype` mit dem Wert `multipart/form-data` gesetzt ist, damit die Daten in Form von Parts verschickt werden:

```
<form
action="sell"
method="post"
enctype="multipart/form-data">
     ...
```

Listing 4.34 »sell.html«

Für die Entgegennahme der Parts werden wir ein neues Servlet programmieren, das den Namen `SellServlet.java` tragen wird. In diesem Servlet werden mit `getParameter()` zunächst die drei Parameter `title`, `description` und `price` abgerufen. Anschließend holt das Servlet mit `getPart()` ein Objekt der Klasse `javax.servlet.http.Part`:

```
Part part = request.getPart("foto");
```

Das Objekt der Klasse `javax.servlet.http.Part` bietet die Methode `getInputStream()` an, mit der man einen Eingabestrom zur hochgeladenen Datei erhält. Aus diesem Eingabestrom lesen wir die Daten in kilobytegroßen Blöcken ein.

Gleichzeitig werden wir einen Ausgabestrom erstellen, der die eingelesenen Bytes in eine Datei schreibt. Die Datei soll den gleichen Namen wie das Original haben. Wir werden die Datei in den Ordner */tmp* speichern. Bei einem Windows-Rechner lautet der Pfad *C:\tmp*. Beachten Sie, dass das Programm das Verzeichnis */tmp* nicht anlegt. Es sollte also vorhanden sein, bevor der Mechanismus hierauf zugreift.

Zum Ende hin erhält der Benutzer eine Bestätigung zum angebotenen Artikel.

```
package de.java2enterprise.onlineshop;

import java.io.File;
import java.io.FileOutputStream;
import java.io.IOException;
import java.io.InputStream;
import java.io.OutputStream;
import java.io.PrintWriter;

import javax.servlet.ServletException;
import javax.servlet.annotation.MultipartConfig;
import javax.servlet.annotation.WebServlet;
import javax.servlet.http.HttpServlet;
import javax.servlet.http.HttpServletRequest;
import javax.servlet.http.HttpServletResponse;
import javax.servlet.http.Part;

@WebServlet("/sell")
@MultipartConfig(
    maxFileSize=1024*1024*10,
    maxRequestSize=1024*1024*30,
    fileSizeThreshold=1024*1024,
    location="/tmp")
public class SellServlet extends HttpServlet {
    private static final long serialVersionUID = 1L;

    public void doPost(
        HttpServletRequest request,
        HttpServletResponse response)
        throws ServletException, IOException {

        final String title =
            request.getParameter("title");
        final String description =
            request.getParameter("description");
        final String price =
            request.getParameter("price");

        final Part part = request.getPart("foto");
        OutputStream os = null;
        InputStream is = null;
```

```
        try {
            String path = "/tmp/"
                + part.getSubmittedFileName();
            File file = new File(path);
            os = new FileOutputStream(file);
            byte[] b = new byte[1024];
            int i = 0;
            is = part.getInputStream();
            while ((i = is.read(b)) != -1) {
                os.write(b, 0, i);
            }
        } catch (Exception ex) {
            throw new ServletException(
                ex.getMessage());
        } finally {
            os.close();
            is.close();
        }
        PrintWriter out =
            response.getWriter();
        out.println("<!DOCTYPE html>");
        out.println("<html>");
        out.println("<body>");
        out.println(
            "<br>Hochgeladener Artikel: " + title);
        out.println(
            "<br>Beschreibung: " + description);
        out.println(
            "<br>Preis: " + price);
        out.println(
            "<br>Bild: " +
            part.getSubmittedFileName());
        out.println("</body>");
        out.println("</html>");
    }
}
```

Listing 4.35 »SellServlet.java«

4.7 Asynchrone Servlets und Nonblocking I/O

Moderne Webanwendungen versenden durch *Ajax* parallele Anfragen an ein und das gleiche Servlet. Um dieser dichtgedrängten Aufrufe Herr zu werden, hatte Java EE 6 bereits asynchrone Servlets eingeführt. Es stellt sich aber heraus, dass die massenhaften Aufrufe einer

Ajax-Anwendung auch mal abgeschnitten sein können. Weil solche Aufrufe einen Thread serverseitig blockieren, wurde für asynchrone Servlets in der Java EE 7 nun auch noch die *Nonblocking I/O* zur Verfügung gestellt. In diesem Abschnitt werden zunächst asynchrone Servlets beschrieben. Anschließend gehen wir auf die Nonblocking I/O ein.

4.7.1 Asynchrone Servlets

Das Wort *asynchron* bereitet so manchem Java-Anfänger Unbehagen. Schließlich hat es bereits umgangssprachlich gleich zwei Bedeutungen. Dabei ist es schnell erklärt.

Stellen Sie sich vor, Sie gehen zu einer berühmten Fastfood-Kette, um sich einen Hamburger zu bestellen, und hinter Ihnen stehen noch fünf andere Gäste in der Schlange. Der junge Mitarbeiter an der Kasse gibt Ihren Auftrag an den Grillmeister weiter, wartet aber währenddessen, bis der Hamburger gegrillt ist, denn schließlich ist er noch recht unerfahren und möchte nicht durcheinanderkommen. Weil Ihr Auftrag und der Auftrag des Kassierers gleichzeitlich ablaufen, spricht man von einem *synchronen* Vorgang.

Nun gibt es in solchen Fastfood-Restaurants aber auch Mitarbeiter, denen die Arbeit an der Kasse sehr leicht von der Hand geht. Solche Kassierer können während der Abarbeitung Ihres Auftrags auch schon die nächsten Gäste bedienen. Sobald Ihr Hamburger fertiggestellt worden ist, wird der Kassierer hierüber informiert, sodass er Ihnen den Hamburger überreichen kann. Solche Mitarbeiter arbeiten *asynchron*, da sie zeitlich nicht auf den Grillmeister angewiesen sind.

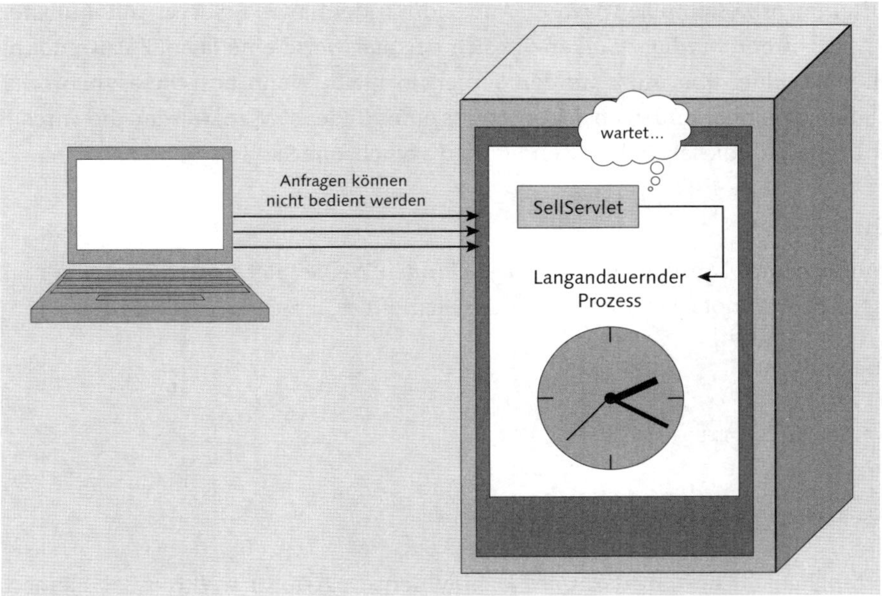

Abbildung 4.14 Ein normales Servlet wird durch lange andauernde Prozesse blockiert.

Kommen wir nun zurück zum Servlet: Ein normales Servlet kann wie ein unerfahrener Kassierer immer nur synchron arbeiten. Deshalb wartet es, bis die Ausführung des Auftrags beendet ist – mag er noch so lange andauern. Daher führen langandauernde Prozesse dazu, dass das Servlet blockiert ist (siehe Abbildung 4.14).

Anders sieht es bei asynchron arbeitenden Servlets aus, denn sie warten nicht ab, bis der langandauernde Prozess beendet ist.

Wann werden asynchrone Servlets verwendet?

Wenn asynchrone Servlets so effizient arbeiten, dann stellt sich doch die Frage, warum sie nicht ausschließlich verwendet werden. Oder anders gesagt: Wann ist der Einsatz von asynchronen Servlets sinnvoll und wann nicht? Um diese Frage zu beantworten, muss man sich vor Augen halten, wie Servlets asynchron arbeiten. Die asynchrone Bearbeitung wird Java-seitig realisiert, indem der Thread des Servlets in einen zweiten, separaten Thread verzweigt wird. Der eigentliche Thread des HTTP-Requests kann hierdurch abgeschlossen werden, während der blockierende Thread eigenständig dazu in der Lage ist, den HTTP-Request zu einem späteren Zeitpunkt zu beantworten. Dies bereitet der Java Runtime Engine Mühe. Aber wann ist diese Mühe lohnenswert?

In Kapitel 2, »Der Java EE Server«, hatten wir die Anzahl bei MIN. THREADPOOLGRÖSSE und MAX. THREADPOOLGRÖSSE auf 200 angehoben, um eine ausreichende Anzahl an Threads im HTTP-Threadpool zur Verfügung zu haben. Und normalerweise sollten wir mit dieser Menge für die gängigsten Anwendungen zurande kommen. Allerdings kann es vorkommen, dass das Frontend einer professionellen Java-EE-Anwendung den Java EE Server mit Aufrufen über Ajax regelrecht bombardiert. Stellen Sie sich beispielsweise eine Java-EE-Anwendung vor, die zahlreiche Bilder über Ajax auf den Server hochlädt. Wenn nun die asynchronen Anfragen auf den langanhaltenden Speicherprozess eines Bildes stoßen, werden die Threads blockiert. Und genau für diesen Fall verwendet man asynchrone Servlets.

Ein erstes Beispiel

Um ein gewöhnliches WebServlet zu einem *asynchronen* WebServlet zu wandeln, fügt man üblicherweise bei der Annotation `@WebServlet` das Element `asyncSupported=true` hinzu:

```
@WebServlet(
        urlPatterns = "/sell",
        asyncSupported=true)
public class SellServlet extends HttpServlet {
```

Listing 4.36 »SellServlet.java«

Eine weitere Möglichkeit besteht darin, im Deployment-Deskriptor *web.xml* das Element `<async-supported>` mit dem Wert `true` einzutragen.

Im Programm kann die Konfiguration ebenso gesetzt werden. Hierfür muss die Methode `ServletRegistration.setAsyncSupported(true)` aufgerufen werden.

Normalerweise wird beim Verlassen einer aufgerufenen Service-Methode zwangsläufig der HTTP-Response an den Client versendet. Wenn wir aber die Methode `startAsync()` der Klasse `javax.servlet.ServletRequest` aufrufen, wird das Servlet in den asynchronen Modus gesetzt. Hierdurch wird ein abzweigender Thread gestartet.

```
...
AsyncContext ac = request.startAsync();
```

Listing 4.37 »SellServlet.java«

Mit dem Aufruf der Methode `startAsync()` erhalten wir als Rückgabewert ein Objekt der Klasse `javax.servlet.AsyncContext`. Mithilfe dieses Objekts können wir den asynchronen Prozess nun steuern. Hierfür bietet die Klasse `javax.servlet.AsyncContext` die Methoden `start()` und `complete()` an.

Durch die Methode `start()` kann eine Klasse gestartet werden, die das Interface `Runnable` implementiert.

Das folgende Listing zeigt die Klasse `SellServlet.java`. Sie wurde so erweitert, sodass die Speicherung des Artikel-Fotos nun asynchron in einer gesonderten Klasse verarbeitet wird.

```
package de.java2enterprise.onlineshop;

import java.io.File;
import java.io.FileOutputStream;
import java.io.IOException;
import java.io.InputStream;
import java.io.OutputStream;
import java.io.PrintWriter;

import javax.servlet.AsyncContext;
import javax.servlet.ServletException;
import javax.servlet.annotation.MultipartConfig;
import javax.servlet.annotation.WebServlet;
import javax.servlet.http.HttpServlet;
import javax.servlet.http.HttpServletRequest;
import javax.servlet.http.HttpServletResponse;
import javax.servlet.http.Part;

@WebServlet(
    urlPatterns = {"/sell"}, asyncSupported=true)
@MultipartConfig(
```

```
    maxFileSize=1024*1024*10,
    maxRequestSize=1024*1024*30)
public class SellServlet extends HttpServlet {
    private static final long serialVersionUID = 1L;

    public void doPost(
        final HttpServletRequest request,
        final HttpServletResponse response)
        throws ServletException, IOException {


        final String title =
            request.getParameter("title");
        final String description =
            request.getParameter("description");
        final String price =
            request.getParameter("price");
        final Part part = request.getPart("foto");

        InputStream is = part.getInputStream();

        String path = part.getSubmittedFileName();
        File file = new File(path);
        OutputStream os = new FileOutputStream(file);

        PrintWriter out = response.getWriter();
        out.println("<!DOCTYPE html>");
        out.println("<html>");
        out.println("<body>");
        out.println("<br>Artikel: " + title);
        out.println("<br>Beschreibung: " + description);
        out.println("<br>Preis: " + price);
        out.println("<br>Ihr Bild wird hier hochgeladen: "
                + file.getAbsolutePath());
        out.println("</body>");
        out.println("</html>");

        final AsyncContext ac = request.startAsync();
        ac.start(new FotoService(is, os));
        ac.complete();
    }
}
```

Listing 4.38 »SellServlet.java«

Dem Benutzer wird angezeigt, dass seine Daten erfolgreich entgegengenommen worden sind und dass das Foto seines Artikels an einem bestimmten Ort abgespeichert werden wird.

Die Speicherung des Bildes erfolgt in einer gesonderten Klasse, die das Interface `Runnable` implementiert. Wir nennen sie `FotoService.java`.


```
package de.java2enterprise.onlineshop;

import java.io.InputStream;
import java.io.OutputStream;

public class FotoService implements Runnable {
    private InputStream is;
    private OutputStream os;

    public FotoService(
            InputStream is,
            OutputStream os) {
        this.is = is;
        this.os = os;
    }

    @Override
    public void run() {
        try {
            byte[] b = new byte[1024];
            int i = 0;
            while ((i = is.read(b)) != -1) {
                os.write(b, 0, i);
            }
        } catch (Exception ex) {
            ex.printStackTrace();
        } finally {
            try {
                os.close();
                is.close();
            } catch (Exception e) {
                e.printStackTrace();
            }
        }
    }
}
```

Listing 4.39 »FotoService.java«

Beachten Sie bei der Klasse SellServlet, dass der Aufruf der Methode AsyncContext.complete() das Ende der HTTP-Verarbeitung ankündigt, auch wenn der abgezweigte Thread noch nicht abgeschlossen ist. Ob das Bild tatsächlich abgespeichert worden ist, erfährt der Benutzer in diesem Beispiel also nicht.

Den asynchronen Prozess innerhalb des Servlets programmieren

In einer Webanwendung mit Ajax könnte es sein, dass ein asynchroner Ajax-Aufruf anzeigen möchte, ob die Speicherung des Bildes erfolgreich war. Um dies bei dem asynchronen Servlet zu ermöglichen, können wir der Klasse FotoService eine Referenz auf den AsyncContext mitgeben. Die Klasse FotoService würden wir dann wie folgt programmieren:

```
package de.java2enterprise.onlineshop;

import java.io.FileOutputStream;
import java.io.InputStream;
import java.io.OutputStream;
import java.io.PrintWriter;

import javax.servlet.AsyncContext;
import javax.servlet.http.HttpServletRequest;
import javax.servlet.http.HttpServletResponse;
import javax.servlet.http.Part;

public class FotoService implements Runnable {
    private AsyncContext ac;

    public FotoService(AsyncContext ac) {
        this.ac = ac;
    }

    @Override
    public void run() {
        final HttpServletRequest request =
            (HttpServletRequest) ac.getRequest();
        final HttpServletResponse response =
            (HttpServletResponse) ac.getResponse();

        OutputStream os = null;
        InputStream is = null;
        PrintWriter out = null;
        try {
            final Part part = request.getPart("foto");
```

```
            os = new FileOutputStream(
                part.getSubmittedFileName());
            is = part.getInputStream();
            out = response.getWriter();

            byte[] b = new byte[1024];
            int i = 0;
            while ((i = is.read(b)) != -1) {
                os.write(b, 0, i);
            }
            os.flush();
            out.write("true");
            ac.complete();
        } catch (Exception ex) {
            out.write("false");
            ex.printStackTrace();
        } finally {
            try {
            } catch (Exception e) {
                e.printStackTrace();
            }
        }
    }
}
```

Listing 4.40 »FotoService.java«

Weil wir der Klasse `FotoService` eine Instanz vom `AsyncContext` mitgeben, erhalten wir den Zugriff auf die Objekte `HttpServletRequest` und `HttpServletResponse` des Servlets. Nachdem das Foto abgespeichert wurde, geben wir dem Ajax-Client ein `true` zurück. Diese Antwort ist natürlich nur ein Beispiel, dass je nach Ajax-Client auch ganz anders aussehen könnte.

Die Methode `AsyncContext.complete()` können wir genau dann aufrufen, wenn der Speichervorgang beendet worden ist.

Die Klasse `SellServlet.java` fällt hingegen nun ganz kurz aus:

```
package de.java2enterprise.onlineshop;

import java.io.IOException;

import javax.servlet.AsyncContext;
import javax.servlet.ServletException;
import javax.servlet.annotation.MultipartConfig;
```

```
import javax.servlet.annotation.WebServlet;
import javax.servlet.http.HttpServlet;
import javax.servlet.http.HttpServletRequest;
import javax.servlet.http.HttpServletResponse;

@WebServlet(
    urlPatterns = {"/sell"}, asyncSupported=true)
@MultipartConfig(
    maxFileSize=1024*1024*10,
    maxRequestSize=1024*1024*30)
public class SellServlet extends HttpServlet {
    private static final long serialVersionUID = 1L;

    public void doPost(
        final HttpServletRequest request,
        final HttpServletResponse response)
        throws ServletException, IOException {

        final AsyncContext ac = request.startAsync();
        ac.start(new FotoService(ac));
    }
}
```

Listing 4.41 »SellServlet.java«

4.7.2 Nonblocking I/O

Das Problem von langanhaltenden Backend-Prozessen konnten wir im letzten Abschnitt durch asynchrone Servlets lösen. Denn bei asynchronen Servlets kann der primäre Servlet-Thread für den nächsten HTTP-Request sofort zur Verfügung gestellt werden, auch wenn der verzweigte Thread erst zu einem späteren Zeitpunkt fertig ist. Und sollte im Backend wider Erwarten etwas schiefgehen, stehen Java-seitig genügend Möglichkeiten zur Verfügung, wie hiermit umgegangen werden kann.

Was passiert aber, wenn der Datenstrom vom verzweigten Thread zwischen Client und Server ebenfalls festhängt? Ehemals (d.h. vor Java EE 7) konnte auch ein asynchroner Thread komplett blockiert sein, wenn der Datenstrom vom HTTP-Client mittendrin abbrach. Bis auf das Auslösen einer Timeout-Exception wusste sich die ehemalige API bei dieser Problematik nicht zu helfen. Die neue Spezifikation der Servlet-3.1-API löst dieses Problem, indem sie zusätzliche Klassen und Methoden zur Verfügung stellt, mit denen auf das Stocken des Datenstroms vom HTTP-Client und zum HTTP-Client kontrolliert reagiert werden kann.

Um die Nonblocking-I/O-API zu verwenden, schreibt man eine Klasse, die entweder vom Interface `ReadListener` oder vom Interface `WriteListener` implementiert. Je nachdem, ob es sich um einen Lese- oder einen Schreibvorgang handelt, ist die eine oder die andere Variante erforderlich. Im nächsten Beispiel werden wir unser `SellServlet` so abändern, dass es nur Daten einliest, wenn auch welche zur Verfügung stehen.

Zunächst schreiben wir hierfür eine Klasse mit dem Namen `FotoReadListener`. `FotoReadListener` muss das Interface `ReadListener` ableiten und seine drei Methoden `onDataAvailable()`, `onAllDataRead()` und `onError()` überschreiben.


```
package de.java2enterprise.onlineshop;

import java.io.FileOutputStream;
import java.io.InputStream;
import java.io.OutputStream;
import java.io.PrintWriter;

import javax.servlet.AsyncContext;
import javax.servlet.ReadListener;
import javax.servlet.http.HttpServletRequest;
import javax.servlet.http.HttpServletResponse;
import javax.servlet.http.Part;

public class FotoReadListener implements ReadListener {
    private AsyncContext ac;

    public FotoReadListener(AsyncContext ac) {
        this.ac = ac;
    }

    @Override
    public void onDataAvailable() {
        final HttpServletRequest request =
            (HttpServletRequest) ac.getRequest();
        final HttpServletResponse response =
            (HttpServletResponse) ac.getResponse();

        OutputStream os = null;
        InputStream is = null;
        PrintWriter out = null;
        try {
            final Part part = request.getPart("foto");
            os = new FileOutputStream(
                part.getSubmittedFileName());
            is = part.getInputStream();
            out = response.getWriter();
```

```
            byte[] b = new byte[1024];
            int i = 0;
            while ((i = is.read(b)) != -1) {
                os.write(b, 0, i);
            }
            os.flush();
            out.write("true");
            ac.complete();
        } catch (Exception ex) {
            out.write("false");
            ex.printStackTrace();
        } finally {
            try {
            } catch (Exception e) {
                e.printStackTrace();
            }
        }
    }

    @Override
    public void onAllDataRead() {
        ac.complete();
    }

    @Override
    public void onError(Throwable ex) {
        ex.printStackTrace();
        ac.complete();
    }
}
```

Listing 4.42 »FotoReadListener.java«

In der Klasse `SellServlet` wird der Listener verwendet, indem er der Methode `ServletInputStream.setReadListener()` als Parameter mitgegeben wird:

```
package de.java2enterprise.onlineshop;

import java.io.IOException;

import javax.servlet.AsyncContext;
import javax.servlet.ServletException;
import javax.servlet.ServletInputStream;
import javax.servlet.annotation.MultipartConfig;
```

```
import javax.servlet.annotation.WebServlet;
import javax.servlet.http.HttpServlet;
import javax.servlet.http.HttpServletRequest;
import javax.servlet.http.HttpServletResponse;

@WebServlet(
    urlPatterns = {"/sell"}, asyncSupported=true)
@MultipartConfig(
    maxFileSize=1024*1024*10,
    maxRequestSize=1024*1024*30)
public class SellServlet extends HttpServlet {
    private static final long serialVersionUID = 1L;

    public void doPost(
        final HttpServletRequest request,
        final HttpServletResponse response)
        throws ServletException, IOException {

        final AsyncContext ac = request.startAsync();
        ServletInputStream in = request.getInputStream();
        in.setReadListener(new FotoReadListener(ac));
    }
}
```

Listing 4.43 »SellServlet.java«

4.8 Webfilter

Ein Filter ist eine außerordentlich praktische Erfindung, denn es ist ein Objekt, das sich dynamisch vor der Ausführung eines Servlets zwischenschaltet. Das Servlet erfährt von den Tätigkeiten des Filters nichts, und im Servlet muss auch keinerlei Konfiguration hierfür vorgenommen werden. Dadurch können Filter auch beliebig hinzugefügt oder ausgetauscht werden, ohne dass im Servlet etwas verändert werden muss.

Das besonders Praktische an einem Filter ist, dass es für sogenannte Cross-Cutting-Concerns (Querschnittbelange) genutzt werden kann. Ein Cross-Cutting-Concern ist eine Anforderung an die Anwendung, die sich quer durch die Komponenten der Geschäftslogik zieht und hierbei normalerweise immer wieder auf die gleiche Weise programmiert werden müsste. Bei der Programmierung von solchen Querschnittsbelangen würde unnötig viel Quelltext entstehen. Beispiele hierfür sind Logging-Mechanismen, Sicherheitsabfragen, Verschlüsselungen, Header-Manipulationen oder Bildverarbeitungen.

Wenn Querschnittsbelange vor oder nach der Ausführung eines Servlets programmiert werden müssen, sollten sie in einen Filter ausgelagert werden. Denn hierdurch können sie auf ein Minimum reduziert werden.

4.8.1 Die Methoden eines Filters

Eine Java-Klasse, die als Filter wirken soll, muss das Interface `javax.servlet.Filter` implementieren und seine drei abstrakten Methoden `init()`, `doFilter()` und `destroy()` realisieren.

Die Methoden »init()« und »destroy()«

Die Methoden `init()`und `destroy()` sind lediglich für den Lebenszyklus eines Filters von Bedeutung. Wenn der Web-Container seinen Betrieb aufnimmt, erzeugt er aus jeder Filter-Klasse ein einzelnes Filter-Objekt. Hierbei ruft er die Methode `init()` auf. Die Methode `init()` bietet den Optionsparameter `FilterConfig` an. Über diesen Optionsparameter kann innerhalb der Methode auf Initialisierungsparameter zugegriffen werden. Auf diese Weise könnte beispielsweise ein Administrator oder ein Deployer Einfluss auf die Verarbeitung eines HTTP-Requests nehmen.

Die Methode `destroy()` wird erst aufgerufen, wenn der Web-Container den Betrieb des Filters einstellt. Diese Methode wird für Aufräumarbeiten genutzt.

```
public void init(FilterConfig filterConfig)
throws ServletException {
    // Initialisierungsarbeiten
}

public void destroy() {
    //Aufräumarbeiten
}
```

Listing 4.44 Die Methoden »init()« und »destroy()«

Die Methode »doFilter()«

Die Filterung einer Anfrage wird in der Methode `doFilter()` programmiert. Aufgrund der ersten beiden Übergabeparameter `ServletRequest` und `ServletResponse` existiert die Möglichkeit, den HTTP-Request und den HTTP-Response zu untersuchen und auch zu manipulieren.

```
public void doFilter(
    ServletRequest req,
    ServletResponse res,
    FilterChain  chain) {
```

```
    // HTTP-Request und HTTP-Response verarbeiten
    // Anfrage weiterleiten
}
```

Listing 4.45 Die Methode »doFilter()«

Besonders wichtig hierbei ist aber auch der dritte Übergabeparameter der Klasse `FilterChain`. Die Klasse `FilterChain` besitzt eine Methode, die sich `doFilter()` nennt. Wenn man diese Methode aufruft, wird die in der Programmabfolge nächste Web-Komponente ausgeführt. Dabei kann es sich um eine Web-Komponente oder auch um einen weiteren Filter handeln. Wird die Methode `FilterChain.doFilter()` gar nicht aufgerufen, so wird der Programmablauf an dieser Stelle gestoppt.

Im folgenden Beispiel wird ein Filter gezeigt, das vor der Ausführung der Folgekomponente eine Logging-Ausgabe tätigt. Danach wird die Methode `doFilter()` ausgeführt, damit die Kontrolle an die nächste Komponente abgegeben wird:

```
package de.java2enterprise.onlineshop;

import java.io.IOException;

import javax.servlet.Filter;
import javax.servlet.FilterChain;
import javax.servlet.FilterConfig;
import javax.servlet.ServletContext;
import javax.servlet.ServletException;
import javax.servlet.ServletRequest;
import javax.servlet.ServletResponse;

public class LoggingFilter implements Filter {
    public void destroy() {}

    public void doFilter(
        ServletRequest request,
        ServletResponse response,
        FilterChain chain)
            throws IOException, ServletException {
        ServletContext sc =
            request.getServletContext();
        sc.log("LoggingFilter");
        chain.doFilter(request, response);
    }

    public void init(
```

```
        FilterConfig fConfig)
        throws ServletException {}
}
```

Listing 4.46 »LoggingFilter.java«

Vielleicht ist Ihnen aufgefallen, dass die Methode `doFilter()` keinerlei Hinweis darauf gibt, welche Komponente als Nächstes an der Reihe ist, denn dies ist per Konvention bereits definiert. Wenn beispielsweise ein einziger Filter vor ein Servlet gesetzt wurde, ruft der Web-Container beim Aufruf der Methode `doFilter()` dieses Servlet als Nächstes auf (siehe Abbildung 4.15).

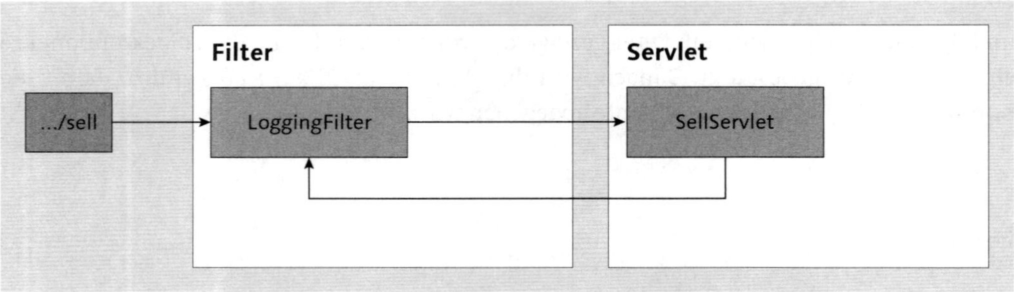

Abbildung 4.15 Der Web-Container ruft das Servlet auf, wenn im Filter die Methode »doFilter()« ausgeführt wird.

Wenn hingegen bestimmt wurde, dass zwei Filter vor dem Servlet zwischengeschaltet sein sollen, ruft der Web-Container nach dem ersten Filter zunächst den zweiten Filter auf.

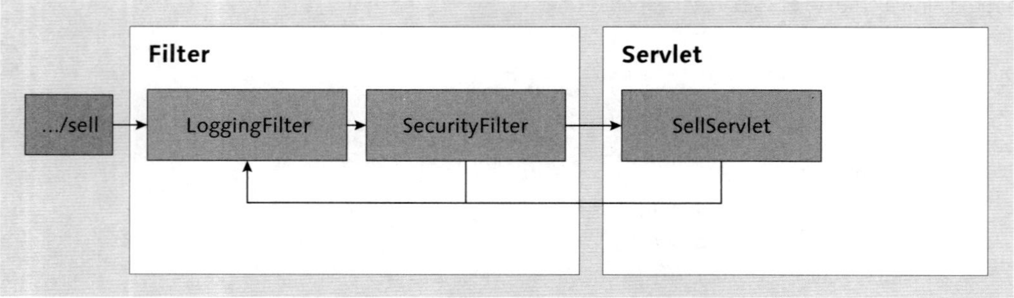

Abbildung 4.16 Zwei verkettete Filter vor einem Servlet

4.8.2 Die Konfiguration eines Filters

Damit der Web-Container einen Filter ausführen kann, muss der Filter in der Konfiguration deklariert sein. Die Konfiguration erfolgt entweder über die Annotation `@WebFilter` oder im Deployment-Deskriptor *web.xml*. In beiden Fällen ist es eine Mindestvoraussetzung, dass der Web-Container erfährt, bei welchen Servlets oder bei welchen URLs er den Filter zu aktivieren hat. Es muss hierbei mindestens ein Servlet oder mindestens ein URL-Pattern genannt werden, bei dem der Filter zum Einsatz kommen soll.

Wenn ein Filter vor einem bestimmten Servlet aktiviert werden soll, wird man das Element `servletNames` einsetzen:

```
@WebFilter(
    servletNames={"SellServlet"}
)
public class LoggingFilter implements Filter {
»LoggingFilter.java«
Eine weitere Alternative ist, ein URL-Pattern zu benennen:
@WebFilter(
    urlPatterns={"/sell"}
)
public class LoggingFilter implements Filter {
    ...
```

Listing 4.47 »LoggingFilter.java«

Wenn man nur ein einziges URL-Pattern filtern möchte und ansonsten auch keine anderen Elemente der Annotation `@WebFilter` benötigt, kann das vereinfachte Value-Element genutzt werden.

```
@WebFilter("/sell")
public class LoggingFilter implements Filter {
    ...
```

Listing 4.48 »LoggingFilter.java«

Wenn der Filter bei mehreren URL-Patterns aktiviert werden soll oder wenn weitere Elemente gesetzt werden, muss die vollständige Schreibweise gebraucht werden.

Im folgenden Beispiel geben wir dem Filter zusätzlich einen Namen und eine Beschreibung. Hierfür werden die Elemente `filterName` und `description` verwendet:

```
@WebFilter(
    urlPatterns={"/sell", "/buy"},
    filterName="LoggingFilter",
    description="Logging bei bestimmten Zugriffen"
)
public class LoggingFilter implements Filter {
    ...
```

Listing 4.49 »LoggingFilter.java«

Wenn man die Konfiguration eines Filters in der *web.xml* vornimmt, dann sieht es etwas komplexer aus, denn dort wird die gleiche Konfiguration wie im obigen Beispiel auf folgende Weise spezifiziert:

```
<filter>
    <description>
        Logging bei bestimmten Zugriffen
    </description>
    <filter-name>
        LoggingFilter
    </filter-name>
    <filter-class>
        de.java2enterprise.onlineshop.LoggingFilter
    </filter-class>
</filter>
<filter-mapping>
<filter-name>LoggingFilter</filter-name>
    <url-pattern>/sell</url-pattern>
    <url-pattern>/buy</url-pattern>
</filter-mapping>
...
```

Listing 4.50 »web.xml«

In dem obigen Beispiel wird der Filter beim Aufruf der zwei URL-Patterns `/sell` und `/buy` aktiv. Weil wir in dem Onlineshop-Beispiel das `SellServlet` auf die URL `/sell` und das `BuyServlet` auf die URL `/buy` gemappt haben, wird der `LoggingFilter` vor diese beide Servlets geschaltet (siehe Abbildung 4.17).

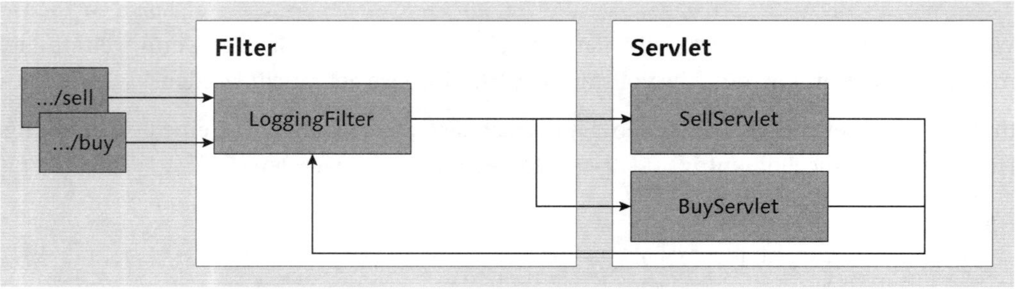

Abbildung 4.17 Ein Filter vor zwei Servlets

Diese Konfiguration ergibt sich also ganz einfach automatisch aus der Tatsache, dass der `LoggingFilter` die beiden URL-Patterns definiert und diese URL-Patterns gleichzeitig auch zu den jeweiligen Web-Komponenten gemappt sind.

Über einen Asterisk (das Sternchen *) können auch mehrere URLs von einem einzigen URL-Pattern gleichzeitig betroffen sein. Im folgenden Beispiel wird der Aufruf jeglicher URLs des Onlineshops dazu führen, dass – noch bevor ein Servlet ausgeführt wird – zunächst der `LoggingFilter` aktiv ist:

```
@WebFilter("/*")
public class LoggingFilter implements Filter {
    ...
```

Listing 4.51 »LoggingFilter.java«

4.8.3 Mehrere Filter vor ein Servlet setzen

Wir schauen uns noch ein weiteres Beispiel an, bei dem mehrere Filter vor ein Servlet gesetzt sind (siehe Abbildung 4.18).

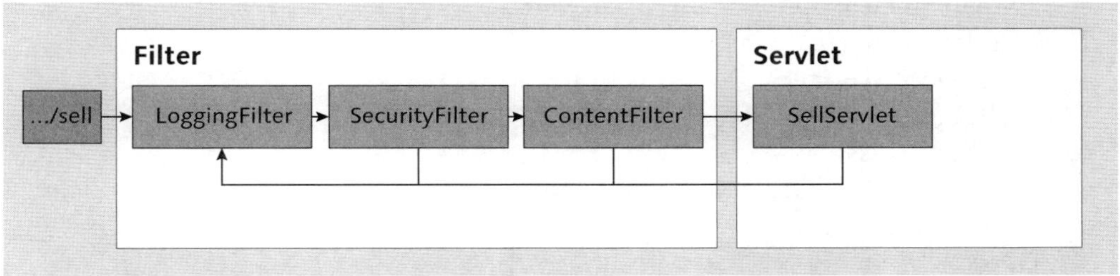

Abbildung 4.18 Mehrere Filter vor einem Servlet

Grundsätzlich können beliebig viele Filter vor der Ausführung eines Servlets aneinandergereiht sein. Allerdings ist hierbei die Reihenfolge der Verkettung nicht definiert. Zumindest ist das dann nicht der Fall, wenn man die Filter über die Annotation `@WebFilter` deklariert.

Wenn man hingegen die Konfiguration im Deployment-Deskriptor vornimmt, entspricht die Ausführungsabfolge ihrer Anordnung in der Datei *web.xml*. Das bedeutet, dass ein erstgenannter Filter vorher aufgerufen wird und ein nächstgenannter Filter erst danach zum Zug kommt.

Beispielsweise würden aufgrund des folgenden Listings der `LoggingFilter`, der `SecurityFilter` und der `ContentFilter` in einer geordneten Abfolge aufgerufen werden:

```
<?xml version="1.0" encoding="UTF-8"?>
<web-app
    xmlns:xsi="http://www.w3.org/2001/XMLSchema-instance"
    xmlns="http://xmlns.jcp.org/xml/ns/javaee"
    xsi:schemaLocation="http://xmlns.jcp.org/xml/ns/javaee
    http://xmlns.jcp.org/xml/ns/javaee/web-app_3_1.xsd"
    id="WebApp_ID"
```

```
version="3.1">
<filter>
    <description>
        Logging bei bestimmten Zugriffen
    </description>
    <filter-name>
        LoggingFilter
    </filter-name>
    <filter-class>
        de.java2enterprise.onlineshop.LoggingFilter
    </filter-class>
</filter>
<filter>
    <description>
        Security bei bestimmten Zugriffen
    </description>
    <filter-name>
        SecurityFilter
    </filter-name>
    <filter-class>
        de.java2enterprise.onlineshop.SecurityFilter
    </filter-class>
</filter>
<filter>
    <description>
        Umwandlung des Contents
    </description>
    <filter-name>
        ContentFilter
    </filter-name>
    <filter-class>
        de.java2enterprise.onlineshop.ContentFilter
    </filter-class>
</filter>

<filter-mapping>
    <filter-name>
        LoggingFilter
    </filter-name>
    <url-pattern>/sell</url-pattern>
    <url-pattern>/buy</url-pattern>
</filter-mapping>
<filter-mapping>
```

```
        <filter-name>
            SecurityFilter
        </filter-name>
        <url-pattern>/sell</url-pattern>
        <url-pattern>/buy</url-pattern>
    </filter-mapping>
    <filter-mapping>
        <filter-name>
            ContentFilter
        </filter-name>
        <url-pattern>/sell</url-pattern>
        <url-pattern>/buy</url-pattern>
    </filter-mapping>
</web-app>
```

Listing 4.52 »web.xml«

4.8.4 Filter mit Umleitung

In der Methode doFilter() möchte man die automatische Abfolge manchmal umgehen und stattdessen auf eine unvorhergesehene Web-Komponente umleiten. Die trivialste Art einer Umleitung gelingt, wenn innerhalb der Methode doFilter() ganz einfach ein Redirect oder ein RequestDispatcher eingesetzt wird.

Wir programmieren nun eine solche einfache Umleitung in einem kurzen Beispiel. Dabei sollen bei einem HTTP-Request nur jene Aufrufe zugelassen werden, bei denen die Benutzer einen gewissen Code eingegeben haben. Diesen Code haben die Benutzer vorab über eine SMS erhalten.

```
package de.java2enterprise.onlineshop;

import java.io.IOException;

import javax.servlet.Filter;
import javax.servlet.FilterChain;
import javax.servlet.FilterConfig;
import javax.servlet.RequestDispatcher;
import javax.servlet.ServletContext;
import javax.servlet.ServletException;
import javax.servlet.ServletRequest;
import javax.servlet.ServletResponse;
import javax.servlet.annotation.WebFilter;
import javax.servlet.http.HttpServletRequest;
```

```
@WebFilter("/register")
public class SecurityFilter implements Filter {
    public void destroy() {}

    public void doFilter(
            ServletRequest request,
            ServletResponse response,
            FilterChain chain)
            throws IOException, ServletException {

            String code = request.getParameter("code");
            if( "supergeheim123".equals(code) ) {
                chain.doFilter(request, response);
            } else {
                final String remoteAddr =
                    request.getRemoteAddr();
                final HttpServletRequest
                    httpServletRequest =
                    (HttpServletRequest) request;
                final String requestURI =
                    httpServletRequest.
                        getRequestURI();
                final ServletContext sc =
                    request.getServletContext();
                sc.log(
                    "Warning: improper access "
                    + "by remoteAddr "
                    + remoteAddr
                    + " on "
                    + requestURI );
                final RequestDispatcher dispatcher =
                    request.
                        getRequestDispatcher(
                        "signedout.html");
                dispatcher.forward(
                    request, response);
            }
        }

        public void init(FilterConfig fConfig)
            throws ServletException {}
}
```

Listing 4.53 »SecurityFilter.java«

4.8.5 Filter überspringen

Wenn ein Filter für ein gewisses URL-Pattern oder ein bestimmtes Servlet spezifiziert worden ist, wird er beim Eintreffen des HTTP-Requests normalerweise automatisch zwischengeschaltet. Dieses Default-Verhalten lässt sich aber auch umstellen. Das Konfigurationselement hierfür nennt sich bei der `@WebFilter`-Annotation `dispatcherTypes`.

Das Element `dispatcherTypes` kann folgende Werte enthalten:

- **REQUEST** (der Default-Wert): Dies ist die Default-Einstellung. Das bedeutet, dass der Filter nur aktiv wird, wenn das URL-Pattern oder das Servlet unmittelbar durch den Client mit einem HTTP-Request aufgerufen wurde.
- **FORWARD**: Wenn das URL-Pattern oder das Servlet mit einem Forward von einer anderen Web-Komponente aus aufgerufen wurde, muss `FORWARD` als Wert gesetzt sein.
- **INCLUDE**: Wenn das URL-Pattern oder das Servlet mit einem `INCLUDE` von einer anderen Web-Komponente aus aufgerufen wurde, ist `INCLUDE` der richtige Wert.
- **ASYNC**: Dieser Filter wird nur aktiviert, wenn er innerhalb eines asynchronen Kontexts integriert werden soll.
- **ERROR**: Der Filter wird nur bei einem Error-Aufruf aktiv.

Wenn beispielsweise die Methode `RequestDispatcher.forward(request, response)` in einem Servlet aufgerufen wird und laut Abfolge ein Filter aktiviert werden soll, muss der Filter den `DispatcherType` `FORWARD` enthalten, denn ansonsten wird der Filter ganz einfach in der Abfolge übersprungen. Deshalb müsste die Annotation in diesem Fall so aussehen:

```
@WebFilter(
    urlPatterns={
        "/sell"
    },
    dispatcherTypes= {
        DispatcherType.FORWARD
    }
)
public class LoggingFilter implements Filter {
    ...
```

»LoggingFilter.java«

In der web.xml setzt man das Dispatcher-Element auf diese Weise:

```
<filter>
    <filter-name>
        LoggingFilter
    </filter-name>
    <filter-class>
        de.java2enterprise.onlineshop.LoggingFilter
```

```
        </filter-class>
    </filter>

    <filter-mapping>
        <filter-name>
            LoggingFilter
        </filter-name>
        <url-pattern>/sell</url-pattern>
        <dispatcher>FORWARD</dispatcher>
    </filter-mapping>
    ...
```

Listing 4.54 »web.xml«

Es können auch mehrere DispatcherTypes miteinander kombiniert werden. Wenn man beispielsweise dafür sorgen möchte, dass der Filter in jeder Lebenslage stets aktiviert werden soll, setzt man alle DispatcherTypes wie folgt:

```
@WebFilter(
    urlPatterns={
        "/*"
    },
    dispatcherTypes= {
        DispatcherType.REQUEST,
        DispatcherType.FORWARD,
        DispatcherType.INCLUDE,
        DispatcherType.ASYNC,
        DispatcherType.ERROR
    }
)
public class LoggingFilter implements Filter {
    ...
```

Listing 4.55 »LoggingFilter.java«

4.8.6 Einen Filter in Eclipse erzeugen

Mithilfe eines NEW-Wizards können Sie einen Filter in Eclipse automatisiert erzeugen lassen. Im Hauptmenü öffnen Sie über FILE • NEW • OTHER das Wizard-Auswahlfenster. Öffnen Sie den Ordner WEB, und selektieren Sie dort den Eintrag FILTER (siehe Abbildung 4.19).

Nachdem Sie auf NEXT geklickt haben, gelangen Sie in ein Fenster, in dem Sie dem Filter einen Namen geben können. Wir nennen den Filter *IsSecureLogger* (siehe Abbildung 4.20).

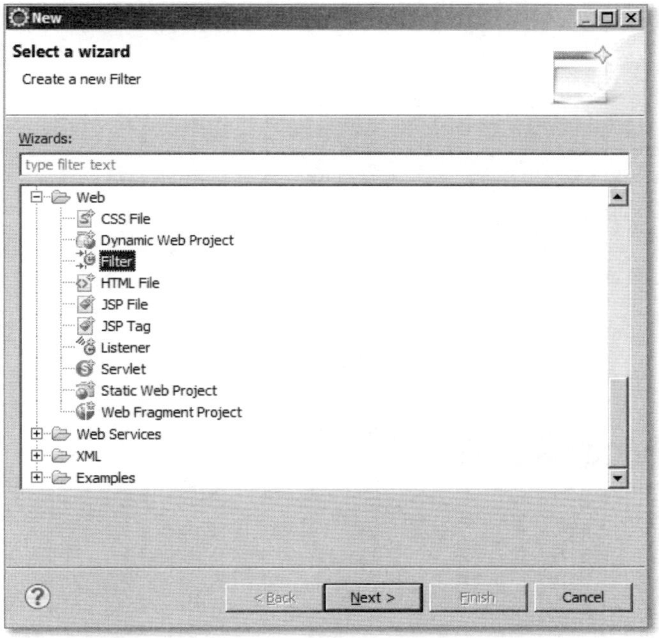

Abbildung 4.19 Die Auswahl des Filter-Wizards

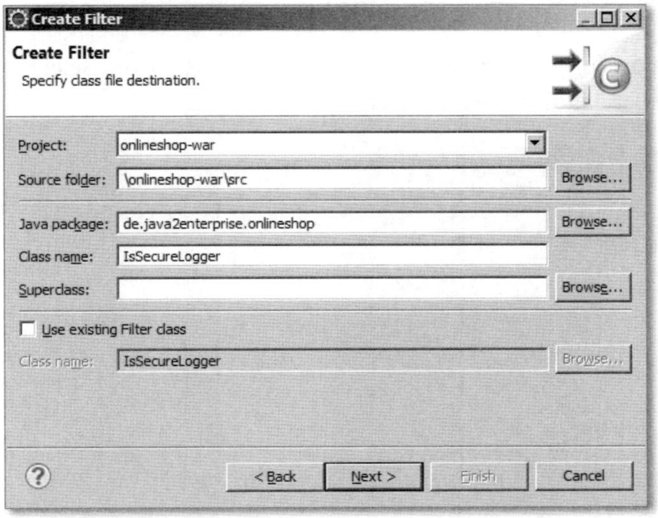

Abbildung 4.20 Die Erzeugung des Filters »IsSecureLogger«

Mit einem weiteren Klick auf NEXT bietet der Wizard die Möglichkeit, dem Filter einen Namen sowie eine Beschreibung zu geben und Initialisierungsparameter und Mappings festzulegen (siehe Abbildung 4.21).

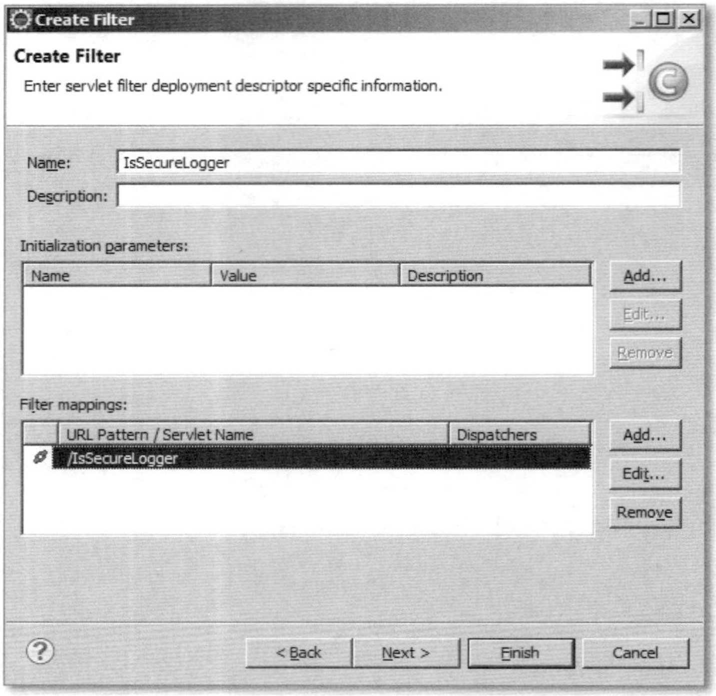

Abbildung 4.21 Die Konfiguration über den Wizard

Entfernen Sie den Eintrag »/IsSecureLogger«, und klicken Sie auf den Button ADD. Selektieren Sie danach im folgenden Fenster das SELLSERVLET (siehe Abbildung 4.22).

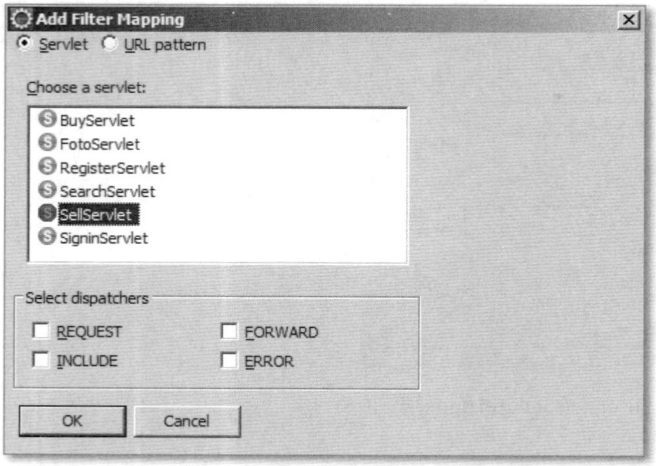

Abbildung 4.22 Die Auswahl des Filter-Mappings

Theoretisch könnten Sie an dieser Stelle auch DispatcherTypes hinzufügen. Da der Filter aber bei einem REQUEST aktiviert werden soll, behalten Sie die Default-Einstellung bei und bestätigen sie mit einem Klick auf OK.

Zurück im CREATE FILTER-Fenster klicken Sie auf FINISH. Eclipse sollte nun ein Grundgerüst erstellt haben, das vor der Klasse folgende Annotation enthält:

```
@WebFilter(servletNames = { "SellServlet" })
public class IsSecureLogger implements Filter {
    ...
```

Listing 4.56 »IsSecureLogger.java«

Beachten Sie bei asynchronen Servlets, dass auch der `WebFilter` auf »asynchron« gesetzt werden muss, damit die beiden Komponenten miteinander kombiniert werden können.

Das folgende Listing zeigt einen Filter, der bei allen eingehenden Aufrufen zugeschaltet wird, auch wenn sie zu asynchronen Servlets gehören:

```
package de.java2enterprise.onlineshop;

import java.io.IOException;

import javax.servlet.DispatcherType;
import javax.servlet.Filter;
import javax.servlet.FilterChain;
import javax.servlet.FilterConfig;
import javax.servlet.ServletContext;
import javax.servlet.ServletException;
import javax.servlet.ServletRequest;
import javax.servlet.ServletResponse;
import javax.servlet.annotation.WebFilter;

@WebFilter(
        urlPatterns={
            "/*"
        },
        dispatcherTypes= {
            DispatcherType.REQUEST,
            DispatcherType.FORWARD,
            DispatcherType.INCLUDE,
            DispatcherType.ASYNC,
            DispatcherType.ERROR
        },
        asyncSupported=true
```

```
    )
public class IsSecureLogger implements Filter {

    public void destroy() {}

    public void doFilter(
        ServletRequest request,
        ServletResponse response,
        FilterChain chain)
            throws IOException, ServletException {
        ServletContext sc =
            request.getServletContext();
        sc.log("LoggingFilter...");
        chain.doFilter(request, response);
    }

    public void init(
        FilterConfig fConfig)
        throws ServletException {}
}
```

Listing 4.57 »IsSecureLogger.java«

4.9 WebListener

Während des Betriebs verrichtet der Web-Container zahlreiche Arbeiten, die für die Webanwendung sehr wichtig sind. Bei den wichtigsten Aufgaben handelt es sich um die Erstellung der Objekte für die HTTP-Sitzungen und die HTTP-Requests. Bei vielen der hiermit verbundenen Tätigkeiten »plaudert« der Web-Container vor sich hin. Wir können dem Web-Container zuhören, indem Sie einen sogenannten *WebListener* programmieren.

Ein WebListener implementiert eine bestimmte Listener-Schnittstelle. Folgende Listener-Schnittstellen stehen zur Verfügung:

- **Zuhören bei der Arbeit an einem Servlet**
  - javax.servlet.ServletContextListener
  - javax.servlet.ServletContextAttributListener
- **Zuhören bei der Arbeit an einer Session**
  - javax.servlet.http.HttpSessionListener
  - javax.servlet.http.HttpSessionAttributListener
  - javax.servlet.http.HttpSessionActivationListener
  - javax.servlet.http.HttpSessionBindingListener

- **Zuhören bei der Arbeit an einem Request**
  - javax.servlet.ServletRequestListener
  - javax.servlet.ServletRequestAttributeListener

Außerdem muss der WebListener entweder im Deployment-Deskriptor als solcher definiert oder mit der Annotation `@WebListener` versehen worden sein.

4.9.1 Die Programmierung eines WebListeners

Im folgenden Beispiel werden wir dem Web-Container dabei zuhören, wie er eine HTTP-Session erzeugt oder wieder entfernt. Bei jedem Event werden wir eine entsprechende Ausgabe in das Logging des Servers vornehmen.

Eclipse bietet einen Wizard an, mit dem wir einen WebListener automatisiert erstellen können. Hierfür öffnen Sie im Hauptmenü über FILE • NEW • OTHER den NEW-Wizard und selektieren im Ordner WEB den Eintrag LISTENER (siehe Abbildung 4.23).

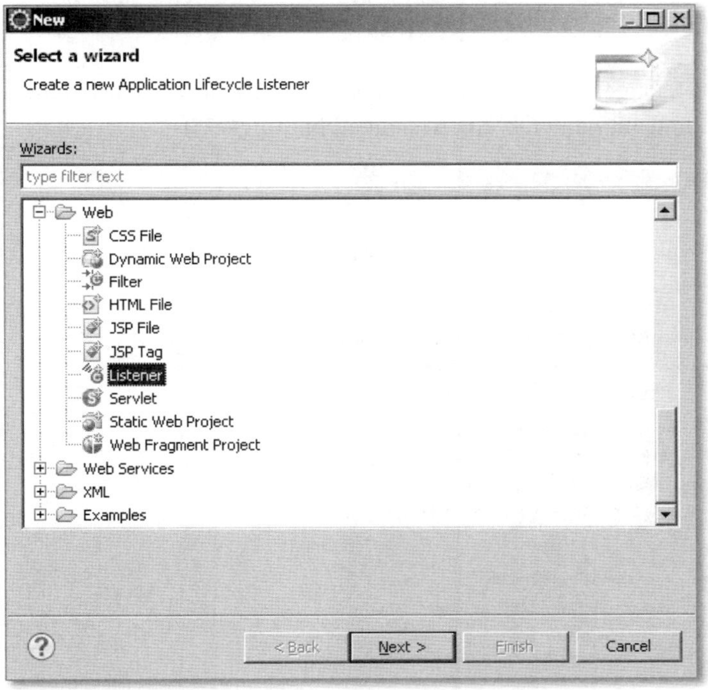

Abbildung 4.23 Die Erstellung eines Listeners über den Wizard von Eclipse

Klicken Sie auf NEXT, um der Klasse und dem Package des Listeners einen Namen zu geben (siehe Abbildung 4.24).

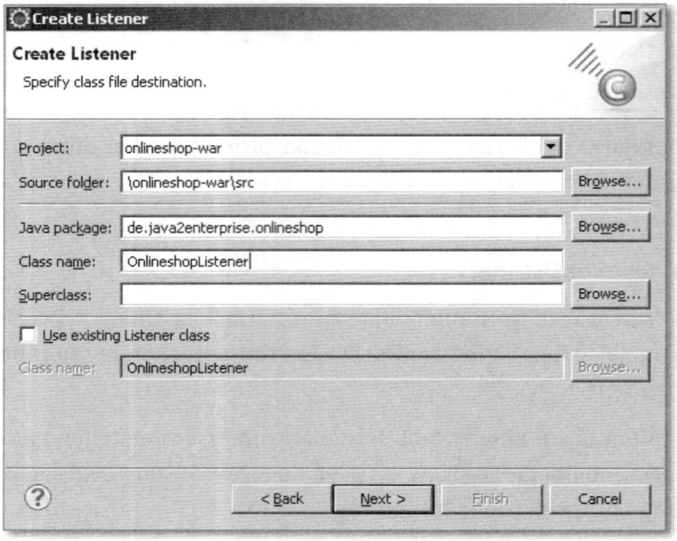

Abbildung 4.24 Die Erzeugung des Listeners im Eclipse-Wizard

Mit einem weiteren Klick auf NEXT gelangen Sie zu einer Ansicht, in der Sie die zu implementierenden Listener-Schnittstellen auswählen können (siehe Abbildung 4.25).

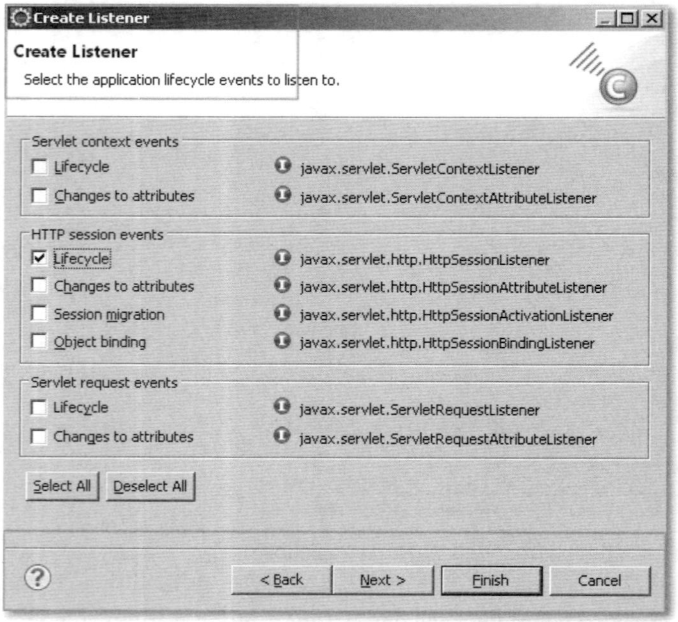

Abbildung 4.25 Die Auswahl der Ereignisse für den Listener

Um jedes Mal benachrichtigt zu werden, wenn eine HTTP-Sitzung erstellt oder zerstört wird, selektieren Sie die Checkbox LIFCYCLE im Bereich HTTP SESSION EVENTS.

Wenn Sie anschließend auf NEXT klicken, zeigt Ihnen der Wizard die Listener-Interfaces an, die die Klasse implementieren wird (siehe Abbildung 4.26).

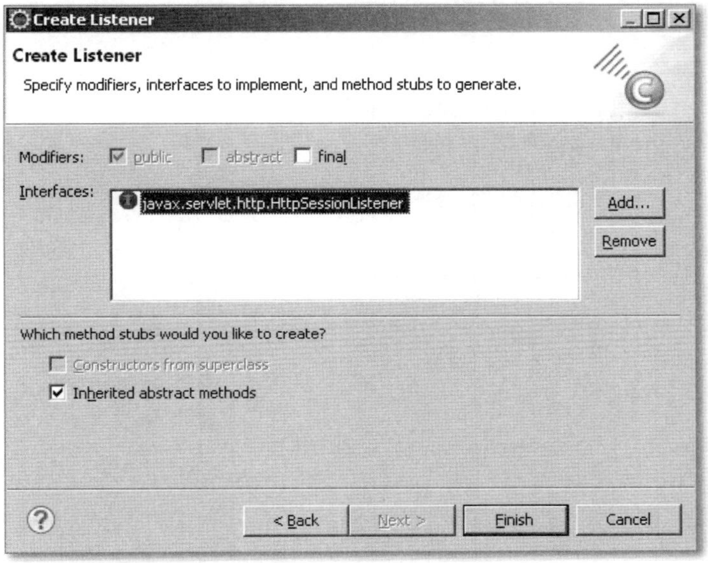

Abbildung 4.26 Die Interfaces, die der Onlineshop-Listener implementieren wird

Mit einem Klick wird die Klasse `OnlineshopListener.java` erzeugt. Die Datei enthält die leeren Rümpfe der Methoden `sessionCreated()` und `sessionDestroyed()`, die wir nun mit unserem eigenen Quelltext füllen müssen.

Mit folgenden Inhalten wird nun bei jeder Erstellung und bei jeder Entfernung einer HTTP-Sitzung eine Ausgabe in die Logging-Datei des Java EE Servers geschrieben:

```
package de.java2enterprise.onlineshop;

import javax.servlet.ServletContext;
import javax.servlet.annotation.WebListener;
import javax.servlet.http.HttpSession;
import javax.servlet.http.HttpSessionEvent;
import javax.servlet.http.HttpSessionListener;

@WebListener
public class OnlineshopListener
        implements HttpSessionListener {
```

```
    public void sessionCreated(HttpSessionEvent event) {
        HttpSession session = event.getSession();
        ServletContext servletContext =
            session.getServletContext();
        servletContext.log(
            "SESSION CREATED: " + event.toString());
    }

    public void sessionDestroyed(HttpSessionEvent event) {
        HttpSession session = event.getSession();
        ServletContext servletContext =
            session.getServletContext();
        servletContext.log(
            "SESSION DESTROYED: " + event.toString());
    }
}
```

Listing 4.58 »OnlineshopListener.java«

Kapitel 5

Java Server Pages

Kapitel 5
Java Server Pages

»Probleme kann man niemals mit derselben Denkweise lösen, durch die sie entstanden sind.«

Albert Einstein

In diesem Kapitel wird die Technologie *Java Server Pages* (JSP) behandelt. Zahlreiche Systeme der Industrie und Wirtschaft werden nach wie vor mit Servlets und JSP realisiert. Das liegt insbesondere an der Low-Level-Programmiermöglichkeit, die man durch die Nutzung von *Java Server Faces* (JSF) verliert. Ein weiterer Grund dafür, diesem Kapitel Aufmerksamkeit zu schenken, liegt im Lernfortschritt, den Sie dadurch erreichen können. Denn in diesem Kapitel wird auch gezeigt, wie das Modell-View-Controller-Entwurfsmuster funktioniert. Dabei werden Servlets als Controller-Komponenten und JSP als View-Komponenten genutzt. Auf diese Weise sind in den ersten Jahren der Java-EE-Historie so viele Webanwendungen entstanden, dass man wohl noch lange mit ihrem Dasein rechnen muss.

Als ich in Kapitel 4 die Servlet-Technologie beschrieben habe, konnten Sie bereits sehen, dass Servlets, die HTML erzeugen, schwer zu warten sind. Dies war auch der Grund dafür, warum man JSP erfand.

Mit der wachsenden Anzahl an professionellen Webanwendungen wurde jedoch ein Problem immer deutlicher: Aufgrund zunehmender Anforderungen wurden die HTML-Quelltexte, die man in einem Servlet zusammenbaut, immer mächtiger. Manchmal entstanden auf diese Weise Servlets, die kaum mehr zu warten waren. Microsoft stieß mit seinen Web-Technologien auf ein ähnliches Problem und entwickelte die sogenannten *Active Server Pages* (ASP). Kurz darauf fügte man eine ähnliche Technologie auch dem Java-EE-Standard hinzu. Man nannte sie *Java Server Pages* (JSP).

JSPs sehen prinzipiell wie HTML-Seiten aus. Jedoch können sie zusätzlich zu den statischen HTML-Elementen auch noch spezielle *JSP-Elemente* enthalten. Durch die Nutzung dieser JSP-Elemente lassen sich zum Beispiel Geschäftsdaten anzeigen und auch verarbeiten.

JSP-Elemente lassen sich in Direktiven, Skripting-Elemente und Aktionselemente einteilen:

- *JSP-Direktiven* werden ganz allgemein zur Steuerung der JSPs eingesetzt.
- Durch *JSP-Skripting-Elemente* kann reiner Java-Quelltext in die JSP geschrieben werden.
- Darüber hinaus gibt es noch die XML-ähnlichen *JSP-Aktionselemente*, mit denen beispielsweise auf JavaBeans zugegriffen werden kann.

Zu Beginn dieses Kapitels beschreibe ich die Grundlagen der Technologie. Danach werden die JSP-Elemente vorgestellt. Neben der eigentlichen JSP-Technologie werden in diesem Kapitel auch die *Expression Language* für JSPs (JSP-EL) und die *Java Standard Tag Library* (JSTL) behandelt. Diese beiden Technologien sind nicht nur innerhalb einer JSP von Belang, sondern spielen auch in Java Server Faces eine Rolle.

5.1 Grundlagen

In diesem Abschnitt steigen wir direkt in die Praxis ein, denn die Programmierung einer JSP kann im einfachsten Fall recht trivial sein. Um eine JSP zu erstellen, reicht es, wenn wir eine statische HTML-Datei in eine JSP-Datei umbenennen.

5.1.1 Die HTML-Seiten des Onlineshops in JSP-Dateien umbenennen

In Kapitel 3, »Planung und Entwurf«, haben wir HTML-Dateien erstellt, die wir als View eines Onlineshops verwendet haben. Diese Dateien nannten sich *index.html*, *register.html*, *search.html*, *sell.html* und *signin.html*. Wenn wir diese Dateien nun so umbenennen, dass sie auf *.jsp* enden, wird für jede Datei wie von Geisterhand ein Servlet erzeugt, das den enthaltenen HTML-Text in einen Ausgabestrom setzt. Für diesen Automatismus ist eine JSP-Engine namens *Jasper* verantwortlich. Jasper erkennt die JSPs an der Endung *.jsp* und wandelt diese spätestens beim ersten Aufruf in ein automatisch generiertes Servlet um.

Da wir uns die Arbeit von Jasper nun genauer anschauen werden, sollten Sie jetzt die Endung *.html* der HTML-Dateien des Onlineshops in *.jsp* umbenennen (siehe Abbildung 5.1).

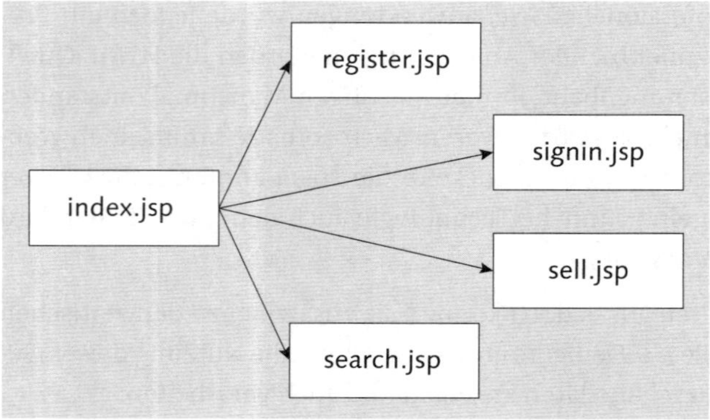

Abbildung 5.1 Die fünf HTML-Dateien des Onlineshops werden in JSP-Dateien umbenannt.

Außerdem müssen Sie auch den Inhalt der fünf Dateien anpassen, denn dort wird beispielsweise in allen `nav`-Elementen noch auf eine HTML-Seite verlinkt. Ersetzen Sie jetzt deshalb alle Zeichenketten `.html` durch `.jsp`.

```
<nav>
    <a href="index.jsp">Home</a>
    <a href="register.jsp">Registrieren</a>
    <a href="signin.jsp">Einloggen</a>
    <a href="sell.jsp">Verkaufen</a>
    <a href="search.jsp">Kaufen</a>
</nav>
```


Listing 5.1 Die Endung der Links muss in ».jsp« umbenannt werden.

Nachdem Sie die Änderung durchgeführt haben, deployen Sie das gesamte Programm wieder auf den Java EE Server *GlassFish*. Im Webbrowser werden Sie zunächst kaum einen Unterschied wahrnehmen. Dass die JSP-Engine dennoch am Werk war, wird gleich in Abschnitt 5.1.2 deutlich. Denn dort schauen wir uns die automatisch erzeugten Servlets an, die Jasper für uns angelegt hat.

5.1.2 Das automatisch generierte Servlet

Sie können sich die automatisch generierten Servlets auf Ihrer Festplatte anschauen. Wenn Sie die JSP-Beispiele aus dem letzten Abschnitt deployt haben und jede JSP einmal auf Ihrem Webbrowser aufgerufen haben, sollten sich die Servlet-Quelltexte im Verzeichnis *C:\glassfish4\glassfish\domains\domain1\generated\jsp\onlineshop\onlineshop-war_war\org\apache\jsp* befinden. Die Namen der automatisch generierten Servlet-Dateien ähneln ihrem statischen Original. Beispielsweise nennt sich das Servlet für die Datei *index.jsp* `index_jsp.java`. Anhand des Quelltextes, den Jasper automatisch für uns erzeugt hat, lässt sich erkennen, wie das Servlet den Inhalt der Datei *index.jsp* an den Webbrowser versendet:

```
package org.apache.jsp;

import javax.servlet.*;
import javax.servlet.http.*;
import javax.servlet.jsp.*;

public final class index_jsp extends
    org.apache.jasper.runtime.HttpJspBase
        implements
        org.apache.jasper.runtime.JspSourceDependent {

private static final JspFactory _jspxFactory =
        JspFactory.getDefaultFactory();
    private static java.util.List<String>
        _jspx_dependants;
```

```
private org.glassfish.jsp.api.ResourceInjector
    _jspx_resourceInjector;
public java.util.List<String> getDependants() {
    return _jspx_dependants;
}

public void _jspService(
    HttpServletRequest request,
    HttpServletResponse response)
    throws java.io.IOException, ServletException {

PageContext pageContext = null;
HttpSession session = null;
ServletContext application = null;
ServletConfig config = null;
JspWriter out = null;
Object page = this;
JspWriter _jspx_out = null;
PageContext _jspx_page_context = null;

try {
    response.setContentType(
        "text/html;charset=UTF-8");
    response.setHeader(
        "X-Powered-By", "JSP/2.2");
    pageContext =
        _jspxFactory.getPageContext(
            this, request, response,
        null, true, 8192, true);
    _jspx_page_context = pageContext;
    application = pageContext.getServletContext();
    config = pageContext.getServletConfig();
    session = pageContext.getSession();
    out = pageContext.getOut();
    _jspx_out = out;
    _jspx_resourceInjector =
          (org.glassfish.jsp.api.ResourceInjector)
        application.getAttribute(
        "com.sun.appserv.jsp.resource.injector");
        out.write("<h1>Onlineshop</h1>\r\n");
    } catch (Throwable t) {
        if (!(t instanceof SkipPageException)){
```

```
                out = _jspx_out;
                if (
                    out != null &&
                    out.getBufferSize() != 0)
                    out.clearBuffer();
                if (_jspx_page_context != null)
                    _jspx_page_context.
                        handlePageException(t);
                else
                    throw new ServletException(t);
            }
        } finally {
            _jspxFactory.releasePageContext(
                _jspx_page_context);
        }
    }
}
```

Listing 5.2 »index_jsp.java«

In dem obigen Listing wurden einige Objekte mit fetter Schrift hervorgehoben. Und zwar handelt es sich hierbei um die sogenannten *impliziten Objekte*. Die impliziten Objekte, die im Listing hervorgehoben wurden, nennen sich `request`, `response`, `pageContext`, `session`, `application`, `config`, `out` und `page`. Es gibt noch ein weiteres implizites Objekt mit dem Namen `exception`, das allerdings nur auf sogenannten *errorPages* existiert.

Das Besondere an impliziten Objekten ist, dass Jasper (die JSP-Engine) sie uns automatisch zur Verfügung stellt und wir somit zahlreiche Quelltextzeilen einsparen können. Auf implizite Objekte werden wir in Abschnitt 5.3 noch einmal zurückkommen, wenn wir innerhalb eines JSP-Scriptlets Java-Quelltexte programmieren und die impliziten Objekte nutzen, um beispielsweise JavaBeans zu setzen bzw. abzufragen.

5.1.3 Eine JSP konfigurieren

Im letzten Kapitel wurde erklärt, dass der Web-Container eine Web-Komponente nur ausführen kann, wenn sie konfiguriert ist. Das bedeutet, dass entweder ein entsprechendes Mapping im Deployment-Deskriptor *web.xml* definiert worden ist oder dass eine `@WebServlet`-Annotation im Servlet gesetzt wurde.

Wenn eine JSP in ein automatisch generiertes Servlet umgewandelt wird, ist automatisch auch dafür gesorgt, dass die JSP über ein URL-Pattern aufrufbar ist. Und zwar entspricht das URL-Pattern per Default dem Namen der JSP. Für den Entwickler ist deshalb keinerlei weiteres Mapping erforderlich, weil das die JSP-Engine bereits für ihn erledigt. Dessen ungeachtet kann ein Mapping dennoch in einem *Deployment-Deskriptor* gesetzt werden. Dies wäre zum Beispiel dann erforderlich, wenn ein zusätzliches URL-Pattern erwünscht ist oder Initialisierungsparameter ins Spiel kommen. Durch folgenden Deployment-Deskriptor ist die JSP mit dem Namen *jdbc.jsp* nun auch unter dem URL-Pattern `db_settings` aufrufbar:

```
<?xml version="1.0" encoding="UTF-8"?>
<web-app version="3.1"
    xmlns="http://xmlns.jcp.org/xml/ns/javaee"
    xmlns:xsi="http://www.w3.org/2001/XMLSchema-instance"
    xsi:schemaLocation="http://xmlns.jcp.org/xml/ns/javaee
    http://xmlns.jcp.org/xml/ns/javaee/web-app_3_1.xsd">  <servlet>
    <servlet-name>JDBC</servlet-name>
    <jsp-file>
        jdbc.jsp
    </jsp-file>
  </servlet>
  <servlet-mapping>
    <servlet-name>JDBC</servlet-name>
    <url-pattern>/db_settings</url-pattern>
  </servlet-mapping>
</web-app>
```

Listing 5.3 »web.xml«

5.2 Direktiven

Direktiven werden in einer JSP benötigt, um grundsätzliche Einstellungen und übergeordnete Anweisungen vorzunehmen. Zum Beispiel kann man mit Direktiven Umleitungen festlegen oder `import`-Anweisungen definieren. Direktiven werden immer mit `<%@` eingeleitet und mit `%>` beendet. Es wird zwischen drei verschiedenen Direktiven unterschieden:

- der `page`-Direktive
- der `taglib`-Direktive
- der `include` Direktive

5.2.1 Die page-Direktive

Die `page`-Direktive `<%@ page ... %>` legt allgemeine Definitionen für die JSP-Datei fest. Sie werden mithilfe von sogenannten Attributen definiert. Die wichtigsten Attribute sind `language`, `contentType` und `pageEncoding`, die üblicherweise jeder JSP-Datei vorangestellt werden. Im Anschluss an diese Attribute stelle ich noch weiter vor.

language

Mit dem Attribut `language` wird festgelegt, dass die angewendete Programmiersprache Java ist. Da dies die Standardeinstellung des Webservers ist, kann diese Angabe auch weggelassen werden. Sie wird jedoch zur Eindeutigkeit oft trotzdem vorgenommen:

```
<%@page language="Java"%>
```

contentType

Mit dem Attribut `contentType` werden der MIME-Typ und der Zeichensatz angegeben. Der Default-Wert ist `text/html; charset=ISO-8859-1` und sollte auf `text/html` umgestellt werden. Auf das `pageEncoding` kommen wir gleich zurück.

```
<%@page language="Java" contentType="text/html" %>
```

pageEncoding

Mit dem Attribut `pageEncoding` wird der Zeichensatz der Webseite bestimmt. Per Default ist dieses Attribut nicht gesetzt. Üblicherweise wird es auf `"UTF-8"` gesetzt:

```
<%@page language="Java" contentType="text/html" pageEncoding="UTF-8"%>
```

trimDirectiveWhitespace

Wenn Sie sich die HTML-Seiten anschauen, die aus einer JSP resultieren, werden Sie feststellen, dass sie sehr viele Leerstellen und Leerzeilen enthalten. Mithilfe des Attributs `trimDirectiveWhitespaces="true"` sorgen Sie dafür, dass überflüssige Leerstellen entfernt werden.

errorPage

Mit dem Attribut `errorPage="fehlerausgabe.jsp"` kann eine JSP-Seite angegeben werden, die bei einer Exception erscheinen soll. Standardmäßig ist das Attribut `errorPage` nicht gesetzt. Deshalb erscheint normalerweise im Fehlerfall eine für Webseiten-Benutzer unverständliche Meldung, da sich die Benutzer ja meist nicht mit Java-Exceptions auskennen. Um Verwirrung zu verhindern, programmiert man eine individuelle Fehlerseite und verweist über `errorPage` auf sie. Zum Beispiel werden die Anweisungen in folgender JSP zu einem Ausnahmefehler führen. Durch den Ausnahmefehler wird der Programmablauf automatisch zu *fehlerausgabe.jsp* geleitet:

```
<%@page errorPage="fehlerausgabe.jsp"%>
<%
    String email = null;
    out.println(email.toString());
%>
```

Listing 5.4 »fehlerhafteSeite.jsp«

isErrorPage

Eine Fehlerseite, die als Zieladresse bei einem Ausnahmefehler dient, wird mit der Page-Direktive `isErrorPage="true"` gekennzeichnet. Dadurch kann innerhalb der Seite auf das implizite Objekt mit dem Bezeichner `exception` zugegriffen werden:

```
<%@page
    contentType="text/html"
    pageEncoding="UTF-8"
    isErrorPage="true"%>

Es ist ein Fehler aufgetreten!
Bitte benachrichtigen Sie unseren Webadministrator
über admin@java2enterprise.de. Die Fehlermeldung lautet:
<%= out.println(exception) %>
```

Listing 5.5 »fehlerausgabe.jsp«

isThreadSafe

Das Attribut `isThreadSafe` ist standardmäßig auf `true` gesetzt. Das heißt, dass der Entwickler selbst dafür verantwortlich ist, ob seine Anwendung bei mehrfach parallelem Aufruf richtig funktioniert oder nicht. Setzt man dagegen `isThreadSafe` auf `false`, überlässt man die Sicherstellung dem Web-Container.

```
<%@ page isThreadSafe="false"%>
```

Allerdings könnte dies zur Folge haben, dass der mehrfache Aufruf der JSP-Datei zu einer Blockierung führt. Denn weitere Aufrufer müssen so lange warten, bis die Bearbeitung durch den ersten Aufruf abgeschlossen ist. Daher wird das Setzen dieses Attributes auf `false` von *Sun Microsystems* nicht empfohlen. Trotzdem könnten fachliche oder technische Erfordernisse (wie konkurrierende Datenbankzugriffe) bestehen, die dies voraussetzen.

info

Das Attribut `info` wird vom Web-Container als Beschreibung der JSP-Datei verstanden.

```
<%@ page info="Ein Onlineshop"%>
```

Per Default ist dieser Wert nicht gesetzt. Es handelt sich hierbei um die Information, die über die Servlet-Methode `getServletInfo()` beschafft werden kann.

session

Das Attribut `session` ist per Default auf `true` gesetzt und bedeutet, dass die Geschäftsdaten während der Benutzer-Sitzung (HTTP-Session) erhalten bleiben. Dieses Default-Verhalten wird sehr selten geändert.

import

Ein oft benötigtes Attribut ist import, das die gleiche Bedeutung hat wie das Schlüsselwort import im konventionellen Java-Code. Der folgende Ausschnitt zeigt, wie das Attribut import zu benutzen ist:

```
<%@ page import="java.util.*" %>
```

Beachten Sie, dass das Semikolon am Ende der import-Anweisung nicht benötigt wird. Ein Semikolon würde sogar zu einer Fehlermeldung führen, da die JSP-Engine beim Servlet selbst an dieser Stelle ein Semikolon setzen möchte. Sie können auch mehrere Pakete in die import-Anweisung einfügen. Die Pakete sind dabei durch ein Komma voneinander zu trennen:

```
<%@ page import="java.util.*, java.math.*" %>
```

Die einzelne import-Anweisung ist gleichbedeutend mit dieser:

```
<%@ page import="java.util.*" %>
<%@ page import="java.math.*" %>
```

Soweit zur Bedeutung aller Attribute von page. Nun folgt noch ein Hinweis zur Syntax.

Syntax-Hinweis

Man darf mehrere Attribute in einer page-Direktive einsetzen:

```
<%@ page language="java" contentType="text/html" %>
```

Der obige Quelltext ist aber gleichbedeutend mit:

```
<%@ page language="java" %>
<%@ page contentType="text/html" %>
```

Beide Schreibweisen sind syntaktisch richtig und erlaubt.

buffer

Wenn ein Servlet einen HTTP-Request beantwortet, wird der antwortende Text in einen Ausgabestrom geschrieben. Hierbei verwendet das Servlet einen Buffer, um die Übermittlung der Gesamtdaten zu beschleunigen. Per Default werden zunächst 8 KB im Buffer gesammelt, bevor automatisch ein flush() ausgeführt wird. Die Buffergröße kann geändert werden. Beispielsweise setzt 256kb die Buffergröße auf auf 256 KB. Mit none wird der Buffer abgestellt.

autoflush

Dies ist eine weitere Möglichkeit, wie ein automatischer Flush verhindert werden kann. Der Defaultwert ist true. Mit autoflush="false" wird jedes Byte sofort über die Leitung geschickt.

extends

Mit `extends` kann die JSP von einer individuellen JSP abgeleitet werden:

```
<%@ page extends="de.java2enterprise.MyClass" %>
```

Auf diese Technik geht dieses Kapitel aber nicht ein, da sie in modernen Webanwendungen als unsaubere Programmierung betrachtet wird.

isELIgnored

Dieses Attribut bezieht sich auf die *Expression Language* (EL), die erst in Abschnitt 5.6, »JSP-EL«, gezeigt wird. Über `isELIgnored="true"` kann verhindert werden, dass die EL-Ausdrücke `${...}` und `#{...}` ausgewertet werden.

deferredSyntaxAll

Dieses Attribut bezieht sich ebenfalls auf die *Expression Language* (EL). Auch auf die `deferred`-Syntax werden wir später eingehen. Es handelt sich hierbei um den EL-Ausdruck `#{...}`, der in älteren Versionen noch nicht existierte. Der Default-Wert ist `false`. Mit `deferredSyntaxAll="true"` werden die EL-Ausdrücke `#{...}` als Zeichenketten interpretiert.

5.2.2 Die taglib-Direktive

Tags sind Ihnen aus der HTML-Welt bestimmt bekannt. JSP-Elemente werden auch als Tags bezeichnet. Genauer gesagt ist es so, dass ein Markup-Element aus einem öffnenden und einem schließenden Tag besteht. Bei Java Server Pages können zusätzliche Tags programmiert und in Tag-Bibliotheken zusammengepackt werden. Mit der `taglib`-Direktive können solche Tag-Bibliotheken in eine JSP eingebunden werden. Zum Beispiel fügt die folgende `taglib`-Direktive die Kernbibliotheken der JSTL in eine JSP ein:

```
<%@ taglib prefix="c" uri="http://java.sun.com/jstl/core_rt"%>
```

Gleichzeitig wird in der `taglib`-Direktive auch ein `prefix` genannt, über das auf die Elemente der eingebundenen Bibliothek zugegriffen werden soll. Im Abschnitt 5.6, »JSP-EL«, wird hierauf noch mal eingegangen.

5.2.3 Die include-Direktive

Durch die `include`-Direktive kann eine externe JSP-Datei in die aktuelle JSP-Datei eingefügt werden. Die externe Datei erhält dabei üblicherweise die Endung *.jspf*. Bei der *.jspf*-Datei handelt es sich nicht um eine komplette JSP, die alleinstehend aufgerufen werden kann, denn die JSP-Engine kopiert einfach nur den Quelltext der *.jspf* an die Stelle der `include`-Direktive, bevor das automatisierte Servlet erzeugt worden ist. Für die Laufzeit bedeutet das, dass

Änderungen, die erst beim Aufruf bekannt sind, sich nicht mehr auswirken können. Würde man zum Beispiel bei jedem Aufruf ein sich änderndes Ergebnis erwarten, wäre der Einsatz der `include`-Direktive falsch. In Abschnitt 5.4, »Aktionselemente«, wird noch eine weitere `include`-Möglichkeit gezeigt, die die externe Datei erst zur Laufzeit nach einem HTTP-Request hinzufügt. Wenn sich der Inhalt der einzubindenden Datei zur Laufzeit ohnehin nicht ändert, ist die `include`-Direktive die richtige Wahl.

Baut sich eine JSP mithilfe der `include`-Direktive aus mehreren Dateien zusammen, muss darauf geachtet werden, dass die Attribute `language` und `contentType` der `page`-Direktive nur ein einziges Mal vorkommen dürfen.

5.2.4 Den Kopfteil und Fußteil der JSPs in gesonderte JSPF-Dateien auslagern

Für die Beispielanwendung *Onlineshop* ist die `include`-Direktive sehr praktisch. Da sich die oberen und die unteren Abschnitte in allen HTML-Dateien des Entwurfs wiederholen, können wir nun die wiederkehrenden Bestandteile in externe Dateien auslagern und per `include`-Direktive einbinden. Dadurch brauchen wir zukünftige Änderungen in diesen Bereichen nur noch einmalig anpassen.

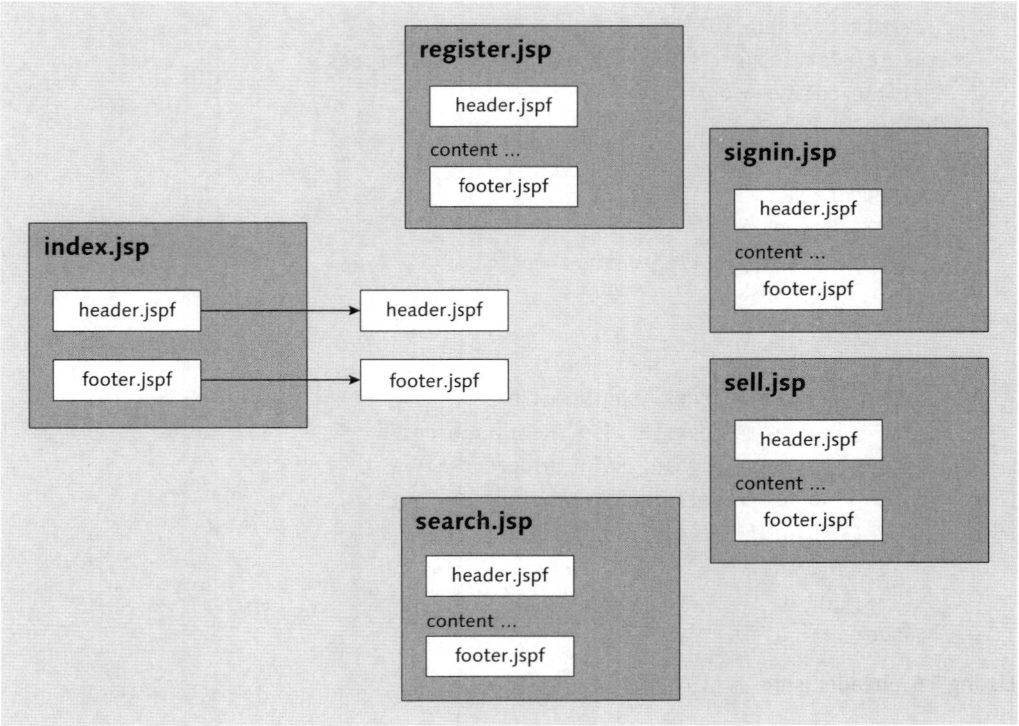

Abbildung 5.2 Der Inhalt der »header.jspf« besteht aus den oberen 21 Zeilen der JSP-Dateien, denn dieser Bereich ist in allen JSP-Beispielen identisch.

Für das Programmierbeispiel *Onlineshop* werden wir den Kopf- und den Fußbereich der Datei *index.jsp* in zwei gesonderte Dateien namens *header.jspf* und *footer.jspf* auslagern. Diese beiden Teile gleichen sich in allen Dateien. Weil wir sie in allen JSP-Dateien per `include`-Direktive einbinden können, lässt sich dieser redundante Ballast aus allen anderen Dateien eliminieren (siehe Abbildung 5.2).

Beachten Sie, dass die Namen der Dateien *header.jspf* und *footer.jspf* bewusst nicht auf *.jsp*, sondern auf *.jspf* enden, denn dies entspricht der gängigen Konvention für JSP-Dateien, die als sogenannte Fragmente eingebunden werden sollen.

Beachten Sie bei der Datei *header.jsp* noch, dass wir vor das Element `DOCTYPE` nun auch eine `page`-Direktive setzen werden. Die JSPs würden zwar auch ohne die `page`-Direktive funktionieren, jedoch wäre die Programmierung an dieser Stelle unsauber. Außerdem ist es für den Web-Container hilfreich, wenn er Informationen darüber erhält, wie der `ContentType`-Header und die Zeichenenkodierung anzumerken ist.

```
<%@page language="Java" contentType="text/html" pageEncoding="UTF-8"%>
<!DOCTYPE html>
<html>
    <head>
        <meta charset="UTF-8"/>
    <link rel="stylesheet" href="resources/css/styles.css">
       <title>Onlineshop</title>
    </head>
    <body>
        <header>
            <hgroup>
            <h1 class="title">Onlineshop</h1>
            </hgroup>

            <nav>
              <a href="index.jsp">Home</a>
              <a href="register.jsp">Registrieren</a>
              <a href="signin.jsp">Einloggen</a>
              <a href="sell.jsp">Verkaufen</a>
              <a href="search.jsp">Suchen</a>
            </nav>

    </header>
```

Listing 5.6 »header.jspf«

Die Datei *footer.jspf* besteht wiederum aus den unteren 5 Zeilen der JSP-Dateien:

```
    <footer>
            Copyright
    </footer>
    </body>
</html>
```

Listing 5.7 »footer.jspf«

Erstellen Sie die neuen Dateien *header.jspf* und *footer.jspf*, indem Sie in Eclipse im Hauptmenü auf FILE • NEW • OTHER klicken. Im Fenster NEW klicken Sie in der Baumstruktur auf WEB • JSP FILE (siehe Abbildung 5.3).

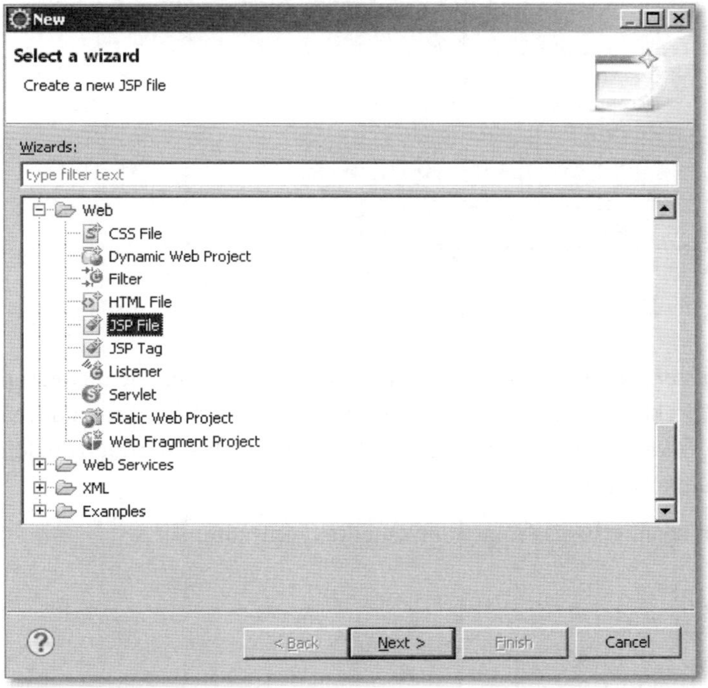

Abbildung 5.3 Eine neue JSP erstellen

Im nächsten Fenster setzen Sie den Dateinamen auf *header.jspf* (siehe Abbildung 5.4).

Mit einem Klick auf FINISH wird die JSP erzeugt. Ersetzen Sie danach den automatisch erzeugten Inhalt der Datei *header.jspf* durch die oberen 21 Zeilen des weiter oben gezeigten Listing 5.6: »header.jspf«.

Genauso erstellen Sie die Datei *footer.jspf* mit den 5 Zeilen des unteren Bereichs (Listing 5.7: »footer.jspf«).

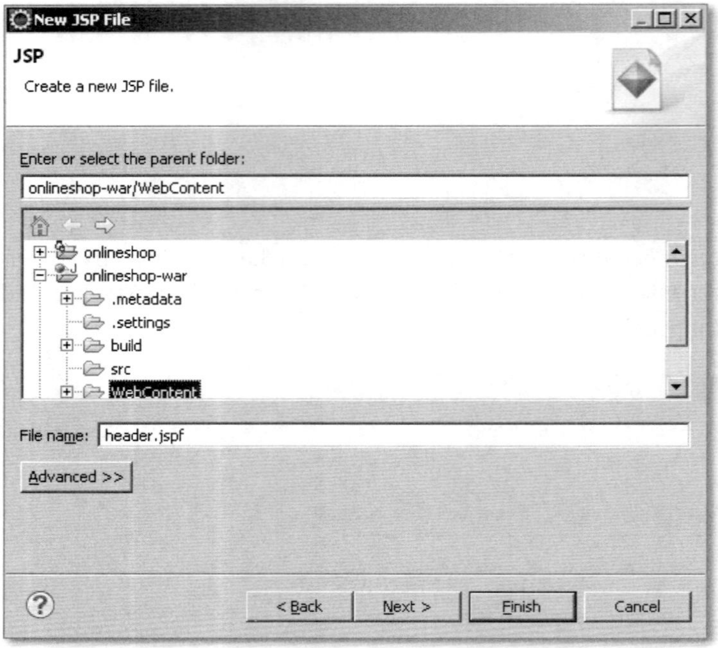

Abbildung 5.4 Die Benennung der JSP-Fragment-Datei

In den Dateien *index.jsp*, *register.jsp*, *sell.jsp*, *search.jsp* und *signin.jsp* ersetzen Sie die ersten 21 Zeilen durch die `include`-Direktive für die Datei *header.jspf* und die letzten 5 Zeilen durch die `include`-Direktive für die *footer.jspf*. Dadurch wird die JSP-Engine die JSPF-Dateien an den entsprechenden Stellen hineinkopieren.

Die Datei *index.jsp* sollte nun beispielsweise folgenden Quelltext enthalten:

```
<%@ include file="header.jspf" %>
<%@ include file="footer.jspf " %>
```

Dagegen schaut die Datei *register.jsp* wie folgt aus:

```
<%@ include file="header.jspf" %>
    <form action="register" method="post">
    <fieldset>
    <legend>Registrieren</legend>
    <table>
        <tbody>
        <tr>
            <th>
                <label for="email">Email:</label>
            </th>
```

```
          <td>
              <input
                  type="email"
                  name="email"
                  size="40"
                  maxlength="40"
                  title="muster@beispiel.de"
                  placeholder="E-Mail eingeben"
                  pattern=".{6,40}"
                  required="required">
          </td>
      </tr>
      <tr>
          <th>
              <label for="password">
                  Password:
              </label>
          </th>
          <td>
              <input
                  type="password"
                  name="password"
                  size="10"
                  maxlength="10"
                  title="6-10 Zeichen"
                  placeholder=
                      "Passwort eingeben"
                  pattern=".{6,10}"
                  required="required">
          </td>
      </tr>
      <tr>
          <td/><td>
              <input type="submit">
              <input type="reset">
          </td>
      </tr>
  </tbody>
  </table>
  </fieldset>
  </form>
<%@ include file="footer.jspf" %>
```

Listing 5.8 »register.jsp«

Dementsprechend werden für die Übung auch die anderen JSP-Dateien angepasst. Führen Sie anschließend die Java-EE-Anwendung aus, um die Einbindung der *.jspf*-Dateien zu überprüfen.

5.3 Skripting

Innerhalb einer JSP lassen sich reine Java-Anweisungen einfügen. Dies erfolgt über sogenannte Scriptlet-Elemente. Neben den Scriptlet-Elementen zählen auch spezielle Kommentar-Elemente, Deklarations-Elemente und Ausdruck-Elemente zu den Skripting-Werkzeugen. Wir schauen uns aber erst mal die Scriptlets an, da sie im Vergleich zu den übrigen drei Elementen die wichtigsten Skripting-Elemente darstellen.

Scriptlets sind JSP-Elemente, durch die reine Java-Anweisungen in einer JSP programmiert werden können.

Ein Scriptlet wird mit einem <% begonnen und mit einem %> geschlossen:

```
<h1>
<%
    String gruss = "Hallo Welt";
%>
</h1>
```

Listing 5.9 »index.jsp«

Die JSP-Engine setzt den Inhalt des obigen Scriptlets unverändert in die Service-Methode des automatisch generierten Servlets.

Weiter oben wurde bereits angemerkt, dass innerhalb einer JSP sogenannte *implizite Objekte* zur Verfügung gestellt werden. Diese impliziten Objekte spielen bei der Programmierung von Scriptlets eine zentrale Rolle, denn sie werden als Programmierschnittstelle für den Zugriff auf die wichtigsten Funktionalitäten verwendet.

out

Das implizite Objekt `out` wird für den Zugriff auf den Ausgabekanal zum Webbrowser verwendet. Im nächsten Beispiel wird die Methode `println(String text)` verwendet, um in dem Browser-Fenster ein »Hallo Welt« erscheinen zu lassen.

```
<%
    String gruss = "Hallo Welt";
    out.println(gruss);
%>
```

Listing 5.10 »index.jsp«

request und response

Bei den impliziten Objekten `request` und `response` handelt es sich um die Übergabeparameter der Service-Methoden.

Im nächsten Listing wird in einer JSP der mit einem HTTP-Request erhaltene Parameter `email` entgegengenommen. Wenn der Parameter einen Wert enthält, wird er ausgegeben.

```
<%
String email = request.getParameter("email");
if(email != null) {
    out.println(email);
}
%>
```

Listing 5.11 »register.jsp«

session

Im letzten Kapitel wurden die Gültigkeitsbereiche von JavaBeans vorgestellt. Dabei wurde zwischen den Gültigkeitsbereichen `request`, `session` und `application` unterschieden. Und auch in einer JSP werden diese drei Gültigkeitsbereiche genutzt, um JavaBeans entsprechend abzulegen. Das implizite Objekt `request` wurde ja bereits gezeigt.

Das implizite Objekt `session` vom Typ `HttpSession` bietet die Möglichkeit, Geschäftsdaten für die Dauer einer Sitzung zu speichern. Im folgenden Beispiel empfängt die *signin.jsp* einen HTTP-Request mit den Parametern `email` und `password`. Die JSP erstellt ein Objekt der Klasse `Customer` und füllt die Objektvariablen des Objekts mit den Parameterwerten. Dann wird das Objekt als JavaBean in der Sitzung des Benutzers sichtbar gemacht.

```
<%@ page import="de.java2enterprise.onlineshop.model.*" %>
<%
String email = request.getParameter("email");
String password = request.getParameter("password");
if(
    email != null &&
password != null) {
Customer customer = new Customer();
customer.setEmail(email);
customer.setPassword(password);
    session.setAttribute("customer", customer);
}
%>
```

Listing 5.12 »signin.jsp«

application

Wenn eine JavaBean während der gesamten Dauer des Betriebs für alle Benutzer gleichermaßen global sichtbar sein soll, wird das implizite Objekt `application` genutzt, das vom Typ `ServletContext` ist.

Im folgenden Listing werden beispielsweise die gesamten Aufrufe einer JSP seit der Erzeugung des `application`-Objekts ausgegeben:

```
...
<%
if(application.getAttribute("n") == null) {
    application.setAttribute("n", Integer.valueOf(0));
}

Integer n = (Integer) application.getAttribute("n");
int i = n.intValue() + 1;
application.setAttribute("n", Integer.valueOf(i));
out.println("Aufrufe seit Deployment:" + i);
%>
...
```

Listing 5.13 »index.jsp«

page

In einer JSP wird ein implizites Objekt angeboten, das sich `page` nennt. `page` kann man als Synonym für `this` betrachten.

pageContext

Wenn man sich die verschiedenen Gültigkeitsbereiche `request`, `session` und `application` genauer anschaut, stellt man fest, dass sie sich überlagern. Beispielsweise ist eine JavaBean, die in einer Session abgelegt worden ist, automatisch auch in dem enthaltenen Request sichtbar. Und genauso ist eine JavaBean, die im Gültigkeitsbereich `application` gesetzt wurde, sowohl in der Session wie auch im Request sichtbar. Die Erfinder der JSP-Technologie fügten noch eine weitere Sichtbarkeitsstufe hinzu, indem sie die JavaBeans, die in einer JSP nur lokal sichtbar sein sollen, in einer eigenen Sichtbarkeit klassifizierten. Das Ganze wurde dann als sogenannter *Scope* definiert. Abbildung 5.5 zeigt, wie die vier Scopes von `page`, `request`, `session` und `application` angeordnet sind.

Nun brauchte man nur noch eine Möglichkeit, wie man die Speicherung der JavaBean mit ein und derselben Syntax programmiert. Hierfür wurde die Klasse `PageContext` entwickelt, die sowohl über eine Methode namens `setAttribute()` wie auch über eine Methode namens `getAttribute()` verfügt.

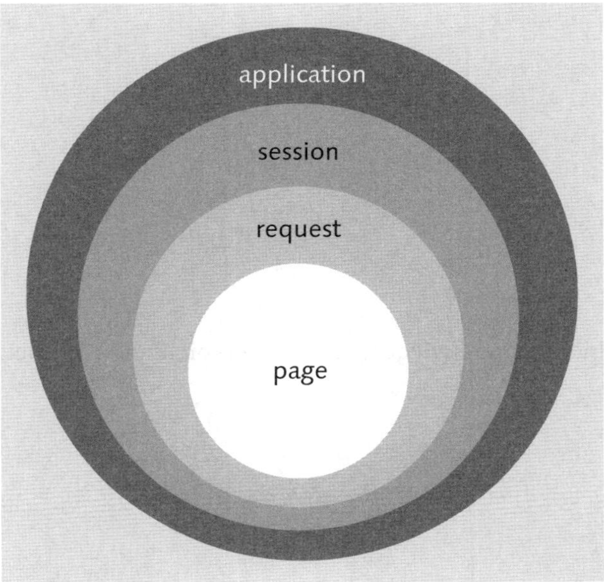

Abbildung 5.5 Die unterschiedlichen Scopes, in denen eine JavaBean gesetzt werden kann

Eine JSP bietet ein implizites Objekt mit dem Namen `pageContext` an. Weil dieses Objekt vom Typ `PageContext` ist, kann mit der gleichen Syntax auf alle Gültigkeitsbereiche der JSP zugegriffen werden. Die Methode `setAttribute()` unterscheidet sich hierbei lediglich im dritten Parameter. Der kann nämlich einen der folgenden Gültigkeitsbereiche einnehmen:

1. `PAGE_SCOPE`: Beim Gültigkeitsbereich `PAGE_SCOPE` ist das Objekt nur innerhalb der JSP gültig.
2. `REQUEST_SCOPE`: Bei dem Gültigkeitsbereich `REQUEST_SCOPE` ist ein Objekt während der Dauer des HTTP-Requests gültig.
3. `SESSION_SCOPE`: Bei dem Gültigkeitsbereich `SESSION_SCOPE` kann auf das Objekt während der gesamten Sitzung zugegriffen werden.
4. `APPLICATION_SCOPE`: Das Objekt ist in der gesamten Webanwendung global gültig.

Die folgenden Anweisungen speichert das Objekt `customer` im Gültigkeitsbereich `session` ab:

```
<%@ page import="de.java2enterprise.onlineshop.model.*" %>
<%
String email = request.getParameter("email");
String password = request.getParameter("password");
if(
    email != null &&
password != null) {
Customer customer = new Customer();
```

```
customer.setEmail(email);
customer.setPassword(password);
pageContext.setAttribute(
        "customer",
        customer,
        pageContext.SESSION_SCOPE);
}
%>
```

Listing 5.14 »signin.jsp«

Um die JavaBean "customer" nun in einem späteren Request wieder hervorzuholen, können Sie folgende Anweisung schreiben:

```
Object obj =
    pageContext.getAttribute(
        "customer",
        pageContext.SESSION_SCOPE);
if(obj != null) {
    Customer customer = (Customer) obj;
}
```

Listing 5.15 »index.jsp«

Die Klasse PageContext bietet aber auch noch eine weitere Variante der Methode getAttribute() an, bei der überhaupt kein Gültigkeitsbereich angegeben werden muss. Diese Methode sucht die JavaBean aber nur im Gültigkeitsbereich page:

```
Object obj = pageContext.getAttribute("customer");
```

Listing 5.16 »index.jsp«

config

Das implizite Objekt config ist ein Objekt der Klasse ServletConfig, das den Zugriff auf die Initialisierungsparameter der JSP erlaubt. Die Verwendung von Initialisierungsparametern wurde in Kapitel 4, »Servlets«, bereits gezeigt. Dort haben wir eine Properties-Datei mit dem Namen */WEB-INF/jdbc.properties* mit den Verbindungsinformationen zu einer Datenbank erstellt. In der *web.xml* wurde in dem Initialisierungsparameter jdbc_properties der Standort der Datei gesetzt:

```
<?xml version="1.0" encoding="UTF-8"?>
<web-app version="3.1"
    xmlns="http://xmlns.jcp.org/xml/ns/javaee"
    xmlns:xsi="http://www.w3.org/2001/XMLSchema-instance"
    xsi:schemaLocation="http://xmlns.jcp.org/xml/ns/javaee
```

```
    http://xmlns.jcp.org/xml/ns/javaee/web-app_3_1.xsd">  <servlet>
    <servlet-name>JDBC</servlet-name>
    <jsp-file>
        jdbc.jsp
    </jsp-file>
    <init-param>
      <param-name>jdbc_properties</param-name>
      <param-value>/WEB-INF/jdbc.properties</param-value>
    </init-param>
  </servlet>
  <servlet-mapping>
    <servlet-name>JDBC</servlet-name>
    <url-pattern>/db_settings</url-pattern>
  </servlet-mapping>
</web-app>
```

Listing 5.17 »web.xml«

Um auf den Initialisierungsparameter zuzugreifen, kann die Methode `getInitParameter()` des impliziten Objekts `config` benutzt werden. Im folgenden Beispiel wird anschließend noch über das implizite Objekt `application` die externe Ressource *jdbc.properties* geladen:

```
<%
    String jdbc_properties =
        config.getInitParameter(
            "jdbc_properties");
    java.io.InputStream in =
        application.getResourceAsStream(
                jdbc_properties);
    java.util.Properties p =
            new java.util.Properties();
    p.load(in);
%>
```

Listing 5.18 »jdbc.jsp«

5.3.1 Ausdrücke

Ausdruck-Elemente sind eine verkürzte Möglichkeit der Ausgabe innerhalb der Webseite. Die Elemente fangen mit `<%=` an und enden mit `%>`. Beachten Sie hierbei, dass kein Semikolon eingesetzt wird. Im folgenden Beispiel wird zweimal die Zeichenkette `"Onlineshop"` ausgegeben. Die beiden Anweisungen

```
<% out.println("Onlineshop"); %>
```

und

```
<%= "Onlineshop" %>
```

sind also gleichwertig.

5.3.2 Deklarationen

Ein Deklarationselement wird dann verwendet, wenn Objektvariablen (genauso wie in normalen Java-Klassen) deklariert werden sollen. Zum Beispiel wird mit folgender Anweisung die Variable appname als Objektvariable für die gesamte JSP deklariert:

```
<%! String appname="Onlineshop"; %>
```

Listing 5.19 »index.jsp«

Beachten Sie bei der Verwendung von Deklarationselementen, dass die hiermit erzeugten Objektvariablen Thread-sicher sein müssen, da JSPs ja nichts anderes als dynamisch erzeugte Servlets sind.

5.3.3 Kommentare

Kommentare können wie folgt in die JSP gesetzt werden:

```
<%--
Das ist
ein Kommentar
--%>
```

Listing 5.20 »index.jsp«

Die JSP-Engine wird dieses Kommentar-Element bei der Verarbeitung der JSP komplett außer Acht lassen.

Den folgenden Kommentar wird die JSP-Engine hingegen als auskommentierten Text in das automatisch generierte Servlet setzen:

```
<%
/*
Und das ist
noch ein Kommentar
*/
%>
```

Listing 5.21 »index.jsp«

Eine dritte Variante gibt es noch: Sie können auch ganz konventionelle HTML-Kommentare einsetzen, die mithilfe des Ausgabestroms an den Webbrowser weitergeleitet werden:

```
<!-- Das ist ein HTML-Kommentar -->
```


5.4 Aktionselemente

Aktionen sind XML-Elemente, die von der JSP-Engine als dynamische Java-Anweisung ausgeführt werden. Die XML-ähnliche Syntax der Tags besteht in der Regel aus einem Anfangstag, einem Endtag und einem Body. Anfangs- und Endtag fangen mit den Buchstaben `jsp` an, auf die ein Doppelpunkt folgt:

```
<jsp:Aktion Attribut="Wert">
Body
</jsp:Aktion>
```

Wenn kein Body vorhanden ist, kann auch die Kurzschreibweise verwendet werden:

```
<jsp:Aktion Attribut="Wert"/>
```

5.4.1 scriptlet

Das Aktionselement `scriptlet` entspricht der weiter oben gezeigten Möglichkeit, ein Scriptlet einzufügen. Zum Beispiel ist

```
<%
    out.println("Onlineshop");
%>
```

gleichbedeutend mit:

```
<jsp:scriptlet>
    out.println("Onlineshop");
</jsp:scriptlet>
```

5.4.2 text

Das Aktionselement `text` repräsentiert genau das Gegenteil des Aktionselements `scriptlet`. Denn hiermit wird der JSP-Engine ausdrücklich mitgeteilt, dass es sich bei der umschlossenen Zeichenkette um einfachen Text handelt. Die JSP-Engine wird vor der Ausgabe überprüfen, ob die Zeichenkette auch wirklich gemäß dem XML-Standard aus gültigem Text besteht.

```
<jsp:scriptlet>
    out.println("Onlineshop");
</jsp:scriptlet>
<jsp:text>
    Hier steht reiner Text!
</jsp:text>
```

Listing 5.22 »index.jsp«

5.4.3 plugin

Das `plugin`-Tag generiert `<EMBED>`- bzw. `<OBJECT>`-Tags, um ausführbaren Code in die Webseite zu integrieren.

Ein gutes Beispiel für solch einen ausführbaren Code bieten Java-Applets. Ein Java-Applet ist ein spezielles Java-Programm, das innerhalb eines Webbrowsers ausgeführt werden kann.

Das folgende Applet werden wir in den folgenden Listings innerhalb des Webbrowsers einbetten:

```
import java.awt.*;
import java.applet.*;

public class HalloWeltApplet extends Applet {
  public void paint(Graphics g){
    g.drawString("Hallo Welt", 20, 20);
  }
}
```

Listing 5.23 »HalloWeltApplet.java«

Die Erstellung eines signierten Applets

Seit dem Jahre 2013 haben zahlreiche Sicherheitslücken durch Java-Applets für Aufsehen gesorgt. Der Hersteller *Oracle* versucht, die Probleme mit Java-Updates zu lösen, die allerdings recht restriktiv sind. Damit das obige Java-Applet in einem Webbrowser ausgeführt werden kann, sind einige Schritte (wie beispielsweise eine Signierung) erforderlich, auf die nun kurz eingegangen wird. Die einzelnen Kommandos werden nicht ausführlich beschrieben. Eine ausführliche Beschreibung, wie man die Sicherheit durch das Signieren ermöglicht, erhalten Sie unter folgender Webseite: *http://docs.oracle.com/javase/tutorial/deployment/jar/secman.html*

Weil bei den nun folgenden Anweisungen unterschiedliche Dateien und Verzeichnisse entstehen, sollten Sie zunächst ein temporäres Verzeichnis erstellen, das Sie beispielsweise */tmp* nennen.

In dem Verzeichnis */tmp* benötigen Sie anfangs die Datei *HalloWeltApplet.java* und ein Unterverzeichnis mit dem Namen */tmp/META-INF*. Im Verzeichnis *META-INF* speichern Sie die Manifest-Datei *MANIFEST.MF* mit folgendem Inhalt ab:

```
Manifest-Version: 1.0
Permissions: sandbox
Application-Name: Hello World
Codebase *
Caller-Allowable-Codebase: localhost 127.0.0.1
Application-Library-Allowable-Codebase: https://localhost
Trusted-Only: true
Trusted-Library: true
```

Listing 5.24 »MANIFEST.MF«

Kommen wir nun zu den einzelnen Schritten, die für das Signieren erforderlich sind. Wir werden die Kommandos in einer Datei mit dem Namen *run.sh* bzw. bei Windows *run.bat* unterbringen, um die Handhabe etwas komfortabler zu gestalten.

Das nun folgende Skript wird das Programm *HalloWeltApplet.java* zunächst zu einer Java-Klasse kompilieren und hieraus gemeinsam mit dem *META-INF*-Verzeichnis eine *.jar*-Archiv-Datei erstellen. Dies ist erforderlich, da nicht die Java-Klasse, sondern ein nur ein *.jar*-Archiv signiert werden kann. Danach nutzen wir das Programm *keytool*, um ein Zertifikat zu erzeugen. Die Signierung erledigen wir mit dem Programm *jarsigner*.

Bei einem Windows-Rechner sollten folgende Anweisungen in der */tmp/run.bat* stehen:

```
javac HalloWeltApplet.java
pause
jar -cfv HalloWeltApplet.jar HalloWeltApplet.class META-INF
pause
keytool -genkey -validity 30 -keyalg rsa -alias halloweltkey
pause
keytool -export -alias halloweltkey -file hallowelt.crt
pause
jarsigner HalloWeltApplet.jar halloweltkey
pause
```

Listing 5.25 »run.bat«

Während der Ausführung des Skripts werden Sie nach verschiedenen Informationen (wie beispielsweise einem Kennwort) gefragt. Hier können Sie Ihrer Fantasie freien Lauf lassen, wenn das Programm lediglich dem Lernzweck dient.

Die Interaktion mit dem Skript schaut beispielsweise wie folgt aus:

```
C:\tmp>javac HalloWeltApplet.java

C:\tmp>pause
Drücken Sie eine beliebige Taste ...

C:\tmp >jar -cfv HalloWeltApplet.jar HalloWeltAp
plet.class META-INF
Manifest wurde hinzugefuegt
HalloWeltApplet.class wird hinzugefuegt(ein = 444) (aus = 308)(30 % verkleinert)
Eintrag META-INF/ wird ignoriert
Eintrag META-INF/MANIFEST.MF wird ignoriert

C:\tmp>pause
Drücken Sie eine beliebige Taste ...

C:\tmp>keytool -genkey -validity 30 -keyalg rsa
 -alias halloweltkey
Keystore-Kennwort eingeben:
Neues Kennwort erneut eingeben:
Wie lautet Ihr Vor- und Nachname?
  [Unknown]:  Alexander
Wie lautet der Name Ihrer organisatorischen Einheit?
  [Unknown]:
Wie lautet der Name Ihrer Organisation?
  [Unknown]:
Wie lautet der Name Ihrer Stadt oder Gemeinde?
  [Unknown]:  Bonn
Wie lautet der Name Ihres Bundeslandes?
  [Unknown]:
Wie lautet der Laendercode (zwei Buchstaben) fuer diese Einheit?
  [Unknown]:  DE
Ist CN=Alexander, OU=Unknown, O=Unknown, L=Bonn, ST=Unknown, C=DE richtig?
  [Nein]:  Ja

Schluesselkennwort fuer <halloweltkey> eingeben
        (RETURN, wenn identisch mit Keystore-Kennwort):
Neues Kennwort erneut eingeben:

C:\tmp>pause
Drücken Sie eine beliebige Taste ...

C:\tmp>keytool -export -alias halloweltkey -fil
e hallowelt.crt
```

```
Keystore-Kennwort eingeben:
Zertifikat in Datei <hallowelt.crt> gespeichert

C:\tmp>pause
Drücken Sie eine beliebige Taste ...

C:\tmp>jarsigner HalloWeltApplet.jar halloweltk
ey
Enter Passphrase for keystore:
jar signed.

Warning:
The signer certificate will expire within six months.
No -tsa or -tsacert is provided and this jar is not timestamped. Without a time-
stamp, users may not be able to validate this jar after the signer certificate's
expiration date (2014-04-04) or after any future revocation date.
```

Listing 5.26 Konsolenausgabe

Nachdem das Skript mit seinen Anweisungen fertig ist, kopieren Sie die *.jar*-Datei in das */WebContent*-Verzeichnis Ihres Eclipse-Projekts. Denken Sie daran, dass Sie das Verzeichnis mit F5 aktualisieren müssen, wenn Eclipse die hinzugekommene Datei nicht erkennt.

Die nachfolgend vorgestellte Datei *hallowelt.jsp* bindet das Applet ein:

```
<%@page contentType="text/html" pageEncoding="UTF-8"%>
<html>
    <head>
        <meta charset="UTF-8"/>
        <link rel="stylesheet" href="css/styles.css">
        <title>Onlineshop</title>
    </head>
    <body>
        <jsp:plugin
            codebase="."
            type="applet"
            code="HalloWeltApplet.class"
            width="400"
            height="400"
            jreversion="1.7">
        </jsp:plugin>
    </body>
</html>
```

Listing 5.27 »hallowelt.jsp«

Als Nächstes müssen wir die Sicherheitseinstellungen für Java im Betriebssystem anpassen. Hierfür öffnen Sie bei Microsoft Windows SYSTEMSTEUERUNG • PROGRAMME • JAVA. Im JAVA CONTROL PANEL öffnen Sie den Reiter SICHERHEIT und setzen die Sicherheitsebene auf MITTEL (unterste Stufe; siehe Abbildung 5.6).

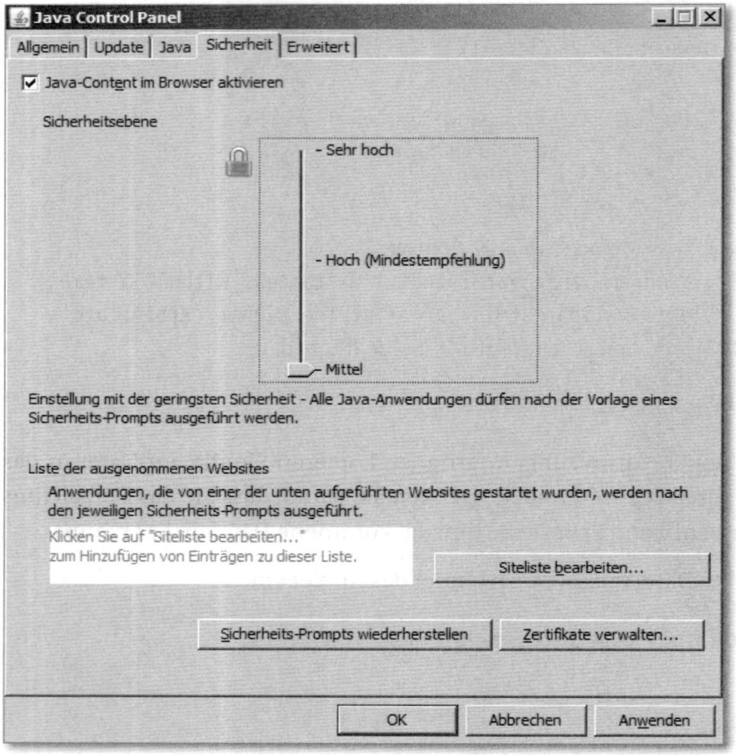

Abbildung 5.6 Die Herabstufung der Sicherheitsebene

Bestätigen Sie die Änderung mit einem Klick auf OK.

Danach deployen Sie die Java-EE-Anwendung auf den GlassFish-Server und führen in Ihrem Webbrowser die JSP aus. Dabei sollten Sie eine Sicherheitswarnung erhalten (siehe Abbildung 5.7).

Wenn Sie links unten auf die Checkbox und dann auf den Button AUSFÜHREN klicken, sollte das Applet aber angezeigt werden.

Beachten Sie, dass Sie bei Änderungen in der Java-EE-Anwendung die Ansicht des Webbrowsers über [F5] bzw. über [Shift] + [F5] aktualisieren müssen, um das Ergebnis wirksam werden zu lassen.

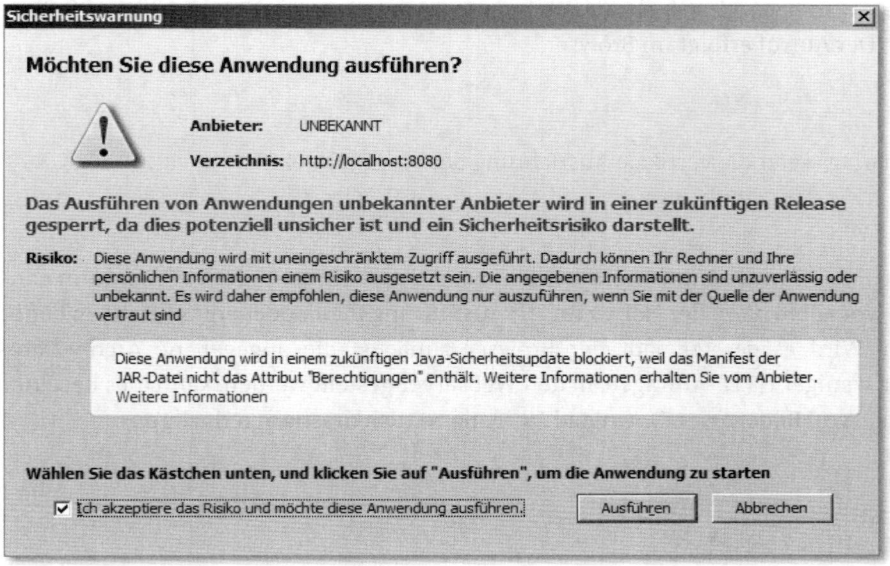

Abbildung 5.7 Die Sicherheitswarnung aufgrund des Applets

type

`type` ist ein obligatorisches Attribut und darf den Wert `applet` oder `bean` annehmen. Mit ihm wird der JSP-Engine mitgeteilt, um was für ein Plug-in es sich handelt.

code

Unter dem ebenfalls obligatorischen Attribut `code` ist der Dateiname des `plugin`-Objekts anzugeben.

width und height

`width` und `height` geben die Breite bzw. die Höhe des Plug-in-Fensters an. Würden diese zwei Attribute nicht angegeben werden, beschwert sich die JSP-Engine zwar nicht, jedoch wird das Plug-in nicht sichtbar sein.

```
<jsp:plugin
  type="applet"
  code="HalloWeltApplet.class"
  width="400"
  height="400">
</jsp:plugin>
```

Listing 5.28 »hallowelt.jsp«

Wir haben ein applet-plugin-Objekt eingebunden, das auf einer Fläche von 400 × 400 Pixel zu sehen ist. Der Aufruf erfolgt im Browser.

align

Das Attribut align setzt die vertikale Ausrichtung des plugin-Objekts.

archive

Das Attribut archive wird dann verwendet, wenn es sich um ein sehr großes Programm handelt. Dies ist vor allem dann der Fall, wenn zur Ausführung Bilder oder Sound-Dateien benötigt werden. Wird es gesetzt, lädt der Browser zunächst die angegebene Archiv-Datei herunter. Da weniger HTTP-Anfragen an den Webserver gestellt werden, kann dies bei einer großen Menge von Bildern den Download-Vorgang zeitlich drastisch reduzieren.

```
<jsp:plugin
  type="applet"
  code="HalloWeltApplet.class"
  width="400"
  height="400"
  archive="HalloWelt.jar">
</jsp:plugin>
```

Listing 5.29 »hallowelt.jsp«

codebase

Das Attribut codebase gibt den Ort an, an dem sich der code bzw. die plugin-Datei befindet. Wird das Attribut nicht gesetzt, geht die JSP-Engine davon aus, dass das aktuelle Verzeichnis der JSP-Datei auch die codebase für das plugin-Objekt ist.

hspace und vspace

hspace bzw. vspace sorgen für einen Freiraum um das Applet herum. Die Angaben erfolgen in Pixeln.

jreversion

Mit diesem Attribut kann man angeben, welche JRE-Version für die Ausführung des Applets erforderlich ist.

name

Das Attribut name wird benötigt, wenn mehrere Applets auf der Webseite eingebunden sind, die miteinander kommunizieren müssen.

5.4.4 fallback

Das Attribut fallback wird als Container für den Fall verwendet, dass der Browser des Benutzers die HTML-Tags <EMBED> oder <OBJECT> nicht versteht. Im folgenden Beispiel wird statt der Ausführung des Applets ein Hinweis ausgegeben, dass die Elemente OBJECT und EMBED vom Webbrowser nicht verstanden werden.

```
<jsp:plugin
  type="applet"
  code="HalloWeltApplet.class"
  width="400"
  height="400"
  codebase="applet">
<jsp:fallback>
        Ihr Browser unterstützt die Tags
        OBJECT oder EMBED nicht!
</jsp:fallback>
</jsp:plugin>
```

Listing 5.30 »hallowelt.jsp«

5.4.5 params und param

Mit den Aktionselementen params und param kann man dem plugin-Objekt Parameter als Schlüssel-Wert-Paare mitgeben. Das Aktionselement params dient als Container für param-Aktionselemente. Diese wiederum beinhalten die Attribute name und value, mit denen man die gewünschten Informationen für das Plug-in setzen kann. Das folgende Beispiel soll dies veranschaulichen:

```
<jsp:plugin
  type="applet"
  code="HalloWeltApplet.class"
  width="400"
  height="400"
  codebase="applet">
     <jsp:params>
           <jsp:param name="gruss" value="Hallo Welt" />
     </jsp:params>
</jsp:plugin>
```

Listing 5.31 »hallowelt.jsp«

Im HalloWeltApplet kann über die Methode getParameter(String param) auf die Parameter zugegriffen werden:

```
import java.awt.*;
import java.applet.*;

public class HalloWeltApplet extends Applet {
  public void paint(Graphics g){
    g.drawString(getParameter("gruss"), 20, 20);
  }
}
```

Listing 5.32 »HalloWeltApplet.java«

5.4.6 include

Durch das Aktionselement `include` wird die Kontrolle zeitweilig an eine externe JSP abgegeben.

page

Das Attribut `page` gibt die Seite an, an die die Kontrolle abgegeben werden soll. Dabei sind sowohl relative als auch absolute Pfadangaben erlaubt.

flush="true"

Über das Attribut `flush="true"` kann bestimmt werden, ob der Datenstrom der externen Komponente verschickt werden soll, bevor sie eingebunden ist.

```
<html>
<body>
        <h1>Onlineshop</h1>
        <jsp:include page="ausgabe.jsp" flush="true"/>
    </body>
</html>
```

Listing 5.33 »index.jsp«

Der Unterschied zwischen dem include-Aktionselement und der include-Direktive

Weiter oben wurde die `include`-*Direktive* beschrieben. Die `include`-Direktive unterscheidet sich erheblich vom `include`-*Aktionselement*, denn bei der `include`-Direktive wird die externe JSP vor der Kompilierung lediglich in die aktuelle JSP hineinkopiert.

Dagegen ruft das `include`-Aktionselement eine externe Webseite auf, und die Kontrolle wird zur Laufzeit temporär abgegeben. Zum Beispiel könnte die Einbindung davon abhängig gemacht werden, ob das vom Benutzer eingegebene Kennwort mit dem Kennwort aus einer Datenbanktabelle übereinstimmt. Für diesen Anwendungsfall kann aber keine `include`-

Direktive eingesetzt werden, wie sie zum Anfang des Kapitels weiter oben gezeigt wurde. Weil das Kennwort zur Laufzeit veränderlich ist, muss für dieses Beispiel das `include`-Aktionselement eingesetzt werden.

Innerhalb eines öffnenden und eines schließenden `include`-Aktionselements lassen sich `param`-Aktionselemente setzen, die von der eingefügten Web-Komponente als Request-Parameter verstanden werden.

Im nächsten Beispiel reicht die Datei *index.jsp* die Kontrolle an eine Datei *ausgabe.jsp* weiter. Dabei wird der Parameter `email` mit dem Wert `j@java2enterprise.de` übergeben. Anschließend wird das Programm an der Stelle der Einbindung weiterlaufen.

```
<html>
<body>
        <h1>Onlineshop</h1>
        <jsp:include page="ausgabe.jsp">
            <jsp:param
                name = "email"
                value = "j@java2enterprise.de"/>
        </jsp:include>
    </body>
</html>
```

Listing 5.34 »index.jsp«

Die *ausgabe.jsp* wird den Parameter mit dem Schlüssel `email` auslesen und anzeigen:

```
Email: <%= request.getParameter("email") %>
```

Listing 5.35 »ausgabe.jsp«

5.4.7 forward

Das Aktionselement `forward` ähnelt dem Aktionselement `include`, nur dass die Steuerung komplett an die aufgerufene JSP abgegeben wird. Nach dem eigenen Programmablauf wird die Kontrolle also nicht mehr zurückgeholt. Außerdem wird der eigene Inhalt gar nicht erst angezeigt.

Im folgenden Beispiel wird die *signin_test.jsp* die Kontrolle an die *signin.jsp* abgeben. Die erste Zeile wird dabei nicht angezeigt.

```
Ich bin unsichtbar!!!
<jsp:forward page="signin.jsp">
    <jsp:param
        name="email"
```

```
        value="j@java2enterprise.de"/>
    <jsp:param
        name="password"
        value="geheim123"/>
</jsp:forward>
```

Listing 5.36 »signin_test.jsp«

Beachten Sie auch, dass das Attribut `flush` nicht gesetzt werden kann.

5.4.8 useBean

Bevor eine JavaBean innerhalb einer JSP verwendet werden kann, muss sie vorab angekündigt werden. Es handelt sich hierbei also um eine ganz normale Deklaration einer lokalen Variable. Was man also in einem Scriptlet als

```
<%
Customer customer =
    (Customer) session.getAttribut("customer");
%>
```

programmieren könnte, drückt man über das Aktionselement `useBean` so aus:

```
<jsp:useBean
    id="customer"
    class="de.java2enterprise.onlineshop.model.Customer"
    scope="session"/>
```

Listing 5.37 »signin.jsp«

id

Das Element `useBean` benötigt das Attribut `id`, das der Variablen einen eindeutigen Bezeichner gibt.

class

Mit dem Attribut `class` wird der Typ der JavaBean angezeigt, wobei das `package` zum Klassennamen dazugehört. Außerdem muss beachtet werden, dass das Default-`package` (d.h. gar kein `package`) bei Webanwendungen zu Problemen führt.

beanName

Statt des Attributs `class` kann auch das Attribut `beanName` verwendet werden. Diese Variante wird in der Praxis jedoch kaum mehr verwendet.

type

Mit dem Attribut type wird der Datentyp der JavaBean angezeigt.

scope

Mit dem Attribut scope kann die JavaBean auf die vier Gültigkeitsbereiche page, request, session und application eingestellt werden. page ist die Standardeinstellung, die die JSP-Engine einsetzt, wenn der Entwickler selbst keine Einstellung vorgenommen hat. Das bedeutet, dass die JavaBean nur innerhalb der JSP verfügbar ist. Weil mit diesem Gültigkeitsbereich das MVC-Entwurfsmuster nicht verwirklicht werden kann, muss man ihn in der Regel mit scope ändern.

5.4.9 getProperty und setProperty

Mit den Aktionselementen getpProperty und setProperty können die Properties der JavaBean angezeigt bzw. gesetzt werden.

Das Attribut name gibt den Namen der JavaBean an. Das Attribut property setzt den Namen der Property. Dabei ist bei dem Aktionselement getProperty eine explizite Ausgabeanweisung mittels Skripting-Tags nicht nötig, da getProperty selbst zur Ausgabe eines Textes führt. Zum Beispiel würde in folgender JSP der Wert der E-Mail-Adresse im Eingabefeld angezeigt werden:

```
...
<jsp:useBean id="customer"
    class="de.java2enterprise.onlineshop.model.Customer"/>
<input
    type="email"
    name="email"
    size="40"
    maxlength="40"
    title="muster@beispiel.de"
    placeholder="E-Mail eingeben"
    pattern=".{6,40}"
    required="required"
value="<jsp:getProperty
        property='email'
        name='customer'/>">
...
```

Listing 5.38 »register.jsp«

Bei dem Aktionselement `setProperty` wird mit dem Attribut `value` der Wert zugewiesen. Im folgenden Beispiel ist die E-Mail-Adresse *j@java2enterprise.de* hartkodiert in der JSP enthalten. Nachdem ein Customer-Objekt erzeugt worden ist, wird die Kontrolle an die *signin.jsp* weitergeleitet.

```
<jsp:useBean
    id="customer"
    class="de.java2enterprise.onlineshop.model.Customer"
    scope="session"/>
<jsp:setProperty
    name="customer"
property="email"
value="j@java2enterprise.de"/>
<jsp:forward page="signin.jsp"/>
```

Listing 5.39 »register.jsp«

Parameter automatisch als Properties der JavaBean übernehmen

Das Aktionselement `setProperty` bietet eine Funktionalität an, mit der die Parameter eines HTTP-Requests automatisch auf die Properties einer JavaBean übertragen werden können. In der folgenden JSP wird der Parameter `email_param` automatisch in die Objektvariable `email` der JavaBean `Customer` gesetzt:

```
<jsp:useBean
    id="customer"
    class="de.java2enterprise.onlineshop.model.Customer"
    scope="session"/>
<jsp:setProperty
    name="customer"
property="email"
param="email_param"/>
<jsp:forward page="index.jsp"/>
```

Listing 5.40 »signin.jsp«

Parameter und Property gleich benannt

Noch einfacher ist es, wenn der Schlüsselbezeichner des Parameters und der Bezeichner der Objektvariablen identisch sind, dann kann das Attribut *param* auch weggelassen werden.

Wenn man also davon ausgeht, dass die Parameter `"email"` und `"password"` lauten, kann man die Werte der Parameter mit folgenden Elementen automatisch als Properties der JavaBean `customer` setzen:

```
<jsp:useBean
    id="customer"
    class="de.java2enterprise.onlineshop.model.Customer"/>
<jsp:setProperty property="email" name="customer"/>
<jsp:setProperty property="password" name="customer"/>
<jsp:forward page="index.jsp"/>
```

Listing 5.41 »signin.jsp«

In den bisherigen Beispielen wurden die einzelnen Parameterwerte für eine JavaBean verwertet. Dabei mussten wir für jede einzelne JavaBean-Property ein eigenes `setProperty`-Element programmieren. Wie Sie gleich sehen werden, lässt sich aber auch dieser Aufwand wesentlich vereinfachen. Denn zusätzlich gibt es die Möglichkeit, alle JavaBean-Properties automatisch durch ein einziges Element mit den Parameterwerten zu belegen. Dafür muss ersatzweise einfach nur ein einzelnes `setProperty`-Element definiert werden, das anstelle eines Property-Namens einen Stern als Wildcard enthält (siehe Abbildung 5.8).

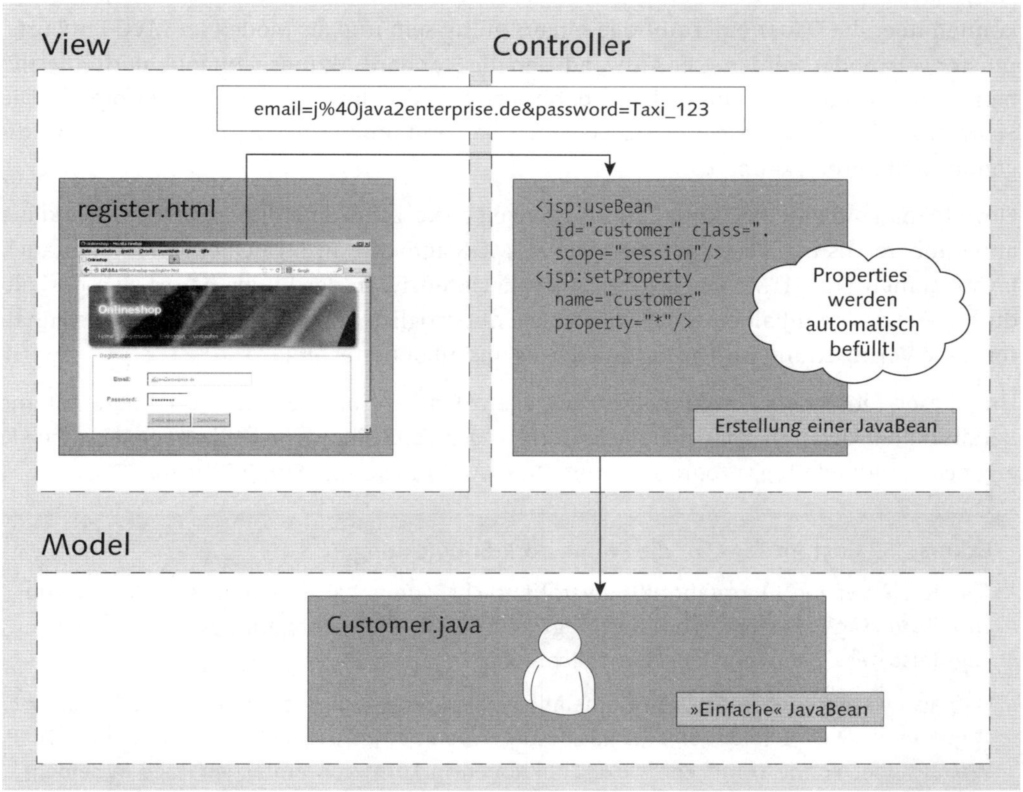

Abbildung 5.8 Alle Properties der JavaBean werden mit einem einzigen Element automatisch gesetzt.

Solange die Parameternamen und die Property-Namen identisch sind, findet die Übertragung der Werte mit folgendem kurzen Listing genauso wie bei dem obigen Listing statt:

```
<jsp:useBean
    id="customer"
    class="de.java2enterprise.onlineshop.model.Customer"
    scope="session"/>
<jsp:setProperty name="customer" property="*"/>
<jsp:forward page="index.jsp"/>
```

Listing 5.42 »signin.jsp«

5.5 JSP Custom Tags

Im letzten Abschnitt konnten wir mit den JSP-Aktionselementen die gebräuchlichste Aufgabe in der Webprogrammierung erledigen, nämlich die Parameter, die von einem HTML-Formular versendet wurden, entgegennehmen und hiermit JavaBeans erstellen. JavaBeans können über die Dauer einer Anfrage hinaus gültig sein und als Modell im MVC-Entwurfsmuster verwendet werden. Der Aufwand, den die Standard-Aktionselemente hierfür betreiben, bleibt verborgen, denn er ist in dahinterstehenden Java-Programmen gekapselt. Die Schwachstelle der Aktionselemente ist jedoch, dass mit ihnen keine logische Steuerung vorgenommen werden kann.

Obwohl man mit einem Scriptlet die Möglichkeit hätte, Logik einzufügen, ist auch dies keine annehmbare Lösung. Denn genauso wie HTML-Fragmente in Java-Quelltexten sind auch Java-Fragmente in HTML-Quelltexten wartungsintensiv. In der Praxis hat es sich deshalb durchgesetzt, den Inhalt einer JSP so weit wie nur möglich von reinem Java-Code freizuhalten. Eine Vermischung wird grundsätzlich als unsauber betrachtet.

Um dieser fehlenden Funktionalität entgegenzuwirken, ermöglichte Sun Microsystems bereits zu JSP-Urzeiten, dass sich die Benutzer doch ganz einfach selbst behelfen, indem sie eigene individuelle Tags programmieren. Diese Art Tags nannte Sun *JSP Custom Tags*.

Exkurs: JSP Custom Tags für die Framework-Entwicklung

Als die JSP-Version 1.1 im Jahre 1999 veröffentlicht wurde, hatte man die sogenannte *Tag Extension* (Tag-Erweiterbarkeit) beigefügt, mit der die Programmierung von individuellen Tags (also der *JSP Custom Tags*) ermöglicht wurde.

Damals war man sich in der Java-Gemeinde noch darüber einig, dass durch die JSP Custom Tags komplexe Berechnungen oder das Besorgen von Daten ausgelagert werden könne. Der Webdesigner könne somit komplexe Funktionen in Form von einfachen Tags in seinem Frontend benutzen, während der Java-Entwickler im Hintergrund die Funktionen nach Belieben ändert, ohne dass das Frontend angepasst werden muss. Man dachte hierbei vor allem an den Webdesigner, der ja kein Java kann.

Allerdings kam dann alles ganz anders, denn in der Praxis eines Java-EE-Projekts werden seither kaum individuelle JSP Custom Tags programmiert.

Dies liegt daran, dass sich im Laufe der Zeit die Open-Source-Gemeinschaft dem Thema widmete. Dabei entstanden sehr mächtige High-Level-Web-Frameworks, sodass sich die gesamte Programmierung des Web-Frontends änderte. Das berühmteste Beispiel hierfür ist *Struts*, das im Rahmen des Apache-Jakarta-Projekts auf die Beine gestellt wurde. Auch Struts besteht im Prinzip aus einer Reihe von JSP Custom Tags – nur dass diese Tags in einem gut durchdachten Dreigestirn von Modell, View und Controller realisiert wurden. Struts gewann die Gunst der Entwickler so sehr, dass selbst die Mitglieder des JCP (Java Community Process) die Ideen übernehmen wollten. Zudem wuchs mit der Popularität von Struts der Druck auf den Java-EE-Standard. Demzufolge entwickelte man auch bei Sun Microsystems individuelle JSP Custom Tags, die man als *Java Standard Tag Library* (JSTL) veröffentlichte.

Später entstand auch eine weitere Technologie, die sich an die Syntax von JavaScript anlehnte, nämlich die *Expression Language* (EL). Denn die Nutzung der JSP-Elemente ist selbst mit Struts und JSTL noch recht umständlich. Man brauchte schlichtweg eine zusätzliche, ganz einfache Syntax, um die Geschäftsdaten zu verarbeiten.

Weitere Frameworks (wie *Spring MVC*) folgten, die weitere Verbesserungen und Vereinfachungen ermöglichten. Dies führte letztlich dazu, dass man folgerichtig alle guten Ideen in einem einzigen High-Level-Framework vereinte, das sich *Java Server Faces* nennt.

Als Frontend-Technologie nutzte man zu Beginn der Java-Server-Faces-Zeiten JSPs. Jedoch stellte man später fest, dass sich JSPs schlecht mit der Java-Server-Faces-Technologie vereinbaren lassen. Darum löste man JSPs durch *Facelets* ab. Die EL hingegen bewährte sich, sodass neben der EL für JSPs (JSP-EL) nun auch eine spezielle EL für JSF (JSF-EL) definiert wurde.

Die hier genannten Themen (JSP, JSTL, JSP-EL, JSF-EL, JSF) werden gemessen an ihrer heutigen Bedeutung anteilig in diesem Buch gezeigt.

Struts gilt als veraltet, und *JSP Custom Tags* gehören zum Handwerk der Framework-Entwicklung.

Wir haben dieses kurze Unterkapitel über JSP Custom Tags dennoch beigefügt, weil Sie als Java-Entwickler grundsätzlich wissen sollten, was JSP Custom Tags sind und wie man sie prinzipiell programmiert. Denn hierdurch erlangen Sie ein tieferes Verständnis für die internen Vorgänge der High-Level-Web-Technologien.

5.5.1 Ein »simples« JSP-Custom-Element

Die einfachste Möglichkeit, wie man ein eigenes JSP-Custom-Element programmieren kann, besteht darin, folgende zwei Dateien zu erstellen:

- In eine Java-Klasse, die von der Klasse `javax.servlet.jsp.tagext.SimpleTagSupport` abgeleitet ist, schreiben wir hinein, was unser JSP Custom Tag vollbringen soll.
- Das JSP Custom Tag deklarieren wir in einem *Tag Library Descriptor* (TLD). Ein TLD ist eine Deklarationsdatei für Tags.

In dem folgenden Beispiel erstellen wir ein JSP Custom Tag mit dem Namen `HalloWelt`. Wir beginnen, indem wir eine Java-Klasse von der Klasse `SimpleTagSupport` ableiten. Innerhalb der Klasse werden die Parameter als Attribute in der JavaBean-üblichen Art programmiert. Wir werden einen Parameter mit dem Namen `"name"` setzen. Das bedeutet, dass wir eine private Objektvariable mit dem Bezeichner `"name"` und hierzu öffentliche Getter- und Setter-Methoden bereitstellen. Wir überschreiben die Methode `doTag()`, um hierin festzulegen, was das JSP Custom Tag auswerten bzw. ausgeben soll.

```
package de.java2enterprise;

import java.io.IOException;

import javax.servlet.jsp.JspContext;
import javax.servlet.jsp.JspException;
import javax.servlet.jsp.JspWriter;
import javax.servlet.jsp.tagext.SimpleTagSupport;

public class Hallo extends SimpleTagSupport {
    private String name;

    public String getName() {
        return name;
    }

    public void setName(String name) {
        this.name = name;
    }

    @Override
    public void doTag()
        throws JspException, IOException {

        JspContext jspContext = getJspContext();
        JspWriter jspWriter = jspContext.getOut();
        jspWriter.println("<h1>Hallo " + name + "</h1>");
    }
}
```

Listing 5.43 »Hallo.java«

Um in die JSP schreiben zu können, brauchen wir ein Objekt der Klasse `JSPWriter`. Hierfür beschaffen wir uns zunächst ein Objekt der Klasse `JspContext` über die Methode `getJspContext()`. Das Objekt der Klasse `JspContext` bietet die Methode `getOut()` an. Über diese Methode erhalten wir den `JspWriter`.

Die Erstellung des Tag Library Descriptors

Eigentlich sind wir mit der Programmierung des JSP Custom Tags schon fertig. Aber jetzt muss die JSP-Engine noch über unser neues Tag informiert werden. Diese Information erhält sie über den *Tag Library Descriptor* (TLD). Der TLD ist eine Datei, in der alle Custom Tags in der XML-Syntax aufgelistet und umschrieben sind.

Gemäß der XML-Spezifikation wird im Kopf der TLD auf die Dateien hingewiesen, die den TLD-Aufbau grundsätzlich definieren. Der JSP-Standard gibt vor, dass hierfür folgende XML-Schema-Namensräume zu setzen sind:

```
<taglib xmlns="http://java.sun.com/xml/ns/javaee"
    xmlns:xsi="http://www.w3.org/2001/XMLSchema-instance"
    xsi:schemaLocation="http://java.sun.com/xml/ns/javaee
    http://java.sun.com/xml/ns/javaee/web-jsptaglibrary_2_1.xsd"
    version="2.1">
</taglib>
```

Listing 5.44 Der Tag Library Descriptor »w.tld«

Wir benötigen dieses Listing, weil es als XML-Root-Element in unserem Tag Library Descriptor gesetzt wird. Speichern Sie diesen Quelltext deshalb in der Datei *[ECLIPSE_PROJEKT]/WebContent/WEB-INF/w-tld*. Wir nennen die Datei willkürlich *w.tld*. Stattdessen hätten wir also auch einen beliebigen anderen Bezeichner wählen können.

Innerhalb des Root-Elements `taglib` können wir nun die Beschreibung des neuen JSP Custom Tags setzen. Das folgende Listing zeigt die komplette TLD-Datei für das Beispiel:

```
<?xml version="1.0" encoding="UTF-8"?>
<taglib xmlns="http://java.sun.com/xml/ns/javaee"
    xmlns:xsi="http://www.w3.org/2001/XMLSchema-instance"
    xsi:schemaLocation="http://java.sun.com/xml/ns/javaee
    http://java.sun.com/xml/ns/javaee/web-jsptaglibrary_2_1.xsd"
    version="2.1">

  <description>Hallo Library</description>
  <display-name>Hallo Beispiel</display-name>
  <tlib-version>1.0</tlib-version>
  <short-name>w</short-name>
  <uri>HalloLibrary</uri>
```

```
  <tag>
    <description>
        Fügt die Zeichenkette Hallo vor einen Parameter ein
    </description>
    <name>hallo</name>
    <tag-class>de.java2enterprise.Hallo</tag-class>
    <body-content>empty</body-content>
    <attribute>
        <description>
            Der Name ist vom Typ String
        </description>
        <name>name</name>
        <required>false</required>
        <rtexprvalue>false</rtexprvalue>
    </attribute>
  </tag>
</taglib>
```

Listing 5.45 »w.tld«

Über die Elemente `description` und `displayname` setzen wir zusätzliche Informationen zu der Library.

Dann geben wir in einem Element mit dem Namen `tlib-version` die Version unserer Library an. Über das Element `short-name` können wir den bevorzugten Kurznamen für die Tag-Library anzeigen.

Außerdem geben wir auch ein Element mit dem Namen `uri` hinzu, denn über dieses Element kann in der JSP auf die Library eindeutig referenziert werden.

Das JSP Custom Tag deklarieren wir in einem Element, das den Bezeichner `tag` trägt. Als Unterelemente setzen wir noch `description`, `name`, `tag-class`, `body-content` und `attribute` hinzu:

- Über `description` fügen wir eine Beschreibung hinzu.
- `name` legt den logischen Bezeichner fest, über den das JSP Custom Tag in der JSP gesetzt werden kann.
- Im Element `tag-class` muss die Klasse angezeigt werden, die die dahinterstehende Logik implementiert.
- Über das Element `body-content` wird festgelegt, was zwischen dem öffnenden und dem schließenden Tag des JSP Custom Tags enthalten sein soll. Hierbei können Sie einen der drei Werte `empty`, `scriptless` oder `tagdependent` einsetzen:
  - Mit `empty` muss das Innere des Elements leer bleiben.
  - `scriptless` bedeutet, dass zwischen dem öffnenden und dem schließenden Tag statischer Text, EL-Ausdrücke oder auch weitere JSP Custom Tags erlaubt sind.

   - Mit tagdependent sagen Sie aus, dass die Gültigkeit des Inneren von der Implementierung selbst überprüft wird.
- Jedes Attribut des JSP Custom Tags wird mit einem Element namens attribute definiert. Die Unterelemente, die wir für das Attribut setzen, sind description, name, required und rtexprvalue.
   - Über description kann wieder eine Erläuterung gegeben werden.
   - Den Namen des Attributs setzen wir mit dem Element name. Diese Zeichenkette muss dem Attributbezeichner in der Tag-Klasse entsprechen.
   - Das Element required ist optional. Wenn es nicht gesetzt wurde, ist der Default-Wert false. Wenn wir es auf den Wert true festlegen, löst die JSP-Engine bei einem fehlenden Wert einen Kompilierfehler aus.
   - Auch das Element rtexprvalue ist optional. Der Default-Wert ist false. Erst wenn wir den Wert von rtexprvalue auf true setzen, können wir als Wert einen Ausdruck der Expression Language (EL) verwenden. Auf die Expression Language gehe ich im nächsten Abschnitt ein.

Die JSP Custom Tags verwenden

Nun können wir die Hallo-Tag-Library in einer JSP verwenden. Die JSP muss die Tag-Library ganz oben deklarieren. Das Attribut uri gibt den eindeutigen Bezeichner der Bibliothek an, der mit dem Wert des Elements URI in der TLD übereinstimmen muss. Mit dem Attribut prefix setzen wir das Kürzel, über das die JSP Custom Tags innerhalb der JSP beschafft werden können. Anschließend können wir ein Element mit dem Bezeichner <w:hallo> verwenden.

```
<%@page contentType="text/html" pageEncoding="UTF-8"%>
<%@taglib uri="HalloLibrary" prefix="w" %>
<!DOCTYPE html>
<html>
    <body>
        <w:hallo name="Alex"></w:hallo>
    </body>
</html>
```

Listing 5.46 »hallo.jsp«

Dies war ein recht simples Beispiel dafür, wie eigene JSP Custom Tags erstellt werden können. Die API bietet noch weitere Möglichkeiten an, auf die wir jedoch an dieser Stelle nicht weiter eingehen werden, da sie in der Praxis eines Entwicklers, der in einem Java-EE-Projekt arbeitet, immer seltener Verwendung finden.

Stattdessen schauen wir uns im nächsten Beispiel noch eine einfachere Variante an, wie man JSP Custom Tags erzeugen kann.

5.5.2 Tag-Dateien programmieren

Für die Erstellung von JSP Custom Tags gibt es eine praktische Alternative, die auch in Eclipse über einen eigenen Wizard genutzt werden kann. Denn anstatt eine Java-Klasse zu erzeugen, die von einem `TagSupport` ableitet, wird eine Textdatei erzeugt, die mit *.tag* endet und sich im Verzeichnis */WEB-INF/tags* befindet. Es kann auch ein URI als Standort gesetzt werden. Aber in diesem Beispiel wird nur die Variante mit diesem Verzeichnis gezeigt. Erzeugen Sie deshalb nun ein Verzeichnis mit dem Namen *tags* unterhalb von */WEB-INF*.

Als Nächstes lassen wir uns von Eclipse weiterhelfen. Hierfür klicken Sie im Hauptmenü auf FILE • NEW • OTHER, um das Wizard-Auswahlfenster zu öffnen und dort den JSP-Tag-Wizard auszuwählen (siehe Abbildung 5.9).

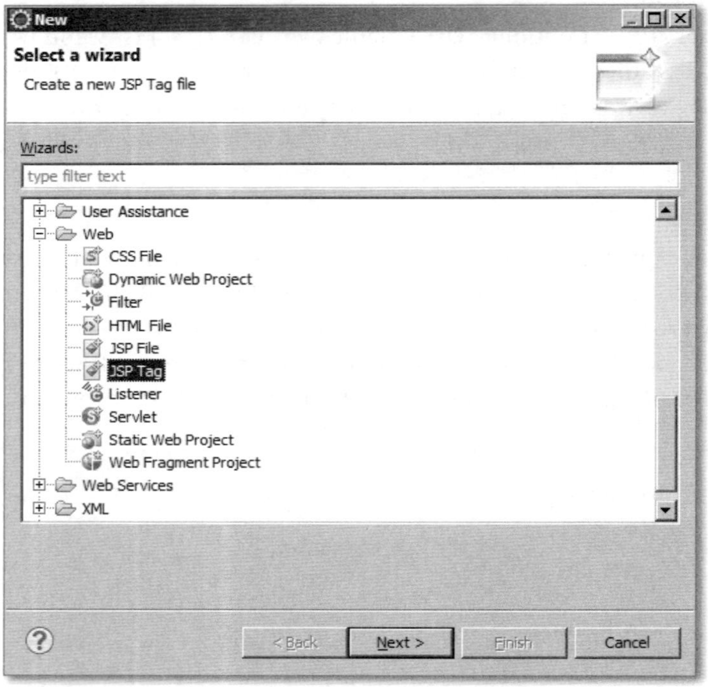

Abbildung 5.9 Die Auswahl des JSP-Tag-Wizards

Klicken Sie anschließend auf NEXT.

Im nächsten Fenster selektieren Sie das Verzeichnis */WEB-INF/tags* und geben der JSP-Tag-Datei einen Namen (siehe Abbildung 5.10).

Klicken Sie daraufhin wieder auf `Next`. Im nächsten Fenster können Sie ein Template für das JSP-Tag auswählen (siehe Abbildung 5.11).

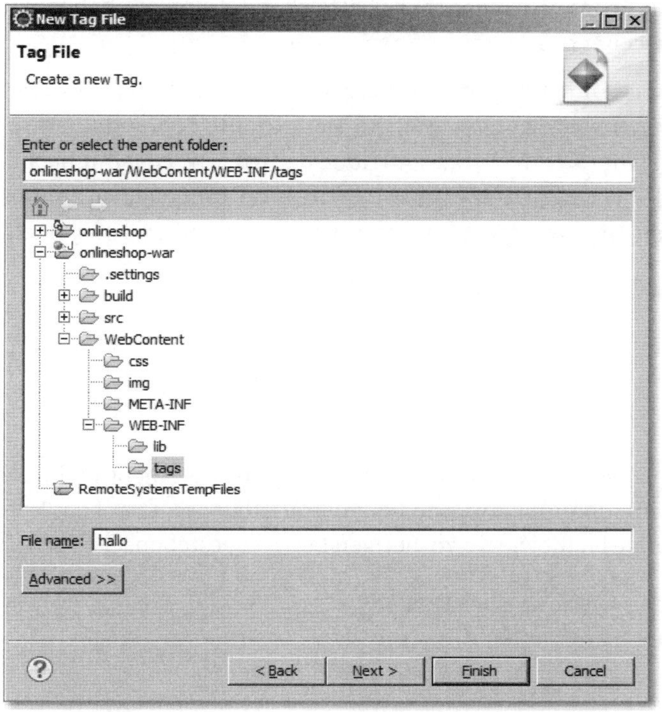

Abbildung 5.10 Der Name der JSP-Tag-Datei

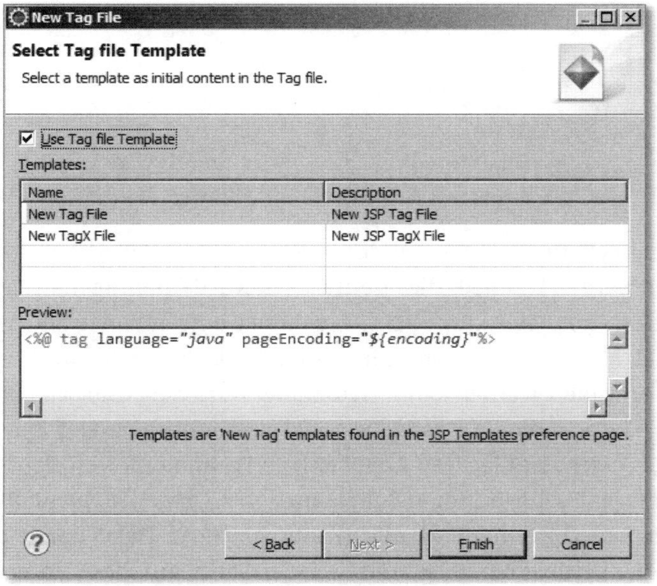

Abbildung 5.11 Das Template für das JSP-Tag

Zugegeben, die Hilfestellung von Eclipse ist nicht sehr weitreichend. Dennoch haben wir nun eine Datei vorliegen, die wir weiter bearbeiten können.

In der Datei *hallo.tag* wird eine page-Direktive mit dem Namen tag gesetzt. Danach werden über weitere page-Direktiven mit dem Bezeichner attribute die Attribute definiert. In unserem einfachen Beispiel benötigen wir nur ein einziges Attribut, das wir name genannt haben. Im Folgenden kann innerhalb der JSP-Tag-Datei über die Expression Language auf dieses Attribut Bezug genommen werden. Die Expression Language wird in Abschnitt 5.6 behandelt.

```
<%@ tag language="java" pageEncoding="UTF-8"%>
<%@ attribute name="name" %>
<h1>Hallo ${name}</h1>
```

Listing 5.47 »hallo.tag«

In der JSP, in der das JSP Custom Tag eingesetzt werden soll, geben wir nun nicht mehr die TLD-Datei über das Attribut uri an, sondern verweisen über das Attribut tagdir auf das Verzeichnis */WEB-INF/tags*. Alles Übrige bleibt wie im vorherigen Beispiel bestehen.

```
<%@page contentType="text/html" pageEncoding="UTF-8"%>
<%@ taglib tagdir="/WEB-INF/tags" prefix="w" %>
<!DOCTYPE html>
<html>
    <body>
        <w:hallo name="Welt"></w:hallo>
    </body>
</html>
```

Listing 5.48 »hallo.jsp«

5.6 JSP-EL

Die *Expression Language* (EL) ist eine Skriptsprache, mit der innerhalb einer JSP oder eines Facelets auf JavaBeans zugegriffen werden kann. Als die EL entwickelt wurde, nannte man sie anfangs *Simplest Possible Expression Language* (kurz SPEL). Und diese wenigen Worte brachten es auf den Punkt, denn die EL bietet die denkbar einfachste Möglichkeit, wie ein Programmierausdruck in einer JSP formuliert werden kann. Heutzutage wird die EL aber nicht nur in JSP, sondern auch von der JSF-Technologie genutzt, weshalb sie mit der Java-EE-7-Spezifikation in der EL-Version 3.0 als eigenständige und unabhängige Technologie veröffentlicht wurde. Diese neueste Auflage (3.0) wird manchmal auch als *Unified Expression Language* (Unified-EL) bezeichnet. Eine Untermenge der EL nennt man *JSP-EL*. Dabei handelt es sich um jenen Teil der EL, der innerhalb einer JSP genutzt werden kann. Auf diese Untermenge geht dieser Abschnitt ein.

JSP-EL steht implizit in jeder JSP zur Verfügung, deshalb sind keine Installationen und auch keine Konfigurationen erforderlich. Für den unwahrscheinlichen Fall, dass die EL-Ausdrücke innerhalb einer JSP ignoriert werden sollen, muss folgende page-Direktive in die JSP gesetzt werden:

```
<%@page isELIgnored="true" %>
```


5.6.1 Grundlegende Elemente

Was man in einem Servlet mit mehreren Java-Anweisungen zum Ausdruck bringen möchte, lässt sich mithilfe der EL sehr stark abkürzen.

Wir gehen noch mal zurück und schauen uns an, wie man in einem Servlet programmiert. Wenn wir in einem Servlet beispielsweise eine Property einer JavaBean ausgeben möchten, beschaffen wir uns zunächst ein Objekt des Gültigkeitsbereichs (hier HttpSession) und schreiben mithilfe eines PrintWriters in den Ausgabestrom:

```
...
HttpSession session = request.getSession();
Customer customer = (Customer) getAttribut("customer");
PrintWriter out = response.getWriter()
out.println(customer.getEmail());
```

Listing 5.49 »RegisterServlet.java«

Auch mit JSP-Aktionselementen müssen wir viel Schreibarbeit leisten, um die E-Mail des Kunden auszugeben:

```
...
<jsp:useBean
    id="customer"
    class="de.java2enterprise.onlineshop.model.Customer"
    scope="session"/>
<jsp:getProperty
    name="customer"
    property="email"/>
```

Listing 5.50 »register.jsp«

Dagegen sieht der Quelltext mit einem EL-Ausdruck viel kürzer aus:

```
...
${customer.email}
```

Listing 5.51 »register.jsp«

Wenn Sie bereits mit JavaScript vertraut sind, wird Ihnen die Syntax der EL bekannt vorkommen, denn die Entwickler der EL haben sich durch JavaScript inspirieren lassen. Auch die EL bietet keine Typsicherheit, und genauso wie bei JavaScript wird auch bei der EL mit dem Punktoperator oder den eckigen Klammern auf eine Property Bezug genommen. Statt des Punktoperators erhält man mit der EL auch auf folgende Weise Zugriff auf eine Bean-Property:

```
${customer["email"]}
```

Bei JSPs können Sie den EL-Ausdruck recht flexibel platzieren. Beispielsweise darf die EL-Expression auch mit statischen Texten kombiniert werden:

```
Ihre Email: ${customer.email},
Ihr Passwort: ${customer.password}
```

Die EL-Expression kann auch innerhalb eines Attributs von einem JSP-Aktionselement genutzt werden:

```
<jsp:useBean
    id="customer"
    class="de.java2enterprise.onlineshop.model.Customer"
    scope="session"/>
<jsp:setProperty
    name="customer"
    property="email"
    value="${customer.email}"/>
```

Listing 5.52 »register.jsp«

Der Unterschied zwischen dem Dollarzeichen ($) und der Raute (#)

Die EL-Expression kann statt mit einem Dollarzeichen auch mit einer Raute beginnen:

```
#{customer.email}
```

Der Unterschied zwischen den beiden Schreibweisen ist folgender:

- Mit dem Dollarzeichen wird der Ausdruck vor der Kompilierung des hieraus dynamisch erzeugten Servlets erstellt. Dies ist die bei der JSP-EL übliche Syntax. Man spricht hierbei auch von der *immidiate evaluation* (zu Deutsch: *sofortige Auswertung*).
- Dagegen wird durch die Kennzeichnung mit einer Raute der Ausdruck erst dann ausgewertet, wenn ihn die umliegenden Prozesse benötigen. Normalerweise muss die Syntax mit der Raute bei der Programmierung mit JSF benutzt werden. Diese Syntax wird als *deferred evaluation* (zu Deutsch: *hinausgeschobene Auswertung*) bezeichnet.

Warum diese Unterscheidung von Bedeutung ist, wird deutlich, wenn man sich die Charakterisierung von JSP und JSF vor Augen führt. Eine JSP ist ja lediglich eine Textdatei, die die

JSP-Engine (Jasper) in ein automatisch erzeugtes Servlet verwandelt, während JSF eine wesentlich komplexere Technologie darstellt, die das Modell-View-Controller-Entwurfsmuster als Komponentenmodell realisiert.

Während die Inhalte einer JSP also vor der Erzeugung eines Servlets evaluiert werden müssen, hängt der Zeitpunkt der Auswertung bei JSF von verschiedenen Faktoren ab, die erst zur Laufzeit erkennbar werden. Bei JSF muss es ganz einfach dem Framework selbst überlassen werden, wann die Werte eines EL-Ausdrucks ermittelt werden sollen. Aus diesem Grund benötigt man eine alternative Syntax, um hier zu unterscheiden.

Arithmetische Operatoren

In einem EL-Ausdruck können Literale mit verschiedenen Operatoren miteinander kombiniert und auch logische Vergleiche erstellt werden. In diesem Abschnitt werden diese Möglichkeiten anhand der grundlegenden Elemente beschrieben, die in der EL zur Verfügung stehen.

Um innerhalb eines EL-Ausdrucks eine Berechnung durchzuführen, können die Operatoren `+`, `-`, `*`, `/`, `div`, `%` und `mod` verwendet werden. Die Bedeutung entspricht derjenigen, die die Operatoren der Programmiersprache Java haben.

```
${item1.price + item2.price}
```

Die EL kennt auch binäre Operatoren, auf die in diesem Buch aber nicht eingegangen wird, da sie in der Praxis keine Relevanz spielen. Wenn Sie sich hierfür interessieren, werden Sie aber auch in der Spezifikation der EL 3.0 nicht ausreichend informiert, sondern müssen zusätzliche Literatur zurate ziehen.

Der Aufruf von Methoden

Wenn wir in einer JSP den Ausdruck

```
${customer.email}
```

schreiben, greifen wir über den Punktoperator auf die Property `email` der JavaBean `customer` zu. Genau genommen ruft das Framework die öffentliche Getter-Methode `getEmail()` in der Klasse `Customer` auf, weil sie im Endstück den Bezeichner des EL-Ausdrucks `"email"` enthält.

Darüber hinaus bietet die EL aber auch die Möglichkeit, auf die Methode `getEmail()` auf diese Weise zuzugreifen:

```
${customer.getEmail()}
```

Über die EL kann aber nicht nur auf die Getter-Methoden der JavaBeans zugegriffen werden, sondern auch auf andere Methoden. Beispielsweise gibt der folgende Ausdruck den Wert `3` aus:

```
<%
    String test1 = "Test1";
    String test2 = "Test2";
    String test3 = "Test3";
    java.util.List<String> test =
        new java.util.ArrayList<String>();
    test.add(test1);
    test.add(test2);
    test.add(test3);
    session.setAttribute("test", test);
%>
${test.size()}
```

Listing 5.53 »test.jsp«

5.6.2 String-Operatoren

Zeichenketten können mit dem Verbindungsoperator += zusammengefügt werden:

```
${'Hallo' += ' ' += 'Welt'}
```

5.6.3 Relationale Operatoren

Über die Operatoren ==, eq, !=, ne, <, lt, >, gt, <=, ge, >= und le können zwei Werte verglichen werden. Das Ergebnis ist ein Wahrheitswert (true oder false). Hierbei können nicht nur Wahrheitswerte oder Zahlen miteinander verglichen werden, sondern auch Zeichenketten. Beispielsweise ergibt der folgende Ausdruck true, weil intern der Buchstabe j mit einem geringeren Zeichenenkodierungswert vertreten ist als der Buchstabe k:

```
${'j' lt 'k'}
```

Wahrheitswerte können mit den logischen Operatoren and, &&, or, ||, not und ! kombiniert werden:

```
${item1.price > 123 && empty item2.price > 123}
```

5.6.4 Der empty-Operator

Mit dem Operator empty oder not empty kann festgestellt werden, ob ein Wert null bzw. leer ist.

Der empty-Operator gibt also nicht nur true zurück, wenn der Wert eines Objekts auf null zeigt, sondern auch dann, wenn es sich intern um eine Feldvariable (wie eine Zeichenkette, ein Array oder eine Collection) handelt und diese Feldvariable keinen Wert enthält.

5.6.5 Der konditionale Operator

Der konditionale Operator mit dem Fragezeichen und dem Doppelpunkt wird genau wie in der Programmiersprache Java eingesetzt.

Der folgende Ausdruck gibt den Preis des Artikels `item1` aus, wenn er nicht leer ist, das heißt einen Wert enthält. Ansonsten wird der Preis des Artikels `item2` ausgegeben.

```
${not empty item1.price ? item1.price : item2.price}
```

5.6.6 Klammern und Semikolon

Mithilfe von Klammern und dem Semikolon können Teile des EL-Ausdrucks gruppiert werden. Mit dem Semikolon ist es möglich, mehrere Anweisungen hintereinander zu formulieren. Lediglich die letzte Anweisung ist für die Lieferung eines Rückgabewertes verantwortlich. Beispielsweise gibt der folgende Ausdruck die Zeichenkette `a=15` aus:

```
${(a=12+3); 'a=' += a}
```

5.6.7 Literale

Als Literale können folgende Typen verwendet werden:

- Zeichenketten (Zeichenketten müssen entweder in einfachen oder doppelten Anführungsstrichen eingefasst sein.)
- Zahlen (Ganzzahlen und Fließkommazahlen)
- Wahrheitswerte (`true` oder `false`)
- null

Literale können in einem EL-Ausdruck auch kombiniert werden. In diesem Fall wird das Ergebnis in einem Datentyp resultieren, der nach festgelegten Regeln ermittelt wird. Beispielsweise ergibt die Kombination eines String-Wertes mit einem numerischen Wert einen String-Wert. Das Besondere hierbei ist, dass Null-Werte in ein Leerzeichen umgewandelt werden. Jedoch kann dies bei Flüchtigkeitsfehlern fatale Folgen haben. Im folgenden EL-Ausdruck hat sich der Programmierer vertippt:

```
${'Ist das wahr? ' += (tue && true)}
```

Eigentlich wollte er mit `true && true` das Ergebnis `true` erhalten. **`tue`** wird aber als neue Variable angesehen und aufgrund des logischen Operators in einen Wahrheitswert umgewandelt. Weil der Wert null dabei zwangsweise als `false` gewertet wird, ergibt die gesamte Gleichung ebenfalls den Wert `false`.

5.6.8 Implizite Objekte

Genauso wie in einem Scriptlet stehen auch in einem JSP-EL-Ausdruck *implizite Objekte* zur Verfügung. Jedoch weicht die Handhabung von der in einem Scriptlet stark ab. In diesem Abschnitt betrachten wir die verschiedenen Möglichkeiten, die man mit impliziten Objekten in einem EL-Ausdruck zur Verfügung hat.

Auf Request-Parameter zugreifen

Um den Wert eines konkreten Parameter-Schlüssels zu erhalten, wird in einem EL-Ausruck das implizite Objekt `param` verwendet.

Wenn wir beispielsweise den Request `.../index.jsp?email=j@java2enterprise.de` im Webbrowser aufrufen , zeigen wir den Wert der E-Mail mit folgendem EL-Ausdruck an:

```
${param["email"]}
```

Auch mit dieser Syntax kann der gleiche Wert besorgt werden:

```
${param.email}
```

Wenn mehrere Parameter-Schlüssel-Wert-Paare denselben Schlüssel enthalten, können sie über das implizite Objekt `paramValues` selektiert werden. Mit folgenden EL-Ausdrücken zeigen wir die Werte von dem Aufruf `.../index.jsp?email=j@java2enterprise.de&email=hallo@welt.de` an:

```
${paramValues.email[0]}<br>
${paramValues.email[1]}<br>
```

Informationen des Headers anzeigen

Der Zugriff auf einzelne Schlüssel-Wert-Paare des HTTP-Headers erfolgt analog zu der oben gezeigten Beschaffung von HTTP-Parameterwerten. Die impliziten Objekte für die Header nennen sich `header` und `headerValues`. Der folgende EL-Ausdruck gibt beispielsweise den Wert der Header-Zeile `Accept-Language` aus:

```
${header["Accept-Language"]}<br>
```

Initialisierungsparameter

Der Zugriff auf die Initialisierungsparameter erfolgt über das implizite Objekt `initParam`, das intern zum Aufruf der Methode `ServletContext.getInitParameter()` führt. Beispielsweise gibt der folgende Ausdruck den Initialisierungsparameter `jdbc_properties` aus:

```
${initParam["jdbc_properties "]}
```

Beachten Sie, dass es sich hierbei aber nicht um die Initialisierungsparameter der Web-Komponente, sondern um die Initialisierungsparameter der gesamten Webanwendung handelt. Im Deployment-Deskriptor *web.xml* sind es also nicht die Parameter im Element `<init-param>`, sondern die Parameter im Element `<context-param>`, auf die dieser Ausdruck zugreift.

```
<?xml version="1.0" encoding="UTF-8"?>
<web-app version="3.1"
    xmlns="http://xmlns.jcp.org/xml/ns/javaee"
    xmlns:xsi="http://www.w3.org/2001/XMLSchema-instance"
    xsi:schemaLocation="http://xmlns.jcp.org/xml/ns/javaee
    http://xmlns.jcp.org/xml/ns/javaee/web-app_3_1.xsd">
  <context-param>
    <param-name>jdbc_properties</param-name>
    <param-value>
        /WEB-INF/jdbc.properties
    </param-value>
  </context-param>
</web-app>
```

Listing 5.54 »web.xml«

Cookies

Cookies werden mit dem impliziten Objekt `cookie` ausgelesen, wobei intern ein Aufruf der Methode `HttpServletRequest.getCookies()` erfolgt. Die Methode liefert ein Array von Objekten der Klasse `javax.servlet.http.Cookie`.

pageContext

In einem EL-Ausdruck spielt `pageContext` eine zentrale Rolle. Denn von diesem hierarchisch weit oben liegenden Objekt kann über den Punktoperator auf Unterobjekte und somit auf zahlreiche nützliche Auskünfte zugegriffen werden. Beispielsweise zeigt das folgende Listing viele Informationen an, die wir in einem Servlet viel mühsamer erhalten würden.

```
<%@page contentType="text/html" pageEncoding="UTF-8"%>

bufferSize:
${pageContext.out.bufferSize}<br>
remaining:
${pageContext.out.remaining}<br>
characterEncoding:
${pageContext.response.characterEncoding}<br>
contentType:
${pageContext.response.contentType}<br>
locale:
```

```
${pageContext.response.locale}<br>
contextPath:
${pageContext.request.contextPath}<br>
localAddr:
${pageContext.request.localAddr}<br>
localName:
${pageContext.request.localName}<br>
localPort:
${pageContext.request.localPort}<br>
method:
${pageContext.request.method}<br>
protocol:
${pageContext.request.protocol}<br>
remoteAddr:
${pageContext.request.remoteAddr}<br>
remoteHost:
${pageContext.request.remoteHost}<br>
remotePort:
${pageContext.request.remotePort}<br>
requestedSessionId:
${pageContext.request.requestedSessionId}<br>
requestURI:
${pageContext.request.requestURI}<br>
scheme:
${pageContext.request.scheme}<br>
serverName:
${pageContext.request.serverName}<br>
serverPort:
${pageContext.request.serverPort}<br>
servletPath:
${pageContext.request.servletPath}<br>
dispatcherType:
${pageContext.request.dispatcherType}<br>
country:
${pageContext.request.locale.country}<br>
language:
${pageContext.request.locale.language}<br>
requestURL:
${pageContext.request.requestURL}<br>
creationTime:
${pageContext.session.creationTime}<br>
id:
${pageContext.session.id}<br>
lastAccessedTime:
```

```
${pageContext.session.lastAccessedTime}<br>
maxInactiveInterval:
${pageContext.session.maxInactiveInterval}<br>
```

Listing 5.55 »information.jsp«

Auf meinem Entwicklungsrechner wird hierbei Folgendes angezeigt:

```
bufferSize: 8192
remaining: 8110
characterEncoding: UTF-8
contentType: text/html;charset=UTF-8
locale: de_DE
contextPath: /onlineshop-war
localAddr: 0:0:0:0:0:0:0:1
localName: 0:0:0:0:0:0:0:1
localPort: 8080
method: GET
protocol: HTTP/1.1
remoteAddr: 0:0:0:0:0:0:0:1
remoteHost: 0:0:0:0:0:0:0:1
remotePort: 49417
requestedSessionId: 26b20971cb5100a289487048b565
requestURI: /onlineshop-war/_null
scheme: http
serverName: localhost
serverPort: 8080
servletPath: /index.jsp
dispatcherType: REQUEST
country: DE
language: de
requestURL: http://localhost:8080/onlineshop-war/
creationTime: 1378460452688
id: 2a54750177a90240f3833f9b49b4
lastAccessedTime: 1378460452688
maxInactiveInterval: 1800
```

Zugriff auf Collections und Enumerations

`pageContext` bietet die Möglichkeit, Parameter, Attribute, Header und Cookies in Form von Arrays, Collections bzw. Enumerations zu erhalten.

Mit folgenden EL-Ausdrücken werden die unterschiedlichen Datenreihen beschafft:

```
request parameters:
${pageContext.request.parameterNames}<br>
request headers:
${pageContext.request.headerNames}<br>
request attributes:
${pageContext.request.attributeNames}<br>
session attributes:
${pageContext.session.attributeNames}<br>
init-parameters of configuration:
${pageContext.servletConfig.initParameterNames}<br>
init-parameters of servlet:
${pageContext.servletContext.initParameterNames}<br>
cookies:
${pageContext.request.cookies}<br>
```

Listing 5.56 »information.jsp«

Die obigen EL-Ausdrücke ergeben im Webbrowser keine sinnvolle Anzeige, denn es wird bloß die String-Repräsentation des Arrays, des Collection-Objekts oder des Enumeration-Objekts ausgegeben. Wie man die einzelnen Felder Stück für Stück anzeigt, wird Abschnitt 5.7 gezeigt, denn dort behandeln wir die *Java Standard Tag Library* (JSTL).

5.6.9 Der Zugriff auf eine JavaBean über den Gültigkeitsbereich

Wenn man in einem EL-Ausdruck auf eine JavaBean zugreift, spielt sich im Hintergrund mehr ab, als man zunächst vermuten mag, denn die JavaBean kann in verschiedenen Gültigkeitsbereichen abgelegt sein. Wenn wir beispielsweise mit dem Ausdruck `${customer.email}` die E-Mail eines Kunden suchen, wird das Framework zunächst mal in dem Gültigkeitsbereich `page` nachschauen, ob dort die JavaBean zu finden ist. Ist sie dort nicht, wird als Nächstes im Gültigkeitsbereich `request` nachgeschaut. Wenn das Framework auch in diesem Gültigkeitsbereich die JavaBean nicht finden kann, sucht es im Gültigkeitsbereich `session`. Zuletzt untersucht es auch noch den Gültigkeitsbereich `application`, bevor es seine Nachforschungen aufgibt. Wenn es die Variable des EL-Ausdrucks in keinem Gültigkeitsbereich gefunden hat, bleibt die Stelle, an der es den Wert der Variablen ausgeben würde, einfach leer. Dabei erscheint auch keine Fehlermeldung, sondern schlichtweg gar nichts. Dies mag dem Java-Entwickler zunächst etwas befremdlich erscheinen, da er ja das Exception-Handling von Java verinnerlicht hat. Aber genauso wie in der Programmiersprache JavaScript kann dieses Manko manchmal auch als Feature betrachtet werden.

Wenn hingegen die Variable nur in einem einzigen Gültigkeitsbereich gefunden werden soll, kann mit den impliziten Objekten dediziert auf den jeweiligen Gültigkeitsbereich zugegriffen werden. Die EL stellt hierfür die impliziten Objekte aus Tabelle 5.1 zur Verfügung, mit denen man auf die Attribute in den einzelnen Gültigkeitsbereichen zugreifen kann.

Implizites Objekt	Ermöglicht den Zugriff auf eine Map mit den ...
`pageScope`	Beans des Gültigkeitsbereichs `page`
`requestScope`	Beans des Gültigkeitsbereichs `request`
`sessionScope`	Beans des Gültigkeitsbereichs `session`
`applicationScope`	Beans des Gültigkeitsbereichs `application`

Tabelle 5.1 Die impliziten Objekte der EL für den Zugriff auf die Attribute in den jeweiligen Gültigkeitsbereichen

Im folgenden Beispiel wird mit dem impliziten Objekt `sessionScope` im Gültigkeitsbereich `session` nach der Eigenschaft `email` der Bean `customer` gesucht:

```
${sessionScope.customer.email}
```

5.6.10 Funktionen

Die EL bietet die Möglichkeit, JSTL-Funktionen innerhalb eines EL-Ausdrucks auszuführen. Auf die JSTL wird erst im nächsten Kapitel eingegangen. Dennoch soll an dieser Stelle schon mal ein Beispiel gezeigt werden, da die Syntax relativ trivial ist. Im folgenden Listing wird die Anzahl der Zeichen in der Zeichenkette `Hallo` ausgegeben:

```
<%@page contentType="text/html" pageEncoding="UTF-8"%>
<%@ taglib
    prefix="fn"
    uri="http://java.sun.com/jsp/jstl/functions"%>

${fn:length("Hallo")}
```

Listing 5.57 »functions.jsp«

Die gesamte Auflistung aller zur Verfügung stehenden Funktionen wird im nächsten Abschnitt gezeigt, da wir dort die JSTL behandeln.

5.7 Die Java Standard Tag Library

In diesem Abschnitt befassen wir uns mit der *Java Standard Tag Library* (JSTL). Die JSTL erweitert die Möglichkeiten der Aktionselemente von *Java Server Pages*, indem sie zahlreiche *Custom Tags* zur Verfügung stellt, mit denen die wichtigsten Aufgaben innerhalb einer JSP erledigt werden können.

Die Java Standard Tag Library besteht aus folgenden Teilen:

- `core`: Kernbestandteil für den Zugriff auf JavaBeans und logische Operatoren
- `fmt`: die Formatierung für eine internationalisierte Ausgabe
- `functions`: zur Manipulation von Zeichenketten und Arrays
- `sql`: für Datenbankzugriffe
- `xml`: für die Verarbeitung von XML

Die JSTL-API steht nicht bei allen Anwendungsservern von vornherein zur Verfügung. Beim GlassFish-Server ist sie Teil der eingebundenen Librarys. Deshalb brauchen wir sie nicht gesondert einzubinden.

5.7.1 Anwendungsserver ohne JSTL

Wenn Sie aber beispielsweise *Apache Tomcat* einsetzen, müssen Sie die JSTL-API von der Download-Seite *http://jstl.java.net/download.html* herunterladen und als Tag-Library dem Java-Projekt hinzufügen. Auf der Webseite in Abbildung 5.12 sehen Sie die zwei Links JSTL API und JSTL IMPLEMENTATION.

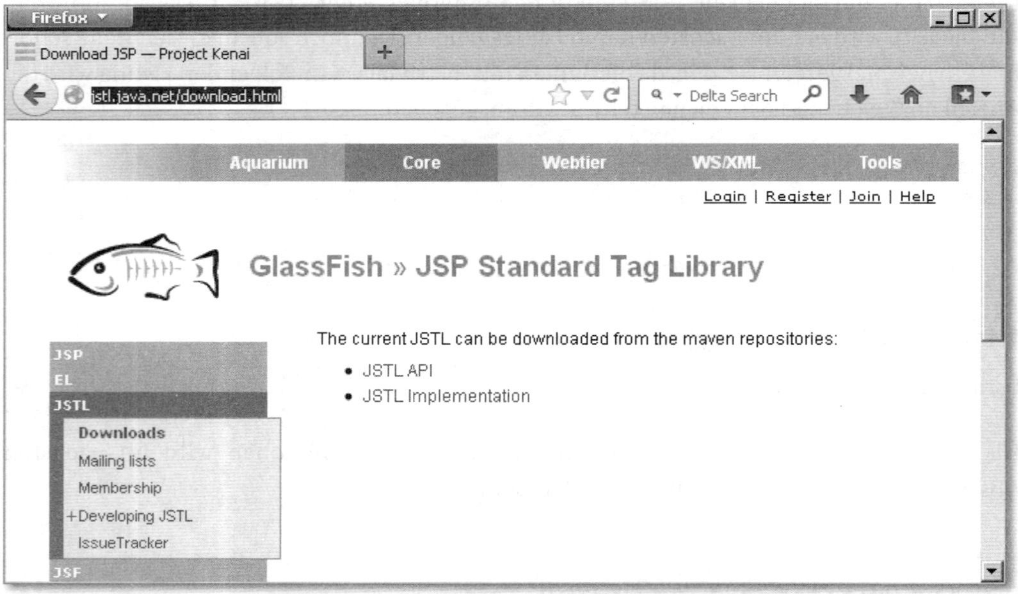

Abbildung 5.12 Die Download-Seite der JSTL

Wenn Sie auf den Link JSTL API klicken, gelangen Sie zum CENTRAL REPOSITORY BROWSER (siehe Abbildung 5.13). In diesem Fenster werden verschiedene Links zum Download der JSTL API angeboten. Zum Beispiel können Sie dort auch die JavaDoc-Dokumentation oder die

Quelltexte der JSTL-API herunterladen. Wählen Sie den Link zur Datei *javax.servlet.jsp.jstl-api-1.2.1.jar*.

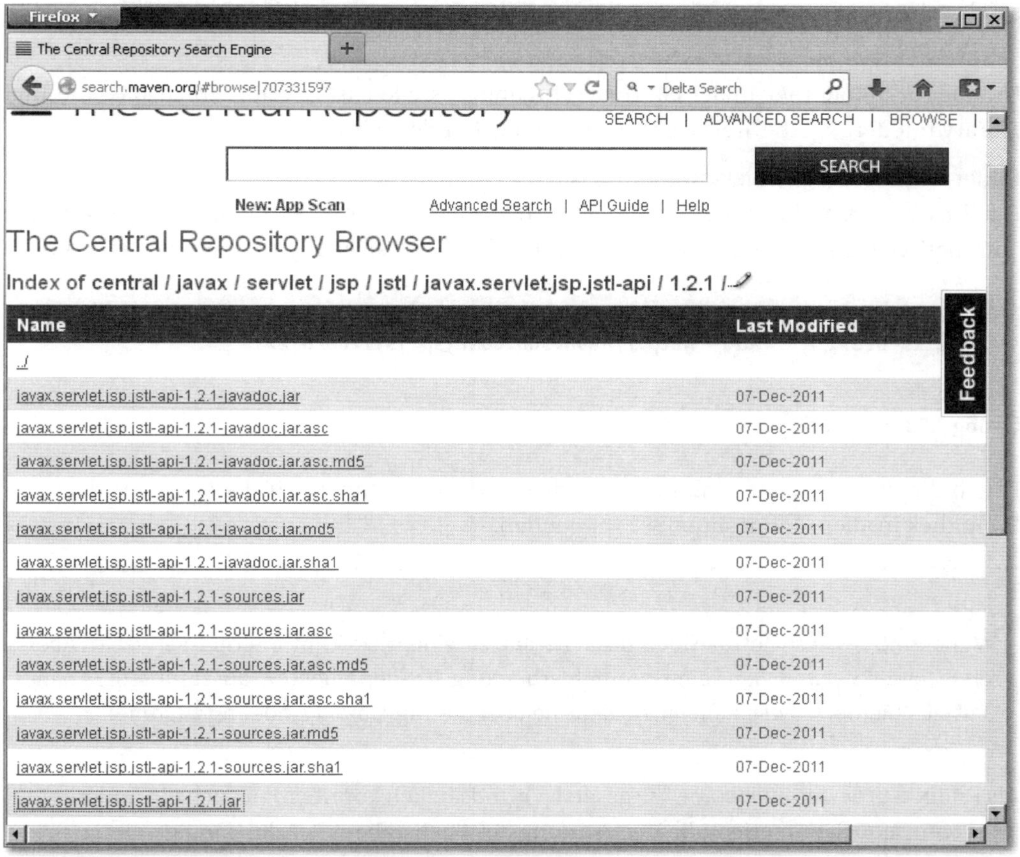

Abbildung 5.13 Die zweite Seite für den Download der JSTL

Genauso verfahren Sie mit dem Link JSTL IMPLEMENTATION, denn auch dieser Link führt Sie zu einem Central Repository Browser, wo Sie die Datei *javax.servlet.jsp.jstl-1.2.1.jar* herunterladen sollten.

Nachdem der Webbrowser beide Dateien heruntergeladen hat, müssen Sie in Eclipse in das dynamische Webprojekt einfügen. Dies kann auf verschiedenen Wegen geschehen. Eine Möglichkeit ist, die heruntergeladenen *.jar*-Dateien in den Ordner *onlineshop-war/WebContent/WEB-INF/lib* innerhalb von Eclipse zu kopieren. In dem Fall wird Eclipse alles Weitere für Sie erledigen. Wenn Sie die Dateien mit dem Windows Explorer kopieren, muss das Webprojekt in Eclipse markiert und mit F5 aktualisiert werden, damit die neuen Bibliotheken wahrgenommen und eingebunden werden.

5.7.2 core – Die JSTL-Kernfunktionalität

Der Bestandteil core beinhaltet die Kernfunktionalität der JSTL. Hierüber können wir beispielsweise JavaBeans anzeigen, über Datenreihen iterieren oder Wenn-dann-Abfragen programmieren.

Um die core-Bibliothek in der JSP zur Verfügung zu stellen, ist es erforderlich, dass die Tag-Library mit der taglib-Direktive in die JSPs eingebunden wird.

In der Onlineshop-Beispielanwendung ist es am einfachsten, wenn Sie die Direktiven in die Datei *header.jspf* einfügen, denn dadurch wird sie in den anderen JSPs mit der include-Direktive automatisch integriert und steht somit anschließend überall gleichermaßen zur Verfügung.

```
<%@page contentType="text/html" pageEncoding="UTF-8"%>
<%@ taglib prefix="c" uri="http://java.sun.com/jsp/jstl/core"%>
...
```

Listing 5.58 »header.jspf«

Durch die oben gezeigte Einbindung in die *header.jspf* können wir die JSTL-Tags der core-Bibliothek in allen Onlineshop-JSPs verwenden.

Tipp

Wundern Sie sich nicht darüber, dass die **uri** zu einem Host im Internet verweist? Aber keine Sorge, Sie brauchen keine Internetverbindung, um den Quelltext auszuführen. Es handelt sich hierbei lediglich um einen Identifier, der die Tag-Library eindeutig zuordnet.

Als Präfix wurde der Buchstabe "c" gesetzt. Grundsätzlich könnte man auch ein anderes Präfix setzen, jedoch entspricht die Verwendung des Buchstabens "c" der gängigen Praxis.

Das einfachste JSTL-Element ist das out-Element, denn hiermit kann eine Ausgabe in der Webseite erfolgen. Mit dem Attribut value wird die Zeichenkette angezeigt, die Sie ausgeben wollen:

```
<c:out value="Hallo"/>
```

Die Verwendung des out-Elements in der im Beispiel dargestellten Weise ist aber überflüssig, da wir an sich auch einfach nur "Hallo" in die Webseite schreiben könnten. Anders sieht es aber aus, wenn die Zeichenkette Sonderzeichen enthält, die escapt werden sollen. Zum Beispiel sieht es der Webbrowser bekanntlich als ein Markup an, wenn eine Zeichenkette das Symbol < oder das Symbol > enthält. In diesem Fall würde die JSTL-Variante Abhilfe schaffen, da mit dem Attribut escapeXML="true" solche Sonderzeichen umgewandelt werden. Zum Beispiel wird im folgenden Beispiel das < in < und das > in > transformiert:

```
<c:out value="<Ich bin kein HTML-Tag>"/>
```

Ein anderer Anwendungsfall, bei dem das out-Element nützlich sein kann, liegt vor, wenn der Wert des Attributs value einen EL-Ausdruck enthält. Im folgenden Beispiel wird der Kunde mit seinem Namen begrüßt:

```
Eingeloggt: <c:out value="${customer.email}"/>
```

Weiter oben wurde bereits erwähnt, dass ein Ausdruck einfach ignoriert wird, falls eine Bean nicht gefunden wird. Wenn Ihnen dieser Automatismus nicht gefällt, können Sie mit dem Attribut default des out-Elements dafür sorgen, dass ersatzweise ein Alternativtext ausgegeben wird. Das folgende JSTL-Element gibt entweder die E-Mail-Adresse oder einen Bindestrich aus:

```
Eingeloggt: <c:out value="${customer.email}" default="-"/>
```

set und remove

Mit set kann eine Variable definiert und mit einem Wert belegt werden. Der Name der Variablen wird mit dem Attribut var und der Wert mit dem Attribut value festgelegt. Zusätzlich lässt sich mit dem Attribut scope der Gültigkeitsbereich der Variablen bestimmen. Der Wert von scope lässt sich auf page, request, session oder application einstellen. Wenn kein Gültigkeitsbereich mit scope bestimmt wird, ist page die Voreinstellung. Das bedeutet, dass eine Variable, die ohne Attribut scope definiert wurde, nur lokal gültig und somit in keiner anderen Web-Komponente sichtbar ist. Deswegen wird man bei dem EL-Ausdruck set häufig das Attribut scope verwenden:

```
<c:set var="email" value="j@java2enterprise.de" scope="session"/>
```

Eine JavaBean kann ebenso als Wert gesetzt werden, und zwar durch die Nutzung eines EL-Ausdrucks:

```
<c:set var="email" value=="${customer.email}" scope="session"/>
```

Mit remove wird eine Variable wieder entfernt:

```
<c:remove var="email" scope="session"/>
```

forEach

Mit dem JSTL-Element forEach kann durch eine Datenreihe iteriert werden. Die Datenreihe wird mit dem Attribut items festgelegt. Das Attribut var legt den Bezeichner fest, über den auf die einzelnen Werte in der Iteration zugegriffen werden kann. Im folgenden Beispiel erstellen wir mithilfe von Kommata eine Datenreihe von drei Angeboten. Die einzelnen Angebote zeigen wir mithilfe eines EL-Ausdrucks an:

```
<c:forEach
items="Kirschlorbeer,Lavendel,Bambus"
var="offer">
```

```
    ${offer}<br>
</c:forEach>
```

Listing 5.59 »search.jsp«

Mit den Attributen begin und end kann festgelegt werden, von welchem Element bzw. bis zu welchem Element durch die Datenreihe iteriert werden soll. Das erste Element beginnt mit der Position 0.

```
<c:forEach
items="Kirschlorbeer,Lavendel,Bambus"
var="offer"
begin="0"
end="1"
>
    ${offer}<br>
</c:forEach>
```

Listing 5.60 »search.jsp«

In dieser Schleife würden also nur die ersten beiden Angebote angezeigt werden.

Über das Attribut varStatus können Sie Informationen zu den Schleifendurchläufen erhalten. varStatus bietet hierfür die drei Eigenschaften count, index und current an. count zeigt die Anzahl der bisherigen Schleifendurchläufe an. index gibt die Nummer des Elements an. current gibt den Wert des aktuellen Elements wieder.

```
<c:forEach
items="Kirschlorbeer,Lavendel,Bambus"
var="offer"
varStatus="status"
>
    ${status.count}. Durchlauf:
    Das Angebot mit dem Index ${status.index}
    nennt sich ${status.current}<br>
</c:forEach>
```

Listing 5.61 »search.jsp«

Die Schleifen können auch verschachtelt sein. Das folgende Programm nimmt die Parameter der HTTP-Anfrage entgegen und gibt zu jedem Schlüssel alle enthaltenen Werte aus:

```
<c:forEach var="pv" items="${paramValues}">
    ${pv.key}:
    <c:forEach var="v" items="${pv.value}">
        ${v}
```

```
    </c:forEach><br>
</c:forEach>
```

Listing 5.62 »search.jsp«

if

Mit dem JSTL-Element `if` kann festgelegt werden, dass die in dem `if`-Element eingeschlossenen Bestandteile nur angezeigt bzw. ausgeführt werden, wenn die Abfrage wahr ist.

```
...
<c:if test="${empty customer}">
    Bitte einloggen!
</c:if>
...
```

Listing 5.63 »index.jsp«

choose, when und otherwise

Eine Fallunterscheidung wird mit den EL-Ausdrücken `choose`, `when` und `otherwise` verwirklicht. Im folgenden Beispiel wird in der Datei *header.jspf* überprüft, ob sich der Kunde eingeloggt hat. Wenn er sich noch nicht eingeloggt hat, werden ihm die Links für das Registrieren und das Einloggen angezeigt, ansonsten erhält er die Links für das Ausloggen und das Verkaufen von Artikeln.

```
<%@page contentType="text/html" pageEncoding="UTF-8"%>
<%@ taglib prefix="c" uri="http://java.sun.com/jsp/jstl/core"%>
<!DOCTYPE html>
<html>
    <head>
    <meta charset="UTF-8"/>
    <link rel="stylesheet" href="resources/css/styles.css">
    <title>Onlineshop</title>
    </head>
    <body>
        <header>
        <hgroup>
            <h1 class="title">
                Onlineshop
            </h1>
        </hgroup>
        <nav>
            <a href="index.jsp">Home</a>
            <c:choose>
            <c:when test="${empty customer}">
```

```
                <a href="register.jsp">
                    Registrieren
                </a>
                <a href="signin.jsp">
                    Einloggen
                </a>
            </c:when>
            <c:otherwise>
                <a href="signout.jsp">Ausloggen</a>
                <a href="sell.jsp">Verkaufen</a>
            </c:otherwise>
            </c:choose>
            <a href="search.jsp">Suchen</a>
        </nav>
        </header>
```

Listing 5.64 »header.jspf«

redirect

Mit `redirect` kann eine Umleitung programmiert werden. Dabei wird die Redirect-Funktionalität der JSP-Engine eingesetzt. Das heißt, es wird der veraltete Statuscode 302 ausgegeben, wie es im Abschnitt 4.2.8 beschrieben wurde. Die folgende Datei *signout.jsp* enfernt den `"customer"` aus der HTTP-Sitzung. Anschließend wird der Benutzer zur *index.jsp* umgeleitet.

```
<%@ include file="header.jspf" %>
<c:remove var="customer" scope="session"/>
<c:redirect url="index.jsp"></c:redirect>
```

Listing 5.65 »signout.jsp«

catch

Mit dem JSTL-Element `catch` können Ausnahmefehler abgefangen werden. Im folgenden Beispiel würde ein Fehler in der Umleitung zu einer kontrollierten Fehlerausgabe führen:

```
<c:catch var="exception">
<c:redirect url="signin.jsp"/>
</c:catch>
```

Listing 5.66 »signout.jsp«

5.7.3 fmt – Formatierungen

Der Bestandteil `fmt` wird für die Formatierung von Zeichenketten oder Zahlenwerten und für die Internationalisierung von Java Server Pages verwendet.

Die folgende Direktive bindet die `fmt` ein:

```
<%@ taglib
    prefix="fmt"
    uri="http://java.sun.com/jsp/jstl/fmt"%>
```

Internationalisierung mit »fmt«

Für die Internationalisierung von Texten hatte man sich in der Programmiersprache Java schon von Beginn an sehr viele Gedanken gemacht. Denn im Zeitalter der globalisierten Welt ist es erwünscht, dass die ausgegebenen Texte nicht in der Anwendung hart verdrahtet sind. Vor allem in Webanwendungen werden Texte in der jeweiligen Landessprache ausgegeben. Und auch das Umschalten zwischen unterschiedlichen Sprachen ist in Internet-Anwendungen sehr geläufig.

Locale

Grundsätzlich ist es so, dass die JVM bei jedem Start die eingestellte Landessprache aus unserem Rechner holt und als Default in unser Programm setzt. Dabei berücksichtigt Java nicht nur die Sprache selbst, sondern auch das eingestellte Land, denn das Englisch aus Großbritannien unterscheidet sich von dem in den USA. Aber auch die deutsche Sprache wird nicht in allen Ländern, in denen Deutsch gesprochen wird, genau gleich verwendet. Zur Unterscheidung der lokalen Sprache bietet Java die Klasse `java.util.Locale` an. Diese Klasse kapselt die landes- und regionsspezifische Spracheinstellung. Wenn Ihr Rechner beispielsweise auf »Deutsch aus Deutschland« eingestellt ist, gibt die Methode `java.util.Locale.getDefault()` das Kürzel `"de_DE"` aus. Das Kürzel `"de"` gibt die Sprache Deutsch in der ISO-639-Kurzform an. Der Ländername `"DE"` entspricht dem ISO-3166-Code für Deutschland.

Die Default-Einstellung von `Locale` kann zum Start der Virtual Machine durch die Optionsparameter auf »Englisch aus den USA« geändert werden. Dies geschieht so:

```
-Duser.language=en -Duser.country=US
```

Um dieselbe Sprachumstellung zur Laufzeit zu ändern, kann die Anweisung

```
Locale.setDefault(new Locale("en", "US"));
```

in das Programm geschrieben werden. Auch diese Anweisung ändert die Spracheinstellung der JVM, und zwar so lange, bis sie beendet wird.

Die ResourceBundle-Dateien

Java-Programme bieten grundsätzlich die Möglichkeit, Texte in einer eingestellten Landessprache auszugeben. Hierzu werden die Texte nicht in den Java-Code geschrieben, sondern mithilfe von sogenannten *ResourceBundles* externalisiert.

Ein ResourceBundle ist eine sprachspezifische Datei, in der die Texte in Schlüssel-Wert-Paaren abgelegt sind. Für jede Sprache, die das Programm zur Verfügung stellen muss, wird eine eigene ResourceBundle-Datei angelegt. Weil im Programm selbst nur die Schlüssel verwendet werden, kann die Sprache ganz einfach umgestellt werden.

Ein Beispiel: Die *Java Standard Tag Library* unterstützt das äußerst komfortable Internationalisierungskonzept von Java, indem sie spezielle Tags für das ResourceBundle und die Schlüssel bereitstellt.

Wir werden nun zunächst drei ResourceBundle-Dateien schreiben. Der Name der ResourceBundle-Dateien muss einem festgelegten Muster entsprechen.

Der erste Teil des Namens ist willkürlich. Er wird im Fachjargon auch als *Basename* bezeichnet. Wir nennen den Basename mal *messages*. Der letzte Teil ist obligatorisch, denn dies ist der Zusatz *.properties*. Zwischen diesen beiden Teilen wird das Locale mit Unterstrichen eingefügt. Unsere ResorceBundle-Dateien für Deutsch aus Deutschland und Englisch aus den USA heißen somit *message_de_DE.properties* und *message_en_US.properties*.

Die dritte Datei wird so ähnlich heißen wie die eben erzeugten Dateien, nur wird der mittlere Teil dort weglassen:

message.properties

Diese Datei gilt sozusagen als Default-ResourceBundle. Wir werden die Default-Datei ebenfalls mit US-englischen Texten füllen, da wir davon ausgehen, dass diese in der globalisierten Welt am häufigsten verstanden werden.

Durch diese drei Dateien unterstützen wir nun die Ladestrategie, mit der Java die Internationalisierung verwirklicht.

Wir könnten die Ladestrategie auch erweitern, indem wir auch noch die zwei Dateien *message_de.properties* und *message_en.properties* hinzufügen. Dann würde Java granular nach den internationalisierten Schlüsseln suchen, und zwar vom feinsten zum obersten. Dabei sucht Java zuerst nach dem speziellen Dialekt der Sprache. Wenn beispielsweise eine amerikanische Einstellung vorliegt, würde dort die Datei *message_en_US.properties* verwendet werden. Handelt es sich jedoch um das Englische aus Großbritannien, so würde Java keinen entsprechenden Dialekt finden und sich mit der *message_en.properties* begnügen. Wenn die Sprache, die der Anwender nutzt, überhaupt nicht gefunden werden kann, dann wird die Default-Datei *message.properties* verwendet.

Speichern Sie die Dateien im Klassenpfad, das heißt im Unterordner *src* des dynamischen Webanwendungsprojekts ab. Eclipse wird die Dateien während des Kompiliervorgangs automatisch in das Verzeichnis */WEB-INF/classes* setzen.

Der Inhalt der ResourceBundle-Dateien

Die Schlüssel der Texte können ganz willkürlich benannt werden. Wir setzen den Schlüssel beispielsweise auf `hello.world`.

```
hello.world=Hallo Welt
```

Listing 5.67 »messages_de_DE.properties«

Die beiden anderen Dateien werden Folgendes enthalten:

```
hello.world=Hello World
```

Listing 5.68 »messages_en_US.properties«

```
hello.world=Hello World
```

Listing 5.69 »messages.properties«

Das <fmt:setBundle>-Tag

In der JSP kann nun das Tag `<fmt:setBundle basename="messages">` benutzt werden, um den Bezeichner des ResourceBundles für die folgenden Anweisungen zu verwenden:

```
<fmt:setBundle basename="messages"/>
```

Im Anschluss kann beispielsweise über das Tag `<fmt:message key="messageKey" />` mit dem Schlüssel die Zeichenkettenzeile aus dem ResourceBundle beschafft werden:

```
<%@page contentType="text/html" pageEncoding="UTF-8"%>
<%@ taglib
    prefix="fmt"
    uri="http://java.sun.com/jsp/jstl/fmt" %>
<!DOCTYPE html>
<html>
    <body>
        <fmt:setBundle basename="messages"/>
        <fmt:message key="hello.world"/>
    </body>
</html>
```

Listing 5.70 »hallowelt.jsp«

Hinweis

Man kann die Property-Dateien nicht nur im Rootverzeichnis ablegen, sondern auch tiefer in der Verzeichnisstruktur der Java-Packages. Die Syntax erfordert dann im `setBundle`-Element den Punktoperator. Wenn beispielsweise die Property-Dateien im Verzeichnis *de.java2enterprise.onlineshop* lägen, würde man den Basename wie folgt setzen:

```
<fmt:setBundle
    basename="de.java2enterprise.onlineshop.messages"/>
```

Chinesisch einbeziehen

Solange es sich bei den internationalisierten Sprachausgaben um westliche Textfragmente handelt, bleiben uns die versteckten Probleme der unterschiedlichen Zeichenenkodierungen meistens verborgen. Kommt jedoch eine ostasiatische Sprache wie das Chinesische aus der Volksrepublik China (es gibt auch noch andere Dialekte) hinzu, muss bei der Resource-Bundle-Datei etwas aufwendiger gearbeitet werden. Der Grund hierfür ist, dass die Property-Datei zwar mit UTF-8-Enkodierung erzeugt werden könnte, dies jedoch von der Internationalisierungs-API nicht richtig umgesetzt wird. Dieses Problem löst man, indem man zunächst eine native ResourceBundle-Datei erstellt und diese Datei anschließend mit dem speziellen Programm *native2ascii.exe* in ein ASCII-kodiertes Programm umwandelt.

Wir werden nun deshalb zunächst die native ResourceBundle-Datei anlegen. Wir nennen sie *messages_zh_CN.utf8*. Legen Sie die Datei in der UTF-8-Kodierung an. Wie man dies macht, wurde im Abschnitt 2.5.7 »Eine HTML Seite mit UTF-8 Merkmalen erzeugen« gezeigt.

Die native ResourceBundle-Datei dient nur als Zwischenschritt. Sie können sie also von der Java-EE-Anwendung aus nicht nutzen, sondern müssen die später gezeigte Umwandlung vornehmen.

Setzen Sie in die native ResourceBundle-Datei folgenden Inhalt ein:

```
hello.world= 嗨世界
```

Listing 5.71 »messages_zh_CN.utf8«

Die chinesischen Symbole werden Sie auf Ihrer deutschen Tastatur natürlich vergeblich suchen. Sie können das Beispiel dennoch ausprobieren, indem Sie sich den englischen Text mithilfe von Google (*http://translate.google.de*) übersetzen lassen und das Ergebnis per Copy & Paste in die native ResourceBundle-Datei einfügen.

Im nächsten Schritt verwenden Sie das Programm *native2ascii.exe*, das im */bin*-Verzeichnis der JDK mitgeliefert wird, denn dieses Programm wandelt native UTF-8-Zeichen in ASCII-Codes um (siehe Abbildung 5.14).

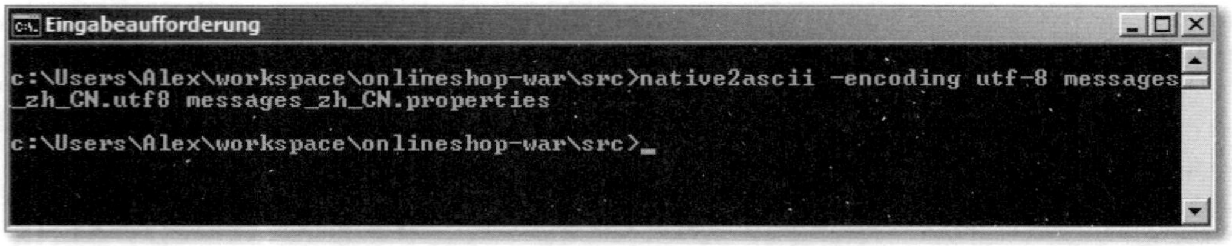

Abbildung 5.14 Die Umwandlung von nativen UTF-8-Zeichen in ASCII-Zeichen

Innerhalb von Eclipse müssen Sie die Ansicht eventuell über [F5] aktualisieren, damit die Neuerungen übernommen werden. Das Ergebnis könnte so ähnlich wie folgt aussehen:

```
hello.world=\u55e8\u4e16\u754c
```

Listing 5.72 »messages_zh_CN.properties«

Abschließend deployen Sie die Anwendung auf den Java EE Server.

Vorsicht

Beachten Sie, dass Ihr Texteditor womöglich unbemerkt eine *Byte Order Mark* (BOM) an den Anfang der Datei gesetzt hat und diese Bytesequenz nun durch das Programm *native2ascii.exe* als Unicode interpretiert worden ist. In diesem Fall müssten Sie (in der resultierenden Properties-Datei) die Zeichen der BOM vor `hello.world` leider noch manuell entfernen.

Das Beispiel testen

Für den Test müssen wir nun innerhalb des Webbrowsers die Spracheinstellung abändern. Im Mozilla Firefox klicken Sie hierfür im Hauptmenü auf EXTRAS • EINSTELLUNGEN, um das Konfigurationsfenster zu öffnen. Dort wählen Sie das Register INHALT aus (siehe Abbildung 5.15).

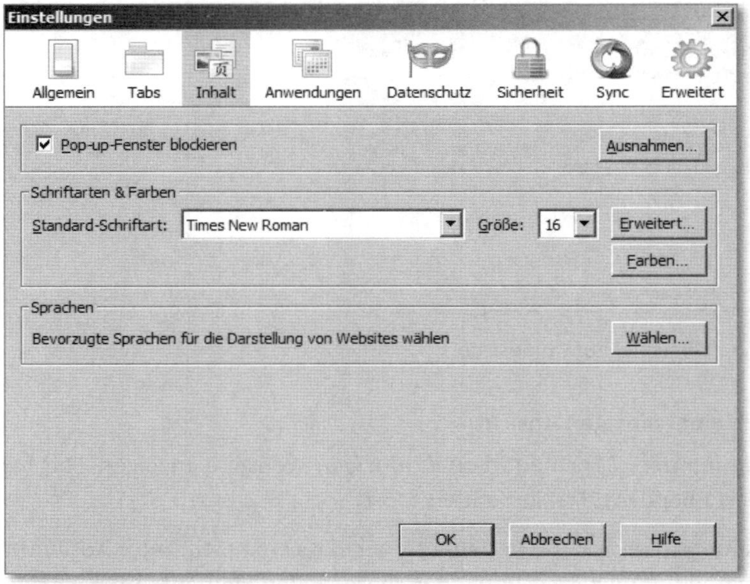

Abbildung 5.15 Das Register »Inhalt« im Konfigurationsfenster des Mozilla Firefox

Klicken Sie dort im unteren Kasten SPRACHEN auf den Button WÄHLEN..., damit sich das SPRACHEN-Fenster aus Abbildung 5.16 öffnet. Normalerweise sollten dort Deutsch und Englisch in vier verschiedenen Varianten vorausgewählt sein. Selektieren Sie die vier Einträge, und entfernen Sie sie. Dann klicken Sie auf die Combobox und suchen den Eintrag CHINESISCH/CHINA aus. Klicken Sie zuletzt auf HINZUFÜGEN, und bestätigen Sie mit OK.

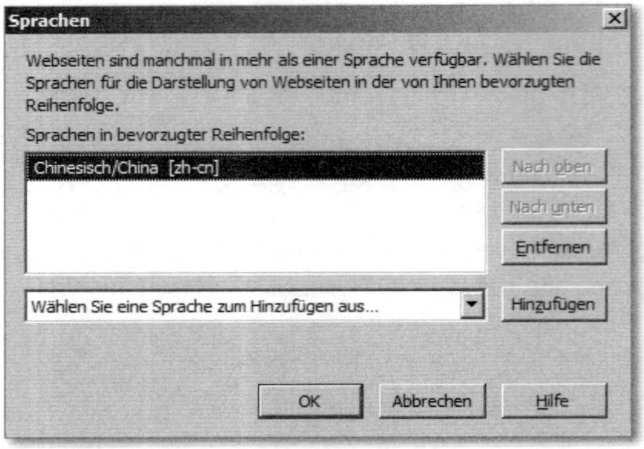

Abbildung 5.16 Wir verwenden Chinesisch aus China für den Test der chinesischen Zeichen.

Klicken Sie dann auf OK, und rufen Sie die Webseite der Java-EE-Anwendung auf, die den »Hallo Welt«-Text anzeigen soll (siehe Abbildung 5.17).

Abbildung 5.17 Das Hallo-Welt-Beispiel auf Chinesisch

Verschiedene Sprachen in einer einzigen Ansicht

Es lassen sich gleichzeitig mehrere Sprachen in einer einzigen Webseite anzeigen. Hierfür ändern Sie den Locale-Wert über das JSTL-Element `<fmt:setLocale/>`.

Ein spezielles Element namens `<fmt:bundle/>` erlaubt ferner, dass ein bestimmter Abschnitt einen gesonderten Basename referenziert. Wir werden diese beiden Elemente im nächsten Listing nutzen, um unterschiedliche Sprachausgaben zu realisieren.

```
<%@page contentType="text/html" pageEncoding="UTF-8"%>
<%@ taglib
    prefix="fmt"
    uri="http://java.sun.com/jsp/jstl/fmt" %>
```

```
<!DOCTYPE html>
<html>
    <head>
        <meta charset="utf-8">
        <title>
            Hello World
        </title>
    </head>
    <body>
    <p>
        <fmt:setLocale value="de_DE"/>
        <fmt:bundle basename="messages">
            <fmt:message key="hello.world"/>
        </fmt:bundle>
    </p>
    <p>
        <fmt:setLocale value="en_US"/>
        <fmt:bundle basename="messages">
            <fmt:message key="hello.world"/>
        </fmt:bundle>
    </p>
    <p>
        <fmt:setLocale value="zh_CN"/>
        <fmt:bundle basename="messages">
            <fmt:message key="hello.world"/>
        </fmt:bundle>
    </p>
    </body>
</html>
```

Listing 5.73 »hallowelt.jsp«

Die Sprache über Landesflaggen ändern

Mit JSTL ist es sehr einfach, die Ansicht einer Webanwendung zu internationalisieren. Besonders praktisch ist, dass die Locale-Einstellung der gesamten HTTP-Sitzung mit einem einzigen Tag abgeändert werden kann.

Die folgende JSP zeigt, wie die Umschaltung zwischen Englisch und Deutsch über einen Mausklick auf Landesflaggen programmiert werden kann (siehe auch Abbildung 5.18). Die Flaggen sind im Buchbeispiel in den Downloaddaten hinterlegt (*www.rheinwerk-verlag.de/3250*).

```
<%@page contentType="text/html" pageEncoding="UTF-8"%>
<%@ taglib prefix="fmt" uri="http://java.sun.com/jsp/jstl/fmt" %>
<fmt:setLocale value="${param.locale}" scope="session"/>
```

```
<fmt:setBundle basename="messages"/>
<!DOCTYPE html>
<html>
    <head>
        <meta charset="utf-8">
        <title>
            <fmt:message key="hello.world"/>
        </title>
    </head>
    <body>
    <a href="hallowelt.jsp?locale=de_DE">
        <img src="img/de.gif"/>
    </a>
    <a href="hallowelt.jsp?locale=en_US">
        <img src="img/us.gif"/>
    </a><br>
    <h1>
        <fmt:message key="hello.world"/>
    </h1>
    </body>
</html>
```

Listing 5.74 »hallowelt.jsp«

Abbildung 5.18 Die Änderung der Sprache erfolgt über einen Mausklick auf die entsprechende Landesflagge.

Parametrisierte Texte

Um innerhalb der übersetzten Texte auch parametrisierte Werte einzufügen, werden in der Properties-Datei Platzhalter gesetzt. Die Platzhalter bestehen aus geschweiften Klammern mit durchnummerierten Zahlen als Index-Wert.

```
your.email.password=Ihre E-Mail {0} und ihr Kennwort {1}
```

Listing 5.75 »messages_de_DE.properties«

Innerhalb des <fmt:message>-Bodys werden die Parameter jeweils mit einem <fmt:param> gesetzt. Dabei entspricht die Anordnung der Parameter den Index-Werten im Resource-Bundle.

Beispielsweise zeigt die folgende JSP die E-Mail und das Passwort an:

```
...
<fmt:setBundle basename="messages"/>
<fmt:message key="your.email.password">
    <fmt:param value="${customer.email}"/>
    <fmt:param value="${customer.password}"/>
</fmt:message>
```

Listing 5.76 »hallowelt.jsp«

Eine Zahl internationalisiert ausgeben

Über das Element <fmt:parseNumber> kann eine Zahl eingelesen werden, die in einer Variablen abgelegt wird, und mit <fmt:formatNumber> kann eine Zahl formatiert werden. Hierbei muss der Wert über das Attribut `value` gesetzt werden.

Über `type` kann bei der Formatierung zwischen einem Zahlenformat (`number`), einer prozentualen Anzeige (`percent`) oder einer Währung (`currency`) gewählt werden.

Bei Zahlen können die Vorkommastellen über `maxIntegerDigits` und `minIntegerDigits` auf eine bestimmte maximale oder minimale Anzahl festgelegt werden. Die Anzahl der Nachkommastellen wird entsprechend über `maxFractionDigits` und `minFractionDigits` festgelegt. Mit `groupingUsed` werden die Ziffern in Tausender gruppiert.

Bei `type="currency"` richtet sich die Währung normalerweise nach der lokalen Einheit. Dies kann aber über die Attribute `CurrencyCode` und `CurrencySymbol` variiert werden.

Darüber hinaus kann über das Attribut `pattern` eine noch individuellere Ausgabe formatiert werden.

Im nächsten Beispiel lesen wir eine Zahl ein und geben sie in Euro aus:

```
<%@page contentType="text/html" pageEncoding="UTF-8"%>
<%@ taglib
    prefix="fmt"
    uri="http://java.sun.com/jsp/jstl/fmt" %>
<!DOCTYPE html>
<html>
    <head>
```

```
        <meta
            http-equiv="Content-Type"
            content="text/html;charset=UTF-8">
        <meta charset="utf-8">
    </head>
    <body>
        <fmt:setLocale value="de_DE"/>
        <fmt:parseNumber value="1234.56" var="price"/>
        <fmt:formatNumber
            value="${price}"
            type="currency"/>
    </body>
</html>
```

Listing 5.77 »price.jsp«

Zeitpunkte und Zeitzonen

Auf ähnlicher Weise wie `<fmt:formatNumber>` und `<fmt:parseNumber>` funktionieren auch die Elemente `<fmt:parseDate>` und `<fmt:formatDate>`.

Zum Beispiel wird mit folgendem Listing ein Zeitpunkt geparst und in einem formatierten Text ausgegeben:

```
<c:set var="d1">01.09.2013 14:45:20</c:set>
<fmt:parseDate
    value="${d1}"
    parseLocale="de_DE"
    type="BOTH"
    dateStyle="short"
    timeStyle="short"
    var="d2"/>

<fmt:formatDate
    value="${d2}"
    pattern="'Wir treffen uns am ' E ' um ' HH:mm"
    dateStyle="LONG"
    timeStyle="short"
    var="d3"/>
```

Listing 5.78 »zeitpunkt.jsp«

Über `<fmt:setTimezone>` kann die Zeitzone gesetzt werden, und mit `<fmt:timeZone>` kann die Zeitzone für ein bestimmtes Codefragment gesetzt werden.

Das folgende Beispiel gibt alle Zeitzonen mit ihrer aktuellen Zeit an, die in der JVM zur Verfügung stehen:

```
<%@page contentType="text/html" pageEncoding="UTF-8"%>
<%@ taglib
    prefix="c"
    uri="http://java.sun.com/jsp/jstl/core" %>
<%@ taglib
    prefix="fmt"
    uri="http://java.sun.com/jsp/jstl/fmt" %>
<!DOCTYPE html>
<html>
    <head>
        <meta
            http-equiv="Content-Type"
            content="text/html;charset=UTF-8">
        <meta charset="utf-8">
    </head>
    <body>
        <jsp:useBean id="now" class="java.util.Date"/>
        <select >
        <c:forEach
            var="tz"
            items="<%=java.util.TimeZone.getAvailableIDs()%>">
            <option>
            <c:out value="${tz}" />
                <fmt:timeZone value="${tz}"> -
                <fmt:formatDate
                    value="${now}"
                    timeZone="${zn}"
                    type="BOTH" />
                </fmt:timeZone>
            </option>
        </c:forEach>
        </select>
    </body>
</html>
```

Listing 5.79 »timeZone.jsp«

5.7.4 functions – Funktionen

Der Bestandteil `functions` bietet Möglichkeiten zur Verarbeitung von Zeichenketten. Die Funktionen sind für die Manipulation von Zeichenketten gedacht. Eine Ausnahme bildet die

Funktion `fn:length()`, mit der die Anzahl einer Feldlänge gemessen wird, denn diese kann auch für Collections und Arrays genutzt werden.

Die Tag-Library wird mit folgender Anweisung gesetzt:

```
<%@ taglib
    prefix="fn"
    uri="http://java.sun.com/jsp/jstl/functions"%>
```

Das folgende Listing wandelt die Buchstaben der Kunden-E-Mail in Kleinbuchstaben um:

```
${fn:toLowerCase("Hallo Welt")}
```

Folgender Liste können Sie alle Funktionen entnehmen. Ihre Handhabung ist recht intuitiv. Dennoch gebe ich hier eine Kurzbeschreibung zu jeder Funktion.

- **fn:contains(Zeichenkette, Such-String)**
  `fn:contains` sucht einen String in einer Zeichenkette. Wenn die Zeichenkette gefunden werden konnte, wird `true` zurückgegeben, ansonsten `false`.
- **fn:containsIgnoreCase(Zeichenkette, Such-String)**
  Eine ähnliche Suche wie bei `fn:contains`, nur dass bei dieser Methode die Groß- und Kleinschreibung nicht berücksichtigt wird.
- **fn:endsWith(Zeichenkette, End-String)**
  Gibt `true` zurück, wenn eine Zeichenkette auf einen bestimmten String endet.
- **fn:indexOf(Zeichenkette, Such-String)**
  Gibt den `index` wieder, an dem ein Such-String in einer Zeichenkette erstmalig gefunden werden konnte.
- **fn:join(Array, Separator)**
  Fügt die Elemente eines Arrays zusammen. Gleichzeitig wird ein Separator zwischen die einzelnen Elemente gesetzt.
- **fn:length(Zeichenkette)**
  Gibt die Anzahl der Elemente einer Zeichenkette, eines Arrays oder einer Collection wieder.
- **fn:replace(Zeichenkette, Such-String, Ersatz-String)**
  Ersetzt alle Vorkommen eines Strings innerhalb einer Zeichenkette.
- **fn:split(Zeichenkette, Delimiter)**
  Teilt eine Zeichenkette an den Stellen, an denen er einen spezifizierten Delimiter vorfindet, in einzelne Fragmente auf und fügt sie zu einem Array zusammen.

  Das folgende Listing schreibt die einzelnen Wörter der Zeichenkette »Hallo Welt« untereinander:

```
<%@ page language="java"%>
<%@ taglib prefix="fn"
    uri="http://java.sun.com/jsp/jstl/functions" %>
<%@ taglib prefix="c"
    uri="http://java.sun.com/jsp/jstl/core" %>
<!DOCTYPE html>
<html>
    <body>
        <c:set
            var="string_array"
            value="${fn:split('Hallo Welt', ' ')}" />

        <c:forEach
            items="${string_array}"
            var="s">

            <p>${s}</p>

        </c:forEach>
    </body>
</html>
```

Listing 5.80 Eine JSP, die »Hallo Welt« in »Hallo« und »Welt« splittet

- **fn:startsWith(Zeichenkette, Such-String)**
  Gibt `true` zurück, wenn eine Zeichenkette mit einem bestimmten String beginnt.
- **fn:substring(Zeichenkette, Beginn, Ende)**
  Beschafft eine Untermenge einer Zeichenkette. Der Beginn und das Ende des Ausschnitts werden durch die Angabe von Index-Werten angezeigt.
- **fn:substringAfter(Zeichenkette, Such-String)**
  Beschafft die Untermenge einer Zeichenkette, vor der ein bestimmter Such-String gefunden wurde.
- **fn:substringBefore(Zeichenkette, Such-String)**
  Beschafft die Untermenge einer Zeichenkette, nach der ein bestimmter Such-String gefunden wurde.
- **fn:toLowerCase(Zeichenkette)**
  Wandelt alle Buchstaben in Kleinbuchstaben um.
- **fn:toUpperCase(Zeichenkette)**
  Wandelt alle Buchstaben in Großbuchstaben um.
- **fn:trim(Zeichenkette)**
  Entfernt die Leerstellen zum Beginn und am Ende einer Zeichenkette.

5.7.5 sql – Datenbankzugriffe

Mit dem Bestandteil `sql` kann auf Datenbanken zugegriffen werden:

```
<%@ taglib
    prefix="sql"
    uri="http://java.sun.com/jsp/jstl/sql"%>
```

Das folgende Beispiel zeigt, wie die Liste der vorhandenen Kunden aus dem Onlineshop ausgegeben werden kann:

```
<%@page contentType="text/html" pageEncoding="UTF-8"%>
<%@ taglib
    prefix="c"
    uri="http://java.sun.com/jsp/jstl/core" %>
<%@ taglib
    prefix="sql"
    uri="http://java.sun.com/jsp/jstl/sql" %>
<!DOCTYPE html>
<html>
    <head>
        <meta
            http-equiv="Content-Type"
            content="text/html;charset=UTF-8">
        <meta charset="utf-8">
    </head>
    <body>
        <sql:setDataSource
            var="ds"
            driver="oracle.jdbc.OracleDriver"
            url="jdbc:oracle:thin:@//localhost:1521/XE"
            user="onlineshop_user"
            password="geheim_123"/>
        <sql:query
            dataSource="${ds}"
            var="result">
            select EMAIL, PASSWORD
            from onlineshop.customer
        </sql:query>

        <c:forEach
            var="row"
            items="${result.rows}">
            <c:out value="${row.EMAIL}"/>
```

```
            <c:out value="${row.PASSWORD}"/>
            <br/>
        </c:forEach>
    </body>
</html>
```

Listing 5.81 »customer.jsp«

Die in der JSTL-API zur Verfügung stehenden `sql`-Elemente werden in der folgenden Auflistung beschrieben:

- **sql:setDataSource**
  Erstellt eine DataSource. Für den Verbindungsaufbau werden entweder ein JNDI-Name über das Attribut `dataSource` oder die direkten Verbindungsinformationen über die Attribute `driver`, `url`, `user` und `password` angezeigt. Das Objekt der DataSource kann in ein Objekt gesetzt werden, indem das Attribut `var` verwendet wird. Über das Attribut `scope` kann der Gültigkeitsbereich der DataSource bestimmt werden.
- **sql:query**
  Führt eine SQL-Abfrage durch. Der SQL-String kann entweder mit dem Attribut `sql` oder innerhalb des öffnenden und schließenden Tags gesetzt werden. Über `startRow` kann festgelegt werden, ab welcher Zeile gelesen werden soll. Mit dem Attribut `maxRows` kann das Ergebnis auf eine maximale Menge begrenzt werden. Über das Attribut `scope` kann die Ergebnismenge für einen bestimmten Gültigkeitsbereich zur Verfügung gestellt werden.
- **sql:update**
  Führt ein SQL-UPDATE durch. Der SQL-String kann entweder mit dem Attribut `sql` oder innerhalb des öffnenden und schließenden Tags gesetzt werden.
- **sql:param**
  Setzt einen Wert für einen Parameter.
- **sql:dateParam**
  Setzt einen Datumswert für einen Parameter.
- **sql:transaction**
  Ermöglicht, dass die SQL- und UPDATE-Anweisung in einer Transaktion durchgeführt werden.

5.7.6 xml – Die Verarbeitung von XML-Strukturen

Mit dem Bestandteil `xml` können XML-Elemente durchlaufen und verarbeitet werden. Die XML-Tag-Bibliothek wird mit folgender Anweisung eingebunden:

```
<%@ taglib
    prefix="x"
uri="http://java.sun.com/jsp/jstl/xml"%>
```

Um ein Beispiel vorzuführen, werden wir zunächst einmal eine XML-Datei anlegen. Wir nennen sie *customers.xml.*

```
<?xml version="1.0" encoding="UTF-8"?>
<customers>
    <customer>
        <id>
            1
        </id>
        <email>
            j@java2enterprise.de
        </email>
        <password>
            Taxi_123
        </password>
    </customer>
    <customer>
        <id>
            2
        </id>
        <email>
            john@gmail.de
        </email>
        <password>
            Hallo_0815
        </password>
    </customer>
</customers>
```

Listing 5.82 »customers.xml«

Vom Aufbau her entspricht die XML-Datei *customers.xml* dem Datenmodell der Kunden vom Onlineshop.

Mit der folgenden JSP geben wir den Inhalt des XML-Dokuments aus:

```
<%@page contentType="text/html" pageEncoding="UTF-8"%>
<%@ taglib
    prefix="c"
    uri="http://java.sun.com/jsp/jstl/core" %>
<%@ taglib
    prefix="x"
    uri="http://java.sun.com/jsp/jstl/xml" %>
```

```
<c:import url="customers.xml" var="xml_document"/>
<x:parse doc="${xml_document}" var="xml_structure"/>
<!DOCTYPE html>
<html>
    <head>
        <meta
            http-equiv="Content-Type"
            content="text/html;charset=UTF-8">
        <meta charset="utf-8">
    </head>
    <body>
        <x:forEach
            select="$xml_structure/customers/customer">
            <x:out select="id"/> -
            <x:out select="email"/> -
            <x:choose>
                <x:when select="password">
                    <c:out value="********"/>
                </x:when>
                <x:otherwise>
                    <c:out value=" - "/>
                </x:otherwise>
            </x:choose>
            <br>
        </x:forEach>
    </body>
</html>
```

Listing 5.83 »customers.jsp«

In der JSP importieren wir die Datei mithilfe des JSTL-Elements `<c:import>` und setzen den Inhalt der Datei in die Variable `xml_document`.

Danach parsen wir das Dokument über `<x:parse>`. Der Variablenname muss mit dem Attribut `doc` angegeben werden. Die geparste XML-Struktur setzen wir in die Variable `xml_structure`.

Anschließend kann über das Element `<x:forEach>` über eine Datenreihe innerhalb der XML-Struktur navigiert werden. Die Tiefe des Pfades wird mithilfe eines XPath-Ausdrucks formuliert. Dabei beginnt das Root-Element mit `/customers`. Weil wir in dem XPath-Ausdruck `/customers/customer` selektieren, befinden wir uns virtuell nun auf dieser Ebene. Darunter befinden sich jeweils die Elemente `id` und `email`, die wir über `<x:out/>` ausgeben. Neben `id` und `email` ist zwar auch das Element `password` vorhanden, jedoch geben wir dieses Element nicht aus. Stattdessen prüfen wir lediglich, ob das Element einen Wert enthält. Wenn ja, werden 8 Sterne ausgegeben, ansonsten ein Querstrich.

Neben den im obigen Beispiel gezeigten Elementen bietet die XML-Tag-Library auch noch die Elemente `<x:set>`, `<x:transform>` und `<x:param>` an.

Über das Element `<x:set>` kann das Ergebnis eines XPath-Ausdrucks in eine Variable gespeichert werden.

Mit den Elementen `<x:transform>` und `<x:param>` werden XML-Transformationen über XSLT-Stylesheets durchgeführt.

Kapitel 6

Die relationale Datenbank

Kapitel 6
Die relationale Datenbank

»Alles was lediglich wahrscheinlich ist, ist wahrscheinlich falsch.«

René Descartes

Bei einer Java-EE-Anwendung sind fundierte Kenntnisse über relationale Datenbanken sehr wichtig, da sie das Kernstück bei der Verwaltung der Geschäftsdaten darstellen.

Die Art und Weise, wie Daten organisiert werden und logisch miteinander in Beziehung stehen, ist grundlegend im Jahre 1970 von einem Mitarbeiter der Firma IBM revolutioniert worden. Als damals Edgar Frank Codd das »*Relational Model of Data for Large Shared Data Banks*« schrieb, ahnte er wohl noch nicht, dass dieses Dokument auch 40 Jahre später immer noch den Standard elektronischer Datenverwaltungssysteme darstellt. Sein Modell bildet auch heute noch das Fundament von relationalen Datenbanken, die in zigtausend Geschäftsanwendungen weltweit eingesetzt werden. Keine Bank, kein Reiseportal und auch kein Online-Blumendienst kommen mehr ohne relationale Datenbanken aus.

Bei einer relationalen Datenbank werden die Geschäftsdaten in Tabellen abgelegt. Jede Zeile wird als *Datensatz* bezeichnet. Ein anderer Begriff für einen Datensatz ist der aus der Mathematik stammende Begriff *Tupel*. Genauso wie ein Datensatz mehrere Spaltenfelder enthalten kann, besteht ein Tupel aus einer Menge von Attributen.

Für die Verwaltung einer relationalen Datenbank und ihrer Tabellen werden *Datenbankverwaltungssysteme* verwendet. Datenbankverwaltungssysteme werden mit DBMS (nach dem englischen Begriff *Database Management System*) abgekürzt. Für dieses Buch wird die *Oracle Database 11g Release 2 Express Edition* (OracleXE) als Datenbankverwaltungssystem eingesetzt. Es wird gezeigt, wie OracleXE installiert und konfiguriert wird.

Nach der Installation von OracleXE werden wir für den Onlineshop ein physisches Datenmodell erstellen. Im letzten Kapitel wurde bereits gezeigt, wie die Geschäftsdaten des Onlineshops tabellarisch angelegt werden können. Gleichzeitig wurde ein Domänenmodell als Klassendiagramm für die Java-Klassen eingesetzt. Aufgrund dieser Vorarbeit ist die Erstellung des physischen Datenmodells nun ein Kinderspiel. Das physische Datenmodell ähnelt dem »vereinfachten« Domänenmodell aus Kapitel 3, »Planung und Entwurf«, nur dass statt der Java-Datentypen nun Datentypen der Oracle Database eingesetzt werden. Manchmal wird für den Entwurf der relationalen Datenbank zunächst ein *Entity Relationship Model* (ERM) oder ein logisches Datenmodell entworfen. Das ERM und das logische Datenmodell sind eng mit dem physischen Domänenmodell verwandt. Beide Varianten werden als vorläufiges Diagramm eingesetzt, das als konzeptionelle Grundlage für ein physisches Datenmodell dient. Die Praxis hat jedoch gezeigt, dass der gleichzeitige Einsatz von unterschiedlichen Modell-Diagrammen auch mehrfache Redundanz in der Entwurfsphase mit sich bringt. Änderungen führen schnell zu großen Aufwänden. Deshalb werden wir auf die »vorläufigen« Konzepte komplett verzichten.

Für die Verwaltung einer relationalen Datenbank wurde die *Structured Query Language* (SQL) erfunden. Obgleich Ihnen relationale Datenbanken und SQL bekannt sein werden, wird hier auch auf deren Grundlagen eingegangen. Ein Java-EE-Entwickler muss in der Praxis kein Expertenwissen hierzu vorweisen. Dennoch sollte er wissen, wie relationale Datenbanken entworfen werden, und darüber hinaus mit den wichtigsten SQL-Kommandos vertraut sein.

6.1 Die Einrichtung der Oracle Database

Auf dem IT-Stellenmarkt sind Oracle-Database-Kenntnisse die mit Abstand gefragteste Datenbank-Kompetenz. In den Statistiken der IT-Stellenportale erscheint MySQL weit hinter Oracle, und noch seltener werden alle anderen Datenbankkenntnisse gesucht.

Die *Oracle Database 11g Release 2 Express Edition* (OracleXE) ist für Trainingszwecke kostenlos verwendbar. Dabei müssen Sie folgende Einschränkungen in Kauf nehmen:

- Die Software kann nur einen einzigen Prozessor Ihres Rechners nutzen, selbst wenn Ihr Rechner über mehrere Prozessoren verfügt.
- Es kann nur 1 Gigabyte des gesamten Arbeitsspeichers verwendet werden.
- Die Gesamtmenge der Datenbanktabellen ist auf ein Volumen von 11 Gigabyte beschränkt.

Außerdem müssen Sie beachten, dass es sich bei OracleXE um eine 32-Bit- Installationssoftware handelt.

6.1.1 Die Installation

Um die Installationsdatei für Windows herunterzuladen, rufen Sie in Ihrem Webbrowser folgende Webseite auf:

http://www.oracle.com/technetwork/database/database-technologies/express-edition/downloads/index.html

Dort müssen Sie zunächst die Lizenzvereinbarung durchlesen und bestätigen. Anschließend klicken Sie mit der Maus auf den Link »Oracle Database Express Edition 11g Release 2 for Windows x32«.

Auf der Webseite sehen Sie eventuell den Hinweis »Does not work in Windows x64«. Dies konnten wir allerdings nicht bestätigen. Für den unwahrscheinlichen Fall, dass Sie mit einem 64-Bit-Betriebssystem dennoch auf Probleme stoßen, könnten Sie auf die Oracle

Database Version 12 ausweichen. Allerdings empfehle ich Ihnen, stattdessen bei der in diesem Buch gezeigten Version zu bleiben und diese auf eine virtuelle Maschine wie VMWare oder die Oracle Virtual Box zu installieren.

Wenn Sie mit dem Betriebssystem OS X arbeiten, sind Sie für die Nutzung einer Oracle Database sogar gezwungen, eine virtuelle Maschine einzusetzen, denn die Oracle Database bietet hierfür überhaupt keine Installationsdatei an. Unser Mac-Experte Nicolas Bost hat sich daher mit der Virtualisierungssoftware VMWare beholfen.

Die herunterzuladende Datei ist eine gezippte Installationssoftware. Um die Installation zu starten, müssen Sie zunächst die gezippte Datei in einem Verzeichnis extrahieren. Im Unterordner *\DISK1* befindet sich das Programm *\DISK1\setup.exe*, das die Installation der Software startet. Nach der Installation wird noch gezeigt, wie Sie OracleXE konfigurieren. Ansonsten ist die Installation auf dem Betriebssystem Windows verglichen mit der Installation auf Unix-basierten Betriebssystemen sehr einfach.

Linux-Benutzer müssen den Link mit der Aufschrift »Oracle Database Express Edition 11g Release 2 for Linux x64« aufrufen. Hierbei beachten Sie bitte die Dokumentation des Herstellers.

Für die Betriebssysteme Solaris, HP-UX, AIX und MAC OS hat der Hersteller keine *Oracle Database 11g Release 2 Express Edition* zur Verfügung gestellt.

Um die Installation unter dem Betriebssystem Microsoft Windows zu beginnen, starten Sie die heruntergeladene Installationsdatei *setup.exe*. Damit die Installation durchgeführt werden kann, muss Ihr Windows-Benutzer über Administratorrechte verfügen.

Wenn Sie die Installationsdatei *setup.exe* ausführen, begrüßt OracleXE Sie mit dem Fenster aus Abbildung 6.1.

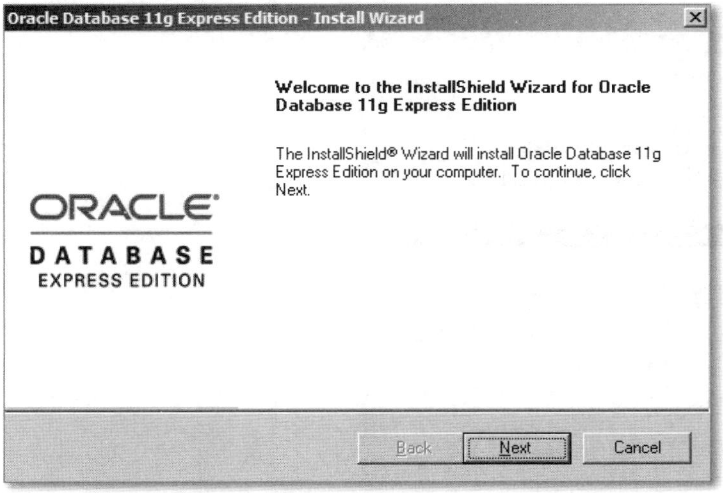

Abbildung 6.1 Die Willkommensseite der »Oracle Database 11g Express Edition«

Die Installation unterliegt der *Oracle Technology Network*-(OTN-)Lizenz. Die besagt, dass Sie OracleXE für die Anwendungsentwicklung und für das Erstellen von Anwendungsprototypen nutzen dürfen. Darüber hinaus dürfen Sie OracleXE auch für Präsentationen und Trainings einsetzen. Für die Verwendung der Buchbeispiele ist sie somit optimal. Bestätigen Sie also die Lizenzvereinbarung (siehe Abbildung 6.2), und klicken Sie auf NEXT.

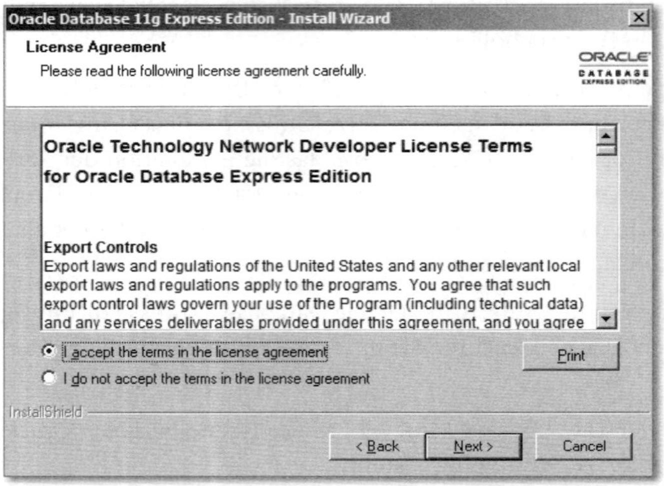

Abbildung 6.2 Die »Oracle Network Developer«-(OTN-)Lizenz

Im nächsten Fenster teilt OracleXE Ihnen mit, dass es die Installation im Ordner *c:\oraclexe* vornehmen wird (siehe Abbildung 6.3). Die Voreinstellung lässt sich an dieser Stelle ändern. Für die Beispiele in diesem Buch wurde das Installationsverzeichnis auf dem voreingestellten Pfad belassen.

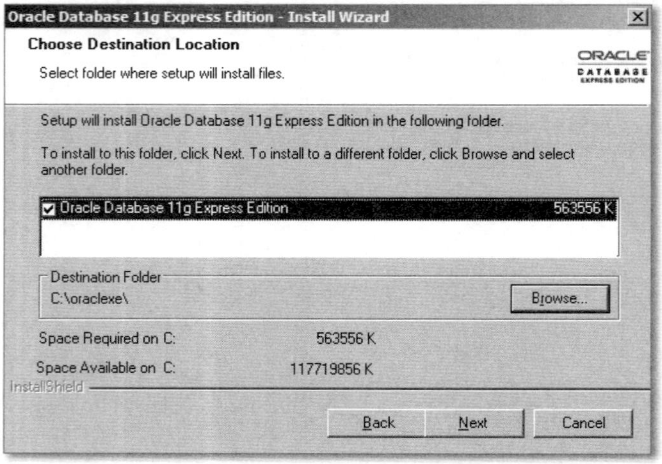

Abbildung 6.3 Die Auswahl des Zielordners

Das Fenster zeigt auch an, dass OracleXE einen Speicherbedarf von 563.556 KB benötigt. Damit die Installation jedoch vollständig durchgeführt wird und auch noch Platz für Geschäftsdaten zur Verfügung steht, sollten mindestens 2 GB Speicherplatz vorhanden sein.

Mit einem Klick auf NEXT gelangen Sie zum nächsten Fenster, in dem Sie aufgefordert werden, ein Passwort anzugeben (siehe Abbildung 6.4). Das Passwort wird auf diese Weise für die in der Benutzerhierarchie weit oben stehenden Benutzer *SYS* und *SYSTEM* festgelegt.

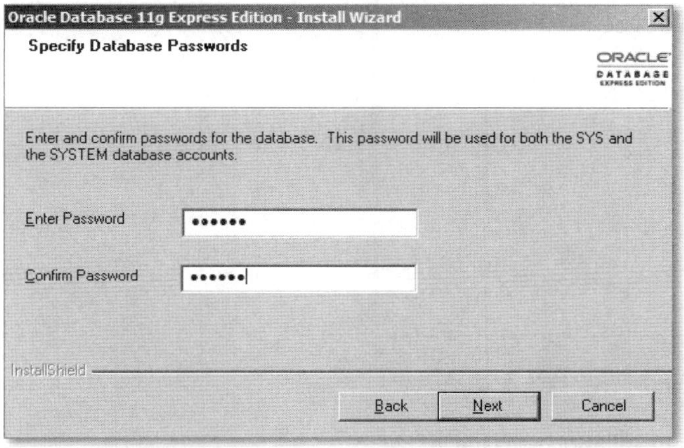

Abbildung 6.4 Die Eingabe eines Passworts für die Benutzer SYS und SYSTEM

Wenn Sie anschließend auf NEXT klicken, zeigt OracleXE an, dass es die drei Ports 1521, 2030 und 8080 verwenden wird (siehe Abbildung 6.5).

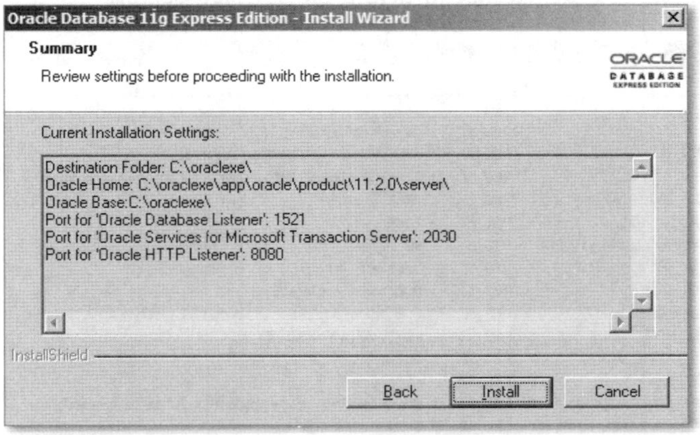

Abbildung 6.5 Die Installationssoftware zeigt die Einstellungen für OracleXE an.

Nun erinnern Sie sich vielleicht, dass der HTTP-Port 8080 ja bereits von GlassFish in Beschlag genommen wurde. Wenn Ihr GlassFish-Server soeben aktiv war, wird Ihnen die OracleXE-

Installation ersatzweise den Port 8081 anbieten. Ansonsten müssen Sie später den Wert dieses Ports anpassen. Dies wäre auch nicht weiter tragisch, denn hierum werden wir uns gleich nach der Installation kümmern.

Bestätigen Sie anschließend mit einem Mausklick auf INSTALL, so dass die Installation nun mit diesen Werten beginnen kann.

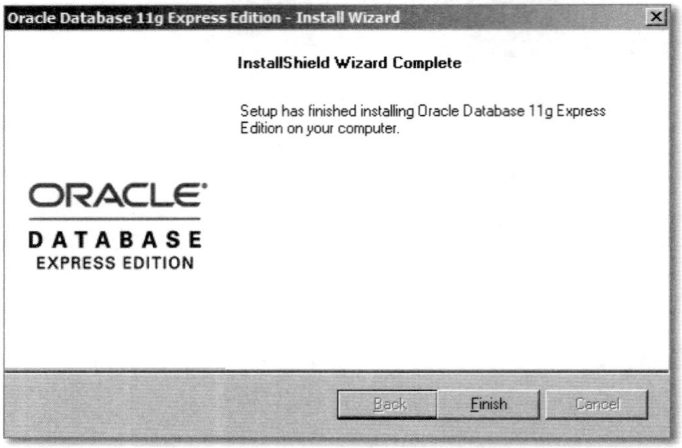

Abbildung 6.6 Die Beendigung der Installation von OracleXE

Die Installationssoftware von OracleXE sollte nun unter dem Ordner *c:\oraclexe* installiert sein und zahlreiche Unterverzeichnisse und Dateien abgelegt haben. Die Größe des gesamten Ordners wird etwa 1,6 GB betragen. Der eigentliche Server befindet sich in der Baumstruktur weiter unten, nämlich unter *C:\oraclexe\app\oracle\product\11.2.0\server*.

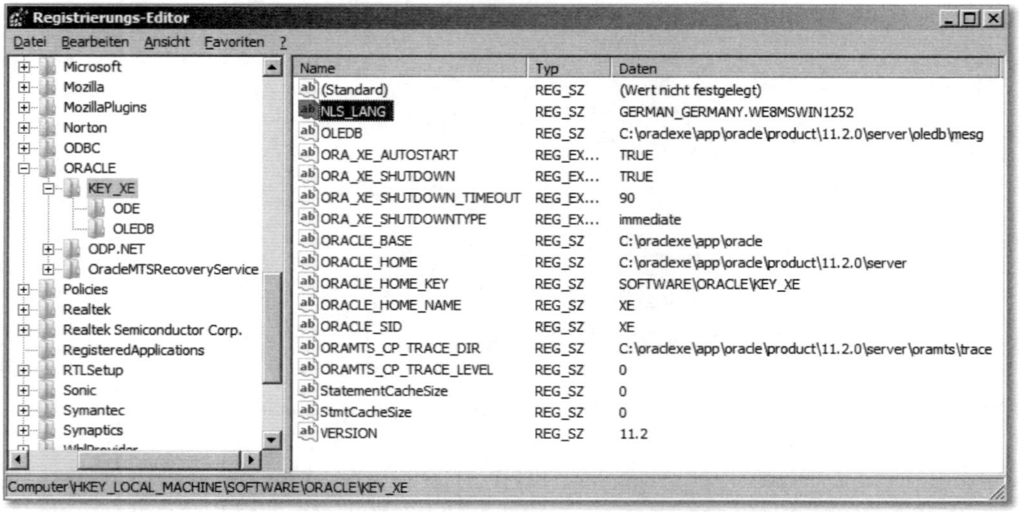

Abbildung 6.7 Die Registry-Einträge von OracleXE

Während der Installation hat Oracle einige Einträge in der Registry des Betriebssystems gesetzt. In Abbildung 6.7 können Sie zum Beispiel die Einträge für die Schlüssel ORACLE_HOME und ORACLE_SID sehen. ORACLE_HOME zeigt mit *C:\oraclexe\app\oracle\product\11.2.0\server* an, wo sich der Server befindet.

ORACLE_SID (*Oracle System Identifier*) beinhaltet einen Systemschlüssel, unter dem die Datenbankinstanz eindeutig angesprochen werden kann.

Die Datenbankinstanz kann auch auf der Konsole ausgegeben werden:

```
SQL> SELECT instance_name FROM v$instance;
```

Die Ausgabe sollte wie folgt aussehen:

```
INSTANCE_NAME
--------------------
XE
```

6.1.2 Sprache, Land und Zeichensatz

Der Abbildung 6.7 lässt sich auch entnehmen, dass die Installationssoftware die Sprache, das Land und den Zeichensatz des Betriebssystems analysiert und seine Oracle-spezifische Interpretation unter dem Schlüssel NLS_LANG (*National Language Support*) notiert hat. Auf einem deutschen Windows-Betriebssystem ist der Wert des NLS_LANG-Schlüssels `GERMAN_GERMANY.WE8MSWIN1252`. Der Zeichensatz `WE8MSWIN1252` entspricht dem Zeichensatz ANSI bzw. Windows-1252, der standardmäßig auf allen westlichen Windows-Betriebssystemen vorinstalliert ist. Obwohl wir für die Java-EE-Plattform auf den Zeichensatz UTF-8 setzen, dürfen Sie diese Voreinstellung nicht ändern, denn es handelt sich hierbei nicht um den in der Oracle-Database eingesetzten Zeichensatz, sondern um den Zeichensatz der Clients. Für die Datenbank stellt Oracle einen UTF-8-Zeichensatz zur Verfügung, der sich `AL32UTF8` (*All Language 32 Bit UTF-8 Encoding*) nennt. `AL32UTF8` ist der voreingestellte Zeichensatz der Oracle Database. Das ist für die Java-EE-Anwendung äußerst praktisch, da wir hierbei nichts verändern brauchen.

Neben dem Datensatz `AL32UTF8` werden Sie womöglich mal von einem Oracle-Zeichensatz hören, der sich `UTF8` (ohne Bindestrich) nennt. Beachten Sie hierbei, dass es sich bei dem Zeichensatz `UTF8` nicht um die Zeichenkodierung UTF-8 handelt. Dass es an dieser Stellung zu Verwechslungen kommen kann, ist vorhersehbar und für den Entwickler ärgerlich. Betrachten Sie den Zeichensatz `UTF8` (ohne Bindestrich) ganz einfach als veraltet.

Ein weiterer Oracle-Zeichensatz, der Ihnen womöglich begegnen wird, ist `AL16UTF16`. In den vorangegangenen Kapiteln wurde gesagt, dass eine moderne Java-EE-Anwendung die UTF-8-Kodierung einsetzt. Weil `AL16UTF16` jedoch eine UTF-16-Kodierung ist, werden wir auch auf diesen Zeichensatz verzichten.

6.1.3 Die SQL-Befehlszeile einsetzen

In einem Unterordner des Oracle-Servers namens *%ORACLE_HOME%/bin* finden Sie ein Administrationsprogramm namens *sqlplus.exe*, das auch als *SQL-Befehlszeile* bezeichnet wird. Die SQL-Befehlszeile können Sie von der Eingabeaufforderung aus starten. Sie ist direkt nach der Installation aufrufbar, weil der Installationsprozess von OracleXE das Verzeichnis *C:\oraclexe\app\oracle\product\11.2.0\server\bin* zur Umgebungsvariable PATH hinzugefügt hat.

Für den Zugriff auf das Datenbankverwaltungssystem werden Sie normalerweise auch einen Datenbankbenutzer benötigen. Nach einer frischen OracleXE-Installation stehen grundsätzlich immer die Datenbankbenutzer SYS und SYSTEM zur Verfügung. Beide verfügen über Rechte, die im Bereich der Datenbankadministration liegen. Bei der Installation auf einem Windows-Betriebssystem führt die Installationssoftware einige weitere Vorbereitungen durch, sodass man sich auf dem Datenbankverwaltungssystem noch einfacher einloggen kann. Der Hersteller geht wohl davon aus, dass OracleXE auf dem Betriebssystem Windows nur für Entwicklungs- oder Trainingszwecke verwendet wird.

Auf einem UNIX-basierten Betriebssystem benötigt die Installation dagegen zusätzliche administrative Einstellungen. Zum Beispiel müssen dort vor der Installation zwei neue Benutzergruppen namens *dba* und *oinstall* erstellt, ein Benutzer namens *oracle* erzeugt und einer neuen Benutzergruppe namens *dba* zugeordnet werden. Außerdem ist es erforderlich, dass einige Umgebungsvariablen gesetzt werden. Das alles bleibt uns bei dem Betriebssystem Windows erspart.

Bei Windows hat der Installationsprozess eine neue Gruppe namens ORA_DBA erstellt und den installierenden Windows-Benutzer dieser Gruppe zugeordnet. Diese Einstellung können Sie in einem Konsolenfenster mit `net localgroup ORA_DBA` überprüfen. In Abbildung 6.8 sehen Sie, dass mein Windows-Benutzer »Alex« ohne mein Zutun nun Mitglied der neuen Gruppe ORA_DBA ist.

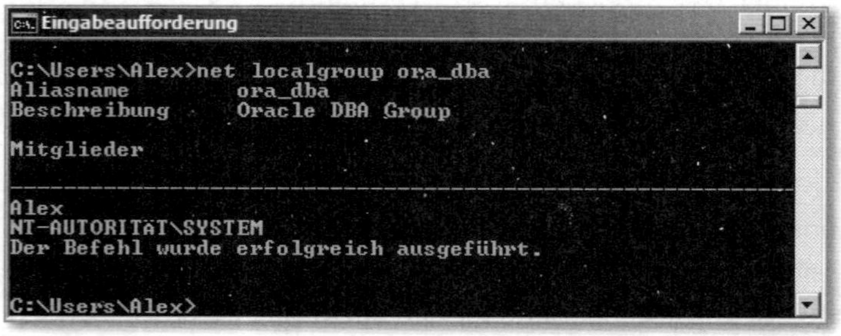

Abbildung 6.8 Die »localgroup ORA_DBA« nach der Installation auf dem Betriebssystem Microsoft Windows

Mit der Oracle Database verbinden

Starten Sie nun das Programm *sqlplus.exe* wie folgt:

```
sqlplus /nolog
```

Durch den Optionsparameter /nolog wird verhindert, dass gleich zu Anfang nach einem Datenbankbenutzer und einem Kennwort gefragt wird. Im *sqlplus.exe*-Kommandozeilenprogramm können Sie sich anschließend mit dem Kommando

```
CONNECT / AS SYSDBA
```

mit dem Datenbankverwaltungssystem verbinden lassen (siehe Abbildung 6.9). Hierdurch loggen Sie sich mithilfe des Windows-Benutzers mit besonderen Rechten ein.

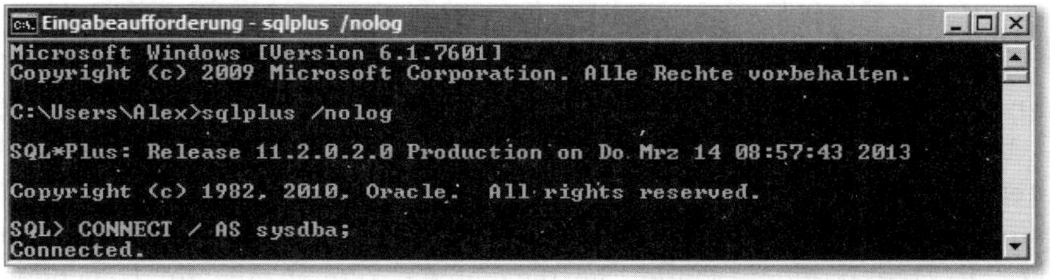

Abbildung 6.9 Die Verbindung zum Datenbankverwaltungssystem OracleXE

Wie Sie gleich sehen werden, ist die Verwendung dieses Einloggens jedoch mit großer Vorsicht zu genießen, denn wie sich am Zusatz AS sysdba vermuten lässt, sind Sie hiermit als Datenbankadministrator eingeloggt. Eigentlich geht dieses Einloggen jedoch noch darüber hinaus. Denn der Zusatz AS sysdba simuliert, dass Sie als Benutzer SYS eingeloggt sind. Wenn Sie sich mit SHOW USER ausgeben lassen, unter welchem Benutzer Sie eingeloggt sind, erhalten Sie den Benutzernamen "SYS" (siehe Abbildung 6.10).

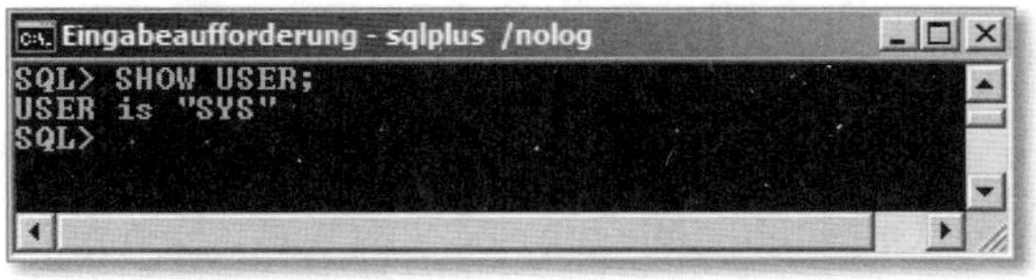

Abbildung 6.10 Der Datenbankbenutzer »SYS«

Auf die Benutzerberechtigung gehen wir später noch mal ein. An dieser Stelle sei nur erwähnt, dass von der Berechtigung her SYS der privilegierteste Datenbankbenutzer ist. SYS darf also jegliche Einstellungen der Oracle Database erzeugen, ändern oder löschen.

Der Datenbankbenutzer SYS stellt bei der Oracle Database also das dar, was bei dem Betriebssystem UNIX der Benutzer ROOT ist. Außerdem gehören ihm alle grundlegenden Systemtabellen. Vorsicht ist also geboten, denn die Tabellen von SYS sind Teil des Datenbankverwaltungssystems und sollten auf keinen Fall manuell verändert werden. Fazit: Obgleich der Zusatz AS sysdba Sie schnell mal als SYS arbeiten lässt, sollte er nur in ganz speziellen Fällen verwendet werden.

Neben den Datenbankbenutzer SYS gibt es noch einen weniger privilegierten Datenbankadministrator, der sich SYSTEM nennt. Genauso wie SYS ist auch der Datenbankbenutzer SYSTEM für die Administration des Datenbankverwaltungssystems vorgesehen. SYSTEM hat jedoch geringere Rechte als SYS. Zum Beispiel darf SYSTEM keine Backups erzeugen oder wiederherstellen. Aber auch dieser Datenbankbenutzer sollte in einem professionellen Projekt nur ausnahmsweise verwendet werden. In einem geschäftskritischen Umfeld werden selbst Mitarbeiter, die das Datenbankverwaltungssystem administrieren, weder SYS noch SYSTEM einsetzen, sondern speziell angelegte Datenbankbenutzer gebrauchen, die jeweils nur zu den Aufgaben berechtigt sind, die für diese Mitarbeiter vorgesehen sind.

6.1.4 Transaktionen

Wenn ein Benutzer die oben gezeigten SQL-Anweisungen in der SQL-Befehlszeile eingibt und mit `Enter` bestätigt, sind sie für ihn in seiner eigenen Datenbanksitzung sofort sichtbar. Das bedeutet aber nicht, dass sie auch endgültig gespeichert werden. Denn die SQL-Befehlszeile sammelt die SQL-Anweisungen zunächst in einer sogenannten Transaktion. Im Zusammenhang mit Transaktionen sollten Sie die Befehle kennen, die im Folgenden beschrieben werden.

COMMIT

Erst die Bestätigung mit dem Kommando `COMMIT` sorgt dafür, dass alle SQL-Anweisungen der Transaktion letztendlich persistiert werden.

```
COMMIT;
```

Genauso führt das Schließen der SQL-Befehlszeile zum einem bestätigten Ende einer Transaktion.

AUTOCOMMIT

Grundsätzlich kann dieses Verhalten in der SQL-Befehlszeile mit `SET AUTOCOMMIT` auch geändert werden. Wenn jede einzelne SQL-Anweisung direkt nach der Ausführung automatisch bestätigt werden soll, wird folgende Anweisung verwendet:

```
SET AUTOCOMMIT IMMEDIATE
```

Die folgende Anweisung ist gleichwertig:

```
SET AUTOCOMMIT ON
```

Es kann auch eingestellt werden, dass nach einer beliebigen Anweisungsanzahl die aktuelle Transaktion automatisch bestätigt und eine neue erzeugt werden soll. Zudem legt die folgende Anweisung fest, dass nach jeder zehnten SQL-Anweisung automatisch eine neue Transaktion beginnt:

```
SET AUTOCOMMIT 10
```

So wird der Autocommit abgeschaltet:

```
SET AUTOCOMMIT OFF
```

Und so wird der aktuelle Status der `AUTOCOMMIT`-Option angezeigt:

```
SHOW AUTOCOMMIT
```


Beachten Sie, dass das Einschalten des `AUTOCOMMIT` bei der Java-EE-Anwendung zu fachlichen Fehlern und auch zu Laufzeitproblemen führen kann. Oder anders gesagt: Nutzen Sie in der Java-EE-Anwendung das transaktionale Verhalten, um fachliche Belange zu gruppieren oder um Geschwindigkeitsverbesserungen bei einer großer Anweisungsanzahl zu erzielen.

ROLLBACK

Die Anforderung, dass SQL-Anweisungen zunächst in einer Transaktion gesammelt werden, ist Bestandteil des ANSI-SQL-Standards. Im ANSI-SQL-Standard wird ferner gefordert, dass alle SQL-Anweisungen einer Transaktion atomar – das heißt: wie aus einem Guss – in der Datenbank verwirklicht werden. Gleichzeitig verlangt der Standard, dass alle SQL-Anweisungen einer Transaktion durch eine `ROLLBACK`-Anweisung für nichtig erklärt werden können:

```
ROLLBACK;
```

Auch unsere bisherigen SQL-Anweisungen wurden in Transaktionen gebündelt. Jedes Mal, wenn wir eine SQL-Anweisung abgesetzt haben, überprüfte die SQL-Befehlszeile, ob bereits eine Transaktion gestartet worden ist. Wenn noch keine Transaktion im Gange war, wurde eine neue erstellt.

6.1.5 Der Isolation-Level

Im letzten Abschnitt wurde gezeigt, dass SQL-Anweisungen immer in einer Transaktion ausgeführt werden. Was aber passiert, wenn ein Benutzer einen Datensatz ändert und ein anderer Benutzer zur gleichen Zeit den gleichen Datensatz einlesen möchte, um ihn beispielsweise ebenfalls anzupassen? Am sichersten wäre es, wenn der zweite Benutzer den Datensatz erst zu sehen bekommt, wenn die Änderung des ersten Benutzers mit `COMMIT` bestätigt wurde. Denn ansonsten könnten die Änderungen des zweiten Benutzers sinnlos sein. Wenn das Datenbankmanagementsystem auf diese Weise eine Datenbanktabelle isolieren würde, fänden die Änderungen sequenziell statt. Andererseits kann die sequenzielle Ausführung ganzer Transaktionen die Arbeit zur Laufzeit blockieren. Je nach Anwendungsfall könnte eine strengere oder eine tolerante Isolierung sinnvoll sein. Um diese Isolationsstufen einstellbar zu machen, hat der ANSI-SQL-Standard den sogenannten *Isolation-Level* erfunden.

Der ANSI-SQL-Standard definiert vier verschieden strenge Isolation-Levels. Der Vorteil von weniger strengen Isolation-Levels ist die Geschwindigkeit und die Einfachheit des Systems. Strengere Isolation-Levels hingegen verhindern, dass verwirrende Phänomene während des Betriebs vorkommen können. Der Isolation-Level unterscheidet dabei drei verschiedene Phänomene. Im Folgenden sind die Isolation-Levels des ANSI-SQL-Standards von »sehr isoliert« bis zu »wenig isoliert« aufgelistet:

1. **SERIALIZABLE**
   Beim Isolation-Level SERIALIZABLE werden alle anfallenden Änderungen so durchgeführt, dass überhaupt keine irritierenden Phänomene vorkommen.
2. **REPEATABLE READ**
   Bei dem Isolation-Level REPEATABLE READ kann das *Phantom*-Phänomen vorkommen. Dabei sieht der lesende Benutzer eine **unterschiedliche Menge an Datensätzen**, wenn ein ändernder Benutzer zwischen dem ersten und dem zweiten Lesevorgang Datensätze erzeugt oder gelöscht und diese mit COMMIT bestätigt hat.
3. **READ COMMITTED**
   Bei dem Isolation-Level READ COMMITTED kann das *Phantom*-Phänomen ebenfalls vorkommen. Gleichzeitig könnte es passieren, dass der lesende Benutzer zwei **unterschiedliche Ergebnisse eines Datensatzes** erhält, wenn zwischen dem ersten und dem zweiten Lesevorgang eine mit COMMIT bestätigte Datensatzänderung durchgeführt wurde. Dieses Phänomen nennt man *Non Repeatable Read*.
4. **READ UNCOMMITTED**
   Bei dem Isolation-Level READ UNCOMMITTED können die beiden soeben genannten Phänomene ebenso vorkommen. Zusätzlich sieht der lesende Benutzer alle Änderungen eines Datensatzes, auch wenn der ändernde Benutzer seine Änderung mit COMMIT noch nicht bestätigt hat. Führt der ändernde Benutzer ein ROLLBACK durch, so hat der lesende Benutzer eine Änderung gesehen, die nicht bestätigt wurde und somit eigentlich **noch nie endgültig persistiert** war. Dieses Phänomen nennt man *Dirty Read*.

Mit der Anweisung SET TRANSACTION ISOLATION LEVEL kann bei der Oracle Database der Isolation-Level gesetzt werden. Die folgende Anweisung setzt den Isolation-Level auf den strengen Wert (SERIALIZABLE):

```
SET TRANSACTION ISOLATION LEVEL SERIALIZABLE;
```

Das Ändern des Isolation-Levels gehört nicht zu den Aufgaben eines Java-EE-Entwicklers. Dennoch ist es gut, wenn Sie ein Grundverständnis für den Isolation-Level Ihrer Datenbank haben.

Der Default-Isolation-Level der Oracle Database ist READ COMMITTED. Dabei ist es so, dass bei zwei konkurrierenden Transaktionen, die den gleichen Datensatz abändern wollen, die zweite Änderung so lange warten muss, bis die erste Änderung endgültig beendet ist. Das Erzeugen neuer Datensätze blockiert hingegen nicht. Dies zu wissen, kann nützlich sein, wenn Sie mal die Ursache eines Timeouts suchen.

6.1.6 Die Änderung des Oracle-HTTP-Ports

Als wir Oracle installiert haben, wurde in einem Fenster angezeigt, dass der HTTP-Port 8080 für den Oracle-HTTP-Listener gesetzt wird. Dieser Port ist aber bereits vom GlassFish-Server in Beschlag genommen. Deshalb müssen wir nun mit folgender Anweisung dafür sorgen, dass sich Oracle mit einem anderen HTTP-Port begnügt:

```
begin
dbms_xdb.sethttpport('5050');
end;
/
```

Listing 6.1 Änderung des HTTP-Ports

Mit der obigen Anweisung wird der HTTP-Port von der Oracle-Administrationsanwendung auf 5050 abgeändert (siehe Abbildung 6.11).

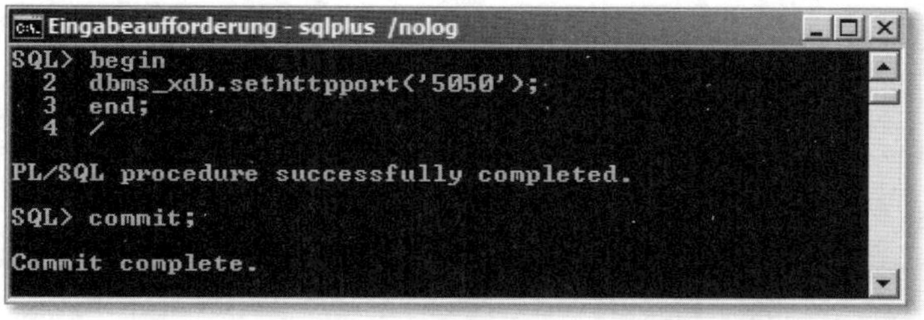

Abbildung 6.11 Der Oracle-Listener auf dem Port 5050

Wir haben dafür gesorgt, dass der Oracle-Listener ab sofort auf dem Port 5050 horcht.

Im Anschluss sollte Oracle einmal heruntergefahren und wieder gestartet werden. Die Befehle lauten `shutdown immediate` und `startup` (siehe Abbildung 6.12).

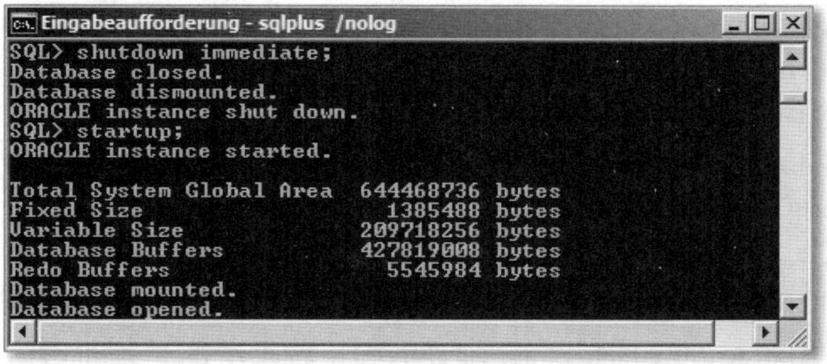

Abbildung 6.12 Oracle wird heruntergefahren und neu gestartet.

Der Installationsprozess hat den HTTP-Port auch in drei Verknüpfungsdateien geschrieben, die über eine lokale Oracle-Webanwendung erreichbar sind. Diese Einstellungen müssen wir ebenso ändern. Klicken Sie hierzu im Verzeichnis *C:\oraclexe\app\oracle\product\11.2.0\server* mit der rechten Maustaste auf die Dateien *Database_homepage*, *Get_Started* und *Online_help*. Öffnen Sie dabei jeweils das Eigenschaftenfenster im Kontextmenü (siehe Abbildung 6.13).

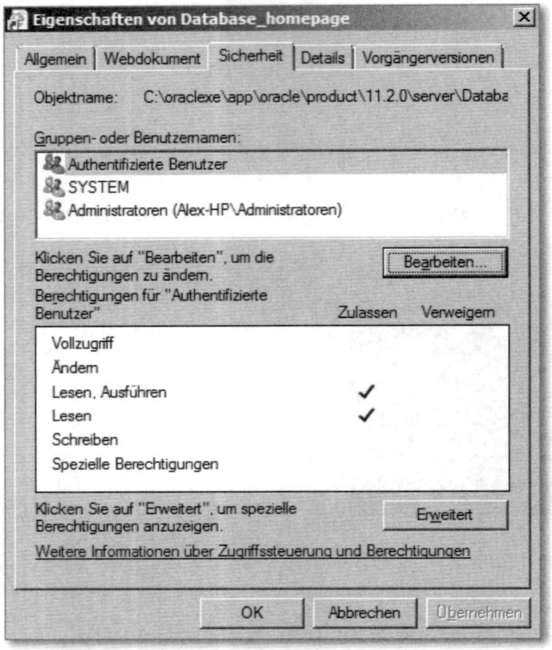

Abbildung 6.13 Das Register »Sicherheit« für die Verknüpfungsdatei »Database_homepage«

Damit das Betriebssystem Microsoft Windows eine Änderung erlaubt, wird es wahrscheinlich erforderlich sein, dass Sie im Eigenschaften-Fenster zunächst auf das Register SICHERHEIT wechseln. Klicken Sie dort auf BEARBEITEN, und erlauben Sie den Vollzugriff für die authentifizierten Benutzer (siehe Abbildung 6.14).

Wechseln Sie anschließend auf das Register WEBDOKUMENT, und ändern Sie in der URL jeweils den HTTP-Port von 8080 auf 5050 um (siehe Abbildung 6.15).

Nach der Änderung können Sie die Sicherheitseinstellung im Register SICHERHEIT wieder auf die geschützte Einstellung zurücksetzen.

Vielleicht fragen Sie sich jetzt, wofür Oracle einen HTTP-Port reserviert, denn schließlich wird ein HTTP-Port von HTTP-Servern gebraucht. Das ist auch richtig. Allerdings fügt die Oracle-Installation zusätzlich eine grafische Webanwendung hinzu, mit der die Administration des Datenbankservers durchgeführt werden kann. Die grafische Webanwendung der Oracle Database wird in einem professionellen Projekt aber seltener verwendet als die SQL-Befehlszeile. Denn in einem professionellen Umfeld wird die eigentliche Datenbankadministration von Oracle-Experten vollzogen, für die die Arbeit mit der SQL-Befehlszeile ganz selbstverständlich ist. In diesem Buch werden wir sowohl mit der SQL-Befehlszeile als auch mit der Web-Konsole arbeiten.

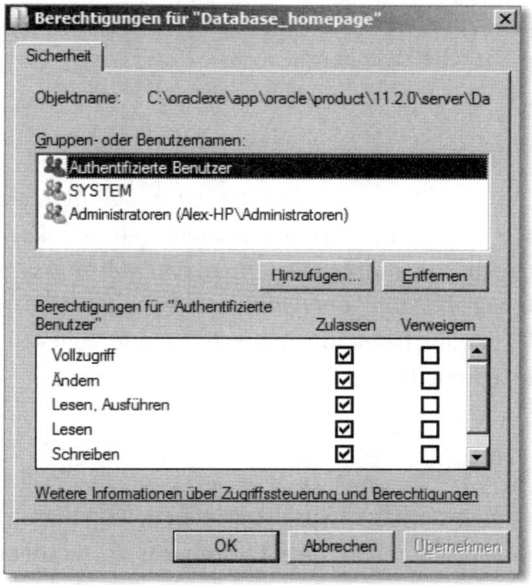

Abbildung 6.14 Der Vollzugriff für den authentifizierten Benutzer

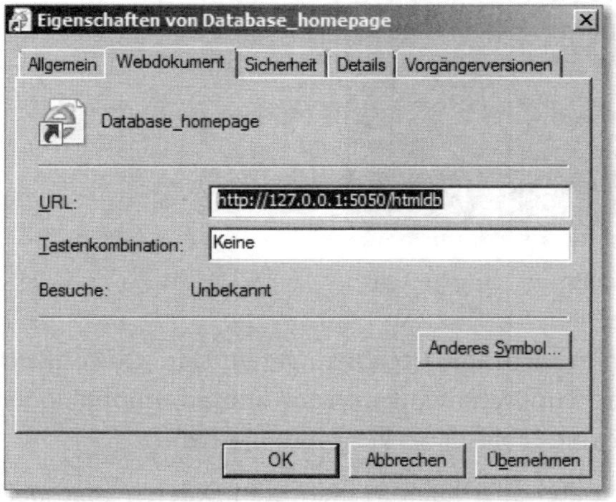

Abbildung 6.15 Die Änderung des HTTP-Ports der Verknüpfung »Database_homepage«

6.2 Die Organisation der Oracle Database

Jedes Datenbankverwaltungssystem organisiert seine Daten hierarchisch. Und was Datenbankverwaltungssysteme auch noch gemeinsam haben, ist die Tatsache, dass fachlich zueinander gehörende Datenbanktabellen unter einem sogenannten *Schema* gruppiert sind. Allerdings unterscheiden sich die verschiedenen Datenbankverwaltungssysteme in der Art, wie diese Ordnung gehalten wird. Oracle organisiert seine Daten in einer einzigen Datenbank (während zum Beispiel MySQL mehrere Datenbanken verwaltet). Nach der Installation von OracleXE ist diese Datenbank fertiggestellt und betriebsbereit.

6.2.1 Objekte

Alle Datenbanktabellen, Views, Indexes usw. werden in der Oracle-Welt ganz allgemein als *OBJECTS* bezeichnet – nur dass bei Oracle ein *SCHEMA* gleichzeitig auch einem Datenbankbenutzer entspricht. Hierin unterscheidet sich Oracle von anderen Datenbankverwaltungssystemen. Ich werde im Folgenden meistens den Begriff *Datenbankbenutzer* verwenden. Wenn bei Oracle ein Datenbankbenutzer ein OBJECT erzeugt, ist er automatisch auch der Eigentümer und somit auch das übergeordnete Schema des OBJECTS.

6.2.2 Tablespaces

Eine weitere Besonderheit bei Oracle ist, dass die Datenbank logisch gesehen in sogenannte *Tablespaces* aufgeteilt ist. Nach der Installation sind bereits einige Tablespaces vorhanden. Um alle momentan vorhandenen Tablespaces anzuzeigen, können Sie in der SQL-Befehlszeile die Anweisung aus Abbildung 6.16 eingeben.

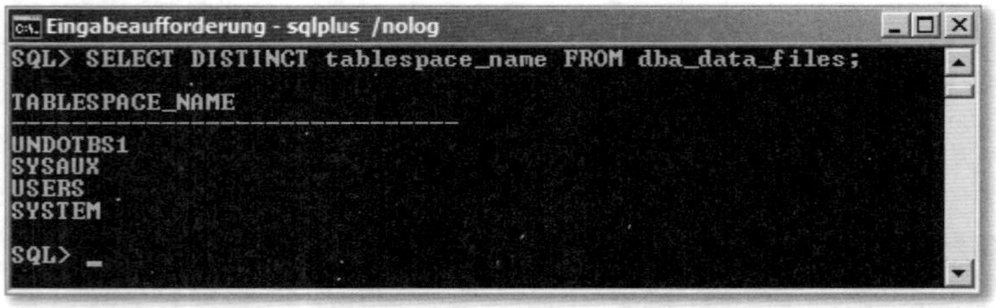

Abbildung 6.16 Die Tablespaces nach der Installation

Jeder Tablespace kann wiederum physisch in mehrere Dateien aufgeteilt sein. Obwohl wir die vorhandenen Tablespaces für die Onlineshop-Datenbank nutzen könnten, empfiehlt der Hersteller, dass Geschäftsanwendungen eigene Tablespaces verwenden sollen.

Physikalisch wird ein Tablespace in einer Datei oder auch in mehreren Dateien abgespeichert. Diese Dateien werden DBF-Dateien (*Database Files*) genannt. Die bereits vorhandenen DBF-Dateien befinden sich im Verzeichnis *C:\oraclexe\app\oracle\oradata\XE*. Wie Sie

Abbildung 6.17 entnehmen können, wurden den Tablespaces SYSTEM, SYSAUX und USERS jeweils gleichnamige DBF-Dateien zugeordnet.

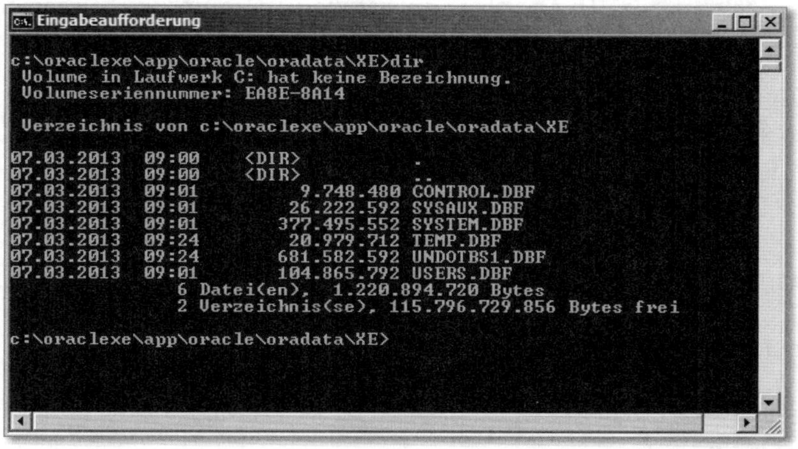

Abbildung 6.17 Die DBF-Dateien für die Tablespaces

Wir werden nun einen Tablespace für den Onlineshop erstellen (siehe Abbildung 6.18). Mit folgender Anweisung können wir einen Tablespace mit dem Namen *onlineshop_tablespace* erstellen:

```
CREATE TABLESPACE onlineshop_tablespace
DATAFILE 'C:\oraclexe\app\oracle\oradata\XE\ONLINESHOP.DBF'
SIZE 100M
AUTOEXTEND ON;
```

Listing 6.2 CREATE TABLESPACE

Die dazugehörige DBF-Datei nennen wir *ONLINESHOP.DBF*. Mit der Option `SIZE 100M` wird die anfängliche Größe der DBF-Datei auf 100 MB festgelegt. Die Angabe könnte auch in anderen Einheiten, wie zum Beispiel in Kilobyte (`K`) oder in Gigabyte (`G`) erfolgen. Mit `AUTOEXTEND ON` wird angezeigt, dass beim Erreichen der `100M` die Dateigröße durch das System automatisch erhöht wird.

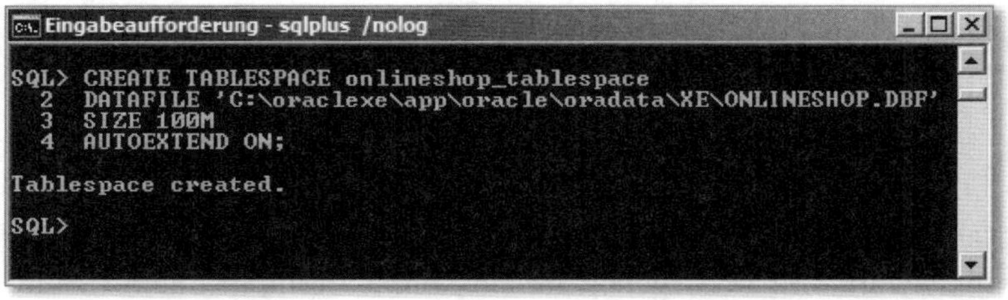

Abbildung 6.18 Die Erstellung des Tablespace für den Onlineshop

Die DBF-Datei kann maximal 32 GB groß werden, da wir keine Einschränkung angegeben haben. Mit `MAXSIZE` kann eine maximale Größe angegeben werden (beispielsweise `MAXSIZE 100M`).

Der Default-Wert ist `MAXSIZE UNLIMITED`. Die obige Anweisung ist also mit der folgenden gleichwertig:

```
CREATE TABLESPACE onlineshop_tablespace
DATAFILE 'C:\oraclexe\app\oracle\oradata\XE\ONLINESHOP.DBF'
SIZE 100M
AUTOEXTEND ON
MAXSIZE UNLIMITED;
```

Listing 6.3 CREATE TABLESPACE

Der Tablespace ließe sich mit folgender Anweisung wieder löschen:

```
DROP TABLESPACE onlineshop_tablespace INCLUDING CONTENTS AND DATAFILES;
```

Listing 6.4 DROP TABLESPACE

6.2.3 Einen Datenbankbenutzer erzeugen

Für den Onlineshop werden wir einen Datenbankbenutzer namens *onlineshop* erzeugen. *onlineshop* wird der Eigentümer und somit auch das Schema der Datenbanktabellen für den Onlineshop sein. Weil ein Hacker eventuell mithilfe der Anwendung die Datenbanktabellen beschädigen könnte, werden wir noch einen weiteren Datenbankbenutzer erstellen, dem wir den Namen *onlineshop_user* geben. *onlineshop_user* wird lediglich berechtigt, Datensätze der Onlineshop-Tabellen zu selektieren, einzufügen, zu ändern oder zu löschen. Auf diese Weise schützen wir die Anwendung vor Langfingern, die trotz Sicherheitsvorkehrungen im Java EE Server und entgegen aller Erwartungen SQL-Anweisungen an die Datenbank senden könnten.

Mit den folgenden Anweisungen erzeugen Sie die beiden Schemata *onlineshop* und *onlineshop_user*:

```
CREATE USER onlineshop IDENTIFIED BY supergeheim_123
DEFAULT TABLESPACE onlineshop_tablespace;

CREATE USER onlineshop_user IDENTIFIED BY geheim_123
DEFAULT TABLESPACE onlineshop_tablespace;
```

Listing 6.5 CREATE USER

Beachten Sie bei dem Namen des Schemas, dass die Groß- und Kleinschreibung keine Rolle spielt. Hinter dem Schlüsselwort `IDENTIFIED` geben Sie ein Kennwort an, mit dem sich die Datenbankbenutzer zukünftig authentifizieren müssen. Mit `DEFAULT TABLESPACE` zeigen Sie an, dass die Datenbankbenutzer dem Tablespace *onlineshop_tablespace* zugeordnet sind (siehe Abbildung 6.19).

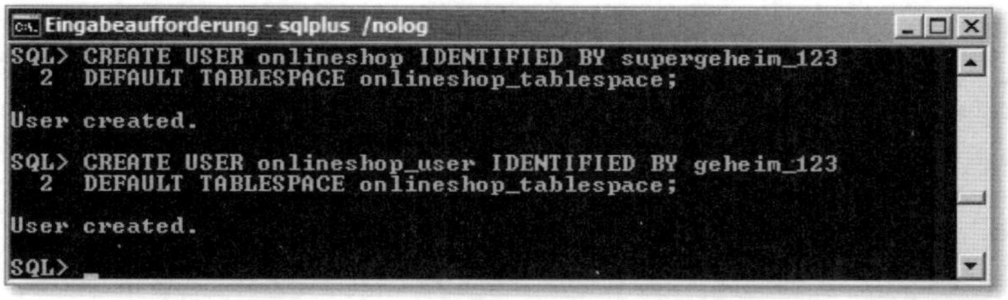

Abbildung 6.19 Die Erzeugung der Datenbankbenutzer »onlineshop« und »onlineshop_user«

Die Datenbankbenutzer für den Onlineshop sind jetzt erzeugt. Allerdings bedeutet das noch nicht, dass wir uns mit ihnen schon anmelden können, denn hierfür müssen sie erst berechtigt werden. Die Autorisierung wird im nächsten Abschnitt gezeigt.

Nebenbei gesagt, könnten Sie die Passwörter der Benutzer SYS oder SYSTEM (wenn Sie die vergessen haben sollten) nun mit folgender Anweisung abändern:

```
ALTER USER system IDENTIFIED BY geheimes_kennwort;
```

6.2.4 Das Berechtigungskonzept

Oracle bietet ein sehr ausgefeiltes Berechtigungskonzept, das mit einer großen Anzahl an Berechtigungen sehr detailliert auf unterschiedliche Anwendungsfälle eingeht. In diesem Abschnitt werden die wichtigsten Berechtigungen gezeigt.

Der Fachausdruck für eine Berechtigung ist der englische Ausdruck *PRIVILEGE*. Allerdings sollten Sie die PRIVILEGES noch nicht auf die Datenbankbenutzer *onlineshop* und *onlineshop_user* anwenden. Denn gleich nachdem Sie die PRIVILEGES kennengelernt haben, zeige ich Ihnen auch noch sogenannte *ROLES*. Mit ROLES können PRIVILEGES gruppiert werden, sodass die Verwaltung der Benutzerberechtigung vereinfacht werden kann. Für den Onlineshop werden wir zunächst von Oracle vordefinierte ROLES einsetzen und sie später mit feingranularen PRIVILEGES anreichern.

Berechtigungen auf Objekte

Für die eigenen OBJECTS braucht einem Datenbankbenutzer kein PRIVILEGE eingeräumt werden. Nur der Zugriff auf OBJECTS eines anderen Datenbankbenutzers erfordert ein PRIVILEGE. Ein PRIVILEGE wird mit dem Schlüsselwort GRANT erteilt und mit REVOKE wieder entzogen. Die Erteilung von PRIVILEGEs wird anhand der Berechtigung auf Datenbanktabellen-OBJECTS gezeigt. Oracle bietet zahlreiche weitere OBJECT PRIVILEGES an, die sich von der gezeigten Syntax von Datenbanktabellen kaum unterscheiden. Mit den folgenden Anweisungen könnte dem Datenbankbenutzer *onlineshop_user* die Berechtigung erteilt werden,

Datensätze der Datenbanktabelle `ITEM` des Datenbankbenutzers *onlineshop* zu selektieren, hinzuzufügen, zu ändern und zu löschen:

```
GRANT SELECT, INSERT, UPDATE, DELETE ON onlineshop.item TO onlineshop_user;
```

Mit folgender Anweisung wird er auch berechtigt, Referenzen zu erstellen, Indizes zu setzen und Tabellenstrukturen abzuändern:

```
GRANT REFERENCE, ALTER, INDEX ON onlineshop.item TO onlineshop_user;
```

Wenn Ihnen das Erlauben einzelner Kommandos zu lästig ist, können Sie dem Datenbankbenutzer mit folgender Anweisung alle Kommandos erlauben:

```
GRANT ALL ON onlineshop.item TO onlineshop_user;
```

Derjenige, der das PRIVILEGE für ein OBJECT zuteilt, muss zur Vergabe von PRIVILEGES berechtigt sein. Diese Berechtigung obliegt dem Eigentümer des OBJECTS, einem Administrator oder einem anderen Datenbankbenutzer, dem explizit die GRANT OPTION auf dieses Objekt erteilt wurde. Mit der folgenden Anweisung wird dem Datenbankbenutzer *onlineshop_user* nicht nur die vollkommene Kontrolle über die Datenbanktabelle übergeben, sondern es wird ihm auch zugestanden, dass er anderen Datenbankbenutzern Berechtigungen auf diese Datenbanktabelle erteilen darf:

```
GRANT ALL ON onlineshop.item TO onlineshop_user
WITH GRANT OPTION;
```

Und mit folgender Anweisung darf die Datenbanktabelle `ITEM` uneingeschränkt von jedem Benutzer verwendet werden:

```
GRANT ALL ON onlineshop.item TO PUBLIC;
```

Systemweite Berechtigungen

Neben den genannten PRIVILEGES auf OBJECTS gibt es auch noch systemweite Berechtigungen, die man SYSTEM PRIVILEGES nennt. Hiervon ist wohl die wichtigste CREATE SESSION, denn ohne diese Berechtigung darf sich ein Benutzer gar nicht erst anmelden.

```
GRANT CREATE SESSION TO onlineshop;
```

Auch das Erstellen einer Datenbanktabelle ist ein SYSTEM PRIVILEGE, das ein Datenbankbenutzer innehaben muss.

```
GRANT CREATE TABLE TO onlineshop;
```

Wenn ein Benutzer Tabellen erstellen soll, muss Oracle noch wissen, wie viel Speicherplatz der Datenbankbenutzer auf den Tablespaces verwenden darf. Mit folgender Anweisung kann der Datenbankbenutzer *onlineshop* uneingeschränkten Speicherplatz für die Erzeugung von OBJECTS nutzen:

```
GRANT UNLIMITED TABLESPACE TO onlineshop;
```

Beide Berechtigungen bräuchten nur dem Datenbankbenutzer *onlineshop* erteilt werden, denn der Datenbankbenutzer *onlineshop_user* soll keine Datenbanktabellen erstellen, sondern lediglich auf die Inhalte der Datenbanktabellen zugreifen dürfen.

Mit folgenden SYSTEM PRIVILEGES dürfte der Datenbankbenutzer *onlineshop* Datensätze beliebiger Datenbanktabellen selektieren, einfügen, ändern oder löschen, auch wenn sie ihm nicht gehören:

```
GRANT SELECT ANY TABLE TO onlineshop;
GRANT INSERT ANY TABLE TO onlineshop;
GRANT UPDATE ANY TABLE TO onlineshop;
GRANT DELETE ANY TABLE TO onlineshop;
```

Diese Berechtigungen werden wir *onlineshop* aber nicht einräumen. Und auch die folgenden SYSTEM PRIVILEGES würden zu viele Rechte geben. Denn sie erlauben, dass Datenbanktabellen im Namen eines fremden Datenbankbenutzers erzeugt werden können und dass sämtliche Tabellen geändert oder gelöscht werden dürfen:

```
GRANT CREATE ANY TABLE TO onlineshop;
GRANT ALTER ANY TABLE TO onlineshop;
GRANT DROP ANY TABLE TO onlineshop;
```

Berechtigungsrollen

Neben der Vergabe von einzelnen PRIVILEGES können mit sogenannten ROLES auch gruppierte Berechtigungen erteilt werden. Zum Beispiel kann mit folgenden Anweisungen eine Rolle mit SELECT-Berechtigung auf die Datenbanktabellen `CUSTOMER` und `ITEM` erstellt werden und anschließend an den Datenbankbenutzer *onlineshop_user* vergeben werden.

```
CREATE ROLE onlineshop_role;
GRANT SELECT ON onlineshop.customer TO onlineshop_role;
GRANT SELECT ON onlineshop.item TO onlineshop_role;
GRANT onlineshop_role TO onlineshop_user;
```

Vorinstallierte Rollen im Onlineshop-Beispiel nutzen

Oracle bietet drei vorinstallierte Rollen an, die sich CONNECT, RESSOURCE und DBA nennen. Wir werden dem Datenbankbenutzer *onlineshop_user* die Rolle CONNECT zuteilen, denn sie beinhaltet das PRIVILEGE CREATE SESSION und erlaubt somit die Verbindung zur Datenbank. Dem Datenbankbenutzer *onlineshop* werden wir gleichzeitig die Rolle RESOURCE geben, damit er Datenbanktabellen und viele andere OBJECTS erstellen darf:

```
GRANT CONNECT TO onlineshop_user;
GRANT CONNECT, RESOURCE TO onlineshop;
```

Der Benutzer *onlineshop_user* wird später noch weitere Autorisierungen erhalten. Aber dies erfolgt erst in einem späteren Schritt, nachdem der Benutzer *onlineshop* seine eigenen Datenbank-Objekte angelegt hat. Dem Benutzer *onlineshop* kann dann dem Benutzer *onlineshop_user* die feingranularen Rechte für seine Datenbanktabellen zukommen lassen. Dagegen dienen die in Abbildung 6.20 gezeigten GRANTs ganz allgemein dazu, den Benutzern *onlineshop* und *onlineshop_user* erst mal den Zugang zu erlauben und überhaupt mit der Arbeit loslegen zu können.

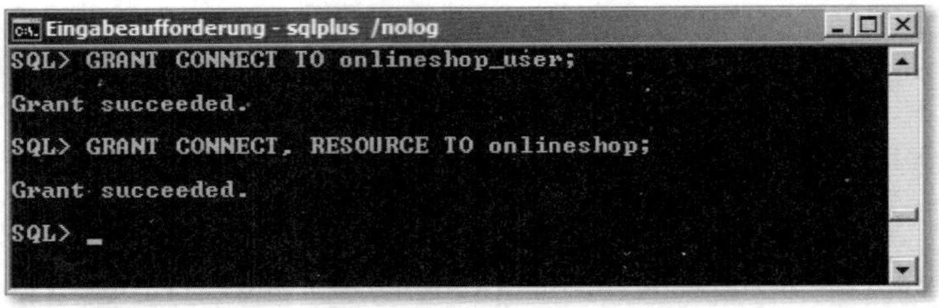

Abbildung 6.20 Die Zuteilung der Rollen für die Datenbankbenutzer »onlineshop« und »onlineshop_user«

Datenbankbenutzer, die administrative Tätigkeiten übernehmen sollen, erhalten die Rolle DBA. Wir könnten jetzt einen weiteren Datenbankbenutzer erzeugen, der mit dieser Rolle ausgestattet ist. Für die Beispiele aus diesem Buch ist dies jedoch nicht nötig. Mit diesem Abschnitt haben Sie schon sehr tief in das Benutzerberechtigungssystem von Oracle hineingeschaut und kennen sich nun ausreichend mit dessen Möglichkeiten aus.

6.3 Performance-Tuning für die Java-EE-Anwendung

Das Performance-Tuning ist nicht die Aufgabe eines Java-EE-Entwicklers. Dennoch geht dieser Abschnitt auf die grundlegenden Einstellungsmöglichkeiten ein, weil Sie die Ursachen kennen sollten, wenn mal etwas nicht ganz so rund läuft. Denn da Sie auch bei den Entwicklungsarbeiten mit einem vollwertigen Java EE Server arbeiten, kann es passieren, dass Ihre Oracle Database unter der Last der parallel zugreifenden Threads in die Knie geht.

6.3.1 Datenbank-Sitzungen

Jedes Mal, wenn sich ein Benutzer mit der Oracle Database verbindet, erstellt die Oracle Database eine Datenbank-Sitzung. Die vorhandenen Sitzungen können aus der Systemtabelle *GV$SESSION* herausgelesen werden. Mit folgender Anweisung können Sie beispielsweise die aktuell vorhandenen Sitzungen ermitteln:

```
SELECT
    inst_id,
    sid,
    serial#,
    username,
    status,
    state,
    seconds_in_wait
FROM
    gv$session;
```

Listing 6.6 Datenbanksitzungen

Mit einer WHERE-Bedingung können Sie die Sitzung eines Benutzers herausfiltern:

```
WHERE
    username = 'onlineshop_user';
```

Bei der Ergebnismenge sehen Sie im Datenfeld `STATUS`, ob eine Sitzung aktiv (`ACTIVE`) oder inaktiv (`INACTIVE`) ist. Eine inaktive Sitzung führt keine SQL-Anweisung aus und ist somit »wertlos«.

Eine inaktive Sitzung kann mit `ALTER SYSTEM KILL SESSION` entfernt werden. Zum Beispiel entfernt die folgende Anweisung die Sitzung mit der `sid=18` und der `serial#=26`:

```
ALTER SYSTEM KILL SESSION '18,26';
```

Die maximale Anzahl der gleichzeitig vorhandenen Sitzungen ist durch den Wert der Variablen `SESSIONS` festgelegt. Mit folgender Abfrage wird der aktuell gesetzte `SESSIONS`-Eintrag angezeigt:

```
show parameter sessions
```

Allerdings wird der `SESSIONS`-Wert nicht durch den Administrator eingestellt, sondern durch die Oracle Database selbst ermittelt. Jede Sitzung wird in einem eigenen Thread behandelt. Weil die Oracle Database als Berechnungsgrundlage für den `SESSIONS`-Wert die zur Verfügung stehenden internen Threads zugrunde legt, kann der Administrator hierdurch dann doch auf den Wert der `SESSIONS` Einfluss nehmen.

6.3.2 Mit PROCESSES indirekt auch die SESSIONS steuern

Die Oracle Database verarbeitet die Sitzung mithilfe von parallel arbeitenden Threads. Der Fachbegriff für diese Threads der Oracle Database ist *PROCESSES*.

Bei der Oracle Database lässt sich die maximale Anzahl der gleichzeitig zur Verfügung stehenden Threads einstellen, indem der Wert der PROCESSES konfiguriert wird. Der per

Default eingestellte Wert liegt bei 40. Dies ist relativ wenig, wenn man bedenkt, dass die Oracle Database oft bereits 22 Prozesse für interne Aufgaben in Beschlag nimmt. Weil Java-EE-Anwendungen von ihrer Natur her ebenfalls mit mehreren Threads gleichzeitig auf die Datenbank zugreifen, besteht die Gefahr, dass die per Default eingestellte Anzahl von 40 PROCESSES schnell überschritten ist. Die Erhöhung der PROCESSES stellt die unmittelbarste Weise dar, wie die Leistung der Oracle Database optimiert werden kann. Allerdings muss dabei beachtet werden, dass der Wert nicht zu hoch gewählt sein darf, denn ansonsten könnte es passieren, dass das Gesamtsystem die hohe Last der parallel laufenden Threads nicht mehr bewältigen kann.

Den richtigen Wert für PROCESSES einzustellen, hängt ganz von dem zur Verfügung stehenden Gesamtsystem ab. Von dem Gesamtsystem ausgehend, wird man versuchen, den Anforderungen der Java-EE-Anwendung gerecht zu werden. Für die Entwicklungsumgebung werden wir in diesem Buch als Beispiel den Wert von `PROCESSES` auf 200 erhöhen. Die Änderung erwirken wir mit `ALTER SYSTEM SET`:

```
ALTER SYSTEM SET processes=200 scope=spfile;
```

Die Bedingung `scope=spfile` bedeutet, dass die Änderung nur in das Konfigurationsfile der Datenbank geschrieben werden. Erst nach einem Neustart der Datenbank werden die geänderten Werte dann aus der Konfigurationsdatei *spfile%ORACLE_SID%.ora* in die Datenbank übernommen.

Die Oracle Database wird anschließend automatisch auch den Wert von `SESSIONS` abändern. Die Oracle Version 11.2 wird den Wert auf

1,5 × `PROCESSES` + 22

also auf 1,5 × 200 + 22 = 322 setzen. Das bedeutet, dass etwa 300 benutzerdefinierte SQL-Verbindungen gleichzeitig durch die Oracle Database verarbeitet werden können. Das sollte für die Entwicklungsumgebung erst einmal ausreichend sein.

Bei einem produktiven System kann neben der Erhöhung des `PROCESSES`-Wertes für einzelne Instanzen die Leistung auch noch weiter verbessert werden. Dabei bleibt kaum ein Wunsch offen. Bis hin zu PARALLEL EXECUTION und parallel geschalteten *Dedicated Servern* werden alle Erfordernisse eines Hochleistungssystems zufriedengestellt. Hierfür bietet die Oracle Database Möglichkeiten an, auf die wir in diesem Buch jedoch nicht eingehen werden.

6.4 Die Erstellung der Datenbanktabellen

In diesem Abschnitt lernen Sie, wie eine Datenbank für eine Java-EE-Anwendung entworfen wird. Als Resultat werden Diagramme des Domänenmodells und auch das SQL-Skript für den Onlineshop erstellt. Dabei werden die einzelnen Schritte, die diversen SQL-Anweisungen und die hierfür erforderlichen Datentypen der Oracle-Datenbank beschrieben. Wenn Sie sich bereits mit dem Datenbankentwurf, der ANSI-SQL und insbesondere mit den speziellen Oracle-Datentypen auskennen, werden Sie dieses Unterkapitel sehr schnell durcharbeiten. Betrachten Sie es dann als Auffrischung Ihrer Kenntnisse.

6.4.1 SQL- und Datenbankkenntnisse

Warum muss sich ein Java-EE-Entwickler mit dem Datenbankentwurf, der ANSI-SQL und SQL-Datentypen auskennen?

In einem Java-EE-Projekt arbeiten in der Regel zahlreiche Mitarbeiter Hand in Hand. Dabei besteht das Entwicklerteam zumeist aus mehreren Java-EE-Entwicklern, darüber hinaus aber auch aus einigen Datenbankspezialisten.

Die Kernaufgabe der Datenbankspezialisten besteht weniger in der Administration des Datenbankmanagementsystems, denn hierfür sind in Unternehmen mit geschäftskritischen Anwendungen meistens Experten zuständig, die speziell hierfür ausgebildet sind. Die Datenbankspezialisten verwalten hingegen die Datenbanktabellen. Von Beginn an sind sie für die Pflege des physischen Datenmodells bis hin zur Programmierung und Aktualisierung der SQL-Skripte verantwortlich.

Dies mag zunächst den Anschein vermitteln, als ob die Java-EE-Entwickler sich nicht mit SQL zu beschäftigen brauchen. Jedoch entspricht das nicht der realen Praxis. Wenn Sie als Mitglied in einem Java-EE-Team arbeiten, wird durchaus erwartet, dass Sie Datenbank-Diagramme erstellen können, dass Ihnen die grundlegenden SQL-Anweisungen leicht von der Hand gehen und dass Sie auch die Datentyp-Gegenstücke der eingesetzten Datenbank kennen. Deshalb wagen wir uns in diesem Abschnitt recht weit in diese Themen hinein.

Zunächst wird die Erstellung des Datenmodells anhand des Onlineshop-Beispiels gezeigt. Dabei werden die speziellen Datentypen der Oracle Database erklärt. Anhand des Datenmodells werden wir anschließend die Datenbanktabellen erzeugen.

6.4.2 Die Erstellung des Datenmodells

In Kapitel 3, »Planung und Entwurf«, wurde das *vereinfachte Domänenmodell* als UML-Klassendiagramm gezeigt. Dabei haben Sie auch die Tabellen für die Geschäftsdaten skizziert. In diesem Abschnitt entwerfen wir hierzu das Datenmodell. Wieder lehnen wir uns hierbei so gut wie nur möglich an die UML-Schreibweise der *Object Management Group* (OMG; *http://www.omg.org*) an bzw. richten uns nach den Anmerkungen von Scott Ambler in der Internet-Plattform *http://www.agiledata.org*. Dort zeigt Scott Ambler eine Datenmodellierung, die agile Datenbank-Techniken und die UML-Modellierung bestmöglich in einer Einheitsform zusammenfasst.

In Abbildung 6.21 sehen Sie einen Vorentwurf des Datenmodells. Der Vorentwurf ist denkbar einfach, denn er ähnelt dem vereinfachten Domänenmodell. Auch im physischen Datenmodell werden die Spaltenüberschriften genauso wie im Klassendiagramm vertikal untereinandergeschrieben. Die Datentypen der Spaltenfelder werden zunächst noch weggelassen.

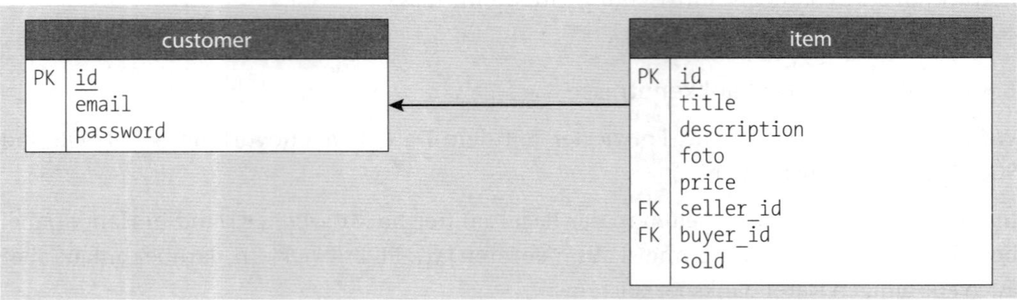

Abbildung 6.21 Der Vorentwurf für das physische Datenmodell ohne Datentypen

Die Beziehung: Ein Kunde bietet einen Artikel an

In Abbildung 6.21 weist der Pfeil, der von der Tabelle ITEM in Richtung der Tabelle CUSTOMER zeigt, darauf hin, dass die Tabelle ITEM ein Spaltenfeld enthält, das als Fremdschlüssel definiert wurde und auf den Primärschlüssel der Tabelle CUSTOMER referenziert. In unserem Beispiel sind es sogar zwei Spaltenfelder, die einen Fremdschlüssel darstellen. Wir betrachten in Abbildung 6.22 aber zunächst einmal die Beziehung zwischen den beiden Tabellen, die aufgrund des Fremdschlüssels SELLER_ID besteht. (Beachten Sie, dass die Oracle DB zwischen der Groß- und Kleinschreibung nicht unterscheidet.)

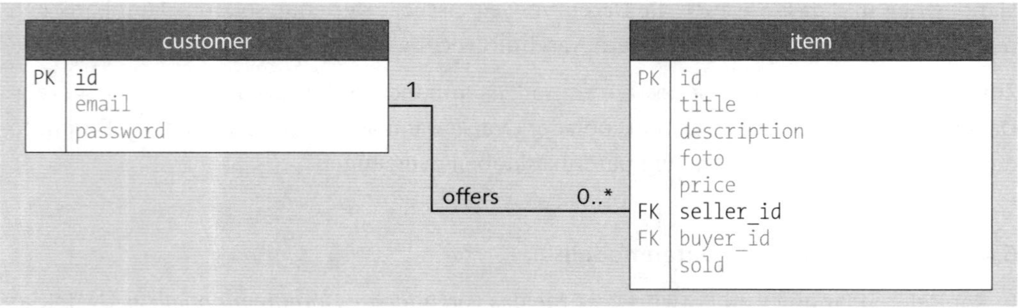

Abbildung 6.22 Die Beziehung zwischen dem Primärschlüssel »CUSTOMER.ID« und dem Fremdschlüssel »ITEM.SELLER_ID«

Im physischen Datenmodell sehen Sie nun, dass die Beziehung zwischen den beiden Tabellen genauer spezifiziert wurde. Ein Kunde kann eine beliebige Anzahl an Artikeln anbieten. Dies realisieren wir, indem ein Primärschlüssel der Tabelle CUSTOMER von beliebig vielen Datensätzen referenziert werden kann. Die Anzahl der Referenzen auf einen Primärschlüssel wird auch als *Kardinalität* bezeichnet.

Im Diagramm wird die englische Übersetzung »A customer offers any number of items« verwendet und mit »1 offers 0..*« abgekürzt.

Die Beziehung: Ein Kunde kauft einen Artikel

Durch den zweiten Fremdschlüssel `BUYER_ID` in der Tabelle `ITEM` besteht noch eine weitere Beziehung zwischen den beiden Tabellen, denn Kunden können Artikel auch kaufen (siehe Abbildung 6.23). Im Englischen könnte man sagen »A customer purchases any number of items«. Die Abkürzung ist »1 purchases 0..*«.

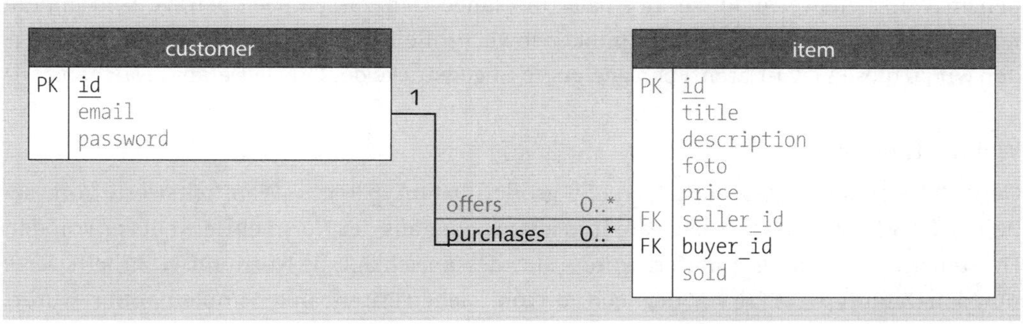

Abbildung 6.23 Die Beziehung zwischen dem Primärschlüssel »CUSTOMER.ID« und dem Fremdschlüssel »ITEM.BUYER_ID«

Wieder handelt es sich um die gängigste Assoziation zwischen zwei Tabellen in relationalen Datenbanken.

6.4.3 Die speziellen SQL-Datentypen der Oracle Database

Im nächsten Schritt müssen zu den Spaltenfeldern die jeweils passenden SQL-Datentypen eingetragen werden. Die *Oracle Database 11g Release 2* bezieht sich auf den ANSI-Standard SQL-92, der Datentypen definiert, die eine relationale Datenbank zur Verfügung stellen soll. Leider weicht Oracle – genau wie viele andere Anbieter etablierter Datenbankverwaltungssysteme – von der Norm ab, weil die meisten SQL-Datentypen erst genormt wurden, nachdem die etablierten Hersteller bereits eigene Lösungen entwickelt hatten. Bedauerlicherweise ist die Oracle Database (als ältestes Datenbankprodukt) von diesem Problem sogar am schlimmsten betroffen.

Um der Norm und damit auch den Nutzern gerecht zu werden, dürfen die meisten Standard-SQL-Datentypen zusätzlich zu den Oracle-eigenen Datentypen eingesetzt werden. Der eine oder andere Leser, der nicht an den Oracle-Datentypen interessiert ist, wird sich jetzt freuen. Schließlich können hierdurch SQL-Anweisungen erzeugt werden, die mit beliebigen Datenbanken gleichermaßen kompatibel sind.

Bei der Oracle Database gibt es aber hierbei einen Haken, denn die Zuordnung der normierten SQL-Datentypen zu den internen nativen Oracle-Datentypen wurde nicht ganz so sorgfältig realisiert, wie man es sich als Nutzer wünschen würde. Daher bleibt es uns nicht erspart, zunächst die etwas verstrickte Zuordnung von Datentyp-Gegenstücken zu entwirren und letztendlich dann doch die Oracle-eigenen Datentypen einzusetzen. Lassen Sie sich durch das historisch gewachsene Durcheinander der Oracle Database also nicht einschüchtern, denn zum Ende des Abschnitts werden Sie sowohl die normierten ANSI-SQL-Datentypen wie auch die Oracle-eigenen Datentypen zuordnen können.

In Kapitel 3, »Planung und Entwurf«, wurden die für Geschäftsdaten gängigen Java-Datentypen in Wahrheitswerte, kurze, normale und lange Ganzzahlen, Geldbeträge und andere Kommazahlen, Zeichenketten, Zeitpunkte sowie große Datenmengen unterteilt. Nun werden wir zu diesen Java-Datentypen geeignete Gegenstücke der Oracle Database suchen.

Wahrheitswerte

Der ANSI-Standard SQL-92 hatte den 1 Bit großen Datentyp `BIT` für Wahrheitswerte vorgesehen. ANSI SQL-2003 hat diesen Datentyp aber wieder aus der Norm entfernt, da er von den Herstellern größtenteils ignoriert wurde. Stattdessen schlägt die Norm für Wahrheitswerte nun den Datentyp `BOOLEAN` vor, der auch von zahlreichen Datenbanken implementiert wurde. Bei der Oracle Database wird leider kein Datentyp für Wahrheitswerte angeboten, und die Nutzung der normierten Ausdrücke `BIT` oder `BOOLEAN` ist genauso wenig möglich. Stattdessen verwendet man den Datentyp `NUMBER(1)` und grenzt die Wertemenge auf 0 und 1 ein.

Im folgenden Quelltext wird ein Wahrheitswert `sold` als Beispiel gezeigt:

```
Sold     NUMBER(1)     CHECK(sold IN (0, 1)) DEFAULT 0
```

Kurze Ganzzahlen

Der auffälligste Unterschied zwischen den ANSI-SQL-92-Datentypen und denen von Oracle besteht in den numerischen Datentypen. Denn während der Standard für die gängigsten Bytegrößen unterschiedliche Datentypen vorgesehen hat, verwendet Oracle intern einen einzigen Datentyp namens `NUMBER`, der nicht nach Bytegröße, sondern nach der Präzision und Anzahl der Nachkommastellen unterscheidet. Der Datentyp `NUMBER` erlaubt eine Genauigkeit von 38 Stellen. Kommazahlen können mit bis zu 127 Stellen hinter dem Komma definiert werden, wobei sie auf die 38-stellige Genauigkeit eingegrenzt sind.

Der ANSI-Standard SQL-92 bietet für kurze Ganzzahlen, die von Java mit `Short` gespeichert werden, den 16-Bit-Datentyp `SMALLINT` an. Und auch bei der Oracle Database kann `SMALLINT` als Datentyp verwendet werden. Leider erzielt der hiermit intern eingesetzte Datentyp bei Oracle nicht den gewünschten Effekt, denn tatsächlich wird hierdurch der Datentyp `NUMBER(38)` angelegt. Es würde sich also um eine Ganzzahl mit insgesamt 38 Stellen handeln. Diese Zuordnung ist als Gegenstück nur bedingt brauchbar. Stattdessen wird bei der Oracle Database `NUMBER(5)` verwendet und der Wertebereich auf –32.768 als Untergrenze und +32.767 als Obergrenze eingeschränkt. Der folgende Ausschnitt zeigt die Definition eines Spaltenfeldes, dessen Wert von Java auf eine Short-Variable gemappt wurde:

```
status NUMBER(5) CHECK(status BETWEEN -32768 AND 32767)
```

Normale Ganzzahlen

Der Default-Datentyp für Ganzzahlen ist bei Java der 32 Bit große Datentyp `Integer`, dessen Gegenstück sich im ANSI-Standard SQL-92 ebenfalls `INTEGER` nennt. Dieses Schlüsselwort kann auch bei der Oracle-Datenbank verwendet werden. Aber auch dieser Datentyp führt zum gleichen Problem wie der oben genannte Datentyp `SMALLINT`, denn intern setzt die Oracle Database wieder `NUMBER(38)` fest. Aus Gründen der Sorgfalt sollte ein Java-seitiger Integer stattdessen mit einem `NUMBER(10)` gemappt werden, wobei der Wertebereich zwischen –2.147.483.648 und 2.147.483.647 liegen sollte:

```
status NUMBER(10)
    CHECK(status BETWEEN -2147483648 AND 2147483647)
```

Lange Ganzzahlen

Maximal möglichen Obergrenzen wurde im ANSI-Standard SQL-92 keine besondere Beachtung geschenkt. Es ist schlichtweg Sache des Herstellers, wie groß ein Wert grundsätzlich sein darf. Dessen ungeachtet hat das Normungsinstitut in ANSI SQL-2003 den Datentyp `BIGINT` vorgestellt, der typischerweise mit dem Java-seitigen 64-Bit-Datentyp `Long` gemappt wird. Der Datentyp `BIGINT` wurde von der Oracle Database aber noch nicht realisiert und kann auch nicht als Synonym für irgendein internes Gegenstück gesetzt werden. Stattdessen wird bei der Oracle Database eine `NUMBER(19)` verwendet. Auf die Prüfung mit `CHECK` werden wir diesmal verzichten:

```
id NUMBER(19)
```

Beachten Sie, dass die Oracle Database einen veralteten Datentyp kennt, der sich bedauerlicherweise `LONG` nennt. Dieser hat aber nichts mit langen Ganzzahlen zu tun, sondern dient der Speicherung von Zeichenketten, die bis zu 2 GB lang sein können. Laut Hersteller soll dieser Datentyp aber nicht mehr verwendet werden. Er wurde lediglich aus Gründen der Rückwärtskompatibilität beibehalten und wird zukünftig entfernt.

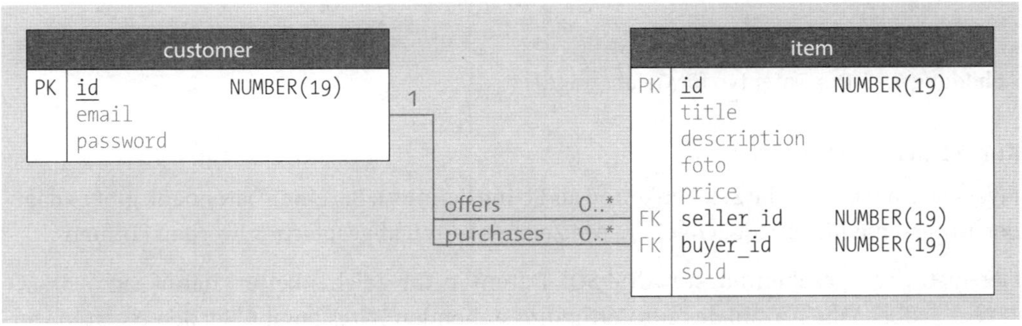

Abbildung 6.24 Die Datentypen für die Schlüsselfelder

Für Zahlen, die genauer als 19 Stellen sein müssen, kann mit `NUMBER(38)` die Exaktheit auf bis zu 38 Stellen erhöht werden. Diese Präzision kommt zum Beispiel zum Einsatz, wenn Java-seitig der Datentyp `java.math.BigDecimal` verwendet wird.

Weil wir im Onlineshop für alle Schlüsselfelder den Java-Typ `Long` einsetzen, werden wir bei der Datenbank den Datentyp `NUMBER(19)` definieren (siehe Abbildung 6.24).

Geldbeträge und andere Kommazahlen

Der ANSI-Standard SQL-92 hat für Kommazahlen die Datentypen `REAL`, `FLOAT` und `DOUBLE PRECISION` definiert, die auch in der Oracle Database verwendet werden können. Leider wurden sie genauso wie bei manchen anderen Herstellern sehr divergent implementiert. Bei der Oracle Database werden die Datentypen `REAL`, `FLOAT` und `DOUBLE PRECISION` zu `FLOAT(63)`, `FLOAT(126)` und `FLOAT(126)` führen. Aber auch `FLOAT(p)` ist lediglich ein Unter-Typ von `NUMBER` mit der Besonderheit, dass die Genauigkeit binär angegeben wird. Diese unhandliche Eigenart führt dazu, dass meistens keiner der genannten Datentypen eingesetzt wird und stattdessen auf das komfortable `NUMBER(p, n)` zugegriffen wird. Deshalb sollten auch wir uns von dem Durcheinander von `REAL`, `FLOAT` und `DOUBLE PRECISION` distanzieren und die gängige Variante wählen.

Im Onlineshop werden wir `NUMBER(12,2)` für das Datenfeld `price` einsetzen, sodass die Geldbeträge zwischen –9.999.999.999,99 EUR und 9.999.999.999,99 EUR liegen können (siehe Abbildung 6.25).

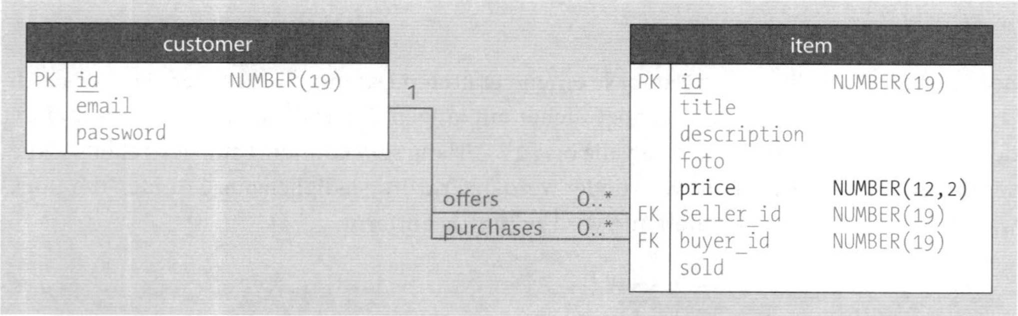

Abbildung 6.25 Der Datentyp für Geldbeträge

Kurze Zeichenketten

Java-seitig haben wir alle Zeichenketten als String definiert. Bei einer Datenbank gibt es dagegen unterschiedliche Möglichkeiten, wie Zeichenketten abgespeichert werden können.

Der historisch gesehen älteste ANSI-SQL-Datentyp für Zeichenketten nennt sich `CHARACTER(n)`, wobei `n` die Anzahl der zur Verfügung stehenden Bytes angibt. Bei den meisten Herstellern kann `CHARACTER(n)` auch unter dem kürzer geschriebenen `CHAR(n)` definiert werden. Die beiden Begriffe sind also gleichwertig.

CHAR(n)-Werte dürfen bei der Oracle Database maximal bis zu 2000 Byte groß sein. Als der SQL-Datentyp CHAR(n) von den Herstellern implementiert wurde, begnügte man sich damit, dass die Anzahl n eine feste Anzahl von Bytes definiert. Damit ist gemeint, dass kürzere Zeichenketten automatisch von der Datenbank mit Leerstellen aufgefüllt werden. Heutzutage lässt sich der Einsatz von CHAR(n) lediglich rechtfertigen, wenn eine Anwendung eine feste Länge erzwingen will oder Leerstellen vor oder nach der Zeichenkette nicht abgeschnitten werden dürfen. Im Allgemeinen ist CHARACTER(n) also ein Ausnahmefall, weil Geschäftsdaten selten mit festen Zeichenketten belegt werden.

Der neuere ANSI-SQL-92-Datentyp für Zeichenketten nennt sich CHARACTER VARYING. Während die meisten Hersteller diesen SQL-Datentyp als VARCHAR(n) abkürzen, heißt er bei der Oracle Database aus historischen Gründen VARCHAR2(n). Obwohl bei der Oracle Database Version 11 auch der Bezeichner VARCHAR(n) verwendet werden kann und intern in VARCHAR2(n) umgewandelt wird, werden wir für dieses Buch den Bezeichner VARCHAR2(n) einsetzen, weil dies der Empfehlung des Herstellers entspricht.

Wenn man ein Feld mit dem Datentyp VARCHAR2(n) definiert, muss man auch die maximal benötigte Byte-Anzahl angeben. Erlaubt sind Werte zwischen 1 und 4000. Den angegebenen Wert betrachtet Oracle als Byte-Angabe. Das bedeutet auch, dass ein VARCHAR2-Wert eine maximale Obergrenze von 4000 Byte hat.

Der folgende Ausdruck legt fest, dass das Spaltenfeld mit dem Namen email maximal 40 Bytes groß sein darf:

```
email VARCHAR2(40)
```

In Abschnitt 2.5, »Extra-Abschnitt: UTF-8«, haben Sie gelernt, dass Zeichen westlicher Sprachen sowohl mit ASCII als auch mit UTF-8 genau ein Byte Speicherplatz benötigen. Deshalb bietet die obige Definition Speicherplatz für bis zu 40 westliche Zeichen an. Durch den voreingestellten Zeichensatz AL32UTF8 (für die Zeichenenkodierung UTF-8) könnten aber auch chinesische Zeichen gespeichert werden. Wenn wir nun in das obige Feld 40 chinesische Zeichen setzen wollten, würde uns das nicht gelingen, denn ein chinesisches Symbol benötigt mehr als ein Byte. Für die Verwendung von chinesischen Symbolen müsste man deshalb ausrechnen, wie hoch der theoretisch höchste Byte-Bedarf ist.

Zur Vereinfachung dieses Problems bietet Oracle die Möglichkeit an, die maximale Anzahl mit der Einheit char anzugeben. Zum Beispiel definiert man durch folgenden Ausdruck, dass der Speicherplatz für 40 Zeichen benötigt wird, und zwar ganz unabhängig davon, um welches internationale Symbol es sich handelt:

```
email VARCHAR2(40 char)
```

Aber auch hierbei ist Vorsicht geboten, denn die tatsächlich erlaubte Obergrenze bleibt und endet in jedem Fall bei 4000 Bytes. Wenn wir zum Beispiel mit folgender Definition festlegen, dass wir Platz für 4000 Zeichen brauchen, werden wir zur Laufzeit dennoch keine 4000 chinesischen Symbole einfügen dürfen und stattdessen eine Fehlermeldung erhalten.

```
description VARCHAR2(4000 char)
```

Außer auf die genannten Datentypen werden Sie bei Oracle womöglich auf die für Unicode reservierten Datentypen NCHAR(n) und NVARCHAR2(n) stoßen. NCHAR(n) und NVARCHAR2(n) verwenden per Default den Zeichensatz AL16UTF16. Aus diesem Grund werden wir diese Datentypen nicht einsetzen.

Stattdessen werden wir alle Zeichenketten, deren Obergrenzen wir mit VARCHAR2(n) verwirklichen können, auch hiermit definieren. UTF-8-Zeichen können laut Norm bis zu vier Byte lang sein. Deshalb sollten nur die Spaltenfelder mit diesem Datentyp definiert werden, die maximal 1000 Zeichen lang sind. Am besten ist es, wenn Sie bei der Definition den Zusatz char gleich mit angeben, damit von vornherein deutlich wird, dass es sich bei der Anzahl nicht um Bytes, sondern um Zeichen handelt:

```
description VARCHAR2(1000 char)
```

Auch im Onlineshop werden wir für alle Zeichenketten-Felder den Datentyp VARCHAR2(n) einsetzen (siehe Abbildung 6.26).

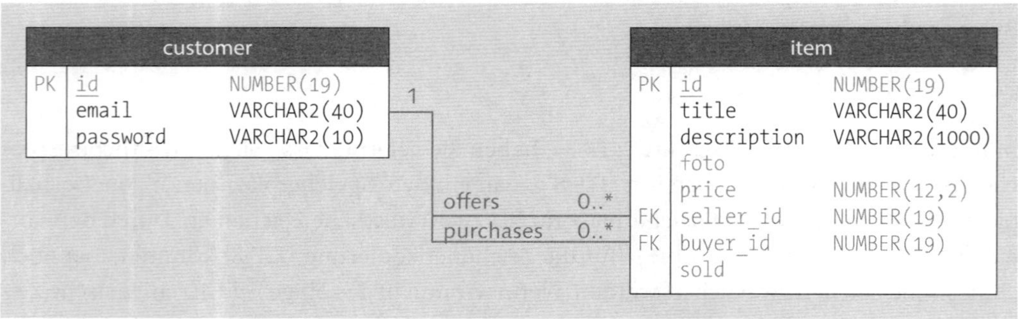

Abbildung 6.26 Die Datenfelder für Zeichenketten

Lange Zeichenketten

Java setzt für alle Zeichenketten die Klasse String ein, auch wenn sie mehr als 1000 Zeichen enthalten. Bei der Oracle Database bietet sich für alle Datenfelder ab 1000 Zeichen Länge der Datentyp CLOB (*Character Large Object*) an, der ca. 4 Gigabyte groß sein kann. CHARACTER LARGE OBJECT wurde mit ANSI SQL-99 in den Standard übernommen.

Zeitpunkte

In Abschnitt 3.2.7, »Zeitpunkte«, wurde bereits erwähnt, dass die Zeitpunktdatentypen in Anwendungen häufig nach Datum, Uhrzeit und Zeitstempeln unterschieden werden können. Und auch das ANSI-Institut hat für Zeitpunkte die Datentypen DATE, TIME und TIMESTAMP vorgesehen.

Obwohl die Oracle Database hiervon nur DATE und TIMESTAMP implementiert, werden wir hiermit auskommen. Denn bei der Oracle Database enthält der Datentyp DATE das Jahr, den Monat, den Tag, die Stunde, die Minute und die Sekunde. Das bedeutet, dass wir DATE sowohl für das Datum als auch für Uhrzeiten verwenden können. TIMESTAMP(n) erweitert den Datentyp DATE um die Möglichkeit der Genauigkeit. Die Genauigkeit wird mit n angezeigt. Die maximale Genauigkeit, mit der ein TIMESTAMP ausgestattet werden kann, entspricht 9 Stellen hinter dem Komma einer Sekunde. TIMESTAMP(9) hat also eine Genauigkeit von einer Nanosekunde (0,000.000.001 Sekunde). Per Default ist TIMESTAMP mit 6 Stellen hinter dem Komma voreingestellt. Das entspricht einer Mikrosekunde (0,000.001 Sekunde). Auf einem handelsüblichen PC mit dem Betriebssystem Microsoft Windows lässt sich aber auch diese Genauigkeit nicht darstellen, denn sie liegt im Bereich einer Millisekunde (0,001 Sekunde).

Beim Onlineshop werden wir deshalb das Datenfeld SOLD mit dem Datentyp TIMESTAMP(3) definieren (siehe Abbildung 6.27).

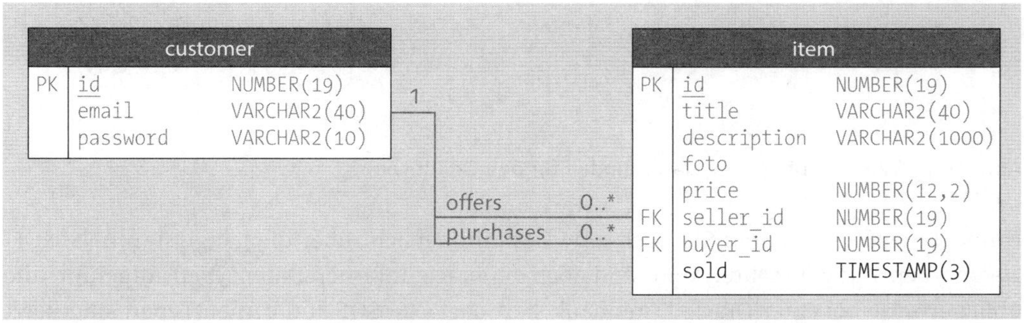

Abbildung 6.27 Der Datentyp »TIMESTAMP«

Neben den genannten Datentypen für Zeitpunkte bietet Oracle auch noch TIMESTAMP WITH TIMEZONE und INTERVAL an. Diese Datentypen erweitern DATE und TIMESTAMP um die Möglichkeit der Zeitzonen und der Errechnung einer zeitlichen Dauer. Auf diese Datentypen werden wir aber nicht weiter eingehen.

Große Datenmengen

Um große Datenmengen abzuspeichern, haben wir uns Java-seitig für den Datentyp byte[] entschieden, der theoretisch unendlich viel Speicher belegt. Sowohl das ANSI-Institut wie auch die diversen Hersteller haben sich viele Gedanken darüber gemacht, wie man bestmöglich große Datenmengen realisieren kann.

Anfangs handelte es sich noch um reine Binärdaten. ANSI nannte diesen Datentyp damals BIT und BIT VARYING, während andere Hersteller zum Beispiel BINARY, VARBINARY oder LONGVAR-

BINARY wählten. Bei Oracle wurden sie als RAW oder LONG RAW angeführt. Weil Binärdateien (wie zum Beispiel Foto- und Filmdateien) zuweilen immer größer wurden, entstand schließlich der Ausdruck *Large Object* (LOB) bzw. die Untertypen CHARACTER LARGE OBJECT (CLOB) und BINARY LARGE OBJECT (BLOB), die auch vom Normungsinstitut in ANSI SQL-99 eingeführt wurden. Bei der Oracle Database kann ein BLOB 4 GB groß werden. Weil dieser Datentyp bezüglich der Größe aber auch flexibel ist, ist es vollkommen in Ordnung, wenn man ihn auch für viel kleinere Datenmengen einsetzt.

Und auch im Onlineshop-Beispiel werden wir den Datentyp BLOB für die Speicherung der Fotos einsetzen.

Abbildung 6.28 zeigt das gesamte Resultat des physischen Datenmodells.

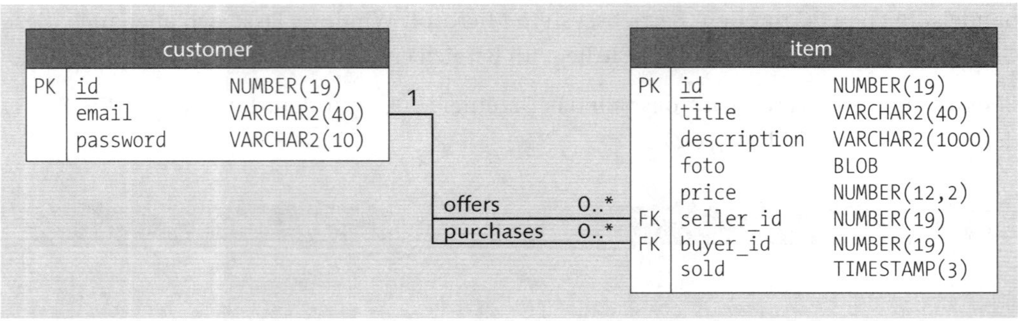

Abbildung 6.28 Das physische Datenmodell für den Onlineshop

Durch Tabelle 6.1 erhalten Sie noch eine Gesamtübersicht über die gängigsten ANSI-SQL-Datentypen. Auf der rechten Seite sind noch die Oracle-internen Datentypen aufgeführt, die üblicherweise bei einer Oracle-Datenbank statt der ANSI-SQL-konformen Typen eingesetzt werden.

Datentyp für ...	ANSI-SQL	ORACLE
Wahrheitswerte	BOOLEAN	NUMBER(1)
»Kleinste« Ganzzahlen	TINYINT	NUMBER(3)
»Kurze« Ganzzahlen	SMALLINT	NUMBER(5)
»Normale« Ganzzahlen	INTEGER	NUMBER(10)
»Lange« Ganzzahlen	BIGINT	NUMBER(19)
»Besonders lange Zahlen«	DECIMAL	NUMBER(38)

Tabelle 6.1 Die gängigsten ANSI-SQL-Datentypen und ihre Gegenstücke in der Oracle Database

Datentyp für ...	ANSI-SQL	ORACLE
Geldbeträge und andere Kommazahlen	DOUBLE	NUMBER(p, n)
»Kurze« Zeichenketten, bis 1000 Zeichen	VARCHAR(n)	VARCHAR2(1000 char)
»Lange« Zeichenketten, über 1000 Zeichen	CLOB	CLOB
Datum	DATE	DATE
Uhrzeit	TIME	DATE
Zeitstempel	TIMESTAMP	TIMESTAMP(3)
Binärdateien	BLOB	BLOB

Tabelle 6.1 Die gängigsten ANSI-SQL-Datentypen und ihre Gegenstücke in der Oracle Database

6.4.4 Datenbanktabellen erzeugen, löschen und ändern

In diesem Abschnitt werden wir die Datenbanktabellen mithilfe von SQL-Anweisungen physisch erzeugen. Im letzten Abschnitt haben Sie bereits SQL-Anweisungen eingesetzt, um Benutzer anzulegen und Benutzerrechte zu verwalten. Alle erdenklichen SQL-Anweisungen der Oracle Database zu kennen, gehört nicht zu den Pflichten eines Java-EE-Entwicklers. Weil relationale Datenbanken aber im Kern aus Datenbanktabellen bestehen, werden die SQL-Anweisungen für das Erzeugen, Ändern und Löschen von Tabellen und für das Einfügen, Ändern, Löschen und Selektieren von Daten in den Unternehmen schon vorausgesetzt. Man spricht hierbei auch von den sogenannten CRUD-Operationen (*Create*, *Read*, *Update* und *Delete*).

Die folgenden Ausführungen umfassen die SQL-Anweisungen, die im SQL-Skript für den Onlineshop verwendet werden. Darüber hinaus werden auch einige SQL-Grundlagen gezeigt, die in späteren Abschnitten angewandt werden.

Datenbanktabellen erzeugen

Eine Datenbanktabelle wird mithilfe des Ausdrucks `CREATE TABLE` erzeugt. Hinter dem Ausdruck `CREATE TABLE` folgt die Angabe der Tabelle. Die Spaltennamen werden in Klammern angezeigt. Mehrere Spaltennamen werden durch Kommas getrennt aufgezählt. Hinter jedem Spaltennamen muss jeweils der SQL-Datentyp angegeben werden. Zur besseren Lesbarkeit werden logische Abschnitte der SQL-Anweisung eingerückt. Beachten Sie auch, dass die Anweisung mit einem Semikolon abgeschlossen wird. Mit folgender Anweisung könnte die Datenbanktabelle `customer` erzeugt werden:

```
CREATE TABLE customer (
    id        NUMBER(19),
    email     VARCHAR2(40),
    password  VARCHAR2(10)
);
```

Datenbanktabellen löschen

Um die gesamte Tabelle wieder zu löschen, wird das Schlüsselwort `DROP` verwendet:

```
DROP TABLE customer;
```

Datenbanktabellen abändern

Mit dem Kommando `ALTER TABLE` kann die Tabelle verändert werden. Im folgenden Listing sehen Sie, wie mit dem Ausdruck `ALTER TABLE ... ADD` die Spalten `email` und `password` zu der Tabelle `CUSTOMER` hinzugefügt werden:

```
ALTER TABLE customer
ADD (
    email       VARCHAR2(40),
    password    VARCHAR2(10)
);
```

Mit der Anweisung `ALTER TABLE ... DROP COLUM` kann eine Spalte entfernt werden:

```
ALTER TABLE customer DROP COLUMN email;
```

Mit der Anweisung `ALTER TABLE ... MODIFY` kann eine Spalte verändert werden:

```
ALTER TABLE customer MODIFY email VARCHAR(50);
```

6.4.5 Bedingungen hinzufügen

Zu den Spaltenfeldern können zusätzlich Bedingungen hinter den Datentypen gesetzt werden.

Zum Beispiel wird mit dem Ausdruck `PRIMARY KEY` festgelegt, dass das Datenfeld ein Primärschlüssel ist.

NOT NULL

Eine ebenfalls gängige Bedingung lautet `NOT NULL`. Mit `NOT NULL` erzwingen Sie, dass ein Datenfeld innerhalb eines Datensatzes immer gefüllt sein muss.

UNIQUE

Mit dem Schlüsselbegriff UNIQUE wird bestimmt, dass ein Datenfeld einzigartig ist, das heißt, bei allen Datensätzen nur einmal vorkommen darf. Weil Primärschlüssel automatisch auch immer gefüllt und eindeutig sind, werden die Schlüsselwörter NOT NULL und UNIQUE für Primärschlüssel nicht benötigt.

CHECK

Mit dem Begriff CHECK kann die Bedingung auch präziser formuliert werden, indem in runden Klammern eine logische Prüfung erfolgt. Zum Beispiel könnte so erzwungen werden, dass das Passwortfeld mehr als 6 Zeichen enthalten muss:

```
CREATE TABLE customer (
    id              NUMBER(19) PRIMARY KEY,
        email       VARCHAR2(40) NOT NULL UNIQUE,
        password    VARCHAR2(10) NOT NULL
                        CHECK(LENGTH(password)>=6)
);
```

FOREIGN KEY

Mit dem Schlüsselbegriff FOREIGN KEY wird angezeigt, dass ein Schlüssel auf einen Primärschlüssel einer anderen Tabelle referenziert. Zum Beispiel referenzieren die Fremdschlüssel ITEM.BUYER_ID und ITEM.SELLER_ID auf den Primärschlüssel CUSTOMER.ID.

```
CREATE TABLE item (
    id          NUMBER(19) PRIMARY KEY,
        title           VARCHAR2(40) NOT NULL,
        description     VARCHAR2(1000) NOT NULL,
        price           NUMBER(12,2) NOT NULL,
        foto            BLOB,
        seller_id       NUMBER(19) NOT NULL
            FOREIGN KEY REFERENCES customer (id),
        buyer_id        NUMBER(19)
            FOREIGN KEY REFERENCES customer (id),
        sold            TIMESTAMP(3)
);
```

CONSTRAINT

Die Bedingungen lassen sich auch mithilfe des Schlüsselwortes CONSTRAINT unter einem Bezeichner abspeichern. Im folgenden Listing sehen Sie, wie die Fremdschlüssel mithilfe von CONSTRAINTs erzeugt werden.

Die CONSTRAINTs werden üblicherweise innerhalb der CREATE TABLE-Anweisung unterhalb der Spaltenfelder hinzugefügt.

```
CREATE TABLE item (
    id          NUMBER(19) PRIMARY KEY,
        title          VARCHAR2(40) NOT NULL,
        description   VARCHAR2(1000) NOT NULL,
        price          NUMBER(12,2) NOT NULL,
        foto           BLOB,
        seller_id      NUMBER(19) NOT NULL,
        buyer_id       NUMBER(19),
        sold           TIMESTAMP(3),
        CONSTRAINT fk_seller
            FOREIGN KEY (seller_id) REFERENCES customer (id),
        CONSTRAINT fk_buyer
            FOREIGN KEY (buyer_id) REFERENCES customer (id)
);
```

Weil die Tabelle ITEM mit Fremdschlüsseln auf die Tabelle CUSTOMER referenziert, ist die Tabelle ITEM nun von der Tabelle CUSTOMER abhängig. Denn wenn Datensätze in die Tabelle ITEM eingefügt werden, beziehen sich die Werte der Datenfelder ITEM.BUYER_ID und ITEM.SELLER_ID auf die Werte des Spaltenfeldes CUSTOMER.ID. Man bezeichnet die abhängige Tabelle auch als *Child* und die übergeordnete Tabelle als *Parent*. Es stellt sich die Frage, was passieren soll, wenn ein Kunde gelöscht wird, denn ein Fremdschlüssel muss immer auf einen gültigen Primärschlüssel verweisen.

Wenn die Tabelle ITEM noch Artikel enthält, die zu einem Kunden gehören, ist das Feld ITEM.SELLER_ID mit der CUSTOMER.ID belegt. Sollen die Artikel des Kunden automatisch mitgelöscht werden oder darf das Feld ITEM.SELLER_ID einfach nur auf NULL gesetzt werden? Für diesen Zweck gibt es spezielle Integritätsregeln, die dem CONSTRAINT hinzugefügt werden können. Der ANSI-Standard SQL-92 beschreibt hierfür einige Kaskadierungsregeln, von denen Oracle aber nur drei anbietet:

- **ON DELETE NO ACTION**
  ist der Default-Wert. Diese Regel untersagt, dass ein Parent gelöscht wird, der von einem Child referenziert wird.
- **ON DELETE CASCADE**
  hat zur Folge, dass alle Child-Datensätze mitgelöscht werden, wenn der Parent entfernt wird.
- **ON DELETE SET NULL**
  führt dazu, dass bei einer Löschung des Parents sein Schlüssel bein Child entfernt, d.h., dass NULL in die Fremdschlüsselspalte eingetragen wird.

Welche Regeln hiervon gesetzt sein sollten, fällt unter die Entscheidungen, die der Product Owner des Projekts zu fällen hat. Das folgende Listing zeigt, wie die beiden Integritätsregeln im Onlineshop-Beispiel notiert sind:

```
CREATE TABLE item (
        id            NUMBER(19) PRIMARY KEY,
        title         VARCHAR2(40) NOT NULL,
        description   VARCHAR2(1000) NOT NULL,
        price         NUMBER(12,2) NOT NULL,
        foto          BLOB,
        seller_id     NUMBER(19) NOT NULL,
        buyer_id      NUMBER(19),
        sold          TIMESTAMP(3),
        CONSTRAINT fk_seller
        FOREIGN KEY (seller_id) REFERENCES customer (id)
        ON DELETE CASCADE,
        CONSTRAINT fk_buyer
        FOREIGN KEY (buyer_id) REFERENCES customer (id)
        ON DELETE SET NULL
);
```

ALTER TABLE kann auch verwendet werden, um CONSTRAINTs zu setzen. Die folgende Anweisung fügt eine Bedingung für die neuen Felder country und language hinzu:

```
ALTER TABLE customer
ADD CONSTRAINT customer_check (
        CHECK (
            country IN ('DE', 'UK', 'FR') AND
        language IN ('german', 'english', 'french')
        )
);
```

Mit dem Kommando ALTER TABLE ... DROP COLUMN können Spalten gelöscht werden:

```
ALTER TABLE customer DROP COLUMN (country, language);
```

Genauso können mit ALTER TABLE ... DROP CONSTRAINT Zwangsbedingungen gelöscht werden:

```
ALTER TABLE customer DROP CONSTRAINT customer_check;
```

6.4.6 Daten hinzufügen, ändern und löschen

Wenn eine Geschäftsanwendung mit einer relationalen Datenbank verbunden ist, wird sie in der Regel lediglich Daten einfügen, ändern, löschen oder selektieren. Dabei versendet sie INSERT-, UPDATE-, DELETE- oder SELECT-Anweisungen.

Daten einfügen

Mit INSERT INTO wird ein neuer Datensatz in eine Tabelle eingefügt. Mit folgenden SQL-Befehlen kann ein Kunde in die Tabelle customer eingefügt werden. Beachten Sie, dass bei numerischen Werten keine Anführungsstriche benötigt werden.

```
INSERT INTO customer (
        id,
        email,
        password
        )
values (
        1,
        'j@java2enterprise.de',
        'Taxi_123'
        );

INSERT INTO customer (
        id,
        email,
        password
        )
values (
        2,
        'kc@gmail.com',
        'Susi_99'
        );
```

Daten abändern

Mit den Schlüsselwörtern UPDATE und SET können Tabelleninhalte geändert werden. Zum Beispiel ändert die folgende Anweisung das Feld password aller Datensätze der Tabelle CUSTOMER:

```
UPDATE customer
SET password = 'Taxi_123';
```

Mit dem Schlüsselwort WHERE kann die Menge der zu ändernden Datensätze eingegrenzt werden:

```
UPDATE customer
SET password = 'Taxi_123'
WHERE email='j@java2enterprise.de';
```

Daten löschen

Mit dem Ausdruck DELETE FROM werden Tabelleninhalte gelöscht. Auch hier wird mit WHERE wieder gefiltert. Vorsicht: Wenn kein Filter mit WHERE gesetzt ist, werden gleich alle Datensätze der Tabelle gelöscht.

```
DELETE FROM customer
WHERE email='j@java2enterprise.de';
```

6.4.7 Daten selektieren

Das Selektieren von Datensätzen beginnt stets mit dem Schüsselwort SELECT. Hinter dem SELECT werden die Spaltenfelder angeführt, die in der Ergebnismenge enthalten sein sollen. Nach dem Schlüsselwort FROM wird festgelegt, von welchen Datenbanktabellen man selektieren möchte. und den Tabellenspalten, die man selektieren möchte.

SELECT ... FROM ...

Wenn alle Spaltenfelder angezeigt werden sollen, kann statt der einzelnen Spaltennamen auch das Schlüsselwort ALL oder ein Stern gesetzt werden. Die folgende Anweisung selektiert alle Spalten der Datenbanktabelle CUSTOMER:

```
SELECT *
FROM customer;
```

Auch wenn man alle Spaltenfelder selektieren möchte, ist es in der Anwendungsentwicklung sauberer, wenn alle Tabellenspalten einzeln aufgeführt werden:

```
SELECT
         id,
         email,
         password
FROM
         customer;
```

DISTINCT

Manche Abfragen können Duplikate enthalten. Zum Beispiel haben wir in der Tabelle CUSTOMER nicht verhindert, dass mehrere Kunden das gleiche Kennwort benutzen. Um die mehrfachen Vorkommen zu unterdrücken, wird das Schlüsselwort DISTINCT verwendet:

```
SELECT
    DISTINCT(password)
FROM
    customer;
```

6.4.8 Daten filtern

Über eine WHERE-Klausel kann die Ergebnismenge eingeschränkt bzw. gefiltert werden. Dabei findet die Filterung meistens statt, indem zwei Spalten-Werte mit einem Vergleichsoperator miteinander verglichen werden.

```
SELECT
         email,
         password
FROM
         customer
WHERE
    email = 'j@java2enterprise.de';
```

Vergleichsopratoren

Folgende Vergleichsoperatoren muss eine relationale Datenbank unterstützen, damit sie konform zum ANSI-SQL92-Standard ist.

Operator	Der linke Wert ...
=	... ist gleich dem rechten Wert.
<	... ist kleiner als der rechte Wert.
>	... ist größer als der rechte Wert.
<=	... ist kleiner oder gleich dem rechten Wert.
>=	... ist größer oder gleich dem rechten Wert.
<>	... ist ungleich dem rechten Wert.

Tabelle 6.2 Tabelle : ANSI-SQL92-konforme Vergleichsoperatoren

IS [NOT] NULL

Wenn es sich bei dem zweiten Wert um einen NULL-Wert handelt, verwendet man statt der Vergleichsoperatoren den Ausdruck IS NULL bzw. IS NOT NULL.

Beispielsweise wird statt

```
SELECT * FROM item
WHERE i.price = NULL;
```

folgender Ausdruck geschrieben:

```
SELECT * FROM item
WHERE i.price IS NULL;
```

[NOT] LIKE

Ähnlichkeitsabfragen werden mit dem Schlüsselwort LIKE umgesetzt. Dabei wird ein Teil des Ausdrucks, der fester Bestandteil des Ergebnisses sein soll, ausgeschrieben und der Teil, der variabel sein kann, durch ein Prozentzeichen ersetzt. Das folgende Beispiel sucht alle Datensätze heraus, bei denen die E-Mail-Adresse nicht mit dem kleinen Buchstaben »j« anfängt:

```
SELECT
        email,
        password
FROM
        customer
WHERE
        email NOT LIKE 'j%';
```

Wenn genau ein Zeichen variabel sein soll, wird statt des Prozentzeichens ein Unterstrich verwendet:

```
SELECT
        email,
        password
FROM
        customer
WHERE
        email LIKE '_@java2enterprise.de';
```

AND und OR

Die Filterung kann mit weiteren Schlüsselwörtern wie AND und OR erweitert werden. Die folgende Anweisung zeigt alle Kunden an, deren E-Mail-Adresse mit »j« oder »k« beginnt und deren E-Mail-Provider *java2enterprise.de* oder *marktware.de* ist.

```
SELECT
        email,
        password
FROM
        customer
WHERE
        (email LIKE 'j%'
        OR
        email like 'k%')
AND
        (email like '%java2enterprise.de'
        OR
        email like '%marktware.de');
```

[NOT] BETWEEN ... AND ...

Wenn ein numerischer Wert in einem Wertebereich liegen soll, wird die Unter- und die Obergrenze mithilfe der Schlüsselwörter `BETWEEN` und `AND` angezeigt. Mit `NOT BETWEEN ... AND` muss der Wert außerhalb des Wertebereichs liegen.

[NOT] IN

Mit dem Schlüsselwort `IN` kann festgelegt werden, dass die Werte der Ergebnismenge in einer Werteliste enthalten sein müssen. Die Werte der Werteliste werden durch Kommas getrennt in eine Klammer gesetzt.

```
SELECT
        email,
        password
FROM
        customer
WHERE
        email IN ('j@java2enterprise.de','m@marktware.de');
```

Wert [Vergleichsoperator] ANY und ALL

Die Schlüsselwörter `ANY` und `ALL` ermöglichen es, einen Wert über einen beliebigen Vergleichsoperator mit einer Werteliste zu vergleichen. Beispielsweise gibt die folgende SQL-Anweisung nur die Artikel aus, die größer als jeglicher Wert der Werteliste sind:

```
SELECT i.title, i.price
FROM Item i
WHERE i.price  > ANY (19.0, 21.1, 45.0);
```

`ANY` und `ALL` werden eigentlich nur in Kombination mit Unterabfragen verwendet. Bei Unterabfragen wird die Werteliste mit einem zweiten `SELECT` dynamisch erstellt. Wir gehen etwas weiter unten genauer auf Unterabfragen ein.

6.4.9 Gruppierungsfunktionen

SQL bietet zahlreiche Funktionen an, um in einer Ergebnismenge Zahlenwerte durch Gruppierungsfunktionen zu aggregieren. An dieser Stelle erfolgt keine vollständige Beschreibung aller Gruppierungsfunktionen, denn das würde sicherlich den Rahmen dieses Kapitels sprengen. Anhand einfacher Beispiele sollen lediglich die wichtigsten Gruppierungsfunktionen beschrieben werden.

Mit der Aggregatsfunktion `COUNT` werden die Datensätze einer Ergebnismenge gezählt:

```
SELECT COUNT(i.id) anzahl
FROM item i;
```

Über MAX und MIN werden die höchsten bzw. die niedrigsten Werte ermittelt:

```
SELECT MAX(i.price), MIN(i.price)
FROM item i;
```

Weitere Gruppierungsfunktionen, die sehr häufig verwendet werden, sind SUM und AVG. Mit SUM werden Zahlenwerte miteinander addiert. AVG ermittelt einen Durchschnittswert.

```
SELECT SUM(i.price), AVG(i.price)
FROM item i;
```

Wenn die Aggregation nicht über alle Datensätze, sondern nach bestimmten Spalten gruppiert werden soll, müssen die Spaltenfelder, nach denen gruppiert wird, mit dem Gruppierungsoperator GROUP BY angezeigt werden.

Die folgende Abfrage gibt den Primärschlüssel aller Verkäufer gemeinsam mit der Anzahl ihrer angebotenen Artikel aus:

```
SELECT i.seller_id, COUNT(i.id) anzahl
FROM item i
GROUP BY i.seller_id;
```

In bestimmten Fällen ist es erforderlich, dass man auch in der Aggregation eine Bedingung stellt. Beispielsweise könnte es sein, dass nur die IDs von Kunden angezeigt werden sollen, die mehr als 10 Artikel angeboten haben. In der WHERE-Bedingung dürfen wir die Gruppierungsfunktion nicht verwenden, sondern müssen sie hinter der GROUP BY-Klausel über das Schlüsselwort HAVING anzeigen.

Die Datenbank wird die HAVING-Klausel erst ausführen, nachdem die Daten gruppiert worden sind.

Die folgende Abfrage gibt nur die Verkäufer aus, die mindestens 10 Artikel angeboten haben:

```
SELECT i.seller_id, COUNT(i.id)
FROM item i
GROUP BY i.seller_id
HAVING COUNT(i.id) > 10;
```

6.4.10 Zeichenketten verarbeiten

Für die Verarbeitung von Zeichenketten bietet die Oracle Database eine große Auswahl an Funktionen an. Um mit einer Grundausstattung gewappnet zu sein, reicht es aber aus, wenn Sie als Java-EE-Entwickler die sechs gängigsten String-Funktionen in petto haben. Von dieser Basis aus lassen sich im Bedarfsfall speziellere Funktionen in der Oracle-Database-Referenz ausfindig machen.

Nun werden die sechs gängigsten String-Funktionen anhand der Tabelle CUSTOMER gezeigt, wobei in der Tabelle ein einziger Datensatz enthalten ist, der im Spaltenfeld E-Mail den Wert j@java2enterprise.de enthält.

CONCAT

Mithilfe der String-Funktion CONCAT können zwei Zeichenketten miteinander verbunden werden:

```
SELECT CONCAT('E-Mail: ', c.email) FROM CUSTOMER c;
```

Ausgabe: E-Mail: j@java2enterprise.de

Dies lässt sich auch durch den Konkatenierungsoperator || abkürzen:

```
SELECT 'E-Mail: ' || c.email FROM CUSTOMER c;
```

LENGTH

gibt die Anzahl der Zeichen in einer Zeichenkette wieder:

```
SELECT LENGTH(c.email) FROM CUSTOMER c;
```

Ausgabe: 8

LOWER

wandelt alle Großbuchstaben in Kleinbuchstaben um:

```
SELECT LOWER(c.email) FROM CUSTOMER c;
```

Ausgabe: j@java2enterprise.de

TRIM

entfernt Leerstellen am Anfang und am Ende einer Zeichenkette:

```
SELECT TRIM(c.email) FROM CUSTOMER c;
```

Ausgabe: j@java2enterprise.de

SUBSTR

sucht einen Teilstring aus einer Zeichenkette. Die folgende Anweisung wird ab der dritten Position zwei Zeichen auswählen:

```
SELECT SUBSTR(c.email, 3, 2) FROM CUSTOMER;
```

Ausgabe: ja

UPPER

wandelt alle Kleinbuchstaben in Großbuchstaben um:

```
SELECT UPPER(c.email) FROM CUSTOMER c;
```

Ausgabe: `J@JAVA2ENTERPRISE.DE`

6.4.11 Sortieren

Mit `ORDR BY` kann die Ergebnismenge nach bestimmten Spaltenfeldern sortiert werden:

```
SELECT
        email,
        password
FROM
        customer
WHERE
        email IN ('j@java2enterprise.de','m@marktware.de')
ORDER BY
        email,
        password;
```

Mit der obigen SQL-Anweisung werden die E-Mail-Adressen und die Kennwörter der Kunden alphabetisch sortiert. Dabei wird zunächst nach dem ersten genannten Spaltenfeld `email` und dann nach dem zweitgenannten `password` geordnet. Die Sortierung erfolgt aufsteigend. Wenn die Sortierung absteigend erfolgen soll, wird hinter der `ORDER BY`-Klausel das Schlüsselwort `DESC` angefügt. `ASC` ist das Gegenstück für »aufsteigend«, das als Default-Wert aber nicht hingeschrieben werden muss.

6.4.12 Mehrere Datenbanktabellen verbinden

In der Praxis ist eine SQL-Abfrage über eine einzige Datenbanktabelle nicht ausreichend. Dann heißt es meistens: »Ärmel hochkrempeln und mehrere Datenbanktabellen über JOINs und Unterabfragen (SUBSELECTs) zusammenstellen, um mit einer einzigen Abfrage eine kombinierte Ergebnismenge zu erhalten.«

Wenn wir beispielsweise alle Kunden mit ihrem Gesamtumsatz zusammenstellen wollen, müssen wir eine SQL-Abfrage über die Tabellen `CUSTOMER` und `ITEM` erstellen, bei der die Spalte `price` über die gekauften Artikel aufsummiert wird. Hierfür würde sich ein JOIN sehr gut eignen.

Andere Abfragen erfordern wiederum Unterabfragen. Zum Beispiel könnte man im Onlineshop eine Auflistung der E-Mails von Kunden mit durchschnittlichen Angebotspreisen benötigen, deren Wert über dem Durchschnitt aller Angebotspreise liegt. Wir streben also Kontakt zu Kunden mit teuren Artikeln an. Auch hierauf werden wir später in diesem Abschnitt eingehen.

CROSS JOIN

Mit einem JOIN können die Daten von mehreren Datenbanktabellen zu einer Ergebnismenge verschmolzen werden. Grundsätzlich unterscheidet man zwischen einem *CROSS JOIN*, einem *INNER JOIN* und einem *OUTER JOIN*.

Der CROSS JOIN wird sehr selten benötigt. Wenn man zwei Tabellen mit einem CROSS JOIN miteinander vermengt, wird jede Zeile der ersten Tabelle mit jeder Zeile der zweiten Tabelle vermengt. Das Ergebnis ist sogenanntes *kartesisches Produkt*. Dies ist jedoch in der Regel nicht das Ergebnis, das man sich von einem JOIN verspricht.

```
SELECT c.*, i.*
FROM customer c
CROSS JOIN item i;
```

Beachten Sie, dass in diesem Buch die neuere JOIN-Syntax von ANSI-SQL 92 gezeigt wird. In manchen Java-EE-Projekten wird hingegen auch noch mit der älteren Syntax gearbeitet. Bei der älteren Syntax werden die zu verknüpfenden Datenbanktabellen durch Kommas getrennt hinter das Schlüsselwort `WHERE` gesetzt.

Die obige Abfrage würde mit der älteren Syntax wie folgt formuliert werden:

```
SELECT c.*, i.*
FROM customer c, item i;
```

INNER JOIN

Im realen Fall wird man hingegen eine Schnittmenge benötigen, denn man möchte nur die Zeilen erhalten, bei denen zum Beispiel der Kunde auch der Verkäufer eines Artikels ist. Damit nur diese Kombinationen beachtet werden, bei denen die Fremdschlüssel der Child-Tabelle auf die Primärschlüssel der Parent-Tabelle referenzieren, verwendet man einem INNER JOIN. Der INNER JOIN erfordert in dem besagten Beispiel des Onlineshops, dass nach dem Schlüsselwort `ON` die Fremdschlüsselspalte `item.seller_id` mit der Primärschlüsselspalte `customer.id` verbunden wird.

```
SELECT c.*, i.*
FROM customer c
INNER JOIN item i
ON c.id = i.seller_id;
```

Mit der älteren Syntax sähe die Abfrage wie folgt aus:

```
SELECT c.*, i.*
FROM customer c, item i
WHERE c.id = i.seller_id;
```

Die obige SQL-Abfrage wird nun alle Kunden mit ihren Artikeln anzeigen, wobei Kunden, die keine Artikel verkaufen, weggelassen werden. Beachten Sie hierbei, dass bei einem INNER JOIN die Reihenfolge, nach der die Datenbanktabellen benannt werden, unerheblich ist.

Ferner ist das Schlüsselwort INNER bei einem INNER JOIN optional. Das bedeutet, dass die folgende Abfrage gleichwertig ist:

```
SELECT c.*, i.*
FROM customer c
JOIN item i
ON c.id = i.seller_id;
```

LEFT OUTER JOIN

Um eine ähnliche Ergebnismenge wie bei einem INNER JOIN zu erhalten, bei der jedoch ebenfalls diejenigen Kunden enthalten sind, die keine Artikel anbieten, wird ein OUTER JOIN eingesetzt.

Bei einem OUTER JOIN wird die erstbenannte Datenbanktabelle als die »linke« Tabelle (LEFT) und die zweitgenannte Datenbanktabelle als die »rechte« Tabelle (RIGHT) angesehen.

Sollen nun alle Datensätze angezeigt werden, die in der linken Tabelle enthalten sind, auch wenn sie nicht mit der rechten Tabelle kombiniert wurden, verwendet man einen LEFT OUTER JOIN:

```
SELECT c.*, i.*
FROM customer c
LEFT OUTER JOIN item i
ON c.id = i.seller_id;
```

Nun erhalten wir alle Kunden des Onlineshops, wobei Kunden, die keine Artikel anbieten, statt eines Artikels NULL-Werte enthalten.

RIGHT OUTER JOIN

Der RIGHT OUTER JOIN gleicht dem LEFT OUTER JOIN, nur dass nun alle Datensätze der rechten Tabelle angezeigt werden, auch wenn diese keinen Bezug zu Einträgen aus der linken Tabelle haben.

Im Onlineshop könnten wir beispielsweise in einer Abfrage alle Kunden mit den Artikeln kombinieren wollen, die sie gekauft haben. Artikel, die noch nicht gekauft worden sind, wollen wir aber ebenfalls erhalten.

```
SELECT c.*, i.*
FROM customer c
RIGHT OUTER JOIN item i
ON c.id = i.buyer_id;
```

FULL OUTER JOIN

Mit einem FULL OUTER JOIN können wir den LEFT OUTER JOIN und den RIGHT OUTER JOIN miteinander kombinieren.

Beispielsweise können wir im Onlineshop-Beispiel alle Kunden und alle Artikel miteinander kombinieren und dabei sowohl die Kunden ohne gekauften Artikel als auch die Artikel ohne Käufer ausgeben:

```
SELECT c.*, i.*
FROM customer c
FULL OUTER JOIN item i
ON c.id = i.buyer_id;
```

6.4.13 Unterabfragen

Mit JOINs lassen sich bereits viele Abfragen abbilden, die in einer professionellen Java-EE-Anwendung benötigt werden. Jedoch reichen die Möglichkeiten von JOINs bei komplexeren Anforderungen nicht aus. Denn wie soll man beispielsweise mit einer einzigen Abfrage den besten Verkäufer erhalten, um ihm mit einer E-Mail zu gratulieren? Hierfür reicht es nicht aus, die Kunden über einen einfachen INNER JOIN auszugeben.

Der folgende JOIN gibt beispielsweise alle Kunden mit ihrer E-Mail-Adresse und ihrem Gesamtumsatz aus:

```
SELECT c.email, SUM(i.price)
FROM Customer c
JOIN Item i
ON c.id = i.seller_id
WHERE i.sold IS NOT NULL
GROUP BY c.email;
```

Die Anforderung verlangt jedoch, dass wir den Gesamtumsatz des Kunden mit den Gesamtumsätzen aller anderen Kunden vergleichen:

```
SELECT c.email, SUM(i.price)
FROM Customer c
INNER JOIN Item i
ON (c.id = i.seller_id)
WHERE i.sold IS NOT NULL
```

```
GROUP BY c.email
HAVING SUM(i.price) >= ALL (
    SELECT SUM(j.price)
    FROM Customer d
    JOIN Item j
    ON (d.id = j.seller_id)
WHERE j.sold IS NOT NULL
    GROUP BY d.id
);
```


Dieses Beispiel aus dem Onlineshop lässt erahnen, dass eine SQL-Anweisung über noch mehr Datenbanktabellen recht vielschichtig und verflochten sein kann. An dieser Stelle wird nicht weiter auf solche SQL-Anweisungen eingegangen.

6.4.14 Primärschlüssel automatisch generieren

Wenn man in einer Datenbanktabelle einen neuen Datensatz hinzufügt, erhält der neue Primärschlüssel einen bis dahin unverbrauchten Wert. In der Regel wird der höchste vorhandene Primärschlüssel inkrementiert und gemeinsam mit dem Datensatz gespeichert werden. Weil dieser Vorgang auch mechanisch ablaufen kann, bieten Datenbankverwaltungssysteme hierzu eigene Automatismen an. Der komfortabelste nennt sich *IDENTITY*. Dabei wird die nächste zur Verfügung stehende Ganzzahl auf eine erdenklich einfache Art und Weise realisiert, da der Entwickler lediglich das `IDENTITY`-Schlüsselwort hinter die Spaltendefinition setzen muss. Die meisten Datenbankverwaltungssysteme beherrschen diese Technik, nur unterscheidet sich das hierfür verwendete Schlüsselwort je nach Datenbankmanagementsystem. Beispielsweise heißt es mal `IDENTITY`, `AUTOINCREMENT` oder auch mal `AUTO_INCREMENT` usw.

Die folgende SQL-Anweisung zeigt, wie man bei dem Datenbankmanagementsystem *MySQL* das Schlüsselwort `AUTO_INCREMENT` einsetzt:

```
CREATE TABLE customer (
    ID int NOT NULL PRIMARY KEY AUTO_INCREMENT,
    email VARCHAR(40) NOT NULL UNIQUE,
    password VARCHAR(10) NOT NULL
);
```

Sequenzen verwenden

Leider steht das `IDENTITY`-Inkrementieren bei der Oracle Database nicht zur Verfügung. Stattdessen wird das der nächsthöhere Schlüsselwert mit einer sogenannten *Sequenz* (`SEQUENCE`) ermittelt.

Die folgende Anweisung erzeugt eine Sequenz mit dem Namen `seq_customer` für den Primärschlüssel der Tabelle `CUSTOMER`:

```
CREATE SEQUENCE seq_customer;
```

Diese Sequenz startet mit dem Wert 1 und inkrementiert den Wert bei jeder Anfrage um eine weitere 1. Wir hätten die Sequenz auch bei einem anderen Wert starten, rückwärts zählen oder einen Cache zur Beschleunigung einbauen können. Für den Onlineshop ist die erstellte Sequenz aber optimal. Mit folgender Anweisung kann die Sequenz wieder gelöscht werden:

```
DROP SEQUENCE seq_customer;
```

Eine Übersicht über alle derzeit vorhandenen Sequenzen enthält die Tabelle *ALL_SEQUENCES*. Mit folgender Abfrage schränken Sie die Ergebnismenge auf die Sequenzen des Owners *onlineshop* ein. `ONLINESHOP` muss dabei in Großbuchstaben geschrieben sein:

```
SELECT * FROM ALL_SEQUENCES WHERE sequence_owner='ONLINESHOP';
```

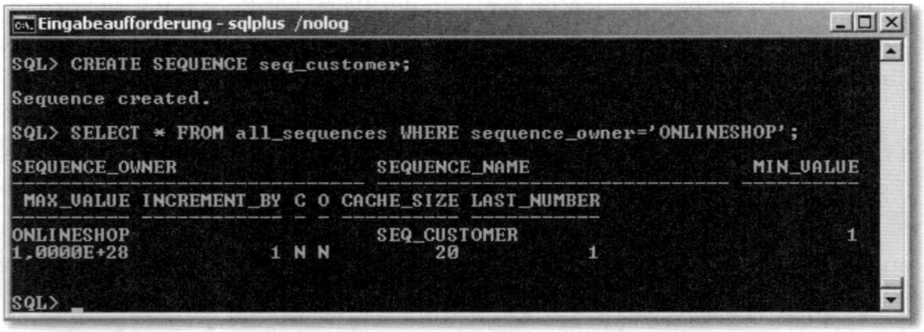

Abbildung 6.29 Die Sequenzen des Schemas »Onlineshop«

Durch die Sequenz kann innerhalb des `INSERT`-Statements der Ausdruck `seq_customer.NEXTVAL` eingesetzt werden, der für den nächstverfügbaren Wert steht:

```
INSERT INTO customer (
         id,
         email,
         password,
         )
values (
         seq_customer.NEXTVAL,
         'j@java2enterprise.de'
         'Taxi_123'
         );
```

```
INSERT INTO customer (
        id,
        email,
        password,
        )
values (
        seq_customer.NEXTVAL,
        'kc@gmail.com'
        'Susi_99'
        );
```

Die Primärschlüsselgenerierung automatisch auslösen

Zusätzlich zu dem oben gezeigten Weg gibt es auch noch die Möglichkeit, den Primärschlüssel durch die Datenbank automatisch setzen zu lassen. Als Auslöser wird hierfür ein sogenannter *Trigger* eingesetzt. Mit folgender Anweisung wird der Trigger für den Primärschlüssel der Tabelle CUSTOMER erstellt:

```
CREATE OR REPLACE TRIGGER tri_customer
BEFORE INSERT ON customer
FOR EACH ROW
BEGIN :NEW.id := seq_customer.NEXTVAL;
END;
/
```

Bei der INSERT-Anweisung wird der Primärschlüssel einfach weggelassen, da er ja automatisch gesetzt werden soll.

```
INSERT INTO customer (
        email,
        password,
        )
values (
        'j@java2enterprise.de'
        'Taxi_123'
        );

INSERT INTO customer (
        email,
        password,
        )
values (
        'kc@marktware.com'
        'Susi_99'
);
```

6.5 Die Indizierung

Die Suche nach bestimmten Datensätzen in einer Datenbanktabelle kann bei einer sehr hohen Datensatzanzahl viel Zeil kosten. Zur Beschleunigung kann ein sogenannter Index eingesetzt werden. Wenn ein Index für eine Datenbanktabelle erstellt wird, erzeugt die Oracle Database eine separate Index-Tabelle. Diese Index-Tabelle ähnelt einem Stichwortverzeichnis eines Buches. Weil die Suchbegriffe alphabetisch sortiert sind, können spezielle Suchalgorithmen effizienter zum gesuchten Datensatz gelangen.

In der Datenbank für den Onlineshop verfügen alle Datenbanktabellen über einen eindeutigen Primärschlüssel. Weil Primärschlüssel automatisch indiziert sind, kann die Oracle Database sehr schnell Datensätze aus diesen Tabellen suchen. Das ist aber nur so, solange das Suchkriterium der Primärschlüssel ist. Anders sieht es aus, wenn eine WHERE-Bedingung andere Datenfelder vergleicht. Zum Beispiel könnten Sie in der Datenbanktabelle `CUSTOMER` nach den Spaltenwerten `EMAIL` und `PASSWORD` suchen. In diesem Fall würde die automatische Indizierung der Primärschlüssel nichts nützen. Deshalb sollten wir mit folgender Anweisung eine separate Index-Tabelle erstellen lassen:

```
CREATE UNIQUE INDEX customer_index
ON customer(
    email,
    password
);
```

Das Schlüsselwort `UNIQUE` konnte nur eingesetzt werden, weil die Kombination aus den Datenfeldern eindeutig ist.

Beachten Sie auch, dass Sie mit der Erzeugung von Indizes spar- und achtsam umgehen müssen, weil die Anpassung der Indextabelle ebenfalls Zeit kostet.

6.6 Das komplette Onlineshop-Beispiel

In diesem Abschnitt wird ein komplettes SQL-Skript-Beispiel für die Datenbank des Onlineshops gezeigt. Das SQL-Skript wird sämtliche SQL-Anweisungen enthalten, durch die die Datenbanktabellen erzeugt werden. Dabei werden zunächst alle Tabellen des Onlineshops mit `DROP TABLE` gelöscht. Dadurch kann das Skript wiederholt aufgerufen werden. Beachten Sie die Reihenfolge der `DROP`-Anweisungen, denn die Child-Tabelle muss zuerst entfernt werden, bevor die Parent-Tabelle `CUSTOMER` gelöscht werden kann. (Wenn die Tabellen noch nicht angelegt worden sind, schaden die beiden `DROP`-Anweisungen aber auch nicht.)

Nachdem die Tabellen mit `CREATE TABLE` erzeugt worden sind, berechtigen wir den Benutzer *onlineshop_user* für das `SELECT`, `INSERT`, `UPDATE` und `DELETE`:

```
DROP TABLE item;
DROP TABLE customer;

CREATE TABLE customer (
id          NUMBER(19) PRIMARY KEY,
email       VARCHAR2(40) NOT NULL UNIQUE,
password    VARCHAR2(10) NOT NULL
            CHECK(LENGTH(password)>=6)
);
GRANT SELECT, INSERT, UPDATE, DELETE
ON customer TO onlineshop_user;

CREATE UNIQUE INDEX customer_index
ON customer(
    email,
    password
);

CREATE TABLE item (
id            NUMBER(19) PRIMARY KEY,
title         VARCHAR2(40) NOT NULL,
description   VARCHAR2(1000) NOT NULL,
price         NUMBER(12,2) NOT NULL,
foto          BLOB,
seller_id     NUMBER(19) NOT NULL,
buyer_id      NUMBER(19),
sold          TIMESTAMP(3),
CONSTRAINT fk_seller
    FOREIGN KEY (seller_id) REFERENCES customer (id),
CONSTRAINT fk_buyer
    FOREIGN KEY (buyer_id) REFERENCES customer (id)
);
GRANT SELECT, INSERT, UPDATE, DELETE
ON item TO onlineshop_user;

DROP SEQUENCE seq_customer;
CREATE SEQUENCE seq_customer;
GRANT ALL ON seq_customer TO onlineshop_user;

DROP SEQUENCE seq_item;
CREATE SEQUENCE seq_item;
GRANT ALL ON seq_item TO onlineshop_user;
```

```
CREATE OR REPLACE TRIGGER tri_customer
BEFORE INSERT ON customer
FOR EACH ROW
BEGIN :NEW.id := seq_customer.NEXTVAL;
END;
/

CREATE OR REPLACE TRIGGER tri_item
BEFORE INSERT ON item
FOR EACH ROW
BEGIN :NEW.id := seq_item.NEXTVAL;
END;
/

COMMIT;
```

Listing 6.7 C:\onlineshop.sql

Mithilfe des Skripts haben wir eine schnelle Möglichkeit, unsere Datenbank in den Ursprungszustand zu versetzen.

Speichern Sie das SQL-Skript in eine Datei, die Sie zum Beispiel *onlineshop.sql* nennen (siehe Abbildung 6.30). Das Skript wird vom Schema *onlineshop* ausgeführt.

Achten Sie darauf, dass Sie sich zur Ausführung des Skriptes unter dem Benutzernamen *onlineshop* anmelden müssen, da Sie die Objekte sonst nicht unter dem Schema *onlineshop* anlegen. Außerdem dürfen Sie den Zusatz AS SYSDBA nicht setzen. Oracle würde sonst das Schema *SYS* verwenden.

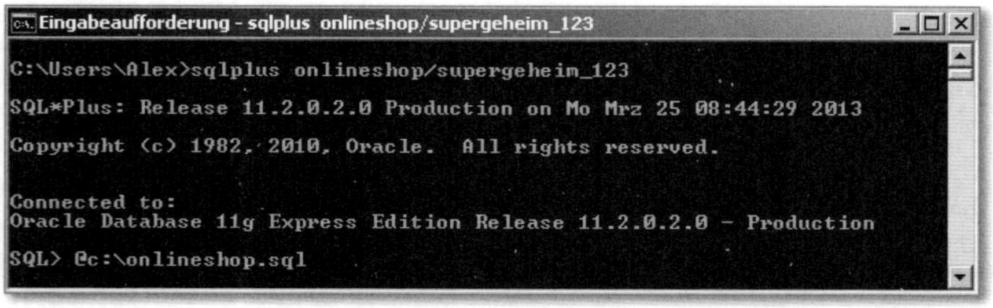

Abbildung 6.30 Der Aufruf des Skripts »onlineshop.sql«

Kapitel 7

JDBC

Kapitel 7
JDBC

»Nur wer sich in Genügsamkeit genügt, hat stets genug.«

Lao-Tse

In diesem Kapitel wird die *Java Database Connectivity* (JDBC) behandelt.

Die JDBC-API stellt eine einheitliche Programmierschnittstelle für den Zugriff auf eine relationale Datenbank dar. Der Quelltext, der durch die Nutzung der JDBC-API entsteht, ist portierbarer. Damit ist gemeint, dass der gleiche Quelltext, der für den Zugriff auf eine Oracle-Datenbank geschrieben wurde, auch für DB2 oder MySQL-Datenbankmanagementsysteme verwendet werden kann.

Die JDBC-API wurde im Jahre 1996 in der ersten Version herausgebracht. Seither wird sie stetig verbessert und mit fortwährend neuen Versionen veröffentlicht. Die Spezifikation der aktuellen Version 4.0 kann hier heruntergeladen werden:

http://download.oracle.com/otn-pub/jcp/jdbc-4.0-fr-eval-oth-JSpec/jdbc-4_0-fr-spec.zip

Obgleich heutzutage meistens Persistenz-Frameworks verwendet werden und die handgeschriebenen SQL-Anweisungen altmodisch erscheinen, wird in manchen Projekten nach wie vor direkt JDBC ohne weiteres Framework eingesetzt. Aber auch wenn Sie in Ihrem Java-EE-Projekt mit einem High-Level-Framework wie JPA arbeiten sollten, gibt Ihnen das Wissen über die Low-Level-API ein tieferes Verständnis dafür, wie die Persistenz auch bei dem High-Level-Framework funktioniert. Außerdem werden JDBC-Kenntnisse bei einem Java-EE-Entwickler in jedem Fall vom Arbeitgeber vorausgesetzt.

7.1 Der direkte Zugriff per JDBC

In diesem Unterkapitel werden wir per JDBC direkt auf die Datenbank zugreifen. Dabei werden wir zunächst administrativ tätig werden. Denn damit eine Anwendung die JDBC-API verwenden kann, muss sie einen JDBC-Treiber einbinden. In diesem Unterkapitel werden wir den Treiber als sogenannte *Driver Definition* einbinden, sodass er von allen Eclipse-Projekten aus über einen definierten Namen verwendet werden kann.

In Kapitel 6, »Die relationale Datenbank«, haben wir das Programm *sqlplus.exe* (d.h. die Kommandozeile) verwendet, um die Datenbank per SQL zu erreichen. In manchen Situationen wünscht man sich jedoch eine grafische Benutzeroberfläche, weil sie für einfache Vorhaben komfortabler ist. Eclipse bietet von Haus aus eine solche grafische Benutzeroberfläche, die sich *Data Source Explorer* nennt. In diesem Abschnitt werden wir den Data Source Explorer nutzen, um einen raschen Überblick über die Tabellen `CUSTOMER` und `ITEM` der Onlineshop-Datenbank zu erhalten.

Zuletzt werden wir den Datenbankzugriff aber auch noch über ein eigenes Java-Programm realisieren.

7.1.1 Die JDBC-Treibertypen

Für die gängigsten Datenbanken wird der Treiber durch den Hersteller selbst zur Verfügung gestellt. Aber egal für welche Datenbank der Treiber produziert wurde, es handelt sich immer um einen der nachfolgend genannten vier Treibertypen.

JDBC-Treibertyp I (JDBC-ODBC-Bridge)

Ein JDBC-Treiber vom Typ I überbrückt die Verbindung zur Datenbank, indem zusätzlich eine proprietäre Schnittstelle namens *Open Database Connectivity* (ODBC) zwischengeschaltet wird. Die ODBC-Schnittstelle ist typischerweise in der Programmiersprache C geschrieben und wurde ursprünglich nur auf einem Windows-Betriebssystem über DLL-Dateien zur Verfügung gestellt. Heutzutage existieren ODBC-Treiber auch für Unix-Betriebssysteme, allerdings sind sie nur sehr wenig verbreitet.

Häufig wird dieser Verbindungstyp auch *JDBC-ODBC-Bridge* genannt. Die JDBC-ODBC-Bridge ist für professionelle Java-EE-Anwendungen nicht geeignet, da der Umweg über ODBC zusätzliche Ressourcen verschwendet und die Möglichkeiten auf die des proprietären ODBC-Treibers beschränkt sind. Außerdem würde man in dem Java-EE-Projekt voraussetzen, dass eine JDBC-ODBC-Bridge auf dem Rechner des Java EE Servers installiert ist, wovon man bei einem Unix-Betriebssystem jedoch kaum ausgehen kann.

JDBC-Treibertyp II (Native API Driver)

Der JDBC-Treibertyp II ist auch nicht direkt an der Datenbank angekoppelt, sondern nutzt gleichermaßen native Binärdateien als Brücke zur Datenbank. Dieser Treiber wird häufig auch als *Native API Driver* bezeichnet. Der Treibertyp II lässt schnellere Zugriffe zu, als die JDBC-ODBC-Bridge erlaubt. Dennoch ist auch dieser Treiber problematisch, da er ebenso betriebssystemabhängig ist.

JDBC-Treibertyp III (Network Protocol Driver)

Auch der JDBC-Treibertyp III stellt keine direkte Verbindung zur Datenbank her, denn er nutzt Netzwerk-Sockets, um auf eine Middleware zuzugreifen, die den tatsächlichen Datenbankzugriff realisiert. Dieser Treibertyp wird auch als *Network Protocol Driver* bezeichnet.

Der Vorteil des JDBC-Treibertyps III gegenüber den Typen I und II ist, dass er aus reinem Java-Code besteht und deshalb keine proprietäre Installation erfordert.

JDBC-Treibertyp IV (Pure Java Driver)

Ein JDBC-Treiber vom Typ IV wird auch *Pure Java Driver* genannt. Genauso wie Typ III besteht auch der Pure Java Driver aus reinem Java-Code. Der Vorteil des Typ-IV-Treibers ist jedoch, dass er eine unmittelbare Verbindung zur Datenbank herstellt, indem er direkt an die Netzwerkschnittstelle des Datenbankverwaltungssystems ankoppelt. Weitere Software oder Treiber sind nicht erforderlich.

7.1.2 Der JDBC-Treiber für die Oracle Database

Der Hersteller der *Oracle Database* stellt zwei Treiber für die Verwendung von SQL-Anweisungen zur Verfügung, nämlich einen vom Treibertyp II und einen vom Treibertyp IV. (Ein dritter Treiber namens *KPRB Driver* ist für das Handling von Stored Procedures und Triggern vorgesehen. Auf diesen Treiber werden wir nicht eingehen, da er im Rahmen der Java-EE-Entwicklung kaum genutzt wird.) Schauen wir uns nun die beiden Treiber für die Oracle Database genauer an.

Der OCI-Treiber (Treibertyp II)

Der OCI-Treiber ist ein JDBC-Treiber vom Typ II, der eine vorinstallierte Oracle-Client-Software nutzt, um sich mit der Datenbank zu verbinden. Oracle befürwortet den Einsatz dieses Treibers nur in speziellen Fällen, wenn die besonderen Eigenschaften eines Network Protocol Drivers benötigt werden.

Der Oracle Thin Driver (Treibertyp IV)

Der *Oracle Thin Driver* ist ein JDBC-Treiber vom Typ IV. Oracle empfiehlt die Verwendung dieses Treibers, der bereits bei der OracleXE-Installation im Verzeichnis *[ORACLE]/app/oracle/product/11.2.0/server/jdbc/lib* mitgeliefert wird. In diesem Verzeichnis werden Sie die Dateien *ojdbc5.jar*, *ojdbc6.jar* und *ojdbc6_g.jar* vorfinden. Alle produktiven Java-Anwendungen ab der JDK 6 sollten die Datei *ojdbc6.jar* einsetzen.

Der Treiber *ojdbc6_g.jar* wurde mit dem Debug-Optionsparameter (`javac -g`) kompiliert. Dadurch enthalten die JDBC-Klassen zusätzliche Debug-Informationen. Obwohl man den Treiber *ojdbc6_g.jar* in einem produktiven System aus Performance-Gründen nicht einsetzen wird, ist er in der Entwicklungsphase sehr nützlich.

7.1.3 Die Driver Definition in Eclipse

Um den Oracle Thin Driver in einer Java-Anwendung zu verwenden, reicht es eigentlich aus, wenn er in den Klassenpfad eingebunden wird. Diesen Weg werden wir aber nicht gehen.

Denn innerhalb von Eclipse gibt es auch noch die Möglichkeit, den Treiber als *Driver Definition* festzulegen. Dies ist ganz praktisch, da er hierdurch in allen Projekten der gesamten Eclipse-IDE über seinen Namen eingebunden werden kann.

Um den Treiber als Driver Definition zu setzen, klicken Sie im Hauptfenster auf WINDOW • PREFERENCES. Auf der linken Seite des PREFERENCES-Fensters öffnen Sie den Ordner DATA MANAGEMENT • CONNECTIVITY • DRIVER DEFINITIONS. Anschließend können Sie auf der rechten Seite die vorhandenen Driver-Definitionen nach Herstellern filtern. Wenn Sie den Eintrag ORACLE selektieren, sollte die Ansicht leer sein (siehe Abbildung 7.1).

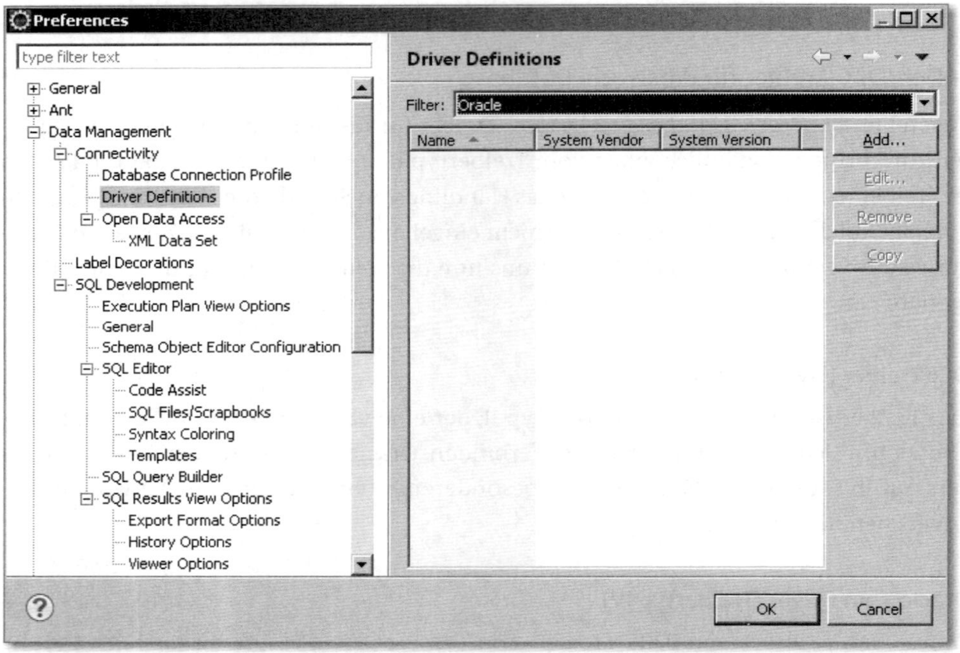

Abbildung 7.1 Die »Driver Definition« im »Preferences«-Fenster

Wenn Sie nun auf der rechten Seite auf ADD klicken, öffnet sich ein neues Fenster, in dem Sie die *Driver Definition* erstellen (siehe Abbildung 7.2). Unter den Herstellern wählen Sie wieder ORACLE aus. Im mittleren Bereich erscheinen die zur Verfügung stehenden *Driver Templates*, unter denen Sie den *Oracle Thin Driver* mit der Versionsnummer 11 auswählen.

Als Nächstes wechseln Sie auf die Registerkarte JAR LIST (siehe Abbildung 7.3). Entfernen Sie dort mit REMOVE JAR/ZIP vorhandene Einträge, und klicken Sie auf ADD JAR/ZIP, um die Datei *ojdbc6_g.jar* im Verzeichnis *[ORACLE]/app/oracle/product/11.2.0/server/jdbc/lib* zu suchen. Bestätigen Sie Ihre Auswahl mit OK.

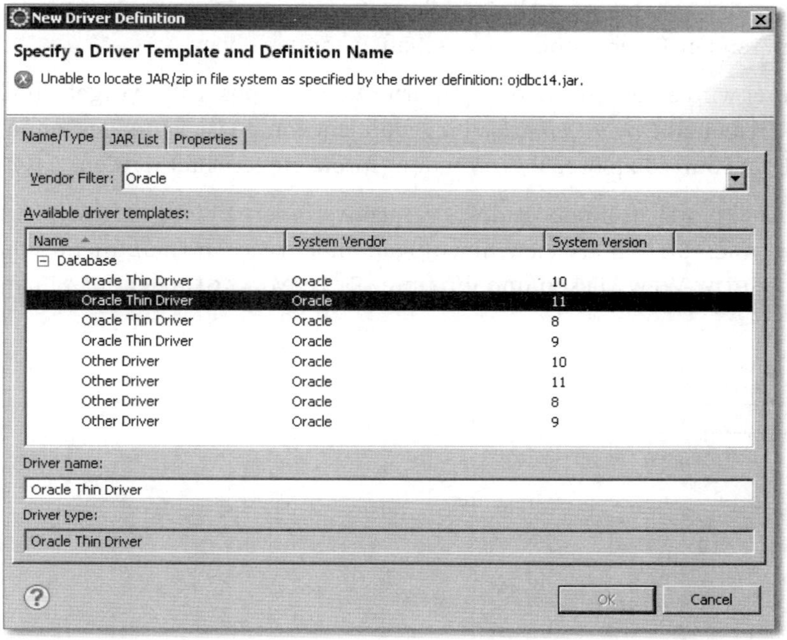

Abbildung 7.2 Die Auswahl des »Driver Templates«

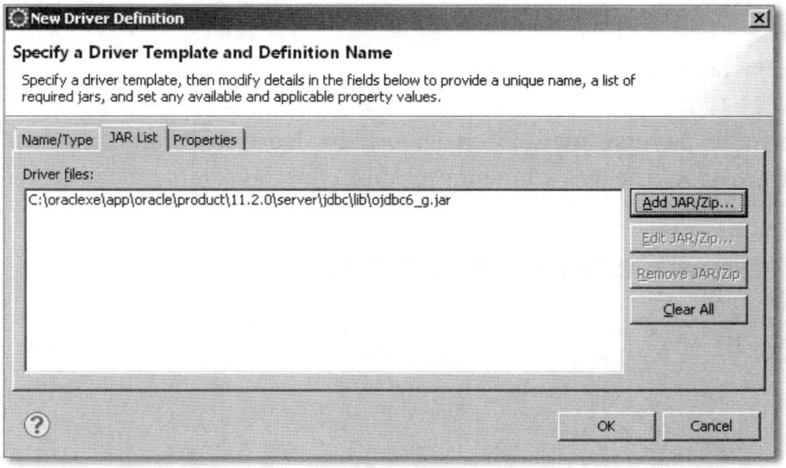

Abbildung 7.3 Die JAR-Liste für die Driver Definition

7.1.4 Der »Data Source Explorer« in Eclipse

Wie eingangs angekündigt, werden wir nun einen direkten Datenbankzugriff über den *Data Source Explorer* von Eclipse einrichten.

Der *Data Source Explorer* ist eine Benutzerschnittstelle, mit der Sie auf Datenbanken zugreifen, SQL-Anweisungen senden, Ergebnismengen anschauen können u.v.m.

Im Data Source Explorer wird eine Liste vorkonfigurierter Verbindungsprofile vorgehalten. Nachdem der Oracle-Treiber als *Driver Definition* eingebunden worden ist, kann die Onlineshop-Datenbank im Data Source Explorer als Verbindungsprofil eingerichtet werden.

Wenn der Data Source Explorer in Ihrer Window Perspective innerhalb von Eclipse nicht bereits geöffnet ist, können Sie ihn als View hinzufügen, indem Sie im Hauptmenü von Eclipse auf WINDOW • SHOW VIEW klicken und ihn unter DATA MANAGEMENT auswählen (siehe Abbildung 7.4).

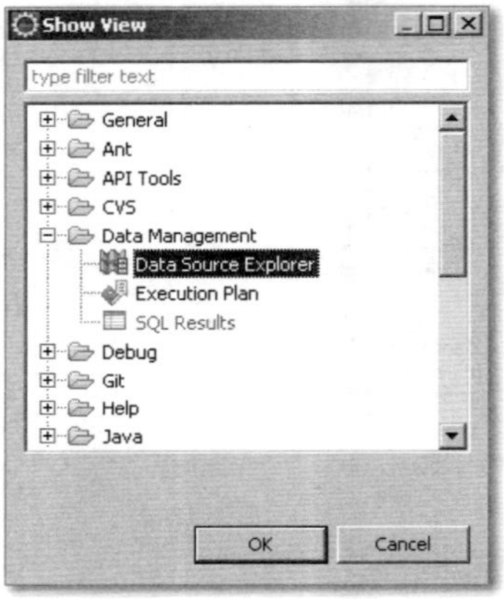

Abbildung 7.4 Die View für den DataSource Explorer

Innerhalb des Data Source Explorers öffnen Sie mit der rechten Maustaste das Kontextmenü und klicken dort auf NEW, um ein neues Verbindungsprofil (*Connection Profile*) einzurichten (siehe Abbildung 7.5).

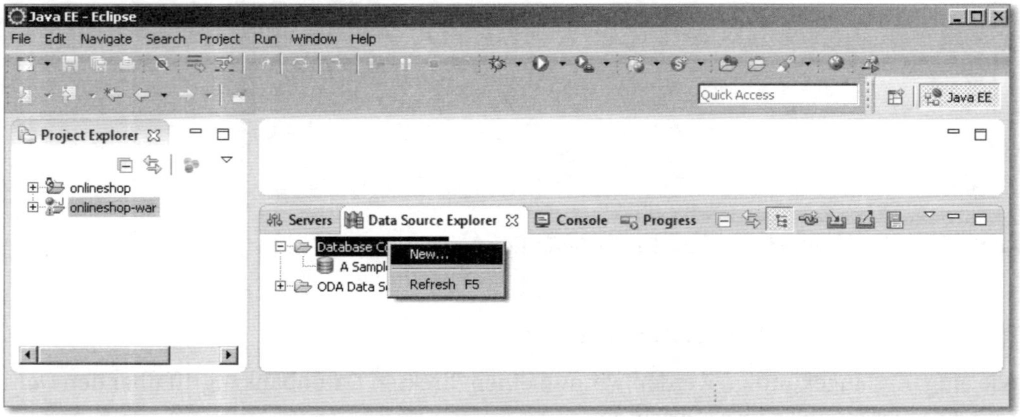

Abbildung 7.5 Mit »New« ein Connection Profile erstellen

Danach erscheint ein Fenster, in dem Sie den Verbindungsprofil-Typ (unter CONNECTION PROFILE TYPES) auswählen und ihm einen Namen geben (siehe Abbildung 7.6). Nennen Sie das Verbindungsprofil »Onlineshop«. Die Beschreibung im unteren Teil des Fensters ist optional.

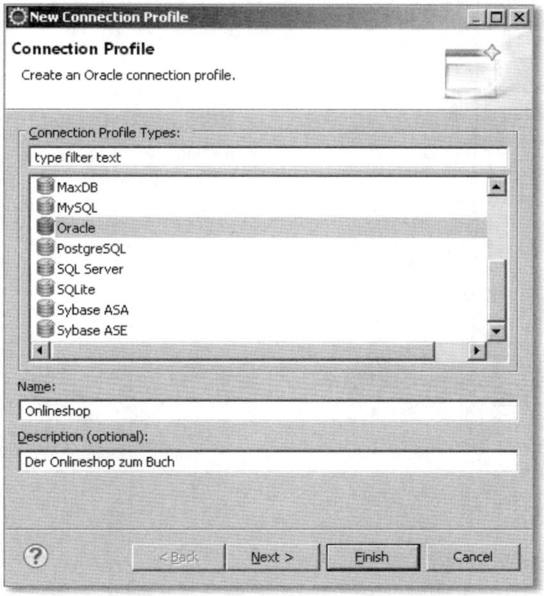

Abbildung 7.6 Die Auswahl eines Verbindungsprofil-Typs im Data Source Explorer

Mit NEXT gelangen Sie zum nächsten Fenster, in dem Sie die Details für das Verbindungsprofil eingeben. Ganz oben müssen Sie den *Oracle Thin Driver* selektieren. Darüber hinaus setzen Sie noch die Daten aus Tabelle 7.1. Ihre Bedeutung wurde in Kapitel 6, »Die relationale Datenbank«, erläutert.

Name	Wert
SID	XE
Host	localhost
Port number	1521
User name	onlineshop_user
Password	geheim_123

Tabelle 7.1 Daten zum Anlegen des Verbindungsprofils

Mit einem Klick auf TEST CONNECTION stellen Sie fest, ob die Einstellungen des Verbindungsprofils korrekt sind und Sie sich mit der Datenbank verbinden können.

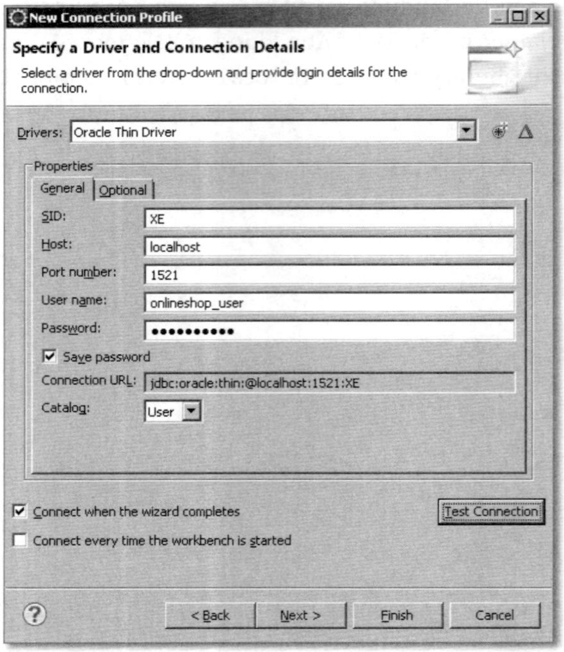

Abbildung 7.7 Die Erstellung eines »Connection Profile«

Wenn Sie auf den Button Next klicken, wird Ihnen eine Zusammenfassung zu dem Verbindungsprofil gezeigt (siehe Abbildung 7.8). Bestätigen Sie abschließend die Details mit Finish.

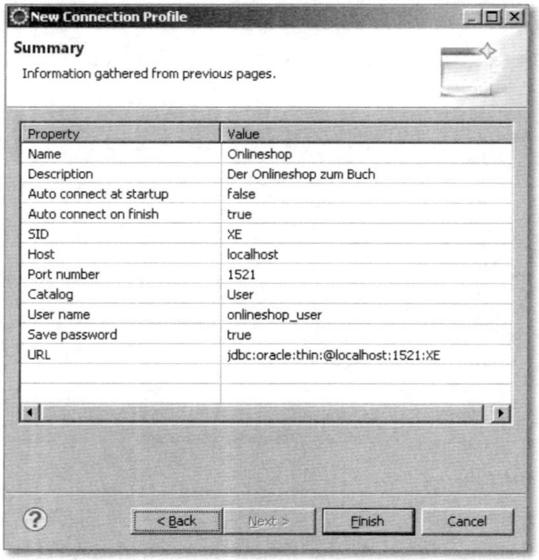

Abbildung 7.8 Die Zusammenfassung zu dem »Connection Profile«

In der Baumstruktur des Data Source Explorers sollte anschließend ein Ordner mit dem Namen Onlineshop zu finden sein (siehe Abbildung 7.9). Öffnen Sie die Baumstruktur bis zum Ordner XE • SCHEMAS • ONLINESHOP • TABLES, und überprüfen Sie dort die Tabellen `CUSTOMER` und `ITEM`. Diese Tabellen hatten wir im letzten Kapitel über ein SQL-Skript angelegt.

Daraufhin klicken Sie auf der rechten Seite des Data Source Explorers auf das Scrapbook-Symbol, um mit dem Scrapbook SQL-Anweisungen an die Datenbank zu senden. Dieses Symbol ist in Abbildung 7.9 mit einem Kreis markiert.

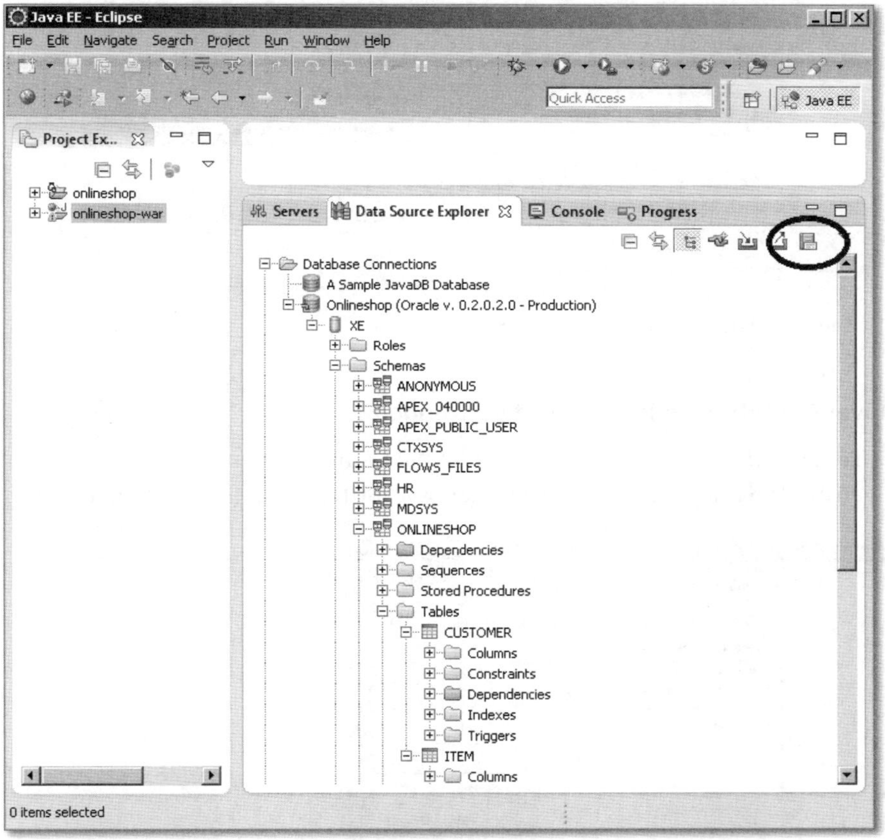

Abbildung 7.9 Rechts oben befindet sich das Symbol für das Scrapbook.

Geben Sie im Scrapbook die SQL-Anweisung SELECT * FROM ONLINESHOP.CUSTOMER; ein. Markieren Sie die SQL-Anweisung. Klicken Sie mit der rechten Maustaste auf die SQL-Anweisung, damit sich das Kontextmenü öffnet. Im Kontextmenü wählen Sie den Menüeintrag EXECUTE SELECTED TEXT aus. Daraufhin sollte rechts unten der Status der Kommandoausführung angezeigt werden. Klicken Sie dort (siehe Abbildung 7.10) auf den Reiter RESULT, um die Daten der Tabelle `CUSTOMER` zu betrachten.

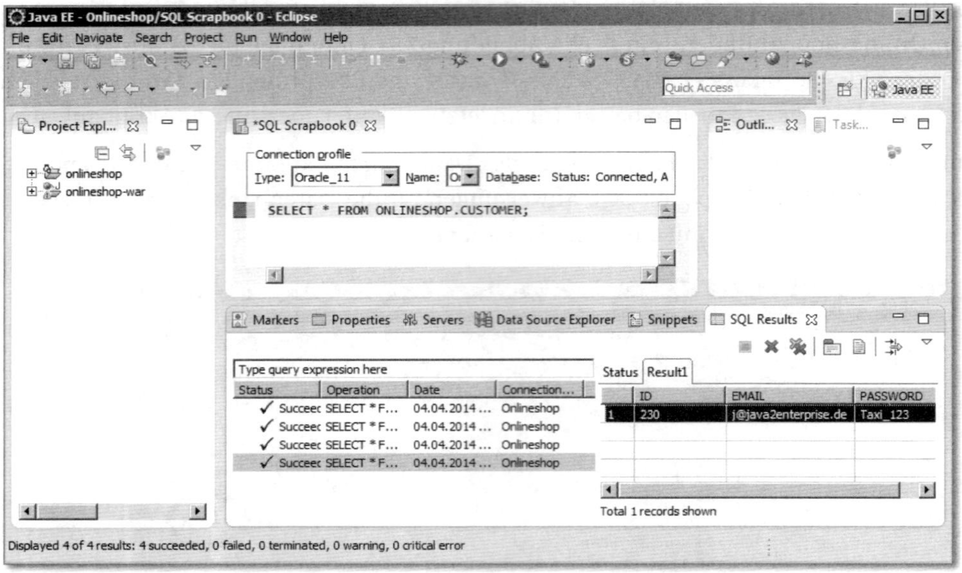

Abbildung 7.10 Die Daten der Tabelle »CUSTOMER«

7.1.5 Die Driver Definition im Java-Projekt verwenden

Damit die *Driver Definition* nun auch im Eclipse-Projekt eingebunden wird, öffnen Sie im PROPERTIES-Fenster Ihres Java-Projekts den Ordner JAVA BUILD PATH (siehe Abbildung 7.11).

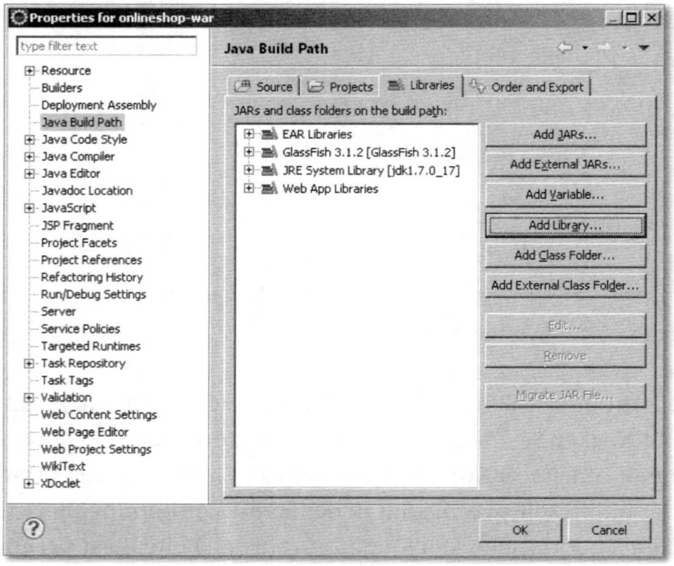

Abbildung 7.11 Der »Java Build Path« in den Properties der Webanwendung

Dann wählen Sie auf der rechten Seite das Register LIBRARIES aus und klicken dort auf ADD LIBRARY. Im ADD LIBRARY-Fenster selektieren Sie CONNECTIVITY DRIVER DEFINITION (siehe Abbildung 7.12).

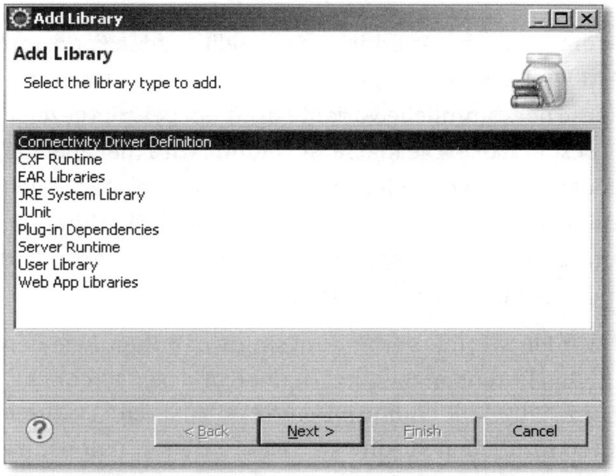

Abbildung 7.12 Das Hinzufügen einer »Connectivity Driver Definition«

Mit NEXT gelangen Sie in ein Fenster, in dem Sie die Driver Definition für die Oracle-Datenbank hinzufügen können (siehe Abbildung 7.13).

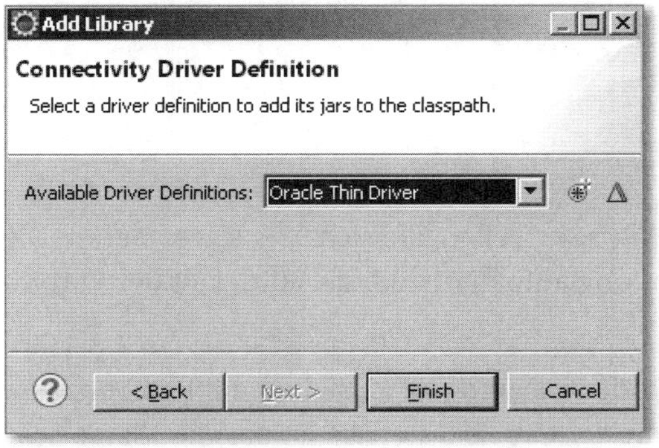

Abbildung 7.13 Die Auswahl des »Oracle Thin Drivers«

Klicken Sie abschließend auf FINISH, damit die Driver Definition als Library hinzugefügt wird.

7.1.6 Der Erstellung einer Datenbankverbindung

Die Grundvoraussetzung, um Datenbankoperationen von Java aus durchzuführen, ist die Erstellung einer Datenbankverbindung. Im folgenden Beispiel werden wir eine kleine Java-

SE-Anwendung schreiben, die eine Datenbankverbindung aufbaut und auf der Konsole ausgibt, ob der Zugriff auf die Datenbank erfolgreich war oder nicht.

javax.sql.DriverManager

Die älteste Klasse der JDBC-API, mit der eine Datenbankverbindung erstellt werden kann, war bereits in der ersten Version der JDBC-API im Package `java.sql` enthalten. Sie nennt sich `DriverManager`. In diesem Abschnitt wird diese herkömmliche Variante in einem Beispiel gezeigt. Betrachten Sie dieses Beispiel nicht als Best Practice: Die Klasse ist veraltet, wird hier aber der Vollständigkeit halber aufgeführt. Heutzutage verwendet man in Java-EE-Anwendungen (aber auch in Java-SE-Anwendungen) die Klasse `javax.sql.DataSource`, bei der die Verbindung über einen JNDI-Lookup ermöglicht wird. Diese Klasse wird im nächsten Abschnitt behandelt, wenn wir im Java EE Server eine Datenquelle über JNDI zur Verfügung haben.

Aber auch im `DriverManager`-Beispiel werden wir die Verbindungsinformationen (wie den Namen der Treiberklasse, die JDBC-URL, den Datenbankbenutzernamen und das Datenbankpasswort) in eine separate Datei namens *C:\onlineshop.properties* auslagern. Dadurch ermöglichen wir, dass Verbindungsdaten für die Entwicklungs-, Test- und Produktionsumgebung außerhalb des Programms ausgetauscht werden können. Die ausgelagerte Textdatei werden wir als Property-Datei anlegen, damit sie durch die Klasse `java.util.Properties` ausgelesen werden kann.

```
driver=oracle.jdbc.OracleDriver
url=jdbc:oracle:thin:@localhost:1521/XE
username=onlineshop_user
password=geheim_123
```

Listing 7.1 c:\onlineshop.properties

Im Eclipse-Projekt werden wir nun eine Java-Klasse erstellen, die sich `DataAccess` nennt. Die Klasse `DataAccess` wird eine Datenbankverbindung aufbauen und die Gültigkeit der Verbindung prüfen.

Nachdem die ausgelagerte Datei eingelesen worden ist, wird zunächst die Haupttreiberklasse des JDBC- Treibers instanziiert. Im Beispiel mit der Oracle Database ist das die Klasse `oracle.jdbc.OracleDriver`. Um gemäß der Java-EE-Connector-Architektur die Datenbank als austauschbaren Informationsservice zu halten, wird der Name des Treibers nicht hartkodiert, sondern ganz generisch mit der Methode `Class.forName(String Treibername)` aufgerufen.

Anschließend wird eine Datenbankverbindung mithilfe der Methode `getConnection()` geholt und mit `isValid()` geprüft, ob die Datenbankverbindung gültig ist. Indem wir der Methode `isValid()` den Wert `10` als Parameter mitgeben, sorgen wir dafür, dass die Verbindung nur valide ist, wenn sie innerhalb von 10 Sekunden dingfest gemacht werden konnte. Für die Ausgabe auf die Konsole werden wir die Klasse `java.util.Logger` einsetzen.

```
package de.java2enterprise.onlineshop;

import java.io.FileInputStream;
import java.sql.Connection;
import java.sql.DriverManager;
import java.util.Properties;
import java.util.logging.Logger;

public class DataAccess {
    public static void main(String[] args)
            throws Exception {
        final Logger logger =
            Logger.getLogger(
                DataAccess.class.getName());

        final Properties p = new Properties();
        p.load(new FileInputStream(
                "c:/onlineshop.properties"));
        Class.forName(p.getProperty("driver"));
        final Connection con =
            DriverManager.getConnection(
                p.getProperty("url"),
                p.getProperty("username"),
                p.getProperty("password"));
        if(con.isValid(10)) {
            logger.info("Connected!");
        }
        logger.info("Closing connection!");
        con.close();
        logger.info("Program finished!");
    }
}
```

Listing 7.2 »DataAccess.java«

Nach der Ausführung des Programms sollte auf der Konsole eine ähnliche Ausgabe wie diese erscheinen:

```
Apr 04, 2014 9:20:56 AM de.java2enterprise.onlineshop.DataAccess main
Information: Connected!
Apr 04, 2014 9:20:56 AM de.java2enterprise.onlineshop.DataAccess main
Information: Closing connection!
Apr 04, 2014 9:20:56 AM de.java2enterprise.onlineshop.DataAccess main
Information: Program finished!
```

javax.sql.DataSource

Obwohl auf die oben gezeigte Weise eine Datenbankverbindung erzeugt werden kann, gilt sie in Java-EE-Anwendungen als »deprecated« und wird nicht mehr benutzt. Der Grund dafür ist, dass Java-EE-Anwendungen Datenbankverbindungen nicht direkt, sondern über den Java EE Server erstellen sollen. Denn die Java-EE-Spezifikation fordert eine weitere Entkopplung, die die Beschaffung von Datenbankverbindungen kapselt und abstrahiert. Man fasste diese Anforderung unter der allgemeinen Bezeichnung *DataSource* (zu Deutsch *Datenquelle*) zusammen. Die DataSource wird vom Administrator des Java- EE Servers über einen JNDI-Namen zur Verfügung gestellt. Innerhalb der Java-EE-Anwendung kann anschließend über den JNDI-Namen auf die DataSource Bezug genommen werden. Der Rückgabewert des JNDI-Lookups ist vom Typ `javax.sql.DataSource`.

javax.sql.ConnectionPoolDataSource

Eine weitere Anforderung erwuchs aus dem Problem, dass Java-EE-Anwendungen häufig sehr viele Datenbankverbindungen gleichzeitig benötigen. Weil die Erzeugung einer Datenbankverbindung verhältnismäßig kostspielig ist, musste eine Möglichkeit geschaffen werden, sie durch eine Art Recycling wiederzuverwenden. Man entwickelte sogenannte *Connection-Pools*. Durch einen Connection-Pool wird eine bestimmte Menge an Datenbankverbindungen wie in einem Recycling-Mechanismus verwaltet. Eine DataSource, die einen Connection-Pool einsetzt, wird durch das Interface `javax.sql.ConnectionPoolDataSource` repräsentiert.

javax.sql.XADataSource

Zusätzlich zu den beiden genannten DataSource-Typen erfordert ein Java-EE-konformer Server, dass auf unterschiedliche Systeme gemäß des X/Open-XA-Standards zugegriffen wird. Dabei werden die CRUD-Anweisungen (CREATE, READ, UPDATE und DELETE) innerhalb einer einzigen globalen Transaktion über verteilte Systeme geklammert. Die JDBC-Repräsentation für diese Fähigkeit wird durch das Interface `javax.sql.XADataSource` gekennzeichnet.

Bei einer globalen Transaktion über den X/Open-XA-Standard werden die CRUD-Operationen in den betroffenen Datenquellen nur dann wirklich wirksam, wenn alle Systeme mit der Durchführung einverstanden sind. Auf diese Weise wird gewährleistet, dass entweder bei allen oder bei gar keiner Datenquelle die CRUD-Operationen durchgeführt werden.

Die Durchführung der globalen Transaktion geschieht dabei mithilfe des sogenannten 2-Phasen-Commit-Protokolls. Wenn bei dem 2-Phasen-Commit-Protokoll ein Commit angewiesen wird, versendet der *Transaction Manager* eine PREPARE_TO_COMMIT-Anfrage an alle betroffenen Datenquellen. Daraufhin reagieren die Datenquellen entweder mit einem PREPARED oder mit einem NO. Wenn alle Datenquellen mit einem PREPARED geantwortet haben, sendet der Transaction Manager ein COMMIT. Ansonsten versendet er ein ABORT, was bei den Datenquellen zu einem ROLLBACK führt.

7.2 Der Zugriff über den Java EE Server

In dem letzten Programmierbeispiel haben wir direkt von einer Java-Standalone-Anwendung aus mit der Datenbank kommuniziert. Nun wird gezeigt, wie die Datenbankverbindung durch den Java EE Server besorgt werden kann. Dies ist praktisch, denn dadurch ist die Java-EE-Anwendung von dieser Aufgabe entlastet, und gleichzeitig erzielen wir eine Loskopplung der Anwendung von der Datenbank.

Die gängige Praxis ist, dass der Java EE Server die Datenbankverbindung als DataSource über einen Namensdienst zu Verfügung stellt. Hierfür muss der GlassFish-Server konfiguriert werden. Vor der Konfiguration muss aber zunächst auch noch der JDBC-Treiber in das Unterverzeichnis *c:/glassfish4/glassfish/domains/domain1/lib* kopiert werden (siehe Abbildung 7.14).

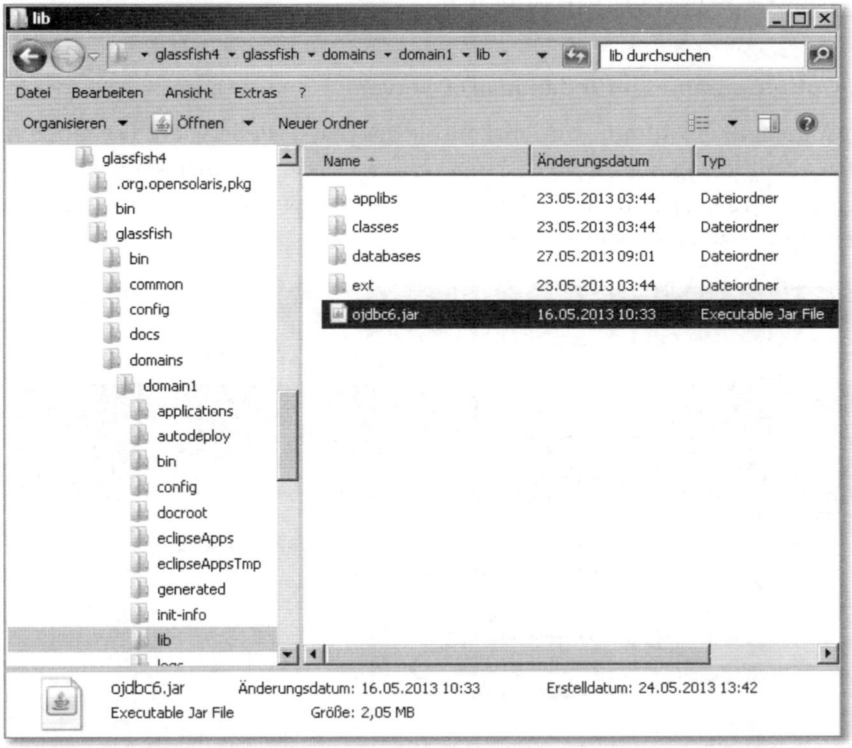

Abbildung 7.14 Der JDBC-Treiber im »lib«-Verzeichnis der Domäne »domain1«

Wenn der GlassFish-Server auf Ihrem Rechner bereits läuft, sollten Sie ihn nun in jedem Fall erneut starten, denn ansonsten erfährt er nicht, dass der JDBC-Treiber im */lib*-Verzeichnis vorhanden ist.

Nach dem Neustart von GlassFish rufen Sie in einem Webbrowser die Seite *http://localhost:4848* auf, um die Administrationskonsole zu öffnen.

Bei vielen GlassFish-Plug-in-Varianten ist es auch möglich, die Admin-Konsole von Eclipse aus aufzurufen. Weil wir das GlassFish-Plug-in in Eclipse installiert haben, könnte hierfür in der View SERVER ein spezieller Button mit einem Fisch-Symbol angeboten sein. Diese Option ist aber nicht in allen Plug-in-Versionen vorhanden. Deshalb werde ich auf die Erläuterung dieses Buttons verzichten. Er ist ohnehin vom Prinzip her mit dem gezeigten Weg gleichwertig.

Innerhalb der Administrationskonsole werden wir nun die Konfiguration für den ConnectionPool und die DataSource vornehmen. Dabei werden wir

1. die JVM-Optionsparameter für die Oracle Database anpassen,
2. einen JDBC-ConnectionPool erstellen und
3. eine DataSource erzeugen (Vorsicht: Eine DataSource wird beim GlassFish-Server als *JDBC Resource* bezeichnet.)

7.2.1 Die JVM-Optionsparameter für den Java EE Server

Im Webbrowser sollte nun die Administrationskonsole des GlassFish-Servers zu sehen sein. Klicken Sie dort auf der linken Seite auf KONFIGURATIONEN • SERVER-CONFIG • JVM EINSTELLUNGEN. Auf der rechten Seite rufen Sie den Reiter JVM-OPTIONEN auf und fügen die beiden Optionsparameter hinzu (siehe Abbildung 7.15).

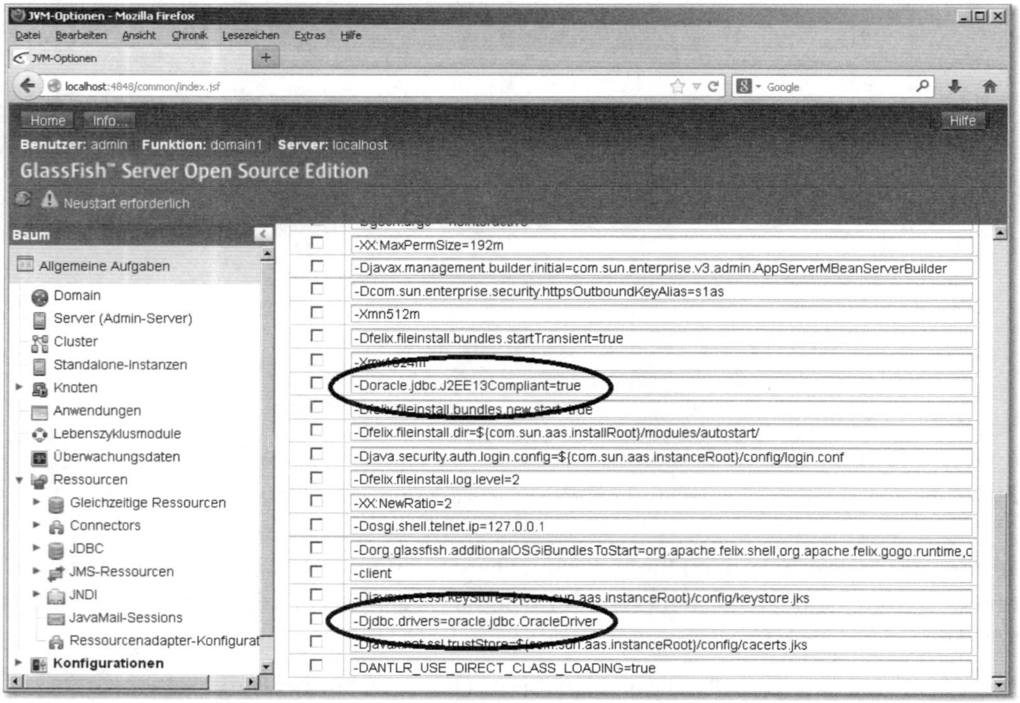

Abbildung 7.15 Die JVM-Optionsparameter für den JDBC-Treiber

Beim GlassFish-Server ist per Default der Optionsparameter

```
-Djdbc.drivers=org.apache.derby.jdbc.ClientDriver
```

gesetzt, da die Datenbank *Derby* per Default bei GlassFish vorinstalliert ist. Da für dieses Buch die Oracle Database verwendet wird, ändern wir diesen Optionsparameter wie folgt:

```
-Djdbc.drivers=oracle.jdbc.OracleDriver
```


Laut Oracle-Online-Dokumentation muss der Optionsparameter `-Doracle.jdbc.J2EE13Compliant=true` gesetzt werden, damit sich der Treiber gemäß dem Java-EE-Standard verhält. Auch darum sollten wir uns nun kümmern.

Zuletzt bestätigen Sie die Änderungen mit einem Mausklick auf den Button SPEICHERN. Außerdem sollten Sie nun den Java EE Server erneut stoppen und wieder starten.

7.2.2 Erstellung eines JDBC-Connection Pools

Als Nächstes erstellen wir einen *Connection Pool* für die Oracle Database. In der Administrationskonsole klicken Sie auf der linken Seite auf RESSOURCEN • JDBC • JDBC-CONNECTION POOLS. Auf der rechten Seite erscheint dann eine Übersicht über die vorhandenen JDBC-Connection Pools (siehe Abbildung 7.16).

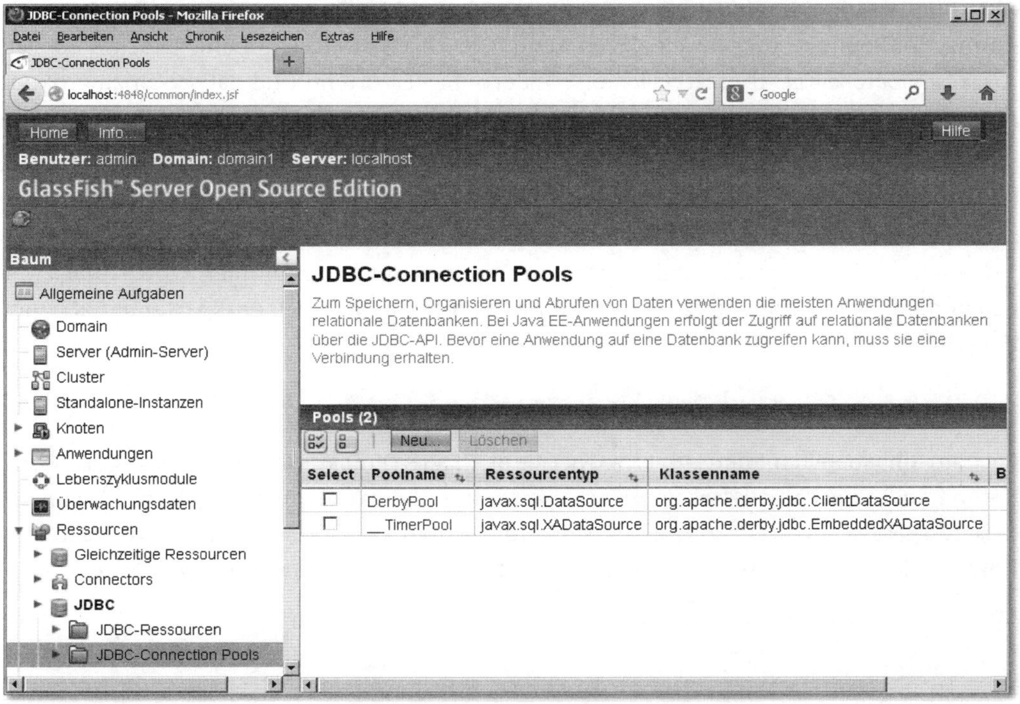

Abbildung 7.16 Die Übersicht über die Connection Pools

In dem Übersichtsfenster JDBC-Connection Pools klicken Sie auf Neu, um den Verknüpfungsnamen zu der Datenbank einzugeben.

Die Erstellung des Connection Pools wird in zwei Schritten durchgeführt.

Schritt 1

Im ersten Schritt müssen Sie im obersten Eingabefeld einen Namen vergeben (siehe Abbildung 7.17). Als Ressourcentyp stehende folgende Einträge zur Auswahl:

- `java.sql.Driver`
- `javax.sql.DataSource`
- `javax.sql.ConnectionPooledDataSource`
- `javax.sql.XADataSource`

Den Eintrag `java.sql.Driver` lassen wir mal außen vor. Stattdessen betrachten wir die drei `DataSource`-Varianten. Im letzten Abschnitt wurde der Unterschied dieser drei Varianten beschrieben, als sie als Alternative zur direkten Datenverbindung über den DriverManager aufgezeigt wurden. Gemäß dieser Beschreibung müsste man annehmen, dass der Ressourcentyp `javax.sql.DataSource` kein und nur der Ressourcentyp `javax.sql.ConnectionPooledDataSource` ein Connection-Pooling anbietet. Zumindest lässt dies der Bezeichner des Ressourcentyps vermuten.

Allerdings wurde das mit dem Oracle-Treiber anders gelöst: Um eine Datenverbindung mit ConnectionPooling auf eine einzige Datenquelle zu erhalten, empfiehlt Oracle den Typ `javax.sql.DataSource`. Diese Tatsache ist leider sehr verwirrend und hat schon zu großem Ärger bei so manchem Entwickler geführt. Wie dem auch sei, für unseren Onlineshop wäre diese Auswahl also die richtige.

Nebenbei gesagt: Wenn wir auf mehrere XA-Datenquellen in einer einzigen globalen Transaktion zugreifen wollten, müssten wir den XA-Treiber verwenden und den Eintrag `javax.sql.XADataSource` auswählen, der von Oracle ebenfalls empfohlen wird – und zwar genau dann, wenn eben das 2-Phasen-Commit-Protokoll des X/Open-XA-Standards benötigt wird.

Datenbanktreiber-Hersteller

Bei dem Eingabefeld für den Datenbanktreiber-Hersteller selektieren Sie Oracle. Ganz unten in der Checkbox Introspektieren wird ein nützliches Feature angeboten: Wenn Sie diese Checkbox anklicken, sucht GlassFish für Sie den Treibernamen heraus, der zu dem Datenbankhersteller passt. Oracle bezeichnet dieses Feature als *Introspektion*.

Mit einem Mausklick auf Weiter gelangen Sie zum zweiten Schritt.

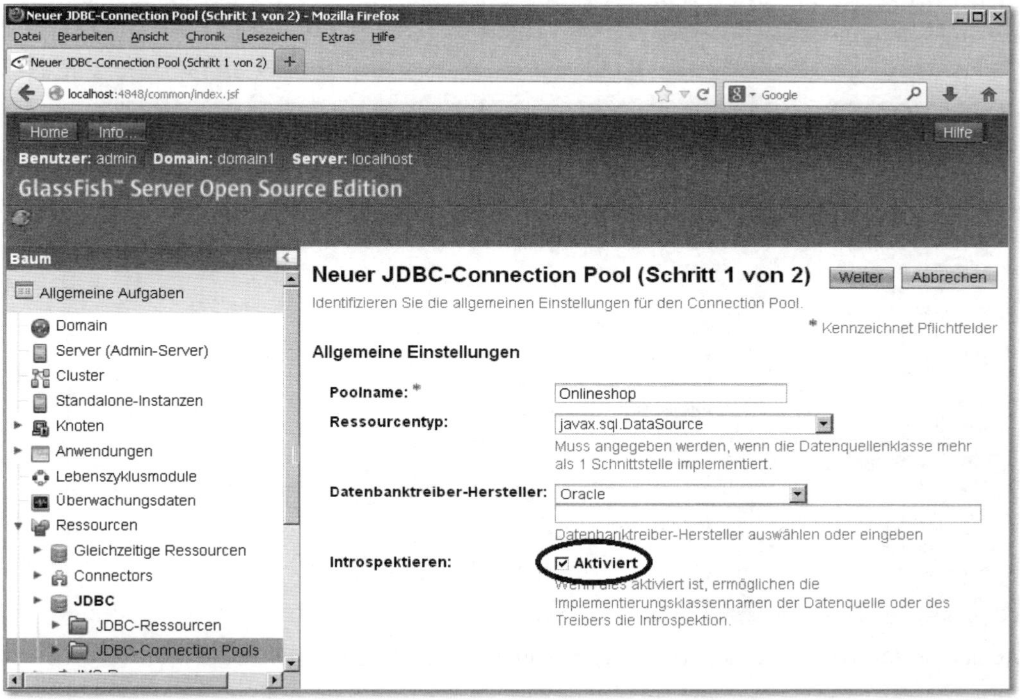

Abbildung 7.17 Der erste Schritt zur Erstellung des JDBC-Connection Pools enthält eine Checkbox für die Introspektion.

Schritt 2

Im zweiten Schritt müssen Sie zunächst den KLASSENNAMEN DER DATENQUELLE einstellen (siehe Abbildung 7.18). Setzen Sie den Wert auf `oracle.jdbc.pool.OracleDataSource`. Wenn es sich um eine XA-Datenquelle handelt, tragen Sie `oracle.jdbc.xa.client.OracleXADataSource` ein.

Wenn bei Ihnen diese Einträge nicht angeboten werden, könnte es daran liegen, dass Sie den JDBC-Treiber nicht in das Verzeichnis *c:/glassfish4/glassfish/domains/domain1/lib* kopiert bzw. den GlassFish-Server anschließend nicht gestoppt und erneut hochgefahren haben. Wenn das der Fall ist, korrigieren Sie dies zunächst. Erst, wenn die obige Ansicht in Ihrem Webbrowser zu sehen ist, sollten Sie mit dem nächsten Schritt fortfahren.

Weiter unten haben Sie die Möglichkeit, den Connection Pool zu konfigurieren. Dabei sind vor allem die zur Verfügung stehenden Connections von Interesse. Per Default werden 8 Connections vorbereitet. Wenn diese belegt sind, erhöht der Pool seine Connections auf bis zu 32 Stück. Beide Werte werden wir nun erhöhen, denn wenn wir die Fotos der Artikel in der Datenbank speichern wollen, müssen wir für zahlreiche gleichzeitig aufkommende Anfragen gewappnet sein. Die Datenbank hatten wir hierauf bereits vorbereitet, denn sie ist nach unserer Änderung im letzten Kapitel in der Lage, etwa 300 Anfragen parallel zu beantworten. Deshalb werden wir den Minimalwert nun auf 80 und den Maximalwert auf 320 setzen (siehe Abbildung 7.19). Dies sollte im Vergleich zu der Einstellung in der Datenbank angemessen sein.

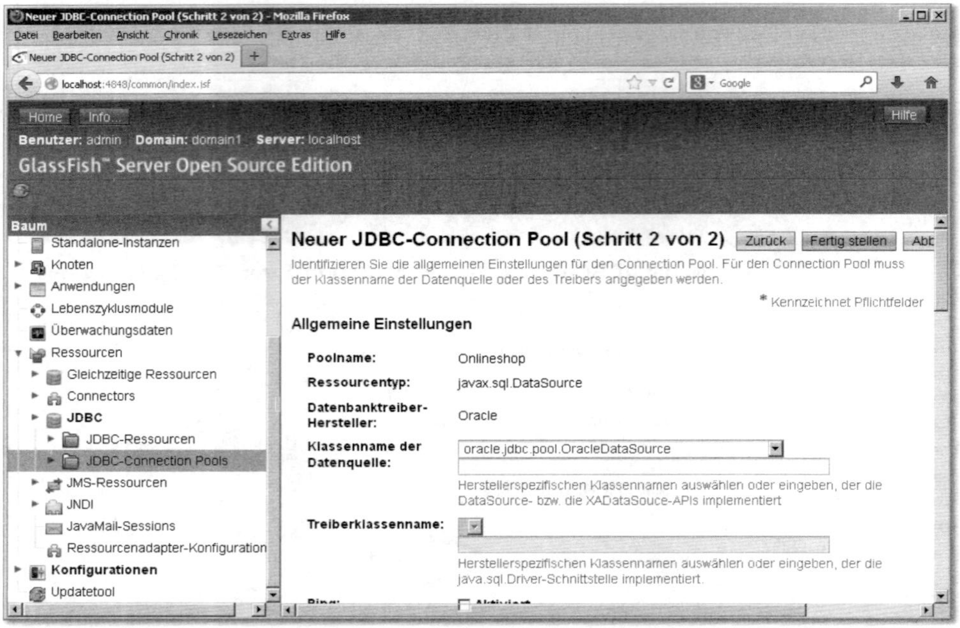

Abbildung 7.18 Der zweite Schritt für die Erstellung des JDBC-Connection Pools

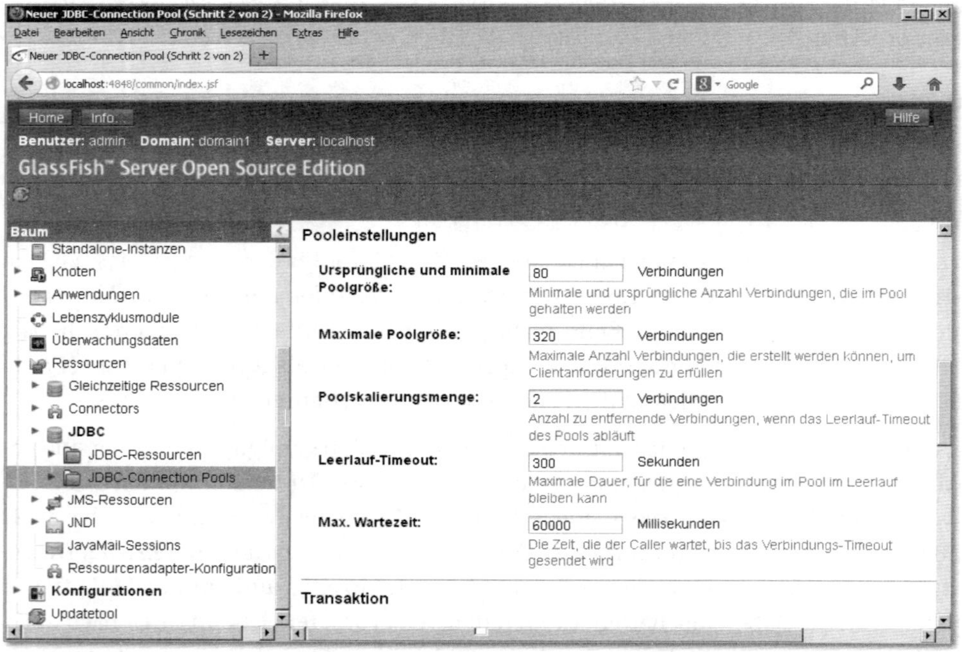

Abbildung 7.19 Die Einstellungen für den Connection Pool

Wenn Sie die Einstellungen für den Pool angepasst haben, scrollen Sie in den unteren Bereich des Fensters, wo Sie in Eingabefeldern die Verbindungsinformationen eingeben können (siehe Abbildung 7.20). Füllen Sie die Eingabefelder USER, PASSWORD und URL, wie Sie es in der Property-Datei eingetragen hatten. Vielleicht wird Ihnen eines Tages in Ihrem Java-EE-Projekt folgende Schreibweise begegnen:

```
jdbc:oracle:thin:@//localhost:1521/XE
```

Hierbei handelt es sich um eine neue Syntax, bei der der Oracle-Service verwendet wird, der auf dem Rechner installiert ist. Wenn Sie die gleiche Entwicklungsumgebung verwenden, die in diesem Buch gezeigt wird, funktioniert die neue Syntax, weshalb ich sie nachfolgend auch verwenden werde. Es könnte aber durchaus sein, dass Sie in Ihrem Arbeitsumfeld eine andere Oracle-Installation vorfinden. In diesem Fall verwenden Sie die alte JDBC-URL-Syntax:

```
url=jdbc:oracle:thin:@localhost:1521/XE
```

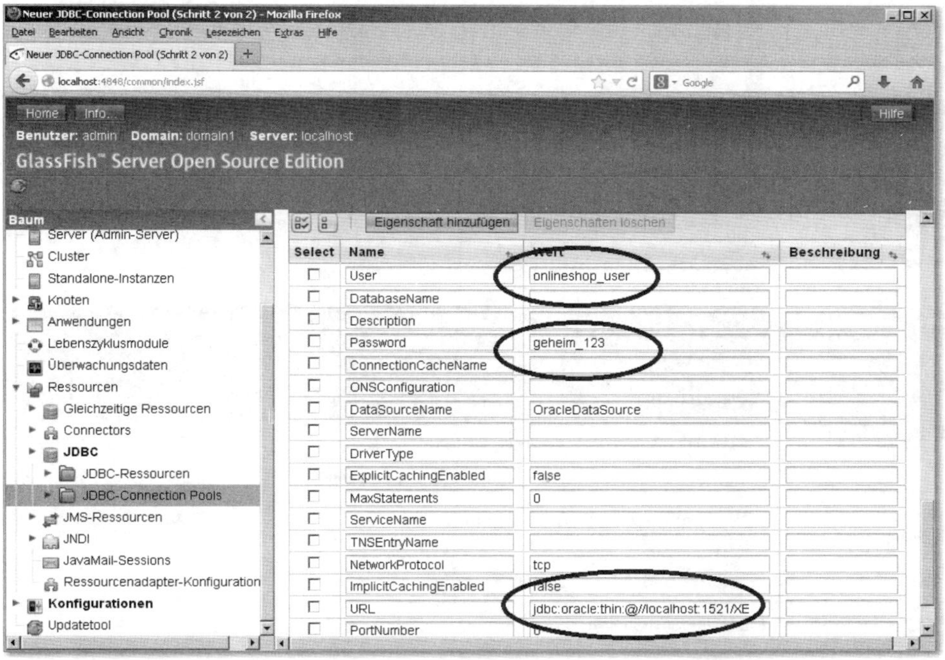

Abbildung 7.20 Die Eingabe der Verbindungsdaten

Wenn Sie auf FERTIG STELLEN klicken, wird der neue JDBC-Connection Pool erstellt. Der neue JDBC-Connection Pool sollte nun im Übersichtsfenster zu sehen sein (siehe Abbildung 7.21).

Klicken Sie im Connection-Pool-Fenster auf ONLINESHOP, und versuchen Sie im Editierfenster mit einem Klick auf PING, die Datenbankverbindung zu testen (siehe Abbildung 7.22).

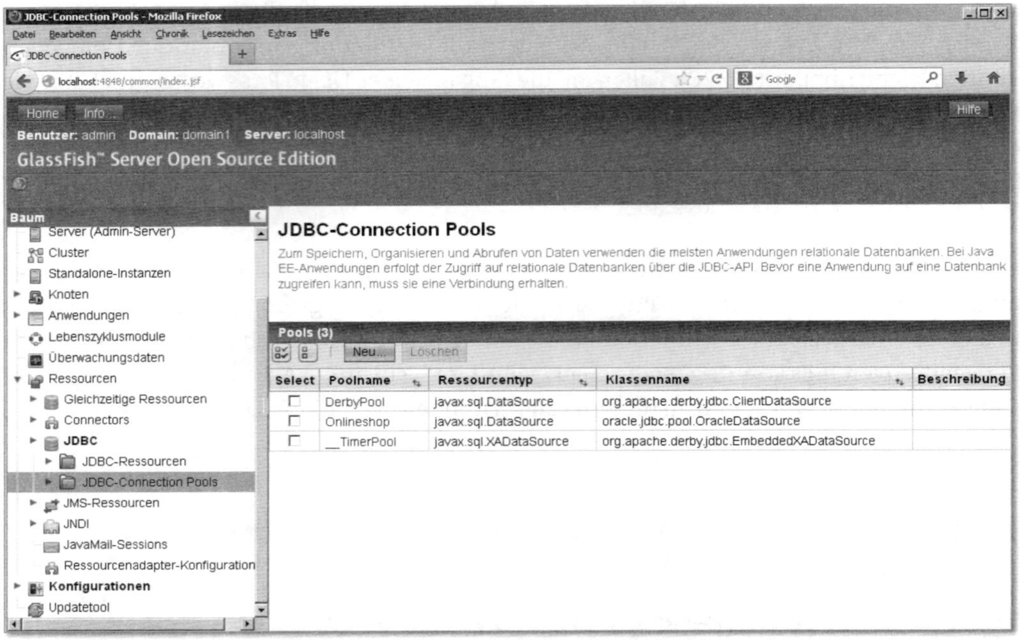

Abbildung 7.21 Der neue JDBC-Connection Pool zur »Onlineshop«-Datenbank

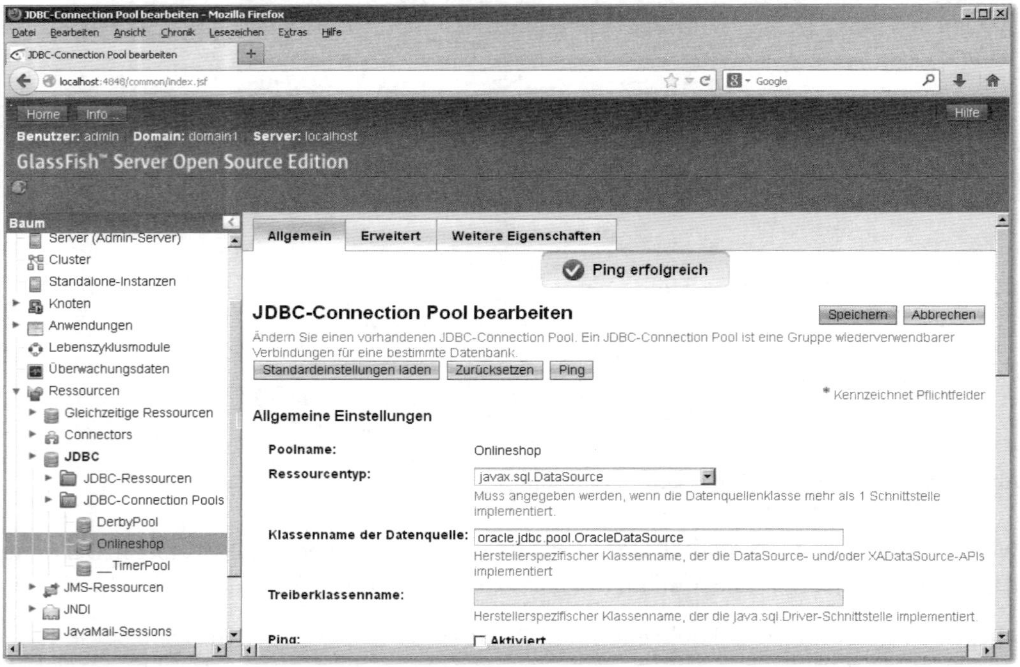

Abbildung 7.22 Der Ping zum Datenbank-Server

7.2.3 Erstellung einer »Default Data Source«

Ich habe bereits angemerkt, dass bei GlassFish der Begriff *JDBC Ressource* ein Synonym für den Begriff *DataSource* ist. Klicken Sie in der Administrationskonsole des GlassFish-Servers deshalb auf RESOURCES • JDBC • JDBC RESSOURCEN.

Auf der rechten Seite sollte danach eine Übersicht über die JDBC-Ressourcen zu sehen sein (siehe Abbildung 7.23). Wenn Sie nun eine nagelneue JDBC-Ressource erstellen wollten, müssten Sie mit der Maus auf NEW klicken. Dies wäre normalerweise auch der nächste Schritt. Wir werden in diesem Buch aber einen alternativen Weg gehen. Der Grund hierfür ist, dass die Java-EE-Spezifikation vorgesehen hat, dass ein EE Server eine sogenannte *Default Data Source* zur Verfügung stellen muss. Die Default Data Source soll per Spezifikation von einer Java-EE-Anwendung aus über den JNDI-Namen `jdbc/__default` erreichbar sein.

Das Besondere an der Default Data Source ist, dass mithilfe einer speziellen Konvention für »Default-Werte« auf die explizite Angabe der Datenquelle verzichtet werden kann.

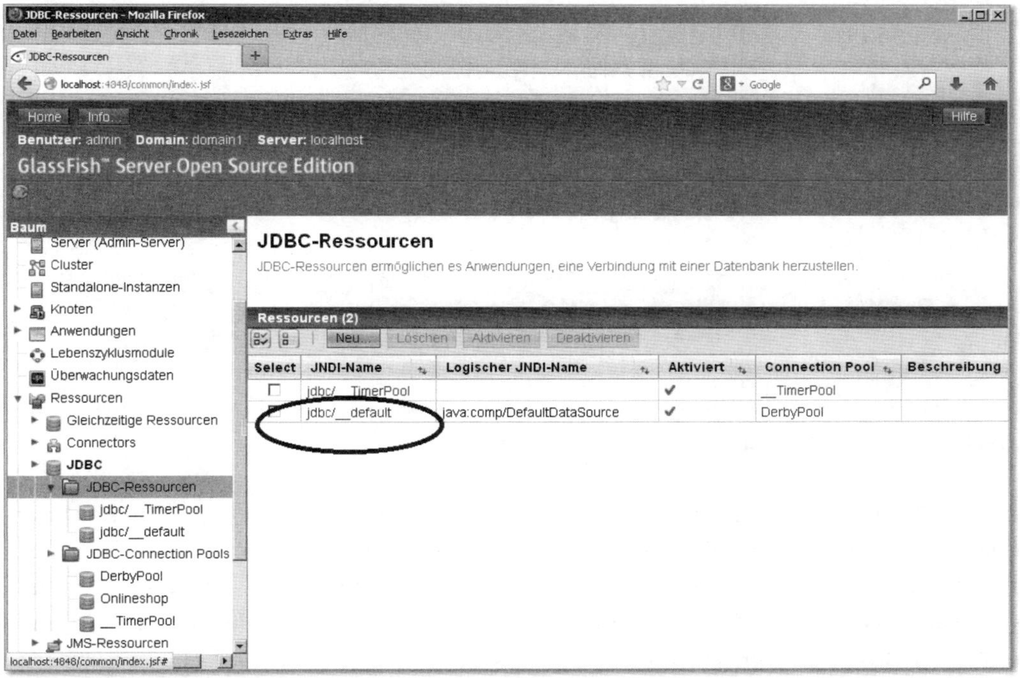

Abbildung 7.23 Die »Default Data Source«, die über »jdbc/__default« oder den logischen JNDI-Namen »java:comp/DefaultDataSource« erreichbar ist

Wie Sie an Abbildung 7.23 erkennen können, wurde die Default Data Source bei dem GlassFish Server bereits erstellt und vorkonfiguriert. Das Problem dieser vorkonfigurierten Default Data Source ist, dass sie sich leider noch nicht auf unsere Oracle Database bezieht, sondern auf einen sogenannten *Derby Pool*. Derby ist eine relationale Datenbank, die mit dem GlassFish-Server mitgeliefert wird und vorkonfiguriert ist. Unsere Aufgabe ist es nun, die Default Data Source so abzuändern, dass sie nicht mehr auf Derby, sondern auf die Oracle Database mit dem Onlineshop referenziert. Hierfür klicken Sie auf JDBC/__DEFAULT. In dem Dialog aus Abbildung 7.24 selektieren Sie in der Combobox POOLNAME den Eintrag ONLINESHOP.

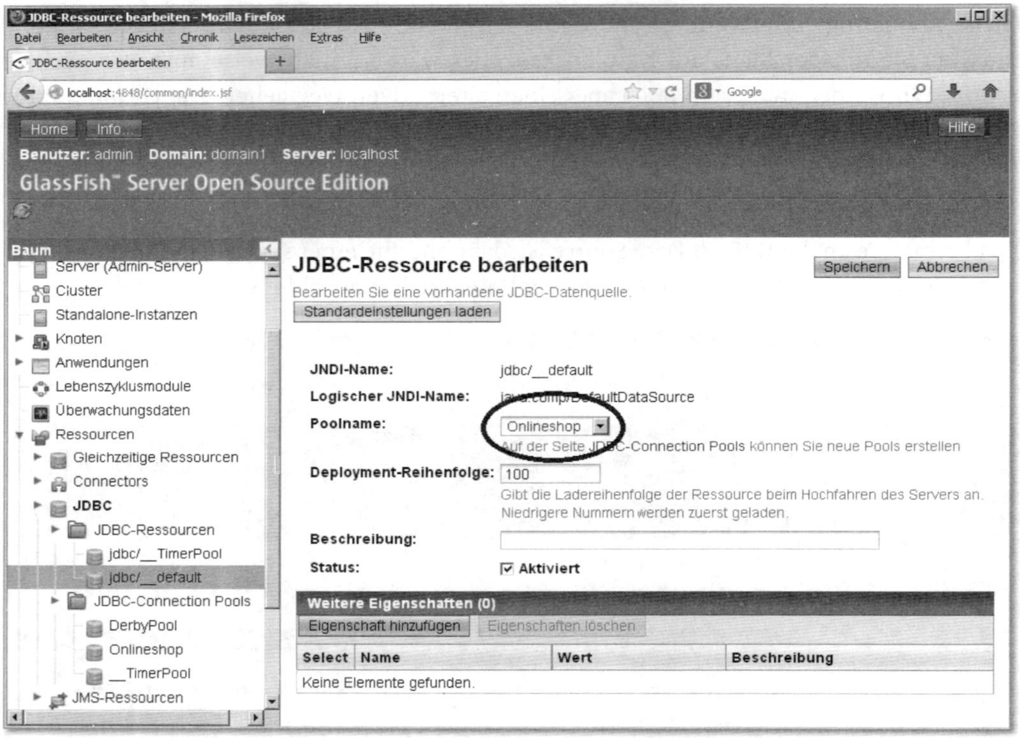

Abbildung 7.24 Die Erstellung der JDBC-Ressource

Klicken Sie anschließend auf SPEICHERN, um die Änderung der Default Data Source zu bestätigen. Schließen Sie danach das Browserfenster, und fahren Sie über `asadmin` auf der Kommandozeile den GlassFish-Server herunter. In Eclipse starten Sie zu guter Letzt den GlassFish-Server wieder. Er sollte nun für die Verwendung der JDBC-Ressource über einen Namensdienst vorbereitet sein.

7.3 Die Kernfunktionalität der JDBC-API

In diesem Abschnitt lernen Sie, wie mit der Kernfunktionalität von JDBC gearbeitet wird. Dabei werden wir die Datenbankverbindungen über den Java EE Server besorgen. Anschließend werden wir Daten speichern und wieder abfragen.

7.3.1 Die Datenbankverbindung über den Java EE Server besorgen

Im nächsten Beispiel wird die Datenbankverbindung über den GlassFish-Server getestet. Deshalb wird sich die Klasse `DataAccess` die Datenbankverbindung nun nicht mehr über den anwendungseigenen JDBC-Treiber holen, sondern über den Namensdienst des Java EE Servers. Das funktioniert allerdings auch nur, wenn die Klasse `DataAccess` vorab als Teil einer Java-EE-Anwendung im GlassFish-Server deployt wurde.

Das bedeutet auch, dass wir nun wieder ein dynamisches Webprojekt vorzugsweise als Teil eines Java-Enterprise-Projekts benötigen. Wenn Sie die Beispiele der letzten Kapitel mitprogrammiert haben, können Sie das *onlineshop-war*-Projekt weiterhin nutzen. Dort erstellen Sie ein Servlet, das die Klasse `DataAccess` aufruft. Es ruft außerdem auch die statische Methode `doLookup()` der Klasse `InitialContext` auf, um die Ressource `"jdbc/__default"` zu finden. Die Klasse `OracleDataSource` können wir allerdings hier nun nicht mehr nutzen, da der Lookup ein Objekt der Klasse `java.sql.DataSource` liefert.

```
package de.java2enterprise.onlineshop;

import java.io.IOException;
import java.io.PrintWriter;
import java.sql.Connection;

import javax.naming.InitialContext;
import javax.servlet.ServletException;
import javax.servlet.annotation.WebServlet;
import javax.servlet.http.HttpServlet;
import javax.servlet.http.HttpServletRequest;
import javax.servlet.http.HttpServletResponse;
import javax.sql.DataSource;

@WebServlet("/test")
public class TestServlet extends HttpServlet {
    private static final long serialVersionUID = 1L;

    private DataSource ds;

    public void doGet(
            HttpServletRequest request,
            HttpServletResponse response)
            throws ServletException, IOException {

        final PrintWriter writer =
                response.getWriter();
        response.setContentType(
                "text/html;charset=UTF-8");
```

```
            writer.println("<!DOCTYPE html>");
            writer.println("<html><body>");
        try {
            ds = (DataSource)
                InitialContext.doLookup(
                "jdbc/__default");
            final Connection con = ds.getConnection();
            if(con.isValid(10)) {
                writer.println("<BR>Connected!");
            }
            con.close();
        } catch (Exception ex) {
            writer.println(ex.getMessage());
        }
            writer.println(
            "<BR>Test finished!</body></html>");
    }
}
```

Listing 7.3 »TestServlet.java«

Beachten Sie, dass Sie nun den JDBC-Treiber im Java-Build-Path (in den Preferences des Webprojekts) nicht mehr benötigen. Führen Sie das Programm aus. Wenn Sie das Servlet im dynamischen Webprojekt *onlineshop-war* programmiert haben, rufen Sie im Webbrowser die Adresse *http://localhost:8080/onlineshop-war/test* auf.

7.3.2 Die Datenquelle durch den Web-Container injizieren lassen

In diesem Abschnitt wird gezeigt, wie der Quelltext der Controller-Klasse mithilfe des sogenannten Injizierens vereinfacht werden kann. Dabei wird der JNDI-Lookup nicht mehr in der Controller-Klasse manuell programmiert, sondern vom Web-Container automatisch zugewiesen.

Um dem Web-Container mitzuteilen, welche Objektvariable er initialisieren soll, können Konfigurationsdateien oder Annotations verwendet werden. Mittlerweile werden meistens Letztere eingesetzt. Im folgenden Listing sehen Sie, wie der Objektvariablen `dataSource` die Datenquelle der Default-Data-Source injiziert wird. Dabei verwenden wir die Annotation `@Resource`:

```
...
@Resource(name="jdbc/__default")
private DataSource ds;
...
```

Listing 7.4 »TestServlet.java«

Ein besonderer Vorteil hierbei ist, dass eine Entkopplung stattfindet. In der Klasse TestServlet.java wird nicht festgelegt, woher die Daten kommen. Wenn wir die Klasse in einem anderen Kontext verwenden, würde sie deshalb gleichermaßen funktionieren. Einzig und allein der EE Server entscheidet darüber, ob es sich bei dem Ursprung der Daten um eine Oracle Database, eine MySQL-Datenbank oder gar um ein ganz anderes *Enterprise Information System* (EIS) handelt. Hiervon bekommt die Controller-Klasse aber nichts mit und muss bei einer Änderung auch nicht zwingend angepasst werden.

Das »Injizieren« ist also eine automatische Initialisierung, die der Container vornimmt. Der Fachbegriff hierfür ist *Dependency Injection*. Die Grundidee der Dependency Injection entstand durch die Möglichkeiten der *Reflection API*. Weil der Container per Reflexion in die Java-Klasse hineinschauen und sie manipulieren kann, ist er auch in der Lage, Objektvariablen nachträglich zu initialisieren.

Eigentlich ist die Dependency Injection (oder – wie sie vormals hieß – die *Inversion of Control*) keine Erfindung von Sun Microsystems gewesen, sondern eine Technologie, die durch das Spring-Framework von Rod Johnson im Jahre 2002 bekannt wurde. Später wurde sie mithilfe von Gavin King (dem Hauptentwickler der Hibernate- und JBoss-Seam-Frameworks) in den Java-EE-Standard übernommen (weitere Informationen hierzu finden Sie in Kapitel 1, »Überblick«).

Die Angabe der Datenquelle einfach weglassen

Im nächsten Schritt werden wir die »Default«-Konvention nutzen, um auch auf die Angabe des JNDI-Namens zu verzichten. Der Quelltext aus dem obigen Beispiel funktioniert gleichermaßen, wenn Sie die in Klammern gesetzte Angabe `name="jdbc/__default"` entfernen:

```
package de.java2enterprise.onlineshop;

import java.io.IOException;
import java.io.PrintWriter;
import java.sql.Connection;

import javax.annotation.Resource;
import javax.servlet.ServletException;
import javax.servlet.annotation.WebServlet;
import javax.servlet.http.HttpServlet;
import javax.servlet.http.HttpServletRequest;
import javax.servlet.http.HttpServletResponse;
import javax.sql.DataSource;

@WebServlet("/test")
public class TestServlet extends HttpServlet {
    private static final long serialVersionUID = 1L;
```

```
    @Resource
    private DataSource ds;

    public void doGet(
            HttpServletRequest request,
            HttpServletResponse response)
            throws ServletException, IOException {

        final PrintWriter writer =
                response.getWriter();
        response.setContentType(
                "text/html;charset=UTF-8");
            writer.println("<!DOCTYPE html>");
            writer.println("<html><body>");
        try {
            final Connection con = ds.getConnection();
            if(con.isValid(10)) {
                writer.println("<BR>Connected!");
            }
            con.close();
        } catch (Exception ex) {
            writer.println(ex.getMessage());
        }
            writer.println(
            "<BR>Test finished!</body></html>");
    }
}
```

Listing 7.5 »TestServlet.java«

7.3.3 Das Absetzen einer SQL-Anweisung

Die JDBC-Kernfunktionalität bietet mit der Klasse `java.sql.Statement` eine einfache Möglichkeit an, wie mit der Datenbank per SQL kommuniziert werden kann. Ihre wichtigsten Methoden nennen sich `executeUpdate()` und `executeQuery()`, denn in der Regel wird mit einer SQL-Anweisung die Datenbank aktualisiert (`INSERT`, `UPDATE` und `DELETE`) oder abgefragt (`SELECT`). Wenn der Zweck der SQL-Anweisung noch nicht feststeht, kann die `execute()`-Methode verwendet werden.

Im folgenden Listing wird in einer Methode mit dem Namen `persist()` ein `INSERT`-Statement erzeugt. Über die Methode `executeUpdate()` wird die SQL-Anweisung an die Datenbank versendet. Beachten Sie bei dem Beispiel, dass die Datenbank den Primärschlüssel automatisch setzt.

```
...
public void persist(
        String _email,
        String _password)
        throws Exception {
    Connection con = ds.getConnection();
    Statement stmt = con.createStatement();
    stmt.executeUpdate(
    "INSERT INTO onlineshop.customer (" +
        "email, " +
        "password" +
    ") VALUES (" +
        "'" + _email + "', " +
        "'" + _password + "') "
    );
    con.close();
}
...
```

Listing 7.6 »RegisterServlet.java«

7.4 Das MVC-Entwurfsmuster einsetzen

In den Kapiteln über Java-EE-Web-Technologien bin ich bereits auf die Verwendung des MVC-Entwurfsmusters eingegangen. Auch in diesem Abschnitt werden wir dieses Entwurfsmuster noch einmal aufgreifen, denn mithilfe von JDBC können wir die JavaBean-Klassen des Modells nun persistieren.

Hier noch mal ein kurze Wiederholung: JavaBeans sind im Prinzip wiederverwendbare Komponenten, die bestimmten Anforderungen entsprechen müssen. Zum Beispiel müssen sie einen parameterlosen Konstruktor zur Verfügung stellen und serialisierbar sein. Außerdem sollten sie sogenannte Properties enthalten. Properties sind private Objektvariablen, die über öffentliche Setter- und Getter-Methoden nach außen zur Verfügung stehen.

Wenn eine JavaBean als Gegenstück zu einer Tabelle einer relationalen Datenbank betrachtet wird, spricht man eher von einer *Entity* und ihre Properties bezeichnet man als *Attribute* der Entity.

Das Besondere an einer Entity ist, dass der Begriff gleichzeitig auch besagt,

- dass sie zwingend über einen Schlüssel eindeutig identifizierbar ist und
- dass sie persistiert (das heißt: dauerhaft gespeichert) werden kann und somit einen gewissen Lebenszyklus in Bezug auf die Datenhaltung aufweist.

7.4.1 Die Speicherung einer Entity

In einem Programmierbeispiel schaffen wir für die Kunden des Onlineshops eine Möglichkeit, sich zu registrieren. Das Schema für unser Beispiel sehen Sie in Abbildung 7.25.

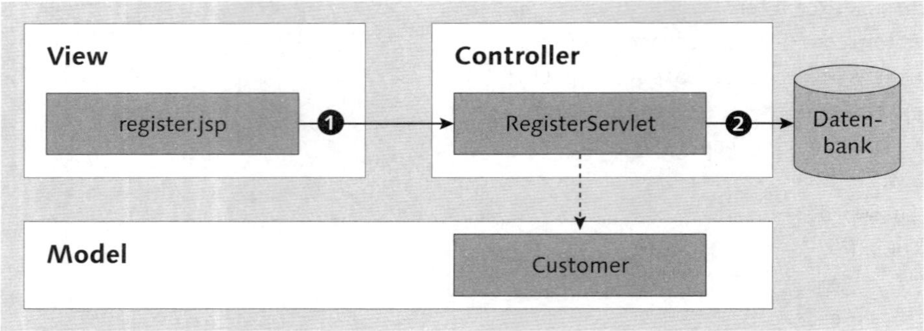

Abbildung 7.25 Das Übungsbeispiel

Für die Übung benötigen Sie die Kenntnisse über dynamische Webanwendungen, die in den vergangenen Kapiteln gezeigt wurden. Außerdem wäre es vorteilhaft, wenn Sie die Beispiele der letzten Kapitel programmiert hätten. Sollten Sie aber erst in diesem Kapitel eingestiegen sein, ist das auch kein Problem, denn die Servlet- und JSP-Kenntnisse, die Sie für das Beispiel benötigen, sind trivial.

Das Model (Customer.java)

Die Klasse mit dem Namen `Customer.java` wurde bereits in Kapitel 4, »Servlets«, gezeigt. In den folgenden Beispielen werden wir diese Klasse als Entity nutzen, um die persönlichen Daten des Kunden in der Tabelle `CUSTOMER` zu speichern.

Die View (register.jsp)

In diesem Beispiel bietet die `register.jsp` ein HTML-Formular an, über das ein Kunde seine E-Mail-Adresse und ein Passwort eingibt. Die `register.jsp` ruft das `RegisterServlet` auf.

```
<%@ include file="head.jspf" %>
    <form action="register" method="post">
    <fieldset>
    <legend>Registrieren</legend>
    <table>
        <tbody>
        <tr>
            <th>
                <label for="email">Email:</label>
            </th>
            <td>
```

```
            <input
                type="email"
                name="email"
                size="40"
                maxlength="40"
                title="muster@beispiel.de"
                placeholder="E-Mail eingeben"
                pattern=".{6,40}"
                required="required">
        </td>
    </tr>
    <tr>
        <th>
            <label for="password">
                Password:
            </label>
        </th>
        <td>
            <input
                type="password"
                name="password"
                size="10"
                maxlength="10"
                title="6-10 Zeichen"
                placeholder=
                    "Passwort eingeben"
                pattern=".{6,10}"
                required="required">
        </td>
    </tr>
    <tr>
        <td/><td>
            <input type="submit">
            <input type="reset">
        </td>
    </tr>
  </tbody>
  </table>
  </fieldset>
  </form>
<%@ include file="footer.jspf" %>
```

Listing 7.7 »register.jsp«

Der Controller (RegisterServlet.java)

Im `RegisterServlet` werden die Parameter des HTTP-Requests entgegengenommen. Mit den erhaltenen Werten wird ein Objekt der Klasse `Customer` erzeugt und der Methode `persist()` zur Speicherung übergeben. Wenn keine Fehler aufgetreten sind, wird abschließend die Hauptseite `index.jsp` aufgerufen.

```
package de.java2enterprise.onlineshop;

import java.io.IOException;
import javax.servlet.RequestDispatcher;
import javax.servlet.ServletException;
import javax.servlet.http.HttpServlet;
import javax.servlet.http.HttpServletRequest;
import javax.servlet.http.HttpServletResponse;

import de.java2enterprise.onlineshop.model.Customer;

public class RegisterServlet extends HttpServlet {
    private static final long serialVersionUID = 1L;

    @Resource
    private DataSource ds;

    protected void doPost(
            HttpServletRequest request,
            HttpServletResponse response)
            throws ServletException, IOException {

        response.setContentType(
                "text/html;charset=UTF-8");

        final String email =
            request.getParameter("email");
        final String password =
            request.getParameter("password");

        Customer customer = new Customer();
        customer.setEmail(email);
        customer.setPassword(password);

        try {
            persist(customer);
        } catch (Exception e) {
            throw new ServletException(e.getMessage());
```

```
        }
        final RequestDispatcher dispatcher =
            request.getRequestDispatcher("index.jsp");
        dispatcher.forward(request, response);
    }

    private void persist(Customer customer)
            throws Exception {
        final Connection con = ds.getConnection();
        final Statement stmt = con.createStatement();
        stmt.executeUpdate(
        "INSERT INTO onlineshop.customer (" +
            "email, " +
            "password" +
        ") VALUES (" +
            "'" + customer.getEmail() + "', " +
            "'" + customer.getPassword() + "') "
        );
        con.close();
    }
}
```

Listing 7.8 »RegisterServlet.java«

7.4.2 Die Abfrage von Geschäftsdaten

In diesem Abschnitt wird gezeigt, wie mit JDBC Geschäftsdaten aus einer Datenbanktabelle geholt werden. In dem letzten Programmierbeispiel konnte sich ein Kunde über das Registrierungsformular registrieren. Dabei wurden seine Geschäftsdaten in der Datenbanktabelle `CUSTOMER` als Datensatz abgespeichert. Bei diesem Übungsbeispiel (siehe Abbildung 7.26) soll sich ein Kunde in die Onlineshop-Anwendung einloggen, indem er über ein HTML-Formular eine E-Mail-Adresse und ein Passwort eingibt.

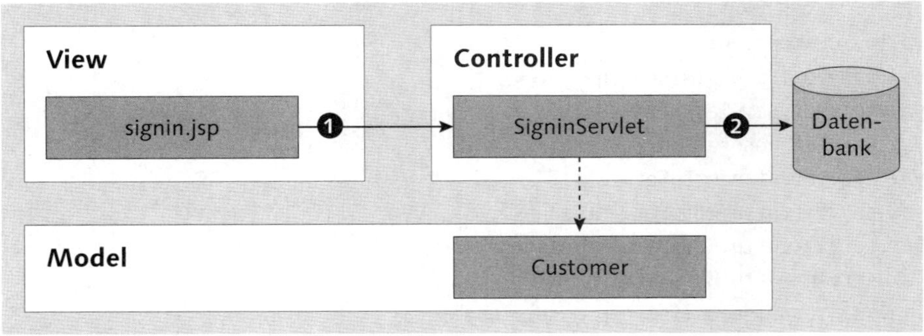

Abbildung 7.26 Das Einloggen eines Kunden

Mit diesen beiden Zeichenketten versucht die Anwendung, einen passenden Datensatz in der Tabelle CUSTOMER zu finden. Wenn ein entsprechender Datensatz gefunden werden konnte, wird mit der Ergebnismenge ein Objekt der Klasse Customer erzeugt und in der HTTP-Sitzung gespeichert.

Die View (signin.jsp)

Genauso wie die register.jsp enthält die signin.jsp ebenfalls ein HTML-Formular mit zwei Eingabefeldern mit den Namen email und password. Der einzige Unterschied zur register.jsp ist, dass die signin.jsp das SigninServlet aufruft.

```
...
    <form action="signin" method="post">
...
```

Listing 7.9 »signin.jsp«

Der Controller (SigninServlet.java)

Die Klasse SigninServlet nimmt zunächst die Parameter email und password entgegen. Anschließend ruft das Servlet mit diesen beiden Parametern die Methode find() auf.

Die Methode find() sucht in der Datenbanktabelle CUSTOMER einen Datensatz, dessen E-Mail-Adress- und Passwortfelder zu den erhaltenen Parametern passen. Wenn ein entsprechender Datensatz gefunden werden konnte, wird hiermit ein Objekt der Klasse Customer erzeugt. Die Methode gibt dieses Objekt als Rückgabewert zurück. Wenn kein Kunde unter der übergebenen E-Mail-Passwort-Kombination gefunden werden konnte, wird null als Wert zurückgegeben.

Wenn das Objekt ungleich null ist, wird es in der Methode doPost() in die aktuelle HTTP-Sitzung abgespeichert. Abschließend wird die Kontrolle an die Willkommensseite *index.jsp* abgegeben.

```
package de.java2enterprise.onlineshop;

import java.io.IOException;
import javax.servlet.RequestDispatcher;
import javax.servlet.ServletException;
import javax.servlet.annotation.WebServlet;
import javax.servlet.http.HttpServlet;
import javax.servlet.http.HttpServletRequest;
import javax.servlet.http.HttpServletResponse;
import javax.servlet.http.HttpSession;
import de.java2enterprise.onlineshop.model.Customer;
```

```
@WebServlet("/signin")
public class SigninServlet extends HttpServlet {
    private static final long serialVersionUID = 1L;

    @Resource
    private DataSource ds;

    protected void doPost(
        HttpServletRequest request,
        HttpServletResponse response)
                throws ServletException, IOException {
        String _email =
            request.getParameter("email");
        String _password =
            request.getParameter("password");

        Customer customer = null;
        try {
            customer = find(
                _email, _password);
        } catch (Exception e) {
            throw new ServletException(e.getMessage());
        }

        if(customer != null) {
            HttpSession session = request.getSession();
            session.setAttribute("customer", customer);
        }

        RequestDispatcher dispatcher =
                request.getRequestDispatcher("index.jsp");
            dispatcher.forward(request, response);

    }

    public static Customer find(
        String _email, String _password)
            throws Exception {

        Connection con = ds.getConnection();
        Statement stmt = con.createStatement();
        ResultSet rs = stmt.executeQuery(
            "SELECT " +
                "id, " +
```

```
                "email, " +
                "password " +
            "FROM onlineshop.customer " +
            "WHERE email='" + _email + "'" +
            "AND password='" + _password + "'" +
        );

        if(rs.next()) {

            Customer customer = new Customer();

            Long id = Long.valueOf(rs.getLong("id"));
            customer.setId(id);

            String email = rs.getString("email");
            customer.setEmail(email);

            String password = rs.getString("password");
            customer.setPassword(password);

            return customer;
        }
        con.close();
        return null;
    }
}
```

Listing 7.10 »SigninServlet.java«

Damit wir auch im Frontend der Java-EE-Anwendung ein Ergebnis erhalten, werden wir die E-Mail-Adesse des eingeloggten Anwenders in der Willkommensseite *index.jsp* anzeigen:

```
<%@ include file="head.jspf" %>
Eingeloggt: <c:out value="${customer.email}" default="-"/>
<%@ include file="footer.jspf" %>
```

Listing 7.11 »index.jsp«

7.5 Das objektrelationale Mapping

In diesem Abschnitt wird das *objektrelationale Mapping* (ORM) gezeigt. In der letzten Übung wurde ersichtlich, dass jedes Attribut einer Entity einem Spaltenfeld in der Datenbanktabelle entspricht. Gleichzeitig muss der Datentyp des Attributs zu dem Pendant des Spaltenfeldes passen. Weil in der Java-Anwendung die Werte aus der Datenbank mit der JDBC-API geholt werden, ist es die Aufgabe des JDBC-Treibers, die Umwandlung von SQL-Datentypen in Java-Datentypen durchzuführen. Bei dieser Umwandlung gibt uns die JDBC-API aber nur selten die grundlegenden Java-Datentypen zurück, sondern bedient sich meistens eigener Klassen. Die Umwandlung der zurückgegebenen Datentypen in Java-Standard-Datentypen gehört hingegen zu den Aufgaben und Pflichten des Anwendungsentwicklers.

7.5.1 Von SQL zu Java

Tabelle 7.2 können Sie von rechts nach links entnehmen, wie das Mapping von den ANSI-SQL- und Oracle-Datentypen auf die grundlegenden Java-Standard-Datentypen der Java-Anwendung über die Klasse `java.sql.ResultSet` erfolgt.

	Java-Anwendung	Rückgabewert	java.spl.ResultSet	ANSI-SQL	ORACLE
Wahrheitswerte	java.lang.Boolean	boolean	getBoolean(x)	BOOLEAN	NUMBER(1)
»Kleinste« Ganzzahlen	java.lang.Byte	byte	getByte(x)	TINYINT	NUMBER(3)
»Kurze« Ganzzahlen	java.lang.Short	short	getShort(x)	SMALLINT	NUMBER(5)
»Normale« Ganzzahlen	java.lang.Integer	int	getInt(x)	INTEGER	NUMBER(10)
»Lange« Ganzzahlen	java.lang.Long	long	getLong(x)	BIGINT	NUMBER(19)
»Besonders lange Zahlen«	java.math.BigDecimal	java.math.BigDecimal	getBigDecimal(x)	DECIMAL	NUMBER(38)
Geldbeträge und andere Kommazahlen	java.lang.Double	double	getDouble(x)	DOUBLE	NUMBER(p, n)
»Kurze« Zeichenketten, bis 1000 Zeichen	java.lang.String	java.lang.String	getString(x)	VARCHAR(n)	VARCHAR (1000 char)
»Lange« Zeichenketten, über 1000 Zeichen	java.lang.String	java.lang.String java.sql.Clob	getString(x) getClob(x)	CLOB	CLOB

Tabelle 7.2 Die Zuordnung der SQL-Datentypen der ANSI-Norm zu der Oracle-Datenbank und den Java-Datentypen

	Java-Anwendung	Rückgabewert	java.spl.Result-Set	ANSI-SQL	ORACLE
Datum	java.util.Date	java.sql.Date	getDate(x)	DATE	DATE
Uhrzeit	java.util.Date	java.sql.Time	getTime(x)	TIME	DATE
Zeitstempel	java.util.Date	java.sql.Time-stamp	getTimestamp(x)	TIME-STAMP	TIME-STAMP(3)
Binärdateien	byte[]	byte[] java.sql.Blob	getBytes(x) getBlob(x)	BLOB	BLOB

Tabelle 7.2 Die Zuordnung der SQL-Datentypen der ANSI-Norm zu der Oracle-Datenbank und den Java-Datentypen (Forts.)

Wahrheitswerte

Für die numerischen SQL-Datentypen bietet die JDBC-API die Methode `getBoolean()` an. Obwohl die Oracle Database den SQL-Datentyp `BOOLEAN` nicht kennt, kann die Methode `getBoolean()` verwendet werden. Die einzige Voraussetzung ist, dass das Datenfeld eine 0 oder eine 1 als numerischen Wert enthält. Der Rest wird wie von Geisterhand erledigt. Der Rückgabewert ist vom primitiven Datentyp `boolean`.

Numerische Typen

Auch für die numerischen SQL-Datentypen bietet die JDBC-API Getter-Methoden an. Allerdings liefern sie stets primitive bzw. elementare Datentypen. Bei der Umwandlung der primitiven Datentypen sollte aber kein Autoboxing verwendet werden. Das Autoboxing birgt eine Gefahr, weil der Vergleichsoperator darin unterscheidet, ob ein Objekt per `new`-Operator oder per Autoboxing instanziiert wurde. Je nachdem, wie das Objekt initialisiert wurde, vergleicht der Operator eine Zahl oder eine Referenzadresse. Dieser Automatismus ist ein Risiko, weil in der Komplexität einer großen Java-EE-Anwendung manchmal nicht überschaubar ist, wie ein Objekt zustande kam. Wenn nicht ganz sicher ist, dass dieses Risiko vermieden werden kann, sollten Sie in geschäftskritischen Anwendungen gänzlich auf Autoboxing und Autounboxing verzichten.

Zeichenketten

Aus Tabelle 7.2 lässt sich entnehmen, dass Zeichenketten mit der Methode `getString()` geholt werden. Deshalb braucht der Anwendungsentwickler die Rückgabewerte nicht umzuwandeln.

Da die gewaltige Datenmenge eines CLOB aber zu Problemen in der Netzwerkschicht führen kann, müssen Sie dies als Anwendungsentwickler berücksichtigen und gegebenenfalls mit einem `java.io.InputStream` oder einem Objekt der Klasse `java.sql.Clob` arbeiten, um zunächst einen Zeiger auf die eigentliche Zeichenkette zu erhalten. Das Problem wird somit umgangen, weil die Zeichenkette erst dann initialisiert werden muss, wenn die Daten tatsächlich benötigt werden. Dennoch müssen Sie beachten, dass der Zeiger nur innerhalb der Datenbanktransaktion gültig ist.

Zeitpunkte

Bei ANSI-SQL wird bei Zeitpunkten nach Datum (`DATE`), Uhrzeit (`TIME`) und Zeitstempeln (`TIMESTAMP`) unterschieden. Um das Mapping zu den ANSI-SQL-Datentypen zu vereinfachen, wurden bei der JDBC-API die Klassen `java.sql.Date`, `java.sql.Time` und `java.sql.Timestamp` beigefügt. Die zusätzlichen Klassen sind im Kern mit der Klasse `java.util.Date` verwandt, denn alle drei Klassen sind von ihr abgeleitet. Allerdings gehen die JDBC-Klassen spezifischer auf die Eigenarten der SQL-Datentypen ein.

Zum Beispiel beinhaltet der Datentyp `java.sql.Date` nur ein Datum. Die Uhrzeit wird automatisch entfernt. Und der Datentyp `java.sql.Time` führt lediglich eine Uhrzeit mit und verzichtet auf das Datum. Dagegen enthält die Klasse `java.sql.Timestamp` sowohl ein Datum, eine Uhrzeit als auch kleinste Sekundenteile bis hin zu Nanosekunden. Für die gängigsten Anwendungen werden aber lediglich die dreistelligen Millisekunden benötigt.

Binärdateien

Im Onlineshop wurde Java-seitig für die Fotodateien der theoretisch unendlich große Datentyp `byte[]` und in der Oracle Database der 4 Gigabyte große Datentyp `BLOB` festgelegt. Grundsätzlich kann der Wert einer binären Datei ganz einfach mit der Methode `getBytes()` geholt werden. Diese Möglichkeit wird auch im Onlineshop gezeigt. Je nach Anwendungsfall kann es aber hierbei theoretisch zum gleichen Problem kommen, das bereits weiter oben bei den Zeichenketten beschrieben wurde. Denn genauso wie bei der Klasse `String` bergen auch `byte[]`-Objekte das Risiko, dass sehr große Dateien zu Laufzeitengpässen in der Netzwerkschicht führen können. Auch für `byte[]` kann das Problem mit einem Input-Stream oder der Klasse `java.sql.Blob` durch einen Zeiger auf den eigentlichen Wert gelöst werden. Jedoch sind auch diese Zugriffe nur während der Transaktion gültig, weshalb wir mit ihnen behutsam umgehen müssen.

7.5.2 Die Umwandlung der JDBC-eigenen Datentypen

Weil das bisherige Onlineshop-Beispiel mit der Klasse `Customer` lediglich `VARCHAR`-Datentypen (bzw. wegen der Oracle Database `VARCHAR2`-Datentypen) an die Anwendung weiterreichte, brauchte keine Umwandlung vorgenommen zu werden. Anders sähe es bei der Abfrage von Artikeln aus, denn dort muss zum Beispiel auch ein Zeitpunkt besorgt werden.

Im folgenden Listing wird die komplette Datei `Item.java` gezeigt. In dieser Klasse haben wir alle Objektvariablen mit Java-Standard-Datentypen deklariert.

```
package de.java2enterprise.onlineshop.model;

import java.util.Date;

public class Item {
    private Long id;
    private String description;
    private byte[] foto;
    private Double price;
    private String title;
    private Date traded;
    private Long seller_id;

    public Long getId() {
        return this.id;
    }

    public void setId(Long id) {
        this.id = id;
    }

    public String getDescription() {
        return this.description;
    }

    public void setDescription(String description) {
        this.description = description;
    }

    public byte[] getFoto() {
        return this.foto;
    }

    public void setFoto(byte[] foto) {
        this.foto = foto;
    }

    public Double getPrice() {
        return this.price;
    }

    public void setPrice(Double price) {
        this.price = price;
```

```
    }

    public String getTitle() {
        return this.title;
    }

    public void setTitle(String title) {
        this.title = title;
    }

    public Long getSeller_id() {
        return seller_id;
    }

    public void setSeller_id(Long seller_id) {
        this.seller_id = seller_id;
    }

    public Date getTraded() {
        return this.traded;
    }

    public void setTraded(Date traded) {
        this.traded = traded;
    }
}
```

Listing 7.12 »Item.java«

Nun programmieren wir eine Methode mit dem Namen `find()`. In dieser Methode wird im Titel des Artikels nach einem Zeichenkettenfragment gesucht. Über `ResultSet.getTimestamp()` erhalten wir ein Objekt der JDBC-eigenen Klasse `java.sql.Timestamp`. Dies ist erforderlich, weil die Java-Standard-API keinen Datentyp vorhält, der zu dem SQL-Datentyp `TIMESTAMP` passt. Nun ist es unsere Aufgabe, das Objekt der Klasse `java.sql.Timestamp` in ein Objekt der Klasse `java.util.Date` umzuwandeln:

```
...
public static List<Item> find(String s)
        throws Exception {
    Connection con = ds.getConnection();
    PreparedStatement stmt =
            con.prepareStatement(
            "SELECT " +
```

```
                "id, " +
                "title, " +
                "description, " +
                "price, " +
                "seller_id, " +
                "buyer_id, " +
                "traded " +
            "FROM onlineshop.item " +
            "WHERE title like ?"
            );
stmt.setString(
    1,
    (s==null) ? "%" : "%" + s + "%");
ResultSet rs = stmt.executeQuery();
List<Item> items = new ArrayList<Item>();
while(rs.next()) {

    Item item = new Item();

    Long id = Long.valueOf(rs.getLong("id"));
    item.setId(id);

    String title = rs.getString("title");
    item.setTitle(title);

    String description =
        rs.getString("description");
    item.setDescription(description);

    double price = rs.getDouble("price");
    if(price != 0) {
        item.setPrice(
            Double.valueOf(price));
    }

    long seller_id = rs.getLong("seller_id");
    if(seller_id != 0) {
        item.setSeller_id(
            Long.valueOf(seller_id));
    }

    long buyer_id = rs.getLong("buyer_id");
    if(buyer_id != 0) {
```

```
            item.setBuyer_id(
                Long.valueOf(buyer_id)
            );
        }

        Timestamp ts = rs.getTimestamp("traded");
        if(ts != null) {
            Date traded =
                new Date(ts.getTime());
            item.setTraded(traded);
        }

        items.add(item);
    }
    con.close();
    return items;
}
...
```

Listing 7.13 »SearchServlet.java«

7.6 Vorbereitete SQL-Anweisungen

Im letzten Abschnitt wurden in der Klasse `CustomerDAO` SQL-Anweisungen als Zeichenketten fertiggestellt und an die Datenbank versandt. Dabei haben wir die grundlegende Klasse `java.sql.Statement` eingesetzt. Bei wenigen hintereinander folgenden SQL-Anweisungen ist das Programm im Handumdrehen mit der Aufgabe fertig. Wenn es sich aber um Millionen von INSERTS handelt, ist die Klasse `java.sql.Statement` zu langwierig. Stattdessen wurden für diesen Zweck *vorbereitete* SQL-Anweisungen erfunden.

7.6.1 Die Klasse »PreparedStatement«

Mit der Klasse `java.sql.PreparedStatement` können vorbereitete SQL-Anweisungen erstellt und an die Datenbank verschickt werden. Weil die Datenbank hierdurch bereits ein Grundgerüst erhält, bevor sie die SQL-Anweisung abwickelt, kann sie sich zunächst einen Ausführungsplan anlegen, der für die Leistung optimal ist. Je größer die Anzahl der Datensätze ist, desto stärker macht sich die Geschwindigkeitsoptimierung einer vorbereiteten Anweisung bemerkbar.

Wenn SQL-Anweisungen handgeschrieben erstellt werden und kein Persistenz-Framework eingesetzt wird, nutzt man heutzutage kaum mehr die einfache Variante `java.sql.Statement`, sondern eigentlich nur noch die Klasse `java.sql.PreparedStatement`. Denn schnell wurde noch ein weiterer Vorzug von vorbereiteten SQL-Anweisungen deutlich. SQL-Anweisungen bergen nämlich die Gefahr, dass sie von Hackern durch eine sogenannte SQL-Injection auf dem Weg zur Datenbank manipuliert werden. Dagegen sind vorbereitete Anweisungen wesentlich besser vor Korruption geschützt.

Die Arbeitsweise mit der Klasse `java.sql.PreparedStatement` ähnelt der mit der Klasse `java.sql.Statement`. Statt der einzufügenden Werte enthalten vorbereitete SQL-Anweisungen aber jeweils nur ein Fragezeichen. Die Klasse bietet für unterschiedliche Datentypen jeweils eine Setter-Methode an. Dadurch kann die Datenbank vor der eigentlichen Ausführung das Fragezeichen durch den konkreten Wert ersetzen. Der erste Parameter der Setter-Methoden zeigt mit einer 1 beginnend die Nummer der zu ändernden Spalte an. Der zweite Parameter enthält den zu setzenden Wert.

In dem folgenden Listing wird die Klasse `java.sql.PreparedStatement` statt der Klasse `java.sql.Statement` verwendet:

```
...
public static void persist(Customer customer)
        throws Exception {
    Connection con = ds.getConnection();
    PreparedStatement stmt = con.prepareStatement(
        "INSERT INTO onlineshop.customer(" +
            "email, " +
            "password" +
        ") VALUES (" +
            "?, " +
            "?)"
        );
    stmt.setString(1, customer.getEmail());
    stmt.setString(2, customer.getPassword());
    stmt.executeUpdate();
    con.close();
}
...
```

Listing 7.14 »RegisterServlet.java«

Genauso wie für eine INSERT-Anweisung kann auch für ein SELECT ein `java.sql.PreparedStatement` eingesetzt werden:

```
...
public static Customer find(
    String _email, String _password)
        throws Exception {
```

```
    Connection con = ds.getConnection();
    PreparedStatement stmt = con.prepareStatement(
            "SELECT " +
                "id, " +
                "email, " +
                "password " +
            "FROM onlineshop.customer " +
            "WHERE email=? " +
            "AND password=?");

    stmt.setString(1, _email);
    stmt.setString(2, _password);

    ResultSet rs = stmt.executeQuery();
    if(rs.next()) {

        Customer customer = new Customer();

        Long id = Long.valueOf(rs.getLong("id"));
        customer.setId(id);

        String email = rs.getString("email");
        customer.setEmail(email);

        String password = rs.getString("password");
        customer.setPassword(password);

        return customer;
    }
    con.close();
    return null;
}
...
```

Listing 7.15 »SigninServlet.java«

7.6.2 Von Java zu SQL

In Abschnitt 7.5.1, »Von SQL zu Java«, wurde gezeigt, wie die Datentypen der Ergebnismenge einer Abfrage extra umgewandelt werden müssen, weil die Klasse `ResultSet` häufig keine Java-Standard-Datentypen liefert.

Und auch bei den Setter-Methoden eines `PreparedStatement` muss eine Umformung gleichermaßen vorgenommen werden. Tabelle 7.3 zeigt von links nach rechts, wie das Mapping von den grundlegenden Java-Standard-Datentypen der Java-Anwendung auf die ANSI-SQL- und Oracle-Datentypen erfolgt.

	Java-Anwendung	java.sql.PreparedStatement	ANSI-SQL	ORACLE
Wahrheitswerte	java.lang.Boolean	setBoolean(x, boolean)	BOOLEAN	NUMBER(1)
»Kleinste« Ganzzahlen	java.lang.Byte	setByte(x, byte)	TINYINT	NUMBER(3)
»Kurze« Ganzzahlen	java.lang.Short	steShort(x, short)	SMALLINT	NUMBER(5)
»Normale« Ganzzahlen	java.lang.Integer	setInt(x, int)	INTEGER	NUMBER(10)
»Lange« Ganzzahlen	java.lang.Long	setLong(x, long)	BIGINT	NUMBER(19)
»Besonders lange Zahlen«	java.math.BigDecimal	setBigDecimal(x, java.math.BigDecimal)	DECIMAL	NUMBER(38)
Geldbeträge und andere Kommazahlen	java.lang.Double	setDouble(x, double)	DOUBLE	NUMBER(p, n)
»Kurze« Zeichenketten, bis 1000 Zeichen	java.lang.String	setString (x, java.lang.String)	VARCHAR(n)	VARCHAR2 (1000 char)
»Lange« Zeichenketten, über 1000 Zeichen	java.lang.String	setString(x, java.lang.String) setClob(x, java.sql.Clob)	CLOB	CLOB
Datum	java.util.Date	setDate(x, java.sql.Date)	DATE	DATE
Uhrzeit	java.util.Date	setTime(x, java.sql.Time)	TIME	DATE
Zeitstempel	java.util.Date	setTimestamp(x, java.sql.Timestamp)	TIMESTAMP	TIMESTAMP(3)
Binärdateien	byte[]	setBytes(x, byte[]) setBlob(x, java.sql.Blob)	BLOB	BLOB

Tabelle 7.3 Die gängigsten Setter-Methoden der Klasse »java.sql.PreparedStatement«

7.6.3 Das Abrufen automatisch generierter Schlüssel

Im letzten Kapitel wurde gezeigt, wie bei einer INSERT-Anweisung Primärschlüssel automatisch erzeugt werden. Durch die automatische Generierung von Primärschlüsseln haben wir einen Geschwindigkeitsvorteil erzielt. Weil sich die Datenbank selbstständig um die Erzeugung der Schlüssel kümmert, musste sich die Java-EE-Anwendung nicht um deren Konsistenz kümmern. Allerdings hat die automatische Generierung von Primärschlüsseln auch einen Nachteil. Denn wenn die Primärschlüssel in der Datenbank automatisch generiert werden, geschieht dies aus der Sicht der Java-EE-Anwendung im Verborgenen. Das Problem bei den bisher gezeigten Mitteln ist, dass die Java-EE-Anwendung Mühe hat, den Bezug zwischen einem Objekt und einem generierten Schlüssel zu finden.

Stellen Sie sich vor, dass sich ein Kunde mit der Anwendung soeben registriert hat und nun unmittelbar danach auch automatisch eingeloggt sein soll. Um einen Artikel zu erstellen, benötigen wir die ID des Verkäufers, denn die muss ja ins Feld `SELLER_ID` der Tabelle `ITEM` gespeichert werden. Obwohl ein Primärschlüssel automatisch generiert wurde, haben wir seine ID nicht zur Hand. Denn die Methode `executeUpdate()` liefert von Natur aus keinen entsprechenden Rückgabewert.

Eine Möglichkeit ist, den Kunden über die eindeutige E-Mail-Adresse zu suchen. Diese Lösung wird in einer geschäftskritischen Anwendung jedoch kaum Verwendung finden, denn sie ist unsicher und relativ kostspielig. Und eigentlich weist einzig und allein der Primärschlüssel eindeutig auf die Identität eines Geschäftsobjekts hin.

Für diese Problemstellung wurde in der aktuellen JDBC-API jedoch vorgesorgt. Um automatisch generierte Schlüssel unmittelbar nach der Erzeugung zu erhalten, kann die Methode `Connection.prepareStatement()` noch mit einem zweiten Parameter aufgerufen werden.

Wenn als zweiter Parameter zum Beispiel ein String-Array mitgegeben wird, geht der Treiber davon aus, dass es sich um die Namen der automatisch generierten Schlüssel handelt:

```
String[] autogeneratedKeys = new String[]{"id"};

PreparedStatement stmt = con.prepareStatement(
    "INSERT INTO onlineshop.customer(" +
        "email, " +
        "password" +
    ") VALUES (" +
        "?, " +
        "?)", autogeneratedKeys
    );
```

Listing 7.16 Connection.prepareStatement() mit Array aus Schlüsselnamen als zweitem Parameter

Nachdem die Methode `executeUpdate()` der Klasse `java.sql.PreparedStatement` den neuen Datensatz eingefügt hat, gibt die Methode `getGeneratedKeys()` ein `ResultSet` zurück, das die automatisch generierten Schlüssel beinhaltet:

```
ResultSet rs = stmt.getGeneratedKeys();
```

Das folgende Listing zeigt, wie das `Customer`-Objekt einen Primärschlüssel erhält, nachdem es persistiert wurde. Dadurch kann die aufrufende Methode mit dem aktuellen Kunden-Objekt gleich weiterarbeiten.

Als Beispiel werden wir die erhaltene ID nun verwenden. Damit wir im Frontend ein Ergebnis über die im Hintergrund gelaufenen Programmabläufe erhalten, werden wir im Request-Scope eine Nachricht hinterlegen. Wenn das `id`-Feld einen Wert erhalten hat, soll die Meldung »Die Registrierung war erfolgreich!« ausgegeben werden, ansonsten erhält der Benutzer die Meldung »Die Registrierung war erfolglos!«.

```
package de.java2enterprise.onlineshop;

import java.io.IOException;
import java.sql.Connection;
import java.sql.PreparedStatement;
import java.sql.ResultSet;

import javax.naming.InitialContext;
import javax.servlet.RequestDispatcher;
import javax.servlet.ServletException;
import javax.servlet.annotation.WebServlet;
import javax.servlet.http.HttpServlet;
import javax.servlet.http.HttpServletRequest;
import javax.servlet.http.HttpServletResponse;
import javax.sql.DataSource;
import de.java2enterprise.onlineshop.model.Customer;

@WebServlet("/register")
public class RegisterServlet extends HttpServlet {
    private static final long serialVersionUID = 1L;

    @Resource
    private DataSource ds;

    protected void doPost(
            HttpServletRequest request,
            HttpServletResponse response)
            throws ServletException, IOException {
```

```
    response.setContentType(
            "text/html;charset=UTF-8");

    String email = request.getParameter("email");
    String password =
        request.getParameter("password");

    Customer customer = new Customer();
    customer.setEmail(email);
    customer.setPassword(password);

    try {
        persist(customer);
    } catch (Exception e) {
        throw new ServletException(e.getMessage());
    }

    if(customer.getId() != null) {
        request.setAttribute("message", "Die Registrierung war erfolgreich!");
    } else {
        request.setAttribute("message", "Die Registrierung war erfolglos!");
    }

    RequestDispatcher dispatcher =
        request.getRequestDispatcher("index.jsp");
    dispatcher.forward(request, response);
}

public void persist(Customer customer)
        throws Exception {
    String[] autogeneratedKeys = new String[]{"id"};
    Connection con = ds.getConnection();
    PreparedStatement stmt = con.prepareStatement(
        "INSERT INTO onlineshop.customer(" +
            "email, " +
            "password" +
        ") VALUES (" +
            "?, " +
            "?)", autogeneratedKeys
        );

    stmt.setString(1, customer.getEmail());
    stmt.setString(2, customer.getPassword());
```

```
        stmt.executeUpdate();

        ResultSet rs = stmt.getGeneratedKeys();
        Long id = null;
        while(rs.next()) {
            id = rs.getLong(1);
            customer.setId(id);
        }
        con.close();
    }
}
```

Listing 7.17 »RegisterServlet.java«

In der `index.jsp` werden wir die Nachricht aus dem `RegisterServlet` anzeigen:

```
<%@ include file="head.jspf" %>
<p>${message}</p>
<%@ include file="footer.jspf" %>
```

Listing 7.18 »index.jsp«

7.7 Binärdaten

Ein Bild sagt mehr als 1000 Worte, und auch das Programmierbeispiel unseres Onlineshops macht deutlich, dass heutzutage audiovisuelle Medien eine wichtige Stellung einnehmen. Umso wichtiger ist, dass eine Java-EE-Anwendung problemlos Binärdaten speichern kann. Wie Sie gleich sehen werden, ist die Speicherung von Bildern kein Hexenwerk. Technisch gesehen wurden sogar bereits alle hierfür erforderlichen Bestandteile der Java-API beschrieben. In einem Programmierbeispiel werden die verschiedenen Fragmente nun noch einmal zusammengeführt. Denn am praktischen Beispiel wird am besten deutlich, wie die Speicherung eines Bildes vom Webbrowser bis hin zur Datenbank erfolgt.

7.7.1 Bilder speichern

In dem Programmierbeispiel des Onlineshops bieten Kunden Artikel an, indem sie über das Verkaufsformular in der *sell.jsp* die Daten des Artikels eingeben. Dabei bietet das Formular nicht nur die Möglichkeit, den Titel, die Beschreibung und den Preis des Artikels beizufügen, sondern enthält auch einen Hochlademechanismus für Bilddateien.

In dem Programmierbeispiel zu der Übung soll die Klasse `SellServlet` die entgegengenommenen Daten inklusive Bilddatei in der Datenbanktabelle `ITEM` speichern (siehe Abbildung 7.27).

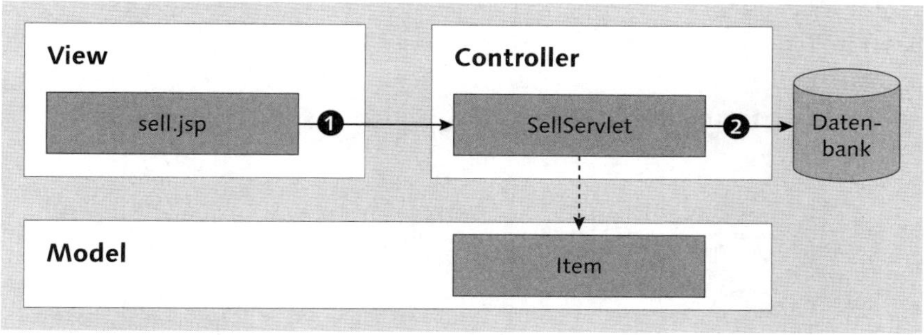

Abbildung 7.27 Das MVC-Entwurfsmuster für das Einstellen von Artikeln

Das Modell (Item.java)

In der Entity `Item.java` werden die Attribute Titel, Beschreibung, Preis und Foto implementiert. Das heißt, dass sie als private Objektvariablen deklariert und über öffentliche Setter- und Getter- Methoden nach außen hin angeboten werden.

```
package de.java2enterprise.onlineshop.model;

import java.io.Serializable;
import java.util.Date;

public class Item implements Serializable {
    private static final long
        serialVersionUID = -6604363993041715170L;

    private Long id;
    private String title;
    private String description;
    private Double price;
    private byte[] foto;
    private Long seller_id;
    private Long buyer_id;
    private Date traded;

    public Item() {}

    public Item(
            String title,
            String description,
            Double price,
            Long seller_id) {
```

```
        this.title = title;
        this.description = description;
        this.price = price;
        this.seller_id = seller_id;
    }

    public Long getId() {
        return id;
    }

    public void setId(Long id) {
        this.id = id;
    }

    public String getTitle() {
        return title;
    }

    public void setTitle(String title) {
        this.title = title;
    }

    public String getDescription() {
        return description;
    }

    public void setDescription(String description) {
        this.description = description;
    }

    public Double getPrice() {
        return price;
    }

    public void setPrice(Double price) {
        this.price = price;
    }

    public byte[] getFoto() {
        return foto;
    }
```

```
    public void setFoto(byte[] foto) {
        this.foto = foto;
    }

    public Long getSeller_id() {
        return this.seller_id;
    }

    public void setSeller_id(Long seller_id) {
        this.seller_id = seller_id;
    }

    public Long getBuyer_id() {
        return this.buyer_id;
    }

    public void setBuyer_id(Long buyer_id) {
        this.buyer_id = buyer_id;
    }

    public Date getTraded() {
        return traded;
    }

    public void setTraded(Date traded) {
        this.traded = traded;
    }

    public String toString() {
        return
            "[" +
            getId() + "," +
            getTitle() + "," +
            getDescription() + "," +
            getPrice() + "," +
            getSeller_id() + "," +
            getBuyer_id() + "," +
            getTraded() +
            "]";
    }
}
```

Listing 7.19 »Item.java«

Die View (sell.jsp)

Die Datei *sell.jsp* wurde bereits in einem vorherigen Kapitel gezeigt. Damit Sie das Listing zu dem Programmierbeispiel nicht suchen müssen, wird es an dieser Stelle noch einmal abgedruckt:

```
<%@ include file="head.jspf" %>
    <form
        action="sell"
        method="post"
        enctype="multipart/form-data">
    <fieldset>
    <legend>Verkaufen</legend>
    <table>
        <tbody>
        <tr>
            <th>
                <label for="title">Titel:</label>
            </th>
            <td>
                <input
                    type="text"
                    name="title"
                    size="40"
                    maxlength="40"
                    title=
                    "Ein Titel für den Artikel"
                    placeholder="Titel eingeben"
                    pattern=".{6,40}"
                    required="required">
            </td>
        </tr>
        <tr>
            <th>
                <label
                    for="description">
                    Beschreibung:
                </label>
            </th>
            <td>
                <textarea
                    name="description"
                    cols="100"
                    rows="10"
```

```
                    maxlength="1000">
                </textarea>
            </td>
        </tr>
        <tr>
            <th>
                <label
                    for="price">
                    Preis:
                </label>
            </th>
            <td>
                <input
                    type="number"
                    name="price"
                    size="40"
                    maxlength="40"
                    title=
                    "Ein Preis für den Artikel"
                    placeholder="Preis eingeben"
                    pattern=".{1,40}"
                    required="required">
            </td>
        </tr>
        <tr>
            <th>
                <label
                    for="foto">
                    Foto:
                </label>
            </th>
            <td>
                <input type="file" name="foto">
            </td>
        </tr>
        <tr>
            <td/><td>
                <input type="submit">
                <input type="reset">
            </td>
        </tr>
    </tbody>
    </table>
```

```
        </fieldset>
        </form>
<%@ include file="footer.jspf" %>
```

Listing 7.20 »sell.jsp«

Der Controller (SellServlet.java)

In Kapitel 4, »Servlets«, wurde bereits beschrieben, wie man aus einem Multipart/Form-Data-Request Bilder einliest. Im folgenden Listing der Klasse `SellServlet.java` wird nun gezeigt, wie das Bild des Artikels in der Datenbanktabelle `ITEM` gespeichert wird.

Im Beispiel wird das Bild gemeinsam mit allen anderen Geschäftsdaten des Artikels in der Klasse `Item.java` gekapselt und an die Methode `persist()` zur Speicherung übergeben.

```
package de.java2enterprise.onlineshop;

import java.io.ByteArrayOutputStream;
import java.io.IOException;
import java.io.InputStream;
import java.sql.Connection;
import java.sql.PreparedStatement;
import java.sql.ResultSet;

import javax.annotation.Resource;
import javax.servlet.RequestDispatcher;
import javax.servlet.ServletException;
import javax.servlet.annotation.MultipartConfig;
import javax.servlet.annotation.WebServlet;
import javax.servlet.http.HttpServlet;
import javax.servlet.http.HttpServletRequest;
import javax.servlet.http.HttpServletResponse;
import javax.servlet.http.HttpSession;
import javax.servlet.http.Part;
import javax.sql.DataSource;

import de.java2enterprise.onlineshop.model.Customer;
import de.java2enterprise.onlineshop.model.Item;

@WebServlet("/sell")
@MultipartConfig(
        location="/tmp",
        fileSizeThreshold=1024*1024,
        maxFileSize=1024*1024*5,
        maxRequestSize=1024*1024*5*5)
```

```
public class SellServlet extends HttpServlet {
    private static final long serialVersionUID = 1L;

    @Resource
    private DataSource ds;

    public void doPost(
        HttpServletRequest request,
        HttpServletResponse response)
        throws ServletException, IOException {

        Part part = request.getPart("foto");
        ByteArrayOutputStream baos =
        new ByteArrayOutputStream();
        try {
            InputStream in = part.getInputStream();
            int i = 0;
            while ((i = in.read()) != -1) {
                baos.write(i);
            }
        } catch (IOException ex) {
            throw new ServletException(ex.getMessage());
        }

        HttpSession session = request.getSession();
        Object customer =
            session.getAttribute("customer");
        if(customer != null) {
            String title =
                request.getParameter("title");
            String description =
                request.getParameter("description");
            String price =
                 request.getParameter("price");

            Item item = new Item();
            item.setTitle(title);
            item.setDescription(description);
            item.setPrice(Double.valueOf(price));
            item.setSeller_id(
                ((Customer)customer).getId());
            item.setFoto(baos.toByteArray());
            baos.flush();
```

```
            try {
                persist(item);

            } catch (Exception e) {
                throw new ServletException(
                        e.getMessage());
            }
            RequestDispatcher dispatcher =
                request.getRequestDispatcher(
                    "index.jsp");
            dispatcher.forward(request, response);
        }
    }

    public void persist(Item item)
            throws Exception {
        String[] autogeneratedKeys = new String[]{"id"};
        Connection con = ds.getConnection();
        PreparedStatement stmt = con.prepareStatement(
            "INSERT INTO onlineshop.item (" +
                "title, " +
                "description, " +
                "price, " +
                "foto, " +
                "seller_id " +
            ") VALUES (" +
                "?, " +
                "?, " +
                "?, " +
                "?, " +
                "?" +
            ") ", autogeneratedKeys
        );
        stmt.setString(1, item.getTitle());
        stmt.setString(2, item.getDescription());
        stmt.setDouble(3, item.getPrice());
        stmt.setBytes(4, item.getFoto());
        stmt.setLong(5, item.getSeller_id());
        stmt.executeUpdate();

        ResultSet rs = stmt.getGeneratedKeys();
        Long id = null;
        while(rs.next()) {
            id = rs.getLong(1);
```

```
            item.setId(id);
        }
        con.close();
    }
}
```

Listing 7.21 »SellServlet.java«

Dem Listing kann man entnehmen, wie die Methode `persist()` den Titel, die Beschreibung, den Preis und das Foto in der Datenbanktabelle speichert. Dabei wird auch hier der neue Primärschlüssel als Wert der Objektvariablen `id` übernommen.

Bilder verkleinern

Wenn bei der Entwicklung einer Webanwendung Bilder zum Server hochgeladen werden, tritt sehr schnell ein bestimmtes Problem auf. Denn es ist schwer vorhersehbar, in welchem Format und in welcher Größe das Original losgeschickt wird. Wir werden an dieser Stelle nicht weiter auf die Verschiedenheit der Bildtypen eingehen. Aber die Größe von Bildern soll dennoch kurz besprochen werden.

Als Beispiel werden wir eine Methode programmieren, die vor der Speicherung aufgerufen werden soll, um die Bilder in ihrer längeren Seite einheitlich zu transformieren. Wir nennen die Methode deshalb `scale()`.

Die Methode `scale()` nutzt eine Konstante, der wir den Namen `MAX_IMAGE_LENGTH` geben und die wir ganz oben im Servlet deklarieren werden. Der Wert der Konstanten wurde ganz willkürlich auf 400 Pixel gesetzt:

```
public final static int MAX_IMAGE_LENGTH = 400;
```

Wir legen also fest, dass die längere Seite des Bildes auf die von uns eigenmächtig festgelegte Länge von 400 Pixeln komprimiert bzw. gestreckt wird.

Die kürzere Länge wird mit dem gleichen Faktor verkleinert oder vergrößert, sodass sich das Seitenverhältnis nicht ändert. Auf diese Weise soll bei der Transformation eine Verzerrung des Bildes vermieden werden.

Die Methode `scale()` soll mit dem Bild als `byte[]`-Parameter aufgerufen werden können:

```
public byte[] scale(byte[] foto) throws IOException {
```

Unser Bild ist nun in einem Byte-Buffer in Originalgröße gespeichert. Da die Größe des Bildes unseren Anforderungen eventuell nicht entspricht, müssen wir dafür Sorge tragen, dass nun das Bild skaliert wird. Hierzu müssen wir erst einmal herausfinden, welche Breite und welche Höhe bei dem Bild vorliegt. Dies erreichen wir, indem wir aus den Bilddaten und der Klasse `ImageIO` ein Objekt der Klasse `BufferedImage` erstellen. Die Klasse `ImageIO` benötigt die Bilddaten aber als Eingabestrom. Deshalb erzeugen wir zunächst ein Objekt der Klasse ByteArrayInputStream:

```
ByteArrayInputStream byteArrayInputStream =
    new ByteArrayInputStream(foto);
```

Die Breite und die Höhe des Bildes sind anschließend einfach zu ermitteln. Wir erhalten sie mithilfe der Convenience-Methoden getWidth() und getHeight(). Da wir gleich eine Bruchrechnung mit den Werten vorhaben, casten wir beide Werte zum Datentyp double:

```
BufferedImage originalBufferedImage =
    ImageIO.read(byteArrayInputStream);

double originalWidth = (double)
    originalBufferedImage.getWidth();
    double originalHeight = (double)
        originalBufferedImage.getHeight();
```

Der für die Skalierung relevante Wert ist der größere der beiden:

```
double relevantLength =
    originalWidth > originalHeight ?
        originalWidth : originalHeight;
```

Der Skalierungsfaktor für die Transformation errechnet sich aus der maximal zulässigen Länge, MAX_IMAGE_LENGTH, geteilt durch die relevante Länge:

```
double transformationScale =
    MAX_IMAGE_LENGTH / relevantLength;
```

Die resultierende Breite und Länge des Bildes erhalten wir, indem wir die ursprünglichen Werte mit dem Skalierungswert multiplizieren. Das Ergebnis wird mit Math.round(double) zu einer Ganzzahl gerundet. Math.round(double) liefert die Werte im Datentyp long. So hohe Wertbereiche erwarten wir in Pixeln nicht, deshalb können wir die erhaltenen Ganzzahlen von long auf int casten:

```
int width = (int) Math.round(
    transformationScale * originalWidth );
    int height = (int) Math.round(
        transformationScale * originalHeight );
```

Nun erzeugen wir ein neues Objekt der Klasse BufferedImage und instanziieren es mit der erwünschten und soeben erhaltenen Breite und Länge. Als dritten Parameter erwartet BufferedImage eine Angabe zu dem Bildtyp. Wir entscheiden uns hier für den Typ INT_RGB, ein 8-Bit-RGB-Bild ohne Alpha-Werte.

```
BufferedImage resizedBufferedImage =
    new BufferedImage(
        width, height, BufferedImage.TYPE_INT_RGB);
```

Für die Transformation benötigen wir die Java-Klasse `Graphics2D`, die zur Verbesserung der ursprünglichen Klasse `Graphics` entwickelt worden ist. Die Klasse `Graphics2D` ist zwar Erbe der Klasse `Graphics`, jedoch gehen ihre Fähigkeiten weit über die alte Klasse `Graphics` hinaus. `Graphics2D` wird für sämtliche zweidimensionalen Umwandlungen (wie Verschiebungen, Skalierungen oder Farbmanipulationen) verwendet. Die Umwandlung basiert auf dem sogenannten benutzerabhängigen Koordinatensystem *Transformation Userspace*. Diese Standardeinstellung ist für Geräte bestimmt, die im Bereich von 72 dpi arbeiten, also 72 Punkte pro Inch darstellen. Da eine Transformation somit geräteabhängig ist, müssten wir die Gerätekonfiguration erst abfragen. Unser Zielgerät ist jedoch ein Unix-Root-Server ohne Grafik-API, deshalb werden wir uns an dieser Stelle mit der gegebenen Schätzung begnügen.

```
Graphics2D g2d =
    resizedBufferedImage.createGraphics();
```

Für grafische Umwandlungen gibt es eine Vielzahl an Vorgehensweisen. Um einen Hinweis darauf zu geben, welche Vorgehensweise oder welcher Algorithmus erwünscht ist, können Sie mithilfe der Methode `setRenderingHint(Key, Object)` Vorlieben nennen. Hierdurch wird insbesondere die Qualität bzw. die Laufzeit des Prozesses beeinflusst. Das heißt, je besser die Qualität des Resultats sein soll, desto länger muss auf das Ergebnis gewartet werden. Der Implementation steht es frei, inwieweit sie sich der Zielvorgabe des Hinweises nähert oder ob sie sogar die Hinweise vollständig ignoriert. Wir setzen an dieser Stelle eine bikubische Interpolation ein:

```
g2d.setRenderingHint(
    RenderingHints.KEY_INTERPOLATION,
    RenderingHints.VALUE_INTERPOLATION_BICUBIC);
```

Die eigentliche Skalierung erhalten wir mithilfe der Klasse `AffineTransform`. Sie erwirkt eine lineare Abbildung von 2D-Koordinaten auf andere 2D-Koordinaten, bewahrt also durch ein spezielles Verfahren die »Geradlinigkeit« und »Parallelität«. Wir müssen zwei Parameter angeben. Der erste gibt die Skalierung in der X-Achse an und der zweite die Skalierung in der y-Achse. Da wir eine gleichmäßige Skalierung wünschen, geben wir jeweils den Wert `transformationScale` an.

```
AffineTransform affineTransform =
    AffineTransform.getScaleInstance(
        transformationScale,
        transformationScale);
g2d.drawRenderedImage(
    originalBufferedImage, affineTransform);
```

Für die Speicherung in die Datenbank benötigen wir einen Eingabestrom. Mithilfe der Klasse ImageIO schreiben wir unser neues BufferedImage-Objekt in einen ByteArrayOutputStream und setzen den so erhaltenen Buffer in einen ByteArrayInputStream:

```
ByteArrayOutputStream baos =
    new ByteArrayOutputStream();
ImageIO.write(resizedBufferedImage, "PNG", baos);
return baos.toByteArray();
}
```

Sie können die Methode in der Klasse SellServlet nutzen, indem Sie die Methode aufrufen, bevor das Byte-Array als Wert des Attributs Foto gesetzt wird:

```
...
item.setFoto(scale(baos.toByteArray()));
...
```

7.7.2 Bilder anzeigen

Um Bilder auf einer Webseite anzuzeigen, muss man einen Umweg machen. Der Grund hierfür liegt in der Art und Weise, wie ein Webbrowser Bilder für eine Webseite nutzt.

Ein Webbrowser fragt über das HTTP-Protokoll zunächst nach einem HTML-Dokument. Nachdem er das HTML-Dokument eingelesen hat, merkt der Webbrowser anhand der enthaltenen IMG-Tags, dass er für die Webseite Bilder nachladen muss. Erst dann besorgt er sich über weitere HTTP-Requests die Bilder. Das bedeutet, dass er für jedes Bild einen eigenen HTTP-Request an den Server verschicken muss. Demgemäß müssen wir in der Java-EE-Anwendung zunächst ein Dokument erstellen, das die einzelnen IMG-Elemente enthält.

Abbildung 7.28 zeigt alle Komponenten, die für die User-Story benötigt werden.

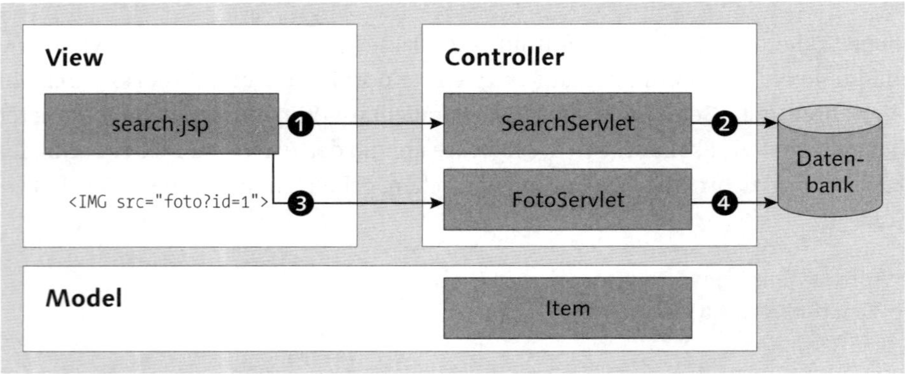

Abbildung 7.28 Bei der Anzeige von Artikeln müssen die Bilder über einen Umweg besorgt werden.

Die View (search.jsp)

Im Programmierbeispiel benötigen wir zunächst die View-Komponente *search.jsp*. Ganz oben enthält die JSP ein HTML-Formular, über das der Kunde Artikel suchen kann.

```
<%@ include file="head.jspf" %>
<article>
    <section>
        <form action="search" method="post">
        <fieldset>
        <legend>Suchen</legend>
        <table>
            <tbody>
            <tr>
                <th>
                    <label for="search">
                        Suche:
                    </label>
                </th>
                <td>
                    <input
                        type="text"
                        name="search"
                        size="40"
                        maxlength="40"
                        title="Suchtext"
                        placeholder=
                        "Suchtext eingeben"
                        >
                </td>
                <td>
                    <input type="submit">
                    <input type="reset">
                </td>
            </tr>
        </tbody>
        </table>
        </fieldset>
        </form>
    </section>
</article>
```

Listing 7.22 »search.jsp«

Unter dem HTML-Formular werden die Daten mit der Expression Language angezeigt. Die Bereiche, in denen die Artikel angezeigt werden, enthalten jeweils ein IMG-Element. Das IMG-Element wird als Quelle das URL-Pattern "foto" mitführen. Gleichzeitig wird das URL-Pattern auch die ID des Artikels mitliefern.

Sobald der Webbrowser die *search.jsp* erhalten hat, durchstöbert er das Dokument nach IMG-Elementen. Jedes Mal, wenn er auf ein IMG-Element stößt, versendet der Webbrowser einen GET-Request an die angegebene URL, um das Ergebnis an der Stelle des IMG-Elements anzuzeigen:

```
<c:forEach var="item" items="${items}">
<article>
    <section>
        <form action="buy" method="post">
        <fieldset>
        <legend>ID: ${item.id}</legend>
        <h2>${item.title}</h2>
        <p>${item.description}</p>
        <p><img src="foto?id=${item.id}">
        <p>Preis: ${item.price} Euro</p>
        </fieldset>
        </form>
    </section>
</article>
</c:forEach>
<%@ include file="footer.jspf" %>
```

Listing 7.23 »search.jsp«

Der Controller (SearchServlet.java)

Wenn ein Kunde auf den SUBMIT-Button klickt, wird seine Suche an das SearchServlet geleitet. Dabei werden die Artikel aus der Datenbank geholt, bei denen der Suchtext im Titel erscheint. Die gefundenen Artikel werden in der HTTP-Sitzung abgelegt.

```
package de.java2enterprise.onlineshop;

import java.io.IOException;
import java.sql.Connection;
import java.sql.PreparedStatement;
import java.sql.ResultSet;
import java.sql.Timestamp;
import java.util.ArrayList;
import java.util.Date;
import java.util.List;
```

```
import javax.naming.InitialContext;
import javax.servlet.RequestDispatcher;
import javax.servlet.ServletException;
import javax.servlet.annotation.WebServlet;
import javax.servlet.http.HttpServlet;
import javax.servlet.http.HttpServletRequest;
import javax.servlet.http.HttpServletResponse;
import javax.servlet.http.HttpSession;
import javax.sql.DataSource;
import de.java2enterprise.onlineshop.model.Item;


@WebServlet("/search")
public class SearchServlet extends HttpServlet {
    private static final long serialVersionUID = 1L;

    @Resource
    private DataSource ds;

    public void doPost(
        HttpServletRequest request,
        HttpServletResponse response)
        throws ServletException, IOException {

        String s = request.getParameter("search");
        try {
            List<Item> items = find(s);
            if(items!=null) {
                HttpSession session =
                    request.getSession();
                session.setAttribute(
                    "items", items);
            }
        } catch (Exception e) {
            throw new ServletException(e.getMessage());
        }
        RequestDispatcher dispatcher =
        request.getRequestDispatcher("search.jsp");
        dispatcher.forward(request, response);
    }

    public static List<Item> find(String s)
            throws Exception {
        Connection con = ds.getConnection();
```

```
PreparedStatement stmt =
        con.prepareStatement(
        "SELECT " +
            "id, " +
            "title, " +
            "description, " +
            "price, " +
            "seller_id, " +
            "buyer_id, " +
            "traded " +
        "FROM onlineshop.item " +
        "WHERE title like ?");
if(s != null) {
    s = "%" + s + "%";
}
stmt.setString(1, s);
ResultSet rs = stmt.executeQuery();
List<Item> items = new ArrayList<Item>();
while(rs.next()) {

    Item item = new Item();

    Long id = Long.valueOf(rs.getLong("id"));
    item.setId(id);

    String title = rs.getString("title");
    item.setTitle(title);

    String description =
        rs.getString("description");
    item.setDescription(description);

    double price = rs.getDouble("price");
    if(price != 0) {
        item.setPrice(
            Double.valueOf(price));
    }

    long seller_id = rs.getLong("seller_id");
    if(seller_id != 0) {
        item.setSeller_id(
            Long.valueOf(seller_id));
    }
```

```
            long buyer_id = rs.getLong("buyer_id");
            if(buyer_id != 0) {
                item.setBuyer_id(Long.valueOf(buyer_id));
            }

            Timestamp ts = rs.getTimestamp("traded");
            if(ts != null) {
                Date traded =
                    new Date(ts.getTime());
                item.setTraded(traded);
            }

            items.add(item);
        }
        con.close();
        return items;
    }
}
```

Listing 7.24 »SearchServlet.java«

Der Controller für die Fotos (FotoServlet.java)

Damit die Fotos in der *search.jsp* angezeigt werden können, programmieren wir eine weitere Komponente, die wir `FotoServlet.java` nennen. Dieses Servlet nimmt die Anfrage für das Foto in einem GET-Request entgegen. Nachdem das Foto aus der Datenbank geladen wurde, wird es Byte für Byte in den Ausgabestrom geschrieben.

```
package de.java2enterprise.onlineshop;

import java.io.IOException;
import java.io.InputStream;
import java.sql.Blob;
import java.sql.Connection;
import java.sql.PreparedStatement;
import java.sql.ResultSet;

import javax.naming.InitialContext;
import javax.servlet.ServletException;
import javax.servlet.ServletOutputStream;
import javax.servlet.annotation.WebServlet;
import javax.servlet.http.HttpServlet;
import javax.servlet.http.HttpServletRequest;
import javax.servlet.http.HttpServletResponse;
import javax.sql.DataSource;
```

```
@WebServlet("/foto")
public class FotoServlet extends HttpServlet {
    private static final long serialVersionUID = 1L;

    @Resource
    private DataSource ds;

    protected void doGet(
        HttpServletRequest request,
        HttpServletResponse response)
        throws ServletException, IOException {

        try {
            String id = request.getParameter("id");

            Connection con = ds.getConnection();
            PreparedStatement stmt =
                con.prepareStatement(
                "SELECT " +
                "foto " +
                "FROM onlineshop.item " +
                "WHERE id = ?");
            stmt.setLong(1, Long.parseLong(id));
            ResultSet rs = stmt.executeQuery();
            if(rs.next()) {
                Blob foto = rs.getBlob("foto");
                response.reset();
                int length = (int) foto.length();
                response.setHeader(
                    "Content-Length",
                    String.valueOf(length));
                InputStream in =
                    foto.getBinaryStream();
                final int bufferSize = 256;
                byte[] buffer =
                    new byte[bufferSize];

                ServletOutputStream out =
                    response.getOutputStream();
                while (
                    (length = in.read(buffer))
                        != -1
                    ) {
                    out.write(buffer, 0, length);
```

```
                }
                in.close();
                out.flush();
                foto = null;
            }
            stmt.close();
            con.close();
        } catch(Exception ex) {
            throw new ServletException(
                ex.getMessage());
        }
    }
}
```

Listing 7.25 »FotoServlet.java«

7.8 Den Onlineshop fertigstellen

Der Onlineshop ist schon fast fertig programmiert. Und obwohl die *search.jsp* für jeden Artikel ein HTML-Formular bereithält, fehlt dennoch die Möglichkeit, Artikel zu kaufen. Wir brauchen also eine Komponente, die den Speicherwunsch eines Kunden verwirklicht. Hierfür werden wir eine weitere Web-Komponente programmieren, die wir `BuyServlet` nennen werden. Das Servlet wird den Kauf eines Artikels realisieren, indem der Käufer und ein Zeitstempel beim betroffenen Datensatz hinterlegt werden.

Abbildung 7.29 zeigt den Programmablauf, der beim Kauf eines Artikels durchlaufen wird.

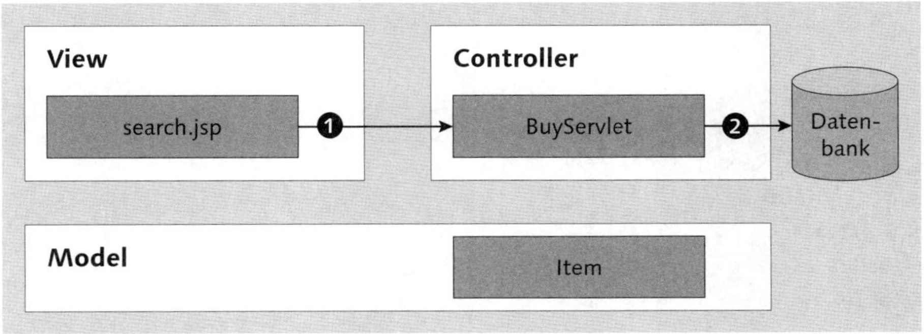

Abbildung 7.29 Der Programmablauf beim Kaufen eines Artikels

7.8.1 Die View (search.jsp)

In der *search.jsp* fügen wir einen zusätzlichen Abschnitt hinzu. In diesem Abschnitt werden wir mit der Expression Language eine Fallunterscheidung durchführen. Sollte der Artikel noch nicht verkauft worden sein, werden wir den Button für das Verkaufen des Artikels anzeigen. Gleichzeitig werden wir ein INPUT-Element des Typs "Hidden" beifügen, das die ID des Artikels mitführen soll.

```
<%@ include file="head.jspf" %>
<article>
    <section>
        <form action="search" method="post">
        <fieldset>
        <legend>Suchen</legend>
        <table>
            <tbody>
            <tr>
                <th>
                    <label for="search">
                        Suche:
                    </label>
                </th>
                <td>
                    <input
                        type="text"
                        name="search"
                        size="40"
                        maxlength="40"
                        title="Suchtext"
                        placeholder=
                        "Suchtext eingeben"
                        >
                </td>
                <td>
                    <input type="submit">
                    <input type="reset">
                </td>
            </tr>
        </tbody>
        </table>
        </fieldset>
        </form>
    </section>
</article>
<c:forEach var="item" items="${items}">
<article>
    <section>
```

```
        <form action="buy" method="post">
        <fieldset>
        <legend>ID: ${item.id}</legend>
        <h2>${item.title}</h2>
        <p>${item.description}</p>
         <p>Preis: ${item.price} Euro</p>
        <c:if test="${not empty customer}">
            <c:choose>
            <c:when test="${empty item.traded}">
                <input
                    type="hidden"
                    name="item_id"
                    value="${item.id}">
                <input
                    type="submit"
                    value="Kaufen"/>
            </c:when>
            <c:otherwise>
                <b>Verkauft am ${item.traded}
                    an ${item.buyer_id}</b>
            </c:otherwise>
            </c:choose>
        </c:if>
        <aside>
            <p><img src="foto?id=${item.id}">
        </aside>
        </fieldset>
        </form>
    </section>
</article>
</c:forEach>
<%@ include file="footer.jspf" %>
```

Listing 7.26 »search.jsp«

7.8.2 Der Controller (BuyServlet.java)

Die Klasse BuyServlet nimmt die ID des Artikels als Parameter entgegen. Die ID des Kunden haben wir ja bereits, denn die sollte in der HTTP-Sitzung gespeichert sein. Zur Persistierung fügen wir eine Methode mit dem Namen update() hinzu. In dieser Methode wird die ID des Käufers im Datenfeld BUYER_ID gespeichert. Außerdem werden wir auch einen Zeitstempel im Datenfeld TRADED hinterlegen, damit wir dem Verkäufer und dem Käufer mitteilen können, wann der Kauf getätigt worden ist.

```
package de.java2enterprise.onlineshop;

import java.io.IOException;
import java.sql.Connection;
import java.sql.PreparedStatement;

import javax.naming.InitialContext;
import javax.servlet.RequestDispatcher;
import javax.servlet.ServletException;
import javax.servlet.annotation.WebServlet;
import javax.servlet.http.HttpServlet;
import javax.servlet.http.HttpServletRequest;
import javax.servlet.http.HttpServletResponse;
import javax.servlet.http.HttpSession;
import javax.sql.DataSource;
import de.java2enterprise.onlineshop.model.Customer;

@WebServlet("/buy")
public class BuyServlet extends HttpServlet {
    private static final long serialVersionUID = 1L;

    @Resource
    private DataSource ds;

    public void doPost(
        HttpServletRequest request,
        HttpServletResponse response)
        throws ServletException, IOException {

        Long item_id =
            Long.parseLong(
                request.getParameter("item_id"));
        HttpSession session = request.getSession();
        Customer customer =
            (Customer)
                session.getAttribute("customer");

        try {
            update(item_id, customer.getId());
        } catch (Exception e) {
            throw new ServletException(e.getMessage());
        }
        RequestDispatcher dispatcher =
```

```
                request.getRequestDispatcher(
                    "buy.jsp");
        dispatcher.forward(request, response);
    }

    public void update(Long item_id, Long buyer_id)
            throws Exception {
        Connection con = ds.getConnection();
        PreparedStatement stmt = con.prepareStatement(
            "UPDATE onlineshop.item " +
            "SET buyer_id = ?, " +
            "traded = SYSTIMESTAMP " +
            "WHERE id = ?"
        );
        stmt.setLong(1, buyer_id);
        stmt.setLong(2, item_id);
        stmt.executeUpdate();
        con.close();
    }
}
```

Listing 7.27 »BuyServlet.java«

Kapitel 8

Die Java Persistence API

Kapitel 8
Die Java Persistence API

»Wer A sagt, der muss nicht B sagen.
Er kann auch erkennen, dass A falsch war.«

Bertolt Brecht

In diesem Kapitel werden die wichtigsten Bestandteile der Java Persistence API (JPA) beschrieben. Dabei wird auch gezeigt, wie man die Entwicklungsumgebung Eclipse einbezieht, um die JPA-Konfigurationsdateien und die JPA-Entities automatisch generieren zu lassen.

Die mit der Java EE 7 einhergehende Version JPA 2.1 bringt einige Innovationen mit. Die Spezifikation können Sie an dieser Stelle herunterladen:

http://download.oracle.com/otn-pub/jcp/persistence-2_1-fr-eval-spec/JavaPersistence.pdf

Die für den Java-EE-Entwickler wichtigsten Neuerungen gegenüber JPA 2.0 betreffen die JPQL-API und die Criteria-API. Sie kommen im hinteren Teil dieses Kapitels zur Sprache, nachdem die Grundlagen der JPQL und der Criteria-API behandelt wurden.

Die JPA ist nicht nur ein Bestandteil des Java-EE-Standards, sondern kann auch mit einer Java-SE-Anwendung, ganz unabhängig von einem Java EE Server, eingesetzt werden. JPA bietet dabei unterschiedliche Einstellungsmöglichkeiten für Java SE und Java EE an. In diesem Kapitel sind aus der Vielfalt der möglichen Szenarien die wichtigsten Anwendungsfälle ausgewählt worden, auf die für Java-SE- und Java-EE-Anwendungen getrennt eingegangen wird.

Gleich zu Beginn werden Sie eine Anleitung für die ersten Arbeitsschritte mit der JPA erhalten. Auf diese Weise wird Ihnen ein Kochrezept in die Hände gelegt. Anschließend tauchen wir tiefer in die Programmierung mit der JPA ein. Um auch ausgedehnteren Anforderungen beizukommen, lernen Sie, die Java Persistence Query Language (JPQL) und die Criteria-API zu nutzen. Durch JPQL kann der Datenbankzugriff auf eine SQL-ähnliche Weise erfolgen. Weil die JPQL-Anweisungen jedoch als Zeichenketten formuliert werden, ist JPQL nicht typsicher. Aus diesem Grund wurde mit JPA 2.0 zusätzlich die Criteria-API ins Leben gerufen. Die Criteria-API bietet prinzipiell die gleiche Funktionalität wie JPQL an. Der Unterschied besteht jedoch darin, dass die JPQL-Anweisungen bei der Criteria-API als Java-Methoden aufgerufen werden. Auf diese Weise wird die Gefahr potenzieller Tippfehler weitestgehend unterbunden. »Weitestgehend« deshalb, weil auch bei der Criteria-API die Bezeichner des Domänenmodells in Zeichenketten geschrieben werden. Infolgedessen wird noch eine weitere API gebraucht, die Java-Klassen aus den Bezeichnern des Domänenmodells erstellt. Der Fachbegriff für diese Klassen lautet *Static Metamodel* oder auch *Canonical Metamodel*. Erst durch die Nutzung dieses Metamodells ist die Criteria-API zu 100 % typsicher.

Im letzten Abschnitt des Kapitels besprechen wir dann weiter fortgeschrittene Themen. Hierzu gehören beispielsweise die Abbildung von Vererbung und Polymorphie in JPA, die Steuerung von konkurrierenden Zugriffen oder die Nutzung von nativen SQL-Abfragen.

8.1 Einführung

Bevor wir gleich in die JPA-Technologie eintauchen, soll Ihnen hier bereits ein kurzer Überblick über die Arbeit mit JPA-Entities und dem JPA-EntityManager gegeben werden.

8.1.1 Wofür braucht man ein Persistenz-Framework?

In diesem Abschnitt wird zunächst erklärt, aus welchem Bedarf heraus das High-Level-Framework JPA entwickelt wurde. Wir betrachten hierbei zunächst die Architektur einer Java-Anwendung die kein Persistenz-Framework verwendet.

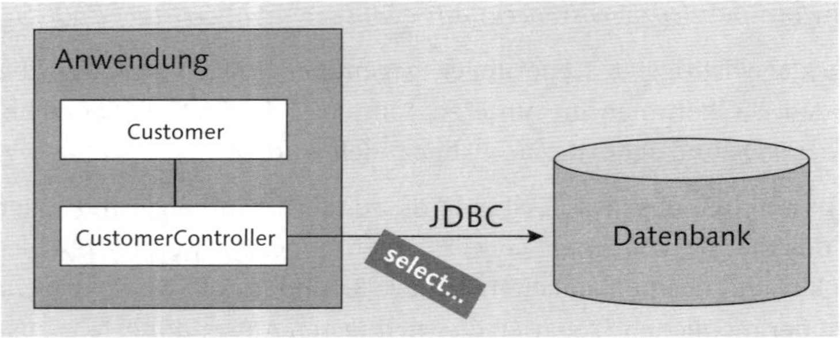

Abbildung 8.1 Die Kommunikation mit der Datenbank ohne JPA

Abbildung 8.1 zeigt, wie eine Anwendung beispielsweise ein SELECT-Statement an die Datenbank versendet und hierdurch Geschäftsdaten erhält, die man wiederum zu Entity-Instanzen weiterverarbeitet. Weil sich die Bezeichner in der SQL-Anweisung aber auch automatisch aus der dahinterliegenden Datenbanktabelle ergeben, sind im Laufe der Jahre verschiedene Persistenz-Frameworks entstanden, durch die die manuelle Programmierung von SQL-Anweisungen entfallen kann. Statt gleichartige SQL-Anweisungen immer wieder von Hand zu schreiben, überlässt man diese Arbeit lieber dem Automatismus des Persistenz-Frameworks. Dabei wird auch das objektrelationale Mapping (ORM) zwischen der Datenbanktabelle und der Java-Klasse mechanisiert.

Im Laufe der Jahre sind zahlreiche Persistenz-Frameworks entstanden, zum Beispiel EclipseLink, TopLink, Hibernate und OpenJPA, die leider aber auch sehr unterschiedlich zu handhaben waren. Zur Vereinheitlichung entwickelte man im Java-EE-Standard die Java Persistence

API (JPA). JPA ist eine zusätzliche Abstraktionsschicht, die die Programmierung mit den Persistenz-Frameworks vereinheitlicht. Für Java-EE-Entwickler gehört sie deshalb zu den wichtigsten APIs des Java-EE-Standards.

8.1.2 JPA und Persistence-Provider

Heutzutage verwendet man nicht mehr den Begriff Persistenz-Framework, sondern spricht von einem Persistence-Provider. Damit möchte man zum Ausdruck bringen, dass die konkrete Implementierung der JPA-Schnittstelle ganz generisch von einem Drittanbieter zur Verfügung gestellt wird. Während JPA lediglich die Schnittstelle darstellt, gegen die der Entwickler programmiert, kümmert sich der Persistence-Provider »unter der Haube« um die Verwirklichung der Datenbankzugriffe.

Abbildung 8.2 zeigt, wie eine Controller-Komponente eine Entity mithilfe der JPA von der Datenbank besorgt. Dabei macht die Abbildung deutlich, dass in einer Java-Komponente (Controller) ein sogenannter *EntityManager* verwendet wird. Der EntityManager ist die zentrale Programmierschnittstelle für den Entwickler. Denn über den Aufruf seiner Methoden kann der Entwickler die Arbeit des Persistence-Providers steuern. Der Persistence-Provider wird aufgrund der aufgerufenen Kommandos SQL-Anweisungen erstellen, durch die die Geschäftsdaten in der relationalen Datenbank gespeichert, geholt, geändert oder gelöscht werden.

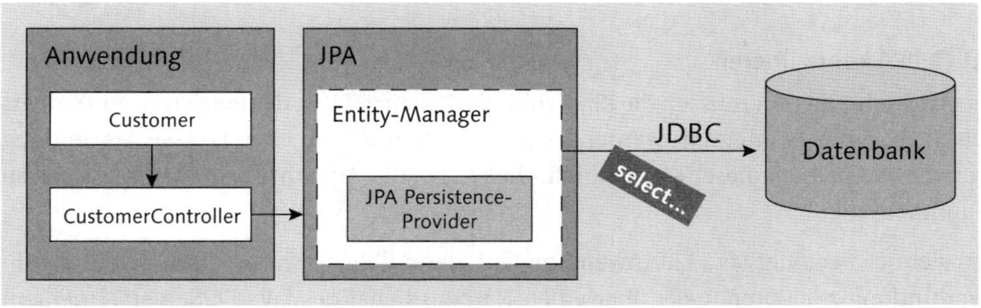

Abbildung 8.2 Der Datenbankzugriff über die JPA und den Persistence-Provider

8.1.3 EclipseLink

Für dieses Buch wird der Persistence-Provider *EclipseLink* eingesetzt, der von Oracle vertrieben wird und als offizielle Referenzimplementierung eines Persistence-Providers gilt. EclipseLink ist standardmäßig in der *GlassFish Server Open Source Edition 4* enthalten.

Ursprünglich stammen die Quellen von EclipseLink aus der Schmiede eines Unternehmens namens *The Object People*. Für den geschichtsinteressierten Leser folgt an dieser Stelle eine Auflistung der historischen Ereignisse.

Die Geschichte zu TopLink und EclipseLink

- **1989** wurde das IT-Trainings-Unternehmen The Object People gegründet. Das Unternehmen hatte damals Büros in den USA, in Kanada, Großbritannien und Deutschland (Bonn).
- **1994** veröffentlichte die Firma das Produkt TopLink für Smalltalk.
- **1996** programmierte man bei dem Unternehmen ein zweites Produkt, das sich TopLink for Java nannte.
- **2000** wurde die TopLink-Sparte des Unternehmens von dem Startup-Unternehmen WebGain gekauft.
- **2002** wurde WebGain von dem Software-Giganten Oracle übernommen.
- **2008** veröffentlichte man bei Oracle das Produkt EclipseLink, das aus wesentlichen Teilen des TopLink-Quelltextes stammt.
- **Heutzutage** ist EclipseLink die Referenzimplementierung der JPA-Spezifikation.

8.1.4 Die ersten Arbeitsschritte bei einer einfachen JPA-Anwendung

In diesem Abschnitt werden die wichtigsten Arbeitsschritte bei der Arbeit mit der JPA in einem Schnelldurchlauf gezeigt (siehe auch Abbildung 8.4). Im Anschluss gehe ich auf jeden Schritt im Detail ein.

Schritt ❶: JPA konfigurieren

Für die Arbeit mit der JPA müssen die Klassenbibliotheken der JPA, des Persistence-Providers und des JDBC-Treibers integriert werden (siehe Abbildung 8.3). In einer Java-SE-Anwendung müssen die *.jar*-Dateien dieser Klassenbibliotheken bei der Ausführung in den Klassenpfad eingebunden sein.

Anders sieht es bei einer Java-EE-Anwendung aus, denn üblicherweise erhält sie die Datenbankverbindung zur Datenquelle über einen Namensdienst des Java EE Servers. In einem Java EE Server ist die JPA bereits enthalten, da sie als fester Bestandteil des Java-EE-Standards dazugehört.

Je nachdem, um welchen Java EE Server es sich handelt, kann die konkrete Implementierung eines Persistence-Providers ebenso von Haus aus enthalten sein. Zum Beispiel braucht die Klassenbibliothek von EclipseLink nicht mehr dem GlassFish-Server hinzugefügt zu werden, da sie der GlassFish-Server als Referenzimplementierung bereits einbezieht. Der JDBC-Treiber für die relationale Datenbank muss aber in der Regel manuell beigefügt sein.

Zu den vorbereitenden Maßnahmen gehört auch, dass die Anwendung für die JPA-Nutzung mithilfe der Datei *persistence.xml* konfiguriert wird. Das Vorhandensein dieser Datei ist schon deswegen von großer Bedeutung, weil hierdurch die JPA aktiviert wird.

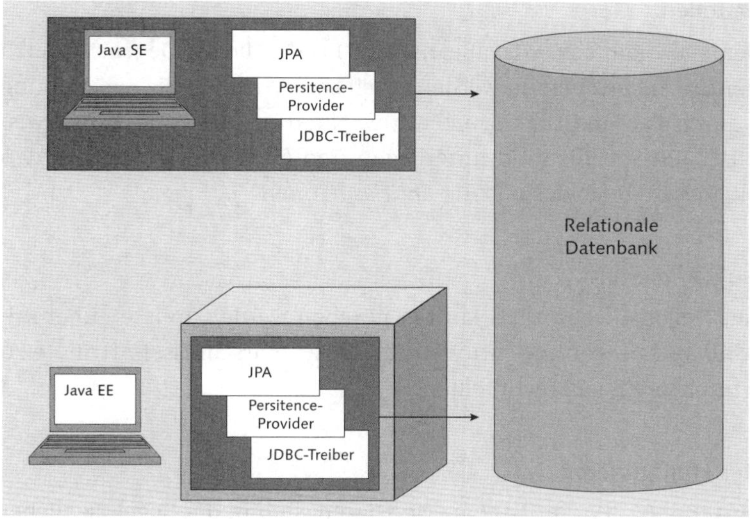

Abbildung 8.3 Die Klassenbibliotheken der JPA, des Persistence-Providers und des JDBC-Treibers müssen sowohl in der Variante »Application-managed« als auch »Container-managed« eingebunden sein.

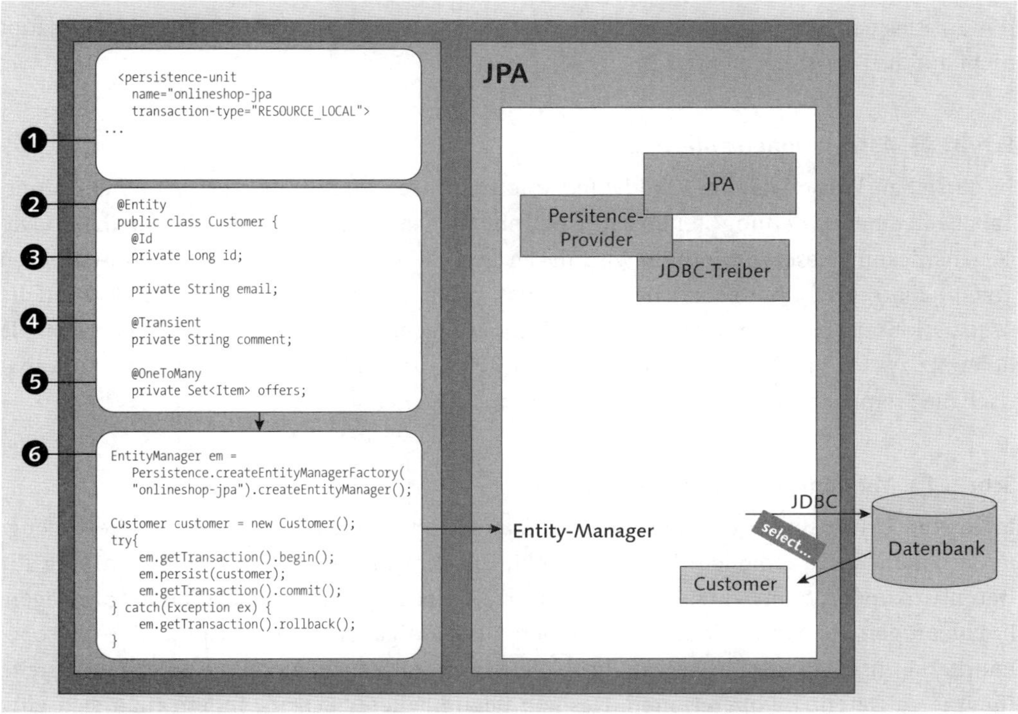

Abbildung 8.4 Die ersten Arbeitsschritte bei einer einfachen JPA-Anwendung

Schritt ❷: JPA-Entities erstellen

Entities sind nichts anderes als »einfache« JavaBeans bzw. POJOs, die als Gegenstücke zu Tabellen einer relationalen Datenbank erstellt werden. Auch bei JPA erfolgt die Speicherung der Geschäftsdaten stets durch das Persistieren von Entities. Nur dass die Entities nun gewissen Anforderungen aus der JPA-Spezifikation unterliegen und auch konfiguriert werden müssen. Wir werden sie in diesem Buch deshalb *JPA-Entities* nennen.

Schritt ❸: Primärschlüssel definieren

Datenbanktabellen, die als Gegenstücke zu JPA-Entities gesehen werden, müssen über Primärschlüssel verfügen. Und auch in der JPA-Entity dürfen die Primärschlüssel-Attribute zu den datenbankseitigen Primärschlüsseln nicht fehlen.

Schritt ❹: Basic Attributes konfigurieren

Alle Attribute, die den Zustand der JPA-Entity charakterisieren, sind in der Regel fachlicher Natur. Meistens stellen diese Attribute die Gegenstücke zu den Spaltenfeldern in einer Datenbanktabelle dar. Weil es sich bei diesen Attributen um die grundlegenden Elemente einer JPA-Entity handelt, werden sie in der JPA **Basic Attributes** genannt.

Apropos: In diesem Arbeitsschritt werden nicht nur die persistenten Basic Attributes in den JPA-Entities definiert, sondern auch die selteneren **Transient Attributes,** die sich überhaupt nicht auf die Persistenz auswirken.

Schritt ❺: Assoziationen anfertigen

In derselben Weise wie eine Child-Tabelle (durch ihren Fremdschlüssel) zu einer Parent-Tabelle in einer Beziehung stehen kann, besteht auch eine Verbindung zwischen ihren Java-Gegenstücken. Diese Verbindung wird in der Java-EE-Anwendung mithilfe von Attributen erstellt. Man spricht hierbei auch von Assoziationsattributen. Beim Persistieren werden die Assoziationsattribute benutzt, um dem EntityManager mitzuteilen, dass eine relationale Referenz zwischen zwei Datensätzen besteht. Der EntityManager trägt hierdurch automatisch die Fremdschlüssel in die Child-Tabelle ein.

Schritt ❻: Mit dem EntityManager arbeiten

Im letzten Schritt sind wir endlich bei der Kür angelangt, denn all die vielen Zwischenerzeugnisse haben wir ja lediglich deshalb erstellt, um hiermit einen komfortableren Weg für Datenbankoperationen vorzubereiten. Unser Ziel ist es also, Geschäftsdaten abzufragen, hinzuzufügen, abzuändern oder zu entfernen. Diese Aufgaben können wir mithilfe des sogenannten EntityManagers bewerkstelligen, denn er ist die zentrale Programmierschnittstelle für unsere Datenbankoperationen. Deshalb beginnt dieser Schritt, indem man sich eine

Instanz des EntityManagers besorgt. Anschließend kann über seine Methoden auf die Datenbank zugegriffen werden.

Dies war ein Schnelldurchlauf durch die einzelnen Arbeitsschritte mit JPA. In den folgenden Abschnitten werden wir die einzelnen Schritte anhand von praktischen Beispielen eingehend behandeln.

8.2 JPA konfigurieren

Die zentrale Konfigurationsdatei für JPA nennt sich *persistence.xml*. Sie wird in einem Ordner mit dem Namen */META-INF* abgelegt, der sich im Klassenpfad befinden muss. In einer Java-SE-Anwendung wird */META-INF/persistence.xml* daher im Default-Verzeichnis der Java-Klassen abgelegt.

Innerhalb einer Java-EE-Anwendung kann der absolute Verzeichnispfad */META-INF/persistence.xml* an mehreren Stellen abgelegt werden. Zum Beispiel könnte er in einer *.ejb-.jar*-Datei im Hauptordner der Verzeichnisstruktur stehen.

Innerhalb eines Web-Moduls wird sie in folgendem Verzeichnis abgelegt:

/WEB-INF/classes/META-INF/persistence.xml

8.2.1 Der Aufbau der »persistence.xml«

Die *persistence.xml* muss immer das Root-Element `<persistence>` enthalten. Dieses Element wird im folgenden Listing gezeigt:

```
<?xml version="1.0" encoding="UTF-8"?>
<persistence version="2.1"
 xmlns="http://xmlns.jcp.org/xml/ns/persistence"
 xmlns:xsi="http://www.w3.org/2001/XMLSchema-instance"
 xsi:schemaLocation="http://xmlns.jcp.org/xml/ns/persistence
 http://xmlns.jcp.org/xml/ns/persistence/persistence_2_1.xsd">
...
</persistence>
```

Listing 8.1 »persistence.xml«

8.2.2 Persistenz-Einheiten definieren

Innerhalb des Root-Elements `<persistence>` muss mindestens eine Datenquelle als sogenannte Persistenz-Einheit ernannt sein. Es dürfen aber auch mehrere Persistenz-Einheiten untereinander deklariert werden. Zum Beispiel benötigen globale Transaktionen auf verteilten Systemen mehrere Persistenz-Einheiten innerhalb einer *persistence.xml*.

Jede einzelne Persistenz-Einheit wird mit dem Element <persistence-unit> definiert. Dabei muss mit dem Annotationsunterelement name ein Name vergeben werden. Über diesen Namen wird anschließend im Java-Quelltext auf die Persistenz-Einheit Bezug genommen:

```
<?xml version="1.0" encoding="UTF-8"?>
<persistence version="2.1"
 xmlns="http://xmlns.jcp.org/xml/ns/persistence"
 xmlns:xsi="http://www.w3.org/2001/XMLSchema-instance"
 xsi:schemaLocation="http://xmlns.jcp.org/xml/ns/persistence
 http://xmlns.jcp.org/xml/ns/persistence/persistence_2_1.xsd">

    <persistence-unit name="onlineshop-jpa">
    </persistence-unit>

</persistence>
```

Listing 8.2 »persistence.xml«

8.2.3 Transaktionen (mit JTA oder RESOURCE_LOCAL)

Die JPA arbeitet bei allen Datenbankzugriffen stets mit Transaktionen. Dies spielt vor allem dann eine große Rolle, wenn wir Daten nicht nur erfragen, sondern auch einfügen, ändern oder löschen wollen. Denn JPA wird unseren Änderungswunsch nur in einer Transaktion umsetzen.

Grundsätzlich unterscheidet die JPA, ob bei den Transaktionen die Automatismen von JTA ins Spiel kommen oder ob wir selbst für die Transaktionen verantwortlich sind. Diese allgemeine Unterscheidung wird bei dem XML-Element persistence-unit mithilfe des Annotationsunterelements transaction-type="JTA" bzw. transaction-type="RESOURCE_LOCAL" festgelegt.

JPA setzt in einem Java-EE-Umfeld grundsätzlich die JTA-Variante voraus.

```
...
<persistence-unit
    name="onlineshop-jpa"
    transaction-type="JTA">
</persistence-unit>
...
```

Listing 8.3 »persistence.xml«

Wohingegen bei einer Java-SE-Anwendung eine manuelle Programmierung der Transaktionen erforderlich ist. Schließlich ist dort ja auch kein Java-EE-Container vorhanden. Mit folgendem Vermerk könnten wir explizit anweisen, dass wir bei einer Java-SE-Anwendung kein JTA verwenden werden:

```
...
<persistence-unit
    name="onlineshop-jpa"
    transaction-type="RESOURCE_LOCAL">
</persistence-unit>
...
```

Listing 8.4 »persistence.xml«

Eigentlich brauchen wir diesen Eintrag gar nicht zwingend vorzunehmen, denn die JPA würde in einem Java-SE-Umfeld von selbst kein JTA einsetzen. Genauso wenig bräuchten wir in einem Java-EE-Umfeld `transaction-type="JTA"` zu notieren, da die JPA auch hier von selbst die JTA-Variante wählen wird. Allerdings gehört es zur gängigen Praxis, das `transaction-type` zu setzen, weil der Quelltext von *persistence.xml* auf diese Weise aussagekräftiger ist.

8.2.4 Den Bezeichner vom Namensdienst anzeigen

In einem Java-EE-Umfeld (`transaction-type="JTA"`) wird die Datenquelle üblicherweise per JNDI angebunden. Die Angabe des JNDI-Namens erfolgt dann in der Regel über das Element `<jta-data-source>`:

```
...
<persistence-unit
    name="onlineshop-jpa"
    transaction-type="JTA">
    <jta-data-source>
        jdbc/__meineDB
    </jta-data-source>
</persistence-unit>
...
```

Listing 8.5 »persistence.xml«

Die Default DataSource

Wenn Sie (in einem Java-EE-Projekt Ihres Auftraggebers) in der Persistenz-Einheit mit `transaction-type="JTA"` mal das Element `<jta-data-source>` vermissen sollten, dann wird es sich bei dem Bezeichner um die Default DataSource **jdbc/__default** handeln. Dieser Bezeichner braucht nicht vermerkt zu werden, weil er per Konvention der Default-JNDI-Name ist.

In einer Java-SE-Anwendung (transaction-type="RESOURCE_LOCAL") wird die Datenquelle entweder über einen JNDI-Namen oder über direkte Verbindungsdaten bestimmt. Wenn in einer Java-SE-Anwendung die Datenquelle über einen JNDI-Namen verbunden wird, ist hierbei jedoch nicht der JTA-Standard integriert. Deshalb wird der JNDI-Name in diesem Fall über das Element <non-jta-data-source> deklariert:

```
...
<persistence-unit
    name="onlineshop-jpa"
    transaction-type="RESOURCE_LOCAL">
    <non-jta-data-source>
        jdbc/__meineDB
    </non-jta-data-source>
</persistence-unit>
...
```

Listing 8.6 »persistence.xml«

8.2.5 Mit »description« eine kurze Beschreibung hinzufügen

Mit dem optionalen Element <description> kann der Persistenz-Einheit eine Beschreibung hinzugefügt werden:

```
...
<description>
    Die Datenquelle zum Onlineshop
</description>
...
```

Listing 8.7 »persistence.xml«

8.2.6 Den Persistence-Provider angeben

Mit dem Element <provider> kann ein voll qualifizierter Klassenname angegeben werden, durch den der Persistence-Provider eindeutig bestimmt ist. Zum Beispiel wird EclipseLink wie folgt festgelegt:

```
...
<provider>
    org.eclipse.persistence.jpa.PersistenceProvider
</provider>
...
```

Listing 8.8 »persistence.xml«

Bei dem Persistence-Provider Hibernate würde man hingegen folgende Zeichenkette verwenden:

```
...
<provider>
    org.hibernate.ejb.HibernatePersistence
</provider>
...
```

Listing 8.9 »persistence.xml«

8.2.7 Die Verbindungsdaten hinterlegen

Es wurde weiter oben bereits erwähnt, dass die JPA bei den Transaktionen ganz allgemein zwischen JTA und RESOURCE_LOCAL unterscheidet. Bei einer Java-SE-Anwendung wird stets RESOURCE_LOCAL eingesetzt.

Auch wurde bereits angemerkt, dass in diesem Fall eine JNDI-Verbindung zur Datenbank mithilfe des Elements `<non-jta-data-source>` festgelegt wird.

Die zweite Alternative ist die direkte Datenverbindung ohne JNDI. Sie erfordert, dass über das Element `<properties>` die Verbindungsinformationen angegeben werden. Innerhalb von `<properties>` müssen `<property>`-Elemente für die vier Verbindungsinformationen `url`, `user`, `password` und `driver` stehen.

Das folgende Listing zeigt ein komplettes Beispiel, wie für eine Java-SE-Anwendung in der Datei *persistence.xml* die Persistenz-Einheit `"onlineshop-jpa"` als lokale Ressource spezifiziert werden kann:

```
<?xml version="1.0" encoding="UTF-8"?>
<persistence version="2.1"

 xmlns="http://xmlns.jcp.org/xml/ns/persistence"
 xmlns:xsi="http://www.w3.org/2001/XMLSchema-instance"
 xsi:schemaLocation="http://xmlns.jcp.org/xml/ns/persistence
 http://xmlns.jcp.org/xml/ns/persistence/persistence_2_1.xsd">

    <persistence-unit
        name="onlineshop-jpa"
        transaction-type="RESOURCE_LOCAL">
        <provider>
        org.eclipse.persistence.jpa.PersistenceProvider
        </provider>
        <properties>
            <property
```

```
                name="javax.persistence.jdbc.url"
                value=
                "jdbc:oracle:thin:@localhost:1521:XE"/>
            <property
                name="javax.persistence.jdbc.user"
                value="onlineshop_user"/>
            <property
                name=
                    "javax.persistence.jdbc.password"
                value="geheim_123"/>
            <property
                name="javax.persistence.jdbc.driver"
                value="oracle.jdbc.OracleDriver"/>
        </properties>

    </persistence-unit>
</persistence>
```

Listing 8.10 »persistence.xml«

8.3 Den EntityManager kennenlernen

Im letzten Abschnitt wurde bereits erwähnt, dass der EntityManager die zentrale Programmierschnittstelle für das Persistieren der JPA-Entities ist, denn er enthält zahlreiche Methoden, durch die die wichtigsten Datenbankoperationen ausgelöst werden. Zum Beispiel bietet der EntityManager für das Suchen von Datensätzen die Methode `find()` oder `getReference()` an. Die Speicherung von neuen Datensätzen erfolgt über die Methode `persist()`. Aktualisierungen werden mit `merge()` ausgeführt. Über `remove()` werden Datensätze gelöscht usw. Wir werden auf diese Methoden aber erst detailliert eingehen, nachdem einige vorbereitende Erläuterungen erfolgt sind.

Wir beginnen, indem zunächst gezeigt wird, wie man einen EntityManager erzeugt. Anschließend schauen wir uns einige Besonderheiten an, die die Arbeitsweise mit dem EntityManager mit sich bringt. Die Rede ist vom Persistenz-Kontext und den Transaktionen. Darüber hinaus werden wir auch noch den Lebenszyklus einer JPA-Entity betrachten, denn je nachdem, in welcher Phase sich eine JPA-Entity befindet, wird der Status unterschieden. Erst ganz zuletzt werden wir schließlich auf die jeweiligen Methoden des EntityManagers im Einzelnen eingehen.

8.3.1 Die Erzeugung eines EntityManagers

Ein EntityManager kann sowohl in der Anwendung, das heißt programmatisch, als auch durch den umgebenden Container automatisch erzeugt und verwaltet werden. Diese zwei verschiedenen Ausprägungen nennen sich in der Fachsprache *Application-managed* und *Container-managed*. Um darüber zu entscheiden, welcher der beiden Typen nun zu programmieren ist, muss man zunächst differenzieren, in welcher Umgebung bzw. in welcher Komponente man sich befindet. Denn eine Java-SE-Umgebung bietet überhaupt keinen Container an, der die Variante Container-managed ermöglichen könnte.

Wir schauen uns nun im Detail an, wie der EntityManager in den jeweiligen Umgebungen erstellt wird.

Der EntityManager in einer Java-SE-Anwendung

In einer Java-SE-Anwendung handelt es sich stets um einen Application-managed EntityManager. Deshalb erzeugen wir dort zunächst ein Objekt der Klasse `EntityManagerFactory`, das wir durch die Methode `Persistence.createEntityManagerFactory()` erhalten. Die Methode braucht hierbei den Namen der Persistenz-Einheit, der in der Datei *persistence.xml* vermerkt wurde. Im folgenden Listing wird in einer Java-SE-Anwendung eine Verbindung zu einer Datenbank erstellt:

```
package de.java2enterprise.onlineshop;

import java.util.logging.Logger;
import javax.persistence.EntityManager;
import javax.persistence.EntityManagerFactory;
import javax.persistence.Persistence;

public class Main {
    public static void main(String[] args)
        throws Exception {
        final Logger logger =
            Logger.getLogger(Main.class.getName());
        EntityManagerFactory emf =
            Persistence.
            createEntityManagerFactory(
                "onlineshop-jpa");
        EntityManager em = emf.createEntityManager();
        logger.info("Open: " + em.isOpen() );
        em.close();
        emf.close();
    }
}
```

Listing 8.11 »Main.java«

In der Anwendung testen wir mit `isOpen()`, ob die Verbindung zur Datenbank erstellt werden konnte. Zuletzt müssen wir den EntityManager und die EntityManagerFactory wieder schließen, da wir für deren Verwaltung verantwortlich sind.

Der EntityManager in einer Web-Komponente

In einer Web-Komponente wird der EntityManager genauso wie in einer Java-SE-Anwendung manuell, das heißt als Application-managed EntityManager, erzeugt. Deshalb verwenden wir in Web-Komponenten die Methode `createEntityManager()` der Klasse `EntityManagerFactory`. Allerdings wird hier üblicherweise das Objekt der Klasse `EntityManagerFactory` nicht wie in der Java-SE-Anwendung über die Klasse `Persistence`, sondern per Dependency Injection mit der Annotation `@PersistenceUnit` besorgt. Über das Attribut `unitName` wird Bezug auf eine konkrete Persistenz-Einheit genommen:

```
@PersistenceUnit(unitName="onlineshop-jpa")
private EntityManagerFactory emf;
```

Die Angabe des Namens der Persistenz-Einheit kann aber auch entfallen, wenn lediglich eine einzige Persistenz-Einheit in der *persistence.xml* deklariert wurde. In unserem Fall geht es also auch so:

```
@PersistenceUnit
private EntityManagerFactory emf;
```

Im folgenden Listing ermitteln wir, ob die Verbindung zur Datenbank erstellt werden konnte. Der EntityManager wird anschließend wieder geschlossen.

```
package de.java2enterprise.onlineshop;

import java.io.IOException;
import java.io.PrintWriter;
import javax.persistence.EntityManager;
import javax.persistence.EntityManagerFactory;
import javax.persistence.PersistenceUnit;
import javax.servlet.ServletException;
import javax.servlet.annotation.WebServlet;
import javax.servlet.http.HttpServlet;
import javax.servlet.http.HttpServletRequest;
import javax.servlet.http.HttpServletResponse;

@WebServlet("/test")
public class TestServlet extends HttpServlet {
    private static final long serialVersionUID = 1L;
```

```
    @PersistenceUnit
    private EntityManagerFactory emf;

    public void doGet(
            HttpServletRequest request,
            HttpServletResponse response)
            throws ServletException, IOException {

        EntityManager em = emf.createEntityManager();

        response.setContentType(
                "text/html;charset=UTF-8");
        final PrintWriter writer = response.getWriter();
        writer.println("<!DOCTYPE html>");
        writer.println("<html><body>");
        writer.println("Connected:" + em.isOpen());
        writer.println("</body></html>");
        em.close();
    }
}
```

Listing 8.12 »TestServlet.java«

Der EntityManager in einer EJB-Komponente

In einer EJB-Komponente wird ein EntityManager erzeugt, indem eine Objektvariable mit der Annotation @PersistenceContext versehen wird. Der umgebende Container wird somit die Verwaltung des EntityManagers übernehmen.

```
package de.java2enterprise.onlineshop.ejb;

import javax.ejb.Stateful;
import javax.persistence.EntityManager;
import javax.persistence.PersistenceContext;

@Stateful
public class TestBean implements TestBeanLocal {

    @PersistenceContext
    private EntityManager em;

    @Override
    public boolean test() {
```

```
        return em.isOpen();
    }
}
```

Listing 8.13 »TestBean.java«

Der EntityManager braucht programmatisch nicht geschlossen zu werden, denn darum kümmert sich bereits der EJB-Container.

8.3.2 Der Persistenz-Kontext

Die Hauptaufgabe des EntityManagers ist die Verwaltung von JPA-Entities. JPA-Entities, die dem EntityManager zur Verwaltung übergeben werden, merkt er sich in einem Zwischenspeicher. Diesen Zwischenspeicher nennt man *Persistence Context* (oder zu Deutsch *Persistenz-Kontext*). Der Persistenz-Kontext entspricht also dem Satz an JPA-Entities, mit denen der EntityManager arbeitet. Auf diese Weise kann der EntityManager beispielsweise dafür sorgen, dass die JPA-Entities konsistent bleiben.

Womöglich haben Sie sich im vorigen Abschnitt gefragt, warum wir die Instanz des EntityManagers denn in der Web-Komponente manuell programmiert haben, wo wir doch einen Web-Container zur Verfügung hatten. Hätten wir nicht den Web-Container nutzen können, sodass er sich gänzlich um die Verwaltung des EntityManagers kümmert? Der Grund, warum dies nicht möglich ist, liegt darin, dass eine Instanz des EntityManagers nicht von mehreren Threads gleichzeitig verwendet werden darf. Er würde sonst in Gefahr geraten, mit seinem Persistenz-Kontext durcheinanderzukommen, denn die Instanz eines EntityManagers ist nicht thread-sicher. Weil Web-Komponenten aber von mehreren Threads aufrufbar sein sollen, müssen wir den EntityManager in einer Web-Komponente in der Variante *Application-managed* erzeugen.

8.3.3 Die Transaktionen

Eine zweite Besonderheit bei der Arbeit mit dem EntityManager ist, dass Transaktionen eine zentrale Rolle spielen. Deshalb wird in diesem Abschnitt gezeigt, wie Transaktionen erzeugt und verwaltet werden. Weil Transaktionen je nach Umgebung und Komponente ganz unterschiedlich programmiert werden, unterscheidet man hierbei, ob es sich um eine Komponente einer Java-SE-Anwendung, eine Web-Komponente oder eine EJB-Komponente handelt.

Transaktionen in einer Java-SE-Anwendung

In einer Java-SE-Anwendung wird zunächst die Methode `EntityManager.getTransaction()` ausgeführt, um eine Referenz auf das Objekt der Klasse `EntityTransaction` zu erhalten. Anschließend kann die Transaktion mit den Methoden `begin()` gestartet, mit `commit()` bestätigt oder mit `rollback()` rückgängig gemacht werden. Mit `isActive()` kann überprüft werden, ob eine Transaktion augenblicklich in Betrieb ist.

In folgendem Beispiel wird in einer Java-SE-Anwendung eine neue Instanz der Entity `Customer` erzeugt und mithilfe der Methode `persist()` der Tabelle CUSTOMER hinzugefügt:

```
package de.java2enterprise.onlineshop;

import javax.persistence.EntityManager;
import javax.persistence.Persistence;

import de.java2enterprise.onlineshop.model.Customer;


public class Main {
    public static void main(String[] args)
        throws Exception {
        EntityManager em =
            Persistence.createEntityManagerFactory(
            "onlineshop-jpa").createEntityManager();
        Customer customer = new Customer();
        customer.setId(123L);
        customer.setEmail('j@java2enterprise.de');
        customer.setPassword('Taxi_123');

        try{
            em.getTransaction().begin();
            em.persist(customer);
            em.getTransaction().commit();
        } catch (Exception e) {
            try {
                em.getTransaction().rollback();
            } catch (Exception e1) {
                e.printStackTrace();
            }
            throw new ServletException(e.getMessage());
        } finally {
            em.close();
        }
    }
}
```

Listing 8.14 »Main.java«

Transaktionen in einer Web-Komponente

In einer Web-Komponente wird eine Transaktionen durch den umgebenden Web-Container initialisiert, wobei es sich nicht wie bei der Java-SE-Anwendung um ein Objekt der Klasse `EntityTransaction`, sondern um ein Objekt der Klasse `UserTransaction` handelt. Innerhalb der Web-Komponente muss, genau wie in einer Java-SE-Anwendung, mit `begin()`, `commit()` und `rollback()` gearbeitet werden.

Im folgenden Beispiel wird gezeigt, wie in einem Servlet die Speicherung eines Kunden programmiert werden könnte:

```
package de.java2enterprise.onlineshop;

import java.io.IOException;

import javax.annotation.Resource;
import javax.persistence.EntityManager;
import javax.persistence.EntityManagerFactory;
import javax.persistence.PersistenceUnit;
import javax.servlet.RequestDispatcher;
import javax.servlet.ServletException;
import javax.servlet.annotation.WebServlet;
import javax.servlet.http.HttpServlet;
import javax.servlet.http.HttpServletRequest;
import javax.servlet.http.HttpServletResponse;
import javax.transaction.UserTransaction;

import de.java2enterprise.onlineshop.model.Customer;


@WebServlet("/register")
public class RegisterServlet extends HttpServlet {
    private static final long serialVersionUID = 1L;

    @PersistenceUnit
    private EntityManagerFactory emf;

    @Resource
    private UserTransaction ut;

    protected void doPost(
            HttpServletRequest request,
            HttpServletResponse response)
```

```
    throws ServletException, IOException {

EntityManager em = emf.createEntityManager();

response.setContentType(
        "text/html;charset=UTF-8");

String email = request.getParameter("email");
String password =
    request.getParameter("password");

Customer customer = new Customer();
customer.setId(123L);
customer.setEmail(email);
customer.setPassword(password);

try {
    ut.begin();
    em.persist(customer);
    ut.commit();
} catch (Exception e) {
    try {
        ut.rollback();
    } catch (Exception e1) {
        e.printStackTrace();
    }
    throw new ServletException(e.getMessage());
} finally {
    em.close();
}

if(customer.getId() != null) {
    request.setAttribute(
    "message",
    "Die Registrierung war erfolgreich!");
} else {
    request.setAttribute(
    "message",
    "Die Registrierung war erfolglos!");
}
```

```
        RequestDispatcher dispatcher =
            request.getRequestDispatcher("index.jsp");
        dispatcher.forward(request, response);
    }
}
```

Listing 8.15 »RegisterServlet.java«

Transaktionen in einer EJB-Komponente

In einer EJB-Komponente kümmert sich der umgebende EJB-Container um die Verwaltung der Transaktionen. Auf das programmatische Beschaffen und das Schließen des EntityManagers kann somit komplett verzichtet werden.

EJBs wurden bislang noch nicht gezeigt. Wir greifen jedoch Kapitel 10, »Enterprise JavaBeans«, vor und nutzen eine Stateful Session Bean.

```
package de.java2enterprise.onlineshop.ejb;

import javax.ejb.Stateful;
import javax.persistence.EntityManager;
import javax.persistence.PersistenceContext;

import de.java2enterprise.onlineshop.model.Customer;

@Stateful
public class RegisterBean implements RegisterBeanLocal {

    @PersistenceContext
    private EntityManager em;

    @Override
    public void persist(
        String email,
        String password) {
        Customer customer = new Customer();
        customer.setEmail(email);
        customer.setPassword(password);
        em.persist(customer);
    }
}
```

Listing 8.16 »RegisterBean.java«

8.3.4 Die zwei Ausprägungen des Persistenz-Kontextes

Bei dem Persistenz-Kontext des EntityManagers unterscheidet man zwischen den Typen `EXTENDED` und `TRANSACTION`.

Mit `EXTENDED` ist gemeint, dass alle JPA-Entities nach dem Ende einer Transaktion weiterhin in dem Persistenz-Kontext enthalten bleiben. Als wir in den obigen Beispielen in der Java-SE-Anwendung und in der Web-Komponente einen Application-managed EntityManager programmierten, handelte es sich eigentlich ebenso um solch einen Persistenz-Kontext, da die JPA-Entities auch hier nach dem Ende einer Transaktion weiterhin in dem Persistenz-Kontext vorhanden waren. Erst wenn wir die Methode `close()` ausführen, werden die JPA-Entities dort abgelegt.

Bei einem Persistenz-Kontext des Typs `TRANSACTION` werden die JPA-Entities immer nach dem Ende der Transaktion aus dem Persistenz-Kontext herausgelöst. Der Container-managed EntityManager behandelt die JPA-Entities automatisch transaktional. Deshalb sind dort die JPA-Entities nach dem Transaktionsende nicht mehr im Persistenz-Kontext.

Soll jedoch eine globale Transaktion auf verteilten Systemen realisiert werden, muss noch eine weitere Variante her. In diesem Fall handelt es sich nämlich um einen Container-managed EntityManager dessen Persistenz-Kontext auf `EXTENDED` umgestellt werden muss. Denn dadurch können die Datenbankoperationen über mehrere Transaktionen hinweg atomar, das heißt wie aus einem Guss, bestätigt oder zurückgesetzt werden. Beachten Sie hierbei, dass globale Transaktionen mithilfe eines Container-managed EntityManagers und eines Persistenz-Kontextes des Typs `EXTENDED` ausschließlich bei Enterprise Stateful Session Beans verwendet werden können.

8.3.5 Wann das Persistieren tatsächlich ausgeführt wird

Wenn man den Inhalt einer JPA-Entity einer Datenbanktabelle hinzufügen, ändern oder löschen möchte und die hierfür vom EntityManager angebotenen Methoden `persist()`, `merge()` oder `remove()` verwendet, wird dies nicht jetzt und gleich in der Datenbanktabelle verwirklicht. Stattdessen erhalten die JPA-Entities lediglich einen Vermerk, der die beabsichtigte Operation kennzeichnet.

In der Regel erfolgt die tatsächliche Persistier-Arbeit spätestens, wenn eine Transaktion abgeschlossen wird. Sie kann aber auch früher erfolgen, und zwar wenn der EntityManager eine Abfrage ausführt. Denn nur wenn alle vorgemerkten Änderungen vorab realisiert wurden, kann eine Abfrage ein konsistentes Ergebnis liefern. Zumindest entspricht das der Default-Einstellung des EntityManagers. Dieses automatische Verhalten kann aber auch abgeschaltet werden. Um den automatischen Abgleich vor einer Abfrage aufzuheben, führt man die Methode `EntityManager.setFlushMode()` mit dem Parameter `FlushModeType.COMMIT` aus. Denn hierdurch werden alle Änderungen des Persistenz-Kontextes erst beim COMMIT, das heißt beim Abschluss der Transaktion, persistiert. Um wieder auf den automatischen Abgleich umzustellen, wird die Methode `EntityManager.setFlushMode()` mit dem Parameter `FlushModeType.AUTO` ausgeführt.

8.3.6 Die Status im Lebenszyklus einer JPA-Entity

Eine JPA-Entity durchläuft verschiedene Zustände, denn mal ist sie neu, dann wird sie Teil des Persistenz-Kontextes, später ist sie aus dem Persistenz-Kontext auch wieder herausgelöst, und manchmal wird sie auch gelöscht.

NEW

Weil neue JPA-Entities wie ganz normale Java-Klassen über den `new`-Operator erzeugt werden, sind sie nach ihrer Erzeugung zunächst noch nicht im Persistenz-Kontext enthalten.

```
Customer customer = new Customer();
```

Auch die Datenbank weiß zu diesem Zeitpunkt noch nichts über ihr Dasein. In dieser Phase hat die JPA-Entity den Status NEW.

MANAGED

Über einige Methoden des EntityManagers gelangen die JPA-Entities in den Persistenz-Kontext. Wenn hierdurch eine JPA-Entity im Persistenz-Kontext des EntityManagers verwaltet wird, hat sie den Status MANAGED.

DETACHED

Wenn ein Gegenstück zu einer JPA-Entity in einer Datenbanktabelle existiert, die JPA-Entity jedoch aus dem Persistenz-Kontext gelöst wurde, spricht man von DETACHED Entities.

REMOVED

Wenn eine JPA-Entity gelöscht werden soll, erhält sie vom EntityManager einen entsprechenden Vermerk. Bevor die Löschung realisiert wird, ist die JPA-Entity jedoch sowohl im Persistenz-Kontext als auch in der Datenbanktabelle enthalten. In dieser Phase trägt die JPA-Entity den Status REMOVED.

8.3.7 Die Methoden für die Datenbankoperationen

Nun, da Sie die Verwendung des Persistenz-Kontextes und der Transaktionen, den Lebenszyklus einer JPA-Entity und einiges mehr kennengelernt haben, gehen wir auf die Methoden des EntityManagers wiederholt ein. Denn anhand dieser Kenntnisse wird auch deutlich, wie die Methoden beispielsweise auf den Lebenszyklus einer JPA-Entity oder auf die Persistier-Arbeit Einfluss nehmen.

Wir beginnen erneut mit der Erzeugung einer JPA-Entity durch das Schlüsselwort new, weil hierdurch auf der Seite der Anwendung erstmalig eine Instanz einer JPA-Entity gebaut wird.

```
Customer customer = new Customer();
customer.setId(123L);
customer.setEmail("j@java2enterprise.de");
customer.setPassword("Taxi_123");
```


In dem Listing erzeugen wir ein Objekt der Klasse Customer mit dem new-Operator. Deshalb ist der Status dieser Entity zu diesem Zeitpunkt NEW (Abbildung 8.5).

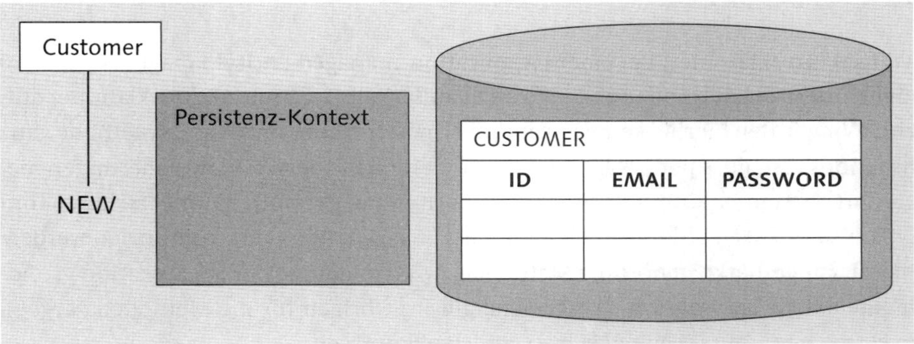

Abbildung 8.5 Die neue JPA-Entity außerhalb des Persistenz-Kontextes

persist()

Um die neue JPA-Entity in der Datenbank abzuspeichern, verwendet man die Methode persist(). Laut JPA-Spezifikation, muss diese Methode innerhalb einer Transaktion ausgeführt werden:

```
em.getTransaction().begin();
em.persist();
```

Jedoch wird die JPA-Entity hierdurch nicht direkt in der Tabelle gespeichert, sondern erst an den Persistenz-Kontext mit dem Status MANAGED angeheftet (Abbildung 8.6).

Sollte in der Datenbanktabelle beispielsweise bereits ein Datensatz mit dem gleichen Primärschlüssel vorhanden sein, würde die Methode persist() keine Exception werfen. Das doppelte Vorkommen des Primärschlüssels würde die JPA erst am Ende der Transaktionsklammer entdecken.

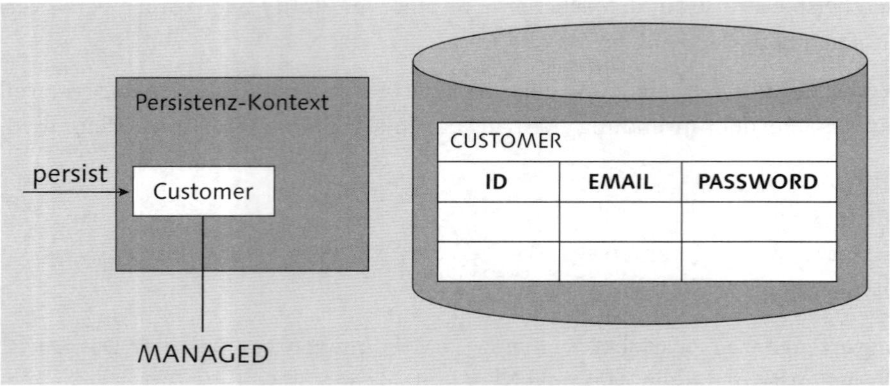

Abbildung 8.6 Nachdem die Methode »persist()« ausgeführt wurde, ist die JPA-Entity MANAGED.

Apropos Transaktionsklammer: Bei einem Application-managed EntityManager ist es theoretisch möglich, dass die Methode `persist()` auch außerhalb der Transaktionsklammer aufgerufen wird. Wir würden hierbei keine Exception erhalten. Aber wenn wir die Methode ganz ohne Transaktionsabschluss per `COMMIT` ausführen, werden die bezweckten Änderungen niemals ausgeführt. Bei einem Container-managed EntityManager mit einem Persistenz-Kontext des Typs `TRANSACTION` würde sogar eine `TransactionRequiredException` geworfen werden. Aber, wie bereits angemerkt, gehört die Methode `persist()` gemäß der Spezifikation grundsätzlich in eine aktive Transaktion. Das Gleiche gilt im Übrigen für die Methoden `merge()`, `remove()` und `refresh()`, auf die wir gleich zu sprechen kommen.

contains()

Mithilfe der Methode `contains()` könnten wir herausfinden, ob unsere JPA-Entity im Persistenz-Kontext enthalten ist:

```
boolean attached = em.contains(customer);
```

flush()

Wie oben bereits angemerkt, ist die JPA-Entity ja noch nicht in der Datenbanktabelle `CUSTOMER` abgespeichert, denn das geschieht ja erst am Ende der Transaktion bzw. beim Aufruf einer Query. In diesen beiden Fällen würde die JPA eine `INSERT`-Anweisung und eine `COMMIT`-Anweisung an die Datenbank senden.

Wenn die `INSERT`-Anweisung ohne `COMMIT` schon mal vorab an die Datenbank abgeschickt werden soll, verwendet man die Methode `EntityManager.flush()` (Abbildung 8.7). Wenn nun bereits ein Datensatz mit dem gleichen Primärschlüssel in der Tabelle `CUSTOMER` vorhanden wäre, würde dies zu einer `java.sql.SQLIntegrityConstraintViolationException` führen.

```
em.flush();
```

Beachten Sie, dass sich die Datenbank nun je nach Isolationslevel unterschiedlich verhält. Per Default würde man beispielsweise in der Oracle Database den neuen Datensatz nicht sehen. Wenn aber eine andere Datenbanksitzung einen Datensatz mit gleichem Primärschlüssel einzufügen versucht, wäre sie blockiert. Mit anderen Worten: Sie wartet so lange, bis die erste Sitzung die Transkation bestätigt hat.

Im Gegensatz zur Methode `flush()` führt eine Bestätigung der Transaktion mit der Methode `commit()` sowohl zu einer `INSERT`-Anweisung als auch zu einem `COMMIT`:

```
em.getTransaction().commit();
```

Der Unterschied wird noch deutlicher, wenn wir statt der Methode `commit()` die Methode `rollback()` ausführen:

```
em.getTransaction().rollback();
```

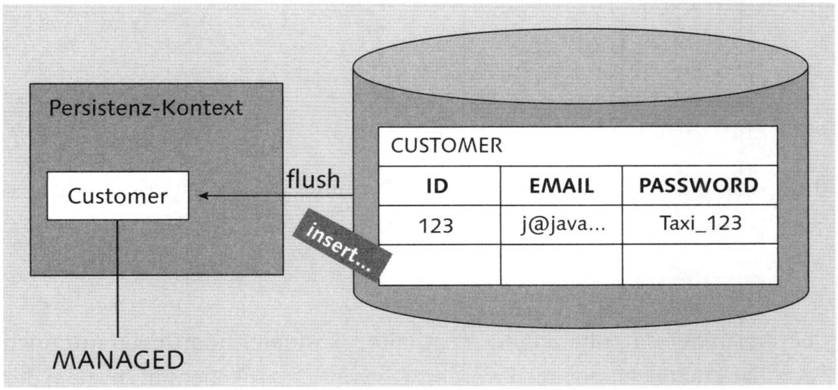

Abbildung 8.7 Durch die Ausführung der Methode »flush()« wird im Beispiel eine INSERT-Anweisung ohne COMMIT an die Datenbank gesendet.

Durch die Methode `rollback()` nehmen wir die Persistier-Absicht zurück. Wenn wir vorab mit `flush()` in die Datenbanktabelle geschrieben haben, wird der Datensatz wieder entfernt. Erst nach einem `COMMIT` oder nach einem `ROLLBACK` würden andere Datenbanksitzungen aus der Blockade wieder befreit sein.

find()

Im nächsten Beispiel gehen wir davon aus, dass die JPA-Entity mit dem Primärschlüssel 123L bereits in der Datenbanktabelle enthalten ist und wir uns in einer neuen Transaktion befinden. Mit der Methode `find()` kann nun der Datensatz als JPA-Entity von der Datenbanktabelle `CUSTOMER` geholt werden (Abbildung 8.8):

```
Customer customer = em.find(Customer.class, 123L);
```

Nachdem die Methode `find()` ausgeführt worden ist, empfangen wir ein Objekt der JPA-Entity `Customer`, das den Status MANAGED erhält.

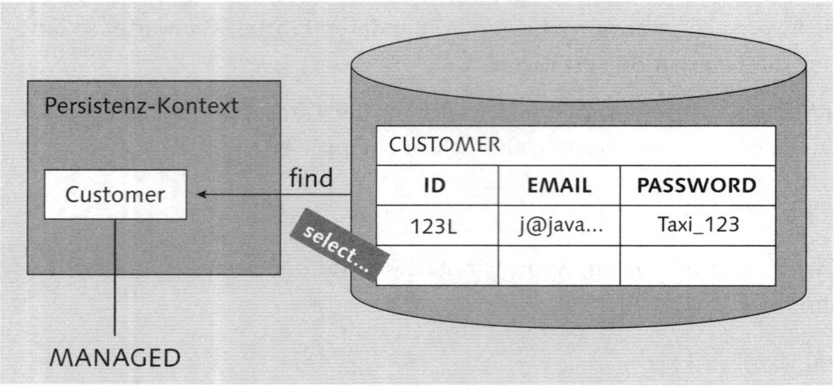

Abbildung 8.8 Die Methode »find()«

Wir könnten nun die Attributwerte der JPA-Entity abändern:

```
customer.setPassword("Taxi_456");
```

Aber auch dies würde sich in der Datenbank erst nach Abschluss der Transaktion manifestieren.

merge()

Ist eine JPA-Entity bereits in der Datenbanktabelle enthalten, können Änderungen nur noch über `merge()` zur Datenbanktabelle übertragen werden. Obwohl `merge()` ebenfalls dazu in der Lage wäre, die Speicherung einer nagelneuen Entity vorzunehmen, sollte sie nur bei einer Aktualisierung eingesetzt werden. Denn weil sie stets vorab untersuchen muss, ob es sich um einen bereits vorhandenen oder einen fabrikneuen Datensatz handelt, ist sie in der Laufzeit der flotteren Methode `persist()` unterlegen. Genauso wie die Methode `persist()` muss die Methode `merge()` gemäß der Spezifikation in eine Transaktionsklammer gesetzt werden:

```
em.getTransaction().begin();
em.merge(customer);
em.getTransaction().commit();
```

getReference()

Manchmal ist es vorteilhaft, wenn man eine JPA-Entity von der Datenbank besorgen kann, ohne gleich alle ihre Attributwerte mitzuschleppen, denn auf diese Weise spart man Zeit. Genau für diesen Zweck wurde die Methode `getReference()` zur Verfügung gestellt:

```
Customer customer =
    em.getReference(Customer.class, 123L);
```

remove()

Um eine JPA-Entity aus der Datenbanktabelle zu entfernen, wird die Methode remove() eingesetzt. Auch remove() soll gemäß der Spezifikation innerhalb einer Transaktion aufgerufen werden:

```
em.getTransaction().begin();
em.remove(customer);
em.getTransaction().commit();
```


detach()

Mit der Methode detach() kann eine JPA-Entity aus dem Persistenz-Kontext wieder herausgenommen werden:

```
em.detach(customer);
```

clear()

Die Methode clear() löst alle JPA-Entities aus dem Persistenz-Kontext heraus:

```
em.clear();
```

8.4 JPA und Eclipse

Eclipse bietet eine Reihe von Wizards und Automatismen an, mit denen die Arbeit mit der JPA erleichtert wird. In diesem Abschnitt werden wir zunächst ein JPA-Projekt in Eclipse erzeugen. Denn Eclipse bietet einen speziellen JPA-Wizard zur Erstellung von JPA-Projekten an. Hiernach kommen wir nochmal auf unser Webprojekt in Eclipse zurück.

8.4.1 Ein JPA-Projekt in Eclipse erzeugen

Wir werden nun eine einfache JPA-Anwendung anfertigen, indem wir ein Projekt innerhalb von Eclipse erzeugen. Unser Ziel ist es, aus einer Java-SE-Anwendung heraus über die JPA unmittelbar auf eine Beispieldatenbank zuzugreifen.

Um den Persistence-Provider EclipseLink zu installieren und in die eigene Java-EE-Anwendung zu integrieren, gibt es mehrere Möglichkeiten. Zum Beispiel könnten Sie die EclipseLink-Bibliotheken manuell vom Internet herunterladen und als User Library in Eclipse einbinden. In der Beispielanwendung werden wir eine andere Variante wählen, denn wir starten vorab einen JPA-Wizard, um ein JPA-Projekt zu erzeugen. Während der Arbeit mit dem JPA-Wizard laden wir nebenher die EclipseLink-Bibliotheken aus dem Internet herunter.

Und los geht's

Klicken Sie im Hauptmenü von Eclipse auf FILE • NEW • OTHER.

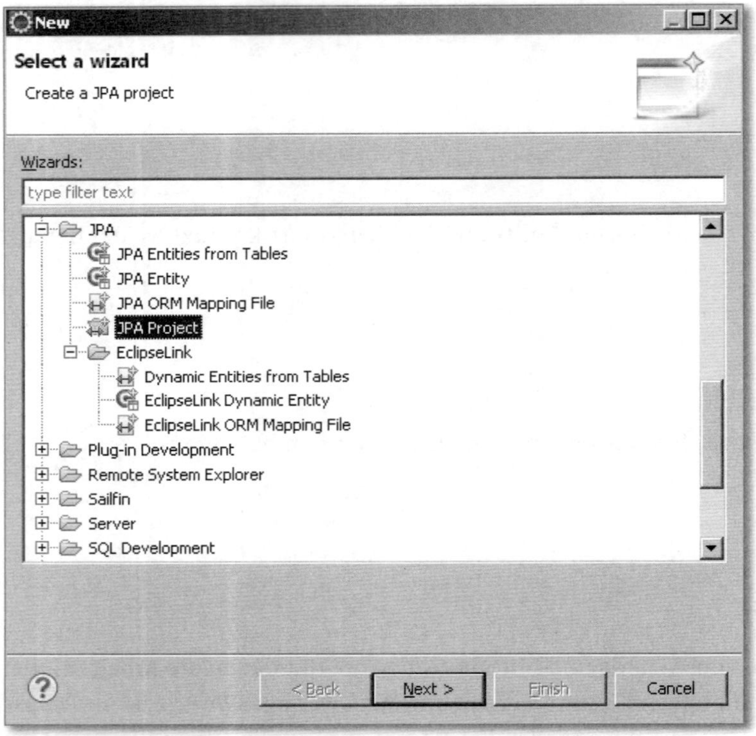

Abbildung 8.9 Die Erstellung eines JPA-Projekts in Eclipse

In dem Fenster NEW öffnen Sie den JPA-Wizard, indem Sie auf den Ordner JPA • JPA PROJECT klicken (Abbildung 8.9).

In dem ersten Fenster NEW JPA PROJECT des Wizards wählen Sie Ihre JDK-Installation als TARGET RUNTIME aus (Abbildung 8.10). Die CONFIGURATION sollte auf DEFAULT CONFIGURATIN FOR JDK ... gesetzt sein.

Anschließend bestätigen Sie die Auswahl mit einem Mausklick auf NEXT. Dadurch gelangen Sie zu einem Fenster, bei dem Sie die Ordner für die Java-Quelltexte organisieren können. Belassen Sie dort die Voreinstellung, und klicken Sie erneut auf den Button NEXT.

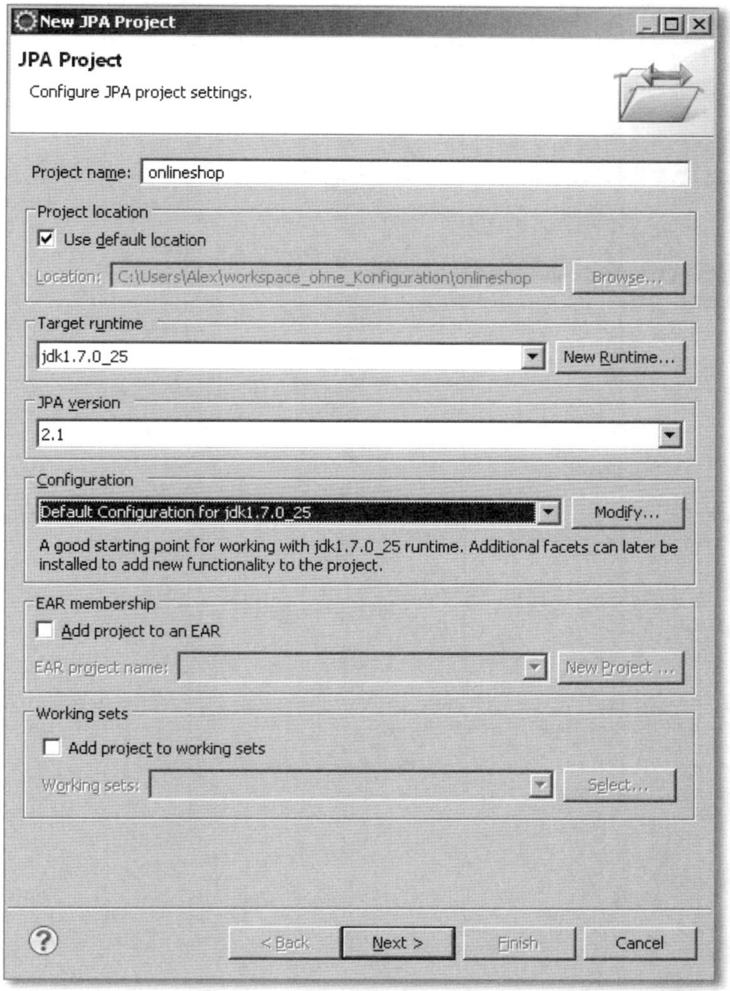

Abbildung 8.10 Das Fenster »New JPA Project«

Mit einem Facet die Bibliotheken des Persistence-Providers einbinden

Bei dem darauffolgenden Fenster können Sie ein Facet für die JPA definieren. Das Beisetzen eines bestimmten Facets fügt dem Eclipse-Projekt bausteinartig die Features der jeweiligen Technologie hinzu. Einem Eclipse-Projekt können mehre Facets beigestellt werden. Hierdurch kann ein Eclipse-Projekt den Charakter verschiedener Eclipse-Projekttypen erhalten.

In der ersten Combobox selektieren Sie als Plattform die neueste Eclipse-Version. Anschließend müssen Sie die *.jar*-Dateien für EclipseLink herunterladen. Hierfür bietet der Wizard ein kleines Diskettensymbol auf der rechten Seite an (Abbildung 8.11).

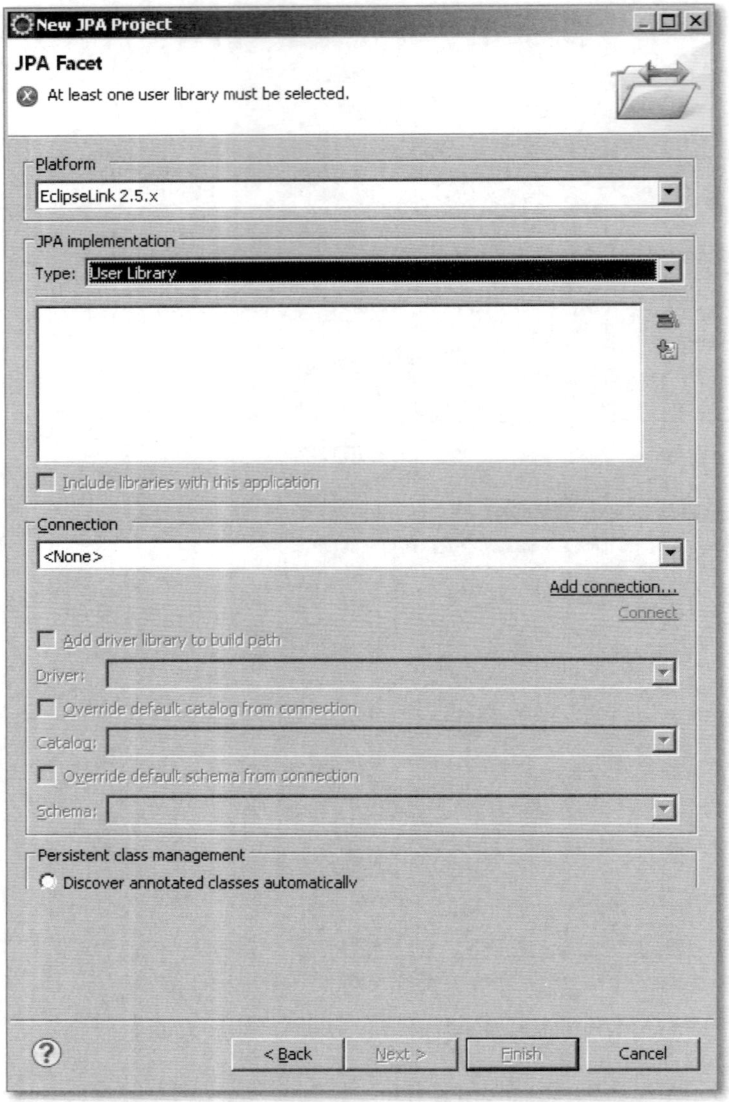

Abbildung 8.11 Die Auswahl des Persistence-Providers und der Datenquelle

Wenn Sie auf dieses Symbol klicken, erscheint eine Auswahl über die zur Verfügung stehenden EclipseLink-Versionen (Abbildung 8.12).

Selektieren Sie die neueste Version, und klicken Sie anschließend wieder auf NEXT. In dem darauffolgenden Fenster bestätigen Sie die Lizenzbedingungen und schließen das Fenster durch einen Mausklick auf FINISH (Abbildung 8.13). Daraufhin wird die EclipseLink-Bibliothek heruntergeladen.

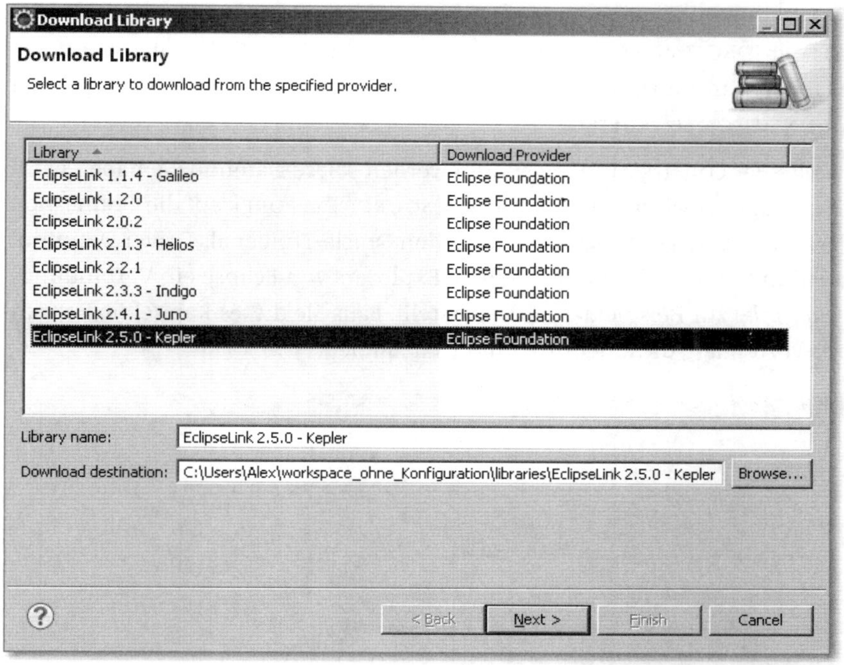

Abbildung 8.12 Die Auswahl der zur Verfügung stehenden EclipseLink-Versionen

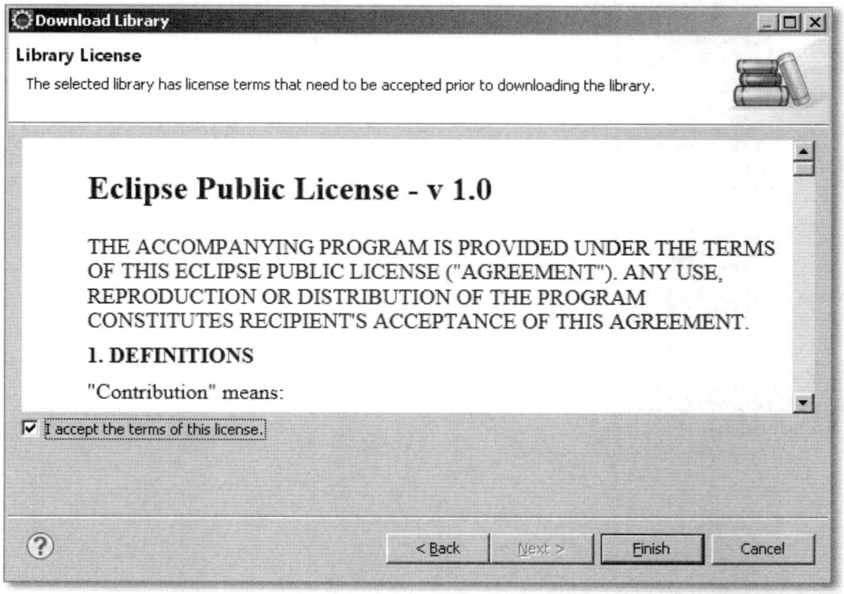

Abbildung 8.13 Die EclipseLink-Bibliothek wird heruntergeladen.

Den JDBC-Treiber einbinden

Als Nächstes muss der JDBC-Treiber eingebunden werden. Um den JDBC-Treiber komfortabel innerhalb des JPA-Wizards auswählen zu können, müssen Sie vorab eine Datenquelle in der Combobox CONNECTION selektieren.

Als Datenquelle sollte der ONLINESHOP angeboten werden. Diese Datenquelle haben wir in Kapitel 7, »JDBC«, erzeugt, als wir mit der View DATA SOURCE EXPLORER auf die Onlineshop-Datenbank zugegriffen haben. Dort hatten wir auch den Oracle-Treiber als Driver Definition in die IDE integriert und innerhalb des Data Source Explorers von Eclipse ein Verbindungsprofil (*Connection Profile*) zur Beispieldatenbank erstellt. Falls Sie dieses Kapitel übersprungen haben, wäre es vorteilhaft, diese Schritte nun nachzuholen.

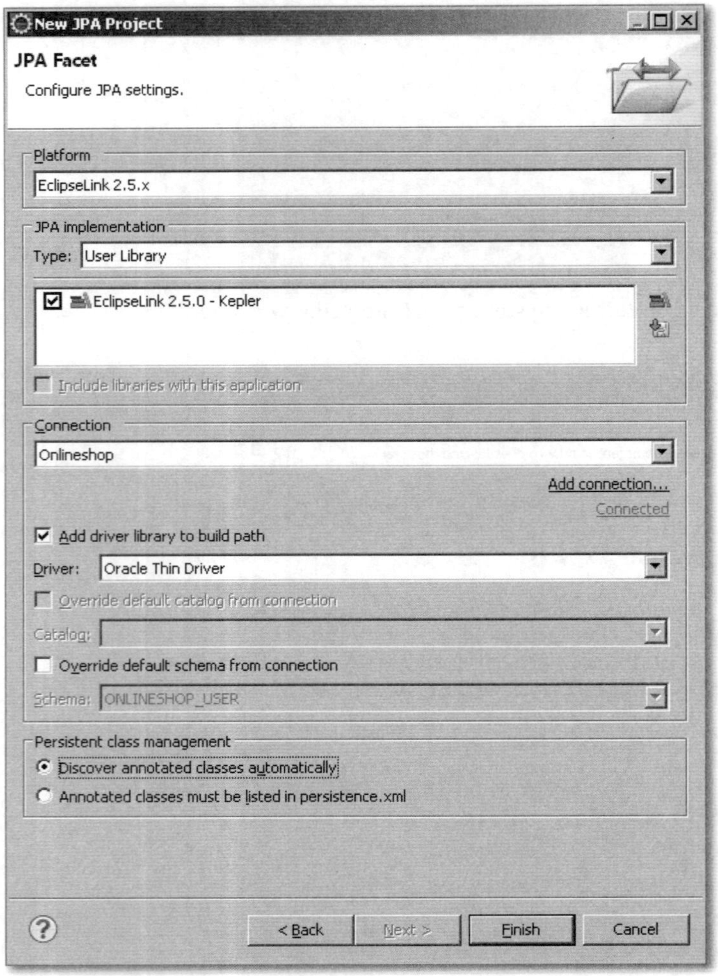

Abbildung 8.14 Das JPA-Projekt fertigstellen

Andererseits kann es auch sein, dass Sie mit Eclipse und JDBC bereits vertraut sind und stattdessen eine eigene Datenquelle ausprobieren möchten. Auch diesen Weg können Sie gehen. In jedem Fall müssen Sie dem Klassenpfad des JPA-Projekts den JDBC-Treiber für Ihre Datenbank hinzufügen.

Im JPA-Wizard binden Sie den JDBC-Treiber mit einem Klick auf ADD DRIVER LIBRARY TO BUILD PATH ein, sofern Sie zuvor eine Datenquelle selektiert und ebenso den JDBC-Treiber (wie im letzten Kapitel gezeigt) innerhalb von Eclipse installiert haben.

Ganz unten in Abbildung 8.14 sehen Sie die Option ANNOTATED CLASSES MUST BE LISTED IN PERSISTENCE.XML. Das bedeutet, dass das Verzeichnis nicht automatisch nach JPA-Entities durchsucht wird. Mit der Option DISCOVER ANNOTATED CLASSES AUTOMATICALLY hingegen ist die JPA aufgefordert, die Entities selbst zu suchen. Dies ist normalerweise die Default-Einstellung in einer *persistence.xml*. Klicken Sie diese Option nun an, damit sich dies auf die Erstellung der *persistence.xml* auswirkt. Wir werden später auf diesen Punkt noch einmal zu sprechen kommen.

Mit einem Klick auf FINISH wird das Projekt fertiggestellt. Eclipse wird zuletzt eventuell noch nachfragen, ob es auf die *JPA Perspective* umstellen soll. Bestätigen Sie mit einem Klick auf YES, um die JPA Perspective zu nutzen.

Nachdem das Projekt *onlineshop-jpa* erzeugt worden ist, hat Eclipse bereits einige Ordner und Dateien vorbereitet, damit die Arbeit am JPA-Projekt leichter fällt. Wir werden uns zunächst einmal anschauen, wie die *persistence.xml* vom Wizard vorbereitet worden ist. Klicken Sie hierfür innerhalb von Eclipse auf der linken Seite auf die Datei */onlineshop-jpa/src/META-INF/persistence.xml*. Wenn Sie dort auf der unteren Seite ganz rechts auf den Reiter SOURCE umschalten, sollten Sie folgenden XML-Quelltext vorfinden:

```
<?xml version="1.0" encoding="UTF-8"?>
<persistence version="2.0"
xmlns="http://java.sun.com/xml/ns/persistence"
xmlns:xsi="http://www.w3.org/2001/XMLSchema-instance"
xsi:schemaLocation="http://java.sun.com/xml/ns/persistence
http://java.sun.com/xml/ns/persistence/persistence_2_0.xsd">
    <persistence-unit name="onlineshop-jpa">
    </persistence-unit>
</persistence>
```

Listing 8.17 »persistence.xml«

Der JPA-Wizard hat das Rahmenelement `<persistence>` mit einer Persistenz-Einheit angelegt. Der Name der Persistenz-Einheit wurde automatisch auf den Bezeichner des JPA-Projekts, also auf *onlineshop-jpa* gesetzt. Nun muss die vom JPA-Wizard vorgeschlagene Konfiguration noch angepasst werden. Schalten Sie hierfür auf der unteren Seite zum Reiter GENERAL um (Abbildung 8.15).

Den Persistence-Provider setzen

Dieser Schritt ist optional. Dennoch werden wir nun beispielhaft den Persistence-Provider EclipseLink definieren. Geben Sie hierfür im Feld PERSISTENCE PROVIDER die Zeichenkette »org.eclipse.persistence.jpa.PersistenceProvider« ein (Abbildung 8.15).

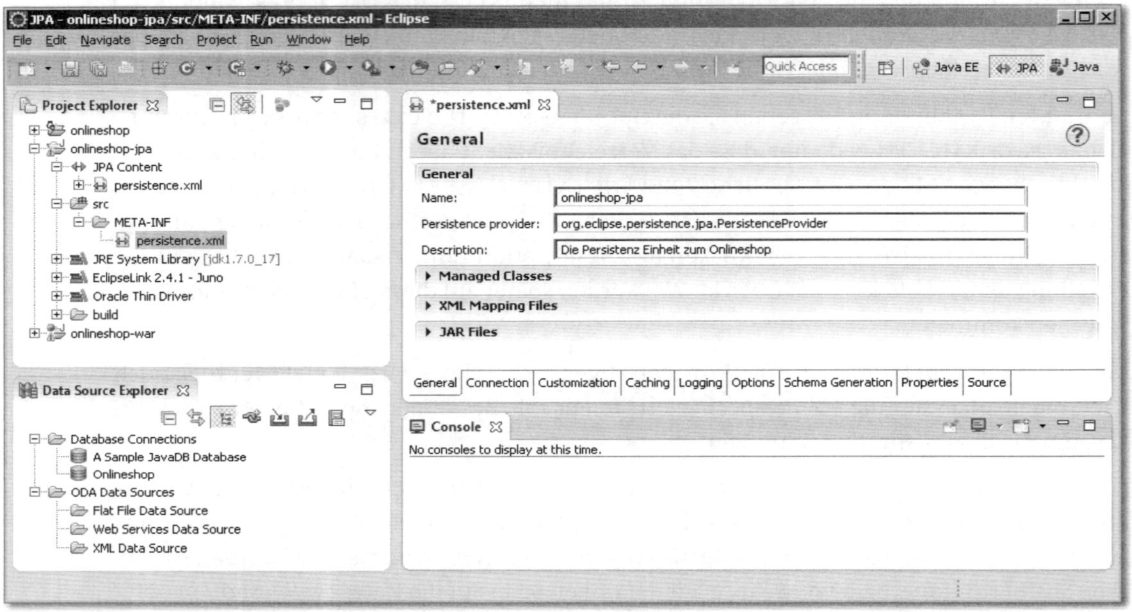

Abbildung 8.15 Der Eintrag des Persistence-Providers in der »persistence.xml«

Eclipse hat hierdurch automatisch ein Element mit dem Bezeichner `provider` innerhalb des `persistence-unit`-Elements erstellt:

```
...
    <persistence-unit name="onlineshop-jpa">
        <provider>
        org.eclipse.persistence.jpa.PersistenceProvider
        </provider>
    </persistence-unit>
...
```

Listing 8.18 »persistence.xml«

Den Transaktionstyp festlegen

Als Nächstes werden wir den TRANSACTION TYPE abändern. Da wir eine Java-SE-Anwendung programmieren wollen und die JPA direkt auf die Datenbank zugreifen soll, muss an dieser Stelle RESOURCE_LOCAL festgelegt werden (Abbildung 8.16). Eigentlich hätten wir auf diese Einstellung verzichten können, da dies in einem Nicht-Java-EE-Umfeld der Default-Wert ist.

Aber im Wizard müssen wir diese Änderung vornehmen, damit weiter unten die Verbindungsdaten zum Onlineshop automatisch eingetragen werden.

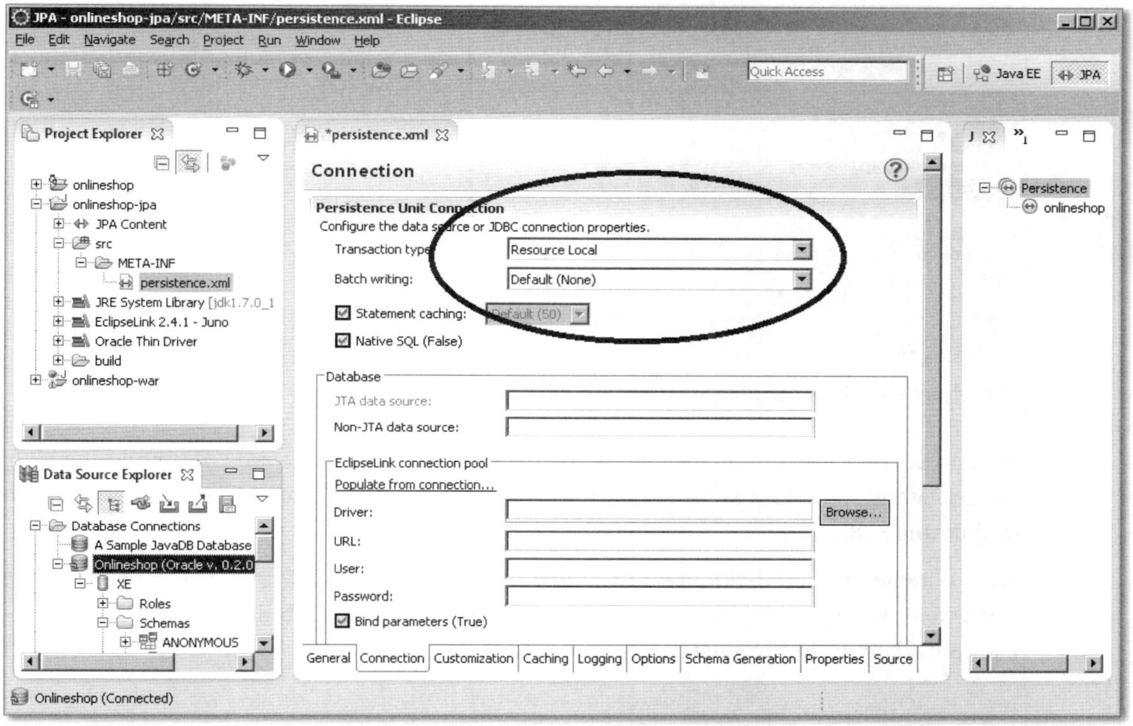

Abbildung 8.16 Die Konfiguration der Persistenz-Einheit

Etwas weiter unten befindet sich ein Rahmen mit der Überschrift DATABASE. Da wir keine JTA als Transaktionstyp ausgewählt haben, ist das Feld JTA DATA SOURCE nun ausgegraut. Hierauf kommen wir in diesem Kapitel erst später zurück. Bei dem Transaktionstyp RESOURCE LOCAL kann eine NON-JTA DATA SOURCE angegeben werden. Auch dieser Fall liegt nicht vor.

Stattdessen müssen wir im Kasten ECLIPSELINK CONNECTION POOL die Verbindungsdaten in die dortigen Eingabefelder setzen. Alternativ wird auch noch der Link mit dem Namen POPULATE FROM CONNECTION angeboten. Wenn Sie ehedem, wie es im vorigen Kapitel gezeigt, eine Datenbank als Verbindungsprofil (*Connection Profile*) eingebunden haben, können Sie über diesen Weg die Verbindungsdaten zu der Datenbank beziehen.

Damit die Verbindungsdaten automatisch eingetragen werden, muss im Data Source Explorer die Verbindung zur Datenbank aktiv sein. Indem Sie einen Blick in der View DATA SOURCE EXPLORER auf das Datenbanksymbol werfen, können Sie feststellen, ob die Verbindung aktiv ist. Eine aktive Verbindung wird dort nämlich mit einem goldenen Haken signalisiert. Wenn der Haken fehlt, verbinden Sie die Datenbank mit einem Doppelklick manuell.

Anschließend klicken Sie auf den Link POPULATE FROM CONNECTION, damit sich das Fenster CONNECTION SELECTION öffnet.

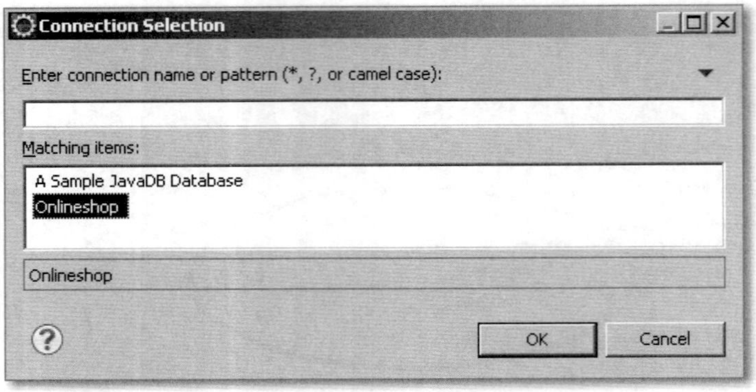

Abbildung 8.17 Die Auswahl eines Verbindungsprofils

Wählen Sie hier die Datenbank »Onlineshop« aus, und klicken Sie auf OK (Abbildung 8.17). Anschließend sollten im Register CONNECTION die erhofften Verbindungsdaten erscheinen (Abbildung 8.18).

Wechseln Sie nun auf den Reiter SOURCE, um den erzeugten XML-Quelltext zu betrachten. Der Quelltext zeigt, wie mit einem `properties`-Element innerhalb des `<persistence-unit>`-Elements die Verbindungsdaten angegeben werden:

```
<?xml version="1.0" encoding="UTF-8"?>
<persistence version="2.0"
xmlns="http://java.sun.com/xml/ns/persistence"
xmlns:xsi="http://www.w3.org/2001/XMLSchema-instance"
xsi:schemaLocation="http://java.sun.com/xml/ns/persistence
http://java.sun.com/xml/ns/persistence/persistence_2_0.xsd">
    <persistence-unit
            name="onlineshop-jpa"
            transaction-type="RESOURCE_LOCAL">
        <description>
            Die Persistenz Einheit zum Onlineshop
        </description>
        <provider>
        org.eclipse.persistence.jpa.PersistenceProvider
        </provider>
        <properties>
            <property
                name="javax.persistence.jdbc.url"
                value=
            "jdbc:oracle:thin:@localhost:1521:XE"/>
```

```
            <property
                name="javax.persistence.jdbc.user"
                value="onlineshop_user"/>
            <property
                name=
                "javax.persistence.jdbc.password"
                value="geheim_123"/>
            <property
                name="javax.persistence.jdbc.driver"
                value="oracle.jdbc.OracleDriver"/>
        </properties>
    </persistence-unit>
</persistence>
```

Listing 8.19 »persistence.xml«

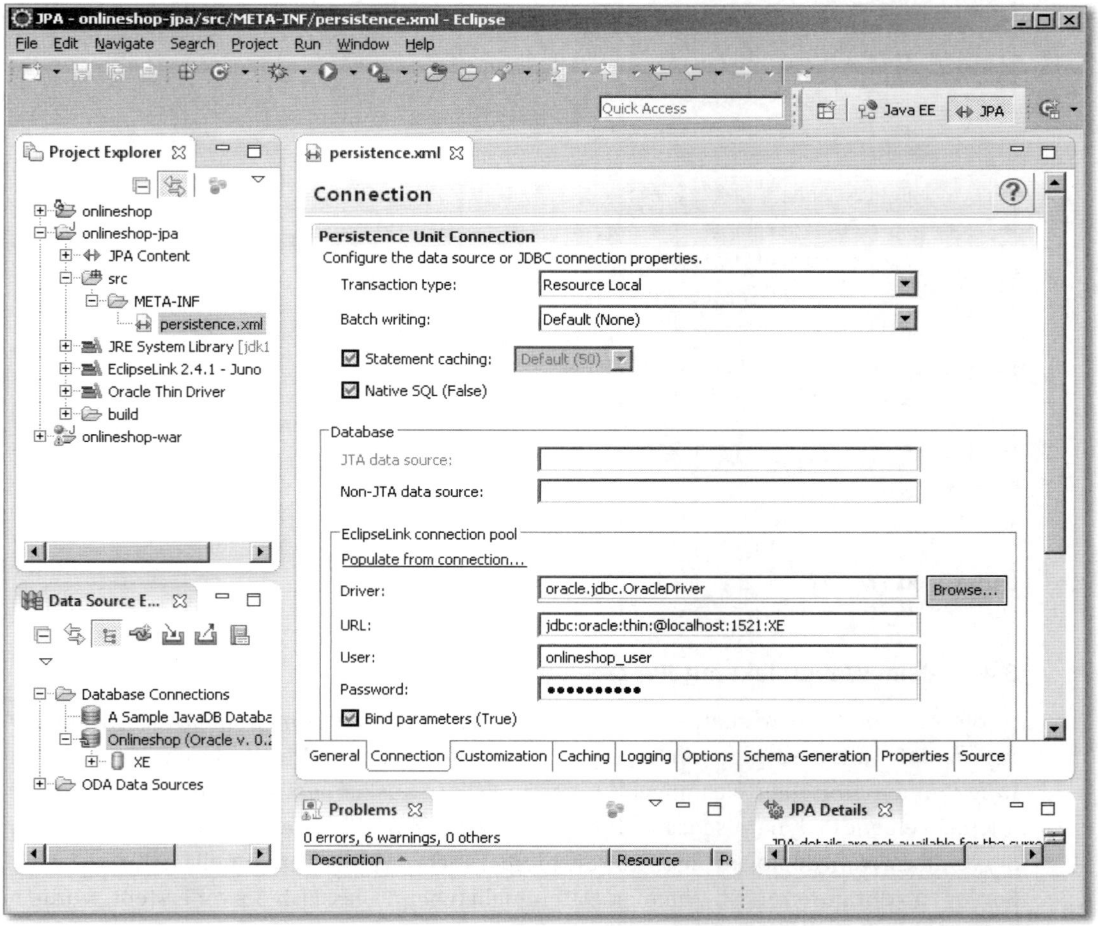

Abbildung 8.18 Die Verbindungsdaten im Register »Connection«

Das Beispiel testen

In einer Java-Komponente können wir nun mit dem Aufruf der Methode `isOpen()` prüfen, ob eine aktive Verbindung zur Datenbank besteht. Wenn die Methode als Ergebnis den Wert `true` liefert, waren unsere bisherigen Bemühungen erfolgreich.

```
package de.java2enterprise.onlineshop;

import java.util.logging.Logger;

import javax.persistence.EntityManager;
import javax.persistence.EntityManagerFactory;
import javax.persistence.Persistence;


public class Main {
    public static void main(String[] args)
        throws Exception {
        final Logger logger =
                Logger.getLogger(
                    Main.class.getName());
        EntityManagerFactory emf =
            Persistence.
            createEntityManagerFactory(
                "onlineshop-jpa");
        EntityManager em =
                emf.createEntityManager();
        logger.info("Open: " + em.isOpen() );
        em.close();
        emf.close();
    }
}
```

Listing 8.20 »Main.java«

8.4.2 Beim Webprojekt mit JPA arbeiten

In diesem Abschnitt werden wir das dynamische Webprojekt *onlineshop-war* mit der JPA verwenden. Falls Sie die letzten Kapitel übersprungen haben sollten und sich mit der Erstellung von dynamischen Webanwendungen in Eclipse auskennen, können Sie ganz einfach auch ein eigenes »dynamisches Webprojekt« erzeugen und es in einem Java-EE-konformen Server Ihrer Wahl deployen. Beachten Sie hierbei auch, dass die Datenquelle in Ihrem Java EE Server zu konfigurieren ist. Wie man Datenquellen beim GlassFish-Server erstellt, wurde in Kapitel 7, »JDBC«, gezeigt.

Das Webprojekt JPA-fähig machen

Damit wir beim dynamischen Webprojekt mit der JPA arbeiten können, müssen wir das Webprojekt nun zu einem JPA-Projekt konvertieren. Das bedeutet, dass wir das JPA-Facet hinzufügen werden. Von der Warte von Eclipse aus gesehen, erhalten wir hierdurch ein dynamisches Webprojekt, das zusätzlich über JPA-Funktionalitäten verfügt. Hierfür klicken Sie nun mit der rechten Maustaste auf das Projekt *onlineshop-war*. Im Kontextmenü klicken Sie dann auf Configure • Convert to JPA Project.

Danach erscheint die Ansicht Project Facets des Fensters Modify Faceted Project (Abbildung 8.19). Auf der linken Seite müsste nun JPA abgehakt sein. Öffnen Sie nun auf der rechten Seite das Register Runtimes, und aktivieren Sie die Checkbox GlassFish 4.0.

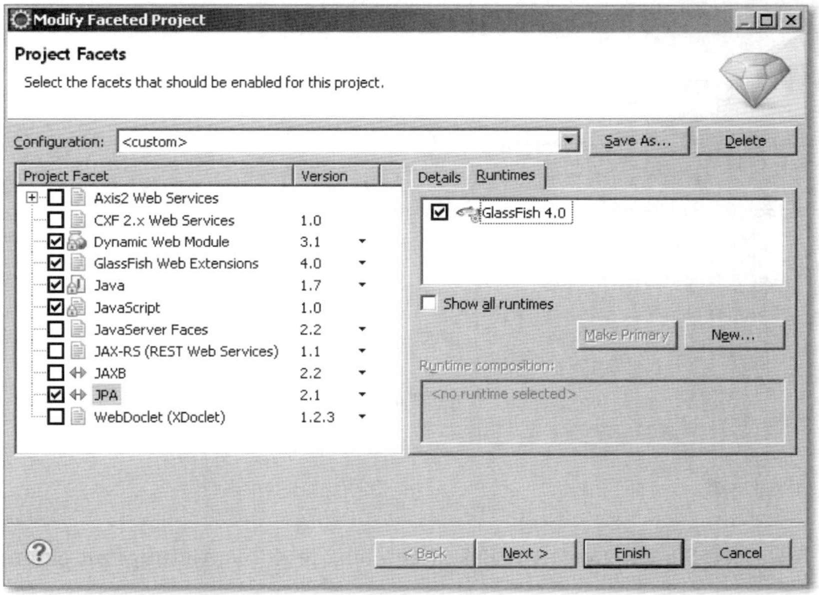

Abbildung 8.19 Die Konvertierung zu einem JPA-fähigen Webprojekt

Klicken Sie anschließend auf Next, um die Ansicht JPA Facet zu öffnen.

Wechseln Sie dort unter JPA Implementation von User Library auf die GlassFish System Library (Abbildung 8.20). Da wir die Java-EE-Anwendung im Java EE Server GlassFish deployen werden, sind wir nun nicht mehr auf eine eigene User Library angewiesen. Die JPA ist eine Java-EE-Standardprogrammierschnittstelle und somit Bestandteil der Java-EE-7-Standard-Bibliotheken. Weil GlassFish 4 ein vollwertiger Java EE 7 Server und sogar die Referenzimplementierung ist, bringt er bereits von Haus aus die JAR-Bibliotheken von EclipseLink mit. Wir brauchen uns deshalb nicht mehr selbst darum zu sorgen, ob irgendwelche Treiber oder andere JAR-Bibliotheken aus dem Internet zu holen und einzubinden sind.

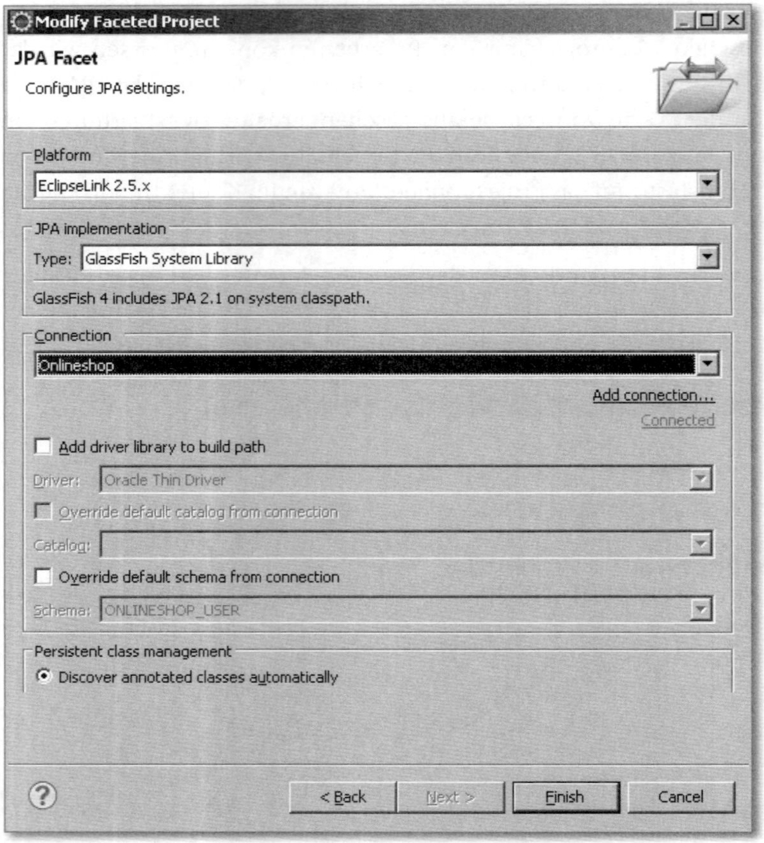

Abbildung 8.20 Das JPA-Facet

Unter CONNECTION wählen Sie ONLINESHOP. Bestätigen Sie die Konvertierung mit einem Klick auf FINISH.

Die Datenquelle konfigurieren

Genauso wie im letzten Beispiel, als wir mit einer Java-SE-Anwendung auf eine relationale Datenbank zugriffen, müssen wir auch jetzt wieder die Datenquelle in der Datei *persistence.xml* festlegen. Eclipse müsste nun von sich aus das Verzeichnis */META-INF* mit der Datei *persistence.xml* im Unterordner */src* des Webprojekts *onlineshop-war* erstellt haben. Alternativ könnten Sie auch die Datei *persistence.xml* aus dem Verzeichnis */META-INF* des Projekts *onlineshop-jpa* kopieren. Aber wenn alles reibungslos verlaufen ist, hat Eclipse bereits eine *persistence.xml* für uns angefertigt.

Beachten Sie, dass Eclipse per Default den Namen des Eclipse-Projekts als Bezeichner für den Namen der Persistenz-Einheit setzt. In meiner *persistence.xml* werde ich den Bezeichner auf *onlineshop-jpa* setzen, da ich den Bezeichner in allen Beispielen gleichartig definieren möchte. Es spielt aber keine Rolle, wie sie die Persistenz-Einheit bei sich nennen. Wichtig ist bloß, dass Sie innerhalb der Java-Datei den gleichen Bezeichner verwenden.

```
<?xml version="1.0" encoding="UTF-8"?>
<persistence
 version="2.1"
 xmlns="http://xmlns.jcp.org/xml/ns/persistence"
 xmlns:xsi="http://www.w3.org/2001/XMLSchema-instance"
 xsi:schemaLocation="http://xmlns.jcp.org/xml/ns/persistence
 http://xmlns.jcp.org/xml/ns/persistence/persistence_2_1.xsd">
     <persistence-unit name="onlineshop-jpa">
     </persistence-unit>
</persistence>
```

Listing 8.21 »persistence.xml«

Innerhalb des `persistence-unit`-Elements müsste normalerweise die Verbindungsinformation nun nicht mehr wie im letzten Beispiel über das Element `properties` bestimmt werden, sondern über das Element `jta-data-source`, weil innerhalb des GlassFish-Servers ja die DataSource `jdbc/__default` angesprochen werden soll. Aber auch auf dieses Element können wir verzichten, denn die Java-EE-Spezifikation hat vorgesehen, dass es sich bei einer DataSource mit dem JNDI-Namen `jdbc/__default` um den Default-Namen handelt, bei dem eine explizite Angabe gänzlich entfallen kann.

Das Beispiel testen

In einer Web-Komponente kann auf den Namen der Persistenz-Einheit über die Annotation `@PersistenceUnit` Bezug genommen werden. Wieder werden wir lediglich testen, ob eine gültige Datenbankverbindung erstellt werden kann:

```
package de.java2enterprise.onlineshop;

import java.io.IOException;
import java.io.PrintWriter;

import javax.persistence.EntityManager;
import javax.persistence.PersistenceContext;
import javax.servlet.ServletException;
import javax.servlet.annotation.WebServlet;
import javax.servlet.http.HttpServlet;
import javax.servlet.http.HttpServletRequest;
import javax.servlet.http.HttpServletResponse;
```

```
@WebServlet("/test")
public class TestServlet extends HttpServlet {
    private static final long serialVersionUID = 1L;

    @PersistenceContext
    private EntityManager em;

    public void doGet(
            HttpServletRequest request,
            HttpServletResponse response)
            throws ServletException, IOException {

        response.setContentType(
                "text/html;charset=UTF-8");

        final PrintWriter writer =
                response.getWriter();
            writer.println("<!DOCTYPE html>");
            writer.println("<html><body>");

        try {
            try {
                writer.print(
                    "Connection is valid:" +
                            em.isOpen());
            } catch (Exception ex) {
                writer.println(ex.getMessage());
            }
            writer.println(
                "<BR>Test finished!</body></html>");
        } catch (Exception e) {
            writer.println(e.getMessage());
        }
    }
}
```

Listing 8.22 »TestServlet.java«

Beachten Sie, dass wir im Beispiel den EntityManager nicht mit `close()` geschlossen haben, denn da der EntityManager nun vom Container verwaltet wird, gehört auch dies zu seiner Verantwortung. Zudem hätte der Aufruf der Methode `close()` zu einer `IllegalStateException` geführt.

8.4.3 Das ORM-Reverse-Engineering

Ein interessantes Feature der JPA ist das *ORM-Reverse-Engineering*, mit dem die Datenbanktabellen eines Schemas mithilfe der JPA-Konfiguration erzeugt werden können. Wem dieser Schritt zu weit geht, der kann sich auch erst einmal ein DDL-Skript (die Data Definition Language des SQL-Standards) erzeugen lassen und hiermit die Datenbank manuell initialisieren.

Das ORM-Reverse-Engineering mithilfe von Property-Elementen

Die automatisierte Erzeugung der Datenbanktabellen wird mithilfe des Property-Elements `javax.persistence.schema-generation.database.action` in der Datei *persistence.xml* definiert. Über das Attribut `value` können die Werte

- `none (default)`
- `drop`
- `create`
- `drop-and-create`

gesetzt werden.

```
<?xml version="1.0" encoding="UTF-8"?>
<persistence
    version="2.1"
    xmlns="http://xmlns.jcp.org/xml/ns/persistence"
    xmlns:xsi="http://www.w3.org/2001/XMLSchema-instance"
    xsi:schemaLocation="http://xmlns.jcp.org/xml/ns/persistence
    http://xmlns.jcp.org/xml/ns/persistence/persistence_2_1.xsd">
    <persistence-unit name="onlineshop-jpa">
        <class>de.java2enterprise.onlineshop.model.Customer</class>
        <class>de.java2enterprise.onlineshop.model.Item</class>
        <properties>
            <property
                name="javax.persistence.jdbc.url"
                value=
            "jdbc:oracle:thin:@localhost:1521:XE"/>
            <property
                name="javax.persistence.jdbc.user"
                value="onlineshop"/>
            <property
                name=
                "javax.persistence.jdbc.password"
                value="supergeheim_123"/>
            <property
                name="javax.persistence.jdbc.driver"
                value="oracle.jdbc.OracleDriver"/>
```

```
            <property
            name=
        "javax.persistence.schema-generation.database.action"
            value=
            "drop-and-create"/>
        </properties>
    </persistence-unit>
</persistence>
```

Listing 8.23 »persistence.xml«

Beachten Sie, dass wir im Listing den Benutzer "onlineshop" mit dem Passwort "supergeheim_123" verwenden, da wir dem Benutzer "onlineshop_user" nicht das Privileg erteilt haben, Datenbanktabellen zu erstellen.

Die Generierung wird gestartet, wenn das Eclipse-Projekt ausgeführt wird.

Das ORM-Reverse-Engineering mithilfe des persistence.xml-Wizards

Der Eintrag braucht innerhalb von Eclipse aber nicht manuell geschrieben zu werden. Denn Eclipse bietet im Wizard für die *persistence.xml* die Möglichkeit an, die Option in einem Auswahlfenster zu selektieren.

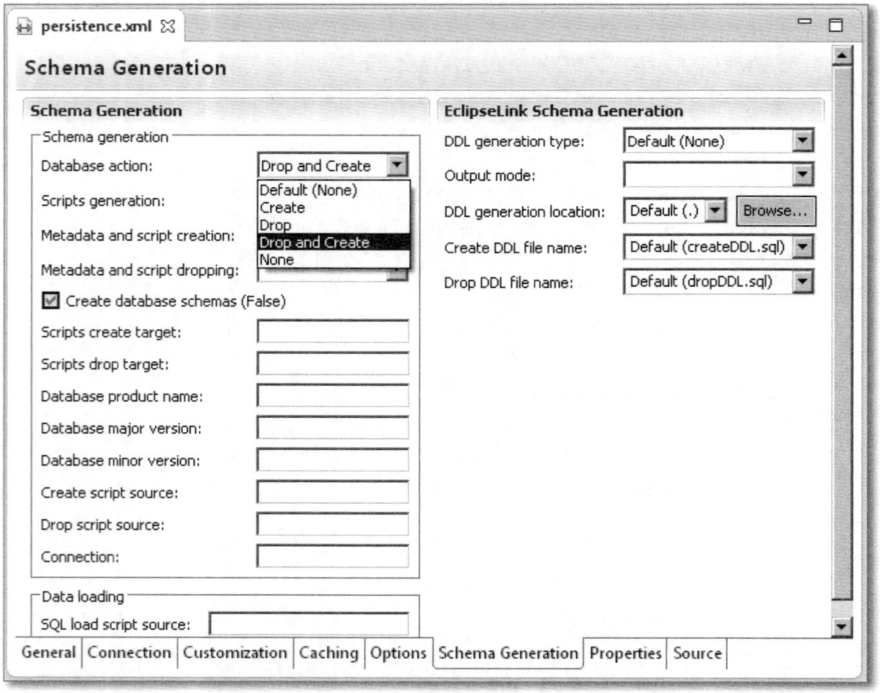

Abbildung 8.21 »Schema Generation« im Eclipse-Wizard für die »persistence.xml«

Klicken Sie hierfür in einem JPA-fähigen Eclipse-Projekt doppelt auf die Datei *persistence.xml*. Auf der rechten Seite sollte der Reiter SCHEMA GENERATION angeboten werden. Selektieren Sie im Auswahlfeld DATABASE ACTION den Eintrag DROP AND CREATE (Abbildung 8.21).

Das ORM-Reverse-Engineering mit dem Kontextmenü von Eclipse

Innerhalb von Eclipse lässt sich das ORM-Reverse-Engineering auch über ein Kontextmenü anstoßen. Hierfür klicken Sie mit der rechten Maustaste auf einem JPA-fähigen Eclipse-Projekt. Im Kontextmenü sollte der Eintrag JPA TOOLS zu finden sein. Wenn Sie auf diesen Eintrag klicken, erscheint ein Untermenü mit dem Namen GENERATE TABLES FROM ENTITIES (Abbildung 8.22).

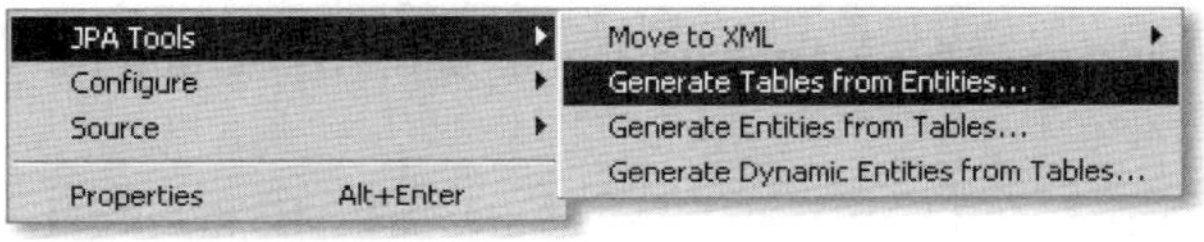

Abbildung 8.22 »Generate Tables from Entities« als Kontextmenü

Wenn Sie auf GENERATE TABLES FROM ENTITIES klicken, erscheint folgendes Fenster (Abbildung 8.23).

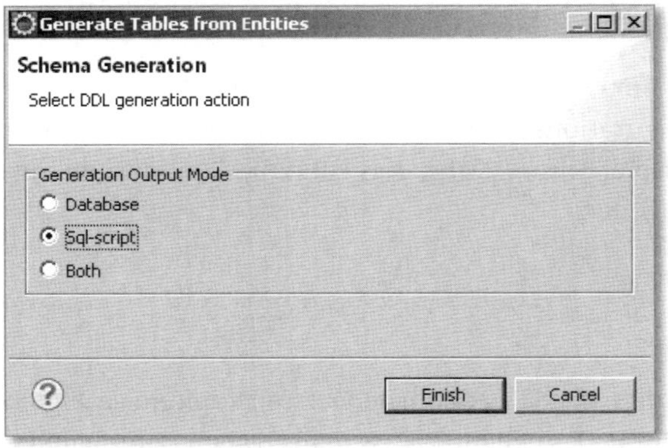

Abbildung 8.23 Die Auswahl im Fenster »Generate Tables from Entities«

Wählen Sie dort den Eintrag SQL-SCRIPT, um sich ein DDL-Skript erzeugen zu lassen. Mit einem Mausklick auf FINISH werden folgende zwei Dateien erstellt: *createDDL.sql* und *dropDDL.sql*.

Das ORM-Reverse-Engineering im geschäftskritischen Umfeld

In einem geschäftskritischen Umfeld wird man von ORM-Reverse-Engineering-Techniken wenig Gebrauch machen. Bei Großbanken und Großkonzernen entstehen Geschäftsdaten nicht erst, wenn eine ihrer Geschäftsanwendungen fertiggestellt werden sollen. Denn meistens liegt der Großteil der Geschäftsdaten in Altsystemen bereits vor und wird unter der Obhut spezialisierter Datenbankexperten verwaltet. Bei der Anbindung an ein Altsystem ist deshalb die automatische Löschung und Erzeugung der Datenbanktabellen mit Vorsicht zu genießen. Außerdem entziehen wir hiermit dem Datenbankadministrator die Kontrolle über die Datenbankverwaltung. Der Datenbankadministrator ist für gewöhnlich ein versierter Datenbankexperte, der die Datenbank mithilfe von SQL-Kommandos auf der Kommandozeile verwaltet. Ihm allein obliegt die Befehlsgewalt über die Erzeugung der Datenbanktabellen. Dem Java-EE-Entwickler sind hingegen solche DDL-Kommandos untersagt.

Die automatische Erstellung der DDL-Skripte ist also lediglich für die automatisierte Erzeugung von Datenbanktabellen in der Entwicklungsumgebung gedacht. Diese Fähigkeit ist vor allem während der Entwicklung von kleinen Java-EE-Anwendungen bzw. Prototypen oder für das Selbststudium von großem Nutzen.

Dass JPA-Elemente nicht nur für den Betrieb, sondern auch für die automatische Erzeugung der Datenbanktabellen bestimmt sind, hat aber für den lernenden JPA-Neuling auch noch einen Nachteil. Denn hierdurch kommen weitere Einstellungsmöglichkeiten hinzu, die überhaupt keine Auswirkung auf das Laufzeitverhalten während des Betriebs der Anwendung haben. Konfigurationen, die nur für das ORM-Reverse-Engineering gedacht sind, sollten auch nur dann eingesetzt werden, wenn die DDL-Skript-Erstellung tatsächlich verwendet wird. Ansonsten sind sie nämlich sinnlos und führen zu Verwirrung.

Um die automatische Erzeugung des Schemas bzw. des DDL-Skripts anzustoßen, bietet die JPA speziell hierfür vorgesehene Konfigurationselemente an. Eine andere Möglichkeit besteht innerhalb einer IDE, wie zum Beispiel Eclipse. Denn dort kann die Generierung mithilfe von wenigen Mausklicks vonstattengehen.

8.5 JPA-Entities erstellen

Die Programmierung von JPA-Entities erfolgt analog zu der in den letzten Kapiteln gezeigten Weise, als wir »einfache« JavaBeans erstellten. Das bedeutet, dass man zu allen Datenbanktabellen »einfache« JavaBean-Klassen als Gegenstücke erstellt und sie auch hier wieder Entities nennt. Wie Sie gleich sehen werden, muss bei JPA-Entities jedoch noch so einiges beachtet werden.

8.5.1 Der Grundaufbau einer JPA-Entity

Die JPA-Spezifikation definiert recht präzise, wie JPA-Entities aufgebaut und konfiguriert werden müssen. Viele dieser Anforderungen gelten auch für »einfache« JavaBeans. Der Unterschied zu den JPA-Entities ist jedoch, dass die Anforderungen für JPA-Entities zwingend einzuhalten sind.

Eine dieser Bedingungen, die man kaum zu erwähnen braucht, ist, dass alle JPA-Entities grundsätzlich eine vollwertige Klasse darstellen, also mit dem Schlüsselwort `class` oder `abstract class` markiert sein müssen. Es darf sich also um keine `interfaces` oder `enums` handeln.

Darüber hinaus gilt für alle JPA-Entities die JavaBean-Regel, dass sie über einen öffentlichen Default-Konstruktor verfügen müssen. Neben anderen Konstruktoren mit Parametern muss also stets auch ein parameterloser Konstruktor vorhanden sein, der entweder mit dem Sichtbarkeitsmodifizierer `public` oder mit dem Sichtbarkeitsmodifizierer `protected` gekennzeichnet ist.

Während es bei »einfachen« JavaBeans nicht zwingend erforderlich war, ist es nun bei JPA-Entities auch ein Erfordernis, dass sie das Interface `java.io.Serializable` implementieren.

Außerdem müssen alle JPA-Entities

- durch den `public`, `protected` oder Default-Modifizierer nach außen sichtbar sein und
- dürfen nicht mit `final` gekennzeichnet sein, damit sie vererbbar sind.

Ferner ist es zwingend erforderlich,

- dass die gemappte Datenbanktabelle über Primärschlüssel verfügt und
- dass die Entity-Klasse hierzu passende Attribute anbietet.

Wenn Sie sich die bisher gezeigten Regeln genauer anschauen, werden Sie feststellen, dass wir uns in den bisherigen Programmierbeispielen bereits an sie gehalten haben.

8.5.2 Die Konfiguration einer JPA-Entity

Zusätzlich zu den genannten Anforderungen des Grundaufbaus kommt noch hinzu, dass jede JPA-Entity konfiguriert werden muss. Zumindest müssen bestimmte Grundinformationen per Konfiguration definiert werden, damit der Persistence-Provider die JPA-Entity als solche erkennt:

- Die erste Grundvoraussetzung, die jede JPA-Entity erfüllen muss, ist, dass sie als Entity deklariert sein muss.
- Genauso bedingungslos ist auch die zweite Grundvoraussetzung, die besagt, dass stets ihr Primärschlüssel gekennzeichnet sein soll.

Zusätzlich zu diesen beiden Konfigurationen können auch viele weitere Merkmale konfiguriert werden. Allerdings sind die übrigen Konfigurationen optional. Oder anders gesagt: Wurde bei einer fehlenden Konfiguration eine bestimmte Konvention eingehalten, kann sich der Persistence-Provider durch die Default-Werte selbst weiterhelfen. Der Fachbegriff für diese Technik lautet *Convention over Configuration*.

Für die Konfiguration einer JPA-Entity bietet die Spezifikation zwei Möglichkeiten an: Die vom Hersteller empfohlene und gängigste Konfiguration nutzt spezielle JPA-Mapping-

Annotationen. Neben den JPA-Mapping-Annotationen kann die Konfiguration einer JPA-Entity aber auch XML-basiert über eine spezielle ORM-Mapping-Datei vorgenommen werden. Die XML-Variante ist die herkömmliche Art der Konfiguration, auf die in diesem Kapitel anfangs ebenso eingegangen wird. Allerdings verliert sie in der Praxis immer mehr an Relevanz, weshalb wir auch in diesem Buch letztendlich unser Hauptaugenmerk auf die JPA-Annotationen legen werden.

Grundsätzlich kann man die JPA-Annotationen und die XML-basierte JPA-Konfiguration parallel nebeneinander einsetzen. JPA-Annotationen würden in diesem Fall die XML-Konfigurationen gleicher Elemente überschreiben. Allerdings ist diese Vorgehensweise nicht empfehlenswert, da hierdurch die Übersicht über die Konfiguration verloren geht.

Die als Mindestanforderung geforderte Konfiguration einer JPA-Entity wird nun beispielhaft sowohl mit JPA-Annotationen als auch mit der ORM-Mapping-Datei gezeigt.

Die Mindestkonfiguration über JPA-Annotationen

Wie eingangs erwähnt, besteht die Mindestkonfiguration einer JPA-Entity:

1. aus der Deklaration der JPA-Entity als solcher
2. aus der Festlegung ihrer Primärschlüssel

Wenn man JPA-Annotationen einsetzt, wird die Entity mit der JPA-Annotation `@Entity` deklariert. Für die Kenntlichmachung des Primärschlüssels wird die Attribut-Annotation `@Id` verwendet.

In dem folgenden Listing wird die Klasse `de.java2enterprise.onlineshop.model.Customer` gezeigt, in der lediglich die beiden obligatorischen Annotationen `@Entity` und `@Id` eingesetzt wurden. Mit der Annotation `@Entity` definieren wir die Klasse als JPA-Entity. Mit der Annotation `@Id` legen wir fest, dass das Attribut `id` der Primärschlüssel der JPA-Entity ist.

```
package de.java2enterprise.onlineshop.model;

import java.io.Serializable;
import javax.persistence.Entity;
import javax.persistence.Id;
import javax.persistence.Table;

@Entity
public class Customer implements Serializable {
    @Id
    private Long id;
    private String email;
    private String password;
```

```
    public Customer() {
    }

    public Long getId() {
        return this.id;
    }

    public void setId(Long id) {
        this.id = id;
    }

    public String getEmail() {
        return this.email;
    }

    public void setEmail(String email) {
        this.email = email;
    }

    public String getPassword() {
        return this.password;
    }

    public void setPassword(String password) {
        this.password = password;
    }
}
```

Listing 8.24 »Customer.java«

Die Mindestkonfiguration über die »orm.xml«

Bei der ORM-Mapping-Datei handelt es sich um eine XML-basierte Konfigurationsdatei, die den Namen *orm.xml* trägt. Sie wird üblicherweise im Ordner */META-INF* gemeinsam mit der Datei *persistence.xml* untergebracht.

Wenn Sie mit EclipseLink arbeiten, besteht auch noch die Möglichkeit, statt der JPA-ORM-Mapping-Datei eine EclipseLink-ORM-Mapping-Datei mit dem Namen *eclipselink-orm.xml* zu verwenden. Sie bietet erweiterte Konfigurationsoptionen an, auf die wir in diesem Buch jedoch nicht eingehen werden.

Die folgende *orm.xml*-Datei konfiguriert die Klasse `de.java2enterprise.onlineshop.model.Customer` als JPA-Entity. Die Deklaration der Entity erfolgt über das XML-Element `<entity>`. Innerhalb des Elements `<entity>` wird die Konfiguration der Attribute über das Element

<attribute> angekündigt. Wie konfigurieren hierbei lediglich das Primärschlüssel-Attribut id.

```
<?xml version="1.0" encoding="UTF-8"?>
<entity-mappings version="2.4"
xmlns="http://www.eclipse.org/eclipselink/xsds/persistence/orm"
xmlns:xsi="http://www.w3.org/2001/XMLSchema-instance"
xsi:schemaLocation="http://www.eclipse.org/eclipselink/xsds/persistence/orm
http://www.eclipse.org/eclipselink/xsds/eclipselink_orm_2_4.xsd">
    <entity
    class="de.java2enterprise.onlineshop.model.Customer">
        <attributes>
            <id name="id"/>
        </attributes>
    </entity>
</entity-mappings>
```

Listing 8.25 »orm.xml«

8.5.3 Die zusätzliche Deklaration in der »persistence.xml«

Im Allgemeinen können wir bei der obigen JPA-Entity Customer.java sorglos davon ausgehen, dass sie der Persistence-Provider von sich aus finden wird. Denn nachdem die JPA aufgrund des Vorhandenseins der *persistence.xml* aktiviert wurde, untersucht der Persistence-Provider die gesamte Package-Struktur automatisch nach Klassen, die entweder über die JPA-Annotation @Entity oder über das Konfigurationselement <entity> in einer *orm.xml* konfiguriert worden sind.

Auf diese Weise erhält jede Persistenz-Einheit der *persistence.xml* den kompletten Satz aller in dem Java-Archiv gefundenen JPA-Entities. Manchmal ist es aber nicht erwünscht, dass alle JPA-Entities zu jeder Persistenz-Einheit zugeordnet werden. In diesem Fall kann dieses Default-Verhalten geändert werden, indem man innerhalb des Elements <persistence-unit> das Element <exclude-unlisted-classes> mit dem Wert true hinzufügt:

```
<exclude-unlisted-classes>
    true
</exclude-unlisted-classes>
```

Gleichzeitig muss nun auf andere Weise spezifiziert werden, welche der Java-Klassen zu den JPA-Entities einer Persistenz-Einheit gehören.

Eine Variante ist, die Klassen einzeln über das XML-Element <class> zu benennen. Das folgende Listing zeigt, wie der Persistenz-Einheit mit dem Namen "onlineshop-jpa" die beiden Entities Customer.java und Item.java zugefügt werden.

```
...
    <persistence-unit
        name="onlineshop-jpa">
        <class>
        de.java2enterprise.onlineshop.model.Customer
        </class>
        <class>
        de.java2enterprise.onlineshop.model.Item
        </class>
        <exclude-unlisted-classes>
            true
        </exclude-unlisted-classes>
    </persistence-unit>
</persistence>
```

Listing 8.26 »persistence.xml«

Zusätzlich zu der gezeigten Variante kann mithilfe des Elements `<jar-file>` eine Java-Archivdatei benannt werden, in der die JPA-Entities enthalten sind. Die gezeigten Varianten können auch kombiniert werden. Das bedeutet, dass der Gesamtbestand der JPA-Entities aus allen angegebenen Quellen zusammengesetzt wird.

```
...
<persistence-unit name="onlineshop-jpa">
    <jar-file>
        files.jar
    </jar-file>
    <class>
    de.java2enterprise.onlineshop.model.Customer
    </class>
    <class>
    de.java2enterprise.onlineshop.model.Item
    </class>
</persistence-unit>
...
```

Listing 8.27 »persistence.xml«

8.5.4 Benennung des Tabellennamens

Eine der Konventionen von JPA ist, dass bei Gleichnamigkeit des Klassennamens mit dem Tabellennamen der Tabellenname in der Konfiguration nicht spezifiziert zu werden braucht. Diese Konvention hatten wir in dem letzten Beispiel eingehalten.

name

Hätte sich der Klassename vom Tabellennamen unterschieden, müssten wir den Tabellennamen zusätzlich angeben. In diesem Fall müssten wir die JPA-Annotation `@Table` mit dem Element `name` setzen, um den Tabellennamen anzuzeigen:

```
...
@Entity
@Table(name="CUSTOMER")
public class Customer implements Serializable {
...
```

Listing 8.28 »Customer.java«

Genauso wie mit der JPA-Annotation `@Table` lässt sich der Name der Datenbanktabelle in der Datei *orm.xml* mithilfe des Elements `<table>` setzen:

```
...
<entity class=
    "de.java2enterprise.onlineshop.model.Customer">
    <table name="CUSTOMER"/>
    <attributes>
        <id name="id/>
    </attributes>
</entity>
...
```

Listing 8.29 »orm.xml«

Weil die Angabe des Datenbanktabellennamens im Beispiel überflüssig ist und das Element `<table>` optional ist, kann sie komplett entfallen.

schema

Ein weiteres Beispiel zeigt, dass die Konfiguration auch bei Gleichnamigkeit von Tabellen- und Klassenname erforderlich sein kann, und zwar wenn es sich um ein abweichendes Schema in der Datenbank handelt. In dem folgenden Listing wird Bezug auf eine Datenbanktabelle genommen, die sich CUSTOMER nennt und unter dem Schema mit dem Namen ONLINESHOP angelegt ist:

```
...
@Entity
@Table(schema="ONLINESHOP", name="CUSTOMER")
public class Customer implements Serializable {
...
```

Listing 8.30 »Customer.java«

Die entsprechende XML-Konfiguration sieht wie folgt aus:

```
...
<entity
    class=
    "de.java2enterprise.onlineshop.model.Customer">
    <table schema="ONLINESHOP" name="CUSTOMER"/>
    <attributes>
        <id name="id/>
    </attributes>
</entity>
...
```

Listing 8.31 »orm.xml«

8.5.5 Benennung des Spaltennamens

Genauso wie der Tabellenname angezeigt werden kann, lässt sich auch der Spaltenname spezifizieren. Hierfür kann die Annotation `@Column` bzw. in der *orm.xml* das Konfigurationselement `<column>` verwendet werden.

Im folgenden Listing wird gezeigt, wie mithilfe der JPA-Annotation `@Column` darauf hingewiesen wird, dass das zugehörige Spaltenfeld den Bezeichner `"ID"` trägt:

```
...
@Id
@Column(name="ID")
private long id;
...
```

Listing 8.32 »Customer.java«

Das entsprechende XML-Element nennt sich `<column>`:

```
...
<entity
    class=
    "de.java2enterprise.onlineshop.model.Customer">
    <attributes>
        <id name="id">
            <column name="ID">
        </id>
    </attributes>
</entity>
...
```

Listing 8.33 »orm.xml«

Die Annotation `@Column` (bzw. bei der *orm.xml* das XML-Element `<column>`) kann neben den Namen auch noch mit weiteren Werten versehen werden, die sich aber lediglich auf die DDL-Skript Erzeugung auswirken. Beispielsweise wollen wir mit folgender Annotation erwirken, dass das Spaltenfeld EMAIL eindeutig ist. Gleichzeitig soll verhindert werden, dass das Feld leer bleibt. Ferner möchten wir noch dafür sorgen, dass die Anzahl der Buchstaben auf einer Länge von 40 Zeichen begrenzt wird. Für die automatische DDL-Skript-Erstellung bzw. die automatische Generierung der Datenbanktabellen können hierfür die Felder `unique=true`, `nullable=false` und `precision=40` gesetzt werden:

```
...
@Column(unique=true, nullable=false, precision=40)
private String email;
...
```

Listing 8.34 »Customer.java«

Beachten Sie, dass die gezeigten Felder wirklich nur der automatischen DDL-Skript-Erstellung und der Generierung der Datenbanktabellen dienen, also keine Überprüfung zur Laufzeit zur Folge haben. Genau genommen hat die oben gezeigte Annotation im laufenden Betrieb der Java-EE-Anwendung überhaupt keine Auswirkung.

8.5.6 Den Zugriffstyp ändern

Wenn der Persistence-Provider auf den Wert eines Attributs zugreift, holt er sich an und für sich den Wert der Objektvariablen. Ob zu der Objektvariablen Getter oder Setter als Property-Methoden beigefügt wurden, ist dem Persistence-Provider zunächst einerlei. Die öffentlichen Getter- und Setter-Methoden könnten für die Verwendung als JPA-Entities also theoretisch entfallen. Allerdings wird man in einer Java-EE-Anwendung eine Objektvariable stets privat und mit öffentlichen Getter- und Setter-Methoden anbieten. Denn die Attribute werden üblicherweise nicht nur vom Persistence-Provider benutzt, sondern auch von anderen Java-Klassen referenziert, und der Java-EE-Standard verlangt sogar, dass man auf die Objektvariablen nicht unmittelbar aus externen Klassen heraus, sondern ausschließlich über öffentliche Getter- und Setter-Methoden zugreifen soll. Aber ob nun Property-Methoden vorhanden sind oder nicht, spielt für den Persistence-Provider erst mal keine Rolle. Im Fach-Jargon würde man sagen, dass der Zugriffstyp per Default auf FIELD gesetzt ist.

Andererseits kann man den Persistence-Provider auch explizit anweisen, die Getter-Methode für den Zugriff auf die Objektvariable zu verwenden. Im Fach-Jargon sagt man dann, dass der Zugriffstyp auf PROPERTY gesetzt wird.

Den Zugriffstyp über den Standort der Annotation ändern

Bei der Verwendung von JPA-Annotationen kann der Zugriffstyp auf den Attributwert ganz einfach über ihren »Standort« gesteuert werden. Es ist nämlich eine Besonderheit der Attribut-Annotationen, dass sie sowohl vor die Objektvariablen als auch vor die Getter-Methode gesetzt werden können.

Bisher haben Sie mit `@Id` lediglich eine einzige Attribut-Annotation kennengelernt. JPA bietet aber eine ganze Reihe weiterer Attribut-Annotationen an, mit denen beispielsweise »normale« Spaltenfelder (`@Basic`), Assoziationen (`@OneToOne`, `@OneToMany`, `@ManyToOne` oder `@ManyToMany`) oder transiente Attribute (`@transient`) definiert werden. Diese Attribut-Annotationen werden aber erst in späteren Abschnitten eingehend beschrieben.

Wenn eine Attribut-Annotation vor eine Objektvariable gesetzt worden ist, spricht man von einer **Field-Annotation**. Eine Field-Annotation hat zur Folge, dass der Persistence-Provider unmittelbar über die Objektvariable auf den Wert des Attributs zugreift.

Beispielhaft sehen Sie im folgenden Listing eine Field-Annotation:

```
...
@Basic
private String email;

public String getEmail() {
    return this.email;
}
...
```

Listing 8.35 »Customer.java«

Steht die Attribut-Annotation hingegen vor der Getter-Methode, spricht man von einer **Property-Annotation**:

```
...
private String email;

@Basic
public String getEmail() {
    return this.email;
}
...
```

Listing 8.36 »Customer.java«

Der Standort der Attribut-Annotation entscheidet also darüber, ob der Persistence-Provider direkt auf die Objektvariable (Field-Annotation) zugreift oder ob er vorher die Getter-Methode (Property-Annotation) durchläuft. Aber welcher Zugriffstyp ist besser?

Field-Annotationen haben den Vorteil, dass sie gemeinsam ganz am Anfang einer Klasse stehen, da es Konvention ist, Objektvariablen so zu gruppieren. Auf diese Weise erhält der

Entwickler frühzeitig einen schnellen Überblick über die Attribut-Annotationen. Im Allgemeinen kann man sagen, dass Field-Annotationen im Normalfall einen lesbareren Code bewirken und deshalb standardmäßig gesetzt werden sollten.

Property-Annotationen haben den Vorteil, dass innerhalb der Methode eine zusätzliche Logik eingebaut werden kann. Zum Beispiel kann man sich den Fall vorstellen, dass die Anwendung einen Default-Wert setzt, wenn der persistierte Wert eigentlich `null` wäre:

```
...
private String email;

@Basic
public String getEmail() {
    if(this.email == null) {
        this.email = "j@java2eenterprise.de";
    }
    return this.email;
}
...
```

Listing 8.37 »Customer.java«

Durch die zusätzliche Logik in der Getter-Methode wird sichergestellt, dass der Wert der Objektvariablen stets initialisiert worden ist.

Andererseits ist eine zusätzliche Logik in einer Entity grundsätzlich nicht empfehlenswert, denn sie führt zu einer versteckten Intelligenz, die Verwirrung stiften kann. Die saubere Variante ist, die Datenbank als SINGLE-POINT-OF-TRUTH zu deklarieren. Manche IDE-Wizards generieren von sich aus Property-Annotationen. Lassen Sie sich hierdurch nicht verunsichern, und bestehen Sie auf Field-Annotationen, wenn die Property-Annotationen nicht aus besonderem Anlass zwingend erforderlich sind.

Aber ganz egal, wofür Sie sich letztendlich entscheiden, ist eines gewiss: Eine Mischung beider Varianten ist die schlechteste Entscheidung, denn sie führt zu unlesbarem Quelltext.

Den AccessType über eine Access-Konfiguration ändern

Wie bereits erwähnt, greift der Persistence-Provider bei einer Field-Annotation automatisch auf die Objektvariable und bei einer Property-Annotation automatisch auf die Getter-Methode zu. Dieses Default-Verhalten kann aber auch geändert werden. Die JPA bietet hierfür eine Annotation an, die sich `@Access` nennt. `@Access` kann entweder mit dem Wert `AccessType.FIELD` oder mit dem Wert `AccessType.PROPERTY` definiert werden.

Die folgende `@Access`-Annotation hat durch den Wert `AccessType.PROPERTY` zur Folge, dass der Persistence-Provider die Getter-Methoden nutzen wird, um auf den Wert der Objektvariablen zuzugreifen, auch wenn die FIELD-Annotation es anders vermuten ließe:

```
...
@Entity
@Access(AccessType.PROPERTY)
public class Customer implements Serializable {
    @Basic
    private String email;

    public String getEmail() {
        return this.email;
    }
...
```

Listing 8.38 »Customer.java«

In der ORM-Mapping-Datei wird im Element <entity> das Annotationsunterelement access verwendet, um die Änderung des Zugriffstyps zu erzielen:

```
...
<entity
    access="PROPERTY"
    class=
    "de.java2enterprise.onlineshop.model.Customer">
    <attributes>
        <id name="id/>
    </attributes>
</entity>
...
```

Listing 8.39 »orm.xml«

Den Zugriffstyp einzelner Attribute ändern

In Listing 8.38 wurde der Zugriffstyp für die ganze Entity geändert, indem beispielsweise die JPA-Annotation @Access vor das Schlüsselwort public class gesetzt wurde. Dadurch galt die Annotation für alle Attribute der Klasse. Die Annotation @Access kann aber auch für einzelne Attribute verwendet werden, um von Attribut zu Attribut unterschiedliche Zugriffsvarianten zu erzielen:

```
...
@Entity
public class Customer implements Serializable {
    @Basic
    @Access(AccessType.PROPERTY)
    private String email;
```

```
    public String getEmail() {
        return this.email;
    }
    ...
```

Listing 8.40 »Customer.java«

Diese Mischung kann aber zu einem unheilvollen Durcheinander führen. Zu Gunsten der Einfachheit sollte hierauf verzichtet werden.

Die Annotation `@Access` könnte sogar gleichzeitig sowohl für die ganze Entity als auch für einzelne Attribute gesetzt werden. In diesem Fall überschreibt die Festlegung des einzelnen Attributs die der gesamten Entity. Aber auch diese überkomplexe Variante ist nicht empfehlenswert.

@Access grundsätzlich vermeiden

Das obige Beispiel macht ganz allgemein deutlich, dass die Annotation `@Access` zu Unverständnis führen kann. Da die Konvention des Standorts der Attribut-Annotation der Angabe der `@Access`-Annotation widerspricht, erhalten wir eine zusätzliche Komplexität. Der Quelltext ist deshalb viel besser lesbar, wenn auf die Annotation `@Access` gänzlich verzichtet wird. Grundsätzlich sind Fälle vorstellbar, in denen der Zugriffstyp geändert werden muss. Aber wenn dies aus speziellen Erfordernissen heraus nicht nötig ist, gilt wie immer das Motto »keep it simple«.

8.6 Primärschlüssel definieren

Die einfachste Art, wie Primärschlüssel in einer Datenbanktabelle festgelegt sein können, wurde bereits gezeigt, denn die besteht lediglich aus der Definition eines einzelnen technischen Schlüssels. Solche Primärschlüssel bereiten dem Java-Entwickler die geringsten Sorgen, da es bei der Verwendung der JPA mit einer einzigen Annotation getan ist (Abbildung 8.24).

In diesem Abschnitt betrachten wir zuallererst diese »einfache« Möglichkeit. Denn selbst mit ihr müssen wir uns mit Identitätsproblemen von JPA-Entities auseinandersetzen. Der Grund hierfür ist, dass zwei unterschiedliche Java-Objekte »identische« Entities darstellen können. Denn während Java zwei Objekte nur dann als gleich ansieht, wenn ihre Speicheradresse gleich ist, wird die Identität von Entities durch ihren Klassentyp und den Wert ihres Primärschlüssel bestimmt.

Ein weiterer Punkt, der auch bei einfachen Primärschlüsseln zu beachten ist, betrifft die automatisch generierten Primärschlüsselwerte. Wenn der Wert eines Primärschlüssels durch die Datenbank erzeugt wird, muss dies in einer JPA-Konfiguration bekannt gemacht werden, denn der Persistence-Provider ist ansonsten nicht in der Lage, diesen Automatismus zu erkennen.

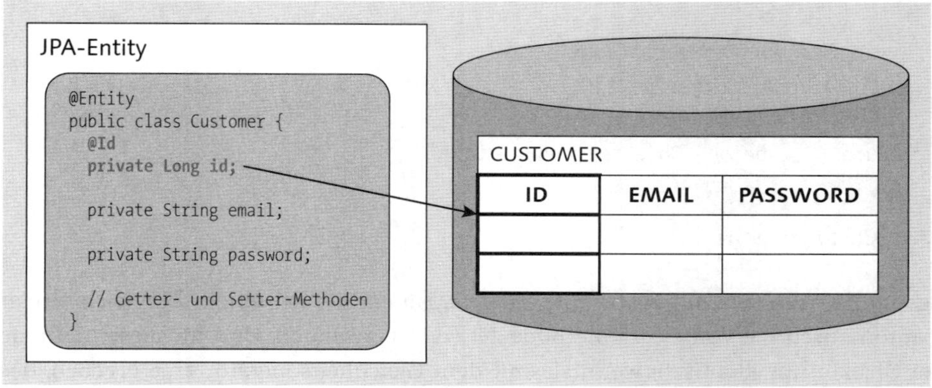

Abbildung 8.24 Die Attribut-Annotation »@Id« für die Kennzeichnung des Primärschlüssels

Neben diesen beiden Themen werden wir uns auch noch zusammengesetzte Primärschlüssel genauer anschauen. Denn je nachdem, wie verschlungen sich der Primärschlüssel datenbankseitig aufbaut, kann die Erstellung der Primärschlüssel-Gegenstücke auf der Java-Seite ebenso verflochten ausfallen.

Apropos Komplexität: Bisher haben wir das Mapping sowohl mit der XML-basierten *orm.xml* als auch mit JPA-Annotationen durchgeführt. Die Beispiele sollten Ihnen aber lediglich die beiden Möglichkeiten vorstellen und Ihnen somit einen Überblick über die zwei Alternativen geben. Von nun an werden wir den JPA-Annotationen den Vorzug geben, weil sie sich auch in der Praxis gegenüber der althergebrachten und komplexeren Umsetzung mit der XML-Konfiguration immer weiter durchsetzen.

8.6.1 Identitätsprobleme von JPA-Entities lösen

Einfache Primärschlüssel-Attribute werden mithilfe der Attribut-Annotation `@Id` gekennzeichnet. Diese Attribut-Annotation haben Sie bereits weiter oben kennengelernt.

```
...
@Id
private Long id;
```

Listing 8.41 »Customer.java«

Durch den Primärschlüssel mit dem Bezeichner `id` möchten wir die eindeutige Identität der Java-Objekte erzielen. Mit anderen Worten: Wenn zwei Objekte den gleichen Wert im Attribut `id` enthalten, sollen sie von der Java-Laufzeitumgebung als gleich angesehen werden. Der Vollständigkeit halber muss hinzugefügt werden, dass auch ihr Klassentyp gleich sein muss.

Der Vergleich ist programmatisch recht trivial. Eine Abfrage, ob zwei JPA-Entities gleich sind, sähe wie folgt aus:

```
if(
    this.getClass() == other.getClass() &&
    this.getId().equals(other.getId())
) {
        return "Die beiden Objekte sind gleich!";
}
```

Listing 8.42 »Customer.java«

Allerdings enthält die Java-API bestimmte Automatismen, die bei einem Vergleich zweier Objekte automatisch die vorbelegte Methode `equals()` verwenden. Und für diese Methode sind zwei Objekte nur identisch, wenn sie mit dem Gleichheitsoperator `true` ergeben, das heißt, wenn sie im Arbeitsspeicher den gleichen Adressraum belegen. Dies ist zwar das richtige Ergebnis eines Vergleichs zweier Instanzen, wenn es sich bei den Objekten aber um JPA-Entities handelt, ist dieser Vergleich falsch. Um sicherzustellen, dass die JPA-Entities bei der weiteren Verwertung zu keinem Fehler führen, müssen wir die Methode `equals()` überschreiben.

Das gleiche Problem betrifft die Methode `hashCode()`. Die Methode `hashCode()` der Klasse `Objekt` wandelt die Adresse des Datenbehälters in eine `int`-Zahl um und gibt sie als Rückgabewert zurück. Damit entspricht sie sinngemäß in etwa der Methode `equals()` in der Klasse `Object`. Überlagern wir jedoch die Methode `equals()`, müssen wir die Methode `hashCode()` mit der gleichen Logik überschreiben. Denn wenn die Methode `equals()` zwei Objekte als gleich ansieht, müssen ihre `hashCode()`-Methoden auch gleiche Werte ausgeben. So sieht es die Java-SE-Spezifikation vor.

Bei der Erstellung der Methoden `hashCode()` und `equals()` werden wir uns von Eclipse helfen lassen. Öffnen Sie zunächst die Klasse `Customer.java`. Klicken Sie im Menü auf SOURCE und dann auf GENERATE HASHCODE() AND EQUALS(). In dem sich öffnenden Fenster bietet Eclipse die Objektvariablen an, die in den Methoden zur Ermittlung des Hash-Codes bzw. des Vergleichs verwendet werden sollen. Selektieren Sie dort lediglich den Primärschlüssel (Abbildung 8.25).

Auf diese Weise erstellt Eclipse automatisch entsprechende `hashCode()`- und `equals()`-Methoden, die zur Nutzung in einer Java-EE-Anwendung durchaus brauchbar sind:

```
...
@Override
public int hashCode() {
    final int prime = 31;
    int result = 1;
    result = prime * result +
        ((id == null) ? 0 : id.hashCode());
```

```
    return result;
}

@Override
public boolean equals(Object obj) {
    if (this == obj) {
        return true;
    }
    if (obj == null) {
        return false;
    }
    if (!(obj instanceof Customer)) {
        return false;
    }
    Customer other = (Customer) obj;
    if (id == null) {
        if (other.id != null) {
            return false;
        }
    } else if (!id.equals(other.id)) {
        return false;
    }
    return true;
}
...
```

Listing 8.43 »Customer.java«

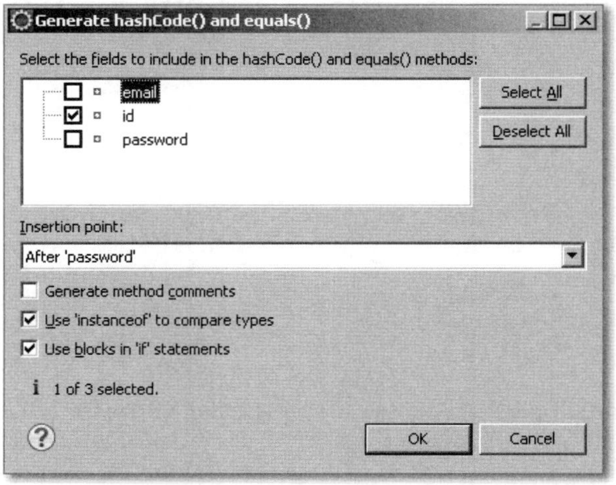

Abbildung 8.25 Die Erstellung der Methoden »hashCode()« und »equals()« für die JPA-Entity

8.6.2 Zusammengesetzte Primärschlüssel

Manchmal setzt sich der Primärschlüssel einer Datenbanktabelle aus mehreren Spaltenfeldern zusammen. Auch für diesen Fall hat die JPA mit speziellen Annotationen vorgesorgt.

Eine externe Primärschlüssel-Klasse

Wenn sich der Primärschlüssel einer Datenbanktabelle aus mehreren Spaltenfeldern zusammensetzt, wird jedes zugehörige Entity-Attribut mit der Annotation `@Id` markiert. Der zusammengesetzte Primärschlüssel erfordert zusätzlich, eine Primärschlüsselklasse zu programmieren, die einer Kopie der JPA-Entity gleicht, aber nur die Schlüssel-Attribute einbezieht.

Das folgende Listing zeigt die JPA-Entity `Customer.java`, die die zwei Attribute `id1` und `id2` als zusammengesetzten Primärschlüssel enthält und mit der Annotation `@IdClass` auf die Primärschlüsselklasse hinweist:

```
package de.java2enterprise.onlineshop.model;

import java.io.Serializable;
import javax.persistence.Entity;
import javax.persistence.Id;
import javax.persistence.IdClass;

@Entity
@IdClass(CustomerPK.class)
public class Customer implements Serializable {
    private static final long serialVersionUID = 1L;

    @Id
    private long id1;

    Id
    private long id2;
    private String email;
    private String password;
    //Setter und Getter
}
```

Listing 8.44 »Customer.java«

Die Primärschlüssel-Klasse ist eine ganz simple POJO-Klasse, die lediglich die Primärschlüssel-Attribute enthält.

Zu der JPA-Entity `Customer.java` programmieren wir beispielhaft die Klasse `CustomerPK.java`. Als Attribute wird die Primärschlüsselklasse nur die zwei Primärschlüssel `id1` und `id2` aufnehmen. Beachten Sie auch, dass die Identität dieser Klasse durch das Überschreiben der Methoden `equals()` und `hashCode()` gewährleistet sein muss.

```
package de.java2enterprise.onlineshop.model;

import java.io.Serializable;

public class CustomerPK implements Serializable {
    private static final long serialVersionUID = 1L;
    private long id1;
    private long id2;
    // Getter und Setter

    @Override
    public int hashCode() {
        final int prime = 31;
        int result = 1;
        result = prime * result +
            (int) (id1 ^ (id1 >>> 32));
        result = prime * result +
            (int) (id2 ^ (id2 >>> 32));
        return result;
    }

    @Override
    public boolean equals(Object obj) {
        if (this == obj)
            return true;
        if (obj == null)
            return false;
        if (getClass() != obj.getClass())
            return false;
        CustomerPK other = (CustomerPK) obj;
        if (id1 != other.id1)
            return false;
        if (id2 != other.id2)
            return false;
        return true;
    }
}
```

Listing 8.45 »CustomerPK.java«

Das folgende Listing zeigt, wie ein Objekt der Klasse `Customer` gesucht werden kann. Zur eindeutigen Identifikation der Entity wird als Primärschlüssel ein Objekt der Klasse `CustomerPK` mitgegeben:

```
CustomerPK cpk = new CustomerPK();
cpk.setId1(Long.parseLong("123"));
cpk.setId2(Long.parseLong("456"));
Customer customer = em.find(Customer.class, cpk);
```

Listing 8.46 »Main.java«

Eine eingebettete Primärschlüsselklasse

Eine Primärschlüsselklasse kann in der JPA-Entity auch als Attribut eingebettet werden. In diesem Fall werden also nicht die einzelnen Primärschlüssel-Attribute in der JPA-Entity aufgeführt, sondern die Primärschlüssel-Klasse selbst.

Statt der Annotation `@IdClass` vor der Klasse muss nun die Annotation `@EmbeddedId` vor die Deklaration der Primärschlüssel-Klasse gesetzt werden:

```
package de.java2enterprise.onlineshop.model;

import java.io.Serializable;
import javax.persistence.EmbeddedId;
import javax.persistence.Entity;

@Entity
public class Customer implements Serializable {
    private static final long serialVersionUID = 1L;

    @EmbeddedId
    private CustomerPK pk;

    private String email;

    private String password;

    //Setter und Getter
}
```

Listing 8.47 »Customer.java«

Damit die Primärschlüssel-Klasse eingebettet werden kann, muss sie ihrerseits mit der Annotation `@Embeddable` versehen werden. Ansonsten ändert sich bei der Primärschlüssel-Klasse nichts:

```
...

@Embeddable
public class CustomerPK implements Serializable {
    private static final long serialVersionUID = 1L;

    private long id1;

    private long id2;

    ...
    public boolean equals(Objekt o) { ... }
    public int hashCode() { ... }
}
```

Listing 8.48 »CustomerPK.java«

8.6.3 Die automatische Schlüsselgenerierung

Zur automatischen Generierung von Primärschlüsseln verfügen die meisten Datenbankmanagementsysteme über die IDENTITY-Methode. Dies wurde in Kapitel 6, »Die relationale Datenbank«, bereits erläutert. Dort wurde auch gezeigt, dass die Oracle Database nicht über diesen Automatismus verfügt und dass dort stattdessen die SEQUENCE-Methode verwendet wird. Die JPA bietet für beide Automatismen entsprechende Konfigurationsmöglichkeiten an. Zusätzlich kennt die JPA auch noch eine dritte Variante, die sich TABLE nennt. Die von der JPA unterstützten Automatismen lassen sich somit in folgende drei Varianten zusammenfassen:

- IDENTITY
  Der nächste Schlüsselwert wird ganz komfortabel durch das Datenbankmanagementsystem bestimmt. Die Syntax unterscheidet sich zwischen den Datenbankmanagementsystemen sehr stark.
- SEQUENCE
  Der nächste Schlüsselwert wird durch eine SEQUENCE generiert. In Kapitel 6 wurde gezeigt, wie bei der Oracle Database mit dieser Variante gearbeitet wird, da eine IDENTITY-Funktionalität nicht vorhanden ist. Den Sequenzgenerator müssen wir mit der Anweisung CREATE SEQUENCE erstellen. Das automatische Inkrementieren übernehmen spezielle Trigger, die wir für jeden Sequenzgenerator explizit zur Verfügung stellen.
- TABLE
  Der nächste Primärschlüsselwert wird in einer eigenen Datenbanktabelle eingetragen. Soll ein neuer Schlüssel besorgt werden, braucht in dieser Tabelle lediglich nach diesem Wert gesucht zu werden. Diese Variante hat den Vorteil, dass sie herstellerunabhängig ist.

Bei JPA wird die die jeweilige Schlüsselgenerierung mit der Annotation `@GeneratedValue` festgelegt, indem entsprechend folgende Attributannotationen hinzugefügt werden:

- `strategy=GenerationType.IDENTITY`
- `strategy=GenerationType.SEQUENCE`
- `strategy=GenerationType.TABLE`

Zusätzlich wird mit der Strategie

`strategy=GenerationType.AUTO`

die Möglichkeit geboten, dass die JPA selbst entscheidet, welche der drei Varianten eingesetzt werden soll.

AUTO

Die Generierungsstrategie `AUTO` ist bei der Annotation `@GeneratedValue` der Default-Wert:

```
...
@Id
@GeneratedValue
private long id;
...
```

Listing 8.49 »Customer.java«

Der Persistence-Provider wird mit der obigen Annotation die Strategie auf `AUTO` setzen und hierdurch die richtige Generierungsstrategie selbst aussuchen. Diese Default-Strategie kann auch explizit mit dem Annotationsunterelement `strategy=GenerationType.AUTO` angezeigt werden:

```
...
@Id
@GeneratedValue(strategy=GenerationType.AUTO)
private long id;
...
```

Listing 8.50 »Customer.java«

IDENTITY

Wenn sie mit MySQL arbeiten, bedeutet die Festlegung auf `GenerationType.AUTO`, dass datenbankseitig der Primärschlüssel mit der Variante `IDENTITY` bestimmt wird:

```
...
@Id
@GeneratedValue(strategy=GenerationType.IDENTITY)
```

```
private long id;
...
```

Listing 8.51 »Customer.java«

Beachten Sie, dass bei dem CREATE-Skript für die MySQL-Datenbank das Schlüsselwort AUTO_INCREMENT verwendet wird.

TABLE

Bei dieser Technik wird auf der Datenbank eine Tabelle mit zwei Spaltenfeldern erzeugt. Das erste Spaltenfeld enthält den Namen des zu inkrementierenden Spaltenfeldes. Das zweite Spaltenfeld enthält den letzten gültigen Schlüsselwert.

In unserem Onlineshop erzeugen wir nun mit folgendem Skript eine Datenbanktabelle mit dem Namen PKTABLE. Die beiden Spaltenfelder nennen wir PK und VALUE:

```
DROP TABLE pktable;

CREATE TABLE pktable (
    pk    varchar2(255),
    value    NUMBER(19)
);
GRANT SELECT, INSERT, UPDATE, DELETE
ON pktable TO onlineshop_user;
```

Der Tabelle PKTABLE fügen wir einen Datensatz hinzu. Im Spaltenfeld PK tragen wir den Spaltenfeldnamen des Primärschlüssels ID der Tabelle CUSTOMER ein. Im Spaltenfeld VALUE setzen wir den Initialwert auf 1.

```
INSERT INTO pktable(pk, value) VALUES ('ID', 1);
COMMIT;
```

Das Ergebnis sollte nun wie folgt aussehen.

PK	VALUE
ID	1

Das folgende Listing zeigt, wie die Annotation @GeneratedValue bei der Generierungsstrategie TABLE gesetzt wird:

```
...
@Id
@TableGenerator(
```

```
    schema="ONLINESHOP",
    table="PKTABLE",
    pkColumnName="PK",
    valueColumnName="VALUE",
    pkColumnValue="ID",
    name = "customerId",
    allocationSize=1,
        initialValue=1
)
@GeneratedValue(
    strategy=GenerationType.TABLE,
    generator="customerId")
private Long id;
...
```

Listing 8.52 Der »TableGenerator«

Im Listing wird zusätzlich zu der Annotation @GeneratedValue die Annotation @TableGenerator definiert.

Mit den Annotationsattributen table, pkColumnName und valueColumnName werden die Bezeichner der Tabelle und der zwei Spaltenfelder angezeigt. Über pkColumnValue wird die Primärschlüsselspalte vermerkt. Das Annotationsattribut name legt einen Bezeichner für den Tabellengenerator fest.

Der Bezeichner des Tabellengenerators wird bei der Annotation @GeneratedValue mit dem Annotationsattribut generator referenziert.

SEQUENCE

Im Programmierbeispiel dieses Buches haben wir bereits mit der Schlüsselgenerierung durch einen Sequenzgenerator gearbeitet.

Unser Skript für die Generierung der SEQUENCE war Folgendes:

```
DROP SEQUENCE seq_customer;

CREATE SEQUENCE seq_customer;
GRANT ALL ON seq_customer TO onlineshop_user;

COMMIT;
```

Bei dem Einsatz der JPA ist nun hierbei die Einbindung eines Triggers nicht mehr erforderlich, denn das Persistence-Framework ist von sich aus in der Lage, den nächsthöheren Wert aus dem Sequenzgenerator zu ermitteln.

Wenn Sie bisher das SQL-Skript aus Abschnitt 1.1.5, »Die Datenhaltung«, genutzt haben, wird Ihre Datenbank noch die beiden Trigger mit den Bezeichnern `tri_customer` und `tri_item` beherbergen. In diesem Fall müssen Sie die Trigger nun mit folgenden Anweisungen entfernen:

```
DROP TRIGGER tri_customer;
DROP TRIGGER tri_item;
COMMIT;
```

In der Klasse `Customer.java` benötigen wir wieder zwei Annotation.

Den Sequenzgenerator deklarieren wir mit der Annotation `@SequenceGenerator`. Hierbei werden wir folgende Annotationsattribute nutzen:

- Mit dem Annotationsattribut `name` geben wir dem Sequenzgenerator einen Namen.
- `sequenceName` zeigt den Namen der `SEQUENCE` in der Datenbank an.
- `initialValue` setzt den Initial-Wert fest.
- `allocationSize` gibt den Erhöhungswert an, um den der letzte Wert inkrementiert wird.
- `schema` legt das Schema der Sequenz fest.

Der Bezeichner des Sequenzgenerators wird bei der Annotation `@GeneratedValue` mit dem Annotationsattribut `generator` referenziert.

Das folgende Listing zeigt die komplette Klasse `Customer` mit den Annotationen `@SequenceGenerator` und `@GeneratedValue` an:

```
package de.java2enterprise.onlineshop;

import java.io.Serializable;

import javax.persistence.Column;
import javax.persistence.Entity;
import javax.persistence.GeneratedValue;
import javax.persistence.GenerationType;
import javax.persistence.Id;
import javax.persistence.SequenceGenerator;
import javax.persistence.Table;

@Entity
@Table(schema="onlineshop", name="customer")
public class Customer implements Serializable {
    private static final long serialVersionUID = 1L;
```

```
@Id
@SequenceGenerator(
    name="CUSTOMER_ID_GENERATOR",
    sequenceName="SEQ_CUSTOMER",
    allocationSize=1,
    initialValue=1,
    schema="ONLINESHOP")
@GeneratedValue(
    strategy=GenerationType.SEQUENCE,
    generator="CUSTOMER_ID_GENERATOR")
private long id;
private String email;
private String password;

public Customer() {}

public Customer(
        String email,
        String password
        ) {
    this.email = email;
    this.password = password;
}

public long getId() {
    return id;
}

public void setId(long id) {
    this.id = id;
}

public String getEmail() {
    return email;
}

public void setEmail(String email) {
    this.email = email;
}
```

```
    public String getPassword() {
        return password;
    }

    public void setPassword(String password) {
        this.password = password;
    }

    public String toString() {
        return
            "[" +
            getId() + "," +
            getEmail() +
            "]";
    }
}
```

Listing 8.53 »Customer.java«

8.7 Singuläre Attribute konfigurieren

Unter singulären Attributen sind alle Attribute gemeint, die den Zustand einer JPA-Entity verändern. Hierunter fallen nicht nur persistente Attribute, sondern auch solche, die kein Gegenstück in der Datenbank haben.

Der Fachbegriff für singuläre Attribute, die persistiert werden, ist *Basic-Attribut*. Basic-Attribute stellen die einfachste Möglichkeit dar, wie Attribute zu einem Spaltenfeld gemappt sein können. Folgende Datentypen können als Basic-Attribute verwendet werden:

- alle elementaren Datentypen und deren Wrapper-Klassen
- `java.lang.String`
- `java.math.BigInteger`
- `java.math.BigDecimal`
- `java.util.Date`
- `java.util.Calendar`
- `java.sql.Date`
- `java.sql.Time`
- `java.sql.Timestamp`
- `byte[]` und `Byte[]`
- `char[]` und `Character[]`

- enums
- andere Datentypen, die das Interface `java.io.Serializable` implementieren

Abbildung 8.26 zeigt, wie die Spaltenfelder EMAIL und PASSWORD der Datenbanktabelle CUSTOMER als Basic-Attribute in der Entity `Customer.java` angelegt werden.

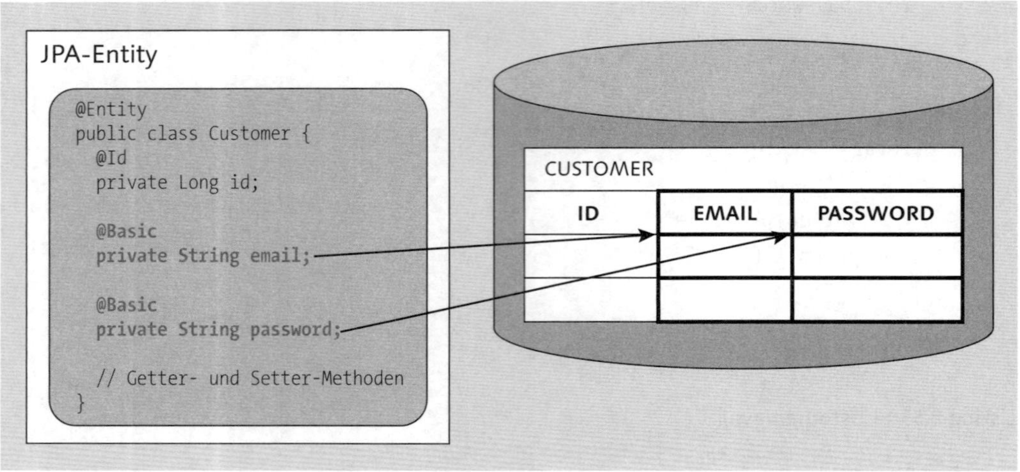

Abbildung 8.26 Die Attribut-Annotation »@Basic«

Mit der Annotation `@Basic` wird das direkte Mapping zwischen einem Spaltenfeld und seinem Java-Gegenstück deklariert.

Bei den Mapping-Annotationen ist `@Basic` der Default-Wert. Wenn also keine der Attribut-Annotationen gesetzt ist, geht der Persistence-Provider immer davon aus, dass es sich um ein Basic-Attribut handelt.

8.7.1 Zeitliche Basic-Attribute

Im letzten Kapitel wurde gezeigt, wie sich die ANSI-SQL-Spezifikation bei Zeitpunkten zwischen einem Datum (`DATE`), einer Uhrzeit (`TIME`) und einem Zeitstempel (`TIMESTAMP`) unterscheidet. Java-seitig mappen wir diese Felder mit dem Datentyp `java.util.Date`. In manchen Fällen kann auch das Mapping des Datentyps `java.util.Calendar` passend sein.

Dabei wurde dargelegt, dass JDBC zusätzlich die Klassen `java.sql.Date`, `java.sql.Time` und `java.sql.Timestamp` mitbringt, um die Diskrepanz zwischen der ANSI-SQL und dem Java-Standard zu überbrücken. Die Umwandlung der JDBC-Datentypen zu den Java-Standard-Datentypen musste hierbei manuell programmiert werden.

Nun sind wir in der komfortablen Situation, dass diese Umwandlung durch den Persistence-Provider automatisch durchgeführt wird. Dennoch ist eines noch zu tun. Und zwar kann das Attribut, dessen Datentyp von zeitlicher Beschaffenheit ist, mit der Annotation `@Temporal` versehen werden. Als Wert wird einer der folgenden Temporal-Typen `DATE`, `TIME` oder `TIMESTAMP` gewählt. `TIMESTAMP` ist der Default-Wert.

In der Onlineshop-Datenbank haben wir das Spaltenfeld SOLD der Tabelle ITEM als `TIMESTAMP` deklariert. Deshalb setzen wir nun vor die Objektvariable `sold` die Annotation `@Temporal`:

```
...
@Temporal(TemporalType.TIMESTAMP)
private Date sold;
...
```

Listing 8.54 »Item.java«

Weil es sich bei `TemporalType.TIMESTAMP` um den Default-Wert handelt, könnten wir auch Folgendes schreiben:

```
...
@Temporal
private Date sold;
...
```

Listing 8.55 »Item.java«

8.7.2 Große Datenmengen

Der ANSI-SQL-99-Standard fasst große Datenmengen, wie zum Beispiel Foto- und Filmdateien, unter dem Ausdruck *Large Object* (LOB) bzw. die Untertypen unter *Character Large Object* (CLOB) und *Binary Large Object* (BLOB) zusammen. Im letzten Kapitel wurde gesagt, dass dieser Datentyp bei der Oracle Database mit dem 4 Gigabyte großen BLOB realisiert wird. Java-seitig haben wir uns für den Datentyp `byte[]` entschieden, der theoretisch unendlich viel Speicher belegt. Neben dem Datentyp `byte[]` sieht die JPA auch vor, dass ein Attribut für große Binärdaten vom Datentyp `Byte[]`, `char[]`, `Character[]`, `java.lang.String` oder einer Klasse, die das Interface `java.io.Serializable` implementiert, sein kann.

Als Attribut-Annotation wird für große Binärdaten `@Lob` eingesetzt.

Im Onlineshop haben wir das Spaltenfeld FOTO in der Tabelle ITEM als BLOB definiert. Deshalb setzen wir nun in der Klasse `Item.java` die Attribut-Annotation `@Lob` vor das Attribut `foto`:

```
...
@Lob
private byte[] foto;
...
```

Listing 8.56 »Item.java«

8.7.3 Transiente Attribute

Transiente Attribute sind Attribute, die die JPA nicht berücksichtigen soll. Damit ist gemeint, dass diese Geschäftsdaten überhaupt nicht persistiert werden.

Weil jedes Attribut einer Entity automatisch auch als Gegenstück zu einem Spaltenfeld und nicht annotierte Attribute automatisch als Basic-Attribute gesehen werden, bietet die JPA zusätzlich noch die Annotation `@Transient` an, um die Definition dieser Attribute zu ermöglichen. Die JPA ignoriert aber nicht nur Attribute, die mit `@Transient` annotiert wurden, sondern auch andere Attribute, die gesondert gekennzeichnet wurden oder sich dem Persistieren aus anderen Gründen entziehen. Es werden nun alle drei Merkmale aufgeführt.

Mit »@Transient« annotierte Attribute

Wie bereits gezeigt: Mit `@Transient` wird angezeigt, dass die Spalte nicht als Gegenstück zu einem Spaltenfeld der Datenbanktabelle gesehen werden soll. Transiente Attribute werden in der Datenbank deshalb nicht persistiert. Ihre Existenz ist von temporärer Dauer.

```
...
@Transient
private String comment;
...
```

Listing 8.57 »Item.java«

Konstanten

Attribute, die mit `static` und/oder `final` markiert worden sind, werden ebenso umgangen. Ein typisches Beispiel für ein solches Attribut wäre eine Konstante.

```
...
public final static int MAX = 1000;
...
```

Listing 8.58 »Item.java«

Nicht serialisierte Attribute

Alle Attribute, die man mit dem Schlüsselwort `transient` versehen hat, werden bei einer Serialisierung ignoriert. Das bedeutet, dass sie zum Beispiel beim Speichern des Objekts unbeachtet bleiben. Die JPA behandelt Attribute, die mit diesem Schlüsselwort versehen wurden, genauso wie Attribute, die man mit `@Transient` annotiert.

```
...
private transient String comment;
```

...

Listing 8.59 »Item.java«

8.8 Assoziationen anfertigen

Nachdem wir nun alle Primärschlüssel, jegliche fachlichen Spaltenfelder und sogar noch transiente Felder als Attribute in der Entity hinterlegt haben, ist es an der Zeit, für die relationalen Beziehungen zwischen den JPA-Entities entsprechende Assoziationsattribute anzulegen.

8.8.1 Grundlagen

Bei relationalen Datenbanken wird die Beziehung zwischen zwei Datenbanktabellen nach der Kardinalität

- **1:n**,
- **n:m** und
- **1:1** unterschieden.

Bei der JPA geht man über diese Unterteilung hinaus. Denn die JPA differenziert bei den Assoziationstypen auch noch darin, ob sich die Entities beidseitig oder einseitig referenzieren. Als ob dies aber nicht schon genug wäre, unterscheidet die JPA noch, aus welcher Richtung die Referenzen betrachtet werden. Hierdurch entstehen folgende Assoziationstypen:

- **Assoziationstypen der Kardinalität 1: n**
  unidirektionale Many-to-one-Assoziation
  bidirektionale One-to-many-Assoziation
  unidirektionale One-to-many-Assoziation
- **Assoziationstypen der Kardinaltiät n:m**
  bidirektionale Many-to-many-Assoziation
  unidirektionale Many-to-many-Assoziation
- **Assoziationstypen der Kardinalität 1:1**
  bidirektionale One-to-one-Assoziation
  unidirektionale One-to-one-Assoziation

In diesem Abschnitt wird gezeigt, wie diese sieben Assoziationstypen mit speziellen JPA-Annotationen konfiguriert werden.

8.8.2 Die unidirektionale Many-to-one-Assoziation

Wir beginnen mit der unidirektionalen Many-to-one-Assoziation, denn hieran wird deutlich, warum man bei der JPA die grundlegenden Kardinalitäten in die bi- bzw. unidirektionalen und richtungsgebundenen Assoziationstypen unterteilt.

Die 1:n-Beziehung bei der relationalen Datenbank

In der relationalen Datenbank wird eine 1:n-Beziehung zwischen zwei Tabellen hergestellt, indem der Primärschlüssel einer Tabelle als Fremdschlüssel in einer anderen referenziert ist. Bei der Tabelle, die den Primärschlüssel innehat, spricht man von der Parent-Tabelle. Die Tabelle, die den Fremdschlüssel beherbergt, nennt man Child-Tabelle.

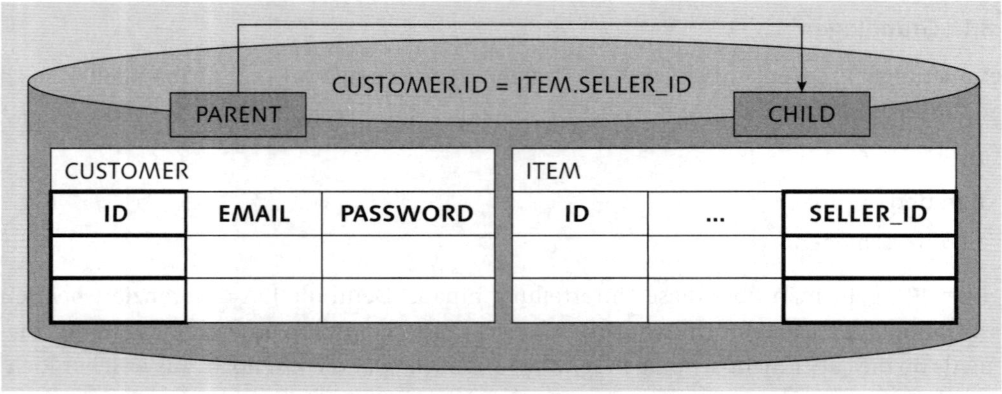

Abbildung 8.27 Die Beziehung zwischen der Tabelle CUSTOMER und der Tabelle ITEM

In Abbildung 8.27 wird deutlich, dass in Bezug auf die Beziehung zwischen den beiden Tabellen die Child-Entity im Vorteil ist, denn nur sie ist sich der Verbindung zwischen Parent und Child bewusst. Wenn man zum Beispiel ein Child löscht, merkt dies der Parent nicht. Im englischen Fachjargon wird die Seite, die das Wissen über die Beziehung beherbergt, »the owning side«, zu Deutsch »die besitzende Seite«, genannt. Die entgegengesetzte Seite wird auch als »inverse side« bezeichnet.

Weil nur die Child-Tabelle die Information über die Verbindung enthält, könnte man die Beziehung als unidirektional betrachten. Allerdings ist diese Unterscheidung mit der Sprache SQL kaum hinderlich, denn es ist eines ihrer Eigentümlichkeiten, dass die Abfrage einer Parent-Tabelle und die einer Child-Tabelle mit dem gleichen JOIN ermittelt werden kann.

Anhand eines Beispiels aus dem Onlineshop wird dies deutlich. Für die Erläuterung betrachten wir die Assoziation 1:n, das heißt »One CUSTOMER offers many ITEMS«. In der UML-Notation schreiben wir "`1 offers 0..*` (Abbildung 8.28).

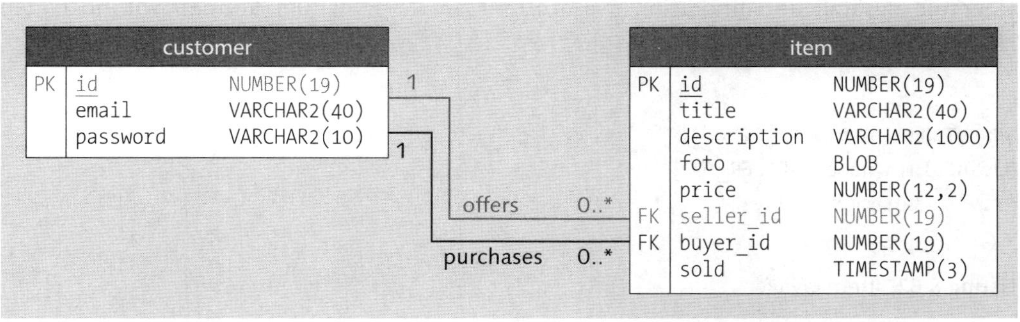

Abbildung 8.28 Die One-to-many-Beziehung "1 offers 0..*" im Onlineshop

Bei einem JOIN mit den beiden Tabellen CUSTOMER und ITEM kann wie folgt nach den angebotenen Artikeln eines bestimmten Verkäufers gefragt werden:

```
SELECT i.*
FROM customer c JOIN item i
ON c.id = i.seller_id
WHERE c.id = 444;
```

Listing 8.60 Von Parent zu Child

Gleichzeitig erlaubt der »gleiche« JOIN, dass man den Verkäufer eines bestimmten Artikels wie folgt erfragt:

```
SELECT c.*
FROM customer c
JOIN item i
ON c.id = i.seller_id
WHERE i.id = 123456;
```

Listing 8.61 Von Child zu Parent

Die 1:n-Beziehung bei der JPA

Genauso wie bei der relationalen Datenbank eine Parent-Tabelle zu einer Child-Tabelle in einer unidirektionalen 1:n-Beziehung steht, kann zwischen den zugehörigen Objekten der Parent-Entity und der Child-Entity eine gleichartige Verbindung erzeugt werden. Die Abhängigkeit von Child zu Parent wird programmatisch verwirklicht, indem die Child-Entity ein Attribut definiert, das auf die Parent-Entity referenziert.

Für dieses Assoziationsattribut benötigen wir die JPA-Annotation `@ManyToOne`, weil aus ihrer Sicht viele Objekte ihres Typs auf ein einziges Objekt der Klasse `Customer` verweisen können.

Über die zusätzliche Annotation `@JoinColumn(name="SELLER_ID")` können wir noch den Namen des Spaltenfeldes anzeigen:

```
...
@ManyToOne
@JoinColumn(name="SELLER_ID")
private Customer seller;
...
```

Listing 8.62 »Item.java«

Weil die Datenbanktabelle und das Assoziationsattribut im Beispiel aber gemäß der vorgegebenen JPA-Konvention erzeugt wurden, kann ausnahmsweise auf diese Annotation verzichtet werden. Durch die Konvention wird die JPA nämlich bei fehlender `@JoinColumn`-Annotation nach einem Fremdschlüsselfeld suchen, dass sich aus dem Attributnamen (»seller«), einem Unterstrich (»_«) und dem Namen des Primärschlüssel-Spaltenfeldes (»ID«) zusammensetzt. Das Spaltenfeld muss im Beispiel also den Namen `SELLER_ID` tragen, damit wir auf eine explizite Angabe verzichten können. Dieser Konvention sind wir gefolgt.

Das folgende Listing zeigt den vollständigen Quelltext des Attributs `seller` an:

```
...
@ManyToOne
private Customer seller;

public Customer getSeller() {
    return this.seller;
}

public void setSeller(Customer seller) {
    this.seller = seller;
}
...
```

Listing 8.63 »Item.java«

Einen Kunden und ein Angebot speichern

Gleichermaßen wie datenbankseitig ein Wert im Fremdschlüsselfeld ITEM.SELLER_ID auf den Wert des Primärschlüsselfeldes CUSTOMER.ID verweist, kann nun einem Artikel der Verkäufer zugewiesen werden.

Das folgende Beispiel fügt der Tabelle CUSTOMER und der Tabelle ITEM je einen Datensatz hinzu. Dabei wird auch der Primärschlüsselwert des Kunden in die Fremdschlüsselspalte des Artikels eingetragen.

Beachten Sie im Listing die fett markierte Zeile, denn durch die hervorgehobene Methode `item.setSeller(customer)` wird die Abhängigkeit der Child-Entity zur Parent-Entity festgelegt:

```
package de.java2enterprise.onlineshop;

import javax.persistence.EntityManager;
import javax.persistence.EntityManagerFactory;
import javax.persistence.Persistence;

import de.java2enterprise.onlineshop.model.Customer;
import de.java2enterprise.onlineshop.model.Item;

public class Main {
    public static void main(String[] args)
        throws Exception {
        EntityManagerFactory emf =
                Persistence.
                    createEntityManagerFactory(
                        "onlineshop-jpa");
        EntityManager em =
            emf.createEntityManager();
        Customer customer = new Customer();
        customer.setEmail("j@java2enterprise.de");
        customer.setPassword("Taxi_123");
        Item item = new Item();
        item.setTitle("Kirschlorbeer");
        item.setDescription("Arten von Prunus l...");
        item.setPrice(19.00);
        item.setSeller(customer);

        try{
            em.getTransaction().begin();
            em.persist(customer);
            em.persist(item);
            em.getTransaction().commit();
        } catch(Exception ex) {
            em.getTransaction().rollback();
        }
    }
}
```

Listing 8.64 »Main.java«

8.8.3 Die bidirektionale One-to-many-many-to-one-Assoziation

Bei dem Quelltext der unidirektionalen Many-to-one-Assoziation wurde ersichtlich, dass man jederzeit von einem Artikel aus den Verkäufer eines Artikels ermitteln könnte, denn schließlich enthält jedes Artikel-Objekt eine Referenz auf die Speicheradresse des Verkäufers.

Andererseits besteht im obigen Listing mit den bisher gezeigten Mitteln keine Möglichkeit, wie man von einem Verkäufer die von ihm angebotenen Artikel erhalten soll. Denn die Beziehung ist nur unidirektional, und zwar vom Artikel in Richtung des Verkäufers. Die unidirektionale Many-to-one-Assoziation ist deshalb ein Ausnahmefall.

Weil im Java-Programm meistens auch die Gegenrichtung benötigt wird, werden 1:n-Beziehungen üblicherweise als bidirektionale One-to-many-many-to-one-Assoziationen programmiert. Das bedeutet, dass die Parent-Entity ein zusätzliches Assoziationsattribut definiert, das die abhängigen Child-Entities repräsentiert. Die JPA verlangt, dass es vom Datentyp `java.util.Collection` oder einem seiner Erben ist.

Wir setzen es auf den Datentyp `java.util.Set`, weil jeder Artikel nur ein einziges Mal von einem Kunden angeboten werden kann. Wenn ein Artikel beliebig oft vom Kunden angeboten werden könnte, würden wir den Datentyp `java.util.List` verwenden.

Das Assoziationsattribut muss mit der Annotation `@OneToMany` versehen werden. Mit `OneToMany` ist im Beispiel gemeint, dass ein Objekt der Klasse `Customer` mehrere Objekte der Klasse `Item` referenzieren kann.

Gleichzeitig geben wir über `mappedBy="seller"` das entgegengesetzte Attribut in der Klasse `Item` bekannt. Der Bezeichner, den `mappedBy` angibt, muss mit dem Namen des Attributs der Child-Entity identisch sein, damit er von der JPA gefunden werden kann.

```
...
@OneToMany(mappedBy="seller")
private Set<Item> offers;

public Set<Item> getOffers() {
    return this.offers;
}

public void setOffers(Set<Item> offers) {
    this.offers = offers;
}
...
```

Listing 8.65 »Customer.java«

Einen Kunden und ein Angebot speichern

Wenn eine Assoziation bidirektional entworfen wurde, muss die Verknüpfung der Objekte im Java-Programm auch beidseitig gesetzt werden. Das folgende Beispiel zeigt, was hiermit gemeint ist. Im Beispiel erstellen wir ein Objekt der Klasse `Customer` und zwei Objekte der Klasse `Item`. Weil es sich um eine bidirektionale Beziehung handelt, verlangt die JPA, dass beiden Artikeln der Verkäufer und zusätzlich dem Verkäufer die Liste mit beiden Artikeln zugewiesen wird:

```
...
Customer customer = new Customer();
Set<Item> items = new HashSet<Item>();
customer.setOffers(items)
Item item = new Item();

item.setSeller(customer);
items.add(item);
...
```

Listing 8.66 »Customer.java«

Die Arbeit mit dem ORM-Mapping ist hinsichtlich der Programmierung einer Verknüpfung umständlich. Während in der Datenbank lediglich ein Primärschlüssel in das Feld SELLER_ID eingetragen werden muss, erzwingt die beidseitige Referenz, dass die Änderung sowohl in der einen als auch in der anderen Richtung programmiert wird. Diese Umständlichkeit gilt sowohl wenn eine Instanz angeknüpft als auch wenn sie entfernt wird.

Deshalb ist es üblich, dass in der Parent-Entity entsprechende Convenience-Methoden hinzugefügt werden. Zum Beispiel wird für das Hinzufügen einer Child-Entity eine `add`-Methode und für das Entfernen einer Child-Entity eine `remove`-Methode programmiert.

Die folgende Methode `addOffer()` zeigt, wie die Convenience-Methode für das Hinzufügen von ITEM-Objekten erstellt werden könnte:

```
...
public Item addOffer(Item offer) {
    if(offer == null) {
        return null;
    } else {
        offer.setSeller(this);
    }
    if(this.offers == null) {
        this.offers =
                new HashSet<Item>();
```

```
        }
        this.offers.add(offer);
        return offer;
    }
    ...
```

Listing 8.67 »Customer.java«

Beachten Sie, dass bei der Liste der abhängigen Child-Entities zunächst geprüft wird, ob sie noch nicht initialisiert worden ist. Denn wenn die Datenbanktabelle ITEM anfangs noch leer ist, belässt die JPA sie auf dem Wert `null`. Für diesen Fall initialisieren wir in der Convenience-Methode das Assoziationsattribut, bevor das neue Element hinzugefügt wird.

Für das Entfernen von Artikeln programmieren wir die Methode `removeOffer()`. Ob auch in dieser Methode eine noch nicht initialisierte Liste berücksichtigt werden sollte, hängt von der Nutzung der Methode ab. In den meisten Fällen, wird diese Sicherung nicht erforderlich sein. Das folgende Listing zeigt dennoch eine Möglichkeit an, wie eine Implementierung programmiert werden könnte:

```
...
public Item removeOffer(Item offer) {
    if(offer != null) {
        offer.setSeller(null);
    }
    if(this.offers != null) {
        this.offers.remove(offer);
    }
    return offer;
}
...
```

Listing 8.68 »Customer.java«

8.8.4 Die unidirektionale One-to-many-Assoziation

Ein Assoziationsattribut, das mit der Annotation `@OneToMany` versehen wurde, aber das nicht über `mappedBy` auf die Owning Side verweist oder verweisen kann, wird als unidirektionales One-to-many-Assoziationsattribut betrachtet.

In unserem Onlineshop wird also nun nur in der Parent-Entity `Customer` ein Assoziationsattribut angelegt. Das Assoziationsattribut wird mit der Annotation `@OneToMany` versehen, nur dass das Element `mappedBy` nun weggelassen wird. Stattdessen fügen wir eine zusätzliche

Annotation @JoinColumn hinzu. @JoinColumn wird mit den Annotationsunterelementen referencedColumnName und name die Verknüpfung zwischen der Parent- und der Child-Entity anzeigen. referencedColumnName benennt den Bezeichner der Primärschlüsselspalte in der Parent-Tabelle. name weist auf die Fremdschlüsselspalte der Child-Tabelle hin.

```
...
@OneToMany
@JoinColumn(referencedColumnName="ID", name="SELLER_ID")
private Set<Item> offers;

public Set<Item> getOffers() {
    return this.offers;
}

public void setOffers(Set<Item> offers) {
    this.offers = offers;
}
...
```

Listing 8.69 »Customer.java«

Die unidirektionale One-to-many-Assoziation mit einer Join-Tabelle

Manchmal wird ein unidirektionales One-to-many-Assoziationsattribut datenbankseitig mithilfe einer Verknüpfungstabelle (*Join-Table*) verwirklicht. Eine Join-Tabelle enthält nichts anderes als die Primärschlüssel der zwei Tabellen, die sie verbinden soll.

In unserem Onlineshop-Beispiel werden wir nun beispielhaft eine Verknüpfungstabelle hinzufügen, bei der der Primärschlüssel der Tabelle CUSTOMER mit beliebig vielen Primärschlüsseln der Tabelle ITEM kombiniert werden kann. Und zwar sollen die Kunden des Onlineshops auf diese Weise beliebig viele Artikel reservieren können. Wenn ein Kunde einen Artikel reserviert hat, sollen andere Kunden den gleichen Artikel nicht mehr reservieren können. Deshalb werden wir in der Tabelle das Feld der Artikel als UNIQUE deklarieren.

Es handelt sich hierbei somit um eine One-to-many-Beziehung, weil

1. ein Kunde mehrere Artikel reservieren kann und gleichzeitig
2. ein Artikel nur von einem einzigen Kunden reserviert sein kann.

Ausgelöst wird die User-Story über einen separaten Button mit der Aufschrift RESERVIEREN. Die Verknüpfungstabelle für die Wunschliste werden wir RESERVED nennen (Abbildung 8.29).

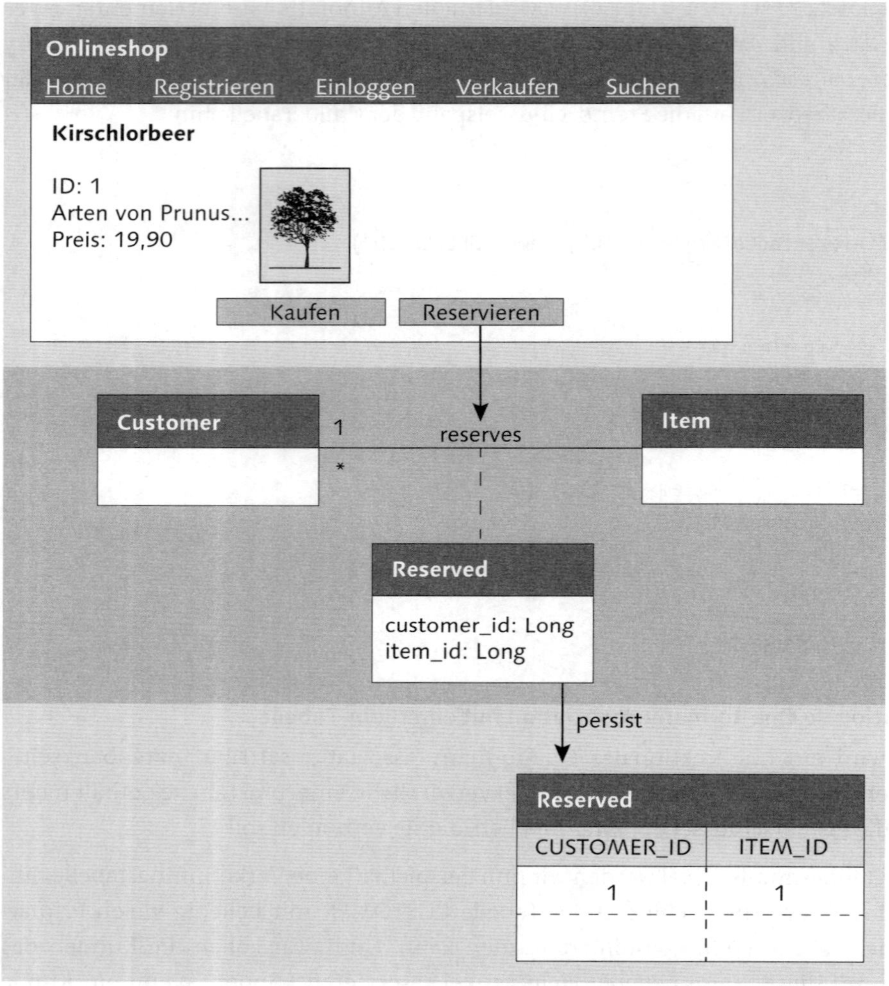

Abbildung 8.29 Das User-Story-Diagramm für die User-Story »Als Kunde möchte ich einen Artikel reservieren«

Mit dem folgenden Skript wird die Verknüpfungstabelle der Onlineshop-Datenbank hinzugefügt:

```
DROP TABLE reserved;

CREATE TABLE reserved (
customer_id NUMBER(19) NOT NULL references customer(id),
item_id NUMBER(19) NOT NULL references item(id) UNIQUE,
CONSTRAINT pk_reserved
    PRIMARY KEY (customer_id, item_id)
```

```
);
GRANT SELECT, INSERT, UPDATE, DELETE
ON reserved TO onlineshop_user;

COMMIT;
```

Listing 8.70 »observed.sql«

Jedes Mal, wenn ein Käufer einen Artikel reserviert, wird der Tabelle RESERVED ein neuer Datensatz hinzugefügt. Im Datensatz werden der Primärschlüssel des Kunden und der Primärschlüssel des Artikels gespeichert.

Das unidirektionale One-to-many-Assoziationsattribut, das die Beziehung über eine Verknüpfungstabelle realisiert, werden wir mithilfe der Annotation `@JoinTable` umsetzen. Über die Annotationsunterelemente `schema` und `name` geben wir den Bezeichner der Tabelle `ONLINESHOP.RESERVED` an.

Um die Beziehung zwischen den Primärschlüsseln der Tabellen Customer und Item und den Fremdschlüsselspalten anzumerken, verwenden wir die Annotationsunterelemente `joinColumns` und `inverseJoinColumns`:

```
...
@JoinTable(
    schema="ONLINESHOP",
    name="RESERVED",
    joinColumns=
        @JoinColumn(
            referencedColumnName="ID",
            name="CUSTOMER_ID"),
    inverseJoinColumns=
        @JoinColumn(
            referencedColumnName="ID",
            name="ITEM_ID"))
private Set<Item> reservations;

public Set<Item> getReservations() {
    return reservations;
}

public void setReservations(Set<Item> reservations) {
    this.reservations = reservations;
}
...
```

Listing 8.71 »Customer.java«

8.8.5 Die unidirektionale Many-to-many-Assoziation

In diesem Abschnitt wird die unidirektionale Many-to-many-Assoziation behandelt. Wir beginnen zunächst mit einer unidirektionalen Many-to-many-Assoziation.

Ein n:m-Beispiel in der relationalen Datenbank

n:m-Beziehungen werden in relationalen Datenbanken mit einer Verknüpfungstabelle realisiert. Um ein Beispiel für eine n:m-Beziehung zu zeigen, werden wir den Onlineshop erweitern. Und zwar sollen sich die Kunden des Onlineshops Artikel auf eine Beobachtungsliste setzen können, wobei diesmal nicht nur der Primärschlüssel der Parent-Tabelle, sondern auch der Primärschlüssel der Child-Tabelle beliebig oft vorkommen kann.

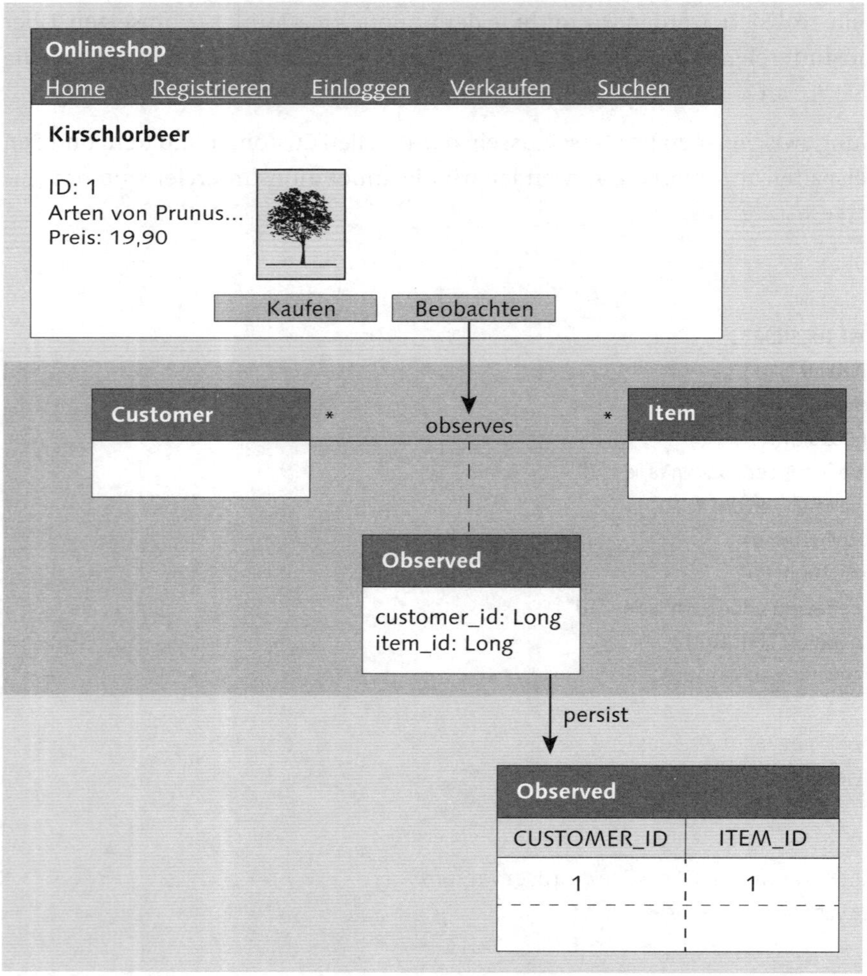

Abbildung 8.30 Das User-Story-Diagramm für die User-Story »Als Kunde möchte ich einen Artikel vormerken können«

Es handelt sich hierbei um eine Many-to-many-Beziehung, weil

1. ein Kunde mehrere Artikel beobachten kann, und gleichzeitig
2. ein Artikel von mehreren Kunden beobachtet sein kann.

Ausgelöst wird die User-Story über einen separaten Button mit der Aufschrift BEOBACHTEN. Die Verknüpfungstabelle für die Wunschliste werden wir OBSERVED nennen (Abbildung 8.30).

Mit dem folgenden Skript wird die Verknüpfungstabelle der Onlineshop-Datenbank hinzugefügt:

```
DROP TABLE observed;
CREATE TABLE observed (
customer_id NUMBER(19) NOT NULL references customer(id),
item_id NUMBER(19) NOT NULL references item(id),
CONSTRAINT pk_observed
    PRIMARY KEY (customer_id, item_id)
);
GRANT SELECT, INSERT, UPDATE, DELETE
ON observed TO onlineshop_user;
COMMIT;
```

Listing 8.72 »observed.sql«

Jedes Mal, wenn ein Käufer einen Artikel auf die Beobachtungsliste setzt, wird der Tabelle OBSERVED ein neuer Datensatz hinzugefügt. Im Datensatz werden der Primärschlüssel des Kunden und der Primärschlüssel des Artikels gespeichert.

Die Annotation »@ManyToMany« in der JPA-Entity

Hinsichtlich der Beziehungseigner sind die `Customer`-Entity und die `Item`-Entity diesmal gleichwertig. Damit ist gemeint, dass sowohl die Entity `Customer` als auch die Entity `Item` als Owning Side in Frage kämen.

Willkürlich legen wir fest, dass der Kunde die Parent-Entity repräsentiert und erstellen dort das Assoziationsattribut `observed`. Da jeder Artikel nur ein einziges Mal in der Beobachtungsliste eines Kunden enthalten sein soll, deklarieren wir das Assoziationsattribut mit dem Datentyp `java.util.Set`.

Das Assoziationsattribut müssen wir mit der Annotation `@ManyToMany` versehen. Alles andere ist so ähnlich wie in der unidirektionalen `@OneToMany`-Assoziation (mit JoinTable). Zum Beispiel zeigt das Annotationsunterelement `joinColumns` wieder die Beziehung zur Parent-Tabelle an. Über das Annotationsattribut `inverseJoinColumns` informieren wir über die Beziehung zur Child-Tabelle:

```
...
@ManyToMany
@JoinTable(
    schema="ONLINESHOP",
    name="OBSERVED",
    joinColumns =
        @JoinColumn(
            name="CUSTOMER_ID",
            referencedColumnName="ID"),
    inverseJoinColumns =
        @JoinColumn(
            name="ITEM_ID",
            referencedColumnName="ID"))
private Set<Item> observed;
public Set<Item> getObserved() {
    return observed;
}

public void setObserved(Set<Item> observed) {
    this.observed = observed;
}
...
```

Listing 8.73 »Customer.java«

8.8.6 Die bidirektionale Many-to-many-Assoziation

Die bidirektionale Assoziation wird realisiert, indem nicht nur in der Parent-Entity, sondern auch in der Child-Entity ein Assoziationsattribut vorgesehen wird. In der Child-Entity definieren wir ein Assoziationsattribut mit dem Namen `observers`. Hier sollen alle Kunden, die den Artikel beobachten, gespeichert sein. Auch dieses Assoziationsattribut werden wir mit dem Datentyp `java.util.Set` deklarieren und es mit der Annotation `@ManyToMany` versehen. Mit `mappedBy` verweisen wir auf das Attribut `"observed"` der Klasse `Customer`:

```
...
@ManyToMany(mappedBy="observed")
private Set<Customer> observers;
public Set<Customer> getObservers() {
    return observers;
}
public void setObservers(Set<Customer> observers) {
```

```
        this.observers = observers;
    }
    ...
```

Listing 8.74 »Item.java«

Aufgrund der bidirektionalen Beziehung müssen wir die Verbindung wieder von zwei Seiten programmieren. Deshalb ist es auch hier vorteilhaft, wenn diese doppelten Anweisungen in Convenience-Methoden zusammengefasst werden:

```
...
public void observe(Item item) {
    if(this.observed == null) {
        this.observed = new HashSet<Item>();
    }
    this.observed.add(item);

    if(item.getObservers() == null) {
        item.setObservers(new HashSet<Item>());
    }
    item.getObservers().add(this);
}
...

public void unobserve(Item item) {
    this.observed.remove(item);
    item.getObservers().remove(this);
}
...
```

Listing 8.75 »Customer.java«

8.8.7 Die bidirektionale One-to-one-Assoziation

Sie ahnen es bestimmt schon. Die bidirektionale One-to-one-Assoziation benötigt nun nur noch ein Assoziationsattribut bei der Parent-Entity, das den angebotenen Artikel definiert:

```
...
@OneToOne(mappedBy="seller")
private Item offer;

public Item getOffer() {
    return this.offer;
}
```

```
public void setOffer(Item offer) {
    this.offer = offer;
}
...
```

Listing 8.76 »Customer.java«

Auch hier werden wir Convenience-Methoden anbieten, um die Programmierung der bidirektionalen Verknüpfungen zu vereinfachen:

```
...
public void addOffer(Item offer) {
    this.offer = offer;
    offer.setSeller(this);
}

public void removeOffer() {
    this.offer = null;
    offer.setSeller(null);
}
...
```

Listing 8.77 »Customer.java«

8.8.8 Die unidirektionale One-to-one-Assoziation

In einer One-to-one-Beziehung kann ein Primärschlüssel der Parent-Tabelle nur ein einziges Mal in der Child-Tabelle referenziert sein.

Im Onlineshop könnten wir ein Beispiel simulieren, in dem jeder Kunde nur einen einzigen Artikel kaufen dürfte. Die unidirektionale One-to-one-Assoziation wird in diesem Fall verwirklicht, indem bei der Child-Entity das Attribut `seller` mit dem Annotationsattribut `@OneToOne` versehen wird. Die Child-Entity ist auch die Owning Side, daher erhält das Assoziationsattribut `seller` auch noch die Annotation `@JoinColumn(name="CUSTOMER_ID")`:

```
...
@OneToOne
@JoinColumn(name="CUSTOMER_ID")
private Customer seller;

public Customer getSeller() {
    return this.seller;
}
```

```
public void setSeller(Customer seller) {
    this.seller = seller;
}
...
```

Listing 8.78 »Item.java«

8.8.9 Kaskadieren

Als wir in den letzten Beispielen JPA-Entities erzeugten, haben wir sowohl die Parent-Entity als auch die assoziierte Child-Entity mit `persist()` gespeichert. Und auch bei Löschungen müssen im Normalfall nicht nur die Parent-Entity, sondern auch ihre Child-Entities über `remove()` entfernt werden.

Über spezielle Kaskadierungsregeln (Regeln für die Hintereinanderschaltung von Prozessen) können diese expliziten Kommandos jedoch entfallen. Kaskadierungsregeln sind sehr praktisch, da hierdurch zahlreiche Anweisungen wie von Geisterhand ausgeführt werden. Aber genau das kann auch ein erheblicher Nachteil sein. Stellen Sie sich beispielsweise die relationale Datenbank eines Großkonzerns im Finanzsektor vor. Dort verfügen Kunden über Konten, und Konten verfügen über Transaktionen. Diese Daten müssen normalerweise aus rechtlichen Gründen über viele Jahre hinweg vorhanden bleiben. Wenn nun eine Kaskadierungsregel dazu führt, dass Geschäftsdaten unbemerkt entfernt werden und sich dies auch in den Backups reflektiert, kann das eine katastrophale Auswirkung haben. Kaskadierungsregeln werden dennoch eingesetzt, jedoch ist aus den genannten Gründen Vorsicht geboten.

In einer relationalen Datenbank stehen Datenbanktabellen in einer festgelegten Beziehung zueinander, deren referenzielle Integrität durch das Datenbankmanagementsystem geschützt wird. Deshalb dürfen Datensätze aus einer Parent-Tabelle nicht ohne Weiteres gelöscht werden. In Kapitel 6, »Die relationale Datenbank«, wurden drei Kausalbedingungen vorgestellt, die bei der Oracle Database regeln, was bei einer Löschung mit den Childs passieren soll. Diese Kausalbedingungen lauten:

- `ON DELETE NO ACTION` (der Default-Wert)
- `ON DELETE CASCADE`
- `ON DELETE SET NULL`

Wenn keine Regel gesetzt wurde, ist `ON DELETE NO ACTION` der Default-Wert. Und deshalb ist es in einem Normalfall nicht erlaubt, dass ein Datensatz aus einer Parent-Tabelle gelöscht wird, solange er von einem Datensatz in einer Child-Tabelle referenziert wird.

Die zwei letzteren Kausalbedingungen (`ON DELETE CASCADE` und `ON DELETE SET NULL`) ermöglichen, dass das Datenbankmanagementsystem dem Löschungswunsch dennoch nachkommen kann, da ihm hierdurch genau diese fehlende Folgeanweisung mitgeteilt wird.

Die JPA geht über die Kaskadierungsregeln der relationalen Datenbank hinaus, denn sie bietet nicht nur Lösungen für die Löschung von Parent-Entities, sondern ermöglicht weitaus mehr. Die JPA unterscheidet folgende fünf Kaskadierungsregeln:

- `CascadeType.PERSIST`
  Beim `PERSIST` werden auch die Assoziationsattribute erzeugt.
- `CascadeType.MERGE`
  Beim `MERGE` werden auch die Assoziationsattribute aktualisiert.
- `CascadeType.REFRESH`
  Beim `REFRESH` werden auch die aktuellen Werte für die Assoziationsattribute geholt.
- `CascadeType.DETACH`
  Beim `DETACH` werden auch die Assoziationsattribute aus dem Persistence Context gelöst.
- `CascadeType.REMOVE`
  Beim `REMOVE` werden auch die Assoziationsattribute gelöscht.

Ein kleines Beispiel mit »CascadeType.PERSIST«

Beispielhaft setzen wir im Onlineshop die folgende Kaskadierungsregel `CascadeType.PERSIST` zu den angebotenen Artikeln des Kunden:

```
...
@OneToMany(
    mappedBy="seller",
    cascade=CascadeType.PERSIST)
private List<Item> offers;
...
```

Listing 8.79 »Customer.java«

Im folgenden Listing würden nun auch die angebotenen Artikel persistiert werden, obwohl wir hierzu keine explizite Anweisung mit `persist()` programmiert haben:

```
...
Customer customer = new Customer();
customer.setEmail("j@java2enterprise.de");
customer.setPassword("Taxi_123");

Item item = new Item();
item.setTitle("Kirschlorbeer");
item.setDescription("Arten von Prunus l...");
item.setPrice(19.00);

Set<Item> items = customer.getOffers();
if(items == null) {
```

```
    items = new HashSet<Item>();
}
items.add(item);
customer.setOffers(items);
item.setSeller(customer);

try{
    em.getTransaction().begin();
    em.persist(customer);
    em.getTransaction().commit();
} catch(Exception ex) {
    em.getTransaction().rollback();
}
...
```

Listing 8.80 »Main.java«

CascadeType.ALL

Neben den fünf Kaskadierungsregeln, die oben gezeigt wurden, kann auch `cascade=CascadeType.ALL` gesetzt werden, was gleichbedeutend mit folgender Annotation ist:

```
...
@OneToMany(
    mappedBy="seller",
    cascade={
        CascadeType.PERSIST,
        CascadeType.MERGE,
        CascadeType.REFRESH,
        CascadeType.DETACH,
        CascadeType.REMOVE}
    )
private Set<Item> offers;
...
```

Listing 8.81 »Customer.java«

8.8.10 CascadeType.REMOVE

Während die Verwendung der verschiedenen Kaskadierungsregeln recht intuitiv ist, schauen wir uns im Folgenden nun die Kaskadierungsregel `CascadeType.REMOVE` genauer an. Denn bei dieser Kaskadierungsregel müssen manche Besonderheiten beachtet werden.

Die Kaskadierungsregel `REMOVE` führt dazu, dass bei einer Löschung die assoziierten Entities gleich mit gelöscht werden.

Bei »OneToMany« oder »OneToOne«

Den Klassiker stellt der Fall dar, bei dem die Child-Elemente mit entfernt werden sollen, wenn die Parent-Entity gelöscht wird.

Im nächsten Beispiel fügen wir dem Assoziationsattribut `offers` in der JPA-Entity `Customer` beispielhaft die Kaskadierungsregel `cascade=CascadeType.REMOVE` hinzu:

```
@OneToMany(
    mappedBy="seller",
    cascade=CascadeType.REMOVE)
private List<Item> offers;
```

Listing 8.82 »Customer.java«

Im folgenden Listing teilen wir dem EntityManager mit, dass er den Kunden mit der ID=1 löschen soll:

```
...
EntityManager em =
    emf.createEntityManager();

Customer customer = em.find(Customer.class, 1L);
em.getTransaction().begin();
em.remove(customer);
em.getTransaction().commit();
...
```

Listing 8.83 »Main.java«

Hierdurch werden nun auch alle Artikel gelöscht, die über das Assoziationsattribut `offers` mit dem Kunden in Verbindung stehen.

Bei »ManyToMany« oder »ManyToOne«

Die verkettete Löschung kann theoretisch auch umgekehrt, das heißt vom Child zum Parent ablaufen. Jedoch ist sie sehr selten und ungewöhnlich. In unserem Onlineshop würde es bedeuten, dass die Löschung eines angebotenen Artikels auch zur Entfernung des Kunden führt. Und genau das ist nur mit Vorsicht zu genießen, denn es muss hierbei geklärt sein, was mit den anderen Child-Entities des Kunden geschehen soll.

Das folgende Beispiel macht dieses Problem deutlich. Stellen Sie sich vor, dass im Onlineshop die Löschung eines Angebots dazu führt, dass der Kunde ebenfalls entfernt wird. Sollte der Kunde noch weitere Artikel anbieten, würden diese Artikel einen Fremdschlüssel erhalten, der zu keinem Kunden mehr passt. Theoretisch ist es möglich, dass eine weitere Kaskadierungsregel dieses Problem löst. Denn wenn auch beim Kunden die Collection der Angebote mit `CascadeType.REMOVE` versehen wurde, löst die Löschung des einen Artikels nicht nur das Entfernen des Parents, sondern auch die der anderen Childs aus. Es ist jedoch kaum vorstellbar, hierfür einen sinnvollen Anwendungsfall zu finden. Weshalb wir auf ein Listing in diesem Fall gänzlich verzichten.

8.8.11 »orphanRemoval«

Neben der Methode `cascade=CascadeType.REMOVE` gibt es noch eine weitere Möglichkeit, wie assoziierte Entities automatisch mit entfernt werden können, und zwar mithilfe von `orphanRemoval=true`.

Zunächst muss vorausgeschickt werden, dass `orphanRemoval=true` nur bei den Annotationen `OneToMany` und `OneToOne` gesetzt werden kann.

`orphanRemoval=true` führt dazu, dass Child-Entities die nicht mehr mit einem Parent in Verbindung stehen, automatisch gelöscht werden. Dem Anschein nach handelt es sich um eine ähnliche Funktion wie bei `cascade=CascadeType.REMOVE`, jedoch hat `orphanRemoval` nicht genau die gleiche Bedeutung.

Das folgende Beispiel macht den Unterschied deutlich. Stellen Sie sich vor, dass sie im Onlineshop einen Kunden erzeugt haben und dieser Kunde nun mehrere Artikel angeboten hat. In der JPA-Entity `Customer` definieren wir ein Assoziationsattribut `OneToMany`. Über `cascade=CacadeType.ALL` weisen wir an, dass die Existenz der Artikel von der des Kunden abhängig ist:

```
...
@OneToMany(
    mappedBy="seller",
    cascade=CascadeType.ALL)
private List<Item> offers;
...
```

Listing 8.84 »Customer.java«

Wenn der Kunde nun einen unliebsamen Artikel aus seinen Angeboten herausnehmen möchte, würde man den Artikel einfach aus der Collection der `offers` herauslösen und den Kunden abspeichern.

```
...
Customer customer = em.find(Customer.class, 1L);
List<Item> offers = customer.getOffers();
Item item = em.find(Item.class, 123L);
offers.remove(item);
em.merge(customer);
...
```

Listing 8.85 »Main.java«

Bei der Aktualisierung mit `merge()` entsteht der Eindruck, dass nun der Artikel gelöscht sein könnte. Jedoch ist dies nicht der Fall. Denn `cascade=CascadeType.REMOVE` sagt lediglich aus, dass die Artikel entfernt werden, wenn der Kunde gelöscht wird. Genau genommen wirft die Transaktion eine `java.sql.SQLIntegrityConstraintViolationException`.

Die JPA geht davon aus, dass es sich bei einer Child-Entity nicht zwingend um eine private Abhängigkeit der einen Parent-Entity handelt, sondern dass beispielsweise der Artikel später noch einem anderen Kunden zugeordnet werden könnte. Wenn wir hingegen `orphanRemoval=true` setzen, löscht die JPA den Artikel implizit. Der Wechsel von einem Kunden zu einem anderen Kunden ist mit `orphanRemoval=true` nicht möglich.

Apropos: Wenn `orphanRemoval=true` festgelegt wurde, braucht `cascade=CascadeType.REMOVE` nicht mehr gesetzt zu werden. Denn wenn eine Parent-Entity gelöscht wird, werden alle Child-Entities zwangsweise auch zu Waisen. Beides zu formulieren wäre somit redundant.

8.8.12 Fetching-Strategien

Die Arbeit mit JPA-Entities und deren Assoziationsattributen weist einen großen Vorteil auf. Wenn wir uns im Onlineshop beispielsweise die Kundenliste besorgen, erhalten wir automatisch auch deren Angebote. Gleichzeitig werden auch direkt die Bilder der Artikel mitgeliefert. Bei einem umfangreicheren Java-EE-Projekt mit größeren Objektbäumen würden wir mit einem einzigen Datenbankzugriff gleich auch tiefer liegende Tabelleninhalte erhalten. Dieser Vorteil kann sich bei großen Datenmengen aber auch zum Nachteil wandeln. Denn ein großer Objektbaum, der auch noch zahllose LOBs (Large Objects) mitführt, kann schnell den Arbeitsspeicher überschwemmen. Aus dieser Überlegung heraus schlagen sich Persistence-Provider mit der Realisierung von sogenannten Fetching-Strategien herum.

Bei der JPA-Spezifikation versucht man dem Problem beizukommen, indem zu den Attributen `@Basic`, `@ManyToOne`, `@OneToOne`, `@OneToMany`, `@ManyToMany` und `@ElementCollection` entweder `fetch=FetchType.EAGER` oder `fetch=FetchType.LAZY` angegeben wird.

Bei der Primärschlüssel-Annotation `@Id` braucht und kann dieses Element nicht gesetzt werden, da Primärschlüssel immer von der Datenbank geholt werden müssen.

In der Theorie ist alles sehr trivial. Denn im einfachsten Fall werden Geschäftsdaten aus einer relationalen Datenbank sofort besorgt. Dies sieht man im JPA-Entwicklerteam wohl ähnlich, denn per Default werden alle Basic-Attribute und die Assoziationsattribute `ManyToOne` und `OneToOne` sofort mit den Werten der Spaltenfelder aus der Datenbank gefüllt.

Den Assoziationsattributen `OneToMany`, `ManyToMany` und `ElementCollection` misstraut die JPA hingegen und setzt dort per Default die Einstellung `FetchType.LAZY`. (Apropos: `ElementCollection` wird erst später bei den fortgeschrittenen Themen gezeigt.)

Wenn nun beispielsweise die Methode `find()` der Klasse `EntityManager` ausgeführt wird, sollte die JPA lediglich die Primärschlüssel und die Attribute mit dem `FetchType.EAGER` besorgen. Andere Werte würden gemäß der JPA-Spezifikation erst von der Datenbank geholt, wenn sie im Programm explizit angefordert werden.

Leider können wir uns bei der bisherigen Umsetzung dieses Konzepts nicht darauf verlassen, dass all das genauso geschieht. Denn die JPA-Spezifikation sagt auch *»Lazy fetching is a hint to the persistence provider ...«* Mit anderen Worten: Das Element `fetch=FetchType.LAZY` ist nur ein Hinweis, den der Persistence-Provider lediglich zur Kenntnis nehmen wird. Wann und ob überhaupt das Lazy Fetching, genauso wie oben beschrieben, umgesetzt wird, entscheidet der Persistence-Provider nach eigenem Ermessen.

In unserem Onlineshop gibt es lediglich eine einzige Stelle, bei der wir dem Persistence-Provider den Hinweis `fetch=FetchType.LAZY` geben würden, und das ist bei dem Bild des Artikels:

```
...
@Basic(fetch=FetchType.LAZY)
@Lob
private byte[] foto;
...
```

Listing 8.86 »Item.java«

Allerdings müssten wir in einer professionellen Java-EE-Anwendung berücksichtigen, dass es sich tatsächlich nur um einen Hinweis handelt. Das würde bedeuten, dass wir uns diesem Risiko gar nicht erst aussetzen. Stattdessen würden wir die Bilder in eine separate Datenbanktabelle auslagern. Und diese Datenbanktabelle dürfte über den Automatismus, den die JPA für assoziierte Entities zur Verfügung stellt, gar nicht verbunden sein.

8.8.13 Listen sortieren

Die Assoziationsattribute des Typs `ManyToOne` und `ManyToMany` können auch automatisch sortiert werden. Allerdings wird uns das nicht mit dem bisherigen Klassentyp `java.util.Set` gelingen. Stattdessen müssen wir die Klasse `java.util.List` einsetzen.

Im folgenden Beispiel werden die Elemente der Collection über den Wert des Primärschlüssels sortiert:

```
...
@OneToMany(mappedBy="seller")
@OrderBy
private List<Item> offers;
...
```

Listing 8.87 »Customer.java«

Die Sortierung kann aber auch über andere Attribute erfolgen. Beispielsweise ist die folgende Liste nach der Höhe des Preises sortiert:

```
...
@OneToMany(mappedBy="seller")
@OrderBy("price")
private List<Item> offers;
...
```

Listing 8.88 »Customer.java«

Dabei werden die Artikel aufsteigend geordnet. Die mit dem geringsten Preis werden zuallererst gesetzt, und die teuren Artikel stehen am Ende. Denn das obige Listing ist gleichbedeutend mit folgendem, bei dem zusätzlich das Schlüsselwort `ASC` (`ascending`) gesetzt wurde:

```
...
@OneToMany(mappedBy="seller")
@OrderBy("price ASC")
private List<Item> offers;
...
```

Listing 8.89 »Customer.java«

Wenn die teuren Artikel zuerst genannt werden sollen, wird das Schlüsselwort `DESC` verwendet:

```
...
@OneToMany(mappedBy="seller")
@OrderBy("price DESC")
private List<Item> offers;
...
```

Listing 8.90 »Customer.java«

8.9 JPA-Entities in Eclipse erzeugen

Eclipse bietet spezielle JPA-Wizards an, durch die man JPA-Entities automatisch erzeugen lassen kann. Wie Sie gleich sehen werden, ist die automatische Erzeugung durch den JPA-Wizard zwar praktisch, aber nicht ganz vollständig. Dennoch werden wir ihn nun nutzen, weil das automatisierte Generieren von Quelltexten zu einer Reduktion von Fehlerquellen führt.

Um die automatisierte Erzeugung der JPA-Entities zu starten, markieren Sie im Projekt *Explorer* von Eclipse das Projekt *onlineshop-war* und klicken dann im Hauptmenü auf FILE •

NEW • OTHER. Im Fenster NEW klicken Sie im Ordner JPA auf JPA ENTITIES FROM TABLES (Abbildung 8.31).

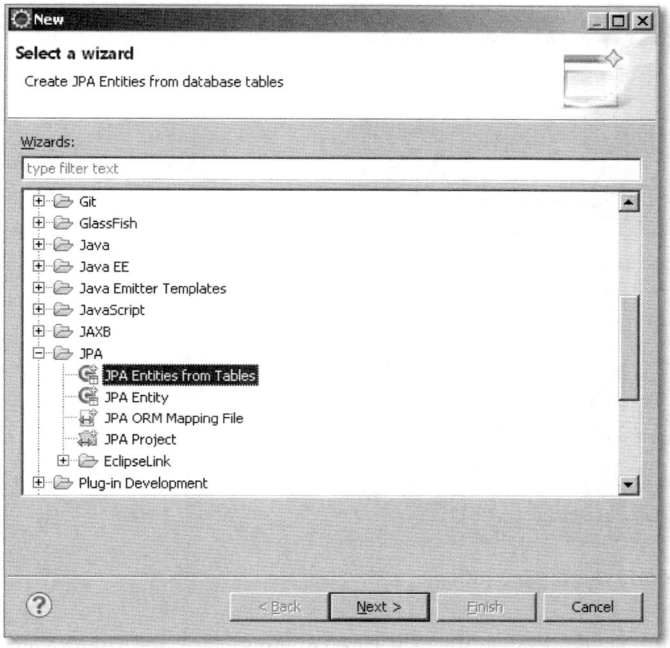

Abbildung 8.31 Die Auswahl des Wizards »JPA Entities from Tables«

Mit NEXT kommen Sie zum nächsten Fenster. Wenn Sie eingangs das Projekt *onlineshop-war* markiert hatten, gelangen Sie direkt zur Ansicht SELECT TABLES des Fensters GENERATE CUSTOME ENTITIES. Ansonsten bietet Ihnen Eclipse vorab ein Fenster an, bei dem Sie nochmal die Gelegenheit erhalten, das Projekt auszuwählen in das die Entities generiert werden sollen (Abbildung 8.32).

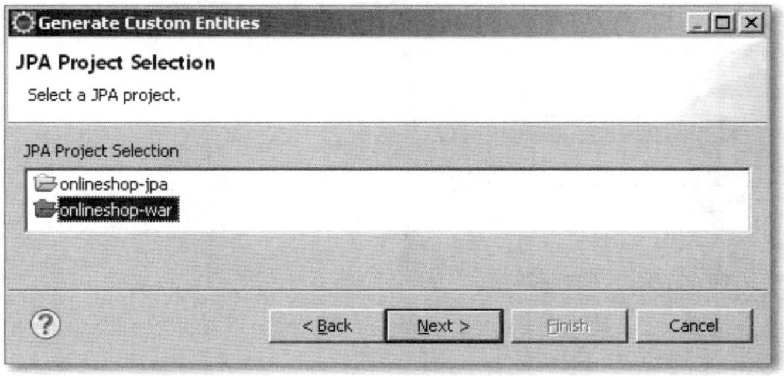

Abbildung 8.32 Die Auswahl des JPA-Projekts

8.9.1 Die Auswahl der Datenbanktabellen

Beachten Sie, dass eine aktive Verbindung zur Datenbank vorausgesetzt wird.

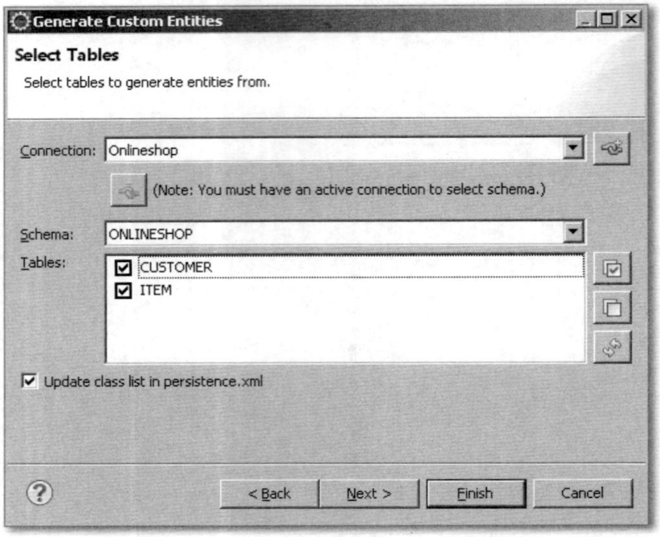

Abbildung 8.33 Das Fenster »Generate Dynamic Entities«

Selektieren Sie in diesem Fenster das Schema ONLINESHOP, und setzen Sie auf der linken Seite der Datenbanktabellen jeweils einen Haken (Abbildung 8.33).

8.9.2 Assoziationen hinzufügen

Über NEXT gelangen Sie zum nächsten Fenster, bei dem Sie Assoziationen konfigurieren können.

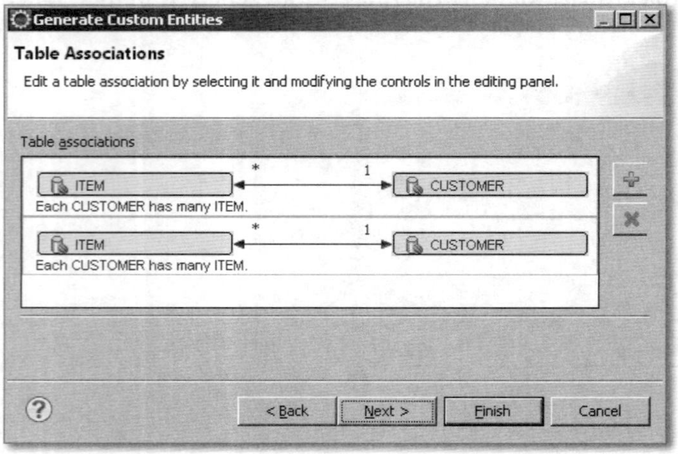

Abbildung 8.34 Die Assoziationen des Onlineshops

In Abbildung 8.34 sehen Sie, dass der Wizard zwei Assoziationen vorgefunden hat. Beide Assoziationen weisen die Kardinalität Many-to-one auf. Dies ist auch richtig so, denn wir hatten in der Datenbanktabelle ITEM die zwei Spalten SELLER (der Verkäufer) und BUYER (der Käufer) vorgesehen, um den Verkauf eines Artikels zu realisieren. Ein Verkäufer kann mehrere Artikel anbieten und ein Käufer kann mehrere Artikel kaufen.

Selektieren Sie in diesem Fenster zunächst die obere Assoziation, damit Sie darunter die volle Ansicht auf die Einstellungen erhalten.

In Abbildung 8.35 sehen Sie im Feld Table join den Wert `ITEM.SELLER=CUSTOMER.ID`. Dies verdeutlicht, dass sich die obere Assoziation auf die angebotenen Artikel bezieht. Für die angebotenen Artikel möchte der Wizard zwei Properties vorsehen.

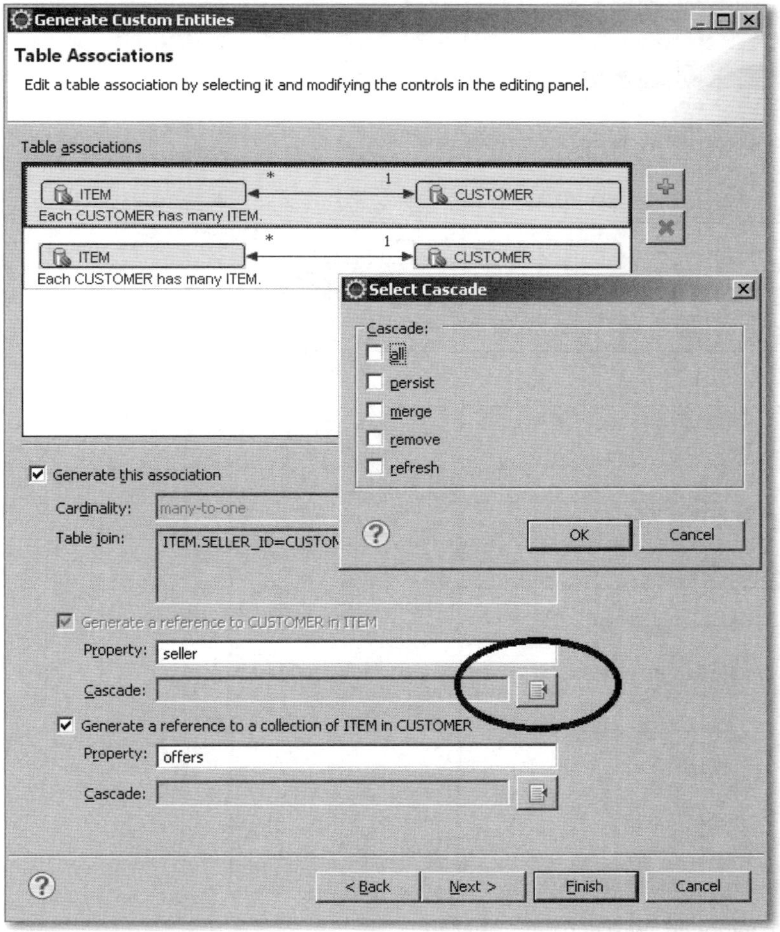

Abbildung 8.35 Die Assoziationen für den Verkäufer

Die erste Property soll in der Klasse `Item` erstellt werden und auf den Verkäufer referenzieren. Ändern Sie deshalb den Wert des PROPERTY-Feldes auf »seller«.

Über einen Mausklick auf den markierten Button öffnet sich ein kleines Fenster mit dem Namen SELECT CASCADE, bei dem Sie die Möglichkeit erhalten, Kaskadierungsregeln hinzuzufügen.

Die zweite Property soll eine Liste aller angebotenen Artikel beim Verkäufer beinhalten. Ändern Sie deshalb dort den PROPERTY-Wert auf »offers«.

Genauso wie wir die Änderungen in der oberen Assoziation vorgenommen haben, müssen wir nun auch die untere Assoziation anpassen. Bei der unteren Assoziation handelt es sich um die Käufe der Kunden. Setzen Sie die PROPERTY-Werte deshalb dort auf »buyer« und »purchases«, genauso wie es in Abbildung 8.36 gezeigt wird.

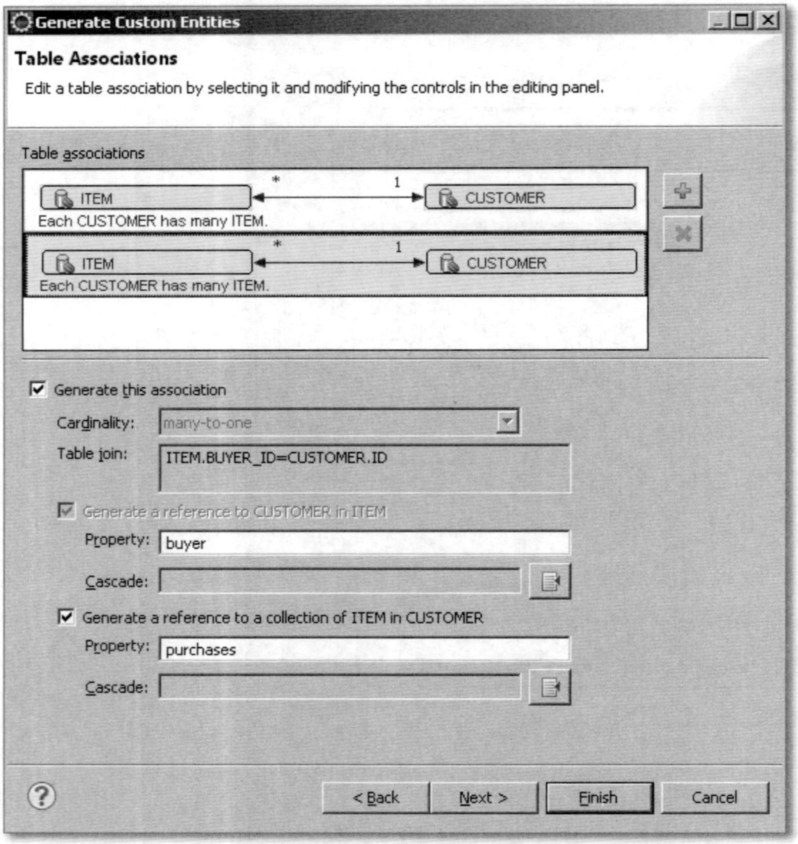

Abbildung 8.36 Die Assoziationen zwischen den Tabellen

Über NEXT öffnet sich das nächste Fenster, bei dem Sie Default-Werte für Entities festlegen können. Das ist ganz praktisch, denn später werden wir die Möglichkeit haben, für jede einzelne Entity eine individuelle Konfiguration vorzunehmen.

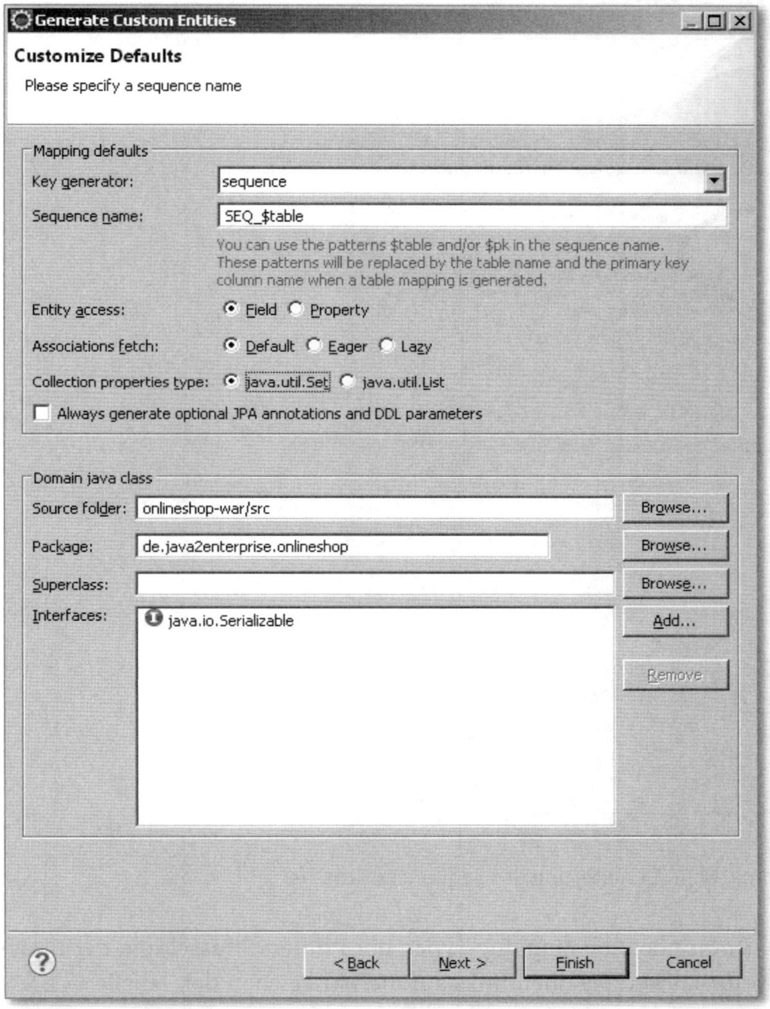

Abbildung 8.37 Die Custom-Defaults für die Erstellung der Entities

In Abbildung 8.37 sehen Sie, dass ich in der ersten Combobox KEY GENERATOR den Eintrag SEQUENCE ausgewählt habe. Darunter habe ich den Sequenzgenerator »seq_$table« eingetippt. Im nächsten Fenster wird der Wizard die Zeichenkette $table mit dem Tabellennamen ersetzen, sodass wir dort die beiden Bezeichner SEQ_CUSTOMER und SEQ_ITEM erhalten werden (Abbildung 8.38). Klicken Sie hierfür nun wieder auf NEXT.

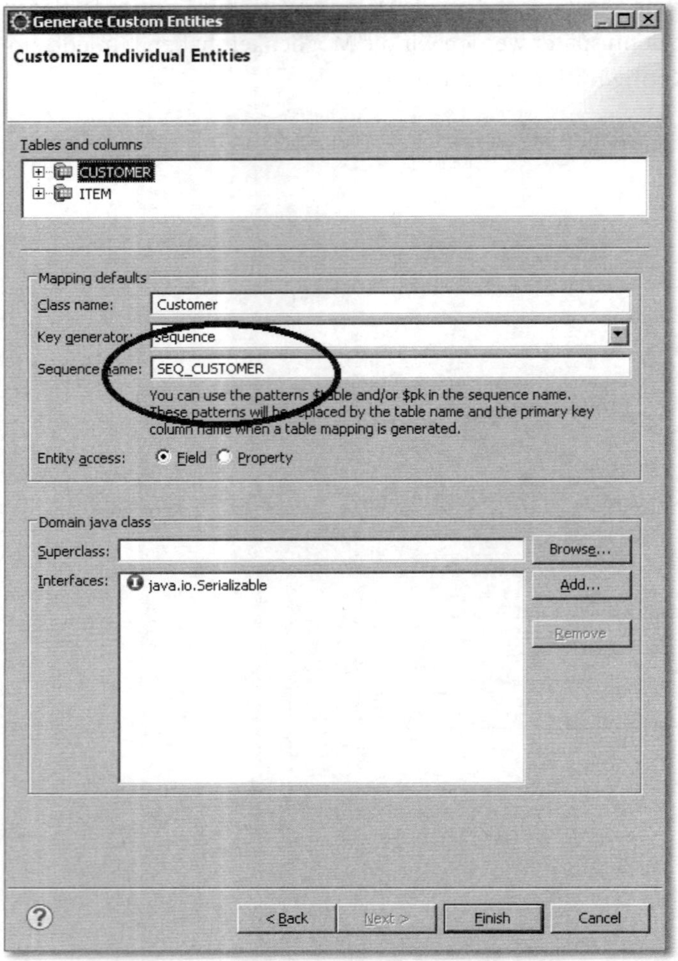

Abbildung 8.38 Die automatische Generierung des Sequence-Namens

Als Nächstes werden wir nun noch die Mapping-Typen der Primärschlüssel und der Basic-Attribute anpassen. Hierfür klicken Sie oben links auf die Pluszeichen der Tabelle CUSTOMER und der Tabelle ITEM.

In Abbildung 8.39 wird gezeigt, wie der MAPPING TYPE des Primärschlüssels ID auf den Eintrag »Long« geändert wurde.

Darüber hinaus müssen wir nun auch einige Datentypen der Properties anpassen. Für das Spaltenfeld PRICE werden wir den MAPPING TYPE auf »Double« setzen, damit die resultierenden Entities wie die JavaBeans aus dem letzten Kapitel erstellt werden (Abbildung 8.40).

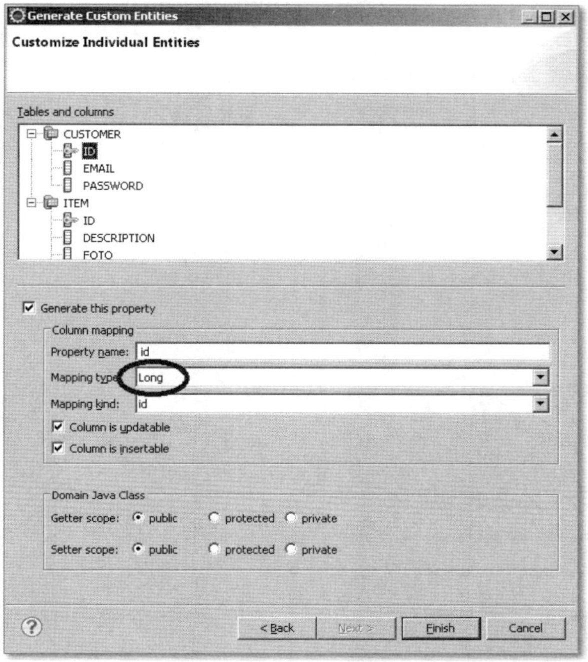

Abbildung 8.39 Die individuelle Konfiguration jeder einzelnen Entity

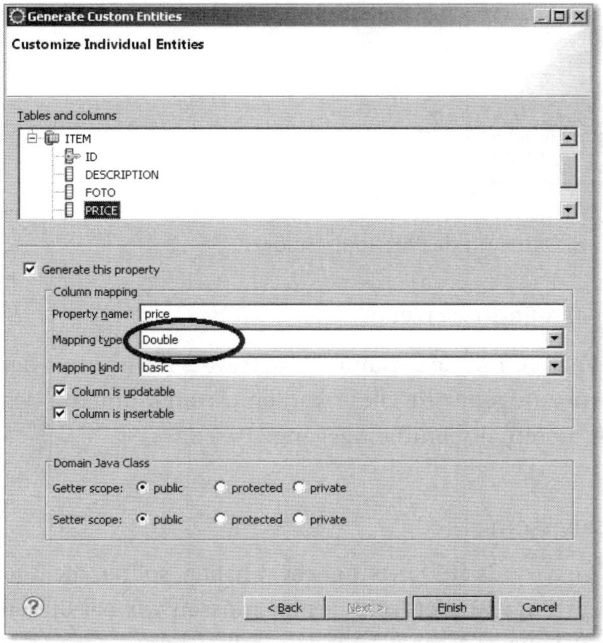

Abbildung 8.40 Der Mapping type »Double« für das Spaltenfeld PRICE

Den Datentyp des Attributs SOLD setzen wir auf »java.util.Date« (Abbildung 8.41).

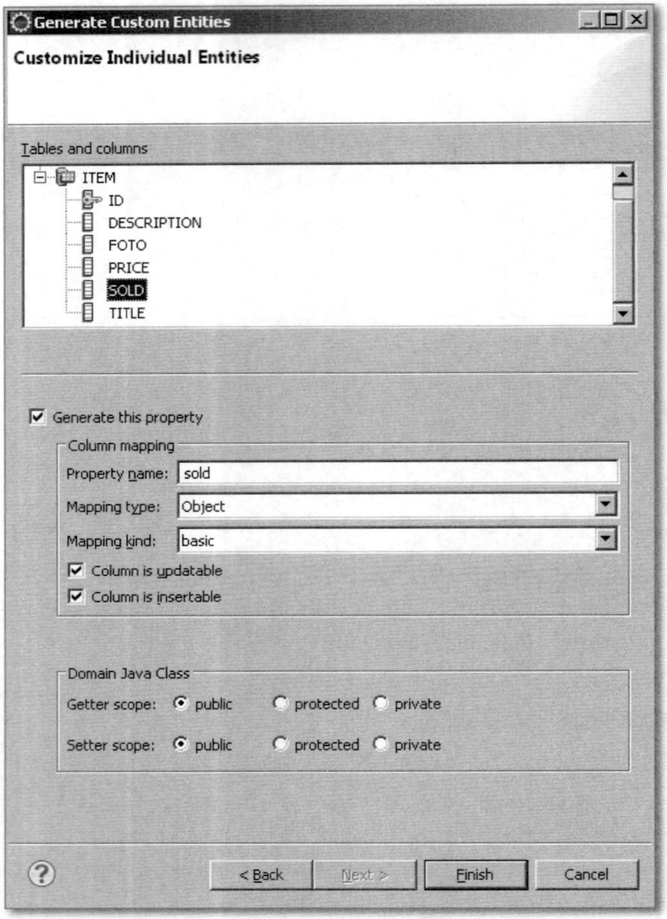

Abbildung 8.41 Der Mapping type »java.util.Date« für das Attribut »sold«

Mit einem Klick auf FINISH werden die JPA-Entities erzeugt.

Beachten Sie, dass Eclipse eine JPQL-Abfrage mit dem Namen `"Customer.findAll"` mit der Annotation `@NamedQuery` automatisch hinzufügen wird. Diese werden wir im Moment noch ignorieren, da auf JPQL erst in einem späteren Abschnitt eingegangen wird.

8.9.3 Den erzeugten Quelltext nachbessern

Nachdem Sie im letzten Fenster des JPA-Wizards auf FINISH geklickt haben, sollten die JPA-Entities `Customer.java` und `Item.java` erzeugt worden sein. Leider müssen wir bei diesen Klassen noch etwas nachbessern. Zum Beispiel müssen wir für den Onlineshop:

- das Schema für die Datenbanktabellen hinzufügen
- den Sequenzgenerator anpassen
- große Attributwerte als Fetching-Typ LAZY markieren
- Zeitpunkttypen eventuell mit Temporal-Annotationen versehen
- eventuelle Korrekturen durchführen
- die Methoden hashCode, equals und toString hinzufügen

Beachten Sie, dass in Ihrem Projekt eventuell andere Anpassungen erforderlich sind.

Das Schema für die Datenbanktabellen hinzufügen

Bei allen Angaben des Tabellennamens müssen wir dafür sorgen, dass der Tabellenname mit dem Schema-Bezeichner ONLINESHOP verwendet wird, denn aus Sicherheitsgründen hatten wir die Tabellen unter dem Schema ONLINESHOP angelegt und den Datenbankzugriff mithilfe eines zweiten Schemas ONINESHOP_USER hiervon separiert:

```
...
@Entity
@Table(schema="ONLINESHOP", name="CUSTOMER")
@NamedQuery(
    name="Customer.findAll",
    query="SELECT c FROM Customer c")
public class Customer implements Serializable {
...
```

Listing 8.91 »Customer.java«

Das Gleiche gilt auch für den Primärschlüsselgenerator. Auch er wurde datenbankseitig sicherheitshalber unter dem Schema ONLINESHOP erzeugt, was nun bei der Annotation @SequenceGenerator mit dem Schema schema vermerkt werden muss:

```
...
@Id
@SequenceGenerator(
    name="CUSTOMER_ID_GENERATOR",
    sequenceName="SEQ_CUSTOMER" ,
    schema="ONLINESHOP")
@GeneratedValue(
    strategy=GenerationType.SEQUENCE,
    generator="CUSTOMER_ID_GENERATOR")
private Long id;
...
```

Listing 8.92 »Customer.java«

Den Sequenzgenerator anpassen

Beim Sequenzgenerator fehlen die Attributwerte allocationSize und initialValue. Setzen Sie beide Werte auf 1:

```
...
@Id
@SequenceGenerator(
    name="CUSTOMER_ID_GENERATOR",
    sequenceName="SEQ_CUSTOMER" ,
    schema="ONLINESHOP",
    allocationSize=1,
    initialValue=1)
@GeneratedValue(
    strategy=GenerationType.SEQUENCE,
    generator="CUSTOMER_ID_GENERATOR")
private Long id;
...
```

Listing 8.93 »Customer.java«

Große Attributwerte als Fetching-Typ »LAZY« markieren

Das Attribut foto werden wir mit dem Fetching-Typ LAZY versehen:

```
...
@Basic(fetch=FetchType.LAZY)
@Lob
private byte[] foto;
...
```

Listing 8.94 »Item.java«

Zeitpunkttypen eventuell mit Temporal-Annotationen versehen

Das Attribut sold erhält den Temporaltyp TIMESTAMP:

```
@Temporal(TemporalType.TIMESTAMP)
private Date sold;
```

Korrekturen durchführen

Eclipse greift im automatisierten Code auf die assoziierten Collection-Attribute zu, ohne sicherzustellen, dass die Objektvariable initialisiert ist:

```
...
public Item addOffer(Item offer) {
```

```
        getOffers().add(offer);
        offer.setSeller(this);

        return offer;
    }

    public Item addPurchase(Item purchase) {
        getPurchases().add(purchase);
        purchase.setBuyer(this);
        return purchase;
    }
    ...
```

Listing 8.95 »Customer.java«

Wenn die Datenbanktabelle beim ersten Zugriff noch leer ist, wird die Methode add() auf eine noch nicht initialisierte Objektvariable ausgeführt. Dieser Fehler erscheint erst zur Laufzeit. Deshalb müssen wir die Korrektur in der Methode manuell durchführen:

```
    ...
    public Item addOffer(Item offer) {
        Set<Item> offers = getOffers();
        if(offers == null) {
            offers = new HashSet<Item>();
        }
        offers.add(offer);
        offer.setSeller(this);

        return offer;
    }

    public Item addPurchase(Item purchase) {
        Set<Item> purchases = getPurchases();
        if(purchases == null) {
            purchases = new HashSet<Item>();
        }
        purchases.add(purchase);
        purchase.setBuyer(this);
        return purchase;
    }
    ...
```

Listing 8.96 »Customer.java«

Die Methoden `equals()` und `hashCode()` werden wir sowohl für `Customer.java` als auch für `Item.java` erzeugen. Und auch die Methode `toString()` werden wir überschreiben.

Der komplette Quelltext von »Customer.java« und »Item.java«

Das folgende Listing zeigt den kompletten Quelltext der Entity `Customer` an, wobei die Nachbesserungen hervorgehoben wurden:

```
package de.java2enterprise.onlineshop.model;

import java.io.Serializable;
import java.util.HashSet;
import java.util.Set;

import javax.persistence.Entity;
import javax.persistence.GeneratedValue;
import javax.persistence.GenerationType;
import javax.persistence.Id;
import javax.persistence.NamedQuery;
import javax.persistence.OneToMany;
import javax.persistence.SequenceGenerator;
import javax.persistence.Table;

/**
 * The persistent class for the CUSTOMER database table.
 *
 */
@Entity
@Table(schema="ONLINESHOP", name="CUSTOMER")
@NamedQuery(
        name="Customer.findAll",
        query="SELECT c FROM Customer c")
public class Customer implements Serializable {
    private static final long serialVersionUID = 1L;

    @Id
    @SequenceGenerator(
            name="CUSTOMER_ID_GENERATOR",
            sequenceName="SEQ_CUSTOMER",
            schema="ONLINESHOP",
            allocationSize=1,
            initialValue=1)
    @GeneratedValue(
```

```
        strategy=GenerationType.SEQUENCE,
        generator="CUSTOMER_ID_GENERATOR")
private Long id;

private String email;

private String password;

//bi-directional many-to-one association to Item
@OneToMany(mappedBy="seller")
private Set<Item> offers;

//bi-directional many-to-one association to Item
@OneToMany(mappedBy="buyer")
private Set<Item> purchases;

public Customer() {
}

public Long getId() {
    return this.id;
}

public void setId(Long id) {
    this.id = id;
}

public String getEmail() {
    return this.email;
}

public void setEmail(String email) {
    this.email = email;
}

public String getPassword() {
    return this.password;
}

public void setPassword(String password) {
    this.password = password;
}
```

```
public Set<Item> getOffers() {
    return this.offers;
}

public void setOffers(Set<Item> offers) {
    this.offers = offers;
}

public Item addOffer(Item offer) {
    Set<Item> offers = getOffers();
    if(offers == null) {
        offers = new HashSet<Item>();
    }
    offers.add(offer);
    offer.setSeller(this);

    return offer;
}

public Item removeOffer(Item offer) {
    getOffers().remove(offer);
    offer.setSeller(null);

    return offer;
}

public Set<Item> getPurchases() {
    return this.purchases;
}

public void setPurchases(Set<Item> purchases) {
    this.purchases = purchases;
}

public Item addPurchase(Item purchase) {
    Set<Item> purchases = getPurchases();
    if(purchases == null) {
        purchases = new HashSet<Item>();
    }
    purchases.add(purchase);
    purchase.setBuyer(this);
    return purchase;
}
```

```
    public Item removePurchase(Item purchase) {
        getPurchases().remove(purchase);
        purchase.setBuyer(null);

        return purchase;
    }

    @Override
    public int hashCode() {
        final int prime = 31;
        int result = 1;
        result = prime * result + ((id == null) ? 0 : id.hashCode());
        return result;
    }

    @Override
    public boolean equals(Object obj) {
        if (this == obj) {
            return true;
        }
        if (obj == null) {
            return false;
        }
        if (!(obj instanceof Customer)) {
            return false;
        }
        Customer other = (Customer) obj;
        if (id == null) {
            if (other.id != null) {
                return false;
            }
        } else if (!id.equals(other.id)) {
            return false;
        }
        return true;
    }

    public String toString() {
        return id + "-" + email + "-" + password;
    }
}
```

Listing 8.97 »Customer.java«

Auch die Klasse `Item.java` wird komplett abgebildet, um alle Nachbesserungen aufzuzeigen:

```
package de.java2enterprise.onlineshop.model;

import java.io.Serializable;
import java.util.Date;

import javax.persistence.Basic;
import javax.persistence.Entity;
import javax.persistence.FetchType;
import javax.persistence.GeneratedValue;
import javax.persistence.GenerationType;
import javax.persistence.Id;
import javax.persistence.Lob;
import javax.persistence.ManyToOne;
import javax.persistence.NamedQuery;
import javax.persistence.SequenceGenerator;
import javax.persistence.Table;
import javax.persistence.Temporal;
import javax.persistence.TemporalType;

/**
 * The persistent class for the ITEM database table.
 *
 */
@Entity
@Table(schema="ONLINESHOP", name="ITEM")
@NamedQuery(
        name="Item.findAll",
        query="SELECT i FROM Item i")
public class Item implements Serializable {
    private static final long serialVersionUID = 1L;

    @Id
    @SequenceGenerator(
            name="ITEM_ID_GENERATOR",
            sequenceName="SEQ_ITEM",
            schema="ONLINESHOP",
            allocationSize=1,
            initialValue=1)
    @GeneratedValue(
            strategy=GenerationType.SEQUENCE,
```

```
        generator="ITEM_ID_GENERATOR")
private Long id;

private String description;

@Basic(fetch=FetchType.LAZY)
@Lob
private byte[] foto;

private Double price;

private String title;

@Temporal(TemporalType.TIMESTAMP)
private Date sold;

//bi-directional many-to-one association to Customer
@ManyToOne
private Customer seller;

//bi-directional many-to-one association to Customer
@ManyToOne
private Customer buyer;

public Item() {
}

public Long getId() {
    return this.id;
}

public void setId(Long id) {
    this.id = id;
}

public String getDescription() {
    return this.description;
}

public void setDescription(String description) {
    this.description = description;
}
```

```
public byte[] getFoto() {
    return this.foto;
}

public void setFoto(byte[] foto) {
    this.foto = foto;
}

public Double getPrice() {
    return this.price;
}

public void setPrice(Double price) {
    this.price = price;
}

public String getTitle() {
    return this.title;
}

public void setTitle(String title) {
    this.title = title;
}

public Date getSold() {
    return this.sold;
}

public void setSold(Date sold) {
    this.sold = sold;
}

public Customer getSeller() {
    return this.seller;
}

public void setSeller(Customer seller) {
    this.seller = seller;
}

public Customer getBuyer() {
    return this.buyer;
```

```
    }

    public void setBuyer(Customer buyer) {
        this.buyer = buyer;
    }

    @Override
    public int hashCode() {
        final int prime = 31;
        int result = 1;
        result = prime * result + ((id == null) ? 0 : id.hashCode());
        return result;
    }

    @Override
    public boolean equals(Object obj) {
        if (this == obj) {
            return true;
        }
        if (obj == null) {
            return false;
        }
        if (!(obj instanceof Item)) {
            return false;
        }
        Item other = (Item) obj;
        if (id == null) {
            if (other.id != null) {
                return false;
            }
        } else if (!id.equals(other.id)) {
            return false;
        }
        return true;
    }

    public String toString() {
        return id + "-" + title + "-" + seller;
    }
}
```

Listing 8.98 »Item.java«

8.10 JPQL

JPQL ist die Abkürzung für die Java Persistence Query Language, mit der die Anweisungen für den Datenzugriff auf eine SQL-ähnliche Weise spezifiziert werden können. Es gibt drei Arten von JPQL Anweisungen:

- Abfragen (`SELECT`)
- Änderungen (`UPDATE`)
- Löschungen (`DELETE`)

Vielleicht ist Ihnen aufgefallen, dass in dieser Auflistung das Hinzufügen von Datensätzen (`INSERT`) nicht enthalten ist, denn hierfür bleiben nach wie vor die Methoden `persist()` und `merge()` die richtigen Werkzeuge. JPQL ist also kein gangbarer Weg, um Datenbanktabellen mit neuen Datensätzen anzureichern.

Eigentlich wird JPQL meistens sogar nur für Abfragen (`SELECT`) und kaum für Änderungen (`UPDATE`) oder Löschungen (`DELETE`) verwendet. Es gibt aber ein Tätigkeitsfeld für die Verwendung von JPQL mit `UPDATE` und `DELETE`, und das sind Änderungen und Löschungen von Massendaten. Darauf werden wir in diesem Kapitel später nochmal zu sprechen kommen.

Die maßgebliche Nutzung von JPQL liegt also in der Formulierung von Abfragen mit `SELECT`. In den bisherigen Beispielen hatten wir Abfragen stets mit der Methode `find()` oder der Methode `getReference()` der Klasse `EntityManager` programmiert. Diese Methoden weisen jedoch einen großen Nachteil auf, denn sie setzen voraus, dass man den Primärschlüssel der Entity bereits kennt. Dies ist in vielen Situationen aber gar nicht der Fall. Aus diesem Grund programmiert man stattdessen meistens mit JPQL.

8.10.1 Abfragen programmieren

Der folgende Kasten zeigt die Syntax einer ganz einfachen JPQL-Abfrage:

Syntax einer einfachen JPQL-Abfrage

`SELECT`

Identifikationsvariable.Attribut

`FROM`

Entity `AS` Identifikationsvariable

Die einfachste Abfrage mit JPQL

Viele von den in diesem Abschnitt gezeigten JPQL-Anweisungen werden Ihnen aus dem Standard des ANSI-SQLs bekannt vorkommen. Was beispielsweise mit SQL auf diese Weise ausgedrückt wird:

```
SELECT C.* FROM CUSTOMER C
```

Listing 8.99 SQL

schreibt man (in der älteren, ausformulierten Schreibweise) auf diese Art:

```
SELECT Object(c) FROM Customer AS c
```

Listing 8.100 JPQL

Beachten Sie in der obigen Abfrage, dass der Bezeichner `Customer` hinter dem Schlüsselwort `FROM` nicht dem Tabellennamen CUSTOMER, sondern dem Bezeichner der Klasse `Customer.java` entsprechen muss, wobei die Groß- und Kleinschreibweise nicht vom Klassenbezeichner abweichen darf.

Mit JPQL können wir also Abfragen wie mit SQL programmieren, nur dass sich JPQL nicht auf Datenbanktabellen und Spaltenfelder bezieht, sondern auf Entities und deren Attribute.

Auf die Syntax mit `Object()` und `AS` kann verzichtet werden. Somit ist die folgende Schreibweise gleichwertig mit der oben gezeigten:

```
SELECT c FROM Customer c
```

Auch der erste Teil `SELECT c` kann in dem oben gezeigten Fall weggelassen werden. Denn wenn der `SELECT`-Ausdruck fehlt, geht JPQL davon aus, dass die gesamte Domäne als Ergebnismenge geliefert werden soll. Die folgende Abfrage ist also mit der obigen gleichwertig:

```
FROM Customer c
```

Beachten Sie, dass der Alias hinter dem Domänennamen (im Beispiel mit dem Bezeichner `c`) zwingend erforderlich ist.

Eine Query erzeugen

Die JPQL-Abfrage setzen wir als Parameter in die Methode `createQuery()` der Klasse `EntityManager` ein, denn hierdurch erhalten wir ein Objekt der Klasse `Query`:

```
...
EntityManager em =
    Persistence.createEntityManagerFactory(
    "onlineshop-jpa").createEntityManager();

Query query =
    em.createQuery(
    "SELECT c FROM Customer c");
...
```

Listing 8.101 »Main.java«

Ein Nachteil von JPQL ist, dass die Abfrage als Zeichenkette im Quelltext vorliegt. Weil die Abfrage erst zur Laufzeit validiert wird, fallen Schreibfehler vorher leider nicht automatisch auf. Um Rechtschreibfehler zu vermeiden und bereits zur Kompilierzeit eine Error-Meldung zu erhalten, ist es nützlich, wenn man sich den String des Entity-Namens dynamisch erzeugen lässt. Im folgenden Beispiel wird der Name der Klasse `Customer` erzeugt und mit der restlichen Zeichenkette verknüpft:

```
...
EntityManager em =
    Persistence.createEntityManagerFactory(
    "onlineshop-jpa").createEntityManager();
Query query =
    em.createQuery(
    "SELECT c FROM " +
    Customer.class.getSimpleName() + " c");
...
```

Listing 8.102 »Main.java«

Eine Ergebnismenge besorgen

Die Klasse `Query` bietet eine Methode namens `getResultList()` an, mit der die Ergebnismenge als Collection des Typs `java.util.List` zurückgegeben wird. Das folgende Beispiel würde alle Kunden des Onlineshops von der Datenbank holen. In der darauffolgenden Schleife werden beispielhaft die Kunden hintereinander ausgegeben:

```
...
EntityManager em =
    Persistence.createEntityManagerFactory(
    "onlineshop-jpa").createEntityManager();
Query query =
    em.createQuery(
    "SELECT c FROM " +
    Customer.class.getSimpleName() + " c");
@SuppressWarnings("unchecked")
List<Customer> customers = query.getResultList();

final Logger logger = Logger.getLogger("Main");
for (Customer customer : customers) {
logger.log(
    Level.INFO,
    customer.toString());
}
...
```

Listing 8.103 »Main.java«

Typisierte Ergebnismengen

Bei dem letzten Beispiel mussten wir @SuppressWarnings("unchecked") setzen, weil die Ergebnismenge der Methode getResultList() aus einer Liste von Objekten besteht. JPQL-Abfragen können aber auch noch mit typisierten Ergebnismengen erstellt werden, wodurch die Annotation für die "unchecked"-Warnung entfallen kann. Zu diesem Zweck können Sie die Methode createQuery() mit einem zweiten Parameter aufrufen, der den Typ der resultierenden Klasse anzeigt. Die typisierte Abfrage wird als Objekt der Klasse TypedQuery zurückgegeben.

Im folgenden Beispiel wird wieder die Validierung des Kunden programmiert, nur dass diesmal kein Casting mehr vonnöten ist:

```
...
Persistence.createEntityManagerFactory(
    "onlineshop-jpa").createEntityManager();

TypedQuery<Customer> query =
    em.createQuery(
    "SELECT c "
    + "FROM Customer c ",
    Customer.class);
List<Customer> customers = query.getResultList();
final Logger logger = Logger.getLogger(
    CustomerController.class.getName());
for (Customer customer : customers) {
    logger.log(
        Level.INFO,
        customer.toString());
}
em.close();
...
```

Listing 8.104 »CustomerController.java«

Einzelne Attribute ergeben Ergebnismengen, die nicht verwaltet sind

Die Ergebnismengen wurden in den obigen Beispielen im Rahmen des Persistenz-Kontextes verwaltet. Wenn wir hingegen einzelne Felder der Entity zusammenstellen, erhalten wir eine Liste mit unverwalteten Objekten zurück.

Beachten Sie, dass die Datentypen der Objekte der Definition in der JPA-Entity entsprechen. Zum Beispiel würde bei der Abfrage der JPA-Entity Item.java

- das Attribut id als Objekt des Typs java.lang.Long
- das Attribut title als Objekt des Typs java.lang.String

- das Attribut `description` als Objekt des Typs `java.lang.String`
- das Attribut `price` als Objekt des Typs `java.lang.Double`

zurückgegeben werden.

Im folgenden Beispiel erfragen wir alle Preise der Artikel. Als Ergebnismenge erhalten wir eine Liste von Objekten des Typs `java.lang.Double`.

```
...
EntityManager em =
    Persistence.createEntityManagerFactory(
    "onlineshop-jpa").createEntityManager();
Query query =
    em.createQuery(
    "SELECT i.price "
    + "FROM Item i ");

List<Double> prices = query.getResultList();
final Logger logger = Logger.getLogger("Beispiel");
for(Double price : prices) {
logger.log(
        Level.INFO,
        price);
}
...
```

Listing 8.105 »Main.java«

Wenn mehr als ein Feld abgefragt wird, bekommt man als Rückgabewert eine Liste von Objekt-Arrays zurück, wobei jedes einzelne Feld des Arrays gleichermaßen durch den Datentyp des Entity-Attributs charakterisiert ist.

```
...
EntityManager em =
    Persistence.createEntityManagerFactory(
    "onlineshop-jpa").createEntityManager();
Query query =
    em.createQuery(
    "SELECT i.title, i.price "
    + "FROM Item i ");
List<Object[]> rows = query.getResultList();
final Logger logger = Logger.getLogger("Beispiel");
for(Object[] columns : rows) {
    String title = (String) columns[0];
```

```
    Double price = (Double) columns[1];
        logger.log(
          Level.INFO,
          title + ", " + price);
}
...
```

Listing 8.106 »Main.java«

Leider handelt es sich hierbei wieder um Objekte, die, unverwaltet, außerhalb eines Persistenz-Kontextes stehen.

Duplikate unterdrücken

Genau wie bei SQL lassen sich auch bei JPQL Duplikate mit dem Schlüsselwort `DISTINCT` unterdrücken:

```
Query query =
    em.createQuery(
        "SELECT DISTINCT(c.password) "
        + "FROM Customer c "
    );
```

Listing 8.107 »Main.java«

Die Ergebnismenge filtern

Wie bei einer SQL-Abfrage kann die Ergebnismenge mit einer `WHERE`-Bedingung gefiltert werden. Üblicherweise werden hierbei die Werte der Attribute mit anderen Werten verglichen. Die Gegenüberstellung findet mithilfe folgender Vergleichsoperatoren statt (Tabelle 8.1).

Vergleichsoperatoren	Der Wert des Attributs ...	SELECT i FROM Item WHERE ...
=	ist gleich einem Wert	`i.price = 19.90`
<	ist kleiner als ein Wert	`i.price < 19.90`
>	ist größer als ein Wert	`i.price > 19.90`
<=	ist kleiner oder gleich einem Wert	`i.price <= 19.90`
>=	ist größer oder gleich einem Wert	`i.price >= 19.90`
<>	ist ungleich einem Wert	`i.price <> 19.90`

Tabelle 8.1 Die Vergleichsoperatoren der JPQL

Wenn die Vergleichswerte aus Zeichenketten oder Zeit-/Datumsangaben bestehen, müssen sie genauso wie in SQL-Abfragen in Hochkommata gesetzt werden. Zahlen und Wahrheitswerte (TRUE oder FALSE) werden ohne Hochkommata gesetzt.

Im folgenden Beispiel besorgen wir uns den Kunden mit der Email 'j@java2enterprise.de':

```
Query query =
         em.createQuery(
         "SELECT c "
         + "FROM Customer c "
         + "WHERE c.email = 'j@java2enterprise.de'");
```

Listing 8.108 »Main.java«

Mehrere Bedingungen können mit AND verkettet werden:

```
Query query =
         em.createQuery(
         "SELECT c "
         + "FROM Customer c "
         + "WHERE c.email = 'j@java2enterprise.de' "
         + "AND c.password = 'Taxi_123'");
```

Listing 8.109 »Main.java«

Komplexere Abfragen sind durch die Kombination von AND, OR und zusätzlich mit Klammern möglich:

```
Query query =
         em.createQuery(
         "SELECT c "
         + "FROM Customer c "
         + "WHERE (c.email = 'j@java2enterprise.de') "
         + "AND (c.password = 'Taxi_123' "
         + "OR c.email = 'Taxi_456')"
         );
```

Listing 8.110 »Main.java«

Sortieren

Die Sortierung der Ergebnismenge erfolgt analog zu der SQL-Syntax, indem man hinter der Abfrage eine ORDER BY-Klausel hinzufügt:

```
Query query =
         em.createQuery("SELECT c "
                        + "FROM Customer c "
```

```
                    + "ORDER BY c.email)"
        );
```

Listing 8.111 »Main.java«

Auch bei JPQL wird per Default aufsteigend (ASC) und über das zusätzliche Anfügen von DESC absteigend geordnet:

```
Query query =
        em.createQuery(
            "SELECT c "
            + "FROM Customer c "
            + "ORDER BY c.email DESC)"
        );
```

Listing 8.112 »Main.java«

8.10.2 Mehrere JPA-Entities verbinden

Um die Ergebnismenge aus mehreren JPA-Entities zu kombinieren, bietet auch JPQL wieder ähnliche Möglichkeiten wie ANSI-SQL an. Wir werden uns nun mehrere Varianten anschauen.

Beispielhaft sollen in der Datenbank zwei Kunden enthalten sein (Tabelle 8.2):

CUSTOMER		
ID	EMAIL	PASSWORD
1	j@java2enterprise.de	Taxi_123
2	kc@marktware.de	Susi_99

Tabelle 8.2 Die zwei Kunden für das Beispiel

Der Kunde mit der ID=1 wird im Beispiel zwei Artikel anbieten (Tabelle 8.3). Sein erster Artikel wurde vom Kunden mit der ID=2 gekauft.

ITEM							
ID	TITLE	DESCRIPTION	PRICE	FOTO	SELLER_ID	BUYER_ID	TRADED
123	Kirsch-lorbeer	Arten von Prunus I	19.00		1	2	15.01.2014
456	Fargesia Murielae	Gartenbambus	29.00		1		

Tabelle 8.3 Die angebotenen Artikel

Auf Basis dieser zwei Datenbanktabellen werden wir nun verschiedene Abfragen absetzen, um die Unterschiede der unterschiedlichen JOINs und Unterabfragen zu verdeutlichen.

[INNER] JOIN

In der Praxis verknüpft man Datenbanktabellen meistens, um eine Schnittmenge von zwei JPA-Entities zu erhalten. Für diesen Anwendungsfall wird bei JPQL (genauso wie bei ANSI SQL) typischerweise ein INNER JOIN verwendet.

Im folgenden Listing besorgen wir uns mit SQL alle Spaltenfelder von jenen Kunden, die einen Artikel angeboten haben:

```
FROM CUSTOMER c
INNER JOIN ITEM I ON C.ID = I.SELLER_ID;
```

Listing 8.113 INNER JOIN (SQL)

Die JPQL-Syntax des INNER JOINs erinnert an die Abfrage mit SQL. Nur dass nun in der Abfrage keine Primärschlüssel gegenübergestellt werden, sondern stattdessen das Assoziationsattribut `offers` hinzugenommen wird:

```
SELECT c.*
FROM Customer c
INNER JOIN c.offers i
```

Listing 8.114 INNER JOIN (JPQL)

Aus dem obigen Beispiel wird deutlich, dass ein JOIN zwingend ein Assoziationsattribut erfordert.

Auf den Teil ».*« kann bei JPQL verzichtet werden.

```
SELECT c
FROM Customer c
INNER JOIN c.offers i
```

Listing 8.115 INNER JOIN (JPQL)

Wenn wir in der Ergebnismenge nicht nur die Kunden, sondern auch deren Artikel erhalten möchten, formulieren wir die SQL-Anweisung beispielsweise wie folgt:

```
SELECT C.*, I.*
FROM CUSTOMER c
INNER JOIN ITEM I ON C.ID = I.SELLER_ID;
```

Listing 8.116 INNER JOIN (JPQL)

Die SQL-Abfrage wird zwei Zeilen ausgeben. In der ersten ist der Kunde (ID=1) mit Artikel (ID=123). In der zweiten ist wieder der Kunde (ID=1) mit Artikel (ID=456). Weil die Kunden, die keine Zuordnung in der Tabelle ITEM haben, ausgelassen werden, wird der zweite Kunde (ID=2) nicht aufgeführt.

Die Ausgabe:

```
1 j@java2enterprise.de Taxi_123    123 Kirschlorbeer      Arten von Prunus I...
1 j@java2enterprise.de Taxi_123    456 Fargesia Murielae Gartenbambus ...
```

Mit JPQL sieht die Abfrage wieder ähnlich aus:


```
SELECT c, i
FROM Customer c
INNER JOIN c.offers i
```

Listing 8.117 INNER JOIN (JPQL)

In einer Java-Anwendung erhalten wir aus der Abfrage eine Liste von Objekt-Arrays aus zwei Elementen. Das erste Element ist vom Typ `Customer` und das zweite vom Typ `Item`.

Im folgenden Programm geben wir jeweils:

```
EntityManager em =
    Persistence.
        createEntityManagerFactory(
        "onlineshop-jpa").createEntityManager();
Query query =
    em.createQuery(
    "SELECT c, i "
    + "FROM Customer c "
    + "INNER JOIN c.offers i");
List<Object[]> rows =
    query.getResultList();
final Logger logger = Logger.getLogger("Beispiel");
for(Object[] row : rows) {
    String info = "";
    for(Object o : row) {
        info += (o + "\t");
    }
logger.log(Level.INFO, info);
}
em.close();
```

Listing 8.118 »Main.java«

Sowohl bei SQL als auch bei JPQL ist das Schlüsselwort `INNER` optional.

Der JPQL-Ausdruck weist gegenüber dem SQL-Ausdruck die Besonderheit auf, dass die ON-Klausel zur Gleichstellung des Fremdschlüssels der Child-Tabelle und des Primärschlüssels der Parent-Tabelle nicht benötigt wird. Dies ist logisch, da es sich bei der Abfrage ja nicht um Datenbanktabellen handelt, sondern um JPA-Entities. Die JPQL-Abfrage ist dadurch sogar noch verständlicher als die SQL-Anweisung, denn gesprochen könnte man sagen »Selektiere die Kunden mit ihren Angeboten«.

IN

In der Praxis könnten Sie auf eine weitere Variante stoßen, wie der gleiche Ausdruck formuliert sein könnte:

```
SELECT c, i
FROM Customer c,
IN (c.offers) i
```

Listing 8.119 JPQL

Die unterschiedlichen Anweisungen mit INNER JOIN, JOIN und IN sind gleichwertig.

LEFT [OUTER] JOIN

Als wir im letzten Beispiel mit einem INNER JOIN die JPA-Entity `Customer` mit der JPA-Entity `Item` verknüpften, wurden die Kunden, die keine Angebote hatten, einfach ausgelassen.

Wenn mit SQL nun auch jene Kunden in der Ergebnismenge enthalten sein sollen, die keine Artikel anbieten, verwendet man einen OUTER JOIN.

Während man bei SQL zwischen einem LEFT und einem RIGHT OUTER JOIN unterscheidet, bietet JPQL lediglich einen LEFT OUTER JOIN an. Der JPQL-Ausdruck sieht wie folgt aus:

```
SELECT c, i
FROM Customer c
LEFT OUTER JOIN c.offers i
```

Listing 8.120 LEFT OUTER JOIN (JPQL)

Das Schlüsselwort `OUTER` kann hierbei auch entfallen. Somit ist folgender Ausdruck gleichwertig:

```
SELECT c, i
FROM Customer c
LEFT JOIN c.offers i
```

Listing 8.121 LEFT OUTER JOIN (JPQL)

Nun erhalten wir alle Kunden des Onlineshops, wobei bei den Kunden, bei denen keine Artikelangebote vorgefunden wurden, statt eines Artikels ein `null`-Wert gesetzt wurde.

Wir schauen uns nun eine Besonderheit von ON- und WHERE-Bedingungen in Kombination mit einem LEFT OUTER JOIN an: Wenn man mit SQL einen LEFT OUTER JOIN programmiert, kann es vorkommen, dass man die ON-Klausel um eine weitere Bedingung erweitern möchte. Beispielsweise reduziert die folgende Anweisung die Ergebnismenge um den Datensatz mit dem Artikel (ID=456):

```
SELECT C.*, I.*
FROM CUSTOMER C
LEFT OUTER JOIN ITEM I
ON C.ID = I.SELLER_ID
AND I.PRICE < 20.0;
```

Listing 8.122 LEFT OUTER JOIN (SQL) mit zwei ON-Klauseln

Wenn wir bei der ON-Klausel weitere Bedingungen an den JOIN stellen, wirkt sich die zweite Bedingung nur auf die Datensätze aus, die mit ON bereits betroffen waren. Mit dem obigen Ausdruck sagen wir also, dass in der Ergebnismenge alle Datensätze enthalten sein sollen, bei denen c.id = i.seller_id und gleichzeitig i.price < 20.0 zutrifft. Deshalb wird die Anweisung auch die Kunden ohne Angebote ausgeben. In der Ergebnismenge in dem Beispiel erhalten wir deshalb zwei Zeilen.

Ausgabe:

```
1 j@java2enterprise.de Taxi_123 123 Kirschlorbeer   Arten von...
2 kc@marktware.com Susi_99-   -                     -
```

Die obige Anweisung darf aber nicht mit folgender verwechselt werden, bei der eine weitere Bedingung mit einer WHERE-Klausel beigefügt ist:

```
SELECT C.*, I.*
FROM CUSTOMER C
LEFT OUTER JOIN ITEM I
ON C.ID = I.SELLER_ID
WHERE I.PRICE < 20.0;
```

Listing 8.123 LEFT OUTER JOIN (SQL) mit einer ON-Klausel und mit WHERE-Filter

Diese Anweisung führt lediglich zur Ausgabe einer einzigen Zeile, da sich der WHERE-Filter auf die gesamte Ergebnismenge auswirkt.

Ausgabe:

```
1 j@java2enterprise.de      Taxi_123     123 Kirschlorbeer       Arten von...
```

Die zweite SQL-Anweisung enthält nur eine einzige ON-Klausel. Erst nachdem der erste Schritt eine Ergebnismenge ermittelt hat, werden im zweiten Schritt nur noch die Datensätze in der Ergebnismenge belassen, bei denen der Preis der Artikel unter 20.0 liegt. Leider werden nun auch alle Datensätze entfernt, deren Preis `null` ist. Dieser kleine, aber feine Unterschied kann in einer Datenbankanwendung schon man zu einem Flüchtigkeitsfehler führen.

Schauen wir uns nun an, wie man mit JPQL die beiden SQL-Varianten abbildet: Bei dem LEFT OUTER JOIN mit zwei `ON`-Klauseln benötigen wir nun auch bei JPQL das Schlüsselwort `ON`. Das Framework wird die Klausel von sich aus korrekt einbeziehen.

```
SELECT c, i
FROM Customer c
LEFT OUTER JOIN c.offers i
ON i.price < 20.0
```

Listing 8.124 LEFT OUTER JOIN (JPQL) mit einer ON-Klausel

Der LEFT OUTER JOIN mit einer `ON`-Klausel und einem `WHERE`-Filter wird wie folgt formuliert:

```
SELECT c, i
FROM Customer c
LEFT OUTER JOIN c.offers i
WHERE i.price < 20.0
```

Listing 8.125 LEFT OUTER JOIN (JPQL) mit einer ON-Klausel und mit WHERE-Filter

FETCH JOIN

Wenn wir mal die später gezeigten Fetching-Strategien außer Acht lassen, werden bei einem JOIN normalerweise die Daten der rechtsstehenden Entity nur geholt, wenn sie ausdrücklich benannt wurden.

Wenn wir beispielsweise folgende JPQL-Anweisung aufgeben, würden die Assoziationsattribute für die Artikel leer bleiben:

```
SELECT c
FROM Customer c
JOIN c.offers i
```

Listing 8.126 JOIN

Dies ist beispielsweise dann problematisch, wenn die Kunden nach einer Transaktion in einen Zustand `DETACHED` kommen.

Um die Artikel mit der obigen Anweisung gleich mitzuliefern, wurde der Ausdruck `FETCH JOIN` ins Leben gerufen.

```
SELECT c
FROM Customer c
FETCH JOIN c.offers i
```

Listing 8.127 FETCH JOIN

8.10.3 Gruppierungsfunktionen

In einem SELECT-Ausdruck können einzelne Felder mit den Gruppierungsfunktionen COUNT, MAX, MIN, AVG oder SUM aggregiert werden.

COUNT [DISTINCT]

Über COUNT wird die Anzahl der Ergebnisse gezählt. Das Ergebnis der folgenden Abfrage ist vom Typ Long:

```
Query query =
    em.createQuery(
        "SELECT "
        "COUNT(c) "
        + "FROM Customer c "
    );
```

Listing 8.128 COUNT

Um in der Zählung Duplikate unberücksichtigt zu lassen, wird das Schlüsselwort DISTINCT hinzugefügt:

```
Query query =
    em.createQuery(
        " SELECT "
        + " COUNT(DISTINCT c.password) "
        + "FROM Customer c "
    );
```

Listing 8.129 COUNT DISTINCT

MAX und MIN

Mit MAX und MIN können der höchste oder der geringste Werte in der Ergebnismenge gefunden werden. Der Typ des Rückgabewertes entspricht dem Datentyp des Attributs.

```
Query query =
    em.createQuery(
    "SELECT MAX(i.price) "
```

```
        + "FROM Item i "
);
```

Listing 8.130 MAX

Wenn die Ergebnismenge, die die Funktion vorfindet, leer war, wird `null` zurückgegeben.

AVG

Mit `AVG` kann ein Durchschnittswert von mehreren Werten ermittelt werden.

```
Query query =
    em.createQuery(
    "SELECT AVG(i.price) "
    + "FROM Item i "
);
```

Listing 8.131 AVG

Das Ergebnis von `AVG` ist stets vom Typ `Double`.

SUM

Die Funktion `SUM` addiert alle Werte eines Attributs in ein Ergebnis:

```
Query query =
    em.createQuery(
    "SELECT SUM(i.price) "
    + "FROM Item i "
);
```

Listing 8.132 SUM

Beachten Sie hierbei, dass alle zusammengerechneten Fließkommazahlen in der Summe einen Wert vom Typ `Double` zurückgeben. Eine Ausnahme bildet hierbei der noch präzisere Typ `BigDecimal`, der zu einem `BigDecimal`-Wert führt.

Genauso werden aufsummierte Ganzzahlen einen Wert des Typs `Long` ergeben und `BigInteger` zu einem `BigInteger` zusammengeführt.

GROUP BY ... [HAVING]

Häufig werden aggregierte Werte nach bestimmten Spaltenfeldern gruppiert. Dies ist auch bei einer JPQL-Anweisung möglich. Beispielsweise summiert die folgende Anweisung die Summe aller angebotenen Artikel, gruppiert aber hierbei nach der E-Mail-Adresse des Verkäufers:

```
Query query =
    em.createQuery(
    "SELECT c.email, SUM(i.price) "
    + "FROM Customer c JOIN c.offers i "
    + "GROUP BY c.email"
);
```

Listing 8.133 GROUP BY

Mit dem Schlüsselwort HAVING setzen wir eine Gruppierungsklausel. Die folgende Abfrage gibt nur die Verkäufer aus, die mindestens zehn Artikel angeboten haben:


```
Query query =
        em.createQuery(
        "SELECT c.email, SUM(i.price) "
        + "FROM Customer c JOIN c.offers i "
        + "GROUP BY c.email "
        + "HAVING COUNT(i.id) > 10"
    );
```

Listing 8.134 GROUP BY HAVING

8.10.4 Unterabfragen

Unterabfragen werden sehr häufig dann verwendet, wenn eine WHERE-Bedingung einer primären SELECT-Anweisung mit einer weiteren Ergebnismenge verglichen werden soll. Auf Unterabfragen wurde in Kapitel 6, »Die relationale Datenbank«, bereits eingegangen. Dort hatten wir eine SQL-Abfrage programmiert, um den Kunden mit dem höchsten Umsatz über ihre E-Mail-Adresse zu gratulieren.

```
SELECT C.EMAIL, SUM(I.PRICE)
FROM CUSTOMER C
INNER JOIN ITEM I
ON (C.ID = I.SELLER_ID)
WHERE I.SOLD IS NOT NULL
GROUP BY C.EMAIL
HAVING SUM(I.PRICE) >= ALL (
    SELECT SUM(J.PRICE)
    FROM CUSTOMER D
    JOIN ITEM J
    ON (D.ID = J.SELLER_ID)
    WHERE J.SOLD IS NOT NULL
    GROUP BY D.ID
);
```

Listing 8.135 E-Mail-Adressen der Kunden mit teuren Artikeln (SQL)

Wir werden diese SQL-Abfrage nun mit JPQL formulieren. Das folgende Listing erfüllt über JPQL genau den gleichen Zweck wie das obige mit SQL:

```
EntityManager em =
    Persistence.
    createEntityManagerFactory(
    "onlineshop-jpa").createEntityManager();

Query query =
    em.createQuery(
        "SELECT c.email, SUM(i.price) "
        + "FROM Customer c "
        + "INNER JOIN c.offers i "
        + "WHERE i.sold IS NOT NULL "
        + "GROUP BY c.email "
        + "HAVING SUM(i.price) >= ALL ( "
            + "SELECT SUM(j.price) "
            + "FROM Customer d "
            + "JOIN d.offers j "
            + "WHERE j.sold IS NOT NULL "
            + "GROUP BY d.id "
        + ") ");

        List<Object[]> rows =
            query.getResultList();
```

Listing 8.136 E-Mail-Adressen der Kunden mit teuren Artikeln (JPQL)

8.10.5 Zeichenketten auswerten

Um Zeichenketten auszuwerten, bietet JPQL unterschiedliche Ausdrücke an, über die beispielsweise String-Fragmente gesucht oder verändert werden können. Im Folgenden werden gängige Beispiele hierzu gezeigt.

LIKE

Genau wie bei ANSI-SQL kann auch bei JPQL mit dem Schlüsselwort `LIKE` nach Textfragmenten gesucht werden. Durch das Prozentzeichen zeigen wir an, dass an der spezifizierten Stelle

- kein Zeichen oder
- beliebige Zeichen

stehen können.

Im folgenden Beispiel suchen wir alle Kunden, deren Passwort mit der Zeichenkette 'Taxi' beginnt:

```
Query query =
        em.createQuery(
            "FROM Customer c "
            + "WHERE c.password LIKE 'Taxi%')"
        );
```

Listing 8.137 LIKE

Mit einem Unterstrich merken wir an, dass an der Stelle genau ein beliebiges Zeichen erlaubt ist. In unserem Beispiel müssen wir eigene Unterstriche und Prozentzeichen mit dem Symbol '\' kennzeichnen, damit die JPA sie als normale Zeichen ansieht.

Im folgenden Beispiel suchen wir nach allen Passwörtern, die mit einem beliebigen Zeichen beginnen und mit 'axi_123' enden:

```
Query query =
        em.createQuery(
            "FROM Customer c "
            + "WHERE c.password LIKE '_axi\_123')"
        );
```

Listing 8.138 LIKE

LENGTH (s)

Über LENGTH kann die Anzahl einer Zeichenkette als int-Wert erhalten werden:

```
SELECT LENGTH(c.password) FROM Customer c
```

Listing 8.139 LENGTH

LOCATE (s, ges [, start])

Über LOCATE wird das erstmalige Auftreten einer Zeichenkette innerhalb einer anderen Zeichenkette gesucht. Über einen dritten Parameter kann der Startpunkt für das Suchen gesetzt werden:

```
SELECT LOCATE(c.email, '@', 2) FROM Customer c
```

Listing 8.140 LOCATE

LOWER und UPPER

Mit LOWER und UPPER werden alle Zeichen klein- bzw. großgeschrieben.

```
SELECT LOWER(c.email) FROM Customer c
```

Listing 8.141 LOWER

TRIM ([[LEADING | TRAILING | BOTH] z FROM] s)

TRIM entfernt das Vorkommnis eines Zeichens vom Anfang und vom Ende einer Zeichenkette. Die übliche Nutzung dient der Löschung von Leerzeichen.

Mit folgender Abfrage werden beispielsweise alle Leerzeichen vor und nach der E-Mail-Adresse eines Kunden gelöscht:

```
SELECT TRIM(c.email) FROM Customer c
```

Listing 8.142 TRIM

Es sind jedoch auch vom Leerzeichen abweichende Zeichenketten entfernbar. Zum Beispiel entfernt die folgende Anweisung alle Vorkommen des Zeichens 'e' vor und nach der E-Mail-Adresse:

```
SELECT TRIM(BOTH 'e' FROM c.email) FROM Customer c
```

Listing 8.143 TRIM BOTH

BOTH ist der Default-Wert. Über die optionalen Parameter LEADING und TRAILING kann festgelegt werden, ob lediglich anfängliche bzw. endende Zeichen entfernt werden sollen.

Mit CONCAT können mehrere Zeichenketten aneinandergefügt werden:

```
SELECT CONCAT(c.email, '-', c.password) FROM Customer c
```

Listing 8.144 CONCAT(s1, s2,s3, ...)

SUBSTRING(s, start [, anzahl])

SUBSTRING gibt ein Teilstück einer Zeichenkette zurück:

```
SELECT SUBSTRING(c.email, 3, 2) FROM Customer c
```

Listing 8.145 SUBSTRING

8.10.6 Fallunterscheidungen

Die folgenden Fallunterscheidungen werden dem ORACLE-SQL-versierten Leser bekannt vorkommen. Die Rede ist von der NULLIF-, COALESCE- und der CASE-Fallunterscheidung. In der Einführung zur Oracle Database haben wir sie nicht behandelt, das dies im Rahmen dieses Buches zu weit führen würde. Aber da sie seit der Version JPA 2.0 zur JPQL-Syntax dazugehören, sollten sie in diesem Kapitel mit aufgeführt werden.

NULLIF

Mit NULLIF kann auf einen Default-Wert ausgewichen werden, wenn der Wert der Abfrage eine null zurückgibt.

Zum Beispiel gibt die folgende Anweisung bei dem Feld i.sold normalerweise den Zeitpunkt des Verkaufs aus. Wenn das Feld aber noch leer ist, wird statt einer null der aktuelle Zeitpunkt ausgegeben:

```
SELECT
    i.id,
    i.title,
    i.price,
    NULLIF(i.sold, CURRENT_TIMESTAMP)
FROM
    Item i
```

Listing 8.146 NULLIF

COALESCE

COALESCE geht noch einen Schritt weiter, denn hierüber können Sie mehrere Werte kommagetrennt hintereinander angeben. Der erste hiervon, der nicht auf null verweist, wird als Rückgabewert verwendet.

Für das obige Beispiel könnten wir deshalb auch Folgendes schreiben:

```
SELECT
    i.id,
    i.title,
    i.price,
    COALESCE(i.sold, CURRENT_TIMESTAMP)
FROM
    item i
```

Listing 8.147 COALESCE

Der CASE-Ausdruck

Der CASE-Ausdruck ermöglicht, dass eine ganz individuelle Fallunterscheidung innerhalb einer SQL-Anweisung programmiert wird. Das obige Beispiel lässt sich mit dem CASE-Ausdruck wie folgt formulieren:

```
SELECT
    i.id,
    i.title,
    i.price,
```

```
    CASE WHEN i.sold IS NOT NULL
        THEN i.sold
        ELSE CURRENT_DATE
    END
FROM Item i
```

Listing 8.148 CASE WHEN ...

8.10.7 Datum und Zeit

JPQL bietet drei Ausdrücke an, mit denen Zeitpunkte von der Datenbank besorgt werden können.

CURRENT_DATE

Mit `CURRENT_DATE` wird der aktuelle Zeitpunkt als Wert vom Typ `java.sql.Date` geliefert.

CURRENT_TIME

Mit `CURRENT_TIME` wird der aktuelle Zeitpunkt als Wert vom Typ `java.sql.Time` geliefert.

CURRENT_TIMESTAMP

Mit `CURRENT_TIMESTAMP` wird der aktuelle Zeitpunkt als Wert vom Typ `java.sql.Timestamp` geliefert.

8.10.8 Parameter setzen

Ähnlich wie bei einem `PreparedStatement` können auch bei einer JPQL-Abfrage Parameter gesetzt werden. Dabei wird für den Parameter zunächst ein Platzhalter in die Abfrage gesetzt. So ähnlich wie bei einem `PreparedStatement` stehen als Platzhalter zwei verschiedene Möglichkeiten zur Verfügung, nämlich Positionsparameter und benannte Parameter.

Positionsparameter (positional parameter)

Bei einem Positionsparameter wird die Nummer der Position mit einem vorangestellten Fragezeichen, stellvertretend für den Wert, in die Abfrage gesetzt:

```
Query query =
    em.createQuery(
        "SELECT c "
        + "FROM Customer c "
        + "WHERE c.email = ?1 "
        + "AND c.password = ?2");
```

Listing 8.149 Positionsparameter

Danach erhalten die Positionsparameter mit der Methode setParameter() einen Wert:

```
query.setParameter(1, "j@java2enterprise.de");
query.setParameter(2, "Taxi_123");
```

Benannte Parameter (named parameter)

Neben den Positionsparametern können als Platzhalter auch benannte Parameter eingesetzt werden. Diese sind in der Praxis auch weitaus verbreiteter als die Positionsparameter, weil sie auch zu einem besser lesbaren Quelltext führen.

Benannte Parameter erhalten einen Variablennamen, dem ein Doppelpunkt vorangestellt wird:

```
SELECT c FROM Customer c
WHERE c.email = :email
```

Listing 8.150 Named Parameter

Anschließend kann wieder mithilfe der Methode setParameter() der Klasse Query die Parametervariable mit einem Wert gefüllt werden:

```
query.setParameter("email", "j@java2enterprise.de");
query.setParameter("password", "Taxi_123");
```

Im folgenden Beispiel realisieren wir auf diese Weise eine Validierungsmethode:

```
public boolean validate(
    String email,
    String password) {
    EntityManager em =

    Persistence.
        createEntityManagerFactory(
        "onlineshop-jpa").createEntityManager();

    TypedQuery<Customer> query =
        em.createQuery(
        "SELECT c "
        + "FROM Customer c "
        + "WHERE c.email = :email "
        + "AND c.password = :password",
        Customer.class
    );
    query.setParameter("email", email);
```

```
        query.setParameter("password", password);

        List<Customer> customers = query.getResultList();
        em.close();
        return !customers.isEmpty();
    }
...
```

Listing 8.151 »CustomerController.java«

In den obigen Beispielen haben wir der Methode `setParameter()` Zeichenketten als Werte übergeben, weil die Attribute `email` und `password` vom Typ `java.lang.String` waren. Wenn wir hingegen für das Attribut `price` einen Wert setzen wollten, müssten wir als Parameter einen Wert des Typs `Double` einsetzen. Mit anderen Worten: Obwohl die Methode `setParameter()` einen Wert des allgemeingültigen Datentyps `Object` erwartet, werden wir zur Laufzeit mit einer `java.lang.IllegalArgumentException` rechnen müssen, wenn wir ihr keinen passenden Datentyp übergeben.

Temporale Parameter

Um über JPQL einen Zeitpunkt in eine Abfrage zu setzen, gibt es verschiedene Möglichkeiten. Die einfachste hiervon ist es, der Methode `setParameter()` ein Objekt der Typen `java.util.Date` oder `java.util.Calendar` zu übergeben. Dabei begegnen wir aber wieder dem Problem, dass diese grundlegenden Java-Typen nur über einen Umweg zu den SQL-Datentypen passend sind. Es muss also auch hier wieder eine Umwandlung über Temporaltypen vorgenommen werden. Dabei wird die Methode `setParameter()` mit einem weiteren Parameter aufgerufen, der vom Typ `TemporalType` ist. In folgendem Beispiel werden alle Artikel ausgegeben, die in der letzten Woche gekauft worden sind. Hierfür werden wir uns den aktuellen Zeitpunkt über die Klasse `java.util.Date` beschaffen. Weil `java.util.Date` das Zeitmaß der Millisekunde innehat, werden wir dem aktuellen Wert die Anzahl der Millisekunden, die seit einer Woche vergangen sind, abziehen. Dies sind 1000 x 60 x 60 x 24 x 7 Millisekunden:

```
...
EntityManager em =
    Persistence.
    createEntityManagerFactory(
    "onlineshop-jpa").createEntityManager();
Query query =
    em.createQuery(
        "SELECT i FROM Item i "
        + "WHERE i.sold > :lastWeek ");
Date lastWeek = new Date(
    System.currentTimeMillis()     - 1000*60*60*24*7);
```

```
query.setParameter(
    "lastWeek",
    lastWeek,
    TemporalType.TIMESTAMP);
```

Listing 8.152 Die Artikel, die letzte Woche verkauft worden sind

In folgender Abfrage werden wir nun alle Artikel aus der Datenbank holen, die seit dem 01.01.2013 verkauft worden sind. Die JPA wird die Transformation dann bereitwillig für uns vornehmen:


```
query.setParameter(
"date", new java.util.Date(), TemporalType.DATE);
```

Listing 8.153 Das Setzen des »TemporalType.DATE«

8.10.9 Individuelle Ergebnismengen mit dem »new«-Operator

Es gibt eine alternative Form, mit der man eine Liste von Objekten eines festgelegten Datentyps erhalten kann. Dabei erzeugt man den erwünschten Datentyp mit dem `new`-Operator.

Zum Beispiel holt folgende Abfrage normalerweise die Anzahl der vorhandenen Kunden als Objekt des Typs `java.lang.Long` zurück:

```
Query query =
    em.createQuery(
    "SELECT COUNT(c) "
    + "FROM Customer c");
```

Listing 8.154 Gängige JPQL-Anweisung

Die Ergebnismenge kann aber auch zu einem abweichenden Klassentyp gewandelt werden. Wichtig ist hierbei, dass die Klasse über einen Konstruktor verfügt, der mit den erhaltenen Datentypen aufgerufen werden kann.

Zum Beispiel verfügt die Klasse `String` über einen Konstruktor, der als Parameter einen Wert des Typs `Long` entgegennimmt. Mithilfe dieses Konstruktors erhalten wir von folgendem Listing ein Objekt eines Strings statt eines `Long`-Typs zurück:

```
Query query =
    em.createQuery(
    "SELECT new java.lang.String(COUNT(c)) "
    + "FROM Customer c");
```

Listing 8.155 Individuelle Ergebnismenge mit dem »new«-Operator

Auf diese Weise lässt sich auch eine noch individuellere Ergebnismenge erzeugen.

Im folgenden Beispiel werden wir für den Onlineshop eine Klasse programmieren, die die Zugriffe eines Benutzers protokollieren soll. Wir nennen die Klasse `Protocol.java`. In der Klasse fügen wir zwei Attribute hinzu, nämlich ein Attribut des Typs `Customer` und ein Attribut des Typs `java.util.Date`, das den Zeitpunkt des Zugriffs festhalten soll:

```
package de.java2enterprise.onlineshop;

import java.util.Date;

import de.java2enterprise.onlineshop.model.Customer;

public class Protocol {
    private Customer customer;
    private Date accessTime;

    public Protocol(
            Customer customer,
            Date accessTime) {
        this.customer = customer;
        this.accessTime = accessTime;
    }

    public Customer getCustomer() {
        return customer;
    }

    public void setCustomer(Customer customer) {
        this.customer = customer;
    }

    public Date getAccessTime() {
        return accessTime;
    }

    public void setAccessTime(Date accessTime) {
        this.accessTime = accessTime;
    }
}
```

Listing 8.156 »Protocol.java«

Über eine JPQL-Abfrage kann nun die individuelle Ergebnismenge erzeugt werden:

```
...
public Protocol report(String email) {
```

```
    EntityManager em =
        Persistence.createEntityManagerFactory(
        "onlineshop-jpa").createEntityManager();

    Query query =
        em.createQuery(
        "SELECT new "
        + "de.java2enterprise.onlineshop.Protocol("
        + "c, CURRENT_TIMESTAMP) "
        + "FROM Customer c "
        + "WHERE c.email = :email");
    query.setParameter("email", email);
    return query.getSingleResult();
}
...
```

Listing 8.157 »ProtocolController.java«

8.10.10 Über Assoziationsattribute navigieren

Wenn es sich bei einem Assoziationsattribut um eine **One-to-one**- oder **Many-to-one**-Beziehung handelt, kann mithilfe des Punktoperators auch über das Attribut hinweg navigiert werden.

Zum Beispiel erhalten wir im Onlineshop über folgende Abfrage die E-Mail-Adresse des Verkäufers eines Artikels:

```
Query query = em.createQuery(
    "SELECT i.seller.email FROM Item i");
String email = (String) query.getSingleResult();
```

Listing 8.158 Über Assoziationsattribute hinweg navigieren

Das obige Beispiel funktioniert aber nicht über Many-to-many- oder One-to-many-Assoziationsattribute, denn dort handelt es sich bei der Gegenseite ja nicht um eine einzige Entity, sondern um eine Collection von Entities.

8.10.11 Änderungen und Löschungen

Um einen Datensatz abzuändern, braucht sich ein SQL-erfahrener Entwickler nicht groß umzustellen, weil auch bei JPQL eine Aktualisierung per UPDATE und SET verwirklicht wird:

```
UPDATE Item i SET i.price = 100.0 WHERE i.id = 21
```

Listing 8.159 JPQL

Zur Durchführung des Updates bietet die Klasse `Query` die Methode `executeUpdate()` an, die in eine Transaktion geklammert wird. Das folgende Programm setzt den Preis eines Artikels mit der `id=21` auf 100,00 Euro:

```
...
EntityManager em =
    Persistence.createEntityManagerFactory(
    "onlineshop-jpa").createEntityManager();

em.getTransaction().begin();
Query query = em.createQuery(
    "UPDATE Item i "
    + "SET i.price = 100.0 "
    + "WHERE i.id = 21");
query.executeUpdate();
em.getTransaction().commit();
...
```

Listing 8.160 Der Preis aller Artikel wird auf den Wert 100.0 gesetzt.

Datensätze entfernen

Genauso ist es nun mit `DELETE` und `FROM` auch möglich, Datensätze zu entfernen. Im folgenden Beispiel wird ein Artikel aus der Datenbank entfernt:

```
...
EntityManager em =
    Persistence.createEntityManagerFactory(
    "onlineshop-jpa").createEntityManager();

em.getTransaction().begin();
Query query = em.createQuery(
    "DELETE FROM Item i "
    + "WHERE i.id = 21");
query.executeUpdate();
em.getTransaction().commit();
```

Listing 8.161 Der Artikel mit der ID=21 wird gelöscht.

8.10.12 Named Queries

JPQL-Abfragen können als sogenannte *Named Queries* vordeklariert werden. Der Vorteil von Named Queries ist, dass die JPQL- bzw. die SQL-Quelltexte nicht innerhalb des Java-Quelltextes zu stehen brauchen, sondern an einem spezifizierten Ort lokalisiert sind. Dadurch wird der Quelltext besser lesbar.

Ein einfaches Beispiel

Named Queries werden entweder in der Konfigurationsdatei *orm.xml* definiert oder mithilfe einer Annotation einer Java-Klasse beigefügt. Die gängigste Art, eine Named Query zu definieren, ist, die Annotation `@NamedQuery` einzusetzen.

Als wir mithilfe von Eclipse JPA-Entities erstellt haben, hatte uns der Wizard bereits Named Queries in der Klasse `Customer` und in der Klasse `Item` erzeugt. Wir schauen uns die Named Query aus der Klasse `Customer` nun an:

```
...
@Entity
@Table(schema="ONLINESHOP", name="CUSTOMER")
@NamedQuery(
    name="Customer.findAll",
    query="SELECT c FROM Customer c")
public class Customer implements Serializable {
...
```

Listing 8.162 NamedQuery

Der Bezeichner der Named Query muss nicht zwingend wie in dem obigen Beispiel `"Customer.findAll"` mit dem Klassennamen beginnen. Zum Beispiel hätten wir die Query auch einfach nur `"findAll"` benennen und sie in einer anderen JPA-Entity ablegen können. Der Ordnung halber ist es jedoch vorteilhaft, wenn die Named Query mit dem Namen der Entity-Klasse beginnt und per Annotation dieser JPA-Entity beigefügt wird.

Named Queries in der »orm.xml«

Named Queries können auch in der Mapping-Konfigurationsdatei *orm.xml* stehen. Die gleiche Auswirkung wie im obigen Beispiel hat dort folgender Eintrag:

```
...
<named-query name="Customer.findAll">
    <query>
        SELECT c FROM Customer c
    </query>
</named-query>
...
```

Listing 8.163 »orm.xml«

Mehrere Named Queries für eine einzige JPA-Entity

Um einer JPA-Entity auch verschiedene Named Queries hinzuzufügen, bietet die API die Annotation `@NamedQueries` an.

Im folgenden Beispiel werden mehrere Named Queries in die Klasse `Customer.java` gesetzt:

```
...
@NamedQueries(
    value={
    @NamedQuery(
        name="Customer.findAll",
        query="SELECT c FROM Customer c"),
    @NamedQuery(
        name="Customer.validate",
        query="SELECT c FROM Customer c " +
            "WHERE c.email = :email " +
            "AND c.password = :password")
    }
)
public class Customer implements Serializable {
...
```

Listing 8.164 »Customer.java«

Die Named Query verwenden

Um eine Named Query zur Laufzeit einzusetzen, verwenden Sie im EntityManager die Methode `createNamedQuery()`. Als Übergabeparameter erwartet die Methode den Bezeichner der Named Query. Beispielsweise können wir die Query `"Customer.findAll"` wie folgt aufrufen:

```
...
Query query = em.createNamedQuery("Customer.findAll");
...
```

Listing 8.165 »Main.java«

8.11 Die Criteria-API

In diesem Abschnitt wird die gängige Nutzung der Criteria-API beschrieben. Dabei wird wiederkehrend auf die JPQL-Abfragen des letzten Abschnitts Bezug genommen, denn durch diese Gegenüberstellung wird die Funktionsweise der Criteria-API verständlicher.

Die Criteria-API wurde ins Leben gerufen, weil die Arbeit mit der textbasierten JPQL nicht typsicher ist. Damit ist gemeint, dass das Vertippen innerhalb der JPQL-Anweisung zur Kompilierzeit nicht auffällt. Dadurch können zur Laufzeit Fehler auftreten. Wohingegen die Criteria-API sicherstellt, dass die verwendeten Objekte und Methoden während des Kompilierens geprüft sind.

Die JPA spezifiziert darüber hinaus noch ein sogenanntes *statisches Metamodell*. Bei dieser Programmiertechnik erzeugt man zunächst statische Klassen, über die man anschließend bei den Abfragen navigieren kann. Die Persistence-Provider bieten hierzu eine automatische Generierung, die auch in Eclipse verwendet werden kann.

8.11.1 Eine einfache Abfrage programmieren

Die Möglichkeiten der Criteria-Schnittstelle ähneln der von JPQL. Letztendlich führen ja auch beide APIs zu SQL-Anweisungen, die an die Datenbank versendet werden. Wir schauen uns zunächst eine ganz einfache Abfrage mit JPQL an und stellen sie einer gleichen Abfrage mit der Criteria-API gegenüber.

Die einfache Abfrage mit JPQL

Im letzten Abschnitt haben wir die Gesamtliste aller Kunden von der Datenbank geholt, indem wir der Methode `EntityManager.createQuery()` die Abfrage `"SELECT c FROM Customer c"` und die `Customer.class` als Klassentyp mitgaben. Hierdurch konnten wir ein typsicheres Objekt der Klasse `Query` erzeugen:

```
TypedQuery<Customer> query =
    em.createQuery(
        "SELECT c FROM Customer c",
        Customer.class
    );
```

Listing 8.166 Eine einfache Abfrage mit JPQL

Die einfache Abfrage mit der Criteria-API

Die gleiche Abfrage schaut mit der Criteria-API wie folgt aus:

```
TypedQuery<Customer> query =
    em.createQuery(
        em.getCriteriaBuilder().
        createQuery(Customer.class)
    );
```

Listing 8.167 Eine einfache Abfrage mit der Criteria-API

In dem obigen Beispiel wurde deutlich, dass die Criteria-API wesentlich typsicherer als die JPQL-API ist. Denn während in der JPQL-Abfrage Rechtschreibfehler nicht aufgefallen wären, warnt uns die IDE bereits während der Entwicklung des Quelltextes, indem Schreibfehler rot unterstrichen werden.

Genauso wie bei JPQL haben wir in dem Beispiel mit der Criteria-API die Methode `createQuery()` des EntityManagers verwendet, denn sie kann nicht nur JPQL-Strings entgegennehmen, sondern auch Instanzen der Klassen:

- `CriteriaQuery` (für Abfragen)
- `CriteriaUpdate` (für Änderungen)
- `CriteriaDelete` (für Löschungen)

Für eine Abfrage müssen wir also ein Objekt der Klasse `CriteriaQuery` erzeugen und es als Parameter der Methode `EntityManager.createQuery()` mitgeben.

Die einfache Abfrage in vier Einzelschritte zerlegen

Wir werden nun die gleiche Abfrage in mehrere kleine Einzelschritte zerlegen, denn durch die isolierten Anweisungen lassen sich die einzelnen Schritte, die im obigen Beispiel zusammengestaucht wurden, besser erklären.

Damit Sie das Beispiel auf Ihrem Rechner genau mit programmieren können, werden wir es in einer Java-SE-Anwendung schreiben, genauso wie es im letzten Abschnitt über JPQL gezeigt wurde.

```
...
EntityManagerFactory emf =
    Persistence.
        createEntityManagerFactory(
            "onlineshop-jpa");

EntityManager em = emf.createEntityManager();

// Schritt 1:
    CriteriaBuilder cb = em.getCriteriaBuilder();

// Schritt 2:
    CriteriaQuery<Customer> cq =
        cb.createQuery(Customer.class);

// Schritt 3:
    TypedQuery<Customer> typedQuery = em.createQuery(cq);

// Schritt 4:
    List<Customer> customers = typedQuery.getResultList();

    final Logger logger = Logger.getLogger("Beispiel");
    for(Customer customer : customers) {
```

```
        logger.log(Level.INFO, customer.toString());
    }
    ...
```

Listing 8.168 Die einfache Abfrage in vier Einzelschritten

Zunächst besorgen wir uns wieder eine Instanz der `EntityManagerFactory` und eine Instanz des EntityManagers, denn er ist nach wie vor Dreh- und Angelpunkt jeglicher Arbeit mit der JPA:

- Schritt 1:
  Die Arbeit mit der Criteria-API beginnt, indem wir ein Objekt der Klasse `CriteriaBuilder` beschaffen. Wir erhalten eine Instanz der Klasse `CriteriaBuilder` durch die Methode `getCriteriaBuilder()`, die sowohl von der Klasse `EntityManager` als auch von der Klasse `EntityManagerFactory` angeboten wird. Die Wahl steht uns frei.
- Schritt 2:
  Im nächsten Schritt können wir uns ein Objekt der Klasse `CriteriaQuery` besorgen. Wir erhalten die Instanz der Klasse `CriteriaQuery` über die Methode `createQuery()` der Klasse `CriteriaBuilder`. Um eine typsichere Variante der `CriteriaQuery` zu erhalten, geben wir der Methode `createQuery()` die Klasse der JPA-Entity mit.
- Schritt 3:
  Im dritten Schritt rufen wir die Methode `createQuery()` der Klasse `EntityManager` auf und übergeben ihr das Objekt der `CriteriaQuery` als Parameter. Hierdurch erhalten wir ein Objekt der Klasse `TypedQuery`.
- Schritt 4:
  Im vierten Schritt rufen wir die Methode `getResultList()` der Klasse `TypedQuery` auf. Die Methode gibt uns eine Liste von Customer-Objekten zurück.

Im Beispiel konnte man sehen, dass die Programmierung mit der Criteria-API mehrere Zwischenschritte birgt. Wir werden die obigen Anweisungen von nun an weiterhin verwenden, denn sie bilden auch für differenziertere Abfragen das Grundgerüst.

8.11.2 Eine Criteria-Query mit einer WHERE-Bedingung

Wenn man mit der Criteria-API programmiert, muss man sich mit dem besonders gut durchdachten Schnittstellenkonzept der Criteria-API auseinandersetzen. In Abbildung 8.42 sehen Sie die Hierarchie der Schnittstellen in diesem Konzept, dessen oberste Schnittstelle `javax.persistence.TupleElement` genannt wird.

Sie erinnern sich vielleicht daran, dass in Kapitel 6, »Die relationale Datenbank«, bereits von einem sogenannten Tupel die Rede war. Dort wurde in der Einleitung erwähnt, dass ein Tupel einem Datensatz einer Datenbanktabelle entspricht und seine Attribute ein Spaltenfeld darstellen.

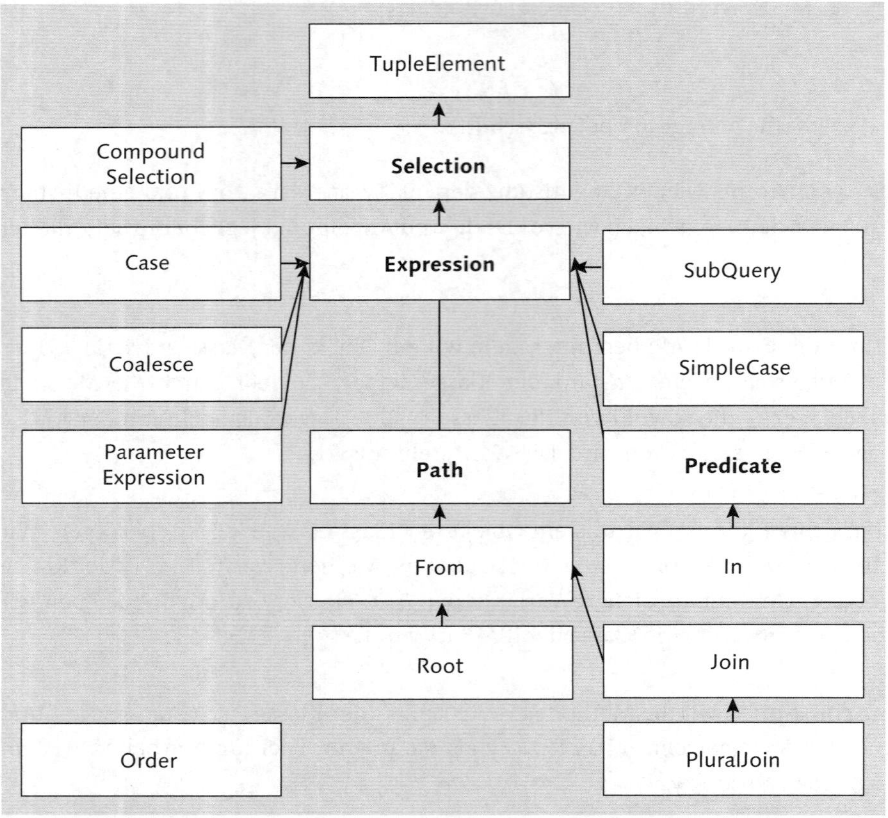

Abbildung 8.42 Die Vererbungshierarchie der Tuple-Schnittstellen

Das Schnittstellenkonzept der Criteria-API geht aber über diese Definition weit hinaus, denn es umfasst ein hierarchisches Objekten-Gebilde, dessen Knoten fast beliebiger Natur sein können. Um das besonders generische Tupel-Konzept der Criteria-API zu verwirklichen, stellt ein TupleElement also weitaus mehr dar, als es das in der relationalen Datenbank tut.

Ein TupleElement repräsentiert die Urvater-Schnittstelle des generischen Konzepts. Es ist also ein generisches Objekt, das für jegliche Zwecke in einer Criteria-Abfrage verwendet und sowohl als Parameter als auch als Rückgabewert eingesetzt wird. Im Programm werden wir mit diesen zwei Vater-Schnittstellen aber kaum in Berührung kommen. Sie wurden an dieser Stelle nur gezeigt, um das Grundprinzip des Konzepts anzureißen. Für die Programmierung einer Abfrage sind hingegen die Schnittstellen `Selection`, `Root`, `Path`, `Expression` (zu Deutsch »Ausdruck«) und `Predicate`(zu Deutsch »Behauptung«) viel wichtiger. Warum diese Schnittstellen von Bedeutung sind, wird deutlich, wenn man den Aufbau einer gängigen Abfrage betrachtet. Deshalb werden wir uns nun anschauen, wie wir von der Datenbanktabelle CUSTOMER einen Kunden besorgen, der eine bestimmte E-Mail-Adresse aufweist, denn hierfür benötigen wir die grundlegenden Elemente einer Abfrage. Das sind nämlich `SELECT`, `FROM` und `WHERE`. Für diese grundlegenden Elemente bietet die Klasse `CriteriaQuery` entsprechende Methoden an. Diese grundlegenden Methoden lauten:

- `select()`
- `from()`
- `where()`

Neben diesen grundlegenden Methoden der Klasse `CriteriaQuery` benötigen wir auch noch weitere Methoden, über die wir Behauptungen (oder besser gesagt Vergleiche und Einschränkungen) formulieren können. Diese Methoden liefert die Klasse `CriteriaBuilder`, und zwar sind das folgende:

- `between()`
- `equal()`
- `exists()`
- `ge()`
- `greaterThan()`
- `greaterThanOrEqualTo()`
- `greatest(Expression<X>)`
- `gt()`
- `isEmpty()`
- `isFalse()`
- `isMember()`
- `isNotEmpty()`
- `isNotMember()`
- `isNotNull()`
- `isNull()`
- `isTrue()`
- `le()`
- `lessThan()`
- `lessThanOrEqualTo()`
- `like()`
- `not()`
- `notEqual()`
- `notLike()`

Das folgende Listing zeigt, wie wir die erwünschte Abfrage über die Methoden `select()`, `from()` und `where()` programmieren:

```
EntityManagerFactory emf =
         Persistence.
             createEntityManagerFactory(
                 "onlineshop-jpa");

EntityManager em = emf.createEntityManager();

CriteriaBuilder cb = em.getCriteriaBuilder();
CriteriaQuery<Customer> cq =
         cb.createQuery(Customer.class);

Root<Customer> c = cq.from(Customer.class);

Path<Object> email = c.get("email");
```

```
Predicate p = cb.equal(email, "j@java2enterprise.de");

cq.select(c).where(p);

TypedQuery<Customer> typedQuery = em.createQuery(cq);

List<Customer> customers = typedQuery.getResultList();
final Logger logger = Logger.getLogger("Main");
for(Customer customer : customers) {
    logger.log(Level.INFO, customer.toString());
}
```

Listing 8.169 Eine Criteria-Query mit einer WHERE-Bedingung

In dem Listing erhalten wir durch die Methode `from()` eine Instanz eines Root-Objekts. Das Root-Objekt entspricht in etwa dem Alias einer JPQL-Abfrage. Wir brauchen dieses Objekt, denn es liefert uns über die Methode `get()` eine Referenz zu dem Attribut `email`.

Weil wir später noch mit der Methode `where()` einen Vergleich zwischen dem Attribut und einer Zeichenkette ziehen wollen, setzen wir nun die Methode `equal()` der Klasse `CriteriaBuilder` ein. Diese Methode liefert ein Objekt der Klasse `Predicate`. Hierbei handelt es sich also um unser Einschränkungskriterium.

Der Methode `select()` übergeben wir den Alias als Parameter. Hinter der Methode `select()` fügen wir die Methode `where()` an und übergeben ihr das Objekt der Klasse `Predicate`.

8.11.3 Mit dem Canonical Metamodel arbeiten

Das letzte Beispiel mit der Criteria-API hat gezeigt, dass es gegenüber einer JPQL-Abfrage im Vorteil ist, da es eine gewisse Typsicherheit mitbringt. Dennoch hätten wir uns vertippen können, als wir den Bezeichner des Attributs `email` schrieben.

Aus diesem Grund hat die JPA die Generierung eines statischen Metamodells eingeführt. Dieses Metamodell wird im Fachjargon auch als sogenanntes *Canonical Metamodel* bezeichnet. Über dieses Metamodell kann auf die Bezeichner der Entity-Klassen typsicher zugegriffen werden.

Das Metamodell enthält zu jeder JPA-Entity ein Gegenstück. Es besteht also aus der gleichen Menge an Klassen, wie sie für die JPA-Entities definiert worden sind. Im Metamodell ist jede Klasse nach ihrem JPA-Entity-Gegenstück benannt. Wobei hinter jedem Bezeichner ein Unterstrich angefügt wird. Zum Beispiel nennt sich die Metamodellklasse für die JPA-Entity `Customer.java` **Customer_.java**.

Jede Klasse des Metamodells wird mit der Annotation `@StaticMetaModel` versehen.

Jedes Attribut der JPA-Entity wird in der Klasse des Metamodells als statisches Attribut zur Verfügung gestellt. Die statischen Attribute der Metamodellklasse erhalten dabei eine Annotation, die von der Annotation `@Attribute` abgeleitet ist. Zur Auswahl stehen:

- `@SingularAttribute`
- `@CollectionAttribute`
- `@ListAttribute`
- `@MapAttribute`
- `@SetAttribute`

Weil die Generierung des statischen Metamodells automatisiert werden kann, bieten die Persistence-Provider entsprechende Mechanismen an. In Eclipse ist es sogar noch einfacher. Denn dort kann die Generierung des statischen Metamodells mit wenigen Mausklicks erzeugt werden. Hierfür öffnen Sie das Fenster PROPERTIES ihres JPA-fähigen Projekts und klicken auf der linken Seite auf JPA. Rechts unten sollte der Kasten CANONICAL METAMODEL (JPA 2.0) zu sehen sein. Klicken Sie auf das Auswahlfenster für den SOURCE FOLDER, und selektieren Sie SRC (Abbildung 8.43).

Kurz darauf sollte Eclipse für jede JPA-Entity auch eine Klasse des Metamodells erstellt haben. Die Klasse `Customer_.java` könnte beispielsweise wie folgt aussehen:

```
package de.java2enterprise.onlineshop.model;

import javax.annotation.Generated;
import javax.persistence.metamodel.SingularAttribute;
import javax.persistence.metamodel.StaticMetamodel;

@Generated(value="Dali", date="2013-09-30T09:59:23.338+0200")
@StaticMetamodel(Customer.class)
public class Customer_ {
    public static volatile
SingularAttribute<Customer, Long> id;
    public static volatile
SingularAttribute<Customer, Long> version;
    public static volatile
SingularAttribute<Customer, String> email;
    public static volatile
SingularAttribute<Customer, String> password;
}
```

Listing 8.170 Die generierte Metamodellklasse »Customer_.java«

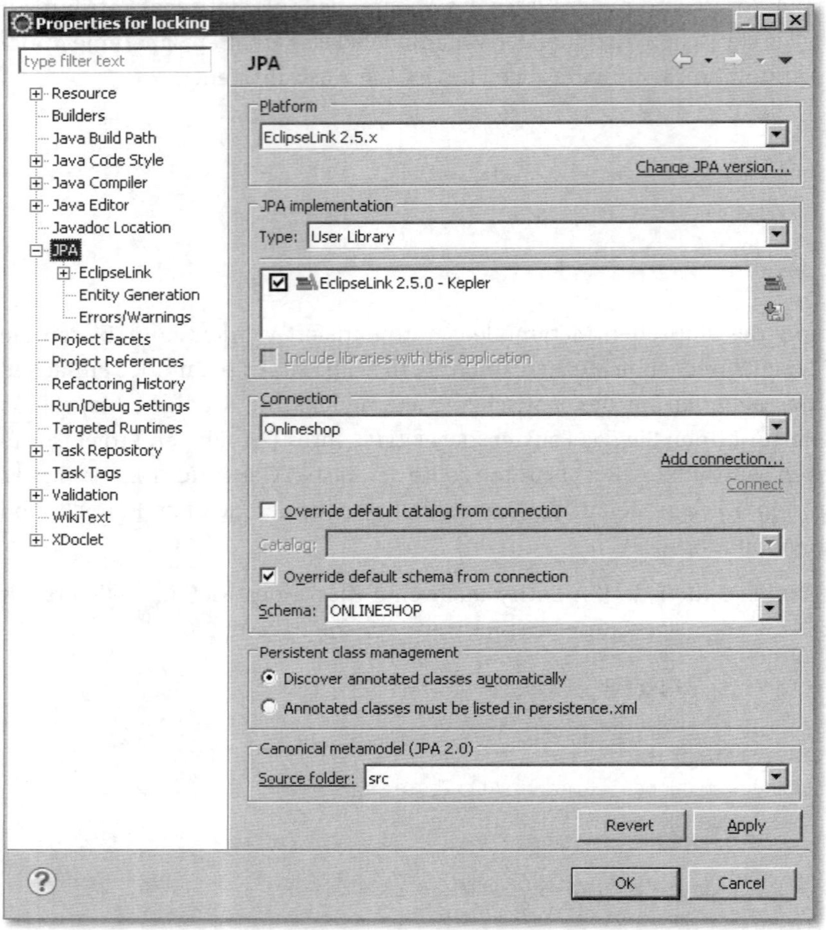

Abbildung 8.43 Die Erstellung des Canonical Metamodels in Eclipse

Statt auf die Zeichenkette `email` kann im Programm anschließend auf die statischen Attribute des Metamodells zugegriffen werden:

```
...
CriteriaBuilder cb = em.getCriteriaBuilder();
CriteriaQuery<Customer> cq =
        cb.createQuery(Customer.class);

Root<Customer> c = cq.from(Customer.class);

Path<Object> email = c.get(Customer_.email);
```

```
Predicate p = cb.equal(email, "j@java2enterprise.de");

cq.select(c).where(p);

TypedQuery<Customer> typedQuery = em.createQuery(cq);

List<Customer> customers = typedQuery.getResultList();
...
```

Listing 8.171 Die Nutzung des statischen Metamodells

8.12 Fortgeschrittene Themen

Im letzten Abschnitt der JPA-Technologie werden wir einen Blick auf fortgeschrittene JPA-Themen werfen. Dabei schauen wir uns beispielsweise an, wie Attribute auf mehrere Entities bzw. mehrere Tabellen verteilt, Vererbung und Polymorphie verwirklicht oder native SQL-Abfragen in JPA eingebaut werden.

8.12.1 Spaltenfelder auf mehrere Klassen verteilen

In manchen Altsystemen können Datenbanktabellen im Laufe der Jahre sehr umfangreich werden. In solchen Fällen ist es hilfreich, dass man die Attribute Java-seitig auf mehrere JPA-Entities verteilen kann. In diesem Abschnitt werden wir beispielhaft die Spaltenfelder einer Datenbanktabelle auf zwei Klassen verteilen. Zugegeben, unsere Datenbanktabelle CUSTOMER ist mit ihren drei Spalten nicht sehr umfangreich. Wir können sie dennoch als Beispiel nutzen, denn die Technik, die wir verwenden werden, ist die gleiche wie bei einer Datenbanktabelle mit sehr vielen Spaltenfeldern.

Das Beispiel mit zwei Klassen

Im Beispiel ist es unser Ziel, die Zugangsdaten als eigene Klasse zu kapseln. Wir werden die Zugangsdaten, das heißt die Spaltenfelder EMAIL und PASSWORD, deshalb in eine gesonderte Klasse mit dem Namen `AccessData` auslagern. Die Klasse `AccessData` werden wir als Attribut in die Klasse `Customer` einbetten. `AccessData` wandeln wir zu einer einbettbaren Klasse, indem wir vor die Klassendefinition die Annotation `@Embeddable` setzen:

```
package de.java2enterprise.onlineshop;

import javax.persistence.Embeddable;

@Embeddable
public class AccessData {
```

```
    private String email;

    private String password;

    public String getEmail() {
        return email;
    }

    public void setEmail(String email) {
        this.email = email;
    }

    public String getPassword() {
        return password;
    }

    public void setPassword(String password) {
        this.password = password;
    }
}
```

Listing 8.172 »AccessData.java«

Die Klasse `Customer.java` kann die Klasse `AccessData` nun einbetten. Hierfür benötigt sie die Annotation `@Embedded`:

```
package de.java2enterprise.onlineshop;

import java.io.Serializable;

import javax.persistence.Embedded;
import javax.persistence.Entity;
import javax.persistence.Id;
import javax.persistence.Table;

@Entity
@Table(schema="ONLINESHOP", name="CUSTOMER")
public class Customer implements Serializable {
    private static final long serialVersionUID = 1L;

    @Id
    private Long id;
```

```
    @Embedded
    private AccessData accessData;

    public Long getId() {
        return id;
    }

    public void setId(Long id) {
        this.id = id;
    }

    public AccessData getAccessData() {
        return accessData;
    }

    public void setAccessData(AccessData accessData) {
        this.accessData = accessData;
    }
}
```

Listing 8.173 »Customer.java«

Die Benutzung der beiden Klassen zeigt das folgende Listing:

```
    Customer c = new Customer();
    c.setId(1L);
    AccessData accessData = new AccessData();
    accessData.setEmail("j@java2enterprise.de");
    accessData.setPassword("Taxi_123");
    c.setAccessData(accessData);

    em.getTransaction().begin();
    em.persist(c);
    em.getTransaction().commit();

    final Logger logger = Logger.getLogger("Main");
    logger.log(Level.INFO,
        em.find(Customer.class, 1L).toString());
```

Listing 8.174 »Main.java«

Attribute überschreiben

Im nächsten Beispiel gehen wir noch einen Schritt weiter. Denn dort möchten wir die AccessData.java etwas allgemeiner modellieren. Die Klasse soll die Zugangsdaten ganz allgemein als Schlüssel-Wert-Paare verwalten. Deshalb nennen wir die Attribute der Klasse key und value:

```
package de.java2enterprise.onlineshop;

import javax.persistence.Embeddable;

@Embeddable
public class AccessData {
    private String key;

    private String value;

    public String getKey() {
        return key;
    }

    public void setKey(String key) {
        this.key = key;
    }

    public String getValue() {
        return value;
    }

    public void setValue(String value) {
        this.value = value;
    }

}
```

Listing 8.175 »AccessData.java«

In der JPA-Entity Customer können wir die Klasse AccessData jetzt nicht mehr ohne Weiteres nutzen, denn die Spaltenfelder der Datenbanktabelle CUSTOMER nennen sich ja EMAIL und PASSWORD. Deshalb überschreiben wir die Attribute mit der Annotation @AttributeOverrides:

```
package de.java2enterprise.onlineshop;

import java.io.Serializable;
import javax.persistence.AttributeOverride;
import javax.persistence.AttributeOverrides;
import javax.persistence.Column;
import javax.persistence.Embedded;
import javax.persistence.Entity;
import javax.persistence.Id;
import javax.persistence.Table;

@Entity
@Table(schema="ONLINESHOP", name="CUSTOMER")
public class Customer implements Serializable {
    private static final long serialVersionUID = 1L;

    @Id
    private Long id;

    @Embedded
    @AttributeOverrides({
        @AttributeOverride(
            name="key",
            column=@Column(name="EMAIL")),
        @AttributeOverride(
            name="value",
            column=@Column(name="PASSWORD")
        )
    })
    private AccessData accessData;

    public Long getId() {
        return id;
    }

    public void setId(Long id) {
        this.id = id;
    }

    public AccessData getAccessData() {
        return accessData;
    }
```

```
    public void setAccessData(AccessData accessData) {
        this.accessData = accessData;
    }
}
```

Listing 8.176 »Customer.java«

Für die Speicherung eines neuen Kunden müssen wir nun die Methoden `setKey()` und `setValue()` verwenden:

```
Customer c = new Customer();
c.setId(1L);
AccessData accessData = new AccessData();
accessData.setKey("j@java2enterprise.de");
accessData.setValue("Taxi_123");
c.setAccessData(accessData);

em.getTransaction().begin();
em.persist(c);
em.getTransaction().commit();

final Logger logger = Logger.getLogger("Main");
logger.log(Level.INFO,
    em.find(Customer.class, 1L).toString());
```

Listing 8.177 »Main.java«

8.12.2 Attribute auf mehrere Tabellen verteilen

Genauso wie man die Spaltenfelder einer Datenbanktabelle in mehreren Java-Klassen unterbringen kann, lassen sich die Attribute einer Entity auch auf mehrere Datenbanktabellen verteilen. Technisch gesehen fällt hierbei einer der Datenbanktabellen die Hauptverantwortung zu. Diese Tabelle bezeichnet man als **Primary Table**, wohingegen die anderen Tabellen **Secondary Tables** genannt werden.

Im folgenden Beispiel werden wir dem Kunden des Onlineshops ein Monats-Abonnement anbieten. Wenn ein Kunde ein Monats-Abonnement beantragt hat, wird sein Konto monatlich mit einem Monatsbeitrag belastet. In der Klasse `Customer` benötigen wir nun zwei weitere Attribute. Dabei handelt es sich um die Bankleitzahl und die Kontonummer seiner Bankverbindung. Diese Geschäftsdaten gehören Java-seitig zur Domäne des Kunden. Weil das Monats-Abonnement aber einen Sonderfall darstellt, werden wir die Bankverbindungsdaten in einer separaten Datenbanktabelle eintragen. Wir nennen die zusätzliche Datenbanktabelle BANKACCOUNT. Für die Bankleitzahl und die Kontonummer werden die Spaltenfelder BANKCODE und ACCOUNTNUMBER vorsehen. Das folgende Skript erstellt die beiden Datenbanktabellen CUSTOMER und BANKACCOUNT:

```
DROP TABLE bankaccount;
DROP TABLE customer;

CREATE TABLE customer (
    id          NUMBER(19) PRIMARY KEY,
    email          VARCHAR2(40),
    password     VARCHAR2(10)
);
GRANT SELECT, INSERT, UPDATE, DELETE
ON customer TO onlineshop_user;

CREATE TABLE bankaccount (
    customer_id     NUMBER(19) PRIMARY KEY,
    bankcode     varchar2(8),
    accountnumber     varchar2(10),
    CONSTRAINT fk_bankaccount
    FOREIGN KEY (customer_id) REFERENCES customer(id)
);
GRANT SELECT, INSERT, UPDATE, DELETE
ON bankaccount TO onlineshop_user;

COMMIT;
```

Listing 8.178 »primary_secondary.sql«

Vielleicht ist Ihnen aufgefallen, dass es sich vom Prinzip her um eine 1:1-Beziehung zwischen dem Kunden und den Bankdaten handelt. Der Unterschied zwischen der echten One-to-one-Assoziation und der Verwendung von Primary- und Secondary-Tabellen liegt lediglich in der Java-seitigen Modellierung. Die One-to-one-Assoziation ist die komplexere Variante, die auch flexiblere Abfragen ermöglicht. Dagegen verschmilzt die hier gezeigte Technik der in Primary- und Secondary-Tabellen aufgeteilten Geschäftsdaten zu einer einzigen JPA-Entity. Wir schauen uns nun an, wie diese JPA-Entity konfiguriert werden muss, damit die Fusion der beiden Datenbanktabellen gelingt.

In der Klasse `Customer.java` benötigen wir die Annotation `@SecondaryTable`, um die untergeordnete Datenbanktabelle zu definieren. Hätten wir den Primärschlüssel `ID` in beiden Tabellen gleich benannt, würden wir mit folgender Annotation auskommen:

```
@SecondaryTable(
schema="ONLINESHOP",
name="BANKACCOUNT")
```

Listing 8.179 Die Annotation »@SecondaryTable« in der Klasse »Customer«

Weil wir aber für die Sekundärtabelle und für die Primärtabelle unterschiedliche Primärschlüsselbezeichner festlegen werden, benötigen wir auch noch das Annotationsattribut `pkJoinColumns`. Der Bezeichner des Primärschlüssels der SecondaryTable wird mit der Annotation `@PrimaryKeyJoinColumn` definiert:

```
@SecondaryTable(
    schema="ONLINESHOP",
    name="BANKACCOUNT",
    pkJoinColumns=
        @PrimaryKeyJoinColumn(name="CUSTOMER_ID"))
```

Listing 8.180 Die Annotation »@SecondaryTable« mit einem abweichenden Primärschlüssel

Nur der Vollständigkeit halber wird noch die Annotation `@SecondaryTables` gezeigt. Denn wenn die Attribute auf mehr als eine Datenbanktabelle verteilt werden sollen, nutzt man die Annotation `@SecondaryTables`, um hierin für jede Sekundärtabelle eine Annotation `@SecondaryTable` einzufügen.

Die folgende Annotation setzt die zwei Sekundärtabellen BANKACCOUNT und ADDRESS in die Primärtabelle CUSTOMER ein:

```
@SecondaryTables({
    @SecondaryTable(
        schema="ONLINESHOP",
        name="BANKACCOUNT"),
    @SecondaryTable(
        schema="ONLINESHOP",
        name="ADDRESS")
})
public class Customer implements Serializable {
    ...
```

Listing 8.181 Zwei »@SecondaryTable«-Annotationen innerhalb einer »@SecondaryTables«-Annotation in der Klasse »Customer.java«

Gehen wir nun zurück zu unserem Beispiel mit einer SecondaryTable. Das folgende Listing zeigt das komplette Listing der Klasse `Customer.java`.

Beachten Sie, dass wir bei den Attributen `bankcode` und `accountNumber` die Annotation `@Column` einsetzen, um bei den Attributen der Sekundärtabelle die Spaltendefinitionen anzugeben.

```
package de.java2enterprise.onlineshop;

import java.io.Serializable;

import javax.persistence.Column;
import javax.persistence.Entity;
import javax.persistence.Id;
import javax.persistence.PrimaryKeyJoinColumn;
import javax.persistence.SecondaryTable;
import javax.persistence.Table;

@Entity
@Table(schema="ONLINESHOP", name="CUSTOMER")
@SecondaryTable(
    schema="ONLINESHOP",
    name="BANKACCOUNT",
    pkJoinColumns=
        @PrimaryKeyJoinColumn(name="CUSTOMER_ID"))
public class Customer implements Serializable {
    private static final long serialVersionUID = 1L;

    @Id
    private Long id;

    private String email;

    private String password;

    @Column(
        table="BANKACCOUNT",
        columnDefinition="BANKCODE")
    private String bankcode;

    @Column(
        table="BANKACCOUNT",
        columnDefinition="ACCOUNTNUMBER")
    private String accountNumber;
```

```
    public Long getId() {
        return id;
    }

    public void setId(Long id) {
        this.id = id;
    }

    public String getEmail() {
        return this.email;
    }

    public void setEmail(String email) {
        this.email = email;
    }

    public String getPassword() {
        return this.password;
    }

    public void setPassword(String password) {
        this.password = password;
    }

    public String getBankcode() {
        return bankcode;
    }

    public void setBankcode(String bankcode) {
        this.bankcode = bankcode;
    }

    public String getAccountNumber() {
        return accountNumber;
    }

    public void setAccountNumber(String accountNumber) {
        this.accountNumber = accountNumber;
    }
}
```

Listing 8.182 »Customer.java«

Wenn wir jetzt einen Kunden mit Monats-Abonnement abspeichern möchten, verwenden wir die ausgelagerten Attribute so, als ob sie in einer einzigen Datenbanktabelle enthalten seien:

```
Customer customer = new Customer();
customer.setId(1L);
customer.setEmail("k@marktware.de");
customer.setPassword("Maria_456");
customer.setBankcode("47110815");
customer.setAccountNumber("1234567890");

em.getTransaction().begin();
em.persist(customer);
em.getTransaction().commit();

final Logger logger = Logger.getLogger("Main");
logger.log(
    Level.INFO,
    em.find(Customer.class, 1L).toString());
```

Listing 8.183 »Main.java«

8.12.3 Die Spaltenfelder einer separaten Tabelle als Collection beifügen

Eine weitere Möglichkeit, wie die Spaltenfelder einer separaten Tabelle einer Entity hinzugefügt werden können, ist, sie als Collection anzulegen. Hierfür benötigt man die Annotation `@ElementCollection`.

Diese Variante erinnert an eine klassische 1:n-Beziehung zwischen einer Parent- und einer Child-Tabelle. Erinnern Sie sich an das vorherige Beispiel mit den Sekundärtabellen, die einer 1:1-Beziehung glichen? Auch hier ist es wieder ähnlich. Denn der Unterschied zwischen der echten One-to-many-Assoziation und der Verwendung einer ElementCollection liegt auch hier nur in der Gestaltung der Java-Seite. Die One-to-many-Assoziation ist wieder die komplexere Variante, die auch flexiblere Abfragen erlaubt. Dagegen ermöglicht die ElementCollection, dass die separate Tabelle als Teil der JPA-Entity modelliert werden kann.

Das folgende Listing zeigt den kompletten Quelltext der Klasse `Customer`:

```
package de.java2enterprise.onlineshop;

import java.io.Serializable;
import java.util.Collection;

import javax.persistence.CollectionTable;
import javax.persistence.ElementCollection;
```

```
import javax.persistence.Entity;
import javax.persistence.Id;
import javax.persistence.Table;

@Entity
@Table(schema="ONLINESHOP", name="CUSTOMER")
public class Customer implements Serializable {
    private static final long serialVersionUID = 1L;

    @Id
    private Long id;

    private String email;

    private String password;

    @ElementCollection
    @CollectionTable(schema="ONLINESHOP", name="BANKACCOUNT")
    private Collection<BankAccount> accessData;

    public Long getId() {
        return id;
    }

    public void setId(Long id) {
        this.id = id;
    }

    public String getEmail() {
        return this.email;
    }

    public void setEmail(String email) {
        this.email = email;
    }

    public String getPassword() {
        return this.password;
    }

    public void setPassword(String password) {
        this.password = password;
```

```
    }

    public Collection<BankAccount> getAccessData() {
        return accessData;
    }

    public void setAccessData(Collection<BankAccount> accessData) {
        this.accessData = accessData;
    }
}
```

Listing 8.184 »Customer.java«

8.12.4 Vererbung und Polymorphie

Zur Jahrtausendwende klang es noch als baldige Wirklichkeit: »objektorientierte Datenbanken«. Aber schon bald stellte sich heraus, dass sich relationale Datenbanken denkbar wenig für die Realisierung von Vererbungshierarchien eignen. Denn das Besondere am Konzept der relationalen Datenbanken ist seine schmucklose Einfachheit, und die wollte man in der Informationstechnologie nicht verkomplizieren. Und auch der Erfolg der rein objektorientierten Objektdatenbanken steht noch aus. Dennoch gibt es Situationen, in denen man die Vererbung und die Polymorphie eines Domänenmodells in der Persistenz-Schicht modellieren möchte. Aus diesem Grund wurden in der JPA verschiedene Strategien zur Verfügung gestellt, mit denen sich Vererbungshierarchien auf relationale Datenbanktabellen abbilden lassen.

Die Vererbungsstrategien von JPA nennen sich:

- `SINGLE_TABLE`
  Alle Klassen einer Hierarchie sind in einer einzelnen Tabelle.
- `JOINED`
  Jede Klasse ist einer eigenen Tabelle zugeordnet.
  Jede Tabelle enthält nur die zusätzlichen Attribute der eigenen Klasse.
  Attribute der Vaterklassen werden nicht abgebildet.
- `TABLE_PER_CLASS`
  Jede Klasse ist einer eigenen Tabelle zugeordnet.
  Jede Tabelle enthält auch die Attribute der Vaterklassen.

Als Beispiel werden wir nun im Onlineshop zwischen gewöhnlichen registrierten Kunden und Premiumkunden unterscheiden. Premiumkunden sind Kunden, die ein Monats-Abonnement gebucht haben. Deshalb werden wir in ihrem Fall zusätzlich die Bankleitzahl und die Kontonummer persistieren (Abbildung 8.44).

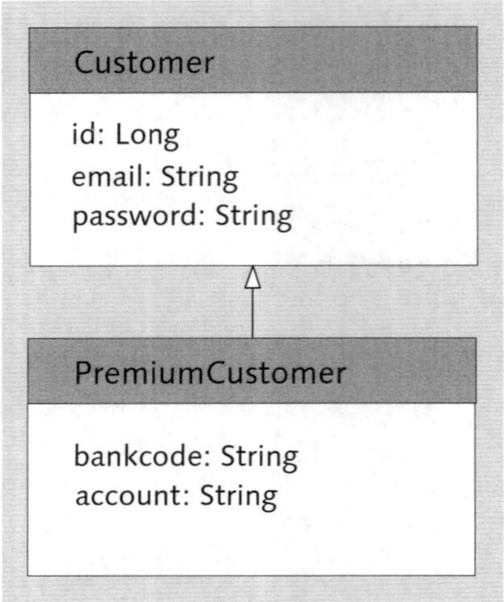

Abbildung 8.44 Die Abbildung der Vererbungshierarchie des Kunden

Vererbungsstrategie »SINGLE_TABLE«

SINGLE_TABLE ist die Default-Vererbungsstrategie. Dabei werden alle Attribute der gesamten Klassenhierarchie in einer einzigen denormalisierten Datenbanktabelle durchgepaust. Dies ist die einfachste Variante. Sie kann aber auch schon mal zu einer recht großen Datenbanktabelle führen.

Neben den Attributen der gesamten Klassenhierarchie enthält die Datenbanktabelle eine sogenannte *Discriminator*-Spalte, die sich per Default DTYPE nennt. Mithilfe dieser Spalte kann das Objekt in der Klassenhierarchie eindeutig identifiziert werden. Die Anzahl der Zeichen, die eine Zeichenkette in diesem Spaltenfeld haben darf, werden wir auf 40 setzen, damit wir die Bezeichner der Java-Klassen als Discriminator-Typ verwenden können.

Mit folgendem SQL-Skript werden wir die allumfassende Datenbanktabelle für die Klassenhierarchie des Kunden erzeugen. Denken Sie daran, dass das Skript mit dem Benutzer ONLINESHOP ausgeführt werden muss.

```
DROP TABLE customer;

CREATE TABLE customer (
    dtype          varchar2(40) NOT NULL,
    id           NUMBER(19) PRIMARY KEY,
    email          VARCHAR2(40),
    password      VARCHAR2(10),
    bankcode      varchar2(8),
    account      varchar2(10)
);
```

```
GRANT SELECT, INSERT, UPDATE, DELETE
ON customer TO onlineshop_user;

COMMIT;
```

Listing 8.185 »single_table.sql«

In der Objekthierarchie werden wir lediglich zwei JPA-Entities realisieren. Die erste nennt sich `Customer.java`. Der zweiten geben wir den Bezeichner `PremiumCustomer.java`. Weil `Customer.java` die oberste Klasse unserer fachlichen Klassenhierarchie darstellt, müssen wir bei ihr die folgenden Annotationen beifügen:

- `@Inheritance`
- `@DiscriminatorColumn`
- `@DiscriminatorValue`

```
@Inheritance(strategy=InheritanceType.SINGLE_TABLE)
@DiscriminatorColumn(
    name="DTYPE",
    discriminatorType=DiscriminatorType.STRING
)
```

Listing 8.186 Die Annotation »@Inheritance« und die Annotation »@DiscriminatorColumn« bei der Vererbungshierarchie »SINGLE_TABLE«

Bei der Annotation `@Inheritance` wird über das Annotationsattribut `strategy` die Vererbungshierarchie festgelegt. Die Klasse `InheritanceType` bietet `SINGLE_TABLE`, `TABLE_PER_CLASS` und `JOINED` zur Auswahl an.

Weil `SINGLE_TABLE` aber auch der Default-Wert ist, brauchen wir bei der Annotation `@Inheritance` eigentlich überhaupt keine Annotationsattribute zu setzen.

Mit der Annotation `@DiscriminatorColumn` zeigen wir die Spalte an, die den Standort in der Klassenhierarchie repräsentiert.

Beachten Sie, dass es sich bei dem Bezeichner `"DTYPE"` um den Default-Wert handelt. Wir können auf diese Angabe also verzichten.

Das zweite Annotationsattribut `discriminatorType` zeigt den Datentyp an, den die Discriminator-Spalte enthalten darf. Zur Auswahl stehen `CHAR`, `INTEGER` und `STRING`. `STRING` ist der Default-Wert. Im Beispiel können wir deshalb auch dieses Annotationsattribut weglassen.

Weil wir uns auf die Default-Einstellungen der Annotation `@DiscriminatorColumn` einlassen, brauchen wir auch diese Annotation überhaupt nicht zu setzen.

Die Annotation `@DiscriminatorValue` gibt den Wert der Spalte `@DiscriminatorColumn` an. Im Onlineshop können wir mit dem Wert `"Customer"` bzw. `"PremiumCustomer"` anzeigen, was jeweils zur Unterscheidung in der Spalte DTYPE eingetragen werden soll. Aber auch bei diesen Werten handelt es sich im Onlineshop-Beispiel um die Default-Werte, denn standardmäßig trägt der Persistenz-Provider den Namen der JPA-Entity als Wert ein. Wieder können wir also aufgrund der Einhaltung der Konvention auf die Annotation verzichten.

Das folgende Listing zeigt schließlich, dass wir lediglich die Annotation `@Inheritance` benötigen, weil wir uns so gut wie nur möglich an die Default-Einstellungen halten:

```
package de.java2enterprise.onlineshop;

import java.io.Serializable;
import javax.persistence.DiscriminatorColumn;
import javax.persistence.DiscriminatorType;
import javax.persistence.DiscriminatorValue;
import javax.persistence.Entity;
import javax.persistence.Id;
import javax.persistence.Inheritance;
import javax.persistence.InheritanceType;
import javax.persistence.Table;

@Entity
@Table(
    schema="ONLINESHOP",
    name="CUSTOMER")
@Inheritance
public class Customer implements Serializable {
    private static final long serialVersionUID = 1L;

    @Id
    private Long id;

    private String email;

    private String password;

    public Long getId() {
        return id;
    }

    public void setId(Long id) {
        this.id = id;
    }
```

```
    public String getEmail() {
        return this.email;
    }

    public void setEmail(String email) {
        this.email = email;
    }

    public String getPassword() {
        return this.password;
    }

    public void setPassword(String password) {
        this.password = password;
    }
}
```

Listing 8.187 »Customer.java«

Die Kindesklasse `PremiumCustomer.java` ist von der Klasse `Customer.java` abgeleitet. Zusätzlich zu den bisherigen Attributen muss sie die Attribute `bankcode` (Bankleitzahl) und `account` (Konto) implementieren.

Normalerweise wird in den Kindesklassen die Annotation `@DiscriminatorValue` beigefügt, um den Wert für die Discriminator-Spalte festzulegen.

```
@DiscriminatorValue(value = "PremiumCustomer")
```

Aber auch auf diese Annotation können wir verzichten, wenn wir den Bezeichner der JPA-Entity als Wert für das Spaltenfeld DTYPE verwenden.

Deshalb benötigen wir in dieser Klasse überhaupt keine zusätzliche Annotation:

```
package de.java2enterprise.onlineshop;

import javax.persistence.DiscriminatorValue;
import javax.persistence.Entity;

@Entity
public class PremiumCustomer extends Customer {
    private static final long serialVersionUID = 1L;

    private String bankcode;

    private String account;

    public String getBankcode() {
```

```
        return bankcode;
    }

    public void setBankcode(String bankcode) {
        this.bankcode = bankcode;
    }

    public String getAccount() {
        return account;
    }

    public void setAccount(String account) {
        this.account = account;
    }
}
```

Listing 8.188 »PremiumCustomer.java«

Um das Beispiel zu testen, werden wir in einer Java-Klasse einen »regulären« Kunden und einen Premiumkunden erzeugen und beide anschließend ausgeben:

```
package de.java2enterprise.onlineshop;

import java.util.logging.Level;
import java.util.logging.Logger;
import javax.persistence.EntityManager;
import javax.persistence.Persistence;

public class Main {
    public static void main(String[] args)
        throws Exception {

        EntityManager em =
            Persistence.
            createEntityManagerFactory(
            "onlineshop-jpa").createEntityManager();

        Customer c = new Customer();
        c.setId(1L);
        c.setEmail("j@java2enterprise.de");
        c.setPassword("Taxi_123");

        PremiumCustomer pc = new PremiumCustomer();
        pc.setId(2L);
        pc.setEmail("k@marktware.de");
```

```
        pc.setPassword("Maria_456");
        pc.setBankcode("47110815");
        pc.setAccount("1234567890");

        em.getTransaction().begin();
        em.persist(c);
        em.persist(pc);
        em.getTransaction().commit();

        final Logger logger = Logger.getLogger("Main");
        logger.log(
            Level.INFO,
            em.find(Customer.class, 1L).toString());
        logger.log(
            Level.INFO,
            em.find(Customer.class, 2L).toString());

    }
}
```

Listing 8.189 »Main.java«

In Abbildung 8.45 sehen Sie das Ergebnis im SQL SCRAP BOOK von Eclipse.

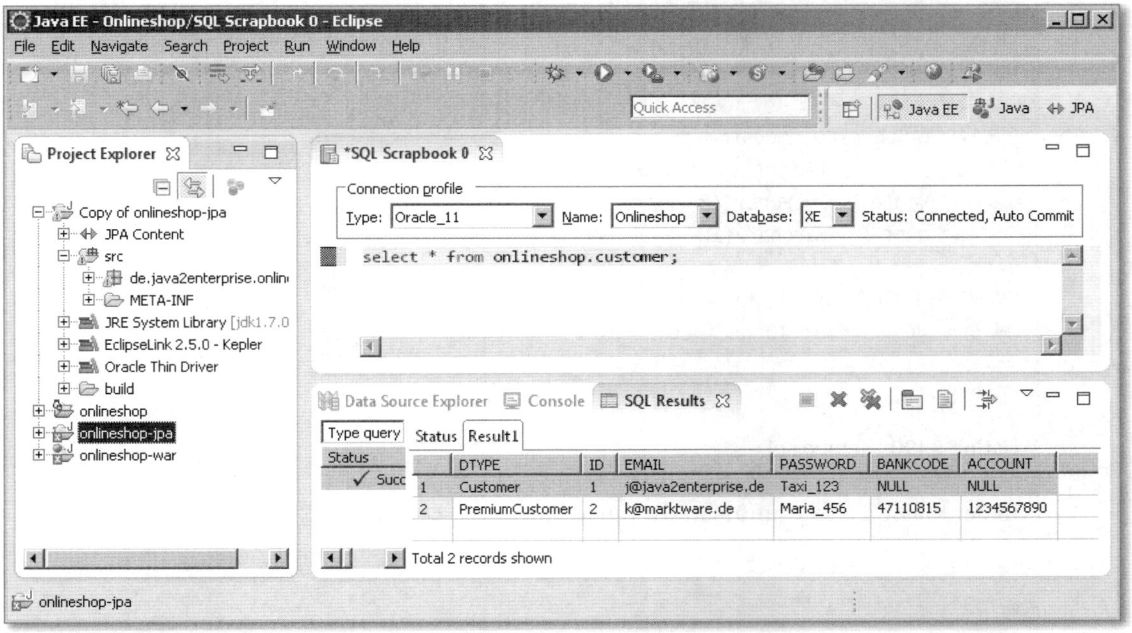

Abbildung 8.45 Die beiden Datensätze für den »Customer« und den »PremiumCustomer«

Vererbungsstrategie »JOINED«

Bei der Vererbungsstrategie JOINED werden die Attribute einer Klasse jeweils in einer eigenen gesonderten Tabelle untergebracht. Dabei enthalten die jeweiligen Datenbanktabellen aber auch die Attribute der Vaterklassen.

Mit folgendem Skript werden wir nun zwei Datenbanktabellen erstellen. Wir nennen die Datenbanktabellen CUSTOMER und PREMIUMCUSTOMER. Beide Tabellen benötigen das Spaltenfeld ID, denn hierüber werden wir die beiden Tabellen zueinander ordnen. Die Root-Tabelle CUSTOMER stellt das Spaltenfeld DTYPE zur Verfügung, über das die eindeutige Zuordnung zu einer bestimmten Klasse innerhalb der Vererbungshierarchie spezifiziert wird.

Während die Datenbanktabelle CUSTOMER zusätzlich die Attribute EMAIL und PASSWORD enthält, beinhaltet die Datenbanktabelle PREMIUMCUSTOMER nun nur noch die Attribute BANKCODE und ACCOUNT:

```
DROP TABLE customer;
DROP TABLE premiumcustomer;

CREATE TABLE customer (
    dtype        varchar2(40) NOT NULL,
    id         NUMBER(19) PRIMARY KEY,
    email        VARCHAR2(40),
    password    VARCHAR2(10)
);
GRANT SELECT, INSERT, UPDATE, DELETE
ON customer TO onlineshop_user;

CREATE TABLE premiumcustomer (
    id         NUMBER(19) PRIMARY KEY,
    bankcode    varchar2(8),
    account    varchar2(10)
);
GRANT SELECT, INSERT, UPDATE, DELETE
ON premiumcustomer TO onlineshop_user;

COMMIT;
```

Listing 8.190 »joined.sql«

In der Klasse `Customer` müssen wir nun den `InheritanceType.JOINED` einsetzen:

```
...
@Entity
@Table(
        schema="ONLINESHOP",
```

```
        name="CUSTOMER")
@Inheritance(strategy=InheritanceType.JOINED)
public class Customer implements Serializable {
    private static final long serialVersionUID = 1L;
...
```

Listing 8.191 »Customer.java«

Vererbungsstrategie »TABLE_PER_CLASS«

Auch bei der Vererbungsstrategie TABLE_PER_CLASS werden die Attribute einer Klasse jeweils in einer gesonderten Tabelle untergebracht. Dabei enthalten die jeweiligen Datenbanktabellen aber auch alle Attribute der Vaterklassen. Ein DTYPE-Spaltenfeld brauchen wir nun nicht mehr.

Mit folgendem Skript werden wir die beiden Datenbanktabellen CUSTOMER und PREMIUM-CUSTOMER erstellen:

```
DROP TABLE customer;
DROP TABLE premiumcustomer;

CREATE TABLE customer (
    id          NUMBER(19) PRIMARY KEY,
    email          VARCHAR2(40),
    password    VARCHAR2(10)
);
GRANT SELECT, INSERT, UPDATE, DELETE
ON customer TO onlineshop_user;

CREATE TABLE premiumcustomer (
    id          NUMBER(19) PRIMARY KEY,
    email          VARCHAR2(40),
    password    VARCHAR2(10),
    bankcode    varchar2(8),
    account    varchar2(10)
);
GRANT SELECT, INSERT, UPDATE, DELETE
ON premiumcustomer TO onlineshop_user;

COMMIT;
```

Listing 8.192 »table_per_class.sql«

In der Klasse Customer.java müssen wir den InheritanceType nun auf TABLE_PER_CLASS umstellen:

```
...
@Entity
@Table(schema="ONLINESHOP", name="CUSTOMER")
@Inheritance(strategy=InheritanceType.TABLE_PER_CLASS)
public class Customer implements Serializable {
...
```

Listing 8.193 Die Annotation für die Vererbungsstrategie »TABLE_PER_CLASS«

Das Besondere an der Vererbungshierarchie TABLE_PER_CLASS ist, dass jede Entity nun in einer eigenen Datenbanktabelle abgelegt wird. Wenn Sie das Programm Main.java ausführen, wird ein Datensatz in der Tabelle CUSTOMER und ein Datensatz in der Tabelle PREMIUMCUSTOMER eingetragen.

Entity-Attribute aus »gewöhnlichen« Vaterklassen erben

Die Vererbungshierarchie der JPA-Entities braucht nicht durchweg aus JPA-Entities zu bestehen, denn eine JPA-Entity kann von einer beliebigen Java-Klasse abgeleitet sein. Allerdings werden die Attribute der nicht persistenten Vaterklassen beim Persistieren ignoriert.

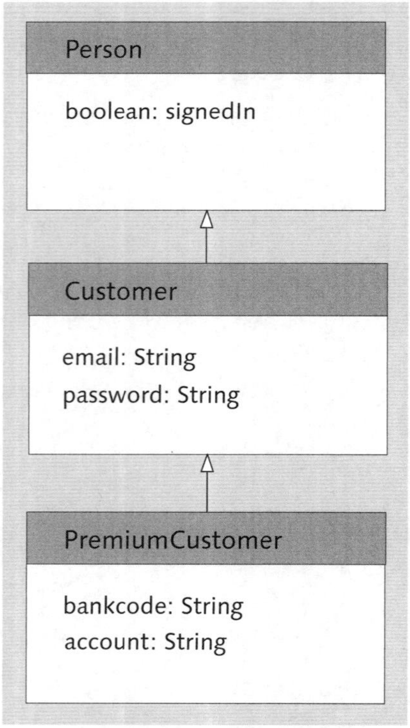

Abbildung 8.46 Die JPA-Entity »Customer« ist von einer »gewöhnlichen« Java-Klasse abgeleitet.

Beispielsweise zeigt Abbildung 8.46 eine gewöhnliche Java-Klasse, die den Namen `Person` trägt. `Person` besitzt das Attribut `signedIn`. Die ableitende Klasse der JPA-Entity `Customer` umgeht das Attribut `signedIn`, wenn es um das Persistieren geht.

In besonders seltenen Fällen wäre es aber nützlich, wenn eine JPA-Entity zwar von einer »gewöhnlichen« Java-Klasse abgeleitet ist, die Vater-Attribute aber als Gegenstücke zu ihrer Datenbanktabelle verwerten kann. Das folgende Beispiel verdeutlicht diesen Sonderfall.

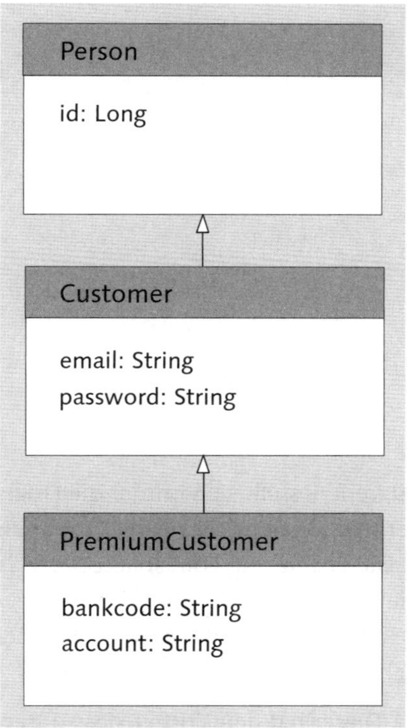

Abbildung 8.47 Die JPA-Entity »Customer« ist von einer »gewöhnlichen« Java-Klasse abgeleitet, die mit der Annotation »@MappedSuperClass« versehen ist.

In Abbildung 8.47 sehen Sie die JPA-Entity `Customer`. `Customer` ist von einer »gewöhnlichen« Java-Klasse abgeleitet, die sich `Person` nennt. Allerdings soll das Attribut `id` der Klasse `Person` als Gegenstück zu einem Spaltenfeld gemappt werden, ohne dass `Person` zu einer Datenbanktabelle gemappt wird. Für diesen Zweck wird die JPA-Annotation `@MappedSuperClass` zur Verfügung gestellt:

```
package de.java2enterprise.onlineshop;

import java.io.Serializable;
import javax.persistence.Id;
```

```
import javax.persistence.MappedSuperclass;

@MappedSuperclass
public class Person implements Serializable {
    private static final long serialVersionUID = 1L;

    @Id
    private Long id;

    public Long getId() {
        return id;
    }

    public void setId(Long id) {
        this.id = id;
    }
}
```

Listing 8.194 »Person.java«

8.12.5 Konkurrierende Zugriffe steuern

Wenn zwei Prozesse gleichzeitig auf einen Datensatz zugreifen, stellt sich immer die Frage, ob sie parallel oder sequenziell ablaufen sollen. Bei einer relationalen Datenbank kann man zu diesem Zweck spezielle Isolation-Levels bestimmen. Die Bedeutung von Isolation-Levels wurde in Kapitel 6, »Die relationale Datenbank«, beschrieben. Dort wurden die Isolation-Levels `READ UNCOMMITTED`, `READ COMMITTED`, `REPEATABLE-READ` und `SERIALIZABLE` gezeigt. Hierbei spricht man auch von optimistischem bzw. pessimistischem Locking.

Der optimistischste Isolation-Level ist `READ UNCOMMITTED`. Dieser hat den Vorteil, dass unterschiedliche Transaktionen zeitgleich ausgeführt werden können. Dies ist zur Laufzeit die schnellste Variante. Man geht ganz einfach davon aus, dass sich zwei Lese- bzw. Speichervorgänge nicht in die Quere kommen werden. Dieser Optimismus birgt aber das Risiko, dass ein irritierendes Phänomen, wie beispielsweise der `DIRTY READ`, auftreten kann. Mit `DIRTY READ` ist gemeint, dass Daten gesehen werden, die noch nicht `COMMITTED` sind. Bei unwichtigen Geschäftsdaten vermag das kein großes Problem darstellen. Bei Geldangelegenheiten sollte man hingegen ein pessimistisches Vorgehen bevorzugen, um die Anwendung und die Datenbank konsistent zu halten.

Etwas restriktiver ist der Isolation-Level `READ COMMITTED`. In Kapitel 6 wurde gesagt, dass bei der Oracle Database der Isolation-Level `READ COMMITTED` per Default eingestellt ist. Aber nicht nur bei der Oracle Database ist `READ COMMITTED` der Default-Isolation-Level, sondern auch bei vielen anderen relationalen Datenbanken, wie zum Beispiel MySQL, MS SQL Server, Postgres usw. Bei READ COMMITTED kann ein Datensatz von zwei unterschiedlichen Transaktionen gelesen werden. Die Änderung eines Datensatzes erfolgt aber nur sequenziell. Das bedeutet, dass die erste Transaktion erst abgeschlossen werden muss, bevor die zweite Transaktion ihren Schreibvorgang ausführen darf. Dies führt dazu, dass eine Transaktion, die hinten ansteht, eventuell eine Weile warten muss. Aber trotz dieser Restriktion birgt dieser Isolation-Level dennoch eine große Gefahr, denn theoretisch ist es möglich, dass die Geschäftsdaten, die einem Benutzer angezeigt werden, gar nicht aktuell sind. Das bedeutet, dass die Voraussetzung, auf die sich die zweite Änderung stützt, eventuell überhaupt nicht gegeben ist.

Auch eine Anhebung auf einen pessimistischeren Isolation-Level wäre keine Lösung. Denn selbst wenn wir ihn auf REPEATABLE READ oder auf SERIALIZABLE setzen würden, kann nicht gewährleistet werden, dass die Kopie der Geschäftsdaten, die der Benutzer sieht, noch aktuell ist und nicht vielleicht schon lange nicht mehr zur aktuellen Wirklichkeit gehört.

Versionierung

Eine besondere Technik löst dieses Problem, indem jeder Datenbanktabelle ein zusätzliches Spaltenfeld hinzugefügt wird. Dieses Spaltenfeld merkt sich den Zustand eines Datensatzes, indem es ihn als Versionsnummer registriert. Der Datentyp des Spaltenfeldes kann numerischer Natur oder auch ein Zeitpunkt sein. Aber meistens verwendet man eine Zahl.

Die JPA ist in der Lage, dieses Konstrukt automatisch zu unterstützen. Im Onlineshop-Beispiel werden wir nun der Datenbanktabelle CUSTOMER ein solches Spaltenfeld hinzufügen. Wir nennen das neue Spaltenfeld VERSION. Den Datentyp legen wir als NUMBER(19) fest:

```
DROP TABLE customer;

CREATE TABLE customer (
    id          NUMBER(19) PRIMARY KEY,
    version     NUMBER(19) NOT NULL,
    email         VARCHAR2(40) NOT NULL UNIQUE,
    password     VARCHAR2(10) NOT NULL
        CHECK(LENGTH(password)>=6)
);
GRANT SELECT, INSERT, UPDATE, DELETE
ON customer TO onlineshop_user;
```

Listing 8.195 »CUSTOMER.sql«

In der JPA-Entity Customer.java legen wir ein neues Attribut an, das wir mit der Annotation @Version versehen. Der Datentyp dieses Attributs dürfte theoretisch ein int, Integer, short, Short, long, Long oder Timestamp sein. Für das Beispiel setzen wir es auf Long. Getter- oder Setter-Methoden benötigen wir keine, denn es ist nicht die Aufgabe der Anwendung, den Versionswert abzuändern. Stattdessen ist dies eine Obliegenheit des Frameworks.

```
package de.java2enterprise.onlineshop.model;

import java.io.Serializable;
import javax.persistence.Entity;
import javax.persistence.Id;
import javax.persistence.Table;
import javax.persistence.Version;

@Entity
@Table(schema="ONLINESHOP", name="CUSTOMER")
public class Customer implements Serializable {
    private static final long serialVersionUID = 1L;

    @Id
    private Long id;

    @Version
    private Long version;

    private String email;

    private String password;

    // Getter- und Setter-Methoden

    // hashCode()-, equals()- und toString()-Methoden
}
```

Listing 8.196 »Customer.java«

Beim erstmaligen Persistieren eines Kunden erhält der Kunde automatisch die Version 1. Das Besondere an dem Attribut `version` ist aber, dass von nun an jegliche Änderung des Datensatzes ohne unser Zutun mit einer neuen Version gekennzeichnet wird. Würden wir beispielsweise das Passwort des Kunden abändern, so vergibt das Framework gleichzeitig auch eine neue Version, nämlich die Zahl 2. Bei der folgenden Transaktion werden die Spaltenfelder `password` und `version` zum Transaktionsende abgeändert:

```
EntityManager em =
    Persistence.createEntityManagerFactory(
        "onlineshop-jpa").createEntityManager();

em.getTransaction().begin();
Customer c = em.find(Customer.class, 1L);
```

```
c.setPassword("Taxi_456");
em.merge(c);
em.getTransaction().commit();
```

Listing 8.197 »Main.java«

Eine zweite Transaktion könnte den gleichen Datensatz nun ebenfalls ausgelesen haben, als dieser noch das alte Passwort "Taxi_123" und die Version 1 enthielt. Wenn diese zweite Transaktion aber das Passwort auf "Taxi_789" abändern möchte, nachdem die erste Transaktion mit ihrer Änderung fertig ist, wird ihr das nicht gelingen. Denn JPA wird vorab überprüfen, ob sich die Versionsnummer zwischenzeitlich geändert hat. Weicht die Versionsnummer ab, wird eine javax.persistence.OptimisticLockException geworfen.

Die Locking-Modi der JPA

Neben den Isolation-Levels, die man bei einer relationalen Datenbank einstellen kann, und neben der Technik mit der Versionsspalte, bietet die JPA eigene Locking-Modi, mit denen die Lese- und Schreibvorgänge auf JPA-Entities voneinander isoliert werden können. Grundsätzlich unterscheidet die JPA zwischen:

- OPTIMISTIC
- PESSIMISTIC

Mit OPTIMISTIC ist gemeint, dass in zwei Transaktionen parallel mit der gleichen Entität gearbeitet werden darf. Wohingegen bei einem PESSIMISTIC Locking-Modus eine JPA-Entity während einer Transaktion blockiert ist. Neben diesem Kriterium wird auch noch darin unterschieden, ob und wann die Versionsnummer hochgezählt werden soll. Hieraus resultieren folgende fünf Locking-Modi:

- OPTIMISTIC
- OPTIMISTIC_FORCE_INCREMENT
- PESSIMISTIC_READ bzw. PESSIMISTIC_WRITE
- PESSIMISTIC_FORCE_INCREMENT

In einer früheren Version gab es keine PESSIMISTIC-Locking Modi, denn damals wurde lediglich zwischen zwei Konstanten unterschieden, nämlich READ und WRITE. Diese beiden Locking-Modi sind veraltet, wurden aber aus Kompatibilitätsgründen in der API belassen. Dabei entspricht READ dem derzeitigen Locking-Modus OPTIMISTIC. **WRITE** ist hingegen ein Synonym für OPTIMISTIC_FORCE_INCREMENT.

Neben den fünf Locking-Modi existiert auch noch der Modus NONE, der auch der Default-Modus ist. Dies ist eigentlich kein eigener Locking-Modus, sondern besagt lediglich, dass bei JPA-Entities ohne Versionierung wie beim Locking-Modus OPTIMISTIC vorgegangen wird und bei JPA-Entities mit Versionierung wie beim Locking-Modus OPTIMISTIC_FORCE_INCREMENT.

Als wir im letzten Beispiel Versionen von JPA-Entities erstellten, haben wir deshalb bereits einen der Modi verwendet. Denn wenn wir ein Versionsattribut in einer JPA-Entity angelegt haben, geht JPA automatisch davon aus, dass wir dieses auch zur Isolierung von Schreibzugriffen einsetzen wollen.

Um den Locking-Modus zu setzen, gibt es folgende Alternativen:

- **EntityManager.lock()**:

```
em.lock(customer,
LockModeType.OPTIMISTIC);
```

- **EntityManager.find()**:

```
Customer c =
em.find(Customer.class, 1L,
LockModeType.OPTIMISTIC);
```

- **EntityManager.refresh()**:

```
em.refresh(customer, LockModeType.OPTIMISTIC);
```

- **Query.setLockMode()**:

```
Query q = em.createQuery("FROM Customer c");
q.setLockMode(LockModeType.OPTIMISTIC);
```

- **@NamedQuery**:

```
@NamedQuery(
name="findAll",
query="FROM Customer c",
lockMode=OPTIMISTIC)
```

Wir schauen uns nun die fünf verschiedenen Locking-Modi der JPA im Einzelnen an. Dabei betrachten wir den Fall, dass in zwei Transaktionen auf eine JPA-Entity zugegriffen wird. In der Datenbanktabelle steht folgender Datensatz:

ID	VERSION	EMAIL	PASSWORD
1	1	j@java2enterprise.de	Taxi_123

»OPTIMISTIC«

Wir beginnen mit dem Locking-Modus `OPTIMISTIC`. In der ersten Transaktion versuchen wir, das Passwort auf "`Taxi_456`" zu setzen:

```
em.getTransaction().begin();
Customer c = em.find(Customer.class, 1L);
    em.lock(customer, LockModeType.OPTIMISTIC);
c.setPassword("Taxi_456");
em.merge(c);
em.getTransaction().commit();
```

Listing 8.198 »Main.java«

Auch in der zweiten Transaktion wird das Passwort abgeändert. Nur soll es diesmal auf "Taxi_789" gesetzt werden:


```
em.getTransaction().begin();
Customer c = em.find(Customer.class, 1L);
    em.lock(customer, LockModeType.OPTIMISTIC);
    c.setPassword("Taxi_789");
em.merge(c);
em.getTransaction().commit();
```

Listing 8.199 »Main.java«

Die beiden Transaktionen lassen wir fast zeitgleich ablaufen. Jedoch wird die erste Transaktion kurz vor der zweiten Transaktion gestartet. Während des Programms laufen hierbei beide Transaktionen ganz ungestört voneinander parallel ab. Zunächst schreibt die erste Transaktion das Passwort "Taxi_456", und danach schreibt die zweite Transaktion das Passwort "Taxi_789" in die Tabelle. Nachdem die beiden Transaktionen durchgelaufen sind, wird immer noch der Wert 1 im Spaltenfeld VERSION stehen, denn der Locking-Modus OPTIMISTIC verwendet das Versionsattribut überhaupt nicht.

»OPTIMISTIC _FORCE_INCREMENT«

Im nächsten Beispiel werden wir den Locking-Modus OPTIMISTIC_FORCE_INCREMENT einsetzen:

```
...
em.lock(customer,
LockModeType.OPTIMISTIC_FORCE_INCREMENT);
...
```

Listing 8.200 »Main.java«

Auch bei diesem Locking-Modus werden beide Transaktionen parallel nebeneinander ablaufen. Wenn die erste Transaktion die Entity abändert, erhöht sich die Version. In der zweiten Transaktion wird die Speicherung hingegen verweigert, weil der Vorgang nur durchgeführt werden kann, wenn sich zwischenzeitlich die Versionsnummer nicht geändert hat.

»PESSIMISTIC_READ« und »PESSIMISTIC WRITE«

Bei diesen Locking-Modi wird die JPA-Entity von der ersten Transaktion blockiert. Wenn kein Schreibvorgang durchgeführt wird, wird auch die Versionsnummer nicht inkrementiert.

Der Locking-Modus `PESSIMISTIC_READ` sollte eigentlich erlauben, dass die zweite Transaktion lesend auf die Entity zugreift. Jedoch ist dies aktuell von den Persistence-Providern noch nicht implementiert.

```
...
em.lock(customer,
    LockModeType.PESSIMISTIC_WRITE);
...
```

Listing 8.201 »Main.java«

»PESSIMISTIC_FORCE_INCREMENT«

Auch hier werden bei der ersten Transaktion alle Zugriffe auf die Entity blockiert. Der Unterschied zu `PESSIMISTIC_WRITE` ist lediglich, dass die Versionsnummer inkrementiert wird, auch wenn kein Schreibvorgang stattgefunden hat:

```
...
em.lock(customer,
    LockModeType. PESSIMISTIC_FORCE_INCREMENT);
...
```

Listing 8.202 »Main.java«

8.12.6 Native SQL-Abfragen

Die Möglichkeiten, die JPQL und die Criteria-API bieten, sind schon sehr mächtig. In manchen Fällen können diese beiden APIs aber nicht den gleichen Leistungsumfang bieten, wie es mit nativem SQL möglich ist. Stellen Sie sich beispielsweise ein Konsolidierungsprogramm einer Großbank vor. Stetig laufen dort Geschäftsdaten zusammen, die die Kreditvergabe an Kunden und deren Rückzahlung an die einzelnen Niederlassungen widerspiegelt. Um zu jedem Zeitpunkt zu wissen, ob die Großbank selbst noch liquide ist, erstellen Experten komplexe SQL-Abfragen, die sich über mehrere DIN-A4-Seiten hinweg ziehen. Gleichzeitig bieten professionelle Datenbanken wie die Oracle Database oder IBM DB2 spezielle Programme an, die die komplexe SQL-Anweisung so weiterverarbeiten, dass sie in einem Bruchteil der üblichen Laufzeit ausgeführt werden kann. Die auf diese Weise entstandenen Abfragen können nicht zu einer JPQL oder Criteria-Query umgewandelt werden.

Die Einbindung einer einfachen SQL-Abfrage

Um bei der oben beschriebenen Problematik kein JDBC verwenden zu müssen, bietet die JPA die Möglichkeit an, die nativen ANSI-SQL-Anweisungen in das JPA-Programm zu integrieren.

Im folgenden Listing wird die Methode createNativeQuery() eingesetzt, die eine native SQL-Abfrage als Parameter entgegennimmt:

```
Query query =
    em.createNativeQuery(
    "SELECT id, email, password FROM onlineshop.customer");
...
```

Listing 8.203 Die Einbindung einer einfachen SQL-Abfrage

Die oben gezeigte Anweisung hat den Nachteil, dass die Ergebnismenge der JPA-Entity Customer nicht automatisch zugewiesen werden kann, obwohl die Ergebnismenge doch nur Attribute der Klasse Customer liefert. Die Methode kann aber auch mit der Klasse einer JPA-Entity als zusätzlichem Parameter aufgerufen werden, der die Typisierung der Ergebnismenge spezifiziert und die automatisierte Erzeugung von JPA-Entities hierdurch ermöglicht:

```
Query query =
    em.createNativeQuery(
    "SELECT id, email, password FROM onlineshop.customer"
    , Customer.class);

List<Customer> customers = query.getResultList();
...
```

Listing 8.204 Die Einbindung einer einfachen SQL-Abfrage mit typisierter Ergebnismenge

Vordeklarierte SQL-Abfragen

Genauso wie JPQL-Queries können auch Native Queries unter einem festzulegenden Bezeichner vordeklariert werden. Mithilfe der Annotation @NamedNativeQuery kann die native SQL-Abfrage vor eine Klassendefinition gesetzt werden. Im folgenden Listing wird gezeigt, wie man die SQL-Abfrage der Onlineshop-Kunden vordeklariert:

```
...
@Entity
@Table(schema="ONLINESHOP", name="CUSTOMER")
@NamedNativeQuery(
    name="Customer.findAll",
    query=
    "SELECT id, email, password FROM onlineshop.customer"
, resultClass=Customer.class)
public class Customer implements Serializable {
...
```

Listing 8.205 NamedNativeQuery

Während die Attributannotationen name und query die gleiche Bedeutung wie bei der Annotation @NamedQuery für JPQL-Abfragen haben, wird mit der Attributannotation resultSetMapping=Customer.class die Typisierung erlangt.

Wenn bei einer JPA-Entity mehr als eine NamedNativeQuery vordeklariert sind, werden die gesamten NamedNativeQueries mithilfe der Annotation @NamedNativeQueries umfasst:

```
...
@Entity
@Table(schema="ONLINESHOP", name="CUSTOMER")
@NamedNativeQueries({
    @NamedNativeQuery(
        name="Customer.findAll",
        query=
        "SELECT id, email, password "
        + "FROM onlineshop.customer"
        , resultClass=Customer.class),
    @NamedNativeQuery(
        name="Customer.find",
        query=
        "SELECT id, email, password "
        + "FROM onlineshop.customer "
        + "WHERE email=:email "
        + "AND password=:password"
        , resultClass=Customer.class)
})
public class Customer implements Serializable {
...
```

Listing 8.206 NamedNativeQueries

Im Programm wird die NamedNativeQuery genauso wie eine NamedQuery aufgerufen, nämlich mit der Methode EntityManager.createNamedQuery():

```
...
EntityManager em = emf.createEntityManager();
Query query = em.createNamedQuery("Customer.findAll");
List<Customer> customers = query.getResultList();
...
```

Listing 8.207 »Main.java«

Das Mapping auf eine individuelle Ergebnismenge

In dem obigen Beispiel konnten wir eine Typisierung erzielen, weil es sich bei der Ergebnismenge stets um eine einzige JPA-Entity handelte. Anders sieht es in dem Fall aus, dass die

Ergebnismenge nicht auf eine einzelne JPA-Entity gemappt werden kann. Für diesen Zweck bietet JPA die Annotation `@SqlResultSetMapping` an.

Der Annotation `@SqlResultSetMapping` müssen wir einen Namen zuweisen, genauso wie wir es bei der NamedQuery getan haben. Innerhalb der Annotation `@SqlResultMapping` kann sehr flexibel gearbeitet werden, denn über die Attributannotationen `entities`, `columns` und `classes` können nun unterschiedliche Ergebnismengen miteinander kombiniert werden.

In dem folgenden Beispiel nutzen wir die Annotation, um einfach nur wieder die Ergebnismenge auf die JPA-Entity `Customer.java` zu mappen. Dabei erstellen wir zunächst ein SqlResultSetMapping, das wir CustomerMapping nennen. Die zurückgegebene Ergebnismenge zeigen wir mithilfe der Attributannotation `entities` an. Wir übergeben ihr den Ausdruck `@EntityResult(entityClass=Customer.class)`.

Auf das SqlResultSetMapping können wir dann in der Annotation `@NamedNativeQuery` über die Attributannotation `resultSetMapping` referenzieren:

```
...
@Entity
@Table(schema="ONLINESHOP", name="CUSTOMER")
@SqlResultSetMapping(
    name = "CustomerMapping",
    entities={@EntityResult(entityClass=Customer.class)}
)
@NamedNativeQuery(
    name="Customer.findAll",
    query="SELECT id, email, password "
+ "FROM onlineshop.customer", resultSetMapping="CustomerMapping")
public class Customer implements Serializable {
...
```

Listing 8.208 Customer.java

Die Abfrage kann genauso genutzt werden, wie wir es in dem vorherigen Beispiel programmiert haben. Über die Methode `createNamedQuery()` besorgen wir wieder ein Objekt der Klasse `Query`. Über dieses Objekt erhalten wir nun wieder eine typisierte Ergebnismenge:

```
...
EntityManager em = emf.createEntityManager();
Query query = em.createNamedQuery("Customer.findAll");
List<Customer> customers = query.getResultList();
final Logger logger = Logger.getLogger("Main");
```

```
for(Customer customer : customers) {
    logger.log(Level.INFO, customer.toString());
}
...
```

Listing 8.209 »Main.java«

In dem letzten Beispiel mussten die Spaltennamen der SQL-Abfrage genauso benannt sein, wie die Attribute der JPA-Entity, damit eine Zuordnung stattfinden konnte. In manchen Fällen ist diese Voraussetzung aber nicht gegeben. Aus diesem Grund kann bei der Annotation `@EntityResult` das Annotationsattribut `fields` gesetzt werden. In der Klammer des Annotationsattributs kann jede Spalte zu einem Attribut gemappt werden. Das Mapping erfolgt mithilfe der Annotation `@FieldResult`, das die Angaben über seine Element `column` und `name` zuordnet:

```
...
@Entity
@Table(schema="ONLINESHOP", name="CUSTOMER")
@SqlResultSetMapping(
        name = "CustomerMapping",
        entities={
            @EntityResult(
                entityClass=Customer.class,
                fields={
                    @FieldResult(
                        column = "email",
                        name = "email"),
                    @FieldResult(
                        column = "password",
                        name = "password")
                }
        )}
    )
@NamedNativeQuery(
    name="Customer.findAll",
    query="SELECT id, email, password "
    + "FROM onlineshop.customer", resultSetMapping="CustomerMapping")
public class Customer implements Serializable {
...
```

Listing 8.210 »Customer.java«

Bei der Verwendung ändert sich nichts. Denn wir erhalten wieder eine List von JPA-Entities als Ergebnismenge zurück:

```
Query query = em.createNamedQuery("Customer.findAll");
List<Customer> customers = query.getResultList();
```

Listing 8.211 »Main.java«

Unverwaltete Ergebnismengen

Im nächsten Beispiel werden wir uns nun einzelne Felder der JPA-Entity besorgen. Statt der Attributannotation `entities` verwenden wir jetzt die Attributannotation `columns`. Innerhalb von `columns` geben wir die Feldnamen an, die wir in der Ergebnismenge benötigen. Jeder Feldname wird mithilfe der Annotation `@ColumnResult` angezeigt:

```
...
@Entity
@Table(schema="ONLINESHOP", name="CUSTOMER")
@SqlResultSetMapping(
    name = "CustomerMapping",
    columns={
        @ColumnResult(name="email"),
        @ColumnResult(name="password")}
    )
@NamedNativeQuery(
    name="Customer.findAll",
    query="SELECT id, email, password "
    + "FROM onlineshop.customer", resultSetMapping="CustomerMapping")
public class Customer implements Serializable {
...
```

Listing 8.212 »Customer.java«

Dieses Konstrukt müssen wir nun im Programm genauso verwenden, wie es bei der unverwalteten Ergebnismenge mit JPQL gezeigt wurde. Denn wenn die Ergebnismenge keiner JPA-Entity eindeutig zugeordnet werden kann, liefert die JPA als Rückgabewert eine Liste von Objekt-Arrays:

```
...
Query query = em.createNamedQuery("Customer.findAll");
List<Object[]> accessdatas = query.getResultList();
final Logger logger = Logger.getLogger("Main");
for(Object[]  accessdata : accessdatas) {
```

```
    logger.log(
        Level.INFO,
        "Email: " + accessdata[0] +
        "Password: " + accessdata[1]);
}
...
```

Listing 8.213 »Main.java«

Kapitel 9

Java Server Faces

Kapitel 9
Java Server Faces

»Der Neurotiker zieht sein bekanntes Unglück dem unbekannten Glück vor.«

(Sprichwort)

In diesem Kapitel wird die *Java Server Faces*-Technologie (JSF) in der Version 2.2 vorgestellt.

Im ersten Unterkapitel betrachten wir zunächst die Vereinfachungen, die sich bei unserem Onlineshop durch die Nutzung des JSF-Frameworks ergeben. Eine zentrale Rolle spielt hierbei das MVC-Pattern. Das MVC-Pattern wurde bereits in den Kapiteln 4 und 5 über die Low-Level Technologien Servlets und JSPs verwendet. Durch die Gegenüberstellung von Low-Level und High-Level wird gleich zu Beginn dieses Kapitels deutlich, welcher Quelltext nun mit JSF automatisch erzeugt wird, sodass wir auf eine manuelle Programmierung verzichten können.

Sobald die grundlegenden Bestandteile besprochen worden sind, werden wir gleich in die Praxis einsteigen und ein JSF-Beispiel in Eclipse programmieren. Im Laufe des Kapitels werden auch alle anderen Elemente der JSF-Technologie beleuchtet. Insbesondere wird hierbei auf die Neuerungen *Faces Flows* und *HTML5-friendly Markup* der neuen Version JSF 2.2 eingegangen.

9.1 Einführung

Die Entwicklung von JSF begann im Jahr 2001. Das Final Release der Version 1.0 erschien im Jahre 2004. Anfangs gehörte JSF noch nicht zum Java-EE-Standard. Nachdem jedoch wichtige Erkenntnisse und neue Erfindungen aus der Open-Source-Gemeinde in die JSF-Version 1.2 eingeflossen waren, wurde es schließlich im Jahre 2006 als fester Bestandteil von Java EE 5 integriert. Der eigentliche Durchbruch kam aber erst mit der Spezifikation Java EE 6, als die *Java Server Faces* in der Version 2.0 mitaufgenommen wurden. JSF 2.0 brachte so viele Vereinfachungen mit sich, dass es seither als Standard-Komponenten-Framework für das Frontend einer Java-EE-Anwendung nicht mehr wegzudenken ist. Bei der derzeitigen Java-EE-Version 7 wurde die aktuelle JSF-Version 2.2 eingearbeitet. Die Spezifikation können Sie von folgender URL herunterladen:

http://download.oracle.com/otn-pub/jcp/jsf-2_2-fr-eval-spec/javax.faces-api-2.2-FINAL.zip

Genau wie bei allen Technologien des Java-EE-Standards ist es auch bei der JSF-Technologie so, dass die Spezifikation von den Software-Herstellern als Implementierung realisiert wird. Die Firma Oracle bietet eine eigene Referenz-Implementierung an, die sich *Mojarra* nennt.

Dieser Implementierung werden wir im Buch den Vorzug geben. Als wichtigstes Konkurrenzprodukt gilt *MyFaces*. MyFaces stammt aus der Schmiede der *Apache Software Foundation*.

9.1.1 Vergleich mit Servlets und JSPs

Java Server Faces erleichtern die Programmierung der Benutzerschnittstelle einer Java-EE-Anwendung, weil sich mit ihnen vieles erübrigt, was mit Servlets und JSPs manuell programmiert werden müsste.

In Abbildung 9.1 sehen Sie, wie das Frontend einer Kundenregistrierung mit einem Servlet und einer JSP programmiert wird.

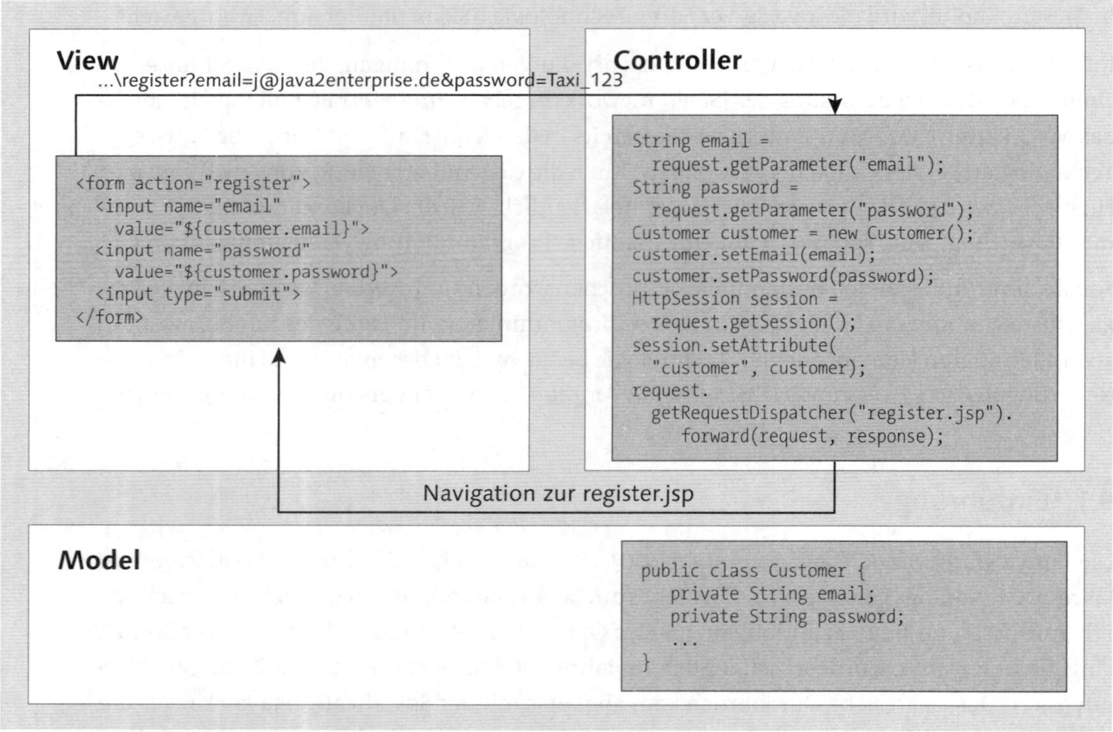

Abbildung 9.1 Das MVC-Pattern mit Servlets und JSPs

Die Komponenten weisen das klassische Entwurfsmuster *Model-View-Controller* (MVC) auf. Dabei wird das Servlet als *Controller* eingesetzt. Das Controller-Servlet nimmt die Parameter der Anfrage entgegen und erstellt hiermit eine *JavaBean*. Die JavaBean wird als *Model* in einen Gültigkeitsbereich (beispielsweise in die Session) gesetzt. Dies ist aber nicht die einzige Aufgabe des Controller-Servlets, denn zusätzlich ist es auch für die Navigation zuständig. In Abbildung 9.1 sehen Sie, wie es den Prozess über einen `RequestDispatcher` an eine JSP weiterleitet. Die JSP ist als *View* für die Präsentation der Daten verantwortlich. Zu diesem Zweck kann innerhalb einer JSP die JSP-EL verwendet werden. In der *View* zeigen wir aber nicht nur die Geschäftsdaten an, sondern ermöglichen auch die Interaktion mit dem Benutzer. Hierfür werden üblicherweise HTML-Formulare verwendet.

In Abbildung 9.2 sehen Sie jetzt die Kundenregistrierung in der JSF-Variante.

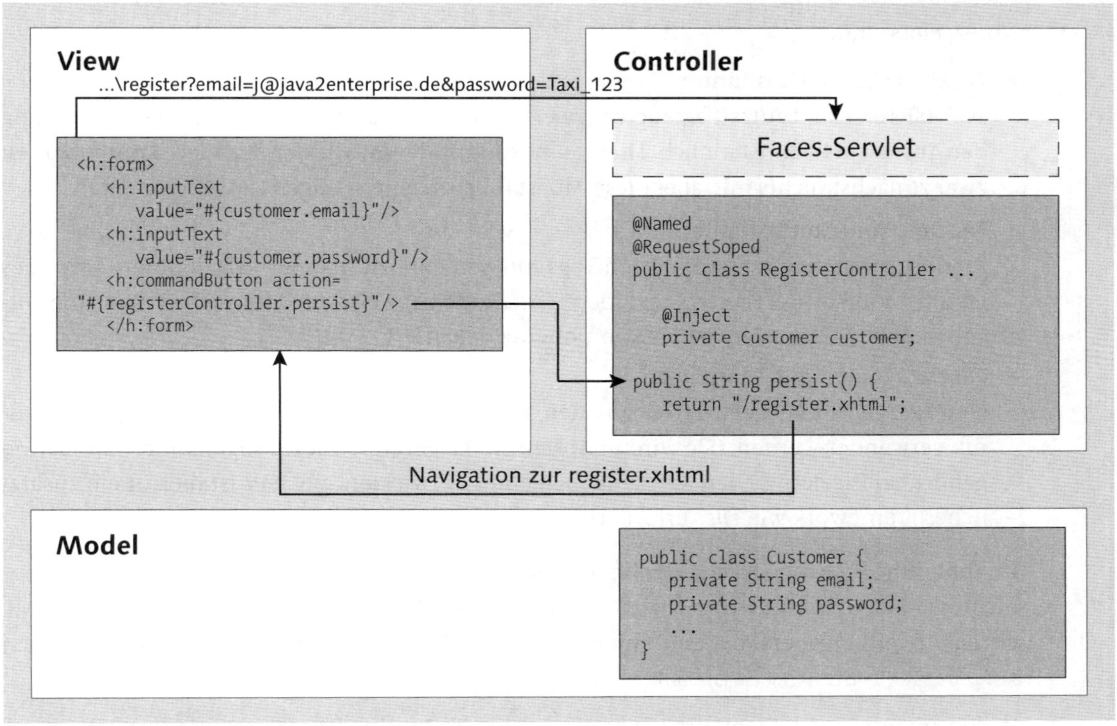

Abbildung 9.2 Das MVC-Pattern mit Java Server Faces

Mit JSF ist der Programmablauf zwischen Model, View und Controller ähnlich, wie es bei dem letzten Beispiel mit Servlets und JSPs gezeigt wurde. In den folgenden Abschnitten schauen wir uns die einzelnen Komponenten genauer an.

Facelets

Das erste markante Merkmal der JSF-Variante ist, dass statt der JSP nun ein *Facelet* eingesetzt wird. Grundsätzlich hätten wir auch eine JSP an dieser Stelle verwenden können. Dies war sogar einmal standardmäßig vorgesehen, denn JSPs stellten anfangs die Default-*View Definition Language* (VDL) von Java Server Faces dar. Seit der JSF-Version 2.0 (Java EE 6) legte man jedoch fest, dass die JSPs durch Facelets ersetzt werden sollen.

Facelets basieren auf der XML-Technologie und wurden im Jahre 2005 im Rahmen des JSR-252 von Jacob Hookom entwickelt. Genauso wie bei einer JSP können auch bei einem Facelet die Geschäftsdaten mithilfe der *Expression Language* verarbeitet werden. Die Expression Language für Facelets wird JSF-EL genannt. Im Unterschied zur JSP-EL verwendet man bei der JSF-EL zur Einleitung kein Dollarzeichen, sondern eine Raute. JSF-EL gehört genauso wie JSP-EL zu der *Unified EL 3.0*.

Facelets bieten einige Vorteile gegenüber den *Java Server Pages*. Die wichtigsten Argumente für Facelets sind:

- **Facelets sind performanter**
  Weil JSPs erst zur Laufzeit erzeugte Servlets sind, ist die automatische Zwischenspeicherung der Ansicht sehr umständlich. Hiervon bekommt der Entwickler der View-Komponenten zwar zunächst nichts mit, aber diese Altlast führt zu einem trägen Laufzeitverhalten.
- **Facelets sind komfortabler**
  Attribute von benutzerdefinierten Tags müssen explizit in einer TLD definiert sein. Dies ist umständlich. Bei Facelets resultieren Attribute ganz einfach daraus, dass man eine entsprechende Property in der UI-Komponente deklariert.
- **Facelets bieten das Templating**
  Um die Ansicht kachelartig aufzubauen, kann bei Facelets eine spezielle Template-Technik verwendet-werden. (Sie wird in Abschnitt 9.8 gezeigt). Dieses sogenannte *Templating* gehört bei Facelets zu den Kernaufgaben eines Entwicklers. Bei JSPs ist hierfür ein zusätzliches Framework wie *Tiles* erforderlich.

In Abbildung 9.2 sehen Sie auf der linken Seite ein öffnendes und ein schließendes `<h:form>`-Element. Mit diesem Element wird im Facelet ein HTML-Formular gerendert. Das HTML enthält zwei Eingabefelder und einen Command-Button. Dies wurde mit den Elementen `<h:inputText>` und `<h:commandButton>` festgelegt.

In den `<h:inputText>`-Elementen wird über einen EL-Ausdruck auf die Property `customer` der Klasse `RegisterController` referenziert.

Im Command-Button wurde das Attribut `action` mit dem EL-Ausdruck `"#{registerController.persist()}"` programmiert. Hiermit teilt der Command-Button mit, dass die Methode `persist()` der Klasse `RegisterController` ausgeführt werden soll, wenn der Benutzer den Button betätigt.

Die Backing Bean

Kommen wir nun zur rechten Seite von Abbildung 9.2, wo sich die *Controller*-Komponente befindet. MVC-Puristen bezeichnen diese Komponente auch als *Handler* oder *Vermittler*. In der Literatur des Herstellers Oracle werden die Begriffe *Managed Bean* oder *Backing Bean* gebraucht. In diesem Buch wird der Begriff *Backing Bean* verwendet.

Die Backing Bean ist normalerweise für die Weiterleitung der fachlichen Belange aus der *View* und für die Kommunikation mit dem Backend verantwortlich. Deshalb muss sie alle Properties und alle Methoden für die View-Komponente definieren.

Ein auffallendes Merkmal hierbei ist, dass im Vergleich zur Servlet- und JSP-Variante im Controller die Aufgabe der manuellen Erzeugung der JavaBean wegfällt. Mit Servlets und JSPs hatten wir an dieser Stelle Request-Parameter entgegengenommen und hieraus JavaBean-Objekte erzeugt. Auf diese Kodierung können wir nun verzichten, da sie vom Framework automatisch übernommen wird. Die Property `customer` der Backing Bean wird also automatisch initialisiert und mit den Werten der View gefüllt, ohne dass wir hierfür auch nur eine einzige Zeile Quelltext schreiben müssen.

Selbst die Navigation läuft nun anders ab, denn sie ist nun viel einfacher. Im Grunde genommen landet der ankommende HTTP-Request nicht mehr bei einem individuell programmierten Servlet, sondern bei dem sogenannten Faces-Servlet. Dieses Servlet wird vom JSF-Framework automatisch zur Verfügung gestellt. Allerdings geschieht dies unbemerkt im Hintergrund.

Für den Entwickler ist es viel interessanter, dass im Programmablauf die Methode aufgerufen wird, die im Attribut `action` des Command-Buttons eingetragen ist. Der Begriff aus dem Fachjargon für solche Methoden lautet *Aktionsmethode*. Der englische Fachbegriff heißt *Action-Method*. In unserem Beispiel nennt sich die Aktionsmethode `persist()`. In der Aktionsmethode legt der Entwickler das weitere Vorgehen fest. Zuletzt kann er über einen Rückgabewert darüber verfügen, wohin im Fortlauf navigiert werden soll. In Abbildung 9.2 navigiert JSF zur View "`/register.xhtml`", weil dies als Zeichenkette so eingetragen ist.

Das Model

Genauso wie bei Servlets und JSPs werden die eigentlichen Geschäftsdaten wieder durch POJOs modelliert.

9.2 Ein JSF-Beispiel

In diesem Abschnitt werden wir die Registrierung eines Onlineshop-Besuchers als erstes JSF-Beispiel programmieren. Hierbei werden wir uns von Eclipse und seinen Wizards helfen lassen. Für das Beispiel werden wir nicht das dynamische Webprojekt aus den vergangenen Kapiteln verwenden. Stattdessen wird gezeigt, wie ein dynamisches Webprojekt mit JSF »auf der grünen Wiese« erzeugt wird.

Falls Sie noch die Projekte aus den vorherigen Kapiteln in Ihrem Eclipse vorliegen haben, müssen Sie das alte Projekt *onlineshop-war* nun umbenennen oder entfernen. Achten Sie beim Umbenennen darauf, dass die Context-Root mit den neuen Projekten kollidieren könnte. Um den Quelltext aufzubewahren, ist es deshalb besser, wenn Sie den alten Workspace wegsichern.

Wenn Sie die vorherigen Kapitel übersprungen haben, sind einige Vorbereitungen zu treffen, denn Sie brauchen einen Java-EE-7-konformen Server wie *GlassFish 4.0*. Die Installation von GlassFish wurde in Kapitel 2, »Der Java EE Server«, gezeigt. GlassFish 4.0 enthält von Haus aus die JSF-Implementierung namens *Mojarra*, sodass wir uns hierum nicht mehr zu kümmern brauchen.

Neben der Installation von GlassFish müssen Sie den Java EE Server als Server-Runtime und auch die sogenannten *GlassFish Tools* in Eclipse einbinden. Auch diese Schritte wurden in Kapitel 2 beschrieben.

An dieser Stelle müssen wir Sie jedoch auf ein Problem aufmerksam machen. Denn zur Zeit der Drucklegung befand sich in der Version GlassFish 4.0 noch eine veraltete JSF-Bibliothek. Die *.jar*-Datei befindet sich im Verzeichnis *[GLASSFISH_HOME]\glassfish\modules*. Dort werden Sie eventuell folgende Datei finden:

javax.faces.jar

Diese Mojarra-Bibliothek ist aber leider noch mit vielen Fehlern behaftet. Damit beispielsweise die Faces-Flows-Komponenten aus diesem Buch funktionieren, muss diese Bibliothek durch folgende Datei ersetzt werden:

https://maven.java.net/content/repositories/releases/org/glassfish/javax.faces/2.2.6/javax.faces-2.2.6.jar

Laden Sie diese Datei (oder eine aktuellere) herunter. Auf meinem Rechner habe ich die Datei in *javax.faces.jar* umbenannt und hiermit die gleichnamige Datei im Verzeichnis *[GLASSFISH_HOME]\glassfish\modules* überschrieben. Danach starten Sie GlassFish neu.

Dieses Problem könnte in Ihrer (von meiner Warte aus zukünftigen) GlassFish-Version bereits gelöst sein.

9.2.1 Die Erstellung eines JSF-Projekts

In Eclipse legen wir jetzt los, indem wir ein *Enterprise Application Project* und ein *dynamisches Webprojekt* erstellen.

In Abbildung 9.3 sehen Sie, dass der Wizard für das dynamische Webprojekt unter DYNAMIC WEB MODULE VERSION die Version 3.1 anzeigt. Außerdem ist bei CONFIGURATION der Eintrag DEFAULT CONFIGURATION FOR GLASSFISH 4.0 ausgewählt. Diese Einstellungen sind für unseren GlassFish-Server richtig.

Jetzt müssen wir das dynamische Webprojekt noch mit JSF ausstatten. Das bedeutet, dass wir dem Eclipse-Projekt ein entsprechendes *Facet* hinzufügen müssen. Um die Facets anzupassen, klicken Sie im Bereich CONFIGURATION auf den Button MODIFY.

In der Ansicht PROJECT FACETS werden auf der linken Seite die Facets angezeigt, die in Ihrer Eclipse-Version zur Auswahl stehen. Klicken Sie nun auf die Checkbox JAVASERVER FACES, um das JSF-Facet zu aktivieren. Die Version sollte hierbei auf 2.2 gesetzt sein.

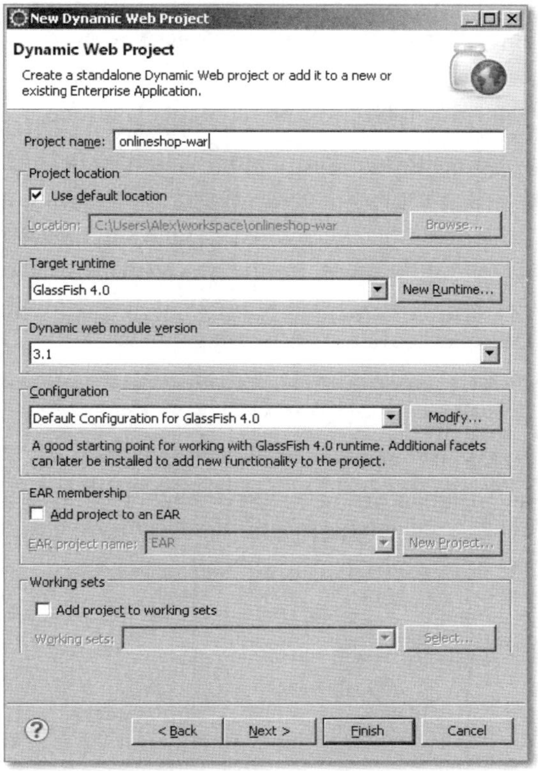

Abbildung 9.3 Das dynamische Webprojekt

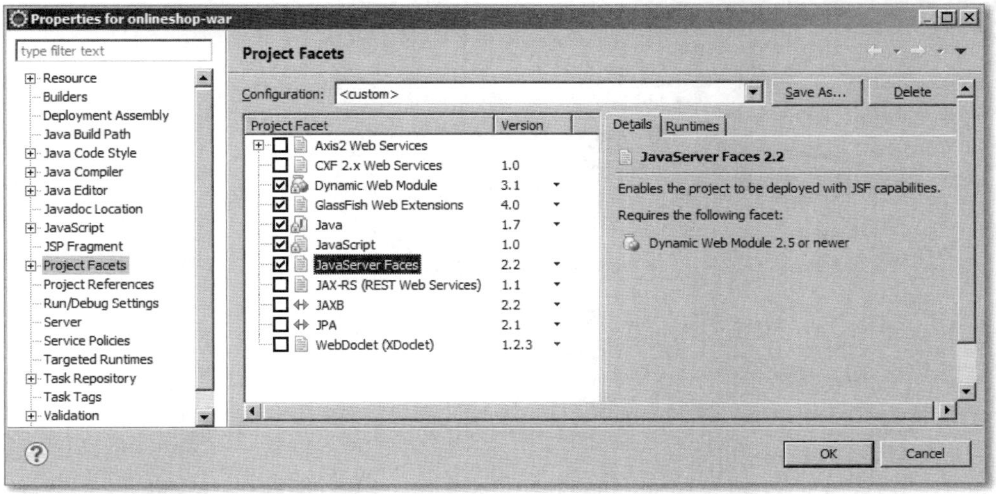

Abbildung 9.4 Über das Hinzufügen und Entfernen von Facets können Sie den Charakter eines Eclipse-Projekts verändern.

Wenn Sie zur Bestätigung auf den Button OK klicken, gelangen Sie wieder in das Fenster DYNAMIC WEBPROJECT zurück. Klicken Sie dort auf NEXT. Hierdurch öffnet sich die Ansicht JAVA. Wenn Sie erneut auf NEXT klicken, befinden Sie sich in der Ansicht WEB MODULE. Mit nochmaligem Mausklick auf NEXT sind Sie nun in der Ansicht JSF CAPABILITIES angekommen.

Mit der ersten Auswahlbox wird auf die *JSF Implementation Library* hingewiesen. In der Einführung wurde bereits angemerkt, dass die Java-Server-Faces-Spezifikation ja erst von einem Hersteller implementiert werden muss, damit sie als Library verwendet werden kann. Da wir in einer vorherigen Auswahl den GlassFish-Server als Server-Runtime gesetzt haben, zeigt das CAPABILITIES-Fenster an dieser Stelle die GLASSFISH SYSTEM LIBRARY an (siehe Abbildung 9.5). Hierdurch wird die JSF-2.2-Referenz-Implementierung *Mojarra* genutzt.

Hinweis

Wenn Sie in Ihrer Entwicklungsumgebung nicht mit GlassFish arbeiten, wird Ihnen dieser Eintrag nicht angeboten. Stattdessen erhalten Sie dann im Fenster eine Warnmeldung. Zum Beispiel könnte es sein, dass Sie in Ihrem Arbeitsumfeld den Apache Tomcat einsetzen. In diesem Fall lesen Sie bitte Abschnitt 9.2.4, »Extra-Abschnitt: JSF mit dem Apache Tomcat«.

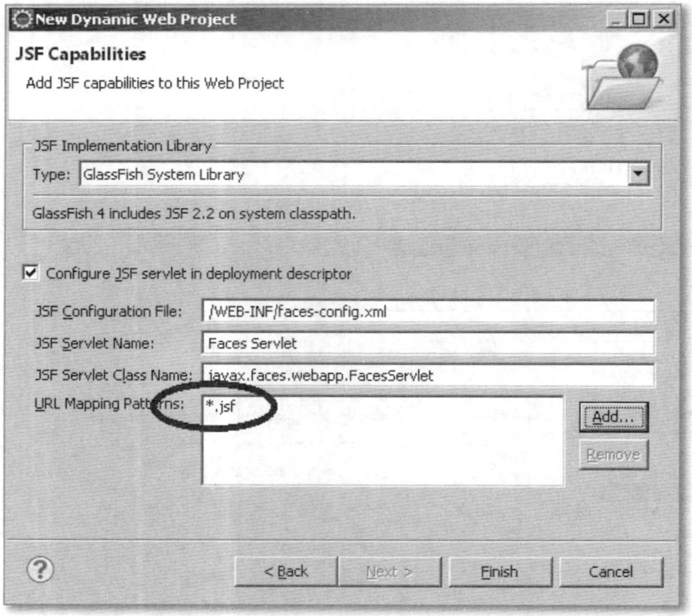

Abbildung 9.5 Die Ansicht »JSF Capabilities«

Im unteren Teil des Fensters kann über eine Checkbox der Bereich CONFIGURE JSF SERVLET IN DEPLOYMENT DESCRIPTOR angeschaltet werden. Setzen Sie ein Häkchen in diese Checkbox, da wir hierüber die Java Server Faces konfigurieren werden.

Im Eingabefeld URL-MAPPING PATTERNS wird der Eintrag *"/faces/*"* angezeigt. Hiermit weist der Wizard darauf hin, dass alle Anfragen, die den Pfad */faces* enthalten, über das Faces-Servlet erfolgen sollen. Für unsere Anwendung werden wir aber einen gängigeren Weg beschreiten. Selektieren Sie diesen Eintrag, und klicken Sie auf REMOVE. Über ADD erstellen Sie einen neuen Eintrag mit dem URL-Mapping-Pattern *"*.jsf"*. Hiermit sorgen wir dafür, dass alle Anfragen, die die Endung .jsf aufweisen, über das JSF-Framework laufen.

Auf einen weiteren wichtigen Bestandteil einer JSF-Anwendung wird im mittleren Bereich des Fensters hingewiesen. Es handelt sich hierbei um die neu zu erstellende JSF-Konfigurationsdatei *faces-config.xml*. Obwohl diese Konfigurationsdatei optional ist, wird sie dennoch erzeugt. Weiter unten werden wir auf diese Datei zurückkommen.

Mit einem Klick auf FINISH wird das JSF-Projekt abschließend angelegt.

9.2.2 Die Anpassung der Konfiguration

Wenn Sie sich jetzt den Deployment-Deskriptor */WEB-INF/web.xml* anschauen, werden Sie feststellen, dass der Wizard ihn so fertiggestellt hat, dass alle Anfragen auf das URL-Pattern »*.jsf« zunächst über die Klasse *javax.faces.webapp.FacesServlet* laufen.

Damit die URL des initialen Aufrufs für den Onlineshop möglichst kurz ist, sollten wir der *web.xml* auch noch ein Welcome-File-Element hinzufügen, das automatisch den JSF-Request-Response-Prozess *index.jsf* auslöst:

```
<?xml version="1.0" encoding="UTF-8"?>
<web-app
xmlns:xsi="http://www.w3.org/2001/XMLSchema-instance"
xmlns="http://xmlns.jcp.org/xml/ns/javaee"
xsi:schemaLocation="http://xmlns.jcp.org/xml/ns/javaee
http://xmlns.jcp.org/xml/ns/javaee/web-app_3_1.xsd"
version="3.1">
    <display-name>onlineshop-war</display-name>
    <servlet>
        <servlet-name>Faces Servlet</servlet-name>
        <servlet-class>javax.faces.webapp.FacesServlet</servlet-class>
        <load-on-startup>1</load-on-startup>
    </servlet>
    <servlet-mapping>
        <servlet-name>Faces Servlet</servlet-name>
        <url-pattern>*.jsf</url-pattern>
    </servlet-mapping>

    <welcome-file-list>
        <welcome-file>
```

```
            index.jsf
        </welcome-file>
    </welcome-file-list>
</web-app>
```

Listing 9.1 »web.xml«

9.2.3 Die JSF-Konfigurationsdatei »faces-config.xml«

Der Vollständigkeit halber wird an dieser Stelle noch die JSF-Konfigurationsdatei vorgestellt. Es handelt sich hierbei um die Datei *faces-config.xml*. Auch diese Datei wurde von Eclipse im Verzeichnis */WEB-INF* bereitgestellt. Ursprünglich waren die wichtigsten Aufgaben der *faces-config.xml* das Aufstellen von Navigationsregeln und die Definition von sogenannten ManagedBeans. Seitdem die Konfiguration von ManagedBeans jedoch eher durch Annotationen vorgenommen wird und ManagedBeans ab der Java-EE-Version 8 sogar als »veraltet« betrachtet werden, werden in der *faces-config.xml* vorwiegend Navigationsregeln definiert.

Wie bereits angemerkt, liegt die Datei üblicherweise gemeinsam mit dem Deployment-Deskriptor im Verzeichnis */WEB-INF*. Es obliegt der Entscheidung des Entwicklerteams, sie an einem anderen Platz abzulegen. In so einem Fall sollte das JSF-Framework über den Deployment-Deskriptor *web.xml* hierüber in Kenntnis gesetzt werden. Der folgende Ausschnitt aus einem Deployment-Deskriptor zeigt an, dass sich die JSF-Konfigurationsdatei im Verzeichnis */faces* unterhalb des Web-Wurzelverzeichnisses (*/WebContent*) befindet.

```
...
<context-param>
    <param-name>
        javax.faces.application.CONFIG_FILES
    </param-name>
    <param-value>
        /faces/faces-config.xml
    </param-value>
</context-param>
...
```

Listing 9.2 »web.xml« mit dem Eintrag des Standortes für die »faces-config.xml«

Für unser einfaches Onlineshop-Beispiel reicht es aber vollkommen, wenn Sie die JSF-Konfigurationsdatei im Verzeichnis */WEB-INF* lassen.

Neben der soeben gezeigten Abwandlung besteht auch noch die Möglichkeit, dass die JSF-Konfigurationen auf mehrere JSF-Konfigurationsdateien verteilt werden. Das macht vor allem dann Sinn, wenn verschiedene *.jar*-Bibliotheken mit benutzerdefinierten, d.h. selbst programmierten Komponenten eingebunden werden sollen. Solche *.jar*-Bibliotheken werden üblicherweise im Verzeichnis */WEB-INF/lib* abgelegt. Deshalb sucht das JSF-Framework beim Start der Anwendung automatisch auch in den */META-INF*-Verzeichnissen der *.jar*-Bibliotheken nach einer JSF-Konfigurationsdatei. In diesem Fall braucht eine explizite Standortangabe über den Deployment-Deskriptor nicht mehr angezeigt zu werden.

9.2.4 Extra-Abschnitt: JSF mit dem Apache Tomcat

Wenn Sie nicht mit einem vollkommen Java-EE-konformen Server arbeiten, fehlt anfangs noch eine JSF-Implementierung. Eclipse bemerkt diesen Mangel und gibt in dem Fenster JSF CAPABILITIES eine entsprechende Warnung aus. In diesem Fall muss eine JSF-Implementierung manuell als *User Library* integriert werden.

Hinweis

Bei dem nun folgenden Unterabschnitt handelt es sich lediglich um eine gesonderte Beschreibung für diejenigen, die keinen vollständig Java-EE-konformen Server wie GlassFish, sondern einen einfachen Anwendungsserver wie den Apache Tomcat einsetzen.

Um beispielsweise die JSF-Referenzimplementierung Mojarra gesondert einzubinden, selektieren Sie bei der Auswahlliste der JSF IMPLEMENTATION LIBRARY den Eintrag USER LIBRARY. Mit einem Klick auf die Diskette (rechtes kleines Symbol) sollte Ihnen Mojarra angeboten werden (siehe Abbildung 9.6).

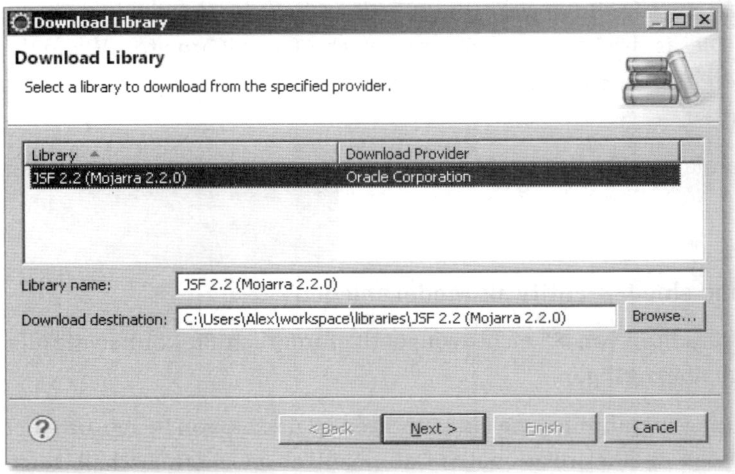

Abbildung 9.6 Die JSF-Library »Mojarra« herunterladen

Mit einem Mausklick auf NEXT gelangen Sie zur Lizenzvereinbarung, die Sie gegebenenfalls bestätigen. Wenn Sie anschließend auf FINISH klicken, wird Mojarra heruntergeladen.

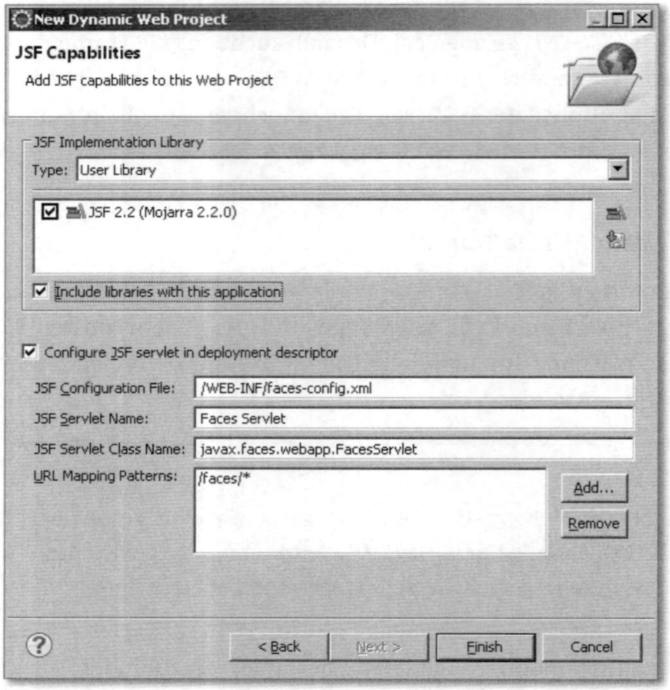

Abbildung 9.7 Mojarra als User Library nutzen

In Abbildung 9.7 sehen Sie, dass das Häckchen in der Checkbox INCLUDE LIBRARIES WITH THIS APPLICATION gesetzt ist. Hierdurch wird die JSF-Bibliothek der Anwendung beim Deployment hinzugefügt. Dies ist wichtig, wenn Sie mit Apache Tomcat arbeiten. Wenn Ihr Java EE Server hingegen bereits über eine eigene JSF-Implementierung verfügt, sollte dieses Häkchen nicht gesetzt werden.

Wenn alles erledigt ist, veranlassen Sie die Erstellung des Eclipse-Projekts, indem Sie auf den FINISH-Button klicken.

9.2.5 JPA einbeziehen und eine JPA-Entity als Model anlegen

Dieser Abschnitt ist für das Studium von JSF nicht zwingend erforderlich. Sie können die hier gezeigten Schritte also auch überspringen.

Für manche Entwickler ist die Programmierung eines »echten« Beispiels von Bedeutung, bei dem man auch wirklich Daten in einer relationalen Datenbank abspeichert. Deshalb zeige ich Ihnen in diesem Abschnitt die hierfür erforderlichen Schritte. Das Beispiel setzt voraus, dass Sie die Datenbanktabelle *CUSTOMER* auf Ihrer relationalen Datenbank gespeichert haben (die Erstellung der Onlineshop-Datenbank wurde in Kapitel 6 gezeigt), sodass wir nun über die *Java Persistence API* (JPA) auf sie zugreifen können.

JPA wurde in Kapitel 8, »Die Java Persistence API (JPA)«, beschrieben. Um die Geschäftsdaten dieses Kapitels mithilfe von JPA in der relationalen Datenbank abzuspeichern, ist dieses Wissen erforderlich. Für den Fall, dass Sie Kapitel 8 übersprungen haben, werde ich Ihnen dennoch zeigen, wie Sie JPA ohne den großen Umweg über Kapitel 8 einbeziehen können.

Als wichtigste Voraussetzung erfordert JPA, dass die *.jar*-Bibliothek einer JPA-Implementierung im Klassenpfad eingebunden ist. Wenn Sie GlassFish verwenden, ist dies implizit gegeben, denn GlassFish enthält die JPA-Referenzimplementierung *EclipseLink*.

Unser Ziel, JPA einzubeziehen, ist schnell erreicht. Als ersten Schritt klicken Sie lediglich mit der rechten Maustaste auf das dynamische Webprojekt und wählen im Kontextmenü CONFIGURE • CONVERT TO JPA PROJECT... aus. Dabei öffnet sich das PROJECT FACET-Fenster, das Sie mit einem Klick auf FINISH wieder schließen. Eclipse hat hierbei die JPA-Konfigurationsdatei *persistence.xml* in das Unterverzeichnis */META-INF* des Quellordners gespeichert und darin eine Persistenz-Einheit angelegt, die als Namen den Bezeichner des Projekts trägt. Die Persistenz-Einheit trägt deshalb den Namen *onlineshop-war*. Wir werden uns später auf den Namen der Persistenz-Einheit beziehen, wenn wir in der Backing Bean über JPA auf die Datenbank zugreifen. Beachten Sie, dass wir die Persistenz-Einheit im letzten Kapitel *onlineshop-jpa* (also mit einem *p*) genannt hatten. Dies wird in den Backing Beans aber keine Rolle spielen. Da wir nur eine einzige Persistenz-Einheit vorsehen, brauchen wir ihren Namen in der CDI-Annotation überhaupt nicht zu erwähnen. CDI wird ganz einfach davon ausgehen, dass es sich um die eine Persistenz-Einheit handelt, die ihr ohnehin lediglich vorliegt.

```
<?xml version="1.0" encoding="UTF-8"?>
<persistence version="2.1"
xmlns="http://xmlns.jcp.org/xml/ns/persistence"
xmlns:xsi="http://www.w3.org/2001/XMLSchema-instance"
xsi:schemaLocation="http://xmlns.jcp.org/xml/ns/persistence
http://xmlns.jcp.org/xml/ns/persistence/persistence_2_1.xsd">
    <persistence-unit name="onlineshop-war">
    </persistence-unit>
</persistence>
```

Listing 9.3 »persistence.xml«

Als Nächstes werden wir die Geschäftsdaten für die Registrierung modellieren. Das bedeutet, dass wir pro Domäne ein POJO erzeugen. Das POJO wird nach den gängigen Regeln einer JPA-Entity erstellt. Damit ist beispielsweise gemeint, dass es für jedes Spaltenfeld über eine Property verfügen wird, die über öffentliche Getter- und Setter-Methoden und über einen Default-Konstruktor erreichbar ist. Was ein POJO tatsächlich erst in eine JPA Entity verwandelt, ist die entsprechende JPA-Konfiguration. Im folgenden Listing wird die JPA-Entity *Customer.java* abgebildet. Weitere Erläuterungen zu JPA-Entities erhalten Sie in Kapitel 8, »Die Java Persistence API (JPA)«. Kopieren Sie die folgende Datei in den Quellordner Ihres dynamischen Webprojekts:

```
package de.java2enterprise.onlineshop.model;

import java.io.Serializable;

import javax.persistence.Entity;
import javax.persistence.GeneratedValue;
import javax.persistence.GenerationType;
import javax.persistence.Id;
import javax.persistence.NamedQuery;
import javax.persistence.SequenceGenerator;
import javax.persistence.Table;

@Entity
@Table(schema="ONLINESHOP")
@NamedQuery(name="Customer.findAll", query="SELECT c FROM Customer c")
public class Customer implements Serializable {
    private static final long serialVersionUID = 1L;

    @Id
    @SequenceGenerator(
            schema="ONLINESHOP",
            name="CUSTOMER_ID_GENERATOR",
            sequenceName="SEQ_CUSTOMER",
            allocationSize=1,
            initialValue=1)
    @GeneratedValue(
            strategy=GenerationType.SEQUENCE,
            generator="CUSTOMER_ID_GENERATOR"
            )
    private Long id;

    private String email;

    private String password;

    public Long getId() {
        return this.id;
    }

    public void setId(Long id) {
        this.id = id;
    }
```

```
public String getEmail() {
    return this.email;
}

public void setEmail(String email) {
    this.email = email;
}

public String getPassword() {
    return this.password;
}

public void setPassword(String password) {
    this.password = password;
}


@Override
public int hashCode() {
    final int prime = 31;
    int result = 1;
    result = prime * result + ((id == null) ?
        0 : id.hashCode());
    return result;
}

@Override
public boolean equals(Object obj) {
    if (this == obj) {
        return true;
    }
    if (obj == null) {
        return false;
    }
    if (!(obj instanceof Customer)) {
        return false;
    }
    Customer other = (Customer) obj;
    if (id == null) {
        if (other.id != null) {
            return false;
        }
```

```
        } else if (!id.equals(other.id)) {
            return false;
        }
        return true;
    }

    public String toString() {
        return
            "[" +
            getId() + "," +
            getEmail() +
            "]";
    }
}
```

Listing 9.4 »Customer.java«

9.2.6 Eine Backing Bean als Controller programmieren

Eingangs wurde bereits angemerkt, dass bei einer JSF-Anwendung zu jeder View-Komponente auch eine entsprechende Controller-Komponente bzw. eine Backing Bean erstellt wird. Eine Backing Bean ist vom Prinzip her ein POJO, also eine ganz einfache Java-Klasse. Obwohl es grundsätzlich möglich ist, auch eine Entity-Klasse des Datenmodells in eine Backing Bean umzuwandeln, setzt man eine Backing Bean in der »sauberen« JSF-Software-Architektur nicht als Modell der Geschäftsdaten, sondern lediglich zur Steuerung und zur Vermittlung ein.

Auch in den Kapiteln über die Low-Level-Technologien Servlets und JSPs haben wir Controller-Komponenten erstellt. Dort programmierten wir Servlets, die sich um alle Belange des HTTP-Requests und der HTTP-Response kümmerten. Um die Instanziierung eines Servlets haben wir uns nicht gesorgt. Weil Servlets ohnehin vom Web-Container verwaltet werden, brauchten wir uns um deren Erzeugung nicht zu kümmern. Bei Backing Beans sieht das anders aus. Weil Backing Beans keine Servlets, sondern ganz einfache Java-Klassen sind, müssen wir explizit die Anweisung geben, dass der Web-Container die Verwaltung der Instanzen übernehmen soll.

Zu diesem Zweck bietet der Java-EE-Standard zwei Möglichkeiten an. Zum einen kann das Package `javax.faces.bean` der JSF-API eingesetzt werden. Zum anderen steht aber auch noch eine neuere Alternative zur Verfügung, denn die gleiche Aufgabe hat die im Java-EE-Standard einheitlich geltende *Context and Dependency Injection*-(CDI-)Technologie. In den nachfolgenden Abschnitten werden beide Varianten vorgestellt.

Die Nutzung des Package »javax.faces.bean«

Um die Backing Beans vom Web-Container verwalten zu lassen, kann man das in diesem Abschnitt gezeigte Package `javax.faces.bean` der JSF-API verwenden. Dieses Package wird aber ab der Java-EE-Version 8 als *deprecated* markiert sein. Diese Entscheidung wurde getroffen, um den Java-EE-Standard zu vereinheitlichen. Diese bald veraltete Variante wird lediglich gezeigt, weil die meisten Java-EE-Projekte sie immer noch einsetzen. Es könnte also durchaus vorkommen, dass Sie als Java-EE-Entwickler an einem Projekt arbeiten, bei dem dieses Package noch verwendet wird. Anschließend werden wir im nächsten Abschnitt und im Fortlauf dieses Buches unsere Backing Beans nur noch mit CDI verknüpfen, da dies die vom Hersteller empfohlene Variante ist.

Aber kommen wir zurück zum Package `javax.faces.bean`. Bei der Erzeugung der Backing Bean werden wir uns von einem Eclipse-Wizard helfen lassen. Öffnen Sie hierfür im Webprojekt den Ordner */WebContent/WEB-INF*, und klicken Sie dort doppelt auf die Datei *faces-config.xml*. In Abbildung 9.8 sehen Sie, dass Eclipse einen speziellen *Faces Configuration Editor* anbietet, bei dem Sie gleich im ersten Reiter der Ansicht INTRODUCTION eine ausgiebige Hilfestellung erhalten.

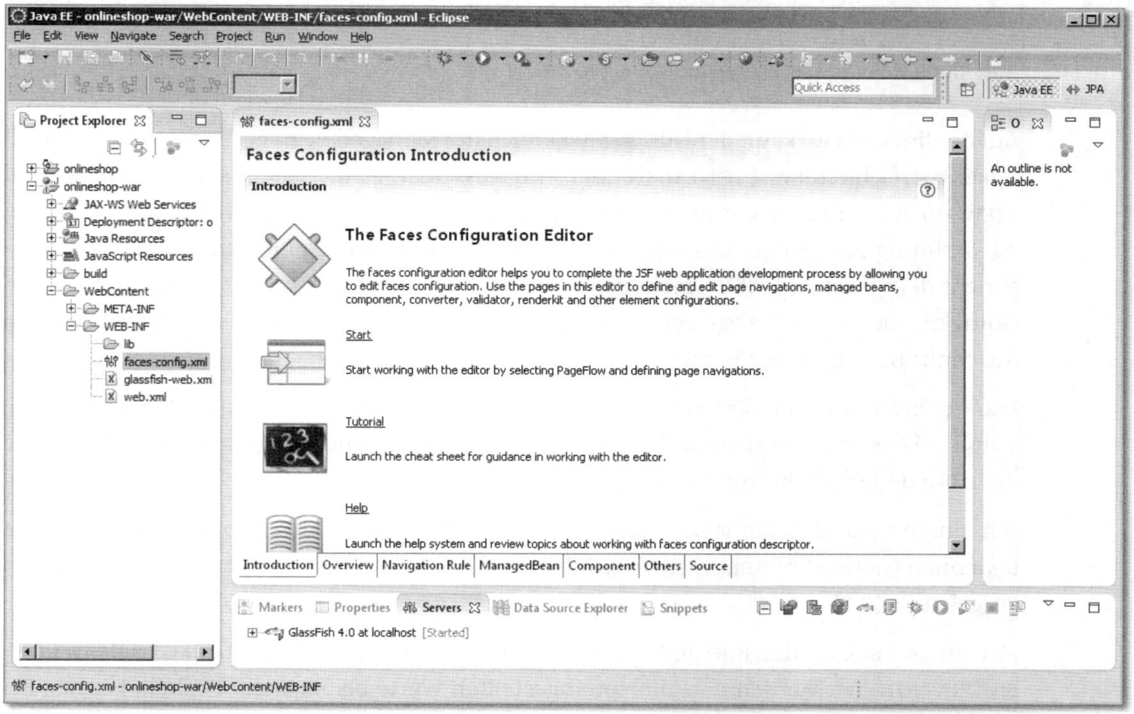

Abbildung 9.8 Der »Faces Configuration Editor«

Klicken Sie im *Faces Configuration Editor* auf den Reiter MANAGEDBEAN, denn dort werden die verwalteten Komponenten über den Faces Configuration Editor erstellt (siehe Abbildung 9.9).

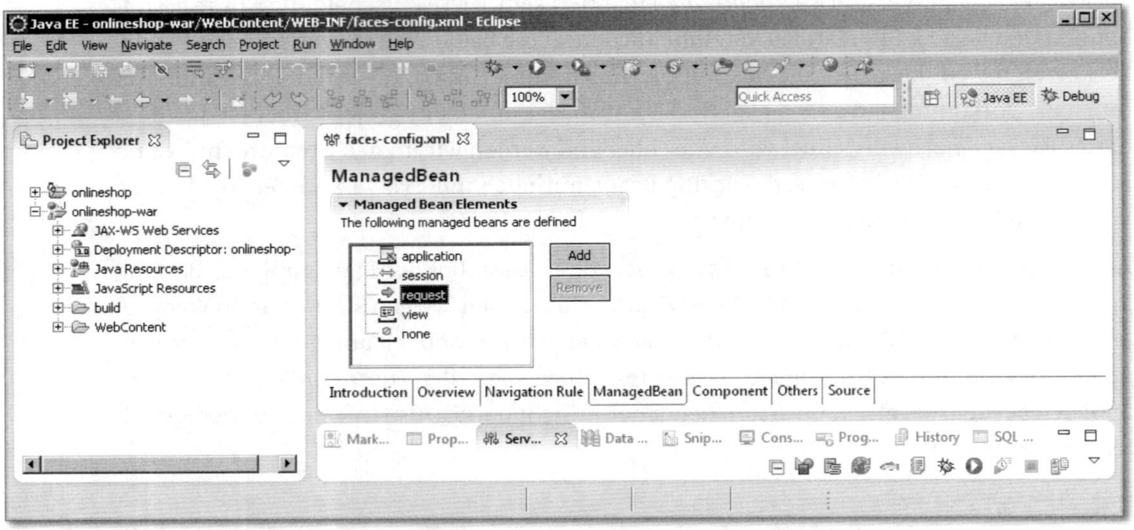

Abbildung 9.9 Die Erstellung der Managed Beans

Auf der linken Seite kann der Gültigkeitsbereich der Managed Bean gesetzt werden. Als Gültigkeitsbereiche stehen (NONE mal außen vorgelassen) APPLICATION, SESSION, REQUEST und VIEW zur Auswahl. Die Einträge haben die gleiche Bedeutung wie die impliziten Objekte in JSP-Skripting-Elementen. Nur das Wörtchen VIEW passt nicht in die Reihe, denn VIEW entspricht dem impliziten JSP-Objekt *page*. Für die Klasse `RegisterController` werden wir den Gültigkeitsbereich auf REQUEST setzen. Auf die Gültigkeitsbereiche gehe ich im nächsten Abschnitt noch einmal genauer ein.

Markieren Sie auf der linken Seite den Eintrag REQUEST, und klicken Sie auf ADD. Dabei sollte sich das Fenster NEW MANAGED BEAN WIZARD öffnen (siehe Abbildung 9.10). Klicken Sie dann auf den Radio-Button CREATE A NEW JAVA CLASS.

Mit einem Mausklick auf NEXT kommen Sie zur Ansicht JAVA CLASS, bei der Sie die Klasse benennen (siehe Abbildung 9.11). Außerdem müssen Sie auch für das Package einen Namen vergeben.

Mit einem Klick auf den Button NEXT befinden Sie sich in der Ansicht MANAGED BEAN CONFIGURATION. Wir werden dort die voreingestellten Werte beibehalten. Deshalb können Sie die weiteren Schritte mit einem Mausklick auf FINISH abschließen.

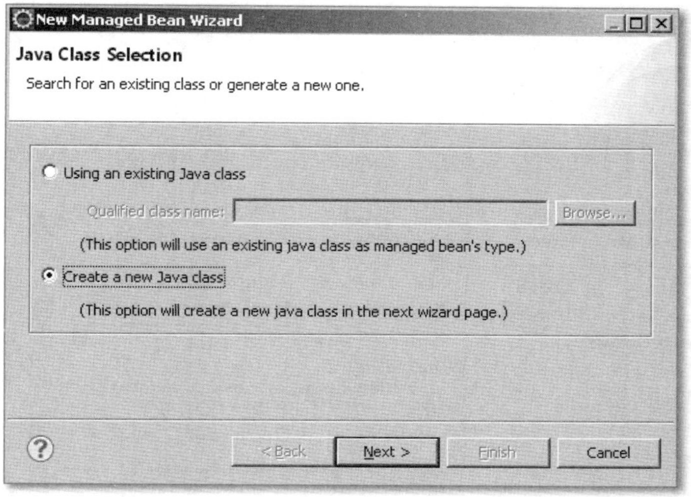

Abbildung 9.10 Die Erstellung einer neuen Managed Bean

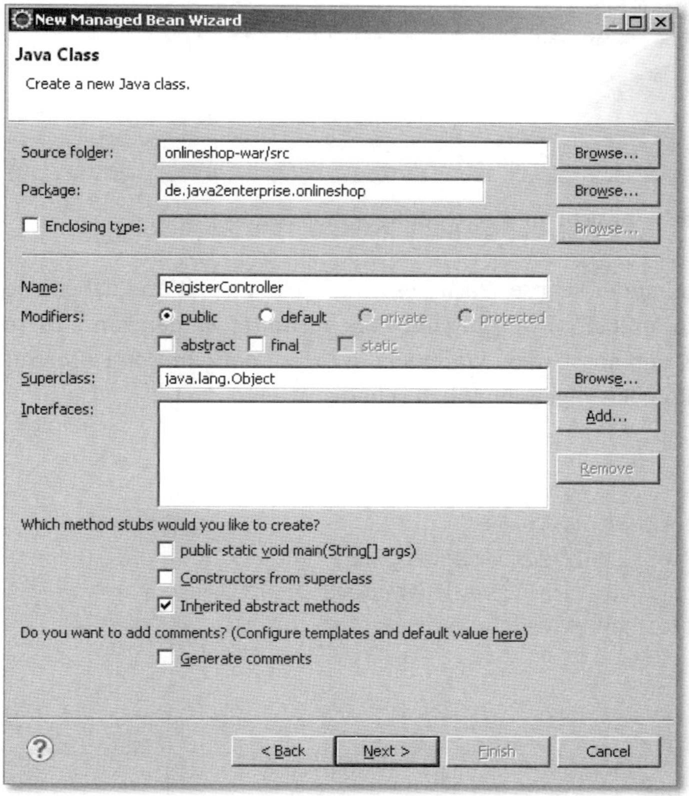

Abbildung 9.11 Die Ansicht »Java Class«

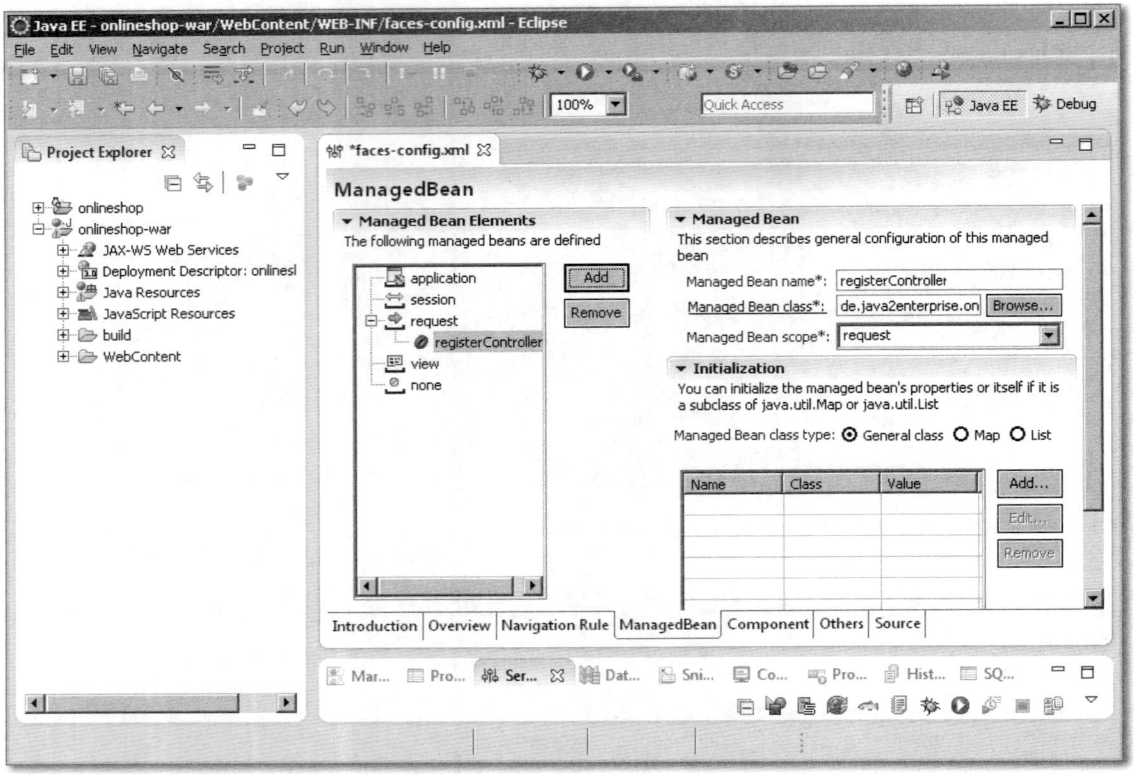

Abbildung 9.12 Die »ManagedBean«-Ansicht im »Faces Configuration Editor«

In den obigen Arbeitsschritten hat der Eclipse-Wizard eine JavaBean erstellt und dabei eine Konfiguration vorgenommen, damit sie vom JSF-Framework verwaltet werden kann. Diese Konfiguration können wir uns nun anschauen. Wenn Sie im *Faces Configuration Editor* auf den Reiter SOURCE klicken, sollten Sie folgenden Inhalt sehen:

```
<?xml version="1.0" encoding="UTF-8"?>
<faces-config
    xmlns="http://xmlns.jcp.org/xml/ns/javaee"
    xmlns:xsi="http://www.w3.org/2001/XMLSchema-instance"
    xsi:schemaLocation="http://xmlns.jcp.org/xml/ns/javaee
    http://xmlns.jcp.org/xml/ns/javaee/web-facesconfig_2_2.xsd"
    version="2.2">

    <managed-bean>
        <managed-bean-name>
            registerController
        </managed-bean-name>
```

```
        <managed-bean-class>
        de.java2enterprise.onlineshop.RegisterController
        </managed-bean-class>
        <managed-bean-scope>
            request
        </managed-bean-scope>
    </managed-bean>
</faces-config>
```

Listing 9.5 »faces-config.xml«

Das JSF-Framework betrachtet die Java-Klasse `RegisterController` als verwalteten Behälter, denn die Konfiguration in der *faces-config.xml* besagt, dass die JavaBean unter dem Namen `registerController` in den Gültigkeitsbereich `Request` gesetzt werden soll.

Anstelle der XML-Konfiguration in der Datei *faces-config.xml* hätten wir auch die Faces-Annotation des Typs `javax.faces.bean.ManagedBean` verwenden können. Den Namen, unter dem die Bean gefunden werden kann, setzen wir über die Attribut-Annotation `name`:

```
package de.java2enterprise.onlineshop;

import javax.faces.bean.ManagedBean;

@ManagedBean(name="registerController")
public class RegisterController {

}
```

Listing 9.6 Die Annotation »@ManagedBean«

Eigentlich geht JSF per Default davon aus, dass die Bean unter dem kleingeschriebenen Bezeichner des Klassennamens abgelegt ist. Deshalb können wir auf das Setzen des Attributs `name="registerController"` verzichten.

Auch der Gültigkeitsbereich kann über eine Annotation angezeigt werden. Zur Verfügung stehen die Annotationen `@ApplicationScoped`, `@SessionScoped`, `@RequestScoped`, `@ViewScoped` und darüber hinaus noch `@CustomScoped` und `@NoneScoped`. Die Bedeutung der ersten vier Annotationen entspricht den Gültigkeitsbereichen APPLICATION, SESSION, REQUEST und VIEW, die sich in der *faces-config.xml* für eine Managed Bean einstellen lassen.

```
package de.java2enterprise.onlineshop;

import javax.faces.bean.ManagedBean;
import javax.faces.bean.RequestScoped;
```

```
@ManagedBean
@RequestScoped
public class RegisterController {

}
```

Listing 9.7 Die Annotation »@ManagedBean« und die Annotation »@RequestScoped«

In diesem Abschnitt wurde gezeigt, wie der `RegisterController` über das Package `javax.faces.bean` der JSF-API erzeugt werden kann. Es wurde bereits angemerkt, dass dieses Package in zukünftigen Java-EE-Versionen als *deprecated* markiert sein wird und stattdessen von nun an CDI einzusetzen ist.

Im nächsten Abschnitt schauen wir uns an, wie statt des Package `javax.faces.bean` die *Dependency Injection* mit CDI verwendet wird. Deshalb wäre es nun besser, wenn Sie diejenigen Änderungen wieder entfernen, die wir in der Klasse `RegisterController` und in der *faces-config.xml* vorgenommen haben.

Die Nutzung von CDI

In diesem Abschnitt wird gezeigt, wie man CDI einsetzt, um die Klasse `RegisterController` als verwaltete Bean bereitzustellen. Die generelle Bedeutung von CDI wurde in Kapitel 1, »Überblick«, angesprochen.

Um CDI für ein Web-Modul zu aktivieren, musste in früheren Java-EE-Versionen eine bestimmte XML-Datei für die CDI-Konfiguration angelegt werden: *beans.xml*. Die Datei *beans.xml* wurde in einem Web-Modul unterhalb des Ordners */WEB-INF* und in einem EJB-Modul unterhalb des Ordners */META-INF* abgelegt. Auf diese Datei kann seit CDI 1.1 in der Java-EE-Version 7 nun verzichtet werden.

Dennoch kann die Erstellung der Konfigurationsdatei *beans.xml* auch heute noch manchmal nützlich sein.

Die XML-Datei *beans.xml* muss das root-Element `beans` enthalten, das den Namensraum des XML-Schemas *beans_1.1.xsd* avisiert. Das folgende Listing zeigt den Inhalt einer *beans.xml*:

```
<?xml version="1.0" encoding="UTF-8"?>
<beans xmlns="http://xmlns.jcp.org/xml/ns/javaee"
        xmlns:xsi="http://www.w3.org/2001/XMLSchema-instance"
        xsi:schemaLocation="http://xmlns.jcp.org/xml/ns/javaee
        http://xmlns.jcp.org/xml/ns/javaee/beans_1_1.xsd"
        bean-discovery-mode="annotated">

</beans>
```

Listing 9.8 »beans.xml«

Beachten Sie bei dem obigen Listing das Attribut `bean-discovery-mode="annotated"`. Hierdurch weisen wir an, dass alle verwalteten Komponenten und die Komponenten, die wir injizieren werden, annotiert sein müssen. Dies entspricht der Default-Einstellung. Aus diesem Grund könnte die oben gezeigte *beans.xml* auch weggelassen werden. Das Ergebnis wäre dasselbe.

In manchen Fällen kann es aber sinnvoll sein, dass man CDI deaktiviert. Hierfür wird das Attribut `bean-discovery-mode="none"` gesetzt.

Hinweis

Beim Java EE Server GlassFish kann CDI auch während des Deployments deaktiviert werden. Zu diesem Zweck muss der Optionsparameter `implicitCdiEnabled` auf `false` gesetzt werden.

```
asadmin deploy --property implicitCdiEnabled=false ...
```


Ein anderer Grund, der das Anlegen der *beans.xml* rechtfertigt, ist, dass es beim Programmieren zu lästig sein könnte, jede einzelne Komponente, die man injizieren möchte, mit einer CDI-Annotation zu versehen. Denken Sie beispielsweise an die vielen JPA-Entities, die per Reverse Engineering immer wieder automatisiert erzeugt werden. Wenn man den Wunsch hegt, dass alle JPA-Entities grundsätzlich als Beans injiziert werden können, setzt man das Attribut `bean-discovery-mode="all"`:

```
<?xml version="1.0" encoding="UTF-8"?>
<beans xmlns="http://xmlns.jcp.org/xml/ns/javaee"
       xmlns:xsi="http://www.w3.org/2001/XMLSchema-instance"
       xsi:schemaLocation="http://xmlns.jcp.org/xml/ns/javaee
       http://xmlns.jcp.org/xml/ns/javaee/beans_1_1.xsd"
       bean-discovery-mode="all">

</beans>
```

Listing 9.9 »beans.xml«

Dies werden wir auch in unserem Onlineshop so vornehmen, da unsere JPA-Entities hierdurch keine CDI-Annotationen benötigen.

Um die Klasse `RegisterController` zur Managed Bean zu erklären, setzt man eine Annotation ein, mit der gleichzeitig auch der Gültigkeitsbereich der Backing Bean angezeigt wird. Die Annotationen für den Gültigkeitsbereich befinden sich im Package `javax.enterprise.context`.

Die CDI-Annotationen hierfür lauten:

- **`@ApplicationScoped`**
  Eine einzige Instanz der Backing Bean ist in der gesamten Applikation global gültig. Damit ist gemeint, dass sie beispielsweise in allen HTTP-Sitzungen verschiedener Benutzer sichtbar und gleichermaßen veränderbar ist.

- `@SessionScoped`
  Die Backing Bean bleibt während der gesamten HTTP-Sitzung durchgängig bestehen.
- `@RequestScoped`
  Die Backing Bean ist ab dem Eintreffen eines HTTP-Requests bis zum finalen Absenden der HTTP-Response gültig.
- `@ConversationScoped`
  In manchen Situation ist der Gültigkeitsbereich `@RequestScoped` zu klein und der Gültigkeitsbereich `@SessionScoped` zu groß. Stellen Sie sich beispielsweise einen Einkaufswagen vor. Wenn man die Waren bezahlt, die im Einkaufswagen gesammelt wurden, ist der Vorgang beendet. Um auch für solch eine Situation eine Dauer festlegen zu können, wurde der Gültigkeitsbereich `@ConversationScoped` zur Verfügung getellt.
- `@FlowScoped`
  `@FlowScoped` wurde mit der Version Java EE 7 im Rahmen der sogenannten Faces Flows hinzugefügt. Auch Faces Flows bieten die Möglichkeit einer Konversation zwischen Client und Server an. Allerdings gehen die Möglichkeiten von Faces Flows über die bisher realisierbaren Navigationsregeln mit der Annotation `@ConversationScoped` hinaus, sodass nun auch komplexe Konversationen modelliert und diese sogar auf unterschiedliche Web-Module übertragen werden können.
- `@Dependant`
  Beim Modus `bean-discovery-mode="annotated"`, der ja per Default gesetzt ist, wenn die *beans.xml* fehlt, muss der Gültigkeitsbereich auch bei den injizierten Beans gesetzt werden. Allerdings muss man hierbei vorsichtig sein, denn wenn man eine der oben gezeigten Annotationen einsetzt, darf ihr Gültigkeitsbereich nicht über dem Gültigkeitsbereich der sie beherbergenden Komponente herausragen. Beispielsweise darf eine Backing Bean des Gültigkeitsbereichs `@SessionScoped` nicht in eine Bean injiziert werden, deren Gültigkeitsbereich lediglich `@RequestScoped` ist. Um sicherzugehen, dass dies immer gewährleistet ist, kann man die CDI-Annotation `@Dependant` einsetzen. `@Dependant` stellt also einen Pseudo-Gültigkeitsbereich dar. Er wird gesetzt, wenn der Gültigkeitsbereich mit dem Gültigkeitsbereich der aufrufenden Komponente gleichgesetzt werden soll. Mit anderen Worten: Wurde eine Komponente in einer verwalteten Komponente injiziert, endet ihre Gültigkeit mit dem Lebensende der verwalteten Komponente.
- `@Default`
  Nur für den Fall, dass Sie diese Annotation mal bei einer Fehlermeldung sehen: In der *beans.xml* des Onlineshops hatten wir über `bean-discovery-mode="all"` dafür gesorgt, dass injizierte Komponenten automatisch mitverwaltet werden sollen. Um auch für die injizierten Komponenten einen Gültigkeitsbereich anzubieten, setzt Ihnen das CDI-Framework automatisch die Annotation `@Default` vor. `@Default` unterscheidet sich kaum von der Annotation `@Dependant`, denn auch hierbei ist die Gültigkeit von der injizierenden Komponente abhängig.

Kommen wir zurück zu unserer Backing Bean RegisterController. Für sie werden wir die Annotation @RequestScoped einsetzen, denn im Normalfall sollte der Gültigkeitsbereich einer Backing Bean so straff wie nur möglich gehalten werden.

```
package de.java2enterprise.onlineshop;

import java.io.Serializable;
import javax.enterprise.context.RequestScoped;

@RequestScoped
public class RegisterController implements Serializable {
    private static final long serialVersionUID = 1L;
}
```

Listing 9.10 »RegisterController.java«

Zusätzlich werden wir der Backing Bean auch noch die Annotation javax.inject.Named beifügen. Hierdurch weisen wir an, dass die Backing Bean mit einem EL-Ausdruck angesprochen werden kann. Der Bezeichner der Backing Bean gleicht dem Namen der Backing-Bean-Klasse, außer dass der erste Buchstabe kleingeschrieben wird. Unsere Backing Bean wird also über #{registerController} referenziert werden können:

```
package de.java2enterprise.onlineshop;

import java.io.Serializable;
import javax.enterprise.context.RequestScoped;
import javax.inject.Named;
import de.java2enterprise.onlineshop.RegisterController;

@Named
@RequestScoped
public class RegisterController implements Serializable {
    private static final long serialVersionUID = 1L;
}
```

Listing 9.11 »RegisterController.java«

Als Nächstes werden wir eine Property des Typs Customer in die Backing Bean RegisterController setzen. Der Web-Container muss zusätzlich über eine spezielle CDI-Annotation darüber in Kenntnis gesetzt werden, dass er die Customer-Bean als Property vom RegisterController mitverwalten soll. Diese CDI-Annotation nennt sich @Inject (javax.inject.Inject). Hierdurch kann beispielsweise in der View-Komponente von JSF auch auf die Customer-Bean zugegriffen werden:

```
package de.java2enterprise.onlineshop;

import java.io.Serializable;
import javax.enterprise.context.RequestScoped;
import javax.inject.Inject;
import javax.inject.Named;
import de.java2enterprise.onlineshop.model.Customer;

@Named
@RequestScoped
public class RegisterController implements Serializable {
    private static final long serialVersionUID = 1L;

    @Inject
    private Customer customer;

    public Customer getCustomer() {
        return customer;
    }

    public void setCustomer(Customer customer) {
        this.customer = customer;
    }
}
```

Listing 9.12 »RegisterController.java«

Es wurde bereits erwähnt, dass wir den Gültigkeitsbereich der zu injizierenden Klasse definieren könnten. Beispielsweise wäre die Annotation `@Dependant` ganz passend. Dadurch wäre sie von der Lebensdauer der aufrufenden `RegisterController`-Bean abhängig. Weil wir bei der *beans.xml* aber das Attribut `bean-discovery-mode="all"` gesetzt haben, kann diese Annotation auch entfallen.

Die Speicherung in der Datenbank programmieren

Im letzten Listing wurde die Klasse `RegisterController` fast komplett fertig programmiert. Was aber noch fehlt, ist eine Anweisung, um die Daten der Klasse `Customer` in der Datenbank zu speichern. Diese Aufgabe werden wir mit den Kenntnissen über JPA erledigen, die wir in Kapitel 8, »JPA«, gewonnen haben. Denn dort wurde gezeigt, wie eine JPA-Entity persistiert werden kann. Ohne hier in die Details von Kapitel 8 zu gehen, fassen wir die Anforderung für JPA in zwei Schritten zusammen. Das Eclipse-Projekt sollte über eine *persistence.xml* im */META-INF*-Verzeichnis des Klassenpfades verfügen. Der Quelltext der *persistence.xml* muss den `unit-name="onlineshop-jpa"` definieren, damit der EntityManager auf die Datenquelle zugreifen kann. In vorangangenen Kapiteln wurde gezeigt, wie hierdurch der Zugriff über den JNDI-Namen "jdbc/__default" erzielt wird. Die Erweiterung der Klasse RegisterController wird im folgenden Listing durch fette Schrift hervorgehoben. Die Klasse RegisterController sieht nach der JPA-Erweiterung nun wie folgt aus:

```
package de.java2enterprise.onlineshop;

import java.io.Serializable;
import javax.annotation.Resource;
import javax.enterprise.context.RequestScoped;
import javax.inject.Inject;
import javax.inject.Named;
import javax.persistence.EntityManagerFactory;
import javax.persistence.PersistenceUnit;
import javax.transaction.UserTransaction;
import de.java2enterprise.onlineshop.model.Customer;

@Named
@RequestScoped
public class RegisterController implements Serializable {
    private static final long serialVersionUID = 1L;

    @PersistenceUnit
    private EntityManagerFactory emf;

    @Resource
    private UserTransaction ut;

    @Inject
    private Customer customer;

    public Customer getCustomer() {
        return customer;
    }

    public void setCustomer(Customer customer) {
        this.customer = customer;
    }

    public String persist() {
        try {
            ut.begin();
            emf.createEntityManager().persist(customer);
```

```
            ut.commit();
        } catch (Exception e) {
            e.printStackTrace();
        }
        return "/register.xhtml";
    }
}
```

Listing 9.13 »RegisterController.java«

9.2.7 Die Erzeugung des Facelets mithilfe von Eclipse

Im nächsten Schritt legen wir die View-Komponente zum bisherigen Beispiel an. Die View-Komponente wird standardmäßig als Facelet bereitgestellt. Eclipse unterstützt die Verwendung von Facelets und der darin verwendbaren UI-Komponenten durch eigene Designer und Wizards. Um sich bei der Erzeugung eines Facelets helfen zu lassen, klicken Sie im Hauptmenü auf FILE • NEW • OTHER. Im Wizard-Fenster öffnen Sie den Ordner WEB und selektieren dort den Eintrag HTML-FILE. Nach einem Klick auf NEXT erscheint das Fenster NEW HTML FILE (siehe Abbildung 9.13). Tragen Sie dort unter FILE NAME den Dateinamen »register.xhtml« ein.

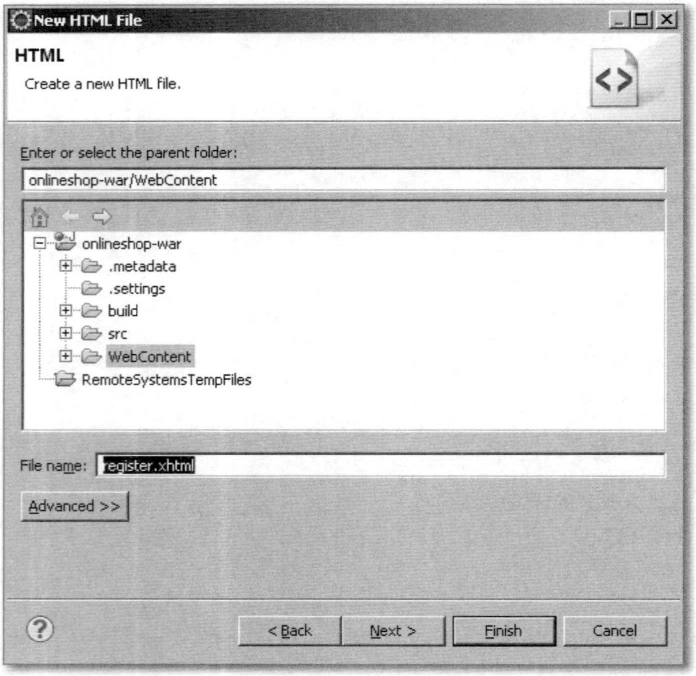

Abbildung 9.13 Die Datei »register.xhtml«

Mit einem Mausklick auf NEXT gelangen Sie zur Ansicht SELECT HTML TEMPLATE (siehe Abbildung 9.14), wo Sie sich zwischen verschiedenen HTML- und XHTML-Templates entscheiden müssen. Da einerseits Facelets XHTML-Dokumente sind und wir andererseits HTML5-Markup-Elemente einsetzen möchten, stellt sich die Frage, welches Template wir für unsere Zwecke nutzen sollten. Die Antwort: Beide Templates sind geeignet. Per Konvention werden jedoch XHTML-Dokumente verwendet.

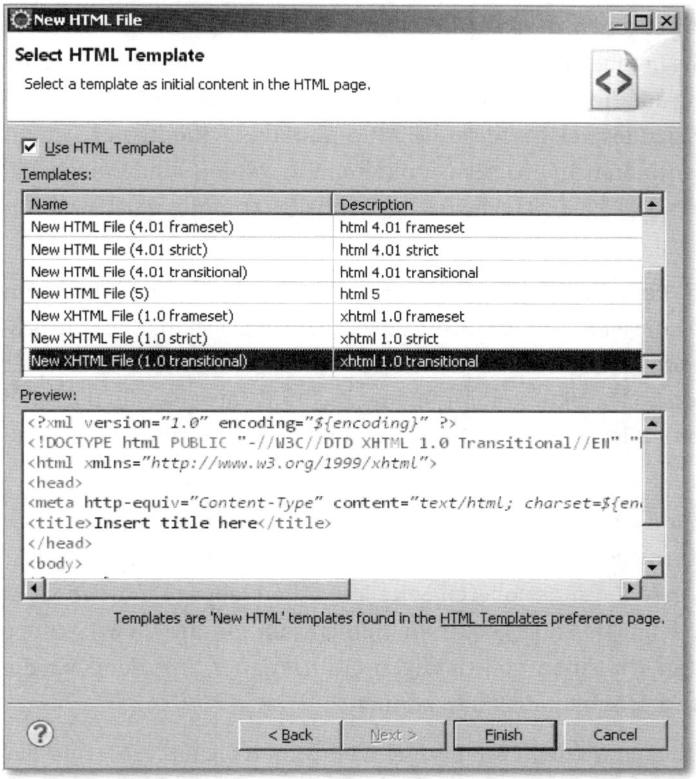

Abbildung 9.14 Die Erstellung der XHTML-Datei

Weil XHTML-Dateien zu den XML-Dokumenten gehören, ist es wichtig, dass ihr Inhalt im Sinne der XML-Technologie *wohlgeformt* ist.

Das bedeutet:

- Genau ein Root-Element muss vorhanden sein, von dem aus die DOM-Hierarchie des Dokuments streng eingehalten ist.
- Zu jedem öffnenden Tag muss ein schließendes Tag formuliert sein.
- Allen Element-Attributen muss ein in Anführungsstrichen gesetzter Wert zugewiesen werden.

Normalerweise beginnen XML-Dateien mit einer XML-Deklaration. Also beispielsweise so:

```
<?xml version="1.0" encoding="UTF-8" ?>
```

Die XML-Version 1.0 und die Zeichenenkodierung UTF-8 entsprechen dem Default. Weil eine XML-Deklaration nicht zwingend vorhanden sein muss und wir ohnehin die Zeichenenkodierung auf UTF-8 belassen möchten, könnte sie theoretisch auch weggelassen werden. Aus diesem Grund verzichtet der Eclipse-Wizard manchmal auf eine explizite XML-Deklaration. In diesem Buch werden wir so vorgehen, dass wir die XML-Deklaration stets setzen werden, obwohl das W3C an dieser Stelle flexibel ist. Aber auch sonst hat das W3C bereits alles Erdenkliche getan, damit wir in Bezug auf die Kombination aus XHTML 1.0 und dem HTML5-Standard nicht auf Probleme stoßen. Beispielsweise sind HTML5-Markup-Elemente per Default im XHTML-1.0-Namensraum enthalten. In unserem konkreten Fall werden wir dennoch den Eintrag New XHTML File (1.0 Transitional) selektieren. Denn dies entspricht nach wie vor der üblichen Vorgehensweise.

Mit einem Mausklick auf Finish erzeugt Eclipse eine XHTML-Datei und zeigt diese in einem *Default-Editor* an. Allerdings ist dieser Editor für unsere Zwecke nicht zweckmäßig. Stattdessen benötigen wir den *Webpage-Editor*. Deshalb schließen Sie den Default-Editor mit der Datei *register.xhtml* und klicken im Projekt-Explorer mit der rechten Maustaste auf die Datei *register.xhtml*. Im Kontextmenü klicken Sie auf Open With und im Untermenü auf Webpage-Editor.

Der Webpage-Editor bietet zwei verschiedene Ansichten zur Auswahl an, nämlich Design und Preview. Die Ansicht Design ist zweigeteilt. Im unteren Bereich der Design-Ansicht können Sie den Quelltext editieren. Auf der oberen Seite kann die Webpage mit der Maus gestaltet werden. Die Preview zeigt das Endergebnis an. Gemeinsam mit der View Palette (mit den Tag-Librarys) erhalten wir einen vollständigen GUI-Designer, mit dem wir die Ansicht der View-Komponente grafisch modellieren können.

Bevor es gleich mit der eigentlichen Modellierung losgeht, entfernen Sie das `HEAD`- und das `BODY`-Element aus der Datei, denn diese statischen HTML-Markup-Elemente werden wir nun durch dynamische JSF-UI-Komponenten ersetzen.

```
<?xml version="1.0" encoding="UTF-8" ?>
<!DOCTYPE html PUBLIC
    "-//W3C//DTD XHTML 1.0 Transitional//EN"
    "http://www.w3.org/TR/xhtml1/DTD/xhtml1-transitional.dtd">
<html xmlns="http://www.w3.org/1999/xhtml">

</html>
```

Listing 9.14 »register.xhtml«

Die View »Palette« von Eclipse

Öffnen Sie nun zusätzlich über WINDOW • SHOW VIEW • OTHER im Ordner GENERAL auch die View PALETTE (siehe Abbildung 9.15). Diese View bietet eine Menge an UI-Komponenten an, auf die wir im Folgenden eingehen werden.

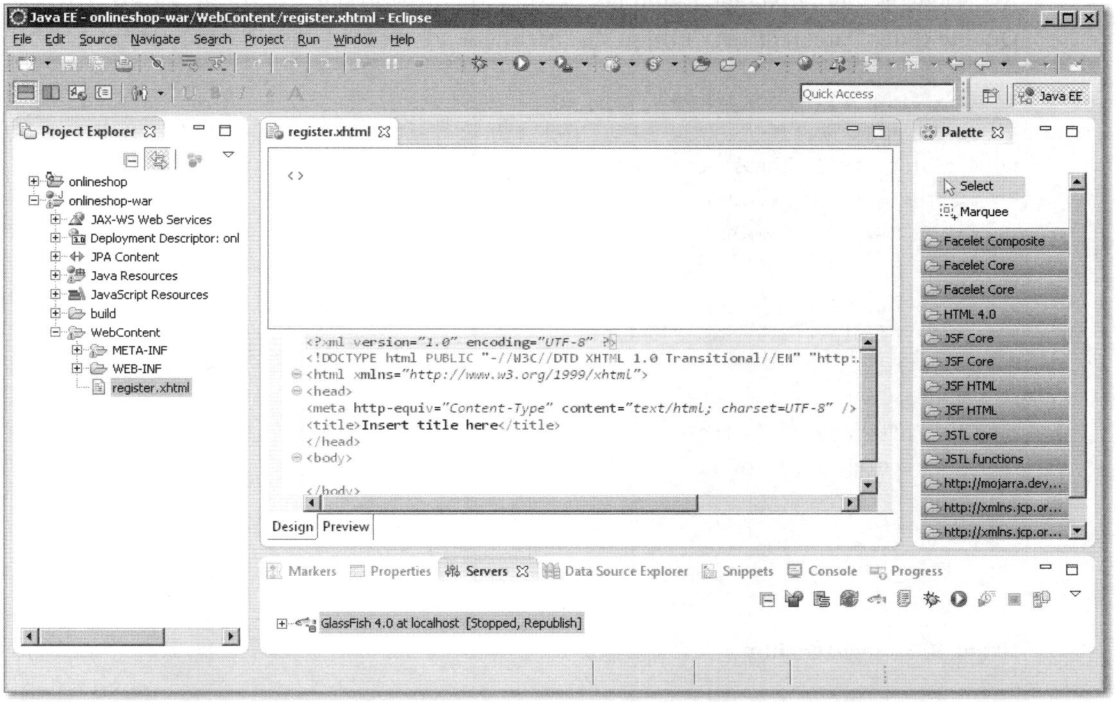

Abbildung 9.15 Die View »Palette« für das Setzen von UI-Komponenten

Im letzten Abschnitt haben wir das Facelet *register.xhtml* erzeugt, bei dem wir zuletzt das `HEAD`-Element und das `BODY`-Element entfernt hatten. Nun, da wir ein leeres Grundgerüst für die *register.xhtml* vorliegen haben, können wir JSF-UI-Komponenten aus der View PALETTE in die Datei *register.xhtml* hineinziehen. In der Palette sehen Sie mehrere Reiter. Sie tragen beispielsweise die Aufschrift FACELET CORE, HTML 4.0, JSF CORE, JSF HTML usw. Für diesen Abschnitt ist zunächst nur der Reiter JSF HTML von Bedeutung.

Zu allererst benötigen wir eine Head-Komponente. Diese UI-Komponente ist vor allem für die Nutzung von JSF-Komponenten für Ajax von Bedeutung. Denn ohne eine Head-Komponente verweigert der Ajax-Mechanismus von JSF ganz einfach seinen Dienst.

Öffnen Sie den Reiter JSF HTML, und ziehen Sie die UI-Komponente HEAD in den Quelltext der Datei *register.xhtml*. Beobachten Sie hierbei, wie Eclipse den Quelltext für die UI-Komponenten automatisch erstellt, denn es sollten anschließend ein öffnendes und ein schließendes `h:head`-Tag in die Datei eingefügt worden sind. Selbst die Namensraumdeklarationen für die JSF-UI-Komponenten werden im HTML-Element hinzugefügt. Innerhalb der Tags schreiben Sie manuell die Tags `<title>` und `</title>` hinein. Danach ziehen Sie hinter das öffnende Tag eine JSF-Output-Text-Komponente hinein. Als `value` tragen Sie `"Onlineshop"` ein. Außerdem fügen Sie das `meta`-Tag für das UTF-8-Encoding hinzu.

Als Nächstes ziehen Sie jetzt eine Body-Komponente von der Palette in die Preview. Der Quelltext der Datei *register.xhtml* sollte anschließend wie folgt aussehen:

```
<?xml version="1.0" encoding="UTF-8" ?>
<!DOCTYPE html PUBLIC "-//W3C//DTD XHTML 1.0 Transitional//EN" "http://www.w3.org/TR/
xhtml1/DTD/xhtml1-transitional.dtd">
<html xmlns="http://www.w3.org/1999/xhtml"
    xmlns:h="http://xmlns.jcp.org/jsf/html">
<h:head>
    <title>
        <h:outputText value="Onlineshop"/>
    </title>
    <meta
        http-equiv="Content-Type"
        content="text/html; charset=UTF-8" />
</h:head>
<h:body>
</h:body>
</html>
```

Listing 9.15 »register.xhtml«

Das HTML-Formular erstellen

Fügen Sie nun die UI-Komponente FORM in das Body-Rechteck ein. Die JSF-UI-Komponente FORM benötigt kein `action`-Attribut, da die angepeilte URL erst beim SUBMIT-Button festgelegt wird. Auch die Angabe des Request-Typs entfällt bei der FORM-UI-Komponente. Im Standardfall wird das HTML-Formular mithilfe eines JSF-Command-Buttons über einen POST-Request abgeschickt. Dass JSF aber auch ausgiebige Möglichkeiten für GET-Requests bereithält, werden wir uns in einem späteren Abschnitt über Hyperlinks anschauen.

Die Tabelle anlegen

Innerhalb der JSF-UI-Komponente FORM werden wir gleich noch die speziellen Form-UI-Komponenten des JSF-Frameworks hinzufügen. Aber ehe wir damit loslegen, benötigen wir noch eine UI-Komponente, die sich um eine ordentliche Gliederung per HTML-Tabelle kümmert. Deshalb fügen Sie innerhalb der FORM-UI-Komponente zunächst eine PANEL GRID-UI-Komponente hinzu. Die PANEL GRID-UI-Komponente wird das JSF-Framework später als HTML-Tabelle rendern.

In der Preview aus Abbildung 9.16 sehen Sie anschließend, dass der Wizard von sich aus das Panel Grid gefüllt hat. Denn es wurden automatisch vier OUTPUT TEXT-UI-Komponenten mit den Texten *item1* bis *item4* in das Panel Grid eingefügt. Der Wizard hat außerdem dafür gesorgt, dass die Tabelle über zwei Spalten verfügt. Dies erkennen Sie an dem Attribut `columns="2"`. Das JSF-Framework setzt deshalb automatisch jeweils zwei UI-Komponenten in eine Reihe. Die darauf folgenden UI-Komponenten werden in der nächsten Zeile hinzugefügt. Hieraus resultiert eine Tabelle, die über zwei Spalten und zwei Zeilen verfügt. Dies wird so auch im oberen Bereich der Design-Ansicht angezeigt.

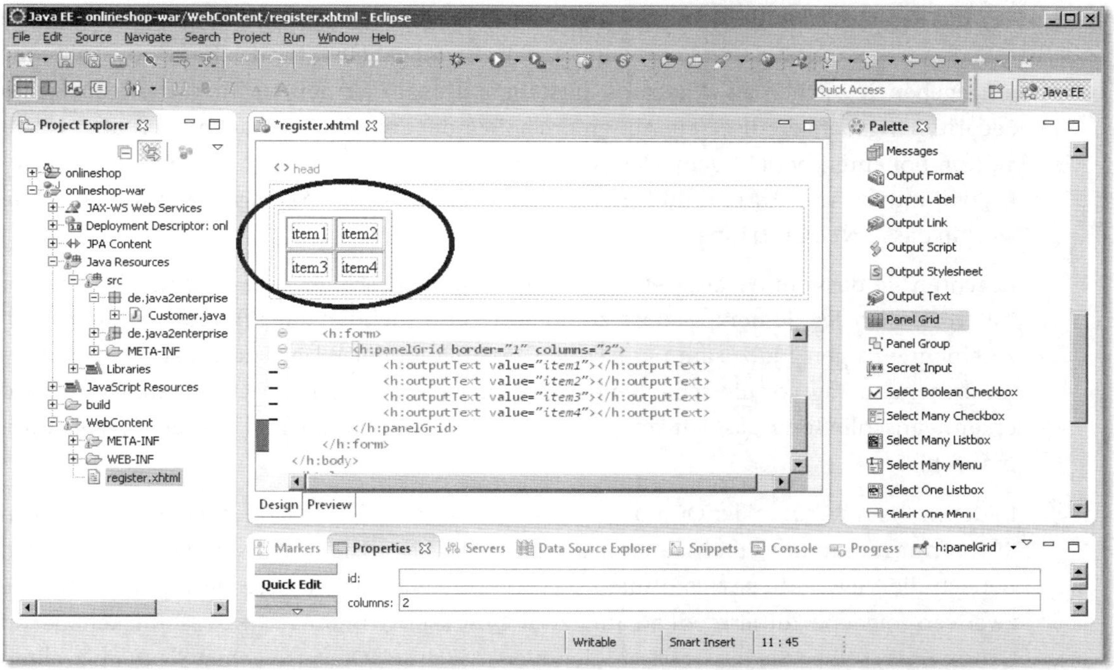

Abbildung 9.16 Die Preview zeigt eine zweispaltige Tabelle an.

Die Bemühungen des Wizards geschehen in bester Absicht, sind jedoch für unsere Zwecke unbrauchbar, denn schließlich möchten wir keine Texte, sondern Formular-Elemente erzeugen. Aus diesem Grund entfernen Sie die OUTPUT TEXT-UI-Komponente nun aus der Ansicht.

Öffnen Sie danach in der View PALETTE den Reiter JSF CORE. In diesem Reiter befindet sich die JSF-UI-Komponente FACET, mit der wir dem Panel Grid zunächst eine Überschrift geben werden. Mit *Facet* (zu Deutsch *Facette*) ist gemeint, dass es sich um eine Child-Komponente handelt, die einen bestimmten Aspekt einer Parent-Komponente abhandelt. Der Aspekt wird über das Attribut `name` gekennzeichnet. Beispielsweise können wir der UI-Komponente

Panel Grid die Facets mit den Namen "header" und "footer" beifügen. Aus dem Facet mit dem Namen "header" wird das JSF-Framework ein HTML-th-Element erzeugen.

Ziehen Sie nun die Facet-UI-Komponente in das Panel Grid. Bei dem öffnenden Tag setzen Sie das Attribut name="header". Zwischen das öffnende und das schließende Facet-Tag ziehen Sie eine Output-Text-Komponente aus dem Reiter JSF HTML. Bei dem value-Attribut tragen Sie "Registrieren" ein.

Eingabefelder hinzufügen

Für die Registrierung des Benutzers benötigen wir zwei Eingabefelder, nämlich für seine E-Mail-Adresse und für sein Kennwort. Das zweite Eingabefeld für das Kennwort sollte die eingegebenen Zeichen als Wildcards darstellen, deshalb werden wir hierfür ein spezielles Security-Eingabefeld einsetzen. Außerdem sollen die Eingabefelder auch noch über Label-UI-Komponenten betitelt sein. Deshalb ziehen Sie nun ein Output Label und ein Text Input für die E-Mail-Adresse und ein Output Label und einev Secret Input für das Kennwort in das Panel Grid hinein.

Beachten Sie, dass der Wizard stets ein öffnendes und ein schließendes Tag erstellt. Weil der innere Bereich der Elemente leer ist, können wir die öffnenden und schließenden Tags auch zu einem einzigen Tag zusammenfassen. Dies erledigt der Wizard automatisch, wenn Sie im öffnenden Tag vor die schließende Eckklammer einen Querstrich setzen. Der Wizard erkennt anschließend, dass wir kein schließendes Tag mehr brauchen, und entfernt es automatisch.

In den value-Attributen der Ouptut Label ändern wir nun den auszugebenden Text. Klicken Sie hierfür nun in der Vorschau doppelt auf outputLabel. Hierdurch sollte sich im unteren Bereich die View Properties öffnen. Diese View bietet für die Bearbeitung der Attribute zwei verschiedene Editiermodi an, und zwar Quick Edit und Attributes. Klicken Sie auf Quick Edit. Setzen Sie hinter value: den Wert "E-Mail:". Genauso gehen Sie beim zweiten Output Label vor, nur dass Sie dort den Wert "Kennwort:" eintragen.

Klicken Sie danach doppelt auf das Innere des Text Inputs, sodass im unteren Bereich wieder die View Properties erscheint. Dort tragen Sie im Feld value den Wert #{registerController.customer.email} ein. Durch diesen Ausdruck verwenden wir die JSF-EL. In der Syntax und in den grundlegenden Bestandteilen sind JSF-EL und JSP-EL (aus Kapitel 5, »Java Server Pages«) gleich. Zum Beispiel greift der Ausdruck #{registerController.customer.email} auf das Objekt registerController der Java-Klasse RegisterController zu. In der Klasse RegisterController ist eine Property namens customer enthalten, deren Wert über eine öffentliche Getter-Methode getCustomer() beschafft werden kann. Genauso wie mit JSP-EL lässt sich die Methode getCustomer() auch bei JSF-EL aufrufen, indem hinter dem Punktoperator der Bezeichner customer gesetzt wird. Darüber hinaus kann wie im Beispiel, über weitere Punktoperatoren von Property zu Property gewandert werden. Diese Syntax wurde bereits in Abschnitt 5.6, »JSP-EL«, beschrieben. Hier im JSF-Kapitel wird später noch gezeigt, dass die JSF-EL über weitere Möglichkeiten verfügt, die in der JSP-EL nicht implementiert worden sind.

Aber kehren wir nun zu unserem Beispiel zurück. Der Ausdruck `#{registerController.customer.email}` veranlasst, dass eine `RegisterController`-Bean und eine Customer-Bean erzeugt werden. Wenn der Benutzer eine Zeichenkette in das E-Mail-Textfeld schreibt und das Formular absendet, wird die Zeichenkette als Parameter über einen POST-Request an den Server versandt. Den Wert, den der Benutzer in das Textfeld einträgt, wird das Faces-Servlet intern automatisch als Attributwert für die neue Customer-Bean verwenden. Weil wir den Gültigkeitsbereich von `RegisterController` und damit auch die Customer-Bean auf `RequestScoped` gesetzt haben, sind beide Beans während des HTTP-Requests gültig.

Als Nächstes gehen Sie gleichermaßen für das Passwort-Eingabefeld vor. Ersetzen Sie den vorhandenen Text durch den Text `"Kennwort:"`. Klicken Sie anschließend auch in SECRET INPUT. Danach können Sie in der PROPERTIES-View auch hierfür einen `value`-Wert setzen. Tragen Sie dort `#{registerController.customer.password}` ein.

Der Aufruf der Aktionsmethode

Damit die Geschäftsdaten des HTML-Formulars an den Server versendet werden, setzen wir im Beispiel einen JSF-Command-Button ein. Über das Attribut `value` wird die Aufschrift der Schaltfläche festgelegt:

```
<h:commandButton
    value="Registrieren"/>
```

Die Aktion, die durch den Mausklick auf die Schaltfläche ausgeführt werden soll, definieren wir mithilfe des Attributs `action`. Der zugewiesene Wert ist der Bezeichner der Aktionsmethode in der Backing Bean ohne die runden Klammern.

```
<h:commandButton
    action="#{registerController.persist}"
    value="Registrieren"/>
```

Der komplette Quelltext der View-Komponente *register.xhtml* sollte nun wie folgt aussehen:

> **Hinweis**
>
> Weil es schöner aussieht, habe ich im Quelltext das Attribut des Panel Grids `border="1"` entfernt. Beachten Sie im Quelltext auch noch, dass der Wizard den Namespace von sich aus automatisch eingefügt hat.

```
<?xml version="1.0" encoding="UTF-8" ?>
<!DOCTYPE html PUBLIC "-//W3C//DTD XHTML 1.0 Transitional//EN"
          "http://www.w3.org/TR/xhtml1/DTD/xhtml1-transitional.dtd">
<html xmlns="http://www.w3.org/1999/xhtml"
    xmlns:h="http://xmlns.jcp.org/jsf/html"
xmlns:f="http://xmlns.jcp.org/jsf/core">
<h:head>
    <title>
        <h:outputText value="Onlineshop"/>
    </title>
    <meta
        http-equiv="Content-Type"
        content="text/html; charset=UTF-8" />
</h:head>
<h:body>
    <h:form>
        <h:panelGrid columns="2">
            <f:facet name="header">
            <h:outputText value="Registrieren"/>
            </f:facet>
            <h:outputLabel value="E-Mail:" />
            <h:inputText
                value=
                "#{registerController.customer.email}"
            >
            </h:inputText>
            <h:outputLabel value="Kennwort:" />
            <h:inputSecret
                 value=
                "#{registerController.customer.password}"
            >
            </h:inputSecret>
            <h:commandButton
            action="#{registerController.persist}"
            value="Registrieren"/>
        </h:panelGrid>
    </h:form>
</h:body>
</html>
```

Listing 9.16 »register.xhtml«

Um die Webanwendung auf den GlassFish-Server zu deployen, sollte eine GlassFish-Server-Instanz installiert sein und das Projekt sollte dieser Instanz als Anwendung hinzugefügt worden sein. All das wurde bereits in vorangegangenen Kapiteln gezeigt. Öffnen Sie anschließend die Registrierung, indem Sie im Webbrowser die URL *http://localhost:8080/onlineshop-war/register.jsf* aufrufen.

Abbildung 9.17 Die Registrierung mit JSF

Wenn Sie im Dialog aus Abbildung 9.17 auf den Button REGISTRIEREN klicken, wird das Programm nun immer wieder bei der gleichen View landen. Sie können dennoch die HTTP-Kommunikation zwischen Client und Server testen. Beispielsweise könnten Sie sich mit dem TCP/IP-Monitor von Eclipse oder mit den Entwicklertools in Firefox anschauen, wie die Webseite durch das JSF-Framework gestaltet wird. Das HTTP-Monitoring wurde in Abschnitt 3.5 gezeigt.

9.3 JSF-Grundkenntnisse

Jetzt, nachdem Sie bereits ein eigenes Beispiel programmiert haben, schauen wir uns die vorgefertigten Werkzeuge von JSF genauer an. Wir beginnen mit den Arbeitsphasen, die die HTTP-Anfrage im JSF-Framework durchläuft. Anschließend betrachten wir JSF-Klassen, die bei der Programmierung von Backing Beans nützlich sind. Zuletzt gehen wir noch auf die wichtigsten UI-Komponenten ein, die innerhalb der Facelets eingesetzt werden.

9.3.1 Die Arbeitsphasen

Zu Beginn des Kapitels wurde das Zusammenspiel der einzelnen Komponenten im Model-View-Controller-Pattern von JSF gezeigt. Wir werden uns diesen Ablauf jetzt noch etwas detaillierter anschauen, denn wenn man die Arbeitsphasen von JSF bei einem HTTP-Request genauer kennt, lassen sich manche Funktionen besser zuordnen.

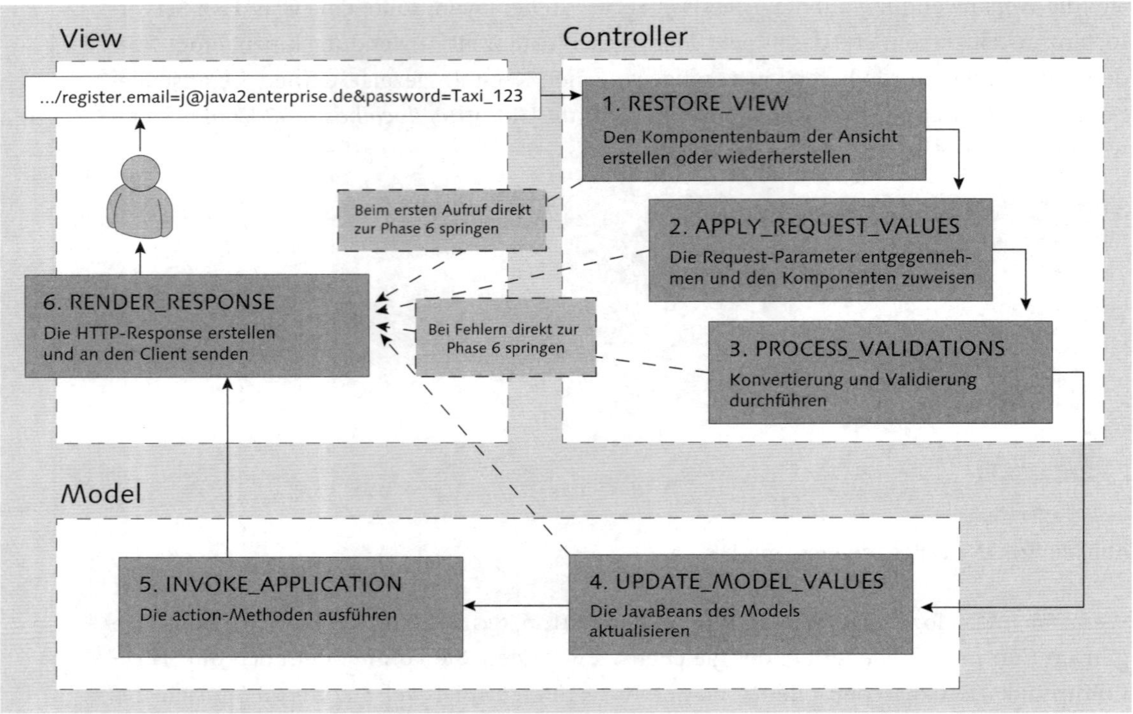

Abbildung 9.18 Die Arbeitsphasen bei einem HTTP-Request

Bei einem HTTP-Request können folgende Arbeitsphasen auftreten:

1. **RESTORE_VIEW**

   Die erste Phase beginnt, wenn ein HTTP-Request beim Server eintrifft. Sie nennt sich `RESTORE_VIEW`. Bei dieser Phase wird die Ansicht erstellt bzw. wiederhergestellt. Hierbei wird eine Instanz der Klasse `UIViewRoot` erzeugt. Sie ist der Wurzelknoten der hierarchischen Baumstruktur der UI-Komponenten. Der Wurzelknoten wird im sogenannten *FacesContext* abgespeichert, sodass von hier aus auf alle UI-Komponenten des Facelets zugegriffen werden kann. Bei den Verarbeitungsschritten einer HTTP-Anfrage spielt die Klasse `FacesContext` eine bedeutende Rolle, da sie die zentrale Stelle darstellt, von der aus Sie auch auf weitere Bestandteile und Funktionalitäten des Frameworks zugreifen können.

   In der Darstellung aus Abbildung 9.18 sehen Sie, dass von der ersten Phase aus zwei Pfeile abgehen. Der gestrichelte Pfeil, der direkt zur sechsten Phase zeigt, wird durchlaufen, wenn ein Benutzer eine JSF-Seite zum ersten Mal betritt. In diesem Fall spricht man von einem *Initial Request*. Bei einem Initial Request wird nur der erste und der letzte Arbeitsschritt durchlaufen. Dies spart Zeit.

   Löst der Benutzer hingegen eine Anfrage durch einen SUBMIT-Button aus, so lautet der Fachausdruck *Postback-Request*. Bei einem Postback-Request verbleibt die Navigation im aktuellen Lebenszyklus. Dabei wird in der ersten Phase der gespeicherte Zustand der UI-Komponenten wiederhergestellt und weiter zur zweiten Phase gegangen.

2. **APPLY_REQUEST_VALUES**
   In der zweiten Phase des Lebenszyklus werden zunächst die HTTP-Parameter entgegengenommen. Anschließend wird vom Wurzelknoten aus jeder Kindknoten rekursiv durchlaufen. Dabei sucht sich jede UI-Komponente die für sie übermittelten Werte heraus.
3. **PROCESS_VALIDATIONS**
   In der dritten Phase werden alle Werte von UI-Komponenten konvertiert und validiert. Dieser Vorgang ist von Bedeutung, da man in der clientseitigen Präsentationsschicht (also im HTML-Formular) lediglich Zeichenketten eingibt. Aus diesen Zeichenketten werden später beispielsweise Geldbeträge oder Datumswerte erstellt. Tritt hierbei ein Fehler auf, springt der Lebenszyklus von hier aus direkt in die 6. Phase.
4. **UPDATE_MODEL_VALUES**
   In der Phase 4 werden die bereits konvertierten und validierten Werte in das Datenmodell übertragen. Beispielsweise werden in der Bean `Customer.java` die Properties `email` und `password` gesetzt, indem die Setter-Methoden der Bean aufgerufen werden. Auch bei dieser Phase können aufkommende Fehler dazu führen, dass der Prozess in die Phase 6 springt.
5. **INVOKE_APPLICATION**
   In der Phase 5 werden die ActionListener aktiviert und die Aktionsmethoden der Backing Beans aufgerufen. Beispielhaft wurde bei der Klasse `Customer.java` die Aktionsmethode `persist()` vorgesehen, die für die Speicherung der Customer-Objekte in die relationale Datenbank zuständig ist. Aktionsmethoden werden nach den ActionListenern aufgerufen.
6. **RENDER_RESPONSE**
   In der sechsten und letzten Phase wird die HTTP-Response erstellt und für spätere Anfragen gesichert. Zuletzt wird die HTTP-Response an den Client versendet.

Über »immidiate="true"« den Lebenszyklus abändern

Enthält eine UI-Komponente das Attribut `immidiate="true"`, so wird der Ablauf im Lebenszyklus der Anfrage etwas abgeändert.

Bei Eingabefeldern hat das Attribut zur Folge, dass die Konvertierung und die Validierung der Eingabefelder nicht erst in der 3. Phase, sondern bereits in der 2. Phase stattfinden. Treten hierbei Fehler auf, wird anschließend unmittelbar die 6. Phase eingeleitet.

Bei Befehlskomponenten werden Aktionslistener und Aktionsmethoden in der 2. Phase statt in der 5. Phase aktiv.

Das Attribut kann nützlich sein, wenn ein Teilaspekt der Webseite ganz unabhängig von anderen Komponenten aktiviert werden soll. Das folgende Beispiel zeigt einen CANCEL-(ABBRECHEN-)Command-Button in der *register.xhtml*:

```
            ...
            <h:commandButton
                immidiate="true"
                action="/index.xhtml"
                value="Abbrechen"/>
            <h:commandButton
                action="#{registerController.persist}"
                value="Registrieren"/>
        </h:panelGrid>
        </h:form>
</h:body>
</html>
```

Listing 9.17 »register.xhtml«

9.3.2 Bedeutende JSF-Klassen für die Backing Bean

Auf die besondere Bedeutung der Backing Beans für die Nutzung der JSF-API wurde bereits hingewiesen. Dabei wurde deutlich, dass Backing Beans ganz einfache POJO-Klassen sind, in die die Geschäftsdaten und die Aktionsmethoden der jeweiligen User-Story eingebaut werden. Hierbei möchte man häufig auch auf weitere Komponenten oder sogar auf die Low-Level-Elemente der darunter liegenden Servlets zugreifen. Für all das hat das JSF-Framework vorgesorgt, indem es entsprechende Java-Klassen zur Verfügung stellt. Im Folgenden werden die wichtigsten Klassen beschrieben.

FacesContext

Eine der wichtigsten Klassen ist die Klasse `FacesContext`, denn sie ermöglicht den Zugriff auf zahlreiche interne Informationen des JSF-Frameworks. Um mit der zentralen `FacesContext`-Instanz zu arbeiten, bietet die abstrakte Klasse `javax.faces.context.FacesContext` die Methode `getCurrentInstance()` an:

```
FacesContext facesContext = FacesContext.getCurrentInstance();
```

Beispielsweise können Sie hierüber nachfragen, in welcher Phase sich der Anfrage-Prozess momentan befindet. Zu diesem Zweck wird die Methode `FacesContext.getCurrentPhaseId()` ausgeführt. Der Rückgabewert ist vom Typ `PhaseId`, der mit einer dieser sechs Konstanten verglichen wird:

- `PhaseId.RESTORE_VIEW`
- `PhaseId.APPLY_REQUEST_VALUES`
- `PhaseId.PROCESS_VALIDATIONS`

- PhaseId.UPDATE_MODEL_VALUES
- PhaseId.INVOKE_APPLICATION
- PhaseId.RENDER_RESPONSE

Im folgenden Listing sehen Sie, wie in einer Backing Bean geprüft wird, ob sich der aktuelle Prozess in der Phase PROCESS_VALIDATION befindet:

```
PhaseId phaseId = facesContext.getCurrentPhaseId();
if(PhaseId.PROCESS_VALIDATIONS.equals(phaseId)) {
    // do this and that
}
```

Eine weitere wichtige Aufgabe der Klasse FacesContext ist die Speicherung des UI-Komponenten-Baums als Instanz des Typs javax.faces.component.UIViewRoot. Über die Methode getViewRoot() lässt sich diese Instanz als Wurzel des gesamten UI-Komponenten-Baums beschaffen:

```
UIViewRoot viewRoot = facesContext.getViewRoot();
```

Von hier aus lassen sich also ganz komfortabel einzelne UI-Komponenten des UI-Komponenten-Baums bearbeiten.

Mit der Methode findComponent() kann eine Referenz auf eine UI-Komponente geholt werden:

```
UIComponent component = viewRoot.findComponent("registerForm");
```

Eine weitere Aufgabe der Klasse FacesContext ist die Nachrichtenübermittlung an die View-Komponente.

ExternalContext

Die zentrale Instanz der Klasse javax.faces.context.ExternalContext ermöglicht es Ihnen, sich unmittelbar auf die Low-Level-Ebene der Servlets zu begeben. Der *ExternalContext* wird mit der Methode getExternalContext() der Klasse FacesContext geholt:

```
ExternalContext externalContext =
    facesContext.getExternalContext();
```

Um die unterschiedlichsten Funktionalitäten der Servlet-API zu besorgen, bietet die Instanz der Klasse ExternalContext zahlreiche Methoden an. Beispielsweise beschafft die folgende Anweisung die Information, ob der aktuelle HTTP-Request über SSL gesichert ist:

```
boolean isSecure = externalContext.isSecure();
```

Application

Die zentrale Instanz der Klasse `javax.faces.application.Application` ist für die gesamte Anwendung als Singleton vorhanden. Die Singleton-Instanz kann über die Methode `ApplicationFactory.getApplication()` besorgt werden:

```
Application application = ApplicationFactory.getApplication();
```

Durch den Zugriff auf diese Instanz können die für die Webanwendung globalen Einstellungen gesteuert werden. Beispielsweise ändert die folgende Anweisung die Spracheinstellung, die per Default für die Webanwendung gesetzt ist:

```
application.setDefaultLocale(Locale.ENGLISH);
```

9.3.3 Die Navigation

Unter *Navigation* verstehen wir hier die Folge der URLs, die ein Benutzer innerhalb einer Anwendung durchläuft. Die Navigation von einer View zu einer anderen View löst üblicherweise der Benutzer aus, indem er mit der Maus entweder auf einen HTML-Link oder auf einen SUBMIT-Button eines HTML-Formulars klickt. Entscheidend hierbei ist der Wert, den man beim Link als URL bzw. beim HTML-Formular als Aktion einträgt.

Auch in einer JSF-Anwendung ist das nicht anders. Denn bei den JSF-Schaltflächen kann ebenfalls der Pfad der anvisierten View-Komponente als Ziel der Aktion gesetzt werden. Der folgende Command-Button steuert beispielsweise die View `"/confirm.xhtml"` an, wobei auch hier der Navigationsmechanismus von JSF genutzt wird:

```
<h:form>
    <h:commandButton
        action="/confirm.xhtml"
        value="Registrieren"/>
</h:form>
```

Listing 9.18 »register.xhtml«

Bei den Automatismen der JSF-Navigation darf nicht vergessen werden, dass die anvisierte View-Komponente über eine eigene Logik ermittelt werden kann. Beispielsweise wird folgender Command-Button ebenso die View `/confirm.xhtml` ansteuern:

```
<h:form>
    <h:commandButton
        action="confirm"
        value="Registrieren"/>
</h:form>
```

Listing 9.19 »register.xhtml«

Dies gelingt, weil JSF den eingetragenen Bezeichner "`confirm`" automatisch als View-ID des VDL-Dokuments (*View Declaration Language*) betrachtet.

Die Navigation über eine Aktionsmethode

In einem vorangegangenen Programmierbeispiel wurde bereits gezeigt, wie bei der Navigation mit JSF auch eine Aktionsmethode zwischengeschaltet sein kann. Mithilfe des Command-Buttons des Programmierbeispiels konnte sich der Benutzer registrieren. Obwohl die Registrierdaten gespeichert werden, war jedoch hiervon in der Ansicht nichts zu sehen. Dennoch fand unbemerkt eine kurze Navigation statt. Denn jedes Mal, wenn der SUBMIT-Button in der Datei *register.xhtml* betätigt wurde, gelangte der Prozess von der View in das »unsichtbare« Faces-Servlet, von dort aus in die Methode `persist()` der Backing Bean und schließlich wieder zurück in die View-Komponente `/register.xhtml` (siehe Abbildung 9.19).

9

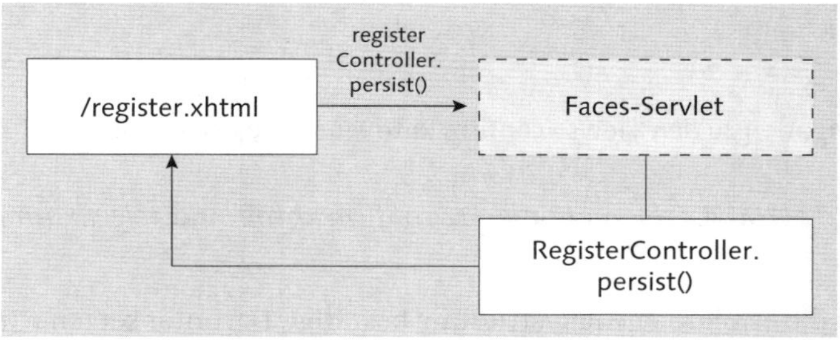

Abbildung 9.19 Die Navigation des Programmierbeispiels

Wenn eine Aktionsmethode zwischengeschaltet ist, entscheidet sie über ihren Rückgabewert, wohin die Reise weitergeht. Dies geschieht, indem die Methode den Seitenpfad der View-Komponente als Zeichenkette zurückliefert. Die folgende Aktionsmethode gibt den Seitenpfad "`/confirm.xhtml`" als Zieladresse an:

```
...
public String persist() {
    try {
        ut.begin();
        emf.createEntityManager().persist(customer);
        ut.commit();
    } catch (Exception e) {
        e.printStackTrace();
    }
    return "/confirm.xhtml";
}
...
```

Listing 9.20 »RegisterController.java«

Häufig ist es in JSF-Anwendungen so, dass die Aktionsmethode (abhängig vom Laufzeitgeschehen) zu unterschiedlichen Views verzweigt. Als Beispiel hierzu werden wir den Programmablauf aus Abbildung 9.20 implementieren.

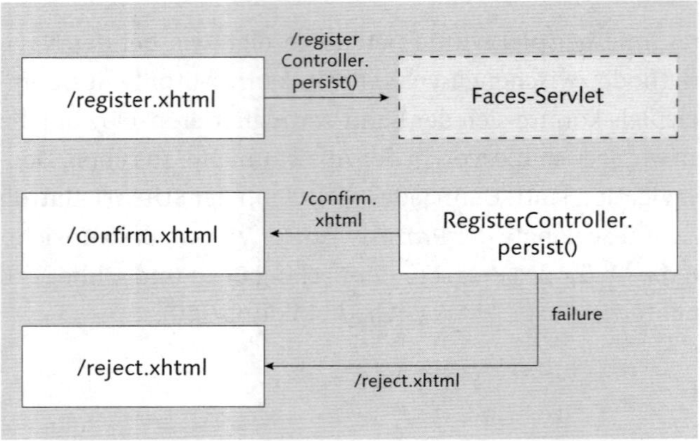

Abbildung 9.20 Die implizite Navigation zu den Views »confirm.xhtm« und »reject.xhtml«

Legen Sie hierfür zwei weitere XHTML-Dateien an, die Sie *confirm.xhtml* und *reject.xhtml* nennen.

In der Datei *confirm.xhtml* wird die erfolgreiche Registrierung bestätigt. Darunter setzen wir eine Schaltfläche, über die der Benutzer in die Home-Seite wechseln kann.

```
<?xml version="1.0" encoding="UTF-8" ?>
<!DOCTYPE html PUBLIC "-//W3C//DTD XHTML 1.0 Transitional//EN"
 "http://www.w3.org/TR/xhtml1/DTD/xhtml1-transitional.dtd">
<html xmlns="http://www.w3.org/1999/xhtml"
      xmlns:ui="http://xmlns.jcp.org/jsf/facelets"
      xmlns:h="http://xmlns.jcp.org/jsf/html">
<h:body>
    Sie wurden erfolgreich registriert!
    <h:form>
    <h:commandButton
        action="/register"
        value="Register"/>
    </h:form>
</h:body>
</html>
```

Listing 9.21 »confirm.xhtml«

Der Inhalt der Datei *reject.xhtml* sieht ähnlich aus, nur dass dort das Scheitern der Registrierung gemeldet wird:

```
<?xml version="1.0" encoding="UTF-8" ?>
<!DOCTYPE html PUBLIC "-//W3C//DTD XHTML 1.0 Transitional//EN"
 "http://www.w3.org/TR/xhtml1/DTD/xhtml1-transitional.dtd">
<html xmlns="http://www.w3.org/1999/xhtml"
      xmlns:ui="http://xmlns.jcp.org/jsf/facelets"
      xmlns:h="http://xmlns.jcp.org/jsf/html">
<h:body>
    Die Registrierung ist misslungen!
    <h:form>
    <h:commandButton
        action="/register"
        value="Register"/>
    </h:form>
</h:body>
</html>
```

Listing 9.22 »reject.xhtml«

In der Backing Bean *RegisterController.java* werden wir dafür sorgen, dass die nachfolgende View je nach Situation zunächst dynamisch in der Backing Bean ermittelt wird. Nur wenn die Speicherung gelingt, soll die View */confirm.xhtml* aufgerufen werden. Ansonsten soll die View */reject.xhtml* erscheinen:

```
package de.java2enterprise.onlineshop;

import java.io.Serializable;
import javax.annotation.Resource;
import javax.enterprise.context.RequestScoped;
import javax.inject.Inject;
import javax.inject.Named;
import javax.persistence.EntityManagerFactory;
import javax.persistence.PersistenceUnit;
import javax.transaction.UserTransaction;
import de.java2enterprise.onlineshop.model.Customer;

@Named
@RequestScoped
public class RegisterController implements Serializable {
    private static final long serialVersionUID = 1L;

    @PersistenceUnit
    private EntityManagerFactory emf;
```

```
    @Resource
    private UserTransaction ut;

    @Inject
    private Customer customer;

    public Customer getCustomer() {
        return customer;
    }

    public void setCustomer(Customer customer) {
        this.customer = customer;
    }

    public String persist() {
        try {
            ut.begin();
            emf.createEntityManager().persist(customer);
            ut.commit();
            return "/confirm.xhtml";
        } catch (Exception e) {
            e.printStackTrace();
        }
        return "/reject.xhtml";
    }
}
```

Listing 9.23 »RegisterController.java«

Genau wie bei den Schaltflächen ist es auch hier wieder so, dass JSF eine eigene Logik verwendet, um die View-IDs aufzulösen. Die Methode `persist()` hätte also auch wie folgt programmiert werden können:

```
public String persist() {
    try {
        ut.begin();
        emf.createEntityManager().persist(customer);
        ut.commit();
        return "confirm";
    } catch (Exception e) {
        e.printStackTrace();
    }
```

```
    return "reject";
}
```

Listing 9.24 »RegisterController.java«

Die explizite Navigation mit der JSF-Konfigurationsdatei

Ein wesentlicher Bestandteil der JSF-Navigation ist, dass sie sich explizit per Konfiguration einstellen lässt. Hierbei spielt der Rückgabewert der Aktionsmethode eine zentrale Rolle. Denn der enthält jetzt nicht mehr die View-ID, sondern eine zu konfigurierende Zeichenkette, die man im Fachjargon als *Outcome* bezeichnet. Der Outcome dient als verknüpfendes Glied zwischen der Aktionsmethode und der View-ID. Die Navigationsregeln werden in der JSF-Konfigurationsdatei *faces-config.xml* erstellt. Für jede Navigationsregel wird ein `navigation-rule`-Element gesetzt. Innerhalb der `navigation-rule`-Elemente werden beliebig viele Navigationsfälle mit dem XML-Element `navigation-case` festgelegt. Für jeden Navigationsfall wird ein Outcome einer View-ID zugeordnet. Der Outcome wird über das XML-Element `from-outcome` und die View-ID wird über das XML-Element `to-view-id` spezifiziert.

Mit der folgenden Navigationsregel legen Sie fest, dass bei dem Rükgabewert `success` zur View */confirm.xhtml* navigiert werden soll:

```
<?xml version="1.0" encoding="UTF-8"?>
<faces-config
    xmlns="http://xmlns.jcp.org/xml/ns/javaee"
    xmlns:xsi="http://www.w3.org/2001/XMLSchema-instance"
    xsi:schemaLocation="http://xmlns.jcp.org/xml/ns/javaee
    http://xmlns.jcp.org/xml/ns/javaee/web-facesconfig_2_2.xsd"
    version="2.2">

    ...
    <navigation-rule>
        <navigation-case>
            <from-outcome>success</from-outcome>
            <to-view-id>/confirm.xhtml</to-view-id>
        </navigation-case>
    </navigation-rule>
</faces-config>
```

Listing 9.25 »faces-config.xml«

Die obige Konfiguration wird beim Outcome `success` stets zur View */confirm.xhtml* navigieren, ganz unabhängig davon, aus welcher Aktionsmethode er geliefert wird. Etwas einschränkender ist die zusätzliche Angabe der Aktionsmethode über das Element `from-action`.

Denn es stellt sicher, dass nur die Rückgabewerte der Methode `RegisterController.persist()` berücksichtigt werden.

```
...
<navigation-rule>
    <navigation-case>
        <from-action>
            #{registerController.persist}
        </from-action>
        <from-outcome>success</from-outcome>
        <to-view-id>/confirm.xhtml</to-view-id>
    </navigation-case>
</navigation-rule>
...
```

Listing 9.26 »faces-config.xml«

Die obige Navigationsregel gilt für alle Ausgangs-Views. Innerhalb des XML-Elements `navigation-rule` kann auch noch das XML-Element `from-view-id` genutzt werden, um die Navigationsregel auf eine Ausgangs-View einzuschränken:

```
...
<navigation-rule>
    <from-view-id>/register.xhtml</from-view-id>
    <navigation-case>
        <from-action>
            #{registerController.persist}
        </from-action>
        <from-outcome>success</from-outcome>
        <to-view-id>/confirm.xhtml</to-view-id>
    </navigation-case>
</navigation-rule>
...
```

Listing 9.27 »faces-config.xml«

Bei dem XML-Element `from-view-id` können auch Wildcards genutzt werden. Beispielsweise gilt die folgende Regel für alle Ausgangs-View-Komponenten, die sich im Pfad */register* befinden:

```
...
<navigation-rule>
    <from-view-id>/register/*</from-view-id>
    <navigation-case>
```

```
        <from-action>
            #{registerController.persist}
        </from-action>
        <from-outcome>success</from-outcome>
        <to-view-id>/confirm.xhtml</to-view-id>
    </navigation-case>
</navigation-rule>
...
```

Listing 9.28 »faces-config.xml«

Forward und Redirect

Normalerweise wird die Navigation serverseitig umgeleitet. Die Servlet-Technologie gebraucht hierfür den Fachbegriff *Forward*. Dass es sich um eine serverseitige Weiterleitung handelt, erkennen Sie im Programmierbeispiel an der URL in der Adressleiste Ihres Webbrowsers. Denn nach dem Mausklick auf der Schaltfläche bleibt diese unverändert.

Statt der serverseitigen Umleitung mit einem Forward kann aber auch eine clientseitige Umleitung erwirkt werden. Der Fachbegriff für eine clientseitige Umleitung ist *Redirect*.

In der `faces-config` steht hierfür das Element `<redirect/>` zur Verfügung:

```
...
<navigation-rule>
    <from-view-id>/register.xhtml</from-view-id>
    <navigation-case>
        <from-action>
            #{registerController.persist}
        </from-action>
        <from-outcome>success</from-outcome>
        <to-view-id>/confirm.xhtml</to-view-id>
        <redirect/>
    </navigation-case>
</navigation-rule>
...
```

Listing 9.29 »faces-config.xml«

> **Hinweis**
> Weitere Informationen über die Umleitung mit einem Forward oder einem Redirect finden Sie in Kapitel 4, »Servlets«.

Ein komplettes Beispiel mit Eclipse programmieren

Wir werden das komplette Beispiel der expliziten Navigation für die Registrierung nun programmieren. Statt der Rückgabewerte `confirm` und `reject`, die ja als View-IDs eine implizite Navigation ermöglichen, soll die Methode `persist()` nun die Zeichenketten `success` und `failure` liefern. Weil die Rückgabewerte jetzt anders lauten als die Facelet-Dateien, ist eine explizite Navigationsregel über die JSF-Konfigurationsdatei erforderlich (siehe Abbildung 9.21).

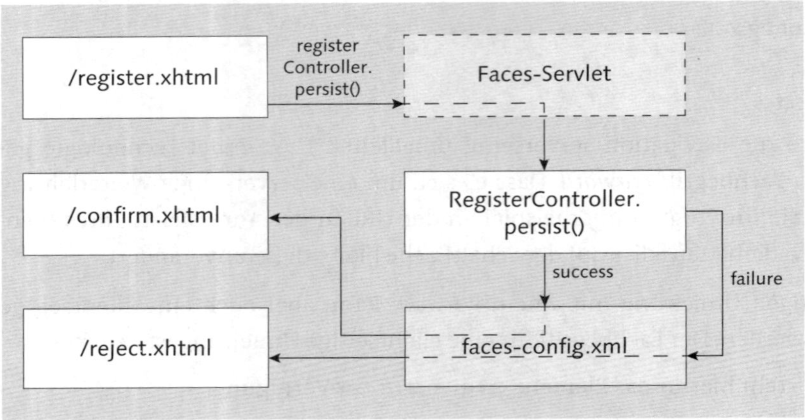

Abbildung 9.21 Die explizite Navigation

Um die explizite Navigation in der JSF-Konfigurationsdatei fertigzustellen, lassen Sie sich von Eclipse helfen. Öffnen Sie hierfür im Webprojekt den Ordner */WebContent/WEB-INF,* und klicken Sie dort doppelt auf die Datei *faces-config.xml*. Selektieren Sie dann den Reiter NAVIGATION-RULE. Beachten Sie, dass Sie die Perspektive JAVA EE benötigen. Ziehen Sie die Dateien *register.xhtml*, *confirm.xhtml* und *reject.xhtml* aus dem Projekt-Explorer in die Arbeitsfläche der NAVIGATION RULE. Selektieren Sie anschließend in der View PALETTE die Auswahl LINK, denn hiermit können Sie die *Navigation Rule* grafisch gestalten. Zeichnen Sie jetzt einen Pfeil, indem Sie eine Linie von der *register.xhtml* zu der *confirm.xhtml* ziehen. Genauso ziehen Sie danach auch noch einen Pfeil von der *register.xhtml* zu der *reject.xhtml*.

Im Anschluss markieren Sie den Pfeil, der von der *register.xhtml* zur *confirm.xhtml* zeigt, indem Sie rechts die Option SELECT auswählen und hiernach auf den oberen Pfeil klicken. Im unteren Bereich von Eclipse öffnen Sie die View PROPERTIES und geben in das Eingabefeld FROM ACTION die Zeichenkette `#{registerController.persist}` ein. Im nächsten Eingabefeld FROM OUTCOME geben Sie den Wert `success` ein. Genauso markieren Sie den zweiten Pfeil, um dort im ersten Eingabefeld ebenfalls `#{registerController.persist}` und im zweiten Eingabefeld die Zeichenkette `failure` einzutragen. Die Ansicht von Eclipse sollte nun so wie in Abbildung 9.22 aussehen.

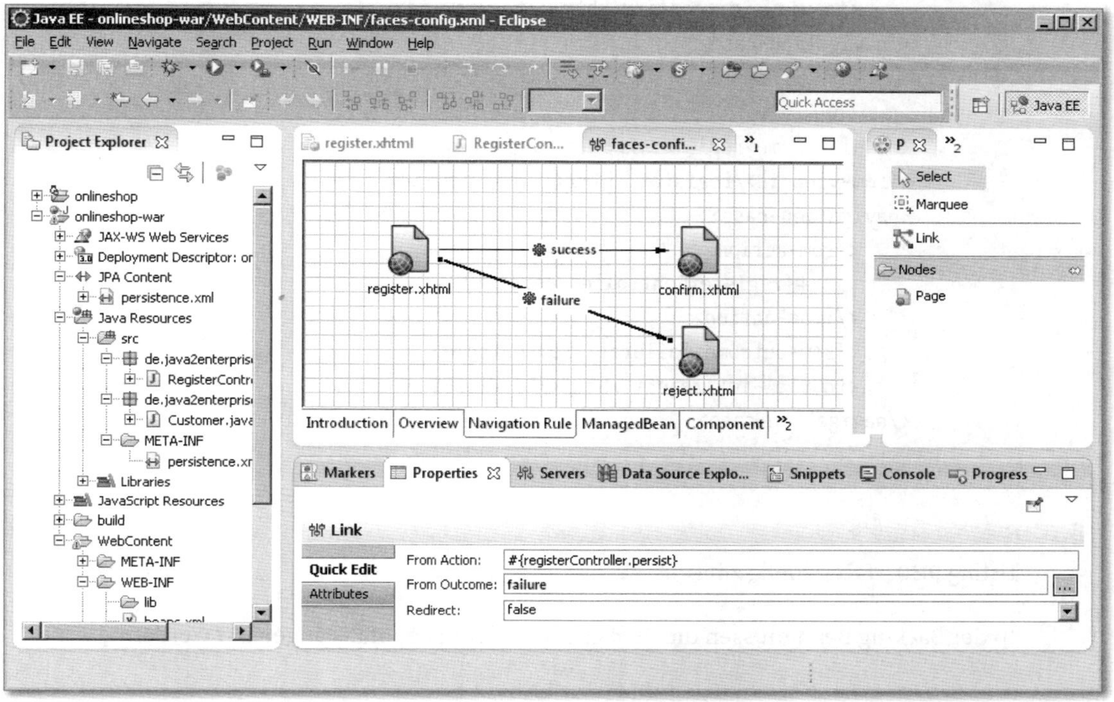

Abbildung 9.22 Der Reiter »Navigation Rule« im »Faces Configuration Editor«

Wenn Sie auf den Reiter SOURCE klicken, sollten Sie sehen, dass der Wizard Folgendes in die Datei *faces-config.xml* hineingeschrieben hat:

```
<?xml version="1.0" encoding="UTF-8"?>
<faces-config
    xmlns="http://xmlns.jcp.org/xml/ns/javaee"
    xmlns:xsi="http://www.w3.org/2001/XMLSchema-instance"
    xsi:schemaLocation="http://xmlns.jcp.org/xml/ns/javaee
    http://xmlns.jcp.org/xml/ns/javaee/web-facesconfig_2_2.xsd"
    version="2.2">
    <navigation-rule>
        <display-name>register.xhtml</display-name>
        <from-view-id>/register.xhtml</from-view-id>
        <navigation-case>
            <from-action>
                #{registerController.persist}
            </from-action>
            <from-outcome>success</from-outcome>
```

```
            <to-view-id>/confirm.xhtml</to-view-id>
        </navigation-case>
    </navigation-rule>
    <navigation-rule>
        <display-name>register.xhtml</display-name>
        <from-view-id>/register.xhtml</from-view-id>
        <navigation-case>
            <from-action>
                #{registerController.persist}
            </from-action>
            <from-outcome>failure</from-outcome>
            <to-view-id>/reject.xhtml</to-view-id>
        </navigation-case>
    </navigation-rule>

</faces-config>
```

Listing 9.30 »faces-config.xml«

In der Backing Bean müssen die Rückgabewerte nun ebenfalls angepasst werden:

```
...
public String persist() {
    try {
        ut.begin();
        emf.createEntityManager().persist(customer);
        ut.commit();
        return "success";
    } catch (Exception e) {
        e.printStackTrace();
    }
    return "failure";
}
...
```

Listing 9.31 »RegisterController.java«

9.3.4 Die UI-Komponenten in einem Facelet

Innerhalb der Facelets können verschiedene UI-Komponenten der JSF-Standard-Bibliothek eingesetzt werden. Sie wurden in folgende zwei Pakete unterteilt:

Bezeichnung/URI	Präfix	Beschreibung
JSF-HTML-UI-Komponenten *http://xmlns.jcp.org/jsf/html*	`h`	Tags zur grafischen Darstellung der Benutzeroberfläche
JSF-Core-UI-Komponenten *http://xmlns.jcp.org/jsf/core*	`f`	Tags, die unabhängig von der Darstellung sind. Beispielsweise gehören hierzu die Konvertierung und die Validierung der Geschäftsdaten oder auch die ActionListener.

Tabelle 9.1 Die Pakete für die UI-Komponenten

Zusätzlich zu den oben angezeigten UI-Komponenten kamen mit der JSF-Version 2.2 sogenannte *HTML5-friendly Pass-Through-UI-Komponenten* und HTML5-freundliche Pass-Through-Attribute hinzu.

Bezeichnung/URI	Präfix	Beschreibung
JSF-Pass-Through-UI-Komponenten *http://xmlns.jcp.org/jsf*	`p`	Tags für die HTML5-freundliche Markup-Technik
JSF-Pass-Through-Attribute *http://xmlns.jcp.org/jsf/passthrough*	`jsf`	Tags für die HTML5-freundliche Markup-Technik

Tabelle 9.2 Die Pakete für die HTML5-friendly Pass-Through -UI-Komponenten und HTML5-friendly Pass-Through -Attribute

Außerdem besitzen Facelets noch eigene UI-Komponenten, die beispielsweise das Templating ermöglichen.

Bezeichnung/URI	Präfix	Beschreibung
JSF-Templating *http://xmlns.jcp.org/jsf/facelets*	`ui`	Tags für das Templating

Tabelle 9.3 Die Pakete für das UI-Templating

Genauso wie bei JSPs wird hin und wieder auch noch die *Java Standard Tag Library* (JSTL 1.2) verwendet. In vielen Fällen kann auf den Gebrauch von JSTL-Tags aber verzichtet werden. Denn in der Regel bieten die JSF-UI-Komponenten die gleiche Funktionalität bei einer komfortableren Kodiermöglichkeit an.

Bezeichnung/URI	Präfix	Beschreibung
JSTL-Core *http://xmlns.jcp.org/jsp/jstl/core*	c	JSTL 1.2-Core-Tags
JSTL-Functions *http://xmlns.jcp.org/jsp/jstl/functions*	fn	JSTL 1.2-Function-Tags
JSTL SQL *http://xmlns.jcp.org/jsp/jstl/sql*	sql	JSTL 1.2-SQL-Tags
JSTL XML *http://xmlns.jcp.org/jsp/jstl/xml*	xml	JSTL 1.2-XML-Tags

Tabelle 9.4 Die JSTL Pakete

In diesem Abschnitt werden die UI-Komponenten der JSF-HTML-Bibliothek beschrieben, die clientseitig beispielsweise als Schaltflächen, Hyperlinks, Eingabe- und Auswahlfelder usw. gezeichnet werden.

Der Command-Button

Den Command-Button haben Sie bereits in den letzten Abschnitten kennengelernt. Es handelt sich hierbei um die gängigste Befehlskomponente von JSF. Der Command-Button muss von einer `Form`-Komponente umgeben sein. Clientseitig wird der Command-Button als Schaltfläche `<input type="submit>` gerendert. Der Mausklick auf die Schaltfläche versendet das umgebende Formular über einen POST-Request.

Das bedeutendste Attribut des Command-Buttons nennt sich `action`, über das in der Regel eine Aktionsmethode in einer Backing Bean aufgerufen wird.

Um der Schaltfläche auch noch einen Anzeigetext mitzugeben, wird das Attribut `value` hinzugefügt:

```
<h:form>
    <h:commandButton
        action="#{registerController.persist}"
        value="Registrieren"/>
</h:form>
```

Listing 9.32 »register.xhtml«

Der Command-Link

Command-Links ähneln den Command-Buttons. Sie werden beispielsweise genauso wie Command-Buttons innerhalb einer `Form`-UI-Komponente platziert und erhalten zur Navigation auch die gleichen Attribute. Bei dem Command-Button der Programmierübung wurde bereits gezeigt, wie das Attribut `action` eingesetzt wird. Auch bei dem Command-Link ist es wieder so, dass entweder eine Aktionsmethode oder auch direkt die anzusteuernde View eingetragen wird:

```
<h:form>
    <h:commandLink
        value="Registrieren"
        action="#{registerController.persist}"/>
</h:form>
```

Listing 9.33 »register.xhtml«

Wenn Sie in Ihrem Programm den Command-Button durch Command-Link ersetzen, werden statt der Schaltflächen nun Hyperlinks gerendert, sodass dem Anschein nach kein Unterschied zu einem normalen Link besteht. Bei dem gerenderten Hyperlink zeigt sich aber, dass es sich keinesfalls um ein gewöhnliches HTML-Anker-Element handelt, denn der Link verweist auf sich selbst:

```
<a href="#">
```

Außerdem wird die Anfrage genauso wie bei einem Command-Button über einen HTTP-POST-Request vom Client zum Server versendet. Dies ermöglicht ein `onclick`-Attribut, das ein JavaScript-Programm aufruft. Dem Benutzer des Webbrowsers bleiben diese internen Vorgänge weitestgehend verborgen. Dies kann in gewissen Fällen auch nützlich sein. Der Vorteil des Command-Links ist aber gleichzeitig auch sein Nachteil. Wenn der Benutzer beispielsweise ein Lesezeichen setzen möchte, würde ihm das nicht gelingen, da die URL ja lediglich einen Verweis auf die eigene URL enthält. Auf diesen Makel werden wir später zurückkommen, denn das JSF-Framework bietet aus diesem Grunde weitere UI-Komponenten an, die dieses Problem lösen.

Der Output-Link

Genauso wie ein Command-Link wird auch ein Output-Link als HTML-Hyperlink gerendert. Anders als bei einem Command-Link wird die URL, auf die der Hyperlink verweist, aber hier mit dem Attribut `value` gesetzt. Und der Name des Links wird zwischen dem öffnenden und dem schließenden Tag gesetzt.

Die folgende UI-Komponente setzt einen Link auf eine externe URL:

```
<h:outputLink value="http://www.java2enterprise.de">
    Java2Enterprise
</h:outputLink>
```

Das gerenderte HTML-Element sieht wie folgt aus:

```
<a href="http://www.java2enterprise.de">
    Java2Enterprise
</a>
```

Dem Output-Link können auch Parameter mitgegeben werden. Hierfür stecken Sie die UI-Komponente `param` ins Innere des Output-Links:

```
<h:outputLink value="http://www.java2enterprise.de">
    Java2Enterprise
    <f:param name="coming_from" value="marktplatz_de"/>
</h:outputLink>
```

Das gerenderte HTML-Element sieht wie folgt aus:

```
<a href=
"http://www.java2enterprise.de?coming_from=marktplatz_de">
    Java2Enterprise
</a>
```

Obwohl der Output-Link genauso wie ein Command-Link als HTML-Anker-Element gerendert wird, unterscheiden sich die beiden UI-Komponenten gravierend. Denn statt eines POST-Requests handelt es sich bei einem Output-Link um einen GET-Request. Deshalb braucht ein Command-Link auch nicht in eine Form-Komponente platziert zu werden. Es wird auch nicht das JSF-Navigationssystem oder eine JSF-Aktion ausgelöst. Diese UI-Komponente eignet sich deshalb lediglich für den Aufruf einer externen URL. Um dennoch eine JSF-Aktion auszuführen, könnte man auch Folgendes programmieren:

```
<h:outputLink value="#{facesContext.externalContext.applicationContextPath}/signin.xhtml">
```

Link

Mit den beiden UI-Komponenten Command-Link und Output-Link können wir bereits die meisten Anwendungsfälle abdecken, bei denen auf der Benutzeroberfläche ein Hyperlink gerendert werden soll. Während der Command-Link Formular-Elemente über einen POST-Request an eine JSF-Aktion abschickt, rendert der Output-Link ein ganz einfaches HTML-Anker-Element für eine externe URL. Was jetzt noch fehlt, ist ein Link, der einerseits genauso wie ein Command-Link den Navigationsmechanismus von JSF auslöst, der aber andererseits hierbei als HTTP-GET-Request versendet wird. Denn auf diese Weise kann die URL beispielsweise als Lesezeichen gesetzt werden. Und genau für diesen Zweck dient die UI-Komponente *Link*. Die URL wird hierbei bereits in der ersten Phase des `INITIAL_REQUEST` ermittelt, sodass sie gleich beim ersten Aufruf angezeigt wird.

Über das Attribut `value` wird der angezeigte Text für den Link eingetragen. Der Outcome, der für die Navigation verwendet werden soll, wird über das Attribut `outcome` gesetzt. Genauso wie bei einem Command-Link kann hier eine Aktionsmethode, ein vorkonfigurierter Outcome oder auch eine View-ID eingetragen werden. Das ist praktisch, weil der Anwender hier quasi ein Lesezeichen auf eine Funktion setzt, deren Implementierung der Entwickler im Hintergrund ändern kann.

```
<h:link
    value="Suchen"
    outcome="#{searchController.start()}"/>
```


Button

Die Entwickler des JSF-Frameworks haben noch eine weitere UI-Komponente namens *Button* verwirklicht, die vom Prinzip her der UI-Komponente Link gleicht. Auch hierbei wird eine Schaltfläche bereits im `INITIAL_REQUEST` so aufbereitet, dass sie genauso wie die UI-Komponente `Link` einerseits den Navigationsmechanismus von JSF nutzt, aber andererseits einen GET-Request auslöst. Auch bei dieser UI-Komponente gelingt dies, indem der Mausklick auf die Schaltfläche per `onClick`-Attribut aufgefangen wird und ein spezielles JavaScript-Programm des JSF-Frameworks aufgerufen wird. Ein `Form`-Element ist deshalb nicht erforderlich.

Die Handhabung ist genauso wie bei der UI-Komponente Link. Die folgende UI-Komponente springt unmittelbar zur View-ID "`register`":

```
<h:button
    value="Suchen"
    outcome="#{searchController.start()}"/>
```

Listing 9.34 »index.xhtml«

SelectBooleanCheckbox

Mithilfe der *SelectBooleanCheckBox* wird eine Checkbox gerendert, die zwischen zwei Werten hin- und herwechseln kann (siehe Abbildung 9.23). Im folgenden Listing wird eine SelectBooleanCheckbox gesetzt. Der Wert wird über das Attribut `value` eingetragen.

```
    <h:form>
        <h:selectBooleanCheckbox
            value="#{testController.a}"/>
        <h:commandButton value="Submit"/>
    </h:form>
    <h:outputText value="#{testController.a}"/>
```

Listing 9.35 »index.xhtml«

Wenn Sie das obige Beispiel ausprobieren möchten, werden Sie auch noch folgende Backing Bean benötigen. In der Backing Bean wird eine Property des Typs Boolean gesetzt:

```
package de.java2enterprise.onlineshop;

import java.io.Serializable;

import javax.enterprise.context.RequestScoped;
import javax.inject.Named;

@Named
@RequestScoped
public class TestController implements Serializable {
    private static final long serialVersionUID = 1L;

    private Boolean a;

    public Boolean getA() {
        return a;
    }

    public void setA(Boolean a) {
        this.a = a;
    }
}
```

Listing 9.36 »TestController.java«

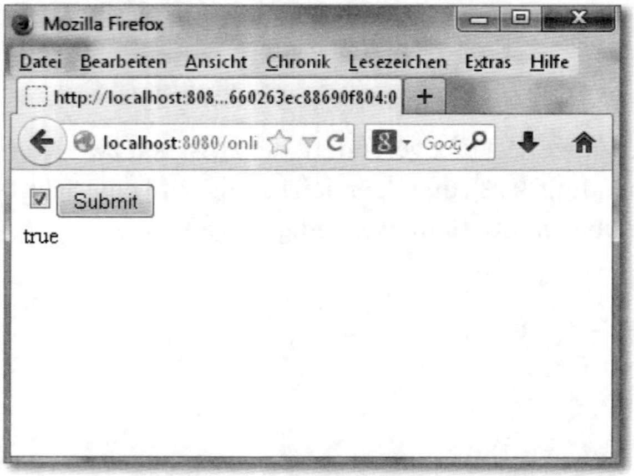

Abbildung 9.23 Die »SelectBooleanCheckbox«

SelectOneRadio, SelectOneListbox und SelectOneMenu

SelectOneRadio rendert eine Liste von Radio-Buttons, von denen ein einziger selektiert sein kann (siehe Abbildung 9.24). Es gibt verschiedene Möglichkeiten, wie die Elemente dieser Komponente zur Verfügung gestellt werden können. Die handlichste Alternative wird im folgenden Listing gezeigt. Hierbei wird ein Child-Element des Typs `SelectItems` eingesetzt, das die Elemente der Radio-Buttons zur Verfügung stellt.

```
...
<h:form>
    <h:selectOneRadio
        value="#{testController.day}">
        <f:selectItems
            value="#{testController.days}"/>
    </h:selectOneRadio>
    <h:commandButton value="Submit"/>
</h:form>
<h:outputText value="#{testController.day}"/>
...
```

Listing 9.37 »test.xhtml«

In der Backing Bean werden zwei Properties programmiert. Eine Property hält den aktuellen Wert des Typs `String`. Die andere Property hat den Typ `java.util.List<String>`. Sie bietet die Liste aller zur Verfügung stehenden String-Werte an:

```
package de.java2enterprise.onlineshop;

import java.io.Serializable;
import java.util.ArrayList;
import java.util.List;

import javax.annotation.PostConstruct;
import javax.enterprise.context.RequestScoped;
import javax.inject.Named;

@Named
@RequestScoped
public class TestController implements Serializable {
    private static final long serialVersionUID = 1L;

    private List<String> days;

    private String day;
```

```
    public List<String> getDays() {
        return days;
    }

    public void setDays(List<String> days) {
        this.days = days;
    }

    public String getDay() {
        return day;
    }

    public void setDay(String day) {
        this.day = day;
    }

    @PostConstruct
    public void init() {
        days = new ArrayList<String>();
        days.add("Montag");
        days.add("Dienstag");
        days.add("Mittwoch");
        days.add("Donnerstag");
        days.add("Freitag");
        days.add("Samstag");
        days.add("Sonntag");
    }
}
```

Listing 9.38 »test.xhtml«

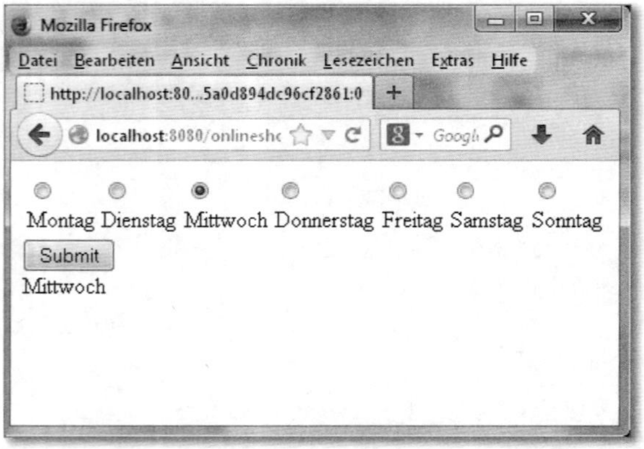

Abbildung 9.24 Die UI-Komponente »SelectOneRadio«

Die UI-Komponenten *SelectOneListBox* und *SelectMenu* werden gleichermaßen programmiert. Im folgenden Listing sehen Sie die erforderliche Änderung in hervorgehobener Schrift:

```
<h:form>
    <h:selectOneListbox
        value="#{testController.day}">
        <f:selectItems
            value="#{testController.days}"/>
    </h:selectOneListbox>
    <h:commandButton value="Submit"/>
</h:form>
```


Listing 9.39 »test.xhtml«

Wie Sie in Abbildung 9.25 sehen können, hat die kleine Änderung eine große Wirkung.

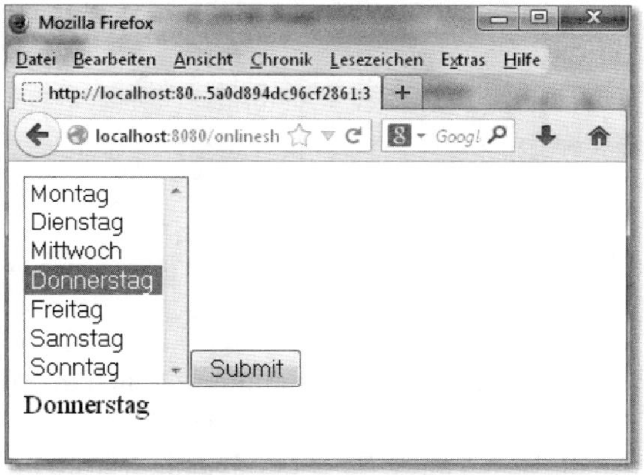

Abbildung 9.25 »SelectOneListbox«

SelectManyCheckbox, SelectManyListbox und SelectManyMenu

Die UI-Komponenten *SelectManyCheckbox*, *SelectManyListbox* und *SelectManyMenu* gleichen den soeben gezeigten *SelectOne*-Gegenstücken. Der einzige Unterschied besteht darin, dass die *SelectMany*-Komponenten eine Mehrfachauswahl ermöglichen.

```
<h:form>
    <h:selectManyListbox
        value="#{testController.selected}">
        <f:selectItems
            value="#{testController.days}"/>
    </h:selectManyListbox>
    <h:commandButton value="Submit"/>
```

```
    <h:outputText value="#{testController.selected}"/>
</h:form>
```

Listing 9.40 »text.xhtml«

Bei der Backing Bean wird die auswählbare Property nun ebenfalls als `java.util.List<String>` programmiert (siehe Abbildung 9.26).

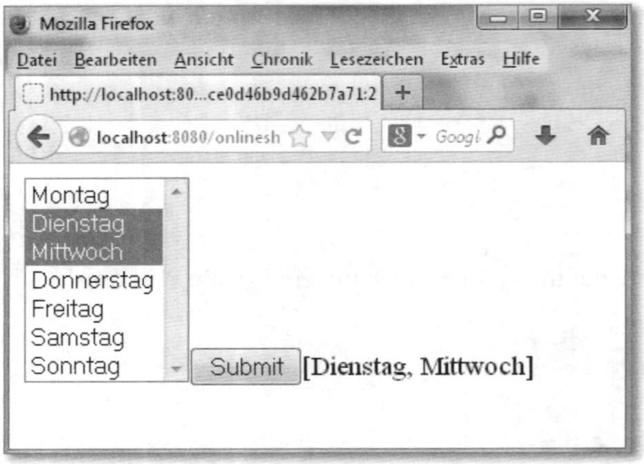

Abbildung 9.26 Die UI-Komponente »SelectManyListbox«

9.4 Meldungen

In der Ansicht des letzten Beispiels konnte der Benutzer lediglich erahnen, was sich in der Anwendung hinter den Kulissen abspielt. Denn obwohl die Anwendung zwischen `success` und `failure` unterschied, wusste man beispielsweise bei einer Ablehnung nicht, warum die Registrierung misslang. Normalerweise würde man dem Benutzer an dieser Stelle eine aussagekräftige Meldung übermitteln, die ihm eindeutig den Grund des Fehlschlagens mitteilt.

In diesem Abschnitt schauen wir uns sowohl die Meldungserstellung in der Backing Bean als auch das Anzeigen der Meldung im Facelet an.

In Ihrer Beispielanwendung in Eclipse können Sie die Dateien *confirm.xhtml* und *reject.xhtml* und auch die entsprechenden Einträge in der *faces-config.xml* entfernen, da wir für die Anzeige des Erfolgs oder des Misserfolgs der Registrierung nur noch die Backing Bean *RegisterController.java* und das Facelet *register.xhtml* benötigen.

9.4.1 Meldungen für eine UI-Komponente

Um eine Meldung für den Client zu erstellen, wird in der Backing Bean ein Objekt der Klasse `FacesMessage` erzeugt:

```
FacesMessage m =
    new FacesMessage(
        "Succesfully registered " +
        customer.getEmail());
```

Listing 9.41 »RegisterController.java«

Damit die Meldung im Facelet aufgefangen und angezeigt werden kann, wird sie der aktuellen `FacesContext`-Instanz über die Methode `addMessage()` hinzugefügt. Die Methode `addMessage()` wird mit zwei Parametern aufgerufen. Der erste Parameter gibt die ID der UI-Komponente an, für die die Meldung bestimmt ist.

Dass man die Meldung an eine bestimmte UI-Komponente binden kann, ist sehr praktisch, da man hierdurch dem Benutzer mitteilen kann, welche konkrete UI-Komponente für die Meldung verantwortlich ist. In dem folgenden Listing wird die Meldung an eine UI-Komponente gebunden, bei der die ID den Wert `"registerForm"` trägt:

```
FacesContext
    .getCurrentInstance()
        .addMessage("registerForm", m)
```

Listing 9.42 »RegisterController.java«

Das folgende Listing zeigt den kompletten Quelltext der Backing Bean *RegisterController* an. In dem Listing werden zwei Meldungen gesetzt, denn auch dann, wenn die Registrierung missglückt, soll der Benutzer eine Meldung erhalten. Zur Zeit der Entwicklung ist der technische Grund des Misserfolgs am wichtigsten, weshalb wir diesen auch ausgeben werden.

```
package de.java2enterprise.onlineshop;

import java.io.Serializable;

import javax.annotation.Resource;
import javax.enterprise.context.RequestScoped;
import javax.faces.application.FacesMessage;
import javax.faces.context.FacesContext;
import javax.inject.Inject;
import javax.inject.Named;
import javax.persistence.EntityManagerFactory;
import javax.persistence.PersistenceUnit;
import javax.transaction.UserTransaction;

import de.java2enterprise.onlineshop.model.Customer;
```

```
@Named
@RequestScoped
public class RegisterController implements Serializable {
    private static final long serialVersionUID = 1L;

    @PersistenceUnit
    private EntityManagerFactory emf;

    @Resource
    private UserTransaction ut;

    @Inject
    private Customer customer;

    public Customer getCustomer() {
        return customer;
    }

    public void setCustomer(Customer customer) {
        this.customer = customer;
    }

    public String persist() {
        try {
            ut.begin();
            emf.createEntityManager().persist(customer);
            ut.commit();
            FacesMessage m =
                new FacesMessage(
                    "Succesfully registered!");
            FacesContext
                .getCurrentInstance()
                .addMessage("registerForm", m);
        } catch (Exception e) {
            e.printStackTrace();
            FacesContext
                .getCurrentInstance()
                .addMessage(
                    "registerForm",
                    new FacesMessage(
                        e.getMessage()));
        }
```

```
        return "/register.xhtml";
    }
}
```

Listing 9.43 »RegisterController.java«

Wie Sie vielleicht aus dem Gesagten schließen konnten, muss die UI-Komponente im Facelet eine eindeutige ID aufweisen, damit eine Benachrichtigung an sie angehängt werden kann. Das JSF-Framework benötigt diese IDs auch in eigener Sache, daher erzeugt es automatisch berechnete ID-Bezeichner. Sie können sich diese ID-Bezeichner im Webbrowser anschauen, indem Sie sich den Quelltext der HTML-Seite ausgeben lassen. Das folgende Listing zeigt einen Ausschnitt des HTML-Quelltextes, der auf Basis der *register.xhtml* erstellt worden ist:


```
...
<form id="j_idt7" name="j_idt7" method="post" action="/onlineshop-war/faces/regis-
ter.xhtml" enctype="application/x-www-form-urlencoded">
<input type="hidden" name="j_idt7" value="j_idt7" />
<table>
<thead>
<tr><th colspan="2" scope="colgroup">Registrieren</th></tr>
</thead>
<tbody>
<tr>
<td><label>E-Mail:</label></td>
<td><input type="text" name="j_idt7:j_idt11" /></td>
</tr>
<tr>
<td><label>Kennwort:</label></td>
<td><input type="password" name="j_idt7:j_idt13" value="" /></td>
</tr>
<tr>
<td><input type="submit" name="j_idt7:j_idt14" value="Registrieren" /></td>
</tr>
</tbody>
</table>
...
```

Listing 9.44 Der vom JSF-Framework automatisch erzeugte HTML-Quelltext

In dem Listing wird deutlich, dass die maschinell erzeugten IDs auch für den Namen der HTML-Elemente genutzt werden. Außerdem setzen sich die IDs der inneren HTML-Elemente aus der ID des HTML-Tags, einem Doppelpunkt und der ID der JSF-UI-Komponente zusammen. Dies ist praktisch, da die ID auf diese Weise nur innerhalb des umfassenden HTML-Formulars eindeutig sein muss. JSF betrachtet das umgebende HTML-Formular hierbei als Namensbehälter (*Naming-Container*).

Kommen wir aber wieder zurück zu den Meldungen. Weil uns die ID, die das JSF-Framework zur Laufzeit erstellt, nicht (ohne Weiteres) bekannt ist, werden wir der UI-Komponente eine eigene ID vergeben. Die manuell festgelegten IDs sind ohnehin für den Entwickler besser lesbar als die maschinell erzeugten IDs.

Ferner ist die Tatsache, dass die ID des Namensbehälters automatisch vor die ID der UI-Komponente gesetzt wird, in einfachen Facelets überflüssig. Dies kann aber auch abgeschaltet werden, indem das Attribut `prependId="false"` gesetzt wird. Das Attribut `prependId` ist bei allen UI-Komponenten enthalten, die vom JSF-Framework als Namensbehälter betrachtet werden.

```
<h:form
    id="registerForm"
    prependId="false">
```

Listing 9.45 »register.xhtml«

Um im Facelet die Meldung anzuzeigen, die an eine UI-Komponente angebunden worden ist, wird das Element `<h:message for="">` eingesetzt. Der Wert des Attributs `for=""` muss die ID der UI-Komponente enthalten, für die die Meldungen angezeigt werden sollen. Wenn bei `message` das Attribut `for` vergessen worden ist, wird überhaupt keine Meldung angezeigt.

Im folgenden Listing wird die Meldung für das Registrierformular angezeigt:

```
...
<h:form
    id="registerForm"
    prependId="false">
    <h:message for="registerForm"/>
...
```

Listing 9.46 Das »message«-Element benötigt ein »for«-Attribut.

Wenn mehrere Benachrichtigungen an die gleiche UI-Komponente gebunden wurden, wird hiervon lediglich die erste berücksichtigt. Die anderen Meldungen gehen dann unter. Sollen bei einer UI-Komponente mehrere Meldungen angezeigt werden, so kann das Element `<h:messages for="">` weiterhelfen.

In dem folgenden Listing setzen wir die ID des HTML-Formulars auf `"registerForm"`. Die Eingabefelder erhalten die IDs `email` und `password`, und der Command-Button wird über die ID `register` referenziert werden können.

Beachten Sie auch, dass die Tabelle auf drei Spalten ausgeweitet wurde.

```
<?xml version="1.0" encoding="UTF-8" ?>
<!DOCTYPE html PUBLIC "-//W3C//DTD XHTML 1.0 Transitional//EN"
 "http://www.w3.org/TR/xhtml1/DTD/xhtml1-transitional.dtd">
<html
 xmlns="http://www.w3.org/1999/xhtml"
 xmlns:h="http://xmlns.jcp.org/jsf/html"
 xmlns:f="http://xmlns.jcp.org/jsf/core"
 >
<h:head>
    <title>
        <h:outputText value="Onlineshop"/>
    </title>
</h:head>
<h:body>
    <h:form
        id="registerForm"
        prependId="false">
        <h:message for="registerForm"/>
        <h:panelGrid columns="3">
            <f:facet name="header">
                <h:outputText value="Registrieren"/>
            </f:facet>
            <h:outputLabel
                value="E-Mail:"/>
            <h:inputText
                id="email"
                value="#{registerController.customer.email}">
            </h:inputText>
            <h:message for="email"/>
            <h:outputLabel
                value="Kennwort:"/>
            <h:inputSecret
                id="password"
                value="#{registerController.customer.password}">
            </h:inputSecret>
            <h:message for="password"/>
            <h:commandButton
                id="register"
                action="#{registerController.persist}"
                value="Registrieren" />
            <h:message for="register"/>
        </h:panelGrid>
```

```
    </h:form>
</h:body>
</html>
```

Listing 9.47 »register.xhtml«

Eine nachträgliche Anmerkung zum Attribut prependId sollte an dieser Stelle noch angefügt werden. Bei dem obigen Beispiel haben wir das Registrierformular mit dem Attribut prependId="false" versehen. Durch dieses Attribut würden wir die Meldung für das Kind-Element email von "registerForm" wie folgt anhängen:

```
FacesContext
    .getCurrentInstance()
    .addMessage("email", m);
```

Listing 9.48 »RegisterController.java«

Wenn wir dieses Attribut hingegen nicht setzen, wird die UI-Komponente "email" wie folgt referenziert:

```
FacesContext
    .getCurrentInstance()
    .addMessage("registerForm:email", m);
```

Listing 9.49 »RegisterController.java«

9.4.2 Globale Meldungen

Eine Meldung muss nicht zwingend an eine konkrete UI-Komponente angehängt werden, sondern kann auch als globale Meldung in den FacesContext gesetzt werden. In dem folgenden Listing sehen Sie, wie die Meldung der Registrierung nun global gesetzt wird, indem anstelle einer konkreten ID ein null gesetzt wird:

```
FacesMessage m =
    new FacesMessage(
        "Succesfully registered!");
FacesContext
    .getCurrentInstance()
    .addMessage(null, m);
```

Listing 9.50 »RegisterController.java«

Um globale Meldungen anzuzeigen, wird die UI-Komponente messages eingesetzt. Das Attribut for muss in diesem Fall weggelassen werden. Das Element messages dient in diesem Fall als Auffangbehälter für sämtliche Meldungen. Dabei werden also nicht nur die Meldungen angezeigt, die global sind, sondern auch die, die an UI-Komponenten gebunden sind.

```
<h:messages/>
```

Listing 9.51 »register.xhtml«

Um nur die globalen Nachrichten aufzufangen, muss man das spezielle Attribut `globalOnly="true"` nutzen. Das globale `messages`-Element sollte an einer zentralen Stelle platziert werden. Der Standort sollte also so gewählt sein, dass er von jeder User-Story aus zu sehen ist.

```
<h:messages globalOnly="true"/>
```

Listing 9.52 »register.xhtml«

In der Entwicklungsphase kann ein `messages`-Element ohne `for=""` und auch ohne `globalOnly="true"` nützlich sein, denn hierdurch gehen während der Entwicklungsarbeit keine Meldungen verloren.

In der Produktion wird man hingegen ganz anders vorgehen. Hier ist es grundsätzlich so, dass man zwischen einer gebundenen und einer globalen Meldung streng unterscheiden wird.

Im folgenden Listing werden wir genauso vorgehen und ein zusätzliches `messages`-Element setzen, das nur globale Meldungen anzeigt:

```
<?xml version="1.0" encoding="UTF-8" ?>
<!DOCTYPE html PUBLIC "-//W3C//DTD XHTML 1.0 Transitional//EN"
          "http://www.w3.org/TR/xhtml1/DTD/xhtml1-transitional.dtd">
<html xmlns="http://www.w3.org/1999/xhtml"
    xmlns:h="http://xmlns.jcp.org/jsf/html"
xmlns:f="http://xmlns.jcp.org/jsf/core">
<h:head>
    <title>
        <h:outputText value="Onlineshop"/>
    </title>
</h:head>
<h:body>
    <h:messages globalOnly="true"/>
    <h:form>
        <h:panelGrid columns="2">
            <f:facet name="header">
            <h:outputText value="Registrieren"/>
            </f:facet>
```

```
            <h:outputLabel value="E-Mail:" />
            <h:inputText
                value=
                "#{registerController.customer.email}">
            </h:inputText>
            <h:outputLabel value="Kennwort:" />
            <h:inputSecret
                 value=
                "#{registerController.customer.password}"
            >
            </h:inputSecret>
            <h:commandButton
            action="#{registerController.persist}"
            value="Registrieren"/>
        </h:panelGrid>
    </h:form>
</h:body>
</html>
```

Listing 9.53 »register.xhtml«

9.4.3 Weitere Informationen anhängen

Die Klasse FacesMessage bietet noch weitere Feinheiten, auf die wir jetzt noch zusätzlich eingehen werden.

Beispielsweise unterscheidet sie zwischen der Zusammenfassung (*Summary*) und den Details der Meldung.

Im letzten Beispiel haben wir die Zusammenfassung gesetzt. Wenn die Details der Meldung hinzugefügt werden sollen, muss der Konstruktor mit einem zweiten Parameter aufgerufen werden.

```
public String persist() {
    try {
        ut.begin();
        emf.createEntityManager().persist(customer);
        ut.commit();
        FacesMessage m =
            new FacesMessage(
                "Succesfully registered!");
        FacesContext
            .getCurrentInstance()
            .addMessage("registerForm", m);
```

```
    } catch (Exception e) {
        e.printStackTrace();
        FacesMessage m =
            new FacesMessage(
                e.getMessage(),
                e.getCause().getMessage());
        FacesContext
            .getCurrentInstance()
            .addMessage(
                "registerForm",
                m);
    }
    return "/register.xhtml";
}
...
```

Listing 9.54 »RegisterController.java«

In den Elementen message und messages kann darüber entschieden werden, ob die Zusammenfassung bzw. die Details angezeigt werden sollen oder nicht. Hierfür haben die Komponenten zwei Attribute vorgesehen, und zwar showSummary und showDetails. Per Default ist showSummary auf false und showDetails auf true gesetzt. Damit sowohl die Summary als auch Details angezeigt werden, müssen wir deshalb das Attribut showSummary auch auf true setzen.

```
<h:message for="registerForm"
    showSummary="true"/>
```

Listing 9.55 »register.xhtml«

Mit Recht werden Sie den Kopf schütteln und sich fragen, warum wir dann in den letzten Beispielen eine Anzeige erhalten haben. Nun ja, der Erfinder von JSF ist wohl ein umständlich denkender Mensch, denn die Details zeigen die Summary an, wenn sie den Wert null haben. Dieser unglückliche Umstand bringt so manchen JSF-Anfänger zur Verzweiflung. Aber wenn Sie die Logik des Urhebers einmal in Ruhe durchdacht haben, werden Sie sie verstehen.

Prüffrage: Wie kann man es nun erreichen, dass nur die Summary angezeigt wird, obwohl die Details in der Backing Bean gesetzt sind? Richtig: Sie müssen für diesen Zweck das Attribut showSummary auf true und das Attribut showDetails auf false setzen.

```
<h:message for="registerForm"
    showSummary="true"
    showDetails="false"/>
```

Listing 9.56 »register.xhtml«

Die Wichtigkeit der Meldung

Die Klasse FacesMessage bietet auch noch einen weiteren Konstruktor mit drei Parametern an. Über diesen Konstruktor kann auch das Level der Meldung eingetragen werden (es muss als erster Parameter gesetzt werden):

```
public String persist() {
    try {
        ut.begin();
        emf.createEntityManager().persist(customer);
        ut.commit();
        FacesMessage m =
            new FacesMessage(
                "Succesfully registered!");
        FacesContext
            .getCurrentInstance()
            .addMessage("registerForm", m);
    } catch (Exception e) {
        e.printStackTrace();
        FacesMessage m =
            new FacesMessage(
            FacesMessage.SEVERITY_WARN,
            e.getMessage(),
            e.getCause().getMessage());
        FacesContext
            .getCurrentInstance()
            .addMessage(
                "registerForm",
                m);
    }
    return "/register.xhtml";
}
...
```

Listing 9.57 »RegisterController.java«

Per Default wird jede Wichtigkeit auf SEVERITY_INFO gesetzt. Über die obige Anweisung wurde die Meldung auf SEVERITY_WARN hochgestuft.

Grundsätzlich stehen für das Level folgende Abstufungen zur Verfügung:

- FacesMessage.SEVERITY_FATAL
- FacesMessage.SEVERITY_ERROR
- FacesMessage.SEVERITY_WARN
- FacesMessage.SEVERITY_INFO (der Default)

Für die Anzeige der unterschiedlichen Schwierigkeiten hat man sich sowohl bei dem Element `message` als auch bei dem Element `messages` etwas Besonderes einfallen lassen. Denn die weiter oben beschriebene unterschiedliche Level-Abstufung kann durch unterschiedliche Farben und Formen hervorgehoben werden. Die unterschiedlichen CSS-Angaben können hierbei entweder unmittelbar in das Element oder auch als CSS-Klasse ausgelagert werden.

Das folgende Listing zeigt, wie die globalen Meldungen je nach Schweregrad in grüner, roter, orangener oder violetter Farbe angezeigt werden können. Dabei werden die unterschiedlichen CSS-Angaben in eine CSS-Datei ausgelagert. Auf diese Styles wird beim `messages`-Element mithilfe der Attribute `infoClass`, `warnClass`, `errorClass` und `fatalClass` verwiesen.


```
<h:message for="registerForm"
    showSummary="true"
    infoClass="info"
    warnClass="warn"
    errorClass="error"
    fatalClass="fatal"/>
```

Listing 9.58 »register.xhtml«

Die Meldung, die wir in der Backing Bean bei einer Exception als Warnung ausgeben, sollte in roter Farbe angezeigt werden. Dies setzt natürlich voraus, dass die folgenden CSS-Deklarationen eingebunden sind:

```
.info {
  color: green;
}
.warn {
  color: red;
}
.error {
  color: orange;
}
.fatal {
  color: purple;
}
```

Listing 9.59 »styles.css«

Wenn die Styles unmittelbar im `messages`-Element eingetragen werden sollen, muss man die Attribute `infoStyle`, `warnStyle`, `errorStyle` und `fatalStyle` verwenden:

```
<h:message for="registerForm"
    showSummary="true
    infoStyle="color: green"
```

```
    warnStyle="color: red"
    errorStyle="color: orange"
    fatalStyle="color: purple"/>
```

Listing 9.60 »register.xhtml«

9.4.4 Project Stages

Als wir in den letzten Listings die message- und messages-Elemente hinzugefügt haben, haben wir einen sehr wichtigen Schritt unternommen. Denn es ist für den Entwickler sehr hilfreich, wenn er bereits im Webbrowser über die Vorgänge des Servers informiert wird. Es wurde ja auch bereits angemerkt, dass man in der Entwicklungsphase ein messages-Element einsetzen sollte, das nicht nur globale Meldungen anzeigt, sondern schlichtweg alles. Und auch beim Logging sollte möglichst detailliert ausgegeben werden, was sich im Hintergrund abspielt. Schließlich möchte der Entwickler alle Fehlermeldungen möglichst zeitnah erfahren. Andererseits haben viele dieser Benachrichtigungen in der Produktionsphase nichts zu suchen, denn sie verlangsamen das System und vermitteln dem Besucher eines Portals den Eindruck, dass die Anwendung noch nicht ausgereift ist.

Um für diese Unterscheidung grundsätzlich gewappnet zu sein, bietet JSF noch eine weitere Möglichkeit an, die sich *Project Stage* nennt. Grundsätzlich unterscheidet JSF folgende Project Stages:

- Development
- UnitTest
- SystemTest
- Production (der Default-Wert)

Die Einstellung des Project Stage kann sowohl in der *web.xml* wie auch beim Java EE Server über JNDI gesetzt werden.

Die Einstellung des Project Stage in der »web.xml«

Die seltenere Variante ist, den Project Stage in der *web.xml* einzustellen. Das folgende Listing zeigt den Eintrag, der in der *web.xml* den Project Stage auf Development setzt:

```
<context-param>
    <param-name>
        javax.faces.PROJECT_STAGE
    </param-name>
    <param-value>Development</param-value>
</context-param>
```

Listing 9.61 »web.xml«

Um den eingestellten Project Stage abzufragen und im Frontend an eine Komponente namens "stage" zu binden, kann in der Backing Bean Folgendes programmiert werden:

```
FacesContext cxt = FacesContext.getCurrentInstance();
Application app = cxt.getApplication();
    FacesContext.getCurrentInstance()
    .addMessage(
        "stage",
        new FacesMessage(
            app.getProjectStage().name()));
```

Listing 9.62 Die Abfrage des Project Stage

Die Einstellung des Project Stage über JNDI

Die Einstellung des Project Stage in der *web.xml* ist ziemlich riskant, denn wenn die Anwendung an den Java-EE-Deployer übergeben wird, muss er theoretisch in jeder *web.xml* nachschauen, ob der Context-Parameter richtig gesetzt worden ist. Und dies kann sehr zeitaufwendig sein.

Viel sicherer ist es hingegen, wenn die Einstellung des Project Stage im Java EE Server über JNDI gesetzt wird.

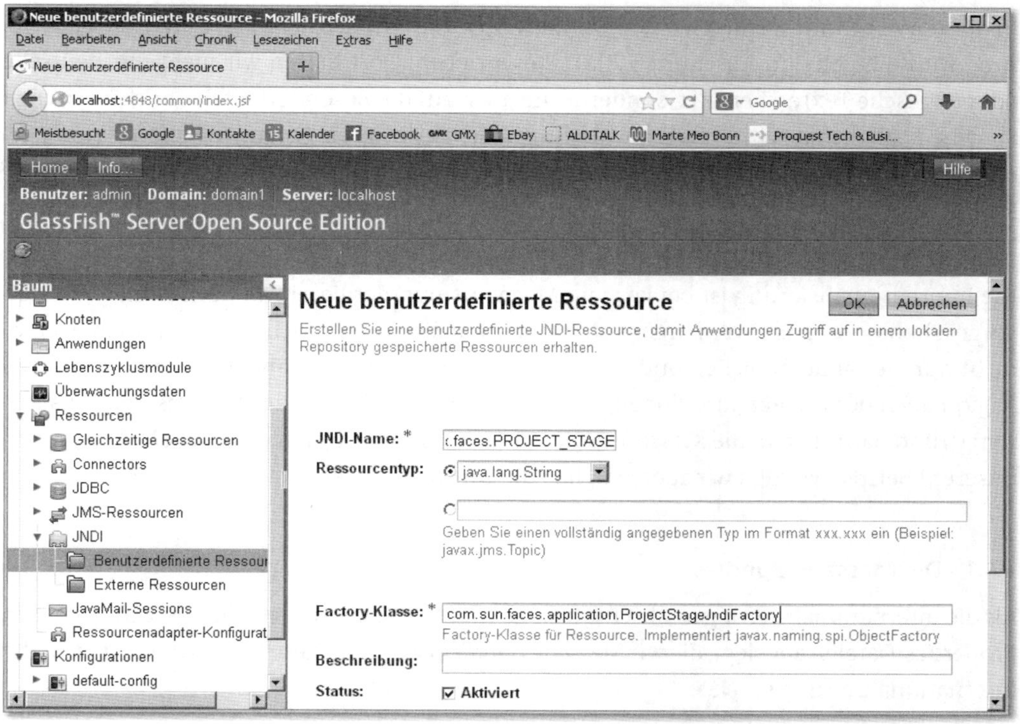

Abbildung 9.27 Die Einstellung des »Project Stage« in GlassFish

Hierfür klicken Sie in der Web-Konsole von GlassFish auf RESSOURCEN • JNDI • BENUTZERDEFINIERTE RESSOURCEN (siehe Abbildung 9.27). Dann klicken Sie auf der linken Seite auf den Button NEU. Tragen Sie in das Feld JNDI-NAME den Wert `javax.faces.PROJECT_STAGE` ein. Als RESSOURCENTYP wählen Sie `java.lang.String` aus. Die Factory-Klasse sollte den Bezeichner `com.sun.faces.application.ProjectStageJndiFactory` enthalten.

Danach scrollen Sie ganz nach unten und klicken auf EIGENSCHAFT HINZUFÜGEN. Geben Sie als Name »stage« und als Wert »Development« ein.

In der Backing Bean kann anschließend auf die unterschiedlichen `PROJECT_STAGE`s reagiert werden.

Im folgenden Quelltext holen wir den aktuellen `PROJECT_STAGE` über die Annotation `@Resource`:

```
@Resource(lookup="javax.faces.PROJECT_STAGE")
private String stage;
```

Listing 9.63 Die Injizierung des »PROJECT_STAGE«

9.5 Internationalisierung

In diesem Abschnitt werden wir den Onlineshop internationalisieren. Die Internationalisierung wurde bereits im Abschnitt 5.7 JSTL beschrieben. Dort hatten wir nicht nur deutsche oder englische Texte übersetzt, sondern sind auch auf die Besonderheiten der chinesischen Sprache bezüglich des Internationalisierungsmechanismus eingegangen. Zuletzt wurde gezeigt, wie der Anwender mit einem Mausklick auf eine deutsche oder eine amerikanische Flagge automatisch zwischen Texten in den verschiedenen Sprachen hin- und herwechseln kann.

Die Internationalisierung ist bei Java ein Mechanismus, der bereits in der Standard-Edition vorgesehen worden ist. Wenn man von Internationalisierung spricht, so meint man bei Java nicht nur die Landessprache, sondern vieles mehr. Beispielsweise ändert sich von Region zu Region auch der Dialekt, die Uhrzeit, die Darstellung der Zahlen, des Datums usw. Aus diesem Grund nannte man die Klasse, die die verschiedenen Kriterien unterscheidet, `Locale`. In unserem Beispiel werden wir aber lediglich die Umstellung der Sprache betrachten.

9.5.1 Die Message Bundles

Als die Internationalisierung in Abschnitt 5.7 gezeigt wurde, hatten wir alle Texte in speziellen Properties-Dateien abgelegt, die wir *Message Bundles* nannten. Diese Handhabung gleicht der Internationalisierung von JSF.

Auch bei JSF müssen die Message-Bundle-Dateien in das Verzeichnis */src* der Webanwendung *onlineshop-war* kopiert werden, um die Texte in mehreren Sprachen zur Verfügung zu stellen. Für den Onlineshop werden wir hierfür drei Dateien erstellen: eine deutsche, eine englische und eine Default-Datei. Die Dateien enthalten die Schlüssel, die wir in englischer Sprache ablegen. Hinter das Gleichheitszeichen setzen wir in der deutschen Datei die deutsche Übersetzung und in der englischen Datei die englische Übersetzung. Bei der Default-Datei handelt es sich um eine Kopie der englischen Datei, sodass alle ausländischen Besucher aus fernen Ländern, deren Sprache nicht vorgesehen worden ist, mit der englischen Sprache konfrontiert werden.

Dies ist der Inhalt der Datei mit den deutschen Übersetzungen:


```
title=Onlineshop
home=Home
register=Registrieren
signin=Einloggen
signout=Ausloggen
sell=Verkaufen
search=Suchen
buy=Kaufen
reset=Zurücksetzen
welcome=Willkommen im Onlineshop
copyright=Copyright
signedin=Eingeloggt
email=E-Mail
password=Kennwort
item=Artikel
id=Id
item.title=Titel
item.description=Beschreibung
item.price=Preis
item.foto=Foto
item.sold=Verkauft
cancel=Abbrechen
step=Schritt
```

Listing 9.64 »messages_de.properties«

Dies ist der Inhalt der englischen Übersetzung:

```
title=Onlineshop
home=Home
register=Register
```

```
signin=Sign in
signout=Sign out
sell=Sell
search=Search
buy=Buy
reset=Reset
welcome=Welcome to the Onlineshop
copyright=Copyright
signedin=Signed in
email=E-Mail
password=Password
item=Item
id=Id
item.title=Title
item.description=Description
item.price=Price
item.foto=Photo
item.sold=Sold
cancel=Cancel
step=Step
```

Listing 9.65 »messages_en.properties« und »messages.properties«

9.5.2 Die Anzeige der übersetzten Texte

Um die Message Bundles für den Mechanismus von JSF zu laden, setzen wir die UI-Komponente `loadBundle` ein:

```
...
<f:loadBundle var="msg" basename="messages"/>
...
```

Listing 9.66 »template.xhtml«

Über das Attribut `basename="messages"` geben wir den ersten Teil des Bezeichners der Property-Dateien an. Die übersetzten Texte der Message Bundles werden über das Attribut `var="msg"` an eine Variable gebunden, die wir im Inneren der XHTML-Datei über einen EL-Ausdruck auslesen können.

Auf die Schlüssel der Message Bundles kann ganz einfach über den Punktoperator zugegriffen werden. Beispielweise holt der folgende Ausdruck die Zeichenkette »Onlineshop« aus der Message-Bundle-Datei.

```
<h:outputText value="#{msg.title}"/>
```

Listing 9.67 »header.xhtml«

Allerdings ist es nicht möglich, auf diese Weise die mit einem Punkt verbundenen Schlüssel zu holen. Beispielsweise kann das folgende Element *nicht* ausgewertet werden:

```
<h:outputText value="#{msg.item.title}"/>
```

Listing 9.68 »header.xhtml«

Deshalb werden wir im Onlineshop-Beispiel stets folgende Variante nutzen:


```
<h:outputText value="#{msg['item.title']}"/>
```

Listing 9.69 »header.xhtml«

Diese Syntax ist auch deshalb vorteilhaft, weil wir auf diese Weise eine optische Unterscheidung von der Syntax mit dem Punktoperator erreichen. Im folgenden Listing sehen Sie, wie in der Datei *register.xhtml* die internationalisierten Texte ausgelesen werden:

```
<?xml version="1.0" encoding="UTF-8" ?>
<!DOCTYPE html PUBLIC "-//W3C//DTD XHTML 1.0 Transitional//EN"
 "http://www.w3.org/TR/xhtml1/DTD/xhtml1-transitional.dtd">
<html
 xmlns="http://www.w3.org/1999/xhtml"
 xmlns:h="http://xmlns.jcp.org/jsf/html"
 xmlns:f="http://xmlns.jcp.org/jsf/core"
 >
<f:loadBundle var="msg" basename="messages"/>
<h:head>
    <title>
        <h:outputText value="#{msg['title']}"/>
    </title>
    <meta
        http-equiv="Content-Type"
        content="text/html; charset=UTF-8" />
</h:head>
<h:body>
    <h:form
        id="registerForm"
        prependId="false">
        <h:message for="registerForm"
            showSummary="true"/>
```

```
        <h:panelGrid columns="3">
            <f:facet name="header">
                <h:outputText
                    value="#{msg['register']}"/>
            </f:facet>
            <h:outputLabel
                value="#{msg['email']}:"/>
            <h:inputText
                id="email"
                value="#{registerController.customer.email}">
            </h:inputText>
            <h:message for="email"/>
            <h:outputLabel
                value="#{msg['password']}:"/>
            <h:inputSecret
                id="password"
                value="#{registerController.customer.password}">
            </h:inputSecret>
            <h:message for="password"/>
            <h:commandButton
                id="register"
                action="#{registerController.persist()}"
                value="#{msg['register']}" />
            <h:message for="register"/>
        </h:panelGrid>
    </h:form>
</h:body>
</html>
```

Listing 9.70 »register.xhtml«

9.5.3 Internationalisierte Messages in der Backing Bean

In den bisherigen Beispielen haben wir die übersetzten Texte in einem Facelet angezeigt, indem wir das Message Bundle dort vorab geladen hatten. Neben dieser Variante ist es auch möglich, das Message Bundle innerhalb einer Backing Bean zu beschaffen.

Das folgende Listing holt zunächst das `Locale`-Objekt, das in der ViewRoot gültig ist. Dann beschafft es das zugeordnete `ResourceBundle`. Zuletzt wird die Benachrichtigung in der Landessprache des `Locale`-Objekts als globale Meldung gesetzt:

```
Locale locale =
    FacesContext.
        getCurrentInstance().
        getViewRoot().
        getLocale();
String msg =
    ResourceBundle.
    getBundle("messages", locale).
    getString("welcome");
FacesContext.
    getCurrentInstance().
        addMessage(
            null,
            new FacesMessage(msg));
```

Listing 9.71 »RegisterController.java«

9.6 Die Validierung

Wenn ein Benutzer im Frontend Zeichenketten eingibt, kann eine ganze Menge schiefgehen. Die Verantwortung für solche Fehler trägt aber meistens der Entwickler, der für die gängigsten Tippfehler eine angemessene Behandlung anbieten muss.

Nach dem SUBMIT werden die Zeichenketten über das HTTP-Protokoll an den Server übermittelt, wo das JSF-Framework sie bereitwillig in die speziellen Java-Typen umwandelt.

Das JSF-Framework bietet eine eigene Validierung, über die die Überprüfung automatisiert stattfindet. Bei vielen Datentypen muss der Entwickler hierzu kaum Hand anlegen. Allerdings gibt es auch zahlreiche Fälle, in denen spezifiziert werden muss, welche Eingaben nicht akzeptiert werden können.

9.6.1 Das Attribut »required«

Eine der gängigsten Überprüfungen ist die Abfrage, ob ein Benutzer überhaupt etwas in ein Eingabefeld eingegeben hat. Zu diesem Zweck kann das Attribut `required="true"` verwendet werden. Wenn wir dieses Attribut einem Eingabefeld beifügen, sollten wir der UI-Komponente des Eingabetextfelds auch noch ein `id`-Attribut hinzufügen.

Zur Ausgabe der Fehlermeldung fügen wir an einer geeigneten Stelle ein `message`-Element hinzu. Bei dem `message`-Element muss dann über das Attribut `for=""` die ID der UI-Komponente spezifiziert werden. Denn hierdurch erfährt das JSF-Framework, für welche UI-Komponente die Fehlermeldung erscheinen soll. Im folgenden Beispiel setzen wir das `message`-Element für die Fehlermeldung hinter die Input-Text-UI-Komponente.

Bei dem Input-Text ist das zusätzliche Setzen des Attributs `label="#{msg['email']}"` von Vorteil, weil es bei der Fehlerbenachrichtigung als zusätzliche Information verwendet wird.

```
<h:inputText
    id="email"
    label=" #{msg['email']}"
    value="#{registerController.customer.email}"
    required="true"/>
<h:message for="email"/>
```

Listing 9.72 »register.xhtml«

9.6.2 Standard-Validation-Tags

Um den eingegebenen Inhalt eines Eingabefeldes zu validieren, können bei einem Eingabefeld verschiedene Standard-Validierungs-Tags gesetzt werden.

validateRequired

Das Standard-Validierungs-Tag `validateRequired` hat die gleiche Aufgabe wie das Attribut `required`. Denn es überprüft lediglich, ob eine Eingabe getätigt wurde.

```
<h:inputText
    id="email"
    label=" #{msg['email']}"
    value="#{registerController.customer.email}">
    <f:validateRequired="true"/>
</h:inputText>
<h:message for="email"/>
```

Listing 9.73 »register.xhtml«

Im obigen Beispiel haben wir das Validierungs-Tag zwischen das öffnende und das schließende `inputText`-Tag gesetzt. Standard-Validierungs-Tags bieten ein Attribut, das sich `for="..."` nennt. Über dieses Attribut kann die ID der zu überprüfenden UI-Komponente festgelegt werden:

```
<h:inputText
    id="email"
    label=" #{msg['email']}"
    value="#{registerController.customer.email}">
<f:validateRequired for="email"/>
</h:inputText>
<h:message for="email"/>
```

Listing 9.74 »register.xhtml«

validateLength

`validateLength` überprüft, ob der Benutzer weniger als eine über `minimum` oder mehr als eine über `maximum` gesetzte Zeichenanzahl eingegeben hat.

```
<h:inputText
    id="email"
    label=" #{msg['email']}"
    value="#{registerController.customer.email}">
<f:validateRequired for="email"/>
<f:validateLength
    minimum="6"
    maximum="40"
    for="email"/>
</h:inputText>
<h:message for="email"/>
```

Listing 9.75 »register.xhtml«

Beachten Sie, dass die maximale Anzahl der Zeichen auch mithilfe der Attribute des HTML-Standards, `size` und `maxlength`, eingegrenzt werden kann. Mit dem Attribut `size` wird die Größe des Eingabefelds durch die festgesetzte Zeichenanzahl auf ein Maximum begrenzt. `maxlength` verhindert, dass der Benutzer mehr als die festgesetzte Zeichenanzahl eingeben kann. Hierdurch erübrigt sich eine Validierung für die maximale Länge über `validateLength`. Für die minimale Anzahl der eingegebenen Zeichen muss aber nach wie vor `validateLength` gesetzt werden:

```
<h:inputText
    id="email"
    label=" #{msg['email']}"
    value="#{registerController.customer.email}"
    size="40"
    maxlength="40">
<f:validateRequired for="email"/>
<f:validateLength
    minimum="6"
    for="email"/>
</h:inputText>
<h:message for="email"/>
```

Listing 9.76 »register.xhtml«

validateDoubleRange

`validateDoubleRange` überprüft, ob der eingegebene Wert zwischen einem Minimum und einem Maximum liegt. Im folgenden Listing wird überprüft, ob der Kunde im Onlineshop mindestens einen Cent für seinen Artikel haben möchte. Außerdem wird überprüft, ob der Geldbetrag höchstens 999999999999.99 EUR beträgt, denn für einen höheren Wert haben wir das Spaltenfeld nicht ausgelegt.

```
<h:inputText
    id="price"
    value="#{sellController.item.price}"
    label="#{msg['item.price']}">
    <f:validateDoubleRange
        minimum="0.01"
        maximum="999999999999.99"/>
</h:inputText>
<h:messages for="price"/>
```

Listing 9.77 »sell.xhtml«

validateLongRange

validateLongRange überprüft ebenfalls, ob der eingegebene Wert in einer Spanne zwischen minimum und maximum liegt. Vorab wird aber auch überprüft, ob es sich bei der Eingabe um eine Ganzzahl handelt.

```
<h:inputText
    id="price"
    value="#{sellController.item.price}"
    label="#{msg['item.price']}"/>
<f:validateLongRange
    minimum="0"
    maximum="999999999999"/>
<h:messages for="price"/>
```

Listing 9.78 »sell.xhtml«

validateRegex

validateRegex überprüft, ob die eingegebene Zeichenkette zu einem bestimmten Muster eines regulären Ausdrucks (*Regular Expression*) passt. Das Muster der Regular Expression wird über das Attribut pattern angezeigt. Beispielsweise ist im folgenden Listing keine Eingabe zulässig, die nicht dem typischen Muster einer E-Mail gleicht:

```
<h:inputText
    id="email"
    value="#{signinController.email}">
    <f:validateRegex
        pattern=
```

```
        "^[a-zA-Z0-9_.+-]+@[a-zA-Z0-9-]+\.[a-zA-Z0-9-.]+$"
        for="email"/>
</h:inputText>
<h:message for="email"/>
```

Listing 9.79 »register.xhtml«

9.6.3 Benutzerdefinierte Validierungen

JSF erlaubt auch, eine Validierung ganz individuell zu programmieren. Für diesen Zweck werden zwei Alternativen angeboten. Bei der ersten Variante wird eine Java-Klasse programmiert, die von dem Interface `javax.faces.validator.Validator` abgeleitet ist. Bei der zweiten Möglichkeit wird die Validierung in einer Methode der Backing Bean durchgeführt.

Die Validator-Klasse

Um eine Validator-Klasse zu erstellen, muss eine Klasse programmiert werden, die als `FacesValidator` konfiguriert ist und vom Interface `javax.faces.validator.Validator` abgeleitet ist. Das Interface enthält die abstrakte Methode `validate(FacesContext fc, UIComponent uic, Object obj)`, die in der implementierenden Klasse zu realisieren ist.

```
package de.java2enterprise.onlineshop;

import java.util.Locale;
import java.util.ResourceBundle;
import java.util.regex.Pattern;

import javax.faces.application.FacesMessage;
import javax.faces.component.UIComponent;
import javax.faces.component.html.HtmlInputText;
import javax.faces.context.FacesContext;
import javax.faces.validator.FacesValidator;
import javax.faces.validator.Validator;
import javax.faces.validator.ValidatorException;

public class EmailValidator implements Validator {

    @Override
    public void validate(
        FacesContext fc,
        UIComponent uic,
        Object obj)
```

```
            throws ValidatorException {
        String value = (String) obj;

        if(!Pattern.matches(
"^[a-zA-Z0-9_.+-]+@[a-zA-Z0-9-]+\\.[a-zA-Z0-9-.]+$",
            value)) {
            String label =
                ((HtmlInputText)uic).getLabel();
            Locale locale =
                FacesContext.
                    getCurrentInstance().
                    getViewRoot().
                    getLocale();
            String msg =
                ResourceBundle.
                    getBundle("messages", locale).
                    getString("email");
            FacesMessage fm =
                new FacesMessage(
                    label + ": " + msg + "!");
            throw new ValidatorException(fm);
        }
    }
}
```

Listing 9.80 »EmailValidator«

Der erste Parameter ist vom Typ `javax.faces.context.FacesContext`. Das bedeutet, dass die aktuelle Instanz des `FacesContext` nicht gesondert programmiert werden muss. Der zweite Parameter ist vom Typ `UIComponent`. Dieser Parameter stellt die UI-Komponente dar, für die die Validierung bestimmt ist. Weil `UIComponent` die Vaterklasse der JSF-HTML-Komponenten ist, kann der Parameter in die spezielle UI-Komponenten-Klasse gecastet werden. Der dritte Parameter enthält den zu überprüfenden Wert. Der Datentyp dieses Parameters ist vom Typ `Object`.

Die Konfiguration der `FacesValidator`-Klasse kann entweder in der Konfigurationsdatei *faces-config.xml* oder als Annotation erfolgen. Für die Konfiguration in der *faces-config.xml* können Sie den Faces Configuration Editor von Eclipse verwenden (siehe Abbildung 9.28). Dort klicken Sie auf den Reiter COMPONENT. Im COMPONENT-Reiter wechseln Sie auf der linken Seite zum VALIDATORS-Dialog. Über einen Mausklick auf ADD können Sie einen neuen Validator definieren. Danach müssen Sie die VALIDATOR ID und die VALIDATOR CLASS bestimmen. Auf die Validator-ID wird später in der View-Komponente referenziert.

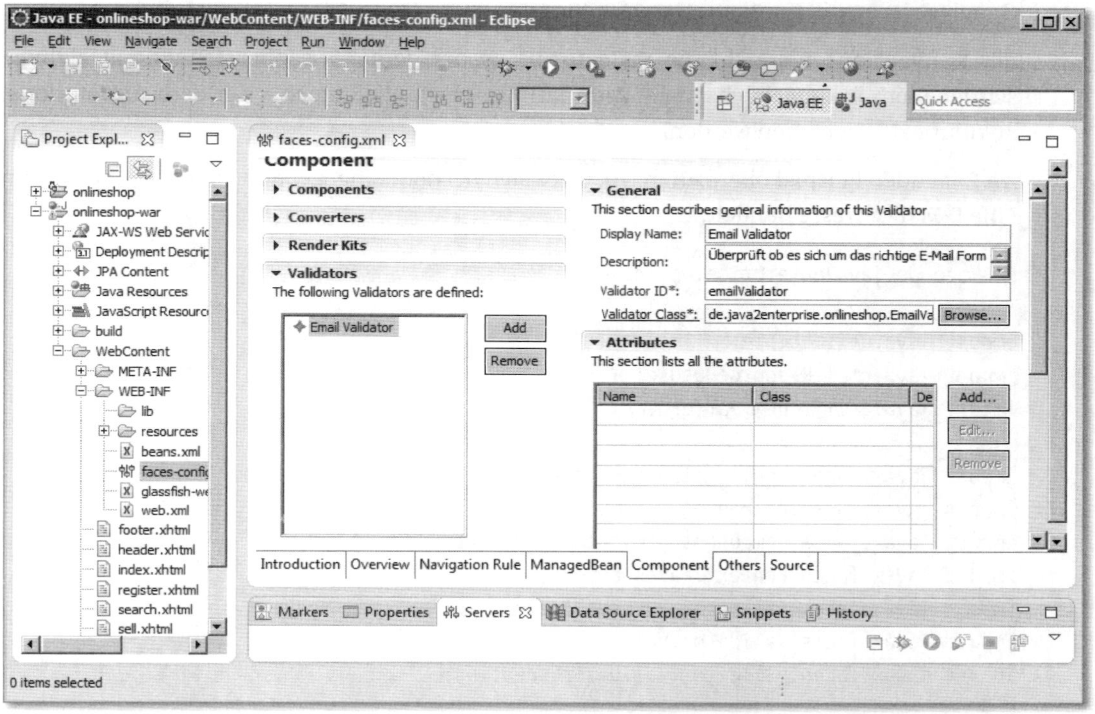

Abbildung 9.28 Die Konfiguration eines Validators in Eclipse

Eclipse wird die Konfiguration wie folgt erstellen:

```
...
<validator>
    <description>
    Überprüft, ob es sich um das richtige E-Mail-Format handelt
    </description>
    <display-name>
    Email Validator
    </display-name>
    <validator-id>
    emailValidator
    </validator-id>
    <validator-class>
    de.java2enterprise.onlineshop.EmailValidator
    </validator-class>
</validator>
</faces-config>
```

Listing 9.81 »faces-config.xml«

Gängiger ist es, die Konfiguration mit der Annotation @FacesValidator vorzunehmen.

Per Konvention entspricht die Validator-ID wieder dem Klassenbezeichner mit kleingeschriebenem Anfangsbuchstaben. Alternativ kann die Validator-ID mit dem Annotationsattribut value vergeben werden.

Im folgenden Beispiel überprüfen wir, ob es sich bei dem eingegebenen Benutzernamen um eine E-Mail-Adresse handelt.

```
package de.java2enterprise.onlineshop;

import java.util.Locale;
import java.util.ResourceBundle;
import java.util.regex.Pattern;

import javax.faces.application.FacesMessage;
import javax.faces.component.UIComponent;
import javax.faces.component.html.HtmlInputText;
import javax.faces.context.FacesContext;
import javax.faces.validator.FacesValidator;
import javax.faces.validator.Validator;
import javax.faces.validator.ValidatorException;

@FacesValidator(value="emailValidator")
public class EmailValidator implements Validator {

    @Override
    public void validate(
        FacesContext fc,
        UIComponent uic,
        Object obj)
            throws ValidatorException {
        String value = (String) obj;

        if(!Pattern.matches(
"^[a-zA-Z0-9_.+-]+@[a-zA-Z0-9-]+\\.[a-zA-Z0-9-.]+$",
            value)) {
            String label =
                ((HtmlInputText)uic).getLabel();
            Locale locale =
                FacesContext.
                    getCurrentInstance().
                    getViewRoot().
                    getLocale();
```

```
                String msg =
                    ResourceBundle.
                        getBundle("messages", locale).
                        getString("email");
                FacesMessage fm =
                    new FacesMessage(
                        label + ": " + msg + "!");
                throw new ValidatorException(fm);
            }
        }
}
```

Listing 9.82 »EmailValidator«

Beachten Sie bei dem Beispiel, dass wir das `FacesMessage`-Objekt nicht mit der Methode `FacesMessage.addMessage()` an die UI-Komponente gebunden haben. Dies wäre zwar möglich. Aber gängiger ist es, stattdessen eine `ValidatorException` auszulösen, der das `FacesMessage`-Objekt als Parameter übergeben wird. Es gehört anschließend zu den Aufgaben des JSF-Frameworks, die Fehlermeldung an die UI-Komponente zu binden.

In der Datei *register.xhtml* setzen wir den neuen Validator an die Input-Text-UI-Komponente, indem wir zwischen dem öffnenden und dem schließenden Tag ein `validator`-Element hinzufügen. In unserem Beispiel muss das Attribut `validatorId` den Wert `"emailValidator"` bekommen:

```
<h:inputText
    id="email"
    value="#{signinController.email}"
    label="#{msg['email']}">
    <f:validator validatorId="emailValidator"/>
</h:inputText>
<h:message for="email"/>
```

Listing 9.83 »register.xml«

Die Validator-Methode

Eine benutzerdefinierte Validierung kann noch einfacher programmiert werden, wenn sie als Validator-Methode in einer Backing Bean realisiert wird. Die Methode wird mit den gleichen drei Aufrufparametern erstellt, wie es im letzten Beispiel bei der Methode `validate()` der Validator-Klasse gezeigt wurde.

```
...
    public void isEmail(
        FacesContext fc,
```

```
        UIComponent uic,
        Object obj)
            throws ValidatorException {
        String value = (String) obj;

        if(!Pattern.matches(
    "^[a-zA-Z0-9_.+-]+@[a-zA-Z0-9-]+\\.[a-zA-Z0-9-.]+$",
            value)) {

            String label =
                ((HtmlInputText)uic).getLabel();
            Locale locale =
                fc.getViewRoot().getLocale();

            String msg =
                ResourceBundle.
                    getBundle("messages", locale).
                    getString("email");

            FacesMessage fm =
                new FacesMessage(
                    label + ": " + msg + "!");
            throw new ValidatorException(fm);
        }
    }
    ...
```

Listing 9.84 »RegisterController.java«

Im Facelet *register.xhtml* wird die Validator-Methode verwendet, indem sie als Wert eines EL-Ausdrucks in einem Attribut namens `validator` referenziert wird:

```
<h:inputText
    id="email"
    label="#{msg['email']}"
    value="#{registerController.customer.email}"
    maxlength="40"
    size="40"
    validator="#{registerController.isEmail}"/>
<h:message for="email"/>
```

Listing 9.85 »register.xhtml«

Die UI-Komponente inputText bietet ein Attribut an, das sich validatorMessage nennt. Die Meldung dieses Attributs überschreibt die Fehlermeldung des FacesMessage-Objekts:

```
...
<h:inputText
    id="email"
    label="#{msg['email']}"
    value="#{registerController.customer.email}"
    maxlength="40"
    size="40"
    validator="#{registerController.isEmail}"
    validatorMessage="#{msg['email']}!"/>
    <h:message for="email"/>
```

Listing 9.86 »register.xhtml«

Die Validator-Methode kann somit noch kürzer ausfallen:

```
public void isEmail(
    FacesContext fc,
    UIComponent uic,
    Object obj)
        throws ValidatorException {

    String value = (String) obj;
    if(!Pattern.matches(
"^[a-zA-Z0-9_.+-]+@[a-zA-Z0-9-]+\\.[a-zA-Z0-9-.]+$",
        value)) {
        throw new ValidatorException(
            new FacesMessage());
    }
}
...
```

Listing 9.87 »RegisterController.java«

9.6.4 Bean-Validation-Annotationen gemäß der JSR-303

In den bisherigen Validierungsbeispielen haben wir stets im Facelet gekennzeichnet, bei welcher UI-Komponente die Validierung durchgeführt werden soll. Einen ganz anderen Ansatz verfolgt die Nutzung des *Bean-Validation-Frameworks*, das mit dem JSR-303 ins Leben gerufen wurde. Denn dort wurde festgelegt, dass eine Validierung einer JavaBean-Property über spezielle Annotationen erfolgen kann. Die Validierung wird also ausgelöst, wenn eine entsprechende Annotation an die Property der JavaBeans gesetzt wird. Diese Möglichkeit ist besonders nützlich, weil hierdurch die Überprüfung bei den Geschäftsdaten (d.h. schichtenübergreifend) stattfindet.

Das folgende Listing zeigt, wie in der Klasse `Customer.java` überprüft werden könnte, ob die Felder für die E-Mail-Adresse und das Passwort befüllt wurden und ob die Werte innerhalb der erlaubten Bereiche liegen:

```
...

@NotNull
@Min(value=6)
@Max(value=40)
private String email;

@NotNull
@Min(value=6)
@Max(value=10)
private String password;

...
```

Listing 9.88 »Customer.java«

Es gibt folgende Bean-Validation-Annotationen:

- **`@AssertFalse`**
  Der Wert der Property muss `false` ergeben
- **`@AssertTrue`**
  Der Wert der Property muss `true` ergeben
- **`@DecimalMax(value="40.0")`**
  Der Wert der Property darf nicht größer als 40 sein.
- **`@DecimalMin(value="6.0")`**
  Der Wert der Property darf nicht kleiner als 6 sein.
- **`@Digits(integer="8", fraction="2")`**
  Der Wert der Property darf nicht mehr als 8 Vorkommastellen und nicht mehr als 2 Nachkommastellen haben.
- **`@Future`**
  Das Datum muss in der Zukunft liegen.
- **`@Max(value="40")`**
  Der Wert der Property darf nicht größer als 40 sein.

- `@Min(value="6")`
  Der Wert der Property darf nicht kleiner als 6 sein.
- `@NotNull`
  Der Wert der Property darf nicht null sein.
- `@Null`
  Der Wert der Property muss null sein
- `@Past`
  Das Datum muss in der Vergangenheit liegen.
- `@Pattern(regexp="a*")`
  Der Wert der Property muss mit dem Zeichen a beginnen
- `@Size(min="6", max="40")`
  Die Zeichenkette muss zwischen 6 und 40 Zeichen lang sein.

9.7 Die Konvertierung

Jedes Mal, wenn ein Benutzer seine Daten in ein HTML-Formular eingibt, handelt es sich zunächst nur um Zeichenketten, die später in der Java-EE-Anwendung noch in spezielle Java-Typen konvertiert werden müssen. Aber auch, wenn in der Gegenrichtung die Java-Werte auf der View-Komponente angezeigt werden sollen, muss eine ausgeklügelte Konvertierung stattfinden. Der größte Teil der Konvertierung läuft hierbei automatisch im Hintergrund ab, sodass sich der Entwickler hierüber kaum Gedanken machen muss. Andererseits wird man bei einem Datum oder einem Geldbetrag üblicherweise eine spezielle Formatierung wählen, da hierfür nicht nur das regionale Format, sondern auch die für den jeweiligen Kunden ansprechendere Darstellung gefordert ist. JSF bietet hierfür zwei Standard-UI-Komponenten an, die in den gängigsten Anwendungsfällen herangezogen werden. Diese nennen sich `convertDateTime` und `convertNumber`. Darüber hinaus ermöglicht das JSF-Framework, dass man eigene Konvertierklassen programmieren kann.

9.7.1 ConvertDateTime

In Kapitel 3, »Planung und Entwurf«, wurde bereits erwähnt, dass mit Java Zeitpunkte als Millisekunden festgehalten werden, die seit dem 01. Januar 1970 um 00:00:00.000 Uhr verstrichen sind. Im Inneren der Programmiersprache ist es nach wie vor das veraltete Relikt `java.util.Date`, das für Zeitpunkte seine Gültigkeit hat. Wenn das JSF-Framework eine Property dieses Typs in einer Output-Text-UI-Komponente anzeigt, wird der Zeitpunkt standardmäßig im amerikanischen Format nach Datum und Uhrzeit getrennt angezeigt. Wenn man der UI-Komponente hingegen die Komponente `convertDateTime` hinzufügt, wird die Uhrzeit weggelassen und das Datum im regionalen Format dargestellt.

```
<h:outputText
    id="sold"
    value="#{item.sold}">
    <f:convertDateTime for="sold"/>
</h:outputText>
```

Listing 9.89 »search.xhtml«

type

Um das Datum gemeinsam mit der Uhrzeit oder ausschließlich nur die Uhrzeit anzuzeigen, bietet die UI-Komponente `convertDateTime` das Attribut `type` an. Hierfür können dem Attribut `type` die Werte `time` oder `both` zugewiesen werden. (Der dritte optionale Wert `date` ist der Default-Wert.) Im folgenden Listing wird im Onlineshop sowohl das Datum als auch die Uhrzeit des Verkaufs angezeigt:

```
<h:outputText
    id="sold"
    value="#{item.sold}">
    <f:convertDateTime
        for="sold"
        type="both"/>
</h:outputText>
```

Listing 9.90 »search.xhtml«

»dateStyle« und »timeStyle«

Die Ausführlichkeit, in der das Datum und auch die Uhrzeit angezeigt werden, kann mithilfe der Attribute `dateStyle` und `timeStyle` festgelegt werden. Zur Auswahl stehen die Wert `short`, `medium`, `long` und `full`. Zusätzlich kann auch der Wert `default` gesetzt werden, der allerdings standardmäßig dem Wert `medium` entspricht. Der folgenden Tabelle können Sie die Anzeige der verschiedenen Styles entnehmen.

Wert	dateStyle	timeStyle
`short`	31.12.14	19:07
`medium / default`	31.12.2014	19:07:29
`long`	11. Dezember 2013	19:07:29 GMT
`full`	Mittwoch, 11. Dezember 2013	19:07 Uhr GMT

Tabelle 9.5 »dateStale« und »timeStyle«

locale

Die in der obigen Tabelle gezeigte Präsentationsform entspricht der deutschen Landeseinstellung. Um eine vom Default abweichende Region einzustellen, bietet die UI-Komponente `convertDateTime` das Attribut `locale` an:

```
<h:outputText
    id="sold"
    value="#{item.sold}">
    <f:convertDateTime
        for="sold"
        type="both"
        locale="en_US"/>
</h:outputText>
```

Listing 9.91 »search.xhtml«

Im Onlineshop brauchen wir das Attribut `locale` eigentlich nicht mehr zu setzen, da die UI-Komponente `convertDateTime` die `locale`-Einstellung der `UIViewRoot` übernimmt. Jedes Mal, wenn die Region über die Länderflagge abgeändert wird, ändert sich automatisch auch die Anzeige der UI-Komponente `convertDateTime`.

pattern

Wem die bisher gezeigten Möglichkeiten nicht ausreichen, der erhält darüber hinaus auch noch die Möglichkeit, individuell festzulegen, wie das Muster für das Datum und die Uhrzeit ausschauen soll. Die folgende Tabelle führt die Kürzel auf, die zur Definition des Musters verwendet werden können.

Kürzel	Beschreibung	Beispiel
E	Wochentag in Kurzschreibweise	Mi
EEEE	Wochentag als Wort	Mittwoch
d	Tag des Monats als Zahl	5
dd	Tag des Monats als Zahl, mit vorangestellter 0, falls erforderlich	05
D	Tag des Jahres als Zahl	365
M	Monat des Jahres als Zahl	4

Tabelle 9.6 Die Kürzel für »pattern«

Kürzel	Beschreibung	Beispiel
MM	Monat des Jahres als Zahl, mit vorangestellter 0, falls erforderlich	04
MMM	Monat des Jahres als Kurzwort	Apr
MMMM	Monat des Jahres als Wort	April
y	Das Jahr	2014
yy	Die letzten zwei Ziffern des Jahres	14
G	Epoche	n. Chr.
h	Stunde (12-Stunden-Format)	3
hh	Stunde (12-Stunden-Format), mit vorangestellter 0, falls erforderlich	03
H	Stunde (24-Stunden-Format)	5
HH	Stunde (24-Stunden-Format), mit vorangestellter 0, falls erforderlich	05
m	Minute	5
mm	Minute, mit vorangestellter 0, falls erforderlich	05
s	Sekunden	2
ss	Sekunden, mit vorangestellter 0, falls erforderlich	02
S	Millisekunden	123

Tabelle 9.6 Die Kürzel für »pattern« (Forts.)

Leerzeichen und Sonderzeichen wie beispielsweise Punkte oder Doppelpunkte sind zur Abgrenzung erlaubt. Andere Zeichenketten werden hingegen mit Hochkommata escapt. Beispielsweise ergibt das Muster

```
pattern="EEEE', den ' d.MMMM y"
```

diese Ausgabe:

```
Mittwoch, den 11.Dezember 2013
```

9.7.2 convertNumber

Die Anzeige von Zahlen lässt sich mit der UI-Komponente convertNumber formatieren.

type

Das Attribut type unterscheidet zwischen number (reinen Zahlen), currency (einer Währung) und percent (einem Prozentwert). number ist als Wert voreingestellt.

minFractionDigits, maxFractionDigits, minIntegerDigits, maxIntegerDigits

Vorkommastellen und Nachkommastellen lassen sich auf ein Minimum oder ein Maximum festsetzen. Beispielsweise wird mit folgendem Listing dafür gesorgt, dass stets mindestens eine Vorkommastelle und zwei Nachkommastellen angezeigt werden:

```
<h:outputText
    id="price"
    value="#{item.price}">
    <f:convertNumber
        minIntegerDigits="1"
        minFractionDigits="2"/>
</h:outputText>
```

Listing 9.92 »search.xhtml«

groupingUsed

Für hohe Beträge ist es vorteilhaft, dass die Vorkommastellen in Tausendern gruppiert werden. Wenn diese Formatierung nicht gewollt ist, kann der Schalter groupingUsed="false" gesetzt werden.

locale

Zahlen werden in den USA anders dargestellt als in Deutschland. Beispielsweise dient in den USA der Punkt zur Komma-Trennung und das Komma zur Trennung von Tausendern. Dass die Landeseinstellung über ein Attribut namens locale geändert werden kann, wurde bereits bei der UI-Komponente convertDateTime gezeigt. In gleicher Weise ist es auch hier wieder so, dass die Landeseinstellung der ViewRoot per Default übernommen wird und diese über das Attribut locale überschrieben werden kann.

»currencyCode« und »currencySymbol«

Wenn das Attribut type auf "currency" gesetzt wurde, rendert das JSF-Framework bei der deutschen Landeseinstellung die UI-Komponente so, dass automatisch ein €-Symbol hinter die Zahl geschrieben wird. Um das Währungssymbol abzuändern, stehen die beiden Attribute `currencySymbol` und `currencyCode` zur Verfügung. Über `currencySymbol="$"` könnten wir das Symbol auf das der Währung der Vereinigten Staaten setzen. Weil jedoch nicht nur die Vereinigten Staaten über eine Dollar-Währung verfügen, ist das Währungssymbol $ beispielsweise für den Bankensektor nicht eindeutig. Zu diesem Zweck wird die Währungseinheit gemäß der ISO 4217 mit drei Buchstaben spezifiziert. Beispielsweise nennt sich der für Europa gültige Währungscode EUR und der für die Vereinigten Staaten USD.

pattern

Genauso wie bei `convertDateTime` bietet auch die UI-Komponente `convertNumber` ein Attribut namens `pattern` an. Hiermit lassen sich ganz individuelle Zahlenmuster einstellen. Folgende Symbole stehen zur Verfügung:

Symbol	Steht für
0	Ziffern
#	Ziffern, mit vorangestellten Nullen
.	Trenner zwischen Vor- und Nachkommastellen
,	Tausender-Trenner

Tabelle 9.7 Die Symbole für »pattern«

9.8 Templating

Ein besonders nützliches Feature der Facelet-Technologie ist das sogenannte Templating. In diesem Abschnitt schauen wir uns zunächst an, wie das Templating grundsätzlich funktioniert. Anschließend werden wir ein umfangreiches Beispiel für den Onlineshop dieses Buches programmieren.

9.8.1 Templating-Grundlagen

Die Bestandteile, die man beim Templating einsetzt, sind:

- Facelet-Templates
- Facelet Composition Pages
- ganz normale Facelets (z. B. Facelet-Header, Facelet-Footer etc.)

Facelet-Template

Beim Templating werden als Erstes sogenannte Facelet-Templates erstellt. Sie können sich ein Facelet-Template wie ein kachelartiges Muster vorstellen, bei dem man die Struktur der

Webseiten entwirft und hierbei auch definiert, an welchen Stellen externe Dateien als Fragmente platziert sind.

Das Facelet-Template besteht im Grunde genommen aus XHTML-Quelltext. Die UI-Komponente, die den Standort der einzufügenden Datei festlegt, nennt sich `<ui:insert>`:

```
<ui:insert name="content">
</ui:insert>
```

Im folgenden Listing sehen Sie ein Facelet-Template, das wir willkürlich `template.xhtml` nennen und das drei Standorte spezifiziert. Die Standorte erhalten die Bezeichner `header`, `content` und `footer`. Diese drei Bezeichner werden beim Templating recht häufig verwendet. Normalerweise würde man das Facelet-Template von einem Web-Designer programmieren lassen, sodass es modern und stylish wird. Unser einfaches Beispiel soll aber simpel bleiben, weil wir uns ja auf die Nutzung des Templatings konzentrieren wollen. Wir werden lediglich das HTML-Element `<hr/>` einsetzen, damit die eingefügten Inhalte im Webbrowser mit einem horizontalen Strich voneinander getrennt untereinander erscheinen.

```
<!DOCTYPE html PUBLIC "-//W3C//DTD XHTML 1.0 Transitional//EN"
 "http://www.w3.org/TR/xhtml1/DTD/xhtml1-transitional.dtd">
<html xmlns="http://www.w3.org/1999/xhtml"
 xmlns:ui="http://xmlns.jcp.org/jsf/facelets"
 xmlns:h="http://xmlns.jcp.org/jsf/html">
<h:body>

    <ui:insert name="header">
    </ui:insert>

    <hr/>

    <ui:insert name="content">
    </ui:insert>

    <hr/>

    <ui:insert name="footer">
    </ui:insert>

</h:body>
</html>
```

Listing 9.93 »template.xhtml«

Die Facelet Composition Page

Nachdem das Facelet-Template fertiggestellt worden ist, kann es von einer *Facelet Composition Page* benutzt werden. In unserem Beispiel nennen wir die Facelet Composition Page *index.xhtml*. Die Facelet Composition Page unterscheidet sich von einem normalen Facelet. Beispielsweise kann sie als Root-Element die UI-Komponente `<ui:composition>` einsetzen. Die UI-Komponente `<ui:composition>` bietet das Attribut `template` an, über das wir anzeigen, welches Facelet-Template als Kachelmuster verwendet werden soll.

```
<ui:composition template="template.xhtml"
 xmlns="http://www.w3.org/1999/xhtml"
 xmlns:ui="http://xmlns.jcp.org/jsf/facelets"
 xmlns:h="http://xmlns.jcp.org/jsf/html">
 ...
</ui:composition>
```

Listing 9.94 »index.xhtml«

Innerhalb der Facelet Composition Page können wir über die UI-Komponente `<ui:define>` die indizierten Standorte des Facelet-Templates referenzieren:

```
<ui:composition template="template.xhtml"
 xmlns="http://www.w3.org/1999/xhtml"
 xmlns:ui="http://xmlns.jcp.org/jsf/facelets"
 xmlns:h="http://xmlns.jcp.org/jsf/html">

    <ui:define name="header">
        Header
    </ui:define>

    <ui:define name="content">
        Content
    </ui:define>

    <ui:define name="footer">
        Footer
    </ui:define>

</ui:composition>
```

Listing 9.95 »index.xhtml«

In dem obigen Beispiel macht unsere einfache Facelet Composition Page nichts anderes, als bei dem jeweiligen Standort die Zeichenketten »Header«, »Content« oder »Footer« auszugeben. Etwas spannender wird es in dem nachfolgenden Listing, da wir dort statt Zeichenketten externe XHTML-Seiten einfügen. Dies erreichen wir mithilfe der UI-Komponente <ui:include>.

```
<ui:composition template="template.xhtml"
 xmlns="http://www.w3.org/1999/xhtml"
 xmlns:ui="http://xmlns.jcp.org/jsf/facelets"
 xmlns:h="http://xmlns.jcp.org/jsf/html">

    <ui:define name="header">
        <ui:include src="/header.xhtml"/>
    </ui:define>

    <ui:define name="content">
        <ui:include src="/content.xhtml"/>
    </ui:define>

    <ui:define name="footer">
        <ui:include src="/footer.xhtml"/>
    </ui:define>

</ui:composition>
```

Listing 9.96 »index.xhtml«

Normale Facelets

Die XHTML-Dateien, die wir an den jeweiligen Stellen einfügen, können wir als ganz normales Facelet programmieren. Das folgende Listing zeigt das Facelet *header.xhtml*. Die Dateien *content.xhtml* und *footer.xhtml* werden nicht mehr abgedruckt, denn wie Sie am Beispiel der *header.xhtml* sehen können, handelt es sich ja um ganz normalen Facelet-Quelltext.

```
<!DOCTYPE html PUBLIC "-//W3C//DTD XHTML 1.0 Transitional//EN"
 "http://www.w3.org/TR/xhtml1/DTD/xhtml1-transitional.dtd">
<html xmlns="http://www.w3.org/1999/xhtml"
 xmlns:h="http://xmlns.jcp.org/jsf/html">
<h:body>
    Header
</h:body>
</html>
```

Listing 9.97 »header.xhtml«

9.8.2 Ein umfangreiches Beispiel mithilfe von Eclipse anfertigen

In dem folgenden Beispiel werden wir ein umfangreiches Templating für den Onlineshop aus diesem Buch erstellen. Dabei werden wir zunächst ein Facelet-Template erstellen, das wir wieder *template.xhtml* nennen werden. Das Facelet-Template wird drei Bereiche enthalten, die auch wieder header, content und footer heißen werden. Den Kopf und den Fuß der Dateien lagern wir in zwei gesonderten XHTML-Dateien aus, die die Namen *header.xhtml* und *footer.xhtml* tragen.

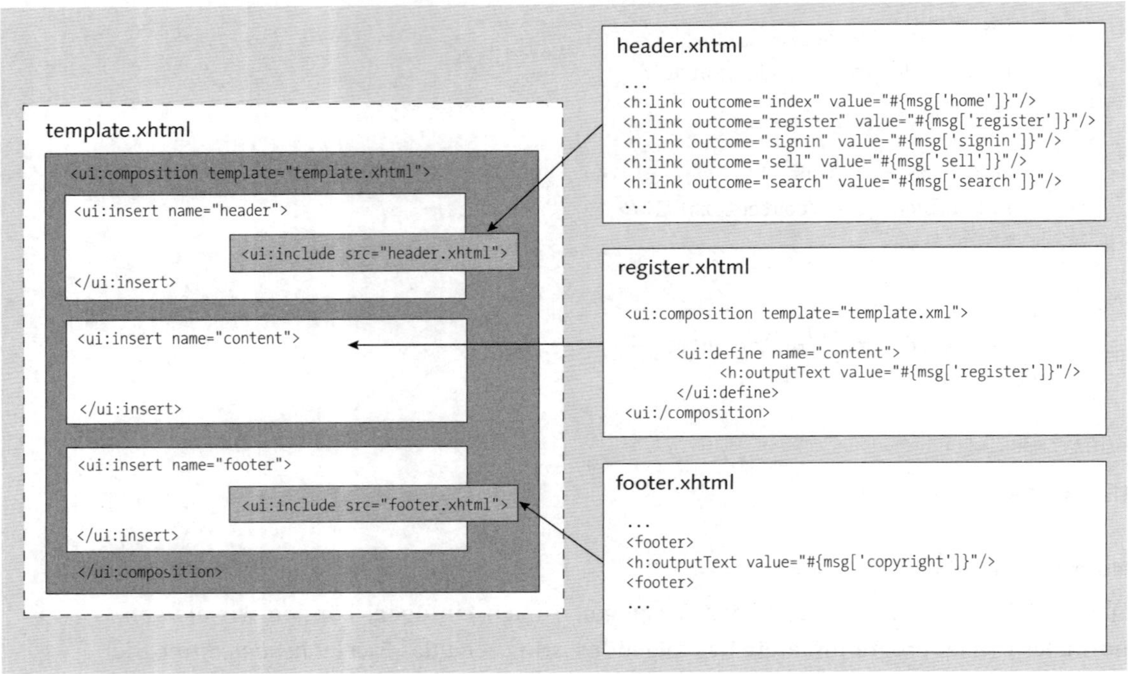

Abbildung 9.29 Die »template.xhtml« wird beispielsweise von der Composition Page »register.xhtml« als Facelet-Template genutzt

Im Bereich content werden wir die Inhalte der jeweiligen fachlichen Anforderung des Onlineshops einfügen. Der Onlineshop, der in Kapitel 3, »Planung und Entwurf«, entworfen wurde, ist recht einfach. Wenn Sie das Kapitel 3 übersprungen haben sollten, werfen Sie am besten einen kurzen Blick auf die User-Storys aus Abschnitt 3.3. Sie werden sehen, dass die geringen Anforderungen und die hierzu erstellten UI-Prototypen rasch überflogen werden können. Wir werden diese User-Storys nun mithilfe von JSF und der Templating-Technik verwirklichen.

Hierbei ist es lediglich der content-Bereich des Facelet-Templates, der sich für die jeweilige User-Story ändert. Alles andere bleibt gleich. Deshalb können wir in dem Beispiel das Facelet-Template für alle User-Storys gleichermaßen nutzen.

Wir werden die Dateien *index.xhtml, register.xhtml, signin.xhtml, sell.xhtml* und *search.xhtml* für die User-Storys 0 bis 4 als Facelet Composition Pages anlegen und mit der Templating-Technik verknüpfen (die User-Story 5 benötigt keine eigene Facelet Composition Page).

Darüber hinaus werden wir auch die Backing Beans für die User-Storys fertigstellen. Dabei wird auch gezeigt, wie die Bilder der Artikel hochgeladen und angezeigt werden.

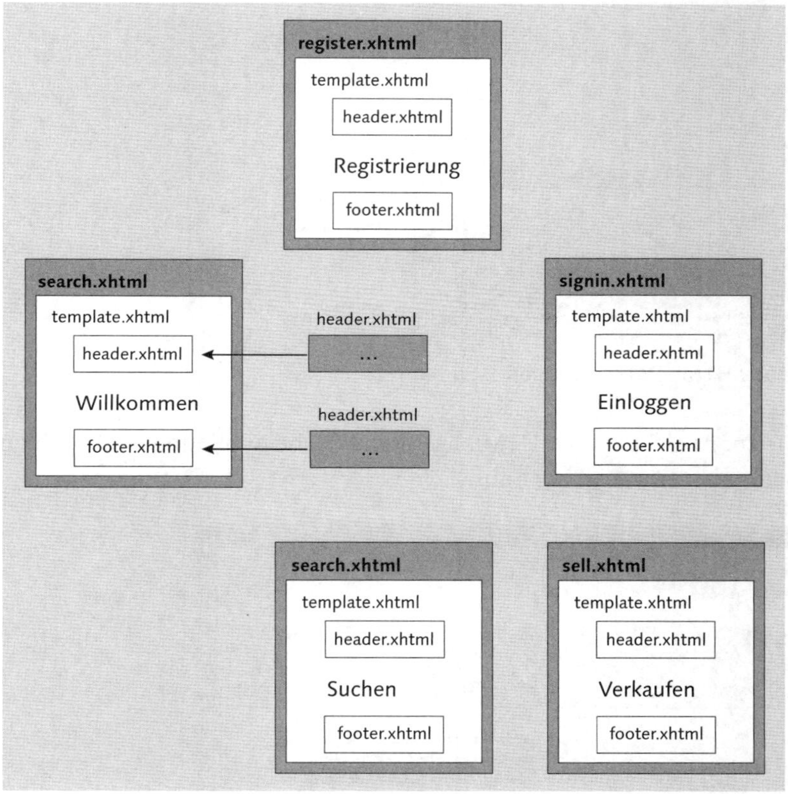

Abbildung 9.30 Die Dateien »index.xhtml«, »register.xhtml«, »signin.xhtml«, »sell.xhtml« und »search.xhtml« setzen das Facelet-Template »template.xhtml« ein.

Für die Erzeugung der Datei *template.xhtml* werden wir uns von Eclipse helfen lassen. Denn über dessen Wizard soll sich ein Grundgerüst für das Facelet-Template erzeugen lassen. Dass hierbei nicht alles ganz so gut abläuft, wie wir es uns als Entwickler vorstellen, soll uns nicht weiter stören. Eclipse ist die gängigste IDE, so bleibt uns keine Wahl, als die gleichen Probleme einmal durchzuexerzieren, mit denen alle Entwickler an dieser Stelle kämpfen.

Um das Facelet-Template erzeugen zu lassen, klicken Sie im Hauptmenü von Eclipse auf File • New • Other und selektieren im Wizard den Eintrag HTML File. Hiernach erscheint das Fenster New HTML File, in dem Sie den Dateinamen *template.xhtml* vergeben (siehe Abbildung 9.31).

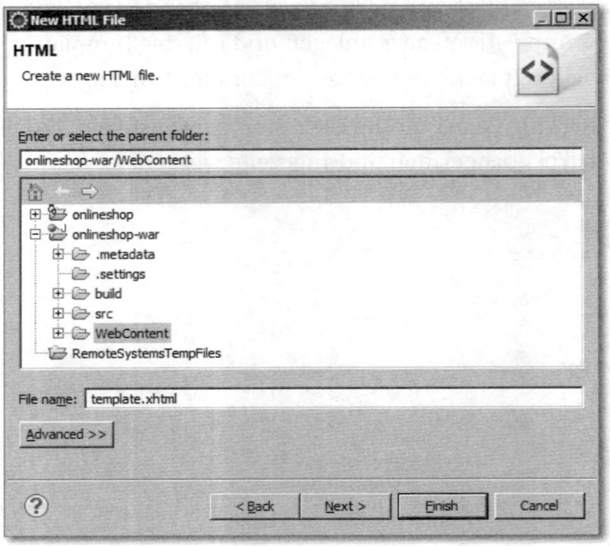

Abbildung 9.31 Eine neue XHTML-Datei erzeugen

Mit NEXT gelangen Sie zur Ansicht SELECT HTML TEMPLATE (siehe Abbildung 9.32). Wählen Sie dort den Eintrag NEW FACELET TEMPLATE aus.

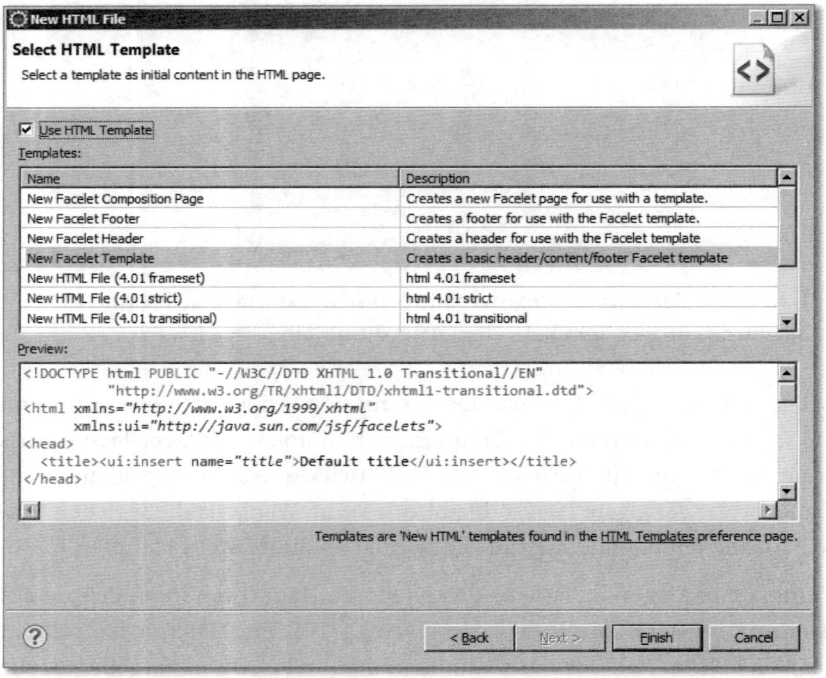

Abbildung 9.32 Das »New Facelet Template« selektieren

Eclipse wird nun ein Facelet-Template erzeugen. Eclipse sieht für das Grundgerüst vor, dass dort ein header, ein content und ein footer gesetzt werden. Das trifft sich gut, denn auch unser Onlineshop hat ja die gleichen Bereiche. Dass aber ansonsten nur teilweise brauchbarer Quelltext entsteht, können Sie dem folgenden Listing entnehmen, das von meiner Eclipse-Version produziert wurde.

```
<?xml version="1.0" encoding="UTF-8" ?>
<!DOCTYPE html PUBLIC "-//W3C//DTD XHTML 1.0 Transitional//EN"
     "http://www.w3.org/TR/xhtml1/DTD/xhtml1-transitional.dtd">
<html xmlns="http://www.w3.org/1999/xhtml"
      xmlns:ui="http://java.sun.com/jsf/facelets">
<head>
  <title><ui:insert name="title">Default title</ui:insert></title>
</head>

<body>
<ui:debug hotkey="x" rendered="#{initParam['javax.faces.FACELETS_DEVELOPMENT']}"/>

<div id="header">
    <ui:insert name="header">
        Header area.  See comments below this line in the source.
        <!-- include your header file or uncomment the include below and create
             header.xhtml in this directory -->
        <!-- <ui:include src="header.xhtml"/> -->
    </ui:insert>
</div>

<div id="content">
  <ui:insert name="content">
        Content area.  See comments below this line in the source.
        <!-- include your content file or uncomment the include below and create
             content.xhtml in this directory -->
          <!-- <div> -->
        <!-- <ui:include src="content.xhtml"/> -->
        <!-- </div> -->
  </ui:insert>
</div>

<div id="footer">
  <ui:insert name="footer">
        Footer area.  See comments below this line in the source.
        <!-- include your header file or uncomment the include below and create
             footer.xhtml in this directory -->
```

```
        <!--<ui:include src="footer.xhtml"/>  -->
    </ui:insert>
</div>

</body>
</html>
```

Listing 9.98 »index.xhtml«

Beim Eclipse Kepler SR2 wird an dieser Stelle fälschlicherweise noch der alte Namensraum für die Java Server Faces gesetzt:

```
<html xmlns="http://www.w3.org/1999/xhtml"
      xmlns:ui="http://java.sun.com/jsf/facelets">
```

Der Namensraum mit `java.sun.com` war noch zu Zeiten der Java-EE-Version 6 gültig. Seit der Java-EE-Version 7 sollte an dieser Stelle `xmlns.jcp.org` stehen:

```
<html xmlns="http://www.w3.org/1999/xhtml"
      xmlns:ui="http://xmlns.jcp.org/jsf/facelets">
```

Aber auch sonst entspricht das Ergebnis nicht ganz den Absichten der aktuellen JSF-Spezifikation mit der Version 2.2. Beispielsweise soll sich JSF 2.2 ja auf die Verwendung von HTML5 stützen. Ich werde das Ergebnis deshalb bei mir manuell editieren. Wenn Sie eine aktuellere Eclipse-IDE verwenden, könnte es sein, dass Sie die folgenden Schritte nicht durchführen müssen.

Im folgenden Listing habe ich einige Elemente des vorgefertigten Facelet-Templates herausgenommen oder abgeändert, sodass das Ergebnis nach allen Anpassungen nun wie folgt aussieht:

```
<?xml version="1.0" encoding="UTF-8" ?>
<!DOCTYPE html PUBLIC "-//W3C//DTD XHTML 1.0 Transitional//EN"
 "http://www.w3.org/TR/xhtml1/DTD/xhtml1-transitional.dtd">
<html xmlns="http://www.w3.org/1999/xhtml"
 xmlns:ui="http://xmlns.jcp.org/jsf/facelets"
 xmlns:h="http://xmlns.jcp.org/jsf/html"
 xmlns:f="http://xmlns.jcp.org/jsf/core">
<f:loadBundle var="msg" basename="messages"/>
<h:head>
    <title>
        <h:outputText value="#{msg['title']}"/>
    </title>
```

```
    <meta
        http-equiv="Content-Type"
        content="text/html; charset=UTF-8" />
</h:head>
<h:body>
    <h:messages
        globalOnly="true"/>

    <ui:insert name="header">
        <ui:include src="header.xhtml"/>
    </ui:insert>

    <ui:insert name="content">

    </ui:insert>

    <ui:insert name="footer">
        <ui:include src="footer.xhtml"/>
    </ui:insert>
</h:body>
</html>
```

Listing 9.99 »template.xhtml«

Beachten Sie auch, dass die UI-Komponente `view` um den gesamten Inhalt des Body-Tags gesetzt wurde. Diese UI-Komponente stellt das Root-Element für alle UI-Komponenten der View dar. Während sie bei einer JSP erforderlich ist, braucht sie bei einem Facelet nicht gesetzt zu werden.

Als Nächstes werden wir jetzt noch die Dateien *header.xhtml* und *footer.xhtml* erzeugen. In der IDE *Eclipse Kepler SR2* ist die Zeichenenkodierung per Default auf ISO-8859-1 eingestellt. Um dies in UTF-8 abzuändern, öffnen Sie das PREFERENCES-Fenster von Eclipse (siehe Abbildung 9.33) und selektieren auf der linken Seite des Fensters WEB • HTML FILE • EDITOR • TEMPLATES. In der Ansicht TEMPLATES wählen Sie unter den Templates NEW FACELET HEADER aus und ersetzen das Encoding durch den Alias `${encoding}`. Wenn Sie Ihre Eclipse-IDE auf UTF-8 umgestellt haben, so wie es in Kapitel 2, »Der Java EE Server«, gezeigt wurde, wird Eclipse dies später an dieser Stelle eintragen.

Nun können wir das Template für die Datei *header.xhtml* erstellen lassen. Hierfür gehen Sie wieder über das Hauptmenü zum Erstellungs-Wizard und geben den Namen *header.xhtml* ein. Bei der Auswahl der HTML-Templates angekommen, wählen Sie diesmal den Eintrag NEW FACELET HEADER aus (siehe Abbildung 9.34).

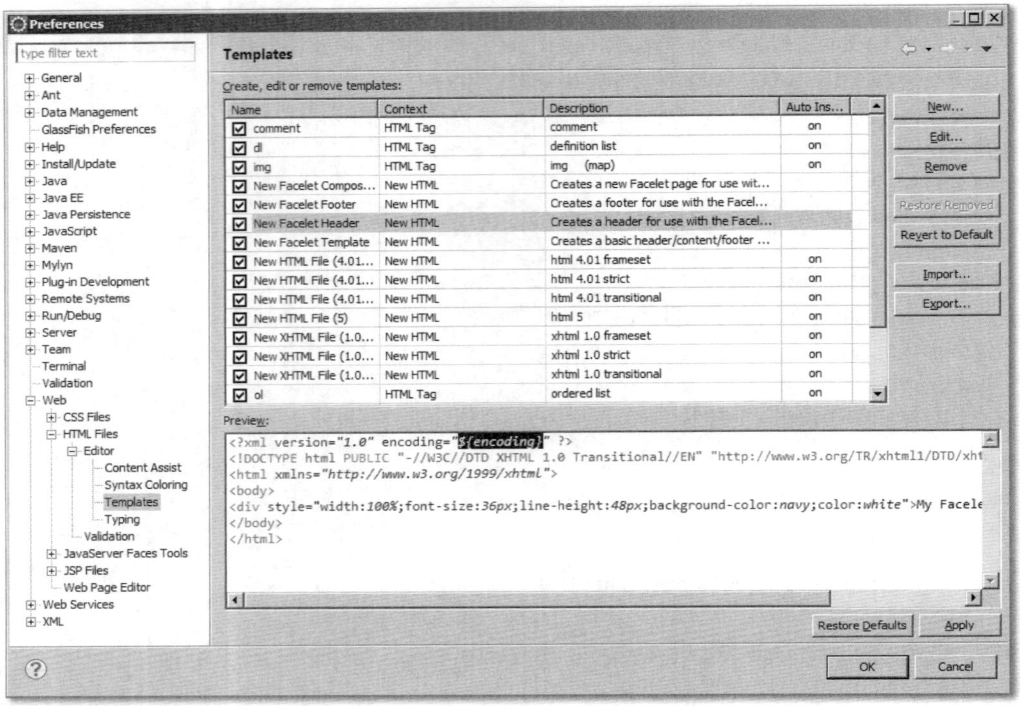

Abbildung 9.33 Im »Preferences«-Fenster kann das Encoding angepasst werden.

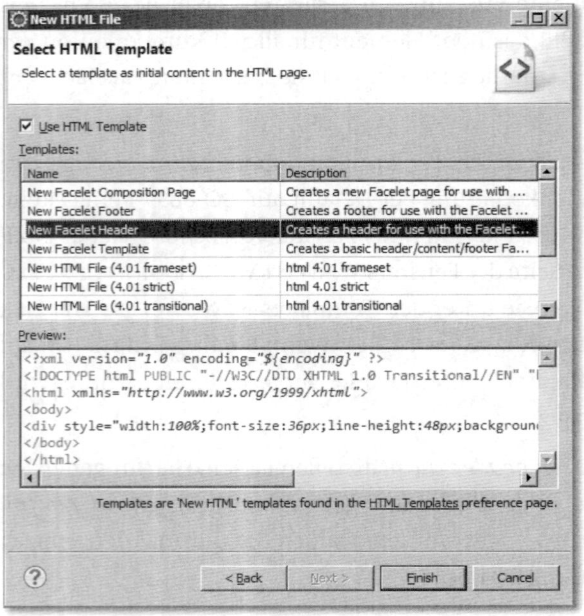

Abbildung 9.34 Die Auswahl von »New Facelet Header«

Das Ergebnis entspricht wieder nicht ganz unserer Vorstellung von einem HTML5-Dokument. Dies ist aber nicht weiter schlimm, denn unser Onlineshop erfordert ohnehin einen ganz anderen Inhalt, als Eclipse per Default anbietet. Wir hätten auf diesen Schritt komplett verzichten können? Richtig. Aber es ist dennoch gut, dass Sie die automatische Erstellung der Templates einmal komplett kennengelernt haben, denn dadurch haben Sie die Hilfestellung von Eclipse für die Zukunft bereits einmal praktisch ausprobiert. Und vielleicht nutzen Sie eine neuere Eclipse-Version, die eine bessere Unterstützung anbietet als meine. Für unser Beispiel bringt der Quelltext, den *Eclipse Keppler SR2* und auch *Eclipse Luna M3* bereitstellen, aber wenig Nutzen.

In dem nun folgenden Listing werden wir in der Datei *header.xhtml* das Hauptmenü des Onlineshops programmieren, indem wir für jeden Link jeweils die UI-Komponente `Link` gebrauchen werden.

Die Ziel-Adresse des Links wird über das Attribut `value` gesetzt. Innerhalb der öffnenden und der schließenden Output-Link-Tags wird der anzuzeigende Text notiert.

```
<?xml version="1.0" encoding="UTF-8" ?>
<!DOCTYPE html>
<html xmlns="http://www.w3.org/1999/xhtml"
      xmlns:h="http://xmlns.jcp.org/jsf/html">
    <header>
    <hgroup>
        <h1 class="title">
        <h:outputText
            value="#{msg['title']}"/>
        </h1>
    </hgroup>
    <nav>
        <h:link
            outcome="index"
            value="#{msg['home']}"/>
        <h:link
            outcome="register"
            value="#{msg['register']}"/>
        <h:link
            outcome="signin"
            value="#{msg['signin']}"/>
        <h:link
            outcome="sell"
            value="#{msg['sell']}"/>
        <h:link
            outcome="search"
            value="#{msg['search']}"/>
```

```
            <br/>
    </nav>
    </header>
</html>
```

Listing 9.100 »header.xhtml«

Damit die Verlinkung zu den jeweiligen Composition Pages gelingt, müssen wir entsprechende Navigationsregeln in die *faces-config.xml* eintragen:

```
<?xml version="1.0" encoding="UTF-8"?>
<faces-config
 xmlns="http://xmlns.jcp.org/xml/ns/javaee"
 xmlns:xsi="http://www.w3.org/2001/XMLSchema-instance"
 xsi:schemaLocation="http://xmlns.jcp.org/xml/ns/javaee
 http://xmlns.jcp.org/xml/ns/javaee/web-facesconfig_2_2.xsd"
 version="2.2">
<navigation-rule>
    <from-view-id>*</from-view-id>
    <navigation-case>
        <from-outcome>index</from-outcome>
        <to-view-id>
            /index.xhtml
        </to-view-id>
        <redirect/>
    </navigation-case>
    <navigation-case>
        <from-outcome>register</from-outcome>
        <to-view-id>
            /register.xhtml
        </to-view-id>
        <redirect/>
    </navigation-case>
    <navigation-case>
        <from-outcome>signin</from-outcome>
        <to-view-id>
            /signin.xhtml
        </to-view-id>
        <redirect/>
    </navigation-case>
    <navigation-case>
        <from-outcome>sell</from-outcome>
```

```
        <to-view-id>
            /sell.xhtml
        </to-view-id>
        <redirect/>
    </navigation-case>
    <navigation-case>
        <from-outcome>search</from-outcome>
        <to-view-id>
            /search.xhtml
        </to-view-id>
        <redirect/>
    </navigation-case>
</navigation-rule>
</faces-config>
```

Listing 9.101 »faces-config.xml«

Nun programmieren Sie auch noch die Datei *footer.xhtml*. Das folgende Listing zeigt den Quelltext, den die Datei enthalten soll:

```
<?xml version="1.0" encoding="UTF-8" ?>
<!DOCTYPE html>
<html xmlns="http://www.w3.org/1999/xhtml"
 xmlns:h="http://xmlns.jcp.org/jsf/html">
    <footer id="footer">
        <h:outputText value="#{msg['copyright']}"/>
    </footer>
</html>
```

Listing 9.102 »footer.xhtml«

Die bisherige Ausgliederung der Dateien *header.xhtml* und *footer.xhtml* zeigt noch nicht, wie praktisch das Templating für das Web-Design der Facelets ist. Erst wenn wir im nächsten Schritt mehrere Facelet Composition Pages erstellen, die alle das gleiche Facelet-Template als Grundlage verwenden, wird der praktische Nutzen dieser Technik deutlich.

User-Story 0, »As a customer I want to be welcomed«

Der Inhalt der Datei *index.xhtml* reduziert sich auf die eigentliche Aufgabe der *index.xhtml*, nämlich den Kunden willkommen zu heißen.

Das folgende Listing zeigt die zusätzlichen JSF-UI-Komponenten an, die für die Einbindung in die Facelet Composition Page erforderlich sind:

```
<ui:composition template="/template.xhtml"
 xmlns="http://www.w3.org/1999/xhtml"
 xmlns:ui="http://xmlns.jcp.org/jsf/facelets"
 xmlns:h="http://xmlns.jcp.org/jsf/html">
<ui:define name="content">
    <h:outputText value="#{msg['welcome']}"/>
</ui:define>
</ui:composition>
```

Listing 9.103 »index.xhtml«

Auch für die Erstellung von Facelet Composition Pages bietet Eclipse einen Wizard an. In der HTML-Template-Auswahl kann hierfür der Eintrag NEW FACELET COMPOSITION PAGE selektiert werden (siehe Abbildung 9.35).

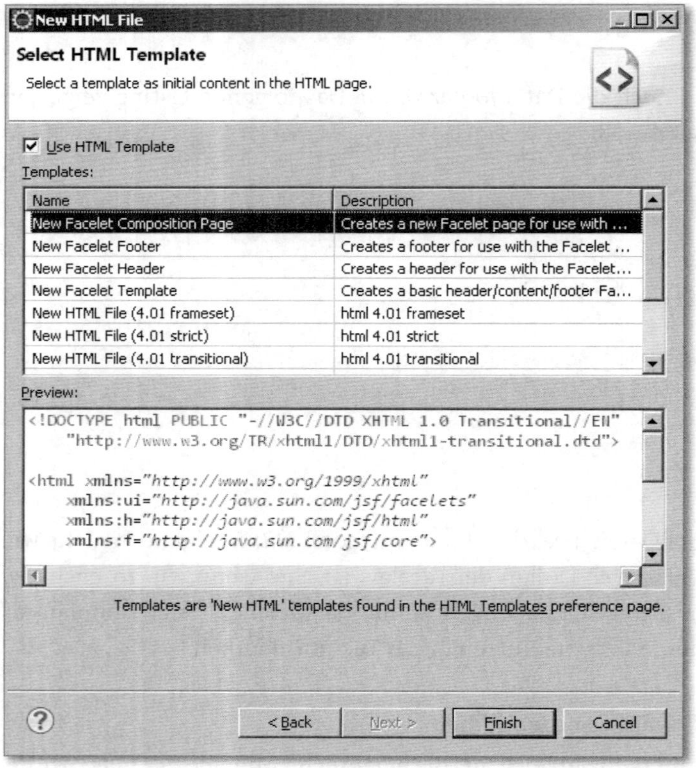

Abbildung 9.35 Die Erstellung einer »New Facelet Composition Page«

Wieder stimmen die voreingestellten Quellen nicht mit den Vorgaben von JSF 2.2 überein. Deshalb werden wir die restlichen Dateien manuell erstellen.

User-Story 1, »As a customer I want to register«

Die Composition Page *register.xhtml* birgt kaum noch Überraschungen, da wir das Facelet in vorangegangenen Abschnitten ja bereits ausgiebig behandelt haben.

Sie können den Quelltext dem folgenden Listing entnehmen:

```
<ui:composition template="/template.xhtml"
 xmlns="http://www.w3.org/1999/xhtml"
 xmlns:ui="http://xmlns.jcp.org/jsf/facelets"
 xmlns:h="http://xmlns.jcp.org/jsf/html"
 xmlns:f="http://xmlns.jcp.org/jsf/core">
<ui:define name="content">
    <h:form
        id="registerForm"
        prependId="false">
        <h:message
            for="registerForm"
            showSummary="true"/>
        <h:panelGrid columns="3">
            <f:facet name="header">
                <h:outputText value="#{msg['register']}"/>
            </f:facet>
            <h:outputLabel
                value="#{msg['email']}:"/>
            <h:inputText
                id="email"
                value="#{registerController.customer.email}">
            </h:inputText>
            <h:message for="email"/>
            <h:outputLabel
                value="#{msg['password']}:"/>
            <h:inputSecret
                id="password"
                value="#{registerController.customer.password}">
            </h:inputSecret>
            <h:message for="password"/>
            <h:commandButton
                id="register"
                action="#{registerController.persist()}"
                value="#{msg['register']}" />
            <h:message for="register"/>
        </h:panelGrid>
```

```
    </h:form>
</ui:define>
</ui:composition>
```

Listing 9.104 »register.xhtml«

Auch die Backing Bean `RegisterController` kennen Sie bereits aus den vorherigen Abschnitten. Sie meldet dem Benutzer nun auch die ID, unter der seine E-Mail abgespeicherte wurde.

```
package de.java2enterprise.onlineshop;

import java.io.Serializable;

import javax.annotation.Resource;
import javax.enterprise.context.RequestScoped;
import javax.faces.application.FacesMessage;
import javax.faces.context.FacesContext;
import javax.inject.Inject;
import javax.inject.Named;
import javax.persistence.EntityManagerFactory;
import javax.persistence.PersistenceUnit;
import javax.transaction.UserTransaction;

import de.java2enterprise.onlineshop.model.Customer;

@Named
@RequestScoped
public class RegisterController implements Serializable {
    private static final long serialVersionUID = 1L;

    @PersistenceUnit
    private EntityManagerFactory emf;

    @Resource
    private UserTransaction ut;

    @Inject
    private Customer customer;

    public Customer getCustomer() {
        return customer;
    }
```

```
    public void setCustomer(Customer customer) {
        this.customer = customer;
    }

    public String persist() {
        try {
            ut.begin();
            emf.createEntityManager().persist(customer);
            ut.commit();
            FacesMessage m =
                new FacesMessage(
                    "Succesfully registered!",
                    "Your email was saved under id " +
                    customer.getId());
            FacesContext
                .getCurrentInstance()
                .addMessage("registerForm", m);
        } catch (Exception e) {
            e.printStackTrace();
            FacesMessage m =
                new FacesMessage(
                    FacesMessage.SEVERITY_WARN,
                    e.getMessage(),
                    e.getCause().getMessage());
            FacesContext
                .getCurrentInstance()
                .addMessage(
                    "registerForm",
                    m);
        }
        return "/register.xhtml";
    }
}
```

Listing 9.105 »RegisterController.java«

User-Story 2, »As a customer I want to sign in«

Die Composition Page *signin.xhtml* für die User-Story 2 ist im Prinzip eine Kopie der Datei *register.xhtml*. Das folgende Listing zeigt den Aufbau:

```
<ui:composition template="/template.xhtml"
 xmlns="http://www.w3.org/1999/xhtml"
 xmlns:ui="http://xmlns.jcp.org/jsf/facelets"
```

```
 xmlns:h="http://xmlns.jcp.org/jsf/html"
 xmlns:f="http://xmlns.jcp.org/jsf/core">
<ui:define name="content">
    <h:form
        id="signinForm"
        prependId="false">
        <h:message
            for="signinForm"
            showSummary="true"/>
        <h:panelGrid columns="3">
            <f:facet name="header">
                <h:outputText value="#{msg['signin']}"/>
            </f:facet>
            <h:outputLabel
                value="#{msg['email']}:"/>
            <h:inputText
                id="email"
                value="#{signinController.email}">
            </h:inputText>
            <h:message for="email"/>
            <h:outputLabel
                value="#{msg['password']}:"/>
            <h:inputSecret
                id="password"
                value="#{signinController.password}">
            </h:inputSecret>
            <h:message for="password"/>
            <h:commandButton
                id="signin"
                action="#{signinController.find()}"
                value="#{msg['signin']}" />
            <h:message for="signin"/>
        </h:panelGrid>
    </h:form>
</ui:define>
</ui:composition>
```

Listing 9.106 »signin.xhtml«

Für die User-Story 2 benötigen wir eine Backing Bean, die wir SigninController nennen werden.

Vom Aufbau her ähnelt der SigninController der Klasse RegisterController.java. Allerdings werden wir den Gültigkeitsbereich der Klasse SigninController auf SessionScoped setzen. Auf dieser Weise erreichen wir, dass der Benutzer in dieser Backing Bean während der gesamten HTTP-Sitzung eingeloggt bleibt.

Außerdem erhält der `SigninController` zwei weitere Properties mit den Namen `email` und `password`, damit wir zwischen den Eingabedaten und den persistierten Daten unterscheiden können:

```
package de.java2enterprise.onlineshop;

import java.io.Serializable;
import java.util.List;

import javax.annotation.Resource;
import javax.enterprise.context.SessionScoped;
import javax.faces.application.FacesMessage;
import javax.faces.context.FacesContext;
import javax.inject.Inject;
import javax.inject.Named;
import javax.persistence.EntityManager;
import javax.persistence.EntityManagerFactory;
import javax.persistence.PersistenceUnit;
import javax.persistence.TypedQuery;
import javax.transaction.UserTransaction;

import de.java2enterprise.onlineshop.model.Customer;

@Named
@SessionScoped
public class SigninController implements Serializable {
    private static final long serialVersionUID = 1L;

    @PersistenceUnit
    private EntityManagerFactory emf;

    @Resource
    private UserTransaction ut;

    private String email;

    private String password;

    @Inject
    private Customer customer;
```

```
public Customer getCustomer() {
    return customer;
}

public void setCustomer(Customer customer) {
    this.customer = customer;
}

public String getEmail() {
    return email;
}

public void setEmail(String email) {
    this.email = email;
}

public String getPassword() {
    return password;
}

public void setPassword(String password) {
    this.password = password;
}

public String find() {
    try {
        EntityManager em = emf.createEntityManager();
        TypedQuery<Customer> query = em.createQuery(
            "SELECT c FROM Customer c "
            + "WHERE c.email= :email "
            + "AND c.password= :password",
            Customer.class);
        query.setParameter("email", email);
        query.setParameter("password", password);
        List<Customer> list =
            query.getResultList();
        if(list != null && list.size() > 0) {
            customer = list.get(0);
            FacesMessage m =
                new FacesMessage(
                    "Succesfully signed in!",
                    "You signed in under id " +
                    customer.getId());
```

```
                FacesContext
                    .getCurrentInstance()
                    .addMessage("signinForm", m);
            }
        } catch (Exception e) {
            e.printStackTrace();
            FacesMessage fm = new FacesMessage(
                FacesMessage.SEVERITY_WARN,
                e.getMessage(),
                e.getCause().getMessage());
            FacesContext
                .getCurrentInstance()
                .addMessage(
                "signinForm",
                fm);
        }
        return "/signin.xhtml";
    }
}
```

Listing 9.107 »SigninController.java«

User-Story 3, »As a customer I want to sell items«

In der User-Story 3 möchte der Benutzer Artikel anbieten. Das bedeutet, dass wir ein Formular erstellen, in dem der Benutzer den Titel, die Beschreibung, den Preis und das Foto seines Artikels setzen kann. Das Besondere an der User-Story 3 ist, dass im Gegensatz zu den bisherigen User-Storys nun auch noch ein Bild hochgeladen werden muss. Darüber hinaus werden wir die Bilder auch noch verkleinern. Wie das Verkleinern eines Bildes funktioniert, wurde in Abschnitt 7.7.1, »Bilder speichern«, gezeigt. Dort haben wir eine Methode programmiert, die sich `scale()` nennt und die Kommandos für die Verkleinerung enthält. In diesem Kapitel werden wir die Methode `scale()` kommentarlos verwenden. Blättern Sie einfach noch mal zurück, falls Sie Kapitel 7 übersprungen haben und sich für einzelne Anweisungen interessieren, die in der Methode `scale()` eingesetzt werden.

Bevor es aber gleich mit der Programmierung des speziellen Hochlademechanismus losgeht, wird zunächst noch die Klasse `Item.java` für den Artikel abgebildet. Die Klasse `Item.java` wurde im Kapitel 8, »JPA«, ausführlich beschrieben. Deshalb verzichte ich an dieser Stelle auf eine weitere Erläuterung.

```
package de.java2enterprise.onlineshop.model;

import java.io.Serializable;
import java.util.Date;
```

```
import javax.persistence.Basic;
import javax.persistence.Entity;
import javax.persistence.FetchType;
import javax.persistence.GeneratedValue;
import javax.persistence.GenerationType;
import javax.persistence.Id;
import javax.persistence.Lob;
import javax.persistence.ManyToOne;
import javax.persistence.NamedQuery;
import javax.persistence.SequenceGenerator;
import javax.persistence.Table;
import javax.persistence.Temporal;
import javax.persistence.TemporalType;

/**
 * The persistent class for the ITEM database table.
 *
 */
@Entity
@Table(schema="ONLINESHOP", name="ITEM")
@NamedQuery(
        name="Item.findAll",
        query="SELECT i FROM Item i")
public class Item implements Serializable {
    private static final long serialVersionUID = 1L;

    @Id
    @SequenceGenerator(
            name="ITEM_ID_GENERATOR",
            sequenceName="SEQ_ITEM",
            schema="ONLINESHOP",
            allocationSize=1,
            initialValue=1)
    @GeneratedValue(
            strategy=GenerationType.SEQUENCE,
            generator="ITEM_ID_GENERATOR")
    private Long id;

    private String description;

    @Basic(fetch=FetchType.LAZY)
    @Lob
    private byte[] foto;
```

```
private Double price;

private String title;

@Temporal(TemporalType.TIMESTAMP)
private Date sold;

//bi-directional many-to-one association to Customer
@ManyToOne
private Customer seller;

//bi-directional many-to-one association to Customer
@ManyToOne
private Customer buyer;

public Item() {
}

public Long getId() {
    return this.id;
}

public void setId(Long id) {
    this.id = id;
}

public String getDescription() {
    return this.description;
}

public void setDescription(String description) {
    this.description = description;
}

public byte[] getFoto() {
    return this.foto;
}

public void setFoto(byte[] foto) {
    this.foto = foto;
}

public Double getPrice() {
```

```
        return this.price;
    }

    public void setPrice(Double price) {
        this.price = price;
    }

    public String getTitle() {
        return this.title;
    }

    public void setTitle(String title) {
        this.title = title;
    }

    public Date getSold() {
        return this.sold;
    }

    public void setSold(Date sold) {
        this.sold = sold;
    }

    public Customer getSeller() {
        return this.seller;
    }

    public void setSeller(Customer seller) {
        this.seller = seller;
    }

    public Customer getBuyer() {
        return this.buyer;
    }

    public void setBuyer(Customer buyer) {
        this.buyer = buyer;
    }

    @Override
    public int hashCode() {
        final int prime = 31;
        int result = 1;
```

```
        result = prime * result + ((id == null) ? 0 : id.hashCode());
        return result;
    }

    @Override
    public boolean equals(Object obj) {
        if (this == obj) {
            return true;
        }
        if (obj == null) {
            return false;
        }
        if (!(obj instanceof Item)) {
            return false;
        }
        Item other = (Item) obj;
        if (id == null) {
            if (other.id != null) {
                return false;
            }
        } else if (!id.equals(other.id)) {
            return false;
        }
        return true;
    }


    public String toString() {
        return id + "-" + title + "-" + seller;
    }
}
```

Listing 9.108 »Item.java«

Als Nächstes sehen Sie die Backing Bean `SellController`. In ihrer Methode `persist()` werden die Daten des Artikels gespeichert.

```
package de.java2enterprise.onlineshop;

import java.awt.Graphics2D;
import java.awt.RenderingHints;
import java.awt.geom.AffineTransform;
import java.awt.image.BufferedImage;
import java.io.ByteArrayInputStream;
```

```
import java.io.ByteArrayOutputStream;
import java.io.IOException;
import java.io.InputStream;
import java.io.Serializable;
import java.util.logging.Logger;

import javax.annotation.Resource;
import javax.enterprise.context.RequestScoped;
import javax.faces.application.FacesMessage;
import javax.faces.context.FacesContext;
import javax.imageio.ImageIO;
import javax.inject.Inject;
import javax.inject.Named;
import javax.persistence.EntityManager;
import javax.persistence.EntityManagerFactory;
import javax.persistence.PersistenceUnit;
import javax.servlet.http.Part;
import javax.transaction.UserTransaction;

import de.java2enterprise.onlineshop.model.Customer;
import de.java2enterprise.onlineshop.model.Item;

@Named
@RequestScoped
public class SellController implements Serializable {
    private static final long serialVersionUID = 1L;

    public final static int MAX_IMAGE_LENGTH = 400;

    private final static Logger log =
            Logger.getLogger(SigninController.class.toString());

    @PersistenceUnit
    private EntityManagerFactory emf;

    @Resource
    private UserTransaction ut;

    private Part part;

    public Part getPart() {
        return part;
    }
```

```
public void setPart(Part part) {
    this.part = part;
}

@Inject
private Item item;

public Item getItem() {
    return item;
}

public void setItem(Item item) {
    this.item = item;
}

public String persist(
        SigninController signinController) {
    try {
        ut.begin();
        EntityManager em =
                emf.createEntityManager();

        InputStream input =
            part.getInputStream();
        ByteArrayOutputStream output =
            new ByteArrayOutputStream();
        byte[] buffer = new byte[10240];
        for (int length = 0;
            (length = input.read(buffer)) > 0;) {
            output.write(buffer, 0, length);
        }
        item.setFoto(scale(output.toByteArray()));

        Customer customer =
            signinController.getCustomer();

        customer =
            em.find(
                Customer.class,
                customer.getId());

        item.setSeller(customer);
        em.persist(item);
```

```
            ut.commit();

            log.info("Offered item: " + item);

            FacesMessage m =
                new FacesMessage(
                    "Succesfully saved item!",
                    "You offered the item " +
                    item);
            FacesContext
                .getCurrentInstance()
                .addMessage("sellForm", m);
        } catch (Exception e) {
            e.printStackTrace();
            FacesMessage fm = new FacesMessage(
                    FacesMessage.SEVERITY_WARN,
                    e.getMessage(),
                    e.getCause().getMessage());
                FacesContext
                    .getCurrentInstance()
                    .addMessage(
                    "sellForm",
                    fm);
        }
        return "/sell.xhtml";
    }


    public byte[] scale(byte[] foto) throws IOException {
        ByteArrayInputStream byteArrayInputStream = new ByteArrayInputStream(foto);
    BufferedImage originalBufferedImage = ImageIO.read(byteArrayInputStream);

        double originalWidth = (double) originalBufferedImage.getWidth();
        double originalHeight = (double) originalBufferedImage.getHeight();
        double relevantLength =
            originalWidth > originalHeight ? originalWidth : originalHeight;

        double transformationScale = MAX_IMAGE_LENGTH / relevantLength;
        int width = (int) Math.round( transformationScale * originalWidth );
        int height = (int) Math.round( transformationScale * originalHeight );

        BufferedImage resizedBufferedImage =
            new BufferedImage(width, height, BufferedImage.TYPE_INT_RGB);
```

```
        Graphics2D g2d = resizedBufferedImage.createGraphics();
        g2d.setRenderingHint(RenderingHints.KEY_INTERPOLATION,
            RenderingHints.VALUE_INTERPOLATION_BICUBIC);
        AffineTransform affineTransform =
            AffineTransform.getScaleInstance(transformationScale, transformationScale);
        g2d.drawRenderedImage(originalBufferedImage, affineTransform);

        ByteArrayOutputStream baos = new ByteArrayOutputStream();
        ImageIO.write(resizedBufferedImage, "PNG", baos);
        return baos.toByteArray();
    }
}
```


Listing 9.109 »SellController«

Im Vergleich zu den bisherigen Backing Beans fällt bei dieser Bean der Hochlademechanismus für das Foto auf. Denn in der Backing Bean wird ein Objekt der Klasse `javax.servlet.http.Part` als Property gesetzt. In der `action`-Methode `persist()` benötigen wir diese Property, da sie die Fotodaten als Eingabestrom liefert. Diese Daten werden Byte für Byte eingelesen, bevor sie dem Artikel als Byte-Array zugeordnet werden.

Damit das Hochladen gelingt, muss das öffnende Form-Tag im Facelet mit dem Encryption-Typ für Multiparts gesetzt werden:

```
<h:form enctype="multipart/form-data">
```

Außerdem muss eine `inputFile`-UI-Komponente abgelegt werden, die als `value` die Part-Property setzt:

```
<h:inputFile value="#{sellController.part}"/>
```

Das Zweite, was Ihnen in der Backing Bean vielleicht bereits aufgefallen ist, betrifft den Aufruf der `action`-Methode `persist()`. Denn sie verlangt nun, dass ein Parameter übergeben werden.

Im Facelet werden wir die Methode `persist()` aufrufen, indem wir im Attribut den Session-weit gültigen `signinController` mitgeben. Dass über den Punktoperator auch auf beliebige Methoden einer Klasse zugegriffen werden kann, wurde bereits im Abschnitt 5.6, »JSP-EL«, gezeigt. Beispielsweise ruft der folgende Ausdruck die Methode `size()` der Klasse `String` auf:

```
#{customer.email.size()}
```

Darüber hinaus bietet die JSF-EL aber auch noch die Möglichkeit an, den aufgerufenen Methoden Parameter mitzugeben:

```
#{sellController.persist(signinController)}
```

Diese Möglichkeit machen wir uns in dieser User-Story zunutze:

```
<ui:composition template="/template.xhtml"
 xmlns="http://www.w3.org/1999/xhtml"
 xmlns:ui="http://xmlns.jcp.org/jsf/facelets"
 xmlns:h="http://xmlns.jcp.org/jsf/html"
 xmlns:f="http://xmlns.jcp.org/jsf/core">
<ui:define name="content">
<h:form
    id="sellForm"
    enctype="multipart/form-data">
    <h:message for="sellForm"/>
    <h:panelGrid columns="2">
        <f:facet name="header">
            <h:outputText
                value="#{msg['sell']}"/>
        </f:facet>

        <h:outputLabel
            value="#{msg['item.title']}:"/>
        <h:inputText
            id="title"
            value="#{sellController.item.title}"/>
        <h:outputLabel
            value="#{msg['item.description']}:"/>
        <h:inputTextarea
            value="#{sellController.item.description}"/>
        <h:outputLabel
            value="#{msg['item.price']}:"/>
        <h:inputText
            value="#{sellController.item.price}"/>
        <h:outputLabel
            value="#{msg['item.foto']}:"/>
        <h:inputFile
            value="#{sellController.part}"/>

        <h:commandButton
        value="#{msg['sell']}"
        action=
        "#{sellController.persist(signinController)}"/>
    </h:panelGrid>
```

```
    </h:form>
</ui:define>
</ui:composition>
```

Listing 9.110 »sell.xhtml«

User-Story 4 »As a customer I want to search items«

Die User-Story 4 soll dem Kunden die Suche nach Artikeln ermöglichen und hierbei eine Ansicht anbieten, die die gefundenen Artikel anzeigt. Die Backing Bean, die wir für diese User-Story benötigen, ist relativ trivial. Denn sie muss lediglich die Liste der Artikel besorgen und dem Facelet zur Verfügung stellen. Der einzige Kniff an dieser User-Story ist die Darstellung der Bilder. Aber hierauf kommen wir später zurück. Zunächst wird im folgenden Listing gezeigt, wie die Liste der Artikel in der Backing Bean `SearchController` von der Datenbank geholt und als Objekt des Typs `java.util.List` zur Verfügung gestellt wird:

```
package de.java2enterprise.onlineshop;

import java.io.Serializable;
import java.util.ArrayList;
import java.util.List;

import javax.annotation.Resource;
import javax.enterprise.context.RequestScoped;
import javax.inject.Named;
import javax.persistence.EntityManagerFactory;
import javax.persistence.PersistenceUnit;
import javax.persistence.TypedQuery;
import javax.transaction.UserTransaction;

import de.java2enterprise.onlineshop.model.Item;

@Named
@RequestScoped
public class SearchController implements Serializable {
    private static final long serialVersionUID = 1L;

    @PersistenceUnit
    private EntityManagerFactory emf;

    @Resource
    private UserTransaction ut;
```

```
    private List<Item> items;

    public List<Item> getItems() {
        items = findAll();
        return items;
    }

    public void setItems(List<Item> items) {
        this.items = items;
    }

    public List<Item> findAll() {
        try {
            TypedQuery<Item> query =
            emf.createEntityManager().
            createNamedQuery(
                "Item.findAll", Item.class);
            return query.getResultList();
        } catch (Exception e) {
            e.printStackTrace();
        }
        return new ArrayList<Item>();
    }
}
```

Listing 9.111 »SearchController.java«

Als Nächstes werden wir im neu zu erstellenden Facelet *search.xhtml* die Liste der Artikel anzeigen. Hierfür nutzen wir die UI-Komponente `DataTable`. Die Liste der Artikel müssen wir über das Attribut `value="#{searchController.items}"` bereitstellen. Mit dem Attribut `var="item"` wird im JSTL-Stil angezeigt, über welchen Variablenbezeichner auf die einzelnen Artikel innerhalb der `DataTable` zugegriffen werden kann. Die UI-Komponente `DataTable` erzwingt, dass pro Artikel eine neue Tabellenzeile erstellt wird. Die Variable `var` enthält hierbei jeweils den Wert des aktuellen Schleifendurchlaufs.

```
<ui:composition template="/template.xhtml"
 xmlns="http://www.w3.org/1999/xhtml"
 xmlns:ui="http://xmlns.jcp.org/jsf/facelets"
 xmlns:h="http://xmlns.jcp.org/jsf/html"
 xmlns:f="http://xmlns.jcp.org/jsf/core">
<ui:define name="content">
<h:form>
<h:dataTable
```

```
    value="#{searchController.items}"
    var="item">
    <h:column>
    <h:panelGrid columns="2">
        <h:outputText
            value="#{msg['id']}:"/>
        <h:outputText
            value="#{item.id}"/>
        <h:outputText
            value="#{msg['item.title']}:"/>
        <h:outputText
            value="#{item.title}"/>
        <h:outputText
            value="#{msg['item.description']}:"/>
        <h:outputText
            value="#{item.description}"/>
        <h:outputText
            value="#{msg['item.price']}:"/>
        <h:outputText
            value="#{item.price}"/>
        <h:outputText
            value="#{msg['item.sold']}:"/>
        <h:outputText
            value="#{item.sold}"/>

    </h:panelGrid>
    </h:column>
    <h:column>
        <h:graphicImage url="image?id=#{item.id}" />
    </h:column>
</h:dataTable>
</h:form>
</ui:define>
</ui:composition>
```

Listing 9.112 »search.xhtml«

Um innerhalb der *search.xhtml* jetzt auch noch die Bilder der Artikel anzuzeigen, werden wir ein Servlet programmieren, das die Bilder aus der Datenbank ausliest und als Datenstrom liefert:

```
package de.java2enterprise.onlineshop;

import java.io.IOException;
```

```
import javax.persistence.EntityManagerFactory;
import javax.persistence.PersistenceUnit;
import javax.persistence.Query;
import javax.servlet.ServletException;
import javax.servlet.annotation.WebServlet;
import javax.servlet.http.HttpServlet;
import javax.servlet.http.HttpServletRequest;
import javax.servlet.http.HttpServletResponse;

@WebServlet("/image")
public class ImageServlet extends HttpServlet {
    private static final long serialVersionUID = 1L;

    @PersistenceUnit
    private EntityManagerFactory emf;

    protected void doGet(
        HttpServletRequest request,
        HttpServletResponse response)
        throws ServletException, IOException {

        try {
            String id =
                request.getParameter("id");
            Query query =
                emf.createEntityManager().createQuery(
                    "select i.foto "
                    + "from Item i "
                    + "where i.id = :id");
            query.setParameter(
                "id",
                    Long.parseLong(id));
            byte[] foto =
                (byte[]) query.getSingleResult();
            response.reset();
            response.getOutputStream().write(foto);
        } catch(Exception ex) {
            throw new ServletException(ex.getMessage());
        }
    }
}
```

Listing 9.113 »ImageServlet.java«

User-Story 5 »As a customer I want to buy items«

In der letzten User-Story geht es um den Kauf eines Artikels. Wir setzen die User-Story um, indem wir eine neue Methode namens `update()` programmieren. Der Methode übergeben wir die ID des betroffenen Artikels. Um den aktuellen Benutzer aus der HTTP-Sitzung zu entnehmen, gehen wir nun einen alternativen Weg. Denn wir besorgen uns zunächst ein Objekt der Klasse `ELResolver`. Mithilfe des ELResolvers können wir nämlich die Attribute beschaffen, die in den jeweiligen Gültigkeitsbereichen zur Verfügung stehen. Unser Ziel ist es, das Objekt `SigninController` zu holen, das das Objekt des eingeloggten Benutzers enthält. Anschließend besorgen wir den Kaufartikel aus der Datenbank und aktualisieren die Tabellenzeile, indem wir dort die Benutzer-ID als Käufer und den aktuellen Zeitpunkt eintragen.


```
package de.java2enterprise.onlineshop;

import java.io.Serializable;
import java.util.Date;

import javax.annotation.Resource;
import javax.el.ELContext;
import javax.el.ELResolver;
import javax.enterprise.context.RequestScoped;
import javax.faces.context.FacesContext;
import javax.inject.Named;
import javax.persistence.EntityManager;
import javax.persistence.EntityManagerFactory;
import javax.persistence.PersistenceUnit;
import javax.transaction.UserTransaction;

import de.java2enterprise.onlineshop.model.Customer;
import de.java2enterprise.onlineshop.model.Item;

@Named
@RequestScoped
public class BuyController implements Serializable {
    private static final long serialVersionUID = 1L;

    @PersistenceUnit
    private EntityManagerFactory emf;

    @Resource
    private UserTransaction ut;

    public String update(Long id) {
```

```
        FacesContext ctx =
            FacesContext.getCurrentInstance();
        ELContext elc = ctx.getELContext();
        ELResolver elr =
            ctx.getApplication().getELResolver();
        SigninController signinController =
            (SigninController) elr.getValue(
                elc, null, "signinController");

        Customer customer = signinController.getCustomer();
        try {
            ut.begin();
            EntityManager em = emf.createEntityManager();
            Item item = em.find(Item.class, id);
            item.setBuyer(customer);
            item.setSold(new Date());
            em.merge(item);
            ut.commit();
        } catch (Exception e) {
            e.printStackTrace();
        }
        return "/search.xhtml";
    }
}
```

Listing 9.114 »BuyController.java«

Im Facelet *search.xhtml* muss nun ein Command-Button hinzugefügt werden, der den Kaufprozess in Gang setzt:

```
<ui:composition template="/template.xhtml"
 xmlns="http://www.w3.org/1999/xhtml"
 xmlns:ui="http://xmlns.jcp.org/jsf/facelets"
 xmlns:h="http://xmlns.jcp.org/jsf/html"
 xmlns:f="http://xmlns.jcp.org/jsf/core">
<ui:define name="content">
<h:form>
<h:dataTable
    value="#{searchController.items}"
    var="item">
    <h:column>
    <h:panelGrid columns="2">
        <h:outputText
            value="#{msg['id']}:"/>
```

```
        <h:outputText
            value="#{item.id}"/>
        <h:outputText
            value="#{msg['item.title']}:"/>
        <h:outputText
            value="#{item.title}"/>
        <h:outputText
            value="#{msg['item.description']}:"/>
        <h:outputText
            value="#{item.description}"/>
        <h:outputText
            value="#{msg['item.price']}:"/>
        <h:outputText
            value="#{item.price}"/>
        <h:outputText
            value="#{msg['item.sold']}:"/>
        <h:outputText
            value="#{item.sold}"/>
        <h:commandButton
            value="#{msg['buy']}"
            action="#{buyController.update(item.id)}"/>
    </h:panelGrid>
    </h:column>
    <h:column>
        <h:graphicImage url="image?id=#{item.id}" />
    </h:column>
</h:dataTable>
</h:form>
</ui:define>
</ui:composition>
```

Listing 9.115 »search.xhtml«

9.9 CSS und Ressourcen

Bevor wir in den nächsten Unterkapiteln auf weitere JSF-Funktionen eingehen, werden wir zunächst dafür sorgen, dass das Webportal ansprechend aussieht. Denn kaum eine Webanwendung wird heutzutage mehr ohne CSS und Bilder erstellt. In Kapitel 3, »Planung und Entwurf«, wurde bereits gezeigt, wie eine CSS-Datei und ein Bild in die Webanwendung eingebunden werden können. Bei dem JSF-Framework ist die Handhabung ähnlich. Allerdings verfügt JSF über einige Automatismen, auf die in diesem Abschnitt ebenso eingegangen wird.

9.9.1 Die Bilder des Onlineshops einbinden

Für die kommenden Beispiele benötigen wir wieder den Ordner */resources* aus Kapitel 3. In diesem Ordner waren die CSS-Datei und die Bilder zum Onlineshop enthalten. Das Verzeichnis */resources* hat folgenden Aufbau:

/resources

/css

styles.css

/img

blatt.jpg

de.gif

tau.jpg

us.gif

Auch diese Dateien können Sie von unserem zentralen Server von Rheinwerk Verlag herunterladen.

Für die Ablage der Ressourcen hat JSF zwei unterschiedliche Verzeichnisse als Standard-Orte vorgesehen. Der eine Ort ist im Web-Verzeichnis und der andere im Klassenpfad, wo sich auch die Java-Klassen befinden. Auf diese beiden Standorte werden wir jetzt gesondert eingehen.

Das Web-Verzeichnis für die Ressourcen

Den Ordner */resources* hatten wir in den vergangenen Kapiteln im Wurzelverzeichnis der Webanwendung angelegt. In Eclipse nennt sich der Wurzelordner */WebContent*. Innerhalb des Facelets kann nun beispielsweise mithilfe des Elements `graphicImage` auf das Bild `resources/img/blatt.jpg` zugegriffen werden.

```
<h:graphicImage url="resources/img/blatt.jpg"/>
```

Wie eingangs erwähnt, sieht das JSF-Framework den Ordner */resources* unterhalb des Wurzelverzeichnisses der Webanwendung als einen von zwei Standard-Orten an, in denen während des JSF-Betriebs automatisch nach Ressourcen gesucht wird. Aus diesem Grund ließe sich das Bild auch über das Attribut `name` laden. Weil sich bei uns das Bild *blatt.jpg* in dem Unterordner */resources/img* befindet, müssen wir zusätzlich den Unterordner angeben. Hierfür wird das Attribut `library` benutzt:

```
<h:graphicImage library="img" name="blatt.jpg"/>
```

Über `name` definieren wir einen Bezeichner, den das JSF-Framework bei seiner automatisierten Bildsuche verwenden wird. Und da es sich bei dem Verzeichnis */resources* unterhalb des Wurzelverzeichnisses um einen der beiden Standard-Orte handelt, wird das Bild gefunden.

Eine weitere Schreibweise, mit der wir bei den Standardordnern von Ressourcen arbeiten können, ist folgende:

```
<h:graphicImage value="#{resource['img:blatt.jpg']}"/>
```

Auch bei diesem Ausdruck wird das Bild gefunden und angezeigt.

Den erfahrenen Webentwicklern ist bekannt, dass ein Ordner riskant ist, der im Wurzelverzeichnis lokalisiert ist – wie in unserem Beispiel */resources*. Das Problem hierbei ist, dass jedermann aus dem Netz heraus auf das Verzeichnis zugreifen kann. Aus diesem Grund kann dieser Ort auch per Context-Parameter im Deployment-Deskriptor *web.xml* abgeändert werden. Gängig ist es beispielsweise, das Default-Verzeichnis */resources* unterhalb des Verzeichnisses */WEB-INF* zu setzen. Für diesen Zweck fügen Sie der *web.xml* folgenden Eintrag hinzu:


```
<?xml version="1.0" encoding="UTF-8"?>
<web-app
xmlns:xsi="http://www.w3.org/2001/XMLSchema-instance"
xmlns="http://xmlns.jcp.org/xml/ns/javaee"
xsi:schemaLocation="http://xmlns.jcp.org/xml/ns/javaee
http://xmlns.jcp.org/xml/ns/javaee/web-app_3_1.xsd"
version="3.1">

    <display-name>onlineshop-war</display-name>
    <servlet>
        <servlet-name>Faces Servlet</servlet-name>
        <servlet-class>
            javax.faces.webapp.FacesServlet
        </servlet-class>
        <load-on-startup>1</load-on-startup>
    </servlet>
    <servlet-mapping>
        <servlet-name>Faces Servlet</servlet-name>
        <url-pattern>*.jsf</url-pattern>
    </servlet-mapping>

    <context-param>
        <param-name>
            javax.faces.WEBAPP_RESOURCES_DIRECTORY
        </param-name>
        <param-value>
            /WEB-INF/resources
        </param-value>
    </context-param>
```

```
    <welcome-file-list>
        <welcome-file>
            index.jsf
        </welcome-file>
    </welcome-file-list>

</web-app>
```

Listing 9.116 »web.xml«

Durch den obigen Eintrag in der *web.xml* verlegen wir den Standort des ersten Standard-Verzeichnisses an eine sichere Stelle.

Das Verzeichnis für Ressourcen im Klassenpfad

Der zweite Standort, an dem JSF auch noch automatisch nach Ressourcen suchen wird, ist stets vor dem Zugriff aus dem Internet geschützt, denn er liegt im Klassenpfad unterhalb von */META-INF*. Für den Onlineshop können Sie die Bilder deshalb innerhalb von Eclipse auch unterhalb des Java-Quelltext-Verzeichnisses */META-INF/resources/img* ablegen. Auch bei diesem Ort wird das Bild *blatt.jpg* über die obige Graphic-Image-UI-Komponente automatisch gefunden.

9.9.2 Die CSS-Datei aus dem Buch

Auf dem Rheinwerk-Server liegen die hier genannten Ressourcen zum Download bereit. Für die Beispielanwendung könnten Sie auch eine eigene CSS-Datei erstellen. Andererseits ist es vorteilhaft, wenn Sie die herunterladbaren Ressourcen nutzen, da Sie auf diese Weise die Beispiele und die Screenshots bestmöglich mit Ihrem eigenen Programm vergleichen können.

Die CSS-Datei *styles.css* aus dem Buch besteht bislang lediglich aus folgendem Inhalt:

```
* {
  font-family: sans-serif;
  padding: 9px;
  color: gray;
}
body > header {
  background: url("../img/tau.jpg");
  border-radius: 10px;
  box-shadow: 5px 5px 9px gray;
}
a {
  color: white;
  text-decoration: none;
}
```

```
a:hover, .title {
  color: white;
  text-shadow: 0 0 10px white, 0 0 20px white;
}
input:not([type='image']), textarea {
  width: 200px;
}
```

Listing 9.117 »styles.css«

Im Vergleich zu der CSS-Datei aus den Kapiteln 4 und 5 mit den Low-Level-Technologien Servlets und JSPs muss das obige Listing nun an einer bestimmten Stelle angepasst werden. Im Listing sehen Sie, dass die Zeile, in der der Hintergrund des Headers gesetzt wird, hervorgehoben wurde. Vom Verzeichnis */resources/css* aus gesehen liegt die Bild-Datei im parallelen Verzeichnis, also hier */ressources/img*. Wenn hingegen JSF im Einsatz ist, wird die Cascading-Style-Sheet-Datei vom JSF-Framework automatisch gemeinsam mit den Bildern an einen anderen Standort verlegt. Deshalb werden wir an dieser Stelle einfach wieder die obige Syntax des letzten Abschnitts verwenden:

```
* {
  font-family: sans-serif;
  padding: 9px;
  color: gray;
}
body > header {
  background: url("#{resource['img:tau.jpg']}");
  border-radius: 10px;
  box-shadow: 5px 5px 9px gray;
}
a {
  color: white;
  text-decoration: none;
}
a:hover, .title {
  color: white;
  text-shadow: 0 0 10px white, 0 0 20px white;
}
input:not([type='image']), textarea {
  width: 200px;
}
```

Listing 9.118 »styles.css«

Wir binden die CSS-Datei in die Benutzerschnittstelle ein, indem wir die JSF-UI-Komponente `outputStylesheet` einsetzen. Über das Attribut `library="css"` zeigen wir an, dass sich die

Datei *styles.css* in dem Unterordner */css* unterhalb von */resources* befindet. Mit dem Attribut "name" legen wir fest, auf welche CSS-Datei wir zugreifen wollen:

```
<h:head>
    <title>
        <h:outputText value="#{msg['title']}"/>
    </title>
    <meta
        http-equiv="Content-Type"
        content="text/html; charset=UTF-8" />
    <h:outputStylesheet library="css" name="styles.css"/>
</h:head>
```

Listing 9.119 »template.xhtml«

9.9.3 Die Sprache über Länderflaggen ändern

In Kapitel 5, »Die Java Standard Tag Library«, wurde bereits gezeigt, wie man die Spracheinstellung über Länderflaggen mit Java Server Pages und JSTL steuern kann. Die gleiche Funktionalität werden wir jetzt auch mit der High-Level-Technologie JSF umsetzen. Um zwischen der englischen und der deutschen Sprache hin- und herzuschalten, benötigen wir vier Dinge:

- eine »SessionScoped« Backing Bean (nennen wir sie `LocaleController`), die sich mit einer Property die Spracheinstellung merkt
- das Attribut `locale` bei der UI-Komponente `view`. Die UI-Komponente `view` ist eigentlich nur in einer JSP erforderlich. In einem Facelet kann sie weggelassen werden. Aber in diesem Fall werden wie sie dennoch gebrauchen.
- ein Formular mit zwei Command-Buttons, die die jeweilige Landesflagge anzeigen und deren `action`-Attribut auf die Property der Backing Bean zielt
- zwei Flaggen als Bilddateien

Der »LocaleController«

Die Klasse `LocaleController` ist recht unspektakulär, denn es handelt sich um ein POJO, das lediglich eine einzige Property besitzt. Über die Aktionsmethode `change()` wird die Sprache geändert:

```
package de.java2enterprise.onlineshop;

import java.io.Serializable;

import javax.enterprise.context.SessionScoped;
import javax.inject.Named;
```

```
@Named
@SessionScoped
public class LocaleController implements Serializable {
    private static final long serialVersionUID = 1L;

    private String lang;

    public String getLang() {
        return lang;
    }

    public void setLang(String lang) {
        this.lang = lang;
    }

    public String change(String lang) {
        this.lang = lang;
        return "/index.xhtml";
    }
}
```

Listing 9.120 »LocaleController.java«

Das Attribut »locale«

Das Attribut `locale="#{localeController.lang}"` muss der UI-Komponente `view` im Facelet *index.xhtml* hinzugefügt werden:

```
<?xml version="1.0" encoding="UTF-8" ?>
<!DOCTYPE html PUBLIC "-//W3C//DTD XHTML 1.0 Transitional//EN"
 "http://www.w3.org/TR/xhtml1/DTD/xhtml1-transitional.dtd">
<html xmlns="http://www.w3.org/1999/xhtml"
 xmlns:ui="http://xmlns.jcp.org/jsf/facelets"
 xmlns:h="http://xmlns.jcp.org/jsf/html"
 xmlns:f="http://xmlns.jcp.org/jsf/core">
<f:view locale="#{localeController.lang}">
<f:loadBundle var="msg" basename="messages"/>
<h:head>
    <title>
        <h:outputText value="#{msg['title']}"/>
    </title>
    <meta
        http-equiv="Content-Type"
        content="text/html; charset=UTF-8" />
    <h:outputStylesheet library="css" name="styles.css"/>
```

```
</h:head>
<h:body>
    <h:messages
        globalOnly="true"/>

    <ui:insert name="header">
        <ui:include src="header.xhtml"/>
    </ui:insert>

    <ui:insert name="content">

    </ui:insert>

    <ui:insert name="footer">
        <ui:include src="footer.xhtml"/>
    </ui:insert>
</h:body>
</f:view>
</html>
```

Listing 9.121 »template.xhtml«

Das Formular mit den zwei Command-Buttons

Um die Umstellung der Spracheinstellung zu testen, werden zwei Command-Buttons in einem HTML-Formular in der Datei *header.xhtml* gesetzt:

```
<?xml version="1.0" encoding="UTF-8" ?>
<!DOCTYPE html>
<html xmlns="http://www.w3.org/1999/xhtml"
      xmlns:h="http://xmlns.jcp.org/jsf/html">
    <header>
    <hgroup>
        <h1 class="title">
        <h:outputText
            value="#{msg['title']}"/>
        </h1>
    </hgroup>
    <nav>
        <h:link
            outcome="index"
            value="#{msg['home']}"/>
        <h:link
            outcome="register"
            value="#{msg['register']}"/>
```

```
        <h:link
            outcome="signin"
            value="#{msg['signin']}"/>
        <h:link
            outcome="sell"
            value="#{msg['sell']}"/>
        <h:link
            outcome="search"
            value="#{msg['search']}"/>
                <br/>
    </nav>
    <h:form>
        <h:commandButton
            action="#{localeController.change('en')}"
            image="#{resource['img:us.gif']}"/>
        <h:commandButton
            action="#{localeController.change('de')}"
            image="#{resource['img:de.gif']}"/>
    </h:form>
    </header>
</html>
```

Listing 9.122 »header.xhtml«

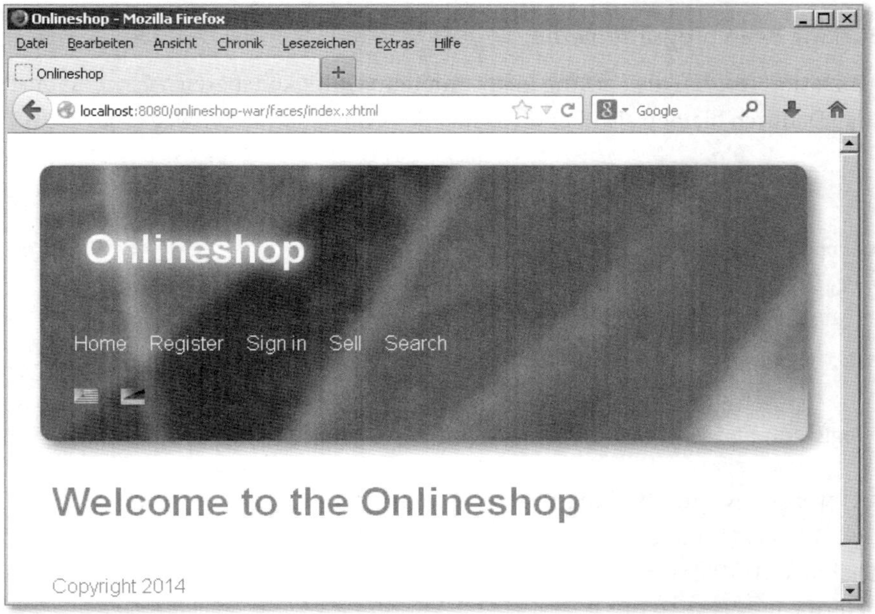

Abbildung 9.36 Der Wechsel der Spracheinstellung über Länderflaggen

9.10 Konversationen

Als wir in den vergangenen Listings die User-Story 1, »Als Kunde möchte ich mich registrieren«, programmierten, haben wir für die Backing Bean den Gültigkeitsbereich `RequestScoped` vorgesehen. Dieser Gültigkeitsbereich ist in diesem Fall ausreichend gewesen, denn nachdem die HTTP-Response als Antwort an den Client versendet wurde, ist auch das Dasein der Backing Bean nicht mehr erforderlich.

In der User-Story 2, »Als Kunde möchte ich mich einloggen«, benötigten wir hingegen einen Gültigkeitsbereich, der sich über die ganze HTTP-Sitzung hinweg erstreckt. Deshalb mussten wir dort den Gültigkeitsbereich auf `SessionScoped` hochstufen.

Doch wie sieht es bei der Umsetzung einer User-Story aus, bei der die Geschäftsdaten in mehreren View-Komponenten zunächst gesammelt werden? Ein typisches Beispiel für solch eine User-Story stellt ein Einkaufswagen dar. Grundsätzlich könnte die Backing Bean auch hier wieder in den Gültigkeitsbereich `SessionScoped` gesetzt werden. Dadurch wäre sie jedoch während der gesamten HTTP-Sitzung vorhanden, und dies ist für einen Einkaufswagen zu lang. Um für solche Anwendungsfälle einen angemessenen Gültigkeitsbereich anzubieten, wurde dem CDI-Standard die sogenannte *Conversation* beigefügt.

Als Beispiel werden wir die Registrierung des Onlineshops so erweitern, dass sie in drei Schritten abgearbeitet wird, da wir keine neue User-Story zum Onlineshop hinzufügen sollten. Die grundsätzliche Vorgehensweise ist die gleiche.

9.10.1 Die Backing Bean programmieren

Bei einer Conversation werden die Backing Beans mit dem Gültigkeitsbereich `ConversationScoped` versehen. Dadurch bleiben sie über die Dauer der Conversation hinweg erhalten.

```
...
@Named
@ConversationScoped
public class RegisterController implements Serializable {
    private static final long serialVersionUID = 1L;
    ...
}
```

Listing 9.123 »RegisterController.java«

Darüber hinaus werden wir der Backing Bean drei Methoden hinzufügen. Wir nennen die Methoden `step1()`, `step2()` und `persist()`. Der Einfachheit halber wird die Methode `step1()` immer die Zeichenkette `"register1"` und die Methode `step2()` immer die Zeichenkette `"register2"` liefern.

Hinweis

In einem Programm aus der realen Welt könnte an dieser Stelle eine Programmierlogik eingebaut werden. Darauf werden wir aber in diesem einfachen Beispiel verzichten.

An die Methode `persist()` erinnern Sie sich womöglich noch? Wir werden diese Methode ganz einfach aus vorherigen Beispielen übernehmen und so abändern, dass sie abhängig vom Ergebnis entweder die Zeichenkette `"success"` oder `"failure"` als Outcome zurückgibt.

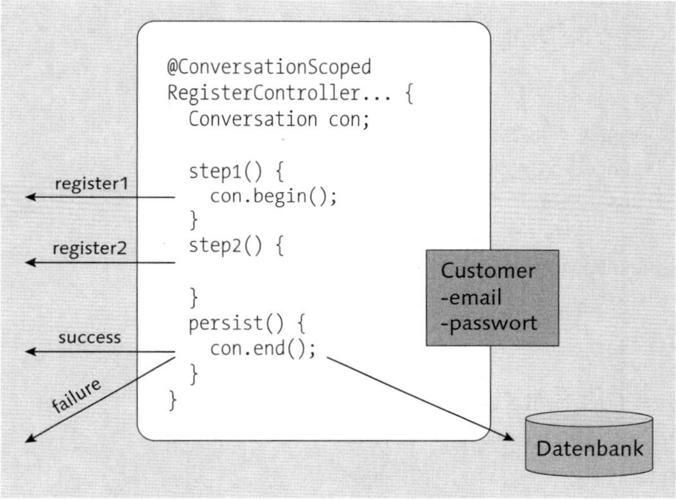

Abbildung 9.37 Die Backing Bean für die Conversation

Als Nächstes muss die Backing Bean eine Instanz der Klasse `javax.enterprise.context.Conversation` als Property enthalten, denn über dieses Objekt wird die Konversation begonnen und wieder beendet (siehe Abbildung 9.37). Die Klasse `Conversation` bietet die zwei Methoden `Conversation.begin()` und `Conversation.end()` an. Um den Beginn und das Ende der Konversation anzukündigen, muss jeweils die eine oder die andere Methode ausgeführt werden. Bevor diese Methoden aufgerufen wurden, steht die Konversation noch im flüchtigen (transienten) Modus. Nach dem Aufruf von `Conversation.begin()` befindet sich die Konversation im dauerhaften (long-running) Modus. Wann und wie man die Methoden `Conversation.begin()` und `Conversation.end()` abruft, hängt von dem Anwendungsfall ab und kann eigentlich ganz individuell programmiert werden. Allerdings müssen Sie beachten, dass die Methode `Conversation.begin()` eine `IllegalStateException` wirft, wenn sich die Konversation nicht im transienten Modus befindet. Analog dazu wirft die Methode `Conversation.end()` eine `IllegalStateException`, wenn sie nicht im dauerhaften Modus ausgeführt wird. In der Klasse `RegisterController` werden wir dies beachten, indem wir vorab jeweils den Status über die Methode `Conversation.isTransient()` abfragen.

Hier ist der komplette Quelltext der Backing Bean *RegisterController.java*:

```
package de.java2enterprise.onlineshop;

import java.io.Serializable;

import javax.annotation.Resource;
import javax.enterprise.context.Conversation;
import javax.enterprise.context.ConversationScoped;
import javax.faces.application.FacesMessage;
import javax.faces.context.FacesContext;
import javax.inject.Inject;
import javax.inject.Named;
import javax.persistence.EntityManagerFactory;
import javax.persistence.PersistenceUnit;
import javax.transaction.UserTransaction;

import de.java2enterprise.onlineshop.model.Customer;

@Named
@ConversationScoped
public class RegisterController implements Serializable {
    private static final long serialVersionUID = 1L;

    @Inject
    private Customer customer;

    public Customer getCustomer() {
        return customer;
    }

    public void setCustomer(Customer customer) {
        this.customer = customer;
    }

    @PersistenceUnit
    private EntityManagerFactory emf;

    @Resource
    private UserTransaction ut;

    @Inject
    private Conversation conversation;
```

```
    public String step1(){
        if(conversation.isTransient()) {
            conversation.begin();
        }
        return "register1";
    }

    public String step2(){
        return "register2";
    }

    public String persist() {
        try {
            ut.begin();
            emf.createEntityManager().persist(customer);
            ut.commit();
            FacesMessage m =
            new FacesMessage("Succesfully registered!");
            FacesContext
                .getCurrentInstance()
                .addMessage(null, m);
            if(!conversation.isTransient()) {
                conversation.end();
            }
            return "success";
        } catch (Exception e) {
            e.printStackTrace();
            FacesContext
                .getCurrentInstance()
                .addMessage(
                    null,
                    new FacesMessage(
                    FacesMessage.SEVERITY_WARN,
                    e.getMessage(),
                    null));
        }
        return "failure";
    }
}
```

Listing 9.124 »RegisterController.java«

9.10.2 Die View-Komponenten erstellen

Jetzt fehlen nur noch die View-Komponenten. Wir werden alle View-Komponenten in einem eigenen Ordner unterbringen, den wir willkürlich */register* nennen. Die Unterbringung in einem separaten Verzeichnis ist für die Conversation eigentlich nicht erforderlich. Sie verdeutlicht jedoch, dass die fünf View-Komponenten für die eine User-Story zusammengehören.

> **Hinweis**
>
> In Eclipse wird sich der Ordner */register* also unterhalb des Verzeichnisses */WebContent* befinden. Bedenken Sie auch, dass Sie die Links in der *header.xhtml* entsprechend anpassen müssen.

Innerhalb der Facelets werden wir den jeweils nächsten Arbeitsschritt einleiten, indem wir in den Schaltflächen Aktionsmethoden der Backing Bean aufrufen (siehe Abbildung 9.38).

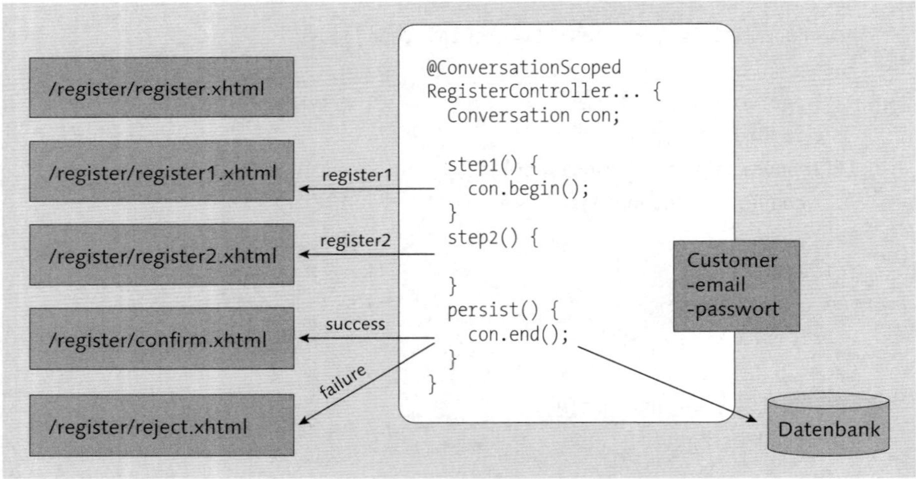

Abbildung 9.38 Die Facelets für die Conversation

Die Facelets *confirm.xhtml* und *reject.xhtml* wurden bereits in Abschnitt 9.3.3, »Die Navigation«, beschrieben. Deshalb werden jetzt nur noch die Facelets *register.xhtml, register1.xhtml* und *register2.xhtml* abgedruckt.

Im Facelet *register.xhtml* wird dem Benutzer angezeigt, dass er sich in dem Registrierdialog befindet. Gleichzeitig wird ihm eine Schaltfläche angeboten, über die er den ersten Schritt (Eingabe der E-Mail) für die Registrierung einleiten kann. Deshalb erstellen wir dort einen Command-Button mit dem Attribut `action="#{registerController.step1}"`. Mithilfe einer zweiten Schaltfläche erhält der Benutzer auch noch die Möglichkeit, den Dialog zu abzubrechen.

```
<?xml version="1.0" encoding="UTF-8" ?>
<!DOCTYPE html PUBLIC "-//W3C//DTD XHTML 1.0 Transitional//EN"
          "http://www.w3.org/TR/xhtml1/DTD/xhtml1-transitional.dtd">
<html xmlns="http://www.w3.org/1999/xhtml"
      xmlns:ui="http://xmlns.jcp.org/jsf/facelets"
      xmlns:h="http://xmlns.jcp.org/jsf/html"
      xmlns:f="http://xmlns.jcp.org/jsf/core">
<h:body>
    <ui:composition template="/index.xhtml" >
        <ui:define name="content">
        <h:form
            id="registerForm"
            prependId="false">
            <h:messages for="registerForm"
                infoStyle="color: green"
                warnStyle="color: red" />
            <h:panelGrid columns="2">
                <f:facet name="header">
                <h:outputText
                    value="#{msg['register']}"/>
                </f:facet>
                <h:commandButton
                    id="cancel"
                    value="#{msg['cancel']}"
                    action="index"/>
                <h:commandButton
                    id="step1"
                    value="#{msg['step']} 1"
                action="#{registerController.step1}"/>
            </h:panelGrid>
        </h:form>
        </ui:define>
    </ui:composition>
</h:body>
</html>
```

Listing 9.125 »register.xhtml«

Im Facelet *register1.xhtml* kann der Benutzer seine E-Mail eingeben und über zwei Schaltflächen entweder zurück oder vorwärts navigieren:

```
<?xml version="1.0" encoding="UTF-8" ?>
<!DOCTYPE html PUBLIC "-//W3C//DTD XHTML 1.0 Transitional//EN"
          "http://www.w3.org/TR/xhtml1/DTD/xhtml1-transitional.dtd">
```

```
<html xmlns="http://www.w3.org/1999/xhtml"
      xmlns:ui="http://xmlns.jcp.org/jsf/facelets"
      xmlns:h="http://xmlns.jcp.org/jsf/html"
      xmlns:f="http://xmlns.jcp.org/jsf/core">
<h:body>
    <ui:composition template="/index.xhtml" >
        <ui:define name="content">
        <h:form
            id="registerForm"
            prependId="false">
            <h:messages for="registerForm"
                infoStyle="color: green"
                warnStyle="color: red" />
            <h:panelGrid columns="2">
                <f:facet name="header">
                <h:outputText
                value=
                "#{msg['register']} #{msg['step']} 1:"/>
                </f:facet>
                <h:outputLabel
                    for="email"
                    value="#{msg['email']}:"/>
                <h:panelGroup>
                    <h:inputText
                    id="email"
                    label="#{msg['email']}"
                    value=
                "#{registerController.customer.email}"
                    maxlength="40"
                    size="40"/>
                    <h:message for="email"/>
                </h:panelGroup>
                <h:commandButton
                id="start"
                value="Start"
                action="#{registerController.start}"/>
                <h:commandButton
                id="step2"
                value="#{msg['step']} 2"
                action="#{registerController.step2}"/>
            </h:panelGrid>
        </h:form>
        </ui:define>
```

```
    </ui:composition>
</h:body>
</html>
```

Listing 9.126 »register1.xhtml«

Das Facelet *register2.xhtml* bietet eine Eingabemöglichkeit für das Kennwort des Benutzers. Über eine Schaltfläche, die mit der Aktion `action="#{registerController.persist}"` verbunden ist, wird die Registrierung abgeschlossen. Über eine zweite Schaltfläche kann der Benutzer auch wieder zurück zu Schritt 1 navigieren.

```
<?xml version="1.0" encoding="UTF-8" ?>
<!DOCTYPE html PUBLIC "-//W3C//DTD XHTML 1.0 Transitional//EN"
        "http://www.w3.org/TR/xhtml1/DTD/xhtml1-transitional.dtd">
<html xmlns="http://www.w3.org/1999/xhtml"
      xmlns:ui="http://xmlns.jcp.org/jsf/facelets"
      xmlns:h="http://xmlns.jcp.org/jsf/html"
      xmlns:f="http://xmlns.jcp.org/jsf/core">
<h:body>
    <ui:composition template="/index.xhtml" >
        <ui:define name="content">
        <h:form
            id="registerForm"
            prependId="false">
            <h:messages for="registerForm"
                infoStyle="color: green"
                warnStyle="color: red" />
            <h:panelGrid columns="2">
                <f:facet name="header">
                <h:outputText
        value="#{msg['register']} #{msg['step']} 2:"/>
                </f:facet>
                <h:outputLabel
                    for="password"
                    value="#{msg['password']}:"/>
                <h:panelGroup>
                    <h:inputSecret
                    id="password"
                    label="#{msg['password']}"
        value="#{registerController.customer.password}"
                        required="true">
                        <f:validateLength
                            minimum="6"
                            maximum="10"/>
```

```
                </h:inputSecret>
                <h:message for="password"/>
            </h:panelGroup>
            <h:commandButton
                id="step1"
                value="#{msg['step']} 1"
            action="#{registerController.step1}"/>
            <h:commandButton
                id="persist"
                value="#{msg['register']}"
                action="#{registerController.persist}"/>
        </h:panelGrid>
    </h:form>
    </ui:define>
  </ui:composition>
</h:body>
</html>
```

Listing 9.127 »register2.xhtml«

Für die explizite Navigation brauchen wir jetzt noch entsprechende Navigationsregeln in der JSF-Konfigurationsdatei. Folgende Regeln werden wir definieren:

- Wenn die Aktionsmethode `step1()` den Outcome `"register1"` zurückgibt, soll die View-Komponente `"/register/register1.xhtml"` ausgeführt werden.
- Wenn die Aktionsmethode `step2()` den Outcome `"register2"` zurückgibt, soll die View-Komponente `"/register/register2.xhtml"` ausgeführt werden.
- Wenn die Aktionsmethode `persist()` den Outcome `"success"` zurückgibt, soll die View-Komponente `"/register/confirm.xhtml"` ausgeführt werden.
- Wenn die Aktionsmethode `persist()` den Outcome `"failure"` zurückgibt, soll die View-Komponente `"/register/reject.xhtml"` ausgeführt werden.

```
<?xml version="1.0" encoding="UTF-8"?>
<faces-config
 xmlns="http://xmlns.jcp.org/xml/ns/javaee"
 xmlns:xsi="http://www.w3.org/2001/XMLSchema-instance"
 xsi:schemaLocation="http://xmlns.jcp.org/xml/ns/javaee
 http://xmlns.jcp.org/xml/ns/javaee/web-facesconfig_2_2.xsd"
 version="2.2">
    <navigation-rule>
        <from-view-id>*</from-view-id>
        <navigation-case>
            <from-outcome>index</from-outcome>
```

```
    <to-view-id>
        index.jsf
    </to-view-id>
    <redirect/>
</navigation-case>
<navigation-case>
    <from-outcome>register</from-outcome>
    <to-view-id>
        /register/register.jsf
    </to-view-id>
    <redirect/>
</navigation-case>
<navigation-case>
    <from-outcome>signin</from-outcome>
    <to-view-id>
        signin.jsf
    </to-view-id>
    <redirect/>
</navigation-case>
<navigation-case>
    <from-outcome>sell</from-outcome>
    <to-view-id>
        sell.jsf
    </to-view-id>
    <redirect/>
</navigation-case>
<navigation-case>
    <from-outcome>search</from-outcome>
    <to-view-id>
        search.jsf
    </to-view-id>
    <redirect/>
</navigation-case>
<navigation-case>
    <from-action>
    #{registerController.step1}
    </from-action>
    <from-outcome>register1</from-outcome>
    <to-view-id>
    /register/register1.xhtml
    </to-view-id>
</navigation-case>
<navigation-case>
```

```
            <from-action>
            #{registerController.step2}
            </from-action>
            <from-outcome>register2</from-outcome>
            <to-view-id>
            /register/register2.xhtml
            </to-view-id>
        </navigation-case>
        <navigation-case>
            <from-action>
            #{registerController.persist}
            </from-action>
            <from-outcome>success</from-outcome>
            <to-view-id>/register/confirm.xhtml
            </to-view-id>
        </navigation-case>
        <navigation-case>
            <from-action>
                #{registerController.persist}
            </from-action>
            <from-outcome>failure</from-outcome>
            <to-view-id>
                /register/reject.xhtml
            </to-view-id>
        </navigation-case>
    </navigation-rule>
</faces-config>
```

Listing 9.128 »faces-config.xml«

9.11 Faces Flows

In Abschnitt 9.10, »Konversationen«, wurde gezeigt, wie die View-Komponenten der User-Story 1 (Registrieren) mithilfe einer Conversation gekapselt werden und dabei die Geschäftsdaten über mehrere Schritte hinweg gültig bleiben. Bei den gängigsten User-Storys mit mehreren Schritten reicht der Gültigkeitsbereich `ConversationScoped` aus, sodass beispielsweise ein Einkaufswagen typischerweise hiermit programmiert werden würde.

Für die Realisierung von komplexeren Konversationen wurden mit der Java EE 7 (JSF 2.2) auch noch sogenannte *Faces Flows* eingeführt. Auch bei Faces Flows sind die Backing Beans über einen verlängerten Zeitraum gültig. Und genauso wie bei einer Conversation wird jeder einzelne Arbeitsschritt mithilfe einer View-Komponente abgebildet. Bis auf die abweichende

Benennung scheinen sich also Flows und Conversations zu ähneln. Faces Flows bieten jedoch weitaus mehr Möglichkeiten als Conversations. Denn ein Flow kann beispielsweise einen zweiten Flow aufrufen und ihm auch Werte übermitteln. Wurde der zweite Flow abgehandelt, so wird die Steuerung wieder an den ersten Flow zurückgereicht. Dieser setzt danach an der gleichen Stelle fort an, der man ihn unterbrach. Dies wird später anhand eines praktischen Beispiels gezeigt. Aber bevor wir in ein kompliziertes Beispiel einsteigen, schauen wir uns zunächst noch ein einfaches Faces-Flows-Beispiel an.

9.11.1 Ein Faces-Flows-Beispiel

Für dieses Beispiel werden wir zunächst wieder die User-Story 1 des Onlineshops heranziehen.

Bevor wir die Dateien für einen Flow festlegen, brauchen wir zuallererst einen Hauptbezeichner für den gesamten Flow. Dieser wird als sogenannte Flow-ID verwendet. Für die Registrierung wäre das beispielsweise `"register"`.

Die Backing Bean programmieren

Als Nächstes werden wir die Backing Bean erstellen. Bei Faces Flows werden die Backing Beans mit dem Gültigkeitsbereich `javax.faces.flows.FlowScoped` versehen. Hierdurch bleiben die Werte in den Backing Beans für die Dauer des Flows gültig. Bei der Annotation `@FlowScoped` muss die Flow-ID hinterlegt werden. Hierfür wird das Annotationsattribut `value` eingesetzt:

```
@Named
@FlowScoped(value = "register")
public class RegisterController implements Serializable {
    private static final long serialVersionUID = 1L;
    ...
}
```

Listing 9.129 »RegisterController.java«

Innerhalb der Backing Bean werden wir die Steuerung mithilfe von Aktionsmethoden realisieren. Wir definieren drei Methoden, die wir `step1()`, `step2()` und `persist()` nennen. Dies erfolgt analog zum Beispiel des letzten Abschnitts mit den Conversations. Eine Property des Typs `Conversation` brauchen wir bei Faces Flows allerdings nicht mehr, denn der Dialog beginnt und endet automatisch durch das Betreten der Views. Ansonsten sieht die Backing Bean genauso wie in Abschnitt 9.10 über Conversations aus.

```
package de.java2enterprise.onlineshop;

import java.io.Serializable;
```

```
import javax.annotation.Resource;
import javax.faces.application.FacesMessage;
import javax.faces.context.FacesContext;
import javax.faces.flow.FlowScoped;
import javax.inject.Inject;
import javax.inject.Named;
import javax.persistence.EntityManagerFactory;
import javax.persistence.PersistenceUnit;
import javax.transaction.UserTransaction;

import de.java2enterprise.onlineshop.model.Customer;

@Named
@FlowScoped(value = "register")
public class RegisterController implements Serializable {
    private static final long serialVersionUID = 1L;

    @Inject
    private Customer customer;

    public Customer getCustomer() {
        return customer;
    }

    public void setCustomer(Customer customer) {
        this.customer = customer;
    }

    @PersistenceUnit
    private EntityManagerFactory emf;

    @Resource
    private UserTransaction ut;

    public String start() {
        return "register";
    }

    public String step1(){
        return "register1";
    }

    public String step2(){
```

```
        return "register2";
    }

    public String persist() {
        try {
            ut.begin();
            emf.createEntityManager().persist(customer);
            ut.commit();
            FacesMessage m = new FacesMessage(
                "Succesfully registered!");
            FacesContext
                .getCurrentInstance()
                .addMessage(null, m);
            return "success";
        } catch (Exception e) {
            e.printStackTrace();
            FacesContext
                .getCurrentInstance()
                .addMessage(
                    null,
                    new FacesMessage(
                    FacesMessage.SEVERITY_WARN,
                        e.getLocalizedMessage(),
                        null));
        }
        return "failure";
    }
}
```

Listing 9.130 »RegisterController«

Die View-Komponenten erstellen

Als Nächstes müssen wir die Facelets erstellen. Die Konvention verlangt, dass der Flow in Form eines Dateiverzeichnisses angelegt wird, das den Namen der Flow-ID trägt. In diesem Verzeichnis werden alle `flow-nodes` als Dateien angelegt. Die Konvention besagt ferner, dass der `start-node` genauso wie das Verzeichnis den Namen der View-ID tragen soll, damit hierfür auf eine Konfiguration verzichtet werden kann.

Der Flow wird also aus folgenden fünf `flow-nodes` bestehen:

- `"/register/register.xhtml"`
- `"/register/register1.xhtml"`
- `"/register/register2.xhtml"`

- "/register/confirm.xhtml"
- "/register/reject.xhtml"

Ist Ihnen etwas aufgefallen? Wenn Sie das Registrierbeispiel im letzten Abschnitt auf Ihrem Rechner programmiert haben, brauchen Sie jetzt nichts mehr zu ändern. Denn dort hatten wir bereits das Verzeichnis */register* mit diesen Dateien angelegt. Diese Facelets können wir also auch bei Faces Flows weiter nutzen.

Konfiguration

Im nächsten Schritt müssen wir den Flow noch konfigurieren. Die Navigation durch die hintereinander ablaufenden Arbeitsschritte kann entweder wieder in der JSF-Konfigurationsdatei oder auch Im Programm festgelegt werden. In diesem Buch wird lediglich die Konfiguration über die JSF-Konfigurationsdatei gezeigt, da sie mit einem geringeren Aufwand erstellt werden kann.

Es wurde bereits erwähnt, dass manche Konfigurationen jetzt eventuell wegfallen können, weil die Dateien der Konvention von Faces Flows entsprechen. Damit Sie ein Konfigurationsbeispiel aber einmal vollständig kennenlernen, werden wir dennoch die ausführliche Variante wählen. Hierbei werden einige neue Begriffe auftreten, die zunächst erklärt werden müssen.

Die Konfiguration wird üblicherweise nicht in der zentralen, sondern in einer individuellen Konfigurationsdatei durchgeführt. Diese individuelle Konfigurationsdatei befindet sich per Konvention im gleichen Unterverzeichnis wie die übrigen View-Komponenten des Flows. Auch der Name der Konfigurationsdatei ist durch die Konvention festgelegt, denn er beginnt mit dem Bezeichner der View-ID und endet auf *-flow.xml*. Die Konfigurationsdatei für die User-Story 1 nennt sich also *register-flow.xml*.

Das verwendete XML-Schema entspricht dem von der Datei *faces-config.xml*. Die Definition des Flows erfolgt in einem Element, das sich `flow-definition` nennt:

```
<faces-config
  version="2.2"
  xmlns="http://xmlns.jcp.org/xml/ns/javaee"
  xmlns:xsi="http://www.w3.org/2001/XMLSchema-instance"
  xsi:schemaLocation="http://xmlns.jcp.org/xml/ns/javaee
  http://xmlns.jcp.org/xml/ns/javaee/web-facesconfig_2_2.xsd">

    <flow-definition id="register">
    </flow-definition>
</faces-config>
```

Listing 9.131 »register-flow.xml«

Den einzelnen Arbeitsschritt nennt man Flow-*node*. Jeder Flow-*node* entspricht gleichzeitig auch einer View-Komponente, die über das Element `view` definiert werden kann. Innerhalb des Elements `view` wird der Pfad zur VDL-Datei bestimmt. Einer der Flow-nodes ist der Startpunkt. Man nennt diesen Knoten `start-node`. Der Flow beginnt automatisch, wenn der `start-node` betreten wird. Im folgenden Listing wird der Flow-node `register_start` definiert und über das XML-Element `start-node` als Startpunkt festgelegt:

```
    ...
    <flow-definition id="register">
        <start-node>register_start</start-node>
        <view id="register_start">
            <vdl-document>
            /register/register.xhtml
            </vdl-document>
        </view>
    </flow-definition>
</faces-config>
```

Listing 9.132 »register-flow.xml«

Mithilfe des Elements `flow-return` wird festgelegt, wann der Flow wieder verlassen wird. Im folgenden Listing legen wir fest, dass der Gültigkeitsbereich der Backing Bean beim Outcome `/index` endet:

```
    ...
    <flow-definition id="register">
        <start-node>register_start</start-node>
        <view id="register_start">
            <vdl-document>
            /register/register.xhtml
            </vdl-document>
        </view>
        <flow-return id="register_return">
            <from-outcome>/index</from-outcome>
        </flow-return>
    </flow-definition>
</faces-config>
```

Listing 9.133 »register-flow.xml«

Der Rest der Konfiguration ist aus den vorherigen Beispielen der Registrierung kopiert. In dem folgenden Listing sehen Sie die komplette Konfigurationsdatei für den Flow der Registrierung:

```
<faces-config
  version="2.2"
  xmlns="http://xmlns.jcp.org/xml/ns/javaee"
  xmlns:xsi="http://www.w3.org/2001/XMLSchema-instance"
  xsi:schemaLocation="http://xmlns.jcp.org/xml/ns/javaee
  http://xmlns.jcp.org/xml/ns/javaee/web-facesconfig_2_2.xsd">

    <flow-definition id="register">
        <start-node>register_start</start-node>
        <view id="register_start">
            <vdl-document>
            /register/register.xhtml
            </vdl-document>
        </view>
        <flow-return id="register_return">
            <from-outcome>/index</from-outcome>
        </flow-return>
        <navigation-rule>
            <from-view-id>
            /register/register2.xhtml
            </from-view-id>
            <navigation-case>
                <from-outcome>
                    success
                </from-outcome>
                <to-view-id>
                    /register/confirm.xhtml
                </to-view-id>
            </navigation-case>
            <navigation-case>
                <from-outcome>
                    failure
                </from-outcome>
                <to-view-id>
                    /register/reject.xhtml
                </to-view-id>
            </navigation-case>
        </navigation-rule>
    </flow-definition>
</faces-config>
```

Listing 9.134 »register-flow.xml«

9.11.2 Der Aufruf eines zweiten Flows

Ein Flow kann einen zweiten Flow aufrufen und ihm hierbei auch seine Geschäftsdaten übergeben. In diesem Abschnitt wird dies anhand eines Beispiels aus dem Onlineshop gezeigt. In dem Beispiel wird der Flow für die Registrierung s einen zweiten Flow aufrufen. Die Kunden sollen nach der Registrierung (User-Story 1) direkt in die View gelangen, in der sie ihre Artikel anbieten können (User-Story 3). Das Einloggen soll also umgangen werden.

In der Registrierung benötigen wir zwei Dinge:

- eine Schaltfläche für den Aufruf
- eine zusätzliche Konfiguration für die Übergabe der Geschäftsdaten

Bei der User-Story 3 »Verkaufen« wird es etwas aufwendiger. Denn da wir (in den vergangenen Abschnitten) dort noch keinen Flow programmiert haben, werden wir dies jezt nachholen müssen.

Der Aufruf aus der Registrierung

Für den Aufruf aus der Registrierung werden wir in der Datei *confirm.xml* eine Schaltfläche einbauen, die mit dem Text »Ich möchte sofort einen Artikel anbieten« beschriftet ist. Wichtig ist hierbei, dass die Schaltfläche die ID des zweiten Flows anzeigt.

```
<?xml version="1.0" encoding="UTF-8" ?>
<!DOCTYPE html PUBLIC "-//W3C//DTD XHTML 1.0 Transitional//EN"
          "http://www.w3.org/TR/xhtml1/DTD/xhtml1-transitional.dtd">
<html xmlns="http://www.w3.org/1999/xhtml"
      xmlns:ui="http://xmlns.jcp.org/jsf/facelets"
      xmlns:h="http://xmlns.jcp.org/jsf/html">
<h:body>
    <ui:composition template="/index.xhtml" >
        <ui:define name="content">
            Sie wurden erfolgreich registriert!
            <h:form>
            <h:commandButton
                action="/index"
                value="Home"/>
            <h:commandButton
                id="sell"
                value=
            "Ich möchte sofort einen Artikel anbieten"
                action="sell" />
            </h:form>
        </ui:define>
```

```
    </ui:composition>
</h:body>
</html>
```

Listing 9.135 »confirm.xhtml«

In der Konfigurationsdatei *register-flow.xml* legen wir den Aufruf des zweiten Flows mithilfe des Elements `flow-call` fest. Innerhalb dessen setzen wir das Element `flow-reference` und in diesem wiederum das Element `flow-id` ein:

```
    <flow-definition id="register">
        ...

        <flow-call id="sell">
            <flow-reference>
                <flow-id>
                    sell
                </flow-id>
            </flow-reference>
        </flow-call>
    </flow-definition>
    ...
```

Listing 9.136 »register-flow.xml«

Die Konfiguration der Übergabeparameter

Der Flow `"register"` wird die ID des Kunden als Parameter übergeben. Mithilfe dieser ID kann der Flow `"sell"` den Verkäufer ermitteln. Diese Information ist in der User-Story 3 sehr wichtig, da ein Artikel ohne Verkäufer-ID nicht persistiert werden kann.

Die Übergabe des Parameters definieren Sie innerhalb des `flow-call`-Elements mit dem Element `outbound-parameter`. Innerhalb des Elements `outbound-parameter` setzen Sie mit dem Element `name` den Bezeichner des Parameters. Dieser Bezeichner ist für die Übergabe sehr wichtig, da er vom empfangenden Flow mit einem gleich benannten Bezeichner referenziert wird.

```
<flow-definition id="register">
    ...

    <flow-call id="sell">
        <flow-reference>
            <flow-id>
                sell
            </flow-id>
```

```
        </flow-reference>
        <outbound-parameter>
            <name>customerid</name>
            <value>
            #{registerController.customer.id}
            </value>
        </outbound-parameter>
    </flow-call>
</flow-definition>
...
```

Listing 9.137 »register-flow.xml«

9.11.3 Die User-Story 3 als Flow

Damit Artikel in mehreren Stufen angeboten werden können, werden wir die User-Story 3 nun als Flow realisieren. Hierfür erstellen wir ein Verzeichnis mit dem Namen */sell*. Diesem Verzeichnis werden wir die Faclets */sell/sell.xhtml*, */sell/sell1.xhtml*, */sell/sell2.xhtml* und die Konfigurationsdatei *sell-flow.xml* beifügen. In diesem Abschnitt werden die jeweiligen Quelltexte nun vollständig abgedruckt, damit Sie den erforderlichen Code komplett nachprogrammieren können.

sell.xhtml

In dem Facelet *sell.xhtml* startet der Flow. Dort werden zwei Buttons angeboten. Der erste ruft die Aktion `"return"` und der zweite die Aktion `"sell1"` auf:

```
<?xml version="1.0" encoding="UTF-8" ?>
<!DOCTYPE html>
<html xmlns="http://www.w3.org/1999/xhtml"
    xmlns:ui="http://xmlns.jcp.org/jsf/facelets"
      xmlns:h="http://xmlns.jcp.org/jsf/html"
      xmlns:f="http://xmlns.jcp.org/jsf/core">
<h:body>
<ui:composition template="/index.xhtml">
<ui:define name="content">
<h:form
    id="sellForm"
    prependId="false">
    <h:messages for="sellForm"
        infoStyle="color: green"
        warnStyle="color: red"/>
    <h:panelGrid columns="2">
        <f:facet name="header">
```

```
                <h:outputText
                    value="#{msg['sell']}"/>
            </f:facet>
            <h:commandButton
                id="return"
                value="#{msg['cancel']}"
                action="return"/>
            <h:commandButton
                id="sell1"
                value="#{msg['step']} 1"
                action="sell1"/>
        </h:panelGrid>
        </h:form>
</ui:define>
</ui:composition>
</h:body>
</html>
```

Listing 9.138 »sell.xhtml«

sell1.xhtml

Das zweite Faclet bietet Eingabefelder an, damit der Benutzer dem Artikel einen Titel, eine Beschreibung und einen Preis geben kann. Über einen Button kann er die Aktion "sell2" starten.

```
<?xml version="1.0" encoding="UTF-8" ?>
<!DOCTYPE html>
<html xmlns="http://www.w3.org/1999/xhtml"
    xmlns:ui="http://xmlns.jcp.org/jsf/facelets"
      xmlns:h="http://xmlns.jcp.org/jsf/html"
      xmlns:f="http://xmlns.jcp.org/jsf/core">
<h:body>
<ui:composition template="/index.xhtml">
<ui:define name="content">
<h:form
    id="sellForm"
    prependId="false">
    <h:messages for="sellForm"
        infoStyle="color: green"
        warnStyle="color: red"/>
    <h:panelGrid columns="2">
        <f:facet name="header">
            <h:outputText value="#{msg['sell']}  #{msg['step']} 1:"/>
```

```
    </f:facet>

    <h:outputLabel
        value="#{msg['item.title']}"
        for="title"/>
    <h:panelGroup>
        <h:inputText
            id="title"
            value="#{sellController.item.title}"
            label="#{msg['item.title']}"
            required="true"/>
        <h:messages for="title"/>
    </h:panelGroup>
    <h:outputLabel
        value="#{msg['item.description']}:"
        for="desription"/>
    <h:panelGroup>
        <h:inputTextarea
            id="description"
            value="#{sellController.item.description}"
            label="#{msg['item.description']}"
            required="true"/>
        <h:messages for="description"/>
    </h:panelGroup>
    <h:outputLabel
        value="#{msg['item.price']}:"
        for="price"/>
    <h:panelGroup>
        <h:inputText
            id="price"
            value="#{sellController.item.price}"
            label="#{msg['item.price']}"
            required="true"/>
        <h:messages for="price"/>
    </h:panelGroup>

    <h:commandButton
        id="sell2"
        value="#{msg['step']} 2"
        action="step2"/>

</h:panelGrid>
</h:form>
```

```
</ui:define>
</ui:composition>
</h:body>
</html>
```

Listing 9.139 »sell1.xhtml«

sell2.xhtml

Das dritte Facelett zeigt die bislang erfassten Geschäftsdaten an. Darüber hinaus kann ein Foto hochgeladen werden. Über einen Button wird die Aktionsmethode `persist()` aufgerufen.

```
<?xml version="1.0" encoding="UTF-8" ?>
<!DOCTYPE html>
<html xmlns="http://www.w3.org/1999/xhtml"
    xmlns:ui="http://xmlns.jcp.org/jsf/facelets"
      xmlns:h="http://xmlns.jcp.org/jsf/html"
      xmlns:f="http://xmlns.jcp.org/jsf/core">
<h:body>
<ui:composition template="/index.xhtml" >
<ui:define name="content">
<h:form
    id="sellForm"
    prependId="false"
    enctype="multipart/form-data">
    <h:messages for="sellForm"
        infoStyle="color: green"
        warnStyle="color: red"/>
    <h:panelGrid columns="2">
        <f:facet name="header">
            <h:outputText value="#{msg['sell']} #{msg['step']} 2:"/>
        </f:facet>

        <h:outputLabel
            value="#{msg['item.title']}:"
            for="title"/>
        <h:outputText
            value="#{sellController.item.title}"/>

        <h:outputLabel
            value="#{msg['item.description']}:"/>
        <h:outputText
        value="#{sellController.item.description}"/>
```

```
        <h:outputLabel value="#{msg['item.price']}:"/>
        <h:outputText
        value="#{sellController.item.price}"/>

        <h:outputLabel
            value="#{msg['item.foto']}:"
            for="foto"/>
        <h:inputFile
            id="foto"
            value="#{sellController.part}"
            label="#{msg['item.foto']}"/>

        <h:commandButton
            id="sell1"
            value="#{msg['step']} 1"
            action="sell1"/>
        <h:commandButton
            value="#{msg['sell']}"
            action="#{sellController.persist(signinController)}"/>
    </h:panelGrid>
</h:form>
</ui:define>
</ui:composition>
</h:body>
</html>
```

Listing 9.140 »sell2.xhtml«

sell-flow.xml

Im folgenden Listing sehen Sie die Konfigurationsdatei für den Flow:

```
<faces-config
  version="2.2"
  xmlns="http://xmlns.jcp.org/xml/ns/javaee"
  xmlns:xsi="http://www.w3.org/2001/XMLSchema-instance"
  xsi:schemaLocation="http://xmlns.jcp.org/xml/ns/javaee
  http://xmlns.jcp.org/xml/ns/javaee/web-facesconfig_2_2.xsd">
<flow-definition id="sell">
    <start-node>start</start-node>
    <view id="start">
        <vdl-document>
        /sell/sell.xhtml
```

```
        </vdl-document>
    </view>
    <view id="step1">
        <vdl-document>
        /sell/sell1.xhtml
        </vdl-document>
    </view>
    <view id="step2">
        <vdl-document>
        /sell/sell2.xhtml
        </vdl-document>
    </view>
    <flow-return id="sell_return">
        <from-outcome>
        #{sellController.return}
        </from-outcome>
    </flow-return>
    <inbound-parameter>
        <name>
        customerid
        </name>
        <value>
        #{flowScope.customerid}
        </value>
    </inbound-parameter>
</flow-definition>
</faces-config>
```

Listing 9.141 »sell-flow.xml«

SellController.java

In der Datei *SellController* werden wir den übergebenen Parameter mit der ID des Kunden nutzen, um den Verkäufer zu ermitteln.

```
...
public String persist(SigninController signinController) {
    Customer customer = signinController.getCustomer();
    try {
        ut.begin();
        FacesContext fc =
            FacesContext.getCurrentInstance();
        Application app = fc.getApplication();
        FlowHandler fh = app.getFlowHandler();
```

```
        Map<Object, Object> cfs =
            fh.getCurrentFlowScope();
        Object customerid = cfs.get("customerid");
        EntityManager em = emf.createEntityManager();
        if(customerid != null) {
            customer =
                em.find(
                Customer.class, customerid);
        }
        item.setSeller(customer);
        InputStream input = part.getInputStream();
        ByteArrayOutputStream output =
            new ByteArrayOutputStream();
        byte[] buffer = new byte[10240];
        for (
            int length = 0;
            (length = input.read(buffer)) > 0;) {
            output.write(buffer, 0, length);
        }
        item.setFoto(scale(output.toByteArray()));
        emf.createEntityManager().merge(item);
        ut.commit();
    } catch (Exception e) {
        e.printStackTrace();
            FacesContext.
                getCurrentInstance().
                addMessage(
                    null,
        new FacesMessage(e.getLocalizedMessage()));
        return null;
    }
    return "/index";
}
...
```

Listing 9.142 »SellController.java«

9.12 Events und Listener

In den bisherigen Programmierbeispielen haben wir den Onlineshop nach dem klassischen Programmierkonzept einer Webanwendung entwickelt. Clientseitig lag hierbei der Fokus auf der Bereitstellung von Schaltflächen und Links, deren Aktivierung eine Aktionsmethode in einer Backing Bean auslösten.

JSF ermöglicht ein zusätzliches Programmiermodell, das den Entwickler befähigt, auch auf weitere Ereignisse Einfluss zu nehmen. Die Rede ist von dem sogenannten *Event-Listener-Programmiermodell*, das Ihnen womöglich bereits aus der AWT- bzw. Swing-Welt bekannt sein könnte. Mithilfe dieses Programmiermodells ist die Auslösung einer Aktion nicht mehr nur auf die Mausklickereignisse der Benutzer reduziert.

Im JSF-Framework wurden die verschiedenen Ereignisse in Gruppen aufgeteilt und objekthierarchisch als Java-Klassen abstrahiert. Alle Event-Klassen des JSF-Frameworks haben `java.util.EventObject` als Urvaterklasse, genauso wie es bei den AWT- und Swing-Klassen üblich ist.

Die unterschiedlichen JSF-Event-Klassen können Sie Abbildung 9.39 entnehmen.

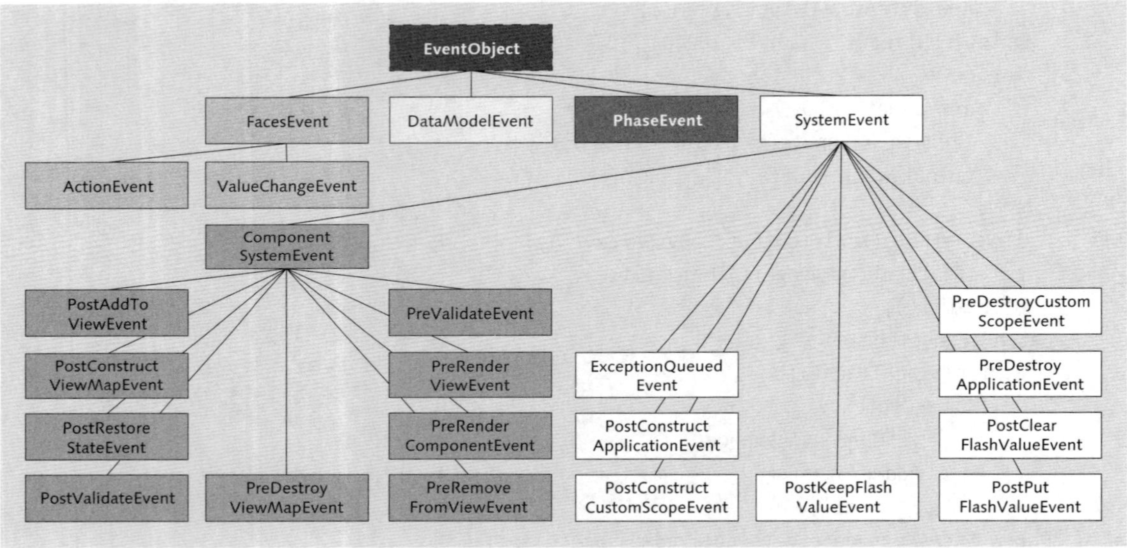

Abbildung 9.39 Die JSF-Event-Klassen

In der Abbildung sehen Sie, dass sich die Event-Klassen in bestimmte Ereignistypen gruppieren lassen. Auf der linken Seite wurden alle Events gruppiert, die sich bei UI-Komponenten ereignen. Links oben befinden sich hierbei die Events, die in der Programmierung besonders häufig verwendet werden. Hierzu gehören beispielsweise Events vom Typ `ActionEvent`, die durch das Betätigen einer Schaltfläche oder eines Links ausgelöst werden. Neben diesen sind auch Events vom Typ `ValueChangeEvent` bedeutend, denn sie erleichtern die Verarbeitung von Werten, die sich in Eingabefeldern geändert haben. Beide Event-Typen sind von der Klasse `FacesEvent` abgeleitet. Ganz oben in der Mitte ist die Klasse `DataModelEvent` abgebildet, mit der die Ereignisse bei der Klasse `DataModel` belauscht werden können.

Events vom Typ `PhaseEvent` ereignen sich bei jedem Eintritt in eine bzw. bei jedem Austritt aus einer Phase im Lebenszyklus einer Anfrage. Wir werden sie nutzen, um einen Logger zu realisieren, der uns über die Vorgänge im JSF-Framework zur Laufzeit berichtet.

Ansonsten wurden alle weiteren Events, die sich im Verlauf des Lebenszyklus einer Anfrage oder im Betrieb der Anwendung sonst noch ereignen, mithilfe der Unterklassen von `SystemEvent` abstrahiert. Dazu zählen beispielsweise die Validier- oder Konvertier-Ereignisse während des Lebenszyklus, Ausnahmefehler-Ereignisse oder auch der Start der Anwendung. Wie Sie an den abgehenden Linien von `SystemEvent` zur linken Seite der Abbildung sehen können, zählen auch zahlreiche komponentenbasierte Ereignisse zu den Unterklassen von `SystemEvent`.

Wenn zur Laufzeit ein Ereignis aufgefangen werden soll, muss ein Event-Listener bereitgestellt werden. Wie das im Einzelnen funktioniert, wird nun für die einzelnen Typen ausführlich beschrieben.

9.12.1 ActionEvent

Um einen `ActionEvent` mit einem Listener abzufangen, können wir entweder eine Klasse programmieren, die vom Interface `javax.faces.event.ActionListener` abgeleitet ist, oder eine `ActionListener`-Methode in einer Backing Bean programmieren. Die `Action`-Klasse hat den Vorteil, dass beliebig viele Action-Listener eingebaut werden können. Der Vorteil der `Action`-Klasse ist, dass innerhalb der Backing-Bean-Klasse unmittelbar auf die Properties der Backing Bean zugegriffen werden kann.

Vielleicht ist Ihnen aufgefallen, dass wir durch die Programmierung eines Action-Listeners nichts anderes tun als das, was bislang schon mehrfach mit der Aktionsmethode gezeigt wurde. Denn auch in einer Aktionsmethode wird das Mausklickereignis auf die Schaltfläche bzw. auf den Hyperlink verarbeitet. Es stellt sich also die Frage, ob es sich hierbei nicht um eine überflüssige Funktion handelt.

Das ist teilweise auch richtig, nur dass der Action-Listener noch vor der Aktionsmethode ausgeführt wird. Wenn man aber hiervon absieht, haben die beiden Varianten den gleichen Zweck.

Die »ActionListener«-Klasse

Das folgende Listing zeigt die Klasse `BuyListener.java`. In dieser Klasse muss die Methode `processAction()` des Interfaces `ActionListener` programmiert werden. In der Methode werden wir zur Veranschaulichung eine ganz einfache Nachricht erstellen. Die Nachricht lautet: »Sie versuchen, einen Artikel zu kaufen!«

```
package de.java2enterprise.onlineshop;

import javax.faces.application.FacesMessage;
```

```
import javax.faces.context.FacesContext;
import javax.faces.event.AbortProcessingException;
import javax.faces.event.ActionEvent;
import javax.faces.event.ActionListener;

public class BuyListener implements ActionListener {

    @Override
    public void processAction(ActionEvent event)
            throws AbortProcessingException {

        FacesMessage fm =
            new FacesMessage(
            "Sie versuchen, einen Artikel zu kaufen!");
        FacesContext
            .getCurrentInstance()
            .addMessage(
                "buyForm",
                fm);
    }
}
```

Listing 9.143 »BuyListiner.java«

Nun muss der `ActionListener` noch in der Schaltfläche registriert werden. Dies gelingt mit der Komponente `actionListener`:

```
<h:commandButton
    value="#{msg['buy']}"
    action="#{buyController.update(item.id)}"
    disabled="#{not empty item.sold}"
    immediate="true">
    <f:actionListener
        type="de.java2enterprise.onlineshop.BuyListener"
    />
</h:commandButton>
```

Listing 9.144 »search.xhtml«

Die »ActionListener«-Methode

Die `ActionListener`-Methode wird in einer Backing Bean untergebracht. Beispielsweise ist im folgenden Listing die Methode `createMessage()` in der Backing Bean `BuyController` eingebaut:

```
public void createMessage(ActionEvent event)
        throws AbortProcessingException {
    FacesMessage fm =
        new FacesMessage(
        "Sie versuchen, einen Artikel zu kaufen!");
        FacesContext
            .getCurrentInstance()
            .addMessage(
                "buyForm",
                fm);
    FacesContext.getCurrentInstance().renderResponse();
}
```


Listing 9.145 »BuyController.java«

Die ActionListener-Methode wird in der UI-Komponente über das Attribut actionListener registriert:

```
<h:commandButton
    value="#{msg['buy']}"
    actionListener="#{buyController.createMessage}"
    action="#{buyController.update(item.id)}"
    disabled="#{not empty item.sold}"
    immediate="true"/>
```

Listing 9.146 »search.xhtml«

9.12.2 ValueChanged-Event

Mit einem ValueChanged-Event werden Änderungen an HTML-Eingabeelementen (wie beispielsweise Eingabefelder, Textareas, Checkboxes oder Radiobuttons) erfasst. Der Zeitpunkt, an dem der Listener aufgerufen wird, ist aber nicht mit dem Zeitpunkt der clientseitigen Änderung gleichzusetzen. Denn die Änderung des Wertes ist erst amtlich, wenn der Server das gesamte HTML-Formular empfangen hat und JSF hierbei eine Veränderung verzeichnet. Statt eines ValueChanged-Listeners könnten wir also auch einen eigenen Algorithmus programmieren, der die ursprünglichen Daten mit den vom Client empfangenen Daten vergleicht. Die Aufgabe des ValueChanged-Listeners ist es, genau diesen Aufwand zu vermeiden.

Im folgenden Listing werden wir als Beispiel eine Editierseite für die E-Mail des Benutzers anbieten. Sobald sich der Benutzer einloggt, zeigen wir im Hauptmenü einen neuen Link an, den wir Edit Email nennen.

```
...
<h:commandLink
    value="Edit Email"
```

```
    action="/editEmail.xhtml"
    rendered="#{not empty signinController.customer.email}"/>
...
```

Listing 9.147 »header.xhtml«

Über diesen Link gelangt der Benutzer zu der Seite */editEmail.xhtml*. In *editEmail.xhtml* werden wir dem Benutzer seine bisherige E-Mail-Adresse anzeigen. Über eine Schaltfläche kann der Benutzer zurück zur Home-Seite wechseln.

```
<?xml version="1.0" encoding="UTF-8" ?>
<!DOCTYPE html PUBLIC "-//W3C//DTD XHTML 1.0 Transitional//EN"
          "http://www.w3.org/TR/xhtml1/DTD/xhtml1-transitional.dtd">
<html xmlns="http://www.w3.org/1999/xhtml"
    xmlns:ui="http://xmlns.jcp.org/jsf/facelets"
      xmlns:h="http://xmlns.jcp.org/jsf/html"
      xmlns:f="http://xmlns.jcp.org/jsf/core">
<h:body>
    <ui:composition template="/index.xhtml" >
        <ui:define name="content">
        <h:form id="editEmailForm">
            <h:messages for="editEmailForm"
                infoStyle="color: green"
                warnStyle="color: red" />
            <h:panelGrid columns="2">
                <f:facet name="header">
                    <h:outputText value="E-Mail ändern"/>
                </f:facet>
                <h:outputLabel
                    for="email"
                    value="#{msg['email']}:"/>
                <h:panelGroup>
                    <h:inputText
                        id="email"
                        label="#{msg['email']}"
                        value="#{signinController.customer.email}"
                        valueChangeListener="#{signinController.emailChanged}"
                        required="true">
                        <f:validateLength
                            minimum="6"
                            maximum="40"/>
                    </h:inputText>
                    <h:message for="email"/>
                </h:panelGroup>
```

```
            <h:commandButton
                value="Ändern"
                action="index"
                />

        </h:panelGrid>
    </h:form>
    </ui:define>
  </ui:composition>
</h:body>
</html>
```


Listing 9.148 »editEmail.xhtml«

Wenn der Benutzer seine E-Mail-Adresse vorab abgewandelt hatte, wird die geänderte E-Mail-Adresse abgespeichert, ansonsten werden wir keine Änderung in der Datenbank vornehmen. Im `SigninController` werden wir folgende `ValueChangedListener`-Methode implementieren:

```
    public void emailChanged(ValueChangeEvent event) {
        String email = (String) event.getNewValue();
        customer.setEmail(email);
        try {
            ut.begin();
            emf.createEntityManager().merge(customer);
            ut.commit();
            FacesMessage m =
            new FacesMessage("Succesfully changed!");
            FacesContext
                .getCurrentInstance()
                .addMessage(null, m);
        } catch (Exception e) {
            e.printStackTrace();
            FacesContext
                .getCurrentInstance()
                .addMessage(
                    null,
                    new FacesMessage(
                    FacesMessage.SEVERITY_WARN,
                        e.getLocalizedMessage(),
                        null));
        }
    }
```

Listing 9.149 »SigninController.java«

9.12.3 DataModel-Event

Im bisherigen Listing des Facelets */search.xhtml* wurde der UI-Komponente ein Objekt des Typs `java.util.List<Item>` übergeben. Obwohl diese einfache Variante funktioniert, wird das Datenmodell häufig eher als Typ der Klasse `javax.faces.model.DataModel` realisiert, das mithilfe eines DataModel-Listeners abgehört werden kann. Die Funktionsweise des DataModel-Event-Listeners wird anhand eines Beispiels deutlich. Wir werden den `SearchController` aus dem bisherigen Onlineshop-Beispiel so erweitern, dass er die Artikel des Onlineshops nun als Objekt der Klasse `DataModel` liefert.

```
...
public DataModel<Item> getItems() {
    List<Item> list = findAll();
    Item[] items = new Item[list.size()];
    for(int index = 0; index < list.size(); index++) {
        items[index] = list.get(index);
    }
    DataModel<Item> dataModel =
        new ArrayDataModel<Item>(items);
    return dataModel;
}
...
```

Listing 9.150 »SearchController.java«

Als Listener werden wir eine neue Klasse namens `ItemListener` programmieren, die das Interface `DataModelListener` implementiert. Die Klasse muss die abstrakte Methode `rowSelect()` des Interfaces überschreiben.

```
package de.java2enterprise.onlineshop;

import java.util.logging.Level;
import java.util.logging.Logger;

import javax.faces.model.DataModelEvent;
import javax.faces.model.DataModelListener;

public class ItemListener implements DataModelListener {
    private final Logger log =
            Logger.getLogger(getClass().getName());

    @Override
    public void rowSelected(DataModelEvent event) {
        log.log(
```

```
                Level.INFO,
                event.getRowIndex() +
                ": " +
                event.getRowData());
    }
}
```

Listing 9.151 »ItemListener.java«

Der Listener wird mithilfe der Methode `DataModel.addDataModelListener()` registriert. Im folgenden Listing ist der komplette Quelltext der Klasse `SearchController.java` abgebildet:


```
package de.java2enterprise.onlineshop;

import java.io.Serializable;
import java.text.MessageFormat;
import java.util.ArrayList;
import java.util.Date;
import java.util.List;

import javax.annotation.Resource;
import javax.el.ELContext;
import javax.el.ELResolver;
import javax.enterprise.context.RequestScoped;
import javax.faces.application.FacesMessage;
import javax.faces.context.FacesContext;
import javax.faces.model.ArrayDataModel;
import javax.faces.model.DataModel;
import javax.inject.Named;
import javax.persistence.EntityManager;
import javax.persistence.EntityManagerFactory;
import javax.persistence.PersistenceUnit;
import javax.persistence.TypedQuery;
import javax.transaction.UserTransaction;

import de.java2enterprise.onlineshop.model.Customer;
import de.java2enterprise.onlineshop.model.Item;

@Named
@RequestScoped
public class SearchController implements Serializable {
    private static final long serialVersionUID = 1L;

    @PersistenceUnit
```

```
    private EntityManagerFactory emf;

    @Resource
    private UserTransaction ut;

    public DataModel<Item> getItems() {
        List<Item> list = findAll();
        Item[] items = new Item[list.size()];
        for(int index = 0; index < list.size(); index++) {
            items[index] = list.get(index);
        }
        DataModel<Item> dataModel =
            new ArrayDataModel<Item>(items);
        dataModel.addDataModelListener(new ItemListener());
        return dataModel;
    }

    public List<Item> findAll() {
        try {
            TypedQuery<Item> query =
                emf.createEntityManager().
                createNamedQuery(
                    "Item.findAll", Item.class);
            List<Item> list = query.getResultList();
            return list;
        } catch (Exception e) {
            e.printStackTrace();
            FacesContext
                .getCurrentInstance()
                .addMessage(
                    "searchForm",
                    new FacesMessage(e.getMessage())
                );
        }
        return new ArrayList<Item>();
    }

    public void update(Long id) {
        FacesContext ctx =
            FacesContext.getCurrentInstance();
        ELContext elc = ctx.getELContext();
        ELResolver elr =
            ctx.getApplication().getELResolver();
```

```
        SigninController signinController =
            (SigninController) elr.getValue(
                elc, null, "signinController");

        Customer customer = signinController.getCustomer();
        try {
            ut.begin();
            EntityManager em = emf.createEntityManager();
            Item item = em.find(Item.class, id);
            item.setBuyer(customer);
            item.setSold(new Date());
            em.merge(item);
            ut.commit();
            FacesContext
            .getCurrentInstance()
            .addMessage(
                "buyForm",
                new FacesMessage(
                FacesMessage.SEVERITY_INFO,
                customer.getEmail() +
                " bought item " + item.getId(),
                null
                )
            );
        } catch (Exception e) {
            e.printStackTrace();
            String msg =
                    MessageFormat.format(
                "Cannot update item with ID={0}", id);
            FacesMessage fm = new FacesMessage(
                    FacesMessage.SEVERITY_WARN,
                    msg,
                    e.getMessage());
            FacesContext
                .getCurrentInstance()
                .addMessage(
                    "buyForm",
                    fm);
        }
    }
}
```

Listing 9.152 »SearchController.java«

9.12.4 Phase-Event

Phase-Ereignisse treten immer vor dem Eintritt in und nach dem Austritt aus einer Phase auf.

Um einen Phase-Listener zu programmieren, erstellt man eine Klasse, die vom Interface `PhaseListener` ableitet. Die implementierende Klasse muss außerdem die drei abstrakten Methoden

- `beforePhase()`,
- `afterPhase()` und
- `getPhaseId()`

des Interfaces überschreiben.

Mit der Methode `getPhaseId()` wird die Phase angezeigt, für die der Phase-Listener aufgerufen werden soll. Wenn bei einer einzigen Phase reagiert werden soll, wird die Rückgabe durch einen der folgenden Werte realisiert:

- `PhaseId.RESTORE_VIEW`
- `PhaseId.APPLY_REQUEST_VALUES`
- `PhaseId.PROCESS_VALIDATIONS`
- `PhaseId.UPDATE_MODEL_VALUES`
- `PhaseId.INVOKE_APPLICATION`
- `PhaseId.RENDER_RESPONSE`

Wenn der Phase-Listener in allen Phasen aktiviert werden soll, verwendet man die Konstante `PhaseId.ANY_PHASE`.

Im folgenden Beispiel werden wir eine Phase-Listener-Klasse erstellen, die jedes Phase-Event in das Logging des Java EE Servers schreibt. Im Logging werden der aufrufende `ServletPath` und die aktuelle Phase eingetragen.

```
package de.java2enterprise.onlineshop;

import java.util.logging.Level;
import java.util.logging.Logger;

import javax.faces.event.PhaseEvent;
import javax.faces.event.PhaseId;
import javax.faces.event.PhaseListener;

public class LogPhaseListener implements PhaseListener {
    private static final long serialVersionUID = 1L;
    private final Logger log =
```

```
        Logger.getLogger(getClass().getName());

    @Override
    public PhaseId getPhaseId() {
        return PhaseId.ANY_PHASE;
    }

    @Override
    public void beforePhase(PhaseEvent event) {
        log.log(
            Level.INFO,
            event.getFacesContext().
                getExternalContext().
                getRequestServletPath() +
            " before Phase " +
            event.getPhaseId() +
            " is postback " +
            event.getFacesContext().isPostback());
    }

    @Override
    public void afterPhase(PhaseEvent event) {
        log.log(
                Level.INFO,
                    event.getFacesContext().
                    getExternalContext().
                    getRequestServletPath() +
                " after Phase " +
                event.getPhaseId() +
                " is postback " +
                event.getFacesContext().isPostback());
    }
}
```

Listing 9.153 »LogPhaseListener.java«

Die Registrierung der Phase-Listener kann über ein Element in der JSF-Konfigurationsdatei *faces-config.xml* deklariert werden:

```
...
<lifecycle>
    <phase-listener>
        de.java2enterprise.onlineshop.LogPhaseListener
```

```
    </phase-listener>
</lifecycle>
...
```

Listing 9.154 »faces-config.xml«

Eine weitere Möglichkeit besteht darin, die Komponente phaseListener innerhalb des Facelets zu setzen:

```
<h:form id="signinForm">
    <f:phaseListener type="de.java2enterprise.onlineshop.LogPhaseListener"/>
...
```

Listing 9.155 »signin.xhtml«

Diese Variante hat den Vorteil, dass der Phase-Listener auf bestimmte Unterzweige des UI-Komponentenbaums eingeschränkt werden kann. So würde etwa die obige phaseListener-Komponente dazu führen, dass lediglich diejenigen Phase-Events gemeldet werden, die vom signin-Formular betroffen sind.

9.12.5 System-Event

Viele weitere Ereignisse sind als Unterklassen der Klasse javax.faces.event.SystemEvent realisiert. Die Möglichkeiten sind hierbei gewaltig, denn mithilfe der Ereignisse kann fast jeder Handgriff des Frameworks belauscht werden.

Um die System-Events abzufangen, wird eine Klasse programmiert, die das Interface SystemEventListener implementiert. Dabei müssen die Methoden isListenerForSource(Object source) und processEvent(SystemEvent event) überschrieben werden. Mit isListenerForSource(Object source) kann die Gültigkeit des Listeners eingeschränkt werden. Über die Methode processEvent(SystemEvent event) wird die Aktion programmiert, die bei Auslösung des Ereignisses erfolgen soll.

Im folgenden Beispiel werden wir die Arbeit des JSF-Frameworks belauschen. Unser Interesse gilt der Arbeit des Renderers. Hierfür hören wir bei den Ereignissen des Typs PreRenderComponentEvent zu. Denn sie werden vor dem Rendern jeder einzelnen UI-Komponente des Komponentenbaums ausgelöst.

```
package de.java2enterprise.onlineshop;

import java.util.logging.Level;
import java.util.logging.Logger;

import javax.faces.component.UIComponent;
import javax.faces.event.AbortProcessingException;
```

```
import javax.faces.event.PreRenderComponentEvent;
import javax.faces.event.SystemEvent;
import javax.faces.event.SystemEventListener;

public class RenderComponentListener
        implements SystemEventListener {
    private final Logger log =
        Logger.getLogger(getClass().getName());

    @Override
    public boolean isListenerForSource(Object source) {
        return (source instanceof UIComponent);
    }

    @Override
    public void processEvent(SystemEvent event)
            throws AbortProcessingException {
        PreRenderComponentEvent ev =
            (PreRenderComponentEvent) event;
        UIComponent comp =
            (UIComponent) ev.getSource();
        log.log(
            Level.INFO,
            "Rendering " + comp.toString());
    }
}
```

Listing 9.156 »RenderComponentListener«

Den Listener werden wir in der JSF-Konfigurationsdatei registrieren, denn dort kann hierfür das Element `system-event-listener` genutzt werden. `system-event-listener` wird innerhalb des Elements `application` abgelegt.

```
...
<application>
    <system-event-listener>
        <system-event-listener-class>
de.java2enterprise.onlineshop.RenderComponentListener
        </system-event-listener-class>
        <system-event-class>
        javax.faces.event.PreRenderComponentEvent
        </system-event-class>
```

```
    </system-event-listener>
</application>
...
```

Listing 9.157 »faces-config.xml«

In Abbildung 9.39, in der die gesamten JSF-Events dargestellt sind, wurde deutlich, dass System-Ereignisse, die bei UI-Komponenten ausgelöst werden, von der Klasse ComponentSystemEvent abgeleitet sind. Für solche Events gibt es noch eine zweite Möglichkeit, wie die System-Listener registriert werden können. Denn neben der Deklaration in der JSF-Konfiguration kann auch das Element event innerhalb der UI-Komponente selbst eingesetzt werden. Der Vorteil dieser Deklaration ist, dass hiermit die Ereignisse noch weiter ganz konkret auf einzelne UI-Komponenten eingeschränkt werden können.

```
...
<h:form id="buyForm">
    <f:event
        listener="de.java2enterprise.onlineshop"
        type="PreRenderComponentEvent"
        />
...
```

Listing 9.158 »search.xhtml«

9.13 Ajax einsetzen

Keine moderne Webanwendung kommt heutzutage ohne Ajax aus. Ajax und Web 2.0, die einst herausragenden Schlagwörter des Internets, spielen auch im Frontend einer modernen Java-EE-Anwendung eine bedeutende Rolle.

In diesem Abschnitt wird die Ajax-Komponente aus dem JSF-Framework beschrieben. Das Besondere an dieser Komponente ist, dass Sie die asynchronen Anfragen von Ajax nicht mehr mühsam programmieren, sondern lediglich konfigurieren müssen.

Doch bevor wir damit beginnen, gehe ich noch kurz auf die Grundlagen von Ajax ein.

9.13.1 Ajax-Grundlagen

Ajax steht für *Asynchronous JavaScript and XML*. Der Begriff wurde von Jesse J. Garrett im Jahre 2005 geprägt und war plötzlich populär, obwohl es sich um Technologien handelt, die weit älter sind. Das eigentlich Neue an Ajax war die Tatsache, dass es auf eine JavaScript-Klasse hinweist, die Microsoft bereits im Jahr 1998 entwickelt hatte. Microsofts Neuentwicklung war ein ActiveX-Objekt mit dem Namen XMLHttpRequest. Durch einen XMLHttpRequest wird das

Frage-Antwort-Spiel zwischen dem Webbrowser und dem Webserver verändert. Wenn der Webbrowser einen HTTP-Request an einen Webserver versendet, löscht er normalerweise den Inhalt der aktuellen Webseite. Erst nach der Ankunft der HTTP-Response wird der Bildschirm wieder aufgebaut. Der Unterschied zwischen Ajax-Anfragen und herkömmlichen Anfragen ist somit, dass die aktuelle Webseite während des Aufrufs bestehen bleibt. Die Antwort des Servers braucht deshalb nicht den gesamten Inhalt der aktuellen Webseite zu ersetzen.

Der Server versendet also keine komplette HTML-Seite, sondern nur eine kurze Information oder einen kurzen HTML-Schnipsel. Die Webseite ist selbst dafür verantwortlich, wie sie mit der Antwort des Servers umgehen wird. Meistens werden Ajax-Ergebnisse mittels JavaScript in die aktuelle Webseite eingefügt. Im folgenden Listing wird die HTTP-Response des `XMLHttp-Requests` in einer JavaScript-Funktion entgegengenommen. Bei der Funktion `handleResponse` handelt es sich um einen Event-Handler, der durch den Webbrowser automatisch aufgerufen wird. Innerhalb der Methode greifen wir auf die Variable `ajax` zu, um den Wert von `readyState` abzufragen. Innerhalb der Webseite können wir die Ajax-Anfrage anschließend nutzen, um die HTML-Elemente über die Funktionen des Objekts `document` zu manipulieren.

Im folgenden Beispiel wird die E-Mail des Benutzers über Ajax an den Server verschickt. Die Antwort des Servers wird als Inhalt eines `DIV`-Elements angezeigt.

```
<html>
<head>
<script type="text/javascript">
var ajax;

function signin() {
    var email = document.getElementById("email").value;
    try {
        ajax = new XMLHttpRequest();
        ajax.open('get', 'signin?email=' + email, true);
        ajax.onreadystatechange = handleResponse;
        ajax.send(null);
    } catch(exception) {
        alert(exception);
    }
}

function handleResponse() {
    try {
        if(ajax.readyState == 4) {
            var div = document.getElementById("message");
            div.innerHTML = ajax.responseText;
        }
```

```
    } catch(exception) {
        alert(exception);
    }
}
</script>
</head>
<body>
    E-Mail:<input id="email"/>
    <button onclick="signin()">SignIn</button>
    <div id="message"></div>
</body>
</html>
```

Listing 9.159 »signin.html«

Im folgenden Servlet wird die Ajax-Anfrage der HTML-Seite entgegengenommen und in einer HTTP-Response beantwortet.

```
package de.java2enterprise.onlineshop;

import java.io.IOException;

import javax.servlet.ServletException;
import javax.servlet.annotation.WebServlet;
import javax.servlet.http.HttpServlet;
import javax.servlet.http.HttpServletRequest;
import javax.servlet.http.HttpServletResponse;

@WebServlet("/signin")
public class SigninServlet extends HttpServlet {
    private static final long serialVersionUID = 1L;

    protected void doGet(
        HttpServletRequest request,
        HttpServletResponse response)
        throws ServletException, IOException {

        response.getWriter().write(
            request.getParameter("email"));

    }
}
```

Listing 9.160 »SigninServlet.java«

9.13.2 Die »ajax«-Komponente von JSF

Mit JSF konzentriert sich die Programmierung von Ajax-Anfragen im Wesentlichen auf eine einzige Komponente. Diese Komponente nennt sich `ajax` und befindet sich in der Kernbibliothek von JSF.

Die Attribute »event«, »execute« und »render«

Für die gängigsten Aufgaben nutzt man die Attribute `event`, `execute` und `render`.

Das Attribut `event` definiert das Ereignis, bei dem die Ajax-Anfrage ausgelöst werden soll. Bei einem Command-Button ist zu diesem Zweck der Default-Wert `"action"` vorgesehen. Damit ist gemeint, dass die Ajax-Anfrage durch einen Mausklick auf die Schaltfläche ausgelöst wird. Bei Eingabe- und Auswahlfeldern ist der Default-Wert `"valueChanged"`. Dies hat zur Folge, dass bei jeder Wertänderung der Ajax-Mechanismus in Gang kommt.

9

Weiteres Fein-Tuning bietet die Möglichkeit, einen der vielen Event-Handler einzutragen, wobei der Vorspann `"on"` weggelassen wird. Es können also ferner folgende Werte eingetragen werden: `"blur"`, `"change"`, `"click"`, `"dblclick"`, `"focus"`, `"keydown"`, `"keypress"`, `"keyup"`, `"mousedown"`, `"mousemove"`, `"mouseout"`, `"mouseover"`, `"mouseup"` oder `"select"`. In den meisten Fällen wird man aber den Default-Wert nutzen, sodass auf das Attribut `event` sogar gänzlich verzichtet werden kann.

Über das Attribut `execute` werden die UI-Komponenten bestimmt, die bei der serverseitigen Ausführung berücksichtigt werden.

Das Attribut `render` legt fest, welche UI-Komponenten mit der Antwort des Servers neu gezeichnet werden.

Sowohl bei `execute` als auch bei `render` werden die IDs der betroffenen UI-Komponenten hintereinander eingetragen. Als Trenner wird ein Leerzeichnen gesetzt.

```
...
<f:ajax
    event="action"
    execute="email password"
    render="welcome"/>
    ...
```

Listing 9.161 »signin.xhtml«

Die Liste der UI-Komponenten kann auch von einer Backing Bean bereitgestellt werden. In diesem Fall muss die Backing Bean ein Objekt der Klasse `java.util.List<String>` bereitstellen.

```
 ...
<f:ajax
    event="action"
```

```
    execute="#{signinController.executeList}"
    render="#{signinController.rendereList}"/>
    ...
```

Listing 9.162 »signin.xhtml«

Darüber hinaus können sowohl bei dem Attribut `execute` als auch bei dem Attribut `render` folgende Aliase eingesetzt werden:

- `@this`
  Das Element, bei dem die Ajax-Komponente gesetzt wurde. Dies ist der Default-Wert bei dem Attribute `execute`.
- `@form`
  Alle Elemente des Formulars
- `@all`
  Alle Elemente
- `@none`
  Keine Elemente. Dies ist der Default-Wert bei dem Attribut `render`.

Die `ajax`-Komponente kann entweder als Child- oder als Parent-Element definiert werden.

»ajax« als Child-Element

Wenn man die `ajax`-Komponente als Child-Element einsetzt, wird die Ajax-Anfrage lediglich beim Ereignis der umschließenden Parent-Komponente ausgelöst.

Im nächsten Beispiel werden wir die `ajax`-Komponente als Child-Element verwenden. Das folgende Listing zeigt, wie die `ajax`-Komponente als Child des Submit-Buttons für das Einloggen verwendet wird. Die Eingabefelder mit den IDs `email` und `password` sollen serverseitig verarbeitet werden. Wenn der Server festgestellt hat, dass die E-Mail-Kennwort-Kombination in der Datenbank vorhanden ist, soll die Komponente mit der ID `"welcome"` neu gezeichnet werden.

```
<?xml version="1.0" encoding="UTF-8" ?>
<!DOCTYPE html PUBLIC "-//W3C//DTD XHTML 1.0 Transitional//EN"
          "http://www.w3.org/TR/xhtml1/DTD/xhtml1-transitional.dtd">
<html
  xmlns="http://www.w3.org/1999/xhtml"
  xmlns:c="http://xmlns.jcp.org/jsp/jstl/core"
  xmlns:h="http://xmlns.jcp.org/jsf/html"
  xmlns:f="http://xmlns.jcp.org/jsf/core">
<h:head>
</h:head>
<h:body>
```

```
<h:messages/>
<h:form
    id="signinForm"
    prependId="false">
    <h:panelGrid columns="2">
        <h:outputLabel
            for="email"
            value="E-Mail:"/>
        <h:inputText
            id="email"
            value="#{signinController.email}"/>
        <h:outputLabel
            for="password"
            value="Kennwort:"/>
        <h:inputSecret
            id="password"
            label="Kennwort"
            value="#{signinController.password}"/>
        <h:commandButton
            id="signin"
            value="Einloggen"
            action="#{signinController.find()}">
            <f:ajax
                execute="email password"
                render="welcome"/>
        </h:commandButton>
        <h:outputText
            id="welcome"
            value="#{signinController.customer.email}"/>
    </h:panelGrid>
</h:form>
</h:body>
</html>
```

Listing 9.163 »signin.xhtml«

»ajax« als Parent-Element

Wenn die ajax-Komponente einen ganzen Bereich umspannt, werden Ajax-Anfragen durch jede Komponente ausgelöst, die in diesem Bereich ein Default-Event aufweist.

Das Default-Ereignis von Eingabe- und Auswahlfeldern ist "valueChanged". Ein valueChanged-Ereignis tritt ein, wenn der Benutzer den Wert eines Eingabe- oder eines Auswahlfeldes verändert und den Fokus auf ein anderes Element setzt, weil er beispielsweise das nächste Eingabefeld selektiert.

Das Default-Ereignis von Schaltflächen und Links ist "action", was gleichbedeutend mit einem Mausklick ist.

Im nächsten Beispiel werden wir den ganzen Bereich des Einloggen-Formulars mit einem öffnenden und einem schließenden ajax-Tag umspannen.

```
<?xml version="1.0" encoding="UTF-8" ?>
<!DOCTYPE html PUBLIC "-//W3C//DTD XHTML 1.0 Transitional//EN"
          "http://www.w3.org/TR/xhtml1/DTD/xhtml1-transitional.dtd">
<html
  xmlns="http://www.w3.org/1999/xhtml"
  xmlns:c="http://xmlns.jcp.org/jsp/jstl/core"
  xmlns:h="http://xmlns.jcp.org/jsf/html"
  xmlns:f="http://xmlns.jcp.org/jsf/core">
<h:head>
</h:head>
<h:body>
<f:ajax
    execute="email password"
    render="welcome">
<h:messages/>
<h:form
    id="signinForm"
    prependId="false">
    <h:panelGrid columns="2">
        <h:outputLabel
            for="email"
            value="E-Mail:"/>
        <h:inputText
            id="email"
            value="#{signinController.email}"/>
        <h:outputLabel
            for="password"
            value="Kennwort:"/>
        <h:inputSecret
            id="password"
            label="Kennwort"
            value="#{signinController.password}"/>
        <h:commandButton
            id="signin"
            value="Einloggen"
            action="#{signinController.find()}"/>
        <h:outputText
            id="welcome"
```

```
            value="#{signinController.customer.email}"/>
    </h:panelGrid>
</h:form>
</f:ajax>
</h:body>
</html>
```

Listing 9.164 »signin.xhtml«

Es wurde bereits angemerkt, dass der ajax-Rahmen zur Folge hat, dass nicht nur der Mausklick auf die Schaltfläche eine Ajax-Anfrage verursacht, sondern auch die Änderungen in den Eingabe- und Auswahlfeldern. Wenn Sie das obige Programm auf Ihrem Rechner ausführen, werden Sie clientseitig keine Änderung feststellen – es sei denn, Sie nutzen einen Debugger, wie beispielsweise das Netzwerkanalysewerkzeug von Mozilla Firefox. Denn jedes Mal, wenn der Benutzer von einem Feld ins nächste wechselt, versendet der Webbrowser eine Ajax-Anfrage und aktualisiert hierbei den jeweiligen Wert auf dem Server. Hiervon bekommt der Benutzer aber nichts mit. Es ist jedoch von Bedeutung, dass Ihnen die HTTP-Anfragen, die hierbei ausgelöst werden, bewusst sind. Denn in der Praxis können zu viele unnötige HTTP-Requests auch zu einer schlechteren Performance führen.

Noch ereignisreicher wird es, wenn das Attribut event auf einen der zahlreichen Event-Handler-Typen umgestellt wird. Denn wenn man dort beispielsweise den Event-Typ "click" spezifiziert, löst jeder Mausklick auf fast beliebiger Fläche gleich mehrere Ajax-Anfragen aus. Dieser Seiteneffekt ist in der Regel nicht gewollt.

```
...
<f:ajax
    event="click"
    execute="email password"
    render="welcome">
<h:messages/>
<h:form
    id="signinForm"
    prependId="false">
    ...
```

Listing 9.165 »signin.xhtml«

listener

Events und Listener wurden bereits im vorangegangenen Unterkapitel beschrieben.

Auch mit der ajax-Komponente kann ein Listener aktiviert werden, wenn ein Ereignis eintritt. Im folgenden Beispiel werden wir zwei SelectOneListbox-Komponenten erstellen. Beide Komponenten werden von der ajax-Komponente umrahmt. Sobald der Benutzer ein Element in einer der beiden Komponenten selektiert, wird automatisch eine Ajax-Anfrage an den Server versendet.

```
<?xml version="1.0" encoding="UTF-8" ?>
<!DOCTYPE html PUBLIC "-//W3C//DTD XHTML 1.0 Transitional//EN"
          "http://www.w3.org/TR/xhtml1/DTD/xhtml1-transitional.dtd">
<html xmlns="http://www.w3.org/1999/xhtml"
      xmlns:h="http://xmlns.jcp.org/jsf/html"
      xmlns:f="http://xmlns.jcp.org/jsf/core">
<h:head>
</h:head>
<h:body>
    <h:form>
    <f:ajax
        render="left right"
        listener="#{testController.change}">
        <h:selectOneListbox
            id="left"
            size="7"
            style="width: 200px"
            value="#{testController.selectedLeft}">
            <f:selectItems
                value="#{testController.left}"/>
        </h:selectOneListbox>

        <h:selectOneListbox
            id="right"
            size="7"
            style="width: 200px"
            value="#{testController.selectedRight}">
            <f:selectItems
                value="#{testController.right}"/>
        </h:selectOneListbox>
    </f:ajax>
    </h:form>
</h:body>
</html>
```

Listing 9.166 »test.xhtml«

Weil in der Ajax-Komponente das Attribut `listener="#{testController.change}"` eingetragen ist, wird die Methode `change()` der Backing Bean `TestController` aufgerufen, sobald sich bei den UI-Komponenten etwas ereignet.

In der Backing Bean werden wir vier Properties vorsehen. Die zwei Properties `left` und `right` werden jeweils die linke und die rechte Liste zur Verfügung stellen. Dir dritte und vierte Property nennen wir `selectedLeft` und `selectedRight`. Sie stellen das selektierte Element dar, das von der linken Liste oder von der rechten Liste zur Gegenseite transferiert werden soll.

Die Listener-Methode `change` erhält einen Optionsparameter des Typs `javax.faces.event.AjaxBehaviorEvent`. Über dieses Objekt erfahren wir, welches der beiden Auswahlfelder das Ereignis auslöst. Innerhalb der Methode entfernen wir das selektierte Objekt aus der aktivierten Komponente. Gleichzeitig setzen wir das Objekt in die Liste der Gegenseite (siehe Abbildung 9.40).


```
package de.java2enterprise.onlineshop;

import java.io.Serializable;
import java.util.ArrayList;
import java.util.List;

import javax.annotation.PostConstruct;
import javax.enterprise.context.SessionScoped;
import javax.faces.component.UIComponent;
import javax.faces.event.AjaxBehaviorEvent;
import javax.inject.Named;

@Named
@SessionScoped
public class TestController implements Serializable {
    private static final long serialVersionUID = 1L;

    private List<String> left = new ArrayList<String>();

    private List<String> right = new ArrayList<String>();

    private String selectedLeft;

    private String selectedRight;

    public List<String> getLeft() {
        return left;
    }

    public void setLeft(List<String> left) {
        this.left = left;
    }
```

```
public List<String> getRight() {
    return right;
}

public void setRight(List<String> right) {
    this.right = right;
}

public String getSelectedLeft() {
    return selectedLeft;
}

public void setSelectedLeft(String selectedLeft) {
    this.selectedLeft = selectedLeft;
}

public String getSelectedRight() {
    return selectedRight;
}

public void setSelectedRight(String selectedRight) {
    this.selectedRight = selectedRight;
}

public void change(AjaxBehaviorEvent event) {
    UIComponent component = event.getComponent();
    String id = component.getId();
    if("left".equals(id)) {
        left.remove(selectedLeft);
        right.add(selectedLeft);
    } else if("right".equals(id)) {
        right.remove(selectedRight);
        left.add(selectedRight);
    }
}

@PostConstruct
public void init() {
    left = new ArrayList<String>();
    left.add("Montag");
    left.add("Dienstag");
    left.add("Mittwoch");
    left.add("Donnerstag");
```

```
        left.add("Freitag");
        left.add("Samstag");
        left.add("Sonntag");
    }
}
```

Listing 9.167 »TestController.java«

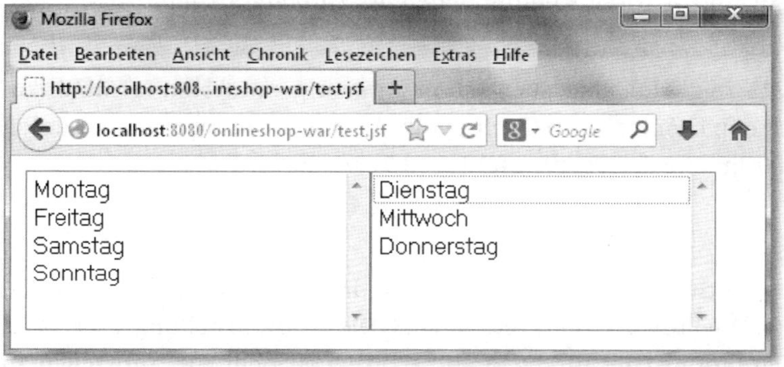

Abbildung 9.40 »test.xhtml«

resetValues

Vielleicht ist Ihnen bei den bisherigen Programmierübungen bereits aufgefallen, dass sich die Komponente Command-Button auch als Reset-Button rendern lässt. Hierfür müssen wir lediglich das Attribut `type` auf `"reset"` setzen.

```
<h:commandButton
    type="reset"
    value="#{msg['reset']}"/>
```

Listing 9.168 »signin.xhtml«

Allerdings funktioniert die obige Befehlskomponente nicht wie erwartet.

Mit der Java Server Faces Version 2.2 wurde der Komponente `ajax` das Attribut `resetValues` hinzugefügt, das genau die Funktionalität mitbringt, die der obige Reset-Button vermissen ließ. Der folgende Quelltext zeigt, wie das neue Attribut verwendet wird:

```
<h:commandButton value="#{msg['reset']}">
    <f:ajax
        render="email password"
        resetValues="true"/>
</h:commandButton>
```

Listing 9.169 signin.xhtml

9.14 HTML5-friendly Markup

Betrachtet man die Neuerungen, die sich im Web verbreiten, steht jetzt schon fest, dass HTML5 den derzeit größten und wichtigsten Wechsel im Internet darstellt. Mit der JSF-Version 2.2 wurden neue Features für die Unterstützung der HTML5-Technologie hinzugefügt. Da die HTML5-Spezifikation noch nicht finalisiert ist, musste man sich ein besonderes Konzept ausdenken. Die Lösung war, unbekannte HTML5-Elemente einfach durchzureichen. Die durchgereichten Elemente und Attribute nennt man *Pass-Through-Attribute* bzw. *Pass-Through-Elemente*.

Die Umstellung auf HTML5 zeigt sich aber auch schon an dem gerenderten HTML-Dokument. Denn wenn Sie sich den clientseitigen Quelltext im Webbrowser anschauen, werden Sie feststellen, dass standardmäßig der Doctype für HTML5 erzeugt wird:

```
<!DOCTYPE html>
```

In Kapitel 3, »Planung und Entwurf« wurde bereits erklärt, dass ein Webbrowser über den Doctype erfährt, wie er den Quelltext zu interpretieren hat. Diese Voreinstellung auf HTML5 lässt sich in der JSF-Konfigurationsdatei auf die Modi XHTML, XML oder JSPX umstellen. In der Regel ist die Einstellung auf HTML5 aber goldrichtig, denn hierdurch eröffnet sich die neue Welt mit den modernen Features von HTML5, das aber auch zu HTML 4 abwärtskompatibel ist.

9.14.1 Pass-Through-Attribute

Die HTML5-Pass-Through-Attribute-Technik verfolgt das Ziel, dass unbekannte Attribute von JSF nicht verarbeitet, sondern einfach an den Webbrowser weitergereicht werden. Das Durchreichen kann auf drei verschiedene Weisen programmiert werden:

- über das Element `passThroughAttribute`
- über das Element `passThroughAttributes`
- über den `passThrough`-Namensraum

Das Element »passThroughAttribute«

Mit dem Element `passThroughAttribute` können einzelne HTML5-Attribute als Schlüsselwertpaare durchgereicht werden. Das folgende Listing zeigt, wie das neue HTML5-Attribut mit dem Namen `pattern` (für die Validierung mit regulären Ausdrücken) gesetzt werden könnte:

```
...
<h:inputText
    value="#{registerController.customer.email}">
    <f:passThroughAttribute
```

```
        name="pattern" value=".{6,40}"/>
</h:inputText>
...
```

Listing 9.170 »register.xhtml«

Das Muster für den regulären Ausdruck könnte auch aus einer Backing Bean kommen:

```
...
<h:inputText
    value="#{registerController.customer.email}">
    <f:passThroughAttribute
        name="pattern"
        value="#{registerController.pattern}"/>
</h:inputText>
...
```

Listing 9.171 »register.xhtml«

Das Element »passThroughAttributes«

Mithilfe des Elements `passThroughAttributes` können mehrere Schlüssel-Wert-Paare durchgereicht werden. Das Ergebnis der Backing Bean muss vom Typ `Map<String, Object>` sein.

```
...
<h:inputText
    value="#{registerController.customer.email}">
    <f:passThroughAttributes
        value="#{registerController.keyValueMap}"/>
</h:inputText>
...
```

Listing 9.172 »register.xhtml«

Der »passThrough«-Namensraum

Eine weitere Möglichkeit, wie unbekannte (weil noch neue) HTML5-Attribute genutzt werden können, besteht in der Nutzung des speziellen Namensraums `http:// xmlns.jcp.org / jsf/passthrough`:

```
<html
  xmlns="http://www.w3.org/1999/xhtml"
  xmlns:h="http://xmlns.jcp.org/jsf/html"
  xmlns:p="http://xmlns.jcp.org/jsf/passthrough">

    ...
```

```
    <h:inputText
        value="#{registerController.customer.email}">
        p:pattern="#{registerController.pattern}"/>
    ...
```

Listing 9.173 »register.xhtml«

9.14.2 Pass-Through-Elemente

Um ein neues HTML5-Element zum Webbrowser durchzureichen, nutzt JSF einen kleinen Kniff. JSF betrachtet ein Element ganz einfach dann als Pass-Through-Element, wenn mindestens eines seiner Attribute im Namensraum von `http://xmlns.jcp.org/jsf` definiert ist.

```
<html
  xmlns="http://www.w3.org/1999/xhtml"
  xmlns:h="http://xmlns.jcp.org/jsf/html"
  xmlns:jsf="http://xmlns.jcp.org/jsf">

    ...
    <input
        jsf:type="text"
        jsf:value="#{registerController.customer.email}">
        jsf:pattern="#{registerController.pattern}"/>
    ...
```

Listing 9.174 »register.xhtml«

Kapitel 10

Enterprise JavaBeans

Kapitel 10
Enterprise JavaBeans

»Binde deinen Karren an einen Stern.«

Leonardo Da Vinci

Mit den Onlineshop-Beispielen aus den letzten Kapiteln wurde bereits deutlich, dass die Entwicklung einer serverseitigen Middleware-Anwendung sowohl über die Low-Level-Technologien (Servlets, JSP und JDBC) als auch über die High-Level-Technologien (JSF und JPA) realisiert werden kann. In beiden Fällen handelte es sich um vollwertige Java-EE-Anwendungen, die die fachlichen Anforderungen des Onlineshops restlos erfüllen.

In diesem Kapitel werden nun weitere Enterprise-Technologien vorgestellt, mit denen das Gesamtwerk des Java-EE-Standards ausgerüstet ist. Die Rede ist beispielsweise von:

- **Session Beans**
  Session Beans sind die Hauptakteure der EJB-Komponentenarchitektur. Sie ermöglichen es beispielsweise, dass man die Geschäftskomponenten auf Rechnerfarmen verteilt und dass hierbei die atomare Transaktion und die Security vom umgebenden Container übernommen werden.

  Session Beans können auch Webservices zur Verfügung stellen. Deshalb erhalten Sie in diesem Kapitel auch eine Kurzeinführung in JAX-WS und JAX-RS.
- **Message Driven Beans**
  Message Driven Beans wurden für den asynchronen Empfang von Nachrichten konzipiert. In der Regel findet die Nachrichtenübermittlung über den `Java Message Service` (JMS) statt, weshalb wir in diesem Kapitel auch hierauf gesondert eingehen werden.

10.1 Session-Bean-Grundlagen

In diesem Abschnitt werden wir uns mit den Grundlagen der Session Beans befassen. Bevor es aber gleich mit der Beschreibung der Session Beans losgeht, werden wir uns zunächst eine wichtige Frage stellen. Es wurde doch eingangs behauptet, dass sowohl die in diesem Buch bereits beschriebenen Low-Level-Technologien JDBC, Servlets und JSP als auch die High-Level-Technologien JPA und JSF vollkommen ausreichen, um eine anspruchsvolle Java-EE-Anwendung zu entwickeln. Wozu benötigen wir dann eigentlich noch weitere Komponententypen? Oder anders gesagt: Um welche Kriterien handelt es sich, die den Einsatz von Session Beans rechtfertigen und die wir bislang noch nicht berücksichtigt haben?

Der Hersteller hat spezielle Merkmale festgelegt, die den Gebrauch der EJB Session Beans begründen. Wenn man zunächst einmal davon ausgeht, dass es sich um eine Unternehmensanwendung handelt, die eine besondere Dienstgüte bezüglich des Ausfallrisikos verlangt, kommen folgende weitere Kriterien hinzu:

- Interoperabilität mit Standalone-Anwendungen und Systemen, die nicht auf der Java-Plattform basieren
- Verteilung von Anwendungskomponenten auf einer Server-Farm. Bei einer Server-Farm werden mehrere Java EE Server zu einem Cluster verbunden. Wegen der Lastverteilung wird die Performance des Gesamtsystems verbessert.
- Transaktionsverwaltung auf verteilten Systemen

Fazit: Es handelt sich also um Unternehmensanwendungen, die aufgrund der Kombination von unterschiedlichen Technologien, hoher Nutzeranzahl und heterogener Systemlandschaft außerordentliche Ansprüche an die Anwendung stellen. Die EJB-Komponentenarchitektur wird diesen Bedürfnissen gerecht, indem sie eine hohe Skalierbarkeit, eine hohe Verfügbarkeit und spezielle Dienste für Transaktionen und Sicherheit anbietet.

Session Beans sind die Hauptakteure der EJB-Komponentenarchitektur. Sobald die EJB-Komponentenarchitektur verwendet wird, kommt ihnen sogar eine ganz bedeutende Rolle in der gesamten Architektur der Java-EE-Anwendung zu, denn sie enthalten die Business-Methoden, in denen die eigentliche Geschäftslogik der Java-EE-Anwendung programmiert wird. In der Praxis ist es manchmal sogar so, dass man, wenn man umgangssprachlich von EJBs spricht, hiermit lediglich die Session Beans meint.

Mit der EJB-Spezifikation Version 2.0 zogen im Jahre 2003 die Message Driven Beans mit in den Java-EE-Standard ein. Sie wurden damals für die Nachrichtenübermittlung über den Java Message Service (JMS) konzipiert. Hierauf kommen wir aber erst im Abschnitt 10.8.10, »Message Driven Beans«, zurück, nachdem auch die Grundlagen des Java Message Service erläutert worden sind.

Kommen wir nun wieder zu den Session Beans zurück. Aus dem weiter oben Gesagten lässt sich folgern, dass es vor allem Rechnerfarmen mit Cluster-Instanzen sind, die den Einsatz der EJB-Komponentenarchitektur erforderlich machen. Der Unterschied zwischen Standalone-Instanzen und Cluster-Instanzen eines Java EE Servers wurde in Kapitel 2, »Der Java EE Server«, beschrieben.

Session Beans sind also die Grundbausteine von verteilten Java-EE-Anwendungen. Sie waren bereits zur Geburtsstunde des Java-EE-Standards in der Spezifikation definiert. Schon zu Beginn des Java-EE-Standards sollten Session Beans all das verwirklichen, was man sich unter einer global vernetzten Welt von verteilten Komponenten vorstellte. Die »entfernten« Zugriffe sollten über CORBA realisiert werden, das den Standard unter den plattformunabhängigen Middleware-Technologien darstellt.

Im Jahre 2001 kam mit der J2EE-Version 1.3 hinzu, dass man auch *lokale Zugriffe* auf Session Beans ermöglichte. Als lokalen Zugriff bezeichnet man den Aufruf eines Objekts, das sich in derselben JVM wie die Session Bean befindet. Lokale Aufrufe sind in der Laufzeit wesentlich schneller, da sie lediglich die Speicheradresse der Ziel-Komponente referenzieren. Lokale Aufrufe werden heutzutage aber immer häufiger eingesetzt. Warum das so ist, wird in Abschnitt 10.1.4, »Der entfernte und der lokale Aufruf«, verdeutlicht. Wie Sie dort noch sehen werden, hat das damit zu tun, dass es sich bei dem Client immer mehr um Web-Komponenten handelt, und die befinden sich ja meistens in der gleichen JVM wie die Session Beans. In diesem Kapitel wird aber auch deutlich, dass man lokale Aufrufe nicht immer vorbehaltlos verwenden kann. Denn wenn die EJB-Komponentenarchitektur über verteilte Anwendungskomponenten auf einer Rechnerfarm betrieben wird, sind lokale Aufrufe nicht erlaubt. Aber auch auf dieses Thema kommen wir in Abschnitt 10.1.4 noch einmal zurück.

10.1.1 Was ist eine Session Bean?

Eine Session Bean ist zunächst mal nichts anderes als eine ganz einfache Java-Klasse im Backend einer Unternehmensanwendung. In der mehrschichtigen Software-Architektur der Java-EE-Anwendung stellt sie das Bindeglied zwischen dem Frontend und der Zugriffsschicht zur relationalen Datenbank dar. Fachlich gesehen hat sie die Aufgabe, die Geschäftslogik der Unternehmensanwendung zu implementieren.

Bei Session Beans unterscheidet man zwischen *Stateless Session Beans*, *Stateful Session Beans* und *Singleton Session Beans*. Kurz gesagt besteht der wesentliche Unterschied zwischen einer Stateless Session Bean und einer Stateful Session Bean darin, dass die Geschäftsdaten in einer Stateful Session Bean über mehrere Aufrufe hinweg verwendet werden können. Eine Stateless Session Bean bietet diesen Vorzug nicht, dafür ist sie vom Laufzeitverhalten und in der Speichernutzung effizienter.

Und wofür ist die dritte Session-Bean-Art gedacht? Singleton Session Beans sind in der gesamten JVM nur ein einziges Mal vorhanden. Auf die genauen Unterschiede und Verwendungsmöglichkeiten gehe ich in Abschnitt 10.6, »Unterschiedliche Session-Bean-Typen«, ausführlich ein.

Um eine Session Bean als Stateless, Stateful oder Singleton Session Bean zu kennzeichnen, werden jeweils die Annotationen `@Stateless`, `@Stateful` oder `@Singleton` vor den Klassenbezeichner gesetzt. Beispielsweise handelt es sich bei folgender Klasse um eine Stateless Session Bean:

```
package de.java2enterprise.onlineshop.ejb;

import javax.ejb.Stateless;

@Stateless
```

```
public class RegisterBean {
    ...
}
```

Listing 10.1 »RegisterBean.java«

In diesem Abschnitt werden die allgemeinen Grundlagen der Session Beans anhand einer Stateless Session Bean gezeigt, da sie gängig ist und sich die nun folgenden Ausführungen auch auf die anderen beiden Session-Bean-Typen übertragen lassen.

10.1.2 Die Namenskonventionen bei Session Beans

Bei der Benennung der Session Bean sollten Sie darauf achten, die gängigen Namenskonventionen von EJBs zu verwenden. Halten Sie solche Konventionen in einer Java-EE-Anwendung durchgehend ein. Manchmal ist es so, dass die Konventionen vom Hersteller nicht vorgegeben sind und sie deswegen von Anwendung zu Anwendung leicht abweichen. Das ist aber nicht weiter schlimm, solange eine Java-EE-Anwendung ihre eigene Konvention konsistent hält.

Aber nun zu den konkreten Konventionen für EJBs: Weil eine EJB häufig nicht nur aus einer einzigen Datei für die Klasse besteht, sondern auch über sogenannte Business-Interfaces (siehe Abschnitt 10.1.5, »Business-Interfaces«) definiert werden kann, legt man zunächst einen allgemeinen Basisnamen fest, der die Aufgabe der EJB treffend umschreibt. Im letzten Beispiel wählten wir den Bezeichner `Register`, denn das ist die englische Übersetzung für die »Registrierung«. Die Stateless Session Bean nannten wir `RegisterBean`, denn das Anhängen des Zusatzes »Bean« entspricht im Allgemeinen der gängigen Konvention für die Namensgebung der EJB-Komponentenklasse. In manchen Projekten endet der Name einer Session Bean nicht auf »Bean«, sondern auf »EJB«. Dann hieße die Session Bean also `RegisterEJB`. Wie gesagt, wichtig ist in erster Linie, dass die Namenskonventionen innerhalb der Java-EE-Anwendung konsistent bleiben.

10.1.3 Die Business-Methoden von Session Beans

Der Zweck einer Session Bean besteht darin, die Geschäftslogik eines Anwendungsfalls in Methoden anzubieten. Der englische Fachbegriff für diese Methoden lautet *Business Methods*. Im Prinzip handelt es sich bei *Business-Methoden* um ganz gewöhnliche Methoden. Allerdings müssen bei *Business-Methoden* einige Regeln eingehalten werden, damit sie als solche innerhalb der EJB-Komponentenarchitektur verwendet werden können:

- Eine Business-Methode muss öffentlich (public) sein.
- Sie darf nicht mit dem Modifier `final` oder `static` versehen sein.
- Sie darf nicht mit dem Wort `ejb` beginnen, da dies speziellen Methoden des EJB-Frameworks vorbehalten ist.

- Wenn Aufrufe von »entfernten« Clients vorgesehen sind, müssen sowohl die Datentypen der Parameter als auch die des Rückgabewertes gültige Typen für die Nutzung von RMI sein.

Im folgenden Listing sehen Sie, wie die Business-Methode `persist()` die Parameter `email` und `password` entgegennimmt und sie dem Client als Rückgabewert zurückliefert:

```
package de.java2enterprise.onlineshop.ejb;

import javax.ejb.Stateless;

@Stateless
public class RegisterBean {
    public String persist(String email, String password) {
        //TODO: Persist Customer
        return "Registriert: " +
            email + "/" +
            password;
    }
}
```

Listing 10.2 »RegisterBean.java«

Business-Methoden sollen die Geschäftslogik der Anwendung enthalten. Aber schon der Name der Business-Methode unseres Beispiels macht deutlich, dass der Zugriff auf ein Speichermedium beabsichtigt wird. Und dies ist häufig auch der Zweck einer Business-Methode. Business-Methoden speichern also oft die Geschäftsdaten ab oder rufen bereits abgespeicherte Daten auf. Da es sich dabei meistens um relationale Datenbanken handelt, wird der Zugriff in der Regel über den EntityManager von JPA programmiert. In Kapitel 8, »Die Java Persistence API«, wurde bereits kurz auf die Unterschiede der JPA-Programmierung bei einer Web- und einer EJB-Komponente eingegangen. Kurz gefasst kann man sagen, dass sich eine Reihe von Anweisungen erübrigen, da sich der EntityManager und sogar die Transaktionen vom umgebenden EJB-Container automatisch verwalten lassen. Auf die Vereinfachung, die sich hieraus ergibt, wird in Abschnitt 10.5, »Transaktionen«, eingegangen.

10.1.4 Der entfernte und der lokale Aufruf

In der Regel werden die Business-Methoden der Session Bean aktiviert, indem eine Frontend-Komponente dies bei dem EJB-Container anfordert. Dabei unterscheidet man, ob der Aufruf aus der lokalen oder aus einer entfernten JVM erfolgt. Dieser Unterschied ist von großer Bedeutung, da der entfernte Aufruf per RMI-IIOP und der lokale Aufruf automatisch über die Referenz der Speicheradresse erfolgt. Im zweiten Fall wird man beispielsweise CDI nutzen, um den EJB-Container um eine Vermittlung zu bitten.

In dem vorliegenden Abschnitt werden beide Varianten gezeigt, denn die Kenntnisse über ihre internen Abläufe sind für die Konzeption und die Entwicklung von Session Beans von Bedeutung.

Der entfernte Aufruf

Wenn es sich beim Client um eine Java-Standalone-Anwendung (also beispielsweise eine Java Swing GUI) handelt, müssen die Anfragen aus einer externen JVM heraus an die JVM des Java EE Servers übermittelt werden. In der Regel erfolgen diese Aufrufe über ein Netzwerk. Hierfür ist im Java-EE-Standard vorgesehen, dass die Kommunikation mit den Session Beans mithilfe einer Übermittler-Software realisiert wird. Der Java-EE-Standard spezifiziert hierfür zwei Middleware-Technologien, und das sind RMI-IIOP und Webservices. In diesem Kapitel wird sowohl die Kommunikation über RMI-IIOP als auch die über Webservices gezeigt.

Für den Fall, dass Ihnen RMI aus dem Java-SE-Standard noch nicht bekannt ist und Sie auch mit dem Begriff *IIOP* noch nicht viel anfangen können, folgt hier eine Kurzbeschreibung.

RMI over IIOP

RMI ist eine Middleware-Technologie aus der *Java Standard Edition*, mit der ein entfernter Client die Methoden einer serverseitigen Komponente aufrufen kann. In der Mitte der Kommunikation wird ein *Object Request Broker* (ORB) benötigt, bei dem die serverseitigen Komponenten unter einem bestimmten Bezeichner registriert werden. Dem Client wird zunächst ein Interface bereitgestellt, das alle Methodenrümpfe enthält, die er bei der serverseitigen Komponente aufrufen darf. Dies erfordert, dass die serverseitige Komponente das gleiche Interface implementiert.

Die Kommunikation beginnt, indem sich der Client über einen JNDI-Lookup eine Instanz der serverseitigen Komponente besorgt und diese mit dem Datentyp des Interfaces castet. Das Interface dient dem Client schließlich wie eine Fernsteuerung, über die er die Methoden der serverseitigen Komponente aktivieren kann. Das Transportprotokoll, das hierbei verwendet wird, nennt sich *Java Remote Method Protocol* (JRMP).

Der einzige Wermutstropfen dieses Transportprotokolls ist, dass es sich sowohl beim Client als auch beim Server um eine Java-Anwendung handeln muss. Weil sich Session Beans aber auch mit Clients austauschen sollen, die nicht in Java programmiert sind, wurde das eingesetzte RMI um die Fähigkeit der Sprachunabhängigkeit erweitert. Die einzige Anforderung, die hierfür an den Client gestellt wird, ist, dass er sich über CORBA verständigen kann. Denn CORBA ist der Standard für sprachunabhängige Kommunikation. Das Transportprotokoll von CORBA nennt sich IIOP. Bei der EJB-Komponentenarchitektur spricht man deshalb von *RMI over IIOP* (RMI-IIOP).

In Abbildung 10.1 wird eine Besonderheit von Session Beans deutlich. Wir gehen die Schritte des Anfrageprozess einzeln durch, um diese Eigentümlichkeit aufzuzeigen.

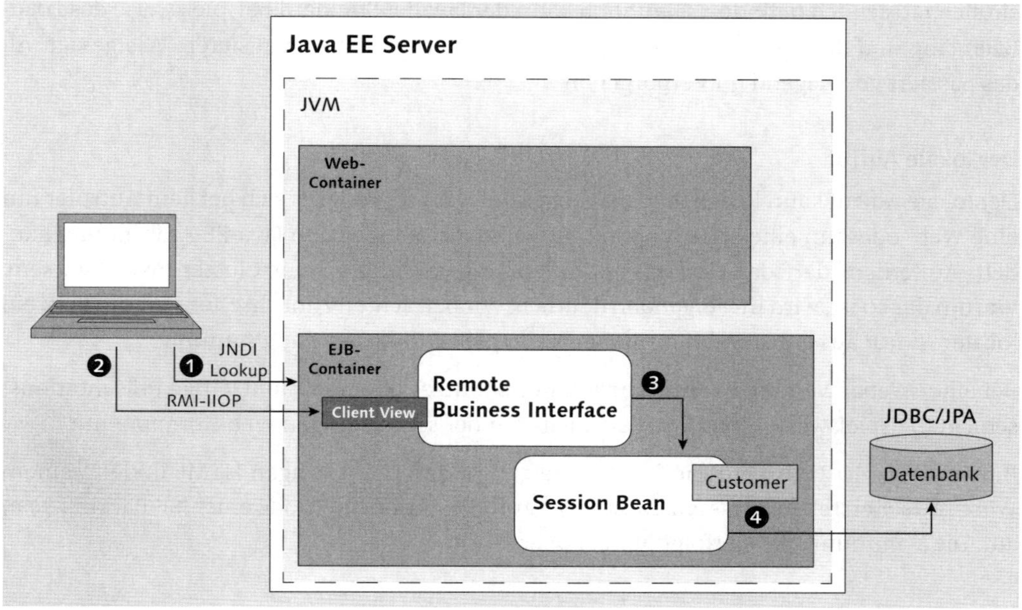

Abbildung 10.1 Der entfernte Aufruf über RMI-IIOP

In der Abbildung sehen Sie auf der linken Seite die entfernte Standalone-Client-Anwendung. Im ersten Schritt der Anfrage setzt der Client einen JNDI-Lookup bei dem Java EE Server ab, denn der Java EE Server stellt bei RMI-IIOP die Middleware dar, die den entfernten Aufruf entgegennimmt und die Anfrage weiterreicht. Wenn die Verbindung gelungen ist, versucht der Client, die Business-Methode `persist()` der Session Bean auszuführen. Der Client merkt aber nicht, dass er hierbei nicht direkt mit einer wirklichen Session-Bean-Komponente kommuniziert. Denn seine Aufrufe landen erst mal bei dem Java EE Server, der als ORB für die weitere Vermittlung zuständig ist. Aber auch der Java EE Server löst den Aufruf nicht direkt bei der Session Bean aus, sondern übermittelt die Anfrage lediglich an eine automatisch erzeugte interne Vertreter-Klasse. Diese Vertreter-Klasse wird vom EJB-Container ganz unbemerkt im Verdeckten erzeugt. Damit ist gemeint, dass Sie als Java-EE-Entwickler eigentlich hiervon kaum etwas mitbekommen. Sie müssen dennoch wissen, dass sie existiert, damit Sie die EJB-API richtig benutzen können. Der Fachbegriff für die automatisch erzeugte Stellvertreter-Klasse lautet *Client View* oder einfach nur *View*.

Die *Client View* ist ein Objekt, das wie ein Abbild der Session Bean ausschaut. Dabei enthält es genau die Business-Methoden, die dem Frontend zur Ansicht bereitgestellt werden. Die Aufgabe der Methoden bei der Client View besteht lediglich darin, die Anfrage an die gleich benannten Business-Methoden der wirklichen Session Bean weiterzuleiten. Aufgrund dieses Konzepts kann der EJB-Container den Client zum Server flexibel zuordnen. Beispielsweise kann er hierdurch ein Instanz-Pooling auf eine besondere Art verwirklichen. Da die Komponenten der Session Beans vom Zugriff des Clients losgekoppelt sind, spielt es keine Rolle, wo sie sich tatsächlich befinden. Hierdurch kann der Java-EE-Standard beispielsweise das Load-Balancing und die Failover-Mechanismen bei Cluster-Instanzen realisieren. Wie gesagt: All das passiert vorwiegend im Verborgenen.

Der lokale Aufruf

Der lokale Aufruf kann lediglich dann verwendet werden, wenn es sich bei dem Aufrufer um eine Web- oder um eine EJB-Komponente innerhalb der gleichen Java-EE-Anwendung handelt. Außerdem darf das Gesamtsystem keine Rechner-Farm mit Cluster-Instanzen sein. Warum das so ist, wird im Folgenden deutlich. Wir betrachten zunächst den Fall, bei dem ein lokaler Aufruf aus einer Web-Komponente der gleichen Anwendung stammt.

Bei einer Webanwendung kommuniziert der Benutzer über die clientseitige Präsentationsschicht (beispielsweise ein HTML-Formular) mit der serverseitigen Web-Komponente.

In Abbildung 10.2 wird ein Facelet eingesetzt, um den clientseitigen HTML-Code in einem Webbrowser erstellen zu lassen. Das Facelet ruft die Aktionsmethode einer JSF-Backing Bean auf. Die Kommunikation erfolgt hierbei über HTTP.

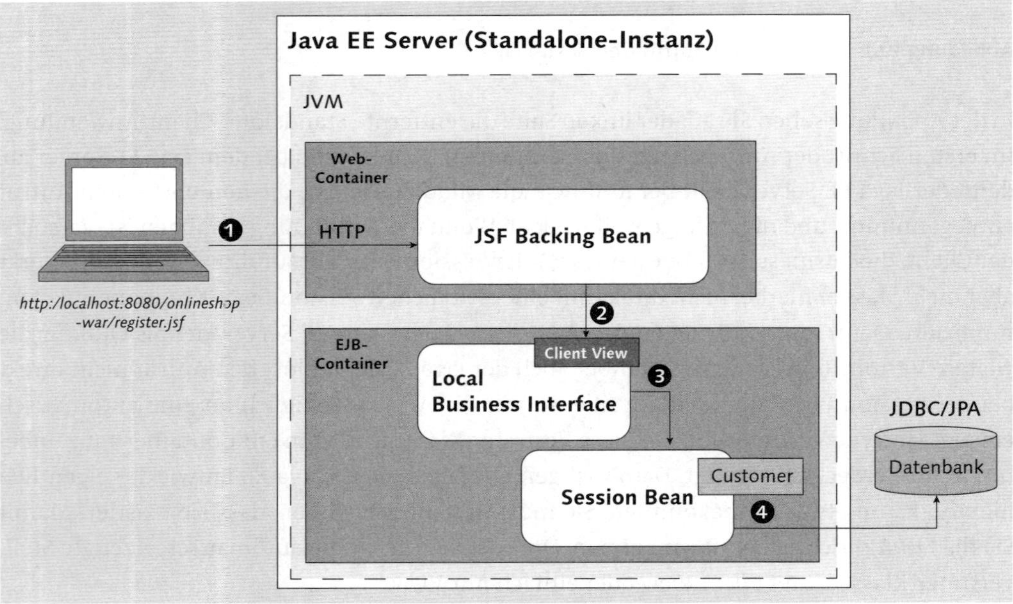

Abbildung 10.2 Der lokale Aufruf der Web-Komponente auf die Session Bean

Die Backing Bean wiederum leitet die Anfrage an eine Session Bean weiter, indem die Session Bean über die Annotation `@EJB` referenziert wird. Die serverseitige Web-Komponente ruft hierbei die Session Bean lokal auf, weil der Web-Container und der EJB-Container in der gleichen JVM ausgeführt werden. Zumindest trifft dies zu, wenn es sich um dieselbe Java-EE-Anwendung innerhalb der gleichen Standalone-Instanz des Java EE Servers handelt.

In Abbildung 10.2 wird auch deutlich, dass das Prinzip der *Client View* auch für den lokalen Aufruf vorgesehen ist. Denn auch dieser Aufruf landet genauso wie beim entfernten Client nicht direkt bei der Session Bean. Stattdessen wird auch hier die Session Bean von einer automatisch erzeugten internen Client View vertreten.

Entfernt oder lokal?

Kommen wir nun wieder zu der Frage zurück, wann eine Session Bean lokal angesprochen werden kann.

Besteht der Client aus einer Standalone-Client-Anwendung, also beispielsweise einer Java Swing GUI, erfolgt der Zugriff stets remote. Wenn es sich beim Client aber um eine Web-Komponente handelt, die sich innerhalb der gleichen Standalone-Instanz wie die Session Bean befindet, dann läuft sie auch in der gleichen JVM. Deshalb werden Business-Interfaces in diesem Fall häufig als lokal deklariert. Problematisch wird es aber, wenn die Java-EE-Anwendung auf einer Rechner-Farm läuft, bei der Cluster-Instanzen miteinander verbunden sind. Bei Cluster-Instanzen gelingt der lokale Zugriff nämlich meistens nicht. Schließlich befinden sich die Cluster-Instanzen des Java EE Server-Verbunds ja auf unterschiedlichen Rechnern.

In der Praxis kann es passieren, dass anfänglich eine Session Bean auf einer Standalone-Instanz ausgeführt wird und die Java-EE-Anwendung irgendwann so sehr an Popularität gewinnt, dass man sich für eine Ausweitung zu einer Rechner-Farm entscheidet. Diese Änderung kann nur durchgeführt werden, wenn die Session Beans über entfernte Zugriffe erreichbar sind. Wenn also eine architektonische Unabhängigkeit für die Zukunft angestrebt wird, ist auch bei einem Web-Frontend das Remote-Interface die richtige Wahl.

10.1.5 Business-Interfaces

Im letzten Abschnitt wurde die *Client View* beschrieben. Dabei wurde dargelegt, wie die Aufrufe ihrer Methoden an die Session Bean weitergeleitet werden. Für die Erzeugung der *Client View* ist der EJB-Container verantwortlich. Er kümmert sich darum, dass die Client View mit den Methoden ausgestattet wird, die dem Client zur Steuerung angeboten werden sollen.

Die Entscheidung darüber, welche der Business-Methoden hierfür auserkoren sind, ist hingegen Sache des Entwicklers. Denn er trifft die Auswahl, indem er sie in sogenannten Business-Interfaces bereitstellt.

Über das Business-Interface wird also festgelegt, welche der Business-Methoden vom Client aufgerufen werden können. Dabei gibt es zwei Business-Interface-Typen, nämlich ein Interface für entfernte und ein Interface für lokale Aufrufe. Weil man sowohl ein lokales als auch ein entferntes Business-Interface vorsehen kann, ist es möglich, dass man einem lokalen Client andere Business-Methoden als dem entfernten Client anbietet.

Schauen wir uns nun die Programmierung der Business-Interfaces genauer an.

Das Remote-Business-Interface

Um ein Interface als Remote-Business-Interface zu kennzeichnen, wird ihm die Annotation @Remote beigefügt.

Üblicherweise wird auch hier wieder eine gewisse Namenskonvention eingehalten. Beispielsweise wird für das Remote-Business-Interface manchmal einfach nur der Basisname der Session Bean verwendet. Dann hieße das Remote-Business-Interface schlicht Register. In den Beispielen dieses Buches verwenden wir jedoch eine andere Variante, bei der der Bezeichner mit dem Namen der Session Bean beginnt und auf Remote endet:

```
package de.java2enterprise.onlineshop.ejb;
import javax.ejb.Remote;
@Remote
public interface RegisterBeanRemote {
    public abstract String persist(
        String email,
        String password);
}
```

Listing 10.3 »RegisterBeanRemote.java«

Damit die Session Bean aus der Ferne aufrufbar ist, muss sie vom Business-Interface ableiten und ihre abstrakten Methoden überschreiben.

Im Onlineshop wird die Business-Methode persist() die Zeichenketten entgegennehmen, um hiermit ein Objekt der Klasse Customer zu erzeugen und dieses Objekt in der Datenbanktabelle CUSTOMER abzuspeichern. Um die Speicherung werden wir uns aber erst später kümmern. Im folgenden Listing wird die Business-Methode persist() die übergebenen Zeichenketten ganz einfach bloß als Rückgabewerte zurückliefern:

```
package de.java2enterprise.onlineshop.ejb;
import javax.ejb.Stateless;
@Stateless
public class RegisterBean implements RegisterBeanRemote {
    @Override
    public String persist(String email, String password) {
        //TODO: Persist Customer
        return "Registriert: " +
            email + "/" +
            password;
    }
}
```

Listing 10.4 »RegisterBean.java«

Die Annotation für das Business-Interface muss nicht zwingend beim Business-Interface, sondern darf auch bei der Session Bean vorgesehen werden. Allerdings sollte die Session Bean dann auch anzeigen, für welches Interface die Annotation gedacht ist. Dies geschieht, indem das Interface als Annotationsattribut hinzugefügt wird:

```
package de.java2enterprise.onlineshop.ejb;

import javax.ejb.Stateless;

@Stateless
@Remote(RegisterBeanRemote.class)
public class RegisterBean implements RegisterBeanRemote {

    @Override
    public String persist(String email, String password) {
        //TODO: Persist Customer
        return "Registriert: " +
            email + "/" +
            password;
    }
}
```

Listing 10.5 »RegisterBean.java«

Das lokale Business-Interface

Ein lokales Business-Interface wird durch die Annotation `@Local` gekennzeichnet. Auch bei dem lokalen Business-Interface wird eine Namenskonvention eingesetzt, damit es sofort als solches erkannt wird – und zwar endet es in der Regel mit dem Wort `Local`. Im Onlineshop nennt sich das lokale Business-Interface für die Registrierung folglich `RegisterBeanLocal`:

```
package de.java2enterprise.onlineshop.ejb;

import javax.ejb.Local;

@Local
public interface RegisterBeanLocal {
    public abstract String persist(
        String email,
        String password);
}
```

Listing 10.6 »RegisterBeanLocal.java«

Genauso wie die Annotation @Remote kann auch die Annotation @Local bei der Session Bean notiert werden.

Im folgenden Beispiel sehen Sie eine Session Bean, die sowohl vom Remote-Business-Interface als auch vom lokalen Business-Interface abgeleitet wurde.

```
package de.java2enterprise.onlineshop.ejb;

import javax.ejb.Stateless;
import javax.ejb.Remote;
import javax.ejb.Local;

@Stateless
@Remote(RegisterBeanRemote.class)
@Local(RegisterBeanLocal.class)
public class RegisterBean
        implements RegisterBeanRemote, RegisterBeanLocal {

    @Override
    public String persist(String email, String password) {
        //TODO: Persist Customer
        return "Registriert: " +
            email + "/" +
            password;
    }
}
```

Listing 10.7 »RegisterBean.java«

Eine No-Interface View einsetzen

Eine dritte Variante sollte nicht unerwähnt bleiben. Denn dem Entwickler steht es auch frei, überhaupt kein Business-Interface für eine Session Bean bereitzustellen. In diesem Fall gelten alle ihre öffentlichen Methoden als lokal aufrufbar. Diese Variante wird als *No-Interface View* bezeichnet.

Der EJB-Container wird keine No-Interface View erstellen, falls ein Business-Interface vorhanden ist. Es gibt aber auch die Möglichkeit, eine No-Interface View explizit anzufordern, auch wenn ein Business-Interface programmiert wurde. Für diesen Zweck wird die Session Bean mit der Annotation @LocalBean gekennzeichnet.

Im folgenden Listing wird eine Session Bean gezeigt, bei der gleich drei unterschiedliche Annotationen vorgemerkt wurden. Aufgrund dieser drei Annotationen wird der Web-Container drei Client Views zur Verfügung stellen, auf die vom Frontend aus auf unterschiedliche Art und Weise zugegriffen wird. Die Programmierung des EJB-Clients wird im nächsten Abschnitt behandelt.

```
package de.java2enterprise.onlineshop.ejb;

import javax.ejb.Stateless;
import javax.ejb.Remote;
import javax.ejb.Local;
import javax.ejb.LocalBean;

@Stateless
@Remote(RegisterBeanRemote.class)
@Local(RegisterBeanLocal.class)
@LocalBean
public class RegisterBean
        implements RegisterBeanRemote, RegisterBeanLocal {

    @Override
    public String persist(String email, String password) {
        //TODO: Persist Customer
        return "Registriert: " +
            email + "/" +
            password;
    }
}
```

Listing 10.8 »RegisterBean.java«

10.1.6 Die optionalen Deployment-Deskriptoren

Für die Konfiguration einer Enterprise JavaBean können neben den oben gezeigten Annotationen auch noch Konfigurationen in speziellen XML-Dateien vorgenommen werden, die sich EJB-Deployment-Deskriptoren nennen.

Der Standard-EJB-Deployment-Deskriptor

Beispielsweise existiert eine ältere Möglichkeit, mit der man die Enterprise JavaBeans deklarieren bzw. konfigurieren kann. Die hierfür verwendete XML-Datei war in der Zeit vor EJB 3.0 sogar die Regel. Heutzutage ist sie aber nur noch optional. Dabei handelt es sich um den sogenannten Standard-EJB-Deployment-Deskriptor *ejb-jar.xml*. Dieser ursprüngliche Deskriptor kann immer noch eingesetzt werden. Wenn er parallel zu EJB-Annotationen im Gebrauch ist, überschreibt er die Konfigurationen, die per Annotation festgelegt wurden.

Im folgenden Listing sehen Sie, wie die `RegisterBean` in einem EJB-Deployment-Deskriptor konfiguriert werden könnte:

```
<?xml version="1.0" encoding="UTF-8"?>
<ejb-jar version="3.2" xmlns="http://xmlns.jcp.org/xml/ns/javaee"
 xmlns:xsi="http://www.w3.org/2001/XMLSchema-instance"
 xsi:schemaLocation="http://xmlns.jcp.org/xml/ns/javaee
 http://xmlns.jcp.org/xml/ns/javaee/ejb-jar_3_2.xsd">

    <description>
        Onlineshop Enterprise Beans
    </description>

    <display-name>
        Onlineshop Enterprise Beans
    </display-name>

    <enterprise-beans>
        <session>
            <ejb-name>
                RegisterBean
            </ejb-name>
            <business-local>
                de.java2enterprise.onlineshop.RegisterBeanLocal
            </business-local>
            <business-remote>
                de.java2enterprise.onlineshop.RegisterBeanRemote
            </business-remote>
            <ejb-class>
                de.java2enterprise.onlineshop.RegisterBean
            </ejb-class>
            <session-type>
                Stateless
            </session-type>
        </session>
    </enterprise-beans>
</ejb-jar>
```

Listing 10.9 »ejb-jar.xml«

Die Datei *ejb.jar.xml* wird im EJB-Modul unterhalb des *META-INF*-Verzeichnisses abgelegt.

Individuelle Deployment-Deskriptoren

Neben dem Standard-EJB-Deployment-Deskriptor besteht auch noch die Möglichkeit, dass die Hersteller von Java EE Servern individuelle XML-Konfigurationsdateien anbieten, die für spezielle Funktionalitäten und Parameter des jeweiligen Produkts benutzt werden. Beim GlassFish-Server kann man beispielsweise die Datei *glassfish-ejb-jar.xml* anlegen. Sie wird in das gleiche Verzeichnis abgelegt, in das auch der Standard-EJB-Deployment-Deskriptor wandert (also im Ordner */META-INF)*.

Sie kann verwendet werden, um für eine Session Bean eine individuelle Anzahl der Instanzen festzulegen, die per Default im Pool gehalten werden sollen.

Im folgenden Listing werden einige Parameter für die `RegisterBean` gesetzt. Beispielsweise wird festgelegt, dass die minimale Poolgröße für die `RegisterBean` bei 10 liegt. Wenn die 10 vorgehaltenen Instanzen nicht ausreichen, sollen immer jeweils 10 weitere Instanzen erzeugt werden, bis maximal 100 Instanzen angelegt worden sind. Wenn eine Instanz im Pool 600 Sekunden lang nicht gebraucht wird, soll sie wieder aus dem Pool entfernt werden.


```
<!DOCTYPE glassfish-ejb-jar PUBLIC "-//GlassFish.org//
DTD GlassFish Application Server 3.1 EJB 3.1//EN"
"http://glassfish.org/dtds/glassfish-ejb-jar_3_1-1.dtd">
<glassfish-ejb-jar>
<display-name>Onlineshop</display-name>
<enterprise-beans>
    <ejb>
        <ejb-name>
            RegisterBean
        </ejb-name>
        <bean-pool>
            <steady-pool-size>
                10
            </steady-pool-size>
            <resize-quantity>
                10
            </resize-quantity>
            <max-pool-size>
                100
            </max-pool-size>
            <pool-idle-timeout-in-seconds>
                600
            </pool-idle-timeout-in-seconds>
        </bean-pool>
```

```
    </ejb>
</enterprise-beans>
</glassfish-ejb-jar>
```

Listing 10.10 »glassfish-ejb-jar.xml«

10.2 Session Beans mit Eclipse

In diesem Abschnitt werden wir ein Übungsbeispiel programmieren, bei dem die Stateless Session Bean der letzten Abschnitte innerhalb der IDE *Eclipse* zum Einsatz kommt.

10.2.1 Die Erzeugung des EJB-Projekts

Für die Erstellung des EJB-Projekts öffnen Sie den Eclipse-Wizard, indem Sie auf FILE • NEW • OTHER klicken. Im Wizard-Fenster öffnen Sie den Ordner EJB und selektieren dort den Eintrag EJB PROJECT (siehe Abbildung 10.3).

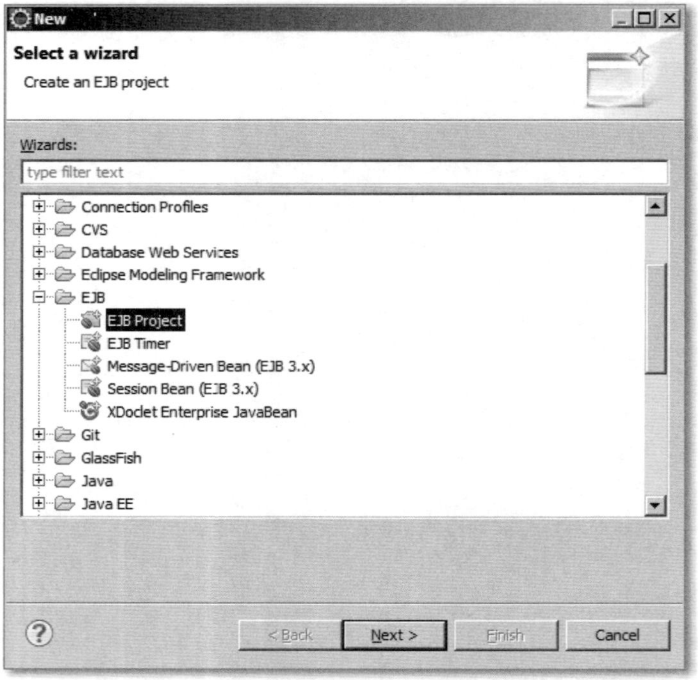

Abbildung 10.3 Die Erstellung eines EJB-Projekts

Mit einem Mausklick auf NEXT gelangen Sie ins nächste Fenster (siehe Abbildung 10.4), wo Sie dem EJB-Projekt unter anderem einen Namen geben. Wir nennen das Projekt »onlineshop-ejb«.

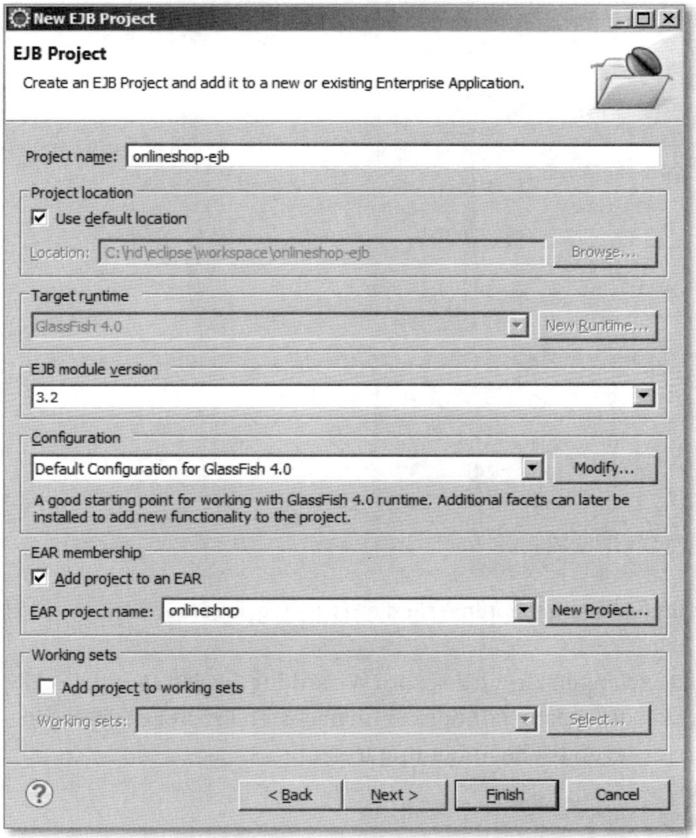

Abbildung 10.4 Die Spezifikation des EJB-Projekts

Im unteren Teil des Fensters kann das EJB-Projekt als Mitglied eines EAR-Projekts deklariert werden. Durch diese Abhängigkeit wird angewiesen, dass das EJB-Modul *onlineshop-ejb* später als Bestandteil der übergeordneten EAR-Schale *onlineshop* verwendet wird. Wenn Ihre Eclipse-Umgebung noch das EAR-Projekt *onlineshop* aus den letzten Kapiteln enthält, können Sie es unter EAR MEMBERSHIP referenzieren. Ansonsten klicken Sie auf der rechten Seite auf den Button NEW PROJECT, um ein neues EAR-Projekt mit dem Namen *onlineshop* erzeugen zu lassen, wie in Abbildung 10.5 zu sehen.

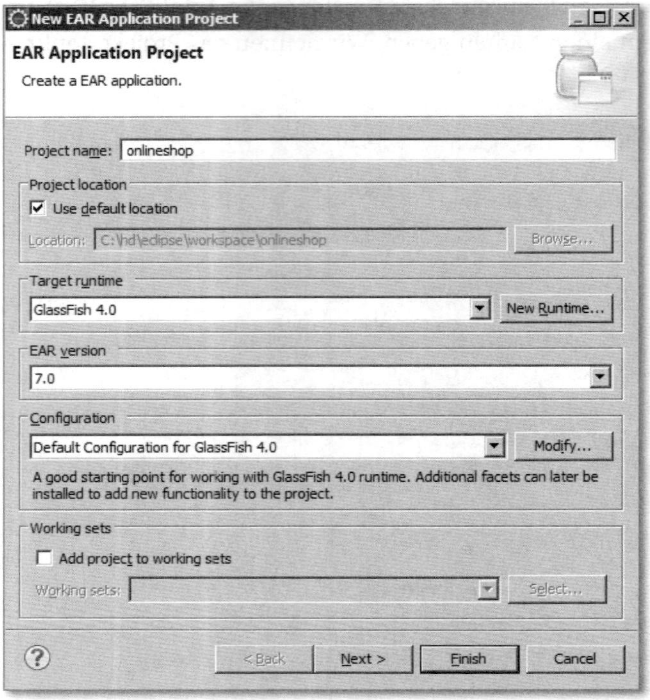

Abbildung 10.5 Die Quellordner und der Ausgabeordner für die Erstellung des EJB-Moduls

Mit einem Mausklick auf FINISH gelangen Sie zurück zum Wizard für die Erstellung des EJB-Moduls. Klicken Sie dort auf NEXT, denn dann können Sie im nächsten Fenster den Ausgabepfad für die Programmdateien festlegen (siehe Abbildung 10.6).

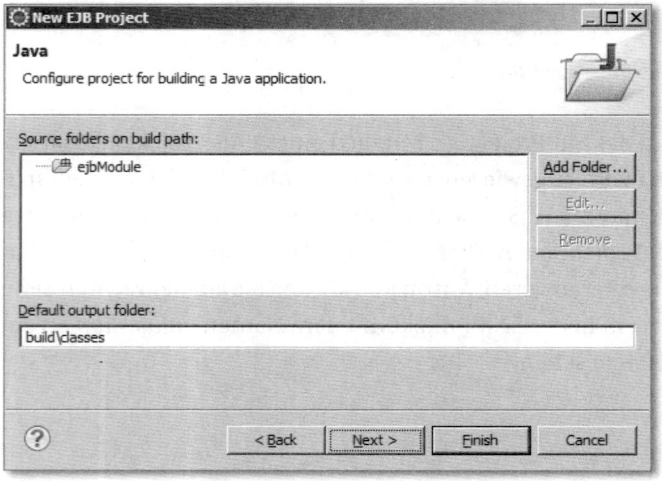

Abbildung 10.6 Das Verzeichnis für die Quellen und der Ausgabepfad

Mit einem weiteren Klick auf NEXT gelangen Sie zu einem Fenster, bei dem Einstellungen für eine EJB-Client-Anwendung gesetzt werden. Diese Anwendung werden wir erst im Nachgang erstellen. Denn dies ist die in der Praxis gängige Vorgehensweise, bei der der EJB-Standalone-Client die Business-Interfaces als externe Bibliotheken ansieht. Eclipse würde in diesem Schritt leider eine ungewöhnliche Konfiguration anbieten, auf die wir uns nicht einlassen werden. Deshalb entfernen Sie dort das Häkchen bei der Checkbox (siehe Abbildung 10.7).

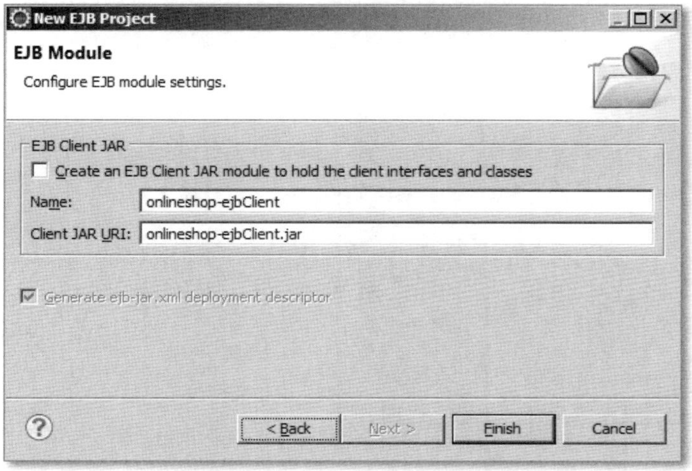

Abbildung 10.7 Entfernen Sie das Häkchen für die Erstellung des EJB-Clients

10.2.2 Die Stateless Session Bean erzeugen

Für die Erzeugung der Stateless Session Bean klicken Sie im Hauptmenü wieder auf FILE • NEW • OTHER und selektieren wie in Abbildung 10.8 im Verzeichnis EJB den Eintrag SESSION BEAN (EJB3.X).

Mit einem Klick auf NEXT kommen Sie zu einem Fenster, bei dem Sie das Projekt, den Quellordner, das Java-Package, den Namen der Klasse und eventuellen Vaterklassen festlegen können. Wir werden die Klasse `RegisterBean` nennen und sie in den Unterordner *de.java2enterprise.onlineshop.ejb* ablegen (siehe Abbildung 10.9).

Im unteren Bereich können Sie den Zustandstyp (STATE TYPE) der Session Bean auswählen. Dort sollte STATELESS selektiert sein.

Zusätzlich sehen Sie ganz unten, dass Sie sich auch noch die Business-Interfaces oder auch eine No-Interface View erstellen lassen können.

Für dieses Beispiel benötigen wir lediglich ein Remote-Business-Interface. Setzen Sie deshalb ein Häkchen bei REMOTE. Wenn Häkchen bei den anderen zwei Checkboxen vorhanden sein sollten, entfernen Sie diese.

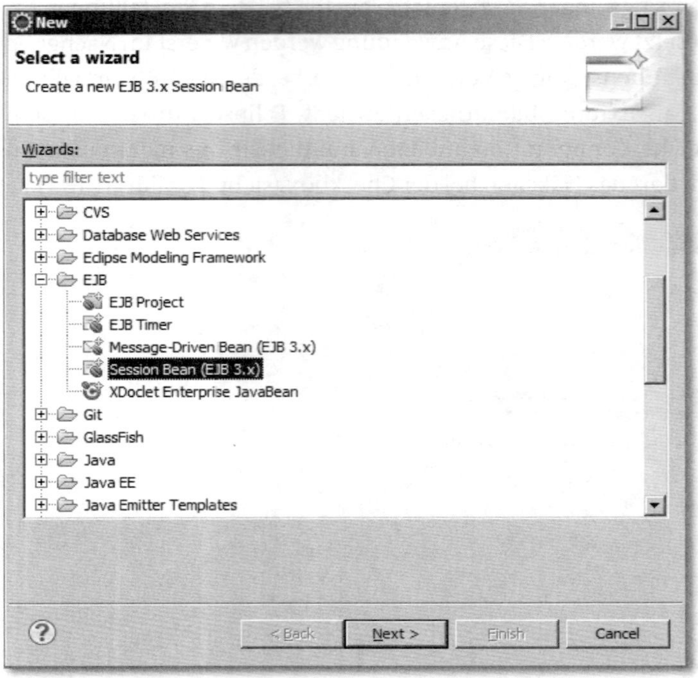

Abbildung 10.8 Der Start des Session-Bean-Wizards

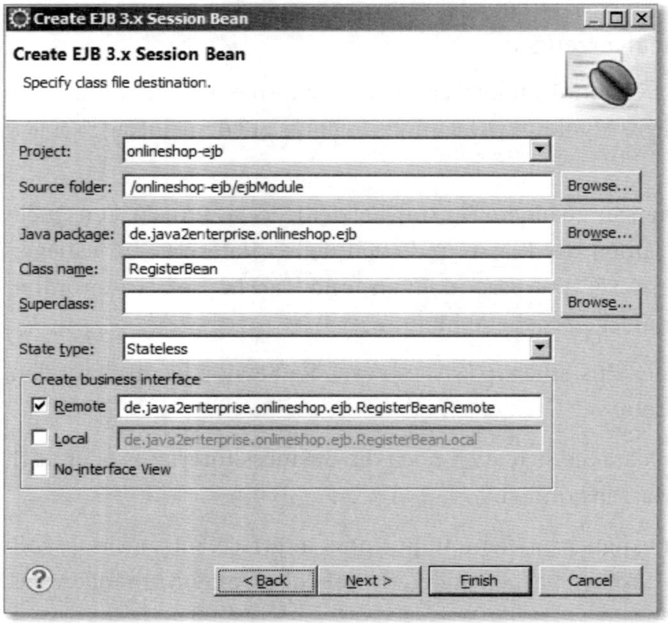

Abbildung 10.9 Einstellungen für die Session Bean

In dem Fenster aus Abbildung 10.10 können Sie weitere Einstellungen, wie beispielsweise den Namen und den »gemappten« Bezeichner der Session Bean, festlegen. Diese beiden Werte stehen in Zusammenhang mit den JNDI-Lookups. Wenn Sie den voreingestellten Wert unverändert lassen, entspricht der JNDI-Lookup-Bezeichner dem Namen der Bean. Diese Einstellung ist empfehlenswert, da sie die einfachste Variante darstellt.

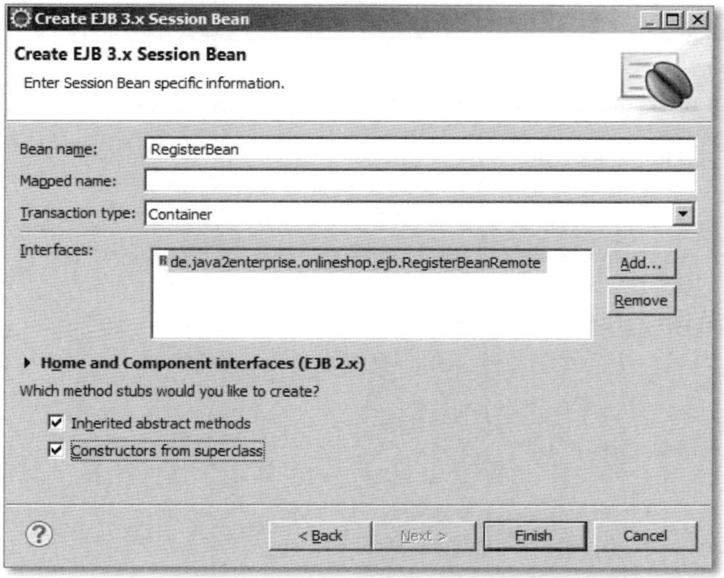

Abbildung 10.10 Session Bean Name, gemappter Session Bean Bezeichner und weitere Festlegungen bezüglich der Transaktionsverwaltung und der veralteten EJB-2-API

Über den TRANSACTION TYPE können Sie festlegen, wer sich um die Transaktionsverwaltung für das Persistieren kümmern soll. Zur Option stehen CONTAINER oder BEAN. Belassen Sie den Wert auf CONTAINER.

Im unteren Bereich können Sie weitere Schnittstellen und sogar Bestandteile der API von EJB 2 erzeugen lassen. Die EJB 2 gilt heutzutage als veraltet. Deshalb gehen wir in diesem Buch überhaupt nicht auf diese Version ein. Klicken Sie abschließend auf FINISH.

10.2.3 Die Business-Methode programmieren

In diesem Schritt werden wir dem Business-Interface und der Stateless Session Bean eine Business-Methode hinzufügen.

Im Business-Interface handelt es sich lediglich um den abstrakten Methodenrumpf:

```
package de.java2enterprise.onlineshop.ejb;

import javax.ejb.Remote;
```

```
@Remote
public interface RegisterBeanRemote {
    public abstract String persist(
        String email,
        String password);
}
```

Listing 10.11 »RegisterBeanRemote.java«

In der Stateless Session Bean muss die abstrakte Methode ausprogrammiert werden:

```
package de.java2enterprise.onlineshop.ejb;

import javax.ejb.Stateless;

/**
 * Session Bean implementation class RegisterBean
 */
@Stateless
public class RegisterBean
        implements RegisterBeanRemote {

    /**
     * Default constructor.
     */
    public RegisterBean() {
        // TODO Auto-generated constructor stub
    }

    @Override
    public String persist(
        String email,
        String password) {

        return email + ":" +password;
    }
}
```

Listing 10.12 »RegisterBean.java«

10.2.4 Das Deployment

Um die Session Bean auf dem GlassFish-Server zu installieren, muss entweder das Enterprise-Projekt *onlineshop* oder das EJB-Projekt *onlineshop-ejb* deployt werden. Weiter unten wird noch gezeigt, dass sich die Aufruf-Syntax des JNDI-Lookups bei dem entfernten Client dann jeweils verändert. Um die Screenshots in diesem Buch bestmöglich nachvollziehen zu können, deployen Sie die Anwendung als EAR-Datei.

Wenn Sie das GlassFish-Tools-Plug-in verwenden und eine Server-Instanz in der View SERVER angelegt haben, so wie es in Kapitel 2, »Der Java EE Server«, beschrieben wurde, dann können Sie die Java-EE-Anwendung mit einem Rechtsklick auf die Server-Instanz und dann per ADD/REMOVE hinzuzufügen.

Hinweis

Beachten Sie auch, dass das Deloyment über das GlassFish-Plug-in manchmal nicht richtig funktioniert und Sie das Ganze über einen Rechtsklick auf der Server-Instanz und dann über CLEAN erst aufräumen müssen.

Ansonsten ist es auch möglich, das EAR-Projekt als EAR-Datei in das Verzeichnis *[GLASSFISH]/glassfish/domains/domain1/autodeploy* zu kopieren. Hierfür klicken Sie mit rechten Maustaste auf das EAR-Projekt und dann auf EXPORT • EAR FILE. Eclipse und GlassFish kümmern sich auch in diesem Fall automatisch um den Rest. Bedenken Sie nur, dass das EJB-Projekt als Modul im EAR-Projekt angehängt sein muss. Ob dem so ist, können Sie unter den Properties des EAR-Projekts unter DEPLOYMENT ASSEMBLY kontrollieren.

Nach dem Deploment können Sie prüfen, ob die Session Bean ordnungsgemäß in GlassFish installiert worden ist, indem Sie bei der Admin-Konsole von GlassFish auf der linken Seite auf ANWENDUNGEN und dann auf ONLINESHOP klicken (siehe Abbildung 10.11). Auf der rechten Seite sollte ganz unten Folgendes zu sehen sein:

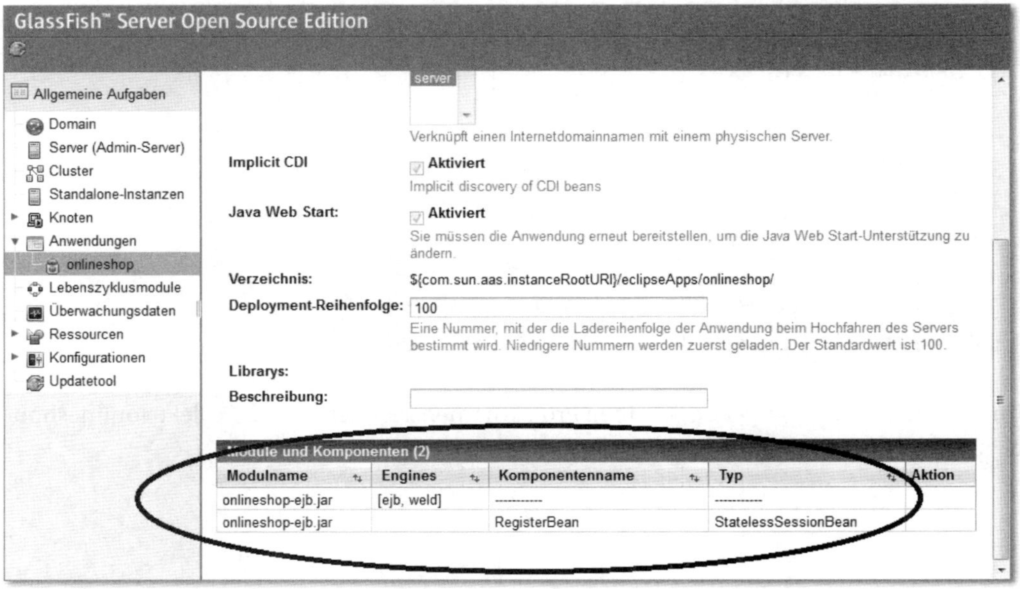

Abbildung 10.11 Die RegisterBean in der Java-EE-Anwendung »onlineshop«

10.3 Der entfernte EJB-Client

In den letzten Abschnitten wurde gezeigt, wie Session Beans serverseitig bereitgestellt werden. In diesem Abschnitt geht es um den entfernten EJB-Client, denn ich zeige Ihnen, wie sich die entfernten Zugriffe aus einer Java-EE-Standalone-Anwendung heraus programmieren lassen.

10.3.1 Die Erzeugung des Application-Client-Projekts

Wir beginnen mit der Programmierung der Java-EE-Standalone-Anwendung, indem wir in Eclipse ein *Java EE Application Client Project* erzeugen. Hierfür gehen Sie über FILE • NEW • OTHER auf den Erzeugungs-Wizard und klicken unter JAVA EE auf den Eintrag APPLICATION CLIENT PROJECT (siehe Abbildung 10.12).

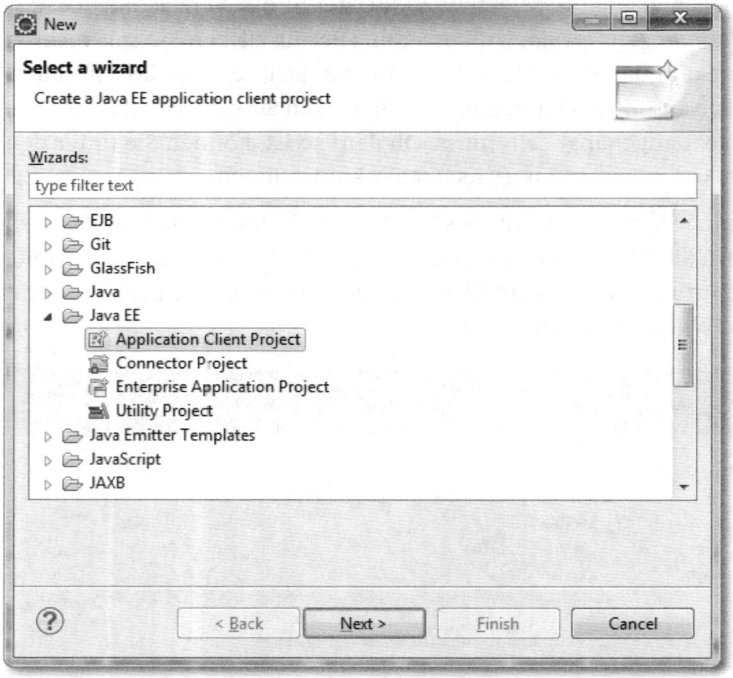

Abbildung 10.12 Die Erzeugung des Application-Client-Projekts

Im nächsten Fenster vergeben Sie einen Projektnamen. Nennen Sie das Projekt »onlineshop-client« (siehe Abbildung 10.13).

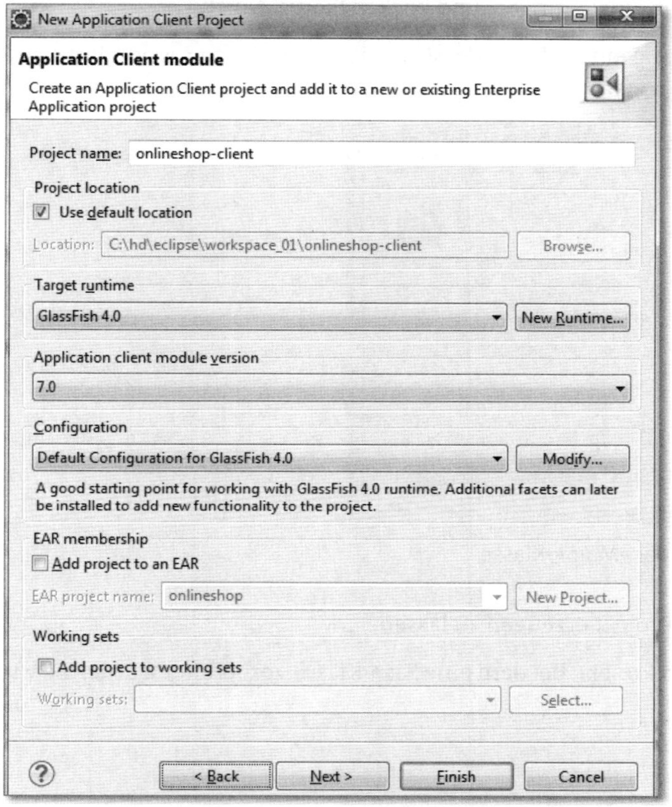

Abbildung 10.13 Der Projektname des Onlineshop-Clients

Im nächsten Fenster können Sie den Quell- und den Ausgabeordner für das Projekt anpassen (siehe Abbildung 10.14).

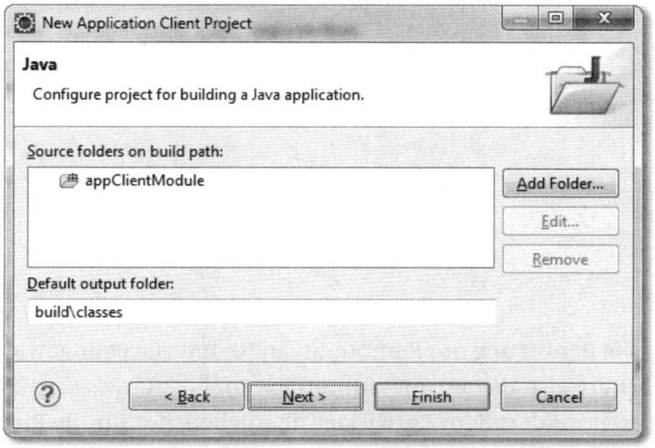

Abbildung 10.14 Der »Source«- und der »Output-Folder«

Belassen Sie alles bei den Default-Einstellungen, und klicken Sie auf NEXT.

Eclipse bietet nun die Generierung einer MAIN-Klasse an, über die wir die Session Bean aufrufen können (siehe Abbildung 10.15).

Abbildung 10.15 Die Erzeugung einer »Main«-Klasse

Klicken Sie auf FINISH, um das Projekt erzeugen zu lassen.

Eclipse erstellt anschließend ein Projekt, bei dem eine `Main`-Klasse vorbereitet wurde, die wie folgt aussieht:

```
public class Main {
    public static void main(String[] args) {
        // TODO Auto-generated method stub
    }

    /* (non-Java-doc)
     * @see java.lang.Object#Object()
     */
    public Main() {
        super();
    }
}
```

Listing 10.13 »Main.java«

10.3.2 Das EJB-Modul einbinden

Die Standalone-Anwendung ist auf die Benutzung des Remote-Business-Interfaces angewiesen. Ohne Eclipse würden wir üblicherweise das Business-Interface `RegisterBeanRemote` in eine *.jar*-Bibliothek auslagern und es gesondert dem Entwickler übergeben, der für die Programmierung der Standalone-Anwendung zuständig ist. In unserem Fall machen wir es uns etwas leichter, indem wir das EJB-Projekt mit dem Business-Interface ganz einfach in den Java Build Path der Standalone-Anwendung setzen. Hierzu öffnen Sie die Properties des Standalone-Projekts und klicken dort auf der linken Seite auf JAVA BUILD PATH. Dann klicken Sie rechts auf den Reiter PROJECTS und dort auf den Button ADD. Selektieren Sie das Projekt *onlineshop-ejb*, und klicken Sie auf OK (siehe Abbildung 10.16).

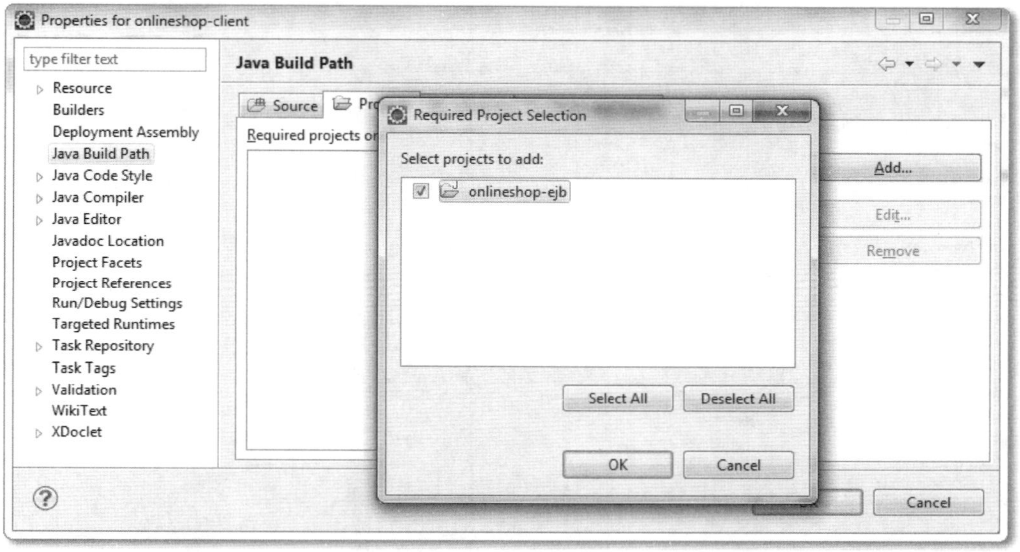

Abbildung 10.16 Das EJB-Projekt einbinden

10.3.3 Die Bibliothek »gf-client.jar« hinzufügen

Als Nächstes müssen wir auch noch eine besondere Bibliothek in den Klassenpfad legen. Diese Bibliothek nennt sich *gf-client.jar* und befindet sich im */lib*-Verzeichnis des GlassFish-Servers.

Auf Ihrem Entwicklungsrechner gelingt Ihnen das am einfachsten, wenn Sie in Eclipse mit der rechten Maustaste auf die Datei *Main.java* klicken und dort auf RUN AS und dann auf RUN CONFIGURATIONS klicken. Im RUN CONFIGURATIONS-Fenster wählen Sie den Tab CLASSPATH aus und selektieren dort USER ENTRIES. Auf der rechten Seite sollte anschließend der Button ADD EXTERNAL JARS... auswählbar sein, über den Sie die *.jar*-Bibliothek *gf-client.jar* hinzufügen (siehe Abbildung 10.17).

Von nun an sollte die GlassFish-Client-Bibliothek stets eingebunden sein, wenn Sie von hier aus auf den Button RUN klicken.

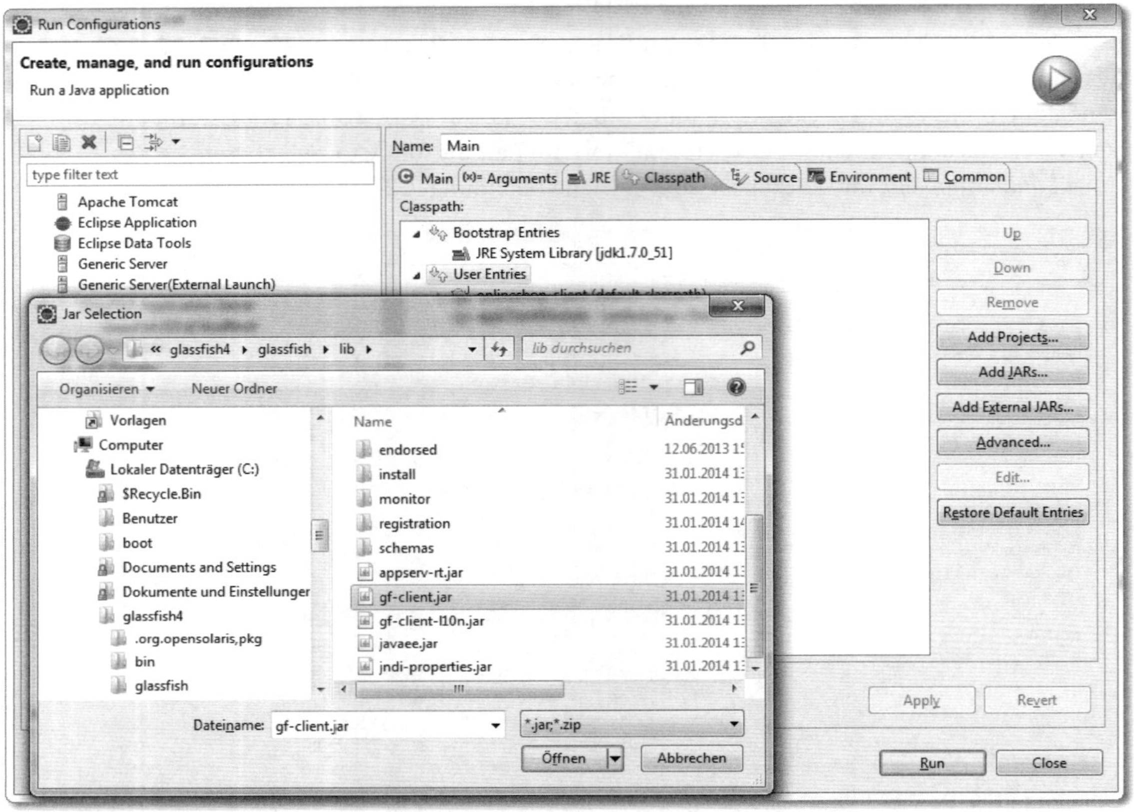

Abbildung 10.17 »Run Configurations« für die Einbindung der »gf-client.jar«

10.3.4 Die Verknüpfung über JNDI

Damit ein entfernter Standalone-Client auf eine Session Bean zugreifen kann, muss er sich zunächst mit dem Namensdienst des anbietenden Servers verbinden. Für diesen Zweck wird die API *Java Naming and Directory Interface* (JNDI) eingesetzt. Die wichtigste Schnittstelle der JNDI-API nennt sich `javax.naming.Context`. Die konkrete Implementierung der Schnittstelle ist die Klasse `javax.naming.InitialContext`.

Die Klasse `InitialContext` verfügt über zwei Konstruktoren. Der erste Konstruktor ist der Default-Konstruktor, auf den wir später noch einmal zurückkommen werden.

Der zweite Konstruktor wird mit einem Übergabeparameter des Typs `java.util.Hashtable` aufgerufen. Bei dem Übergabeparameter, den der Konstruktor entgegennimmt, handelt es sich um Verbindungsinformationen, die in Form von Schlüssel-Wert-Paaren (in einem Objekt der Klasse `java.util.Properties`) mitgegeben werden.

```
Properties props = new Properties();
...
Context c = new InitialContext(props);
```

Listing 10.14 »Main.java«

Für einige wichtige Schlüssel bietet die Schnittstelle Konstanten an, sodass wir uns hierbei (kaum mehr) vertippen können. Bei den Werten wird es hingegen etwas kniffliger, da sich manche von ihnen von Hersteller zu Hersteller unterscheiden.

```
...
props.setProperty(
    Context.INITIAL_CONTEXT_FACTORY,
    "com.sun.enterprise.naming.SerialInitContextFactory");
props.setProperty(
    Context.URL_PKG_PREFIXES,
    "com.sun.enterprise.naming");
props.setProperty(
    Context.STATE_FACTORIES,
"com.sun.corba.ee.impl.presentation.rmi.JNDIStateFactoryImpl");
...
```

Listing 10.15 »Main.java«

Die obigen drei Properties verwendet die JNDI-API in eigener Sache, wenn sie die Verbindung mit dem GlassFish-Server aufbauen soll.

Für den Entwickler besteht die hauptsächliche Verbindungsinformation jedoch eher aus den Daten für den Host und den Port. Wenn sich der GlassFish-Server beispielsweise auf dem Rechner *www.java2enterprise.de* befindet und der RMI-IIOP-Dienst über den Port 3700 (dies ist der Default-Wert) erreichbar ist, werden folgende Properties benötigt:

```
...
props.setProperty(
    "org.omg.CORBA.ORBInitialHost",
    "www.java2enterprise.de");
props.setProperty(
    "org.omg.CORBA.ORBInitialPort",
    "3700");
...
```

Listing 10.16 »Main.java«

10.3.5 Der JNDI-Lookup für den entfernten Aufruf

Der JNDI-Lookup für den entfernten Aufruf wird mit der Zeichenkette `java:global` angekündigt. Dahinter folgen vier Bezeichner.

Der erste Bezeichner besteht aus dem Namen der EAR-Datei ohne die Endung *.ear*. Er wird mit einem Querstrich eingeleitet. Dieser Bezeichner entfällt, wenn das Modul nicht in einer EAR-Schale gepackt worden ist.

Der zweite Bezeichner besteht aus dem Namen des Moduls ohne die Endung *.jar*. Auch er wird mit einem angeführten Querstrich begonnen.

Der dritte Bezeichner ist der gemappte Name der Session. Per Default handelt es sich hierbei um den Namen der Session-Bean-Klasse. Genauso wie die vorherigen beiden Bezeichner wird auch dieser mit einem Querstrich eingeleitet.

Der vierte Bezeichner ist nur dann erforderlich, wenn die Session Bean über mehrere Business-Interfaces aufrufbar ist. Denn in diesem Fall wird ein Ausrufezeichen hinter den Namen der Session Bean gesetzt und der vollständige Pfad zu diesem Interface hinterlegt.

In Abbildung 10.18 sehen Sie, wie sich die Zeichenkette für den Lookup der `RegisterBean` aufbaut.

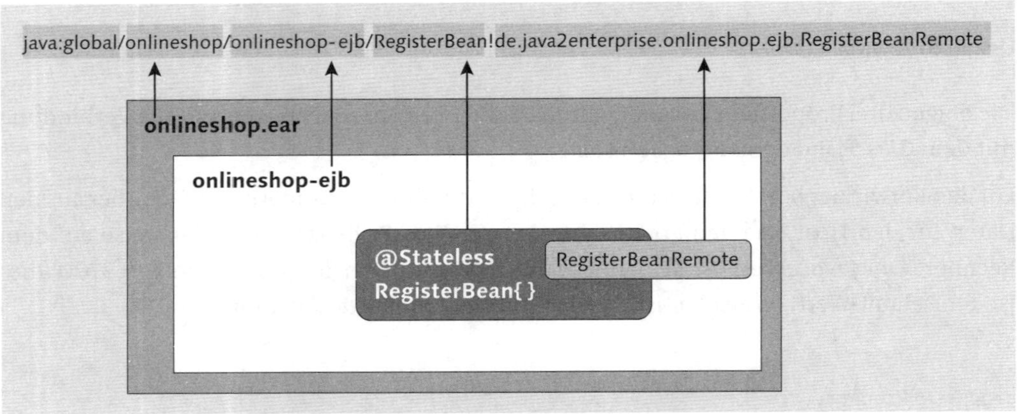

Abbildung 10.18 Der entfernte JNDI-Lookup

In dem folgenden Listing wurde der komplette Quelltext des Programms *Main.java* abgedruckt, damit Sie ihn für eigene Übungsbeispiele ausprobieren können.

```
import java.util.Properties;

import javax.naming.Context;
import javax.naming.InitialContext;
import javax.naming.NamingException;
```

```
import de.java2enterprise.onlineshop.ejb.RegisterBeanRemote;

public class Main {
    public static void main(String[] args) throws NamingException {
        new Main();
    }

    /* (non-Java-doc)
     * @see java.lang.Object#Object()
     */
    public Main() throws NamingException {
        Properties props = new Properties();

        props.setProperty(
            Context.INITIAL_CONTEXT_FACTORY,
            "com.sun.enterprise.naming."
            + "SerialInitContextFactory");

        props.setProperty(
            Context.URL_PKG_PREFIXES,
            "com.sun.enterprise.naming");

        props.setProperty(
            Context.STATE_FACTORIES,
            "com.sun.corba.ee.impl.presentation."
            + "rmi.JNDIStateFactoryImpl");

        props.setProperty(
            "org.omg.CORBA.ORBInitialHost",
            "localhost");
        props.setProperty(
            "org.omg.CORBA.ORBInitialPort",
            "3700");

        Context c = new InitialContext(props);
        RegisterBeanRemote register =
        (RegisterBeanRemote)
        c.lookup(
        "java:global"
        + "/"
        + "onlineshop"          // EAR-Datei
        + "/"
```

```
            + "onlineshop-ejb"          // EJB-Modul
            + "/"
            + "RegisterBean"            // SessionBean
            + "!"
            + "de.java2enterprise.onlineshop.ejb."
            + "RegisterBeanRemote");    // Business-Interface
        System.out.println(register.persist(
            "j@java2enterprise.de", "Taxi_123"));
    }
}
```

Listing 10.17 »Main.java«

10.3.6 Die »jndi.properties«

Das obige Beispiel mit den programmierten Properties weist einen wesentlichen Nachteil auf: Sollte sich beispielsweise der Domänenname des Servers oder der Port ändern, müssen die Quellen des Programms abgeändert und erneut kompiliert werden. Aus diesem Grund rät die Java-EE-Spezifikation, den Default-Konstruktor der Klasse `InitialContext` einzusetzen und statt der programmierten Properties die Schlüssel-Wert-Paare in eine Datei namens *jndi.properties* zu setzen. Die *jndi.properties* muss sich im Klassenpfad befinden, damit sie vom Initialisierungsprozess der JNDI-Technologie automatisch eingelesen wird.

Wenn die Session Bean auf einem GlassFish-Server deployt ist, muss beim Client folgender Inhalt in der *jndi.properties* enthalten sein:

```
java.naming.factory.initial=com.sun.enterprise.naming.SerialInitContextFactory
java.naming.factory.url.pkgs=com.sun.enterprise.naming
java.naming.factory.state=com.sun.corba.ee.impl.presentation.rmi.JNDIStateFactoryImpl
org.omg.CORBA.ORBInitialHost=localhost
org.omg.CORBA.ORBInitialPort=3700
```

Listing 10.18 »jndi.properties« (GlassFish)

Die JNDI-Properties für weitere gängige Java EE Server

Der Java-EE-Standard verspricht, dass es keine Rolle spielt, ob Sie Ihre Java-EE-Anwendung in einem GlassFish-, einem IBM-WebSphere-, einem Oracle-WebLogic- oder einem JBoss-Server installieren. Leider weichen die Verbindungseinstellungen von Server zu Server jedoch stark voneinander ab. Deshalb werden im Folgenden die jeweiligen *jndi.properties* für weitere gängige Java EE Server abgedruckt:

```
java.naming.factory.initial=org.jnp.interfaces.NamingContextFactory
java.naming.factory.url.pkgs=org.jboss.naming:org.jnp.interfaces
jnp.socket.Factory=org.jnp.interfaces.TimedSocketFactory
java.naming.provider.url=jnp://localhost:1099
```

Listing 10.19 »jndi.properties« (JBoss)

```
java.naming.factory.initial=weblogic.jndi.WLInitialContextFactory
java.naming.provider.url=t3://localhost:7001
```

Listing 10.20 »jndi.properties« (Oracle WebLogic)

```
java.naming.provider.url=corbaloc:iiop:localhost:2809
java.naming.factory.initial=com.ibm.websphere.naming.WsnInitialContextFactory
```


Listing 10.21 »jndi.properties« (IBM WebSphere)

In dem folgenden Listing wurden die programmierten Properties entfernt. Stattdessen greift die Standalone-Anwendung auf den *localhost* zu, indem der JNDI-Mechanismus die Datei *jndi.properties* automatisch einliest.

```
import javax.naming.Context;
import javax.naming.InitialContext;
import javax.naming.NamingException;

import de.java2enterprise.onlineshop.ejb.RegisterBeanRemote;

public class Main {
    public static void main(String[] args) throws NamingException {
        new Main();
    }

    /* (non-Java-doc)
     * @see java.lang.Object#Object()
     */
    public Main() throws NamingException {
        Context c = new InitialContext();
        RegisterBeanRemote register =
        (RegisterBeanRemote)
        c.lookup(
        "java:global"
        + "/"
```

```
            + "onlineshop"          // EAR-Datei
            + "/"
            + "onlineshop-ejb"          // EJB-Modul
            + "/"
            + "RegisterBean"          // SessionBean
            + "!"
            + "de.java2enterprise.onlineshop.ejb."
            + "RegisterBeanRemote");      // Business-Interface
            System.out.println(register.persist(
                "j@java2enterprise.de", "Taxi_123"));
    }
}
```

Listing 10.22 »Main.java«

Falls Sie über zwei Übungsrechner in einem Netzwerk verfügen

In Kapitel 2, »Der Java EE Server«, wurde gesagt, dass der GlassFish-Server u. a. die CORBA-Aufrufe automatisch entgegennimmt, weil bei seinem ORB-Listener per Default die Pseudo-IP-Adresse 0.0.0.0 eingestellt ist. Die Pseudo-Adresse 0.0.0.0 reagiert sozusagen auf alle Zurufe.

In Kapitel 2 wurde ebenfalls gezeigt, wie die IP-Adresse und der Port des ORB-Listeners im GlassFish-Server abgeändert werden können. Wir hatten den ORB-Listener auf die Loopback-Adresse 127.0.0.1 lauschen lassen. Gleichzeitig musste die Datei für die Namensauflösung des *localhost* angepasst werden. Wir stellten den Wert auf 127.0.0.1 ein, indem wir die Datei */etc/hosts* (auf einem UNIX-basierten Rechner) bzw. *C:\Windows\System32\drivers\etc\hosts* (auf einem Windows-Rechner) setzten.

Obwohl das obige Programm auf den *localhost* zugreift, können Sie mit diesen Kenntnissen das Programm und einen zweiten Rechner nun so anpassen, dass der entfernte Client-Rechner auf den zweiten Rechner zugreift.

Hierfür müssen Sie Folgendes tun:

- Ersetzen Sie beim Client-Rechner in der Datei *jndi.properties* den Bezeichner `localhost` durch die IP-Adresse oder den Hostnamen des Servers.
- Ändern Sie beim Server-Rechner die IP-Adresse des ORB-Listeners auf die IP-Adresse des Servers im Netzwerk ab.

10.4 Der lokale EJB-Client

Es wurde bereits erwähnt, dass der lokale Aufruf nur dann erfolgreich ausgeführt werden kann, wenn es sich bei dem Aufrufer um eine Web- oder um eine EJB-Komponente innerhalb der gleichen Java-EE-Anwendung handelt und der Java EE Server nicht über Cluster-Instanzen in einer Rechner-Farm betrieben wird. Trotz dieser Einschränkungen ist die Verwendung des lokalen Aufrufs sehr weit verbreitet. Denn immer häufiger wird die EJB-Technologie im Backend einer einfachen Webanwendung eingesetzt. Der Grund hierfür liegt in der Vereinfachung, die sich durch die Verwendung von Session Beans für den Zugriff auf die relationale Datenbank ergibt. Deshalb wird in diesem Abschnitt auch gezeigt, wie der lokale EJB-Client die Geschäftsdaten mithilfe von JPA persistiert.

10.4.1 Die Erstellung eines lokalen Business-Interface

Bevor wir mit der Erstellung des lokalen Clients loslegen, werden wir zunächst dafür sorgen, dass die Methode `persist()` der Stateless Session Bean `RegisterBean` aus dem letzten Abschnitt nicht nur über eine *Remote Client View*, sondern auch über eine *Local Client View* aufrufbar ist. Hierfür erstellen Sie folgendes Business-Interface im Projekt *onlineshop-ejb*:


```
package de.java2enterprise.onlineshop.ejb;

import javax.ejb.Local;

@Local
public interface RegisterBeanLocal {
    public abstract String persist(
        String email,
        String password);
}
```

Listing 10.23 »RegisterBeanLocal.java«

Als Nächstes lassen Sie die Stateless Session Bean `RegisterBean` von dem Local Business-Interface ableiten:

```
package de.java2enterprise.onlineshop.ejb;

import javax.ejb.Stateless;

@Stateless
public class RegisterBean
    implements RegisterBeanRemote,
    RegisterBeanLocal {

    @Override
    public String persist(
```

```
            String email,
            String password) {

            return email + ":" +password;
        }
}
```

Listing 10.24 »RegisterBean.java«

10.4.2 Ein Java-Server-Faces-Projekt erstellen

Wenn wir im Frontend die Web-Technologie des Java-EE-Standards einsetzen, spielt es für die Nutzung der EJB-Komponentenarchitektur keine Rolle, ob man die Low-Level-Programmierung mit Servlets und JSPs oder die High-Level-Programmierung mit JSF gebraucht.

Für das Beispiel in diesem Abschnitt werden wir JSF verwenden, weil sich die High-Level-Programmierung in der Praxis immer weiter durchsetzt. Erzeugen Sie hierfür in Eclipse ein dynamisches Webprojekt, indem Sie mit FILE • NEW • OTHER den Wizard öffnen und unter WEB auf DYNAMIC WEB PROJECT klicken. Im Fenster DYNAMIC WEB PROJECT klicken Sie auf MODIFY, um das Facet für Java Server Faces hinzuzufügen (siehe Abbildung 10.19).

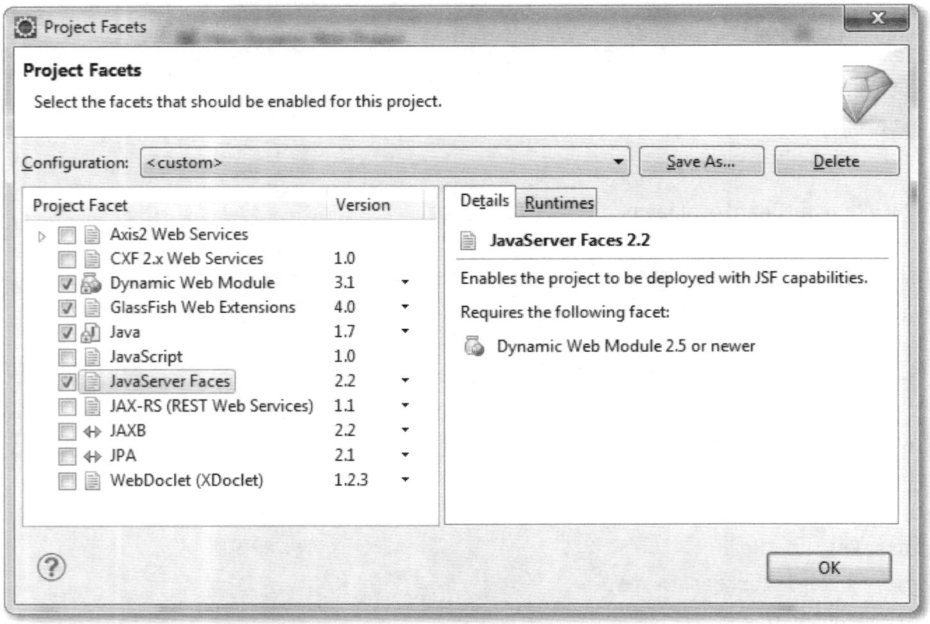

Abbildung 10.19 Das »Java Server Faces v2.2«-Projekt-Facet

Danach fügen Sie das dynamische Webprojekt auch noch als Mitglied dem EAR-Projekt hinzu (siehe Abbildung 10.20).

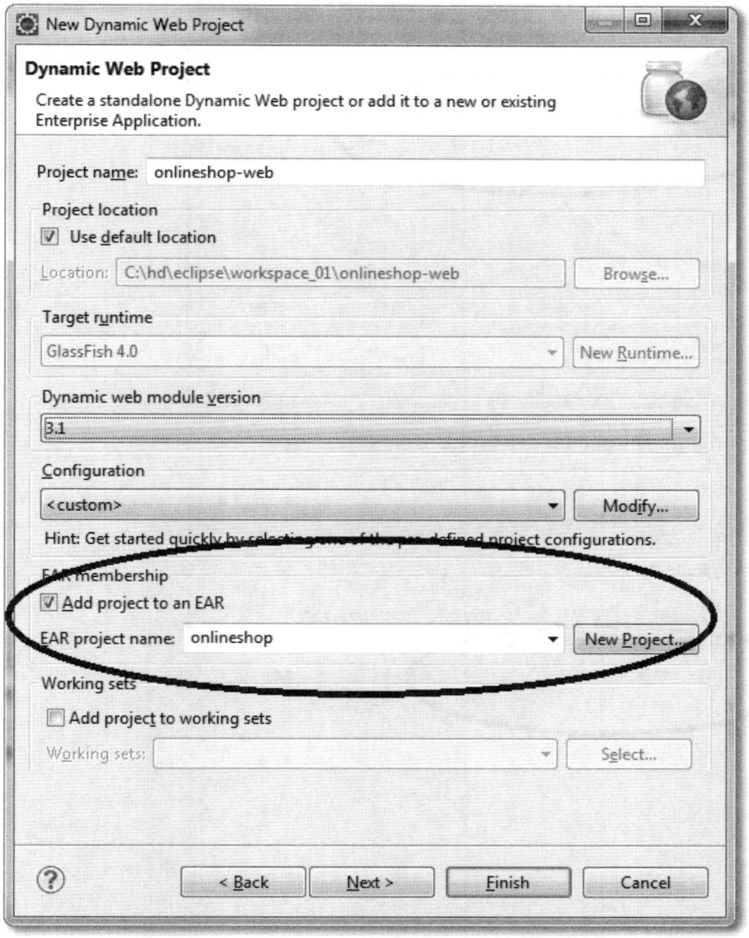

Abbildung 10.20 Das Projekt zu dem EAR-Projekt hinzufügen

Hierdurch wird es zur Paketstruktur der EAR-Datei hinzugefügt, sodass es beim Deployment automatisch mitinstalliert wird. In den Properties des Enterprise-Projekts können Sie unter DEPLOYMENT ASSEMBLY die Mitglieder der EAR-Datei nachschauen (siehe Abbildung 10.21). Dort sollte anschließend *onlineshop-web* als Modul mitaufgeführt sein.

Nun muss das Projekt *onlineshop-ejb* dem Build-Path des Projektes *onlineshop-web* hinzugefügt werden, damit das lokale Business-Interface von dort aus verwendet werden kann (siehe Abbildung 10.22).

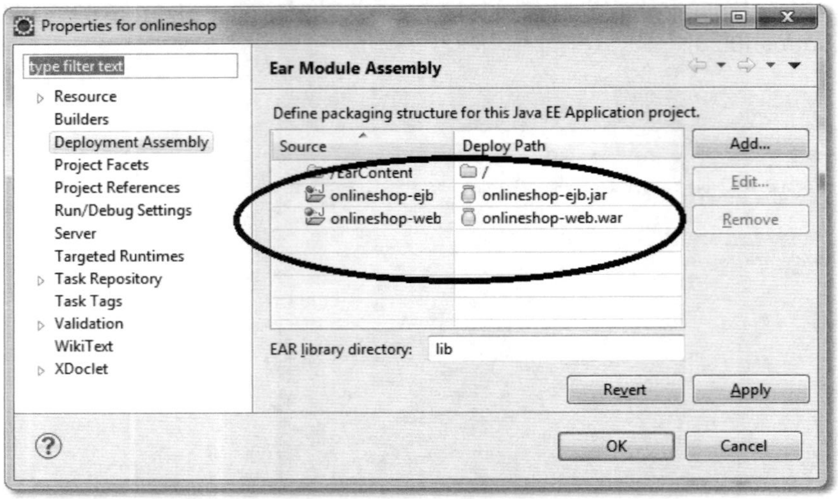

Abbildung 10.21 Die Auflistung der Mitglieder der EAR-Datei

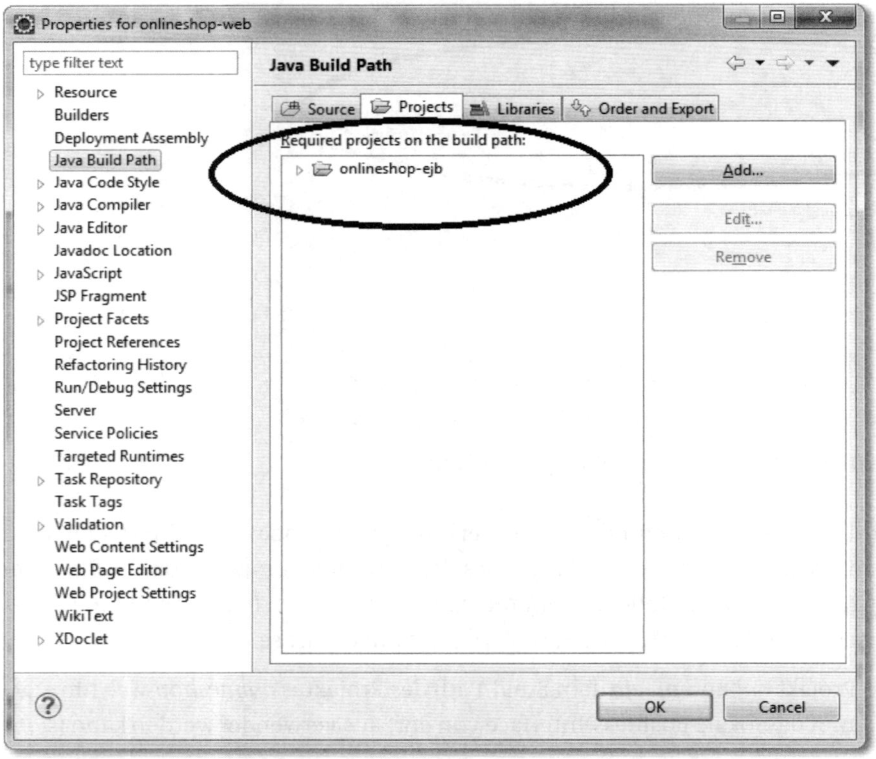

Abbildung 10.22 Das Projekt »onlineshop-ejb« wird dem Build-Path von »onlineshop-web« hinzugefügt.

10.4.3 Eine JSF-Backing Bean

Wir beginnen mit der Web-Programmierung, indem wir eine neue Klasse im Ordner *online-shop-web* anlegen, denn wir brauchen eine Backing Bean mit dem Namen `RegisterController`.

Die JSF-Backing Bean wird die EJB-Komponente über die Annotation `@EJB` injizieren. Die Instanziierung über den `new`-Operator hätte auch nicht funktioniert, da der EJB-Container uns ja keine Instanz der `RegisterBean`, sondern die stellvertretende *Client View* anbietet.

Für den Datenaustausch mit dem Facelet werden wir bei der Backing Bean zwei Properties mit den Bezeichnern `email` und `password` anlegen. In einer Aktionsmethode wird die Methode `persist()` der Stateless Session Bean aufgerufen.

```
package de.java2enterprise.onlineshop.web;

import java.io.Serializable;

import javax.ejb.EJB;
import javax.enterprise.context.RequestScoped;
import javax.faces.application.FacesMessage;
import javax.faces.context.FacesContext;
import javax.inject.Named;

import de.java2enterprise.onlineshop.ejb.RegisterBeanLocal;

@Named
@RequestScoped
public class RegisterController implements Serializable {
    private static final long serialVersionUID = 1L;

    private String email;

    private String password;

    @EJB
    private RegisterBeanLocal registerBeanLocal;

    public String persist() {
        String msg =
            registerBeanLocal.persist(email, password);
        FacesContext.getCurrentInstance().
            addMessage(null, new FacesMessage(msg));
        return "register";
    }
```

```
    public String getEmail() {
        return email;
    }

    public void setEmail(String email) {
        this.email = email;
    }

    public String getPassword() {
        return password;
    }

    public void setPassword(String password) {
        this.password = password;
    }
}
```

Listing 10.25 »RegisterController.java«

10.4.4 Ein Facelet hinzufügen

Jetzt brauchen wir nur noch ein Facelet, über das der Benutzer Geschäftsdaten eintragen und an den Java EE Server versenden kann. In einem JSF-Formular setzen wir zwei Eingabefelder für die Properties `email` und `password`. Außerdem werden wir auch noch eine JSF-Befehlskomponente verwenden, in der wir dem `action`-Attribut die Aktionsmethode der Backing Bean zuweisen.

```
<?xml version="1.0" encoding="UTF-8" ?>
<!DOCTYPE html PUBLIC "-//W3C//DTD XHTML 1.0 Transitional//EN"
          "http://www.w3.org/TR/xhtml1/DTD/xhtml1-transitional.dtd">
<html xmlns="http://www.w3.org/1999/xhtml"
      xmlns:h="http://xmlns.jcp.org/jsf/html">
<h:body>
    <h:messages/>
        <h:form>
        <h:inputText
            value="#{registerController.email}"/>
        <h:inputText
            value="#{registerController.password}"/>
        <h:commandButton
            value="Register"
            action="#{registerController.persist}"/>
```

```
        </h:form>
</h:body>
</html>
```

Listing 10.26 »register.xhtml«

Sie können die obigen Komponenten mit der Enterprise-Anwendung *onlineshop* deployen und die Anwendung testen, indem Sie in der Adressleiste eines Webbrowsers die URL

http://localhost:8080/onlineshop-war/register.jsf

eingeben. Das Beispiel sollte bereits voll funktionstüchtig sein. Das Einzige, was dem bisherigen Programm noch fehlt, ist, dass die Geschäftsdaten in der relationalen Datenbank abgespeichert werden. Auf die hierfür noch fehlenden Bestandteile geht der nächste Abschnitt ein.

10.4.5 JPA einsetzen

Um JPA im EJB-Modul nutzen zu können, benötigen wir im EJB-Projekt *onlineshop-ejb* zunächst einmal die Datei *persistence.xml*. Die manuelle Kodierung der *persistence.xml* wäre mühsam, weswegen wir stattdessen das JPA-Facet anschalten. Denn hierdurch geschieht dies automatisch.

Öffnen Sie das PROPERTIES-Fenster des Projekts, wählen Sie dort FACETS aus, und setzen Sie beim Eintrag JPA ein Häkchen in die Checkbox (siehe Abbildung 10.23).

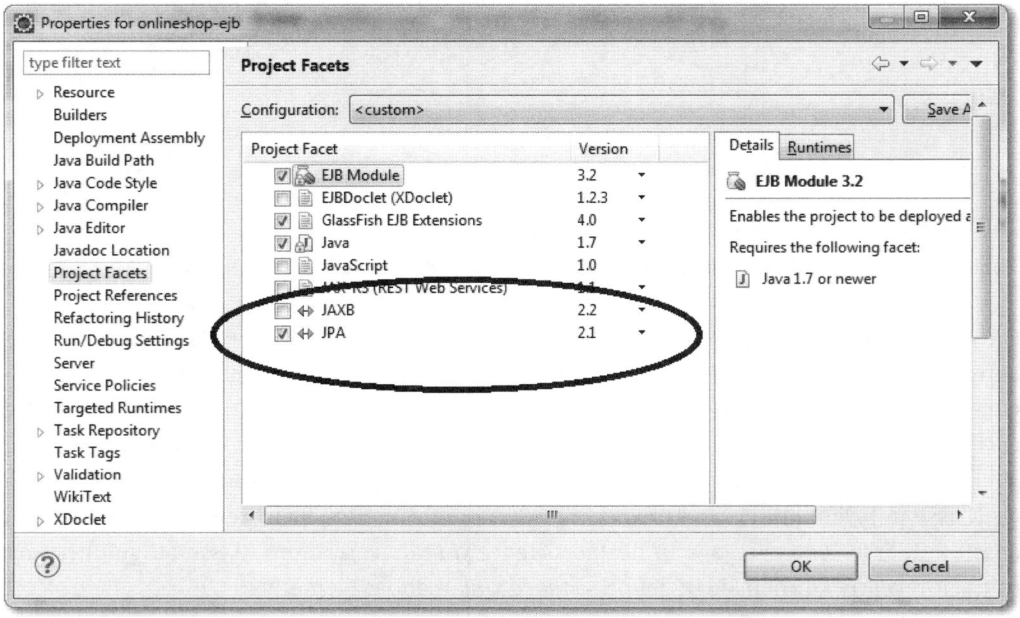

Abbildung 10.23 Das JPA-Facet wird dem EJB-Projekt hinzugefügt.

Mit dem Mausklick auf OK sollte Eclipse die Datei *persistence.xml* in den Klassenpfad des EJB-Projektes gesetzt haben, wodurch JPA später unweigerlich aktiviert wird. Außerdem sollte hierdurch im PROPERTIES-Fenster des EJB-Projekts auf der linken Seite der Eintrag JPA erscheinen (siehe Abbildung 10.24). Über diesen Eintrag können Sie auf der rechten Seite die JPA-Konfiguration für das Projekt durchführen.

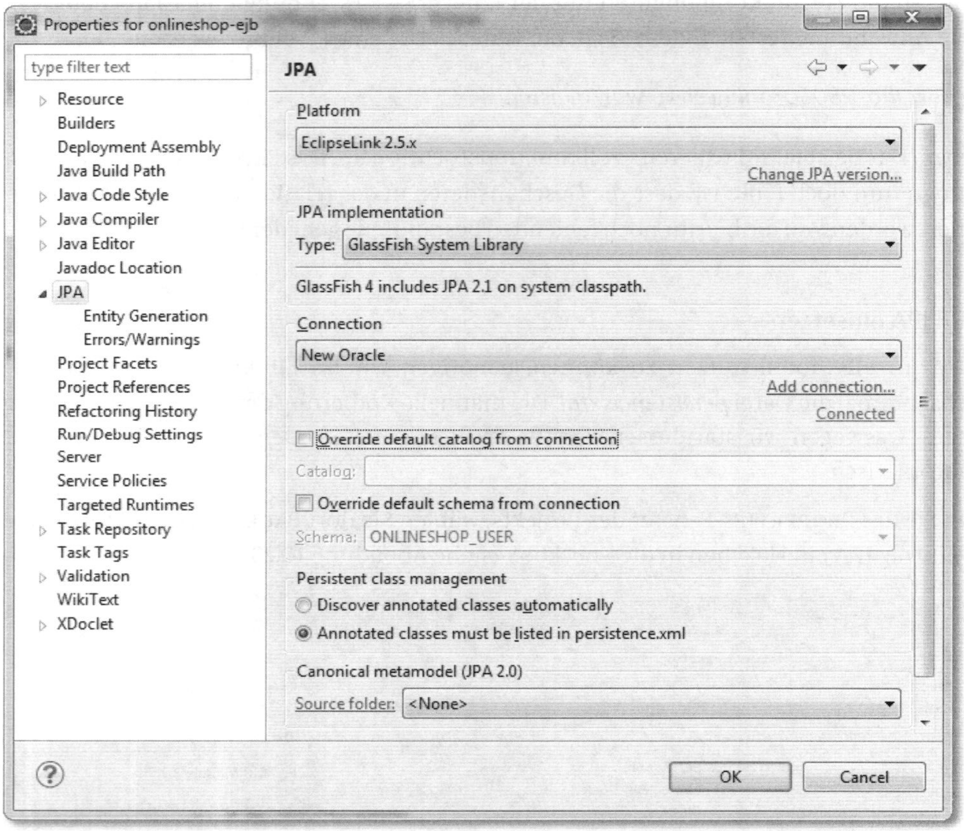

Abbildung 10.24 Die JPA-Konfiguration wurde in Kapitel 8, »Die Java Persistence API«, beschrieben.

Die JPA-Konfigurationsschritte werden an dieser Stelle aber nicht weiter ausgeführt. Sie wurden in Kapitel 8, » Die Java Persistence API«, bereits ausgiebig behandelt. Außerdem benötigen Sie die Konfiguration für dieses Beispiel lediglich dann, wenn Sie die JPA-Entity `Customer.java` von Grund auf neu erzeugen möchten. Sie können den Quelltext stattdessen aber auch einfach aus der folgenden etwas abgekürzten Variante entnehmen, die Sie dann als Klasse in Ihrem EJB-Projekt *onlineshop-ejb* programmieren. Beachten Sie in diesem Fall, dass die Klasse `Customer.java` in der *persistence.xml* als verwaltete Klasse aufgeführt sein muss. Alternativ können Sie in der *persistence.xml* über das Element

```
<exclude-unlisted-classes>
    false
</exclude-unlisted-classes>
```

auch festlegen, dass die verwalteten Klassen in der *persistence.xml* nicht aufgeführt sein müssen.

```
package de.java2enterprise.onlineshop.model;

import java.io.Serializable;
import javax.persistence.*;

@Entity
@Table(schema="ONLINESHOP", name="CUSTOMER")
public class Customer implements Serializable {
    private static final long serialVersionUID = 1L;

    @Id
    @SequenceGenerator(
            name="CUSTOMER_ID_GENERATOR",
            sequenceName="SEQ_CUSTOMER",
            schema="ONLINESHOP",
            allocationSize=1,
            initialValue=1)
    @GeneratedValue(
            strategy=GenerationType.SEQUENCE,
            generator="CUSTOMER_ID_GENERATOR")
    private Long id;

    private String email;

    private String password;

    public Long getId() {
        return this.id;
    }

    public void setId(Long id) {
        this.id = id;
    }

    public String getEmail() {
        return this.email;
    }
```

```
    public void setEmail(String email) {
        this.email = email;
    }

    public String getPassword() {
        return this.password;
    }

    public void setPassword(String password) {
        this.password = password;
    }
}
```

Listing 10.27 »Customer.java«

Die Klasse »RegisterBean«

Nachdem Sie die JPA-Entity `Customer.java` im EJB-Projekt erstellt haben, kann die Session Bean Objekte dieser Klasse in der Onlineshop-Datenbank persistieren. Hierfür benötigt sie ein Objekt der Klasse `EntityManager`, dem das neu erzeugte Objekt über Methode `persist()` übergeben wird.

Vielleicht erinnern Sie sich daran, wie wir in vorangegangenen Kapiteln Web-Komponenten eingesetzt und von dort aus den EntityManager verwendet haben. Weil der EntityManager nicht thread-sicher ist, waren wir gezwungen, eine `PersistenceFactory` zu erstellen. Mithilfe der `PersistenceFactory` hatten wir uns manuell eine Instanz der Klasse `EntityManager` beschafft. Weil wir diese Instanz manuell besorgt hatten, waren wir für sie verantwortlich. Beispielsweise musste sie zum Ende hin über die Methode `close()` geschlossen werden.

Gravierender war aber, dass wir die Transaktion manuell programmieren mussten. Das Besondere an der Programmierung von JPA innerhalb einer EJB-Komponente ist nun, dass wir uns per Default nicht um die Abwicklung der Transaktionen kümmern brauchen. Solange wir nichts anderes explizit anweisen, beginnt die Transaktion bei der Ausführung der Business-Methode. Zum Ende der Business-Methode commitet der EJB-Container automatisch auch die Transaktion.

Der folgende Quelltext zeigt die Vereinfachungen, die sich hierdurch ergeben:

```
package de.java2enterprise.onlineshop.ejb;

import javax.ejb.Stateless;
import javax.persistence.EntityManager;
import javax.persistence.PersistenceContext;

import de.java2enterprise.onlineshop.model.Customer;
```

```
@Stateless
public class RegisterBean
        implements
        RegisterBeanRemote,
        RegisterBeanLocal {

    @PersistenceContext
    private EntityManager em;

    @Override
    public String persist(String email, String password) {
        Customer customer = new Customer();
        customer.setEmail(email);
        customer.setPassword(password);
        em.persist(customer);
        return email + " persisted";
    }
}
```

Listing 10.28 »RegisterBean.java«

10.5 Transaktionen

Im letzten Beispiel war der JTA-Dienst des EJB-Containers für die Verwaltung der Transaktionen ganz allein zuständig. Der Fachausdruck hierfür lautet *Container-managed Transactions*.

Der JTA-Dienst des EJB-Containers erlaubt aber nicht nur, dass die Verwaltung der Transaktionen deklarativ angewiesen wird, sondern auch, dass der Entwickler manuell innerhalb der EJB eingreift. Bei programmatisch angewiesenen Transaktionen spricht man von *Bean-managed Transactions*. Sowohl bei Container-managed Transactions als auch bei Bean-managed Transactions spielt der JTA-Dienst des EJB-Containers eine wichtige Rolle, denn letztlich ist es dann doch seine Aufgabe, die Transaktionen konsistent zu halten.

JTA führt hierbei automatisch ein COMMIT aus, wenn die Speicherung gelingt. Genauso wird JTA ein ROLLBACK ausführen, wenn zwischendurch etwas schiefläuft.

10.5.1 Container-managed Transactions

Enterprise JavaBeans laufen per Default innerhalb eines Container-Managed-Transaction-Betriebes. Das bedeutet, dass beim Aufruf einer Business-Methode überprüft wird, ob sich der laufende Prozess innerhalb einer Transaktionsklammer befindet. Wenn ja, werden auch die Anweisungen innerhalb der Methode als Teil der bereits vorhandenen Transaktion abgehandelt. Wenn jedoch keine Transaktion vorhanden ist, erstellt der EJB-Container von sich aus eine neue Transaktion und führt die Anweisungen der Methode innerhalb dieser Transaktion aus. Dieser Transaktionstyp wird als REQUIRED bezeichnet (siehe Abbildung 10.25).

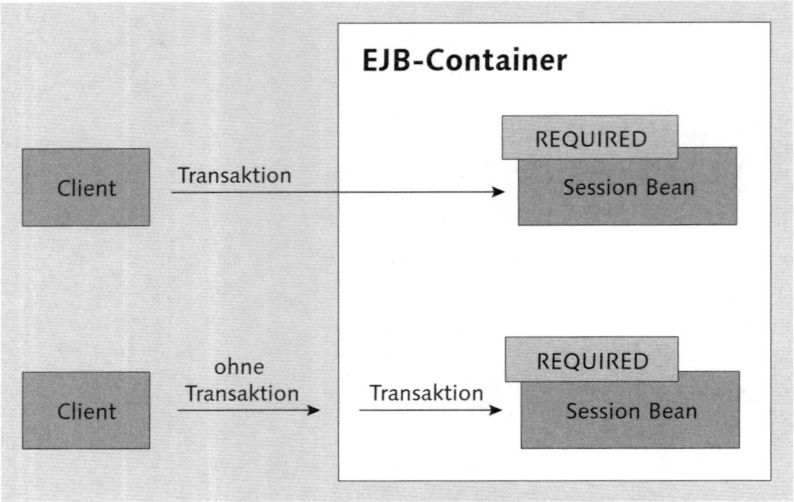

Abbildung 10.25 Der Default-Transaktionstyp nennt sich »REQUIRED«.

Neben REQUIRED bietet die JTA-Spezifikation noch fünf weitere Transaktionstypen an, auf die im Bedarfsfall umgeschaltet werden kann. Jeder der Transaktionstypen ist in einer eigenen Konstanten des Enums `javax.ejb.TransactionAttributeType` gekapselt.

Die fünf Konstanten, in die man dabei wechseln kann, sind:

- REQUIRES_NEW
- MANDATORY
- SUPPORTS
- NOT_SUPPORTED
- NEVER

Sie werden im Folgenden kurz beschrieben.

REQUIRES_NEW

Wenn sich der aufrufende Prozess bereits innerhalb einer Transaktion befindet, wird seine Transaktion unterbrochen. Die Business-Methode wird innerhalb einer neuen Transaktion abgearbeitet – so, als ob keine vorhanden wäre. Wenn die Anweisungen der Business-Methode abgeschlossen wurden, wird die pausierte Transaktion reaktiviert (siehe Abbildung 10.26).

Wenn sich der laufende Prozess noch nicht innerhalb einer Transaktion befindet, läuft alles wie bei REQUIRED ab. Damit ist gemeint, dass eine neue Transaktion gestartet wird, innerhalb derer die Anweisungen der Methode ausgeführt werden.

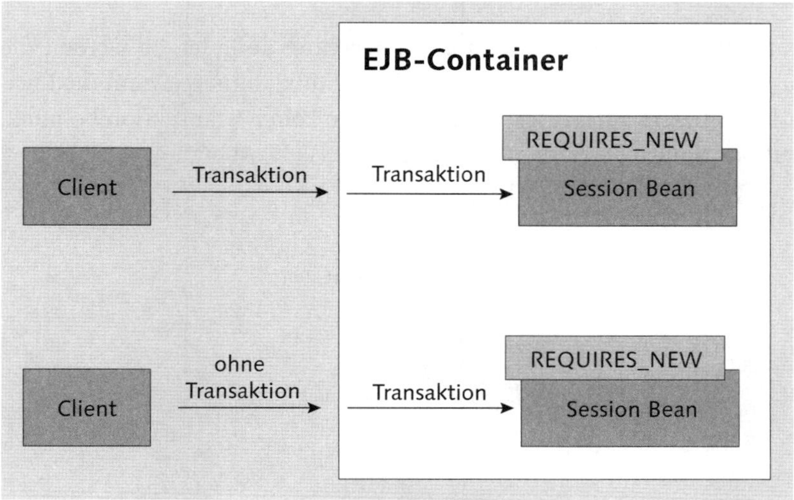

Abbildung 10.26 Der Transaktionstyp »REQUIRES_NEW«

MANDATORY

Wenn die Business-Methode von einem Prozess aufgerufen wird, der sich in einer Transaktion befindet, werden die Anweisungen der Business-Methode mit dieser Transaktion umklammert.

Wenn die Business-Methode von einem Prozess aufgerufen wird, der sich in keiner Transaktion befindet, wird eine `TransactionalException` ausgelöst (siehe Abbildung 10.27).

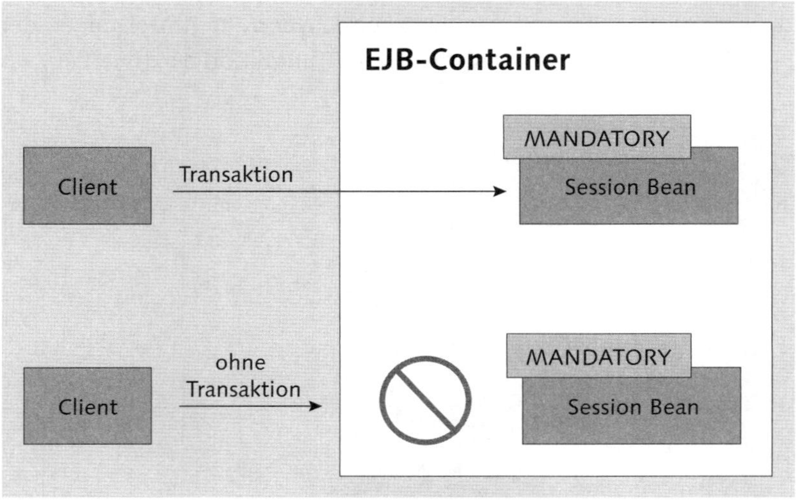

Abbildung 10.27 Der Transaktionstyp »MANDATORY«

SUPPORTS

Wenn sich der aufrufende Prozess innerhalb einer Transaktion befindet, so werden die Anweisungen der Business-Methode mit dieser Transaktion umklammert. Wenn die Business-Methode von einem Prozess aufgerufen wird, die sich in keiner Transaktion befindet, wird die Business-Methode ohne eine Transaktion ausgeführt (siehe Abbildung 10.28).

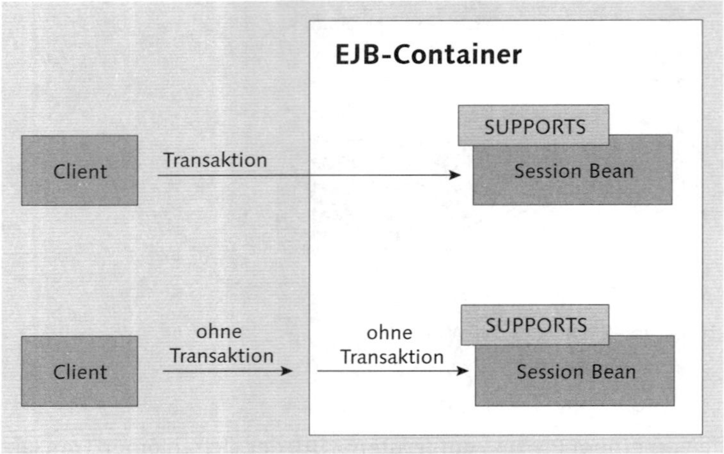

Abbildung 10.28 Der Transaktionstyp »SUPPORTS«

NOT_SUPPORTED

Wenn sich der aufrufende Prozess innerhalb einer Transaktion befindet, wird seine Transaktion unterbrochen. Es wird aber keine neue Transaktion erzeugt, sondern die Anweisungen der Business-Methode werden ohne Transaktion ausgeführt. Wenn die Anweisungen der Business-Methode abgeschlossen wurden, wird die pausierte Transaktion reaktiviert.

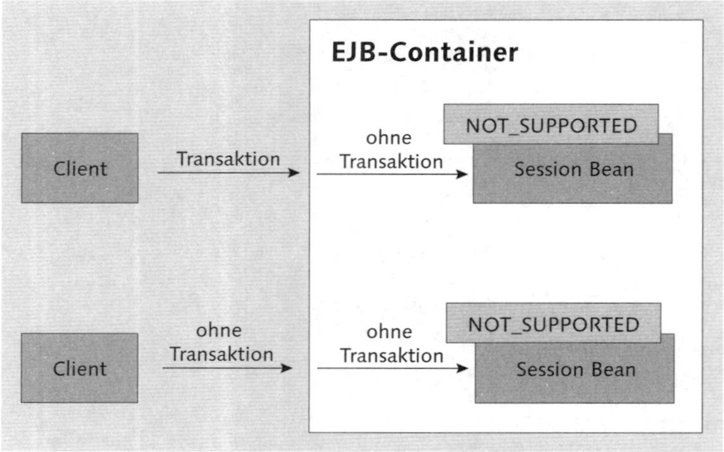

Abbildung 10.29 Der Transaktionstyp »NOT_SUPPORTED«

Wenn die Business-Methode von einem Prozess aufgerufen wird, der sich in keiner Transaktion befindet, wird die Business-Methode ohne eine Transaktion ausgeführt (siehe Abbildung 10.29).

NEVER

Wenn sich der aufrufende Prozess in einer Transaktion befindet, wird eine `TransactionalException` ausgelöst.

Die Business-Methode wird also nur dann ausgeführt, wenn sich der aufrufende Prozess in keiner Transaktion befindet (siehe Abbildung 10.30).

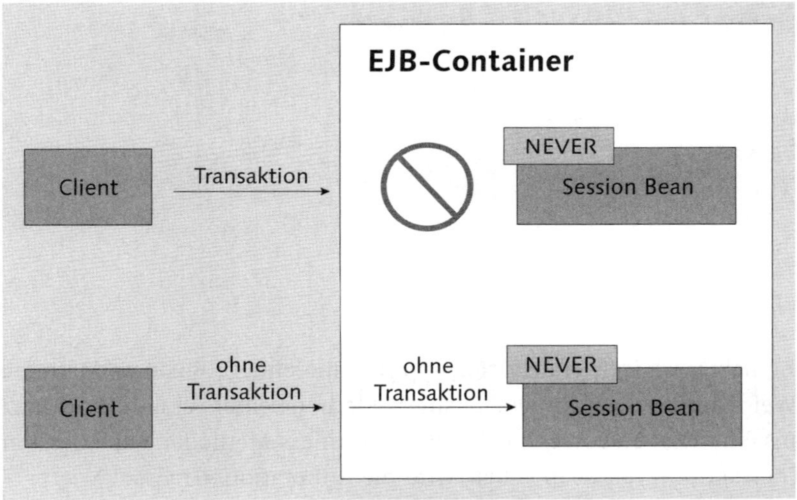

Abbildung 10.30 Der Transaktionstyp »NEVER«

Um den Transaktionstyp einer Business-Methode nun beispielsweise auf REQUIRED_NEW abzuändern, wird sie mit der Annotation `@TransactionAttribute` versehen. Die Konstante für den Transaktionstyp wird dabei dem Annotationsattribut `value` zugewiesen.

```
package de.java2enterprise.onlineshop;

import javax.ejb.Stateless;
import javax.ejb.TransactionAttribute;
import javax.ejb.TransactionAttributeType;
import javax.persistence.EntityManager;
import javax.persistence.PersistenceContext;

import de.java2enterprise.onlineshop.model.Customer;

@Stateless
```

```
public class RegisterBean
        implements
        RegisterBeanRemote,
        RegisterBeanLocal {

    @PersistenceContext
    private EntityManager em;

    @Override
    @TransactionAttribute(
        value=TransactionAttributeType.REQUIRES_NEW)
    public String persist(String email, String password) {
        Customer customer = new Customer();
        customer.setEmail(email);
        customer.setPassword(password);
        em.persist(customer);
        return email + " persisted";
    }
}
```

Listing 10.29 »RegisterBean.java«

In dem obigen Listing haben wir den Transaktionstyp für eine einzige Business-Methode geändert. Auf diese Weise könnten wir für jede Business-Methode einer Session Bean ganz unterschiedliche Transaktionstypen vorsehen. Wenn alle Business-Methoden einer Session Bean den gleichen Transaktionstyp haben sollen, wird die Annotation `@TransactionAttribute` vor die Klasse gesetzt:

```
...
@Stateless
@TransactionAttribute(
    value=TransactionAttributeType.REQUIRES_NEW)
public class RegisterBean
        implements
        RegisterBeanRemote,
        RegisterBeanLocal {
    ...
```

Listing 10.30 »RegisterBean.java«

10.5.2 Bean-managed Transactions

In den meisten Fällen findet man in der Praxis *Container-managed Transactions* vor. Dies ist auch die empfohlene Vorgehensweise, da sie weniger fehleranfällig ist. In manchen Fällen ist es aber erwünscht, dass man manuell in den Transaktionsmechanismus des JTA-Dienstes eingreift.

Um zwischen Container-managed Transactions und Bean-managed Transactions wechseln zu können, wird die Annotation `javax.ejb.TransactionManagement` vor die Session Bean gesetzt. Die zwei unterschiedlichen Transaktionsmanagementtypen `CONTAINER` und `BEAN` sind im Enum `TransactionManagementType` gekapselt.

Im folgenden Listing übernimmt die Session Bean die Verantwortung für den Transaktionsmechanismus:

```
package de.java2enterprise.onlineshop.ejb;

import javax.annotation.Resource;
import javax.ejb.LocalBean;
import javax.ejb.Stateless;
import javax.ejb.TransactionManagement;
import javax.ejb.TransactionManagementType;
import javax.persistence.EntityManager;
import javax.persistence.PersistenceContext;
import javax.transaction.SystemException;
import javax.transaction.UserTransaction;

import de.java2enterprise.onlineshop.model.Customer;

@Stateless
@LocalBean
@TransactionManagement(value=TransactionManagementType.BEAN)
public class RegisterBean {

    @Resource
    private UserTransaction ut;

    @PersistenceContext
    private EntityManager em;

    public Customer persist(
        String email,
        String password) {

        Customer customer = null;

        try {
            ut.begin();
```

```
            customer = new Customer();
            customer.setEmail(email);
            customer.setPassword(password);
            em.persist(customer);

            ut.commit();

        } catch(Exception ex) {

            try {
                ut.rollback();
            } catch (
                IllegalStateException |
                SecurityException |
                SystemException e) {

                e.printStackTrace();
            }
        }

        return customer;
    }
}
```

Listing 10.31 »RegisterBean.java«

10.6 Unterschiedliche Session-Bean-Typen

In den vergangenen Abschnitten haben wir die Stateless Session Bean stellvertretend für alle Session-Bean-Typen eingesetzt, um die Grundlagen und die grundlegenden Programmiertechniken von Session Beans zu behandeln. Nun gehen wir auf die jeweiligen Unterschiede der drei Session-Bean-Typen *Stateless*, *Stateful* und *Singleton Session Bean* ein.

10.6.1 Stateless Session Bean

Eine Stateless Session Bean ist eine EJB-Komponente, bei der die Geschäftsdaten nur flüchtig verarbeitet werden, da der Client lediglich während des Methodenaufrufs mit der EJB-Komponente verbunden ist. Man spricht hierbei auch von einem *zustandslosen Service*. Mit dem Begriff *Zustand* sind die Werte der Geschäftsdaten gemeint.

Stateless Session Beans und Properties

Stateless Session Beans können sehr trügerisch sein, denn grundsätzlich ist es erlaubt, dass man Properties in eine Stateless Session Bean setzt. Werden die Properties beim Durchlaufen einer Methode mit Werten gefüllt, so gehen die Werte der Properties auch nicht verloren, sondern sind auch beim nächsten Aufruf eines ganz anderen Clients immer noch vorhanden.

Dieser Umstand ist äußerst gefährlich, da sich die Stateless Session Bean in der Entwicklungsphase korrekt verhalten kann. Selbst in einem wenig umsichtigen Test könnte die Tatsache, dass eine Stateless Session Bean somit falsch programmiert wurde, noch gar nicht auffallen.

Im Livebetrieb des produktiven Systems wird die fehlerhafte Stateless Session Bean jedoch gravierende Defekte verursachen, die schlimmstenfalls noch nicht einmal direkt auffallen. Beispielsweise könnte die Überweisung eines Kunden an eine falsche Kontonummer übertragen werden oder mit einem anderen Betrag.

Der Lebenszyklus einer Stateless Session Bean

Während der EJB-Container die Instanz einer Stateless Session Bean in seinem Pool hält, durchläuft sie in ihrem Lebenszyklus bestimmte Phasen. Bei diesem Lebenszyklus wird zwischen zwei Zuständen unterschieden, nämlich DOES NOT EXIST und READY. Bevor sich der Zustand einer Session Bean ändert, ruft der EJB-Container die Methoden auf, die der Entwickler über eine spezielle Annotation gekennzeichnet hat. Diese Methoden werden *Callback-Methoden* genannt, weil sie nicht von anderen Methoden, sondern vom EJB-Container aufgerufen werden. Die Stateless Session Bean muss keine Callback-Methode vorsehen; die Erstellung ist also lediglich optional.

In Abbildung 10.31 sehen Sie, welche Callback-Methoden bei einer Session Bean aufgerufen werden können, wenn sich ihr Zustand ändert.

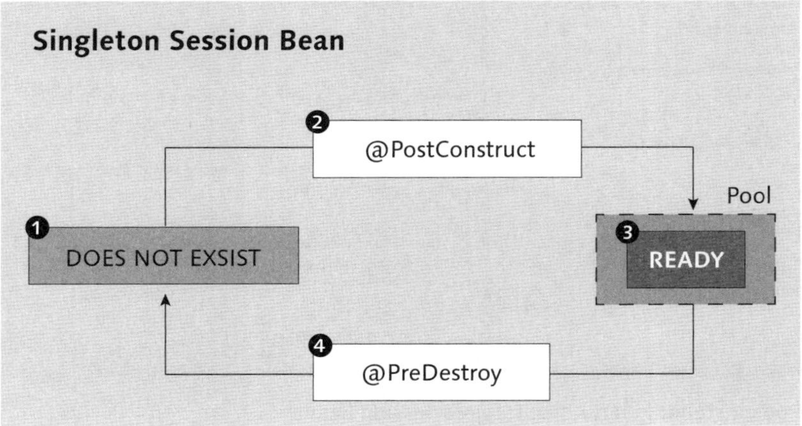

Abbildung 10.31 Die zwei Zustände der Stateless Session Bean

❶ Bevor die Instanz einer Stateless Session Bean erzeugt wurde, spricht man vom Zustand DOES NOT EXIST.

❷ Wenn der EJB-Container die neue Instanz der Stateless Session Bean erzeugt hat, injiziert er zuallererst alle spezifizierten Ressourcen. Dann ruft er die `PostConstruct`-Callback-Methode, d.h. die mit der Annotation `@PostConstruct` gekennzeichnete Methode, auf.

❸ Eine Stateless Session Bean muss sich im Zustand READY befinden, damit ihre Business-Methoden aufgerufen werden können. Wenn sie in diesem Zustand ist, wird sie in einem speziellen Instanzen-Pool verwaltet. Der Instanzen-Pool verbessert die Performance von Stateless Beans, denn sobald eine Instanz von einem Client nicht mehr benötigt wird, kann sie von einem anderen Client gleich weiterverwendet werden. Insgesamt braucht der EJB-Container hierfür nicht mehr so viele Instanzen zu erzeugen.

❹ Wenn der EJB-Container der Meinung ist, dass eine Instanz des Stateless-Session-Bean-Pools nicht mehr gebraucht wird, kann er sie entfernen. Allerdings wird vor der Übergabe an den Garbage Collector (falls vom Entwickler vorgesehen) noch die Callback-Methode aufgerufen, die mit der Annotation `@PreDestroy` gekennzeichnet wurde.

Die Pooleinstellungen konfigurieren

Sie können die Anzahl der Stateless-Session-Bean-Instanzen, die im Instanzen-Pool existieren dürfen, konfigurieren, indem Sie bei der Admin-Konsole von GlassFish auf der linken Seite auf KONFIGURATIONEN • SERVER-CONFIG • EJB-CONTAINER klicken. Auf der rechten Seite erscheint dann mittig der Block POOLEINSTELLUNGEN (siehe Abbildung 10.32). Die Konfigurationen, die Sie unter POOLEINSTELLUNGEN vornehmen können, betreffen lediglich die Stateless Session Beans.

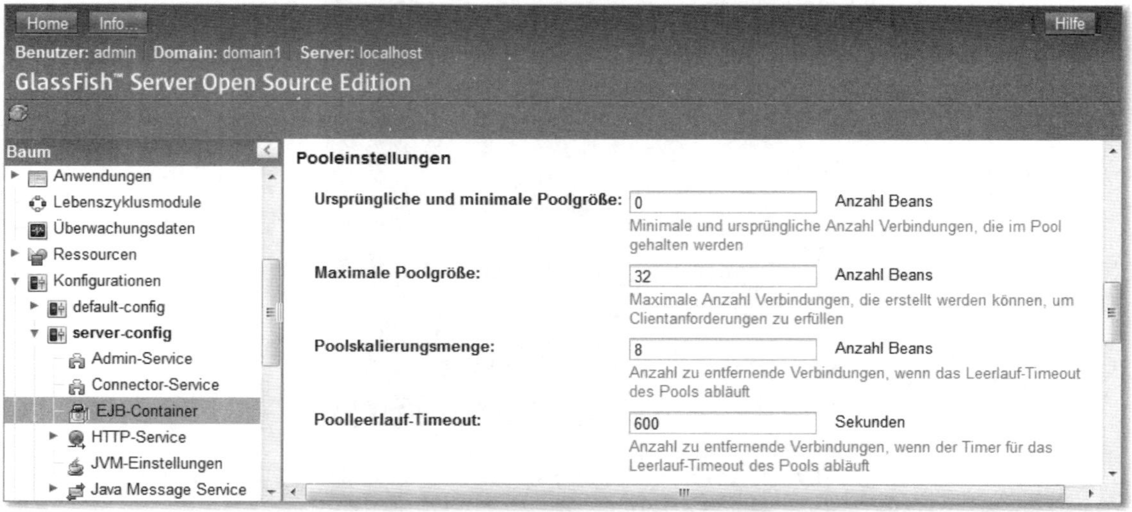

Abbildung 10.32 Die Pooleinstellungen für die Stateless Session Beans

Normalerweise werden beim Start der Anwendung noch gar keine Instanzen einer Stateless Session Bean erzeugt. Erst wenn eine Stateless Session Bean aufgerufen wird, erstellt der EJB-Container Instanzen in dem Pool. Die minimale Poolgröße beträgt anfangs 0. Wenn der EJB-Container statt einer einzigen eine Mindestanzahl an Instanzen jeder Stateless Session im Pool erzeugen soll, muss in dem ersten Feld ein entsprechender Wert eingetragen werden. Beispielsweise könnte eine stark frequentierte Java-EE-Anwendung 8 parallele Instanzen von jeder Stateless Session Bean erfordern.

Bei dem zweiten Eingabefeld wird die maximale Poolgröße bestimmt. Die Grundeinstellung beträgt 32. Wenn die minimale Anzahl jeder Session Bean wie soeben gesagt auf 8 gesetzt werden würde, so könnte dieser Wert schnell erreicht sein, denn der EJB-Container erzeugt die 8 Instanzen für jede der Stateless Session Beans. Bei beispielsweise 100 unterschiedlichen Stateless Session Beans ergibt sich eine maximale Mindestanzahl von 800 Instanzen.

Wenn die erzeugten Instanzen nicht gebraucht und überflüssig werden, wird der EJB-Container sie entfernen. Für diesen Zweck sind die letzten beiden Eingabefelder gedacht. Das unterste Eingabefeld zeigt an, wie lange sich eine Instanz untätig im Pool aufhalten darf. Der Standardwert beträgt 600 Sekunden. Das bedeutet, dass nach 10 Minuten die Instanzen von untätigen Stateless Session Beans entfernt werden. Das Feld darüber gibt an, wie viele untätige Instanzen zur gleichen Zeit gelöscht werden dürfen.

Mit der Admin-Konsole von GlassFish werden die Grenzwerte vom Instanz-Pool für alle Stateless Session Beans gleich gesetzt. Um die Grenzwerte für einzelne Stateless Session Bean zu konfigurieren, werden die Festlegungen in der *glassfish-ejb-jar.xml* innerhalb des EJB-Moduls vorgenommen.

Im folgenden Listing wird beispielsweise die maximale Anzahl der Instanzen in einem Pool auf 64 gesetzt:

```
<?xml version="1.0" encoding="UTF-8"?>
<!DOCTYPE glassfish-ejb-jar PUBLIC
"-//GlassFish.org//DTD GlassFish Application Server 3.1 EJB 3.1//EN"
"http://glassfish.org/dtds/glassfish-ejb-jar_3_1-1.dtd">
<glassfish-ejb-jar>
    <enterprise-beans>
        <ejb>
            <ejb-name>
                RegisterBean
            </ejb-name>
            <bean-pool>
                <max-pool-size>
                    64
                </max-pool-size>
            </bean-pool>
```

```
        </ejb>
    </enterprise-beans>
</glassfish-ejb-jar>
```

Listing 10.32 »glassfish-ejb-jar.xml«

10.6.2 Stateful Session Beans

Stateful Session Beans werden dann eingesetzt, wenn die Geschäftsdaten der Session Bean über mehrere Anfragen des Clients hinweg bestehen bleiben sollen. Ein typisches Beispiel hierfür ist der Einkaufswagen in einem Onlineshop.

Die Kennzeichnung einer Session Bean erfolgt mithilfe der Annotation `@Stateful`:

```
@Stateful
public class RegisterBean {
    ...
}
```

Listing 10.33 »RegisterBean.java«

Weil die Werte der Geschäftsdaten während der Interaktion zwischen Client und Server von Dauer sind, werden Stateful Session Beans manchmal auch als zentrale Komponenten in einer User-Story eingesetzt, von der aus auf weitere Komponententypen zugegriffen werden kann.

Stateful Session Beans bei Systemabstürzen

Vorsicht ist geboten, wenn es sich bei den Geschäftsdaten um besonders geschäftskritische Informationen handelt. Denn bei einer Stateful Session Bean ist nicht garantiert, dass die Daten beim Ausfall des Systems erhalten bleiben.

Ein Beispiel mit Stateful Session Beans

Als Beispiel werden wir die Registrierung eines Onlineshop-Kunden nun so programmieren, dass die E-Mail-Adresse und das Kennwort in Einzelschritten erst aufgenommen und dann gemeinsam persistiert werden.

RegisterBeanLocal.java

Das folgende Business-Interface zeigt, welche Business-Methoden das Vorhaben verwirklichen sollen. Mit der Methode `saveEmail()` soll die E-Mail-Adresse und mit der Methode `savePassword()` das Kennwort temporär festgehalten werden. Die Methode `persist()` wird mit diesen beiden Werten ein Objekt des Typs `Customer` abspeichern.

```
package de.java2enterprise.onlineshop.ejb;

import javax.ejb.Local;

@Local
public interface RegisterBeanLocal {

    public abstract void saveEmail(String email);

    public abstract void savePassword(String password);

    public abstract void persist();
}
```


Listing 10.34 »RegisterBeanLocal.java«

RegisterBean.java

Die folgende Stateful Session Bean nutzt die temporär festgehaltenen Geschäftsdaten, um im zweiten Schritt JPA-Entitys abzuspeichern:

```
package de.java2enterprise.onlineshop.ejb;

import javax.ejb.Stateful;
import javax.persistence.EntityManager;
import javax.persistence.PersistenceContext;

import de.java2enterprise.onlineshop.model.Customer;

@Stateful
public class RegisterBean
        implements
        RegisterBeanLocal {

    @PersistenceContext
    private EntityManager em;

    private String email;

    private String password;

    @Override
    public void saveEmail(String email) {
        this.email = email;
    }
```

```
    @Override
    public void savePassword(String password) {
        this.password = password;
    }

    @Override
    public void persist() {
        Customer customer = new Customer();
        customer.setEmail(email);
        customer.setPassword(password);
        em.persist(customer);
    }
}
```

Listing 10.35 »RegisterBean.java«

RegisterController.java

Im folgenden Listing wird gezeigt, wie die `RegisterBean` von der Backing Bean aus aufgerufen wird:

```
package de.java2enterprise.onlineshop.web;

import java.io.Serializable;

import javax.ejb.EJB;
import javax.enterprise.context.SessionScoped;
import javax.inject.Named;

import de.java2enterprise.onlineshop.ejb.RegisterBeanLocal;

@Named
@SessionScoped
public class RegisterController implements Serializable {
    private static final long serialVersionUID = 1L;

    private String email;

    private String password;

    @EJB
    private RegisterBeanLocal registerBeanLocal;

    public String saveEmail() {
```

```
        registerBeanLocal.saveEmail(email);
        return "step2";
    }

    public String savePassword() {
        registerBeanLocal.savePassword(password);
        registerBeanLocal.persist();
        return "step1";
    }

    public String getEmail() {
        return email;
    }

    public void setEmail(String email) {
        this.email = email;
    }

    public String getPassword() {
        return password;
    }

    public void setPassword(String password) {
        this.password = password;
    }
}
```

Listing 10.36 »RegisterController.java«

step1.xhtml

Die beiden Facelets *step1.xhtml* und *step2.xhtml* werden wir Ihnen nicht vorenthalten. *step1.xhtml* enthält lediglich ein einziges Eingabefeld und einen Button, der die Aktionsmethode `save Email()` aufruft.

```
<?xml version="1.0" encoding="UTF-8" ?>
<!DOCTYPE html PUBLIC "-//W3C//DTD XHTML 1.0 Transitional//EN"
        "http://www.w3.org/TR/xhtml1/DTD/xhtml1-transitional.dtd">
<html xmlns="http://www.w3.org/1999/xhtml"
      xmlns:h="http://xmlns.jcp.org/jsf/html">
<h:body>
    <h1>Register Step 1</h1>
    <h:messages/>
    <h:form>
```

```
    <h:inputText
        value="#{registerController.email}"/>
    <h:commandButton
        value="Save E-Mail"
        action="#{registerController.saveEmail()}"/>
    </h:form>
</h:body>
</html>
```

Listing 10.37 »step1.xhtml«

step2.xhtml

step2.xhtml gleicht dem Facelet *step1.xhtml*, nur dass jetzt das Eingabefeld für das Kennwort und der Button für den Aufruf der Aktionsmethode `savePassword()` enthalten sind.

```
<?xml version="1.0" encoding="UTF-8" ?>
<!DOCTYPE html PUBLIC "-//W3C//DTD XHTML 1.0 Transitional//EN"
          "http://www.w3.org/TR/xhtml1/DTD/xhtml1-transitional.dtd">
<html xmlns="http://www.w3.org/1999/xhtml"
      xmlns:h="http://xmlns.jcp.org/jsf/html">
<h:body>
    <h1>Register Step 2</h1>
    <h:messages/>
    <h:form>
    <h:inputText
        value="#{registerController.password}"/>
    <h:commandButton
        value="Save Password"
        action="#{registerController.savePassword()}"/>
    </h:form>
</h:body>
</html>
```

Listing 10.38 step2.xhtml

Der Lebenszyklus der Stateful Session Bean

Der Lebenszyklus einer Stateful Session Bean ist komplexer als der einer Stateless Session Beans. Damit ist gemeint, dass Stateful Session Beans nicht nur die Zustände DOES NOT EXIST und READY kennen. Denn weil die Stateful Session Bean für eine längere Zeit erhalten bleiben muss, kann sie vom Container auch passiviert werden. Das bedeutet, dass sie als serialisiertes Objekt auf der Festplatte abgelegt wird. Der englische Fachbegriff für diesen Zustand lautet PASSIVE (siehe Abbildung 10.33).

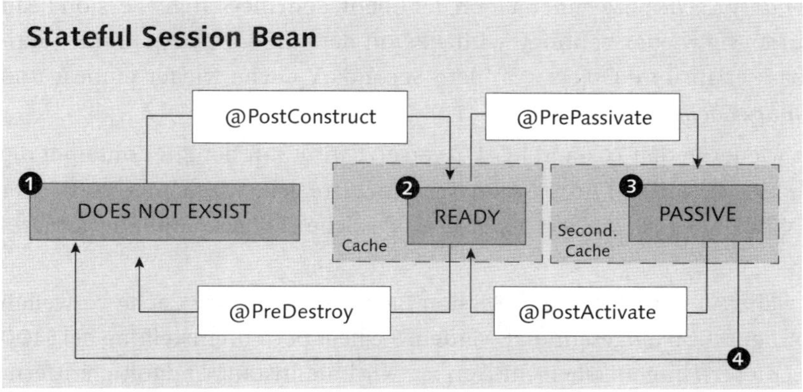

Abbildung 10.33 Die drei Zustände der Stateful Session Bean

❶ Zunächst befindet sich eine Stateful Session Bean im Zustand DOES NOT EXIST. Der EJB-Container erzeugt eine Instanz einer Stateful Session Bean, sobald eine entsprechende Anfrage von einem Client eingetroffen ist. Die erzeugte Instanz ist dem aufrufenden Client anschließend exklusiv vorbehalten. Danach erzeugt der EJB-Container auch alle ihre Ressourcen. Beispielsweise erstellt er auch die Objekte der Properties, die per CDI definiert wurden. Außerdem ruft er auch noch die Callback-Methode `@PostConstruct` auf.

❷ Der Zustand, in dem sich die aktivierte Instanz anschließend befindet, wird genauso wie bei einer Stateless Session Bean als READY bezeichnet, da die Instanz für den Aufruf ihrer Business-Methoden bereit ist. Allerdings werden die Instanzen einer Stateful Session Bean in keinem Instanzen-Pool gehalten, sondern in einem speziellen Cache. Genauso wie der Instanzen-Pool von Stateless Session Beans hat auch der spezielle Cache die Aufgabe, die Laufzeitleistung des Betriebs zu verbessern, nur dass er hierfür kein Instanz-Pooling betreibt.

Die Anzahl der Instanzen, die im Cache verweilen dürfen, ist per Default auf 512 beschränkt. Diese Cachegröße kann aber auch angepasst werden. Wurde die maximale Cachegröße überschritten, wird eine spezifizierte Cacheskalierungsmenge aus dem Cache passiviert.

Außerdem misst der EJB-Container auch die Dauer, die die einzelnen Instanzen im Leerlauf innerhalb des Caches einnehmen. Die voreingestellte maximale Leerlauf-Dauer beträgt 600 Sekunden. Wird dieser Cacheleerlauf-Timeout überschritten, wird sie ebenfalls aus dem Cache passiviert.

Bevor eine Instanz in den Zustand PASSIVE eintritt, ruft der EJB-Container die mit `@PrePassivate` gekennzeichnete Methode auf, falls der Entwickler eine solche Callback-Methode vorgesehen hat.

❸ Wenn eine Instanz passiviert worden ist, befindet sie sich im Zustand PASSIVE. Das Medium, auf dem der EJB-Container die Stateful Session Bean speichert, wird auch als sogenannter *Secondary Cache* bezeichnet. Wenn der Client, dem die Stateful Session Bean zugesprochen wurde, sie wieder benötigt, wird sie von dem EJB-Container wieder aktiviert, indem er das serialisierte Objekt von dem Secondary Cache wieder einliest und erneut in den *Primary Cache* holt.

Bevor die Instanz wieder in den Zustand READY versetzt wird, ruft der EJB-Container die Callback-Methode auf, die mit der Annotation `@PostActivate` gekennzeichnet ist. Wieder hängt es von der Willkür des Entwicklers ab, ob er eine solche Callback-Methode vorgesehen hatte.

4 Auch die Dauer, während der die Stateful Session Bean im Secondary Cache verweilen darf, kann per Konfiguration eingeschränkt werden. Sie liegt per Voreinstellung bei 5400 Sekunden. Sobald dieser Timeout überschritten ist, wird die Instanz endgültig entfernt und somit in den Zustand DOES NOT EXIST versetzt. Bevor der Zustand DOES NOT EXIST gesetzt wird, ruft der EJB-Container die Methode auf, die mit der Annotation `@PreDestroy` versehen wurde.

Um den Cache und den Secondary Cache für die Stateful Session Beans zu konfigurieren, klicken Sie in der Admin-Konsole auf der linken Seite auf KONFIGURATIONEN • SERVER-CONFIG • EJB-CONTAINER. Anschließend sehen Sie auf der rechten Seite (etwas weiter unten) den Bereich CACHEEINSTELLUNGEN. Dort sollten Sie die voreingestellten Werte für den Cache und den Secondary Cache finden (siehe Abbildung 10.34).

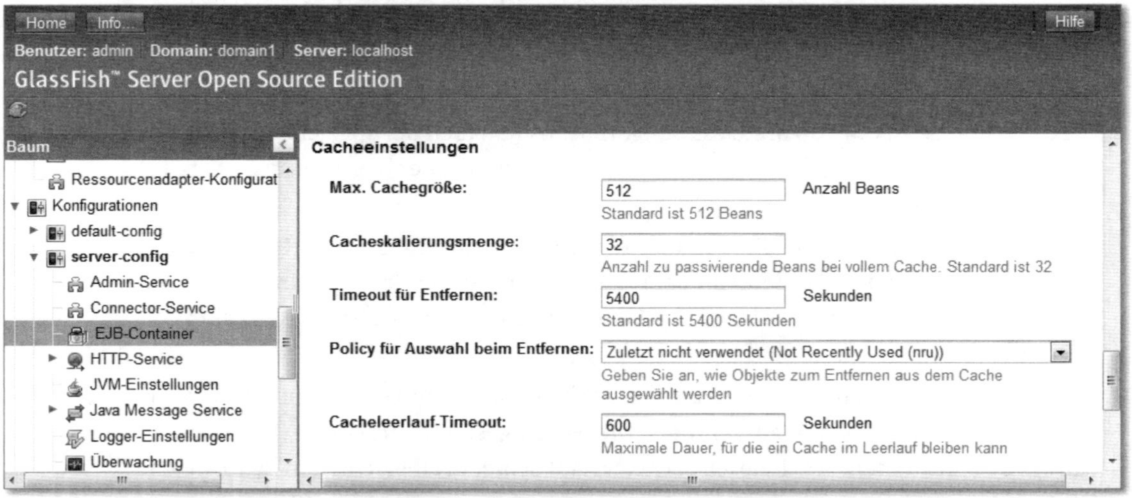

Abbildung 10.34 Die Einstellungen für den Cache und den Secondary Cache der Stateful Session Beans

Genauso wie bei den Stateless Session Beans können auch für einzelne Stateful Session Beans die Grenzwerte in der *glassfish-ejb-jar.xml* innerhalb des EJB-Moduls gesetzt werden. Im folgenden Listing wird die maximale Cachegröße auf 1024 angehoben:

```
<?xml version="1.0" encoding="UTF-8"?>
<!DOCTYPE glassfish-ejb-jar PUBLIC
"-//GlassFish.org//DTD GlassFish Application Server 3.1 EJB 3.1//EN"
"http://glassfish.org/dtds/glassfish-ejb-jar_3_1-1.dtd">
<glassfish-ejb-jar>
    <enterprise-beans>
        <ejb>
            <ejb-name>
                RegisterBean
            </ejb-name>
            <bean-cache>
                <max-cache-size>
                    1024
                </max-cache-size>
            </bean-cache>
        </ejb>
    </enterprise-beans>
</glassfish-ejb-jar>
```

Listing 10.39 »glassfish-ejb-jar.xml«

10.6.3 Singleton Session Beans

Die Instanz einer Singleton Session Bean ist in der gesamten JVM nur ein einziges Mal vorhanden. Hierdurch wird zur Laufzeit Speicherplatz gespart. Eine Singleton Session Bean wird dann eingesetzt, wenn Geschäftsdaten anwendungsweit gültig sind. Ein weiterer Anwendungsfall für Singleton Session Beans liegt in Aufgaben, die die gesamte Anwendung betreffen. So könnte eine Singleton Session Bean beispielsweise Arbeiten verrichten, die bei der Initialisierung der Anwendung anfallen.

Singleton Session Beans bei Cluster-Instanzen

Normalerweise wird eine einzige Instanz einer Singleton Session Bean geschaffen. Dies gilt allerdings nur dann, wenn es sich um eine Standalone-Instanz eines Java EE Servers handelt – die Singleton Session Bean also auf einer einzigen JVM läuft. Cluster-Instanzen werden jedoch auf Rechner-Farmen mit mehreren JVMs betrieben. Deshalb ist beim Cluster-Betrieb in jeder JVM eine andere Instanz der Singleton Session Bean enthalten.

Auch bei Singleton Session Beans können Methoden mit `@PostConstruct` bzw. `@PreDestroy` versehen werden. Allerdings werden Singleton Session Beans weder in einem Pool gehalten noch werden sie passiviert (siehe Abbildung 10.35).

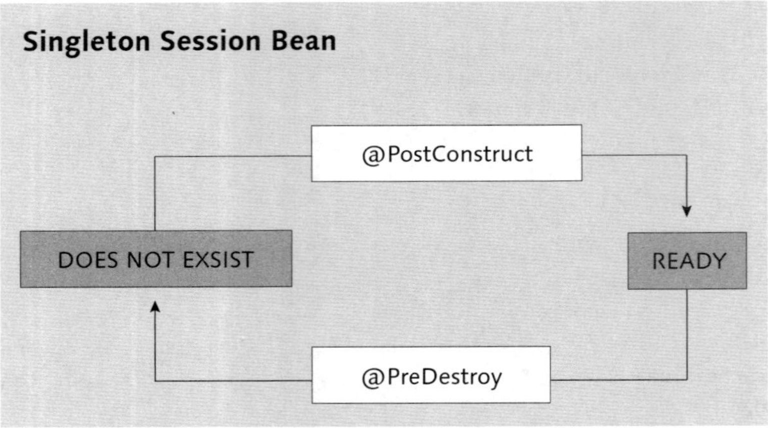

Abbildung 10.35 Der Lebenszyklus einer Singleton Session Bean

Die Annotation für Singleton Session Beans nennt sich `@Singleton`. Die folgende Singleton Session Bean liest zu Beginn der Onlineshop-Anwendung die Kategorien für Artikel ein:

```
package de.java2enterprise.onlineshop.ejb;

import java.util.List;
import java.util.logging.Logger;

import javax.annotation.PostConstruct;
import javax.ejb.Singleton;
import javax.persistence.EntityManager;
import javax.persistence.PersistenceContext;
import javax.persistence.TypedQuery;

import de.java2enterprise.onlineshop.model.Category;

@Singleton
public class CategoriesBean
        implements
        CategoriesBeanLocal {

    final Logger logger =
        Logger.getLogger(
            CategoriesBean.class.getName());

    @PersistenceContext
    private EntityManager em;
```

```
    private List<Category> categories;

    @PostConstruct
    public void postConstructTest() {
        TypedQuery<Category> query =
            em.createQuery(
                "SELECT c FROM Category c",
                Category.class);
        categories = query.getResultList();
    }

    @Override
    public List<Category> getCategories() {
        return this.categories;
    }
}
```

Listing 10.40 »CategoriesBean.java«

10.7 Asynchrone Business-Methoden

Wenn in einer konventionellen Java-SE-Anwendung eine Methode blockiert, verzweigt man ihren Thread, damit sie den sonstigen Betrieb der Anwendung nicht aufhält. Bei Stateless Session Beans ist dieses Problem leider nicht mit den gleichen Hausmitteln zu lösen, denn der Connection-Pool, mit dem der Betrieb der Stateless Session Bean optimiert wird, käme trotzdem ins Stocken. Seit der EJB-Version 3.1 besteht die Möglichkeit, dass man die Business-Methode einer Session Bean asynchron ausführt, indem man die Annotation `@Asynchronous` voranstellt.

Im folgenden Listing sehen Sie, wie die Business-Methode `persist()` der Klasse `RegisterBean` als asynchrone Methode aussieht:

```
package de.java2enterprise.onlineshop.ejb;

import javax.ejb.Asynchronous;
import javax.ejb.LocalBean;
import javax.ejb.Stateless;

@Stateless
@LocalBean
public class RegisterBean {
```

```
    @Asynchronous
    public void persist(
        String email,
        String password) {

        // Persist the Customer
    }
}
```

Listing 10.41 »RegisterBean.java«

Wenn ein Client die mit `@Asynchronous` ausgestattete Business-Methode ausführt, wartet er nicht auf das Ergebnis, sondern führt im Programmablauf die Abarbeitung der nachfolgenden Anweisungen fort:

```
registerBean.persist(email, password);
... // Und weiter geht's
```

Listing 10.42 »RegisterController.java«

Im Folgenden steht dem Client die Session-Bean-Instanz aus dem Connection-Pool nicht mehr zur Verfügung.

Im einfachsten Fall gibt eine asynchrone Business-Methode keinen Rückgabewert zurück. Für den Fall, dass die asynchrone Business-Methode dennoch ein Ergebnis liefern soll, muss sie in eine Klasse des Typs `Future` gepackt werden. Die `Future`-Klasse wird als Rückgabewert der Business-Methode zurückgeliefert. Auf diese Weise kann das Ergebnis zu einem späteren Zeitpunkt abgeholt werden.

Weil die Programmierung einer eigenen `Future`-Klasse aufwendig ist, stellt die Enterprise-JavaBean-API eine Convenience-Klasse zur Verfügung, die sich `javax.ejb.AsyncResult` nennt. Das folgende Listing nutzt diese Klasse als Rückgabewert der Business-Methode:

```
import java.util.concurrent.Future;

import javax.ejb.AsyncResult;
import javax.ejb.Asynchronous;
import javax.ejb.LocalBean;
import javax.ejb.Stateful;
import javax.persistence.EntityManager;
import javax.persistence.PersistenceContext;

import de.java2enterprise.onlineshop.model.Customer;

@Stateful
```

```
@LocalBean
public class RegisterBean {

    @PersistenceContext
    private EntityManager em;

    @Asynchronous
    public Future<Long> persist(
        String email,
        String password) {

        Customer customer =
            new Customer();
        customer.setEmail(email);
        customer.setPassword(password);
        em.persist(customer);
        Long id = customer.getId();

        AsyncResult<Long> asyncResult =
            new AsyncResult<Long>(id);
        return asyncResult;
    }
}
```

Listing 10.43 »RegisterBean.java«

Im Client erhält man den Rückgabewert, indem man die Methode `Future.get()` aufruft:

```
package de.java2enterprise.onlineshop.web;

import java.io.Serializable;
import java.util.concurrent.ExecutionException;
import java.util.concurrent.Future;

import javax.ejb.EJB;
import javax.enterprise.context.RequestScoped;
import javax.faces.application.FacesMessage;
import javax.faces.context.FacesContext;
import javax.inject.Named;

import de.java2enterprise.onlineshop.ejb.RegisterBean;

@Named
@RequestScoped
```

```
public class RegisterController implements Serializable {
    private static final long serialVersionUID = 1L;

    private String email;

    private String password;

    @EJB
    private RegisterBean registerBean;

    public String persist() {

        Future<Long> future =
            registerBean.persist(
                    email, password);

        Long id = Long.valueOf(0);
        try {
            id =
                future.get();
        } catch (
            InterruptedException |
            ExecutionException e) {
            e.printStackTrace();
        }

        FacesContext.getCurrentInstance().
            addMessage(
                null,
                new FacesMessage(
                    id + ":" +
                    email + ":" +
                    password));
        return "register";
    }

    // Setter und Getter
}
```

Listing 10.44 »RegisterController.java«

Bei der Methode get() muss man beachten, dass sie den aktuellen Thread blockieren könnte, und zwar so lange, bis das Ergebnis geliefert werden kann.

Statt der Methode `get()` kann deshalb auch die überlagerte Methode `get(long, TimeUnit)` verwendet werden. Hierdurch wird nur für eine begrenzte Zeit auf das Ergebnis gewartet. Der zweite Parameter besteht aus einer der Konstanten der Klasse `TimeUnit`. Hiermit wird also die Zeiteinheit des ersten Parameters angegeben:

```
id = future.get(10, SECONDS);
```

Wenn der asynchrone Prozess abgebrochen werden soll, kann die Methode `cancel(true)` aufgerufen werden. Über die Methode `isCancelled()` kann man abfragen, ob der Prozess abgebrochen worden ist. Die Methode `isDone()` gibt wieder, ob der Vorgang abgeschlossen ist.

10.8 JMS und Message Driven Beans

In diesem Abschnitt stelle ich zunächst die Technologie *Java Message Service* (JMS) vor. Anschließend gehe ich auf ihre Nutzung durch die Message Driven Beans ein.

Seit Java EE 7 die JMS-Version 2.0 einführte, wurde eine neue, vereinfachte JMS-API beigefügt. Man unterscheidet nun zwischen der althergebrachten *Classic JMS API* und der *Simplified JMS API*, die Sie für zukünftige Entwicklungen verwenden.

In diesem Buch werden wir uns sowohl der Classic JMS API als auch der Simplified JMS API widmen, denn als Java-EE-Entwickler sollten Sie derzeit noch beide beherrschen. Ich behaupte sogar, dass man es einem Java-EE-Entwickler nachsehen wird, wenn er die neuen Interfaces der Simplified JMS API noch nicht kennt. Die althergebrachte Classic JMS API ist hingegen so weit verbreitet, dass Kenntnisse über sie noch unverzichtbar sind.

10.8.1 JMS-Grundlagen

Schon vor der Entstehung der *Java Enterprise Edition* ging man dem Ziel eines globalen Netzwerks von losgekoppelten Systemen nach. Dieser Absicht kam auch die asynchrone Nachrichtenübermittlung entgegen. Der englische Fachbegriff hierfür lautet *Messaging*. Das Messaging kommt dem Wunsch nach einem globalen Netzwerk von losgekoppelten und plattformunabhängigen Systemen näher als die in diesem Kapitel bislang gezeigte auf CORBA basierte Kommunikation mit den Session Beans. Für die Entgegennahme, das Zwischenspeichern und die Zustellung der Nachrichten wird eine sogenannte *Message Oriented Middleware* (MOM) eingesetzt. Ein anderer Fachbegriff für den Übermittler lautet *Message Broker*.

Als Sun Microsystems JMS im Jahre 1998 veröffentlichte, war beabsichtigt, dass sich Java-Anwendungen an vorhandene Message Broker über eine standardisierte API anbinden können. Hierdurch sollte die Verknüpfung der unterschiedlichen Messaging-Konzepte vereinheitlicht werden.

Während die JMS-API (also die heutige *Classic JMS API*) für den Java-EE-Anwendungsentwickler von Bedeutung war, legte die JMS-Spezifikation auch noch gesondert fest, mit welchen Funktionen ein JMS-Treiber ausgestattet sein muss. Der Fachbegriff für diese Vorgabe lautet *JMS Service Provider Interface* (JMS SPI). Dieses gut abgewogene Konzept setzte sich so sehr durch, dass zahlreiche Implementierungen hergestellt wurden, die genau dieser JMS-Spezifikation entsprachen. Der Fachbegriff für eine Implementierung, die gemäß dem JMS-Standard produziert wurde, lautet *JMS Provider*. Und noch einen Fachbegriff werden wir an dieser Stelle einführen, nämlich den *JMS Client*. Ein JMS Client kann sowohl ein Sender als auch ein Empfänger als auch beides sein.

Da sich JMS immer mehr als Messaging-Standard etablierte, reduzierte sich der Lernaufwand für die Entwickler, die sich zuvor mit unterschiedlichen Standards hatten auseinandersetzen müssen. Demzufolge war es nicht überraschend, dass das JMS-Messaging im Jahre 2003 auch einen festen Platz im Java-EE-Standard (J2EE 1.3) einnahm. Seither muss ein vollkonformer Java EE Server auch einen JMS Provider enthalten. GlassFish 4 verwendet das hauseigene *Open Message Queue* (Open MQ 5.0), das auch die Referenzimplementierung der aktuellen JMS-Spezifikation darstellt (Oracle hat Open MQ bei der Übernahme von Sun Microsystems mitgeerbt). Andere Java-EE-Produkt-Hersteller setzen beispielsweise auf *ActiveMQ*, *HornetQ*, *Red Hat JBoss A-MQ*, *IBM WebSphere MQ* u.v.m.

Die in diesem Buch gezeigten Programmieranweisungen der JMS-API sollten sich von Hersteller zu Hersteller kaum unterscheiden, da sich alle Produkte auf den JMS-Standard beziehen. Unterschiede treten aber vor allem dann auf, wenn es sich um die Verbindungsinformationen zum JMS Provider handelt.

Die synchrone Kommunikation mit Session Beans

Die Kommunikation mit einer Session Bean ist mit einem Telefongespräch vergleichbar, denn auch bei einem Telefonat muss das Gesagte des Sprechenden (fast) zeitgleich an der Ohrmuschel des Zuhörers ankommen. In Abbildung 10.36 sehen Sie, wie der EJB-Client und eine Session Bean gleich einem Telefonat miteinander kommunizieren. Der JMS Provider des Java EE Servers tritt hierbei in der Rolle der Telefongesellschaft auf.

Weil die Gesprächspartner zur selben Zeit aktiv am gleichen Prozess beteiligt sein müssen, spricht man von einer *synchronen Kommunikation*.

»Asynchron verzweigt« bedeutet nicht »asynchron kommuniziert«!

Im letzten Abschnitt haben Sie den asynchronen Aufruf einer Business-Methode kennengelernt. Aber auch dieser Methodenaufruf ist im Sinne der Kommunikation nicht asynchron. Denn mit »asynchron« war dort lediglich gemeint, dass der Thread des Aufrufers verzweigt, damit die Business-Methode den Programmablauf nicht blockiert.

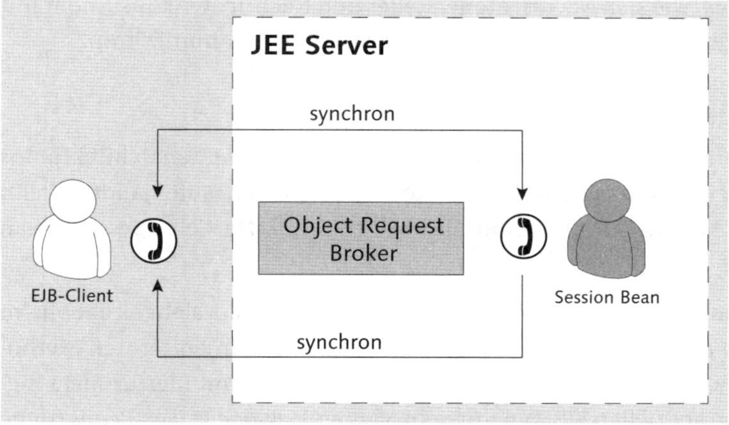

Abbildung 10.36 Die synchrone Kommunikation über die Telefongesellschaft

Die asynchrone Kommunikation beim Messaging

Beim Messaging werden die Nachrichten wie bei einer Briefzustellung durch eine Poststelle übermittelt. Weil die Nachrichten zwischengespeichert werden, ist es grundsätzlich möglich, dass Sender und Empfänger noch nicht einmal etwas voneinander wissen. Der Vorteil hierbei ist, dass der Versender und der Empfänger der Nachricht auf ganz unterschiedlichen Technologien basieren können. Beispielsweise kann eine Java-Anwendung eine Nachricht an eine C#-Anwendung senden.

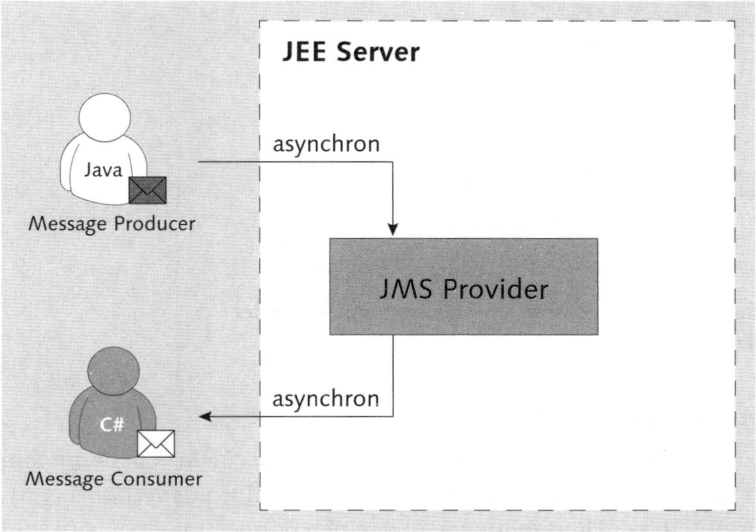

Abbildung 10.37 Der JMS Provider als Nachrichten-Zusteller

In Abbildung 10.37 sehen Sie, wie sich Nachrichtenersteller und Nachrichtenkonsument mit dem JMS Provider verbinden, um somit asynchron miteinander zu kommunizieren.

Session Beans und Message Driven Beans

Wenn bei der Programmierung einer JMS-Anwendung die EJB -Komponentenarchitektur ins Spiel kommt, stoßen zwei gegensätzliche Middleware-Technologien aufeinander. Denn während eine JMS-Nachricht asynchron übermittelt wird, kommuniziert eine Session Bean synchron.

Dennoch kann der Versand von einer Session Bean aus erfolgen. Anders sieht es aber beim Empfang von Nachrichten aus, denn der sollte zeitlich nicht mit einem entfernten Methodenaufruf synchronisiert werden müssen. Weil sich Session Beans somit hierfür nicht eignen, entwickelte man einen speziellen EJB-Typ mit dem Namen *Message Driven Beans* (siehe Abbildung 10.38).

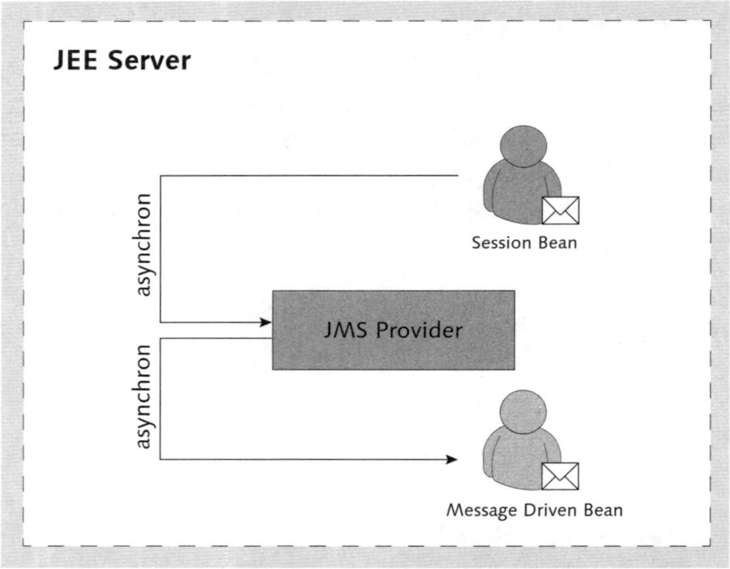

Abbildung 10.38 Der Versand und der Empfang von Messages innerhalb der EJB-Komponentenarchitektur

Die Verbindungsressourcen des JMS Providers

Der JMS Provider bietet zwei Verbindungsressourcen an, über die sich ein JMS Client mit ihm verbindet. Bei der ersten Verbindungsressource handelt es sich um eine *ConnectionFactory*, d.h. um einen Automatismus, der die Verbindungen über einen Connection-Pool verwaltet und nach außen zur Verfügung stellt. Die zweite Verbindungsressource stellt den eigentlichen Postkorb dar. Der Fachbegriff hierfür lautet *Destination*. Im Deutschen spricht man auch von einer *Zielressource*.

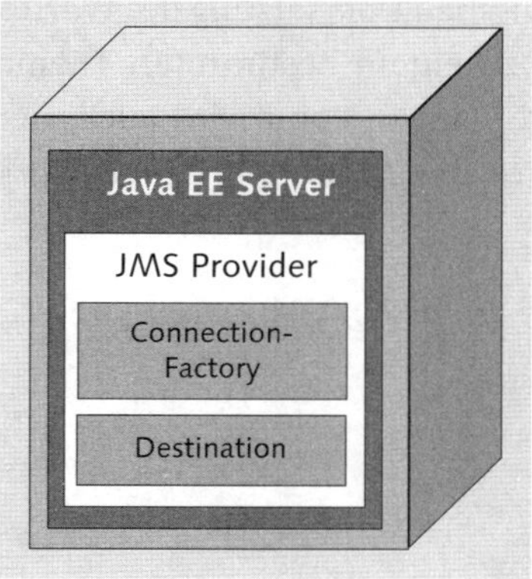

Abbildung 10.39 Die ConnectionFactory und die Destination bei dem JMS Provider

Die Kommunikationsmodelle von JMS

JMS unterscheidet zwischen zwei Kommunikationsmodellen, nämlich dem *Point-to-Point Messaging* und dem *Publish-and-Subscribe Messaging*.

Bei dem Kommunikationsmodell *Point-to-Point Messaging* wird die Nachricht von einem Versender in eine Warteschlange gesetzt. Ein Empfänger kann die Nachricht aus der Warteschlange abholen. Wer die Nachricht versendet hat, ist dem Empfänger nicht bekannt. Wurde der Empfang der Nachricht vom Empfänger bestätigt, wird die Nachricht beim JMS Provider aus der Warteschlange entfernt. Wenn der JMS Provider das Kommunikationsmodell Point-to-Point zur Verfügung stellen soll, setzt man eine spezielle Destination ein, nämlich eine *Queue*, was die englische Übersetzung für *Warteschlange* ist. Eine Queue erfordert darüber hinaus eine spezielle ConnectionFactory, nämlich eine *QueueConnectionFactory* (siehe Abbildung 10.40).

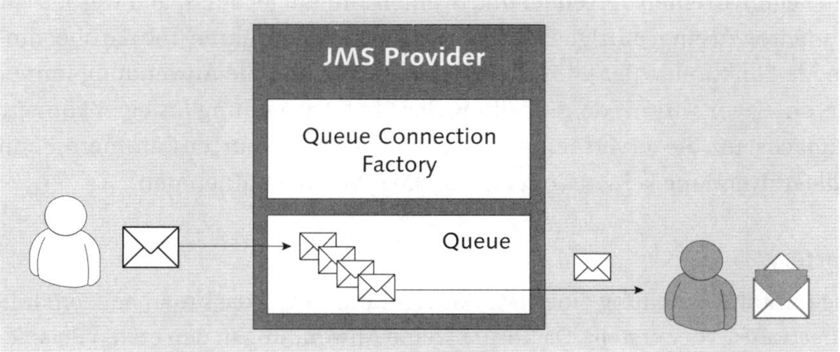

Abbildung 10.40 Das Kommunikationsmodell »Point-to-Point«

Bei dem Kommunikationsmodell *Publish-and-Subscribe Messaging* wird die Nachricht veröffentlicht und von Abonnenten bezogen. Auch dieses Kommunikationsmodell nutzt eine spezielle Zielressource, nämlich das *Topic*. Mit *Topic*, der englischen Übersetzung des Wortes »Thema«, ist gemeint, dass alle Abonnenten Nachrichten zu einem bestimmten Thema empfangen. Genauso wie bei dem Kommunikationsmodell Point-to-Point wird auch hier wieder eine spezielle ConnectionFactory gebraucht, nämlich die *TopicConnectionFactory* (siehe Abbildung 10.41).

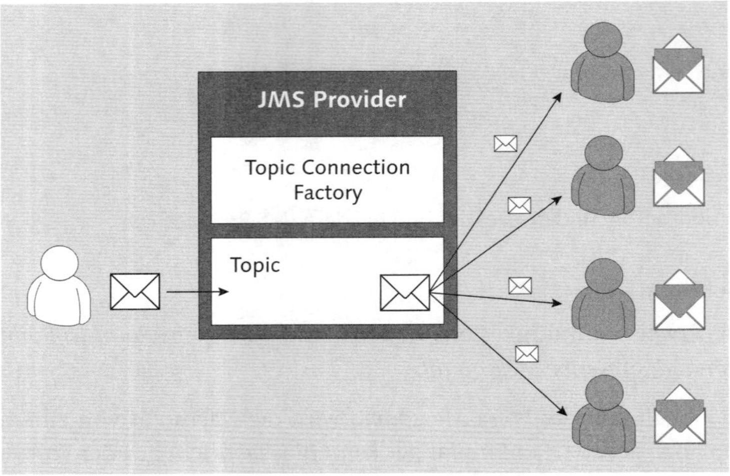

Abbildung 10.41 Das Kommunikationsmodell »Publish-and-Subscribe«

10.8.2 Die serverseitige Konfiguration

In diesem Abschnitt werden wir eine Chat-Anwendung entwickeln, wobei wir die Anwendung von Abschnitt zu Abschnitt stetig verändern werden. Anfangs wird es lediglich darum gehen, Ihnen einen Zugang zur Programmierung einer JMS-Anwendung zu geben. Deshalb teilen wir die Anwendung zu Beginn in einen Versender und in einen Empfänger auf. Später werden wir die beiden Komponenten zu einer einzigen Komponente zusammenführen und darüber hinaus hinzukommende Funktionen der JMS-Technologie nutzen, um die Anwendung immer weiter zu optimieren. Bevor wir mit der Erstellung der Chat-Anwendung loslegen können, müssen wir uns zunächst um die serverseitige Konfiguration der Ressourcen kümmern, denn ansonsten kann die Anwendung keinen Kontakt zum JMS Provider aufnehmen.

Die ConnectionFactory

Normalerweise beginnt die Erstellung einer JMS-Anwendung damit, dass man bei dem JMS Provider die ConnectionFactory erstellt. Da unsere kleine Anwendung in den ersten Beispielen über Point-to-Point, später dann aber auch über Publish-and-Subscribe kommunizieren soll, werden wir zwei ConnectionFactorys erzeugen: die erste ConnectionFactory für das Kommunikationsmodell Point-to-Point und die zweite für das Kommunikationsmodell Publish-and-Subscribe.

Um die `QueueConnectionFactory` zu erstellen, klicken Sie auf der linken Seite der Admin-Konsole von GlassFish auf RESSOURCEN • JMS-RESSOURCEN • CONNECTIONFACTORYS (siehe Abbildung 10.42).

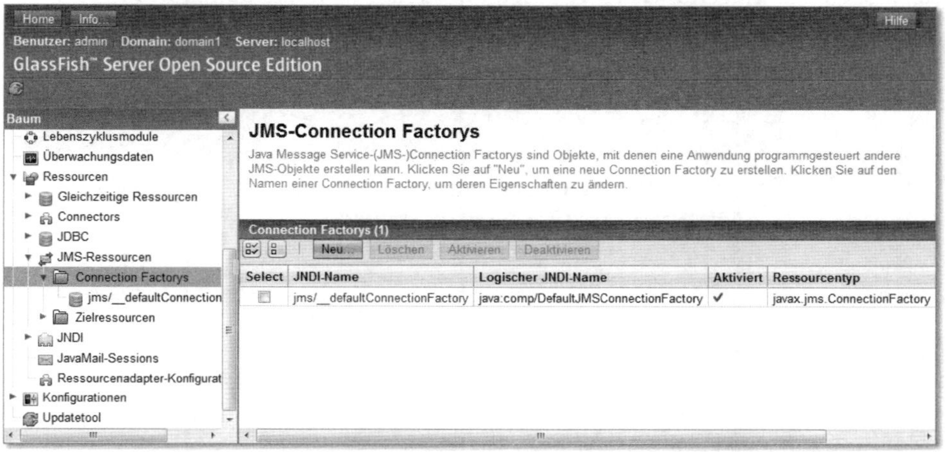

Abbildung 10.42 Die »Connection Factorys« in der Web-Konsole

Klicken Sie auf der rechten Seite auf den Button NEU, um die QueueConnectionFactory zu erstellen. Den JNDI-Namen setzen Sie auf »jms/ChatQueueConnectionFactory«. Es entspricht der Konvention, die Bezeichner der ConnectionFactory und der Destination mit der Zeichenkette `jms/` beginnen zu lassen. Unter der Auswahlliste der Ressourcentypen selektieren Sie »javax.jms.QueueConnectionFactory« (siehe Abbildung 10.43).

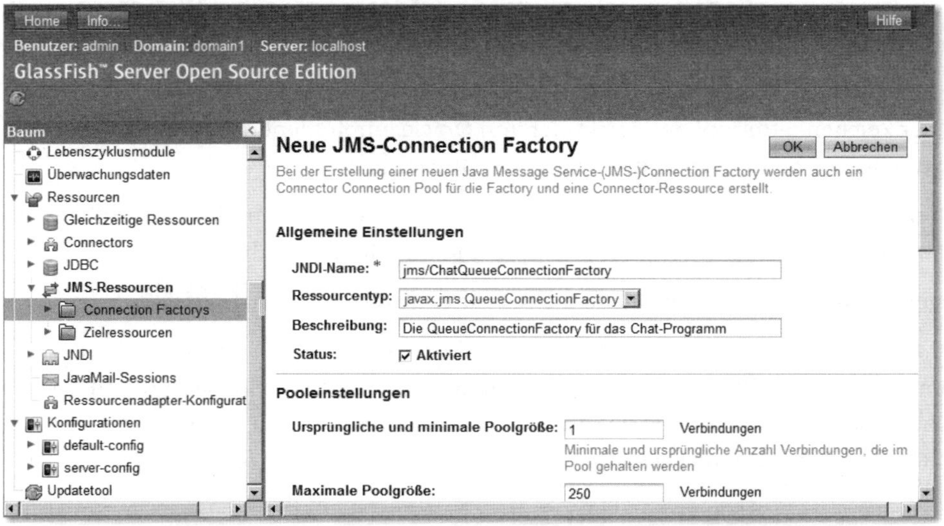

Abbildung 10.43 Die Erstellung der »ChatQueueConnectionFactory«

Bestätigen Sie die Einträge mit OK. Danach erzeugen Sie auch noch die `TopicConnectionFactory`, indem Sie in der ConnectionFactory-Übersicht wieder auf den Button NEW klicken. Als JNDI-Namen geben Sie »jms/ChatTopicConnectionFactory« ein. Der Ressourcentyp muss auf »javax.jms.TopicConnectionFactory« gesetzt werden (siehe Abbildung 10.44).

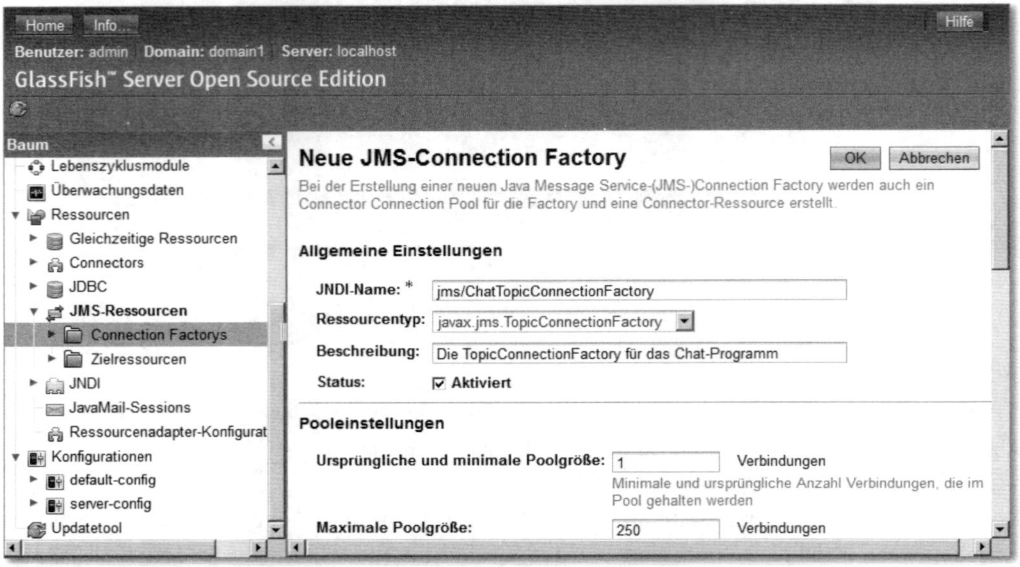

Abbildung 10.44 Die Erstellung der »TopicConnectionFactory«

Die Zielressource (Destination)

Um die Zielressourcen zu konfigurieren, klicken Sie auf der linken Seite auf ZIELRESSOURCEN und dann in der rechts erscheinenden Ansicht auf den Button NEU.

Für die Queue ZIELRESSOURCE geben Sie als JNDI-Namen »jms/ChatQueue« ein. Das Voranstellen der Zeichenkette `jms/` entspricht der von Oracle empfohlenen Konvention. Bei dem Namen des physischen Ziels setzen Sie hingegen »ChatQueue«.

Als RESSOURCENTYP stehen die beiden Interfaces »javax.jms.Topic« und »javax.jms.Queue« zur Auswahl. Wählen Sie den Eintrag »javax.jms.Queue« aus (siehe Abbildung 10.45).

Bestätigen Sie die Erstellung der Queue-Zielressource durch einen Klick auf OK.

Danach erstellen Sie das Topic ZIELRESSOURCE, indem Sie in der Übersicht wieder auf den Button mit der Aufschrift NEU klicken. Im Konfigurationsfenster geben Sie als JNDI-Namen »jms/ChatTopic« ein. Den Namen des physischen Ziels setzen Sie auf »ChatTopic«. Der RESSOURCENTYP ist diesmal ein »javax.jms.Topic« (siehe Abbildung 10.46).

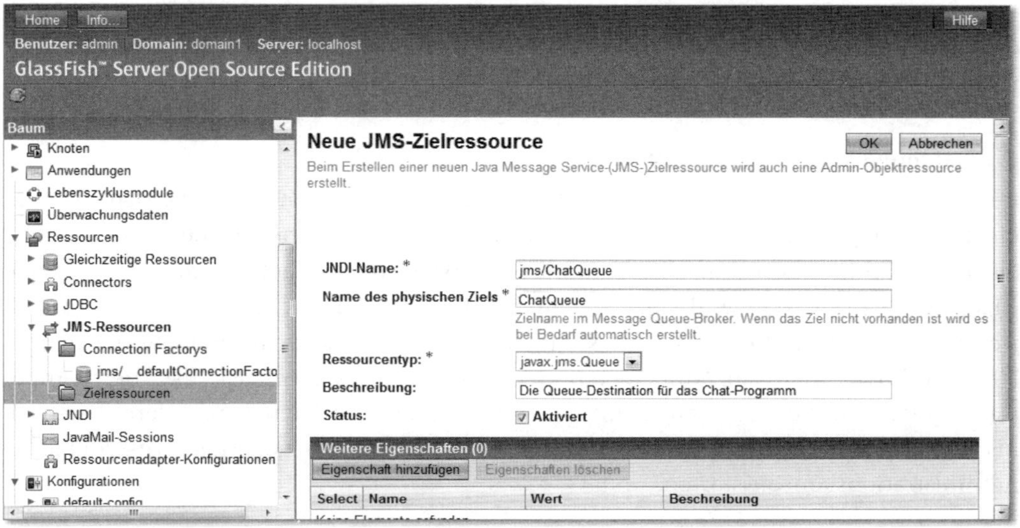

Abbildung 10.45 Die Erstellung der Queue-Zielressource

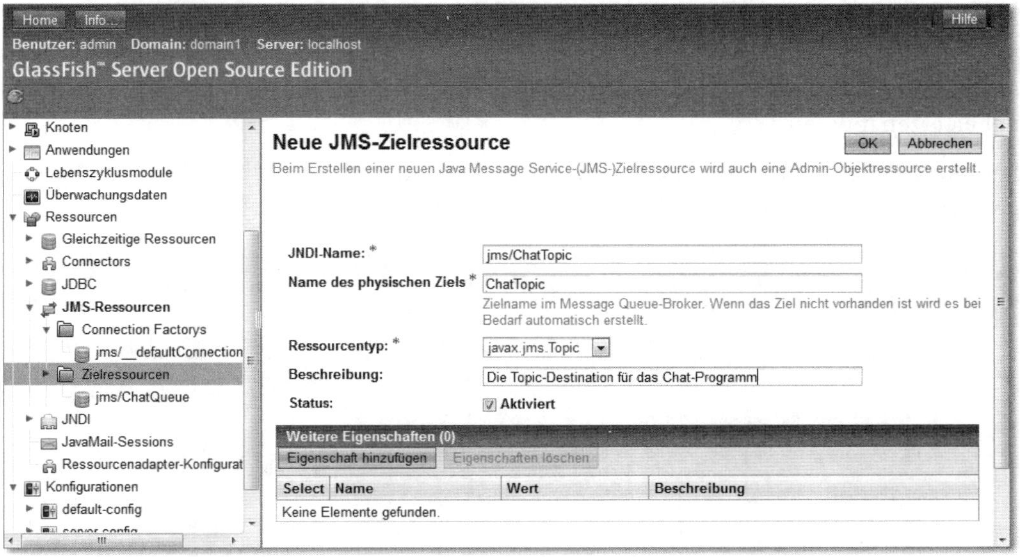

Abbildung 10.46 Die Erstellung der Topic-Destination

10.8.3 Die clientseitige Konfiguration

Jetzt, da die ConnectionFactorys und die Destinations bei dem Java EE Server über den JNDI-Namensdienst zur Verfügung stehen, müssen wir für die Standalone-Anwendung dafür sorgen, dass sie einen »entfernten« Zugriff über JNDI vollziehen kann. Der Hersteller Oracle favorisiert hierfür, dass die Verbindungsinformationen in einem sogenannten Objektspeicher gesetzt werden. Deshalb werden wir uns in diesem Abschnitt zunächst hierum kümmern.

Die Erstellung des JNDI-Verzeichnisses

Der Objektspeicher besteht aus einer Datei, die sich *.bindings* nennt und die sich später in einem Verzeichnis Ihres Rechners befinden wird. Wie Sie gleich sehen werden, wird die Datei *.bindings* mithilfe einer speziellen Administrationskonsole erzeugt. Wo die Datei für den Objektspeicher generiert wird, spielt eigentlich keine Rolle. Für das Beispiel aus diesem Buch werde ich ein Verzeichnis mit dem Namen */imq_admin_objects* im Root-Ordner meines Linux-Rechners erstellen. Auf einem Windows-Betriebssystem ist das der Ordner *C:\imq_admin_objects*. Sie können auf Ihrem Rechner aber auch ein ganz anderes Verzeichnis anlegen. Beachten Sie hierbei, dass Sie dieses Verzeichnis anlegen müssen, bevor Sie die Administrationskonsole starten.

Die Administrationskonsole starten

Als Administrationskonsole enthält die Open-MQ-Implementierung das Programm *imqadmin*. Damit Sie die Anwendung von allen Verzeichnissen Ihres Rechners aus aufrufen können, fügen Sie vorzugsweise an die Umgebungsvariable `PATH` den Eintrag `[GLASSFISH_HOME]\mq\bin` an. Beachten Sie, dass Sie *[GLASSFISH_HOME]* durch den individuellen Pfad auf Ihrem Rechner ersetzen müssen.

Führen Sie anschließend auf der Kommandozeile das Kommando `imqadmin` aus. Nach wenigen Sekunden sollte die Anwendung aus Abbildung 10.47 starten.

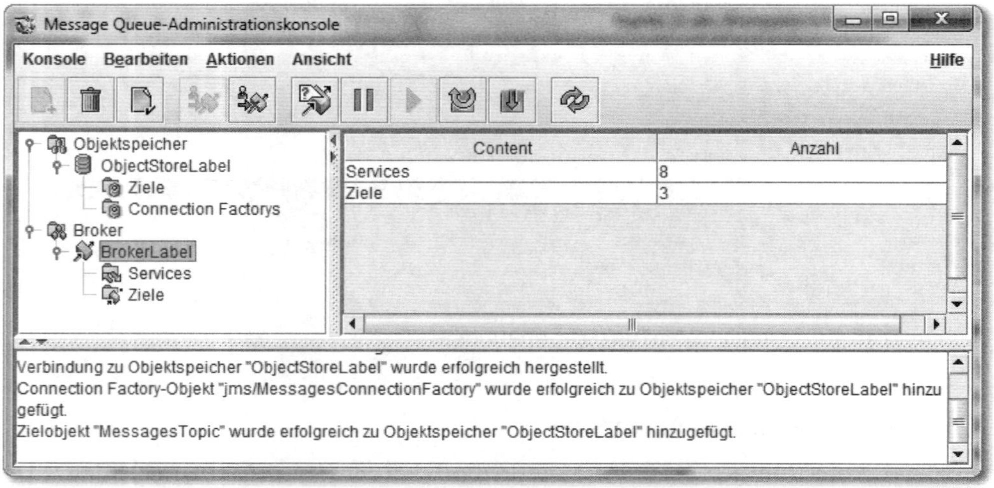

Abbildung 10.47 Die »imq«-Administrationssoftware von Open MQ

Broker hinzufügen

Auf der linken Seite von Abbildung 10.47 sehen Sie zwei Menüpunkte. Der erste nennt sich OBJEKTSPEICHER und der zweite BROKER. Klicken Sie auf BROKER und dann im Hauptmenü auf AKTIONEN • BROKER HINZUFÜGEN. Danach sollte das Fenster aus Abbildung 10.48 angezeigt werden.

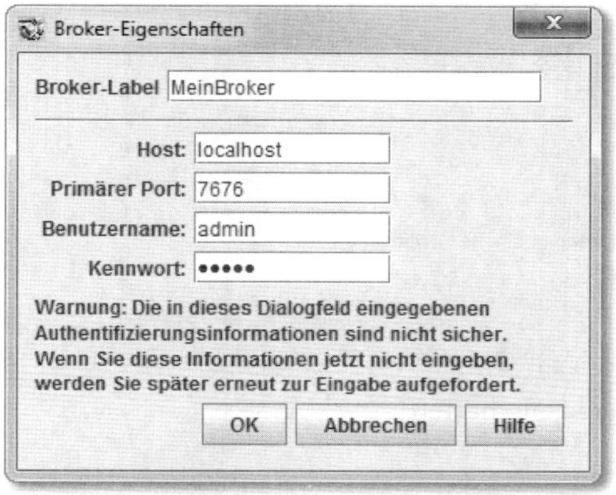

Abbildung 10.48 Die Authentifizierung zum Broker

Für das lokale Beispiel aus diesem Buch verwenden Sie den Host »localhost«, den Port »7676«, den Benutzernamen »admin« und das Kennwort »admin«. Wenn Sie hingegen mit einem Java EE Server arbeiten, der auf einem externen Rechner betrieben wird, werden Sie an dieser Stelle andere Werte für Ihnen Open-MQ-Broker benötigen. Bestätigen Sie anschließend mit einem Klick auf OK.

Mit dem JMS Provider verbinden

Um sich mit dem Broker zu verbinden, klicken Sie im Hauptfenster auf den Namen des soeben erstellten Brokers und dann im Hauptmenü auf AKTIONEN • MIT BROKER VERBINDEN.

Einen Objektspeicher hinzufügen

Klicken Sie anschließend auf der linken Seite auf OBJEKTSPEICHER und dann im Hauptmenü auf AKTIONEN • OBJEKTSPEICHER HINZUFÜGEN. In dem Fenster aus Abbildung 10.49 fügen Sie dann zwei Eigenschaften für den JNDI-Namensdienst hinzu. Für den Namen *java.naming.factory.initial* setzen Sie den Wert »com.sun.jndi.fscontext.RefFSContextFactory«. Bei der zweiten Eigenschaft setzen Sie für den Namen *java.naming.provider.url* den Wert, der bei Ihrem Rechner zu der Objektspeicherdatei führt. Wenn Sie den gleichen Bezeichner wie ich gewählt haben, handelt es sich auf einem UNIX-basierten Rechner um *file:///imq_admin_objects*. Auf einem Windows-Rechner tragen Sie an dieser Stelle *file:///C:/imq_admin_ objects* ein.

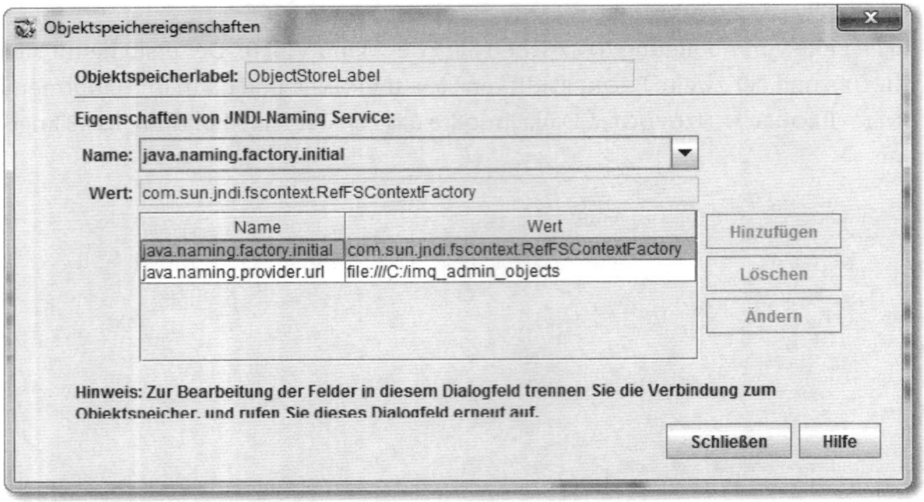

Abbildung 10.49 Das Fenster für die Objektspeichereigenschaften

Den Objektspeicher verbinden

Schließen Sie das Objektspeichereigenschaften-Fenster, und klicken Sie danach im Hauptfenster auf der linken Seite auf den Namen, den Sie für den Objektspeicher vergeben haben. Dann klicken Sie auf Aktionen • Objektspeicher verbinden.

Das ConnectionFactory-Objekt hinzufügen

Um eine ConnectionFactory einzurichten, klicken Sie auf der linken Seite auf Connection Factory und dann im Hauptmenü auf Aktionen • Connection Factory-Objekt hinzufügen.

In dem daraufhin erscheinenden Fenster sehen Sie mehrere Reiter, unter denen der Reiter Verbindungsverarbeitung selektiert sein sollte (siehe Abbildung 10.50). Geben Sie zunächst ganz oben den Lookup-Namen »jms/ChatQueueConnectionFactory« ein. Als Factory-Typ wählen Sie »javax.jms.QueueConnectionFactory« aus. Dann geben Sie im Reiter Verbindungsverarbeitung im Eingabefeld neben dem Label Adressliste des Message-Servers den Wert »mq://localhost:7676« ein. Wenn sich der Java EE Server auf einem separaten Rechner befindet oder wenn es sich gar um mehrere Server-Instanzen handelt, werden diese hier eingetragen.

Danach klicken Sie auf den Reiter Clientidentifizierung (siehe Abbildung 10.51) und geben sowohl unter Standardbenutzername als auch unter Standardkennwort das Wort »admin« ein. Zumindest sollte das die Name-Kennwort-Kombination sein, wenn dies beim MQ Broker nicht abgeändert wurde.

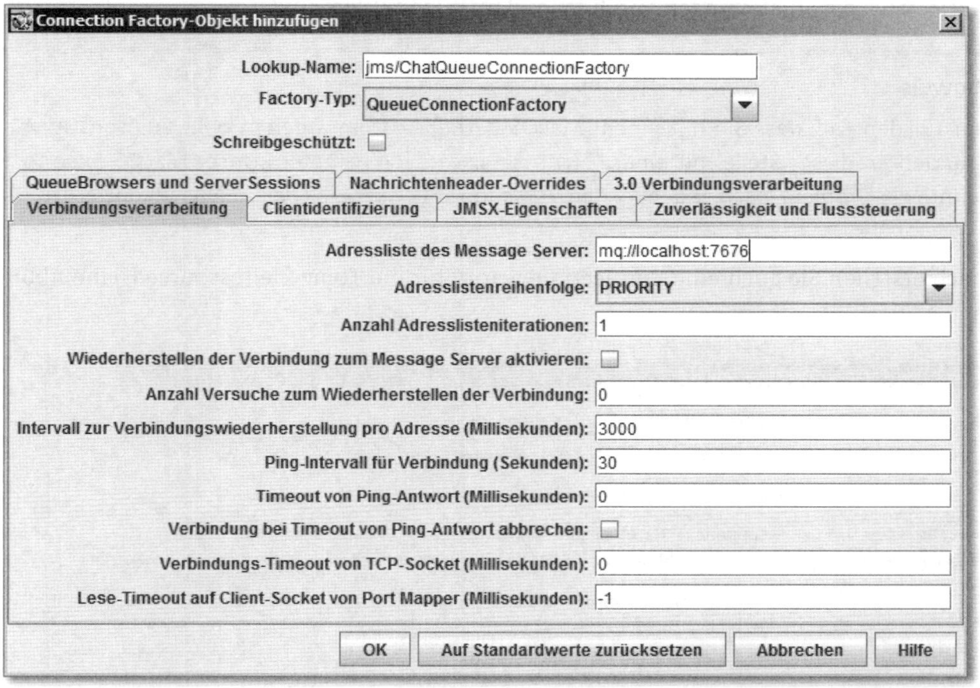

Abbildung 10.50 Das »Connection Factory«-Objekt hinzufügen

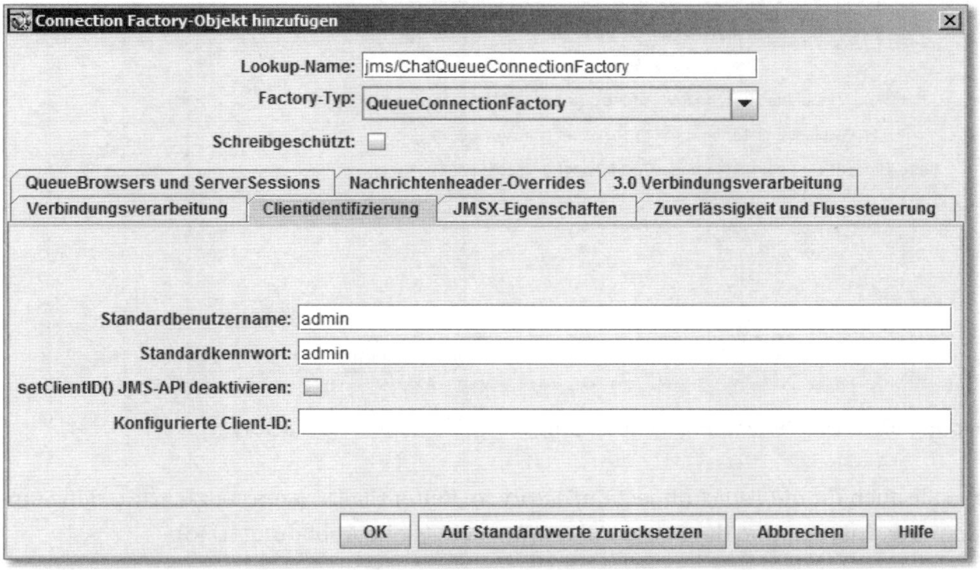

Abbildung 10.51 Die Angaben für die Clientauthentifizierung

Bestätigen Sie die Einstellungen anschließend mit einem Klick auf OK.

Hinweis

Nur für den Fall, dass Sie mit einem MacOS-Betriebssystem arbeiten oder aus sonstigen Gründen an dieser Stelle mit einer `PermissionException` kämpfen: Unser MacOS-Experte konnte das Problem lösen, indem er den Vorspann `jms/` bei dem Lookup-Namen entfernte.

Danach erstellen Sie auch eine ConnectionFactory für die Topic-Zielressource (siehe Abbildung 10.52).

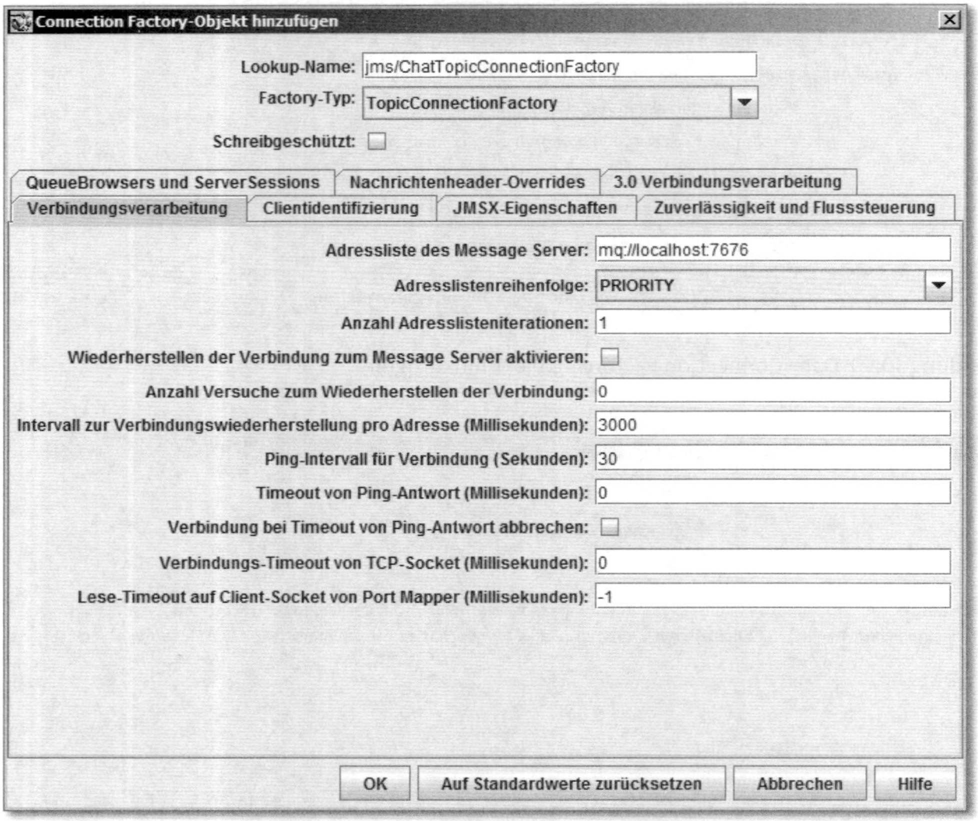

Abbildung 10.52 Die Verbindungsverarbeitung der Topic-ConnectionFactory

Geben Sie auch für die *TopicConnectionFactory* im Reiter CLIENTIDENTIFIZIERUNG den Standardbenutzernamen und das Standardkennwort ein (siehe Abbildung 10.53).

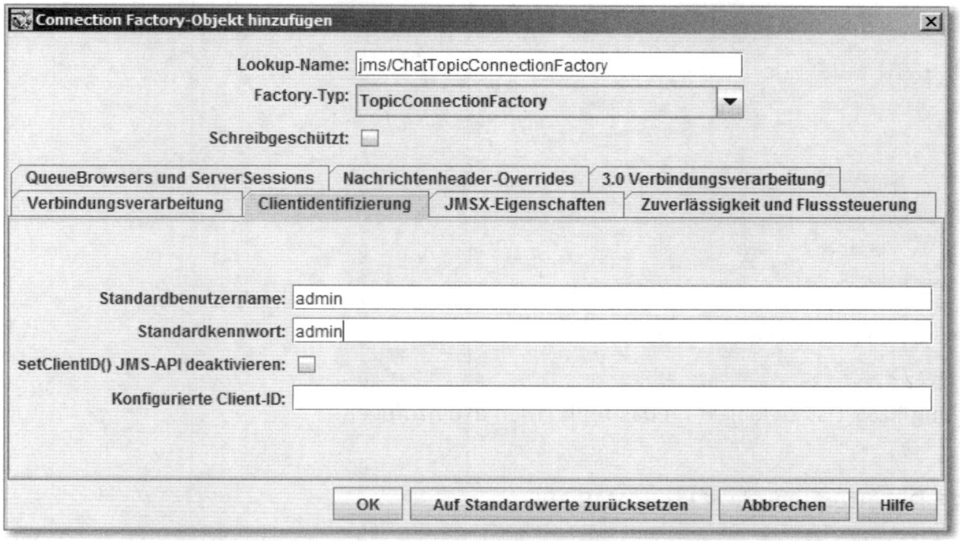

Abbildung 10.53 Die Clientidentifizierung für die »TopicConnectionFactory«

Zielobjekt hinzufügen

Im Hauptfenster klicken Sie auf der linken Seite auf ZIELE und dann im Hauptmenü auf AKTIONEN • ZIELOBJEKT HINZUFÜGEN. Geben Sie in dem Fenster den Lookup-Namen der Zielressource und den Zielnamen so ein, wie Sie es in Abbildung 10.54 sehen.

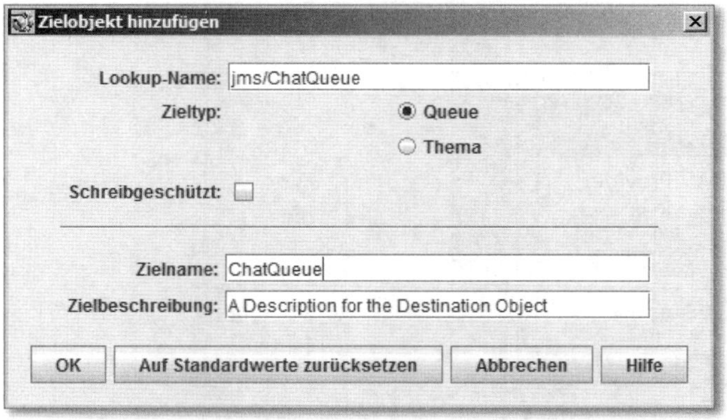

Abbildung 10.54 Das Zielobjekt für die Queue hinzufügen

Als Nächstes fügen Sie auch das Zielobjekt für das Kommunikationsmodell *Topic* hinzu (siehe Abbildung 10.55).

Der Objektspeicher (d.h. die Datei *.bindings*) sollte nun erstellt worden sein.

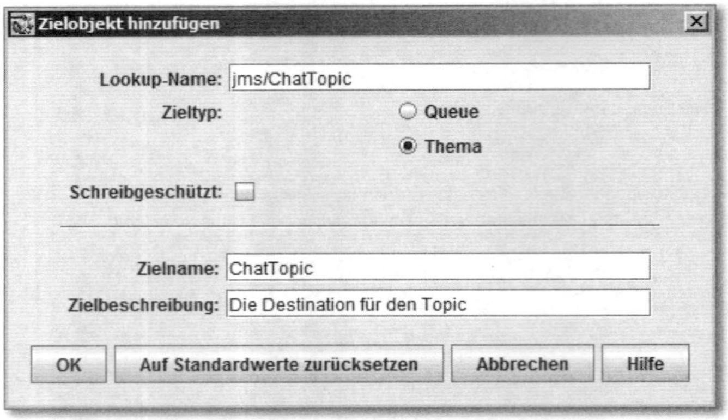

Abbildung 10.55 Das Zielobjekt für das Topic (Thema) hinzufügen

10.8.4 Die Interfaces der Classic JMS API

Die *Classic JMS API* basiert auf einem Konzept, bei dem jeder einzelne Programmierschritt über ein gesondertes Interface abstrahiert ist. Die grundlegenden Interfaces, die hierfür zur Verfügung stehen, nennen sich *ConnectionFactory*, *Destination*, *Connection*, *Session*, *MessageProducer*, *MessageConsumer* und *Message*.

In Abbildung 10.56 ist die Architektur von JMS dargestellt. Dabei sehen Sie, wie die Classic JMS API die mitwirkenden Bestandteile über die entsprechenden Interfaces abstrahiert.

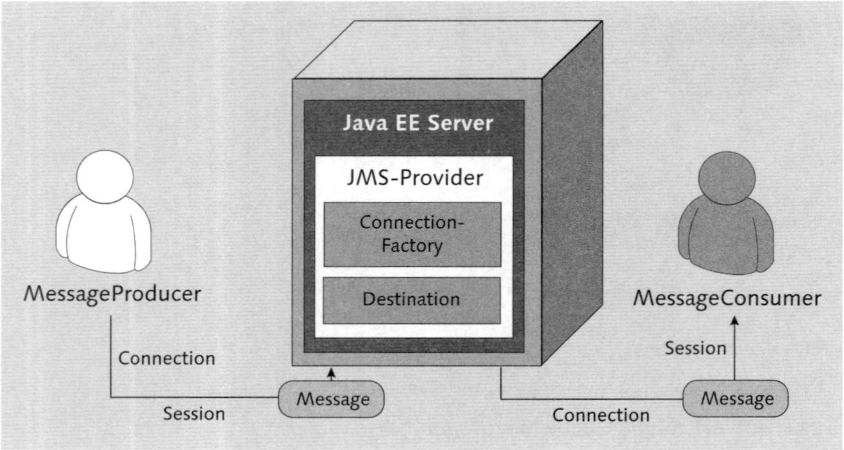

Abbildung 10.56 Die Architektur einer JMS-Anwendung und die grundlegenden Parent-Interfaces der »Classic JMS API«

Die Abbildung soll veranschaulichen, dass sich der Nachrichtenersteller (*MessageProducer*) über die Verbindungsressourcen (*ConnectionFactory* und *Destination*) mit dem JMS Provider verbindet, um eine Nachricht (*Message*) zu versenden.

Genauso geht der Nachrichtenkonsument (*MessageConsumer*) vor, denn auch er verbindet sich über die *ConnectionFactory* und die *Destination*, um eine *Message* zu empfangen.

Bei den oben gezeigten Interfaces handelt es sich um übergeordnete Parent-Interfaces, die nur eingesetzt werden, wenn man sich bei dem Kommunikationsmodell nicht festlegen möchte. Für die konkreten Kommunikationsmodelle wurden weitere Interfaces spezifiziert, die jeweils von den oben genannten Interfaces abgeleitet sind.

Der folgenden Tabelle können Sie entnehmen, wie die JMS API für jedes Parent-Interface entsprechende Child-Interfaces vorgesehen hat, um Gegenstücke für die jeweiligen Kommunikationsmodelle anzubieten.

	Queue	**Topic**
ConnectionFactory	QueueConnectionFactory	TopicConnectionFactory
Destination	Queue	Topic
Connection	QueueConnection	TopicConnection
Session	QueueSession	TopicSession
MessageProducer	QueueSender	TopicPublisher
MessageConsumer	QueueReceiver	TopicSubscriber

Tabelle 10.1 Die Interfaces der Classic JMS API

In Abbildung 10.57 sehen Sie, wie die speziellen Interfaces in der Architektur des Kommunikationsmodells *Point-to-Point* angeordnet sind. Das Interface *Message* bleibt unverändert.

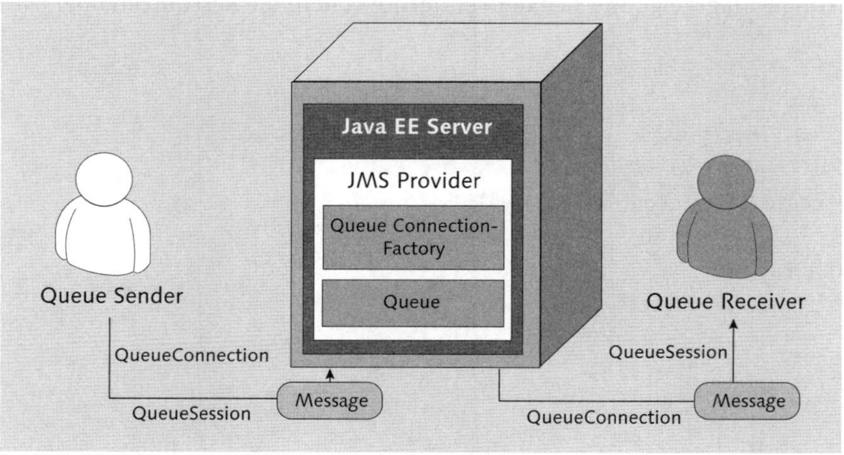

Abbildung 10.57 Die Interfaces für eine Queue

Demgemäß sind auch die speziellen Interfaces in der Architektur des Kommunikationsmodells *Publish-and-Subscribe* angeordnet (siehe Abbildung 10.58).

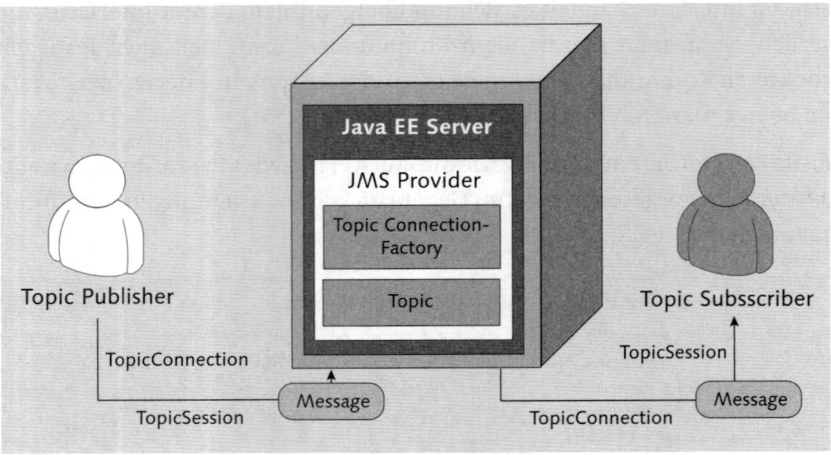

Abbildung 10.58 Das Kommunikationsmodell »Publish-and-Subscribe«

10.8.5 Ein einfaches Beispiel mit der Classic JMS API

Mit den Grundkenntnissen der letzten Abschnitte werden wir in diesem Abschnitt eine einfache JMS-Queue-Anwendung mit der Classic JMS API programmieren. Dabei wird die Anwendung aus zwei Komponenten bestehen, nämlich aus einem Sender und aus einem Empfänger.

Die Beschaffung der Ressourcen

Im folgenden Listing wird gezeigt, wie sich der »entfernte« Client die Ressourcen über JNDI besorgt:

```
...
Properties p = new Properties();
p.put(Context.INITIAL_CONTEXT_FACTORY,
"com.sun.jndi.fscontext.RefFSContextFactory");
p.put(
    Context.PROVIDER_URL,
    "file:///C:/imq_admin_objects");

Context context =
    new InitialContext(p);

ConnectionFactory connectionFactory =
    (ConnectionFactory)
```

```
    context.lookup(
    "jms/ChatQueueConnectionFactory");

Destination destination =
    (Destination)
        context.lookup(
            "jms/ChatQueue");
```

Listing 10.45 »ChatSender.java«

Vielleicht ist Ihnen aufgefallen, dass wir in dem obigen Quelltext das übergeordnete Parent-Interface *Destination* einsetzen, obwohl es sich bei der Zielressource ja um das Child-Interface *Queue* handelt.

Statt der übergeordneten Interfaces hätten wir auch die konkreten Child-Interfaces nutzen können:

```
...
QueueConnectionFactory connectionFactory =
    (QueueConnectionFactory)
    context.lookup(
    "jms/ChatQueueConnectionFactory");

Queue destination =
    (Queue)
        context.lookup(
            "jms/ChatQueue");
```

Listing 10.46 »ChatSender.java«

Die generische Programmierung mit den Parent-Interfaces wird von Oracle aber empfohlen, da sie komfortabler ist. Und auch für die Beispielanwendung ist sie hilfreich, weil wir hierdurch eine leichte Loskopplung erzielen und somit später einfacher das Kommunikationsmodell abändern können.

Die Verbindung zum JMS Provider

In dem folgenden Listing sehen Sie, dass der Client eine Verbindung bezieht, indem er die Methode `createConnection()` einer ConnectionFactory aufruft. Als Ergebnis erhält er eine Instanz des Typs `javax.jms.Connection`.

Das Interface `Connection` ist vom Interface `java.lang.AutoCloseable` abgeleitet. Daher können wir es als *try-with-ressources*-Ausdruck programmieren. Die Connection wird im Fehlerfall hierdurch automatisch geschlossen.

```
try (Connection connection =
    factory.createConnection()) {
    ...
}
```

Listing 10.47 »ChatSender.java«

Vor dem Empfang muss man die Methode `Connection.start()` aufrufen. Denn erst hierdurch wird der Nachrichtenempfang über den JMS Broker aktiviert. Die Methode `start()` ist aber nicht für den Versand von Nachrichten erforderlich.

```
connection.start();
...
```

Listing 10.48 »ChatSender.java«

Beachten Sie, dass man die Methode `start()` erst ausführt, nachdem man den *MessageConsumer* erstellt hat. Ansonsten könnte es passieren, dass manche der eintreffenden Nachrichten verpasst werden.

Der Empfang der Nachrichten kann mit der Methode `stop()` angehalten werden. Wenn man nach einer Pause erneut die `start()`-Methode ausführt, wird der Nachrichtenempfang fortgeführt.

```
connection.stop();
```

Listing 10.49 »ChatSender.java«

Bei dem Empfang der Nachrichten ist es außerdem von Bedeutung, dass man die Verbindung zum JMS Provider schließt, wenn sie nicht mehr gebraucht wird. Weiter oben haben wir einen *try-with-resources*-Ausdruck eingesetzt, damit die Verbindung im Fehlerfall automatisch geschlossen wird. Alternativ kann die Verbindung auch manuell geschlossen werden, indem die Methode `close()` aufgerufen wird.

```
...
connection.close();
```

Listing 10.50 »ChatSender.java«

Hierdurch werden automatisch auch alle Sessions, MessageProducers und MessageConsumers mitgeschlossen.

Das Sitzungsobjekt

Das Interface *Connection* bietet eine Methode mit dem Namen `createSession()` an, die unter Angabe der Destination ein Sitzungsobjekt liefert. Die Methode `createSession()` wird hierbei mit zwei Parametern aufgerufen:

```
session = connection.createSession(
    false,
    Session.CLIENT_ACKNOWLEDGE);
```

Listing 10.51 »ChatSender.java«

Der erste Parameter ist ein Boolean-Wert, der aussagt, ob die Sitzung innerhalb einer Transaktion abläuft. Der zweite Wert gibt an, wie der Erhalt der Nachricht bestätigt werden soll. Dabei können folgende vier Konstanten gesetzt werden:

- **Session.CLIENT_ACKNOWLEDGE**
  Hiermit ist der Client für die Bestätigung verantwortlich. Der Client muss den Erhalt der Nachricht bescheinigen, indem er die Methode aknowledge() der Klasse Message aufruft. Wird die Nachricht nicht anerkannt, kann sie über die Methode Session.recover() wieder in die Warteschlange zurückgesetzt werden.

- **Session.AUTO_ACKNOWLEDGE**
  Der Client, der die Nachricht erhält, wird sich nicht um eine Bestätigung kümmern. Stattdessen wird der Erhalt der Nachricht automatisch bestätigt. Aufrufe der Methoden aknowledge() oder recover() werden ignoriert.
- **Session.DUPS_OK_ACKNOWLEDGE**
  Diese Konstante wirkt sich ähnlich aus wie die Konstante Session.AUTO_AKNOWLEDGE, denn auch hierbei werden die Aufrufe der Methoden aknowledge() und recover() übergangen. Allerdings bietet diese Alternative eine bessere Performance. Der Grund für die höhere Geschwindigkeit liegt in der Art, wie eine Session intern arbeitet. Denn normalerweise nutzt eine Session mehrere Threads, um eine schnellere Bearbeitung zu gewährleisten. Um die Konsistenz der Nachrichtenbestätigung zu erhalten, schaltet sie jedoch ihren Parallelbetrieb bei der Konstante Session.AUTO_ACKNOWLEDGE ab.

  Weil die Bestätigung hierbei möglicherweise zeitverzögert an den JMS Provider kommuniziert wird, kann es vorkommen, dass Nachrichten auch mehrfach empfangen werden. Dieses Manko muss programmatisch berücksichtigt werden.
- **Session.SESSION_TRANSACTED**
  Bei einer Session, die sich innerhalb einer Container-verwalteten Transaktion befindet, übernimmt der Container die Verantwortung über die Bestätigungen. Dies muss so sein, da er ansonsten die Kontrolle über die Transaktionen verlieren würde. Beispielsweise muss er beim Misserfolg einer einzelnen Transaktion alle anderen involvierten Transaktionen gleichermaßen wiederrufen. Das folgende Listing zeigt, wie in diesem Fall die Methode createSession() aufgerufen wird:

  ```
  session = connection.createSession(
      true,
      Session.SESSION_TRANSACTED);
  ```

  Listing 10.52 »ChatSender.java«

Weil der erste Parameter den Wert `true` hat, wird der zweite Parameter von der API ignoriert. Aus diesem Grund spielt es eigentlich keine Rolle, welcher Wert als zweiter Parameter gesetzt wird. Zur besseren Lesbarkeit setzt der Entwickler dennoch die Konstante `SESSION_TRANSACTED` als zweiten Parameter ein.

Die Erstellung der Nachricht

Nach dem Erhalt des Sitzungsobjekts sind alle Voraussetzungen für die Nachrichtenerstellung gegeben. Um eine Message zu erstellen, wird das Sitzungsobjekt verwendet. Beispielsweise bietet das Sitzungsobjekt die Methode `createTextMessage()` an, über die ein Objekt des Typs *TextMessage* für den Versand beschafft werden kann:

```
TextMessage message =
        session.createTextMessage();
message.setText(text);
```

Listing 10.53 »ChatSender.java«

In dem Listing wird eine Nachricht des Typs *TextMessage* verwendet, der sich für die Übermittlung von Zeichenketten eignet. Neben *TextMessage* bietet die JMS-API auch noch folgende Message-Typen an:

- **ObjectMessage**
  Der Datentyp *ObjectMessage* wird genutzt, um ein einzelnes Java-Objekt zu versenden. Die Klasse des zu versendenden Objekts muss das Interface `java.io.Serializable` implementieren.
- **StreamMessage**
  Mit diesem Datentyp werden mehrere elementare Java-Typen und Objekttypen, die das Interface `java.io.Serializable` implementieren, hintereinander versendet.
- **ByteMessage**
  Auch mit diesem Datentyp lassen sich Daten versenden. Die Daten werden hierbei jedoch in elementaren Bytes verschickt und weder interpretiert noch verändert. Dadurch kann der Bytestrom unabhängig von der eingesetzten Technologie übermittelt werden.
- **MapMessage**
  Mit dem Datentyp `MapMessage` können Schlüssel-Wert-Paare versendet werden, bei denen es sich beim Schlüssel um eine Zeichenkette und beim Wert ganz allgemein um einen elementaren Datentyp handelt.

Die Erstellung eines Senders

Das Sitzungsobjekt ist auch für die Erstellung des Versenders von Bedeutung, da es die Methode `createProducer()` anbietet, über die ein Objekt des Typs *MessageProducer* erzeugt wird.

```
MessageProducer producer =
    session.createProducer(destination);
```

Listing 10.54 »ChatSender.java«

Die Methode `createProducer()` nimmt eine Zielressource als Parameter entgegen. Wenn die Zielressource eine Queue ist, wird ein Sender für die Queue erzeugt. Handelt es sich bei der Zielressource um ein Topic, so wird ein Publisher für den Topic erstellt.

Der Versand

Um eine Nachricht zu versenden, wird die Methode `send()` des MessageProducers ausgeführt. Die Methode ist in verschiedenen überlagerten Versionen verfügbar. Die einfachste unter ihnen nimmt lediglich einen Parameter entgegen, nämlich die Nachricht.


```
producer.send(message);
```

Listing 10.55 »ChatSender.java«

Wenn mehrere Destinations vorhanden sind, kann mit folgender `send()`-Methode festgelegt werden, zu welcher Destination die Nachricht verschickt werden soll:

```
producer.send(destination, message);
```

Listing 10.56 »ChatSender.java«

Bei dem Producer sind einige Eigenschaften im sogenannten Header der Nachricht per Default gesetzt. Beispielsweise ist standardmäßig festgelegt, dass

- die Nachrichten, die er versendet, bei dem JMS Provider auf ein Medium gesichert werden sollen, damit sie bei einem Absturz nicht verloren gehen.
- die Priorität bei einer Scala von 0 bis 9 bei einer 4 liegt.
- die Lebensdauer der Nachricht endlos ist.

Wie die Werte des Headers abgeändert werden können, wird im nächsten Abschnitt gezeigt.

Die Erstellung eines Empfängers

Auch für den Empfang der Nachrichten wird wieder das Sitzungsobjekt benötigt, da es die `createConsumer()`-Methoden zur Erstellung eines Empfängers bereithält. Die API bietet mehrere überlagerte Varianten an. Die einfachste hiervon ist folgende:

```
MessageConsumer consumer =
    session.createConsumer(destination);
```

Listing 10.57 »ChatReceiver.java«

Auf die anderen Varianten geht der folgende Abschnitt ein.

Der Empfang

Der Empfänger bietet mehrere überlagerte `receive()`-Methoden an, über die Nachrichten empfangen werden können. Die einfachste Variante ist diese:

```
Message message = consumer.receive();
```

Listing 10.58 »ChatReceiver.java«

Das Beispiel programmieren

Die bislang gezeigten Erläuterungen werden wir nun in einem einfachen Übungsbeispiel einsetzen. Es soll eine Standalone-Anwendung programmiert werden, die Nachrichten über eine Zielressource des Typs *Queue* übermittelt.

Die Umsetzung erfolgt über zwei Komponenten. Der Anwender, der Nachrichten versenden möchte, ruft die Komponente `ChatSender` auf, während der Benutzer, der die Nachrichten empfangen möchte, den `ChatReceiver` nutzt. Zugegeben, die Anwendung ist recht banal und problematisch. Aber durch die Konfrontation mit diesen Problemen werden die nachfolgenden Optimierungen verständlicher.

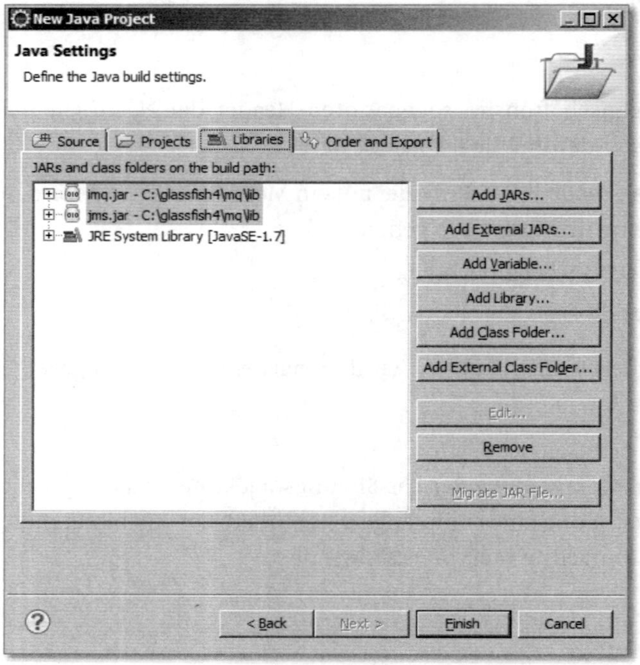

Abbildung 10.59 Die Bibliotheken, die für die Nutzung des JMS-Nachrichtendienstes benötigt werden

Starten Sie die Programmierung der Komponenten, indem Sie ein Java-Projekt in Eclipse einrichten. Um die JMS-Anwendung später auszuführen zu können, sollten Sie gleich bei der Erstellung des Projekts folgende Bibliotheken mit in den Klassenpfad einbinden:

- *[GLASSFISH_HOME]/mq/lib/imq.jar*
- *[GLASSFISH_HOME]/mq/lib/jms.jar*

Abbildung 10.59 zeigt, wie bei der Erzeugung des Eclipse-Projekts die Bibliotheken integriert werden.

Normalerweise wird auch die Bibliothek *[GLASSFISH_HOME]/mq/lib/fscontext.jar* benötigt, die aber in diesem Fall automatisch mitgezogen wird.

Im folgenden Listing sehen Sie den kompletten Quelltext der Klasse `ChatSender`, die den JMS-Versand über eine Queue realisiert:


```
package de.java2enterprise.chat;

import java.util.Properties;
import java.util.Scanner;

import javax.jms.Connection;
import javax.jms.ConnectionFactory;
import javax.jms.Destination;
import javax.jms.JMSException;
import javax.jms.MessageProducer;
import javax.jms.Session;
import javax.jms.TextMessage;
import javax.naming.Context;
import javax.naming.InitialContext;
import javax.naming.NamingException;

public class ChatSender {
    private ConnectionFactory connectionFactory;
    private Session session;
    private Destination destination;

    public static void main(String[] args)
        throws JMSException, NamingException {
        new ChatSender();
    }

    public ChatSender()
            throws JMSException, NamingException {
        Properties p = new Properties();
```

```
        p.put(Context.INITIAL_CONTEXT_FACTORY,
        "com.sun.jndi.fscontext.RefFSContextFactory");
        p.put(
            Context.PROVIDER_URL,
            "file:///C:/imq_admin_objects");

        Context context =
                new InitialContext(p);
            connectionFactory =
                (ConnectionFactory)
                context.lookup(
                "jms/ChatQueueConnectionFactory");
            destination =
                (Destination)
                context.lookup(
                    "jms/ChatQueue");

        try (Connection connection =
                connectionFactory.
                    createConnection();
                ) {
            session =
                connection.createSession(
                    false,
                    Session.CLIENT_ACKNOWLEDGE);

            @SuppressWarnings("resource")
            Scanner scanner = new Scanner(System.in);

            MessageProducer producer =
                session.createProducer(destination);

            while(true) {
                String in = scanner.nextLine();
                TextMessage message =
                    session.createTextMessage(in);
                producer.send(message);
            }
        }
    }
}
```

Listing 10.59 »ChatSender.java«

Die Klasse ChatSender verwendet die Klasse Scanner, um Eingaben aus der Tastatur einzulesen. Jedes Mal, wenn der Benutzer die [Return]-Taste drückt, wird der eingegebene Text an den JMS Provider übermittelt, wo er bei der Zielressource *jms/ChatQueue* in eine Warteschlange gesetzt wird.

Der komplette Quelltext der Klasse ChatReceiver ist in folgendem Listing abgedruckt:

```
package de.java2enterprise.chat;

import java.util.Properties;

import javax.jms.Connection;
import javax.jms.ConnectionFactory;
import javax.jms.Destination;
import javax.jms.JMSException;
import javax.jms.Message;
import javax.jms.MessageConsumer;
import javax.jms.Session;
import javax.jms.TextMessage;
import javax.naming.Context;
import javax.naming.InitialContext;
import javax.naming.NamingException;

public class ChatReceiver {
    private ConnectionFactory connectionFactory;
    private Session session;
    private Destination destination;

    public static void main(String[] args)
            throws NamingException, JMSException {
        new ChatReceiver();
    }

    public ChatReceiver()
            throws NamingException, JMSException {
        Properties p = new Properties();
        p.put(Context.INITIAL_CONTEXT_FACTORY,
        "com.sun.jndi.fscontext.RefFSContextFactory");
        p.put(
            Context.PROVIDER_URL,
            "file:///C:/imq_admin_objects");
```

```
        Context context =
            new InitialContext(p);
        connectionFactory =
            (ConnectionFactory)
            context.lookup(
            "jms/ChatQueueConnectionFactory");
        destination =
            (Destination)
            context.lookup(
                "jms/ChatQueue");

        try (Connection connection =
            connectionFactory.
                createConnection()) {
            session =
                connection.createSession(
                    false,
                    Session.CLIENT_ACKNOWLEDGE);

            MessageConsumer consumer =
                session.
                    createConsumer(destination);

            connection.start();
            while(true) {
                Message _message =
                    consumer.receive();
                System.out.println(
                ((TextMessage) _message).getText());
                _message.acknowledge();
            }
        }
    }
}
```

Listing 10.60 »ChatReceiver.java«

10.8.6 Das Classic-JMS-Queue-Beispiel optimieren

In der JMS-Anwendung des letzten Abschnitts wurde anhand zweier einfacher Komponenten gezeigt, wie der Versand und der Empfang über eine Zielressource des Typs *Queue* programmiert werden könnte. Wie Sie bestimmt schon bemerkt haben, ist diese einfache

Anwendung aber mit einigen Problemen behaftet. Beispielsweise müssen sich Versender und Empfänger abstimmen, damit eine reibungslose Konversation tatsächlich zustande kommen kann. Weitere Schwierigkeiten tauchen auf, wenn der Empfänger seine eigenen Nachrichten abruft, weil er sie somit aus der Warteschlange entnimmt. Der Empfänger wird manche Nachricht daher niemals zu Gesicht bekommen. In den folgenden Abschnitten tauchen wir etwas weiter in die JMS-API ein, denn sie bietet ausgetüftelte Möglichkeiten an, um die soeben erwähnten Probleme zu lösen.

Den Nachrichtenempfang optimieren

In dem bisherigen Programmierbeispiel wurde die Methode receive() eingesetzt, um die nächste Nachricht aus der Queue zu empfangen. Die Methode receive() blockiert hierbei so lange den Fortlauf des Programms, bis eine Nachricht eingetroffen ist. Um gar nicht erst lange auf den Empfang einer Nachricht warten zu müssen, können Sie die Methode receiveNoWait() verwenden.

Weil die Methode receiveNoWait() nicht gewährleistet, dass überhaupt eine Nachricht empfangen wird, muss man die Nachricht in einer if-Abfrage verarbeiten:

```
Message message = consumer.receiveNoWait();
if(message != null) {
    TextMessage textMessage =
        (TextMessage) message;
    System.out.println(
        textMessage.getText());
    message.aknowledge();
} else {
    System.out.println("Keine Nachricht für Dich da!");
}
```

Listing 10.61 »ChatReceiver.java«

Die Dauer des Wartens zeitlich begrenzen

Dem Empfang der Nachrichten kaum Zeit einzuräumen ist recht restriktiv. Wenn die Dauer des Wartens lediglich auf eine bestimmte Dauer begrenzt werden soll, wird eine überlagerte receive()-Methode verwendet, die die Wartezeit in Millisekunden über einen Parameter entgegennimmt. Beispielsweise wartet die Methode receive() in folgendem Listing immer wiederkehrend eine Sekunde lang auf eine neue Nachricht:

```
connection.start();

Message message = null;
while((message = consumer.receive(1000)) != null) {
    TextMessage textMessage =
```

```
        (TextMessage) message;
    System.out.println(
        textMessage.getText());
    message.acknowledge();
}

connection.stop();
```

Listing 10.62 »ChatReceiver.java«

Beachten Sie, dass der Aufruf `receive(0)` unglücklicherweise eine andere Bedeutung als die Methode `receiveNoWait()` hat, denn die Übergabe des Wertes `0` ist bei der Methode `receive()` gleichbedeutend mit einem parameterlosen Aufruf.

Durch die Nachrichten browsen

Wenn in der Nachrichtenliste lediglich gestöbert werden soll, ohne dass sich in der Warteschlange etwas ändert, verwendet man die Methode `createBrowser()`, die ein Objekt des Typs *QueueBrowser* erzeugt. Apropos: Der QueueBrowser steht ausschließlich bei der Nutzung einer Queue zur Verfügung.

```
...
QueueBrowser browser =
    session.createBrowser(
        (Queue) destination);

@SuppressWarnings("unchecked")
Enumeration<TextMessage> enums =
    browser.getEnumeration();
while(enums.hasMoreElements()) {
    TextMessage message =
        enums.nextElement();

    // Nachricht verarbeiten
    ...
}
...
```

Listing 10.63 »ChatReceiver.java«

Der MessageListener

Das Abhören der Nachrichten wurde bislang in Programmschleifen realisiert. Dies war erforderlich, da die Methode für das Entgegennehmen nach jedem Erhalt einer Nachricht erneut ausgeführt werden muss. In der Praxis sind die immer wiederkehrenden Nachrichtenabfragen aber problematisch, da sie beispielsweise mit dem Nachrichtenversand schwer vereinbar sind. Außerdem verursachen sie nebenbei gesagt auch noch ausgiebigen Netzwerk-Traffic. Abhilfe verschafft der *MessageListener*, der über eine Callback-Methode mit dem Namen `onMessage()` verfügt. Die Callback-Methode wird automatisch aktiv, und zwar genau dann, wenn eine Nachricht eintrifft.

Um eine Java-Klasse in einen Nachrichtenempfänger zu verwandeln, leitet man sie von dem Interface `javax.jms.MessageListener` ab. Das Interface `MessageListener` erfordert, dass ihre Methode `onMessage()` überschrieben wird:

```
package de.java2enterprise.onlineshop;

import javax.jms.JMSException;
import javax.jms.MessageListener;
import javax.jms.TextMessage;

public class ChatMessageListener implements MessageListener {

    @Override
    public void onMessage(javax.jms.Message _message) {
        try {
            String _name =
                _message.getStringProperty("NAME");
            System.out.println(
                _name + ": " +
                ((TextMessage) _message).getText());
            _message.acknowledge();
        } catch( JMSException ex ) {
            ex.printStackTrace();
        }
    }
}
```

Listing 10.64 »ChatMessageListener.java«

Der *MessageListener* wird dem *MessageConsumer* über seine Methode `setMessageListener()` hinzugefügt:

```
MessageConsumer consumer =
    session.createConsumer(destination);
consumer.setMessageListener(new ChatMessageListener());
```

Listing 10.65 »ChatReceiver.java«

Der Header einer Nachricht

Im letzten Abschnitt wurde bereits angedeutet, dass eine JMS-Message nicht nur aus der übermittelten Nachricht besteht. In Wirklichkeit besteht eine Message auch aus einem Header und den sogenannten Properties(siehe Abbildung 10.60).

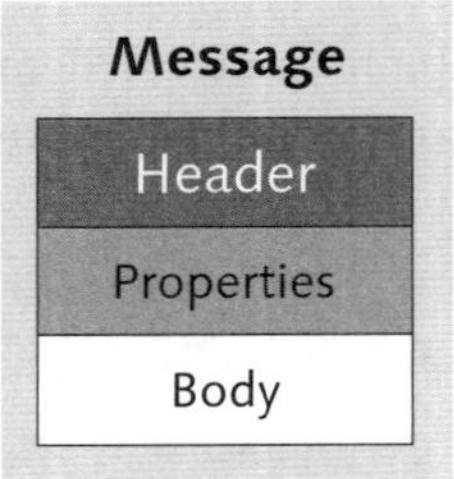

Abbildung 10.60 Eine Message besteht aus einem Header, Properties und einem Body.

Die Bedeutung des Headers erinnert ein wenig an eine E-Mail. Denn auch dort ist es so, dass neben der eigentlichen Nachricht zusätzliche Informationen mitgeliefert werden müssen. Genau genommen kann eine Message auch ohne Body versendet werden, aber ohne Header ist eine Übermittlung gar nicht erst möglich, denn der JMS Provider braucht den Header, um die Nachrichten verwalten zu können.

Der Header besteht aus einer Reihe von Schlüssel-Wert-Paaren. Tabelle 10.2 listet alle Header-Felder auf.

Name	Beschreibung
JMSMessageID	Eine Zeichenkette, die der JMS Provider als eindeutige ID für die Nachricht generiert
JMSDestination	Die Zielressource
JMSReplyTo	Die Zielressource, zu der die Antwort des Empfängers erfolgen soll
JMSCorrelationID	Eine Referenz zu der Nachricht, auf die sich diese Nachricht bezieht
JMSDeliveryMode	Sagt aus, ob die Nachricht nur flüchtig oder persistent ist. Zur Auswahl stehen `DeliveryMode.PERSISTENT` und `DeliveryMode.NON_PERSISTENT`. Per Default ist der Wert auf `PERSISTENT` gesetzt, denn dies ist hinter der Konstante `Message.DEFAULT_DELIVERY_MODE` hinterlegt. Dies ist die sichere Variante, denn sie gewährleistet, dass die Nachricht übermittelt wird. Der JMSDeliveryMode `NON_PERSISTENT` ist performanter, da die Nachricht nicht zwischengespeichert wird. Allerdings können Nachrichten hierbei auch verloren gehen.

Tabelle 10.2 Die JMS-Header

Name	Beschreibung
JMSDeliveryTime	Der früheste Zeitpunkt, ab dem die Nachricht an den Empfänger übermittelt werden soll
JMSPriority	Die Priorität ist eine Ganzzahl, die eine Aussage über die Priorität der Nachricht trifft. Der niedrigste Wert ist eine 0, der höchste eine 9. Per Default ist dieser Wert auf eine 4 gesetzt. Alle Werte zwischen 0 und 4 werden als »normal priorisiert« betrachtet. Werte zwischen 5 und 9 weisen eine besondere Priorität aus.
JMSTimestamp	Der Zeitpunkt, an dem die Nachricht zum JMS Provider versendet wurde
JMSExpiration	Der Zeitpunkt, an dem die Nachricht verfällt. Per Default ist der Wert auf `0` voreingestellt, da dies die Vorgabe in der Konstante `Message.DEFAULT_TIME_TO_LIVE` ist. Die `0` bedeutet, dass die Nachricht nie verfällt. Der Zeitpunkt des Verfalls wird im JMS Provider durch die Addition des `JMSTimestamps` und der `TIME_TO_LIVE`-Angabe ermittelt.
JMSType	Der Message-Typ. Dieses Feld wird von Open MQ ignoriert.
JMSRedelivered	Wenn die Nachricht bereits zu einem früheren Zeitpunkt übermittelt worden ist, enthält dieses Feldes den Wert `true`. Dies kann beispielsweise dann vorkommen, wenn die Nachricht aufgrund einer abgebrochenen Transaktion nicht bestätigt werden konnte.

Tabelle 10.2 Die JMS-Header (Forts.)

Der JMS Client kann Einsicht in die Header Informationen nehmen, indem er entsprechende Methoden nutzt, die mit `getJMS...` beginnen. Beispielsweise gibt `getJMSDeliveryMode()` die Konstante aus, die durch den JMS Provider im Feld `JMSDeliveryMode` gesetzt wurde.

Manche Felder des Headers werden durch den JMS Provider automatisch beim Empfang oder beim Versand gesetzt, andere wiederum nicht. Weil sich der Gebrauch der Header-Felder von Produkt zu Produkt unterscheidet und der Willkür des Herstellers unterliegt, überlassen wir dem JMS Provider ihre Festlegung. Als Entwickler können wir dennoch auf die Inhalte Einfluss nehmen, denn die API bietet hierfür spezielle Methoden an.

Im letzten Abschnitt wurde bereits vorausgeschickt, dass das Interface `MessageProducer` auch noch weitere überlagerte `send()`-Methoden anbietet. Das folgende Listing zeigt eine `send()`-Methode, über die der `DeliveryMode`, die Priorität und der Zeitpunkt, zu dem die Gültigkeit der Nachricht abläuft, durch den JMS Client festgehalten wird:

```
TextMessage message =
    session.createTextMessage(in);
producer.send(
    message,
    DeliveryMode.NON_PERSISTENT,
    9,
    60 * 1000);
```

Listing 10.66 »ChatQueueClient.java«

Im Listing werden der Methode `send()` hinter dem Parameter für die Nachricht drei weitere Parameter angefügt.

Durch den `DeliveryMode.NON_PERISISTENT` weisen wir an, dass wir wenig Wert auf die Sicherung der Nachricht legen und dass uns die Optimierung der Laufzeit wichtiger ist.

Die Priorität setzen wir auf den Wert 9, denn dies ist der höchste Wert, den der JMS Provider zwischen 0 und 9 als Prioritätswert anerkennt.

Der vierte Parameter setzt die Dauer der Gültigkeit (`TIME_TO_LIVE`) in Millisekunden. Wir legen fest, dass die Nachricht nach einer Minute aus der Warteschlange entfernt werden soll.

Beim Empfang der Nachricht können Sie die Werte über folgende Anweisung überprüfen:

```
Message _message =
    consumer.receive();
String _name =
    _message.getStringProperty("NAME");
System.out.println(
    ((TextMessage) _message).getText());
    _message.acknowledge();
System.out.println(
    _message.getJMSDeliveryMode() +
    " - " +
    _message.getJMSPriority() +
    " - " +
    new Date(_message.getJMSExpiration())
    );
_message.acknowledge();
```

Listing 10.67 »ChatQueueClient.java«

Wenn Sie auf der Kommandozeile »Hallo Welt« eingeben, liefert die zweite `System.out`-Anweisung eine Ausgabe, die dieser ähnelt:

```
Hallo Welt
1 - 9 - Wed Feb 19 17:12:54 CET 2014
```

Die Properties einer Nachricht

Neben den standardisierten Informationen des Headers bietet die JMS-API auch noch die Möglichkeit, beliebig viele eigene Properties zu setzen. Der besondere Vorteil dieser Properties ist, dass man die Nachrichten hierdurch filtern kann, und zwar noch bevor sie vom JMS Provider übermittelt werden. Um eine Property zu setzen, bietet das Interface `Message` Methoden an, die den jeweiligen Datentyp der Property unterstützen.

Im folgenden Listing werden einer Nachricht mehrere Properties hinzugefügt:

```
TextMessage message =
    session.createTextMessage();
message.setStringProperty(
    "NAME", "Susanne");
message.setStringProperty(
    "GENDER", "Female");
message.setStringProperty(
    "CITY", "Köln");
message.setIntProperty(
    "AGE", "33");
producer.send(msg);
```

Listing 10.68 »ChatQueueClient.java«

Bei der Filterung der Nachrichten wird eine Syntax eingesetzt, die als Untermenge des ANSI-SQL-Standards betrachtet werden kann. Dabei verhält sich jede Property wie ein Spaltenfeld einer Datenbanktabelle.

Das folgende Listing zeigt, wie beim Empfang der Nachricht nach Properties gefiltert werden kann:

```
MessageConsumer consumer =
    session.createConsumer(
    destination,
    "NAME LIKE 'S%' "
    + "AND GENDER = 'Female' "
    + "AND CITY NOT IN ('München', 'Berlin') "
    + "AND AGE BETWEEN 30 AND 50");
String text =
    ((TextMessage)message).getText();
System.out.println(
    "Nachricht: " + text);
message.acknowledge();
```

Listing 10.69 »ChatQueueClient.java«

Die eigenen Nachrichten in der Queue ignorieren

Im Programmierbeispiel des letzten Unterkapitels konnte der Sender seine eigenen Nachrichten empfangen und sie somit aus der Warteschlange entnehmen. Diesem Missstand werden wir nun Einhalt gebieten.

Die Änderung ist sehr einfach, da wir über eine weitere überlagerte `createConsumer()`-Methode einen Consumer erhalten, der genau dieses Manko eliminiert. Das folgende Listing zeigt die überlagerte Methode `createConsumer()`, die drei Parameter entgegennimmt. Der erste Parameter steht für die Zielressource. Er ist vom Typ *Destination*. Der zweite Parameter ist vom Typ `java.lang.String` und setzt den Selektor. Der dritte Parameter ist ein boolescher Wert. Bei `true` werden die eintreffenden Nachrichten, die aus der eigenen Verbindung versandt wurden, ignoriert.

```
MessageConsumer consumer =
    session.createConsumer(
        destination,
        "NAME = '" + partner + "'",
        true);
```

Listing 10.70 »ChatQueueClient.java«

Das Beispiel programmieren

In diesem Abschnitt werden wir die beiden Queue-Anwendungen `ChatSender` und `ChatReceiver` aus dem vorher gezeigten einfachen Programmierbeispiel zu einer einzigen Anwendung mit dem Namen `ChatQueueClient` zusammenführen. Darüber hinaus werden wir die in diesem Abschnitt behandelten Funktionalitäten nutzen, um in der neuen Anwendung für mehr Komfort zu sorgen. Beispielsweise werden wir uns bei dem Nutzer zunächst nach seinem Namen und nach dem gewünschten Gesprächspartner erkundigen, damit das Zwiegespräch von Fremdstörungen möglichst verschont bleibt. Außerdem werden wir dafür sorgen, dass der Benutzer seine eigenen Nachrichten nicht abfängt, denn sonst werden sie ja aus der Warteschlange entnommen.

```
package de.java2enterprise.chat;

import java.util.Properties;
import java.util.Scanner;

import javax.jms.Connection;
import javax.jms.ConnectionFactory;
import javax.jms.Destination;
import javax.jms.JMSException;
import javax.jms.Message;
import javax.jms.MessageConsumer;
```

```
import javax.jms.MessageListener;
import javax.jms.MessageProducer;
import javax.jms.Session;
import javax.jms.TextMessage;
import javax.naming.Context;
import javax.naming.InitialContext;
import javax.naming.NamingException;

public class ChatQueueClient
        implements MessageListener{
    private static final long ONE_MINUTE = 60000;
    private ConnectionFactory connectionFactory;
    private Destination destination;

    public static void main(String[] args)
            throws NamingException, JMSException {
        new ChatQueueClient();
    }

    public ChatQueueClient()
            throws NamingException, JMSException {
        Properties p = new Properties();
        p.put(Context.INITIAL_CONTEXT_FACTORY,
        "com.sun.jndi.fscontext.RefFSContextFactory");
        p.put(
            Context.PROVIDER_URL,
            "file:///C:/imq_admin_objects");

        Context context;
        context = new InitialContext(p);
        connectionFactory =
            (ConnectionFactory)
            context.lookup(
            "jms/ChatQueueConnectionFactory");
        destination =
                (Destination)
                context.lookup(
                    "jms/ChatQueue");
        try (Connection connection =
            connectionFactory.
                createConnection()) {

            System.out.print("Dein Name: ");
            @SuppressWarnings("resource")
```

```
            Scanner scanner = new Scanner(System.in);
            String name = scanner.nextLine();

            System.out.print("Gesprächspartner: ");
            String partner = scanner.nextLine();

            Session session =
                connection.createSession(
                    false,
                    Session.AUTO_ACKNOWLEDGE);

            MessageProducer producer =
                session.createProducer(destination);

            MessageConsumer consumer =
                session.createConsumer(
                    destination,
                    "NAME = '" + partner + "'",
                    true);
            consumer.setMessageListener(this);

            connection.start();
            while(true) {
                String in = scanner.nextLine();
                TextMessage message =
                    session.createTextMessage(in);
                message.setStringProperty(
                    "NAME", name);
                producer.send(
                    message,
                    Message.DEFAULT_DELIVERY_MODE,
                    Message.DEFAULT_PRIORITY,
                    ONE_MINUTE);
            }
        }
    }

    @Override
    public void onMessage(javax.jms.Message _message) {
        try {
            String _name =
                _message.getStringProperty("NAME");
            System.out.println(
                _name + ": " +
```

```
                ((TextMessage) _message).getText());
        } catch( JMSException ex ) {
            ex.printStackTrace();
        }
    }
}
```

Listing 10.71 »ChatQueueClient.java«

10.8.7 Einen JMS-Classic-Topic-Client erstellen

In diesem Abschnitt werden wir die Beispielanwendung aus den letzten Abschnitten, die ja bisher unter dem Einsatz der Classic JMS API eine Queue als Zielressource verwendete, so abändern, dass sie von nun an das Kommunikationsmodell *Publish-and-Subscribe* verwendet. Das bedeutet, dass wir ein Topic als Zielressource nutzen werden.

Bei dem Kommunikationsmodell Publish-and-Subscribe werden alle JMS Clients, die sich an eine Zielressource des Typs *Topic* anbinden, als Abonnenten registriert. Dadurch kriegen sie die Nachrichten aller anderen Abonnenten für die Dauer einer gültigen Sitzung mit.

Für den Chatraum liegt der Vorteil auf der Hand. Da eine Nachricht bei dem Kommunikationsmodell *Point-to-Point* nur von einem einzigen Client empfangen wird (danach wird die Nachricht beim JSM Provider ja entfernt), konnte eine Konversation bislang nur bilateral – d.h. von zwei Teilnehmern im Zwiegespräch – geführt werden. Durch die Umwandlung in das Kommunikationsmodell Publish-and-Subscribe wird jede Nachricht von allen Abonnenten empfangen. Dadurch befinden sich alle Diskutanten automatisch gemeinsam in einer großen Runde.

Die Umgestaltung von einer Queue zu einem Topic erfordert zunächst nicht viel Aufwand. Weil wir bislang vorsorglich die übergeordneten Parent-Interfaces verwendet haben, brauchen wir nun fast nur noch die Bezeichner bei den JNDI-Lookups umzubenennen, und schon ist die Transformation gelungen:

```
context = new InitialContext(p);
connectionFactory =
    (ConnectionFactory)
    context.lookup(
    "jms/ChatTopicConnectionFactory");
destination =
    (Destination)
    context.lookup(
    "jms/ChatTopic");
```

Listing 10.72 »ChatTopicClient.java«

Die unterschiedlichen Konsumententypen

Unter dem Kommunikationsmodell Publish-and-Subscribe können unterschiedliche Konsumententypen erstellt werden. Das sind:

- der `Consumer`,
- der `DurableConsumer`,
- der `SharedConsumer` und
- der `SharedDurableConsumer`.

Diese Konsumententypen werden im Folgenden beschrieben.

Der »normale« Topic Consumer

Die einfachste Variante eines Abonnements wird mit der Methode `createConsumer()` erstellt:

```
MessageConsumer consumer =
    session.createConsumer();
```

Listing 10.73 »ChatTopicClient.java«

Das Sitzungsobjekt bietet drei weitere überlagerte Varianten der Methode an. Mit der ersten wird lediglich die Zielressource angezeigt:

```
MessageConsumer consumer =
    session.createConsumer(
    (Topic) destination);
```

Listing 10.74 »ChatTopicClient.java«

Die zweite Variante nimmt zusätzlich einen Selektor entgegen:

```
MessageConsumer consumer =
    session.createConsumer(
    (Topic) destination,
    "NAME LIKE 'A%'");
```

Listing 10.75 »ChatTopicClient.java«

Die dritte Variante fügt darüber hinaus auch noch einen booleschen Wert hinzu, der etwas darüber aussagt, ob eigene Nachrichten ignoriert werden sollen:

```
MessageConsumer consumer =
    session.createConsumer(
    (Topic) destination,
```

```
    "NAME LIKE 'A%'",
    true);
```

Listing 10.76 »ChatTopicClient.java«

Das folgende Listing zeigt den kompletten Quelltext des ChatTopicClients an. Bei dem Beispiel nutzen wir den Selector, um nur die Teilnehmer eines bestimmten Chatraums einzubeziehen:

```
package de.java2enterprise.chat;

import java.util.Properties;
import java.util.Scanner;

import javax.jms.Connection;
import javax.jms.ConnectionFactory;
import javax.jms.Destination;
import javax.jms.JMSException;
import javax.jms.MessageConsumer;
import javax.jms.MessageListener;
import javax.jms.MessageProducer;
import javax.jms.Session;
import javax.jms.TextMessage;
import javax.jms.Topic;
import javax.naming.Context;
import javax.naming.InitialContext;
import javax.naming.NamingException;

public class ChatTopicClient
        implements MessageListener{
    private ConnectionFactory connectionFactory;
    private Destination destination;

    public static void main(String[] args)
            throws JMSException, NamingException {
        new ChatTopicClient();
    }

    public ChatTopicClient()
            throws JMSException, NamingException {
        Properties p = new Properties();
        p.put(Context.INITIAL_CONTEXT_FACTORY,
        "com.sun.jndi.fscontext.RefFSContextFactory");
```

```
p.put(
    Context.PROVIDER_URL,
    "file:///C:/imq_admin_objects");

Context context = new InitialContext(p);
connectionFactory =
    (ConnectionFactory)
    context.lookup(
    "jms/ChatTopicConnectionFactory");
destination =
    (Destination)
    context.lookup(
    "jms/ChatTopic");

try (Connection connection =
    connectionFactory.
    createConnection()) {

    @SuppressWarnings("resource")
    Scanner scanner = new Scanner(System.in);

    System.out.print("Dein Name: ");
    String name = scanner.nextLine();

    System.out.print("Dein Chatraum: ");
    String room = scanner.nextLine();

    Session session =
        connection.createSession(
            false,
            Session.CLIENT_ACKNOWLEDGE);

    MessageProducer producer =
        session.createProducer(destination);

    MessageConsumer consumer =
        session.createConsumer(
        (Topic) destination,
        "ROOM = '" + room + "'",
        true);
    consumer.setMessageListener(this);
```

```
            connection.start();
            while(true) {
                String in = scanner.nextLine();
                TextMessage message =
                    session.createTextMessage(in);
                message.setStringProperty(
                        "ROOM", room);
                message.setStringProperty(
                        "NAME", name);
                producer.send(message);
            }
        }
    }

    @Override
    public void onMessage(javax.jms.Message _message) {
        try {
            String _room =
                _message.getStringProperty("ROOM");
            String _name =
                _message.getStringProperty("NAME");
            System.out.println(
                _room + ": " +
                _name + ": " +
                ((TextMessage) _message).getText());
            _message.acknowledge();
        } catch( JMSException ex ) {
            ex.printStackTrace();
        }
    }
}
```

Listing 10.77 »ChatTopicClient.java«

Wenn das Programm von drei Chat-Besuchern (sagen wir: Almut, Reinhard und Nico) aufgerufen wird, könnte die Unterhaltung aus der Sicht von Almut so aussehen:

```
Dein Name: Almut
Chatraum: Chatraum01
Ich bin's, Almut! Wie gehts?
Chatraum01: Reinhard: Hallo Almut, auch mal wieder da!
Chatraum01: Nico: Hallo ihr beiden, ich bin auch dabei!
```

Der DurableConsumer

Wie man im letzten Beispiel sehen konnte, hat eine Topic-Zielressource den Vorteil, dass ein JMS Client, der sich als Abonnent registriert, die gleichen Nachrichten erhält wie andere Abonnenten, die sich unter derselben Zielressource registriert haben. Diesem Vorteil fällt aber leider der Umstand zum Opfer, dass ein Abonnent auch mal eine Nachricht verpassen kann. Denn während bei einer *Queue* sichergestellt ist, dass eine Nachricht von einem der Empfänger abgeholt wird, bleibt diese Gewährleistung bei der Zielressource *Topic* aus. Dies liegt daran, dass sich der JMS Provider standardmäßig die Teilnehmer nicht merkt, die eine bestimmte Nachricht bereits empfangen haben.

Hinweis

Das obige Beispiel macht es deutlich: Würde die Nachricht von Almut beispielweise dann publiziert, während der JMS Client von Nico ausgeschaltet war, wird Nico ihre Nachricht niemals erhalten.

Der JMS-Standard hat aber einen Weg geschaffen, wie abonnierte Nachrichten auch nachträglich erhalten werden können. Die Lösung war, dass sich die Abonnenten unter einem bestimmten Thema bei dem Topic dauerhaft registrieren können. Wenn der dauerhafte Abonnent seinen Rechner ausschaltet, werden die zwischenzeitlich neu hinzugekommenen Nachrichten für ihn gesammelt und ihm zugestellt, sobald er sich wieder zurückmeldet.

Das dauerhafte Abonnement sieht darüber hinaus ein besonderes Konzept vor, bei dem ein Konsument ein Abonnement über zwei spezielle Bezeichner reserviert. Der erste Bezeichner repräsentiert die sogenannte *ClientID*, und der zweite Bezeichner ist ein Name für das Abonnement. Nachdem sich der Konsument mit diesen beiden Bezeichnern registriert hat, merkt sich der JMS Provider, ob der Konsument eine Nachricht bereits empfangen hat oder nicht.

Die ClientID kann über die Methode `setClientID()` gesetzt werden:

```
connection.setClientID("ChatClient123");
```

Die ClientID ist standardmäßig leer, deshalb wird die Erzeugung eines *DurableConsumers* ohne das explizite Setzen der ClientID eine Exception auslösen.

Neben dem programmatischen Weg über die Methode `setClientID()` gibt es auch noch die Möglichkeit, die ClientID konfigurativ einzutragen. Beispielsweise kann der *imqadmin* hierfür verwendet werden (siehe Abbildung 10.61).

Für unser Chat-Programm ist der programmatische Weg vorteilhafter, da wir die ClientID lieber mit dem Namen des Chat-Teilnehmers gleichsetzen.

Der DurableConsumer wird mit der Methode `createDurableConsumer()` erzeugt. Dabei wird auch der Name des Abonnements als Parameter gesetzt.

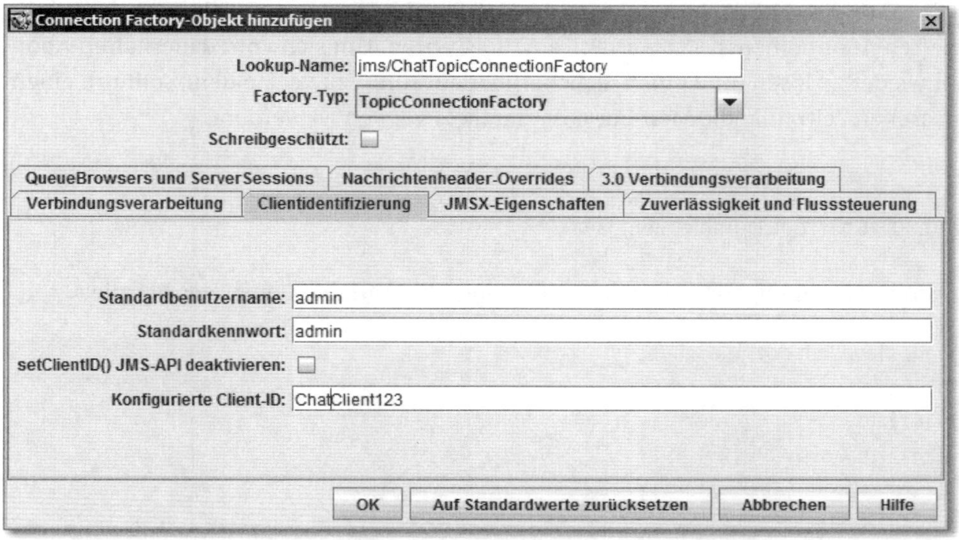

Abbildung 10.61 Das Setzen der Client-ID über das Programm »imqadmin«

Von der Methode `createDurableConsumer()` gibt es zwei Ausprägungen. Die einfachere Variante nimmt zwei Parameter entgegen:

```
MessageConsumer consumer =
    session.createDurableConsumer(
    (Topic) destination,
    "Chatraum01");
```

Listing 10.78 »ChatTopicDurableClient.java«

Bei dem ersten Parameter handelt es sich um die Zielressource. Der zweite Parameter steht für den besagten Abonnementnamen. Für den Chatraum geben wir den Namen »ChatRaum01« an.

Eine überlagerte Variante bietet zwei weitere Parameter an. Der dritte Parameter setzt einen Selektor über die Properties. Der vierte Parameter verhindert, dass die eigenen Nachrichten empfangen werden.

```
MessageConsumer consumer =
    session.createDurableConsumer(
    (Topic) destination,
    "ChatRaum01",
    "NAME LIKE 'A%'",,
    true);
```

Listing 10.79 »ChatTopicDurableClient.java«

Durch die oben gezeigte Anweisung wird der JMS Provider gezwungen, die Nachrichten des dauerhaften Abonnements "ChatRaum01" aufzubewahren. Um sich vom dauerhaften Abonnement wieder zu lösen (und einen Speicherüberlauf somit zu vermeiden), sollte zu einem angemessenen Zeitpunkt die Methode unsubscribe() verwendet werden:

```
session.unsubscribe(name);
```

Listing 10.80 »ChatTopicDurableClient.java«

Das folgende Listing zeigt den kompletten Quelltext des Durable-Consumer-Beispiels:

```
package de.java2enterprise.chat;

import java.util.Properties;
import java.util.Scanner;

import javax.jms.Connection;
import javax.jms.ConnectionFactory;
import javax.jms.Destination;
import javax.jms.JMSException;
import javax.jms.MessageConsumer;
import javax.jms.MessageListener;
import javax.jms.MessageProducer;
import javax.jms.Session;
import javax.jms.TextMessage;
import javax.jms.Topic;
import javax.naming.Context;
import javax.naming.InitialContext;
import javax.naming.NamingException;

public class ChatTopicDurableClient
        implements MessageListener{
    private ConnectionFactory connectionFactory;
    private Destination destination;

    public static void main(String[] args)
            throws JMSException, NamingException {
        new ChatTopicDurableClient();
    }

    public ChatTopicDurableClient()
            throws JMSException, NamingException {
        Properties p = new Properties();
        p.put(Context.INITIAL_CONTEXT_FACTORY,
```

```
"com.sun.jndi.fscontext.RefFSContextFactory");
p.put(
    Context.PROVIDER_URL,
    "file:///C:/imq_admin_objects");

Context context = new InitialContext(p);
connectionFactory =
    (ConnectionFactory)
    context.lookup(
    "jms/ChatTopicConnectionFactory");
destination =
    (Destination)
    context.lookup(
    "jms/ChatTopic");

try (Connection connection =
    connectionFactory.
    createConnection()) {

    @SuppressWarnings("resource")
    Scanner scanner = new Scanner(System.in);

    System.out.print("Chatraum: ");
    String room = scanner.nextLine();

    System.out.print("Dein Name: ");
    String name = scanner.nextLine();

    connection.setClientID(name);

    Session session =
        connection.createSession(
            false,
            Session.CLIENT_ACKNOWLEDGE);

    MessageProducer producer =
        session.createProducer(destination);

    MessageConsumer consumer =
        session.createDurableConsumer(
            (Topic) destination,
            room,
            null,
            true);
```

```
            consumer.setMessageListener(this);

            connection.start();
            while(true) {
                String in = scanner.nextLine();
                TextMessage message =
                    session.createTextMessage(in);
                message.setStringProperty(
                    "ROOM", room);
                message.setStringProperty(
                    "NAME", name);
                producer.send(message);
            }
        }
    }

    @Override
    public void onMessage(javax.jms.Message _message) {
        try {
            String _room =
                _message.getStringProperty("ROOM");
            String _name =
                _message.getStringProperty("NAME");
            System.out.println(
                _room + ": " +
                _name + ": " +
                ((TextMessage) _message).getText());
            _message.acknowledge();
        } catch( JMSException ex ) {
            ex.printStackTrace();
        }
    }
}
```

Listing 10.81 »ChatTopicDurableClient.java«

Bei diesem Beispiel werden sich die drei Chatteilnehmer (Almut, Reinhard und Nico) wieder in einem Chatraum treffen. Allerdings wird Nico zwischenzeitlich den Chatraum verlassen. Wenn er wieder zurückkommt, erhält er den Gesprächsverlauf von Almut und Reinhard nachträglich zugesandt:

```
Dein Name: Almut
Dein Chatraum: Chatraum01
Deine ClientID: ClientID_Almut
```

```
Dein Abonnement: Abo_Almut
Chatraum01: Nico: Ich bins Nico
Chatraum01: Reinhard: Ich bins Reinhard
Chatraum01: Nico: Ich bin kurz weg und komme gleich wieder
Chatraum01: Reinhard: Ist Nico noch da?
Ich glaube er ist weg!
Chatraum01: Nico: Ich habe nachträglich eure Nachrichten gelesen.
```

Der SharedConsumer

Das Konzept des Publish-and-Subscribe bietet einen weiteren Consumer-Typ an, der sich *SharedConsumer* nennt. Das folgende Beispiel veranschaulicht den Alltag eines SharedConsumers am besten.

Stellen Sie sich eine Dienststelle vor, wo der Chef Aufgaben an zahlreiche Mitarbeiter verteilt. Die Aufgaben werden mithilfe eines JMS Providers als JMS-Nachrichten versendet. Dabei soll die Aufgabe immer nur von einem einzigen Mitarbeiter bearbeitet werden. Solch ein Mitarbeiter ist ein *SharedConsumer*.

Es können sich mehrere SharedConsumer als Abonnenten des gleichen Themas registrieren, jedoch wird eine bestimmte Nachricht immer nur von einem einzigen empfangen. Sobald der entgegennehmende SharedConsumer den Erhalt der Nachricht bestätigt, steht sie den anderen SharedConsumern nicht mehr zur Verfügung. Welche der Abonnenten an die Reihe kommt, ist der Willkür des JMS Providers überlassen.

Die *Classic JMS API* bietet zwei unterschiedliche Methoden an, über die ein SharedConsumer erzeugt werden kann: eine mit zwei Parametern und eine mit dreien. Die erste Variante nimmt die Zielressource und den Namen des Abonnements entgegen:

```
MessageConsumer consumer =
    session.createSharedConsumer(
    (Topic) destination,
    aboName);
```

Listing 10.82 Der SharedConsumer mit zwei Konstruktoren

Bei der zweiten Variante kann auch noch ein Selektor hinzugefügt werden:

```
MessageConsumer consumer =
    session.createSharedConsumer(
    (Topic) destination,
    aboName,
    "ROOM = '" + room + "'");
```

Listing 10.83 Der SharedConsumer mit drei Konstruktoren

Der SharedDurableConsumer

Der *SharedDurableConsumer* ist eine Mischung aus einem *SharedConsumer* und einem *DurableConsumer*. Das Beispiel mit der Dienststelle passt mal wieder vortrefflich. Stellen Sie sich vor, es ist Freitagnachmittag und alle Mitarbeiter (bis auf den Chef) verlassen ihr Büro und treten hinaus in ihren verdienten Feierabend. Da fällt dem Chef noch eine Aufgabe ein, die er einem beliebigen Mitarbeiter zukommen lassen möchte. Wenn es sich bei den Abonnements um SharedConsumer handeln würde, bliebe die Arbeit bis zum Sankt-Nimmerleins-Tag liegen.

```
MessageConsumer consumer =
    session.createSharedDurableConsumer(
        (Topic) destination,
        aboName,
        "ROOM = '" + room + "'");
```

Listing 10.84 Der SharedDurableConsumer

10.8.8 Eine Session Bean für den JMS-Versand

In den bisherigen Beispielen haben wir stets eine Standalone-Anwendung verwendet, um auf den JMS Provider zuzugreifen. Dabei handelte es sich um eine »entfernte« Verbindung, denn die Standalone-Anwendung wird in einer anderen JVM ausgeführt als der JMS Provider.

Zu Beginn dieses Abschnitts habe ich aber bereits vorweggenommen, dass auch Java-EE-Komponenten auf den JMS Provider zugreifen. Session Beans können dann *lokal* mit dem JMS Provider verknüpft werden. Zumindest gelingt das auf einer Standalone-Instanz, denn dort werden Session Bean und JMS Provider innerhalb der gleichen JVM ausgeführt.

Bei dem lokalen Zugriff werden die ConnectionFactory und die Zielressource über den Container injiziert. Hierfür versieht man die Objektvariablen mit der Annotation `@Resource`. Den Annotationsattributen `lookup` muss der JNDI-Name der ConnectionFactory und der Zielressource mitgegeben werden:

```
@Resource(lookup="jms/ChatTopicConnectionFactory")
TopicConnectionFactory connectionFactory;

@Resource(lookup="jms/ChatTopic")
Topic destination;
```

Listing 10.85 »ChatBean.java«

Das folgende Beispiel zeigt eine Stateless Session Bean mit dem Namen `ChatBean`. Sie beinhaltet eine Business-Methode mit dem Namen `send()`. Die Business-Methode versendet Nachrichten über den JMS Provider, wobei die ConnectionFactory und die Destination nun nicht mehr per JNDI, sondern über CDI besorgt werden.

```
package de.java2enterprise.onlineshop.ejb;

import javax.annotation.Resource;
import javax.ejb.LocalBean;
import javax.ejb.Stateless;
import javax.jms.Connection;
import javax.jms.JMSException;
import javax.jms.MessageProducer;
import javax.jms.Session;
import javax.jms.TextMessage;
import javax.jms.Topic;
import javax.jms.TopicConnectionFactory;

@Stateless
@LocalBean
public class ChatBean {
    @Resource(lookup="jms/ChatTopicConnectionFactory")
    TopicConnectionFactory connectionFactory;

    @Resource(lookup="jms/ChatTopic")
    Topic destination;

     public void send(
            String name,
            String text) {
        try {
            Connection connection =
                connectionFactory.createConnection();

            Session session =
                connection.createSession(
                false,
                Session.CLIENT_ACKNOWLEDGE);

            MessageProducer messageProducer =
                session.createProducer(destination);
            TextMessage textMessage =
                session.createTextMessage();
            textMessage.setText(text);
            textMessage.setStringProperty(
                "NAME",
                name);
            messageProducer.send(textMessage);
```

```
        } catch (JMSException e) {
            e.printStackTrace();
        }
    }
}
```

Listing 10.86 »ChatBean.java«

10.8.9 Die Simplified JMS API

Wenn Sie die Beispiele der letzten Abschnitte mitentwickelt haben, ist Ihnen womöglich aufgefallen, dass die Programmierung mit der Classic JMS API ein wenig umständlich ist, denn die zahlreichen Varianten der Interfaces sind offensichtlich redundant. Die Entscheidung über den Zielressourcentyp muss doch auch an einer einzigen Stelle getroffen werden können. Genau das haben sich auch mit die Mitglieder des JCP gedacht und erstellten folgerichtig die *Simplified JMS API*.

Die Interfaces der Simplified JMS API

Die *Simplified JMS API* kommt mit einer geringeren Anzahl an Interfaces aus, bietet aber hierbei die gleiche Funktionalität wie die *Classic JMS API* (siehe Abbildung 10.62).

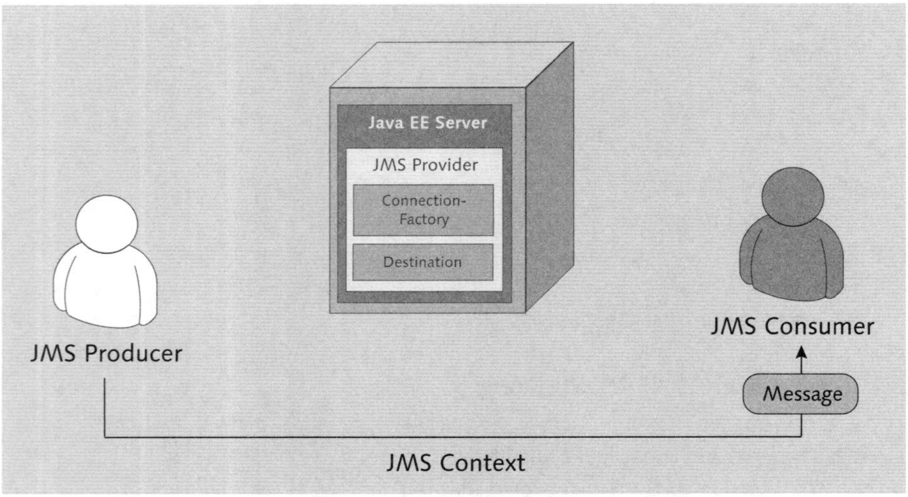

Abbildung 10.62 Die Interfaces JMSProducer, JMSConsumer und JMSContext der »Simplified JMS API«

An zentraler Stelle steht das Interface `javax.jms.JMSContext`, das die Funktion der beiden althergebrachten Interfaces `javax.jms.Connection` und `javax.jms.Session` zu einem einzigen Interface vereint.

Die Erzeugung wird über die *try-with-resources*-Technik programmiert, da JMSContext das Interface `Autocloseable` implementiert und somit die explizite Ausführung der `close()`-Methode entfallen kann.

```
try (JMSContext jmsContext=
    connectionFactory.createContext()) {
    ...
}
```

Listing 10.87 »SimplifiedChatTopicDurableClient.java«

Weil JMSContext die Funktionalität von Session und Connection bündelt, kann die Erzeugung des Nachrichtenerstellers wesentlich vereinfacht werden.

Der JMSContext bietet die Methode `createProducer()` an, mit der man ein Objekt der Klasse `JMSProducer` erhält:

```
JMSProducer producer =
    jmsContext.createProducer();
»SimplifiedChatTopicDurableClient.java«
```

Auch die JMS-Nachricht wird über das JMSContext-Objekt erzeugt. Beispielsweise bietet JMS-Context die Methode `createTextMessage()` an:

```
TextMessage message =
    jmsContext.createTextMessage("Hallo Welt");
```

Listing 10.88 »SimplifiedChatTopicDurableClient.java«

Bei der Classic JMS API verwendet der Producer die Methode `send()`, um die JMS-Nachricht zu versenden. Dies ist auch bei der Simplified JMS API nicht anders. Allerdings benötigt die Methode `send()` des JMSProducers zusätzlich auch noch die Angabe der Zielressource:

```
producer.send(destination, message);
```

Listing 10.89 »SimplifiedChatTopicDurableClient.java«

Die folgende Anweisung zeigt, wie ein `DurableConsumer` mit der Simplified JMS API erzeugt wird:

```
JMSConsumer consumer =
    jmsContext.createDurableConsumer(
        (Topic) destination,
        aboName,
```

```
        "ROOM = '" + room + "'",
        true);
```

Listing 10.90 »SimplifiedChatTopicDurableClient.java«

In den vorangegangenen Abschnitten über die Classic JMS API haben Sie gelernt, dass JMS-Nachrichten nur empfangen werden können, wenn man vorab `Connection.start()` ausführt. Außerdem wurde die Methode `Connection.stop()` vorgestellt, mit der man den Nachrichtenempfang pausiert.

Bei der neuen Simplified JMS API ist das explizite Ausführen der Methode `start()` nicht mehr erforderlich, da die Verbindung automatisch startet, sobald man `createConsumer()` oder `createDurableConsumer()` ausführt. Dessen ungeachtet verfügt `JMSContext` auch über `start()`- und `stop()`-Methoden, um die Steuerung manuell zu übernehmen.

Für den Fall, dass die automatische Steuerung der Connection schon von Anfang an nicht gewollt ist, kann vor der Erzeugung des Consumers die Methode `JMSContext.setAutoStart(false)` ausgeführt werden.

Eine »entfernte« Standalone-Anwendung mit der Simplified JMS API

Im folgenden Listing sehen Sie den vollständigen Quelltext einer Standalone-Anwendung, die mit der Simplified JMS API programmiert wurde. Dabei wurde die Klasse `ChatTopicDurableClient.java` an die neue Simplified JMS API angepasst.

```
package de.java2enterprise.chat;

import java.util.Properties;
import java.util.Scanner;

import javax.jms.ConnectionFactory;
import javax.jms.Destination;
import javax.jms.JMSConsumer;
import javax.jms.JMSContext;
import javax.jms.JMSException;
import javax.jms.JMSProducer;
import javax.jms.MessageListener;
import javax.jms.TextMessage;
import javax.jms.Topic;
import javax.naming.Context;
import javax.naming.InitialContext;
import javax.naming.NamingException;

public class SimplifiedChatTopicDurableClient
        implements MessageListener{
```

```
private ConnectionFactory connectionFactory;
private Destination destination;

public static void main(String[] args)
        throws JMSException, NamingException {
    new SimplifiedChatTopicDurableClient();
}

public SimplifiedChatTopicDurableClient()
        throws JMSException, NamingException {
    Properties p = new Properties();
    p.put(Context.INITIAL_CONTEXT_FACTORY,
    "com.sun.jndi.fscontext.RefFSContextFactory");
    p.put(
        Context.PROVIDER_URL,
        "file:///C:/imq_admin_objects");

    Context context = new InitialContext(p);
    connectionFactory =
        (ConnectionFactory)
        context.lookup(
        "jms/ChatTopicConnectionFactory");
    destination =
        (Destination)
        context.lookup(
        "jms/ChatTopic");

    try (JMSContext jmsContext=
        connectionFactory.createContext()) {

        @SuppressWarnings("resource")
        Scanner scanner = new Scanner(System.in);

        System.out.print("Dein Name: ");
        String name = scanner.nextLine();

        System.out.print("Dein Chatraum: ");
        String room = scanner.nextLine();

        System.out.print("Deine ClientID: ");
        String clientID = scanner.nextLine();

        jmsContext.setClientID(clientID);
```

```
            System.out.print("Dein Abonnement: ");
            String aboName = scanner.nextLine();

            JMSProducer producer =
                jmsContext.createProducer();

            JMSConsumer consumer =
                jmsContext.createDurableConsumer(
                    (Topic) destination,
                    aboName,
                    "ROOM = '" + room + "'",
                    true);
            consumer.setMessageListener(this);

            while(true) {
                String in = scanner.nextLine();
                TextMessage message =
                jmsContext.createTextMessage(in);
                message.setStringProperty(
                    "ROOM", room);
                message.setStringProperty(
                    "NAME", name);
                producer.send(destination, message);
            }
        }
    }

    @Override
    public void onMessage(javax.jms.Message _message) {
        try {
            String _room =
                _message.getStringProperty("ROOM");
            String _name =
                _message.getStringProperty("NAME");
            System.out.println(
                _room + ": " +
                _name + ": " +
                ((TextMessage) _message).getText());
        } catch( JMSException ex ) {
            ex.printStackTrace();
        }
    }
}
```

Listing 10.91 »SimplifiedChatTopicDurableClient.java«

Eine »lokale« Java-EE-Anwendung mit der Simplified JMS API

Dass bei einer »lokalen« Anwendung die `JNDI.lookup()`-Aufrufe entfernt werden können und stattdessen mit CDI-Annotationen gearbeitet werden kann, wurde bereits bei den Beispielen mit der Classic JMS API deutlich. Das ist selbstverständlich mit der Simplified JMA API nicht anders.

Das folgende Listing zeigt die Klasse `ChatBean.java`, die wir weiter oben mit der Classic JMS API programmiert hatten, nun in der »Simplified«-Variante an:

```
package de.java2enterprise.onlineshop.ejb;

import javax.annotation.Resource;
import javax.ejb.LocalBean;
import javax.ejb.Stateless;
import javax.inject.Inject;
import javax.jms.JMSConnectionFactory;
import javax.jms.JMSContext;
import javax.jms.JMSException;
import javax.jms.JMSProducer;
import javax.jms.TextMessage;
import javax.jms.Topic;
import javax.persistence.EntityManager;
import javax.persistence.PersistenceContext;

@Stateless
@LocalBean
public class ChatBean {

    @Inject
    @JMSConnectionFactory("jms/ChatTopicConnectionFactory")
    private JMSContext context;

    @Resource(lookup="jms/ChatTopic")
    Topic destination;

    @PersistenceContext
    EntityManager em;

     public void send(
              String room,
             String name,
             String text) {
        try {
            JMSProducer producer =
```

```
                context.createProducer();
            TextMessage textMessage =
                context.createTextMessage();
            textMessage.setText(text);
            textMessage.setStringProperty(
                    "ROOM",
                    room);
            textMessage.setStringProperty(
                    "NAME",
                    name);
            producer.send(destination, textMessage);
        } catch (JMSException e) {
            e.printStackTrace();
        }
    }
}
```

Listing 10.92 »ChatBean.java«

10.8.10 Message Driven Beans

Message Driven Beans ähneln den Stateless Session Beans, mit dem Unterschied, dass sie lediglich für den Empfang von JMS-Messages entwickelt worden sind. Genauso wie bei Stateless Session Beans bieten sie aber den Vorteil, dass ihnen der umgebende EJB-Container viele lästige Aufgaben abnimmt, die man ansonsten von Hand programmieren müsste. Hierzu gehören beispielsweise die Behandlung von Transaktionen und der Security.

Message Driven Beans ähneln den Stateless Session Beans insofern, als der EJB-Container sie in einem Instanzen-Pool verwaltet. Außerdem ermöglicht die EJB-Komponentenarchitektur es ihnen, dass auch sie auf einer Rechner-Farm mit Cluster-Instanzen automatisch mitverteilt werden. Darüber hinaus gewährleisten Message Driven Beans genauso wenig wie Stateless Session Beans, dass der Zustand ihrer Geschäftsdaten über mehrere Aufrufe hinweg bestehen bleibt. Sie sind also ebenfalls *stateless*.

Die Ähnlichkeit zu den Session Beans könnte die Frage aufwerfen, ob Message Driven Beans neben den Session Beans wirklich erfunden werden mussten. Obwohl zu Beginn dieses Unterkapitels hierauf bereits kurz eingegangen wurde, werden wir uns dennoch erneut kurz damit auseinandersetzen, denn hierbei werden die nachfolgenden Beschreibungen verständlicher.

Wofür braucht man Message Driven Beans?

Wie Sie in den vorangegangenen Programmierbeispielen erkennen konnten, sollte der Empfang einer JMS-Nachricht vorzugsweise mithilfe der Callback-Methode eines Listeners durchgeführt werden, damit der Anwendung die besonderen Vorzüge des Messagings zugute kommen. Denn erst durch diese Maßnahme sind die Prozesse vollkommen asynchron und voneinander losgekoppelt. Diese Loskopplung passt aber nicht zur Philosophie der Session Beans, denn die werden genau zu dem Zeitpunkt aktiviert, wenn ein Client ihre Business-Methoden aufruft. Um die besonderen Vorteile der asynchronen Nebenläufigkeit auch in der EJB-Komponentenarchitektur nutzen zu können, musste man auch die nachrichtengetriebenen Message Driven Beans einführen.

Aus dem Gesagten wird deutlich, dass sich die Methodenaufrufe bei einer Message Driven Bean von denen bei einer Session Bean unterscheiden müssen. Zum Beispiel sieht man bei der Message Driven Bean keine Business-Methoden vor, und der EJB-Container braucht deshalb auch keine Client View zu erzeugen, wie er es bei Session Beans üblicherweise tut.

Message Driven Beans können jeglichen Nachrichtendienst abhören

Im ersten Kapitel dieses Buches wurde bereits erläutert, dass die Idee der Java-EE-Connector-Architektur besagt, dass eine zentrale Datenbasis ganz allgemein als *Enterprise Information Service* (EIS) bezeichnet wird. Durch die Nutzung eines Standard-*Service Provider Interfaces* (SPI) soll sich eine Anwendung mit einem EIS verbinden können. Als anschauliches Beispiel wird immer wieder gern die JDBC-API genommen, über die man mithilfe eines dedizierten JDBC-Treibers auf jede Datenbank zugreifen kann. Die Interaktion basiert hierbei auf einer Anfrage (Request) und einer Antwort (Reply). Das Request/Reply-Prinzip wurde seit der Java-EE-Version 6 aber ausgeweitet, denn nun wollte man die beiden Grundgedanken des Messagings und der Connector-Architektur miteinander verheiraten, um auch das Messaging an den Vorzügen der allgemeinen Verknüpfungsart teilhaben zu lassen. Die Bemühungen resultierten in einem JCA-Standard, der mit jeglichem asynchronen Messaging-System verknüpft werden kann. Und auch die Konfiguration der Message Driven Beans wurde nun so abgeändert, dass die Möglichkeit besteht, sämtliche Verbindungsparameter über das Annotationsattribut `activationConfig` und die allgemeinen Konfigurationsattribute unter dem Namen `ActivationConfigProperty` festzulegen (siehe Abbildung 10.63).

Der Fachbegriff für diese »neuen« Message Driven Beans lautet *Connector-based Message Driven Beans*. Die Vorgaben der Spezifikation ließen leider so viel Spielraum offen, dass sich die von den Herstellern entwickelten Implementierungen häufig ganz unterschiedlich gestalten. Beim Java EE Server *JBoss* sieht die Bestimmung der Zielressource zum Beispiel anders aus als bei GlassFish. Über Annotationen besteht keine Möglichkeit, für beide Java EE Server gleichermaßen gültige Konfigurationen vorzunehmen. Es gibt dennoch eine Möglichkeit, wie man die Konfiguration für mehrere Java EE Server vorsehen kann, und zwar über den XML-Deployment-Deskriptor. Weil die XML-Dateien für den jeweiligen Java EE Server unterschiedlich benannt sind, versorgt sich jeder Java EE Server mit dem Deployment-Deskriptor, der für ihn vorgesehen ist. In der Regel wird man sich aber für eine einzige Java-EE-Implementierung entscheiden und genau für diese auch die Konfiguration vornehmen.

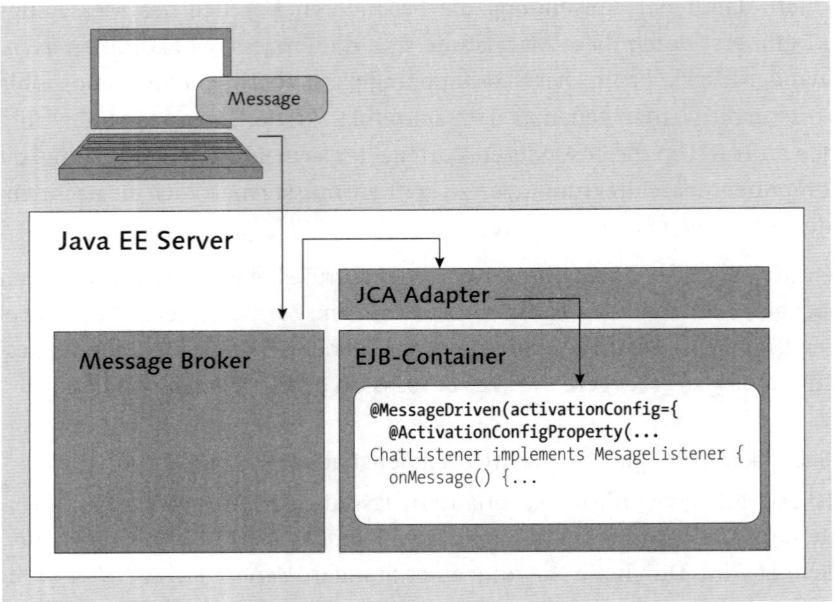

Abbildung 10.63 Die Connector-based Message Driven Bean kann von jedem asynchronen Messaging-System Nachrichten beziehen.

Die Annotation »@MessageDriven«

Um eine Java-Klasse als Message Driven Bean kenntlich zu machen, wird ihr die Annotation `@MessageDriven` vorangestellt.

Damit die Message Driven Bean Nachrichten eines JMS Providers entgegennimmt, ist es erforderlich, dass sie auch noch über die Callback-Methode `onMessage()` verfügt. Die Methode nimmt einen Parameter des Typs `javax.jmx.Message` entgegen:

```
@MessageDriven(mappedName="jms/ChatTopic")
public class ChatListener implements MessageListener {

    @Override
    public void onMessage(Message message) {
        ...
    }
}
```

Listing 10.93 »ChatTopicClient.java«

Im obigen Listing implementiert die Klasse `ChatListener` auch das Interface `javax.jmx.MessageListener`. Dies ist zwar keine Voraussetzung, damit die Message Driven Bean ihre Tätigkeit verrichtet, es wird aber von Oracle empfohlen, dies so zu programmieren.

Bei der Annotation `@MessageDriven` können die folgenden fünf Annotationsattribute gesetzt werden:

- **`Description`**
  Eine Beschreibung für die Message Driven Bean
- **`mappedName`**
  Der JNDI-Name der Destination. Beim GlassFish-Server ist seine Nutzung sehr wichtig, damit die Zielressource ausgemacht werden kann. Das Annotationsattribut wird aber nicht von allen Java EE Servern unterstützt. Stattdessen wird häufig das bereits erwähnte Annotationsattribut `activationConfig` benutzt, das ganz allgemeine Konfigurationen mit dem Konfigurationsattribut `ActivationConfigProperty` ermöglicht.
- **`messageListenerInterface`**
  Über dieses Annotationsattribut wird der (vollqualifizierte) Name des MessageListeners bekannt gegeben. Die Angabe ist aber nur dann erforderlich, wenn die Message Driven Bean mehrere Interfaces implementiert. Ausgenommen sind die Interfaces `java.io.Externalizable` und `java.io.Serializable`. Bei allen anderen zusätzlichen Interfaces wird das Annotationsattribut gebraucht, damit ausgemacht werden kann, welcher Listener für den Empfang verantwortlich ist.
- **`name`**
  Der Name der Message Driven Bean. Die Definition ist optional. Per Default wird der vollklassifizierte Klassenname verwendet.
- **`activationConfig`**
  Das Annotationsattribut `activationConfig` wurde weiter oben bereits angekündigt. Es ermöglicht, dass beliebige Verbindungsinformationen gesetzt werden können, um unterschiedliche Messaging-Systeme zu unterstützen.

  Das Annotationsattribut setzt ein Array von `@ActivationConfigProperty`-Werten. Dabei handelt es sich im Prinzip um Schlüssel-Wert-Paare. Welche Schlüssel für die Aktivierung eines Message-Brokers verwendet werden sollen, ist nicht festgelegt. Der jeweilige Message-Broker ist also darin frei, dies zu bestimmen. Für die JMS-Technologie wurden dennoch vier Schlüssel festgeschrieben. Diese nennen sich `destinationType`, `messageSelector`, `subscriptionDurability` und `acknowledgeMode`:

  - **`destinationType`**: Der `destinationType` kann entweder auf `javax.jms.Queue` oder auf `javax.jms.Topic` gesetzt werden.
  - **`messageSelector`**: Mit dem `messageSelector` kann ein Filter über die Properties der JMS-Message gesetzt werden.
  - **`subscriptionDurability`**: Bei der Message Driven Bean ist die Durability per Default auf `NonDurable` gesetzt. Mithilfe dieser `ActivationConfigProperty` kann sie aber auf `Durable` abgeändert werden. Die `subscriptionDurability` hat lediglich bei Topic-Zielressourcen

eine Bedeutung. Auf die Bedeutung des `DurableConsumer` wurde weiter oben bereits eingegangen.

- **`acknowledgeMode`**: Normalerweise wird diese Einstellung des `acknowledgeMode` in einer Message Driven Bean ignoriert, da die Transaktionen einer EJB in der Regel vom Container verwaltet werden. Und auch in einer *Bean-Managed Transaction* steht der `acknowledgeMode` per Default auf `Auto-acknowledge`, da der EJB-Container nach wie vor für die Bestätigung des Nachrichtenerhalts zuständig ist. Der Wert kann aber in diesem Fall auf `Dups-ok-acknowledge` abgeändert werden, um einen Performance-Gewinn zu erzielen. Hierdurch könnte es passieren, dass ein JMS-Client eine Nachricht mehrfach empfängt, was programmatisch zu berücksichtigen ist.

```
@MessageDriven(
    mappedName="jms/ChatTopic",
activationConfig={
    @ActivationConfigProperty(
        propertyName="destinationType",
        propertyValue="javax.jms.Topic"),
    @ActivationConfigProperty(
        propertyName="subscriptionDurability",
        propertyValue="Durable"),
    @ActivationConfigProperty(
        propertyName="acknowledgeMode",
        propertyValue="Auto-acknowledge")
})
public class ChatListener
    implements MessageListener {
...
```

Listing 10.94 »ChatTopicClient.java«

Ein komplettes JMS-Beispiel mit EJB-Komponenten

In diesem Abschnitt setzen wir die Chat-Anwendung der vorherigen JMS-Beispiele mit einer Session Bean und einer Message Driven Bean um. Im Frontend setzen wir JSF ein. Genau genommen entwickeln wir die Chat-Komponenten so, dass wir sie mit leichten Anpassungen auch im Onlineshop verwenden könnten. Jedoch führen wir die Integration nicht wirklich durch, um uns nicht in der Fachlichkeit zu verlieren.

Außerdem lassen wir weiterhin zu, dass die Chat-Anwendung ohne Benutzerverwaltung auskommt und sich die Teilnehmer des Chatraums anonym, d.h. unter einem Alias, unterhalten können. Abbildung 10.64 zeigt, wie die Komponenten miteinander kommunizieren.

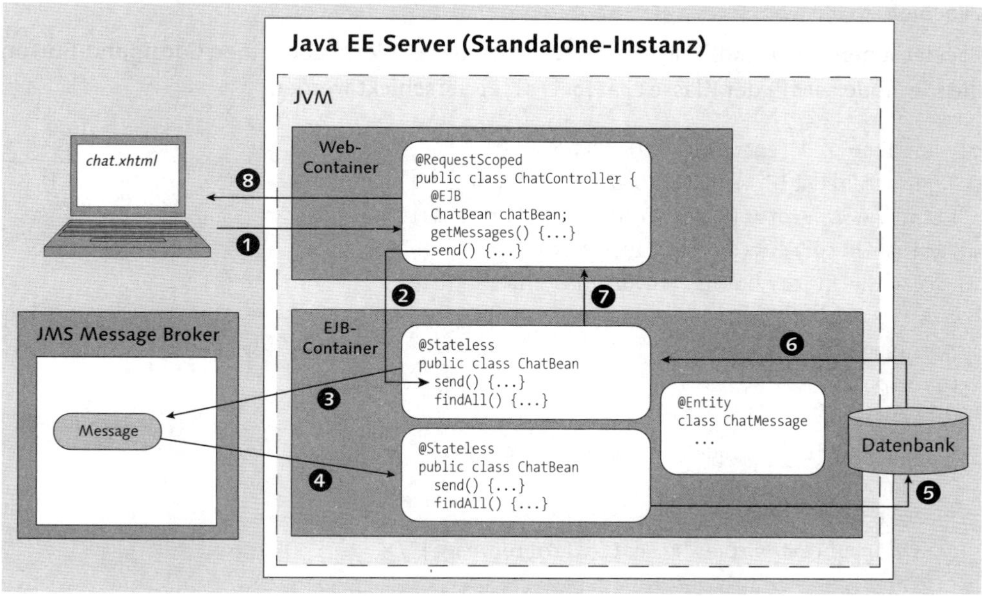

Abbildung 10.64 Das Programmierbeispiel als Java-EE-Anwendung

❶ Das Facelet *chat.xhtml*: Im Frontend erstellen wir ein Facelet (*chat.xhtml*), um dem Benutzer Eingabefelder für seinen Alias-Namen und eine Nachricht anzubieten. Über einen Command-Botton werden die beiden Zeichenketten an die Methode `send()` der JSF-Backing Bean `ChatController.java` übergeben.

❷ Im ChatController schickt die Methode `send()` den Namen und die Textnachricht an die Business-Methode einer Stateless Session Bean. Die Stateless Session Bean nennt sich `ChatBean.java`.

❸ Die `ChatBean` sendet die Message an den JMS Provider. Weil die Java-EE-Komponente »lokal«, d.h. auf den JMS Provider der eigenen Java EE Server-Instanz, zugreift, erfolgt die Anbindung über CDI.

❹ Für den Empfang der Nachricht werden wir eine Message Driven Bean mit dem Namen `ChatListener` einsetzen.

❺ In der Message Driven Bean werden wir die Technologie JPA verwenden, um die Nachrichten auf einer relationalen Datenbank abzuspeichern. Das bedeutet, dass wir eine JPA-Entity-Bean nutzen werden, um die Speicherung über den JPA-EntityManager zu erzielen.

❻ Die Stateless Session Bean (`ChatBean`) holt alle Nachrichten aus der Datenbank und bietet sie ihrem Aufrufer als Liste an.

❼ Die von der Stateless Session Bean zur Verfügung gestellten Nachrichten werden wir in die Backing Bean hineinziehen.

❽ Die Backing Bean stellt dem Facelet die Liste der Nachrichten zur Verfügung. Das Facelet wird die vorhandenen Nachrichten hintereinander auflisten.

Das Facelet

Im Facelet sehen Sie die zwei InputText-Elemente, deren Werte über einen Command-Button an die Methode send() der Klasse ChatController verschickt werden:

```
<?xml version="1.0" encoding="UTF-8" ?>
<!DOCTYPE html PUBLIC "-//W3C//DTD XHTML 1.0 Transitional//EN"
    "http://www.w3.org/TR/xhtml1/DTD/xhtml1-transitional.dtd">
<html xmlns="http://www.w3.org/1999/xhtml"
      xmlns:h="http://xmlns.jcp.org/jsf/html">
<h:body>
    <h:messages/>
    <h:form>
        Chatroom:
        <h:inputText value="#{chatController.room}"/>
        <br/>
        Name:
        <h:inputText value="#{chatController.name}"/>
        <br/>
        Text:
        <h:inputText value="#{chatController.text}"/>
        <br/>
        <h:commandButton
            value="send"
            action="#{chatController.send()}"/>
    </h:form>
    <h:dataTable
        value="#{chatController.messages}"
        var="message">
        <h:column>
            <h:outputText value="#{message.room}"/>
        </h:column>
        <h:column>
            <h:outputText value="#{message.name}"/>
        </h:column>
        <h:column>
            <h:outputText value="#{message.text}"/>
        </h:column>
    </h:dataTable>
</h:body>
</html>
```

Listing 10.95 »chat.xhtml«

Im unteren Teil des Facelets werden vorhandene Messages über ein dataTable-Element ausgegeben.

Die Backing Bean

In der Backing Bean setzen wir die Stateless Session Bean ChatBean als Objektvariable an. Der ChatController nutzt die Stateless Session Bean in seinen Methoden send() und getMessages(). In der Methode send() werden die eingegebenen Zeichenketten an die ChatBean weitergeleitet. In der Methode getMessages() werden die vorhandenen Nachrichten von der ChatBean beschafft.

```
package de.java2enterprise.onlineshop.web;

import java.io.Serializable;
import java.util.List;

import javax.ejb.EJB;
import javax.enterprise.context.RequestScoped;
import javax.inject.Named;
import javax.jms.JMSException;

import de.java2enterprise.onlineshop.ejb.ChatBean;
import de.java2enterprise.onlineshop.model.ChatMessage;

@Named
@RequestScoped
public class ChatController implements Serializable {
    private static final long serialVersionUID = 1L;
    private String room;
    private String name;
    private String text;

    @EJB
    private ChatBean chatBean;

    public String getRoom() {
        return room;
    }

    public void setRoom(String room) {
        this.room = room;
    }
```

```
    public String getName() {
        return name;
    }

    public void setName(String name) {
        this.name = name;
    }

    public String getText() {
        return text;
    }

    public void setText(String text) {
        this.text = text;
    }

    public void send() throws JMSException {
        chatBean.send(room, name, text);
    }

    public List<ChatMessage> getMessages() {
        return chatBean.findAll();
    }
}
```

Listing 10.96 »ChatController.java«

Die Stateless Session Bean »ChatBean.java«

Die Klasse `ChatBean` kennen Sie noch aus einem vergangenen Abschnitt. In der Stateless Session Bean fügen wir eine Methode mit dem Namen `send()` und eine Methode mit dem Namen `findAll()` hinzu.

In der Methode `send()` programmieren wir einen Nachrichten-Produzenten, der die Texte aus dem ChatController entgegennimmt, um sie dem JMS Provider seines Java EE Servers zu übergeben.

Die Methode `findAll()` besorgt die vorhandenen Nachrichten, indem er auf die Datenbanktabelle `CHATMESSAGE` zugreift.

```
package de.java2enterprise.onlineshop.ejb;

import java.util.List;

import javax.annotation.Resource;
```

```
import javax.ejb.LocalBean;
import javax.ejb.Stateless;
import javax.inject.Inject;
import javax.jms.JMSConnectionFactory;
import javax.jms.JMSContext;
import javax.jms.JMSException;
import javax.jms.JMSProducer;
import javax.jms.TextMessage;
import javax.jms.Topic;
import javax.persistence.EntityManager;
import javax.persistence.PersistenceContext;
import javax.persistence.TypedQuery;

import de.java2enterprise.onlineshop.model.ChatMessage;

@Stateless
@LocalBean
public class ChatBean {

    @Inject
    @JMSConnectionFactory("jms/ChatTopicConnectionFactory")
    private JMSContext context;

    @Resource(lookup="jms/ChatTopic")
    Topic destination;

    @PersistenceContext
    EntityManager em;

     public void send(
             String room,
            String name,
            String text) {
        try {
            JMSProducer producer =
                context.createProducer();
            TextMessage textMessage =
                context.createTextMessage();
            textMessage.setStringProperty(
                "ROOM",
                room);
            textMessage.setStringProperty(
                "NAME",
                name);
```

```
                textMessage.setText(text);
                producer.send(destination, textMessage);
            } catch (JMSException e) {
                e.printStackTrace();
            }
    }

    public List<ChatMessage> findAll() {
        TypedQuery<ChatMessage> query =
            em.createQuery(
            "select m from ChatMessage m",
            ChatMessage.class);
        return query.getResultList();
    }
}
```

Listing 10.97 »ChatBean.java«

Die Klasse »ChatListener.java«

Für die Chat-Anwendung werden wir eine Message Driven Bean erstellen, die die Nachrichten der Zielressource *Topic* entgegennimmt. Wir nennen die Klasse `ChatListener`. In der Callback-Methode `onMessage()` werden wir ein Objekt der JPA-Entity `ChatMessage` erstellen. Dieses Objekt werden wir über den EntityManager von JPA in der Datenbanktabelle `CHATMESSAGE` abspeichern. Auf diese Datenbanktabelle kommen wir gleich noch mal zurück.

```
package de.java2enterprise.onlineshop.ejb;

import javax.ejb.MessageDriven;
import javax.jms.JMSException;
import javax.jms.Message;
import javax.jms.MessageListener;
import javax.jms.TextMessage;
import javax.persistence.EntityManager;
import javax.persistence.PersistenceContext;
import javax.websocket.server.ServerEndpoint;

import de.java2enterprise.onlineshop.model.ChatMessage;

@ServerEndpoint("/chat")
@MessageDriven(mappedName="jms/ChatTopic")
public class ChatListener
        implements MessageListener {
```

```
    @PersistenceContext
    EntityManager em;

    @Override
    public void onMessage(Message message) {
    try {
        ChatMessage m =
            new ChatMessage();
        m.setRoom(
            message.getStringProperty("ROOM"));
        m.setName(
            message.getStringProperty("NAME"));
        m.setText(
            ((TextMessage)message).getText());
            em.persist(m);
        } catch (JMSException e) {
            e.printStackTrace();
        }
    }
}
```

Listing 10.98 »ChatListener.java«

Die Datenbanktabelle »CHATMESSAGE«

Die Nachrichten speichern wir in einer Datenbanktabelle mit dem Namen `CHATMESSAGE` ab. Sie erstellen die Datenbanktabelle, indem Sie sich als Benutzer *ONLINESHOP* bei Oracle anmelden und dort folgendes Skript ausführen:

```
DROP table chatmessage;
CREATE TABLE chatmessage (
    id    NUMBER(19) PRIMARY KEY,
    room    VARCHAR2(40) NOT NULL,
    name    VARCHAR2(40) NOT NULL,
    text    VARCHAR2(100)
);

GRANT SELECT, INSERT, UPDATE, DELETE
ON chatmessage TO onlineshop_user;

DROP SEQUENCE seq_chatmessage;
CREATE SEQUENCE seq_chatmessage;
```

```
GRANT ALL ON seq_chatmessage TO onlineshop_user;

commit;
```

Listing 10.99 »chatmessage.sql«

Die JPA-Entity »ChatMessage«

Die JPA-Entity für die CHATMESSAGE-Objekte können Sie entweder über den Eclipse-Wizard erstellen oder aus folgendem Listing entnehmen:

```
package de.java2enterprise.onlineshop.model;

import java.io.Serializable;

import javax.persistence.Entity;
import javax.persistence.GeneratedValue;
import javax.persistence.GenerationType;
import javax.persistence.Id;
import javax.persistence.SequenceGenerator;
import javax.persistence.Table;

@Entity
@Table(schema="ONLINESHOP", name="CHATMESSAGE")
public class ChatMessage implements Serializable {
    private static final long serialVersionUID = 1L;

    @Id
    @SequenceGenerator(
            name="CHATMESSAGE_ID_GENERATOR",
            sequenceName="SEQ_CHATMESSAGE",
            schema="ONLINESHOP",
            allocationSize=1,
            initialValue=1)
    @GeneratedValue(
            strategy=GenerationType.SEQUENCE,
            generator="CHATMESSAGE_ID_GENERATOR")
    private Long id;

    private String room;

    private String name;

    private String text;
```

```
    public Long getId() {
        return id;
    }

    public void setId(Long id) {
        this.id = id;
    }

    public String getRoom() {
        return room;
    }

    public void setRoom(String room) {
        this.room = room;
    }

    public String getName() {
        return name;
    }

    public void setName(String name) {
        this.name = name;
    }

    public String getText() {
        return text;
    }

    public void setText(String text) {
        this.text = text;
    }
}
```

Listing 10.100 »ChatMessage.java«

10.9 Der Timer-Service

In geschäftskritischen Unternehmensanwendungen gehört es zur alltäglichen Praxis, zeitlich gesteuert Programme ablaufen zu lassen. In Großbanken werden auf diese Weise zum Monatsultimo die weltweiten Aktiva und Passiva der Kunden zentralisiert und konsolidiert. Diese statistischen Informationen sind für das Finanzunternehmen und für den Staat von großer Bedeutung. Deshalb werden sie monatlich an die Bundesbank und den Vorstand der Bank gemeldet. Aber auch in anderen Branchen ist die Ausführung von Programmen nach einem Zeitplan eine dringliche Notwendigkeit. Denn ansonsten wäre die Handhabung von Massendaten schier unmöglich. Nach wie vor spielt das Programm *cron* auf Unix-Rechnern hierbei eine bedeutende Rolle. Wenn die zeitlichen Abläufe aber mit reinen Java-Mitteln gesteuert werden sollen, kommen Timer und Scheduler der Java-API zum Tragen.

Der Java-EE-Standard bietet einen Timer-Service an der über eine Timer-Service-API programmiert werden kann. Vielleicht ist Ihnen als Java-Programmierer der Scheduler der *Java Standard Edition* schon mal begegnet. Der Scheduler kann definierte Java-Methoden entweder in wiederkehrenden Intervallen oder zu festgelegten Zeitpunkten ausführen. Genauso ist es auch mit dem Timer-Service des Servers.

Die Timer-Programmierung mit dem EJB-Timer-Service kann in Singleton Session Beans, Stateless Session Beans und einer Message Driven Bean vorgenommen werden. Stateful Session Beans können hierfür nicht verwendet werden.

10.9.1 Einen Timer programmieren

In diesem Abschnitt werden wir einen Timer in einer Stateless Session Bean programmieren, der im zeitlichen Intervall von einer Sekunde die aktuelle Uhrzeit über den JMS-Message-Provider des Java EE Servers versendet.

Beachten Sie, dass für das nachfolgende Beispiel die JMS-Zielressource und die JMS-ConnectionFactory im GlassFish-Server konfiguriert werden müssen. Wie das genau funktioniert, wurde im letzten Abschnitt erklärt.

Im Onlineshop könnte man diesen Timer nutzen, um die Kunden in einem zeitlichen Intervall über aktuelle Angebote oder den Verlauf ihrer angebotenen Artikel zu informieren.

Den Timer-Service initialisieren

Den Timer-Service werden wir mithilfe des EJB-Containers über CDI injizieren lassen:

```
@Resource
TimerService timerService;
...
```

Listing 10.101 »TimerBean.java«

Die zeitlich gesteuerte Methode erstellen

In der Stateless Session Bean werden wir eine Methode vorsehen, die für den Versand der Nachrichten verantwortlich ist. Wir nennen die Methode `sendTimeMessage()`. Die Methode `sendTimeMessage()` werden wir mit der Annotation `@Timeout` versehen. Deshalb wird sie der Timer-Service nach jedem Intervall aktivieren.

```
@Timeout
public void sendTimeMessage(Timer timer) {
    ...
}
```

Listing 10.102 »TimerBean.java«

Den Timer starten

Der Timer-Service bietet eine Methode an, die sich `createTimer()` nennt. Mit dieser Methode wird der Timer erzeugt. Die Methode `createTimer()` gibt es in vier überlagerten Varianten.

In der ersten Variante können der Methode zwei Parameter übergeben werden. Der erste Parameter gibt über einen Wert des Typs `java.util.Date` den Zeitpunkt an, an dem das betroffene Ereignis erfolgen soll. Es handelt sich hierbei also um ein einmaliges Ereignis. Über den zweiten Parameter kann dem Timer ein serialisierbares Objekt mitgegeben werden, das für das Ereignis von Bedeutung ist. Häufig wird hierbei einfach nur eine Information mitgegeben, die zu dem gegebenen Zeitpunkt erscheint.


```
createTimer(
    java.util.Date ereignis_zeitpunkt,
    Serializable information)
```

In der zweiten Variante werden der Methode wieder nur zwei Parameter übergeben. Der erste gibt dieses Mal die Dauer des Timers in Millisekunden an, weshalb er vom Typ `long` ist. Man kann sich diesen Timer wie eine Sanduhr vorstellen. Wenn die vorgegebenen Millisekunden abgelaufen sind, wird das Ereignis ausgelöst.

```
createTimer(
    long dauer_bis_zum_ereignis,
    Serializable information)
```

Die dritte und vierte Variante ähneln den erstgenannten. Allerdings handelt es sich bei Ihnen nicht um einzelne Ereignisse, sondern um eine Reihe von Ereignissen, die immer wiederkehrend nach einer festgelegten Zeitdauer auftreten. Die folgende Methode beginnt zu einem determinierten Zeitpunkt des Typs `java.util.Date` und tritt wiederholt nach der zweitgenannten Dauer auf:

```
createTimer(
    java.util.Date ereignis_zeitpunkt,
    long zeitlicher_intervall,
    Serializable information)
```

```
createTimer(
```

```
    long dauer_bis_zum_ereignis,
    long zeitlicher_intervall,
    Serializable information)
```

Um den Timer von außerhalb aus starten zu können, programmieren wir eine Methode mit dem Namen `start()`. Die Methode `start()` wird einen Timer erzeugen, indem sie die Methode `createTimer()` mit drei Parametern aufruft. Der Zeitgeber soll nach 5 Sekunden beginnen und nachfolgend nach jeder Sekunde aktiv werden.

```
public void start(String info) {
    timerService.createTimer(
        5000, 1000, info);
}
```

Listing 10.103 »TimerBean.java«

Den Timer stoppen

Um den Timer abzuschalten, wird die Methode `cancel()` des Interfaces `Timer` ausgeführt. Diese Methode werden wir in unserem Programm nutzen, um den Timer zu stoppen.

```
public void stop(String info) {
    Collection<Timer> timers =
        timerService.getTimers();
    for(Timer timer : timers) {
        if(info.equals(
                timer.getInfo())) {
            timer.cancel();
    }
}
```

Listing 10.104 »TimerBean.java«

Der komplette Quelltext des Beispiels

Nachfolgend wird der komplette Quelltext der TimerBean abgedruckt:

```
package de.java2enterprise.onlineshop.ejb;

import java.util.Collection;
import java.util.Date;

import javax.annotation.Resource;
import javax.ejb.LocalBean;
import javax.ejb.Stateless;
import javax.ejb.Timeout;
```

```
import javax.ejb.Timer;
import javax.ejb.TimerService;
import javax.jms.Connection;
import javax.jms.JMSException;
import javax.jms.MessageProducer;
import javax.jms.Session;
import javax.jms.TextMessage;
import javax.jms.Topic;
import javax.jms.TopicConnectionFactory;

@Stateless
@LocalBean
public class TimerBean {

    @Resource(lookup="jms/TimerTopicConnectionFactory")
    TopicConnectionFactory connectionFactory;

    @Resource(lookup="jms/TimerTopic")
    Topic destination;

    @Resource
    TimerService timerService;

     @Timeout
     public void sendTimeMessage(Timer timer) {
        try {
            Connection connection =
                connectionFactory.createConnection();

            Session session =
                connection.createSession(
                false,
                Session.AUTO_ACKNOWLEDGE);

            MessageProducer messageProducer =
                session.createProducer(destination);
            TextMessage textMessage =
                session.createTextMessage();
            textMessage.setText(
                timer.getInfo().toString() +
                ": " +
                new Date());
            messageProducer.send(textMessage);
```

```
        } catch (JMSException e) {
            e.printStackTrace();
        }
    }

    public void start(String info) {
        timerService.createTimer(
            5000, 1000, info);
    }

    public void stop(String info) {
        Collection<Timer> timers =
            timerService.getTimers();
        for(Timer timer : timers) {
            if(info.equals(
                    timer.getInfo())) {
                timer.cancel();
            }
        }
    }
}
```

Listing 10.105 »TimerBean.java«

Die folgende JSF-Backing Bean setzt die `TimerBean` in Gang:

```
package de.java2enterprise.onlineshop.web;

import java.io.Serializable;

import javax.ejb.EJB;
import javax.enterprise.context.RequestScoped;
import javax.inject.Named;
import javax.jms.JMSException;

import de.java2enterprise.onlineshop.ejb.TimerBean;

@Named
@RequestScoped
public class TimerController implements Serializable {
    private static final long serialVersionUID = 1L;
    private String info;

    @EJB
```

```
    private TimerBean timerBean;

    public String getInfo() {
        return info;
    }

    public void setInfo(String info) {
        this.info = info;
    }

    public void start() throws JMSException {
        timerBean.start(info);
    }

    public void stop() throws JMSException {
        timerBean.stop(info);
    }
}
```

Listing 10.106 »TimerController.java«

Der Vollständigkeit halber wird auch noch das Facelet des Beispiels abgedruckt:

```
<?xml version="1.0" encoding="UTF-8" ?>
<!DOCTYPE html PUBLIC "-//W3C//DTD XHTML 1.0 Transitional//EN"
    "http://www.w3.org/TR/xhtml1/DTD/xhtml1-transitional.dtd">
<html xmlns="http://www.w3.org/1999/xhtml"
      xmlns:h="http://xmlns.jcp.org/jsf/html">
<h:body>
    <h:messages/>
    <h:form>
        Info:
        <h:inputText value="#{timerController.info}"/>
        <br/>
        <h:commandButton
            value="Start"
            action="#{timerController.start()}"/>
        <h:commandButton
            value="Stop"
            action="#{timerController.stop()}"/>
    </h:form>
</h:body>
</html>
```

Listing 10.107 »timer.xml«

10.9.2 Der zeitplangesteuerte Timer

In dem letzten Beispiel haben wir einen Timer programmiert, der nach jeder Sekunde eine Nachricht verschickt und über ein Frondend gestartet und wieder beendet wird.

Der Timer-Service bietet auch noch eine andere Variante an, bei der man den Zeitpunkt der zeitlichen Ereignisse anhand eines Zeitplans steuert. Hierfür setzt man die Annotation `@Schedule` vor die Methode, die ausgeführt werden soll.

Die Methode `@Schedule` verfügt über eine Reihe von Annotationsattributen, mit denen der Zeitplan flexibel eingestellt werden kann.

Attribut	Beschreibung
`second`	Die Sekunde (0 bis 59). Default ist 0.
`minute`	Die Minute (0 bis 59). Default ist 0.
`hour`	Die Stunde (0 bis 23). Default ist 0.
`dayOfWeek`	Wochentag (1 bis 7). Die 1 steht für den Montag. (Apropos: Eine 0 ist auch ein Sonntag). Alternativ kann auch »Sun«, »Mon«, »Tue«, »Wed«, »Thu«, »Fri« und »Sat« verwendet werden. Default ist *.
`dayOfMonth`	Der Tag des Monats (1 bis 31 je nach Kalendermonat). Alternativ: »1st«, »2nd«, »3rd«, »4th«, »5th«, »Last«, »Sun«, »Mon«, »Tue«, »Wed«, »Thu«, »Fri« und »Sat«. Default ist *.
`month`	Der Monat (1 bis 12) oder auch »Jan«, »Feb«, »Mar«, »Apr«, »May«, »Jun«, »Jul«, »Aug«, »Sep«, »Oct«, »Nov«, »Dec«. Default ist *.
`year`	Das Jahr (beispielsweise »2014«). Default ist *.
`timezone`	Die Zeitzone (beispielsweise »Europe/Berlin«)

Tabelle 10.3 Die Annotationsattribute der Annotation @Schedule

Mit einem Stern wird festgelegt, dass der Zeitgeber zu jedem Zeitpunkt der angegebenen Zeiteinheit aktiviert werden soll.

Mehrere Zeitpunkte der gleichen Zeiteinheit werden mit einem Komma voneinander getrennt. Beispielsweise sagt folgende Annotation aus, dass der Zeitgeber an jedem 1. und an jedem 15. eines Monats aktiviert werden soll: `@Schedule(dayOfMonth="1, 15")`.

Der Bindestrich füllt einen Bereich zwischen zwei Werten auf. Der Zeitgeber wird also mit der Annotation `@Schedule(dayOfMonth="1-15")` auch am 2., am 3., am 4. usw. aktiviert.

Mit einem Querstrich kann ein Intervall festgelegt werden. Beispielsweise legt folgende Annotation fest, dass der Zeitgeber ab der ersten Sekunde alle 10 Sekunden aktiviert werden soll: `@Schedule(second="0/10")`. Der folgende Wert legt den dritten Samstag des Monats um 17:00 Uhr fest: `@Schedule(dayOfMonth="3rd Sat", hour="17")`.

Das Programmbeispiel anpassen

Mit dem folgenden Listing wird die Nachricht erstmalig morgens um 7:00 Uhr und dann nachfolgend nach jeder Minute versandt.

Eine `start()`- oder eine `stop()`-Methode brauchen wir nun nicht mehr, da das Ereignis von selbst aktiv wird.

```
package de.java2enterprise.onlineshop.ejb;

import java.util.Date;

import javax.annotation.Resource;
import javax.ejb.LocalBean;
import javax.ejb.Schedule;
import javax.ejb.Stateless;
import javax.ejb.Timer;
import javax.ejb.TimerService;
import javax.jms.Connection;
import javax.jms.JMSException;
import javax.jms.MessageProducer;
import javax.jms.Session;
import javax.jms.TextMessage;
import javax.jms.Topic;
import javax.jms.TopicConnectionFactory;

@Stateless
@LocalBean
public class ScheduleTimerBean {

    @Resource(lookup="jms/ChatTopicConnectionFactory")
    TopicConnectionFactory connectionFactory;

    @Resource(lookup="jms/ChatTopic")
    Topic destination;

    @Resource
    TimerService timerService;

     @Schedule(hour="7", minute="*")
     public void sendTimeMessage(Timer timer) {
```

```
        try {
            Connection connection =
                connectionFactory.createConnection();

            Session session =
                connection.createSession(
                false,
                Session.AUTO_ACKNOWLEDGE);

            MessageProducer messageProducer =
                session.createProducer(destination);
            TextMessage textMessage =
                session.createTextMessage();
            textMessage.setText(
                timer.getInfo().toString() +
                ": " +
                new Date());

            messageProducer.send(textMessage);

        } catch (JMSException e) {
            e.printStackTrace();
        }
    }
}
```

Listing 10.108 »ScheduleTimerBean.java«

10.10 Webservices und EJB

Wenn man das Internet als weltweiten Verbund von Servern und Client-Rechnern betrachtet, so kommt man schnell auf den Gedanken, dass die Dienste, die im Web angeboten werden, systemunabhängig miteinander im Austausch stehen sollten. Auf dieser Idee basiert auch die Vision der *Service Oriented Architecture* (SOA). Hierbei bezeichnet man die konsumierbaren Operationen als *Webservices*. Erst mit der Verbreitung von Webservices kam auch die Erkenntnis, dass verteilte und wiederverwendbare SOA-Dienste bald zur alltäglichen Wirklichkeit gehören werden. Wie später noch erläutert wird, unterscheidet man bei Webservices, ob sie über SOAP oder REST realisiert werden. Für die Java-EE-Plattform wurden entsprechende APIs spezifiziert. Die *Java API for XML* (JAX-WS) wird für SOAP und die *Java API for RESTful Web Services* (JAX-RS) wird für REST oder – wie man auch sagt – *RESTful Web Services* eingesetzt. Weil man Session Beans auch dazu verwendet, Webservices mit JAX-WS und JAX-RS anzubieten, gebe ich in diesem Abschnitt zunächst jeweils eine Kurzeinführung zu beiden Technologien, um anschließend zu zeigen, wie eine Session Bean so umgewandelt wird, dass ihre Business-Methoden als Webservice-Operation zur Verfügung gestellt werden.

10.10.1 JAX-WS Kurzeinführung

JAX-WS ist im Vergleich zu JAX-RS die ältere Variante, die sich aufgrund ihres längeren Bestehens in der Vergangenheit bereits massenhaft verbreitet hat. Sie hat eine starke Evolutionsgeschichte hinter sich, denn die Entwicklung von XML-RPC über JAX-RPC zu JAX-WS brachte radikale Änderungen mit sich. Heute ist JAX-WS sowohl ein Bestandteil von Java SE als auch von Java EE.

Die bekanntesten Implementierungen (Webservice-Engines) nennen sich *JAX-WS RI*, *Apache Axis2* (der Nachfolger von Axis) und *Apache CXF*:

- **JAX-WS RI**: JAX-WS RI ist die Referenzimplementierung und wird im Rahmen des Metro-Projekts von der GlassFish-Community entwickelt. JAX-WS RI ist im GlassFish-Server per Default enthalten. Das bedeutet, dass unser Webservice automatisch mit dieser Implementierung veröffentlicht wird.
- **Axis 2**: Axis 2 und sein Vorläufer *Axis* waren über viele Jahre die gebräuchlichsten Webservice-Implementierungen. Auf die veraltete Variante Axis werden wir später noch einmal zu sprechen kommen, denn innerhalb von Eclipse ist das immer noch die Variante, die ohne Installation von weiteren Bibliotheken von Haus aus enthalten ist. Dass Axis veraltet ist, stört aber nicht. Ganz im Gegenteil, denn es wird somit verdeutlicht, dass Webservices nicht von einer bestimmten Technologie abhängen. Unser Axis-Webservice-Client wird also auf einen JAX-WS-RI-Webservice zugreifen.
- **Apache CXF**: Apache CXF ist aus dem Zusammenschluss von *Celtix* und *XFire* entstanden, von denen es die Anfangsbuchstaben geerbt hat. Celtix war ein Java-basiertes Enterprise-Service-Bus-(ESB-)Projekt und XFire ein Java-basiertes SOAP-Framework.

Damit Sie Abbildung 10.65 verstehen, werden vorab noch einige Begriffe aus dem Fachjargon von JAX-WS erklärt. Der Fachbegriff für den Anbieter ist *Service Provider*. Der Fachbegriff für die konkrete URL, über die der Webservice später erreichbar sein wird, lautet *Endpoint*. Die Implementation der Klasse nennt sich *Service Endpoint Implementation (SEI)*. Der Client wird häufig auch *Service Consumer* genannt. Wenn sich Service Consumer und Service Provider über den SEI miteinander unterhalten, versendet er einen *SOAP-Request* und erhält in der Regel (aber nicht zwingend) hierauf eine *SOAP-Response*.

In der Praxis kann die Bereitstellung eines Webservice mit JAX-WS recht aufwendig sein, da sich fast jede Finesse über XML feingranular spezifizieren lässt. Für dieses Buch habe ich mich aber entschieden, es Ihnen möglichst leicht zu machen, damit Sie einen einfachen Einstieg finden. Deshalb versuche ich auf die diversen Kunstgriffe, die JAX-WS mitbringt, zu verzichten.

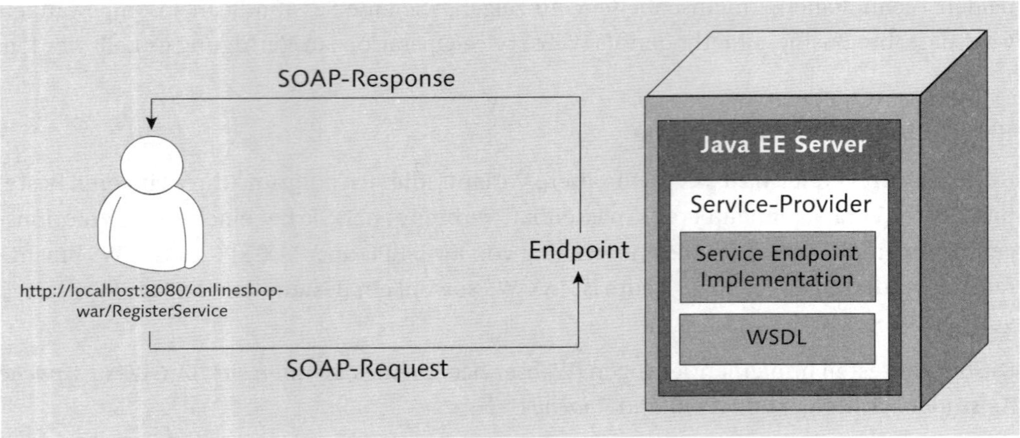

Abbildung 10.65 Der Service Consumer kommuniziert mit dem Service Provider, indem er einen SOAP-REQUEST versendet. Die hier dargestellte SOAP-RESPONSE muss nicht zwangsläufig erfolgen.

Es folgt nun zunächst eine kurze Einführung in die JAX-WS-Technologie. Dabei werden die wichtigsten Elemente anhand eines denkbar einfachen Beispiels veranschaulicht.

SOAP

SOAP sollte ganz ursprünglich als Abkürzung für *Simple Object Access Protocol* stehen. Schnell wurde aber klar, dass dieser »Langname« irreführend und falsch ist. Daher wurde er fallen gelassen, und nun heißt SOAP einfach nur SOAP, ohne dass es irgendetwas Weiteres bedeutet. Einfach ausgedrückt hat SOAP den Zweck, die Geschäftsdaten mithilfe von XML für den Transport zu verpacken. Im XML-Schema von SOAP wurden hierfür spezielle Elemente festgelegt, auf die wir später noch eingehen werden. Die SOAP-Pakete können zwischen Client und Server über unterschiedliche Protokolle (wie beispielsweise reinem TCP/IP, FTP, SMTP oder HTTP) transportiert werden. Die Nutzung des HTTP-Protokolls ist aber der Standard. Dabei wird die SOAP-Nachricht bei der Anfrage innerhalb des HTTP-POST-Körpers mitgeliefert. HTTP bietet den Vorteil, dass sich die SOAP-Nachrichten durch Firewalls durchschleusen lassen.

WSDL

In der *Web Services Description Language* (WSDL) wird die Schnittstelle zwischen dem Webservice-Endpoint und dem Webservice-Client beschrieben. Dabei werden beispielsweise die Datentypen und die Bezeichner der Operationen festgelegt. Mithilfe eines WSDL-Dokuments kann der Quelltext für den Webservice-Client oder den Webservice-Endpoint generiert werden.

UDDI

Ein weiterer Standard, der im Rahmen der Zukunftsvision einer globalisierten Welt von Webservices hinzugefügt wurde, nennt sich *Universal Description Discovery and Integration* (UDDI). Die Erfinder hatten das Ziel, dass die Webservices an zentralen Stellen registriert werden und somit von jedermann über Suchanfragen nach Kategorien oder nach Schlüsselbegriffen gefunden werden können. Einer der Knackpunkte, die bei UDDI auftauchten, bestand darin, dass populäre Webservices eine entsprechende Bandbreite in ihrem Netzwerk anbieten müssten, damit ihr Dienst durch ein Übermaß an Anfragen nicht blockiert wird. Der eigentliche Grund dafür, dass sich UDDIs eigentlich nie durchsetzten, ist aber, dass nur die allerwenigsten Services für die Öffentlichkeit bestimmt sind. In der Regel sind die Webservices für Lösungen innerhalb eines Unternehmens oder für spezielle B2B-Schnittstellen mit bestehenden Geschäftspartnern bestimmt. Somit gab es keinen Bedarf für UDDIs, derer Aufgabe ja gerade in der Veröffentlichung der Web Services liegt. Deshalb werden wir uns mit UDDI in diesem Buch nicht weiter befassen.

Contract-First oder Code-First

Es wurde bereits erwähnt, dass der Provider die Schnittstelle, die er nach außen bereitstellt, in WSDL beschreibt. Weil sich die serverseitige Service-Komponente automatisch aus dem WSDL-Dokument ergibt, werden Werkzeuge angeboten, die in der Lage sind, die Komponenten automatisch zu generieren. Anders herum geht es aber auch. Denn es existieren auch Werkzeuge, die aus der Webservice-Klasse das WSDL-Dokument erzeugen. Deshalb stellt sich vor der Entwicklung häufig die Frage, ob der WSDL-Vertrag oder die Java-Kodierung als Erstes programmiert werden soll.

In Situationen, bei denen sich mehrere Vertragspartner auf eine Schnittstelle einigen müssen, kann die Formulierung über WSDL die bessere Wahl sein. Denn hiermit können mehr Informationen definiert werden, als es in der Java-Klasse möglich ist. Man spricht dann vom sogenannten *Contract-First* oder auch von einem *Top Down JavaBean Web Service*.

In einer anderen Situation kann es aber auch umständlich sein, wenn erst das komplexe und mehrfach verschachtelte XML-Dokument geschrieben werden muss. Für den Java-EE-Entwickler fühlt sich die Programmierung eines Java-Programms besser an, weil Tippfehler schneller auffallen. In einem Projekt, bei dem das gleiche Team sowohl die Service-Endpoint-Implementation als auch den Service-Consumer erstellt, wird man sich deshalb meistens für diese Variante entscheiden. Der Fachbegriff hierfür lautet *Code First* oder auch *Bottom Up JavaBean Web Service*.

10.10.2 Ein einfacher JAX-WS-Webservice in drei Schritten

In einem ersten Beispiel wird nun in drei Schritten gezeigt, wie Sie einen einfachen Webservice mit JAX-WS:

- im ersten Schritt programmieren,
- im zweiten Schritt im GlassFish-Server registrieren und schließlich
- im dritten Schritt auch noch testen.

Schritt 1: Die Programmierung eines Webservice

Um eine Java-Klasse als Webservice zu kennzeichnen, wird ihr die Annotation `@WebService` vorangestellt.

Der Webservice des Beispiels soll den Benutzer in dem Onlineshop registrieren. Um es einfach zu halten, verwenden wir den »Code First«-Ansatz, denn wir müssen dann lediglich eine Webservice-Klasse schreiben, die in einer Methode die Registrierung vornimmt.

Der Name der Klasse wird automatisch auch als Titel für den Endpoint betrachtet. Wir nennen die Klasse `Register`.

```
package de.java2enterprise.onlineshop;

import javax.jws.WebService;

@WebService
public class Register {

    public String persist(
        String email,
        String password) {

        //TODO: Persist Customer
        return "Registrierung von " +
                email + "/" + password;
    }
}
```

Listing 10.109 »Register.java«

Schritt 2: Den Webservice registrieren

Um den Webservice bei einem Java EE Server zu registrieren, genügt es, wenn der Webservice innerhalb eines Java-EE-Moduls deployt wird. Die Registrierung erfolgt dann beim Deployment automatisch.

Für die Programmierung mit Eclipse bedeutet das, dass wir den Webservice innerhalb eines dynamischen Webprojekts oder eines EJB-Projekts einbauen. Für das nun folgende Beispiel werden wir das dynamische Webprojekt der vorangegangenen Programmierbeispiele nutzen. Falls dies bei Ihnen nicht vorhanden ist, müssten Sie es zunächst noch erstellen. In dem dynamischen Webprojekt benötigen Sie lediglich eine einzige Komponente, nämlich die soeben gezeigte Klasse `Register`.

Ob Sie das dynamische Webprojekt in eine EAR-Schale packen oder nicht, spielt an dieser Stelle eigentlich keine Rolle. In diesem Buch haben wir in der Regel ein Enterprise-Application-Projekt in Eclipse erzeugt und ihm die benötigten Module hinzugefügt, denn dies ist die Regel, wenn man mehrere Module unter eine Haube bekommen möchte. Um die nachfolgenden Screenshots mit Ihren eigenen bestmöglich vergleichen zu können, erstellen Sie deshalb am besten ebenfalls ein EAR-Projekt und hängen ihm per Rechtsklick auf das EAR-Projekt und dann unter PROPERTIES • DEPLOYMENT ASSEMBLY das Webprojekt an (siehe Abbildung 10.66).

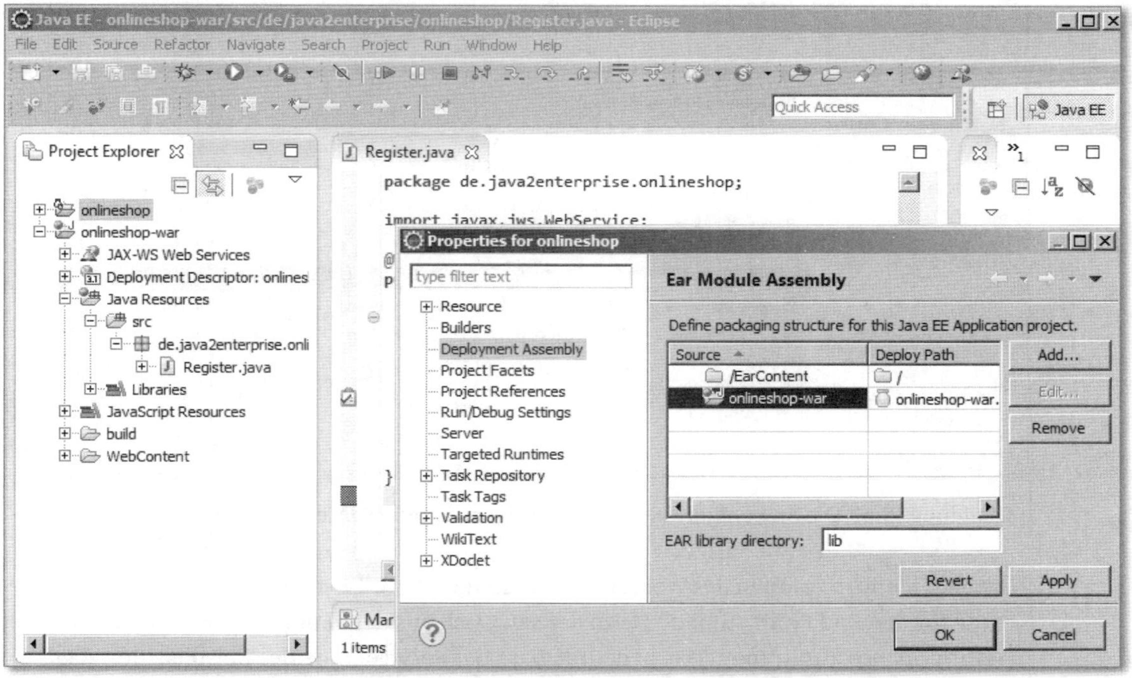

Abbildung 10.66 Sie können das dynamische Webprojekt mit der Klasse »Register.java« als Modul an das Enterprise-Application-Projekt anhängen.

Schritt 3: Den Webservice testen

Nach dem Deployment können Sie den Webservice in der Admin-Konsole des GlassFish-Servers inspizieren. Hierfür öffnen Sie die URL *http://localhost:4848*. Wenn sich die Ansicht der Admin-Konsole aufgebaut hat, klicken Sie auf den Knoten ANWENDUNGEN. Auf der rechen Seite sollte anschließend der Eintrag für die Anwendung *onlineshop* zu sehen sein.

Klicken Sie auf den Namen onlineshop, um auf die Editierseite der Anwendung zu gelangen. Denn dort können Sie wiederum auf der rechten Seite ganz unten den Endpoint der Webservice-Komponente *Register* auswählen (siehe Abbildung 10.67).

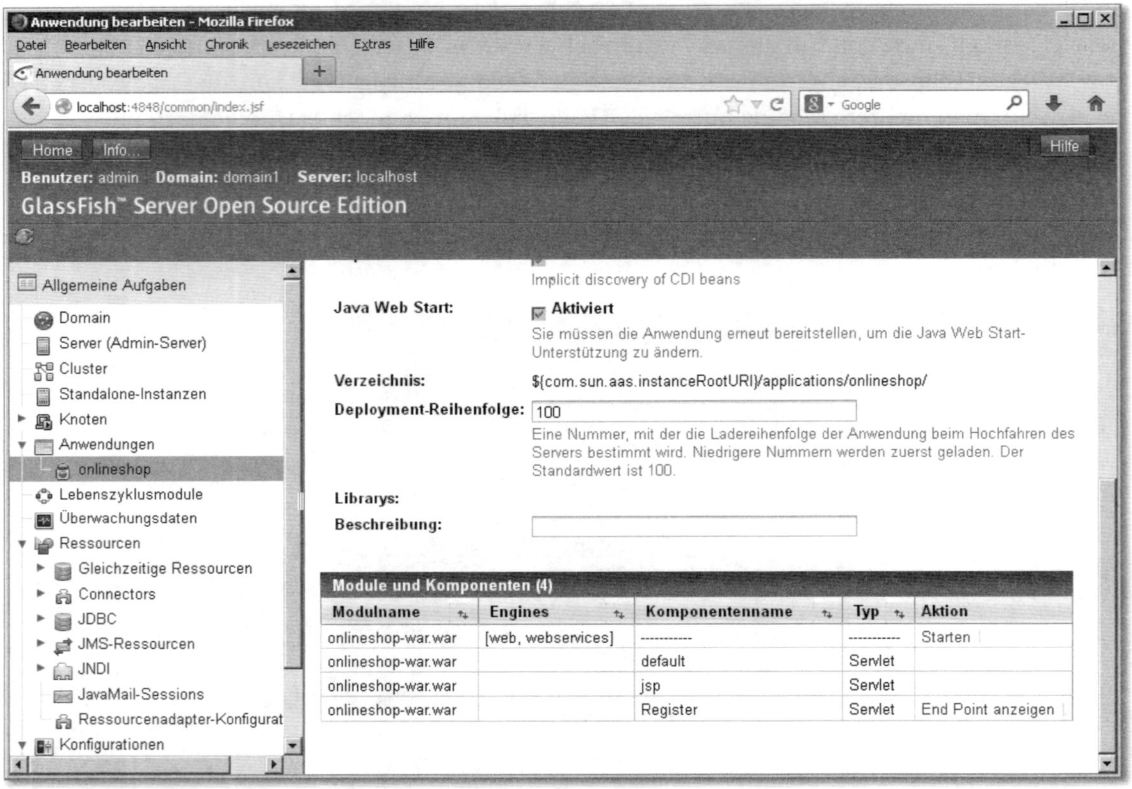

Abbildung 10.67 Die Anwendung »HelloWorld« in der Admin-Konsole des GlassFish-Servers

Unter den Informationen des Webservices in Abbildung 10.68 sehen Sie, wie sich der Servicename für den End Point aufbaut. Denn der setzt sich aus dem End-Point-Bezeichner und der Endung *Service* zusammen. Das bedeutet, dass der Servicename des Beispiels nun *RegisterService* lautet.

Wir können den Webservice nun bereits testen. Denn der GlassFish-Server verfügt über einen speziellen Tester-Dienst (siehe Abbildung 10.69). Klicken Sie dazu in der Informationsseite auf den Link hinter TESTER.

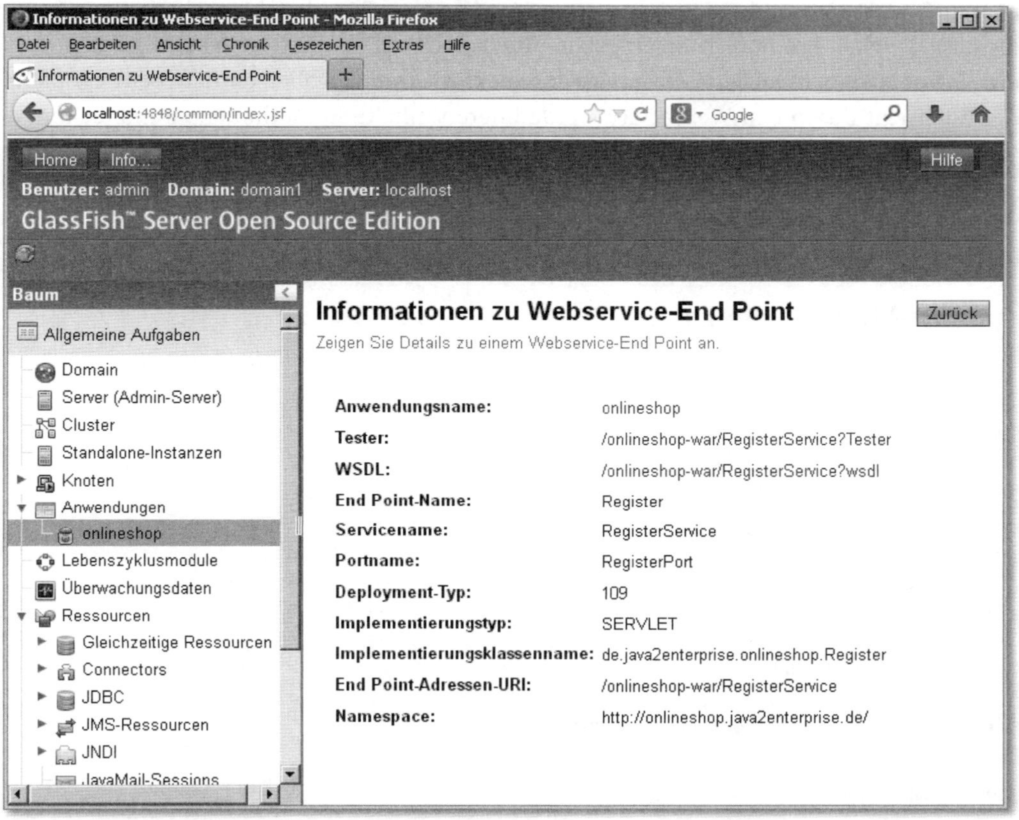

Abbildung 10.68 Die Informationen zum Webservice-End-Point

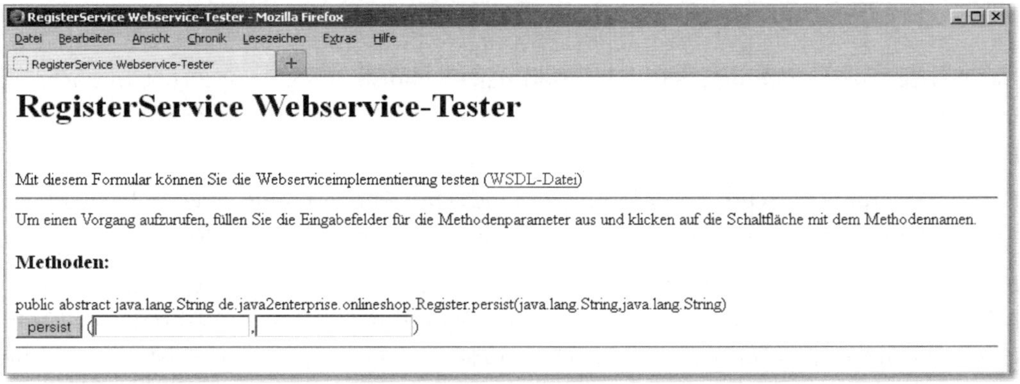

Abbildung 10.69 Der Webservice-Tester

Je nachdem, wie die Operationen Ihres Webservice aufgebaut sind, werden Sie an dieser Stelle ein ganz unterschiedliches Ergebnis erhalten. In unserem kleinen Beispiel sollten Sie aber einen Button mit dem Bezeichner PERSIST und zwei Eingabefelder sehen. Wenn Sie in die Eingabefelder Zeichenketten eingeben und danach auf den Button PERSIST klicken, wird eine SOAP-Nachricht an den Webservice geschickt, die Ihre Eingaben enthält. Beim Empfang der Nachricht durch den Webservice werden deren Inhalte in Methodenparameter umgesetzt.

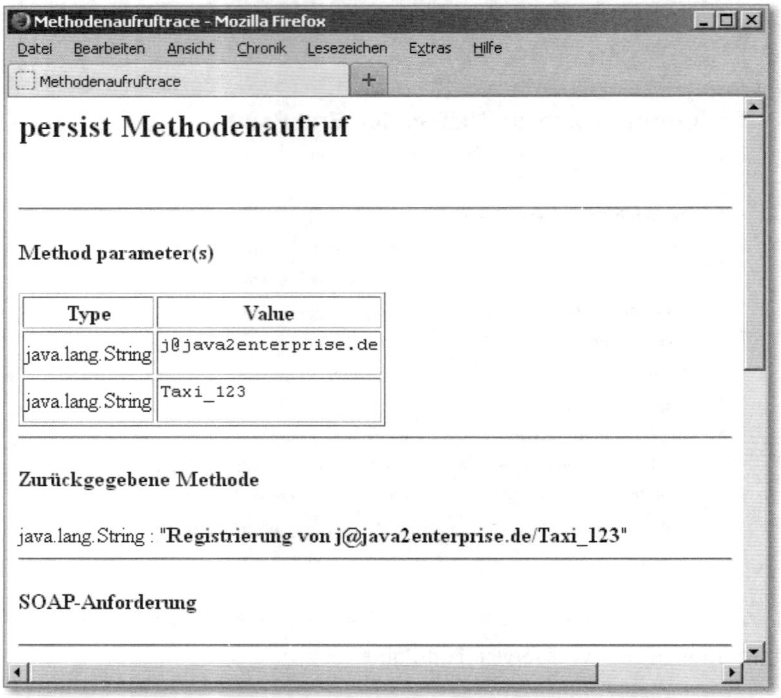

Abbildung 10.70 Das Ergebnis des Webservice-Tests

Das Fenster aus Abbildung 10.70 präsentiert das Ergebnis des Service-Aufrufs. In unserem Beispiel wird die Zeichenkette `"Registrierung von j@java2enterprise.de/Taxi_123"` ausgegeben.

Darunter werden die SOAP-Anforderung und die SOAP-Antwort aufgelistet. Dabei wird der Aufbau der Informationen im SOAP-Protokoll deutlich (siehe Abbildung 10.71).

Die eigentliche Nachricht ist innerhalb eines Umschlags (`S:Envelope`) untergebracht. Innerhalb des Umschlags befinden sich ein SOAP-Header und ein SOAP-Body. Während der SOAP-Header nicht zwingend erforderlich ist, muss ein SOAP-Body in jedem Fall existieren, um die Anfrage des Clients und die Antwort des Servers als sogenannte *Payload* zu liefern.

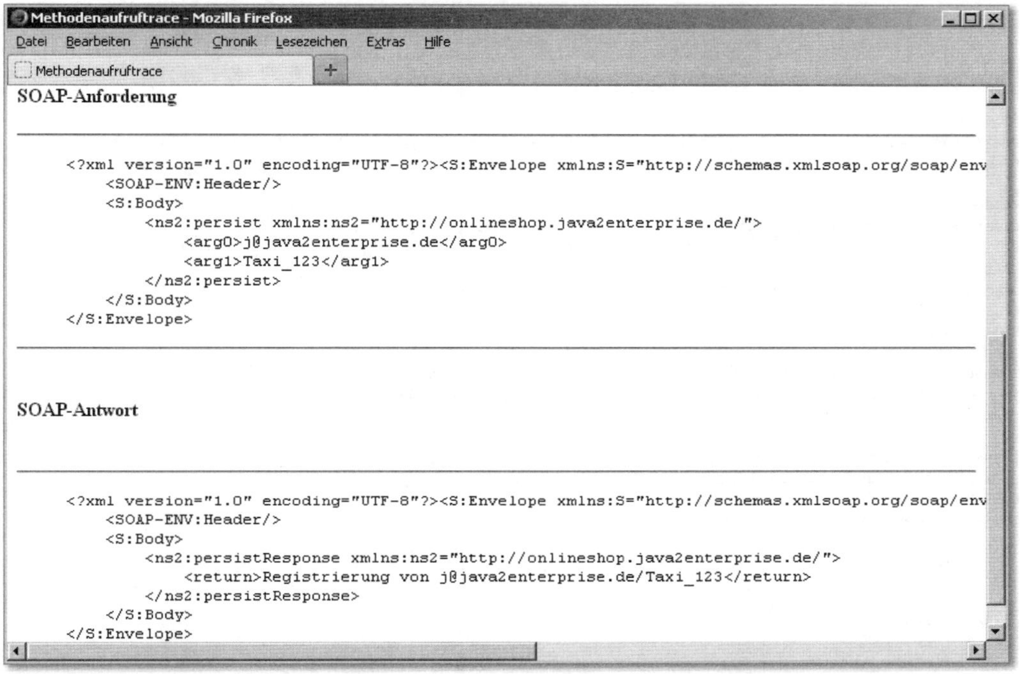

Abbildung 10.71 Die SOAP-Anforderung und SOAP-Antwort

10.10.3 Das WSDL-Dokument

Weiter oben wurde bereits erwähnt, dass die *Web Services Description Language* (WSDL) die Schnittstelle zwischen Webservice-Endpoint und Webservice-Client beschreibt. Beim Deployment des Endpoints wurde ein automatisch generiertes WSDL-Dokument bereitgestellt, das wir uns nun anschauen können.

Sie gelangen zu dem WSDL-Dokument (siehe Abbildung 10.72), wenn Sie wieder zurück zur Informationsseite wechseln und dort auf den Link WSDL klicken.

Abbildung 10.72 können Sie entnehmen, dass sich das Root-Element des WSDL-Codes `<definitions>` nennt. Über das Attribut `targetNamespace` wird der Namensraum des XML-Schemas gesetzt. Innerhalb des Elements `<definitions>` sind die inneren Elemente in sogenannte *abstrakte* und *konkrete Definitionen* aufgeteilt. Oben befinden sich die abstrakten und unten die konkreten Definitionen. Wir schauen uns nun die einzelnen Elemente des WSDL-Dokuments an. Dabei beginnen wir beim obersten Element und hangeln uns von dort aus immer weiter nach unten. Begleitend zu dieser Beschreibung werden wir auf dem Whiteboard die erwähnten Elemente schematisch aufzeichnen, sodass hierbei nach und nach der Aufbau des WSDL-Dokuments entsteht.

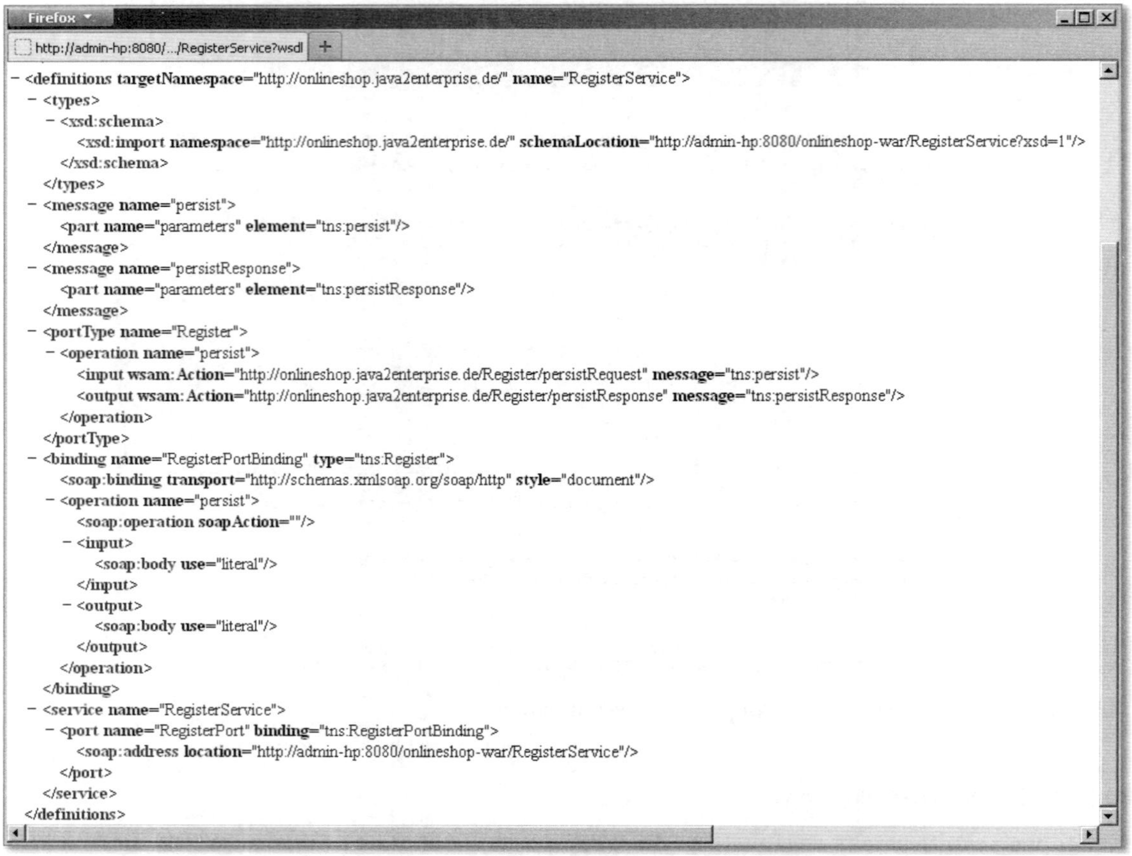


```
- <definitions targetNamespace="http://onlineshop.java2enterprise.de/" name="RegisterService">
  - <types>
    - <xsd:schema>
        <xsd:import namespace="http://onlineshop.java2enterprise.de/" schemaLocation="http://admin-hp:8080/onlineshop-war/RegisterService?xsd=1"/>
      </xsd:schema>
    </types>
  - <message name="persist">
      <part name="parameters" element="tns:persist"/>
    </message>
  - <message name="persistResponse">
      <part name="parameters" element="tns:persistResponse"/>
    </message>
  - <portType name="Register">
    - <operation name="persist">
        <input wsam:Action="http://onlineshop.java2enterprise.de/Register/persistRequest" message="tns:persist"/>
        <output wsam:Action="http://onlineshop.java2enterprise.de/Register/persistResponse" message="tns:persistResponse"/>
      </operation>
    </portType>
  - <binding name="RegisterPortBinding" type="tns:Register">
      <soap:binding transport="http://schemas.xmlsoap.org/soap/http" style="document"/>
    - <operation name="persist">
        <soap:operation soapAction=""/>
      - <input>
          <soap:body use="literal"/>
        </input>
      - <output>
          <soap:body use="literal"/>
        </output>
      </operation>
    </binding>
  - <service name="RegisterService">
    - <port name="RegisterPort" binding="tns:RegisterPortBinding">
        <soap:address location="http://admin-hp:8080/onlineshop-war/RegisterService"/>
      </port>
    </service>
</definitions>
```

Abbildung 10.72 Das WSDL zum »RegisterService«

types

Wir beginnen ganz oben mit den abstrakten Definitionen. Das oberste Element des WSDL-Dokuments nennt sich `<types>`. Hiermit werden die Datentypen beschrieben, die im Webservice verwendet werden. In unserem obigen Beispiel sehen Sie, dass über das Element `<wsd:import>` ein XML-Schema verlinkt ist:

```
http://localhost:8080/onlineshop-war/RegisterService?xsd=1
```

Wenn Sie diese URL in Ihrem Webbrowser aufrufen, werden Sie folgende XML-Beschreibung zu den Datentypen sehen:

```
<xs:schema version="1.0"
 targetNamespace="http://onlineshop.java2enterprise.de/">
   <xs:element name="persist" type="tns:persist"/>
   <xs:element
```

```
        name="persistResponse"
        type="tns:persistResponse"/>
    <xs:complexType name="persist">
        <xs:sequence>
            <xs:element
                name="arg0"
                type="xs:string"
                minOccurs="0"/>
            <xs:element
                name="arg1"
                type="xs:string"
                minOccurs="0"/>
        </xs:sequence>
    </xs:complexType>
    <xs:complexType name="persistResponse">
        <xs:sequence>
            <xs:element
                name="return"
                type="xs:string"
                minOccurs="0"/>
        </xs:sequence>
    </xs:complexType>
</xs:schema>
```

Listing 10.110 Die Datentypen des Webservice

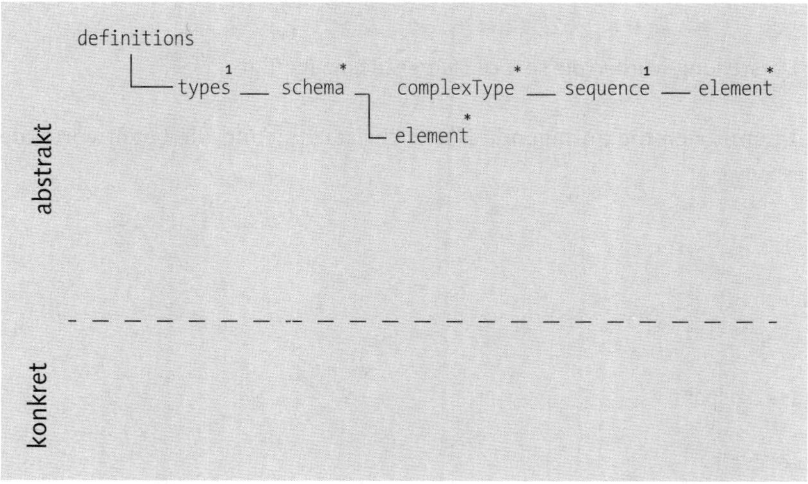

Abbildung 10.73 Der Darstellung wurden das Element »types« und seine Kind-Elemente hinzugefügt.

Das Attribut name macht deutlich, wofür die Datentypen definiert werden. Mit arg0 und arg1 werden die Parameter der Operation persist gesetzt. Bei return handelt es sich um den Rückgabewert der Operation. Im obigen Listing sehen Sie, wie die Datentypen über das Element complexType im Einzelnen beschrieben werden. Es enthält ein sequence-Element, das wiederum mehrere Elemente mit dem Bezeichner element enthalten kann (siehe Abbildung 10.73).

messages

Als Nächstes folgen die <messages>-Elemente. Das sind die Nachrichten, die sich Client und Server zuschicken. Über die Kindelemente <part> werden die Inhalte der Nachrichten definiert. Das Attribut element des part-Elements dient dazu, die Datentypdefinition zu referenzieren, die wir weiter oben innerhalb des typ-Elements spezifiziert haben (siehe Abbildung 10.74).

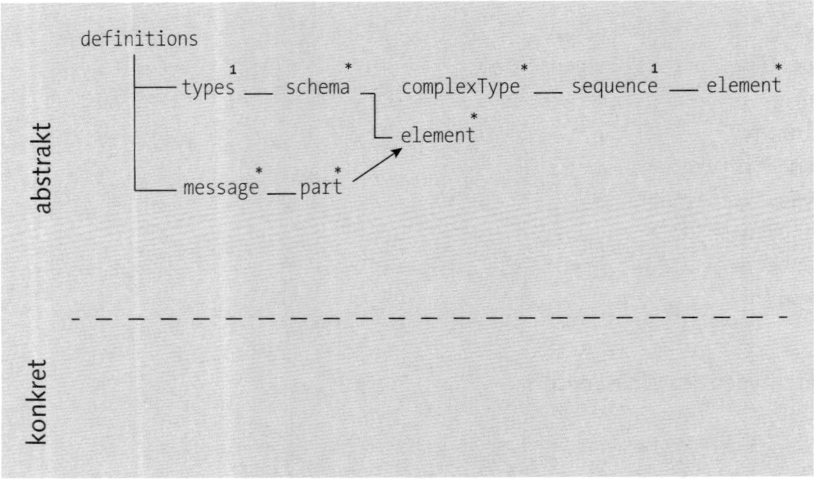

Abbildung 10.74 Der Darstellung wurden die service Elemente hinzugefügt

In unserem Beispiel nennt sich die anfragende Nachricht persist und die beantwortende Nachricht persistResponse:

```
<message name="persist">
    <part
        name="parameters"
        element="tns:persist"/>
</message>
<message name="persistResponse">
    <part
        name="parameters"
        element="tns:persistResponse"/>
</message>
```

Listing 10.111 Das WSDL-Dokument

Im WSDL-Dokument können mehrere Nachrichten definiert werden, und jede Nachricht kann mehrere `<part>`-Elemente enthalten.

porttype

Über das Element `<portType>` werden die Operationen des Webservice definiert. Jede Webservice-Operation wird über das Element `<operation>` deklariert.

```
<portType name="Register">
    <operation name="persist">
    <input wsam:Action=
"http://onlineshop.java2enterprise.de/Register/persistRequest"
    message="tns:persist"/>
    <output wsam:Action=
"http://onlineshop.java2enterprise.de/Register/persistResponse"
    message="tns:persistResponse"/>
    </operation>
</portType>
```

Listing 10.112 Das Element »portType«

Das Element `<operation>` verfügt über ein `<input>`-Element und optional über ein `<output>`-Element. Über diese Elemente werden die Nachrichten spezifiziert, die bei Verwendung der Webservice-Operation verschickt werden.

Über das Attribut `message` wird im `input`-Element das Message-Element referenziert, das wir weiter oben definiert hatten (siehe Abbildung 10.75).

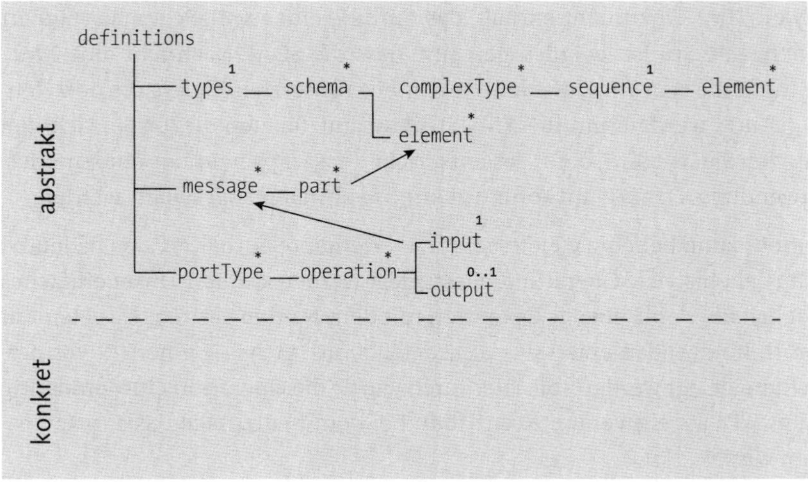

Abbildung 10.75 Der Darstellung wurden das Element »portType« und seine Kind-Elemente hinzugefügt.

binding

Als Nächstes folgt mit dem Element `<binding>` eine konkrete Definition. Es können mehrere `<binding>`-Elemente gesetzt sein. Jedes `binding`-Element legt fest, über welche Protokolle die Nachrichten verschickt werden sollen. In der Regel wird es wie in unserem Beispiel sein, bei dem als Kommunikationsprotokoll SOAP und als Transportprotokoll HTTP verwendet wird.

```
<binding name="RegisterPortBinding" type="tns:Register">
    <soap:binding
        transport="http://schemas.xmlsoap.org/soap/http"
        style="document"/>
    <operation name="persist">
        <soap:operation soapAction=""/>
        <input>
            <soap:body use="literal"/>
        </input>
        <output>
            <soap:body use="literal"/>
        </output>
    </operation>
</binding>
```

Listing 10.113 Das Element »binding«

Das `binding`-Element enthält ein Kind-Element, das sich auch `binding` nennt und dem das Attribut `style` beigefügt wird, das festlegt, ob die Nachricht im Dokument-Stil (`DOCUMENT`) oder im Remote-Procedure-Call-(`RPC`-)Stil versendet werden soll. Der Dokument-Stil zeigt an, dass der SOAP-Body ein XML-Dokument enthält, das mithilfe eines XML-Schemas validiert werden kann. Mit dem RPC-Stil ist lediglich gemeint, dass die SOAP-Nachricht eine XML-Repräsentation der Methode sein wird, die den Webservice umsetzt, und dass die dort definierten Parameter genutzt werden, um die XML-Struktur aufzubauen. Bevor Sie sich den Kopf zerbrechen: Nutzen Sie `DOCUMENT`, denn das entspricht der gängigen Praxis einer modernen Webservice-Anwendung. Der `RPC`-Stil könnte zukünftig ohnehin abgeschafft werden.

Jedes `<binding>`-Element kann beliebig viele `<operation>`-Elemente enthalten. Das bedeutet, dass für jedes Binding beliebig viele Operationen festgelegt werden können. Unser einfaches Beispiel verfügt lediglich über eine einzige Operation mit dem Namen `persist`. Das Element `<operation>` kann mithilfe des Elements `<soap:operation soapAction="">` eine URI vermerken, die der Nachricht beigelegt werden soll. Hierdurch wurde die Operation einst eindeutig spezifiziert. Allerdings ist dies ein veraltetes Attribut, bei dem heutzutage das `soapAction`-Attribut leer gelassen wird.

Im Element `<operation>` wird außerdem auch noch ein `<input>`-Element definiert, das darüber etwas aussagt, ob die Nachricht im SOAP-Body oder im SOAP-Header eingetragen werden soll. Über das Attribut use kann dort zwischen "encoded" und "literal" gewählt werden. Um es auch hier kurz zu machen: Verwenden Sie literal, denn das sagt aus, dass die SOAP-Nachricht auf einem XML-Schema basiert, das genau beschreibt, wie die SOAP-Nachricht aussehen soll.

Zuletzt kann auch noch ein optionales <output>-Element eingetragen werden.

Über das Element <binding> wird mithilfe des Attributs type der portType referenziert, den wir weiter oben definiert haben (siehe Abbildung 10.76).

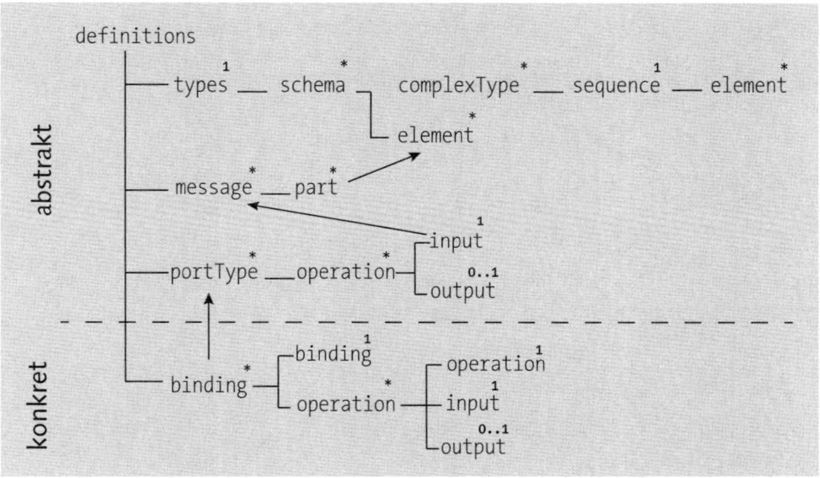

Abbildung 10.76 Der Darstellung wurden das Element »binding« und seine Kind-Elemente hinzugefügt.

service

Als Letztes folgt schließlich die konkrete Definition <service>. Das <service>-Element kommt nur ein einziges Mal innerhalb des WSDL-Dokuments vor. Über sein Attribut name wird der Name des Webservice angezeigt. In unserer Übung nennt sich der Service beispielsweise RegisterService:

```
<service name="RegisterService">
    <port
        name="RegisterPort"
        binding="tns:RegisterPortBinding">
        <soap:address
        location=
"http://admin-hp:8080/onlineshop-war/RegisterService"/>
    </port>
</service>
```

Listing 10.114 Das Element »service«

Innerhalb von `<service>` können beliebig viele `<port>`-Elemente vorkommen. Jedes `<port>`-Element verfügt über ein einziges inneres `<address>`-Element. Das `<address>`-Element gibt über sein Attribut `location` den Service-Endpunkt des Webservice an.

Die URL des WSDL-Dokuments *http://localhost:8080/onlineshop-war/RegisterService?WSDL* werden wir später brauchen, wenn wir einen Client für den Webservice programmieren.

In Abbildung 10.77 wird gezeigt, dass das `<port>`-Element (über sein Attribut `binding`) das `<binding>`-Element referenziert.

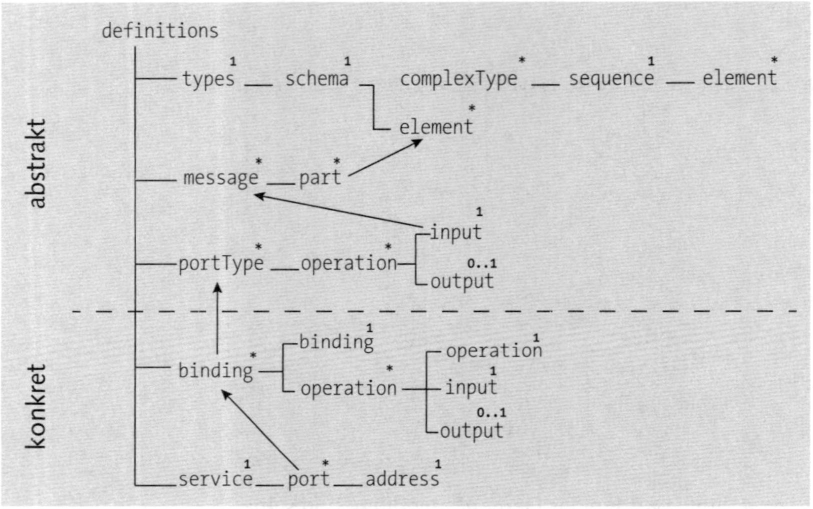

Abbildung 10.77 Die schematische Darstellung des WSDL-Aufbaus mit dem Element »service« und seinen Kind-Elementen

10.10.4 Der JAX-WS-Webservice-Client

Nachdem der Tester belegt hat, dass der Webservice funktioniert, und wir uns auch davon überzeugt haben, dass ein WSDL-Dokument erzeugt worden ist, können wir auch einen Webservice-Client schreiben, der ihn benutzt. Einige der Klassen, die für den Webservice-Client benötigt werden, können automatisch generiert werden. In diesem Buch werden wir Eclipse einsetzen, um uns diese Hilfsklassen erzeugen zu lassen. Beachten Sie, dass wir hierbei nicht die Referenzimplementierung JAX-WS RI einsetzen werden. Stattdessen werden wir das nutzen, was uns Eclipse von Haus aus per Default anbietet, und das ist das veraltete *Axis*, das nach wie vor über JAX-RPC realisiert ist. Sie haben richtig gehört. Obwohl Eclipse die weltweit verbreitetste IDE darstellt, müssten wir Eclipse erst erweitern, damit aktuellere Implementierungen verwendet werden können. Das soll uns aber nicht weiter beschäftigen, denn hiermit wird deutlich, dass Webservices ganz unabhängig von der darunter liegenden Technologie veröffentlicht und konsumiert werden können.

In Eclipse erzeugen wir zunächst ein neues Projekt für den Webservice-Client. Da wir eine Standalone-Anwendung programmieren werden, sollte es sich um ein ganz gewöhnliches Java-Projekt handeln. Nennen Sie das Projekt *OnlineshopClient*.

Danach klicken Sie in Eclipse noch mal auf FILE • NEW • OTHER. Im Wizard öffnen Sie in der Baumstruktur den Zweig WEB SERVICES und wählen dort den Eintrag WEB SERVICE CLIENT aus (siehe Abbildung 10.78).

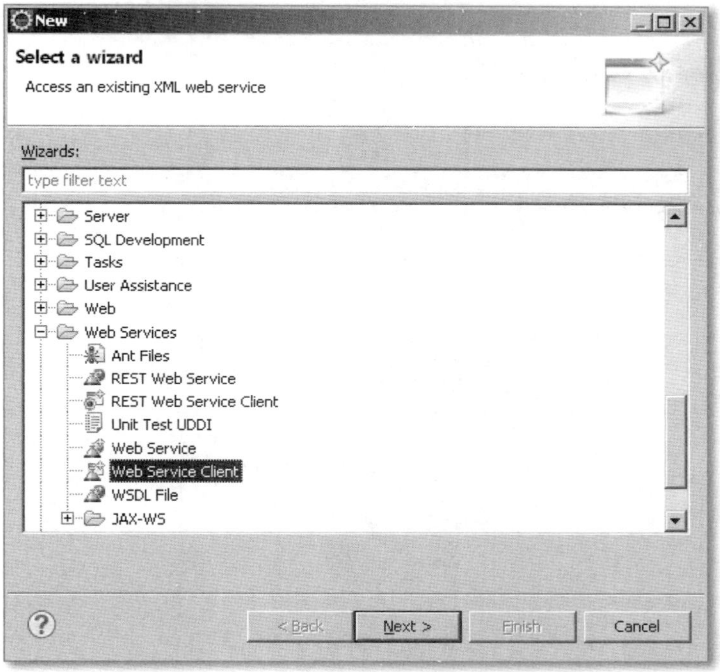

Abbildung 10.78 Die Auswahl des Eintrags »Web Service Client«

Mit einem Mausklick auf WEITER gelangen Sie zu einem Fenster, in dem Sie für die Erstellung der Hilfsklassen weitere Details angeben. Die wichtigste Angabe betrifft das WSDL-Dokument. Wenn das WSDL-Dokument auf der Festplatte vorläge, könnten wir auf seinen Standort über den Button BROWSE hinweisen. In unserem Fall hingegen müssen wir die URL eintippen, die weiter oben zur Ausgabe des WSDL-Dokuments führte.

Auf der linken Seite des Fensters können Sie außerdem noch den Level der Client-Generierung auswählen. Zur Auswahl stehen:

1. DEVELOP CLIENT
2. ASSEMBLE CLIENT
3. DEPLOY CLIENT

4. INSTALL CLIENT
5. START CLIENT
6. TEST CLIENT

Eclipse bietet an dieser Stelle eine umfassende Hilfestellung an, die aber den Nachteil hat, dass bei voller Nutzung sehr viele Automatismen im Hintergrund ablaufen und Anfänger hierdurch die Übersicht verlieren. Deshalb ist die erste Stufe DEVELOP CLIENT für unsere Zwecke optimal.

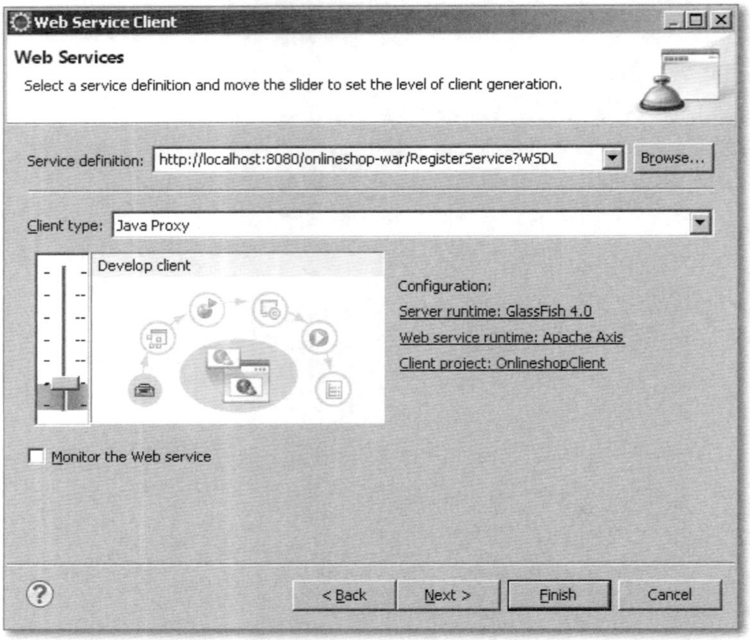

Abbildung 10.79 Die Angabe der Service-Definition und die Einstellung der Client-Generierung

In Abbildung 10.79 sehen Sie auf der rechten Seite, wie die Konfiguration für die Erstellung des Webservice-Clients gesetzt ist. Als Server-Runtime steht uns *GlassFish 4* zur Verfügung. Bei der Webservice-Runtime sollte *Apache Axis* eingetragen sein.

Wenn Sie auf den Text WEB SERVICE RUNTIME klicken, können Sie die Webservice-Runtime auf *Apache Axis 2* oder auf *Apache CXF* ändern, sofern Sie die jeweiligen Implementierungen vorab heruntergeladen und in Ihre Eclipse IDE integriert haben.

Klicken Sie abschließend auf den Button FINISH, um die Hilfskomponenten erzeugen zu lassen. Folgende fünf Klassen werden hierbei produziert:

`Register.java`

`RegisterPortBindingStub.java`

```
RegisterProxy.java
RegisterService.java
RegisterServiceLocator.java
```

Außerdem fügt der Wizard dem Projekt folgende *.jar*-Dateien hinzu:

- *axis.jar*
- *commons-discovery-0.2.jar*
- *jaxrpc.jar*
- *saaj.jar*
- *javax.wsdl_1.6.2.v201012040545.jar*
- *org.apache.commons.logging_1.1.1.v201101211721.jar*

Die Programmierung der Standalone-Anwendung

Jetzt, da der Wizard die Axis-Hilfsklassen erzeugt und gemeinsam mit den erforderlichen Bibliotheken in den Klassenpfad gesetzt hat, ist es an der Zeit, den individuellen Teil des Webservice-Clients zu programmieren.

Hierfür erstellen wir eine Klasse, die wir `OnlineshopClient.java` nennen. In einer `main()`-Methode werden wir über die Klasse `RegisterProxy` eine Instanz der Klasse `Register` beschaffen. Über diese Instanz lässt sich der Webservice nutzen.

```
package de.java2enterprise.onlineshop;

public class OnlineshopClient {

    public static void main(String[] args) throws Exception {
        Register register =
            new RegisterProxy().getRegister();
        String s = register.persist(
            "j@java2enterprise.de",
            "Taxi_123");
        System.out.println(s);
    }
}
```

Listing 10.115 »OnlineshopClient.java«

Führen Sie die Klasse `OnlineshopClient.java` als Applikation aus. Auf der Konsole sollte Folgendes erscheinen:

```
Registrierung von j@java2enterprise.de/Taxi_123
```

10.10.5 Weitere wichtige JAX-WS-Bestandteile

Nachdem Sie in den letzten Abschnitten gesehen haben, wie einfach ein JAX-WS-Webservice und ein JAX-WS-Webservice-Client programmiert werden können, zeigt dieser Abschnitt noch ein paar Bestandteile der JX-WS-API. Zum Schluss dieses Abschnitts werden wir die zusätzlichen Kenntnisse nutzen, um einen File-Uploader, d.h. einen Datei-Hochlademechanismus, zu programmieren.

Operations mit »@WebMethod«

Um eine Methode in einer Java-Klasse ausdrücklich als Webservice-Operation zu kennzeichnen, wird ihr die Annotation `@WebMethod` vorangestellt:

```
package de.java2enterprise.onlineshop;

import javax.jws.WebMethod;
import javax.jws.WebService;

@WebService
public class Register {

    @WebMethod
    public String persist(
        String email,
        String password) {

        //TODO: Persist Customer
        return "Registrierung von " +
                email + "/" + password;
    }
}
```

Listing 10.116 »Register.java«

Obwohl wir in dem vorletzten Listing auf das Setzen der Annotation `@WebMethod` verzichtet haben, wurde die Methode `persist()` als *Operation* akzeptiert, denn wenn überhaupt keine Methode mit der Annotation `@WebMethod` markiert worden ist, gelten alle öffentlichen Methoden als *Operation*.

Die Annotation `@WebMethod` bietet verschiedene Attribute an, über die die Default-Werte der Annotation verändert werden können. Wenn beispielsweise eine Methode mit dem Attribut `exclude=true` versehen ist, wird sie als *Operation* übergangen.

```
@WebMethod(exclude=true)
public String persist(
    String email,
    String password) {
    ...
```

Listing 10.117 »Register.java«

Über das Attribut `operationName` lässt sich der Bezeichner der Operation abändern, d.h., hier kann darauf Einfluss genommen werden, wie die WSDL aussieht, die vom Framework für den Service generiert wird.

```
@WebMethod(operationName="register")
public String persist(
    String email,
    String password) {
    ...
```

Listing 10.118 »Register.java«

Parameter über »@WebParam« genauer spezifizieren

Über die Annotation `@WebParam` kann der Bezeichner der Parameter überschrieben werden, um ebenfalls auf die generierte WSDL Einfluss zu nehmen:

```
@WebMethod
public String persist(
    @WebParam(name="benutzer") String email,
    @WebParam(name="kennwort") String password) {
    ...
```

Listing 10.119 »Register.java«

Nicht alle Datentypen können als Parameter oder als Rückgabewerte verwendet werden. Neben den elementaren Datentypen von Java sind die folgenden Klassen aus als Datentypen erlaubt:

- `java.awt.Image`
- `java.lang.Object`
- `java.lang.String`
- `java.math.BigDecimal`
- `java.math.BigInteger`

- java.net.URI
- java.util.Calendar
- java.util.Date
- java.util.UUID
- javax.activation.DataHandler
- javax.xml.datatype.Duration
- javax.xml.datatype.XMLGregorianCalendar
- javax.xml.namespace.QName
- javax.xml.transform.Source

Wenn es sich bei den Parametern um Java-Klassen handelt, die sich nicht als Basistypen auflösen lassen, müssen die Elemente mit der Annotation `@XmlRootElement` aus der *Java Architecture for XML Binding API* (JAXB) versehen werden. Denn dadurch können sie zwischen Java und XML gemappt werden.

```
@XmlRootElement
class Item {
    private String title;
    private String description;
    ...
```

Listing 10.120 »Item.java«

In der folgenden Klasse `Buy.java` kann nun die Methode `persist()` den konvertierbaren Datentyp `Item.java` nutzen:

```
@WebService
public class Buy {

    @WebMethod
    public void persist(List<Item> items) {
        for(Item item : items) {
            //TODO: Persist items
        }
}
```

Listing 10.121 »Buy.java«

Nicht nur JAX-WS, sondern auch JAX-RS nutzt XML, um Geschäftsdaten zu übermitteln. Beispielsweise könnte unsere Onlineshop-Anwendung Kunden- oder Artikeldaten in Form von XML versenden und auch empfangen. Im Gegensatz zu JAX-WS kann JAX-RS jedoch auch beliebige andere Repräsentationsformen verwenden, bspw. JSON.

Noch praktikabler wird es, wenn eine XML-Datenbindung mithilfe der *Java Architecture for XML Binding* (JAXB) zum Einsatz kommt. Denn hiermit ist ein Arbeiten mit XML-Dokumenten möglich, ohne dass der Programmierer direkt Schnittstellen zur Verarbeitung von XML (wie SAX oder DOM) verwenden muss. JAXB erleichtert also die Umwandlung zwischen Java und XML. In Abschnitt 10.10.9, »JAX-RS-Kurzeinführung«, werden wir auf die Annotation `@XmlRootElement` noch einmal zurückkommen, denn dort wird ein umfassenderes Beispiel gezeigt, bei dem die Objekte der Klasse `Customer` aus der Datenbank geholt und als XML-Struktur an den Webbrowser versendet werden. Wir können JAXB ohne Weiteres nutzen, da die Referenzimplementierung von JAXB als Teil des Metro-Projekts bereits in GlassFish enthalten ist.

Fire And Forget mit »@OneWay«

Wenn eine Anfrage bei einem Webservice eintrifft, wird sie normalerweise nach dem Request-Response-Prinzip des HTTP-Protokolls beantwortet. In gewissen Situationen wird eine Antwort aber gar nicht erwartet bzw. in manchen Fällen möchte man die Ausführung einer Methode anstoßen und dann mit der Ausführung der nächsten Anweisung gleich weitermachen, um den Ablauf eines Programms nicht zu blockieren. Für diesen Zweck wird die Annotation `@OneWay` angeboten, die nach dem Motto »Fire And Forget« arbeitet.

```
@OneWay
public String persist(
    String email,
    String password) {
    ...
```

Listing 10.122 »Buy.java«

10.10.6 Einen File-Uploader erstellen

Im folgenden Beispiel werden wir einen File-Uploader programmieren. Die Aufgabe dieses Webservice wird es sein, eine Datei entgegenzunehmen und sie in dem Temp-Ordner zu speichern.

```
package de.java2enterprise.onlineshop;

import java.io.FileOutputStream;

import javax.activation.DataHandler;
import javax.jws.Oneway;
import javax.jws.WebMethod;
import javax.jws.WebService;
```

```
@WebService
public class Uploader {

    @Oneway
    @WebMethod
    public void upload(
            String fileName,
            DataHandler dataHandler) {
        try {
            FileOutputStream fos =
                new FileOutputStream(
                "/tmp/" + fileName);
            dataHandler.writeTo(fos);
            fos.flush();
            fos.close();
        } catch (Exception e) {
            e.printStackTrace();
        }
    }
}
```

Listing 10.123 »Uploader.java«

Speichern Sie die Klasse `Uploader` im Web-Modul. Nachdem dem Deployment sollte das WSDL-Dokument unter der URL *http://admin-hp:8080/onlineshop-war/UploaderService?wsdl* zur Verfügung stehen. Dann erzeugen Sie mithilfe des Eclipse-Wizards die Hilfsklassen für den Webservice-Client (siehe Abbildung 10.80).

Die erzeugten Hilfsklassen sind:

`Uploader.java`

`UploaderPortBindingStub.java`

`UploaderProxy.java`

`UploaderService.java`

`UploaderServiceLocator.java`

Das folgende Listing zeigt den generierten Quelltext:

```
package de.java2enterprise.onlineshop.ejb;

import java.io.FileInputStream;
import java.nio.ByteBuffer;
```

```
import java.nio.channels.FileChannel;

import de.java2enterprise.onlineshop.web.UploaderProxy;

public class UploaderClient {

    public static void main(String[] args)
            throws Exception {

        @SuppressWarnings("resource")
        FileInputStream in =
            new FileInputStream("/tmp/bild.jpg");
        FileChannel ch = in.getChannel();
        byte[] b = new byte[(int) ch.size()];
        ch.read(ByteBuffer.wrap(b));

        new UploaderProxy().getUploader().upload(b);
    }
}
```

Listing 10.124 UploaderClient.java

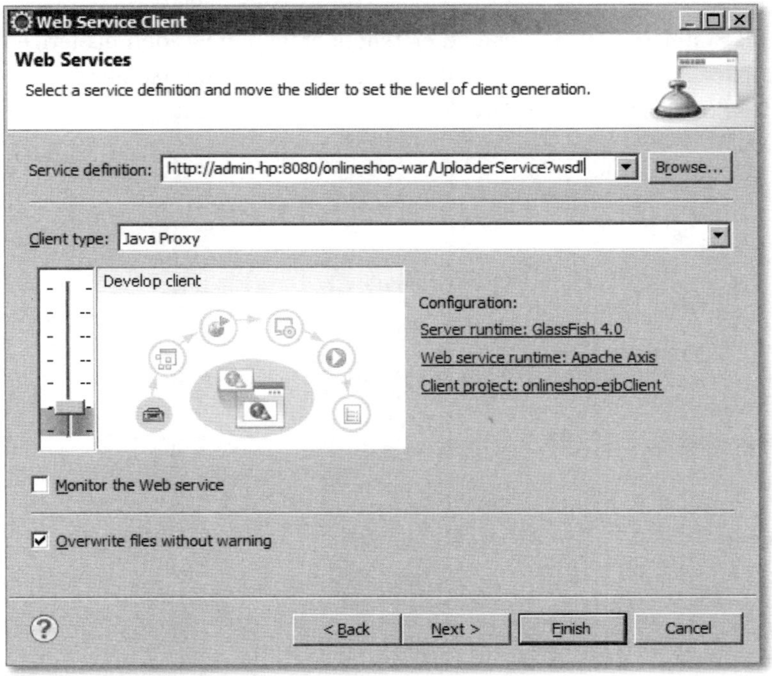

Abbildung 10.80 Die Erzeugung der Hilfsklassen für den Uploader

10.10.7 Big Webservices und die Business Process Execution Language

Die Beispiele in diesem Abschnitt waren recht trivial, daher haben wir uns weder mit SOAP noch mit WSDL besonders eingehend beschäftigen müssen. Wenn die Anforderungen an den Webservice aber etwas vielschichtiger werden, wächst der Bedarf an fundierten WSDL- und SOAP-Kenntnissen. Der Umfang der kompletten Referenz von JAX-WS füllt Bücher. Hinzu kommt, dass es zu den gezeigten JAX-WS-Technologien unterschiedliche Produkte gibt, die jeweils wieder eine eigene Expertise beim Entwickler erfordern. Diese Vielfalt ist in ihrer Gesamtheit sehr mächtig. Dabei sind wir noch nicht einmal auf manche (wenn auch selten genutzte) Stärken von JAX-WS eingegangen, denn die liegen beispielsweise in der Möglichkeit, einen Webservice als Teil eines komplexen Geschäftsprozesses zu definieren und ihn innerhalb der Gesamtorganisation der Aktivitäten anderer Webservices als logische Einheit einzuordnen. Die derzeit verbreitetste Technologie hierfür nennt sich *Business Process Execution Language* (BPEL). Es handelt sich hierbei also um eine Sprache, mit der die Geschäftsprozesse definiert und orchestriert werden können. Allerdings muss man hinzufügen, dass BPEL im Gegensatz zu JAX-WS nicht so weit verbreitet ist und auch nur von sehr wenigen Organisationen verwendet wird. Es wurde an dieser Stelle nur erwähnt, um zu begründen, warum die JAX-WS-API manchmal auch als *Big Webservices* bezeichnet wird. Dies liegt ganz einfach an den vielen Optionen und der damit verbundenen Fülle an Möglichkeiten.

10.10.8 EJB und JAX-WS

Um einen Webservice als Stateless Session Bean zu erstellen, brauchen wir den bisherigen Webservice-Klassen lediglich die Annotation `@Stateless` mitzugeben. Bei dem folgenden Listing wird die Stateless Session Bean `Uploader` gezeigt:

```
package de.java2enterprise.onlineshop.ejb;

import java.io.FileOutputStream;

import javax.activation.DataHandler;
import javax.ejb.Stateless;
import javax.jws.Oneway;
import javax.jws.WebMethod;
import javax.jws.WebService;

@WebService
@Stateless
public class UploaderBean {

    @Oneway
    @WebMethod
```

```
    public void upload(
            String fileName,
            DataHandler dataHandler) {
        try {
            FileOutputStream fos =
                new FileOutputStream(
                "/tmp/" + fileName);
            dataHandler.writeTo(fos);
            fos.flush();
            fos.close();
        } catch (Exception e) {
            e.printStackTrace();
        }
    }
}
```

Listing 10.125 »UploaderBean.java«

Die obige EJB-Komponente wird in ein EJB-Modul gesetzt, und das wiederum wird innerhalb der *.ear*-Datei *onlineshop.ear* deployt. Die übrigen Schritte unterscheiden sich nicht von denen, die Sie im vorherigen Beispiel gesehen haben. Es gibt dennoch einen Unterschied, und zwar in der URL unterhalb des Endpoints und des WSDL-Dokuments, denn der Context-Root enthält jetzt nicht mehr den Namen des Moduls, und auch sonst weichen die einzelnen Fragmente der URL voneinander ab:

http://localhost:8080/onlineshop-war/UploaderService?wsdl

http://localhost:8080/UploaderBeanService/UploaderBean?wsdl

Vielleicht fragen Sie sich nun, wann man einen Webservice in einer EJB realisiert und wann nicht: Dies hängt ganz davon ab. Grundsätzlich spielt es für den Zugriff auf den Dienst zunächst keine Rolle. Es sind einzig wieder die gleichen Kriterien, die bereits zu Beginn dieses Kapitels aufgeführt wurden, die die Nutzung der EJB-Komponentenarchitektur rechtfertigen.

10.10.9 JAX-RS-Kurzeinführung

Die *Java API for RESTful Web Services* (JAX-RS) basiert auf dem Architekturstil REST. REST steht für *Representational State Transfer* und wurde erstmalig im Jahre 2000 im Rahmen einer Dissertation bekannt.

JAX-RS wurde im JSR 311 spezifiziert. Sie können die Spezifikation unter *http://jcp.org/en/jsr/detail?id=311* herunterladen. Die Referenzimplementierung von JAX-RS nennt sich *Jersey*.

Das Besondere an REST ist seine Schlichtheit, auf die der Erfinder Roy Fielding besonderen Wert gelegt hat. REST wird im Vergleich zu SOAP als leichtgewichtiger Standard betrachtet, bei dem man sich weitestgehend von komplexen Regeln für eine Schnittstelle zwischen Client und Server befreit hat. Beispielweise benötigt REST für das Verschicken von Geschäftsdaten keinen SOAP-Umschlag. Und der Client und der Server brauchen sich auch nicht auf ein WSDL-Dokument zu einigen. Stattdessen werden die Anfragen ganz einfach über die URI und den Typ der HTTP-Methode festgelegt.

An dieser Stelle erfolgt keine komplette Beschreibung von JAX-RS, denn dies würde den Rahmen dieses Abschnitts sprengen. Mit dieser Kurzeinführung soll lediglich ein Einstieg angeboten werden, den Sie durch weitere Literatur vertiefen können. Ein sehr gutes Buch für das Studium von Axis 2 in deutscher Sprache ist *Java Web Services mit Apache Axis2* von Thilo Frotscher, Marc Teufel und Dapeng Wang.

Kommen wir zurück zu JAX-RS. Damit eine Webanwendung mit JAX-RS arbeitet, muss sie hierfür vorab konfiguriert werden. Die Konfiguration kann entweder über eine Annotation oder im Deployment-Deskriptor *web.xml* vorgenommen werden. Die Konfiguration über die Annotation ist die empfohlene Variante. Sie ist dazu noch recht einfach, denn hierfür ist es nur erforderlich, dass wir eine Klasse mit der Annotation `@ApplicationPath` versehen und sie die Klasse `javax.ws.rs.core.Application` ableiten lassen:

```
package de.java2enterprise.onlineshop;

import javax.ws.rs.ApplicationPath;
import javax.ws.rs.core.Application;

@ApplicationPath("resources")
public class RESTApplication extends Application {
    ...
}
```

Listing 10.126 »RESTApplication«

Wenn man davon ausgeht, dass man auf unsere Anwendung über folgende URL zugreifen kann:

http://localhost:8080/onlineshop-war

dann teilen wir mit der Komponente `RESTApplication` mit, dass die REST-Ressourcen über folgende URI erreichbar sein sollen:

http://localhost:8080/onlineshop-war/resources

Die Ressource

REST basiert auf dem Gedankenmodell, dass eine Anwendung aus einer Menge von Ressourcen besteht. Ein RESTful Service bietet Zugang zu diesen Ressourcen. Die Kennzeichnung, dass eine Klasse den Zugang zu Ressourcen im Sinne von REST anbietet, erfolgt über die Annotation `@Path`:

```
@Path("customer")
CustomerREST {
    ...
}
```

Listing 10.127 »CustomerREST.java«

Die Annotation `@Path` liefert hierbei eine relative URI zur Ressource. Die komplette URL zur Ressource `"customer"` würde sich mit dem obigen Ausdruck in unserem Onlineshop-Beispiel wie folgt zusammensetzen:

http://localhost:8080/onlineshop-war/resources/customer

Die HTTP-Methoden »@GET«, »@POST«, »@PUT« und »@DELETE«

Hinter dem Begriff *Ressource* steckt auch der Gedanke, dass der Webservice zur Beschaffung, Erstellung, Änderung oder Löschung eines Mediums gedacht ist. Diese vier Funktionstypen werden durch die HTTP-Methoden `GET`, `POST`, `PUT` oder `DELETE` repräsentiert. Zur jeweiligen Kennzeichnung bietet JAX-RS die vier HTTP-Annotationen `@GET`, `@POST`, `@PUT` und `@DELETE` an. Um Webservices über REST zu programmieren, muss die Ressourcenklasse mindestens eine Methode mit einer dieser Annotationen anbieten.

Beim aufmerksamen Durchlesen wird Ihnen eventuell aufgefallen sein, dass ich an dieser Stelle bewusst die HTTP-Methoden `HEAD`, `OPTIONS`, `TRACE` und `CONNECT` unerwähnt ließ. Auch `HEAD` und `OPTIONS` werden für RESTful Webservices eingesetzt. Der Einfachheit halber lassen wir diese beiden selteneren Methoden aber mal außen vor. `TRACE` und `CONNECT` spielen eine noch unwesentlichere Rolle.

Kommen wir zurück zu den gängigeren Methoden `GET`, `POST`, `PUT` und `DELETE`. Durch das Setzen dieser Annotationen wird festgelegt, wofür die Methode dient. Dies unterscheidet REST von SOAP in charakteristischer Weise, denn während über SOAP die Operationsvielfallt ganz beliebig festgelegt werden kann, bestimmt REST, dass eben nur die Methodentypen des HTTP-Protokolls möglich sind. In der Regel ist die Aufgabe der jeweiligen Methode wie folgt definiert:

- **`GET`**: Über eine `GET`-Methode wird eine Ressource erfragt, ohne Änderungen herbeizuführen. Wenn die Methode öfter ausgeführt wird, soll sie immer das gleiche Ergebnis liefern.
- **`PUT`**: Eine `PUT`-Methode erstellt oder ändert eine Ressource. Auch diese Methode führt bei mehrmaliger Anwendung immer zum gleichen Ergebnis. Die Speicherung mit den gleichen Parametern soll also immer zur Erstellung derselben Ressource führen.
- **`DELETE`**: Eine `DELETE`-Methode entfernt eine Ressource. Auch die `DELETE`-Methode ergibt immer das gleiche Ergebnis, denn sie löscht immer die gleiche Ressource.
- **`POST`**: `POST`-Methoden dürfen sich bei jedem Zugriff unterschiedlich verhalten. Hierdurch unterscheiden sie sich von den zuvor erwähnten Methodentypen.

Der Typ des Mediums

Eine Ressourcen-Methode kann unterschiedliche Medientypen empfangen, verarbeiten und zurückgeben. Die Festsetzung erfolgt über die Annotation @Produces, der als Attributwert ein MIME-Type mitgegeben wird.

Das folgende Listing zeigt eine Methode, die ein Exemplar der Ressource Customer als einfachen Text liefert:

```
@Path("customer")
RESTCustomer {

    @GET
    @Produces("text/plain")
    public String getCustomer() {
        Customer customer = new Customer();
        customer.setEmail("j@java2enterprise.de");
        customer.setPassword("Taxi_123");
        return customer.toString();
    }
}
```

Listing 10.128 »RESTCustomer.java«

Die Klasse RESTCustomer.java setzt das POJO Customer.java ein, das wir bereits in etlichen Beispielen verwendet haben. Im einfachsten Fall können Sie folgendes Listing nutzen, um das Beispiel auszuprobieren:

```
package de.java2enterprise.onlineshop.model;

public class Customer {
    private String email;

    private String password;

    public String getEmail() {
        return this.email;
    }

    public void setEmail(String email) {
        this.email = email;
    }
```

```
    public String getPassword() {
        return this.password;
    }

    public void setPassword(String password) {
        this.password = password;
    }

    public String toString() {
        return email + "-" + password;
    }
}
```

Listing 10.129 »Customer.java«

Den REST-Webservice testen

Wenn Sie die Klassen `RESTApplication`, `RESTCustomer` und `Customer` innerhalb eines Webmoduls deployen, sollte die Ressource `Customer` über die Eingabe folgender URL in der Adressleiste eines Webbrowsers erreichbar sein:

http://localhost:8080/onlineshop-war/resources/customer

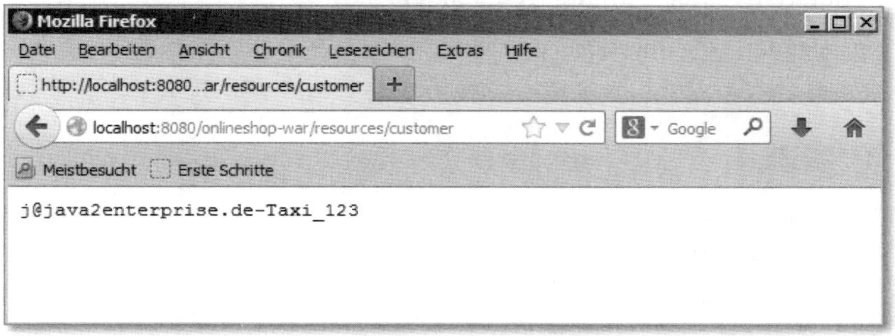

Abbildung 10.81 Die Ressource »Customer« im Webbrowser

10.10.10 Ein REST-Beispiel mit EJB und JPA

In diesem Abschnitt werden wir die JAX-RS-API verwenden, um Geschäftsdaten aus der Datenbank in Form von XML anzuzeigen. Dabei werden wir in der Adressleiste des Webbrowsers die ID des Kunden eintragen, die wir uns anzeigen lassen möchten. Der Webbrowser wird die Anfrage als HTTP-GET-Request an die JAX-RS-Komponente verschicken. Diese wiederum fragt eine Stateless Session Bean nach Auskunft. Die Stateless Session Bean besorgt sich die Geschäftsdaten mithilfe des JPA-EntityManagers (siehe Abbildung 10.82).

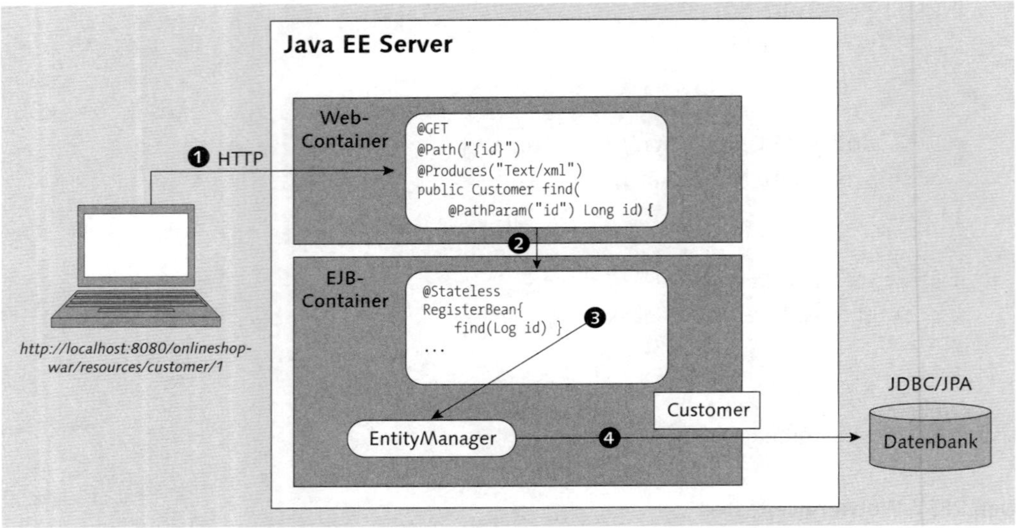

Abbildung 10.82 Der Zugriff auf die Geschäftsdaten über JAX-RS, EJB und JPA

Die Entgegennahme des Parameters und die Lieferung von XML

Die Klasse `RESTCustomer` kann die gewünschte ID entweder über die Annotation `@QueryParam` oder mithilfe der Annotation `@PathParam` entgegennehmen.

Das folgende Listing zeigt den Weg über `@QueryParam`:

```
@GET
@Produces("text/xml")
public Customer find(
    @QueryParam("id") Long id) {
        return registerBean.find(id);
}
```

Listing 10.130 »RESTCustomer.java«

Der Aufruf könnte dann beispielsweise wie folgt aussehen:

*http://localhost:8080/onlineshop-war/resources/customer?***id=1**

Wenn die Annotation `@PathParam` verwendet wird, wird der Wert in den Pfad eingefügt:

*http://localhost:8080/onlineshop-war/resources/customer/*1

Im folgenden Beispiel wird die Variante mit `@PathParam` gezeigt. In der Klasse `RESTCustomer` benötigen wir darüber hinaus die Stateless Session Bean `RegisterBean`, die wir mithilfe der Annotation `@EJB` injizieren. Beachten Sie auch, dass die Annotation `@Produces` nun `"text/xml"` statt `"text/plain"` erzeugt.

```
package de.java2enterprise.onlineshop;

import javax.ejb.EJB;
import javax.ws.rs.GET;
import javax.ws.rs.Path;
import javax.ws.rs.PathParam;
import javax.ws.rs.Produces;

import de.java2enterprise.onlineshop.ejb.RegisterBean;
import de.java2enterprise.onlineshop.model.Customer;

@Path("customer")
public class RESTCustomer {

    @EJB
    RegisterBean registerBean;

    @GET
    @Path("{id}")
    @Produces("text/xml")
    public Customer find(
        @PathParam("id") Long id) {

        return registerBean.find(id);
    }
}
```

Listing 10.131 »RESTCustomer.java«

Die Klasse RegisterBean besorgt die Geschäftsdaten mithilfe des EntityManagers:

```
package de.java2enterprise.onlineshop.ejb;

import javax.ejb.LocalBean;
import javax.ejb.Stateful;
import javax.persistence.EntityManager;
import javax.persistence.PersistenceContext;

import de.java2enterprise.onlineshop.model.Customer;

@Stateful
@LocalBean
public class RegisterBean {
```

```
    @PersistenceContext
    private EntityManager em;

    public Customer find(Long id) {
        return em.find(Customer.class, id);
    }
}
```

Listing 10.132 »RegisterBean.java«

Damit das Objekt der Klasse `Customer` über JPA aus der Datenbank beschafft und darüber hinaus auch im XML-Format an den Client verschickt werden kann, wird die Klasse sowohl als JPA-Entity mit der Annotation `@Entity` als auch mit der JAXB Annotation `@XmlRootElement` versehen:

```
package de.java2enterprise.onlineshop.model;

import java.io.Serializable;

import javax.persistence.Entity;
import javax.persistence.GeneratedValue;
import javax.persistence.GenerationType;
import javax.persistence.Id;
import javax.persistence.SequenceGenerator;
import javax.persistence.Table;
import javax.xml.bind.annotation.XmlRootElement;

@Entity
@Table(schema="ONLINESHOP", name="CUSTOMER")
@XmlRootElement
public class Customer implements Serializable {
    private static final long serialVersionUID = 1L;

    @Id
    @SequenceGenerator(
            name="CUSTOMER_ID_GENERATOR",
            sequenceName="SEQ_CUSTOMER",
            schema="ONLINESHOP",
            allocationSize=1,
            initialValue=1)
    @GeneratedValue(
            strategy=GenerationType.SEQUENCE,
            generator="CUSTOMER_ID_GENERATOR")
```

```
    private Long id;

    private String email;

    private String password;

    public Long getId() {
        return this.id;
    }

    public void setId(Long id) {
        this.id = id;
    }

    public String getEmail() {
        return this.email;
    }

    public void setEmail(String email) {
        this.email = email;
    }

    public String getPassword() {
        return this.password;
    }

    public void setPassword(String password) {
        this.password = password;
    }
}
```

Listing 10.133 »Customer.java«

Über JAX-RS, EJB und JPA speichern und mit JSON antworten

In diesem Abschnitt erweitern wir die Listings der letzten Beispiele. In einem HTML-Formular sollen die Anwender eine E-Mail-Adresse und ein Kennwort eintragen können und es über einen Submit-Button an die JAX-RS-Komponente versenden. Die JAX-RS-Komponente wird die Aufgabe des Speicherns wieder an eine EJB weiterleiten. Diese wiederum nutzt den JPA-EntityManager, um einen neuen Datensatz in der Datenbanktabelle `CUSTOMER` zu erzeugen. Das Ergebnis wird dann postwendend mit der *JavaScript Object Notation* (JSON) zurückgeliefert. Das von Douglas Crockford entwickelt JSON ist ein einfaches Text-Format, das sich für die gegenseitige Lieferung von Geschäftsdaten besser eignet als XML. Die Vorteile von JSON gegenüber XML liegen vor allem in seiner Einfachheit.

Mit folgender HTML-Seite werden wir die Geschäftsdaten des Kunden aufnehmen und an den Server versenden. Die Formulardaten werden dann über einen HTTP-POST-Request übermittelt.

```
<!DOCTYPE html>
<html>
<body>
    <form action="resources/customer/persist" method="post">

        E-Mail: <input name="email" />
        Kennwort: <input name="password" />
        <input type="submit"/>
    </form>
</body>
</html>
```

Listing 10.134 »register.html«

In der Klasse `RESTCustomer` nehmen wir die Formulardaten mit der Annotation `@FormParam` entgegen. Nachdem die `RegisterBean` die Speicherung durchgeführt hat, wird das gespeicherte Objekt der Klasse `Customer` im JSON-Format zurückgeliefert.

```
package de.java2enterprise.onlineshop;

import javax.ejb.EJB;
import javax.ws.rs.Consumes;
import javax.ws.rs.FormParam;
import javax.ws.rs.POST;
import javax.ws.rs.Path;
import javax.ws.rs.Produces;

import de.java2enterprise.onlineshop.ejb.RegisterBean;
import de.java2enterprise.onlineshop.model.Customer;

@Path("customer")
public class RESTCustomer {

    @EJB
    RegisterBean registerBean;

    @POST
    @Path("persist")
    @Consumes("application/x-www-form-urlencoded")
    @Produces("application/json")
```

```
    public Customer persist(
        @FormParam("email") String email,
        @FormParam("password") String password) {

        return registerBean.persist(email, password);
    }
}
```

Listing 10.135 »RESTCustomer.java«

Die Klasse RegisterBean speichert die Geschäftsdaten über den JPA-EntityManager:

```
package de.java2enterprise.onlineshop.ejb;

import javax.ejb.LocalBean;
import javax.ejb.Stateful;
import javax.persistence.EntityManager;
import javax.persistence.PersistenceContext;

import de.java2enterprise.onlineshop.model.Customer;

@Stateful
@LocalBean
public class RegisterBean {

    @PersistenceContext
    private EntityManager em;

    public Customer persist(
        String email,
        String password) {

        Customer customer =
            new Customer();
        customer.setEmail(email);
        customer.setPassword(password);
        em.persist(customer);

        return customer;
    }
}
```

Listing 10.136 »RegisterBean.java«

Index

A

B

C

H

I

J

K

L

M

N

O

P

T

U

V

W

X

Z

- Programmieren mit der Java Platform, Standard Edition 8
- Java von A bis Z: Einführung, Praxis, Referenz
- Von Klassen und Objekten zu Datenstrukturen und Algorithmen

Christian Ullenboom

Java ist auch eine Insel

Einführung, Ausbildung, Praxis

Die »Insel« ist die erste Wahl, wenn es um aktuelles und praktisches Java-Wissen geht. Java-Einsteiger, Studenten und Umsteiger profitieren von diesem Lehrwerk. Neben der Behandlung der Sprachgrundlagen von Java gibt es kompakte Einführungen in Spezialthemen. So erfahren Sie einiges über Threads, Netzwerkprogrammierung, NetBeans, RMI, XML und Java, Servlets und Java Server Pages. Dieses Buch gehört in das Regal eines jeden Java-Programmierers.

1.312 Seiten, gebunden, 49,90 Euro
ISBN 978-3-8362-4119-9
12. Auflage, erschienen Februar 2016
www.rheinwerk-verlag.de/4112

Rheinwerk

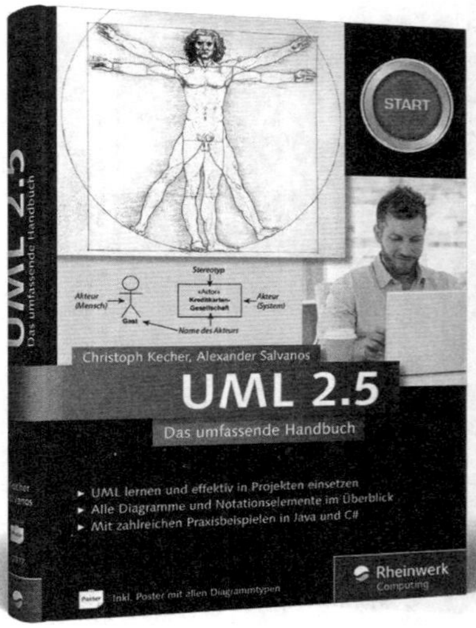

- UML lernen und effektiv in Projekten anwenden
- Alle Diagramme und Notationselemente im Überblick
- Mit zahlreichen Praxisbeispielen in C# und Java

Christoph Kecher, Alexander Salvanos

UML 2.5

Das umfassende Handbuch

Dies ist die 5. Auflage unseres UML-Standardwerkes. Von den Grundlagen bis zum professionellen Einsatz erfahren Sie alles, was Sie für die erfolgreiche Softwaremodellierung mit der UML wissen müssen. Alle Konzepte, Elemente und Diagrammtypen werden ausführlich vorgestellt und durch Praxisbeispiele veranschaulicht. Das Buch ist alltagsnah nach Diagrammtypen aufgebaut, so dass es sich zum Lernen wie zum schnellen Nachschlagen gleichermaßen eignet. Es behandelt den aktuellen Standard UML 2.5. und bietet Codebeispiele in Java und C#.

458 Seiten, gebunden, 34,90 Euro
ISBN 978-3-8362-2977-7
5. Auflage, erschienen Februar 2015
www.rheinwerk-verlag.de/3668

Das gesamte Buchprogramm: www.rheinwerk-verlag.de

■ Programmierung mit Java für Studium und Beruf

■ Inkl. zahlreicher Beispiele und Übungsaufgaben

■ Sprachgrundlagen, Objektorientierung, JavaFX-GUIs u.v.m.

Kai Günster

Einführung in Java

Steigen Sie ohne Vorkenntnisse ein: Mit diesem Buch lernen Sie die objektorientierte Programmierung mit Java von Grund auf. Schritt für Schritt machen Sie sich mit Sprache und Konzept vertraut. Sie lernen, in Algorithmen zu denken, die vielen Werkzeuge, die Java bietet, zu nutzen und zeitgemäßen Code zu schreiben, der auch komplexe Software trägt. Ideal für Ausbildung und Studium!

678 Seiten, gebunden, 29,90 Euro
ISBN 978-3-8362-2867-1
erschienen Januar 2015
www.rheinwerk-verlag.de/3601

Rheinwerk

- 37 gängige Entwurfsmuster und grundlegende Designprinzipien
- Steckbriefe, Einsatzzwecke, Fallstricke und Best Practices
- Für alle objektorientierten Sprachen geeignet

Matthias Geirhos

Entwurfsmuster

Das umfassende Handbuch

Die wichtigsten Entwurfsmuster in einem Band. Von Observer, Decorator, Factory, Singleton, Flyweight bis MVC finden Sie in diesem Buch alle gängigen Muster für die Softwarearchitektur. Für jedes Muster gibt es Einsatzempfehlungen und Best Practices. Egal, ob Sie sich in die Designprinzipien und -muster einarbeiten wollen oder eine Referenz für die tägliche Arbeit suchen: Dieses Buch gibt zuverlässig Auskunft.

643 Seiten, gebunden, 39,90 Euro
ISBN 978-3-8362-2762-9
erschienen Mai 2015
www.rheinwerk-verlag.de/3538

»Alles in allem ein gewichtiger Beitrag zum Thema.«
iX - Magazin für professionelle Informationstechnik

Alle Bücher auch als E-Book: www.rheinwerk-verlag.de

■ IT-Projekte erfolgreich planen, durchführen und abschließen

■ Praxisbewährte Lösungen für typische Probleme

■ Inkl. zahlreicher Fallbeispiele, Projektvorlagen und Checklisten

Matthias Geirhos

IT-Projektmanagement

Was wirklich funktioniert – und was nicht

So halten Sie Ihre IT-Projekte sicher auf Kurs! Entwicklungsleiter Matthias Geirhos verrät Ihnen in diesem Buch die Projektmanagementstrategien, die sich in seiner langjährigen Praxis bewährt haben. Von der Planung bis zum Abschluss – hier erfahren Sie konkret und praktisch, wie Sie Ihr Projekt zum Erfolg führen!

192 Seiten, broschiert, 12,90 Euro
ISBN 978-3-8362-1773-6
erschienen September 2011
www.rheinwerk-verlag.de/2875

Rheinwerk

- Einführung, Praxis, Referenz
- Sprachgrundlagen, Objektorientierung, Modularisierung
- Migration, Debugging, Interoperabilität mit C, GUIs, Netzwerkkommunikation u.v.m.

Johannes Ernesti, Peter Kaiser

Python 3

Das umfassende Handbuch

Für Einsteiger und fortgeschrittene Python-Programmierer die erste Wahl! Sprache, Standardbibliothek und Profi-Themen werden ausführlich beschrieben. Darüber hinaus wird auf die wesentlichen Unterschiede zwischen Python 3 und früheren Versionen eingegangen. Praktische Hilfestellung erhalten Sie für die Migration Ihrer bestehenden Projekte.

1.032 Seiten, gebunden, mit CD, 39,90 Euro
ISBN 978-3-8362-3633-1
4. Auflage, erschienen Juli 2015
www.rheinwerk-verlag.de/3789

Immer gut informiert: Bestellen Sie unseren Newsletter!

- Webseiten gestalten und programmieren
- Alle HTML5-APIs im Überblick
- Video, Audio, lokaler Speicher und dynamische 2D- und 3D-Grafiken, Canvas, Geolocation, Responsive Webdesign

Jürgen Wolf

HTML5 und CSS3

Das umfassende Handbuch

Wollen Sie faszinierende Websites mit HTML5 und CSS3 gestalten? Jürgen Wolf gibt Ihnen eine grundlegende und umfangreiche Einführung in die Arbeit mit HTML5, CSS3 und JavaScript. Das Buch ist ein praxisnahes Lern- und Nachschlagewerk für jeden, der HTML und CSS unter Betonung der neuen Features von HTML5 und CSS3 erlernen möchte.

1.237 Seiten, gebunden, 39,90 Euro
ISBN 978-3-8362-2885-5
erschienen Mai 2015
www.rheinwerk-verlag.de/3612

Rheinwerk

■ Grundlagen, Anwendung, Referenz

■ OOP, ECMA-Script-6-Feature, Mobile Anwendungen

■ Inkl. Sensoren mit JavaScript steuern, Node.js

Philip Ackermann

JavaScript

Das umfassende Handbuch

Ein umfassender Einstieg in JavaScript, viele praktische Beispiele und eine Darstellung auch von professionellen Techniken, das zeichnet dieses unverzichtbare Handbuch aus! Für Einsteiger, Fortgeschrittene und Profis. Es versetzt Sie in die Lage, JavaScript von Grund auf zu lernen. Darüber hinaus informiert es Sie auch über die neuesten Trends und Entwicklungen wie z.B. den serverseitigen Einsatz von JavaScript (Node.js). Auch fortgeschrittene Aspekte wie Objektorientierung, ECMAscript 6 und funktionale Programmierung werden dabei berücksichtigt.

1.100 Seiten, gebunden, 49,90 Euro
ISBN 978-3-8362-3838-0
erscheint August 2016
www.rheinwerk-verlag.de/3900

Das gesamte Buchprogramm: www.rheinwerk-verlag.de

Wie hat Ihnen dieses Buch gefallen?
Bitte teilen Sie uns mit, ob Sie zufrieden waren,
und bewerten Sie das Buch auf:
www.rheinwerk-verlag.de/feedback

Ausführliche Informationen zu unserem aktuellen
Programm samt Leseproben finden Sie ebenfalls
auf unserer Website. Besuchen Sie uns!

Rheinwerk
www.rheinwerk-verlag.de